U0865738

中国红十字

年鉴

2011/2012

2011年8月26日，中国国家主席、中国红十字会名誉会长胡锦涛为第43届南丁格尔奖章获得者颁奖。

2011年8月26日，中国红十字会会长华建敏接见第43届南丁格尔奖章获得者。

2011年12月8日，回良玉、华建敏、张榕明、李金华等出席“红十字在行动”晚会。

2011年12月7日，中国红十字会九届理事会第三次会议召开。

2011年7月7日，全国红十字会系统廉政工作会议召开。

2011年12月5日，中国红十字会举办的省级红十字会领导干部培训班开课。

2011年12月1日，中国红十字会举办综合管理信息系统咨询设计项目工作交流会。

2011年5月6日，华建敏在汶川观看中学生做心肺复苏练习。

2011年5月6日，都江堰玉堂LG博爱中学学生为华建敏佩戴红领巾。

2011年5月6日，华建敏在汶川县中滩堡红十字博爱新村看望村民。

2011年5月5日，在纪念汶川特大地震三周年公益晚会上，会领导与演员合影。

王伟在2011年“红十字博爱送万家”活动中为受助群众发放慰问品。

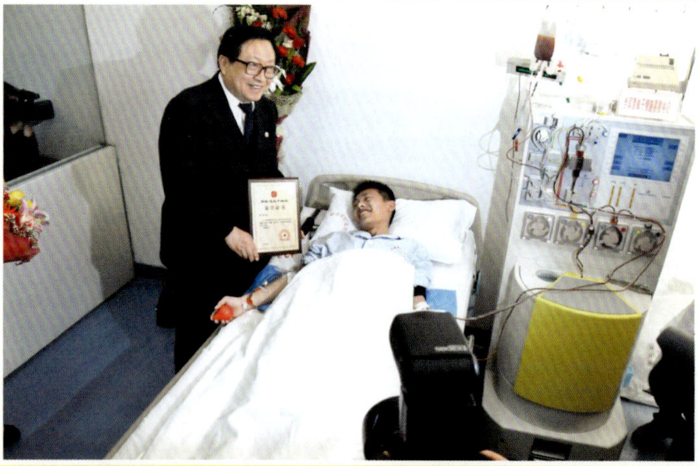

2011年3月7日，华建敏看望造血干细胞捐献者。

2011年2月22日，全国无偿献血表彰大会上先进省代表领奖。

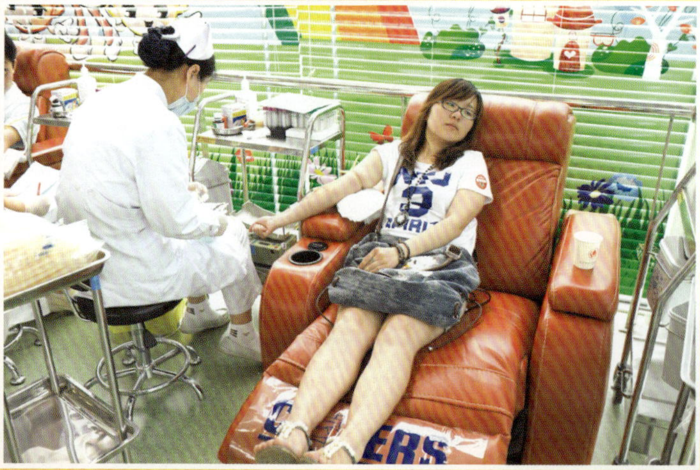

2011年6月14日，在世界献血者日参加无偿献血的志愿者。

2011年9月7日，华建敏出席世界急救日宣传活动时做模拟心脏按摩练习。

2011年3月22日，王伟、王汝鹏参加中国红十字会数据库筹款公益项目活动。

2011 年 10 月 11 日，赵白鸽考察北京市红十字“999”急救中心工作。

2011 年 4 月 13 日，王伟在云南盈江地震灾区考察救灾工作。

2011 年 2 月 17 日，王伟在广东省中山市开展红十字会工作调研时慰问孤儿。

2011 年 6 月 13 日，郭长江出席全国红十字志愿服务项目发展研讨会并讲话。

2011年9月22日，王海京与到访的联合国难民署官员会晤。

2011年10月10日，王海京会见到访总会的越南红十字会代表团并互赠纪念品。

2011年3月24日，王汝鹏接收资生堂中国代理商通过中国红十字会转赠日本地震灾区的捐款。

2011年5月6日，华建敏、王伟、郝林娜、王海京等会见红十字会与红新月会国际联合会主席近卫忠辉等外宾。

2011年11月7日，赵白鸽、郝林娜会见红十字国际委员会东亚地区代表处主任梅拉一行。

2011年6月19日，王伟率中国红十字会代表团访问保加利亚红十字会。

2011年5月26日—6月1日，华建敏率领中国红十字会考察团访问台湾红十字组织。

2011年3月7日，华建敏接见香港特别行政区红十字会来访团成员。

2011年7月29日，澳门特区红十字会青少年义工交流团访问中国红十字会总会。

编委会人员名单

名誉主任 华建敏

主　　任 赵白鸽

副 主 任 郭长江　郝林娜　王海京　王汝鹏

常务委员 高崇华　王　平　查慧勤　王世涛　张　明　白　藟　吴苾雯　洪俊岭　李兰颂　马润海　郑建新　田更志　冯晋生　桂　忠　刘琳娜　苗秀荣　鞠海洋　马　强　潘宗白　王冬梅　王　强　黄毅敏　方　娅　曹怀杰　何传军　贺方红　曾凡国　冯　玲　方南亭　周　瑾　周清梅　赵万华　罗治雄　段　鸿　杨国庆　张宝安　李玉堂　孙　林　刘　静　马　龙　王建国　韩树荣　林胡秀霞　黄如楷

主　　编 郭长江

副 主 编 吴苾雯

执行主编 李兰颂

编辑部人员名单

主　　任 傅　虹

副 主 任 冯志国

责任编辑 吕　莺

特约撰稿 王　辉　傅　刚　查秀英　刘选国　王万里　宋　强　刘慧君　侯晓俊　胡志行　杨海云　姚玉海　朱晓平　陈　萍　严晓明　张孚传　曹芦松　郑　颖　肖　琦　王永君　陆贺民　鲍　毅　刘赛华　胡卓加　黄吉宁　吴敬波　徐　帆　马艳华　吴佳权　刘清国　王安永　刘雪峰　刘雁平　宁英锁　张　岩　关曼怡　苏祖恩

编辑说明

一、中国红十字会总会决定编辑出版《中国红十字年鉴》以来，每年都发出《关于编辑出版〈中国红十字年鉴〉的通知》，各级红十字会积极配合《中国红十字年鉴》选题、组稿、撰写、编辑、出版、发行工作，谨此表示衷心谢意。

二、为保持年鉴的系统性和延续性，《中国红十字年鉴·2011/2012卷》其主要词条和篇目仍为近年来党和国家领导人关于红十字会工作的指示、讲话、题词、文章，国家法律和国家有关部门法规以及文件，中国红十字会2011/2012年的文献汇编、成果展示及大事记等，对促进红十字事业的发展具有重要意义和作用。

三、中国红十字年鉴编委会由中国红十字会领导、中国红十字会总会机关各部门及直属单位主要负责人、省级（含港澳）红十字会常务副会长或专职副会长、行业红十字会负责人组成。中国红十字年鉴编委会负责领导、组织协调和审稿工作。中国红十字年鉴编辑部设在中国红十字会总会报刊社，年鉴编辑部负责本年鉴的组稿、编辑、出版、发行工作。各省级（自治区、直辖市、生产建设兵团、铁路系统、特别行政区）红十字会指定专门人员担当撰稿任务。

四、中国红十字年鉴编辑部的编辑出版工作流程为：供稿单位或个人署名提供纸介质和电子版的原稿后，经年鉴编辑部登记初审并作稿笺，保存原稿，精编至二校后进入复审，划分章节，呈现版式，统筹页码，再做三校和大样。这时的大样，由年鉴编辑部确定章节和认定版式后复核送审，除了其中纯技术性原因年鉴编辑部予以增删和修改以外，供稿单位或个人对署名文稿的内容文责自负。年鉴编辑部将以上总目录和文稿提交编委会整体认定并终审，批准出版发行。

五、《中国红十字年鉴·2011/2012卷》分为卷一卷二，共包括七大篇章，卷一为《文献篇》《纪事篇》《总会篇》《研究篇》《人名篇》；卷二为《分会篇》《资讯篇》。其中，《总会篇》和《分会篇》中涉及年度工作所收主要词条与篇目的时间要求，一般起始于2011年1月1日，截止于2012年1月底。

六、《中国红十字年鉴·2011/2012卷》的《总会篇》和《分会篇》保留并修订总会各直属单位，各省、自治区、直辖市、生产建设兵团、铁路系统、特别行政区红十字会的篇目和词条，其中，“历史沿革”“组织机构”“大型项目”“主要特色”“历届代表大会”等词条作为历史回顾，一般截止于2004年或2005年。此后有关内容，年鉴均已列入总会各直属单位，各省、自治区、直辖市、生产建设兵团、铁路系统、特别行政区红十字会的“年度工作”栏。

七、《中国红十字年鉴·2011/2012卷》涉及面广，年度工作词条时间跨度为一整年，编者的历史知识和专业水平有限，缺点和错误在所难免，欢迎各界读者和专家批评指正。对编辑工作中的意见和建议请按如下办法联系——

单位/部门：中国红十字年鉴编辑部

联 系 人：李兰颂　傅　虹　冯志国

电话/传真：010－65249584

地　　址：北京市东城区干面胡同43号004室

邮政编码：100010

电子信箱：zhnj2004@163.com

目　录

卷　一

一　文　献　篇

中国红十字会第九届理事会第二次会议

法律、法规

年度主要文件

二 纪 事 篇

大事记

工作会议

三 总 会 篇

四　研　究　篇

工作研究

经验借鉴

五 人 名 篇

人物志

人名录

卷 二

六 分 会 篇

省、自治区、直辖市红十字会

生产建设兵团红十字会

铁路红十字会

特别行政区红十字会

七 资 讯 篇

公共词条与篇目

中国红十字会总会及省、自治区、直辖市、铁路、生产建设兵团、特别行政区分会联络方式

卷　一

一　文献篇

二　纪事篇

三　总会篇

四　研究篇

五　人名篇

一

文献篇

中国红十字会第九届理事会第二次会议

讲　　话

在中国红十字会第九届理事会第二次会议讲话

中国红十字会会长　华建敏

（2011 年 1 月 19 日）

今天的南京飞雪迎春，我们聚集在这里共商中国红十字事业发展的大计。首先，我要向各位理事拜年，对过去一年各位的辛劳表示慰问，对大家取得的成绩表示热烈祝贺！参加这次会议的还有很多省（区、市）政府和中央、国务院相关部委的负责同志，我们对各位的到来表示最热烈的欢迎！借这个机会，也向各省（区、市）党委、政府，中央各部门以及社会各界对红十字事业的大力支持，表示衷心的感谢！香港、澳门的红十字会也参加我们这次会议，在此对你们的到来表示欢迎，对过去一年你们给予祖国内地救灾和其他人道救助事业的大力支持，表示衷心感谢！

刚才王伟同志代表常务理事会做了工作报告，讲得很全面，很实在，也很充分，我都同意。这次会议的主要任务是认真领会和深入贯彻十七届五中全会精神，总结 2010 年工作、部署 2011 年任务。这次会议又是在国家“十一五”规划与“十二五”规划交替接续的时刻召开的，这就要求我们抚今思昔、瞻念未来，认真思考以往一个时期红十字事业发展走过的道路，展望未来红十字事业的前景。

下面，我讲三点意见：一是围绕 2010 年红十字的主要工作谈一些感受；二是围绕当前红十字会面临的战略机遇期谈一些认识；三是对当前工作提一些希望。

一、奋发有为的开局之年

刚刚过去的 2010 年是红十字会九届理事会履职的开局之年，这一年很不平凡。我国在巩固和扩大应对国际金融危机所取得的成果、保持经济稳定增长方面取得了新的成就。这一年又是自然灾害频发的一年，根据民政部的统计，2010 年可以进入近三十年来严重自然灾害频发多发年份的前三名。一年来，各级红十字会在党委、政府的领导下，解放思想、开拓创新，求真务实、奋发有为，在各个领域都取得了新成效，新进展。

红十字会“九大”以来，我和总会的几位负责同志先后考察了 10 个省（区、市）的红十字会工作，接触到很多红十字同仁，包括基层骨干、广大会员和志愿者，以及热心红十字公益事业的社会各界人士。总的感受有三点：第一，认真办实事。他们尽心尽力，干劲十足，工作做得有声有色。第二，热心做好事。他们精神状态很好，无论是上了年纪的老同志还是小青年，脸上的表情都很“阳光”，对红十字事业有强烈的责任感和自豪感，努力克服各种困难，拼搏进取。第三，创造性开展工作。无论规定动作还是自选动作都很有创意，有很多成功做法、新鲜经验，对我们总会的同志来说确实很受鼓舞、很受启发。

去年年初我们在深圳召开年度工作会议，根据红十字会法规定的七项职责，提出了2010年的七大行动。现在我把一年来在各地的见闻、各地的好经验、好做法做一点“通风报信”的工作，并把我的感受和思考与大家作个交流。分五个方面讲。

（一）扎实高效推进“三救”、“三献”，大力做好人道救助工作。

“三救”，就是救灾、救助、救护，这是红十字会的首要职责。保卫人的生命，责任重于泰山。在重大灾难面前，我们各级红十字会做到了第一时间启动应急预案，第一时间到达前线施救，第一时间启动社会募捐。特别是去年4月14日青海玉树发生地震当天，总会和青海省红十字会以灾情为命令，视时间如生命，迅速行动。总会的郝林娜同志带领工作组，当晚赶到西宁和省红十字会的尼玛同志会合。尼玛同志很有能量、很有办法，千方百计搞到了机票，挤上了班机赶到灾区，迅速开展工作。北京的“999”和蓝天救援队、湖南的应急供水救援队、云南的大众卫生救援队等多支红十字队伍也从四面八方迅速赶到了地震灾区。同志们一边忍受着强烈的高原反应，一面紧张地开展各项救援救助行动，在抗震救灾中发挥了独特作用：一是保障供水，使灾区人民能喝上干净水；二是解决如厕问题。这两个问题如果不及时处理好，往往会造成疫病流行。

回良玉同志在现场对红十字会予以高度评价。他说：“你们第一时间的行动我都看到了，你们是最快的，你们是好样的，你们是政府最得力的助手”。民政部和卫生部等部门负责同志也表示，每次灾害袭来，红十字会的同志们总是第一时间到达灾区同大家并肩作战。在灾后恢复重建阶段，我们红十字会同样做了大量工作。总会投入23亿元人民币用于玉树地震的灾后重建，投入2.25亿元用于甘肃舟曲特大山洪泥石流的灾后重建，包括我们在四川投入的资金，总计投入100多亿元。所有这些都充分证明我们红十字会确实是一支作风过硬、无私奉献、英勇善战的队伍，确实是党和政府可以信任的得力助手，确实是广大人民群众可以依靠的人道力量。

“三献”，就是无偿献血、捐献造血干细胞、捐献遗体器官。如果说“三救”是在灾难面前捍卫人的生命，那么“三献”就是在病魔面前抢救人的生命，两者都体现了红十字会的宗旨：关爱人的生命。

献血工作，是红十字会多年来配合卫生部门开展的一项重要的人道救助项目。据有关材料统计，我国临床用血的99%来自自愿无偿献血。前段时间，部分城市一度出现用血紧张的新情况，主要原因是卫生事业快速发展，社保水平有很大的提高，用血量增加很快，但献血人口占总人口的比例并没有随之跟上，献血人口的构成还是以大学生、农民工等为主，新的人群没有跟上。另外也有工作不到位，舆论宣传不足等原因。我国献血人口占总人口的比例仅为0.84%，低于发展中国家1%的平均水平，更远低于美欧等发达国家4.5%的水平。在这方面，我们必须加大宣传动员工作的力度，并配合卫生部门统筹研究如何进一步加强管理，加强服务保障。

中华骨髓库，即造血干细胞捐献工作。红十字会开展这项工作已经十年了，全国有三十余个省级分库，到2010年的12月底入库的资料有128万份，已成为世界上第四大骨髓库，也是最大的华人骨髓库，实现捐献人数达2000人。中华骨髓库的建立，不仅为捐献者奉献大爱、拯救生命提供了平台，也使千百万个支离破碎的家庭获得新生，有力地促进了社会和谐，提高了红十字会在人们心目中的认知度和公信力，在国际上产生了良好影响。

遗体器官的捐献工作。2010年3月2日，红十字会总会和卫生部联合在全国11个省市启动试点。这项工作难度很大，但由于各地党委、政府高度重视、加强领导，各级红十字会和卫生部门共同努力，试点工作总体进展顺利，取得了初步成效。特别是湖北省红十字会通过湖北及中央媒体，着力报道捐献者魏霞的典型先进事迹，取得了很好的社会效果，吸引更多的人加入了遗体器官捐献志愿者的行列。

各级红十字会还大力开展了应急救护培训活动。红十字运动起源于战地救助，做好应急救护培训是红十字会的一项传统工作和法定职责，也是有效应对我国公共安全严峻形势的迫切要求。要争取到最宝贵的拯救生命的“黄金时间”，就必须大力开展群众性的应急救护培训。总会去年在贵州专门召开了救护培训工作会议，强调一要抓基层，二要抓重点行业，三要抓师资骨干，要力争在较短的时间内，使培训规模有较大的突破。我们去年在上海调查了解到，经过三年的努力，上海有100万人次接受了初级培训，已经培训了10万名红十字救护员、1000名合格的师资人员，培训人数占常住人口的比例达到5.5%。昨天，我们在南京了解到，南京将在2014年承办青奥会，计划用两年时间使全市5%的人口接受培训，培训的初级急救员要达到总人口的1.5%。能做好这样已经很不容易了，但与发达国家培训人口占总人口的70%到80%相比，还有很大差距。我在国务院工作时，就一直呼吁要下大力气把这项工作做好，而做好这件事最根本、最有效的措施就是“从娃娃抓起”。要让应急救护培训进课堂，并使之制度化，学生毕业必须取得初级救护培训的合格证。要让每个学生掌握自救互救、逃生避险的技能。努力做到“教会一个学生，带动一个家庭”。前几年，深圳的小学一年级学生袁媛，就是通过学校的传授，学会了煤气中毒后的应急救护，挽救了父母的生命，拯救了一个家庭。大家都说是父母生了她，她又是父母的“再生父母”。所以把应急救护和逃生避险知识写进教材、进入课堂，意义非常重大。

“三救”、“三献”，包括应急救护培训，是我们红十字会的传统项目，也是我们的招牌项目，一定要高度重视，研究新情况，探索新举措，把这项工作做得更好。

（二）以城乡社区服务为枢纽，深入持久地做好人道援助工作。

胡锦涛同志在红十字会“八大”的讲话中指出：红十字事业是造福人类的崇高事业，为社会主义物质文明、政治文明、精神文明的建设作出了重要贡献；要贯彻“三个代表”重要思想，按照科学发展观的要求，大力弘扬人道、博爱、奉献的精神，在协助政府人道主义援助和促进经济社会发展等方面发挥积极作用。他还明确指出，红十字会在全面建设小康社会、加快推进社会主义现代化进程中是可以大有作为的。我们要按照中央的要求，努力在促进经济社会发展方面发挥积极作用，肩负起这一重任。

做好人道援助工作，关键是选准项目、发挥优势，尤其要关心“三最”群体，即最易受损害、最困难和最需要帮助的群体，这是我们援助的重点对象。

一是开展好社区服务送温暖活动。这是红十字会的又一个传统项目、品牌项目，各地都做了大量工作，比如内蒙古的“博爱一日捐”活动、青岛的“微尘”行动等等，影响很大，很有创造性，应该坚持下去，越办越好。我到各地去考察，都要去看社区的人道援助项目。昨天考察了南京市建邺区水西门社区，有两项活动很有特色。一是向最困难群众发放购物票，每张票面100元，可以凭票到社区红十字会服务站、社区援助站，根据需要领取生活用品，这比我们向每家困难户发大米、面粉、白糖、食油更加灵活，更易符合群众的实际需要。二是红十字“好邻里”闲置物品援助站，通过募集社区居民和社会各界人士的闲置物品，向社区困难群体实施救助，既有效利用了闲置资源，又实实在在地帮助了有需要的人。昨天还考察南京市洪武北路小学，成立的时候号称中国唯一的红十字会小学。学生们组织了一场义卖活动，孩子们把家里不用的玩具、课本拿来义卖，所得款项用来购买营养品、生活用品送给社区老人。学校通过组织这类活动教育学生从小懂得要孝敬老人、帮助老人，意义很大。

二是从各地的情况看，“三最”群体中要特别关注三类人：儿童、老人和大病患者。“扶孤爱幼”是我们民族的传统美德，患有先天性严重疾病的儿童，特别是孤儿，是最弱小、最需要关爱呵护的一个群体。全国现在有不少地方实施了少儿住院互助金制。比如，上海市红十字会会同教育、卫生部门联合创建了“儿童住院互助基金”，主要针对中小学生和婴幼儿群体实施帮助，通过社会互助共济来筹措资金。目前已经做到本市户籍居民城乡全覆盖，对非本市户籍居民，包括外来农民工子女、港澳台以及外国来沪工作者的子女，做到了基本全覆盖，较好地解决了少儿特别是外来务工者的孩子无钱看大病的社会问题，这些年来已经累计为100多万人次患病少儿支付了9亿多元医疗费用，挽救了很多孩子的生命。福建省政府决定每年拿出1亿元用于儿童的大病救助，四川省成都市在这方面也做得很好。

养老服务也是我们面临的一个突出问题。人口老龄化一方面是经济发展、社会进步的标志，另一方面也带来了很多社会问题。现在中国的人口平均寿命是73.4岁，全国60岁以上的老龄人口1.67亿，80岁以上的1899万，近69%的老人还要依靠子女和孙子女来赡养。由于老龄人口的快速增长，养老服务事业发展相对滞后，养老机构床位极为短缺，很多城市已经出现了养老服务机构一床难求的局面。单纯依靠政府无法满足全社会的养老需要，必须要走政府牵头，引导、动员全社会力量来办养老事业的路子。要加大对社会养老服务业的扶持，鼓励社会资源进入社会养老服务业，以居家养老和社区养老为主，以机构养老为补充。

各地的红十字会在这方面做了大量的探索，取得了很好的成效。现在上海共有31个老年护理院，有6000多张床位，主要是靠市、区两级的红十字会筹集资金和物资，有关部门如民政部门在政策上给予支持，按每个床位给予补贴。这些护理院和养老院主要收治的是老年痴呆症、中风后遗症、晚期肿瘤症、晚期糖尿病和帕金森综合症以及骨折的老年人，开展“介入护理”。所谓“介入护理”，就是介于医疗、诊治等高端护理与普通生活照料等低端护理之间的护理方式，强调要通过康复治疗、心灵抚慰等手段，帮助老人恢复功能。江西南昌组织志愿者和社工相结合，开展社区老年介入护理，做得也很好。各地老年护理院的工作之所以得到大家的认同、好评，主要是因为做了六件事：一是减免了护理费用，减少了开支。二是定期组织志愿者到护理院慰问，让老人得到心灵慰藉；三是扩大服务范围，组织力量为住在家里的老人提供上门服务；四是建立联系网络，家里无人看护的老人一旦有事，打个电话，护理人员就可以及时赶到，展开救助和救护。五是人文关怀和心理疏导。有些老人不爱跟家人说话，有别扭，由志愿者出面做心理疏导，帮助他与家人加强交流沟通、恢复和睦关系。六是临终关怀，给老人多一些安慰，让老人带着满意、感恩的心情离开人世。

这里除了儿童和老人以外，就是对生活困难的大病患者实施人道救助。总会的红十字会基金会办了一个“天使计划”活动，已经实施五年，做了大量的善事，归纳起来主要是三类：第一是援建乡村的博爱卫生院，第二是免费培训乡村医生，第三是对患有重大疾病的贫困儿童和农民提供医疗救助。五年来“天使计划”累计投入了10亿多的善款，在全国援建的博爱卫生院（站）达到2034所，培养了2086名乡村医生，同时为各种大病患者提供了31000人次的医疗资助，“天使计划”的直接和间接受益人口达1000多万。为实施“天使计划”，财政部给了1亿元彩票公益金，这1亿元带动的社会捐款达10个亿，杠杆作用显著。

这里，特别想提到贵州省红十字会开展的一个项目。他们组织了一个绿色家园行动，建立了“红十字绿色家园互助金”，底金由省红十字会提供，通过整合政府、红十字会及深圳、香港、澳门等地的社会资源，为老百姓办了许多实事。比如针对贵州困难的农业生产条件，他们因地制宜帮助农民搞了六个农产品开发项目，包括种三种植物、养三种动物。三种植物包括：第一是种核桃，栽种几年就可以产果；第二是种苹果，那里的自然环境能够产出好品质的苹果，不仅味道好，出果期也比其他地方早；第三是种烤烟，我们在那里看到烤烟长得又肥又壮。三种动物包括：第一是林下养鹅；第二是林下养土鸡；第三是养黄羊。贵州省红十字会的这个行动计划很受农民欢迎。我们在长顺县种获乡与村民座谈，感受到他们很高兴、很满意，座谈会上充满欢声笑语。我们就是要这样，充分发挥红十字人的智慧和能力，力所能及地帮助那些确实需要帮助的人。

以上所讲的人道援助工作，原则上都是各地红十字会的“自选动作”，是一批口碑很好的品牌项目，都取得了良好的社会效应，得到广泛的社会认同。我们一直说红十字会的职责就是要做老百姓最企盼的事情，只要我们时刻把困难群众的冷暖放在我们的心上，真正为老百姓办实事，我们红十字事业的社会基础就会越来越巩固，越来越得到项目受益者的拥护和捐款人的认同，就像胡锦涛同志所说的那样，红十字会在人道救助领域和人道援助领域是大有可为的。

（三）加强红十字会的青少年工作，开展志愿者服务行动，推动红十字会文化的传播，促进精神文明建设。

全球25岁以下的人口占世界总人口的50%，其中14到25岁这个年龄段有12亿，中国占了2亿多，略低于印度，在世界上排第二。青少年的品格能力将决定国家下一代劳动者的素质和领导人的水平，他们又是下一代的父母，是民族的未来，民族的未来要靠他们来传承和担当。梁启超一百多年前就喊出了“少年强则中国强”。青少年充满阳光、最具活力，也进入了风险年龄段，比如中国现在的男青年吸烟的比例是14%，小姑娘吸烟的比例也达到6%，比过去有很大的提高；青少年中肥胖病的发生率10年提高了5个百分点；更使人不安的是有些青少年涉足黄、赌、毒，刑事犯罪低龄化，对这种现象必须高度关注，采取有力措施，扭转这个不良态势。

红十字工作要进校园，要让学校成为对青少年开展道德实践教育的重要基地。我2004年在国务院主持人口战略研究的时候，就提出一个命题，要投资于人，投资于青少年，投资于教育，特别要投资于道德教育。红十字会秉承的人道、博爱、奉献精神和中国优秀的传统文化以及社会主义核心价值观是包容一致的，传播红十字精神对于推动社会主义精神文明建设、提高全社会的思想道德水平具有重要的意义。过去一年，各地的红十字会在探索和丰富红十字精神传播新路子方面，取得了不少的成功经验和成果。北京的中关村中学，南京的洪武北路小学，都是很好的典型。我们一定要继续把这项工作做实做好，让青少年健康成长。

积极开展红十字志愿服务行动，也是一项十分重要的工作。志愿者是红十字会开展人道援助各项工作的骨干力量。2008年国务院办公厅《关于加强基层应急队伍建设的意见》明确要求，要充分发挥红十字会的作用，建立青年志愿者和红十字志愿者的应急救援队伍。在2008年的奥运会，2010年的世博会和广州亚运会、亚残运会期间，我们的志愿者队伍得到了国内外人士的交口称赞。我曾经与北京市蓝天志愿者队伍有过近距离的接触，我一个一个问他们是做什么的，专长是什么，参加志愿服务的初衷是什么。交谈虽然很简单，但给我留下了很深的印象。他们中有白领，也有蓝领，有搞物业、做门卫的，也有搞计算机的，不同职业背景的人为了一个共同的目标走到一起，这就是人道救助。他们在汶川大地震、玉树大地震的救援行动中发挥了很大作用。

我们要不断扩大志愿者队伍。根据2009年的数据，全国红十字会员是2642万，但志愿者只有192万，相比之下，我们的志愿者队伍规模太小了，所以要千方百计吸纳有志于人道援助的群众参加到我们的志愿者队伍来，重点有两个人群：一头是青少年；一头是老年人、退休职工。50多岁的女同志和60多岁的男同志，刚离开工作岗位，精力充沛，有爱心、有时间、有能力、有经验，要为他们提供奉献爱心的平台。要让年青人从小就有帮助他人、回报社会的实践机会，让老人到了晚年还有发挥余热、老有所为的机会。

我们还要为志愿者创造有利条件和发展环境。我们的志愿者都是志愿服务。对他们而言，初衷是自愿贡献自己的时间、精力和技能，不以任何方式来谋求名利、谋求回报。对我们红十字会而言，就应该考虑为志愿者提供在人道救助、救灾活动中的人身保险，还要给志愿者一定的评价和激励，为他们提供有利于自身发展的机会。我们有些保险公司就免费为志愿者提供人身保险。前几天我们在无锡考察时又了解到，有的中学生因为是红十字会的志愿者，考牛津大学的时候就可以同等条件下优先录取。还有一些外资企业在招收员工时就明确，有红十字志愿服务经历的优先录用。我们一定要形成这样的机制，凡是热心为公众服务，做出出色成绩的优秀红十字会员和志愿者，红十字会要积极为其提供发展机会，因为他们在志愿服务活动中显现出热爱民众、无私奉献的情怀和服务民众、处理复杂事件的能力。

（四）充分发挥民间外交渠道作用，促进国际交流合作。

随着我国国际地位的提高，近些年来外交工作的重要性愈发显现。做好外交工作，一定要重视和发挥民间外交的作用，让官方外交和民间外交两个轮子一起转，创造一个有利于我国长期发展的和平环境。这方面我们过去做了不少工作，今后要继续加强国际交流合作，做好“请进来、走出去”的工作，积极引进境外的资金、管理和技术，同时大力支持发展中国家红十字事业的发展。不仅提供经济援助，也要加大人道领域的援助力度，包括派遣医疗队、救护队等等。在这方面，红十字会是很好的渠道，要让中国红十字会在国际红十字运动中发挥出与我国国际地位相称的积极作用。

我们红十字会还担负着中国国际人道法国家委员会的相关工作。2009 年的 3 月，我在上海市卢湾区职业教育中心主办的实验学校初中部考察红十字会工作，了解到这所学校把国际人道法的传播作为红十字青少年工作的一项内容，组织学生们讨论对国际人道法条款的理解。坦率的说，很多条款的内容我并不了解，初中的同学能掌握这些内容并展开辩论真不简单。我们还真得活到老、学到老啊。去年 9 月，我们召开了国际人道法国家委员会全体会议，大家讨论认为这是一项非常重要的工作，我想借此机会在这个问题上跟大家多说几句，因为国际人道法的实施也要靠各地的红十字会予以重视和支持。我国早在 1956 年就批准了四个日内瓦公约，是联合国安理会常任理事国中最早接受议定书的国家，而且我国已经兑现对联合国的承诺，向 120 多个发展中国家提供了经济援助，累计免除了 49 个重债穷国和最不发达国家的债务，我们还向发生地震、海啸等灾害的国家，积极捐赠物资，并派遣多支医疗队和救援队到当地实施人道救助。我们是安理会常任理事国中派出维和人员最多的国家之一，已经累计派出上万人次，在海地的地震中还有 8 名维和官兵付出了生命的代价。总之，中国在实现自身发展的同时，已经尽了最大的努力，为世界和平与发展的崇高事业作出了重要贡献。我们要树立一个观念就是，我们宣传和实施国际人道法不是宣传所谓的西方价值观念，实际上，国际人道法的根本宗旨就是对人的保护，这与科学发展观、“以人为本”理念的核心内涵，与中华民族救死扶伤的传统美德是完全一致的。做好国际人道法的普及和国际人道法在我国实施情况的宣传，一定意义上也是为了树立我们国家良好的国际形象，确保我国始终站在道德制高点上。做好这些工作，我们红十字会责无旁贷。

（五）理顺关系，加强自身建设。

这是“七大行动”中的“强会行动”。前面讲到的“三救”和“三献”，本质上是一个关爱生命、抢救生命的“生命工程”；开展人道救援、社区服务，实际上是一个“民生工程”；搞好青少年工作和志愿者活动是一个道德实践、道德教育的“道德工程”；参与国际交往、推动国际人道法的传播和实施，是一个“民间的外交工程”。所有这些工程最重要的前提是搞好红十字会的自身建设，这是一个强身固本的“基础工程”。现在社会各界分析我们红十字会的优势，归纳起来有四条：第一，组织化程度高；第二，网络覆盖面广；第三，社会影响力大；第四，办事效率高。我觉得，这些既是对我们的肯定和勉励，也是我们进一步努力的方向。同时我们也看到，各地红十字会工作之所以能不断开创新局面、取得新成就，根本在于：一是有一批有善心、有爱心、有能力、有办法的热心人，当地红十字会的会长、常务副会长、副会长，都是一批有善心、有爱心、有能力、有办法的热心人参与我们的红十字事业，二是有一支勤勤恳恳、办事认真的干部队伍，大家都有强烈的责任感，严格管理，公开透明，作风严谨。没有这两条，红十字会的各项工作不可能推得动、做得好。过去一年，各级红十字会理顺体制的工作又有了很大进展，理顺管理体制的地市级红十字会比例从 2009 年的 91% 上升到 96%，县市级红十字会比例从 43% 上升到 53%，这一成绩来之不易。我们到内蒙古自治区去考察，当地的党委、政府高度重视红十字会的组织建设，比较早就理顺了盟市、旗县区红十字会的管理体制，盟市级红十字会都是正处级、旗县区级红十字会都是正科级。还为红十字会多设一个领导职数，这样做既加强了红十字会的工作，又为大量的优秀干部提供了更多的任职渠道，充分体现了党委、政府对干部的关心，对人才的爱护。他们在理顺管理体制、形成组织网络的同时，特别强调红十字会要进农村、进社区、进企业、进学校、进机关，他们还坚持推进工作质量标准化和实施目标化管理。通过这些举措，各级红十字会的能力明显增强，各项工作实现了大步跨越。天津市红十字会很早就推行利用政府资金购买公益岗位，把高校毕业生组织到红十字事业中来，组织到为人民服务的社会事业中来，这是红十字会用人机制的一种创新，也是理顺红十字会管理体制的一种探索，很有启发性。我前不久到上海嘉定区调研，发现他们也有一个新做法，就是由区红十字会和街镇共同出资，通过给予一定经济补助择优选聘热心红十字工作的专职联络员，又在各街镇和相关职能部门中选聘工作经验丰富、熟悉区域情况的调研员为红十字指导员，形成了指导员、联络员和专兼职红十字工作人员为一体的街镇红十字干部队伍。上海浦东红十字会积极推行信息化管理，构建了一套科学、动态、准确的红十字网络，街镇、学校、团体会员单位都在网络上输入和更新各类信息数据、办理相关事项，有效带动了基层红十字会管理水平的提升。这说明，近些年来各地在抓组织建设、抓队伍建设方面确实下了功夫、取得了成效。

这里还要提到，安徽省红十字会的能力建设也很有特点，他们调动社会资金和师资力量办了一个红十字会中等卫生职校，为城乡基层医疗机构培养紧缺的医护人员，这个做法很有创意，体现了红十字会调动社会资源为社会服务的平台功能。省红十字会还通过争取政府和社会资金的支持，新办了一所医院，走出了一条拓展红十字会服务能力的新路子。

以上是我们在各地调研期间感受最深的五个方面。其实各地都有不少好的招数、好的经验，需要我们去调研、总结和推广。我深信，在我们国家，寻求改革良方，破解发展难题，力量在群众、智慧在地方、办法在基层。我们要坚持深入基层调查研究，充分汲取地方的成功做法和成熟经验，不断推动全国层面红十字会工作改革创新、加快发展。

二、中国红十字事业面临战略机遇期

进入2011年，意味着我国的改革开放事业经历过上世纪的80年代、90年代和新世纪的头十年，已经进入第四个十年，当前经济社会最大的特征可以用两句话来概括：

第一句话是，我们国家进入了中等收入国家行列。2010年我国GDP接近40万亿人民币，人均GDP超过4000美元。2009年，世界银行划了一个界限，凡是人均GDP低于935美元的，叫低收入国家，935美元到11455美元叫中收入国家，高于11455美元的就是高收入国家，中收入国家中还有区分，3705美元以下是中低收入国家，如果高于3705美元，叫中高收入国家，我们已经进入了中高收入国家行列，再经过若干年的努力，要进入高收入国家。

第二句话是，我们国家面临“中等收入陷阱”。所谓“中等收入陷阱”当时指的是拉美现象，是指一个国家进入经济高速发展阶段，但是收入分配差距越来越大，贫富悬殊，大部分居民购买力相对下降，经济增长缺乏内生动力，造成经济发展速度下降，同时社会不稳定因素增加，乃至失控。70年代一些拉丁美洲国家的经历是这种现象的典型表现。“中等收入陷阱”、“拉美现象”，过去十几年国际上说的很多。我国的发展到了人均GDP4000美元这个门槛，一方面体现了改革开放的伟大成就，人均GDP从改革开放初期的200多美元增长到了4000美元，增长20倍；另一反面，我们要高度警惕，防止陷入“中等收入陷阱”。凡是认识到问题、知道有陷井的，就会避开陷阱；凡是掉以轻心，感觉良好，认识不到风险的存在，就有可能掉入陷阱。

这个“陷阱”的本质是什么？其实就是经济发展与社会发展失衡。中央很早就认识到这个问题，党的十六大报告提出，到2020年要全面建成的小康认识，是惠及十几亿人口的更高水平的小康社会，是经济更加发展、民主更加健全、科教更加进步、文化更加繁荣、社会更加和谐、人民生活更加殷实的社会。这六个“更加”里面，第一条讲经济，经济更加发展；第二条讲政治，就是民主更加健全；第四条讲文化，文化更加繁荣。一条讲经济建设、一条讲政治建设、一条讲文化建设，其他三条讲的都是社会建设。所以我们全面建设小康社会，是“五项建设”即经济建设、政治建设、社会建设、文化建设、生态文明建设，齐头并进，协调发展，再加上一条即党的建设，为前面五项建设提供组织保证。但从这些年的实际情况看，大家讲到经济成就都是喜气洋洋，说到社会矛盾就忧心忡忡，社会矛盾确实是明显增多了，不用回避。经济社会发展不平衡、不协调、不可持续问题依然突出，是前进道路上必须下大力气去解决的问题。

中央关于整个经济社会发展态势说了“四个深刻”，就是经济体制深刻变革、社会结构深刻变动、利益格局深刻调整、思想观念深刻变化，分析得很深刻、很透彻。经济体制上，所有制改革、产业结构调整、地区生产力布局有了很大的变化。社会结构上，变化也非常大。第一，从计划经济时代的单位人变成了现在市场经济时代的社会人；第二，两亿多农民离开了土地，从农民变成了从事第二、三产业的工人、职员，一亿多农民离开了本地，到外地打工，这是世界上最大规模、速度最快的城市化。也有人说这只能算作“半城市化”，因为进城务工农民还没有全面享受市民待遇，要真正实现这一点，还要仔细审慎地研究和推进；第三，人口的家庭结构从正金字塔结构变成了“421”或者是“62”这样一种倒金字塔结构；第四，收入结构也在发生着重大变化，劳动报酬占初次分配的比重过低，基尼系数从改革开放初期的略大于0.2到现在的略小于0.5，城市居民与农村居民的收入比从80年代的1.86:1上升为现在的3.31:1，50%的农村人口只能分享10%的全社会财富。总的看，我们可以得出结论，社会结构的调整、优化、升级远远落后于经济结构的调整、优化、升级；社会体制改革滞后于经济体制改革；社会建设的步伐大大落后于经济建设的步伐。由于我们抓经济建设这手比较硬，抓社会建设这一手比较软，在经济方面我们投入比较多，在社会方面欠账比较多，所以现在经济一条腿长，社会一条腿短。这是走不快也走不远的。

近年来，党中央、国务院高度重视社会建设，中央领导同志多次就加快社会建设发表重要讲话。中央领导同志的讲话精神，我体会主要有这样几条：第一，务必要把社会建设放在突出的重要位置。为了超越中等收入陷阱，为了国家的长治久安，未来社会主义现代化建设的顺利推进，必须集中力量把滞后的社会建设抓上去，关键是统一思想，改变“以GDP挂帅”、“一俊遮百丑”的观念，真正落实科学发展观、转变发展方式，努力做到协调、统筹、可持续。在统筹经济社会发展、统筹城乡发展、统筹区域发展、统筹人与自然和谐发展、统筹国内发展和对外开放这“五个统筹”中，统筹经济社会发展是居于第一位的。这是2003年“非典”这场突如其来的灾难给我们的教训和启示。中央提出科学发展的战略思想和构建和谐社会的战略任务，是对治国理政和现代化建设客观规律认识的深化。

第二，要把保障和改善民生作为社会建设的核心任务。我们过去常说抓民生主要是三个层次，第一层次是就业、分配、社保，这是解决生计问题；第二层次是生产生活安全、环境安全和社会公共安全，这是解决安全问题；第三层次是卫生、教育、文化，这是解决人的全面发展问题。在这三个层次之外，还要加一个住房问题，在中国快速推进城市化的过程中，必须妥善解决好老百姓的住房问题。现在这些都是老百姓当前最关注的热点问题。

第三，推进社会建设必须要依靠全社会的力量，为此必须深化社会体制的改革。过去我们讲的较多的是社会管理体制改革，现在更应强调的是深化社会体制改革。这里用了社会体制这个概念，因为它比社会管理体制的内涵外延要大得多、包容面要广得多。深化社会体制改革，首先政府要全面履行职能，要挑起公共服务和社会管理的担子。温家宝同志在2009年说过，在我国社会事业领域，政府责任不到位和包揽过多同时并存，该管的没有管到位，该放的没有放下去，发挥市场机制、社会资本和民间组织的作用不够，调动各方面积极性的体制、机制还不健全，社会事业发展的活力不足，这不仅制约了社会发展的步伐，也制约了经济发展的步伐。改革开放30年取得了巨大成就，最基本的一条经验，就是调动最广大人民群众的积极性，这也是我们改革的宗旨。经济体制改革取得成功，最主要就是靠了这一条。改革开放初期，发端于1978年安徽凤阳小冈村的农村改革，是我们中国改革的起点，也是示范。农民土地联产承包经营责任制为什么能够成功？核心是一句话：土地承包经营所得，“交够国家的，留足集体的，剩下都是自己的”。这一句话就把农民积极性给调动起来了，确保了农村经济体制改革的成功。到了20世纪90年代，我们集中力量搞国企改革，搞金融改革；进入新世纪，集中搞行政管理体制改革。这些改革到现在还在继续深入进行。从今年起，改革开放进入第四个十年，已经到了必须集中力量搞社会体制改革的时候了。搞社会体制改革，着力点也要放在调动全社会一切可以调动的积极性上，共同推进社会建设。

我国的社会体制改革要放在大背景下来看待和分析。我们要努力营造一个有中国特色社会主义的现代国家制度，要有一个和社会主义市场经济体制相适应的现代企业制度，还要有一个符合中国国情的现代社会制度，这一点非常重要。举个例子，当年搞国企改革，为了减轻企业负担，实现三年脱困，就提出企业不要办社会。但如果企业不办社会，交给谁办？交给社会办，社会组织不发达，无人接手；交给地方政府办，地方政府财力不足，包不下来，这个问题到现在也没有完全解决好。所以，我们要坚持深化改革，在推动建立现代国家制度、现代企业制度的同时，更加着力构建现代社会制度，包括着力研究如何培养和管理社会组织，让他们在社会建设中发挥作用、有所作为。社会建设中有相当一部分内容，是我们红十字会等社会组织可以去做、可以做好的；社会体制改革重在充分调动社会组织的积极性。我们红十字会责无旁贷，各级红十字会一定要紧抓机遇、迎接挑战、发愤图强、大有作为。

在这样的形势下，红十字会要把加强理论研究摆在更加重要的位置。理论研究，一定要眼观四方，要有大势判断，要有全局观念。当前的大势是什么？全局是什么？核心是一句话，中国特色红十字事业的发展已经进入一个战略机遇期。红十字会能不能有一个大的发展，就看我们能不能抓住当前这一战略机遇期。为什么说我们面临一个战略机遇期？因为我国经过改革开放30年的高速发展，经济发展成就巨大，但社会事业发展却相对滞后，社会矛盾明显增多，社会建设面临严峻挑战。我一直认为，不要简单地把挑战视同不利因素，把机遇看成有利因素。挑战其实就是机遇，英语里面的一句谚语“challenge is chance”就是这个意思。你把挑战看成你的机遇，下决心克服困难，事业就有了大的发展；你把挑战看成一场逃避不了的灾难，畏缩不前，那肯定做不好工作。我们红十字会一定要勇于面对挑战，克服各种困难，不断开创新局面。

我们面临的困难和挑战不少，我们还有很多艰巨的工作要做。比较典型的，可以用三个数字来说明：一是我国全社会的捐款占GDP的比重还很低，即使在最高的年份2008年，全社会公益慈善捐款才1070亿元，占当年 GDP 的比例还不到0.4%，而美国在大灾之年最高能达到2.6%，平常年份在2.2% -2.3%，发展中国家平均在1%左右。二是开展人道救助、人道援助的各项工作都离不开社会工作者。我国社会工作者队伍占就业人口的比重在1%左右，而美国的数据是18%，差距还相当大（这也许与我国还没有建立相应统计口径和统计方法有关）。三是接受过是应急救护培训的人口占总人口的比例，我国总体上还不到5%，发达国家是70% -80%。可见，在这三个方面，我国与发达国家甚至是世界平均水平都有很大差距，差距大是挑战，也是机遇，说明我们有很大的发展空间。总之，加快推进包括红十字事业在内的各项社会建设，中央重视，社会需要，人民期待，红十字事业的发展确实到了一个战略机遇期。机不可失，时不再来，贻误战机是最大的失误。我们一定要充分领会中央关于加快社会建设和深化社会体制改革的一系列重要指示精神，充分认识和牢牢把握战略机遇期，真抓实干，加倍努力，推动红十字事业迈上一个新台阶。

三、对下步工作的几点希望

（一）要以制度建设为核心，深入推进能力建设。

去年总会提出了要加强红十字会的能力建设。能力建设是一项长期任务，要常抓不懈。为了常抓常新，可以每年突出一个重点，取得实效，积小胜为大胜。2011 年的能力建设就要围绕制度建设这个核心来推进。为什么要把制度建设作为当前能力建设的一个重点？我认为，首先是为了总结各地的先进经验、成功做法，由点到面在全国推广。每个地方、每个单位都有很多行之有效的经验和具体做法，收到好的实效，这是我们宝贵的财富。要用规范性的语言来概括和提炼，把各地的实践上升为制度，来指导和规范全国的规范，营造成果共创、成果共享的生动局面，不断提高各级红十字会的工作能力。其次，是为了不断深化对红十字会工作客观规律的认识。红十字事业是一项千秋万代的事业，任何事物都有它的客观规律，要推动红十字事业长期健康发展、也必须按客观规律办事。这就要求我们既要大胆实践、创造经验探索规律，又要靠制度建设去积累和传承实践经验，并把这些凝聚在制度中的群众创造的实践经验升华为中国特色红十字事业的理论，指导我们的实际工作。所以，我非常赞成将今年的能力建设重点放在制度建设上。

（二）要以破解红十字会发展的关键问题为重点，加强理论研究。

红十字会“九大”以来，我们强调要开展调查研究和理论研究。一是总会领导开展的调研，我已经考察了 10 个省（区、市）的红十字会工作，其他同志也开展了大量调研，实地了解掌握的情况让我们受益匪浅。二是总会还组织了理论研究课题组到各地去作实地调研。三是请全国人大常委会教科文卫委员会组织开展了执法调研。三项调研取得的成果综合起来，为我们今年的理论研究打定了一个很好的基础。理论研究要有针对性，要有明确的目标，要努力回答实际问题。我们在实际工作面临的重大问题、焦点难点问题就是需要重点研究的重大理论问题：第一，红十字会未来发展的指导思想，包括红十字会的性质、地位、目标、任务、作用等等，要针对新形势新特点做出新的概括。第二，红十字会的职责，1993 年颁布的红十字会法规定了七项职责，随着时代的发展进步，红十字会的服务对象和服务内容都有了很大变化，有了新的更高的要求，应根据新形势新变化进一步界定我们的职责。界定职责要更明确、更具体，比如器官捐献、造血干细胞捐献等新的工作领域，还有很多红十字会的服务项目，包括我们所称的"规定动作"和"自选动作"，凡是经过检验、得到大家充分认可，能够固定下来的，都要在理论上讲明讲透，在职责中加以规范和明确，等等，即要把"规定动作"、"自选动作"阐述得更加明确。第三，关于人、财、物的管理，特别是资金运作制度。如何提高公信力，提高筹款能力？红十字会如何更好地做到一手抓项目、一手抓筹款？如何让全社会都高度认同、信任我们，放心让我们管理他们的捐款、实施公益项目？这些都需要深化研究。第四，对外交往，红十字会应该做什么？能做什么？应该放在什么位置？第五，加强领导。各级红十字会在争取各地党委、政府的领导和支持方面都有一些好的做法，有必要加以总结，归纳出一些规律性的认识，提出一些制度性的要求。以上所讲的内容，都是今年总会理论研究的重点，也请同志们回去认真思考。总之，理论研究要针对红十字会的未来发展，要破解我们面临的重大难题，而且一定要放在大力加强社会建设的大背景下来考虑。

（三）要积极争取国家各部门和各地党委、政府对红十字会工作加强领导、加大支持。

这方面我在各地看到了很多好的迹象，很受鼓舞。第一，在江苏调研期间，了解到有两个市要把红十字会工作写进政府工作报告，这在过去是很少见到的。第二，有些地方把红十字会的某些工作列入政府的实事项目和考核内容。第三，有些地方建立了政府定期听取红十字会工作汇报的制度。第四，各地普遍给红十字会增加了编制，包括行政编制和事业编制。第五，各地增加了对红十字会的财力支持。第六，不少地方建立了抓社会建设的专门机构，比如北京、上海、南京市都建立了社工委，并且把红十字会列为枢纽型的社会组织，把很多社会管理的功能交给了红十字会。还有很重要的一点，许多地方基层社区红十字会会长由当地社区党支部书记或管委会主任兼任，这种做法很好。红十字会的宗旨和我们党全心全意为人民服务的宗旨完全一致，基层红十字会的会长由基层党支部书记或社区管委会主任兼任，红十字会可以更好地依托基层社区的组织优势和资源优势，发挥独特作用。党的基层组织活动也有了充实的、得到群众拥护的内容，这是一举多得，要好好总结和推广发扬。

同志们，红十字事业是一项造福人类的崇高事业，在推进社会主义现代化、全面建设小康社会的伟大时代，做好红十字工作意义重大，使命光荣，让我们在党中央、国务院的领导下，继续大力发扬人道、博爱、奉献的红十字精神，为中国特色红十字事业的又好又快发展做出新的更大贡献！

在第九届理事会第二次会议暨理顺管理体制工作经验交流会闭幕式上的讲话

中国红十字会会长　华建敏

（2011 年 1 月 20 日）

在大家的共同努力下，中国红十字会九

届二次理事会即将圆满结束，这次会议得到了江苏省委、省政府，南京市委、市政府，江苏省红十字会和新闻媒体等各有关方面的大力支持，我代表全体理事向江苏省、南京市和江苏省红十字会以及各有关方面表示衷心的感谢！

这次会议开得很成功，内容很充实，有一种积极进取、团结和谐的气氛。会议有一个最大的特点，就是提供了一个很好的经验交流平台，六个典型经验介绍主题集中、内容充实，有问有答，互动交流，同志们就各地新经验的内涵、具体操作方式、条件经费落实等作了深入探讨，不仅达到了交流切磋的目的，又即时启动了借鉴、推广的进程，这是类似的全国性会议中少见的。安排这种经验交流以及有问有答的互动是很好的一种会议形式，希望明年能够开得更好，成为我们红十字会的一大特色。

这次会议，是总结过去一年工作，交流经验的大会；是贯彻十七届五中全会精神，推进红十字事业发展的大会；也是明确重点任务，部署全年工作的大会。会议效果明显，达到了认清形势、统一思想、理顺思路、明确目标、增强信心、鼓舞干劲的目的。会议期间，各位理事对红十字会的工作提出了许多很好的意见和建议，执委会将认真的加以研究和落实。同志们回到各地去，要很好地传达这次会议精神，包括会议的主要文件和交流的新经验。下面，我再讲三点意见：

一、把握大局、认清责任，增强社会责任感和历史使命感

党中央、国务院非常重视社会建设，我们只有见事早、觉悟早，早谋划、早行动，才能抢抓战略机遇，掌握主动权。各级红十字会都特别需要加强学习社会建设的理论，研究社会体制改革的内容，包括社会治理模式的改革、社会服务或公共服务体制的改革、社会事业管理体制的改革、社会事业发展机制的创新和社会组织培育管理体制的创新等。中心题目是如何进一步调动全社会参与社会建设的积极性、主动性、创造性，这些题目都是我们各级红十字会的同志要反复思考、认真研究的重要课题。同时还要研究红十字运动发展的历史，研究中国特色红十字事业的理论，不断结合新的实际研究红十字会的体制、机制、法制，深刻把握红十字事业的发展规律，这样才能增强社会责任感，提高做好工作的自觉性。听了今天的经验交流，我有一个突出的感受就是，大家的发言质量很高，体现了各地红十字会确确实实是把红十字会的工作当作事业来干，当作学问来钻研。“九大”以来，我们一直强调要抓好理论研究、深入开展调查研究。这些要求归根结底是要把红十字会建设成为一个学习型组织，大家正朝着这个方面作出切实的努力。

二、做好红十字会各项工作的关键是扎根基层

昨天下午，我们召开了省级红十字会会长座谈会。各省的领导同志谈得都很好。他们一致肯定2010年红十字会工作取得的成绩，并要贯彻这次会议的精神，加强对红十字会工作的领导和支持。安徽省红十字会会长谢广祥同志讲到要抓“四基”，打好基础、抓好基层、加强基干、建设基地。我认为，最重要的还是要抓基层。民政部等部门同志曾经用四句话概括红十字会的特点：组织化程度高，网络覆盖全，社会影响大，办事效率高。这是对我们的鼓励。其实我们还有很大差距。但是仔细想想，我们最大的优势正是我们基层组织，就是社区的红十字会组织，几乎每到一处都能看到社区的红十字会在活动，可以说红十字会的力量在基层，优势也在基层。我是很赞成江苏、内蒙古等省的同志反复讲的“五进”，就是进社区、进企业、进农村、进学校、进事业机关单位。我特别希望，在进企业、进一些重点行业方面，2011 年能有所突破。

比如红十字组织进旅游业。我国旅游业增长非常快，是第三产业里面增长速度最快的一个行业，不少省（区、市）的游客数量都超过或接近一个亿。由于旅游人流密集，很容易发生踩踏、失火等事故。西方的社会管理和社会服务发展比较成熟，但也难以避免踩踏等事故的发生，如去年德国杜伊斯堡音乐节踩踏事故就造成了大量人员伤亡。旅游业要实现健康发展，最重要的是确保安全。无锡市红十字会在灵山旅游景区设立了红十字救护站，由红十字志愿者当骨干，万一有突发事件，救护站马上就可以救治或送医院，为游客提供及时快速的安全保障。听说好多景区都在酝酿成立旅游景点的红十字组织，希望各地的红十字会负责同志回去以后，高度重视和大力支持这项工作。我曾经向国家旅游局建议，把旅游行业作为发展红十字会的重点行业，他们很赞成。各地红十字会可以尽早着手开展这项工作。

再比如，企业建立红十字会组织这项工作也希望各地抓紧推进，在今年有较大进展。前不久在福建考察了莆田保兰德集团的红十字会。他们还设立了红十字互助金，制定了章程，定期公布募集公益金的数额、用途。据企业介绍，企业的产品在打入欧洲市场时，瑞士提出要依据企业社会责任认证体系（SA800）查证企业的社会责任承担情况。瑞士人一到企业就看到一个红十字会活动室，了解到企业建立了红十字会组织、有活动章程，开展了不少红十字人道救助活动，感到非常满意，当场表示不需要进一步审查，同意进口企业的产品。这个企业的红十字会还有一个特色，过去职工上班迟到早退、轻微违反劳动纪律的，要交 5 元或 10 元的罚款，后来，再有这种情况就不罚款了，改为“乐捐”，即自愿和快乐地捐款，董事长承诺职工乐捐 10 元，企业再捐 10 元。这些钱汇集起来，明确使用方向：一是补助企业困难员工患重病的亲属；二是补助企业困难员工子女读书费用；三是开展企业外的灾害救助和社会救助。这样的经验，很值得其他地方的企业借鉴和推广。总而言之，我们的企业在履行社会责任、行善积德方面还有很大的空间，还有很多事情可做。企业是财富的创造者，同时我们也希望企业，特别是国有企业，成为道德的引领者，站到道德高地上，提升中国企业的形象。

三、做好红十字会工作要创新创优

2011 年是以制度建设为核心的能力建设年。从本质上说，制度建设就是制度创新。要用创新的精神加强制度建设。因循守旧、墨守成规是搞不出好的制度来的。一定要根据新情况、新要求，建立与之相适应的制度。

红十字会的工作包括规定动作和自选动作。对于规定动作，一定要规范化、标准化，实行目标化管理，在这个领域，要更多地强调创优。制度定下来以后，一定要高标准、严要求，争先创优。在自选动作领域，要鼓励“八仙过海，各显神通”，创出品牌。要用开放的心态，鼓励各地红十字会探索和开拓。我相信，各级党委、政府一定会以开放开明的态度，鼓励地方红十字会探索创新。有个地方红十字会干部讲得好，要做好一件事，一定要勇于试，敢为先，不怕苦，不畏难。80 年代初，江苏发展乡镇企业，探索苏南模式，当时讲的最多的是“四千四万”，就是千山万水、千家万户、千言万语、千辛万苦。没有这“四千四万”精神，就没有现在的江苏。“四千四万”精神同样适用于我们红十字会工作，红十字会工作要搞好，一定也要经历“四千四万”的过程，不能一味等靠要，等着编办新增编制，等着财政划拨经费。红十字事业的发展离不开党委政府的领导和各部门的支持，但归根结底还是要靠我们自己的努力，有为才能有位。

我在福建省调研的时候，为厦门红十字会工作题写了八个字：当真、创新、扎根基层。“当真”是我家乡无锡的地方语言，意思是做事情要真抓实干，不要“忽悠”。做红十字会工作就是要认认真真、实实在在地干，不做表面文章；“创新”是说红十字会工作没有一成不变的模式，要立足实际，因地制宜，创新内容，创新方式方法；“扎根基层”是讲红十字会工作的力量源泉在基层，只有扎根基层才能永葆红十字事业的旺盛生命力。我上面说的“四千四万”、“勇于试、敢为先，不怕苦，不畏难”四句话以及这八个字，与总会的同志，与各地的同志共勉之，我们都要用这样一种精神来要求自己。

我们的会议马上就要结束，大幕就要落下，新的一年已经开始，新的征程已经起步，让我们团结一致、努力拼搏，为打开红十字事业又好又快发展的新局面奉献我们的智慧和力量。最后，祝大家春节好，希望明年的理事会，听到各地更为精彩的报告。

在第九届理事会第二次会议上的工作报告

中国红十字会常务副会长　王伟

（2011 年 1 月 19 日）

尊敬的华会长、各位理事、各位代表：

我受中国红十字会第九届常务理事会委托，向大会做工作报告，请予审议。

一、2010 年工作回顾

2010 年是中国红十字会第九届理事会的履新之年，是各级红十字会整理思路、谋划未来发展、加强能力建设的一年，也是自然灾害多发频发、重大活动集中举办的一年，可以概括为“灾害救助年”、“调查研究年”、“能力建设年”和“重大活动年”。在这一年中，中国红十字会第九届理事会认真学习实践科学发展观，贯彻落实党的十七大、十七届四中、五中全会精神，围绕中心、服务大局，带领全国各级红十字会团结一致、勤奋工作、开拓创新、锐意进取，圆满完成了各项工作任务，为未来几年实现红十字事业的更好更快发展奠定了坚实基础。这一年的主要工作是：

（一）救灾成绩显著，救护、救助工作取得新进展。2010 年是各类自然灾害频发的一年，雪灾、洪涝、台风等常见灾害规模不减，西南旱灾、玉树地震、舟曲泥石流等罕见重大灾害接连发生，汶川地震灾后恢复重建工作也进入关键时期。灾害救助是红十字会的首要职责。第九届理事会开局伊始，就把备灾救灾工作放在了突出重要的位置。在总结汶川地震救援经验的基础上，修订完善《中国红十字会总会自然灾害应急预案》，进一步强化并规范总会灾害应急反应机制和流程；印发《中国红十字会备灾救灾中心（物资库）规划建设管理办法》，总会备灾救灾中心也已正式落成并运转，使我国红十字会备灾基础建设进一步加强；作为国家抗震救灾领导小组成员，中国红十字会今年又成为玉树地震灾后恢复重建小组成员，更加有利于依法维护捐赠人利益、规范捐赠资金使用；通过向社会发呼吁、短信募捐、举办公益晚会等方式，各级红十字会开展重大自然灾害募捐工作取得显著成果；进一步加强统筹协调工作力度，面对繁重的救灾任务，形成了总会与各省红十字会上下联动、合力开展救灾工作的良好局面。

据统计，2010 年总会及基金会投入救灾资金 26 亿多元，其中向 27 个受灾严重省份下拨物资和资金近 190 批次，累计价值达 9200 多万元。其中，在西南五省旱灾救助中，总会及基金会募集了 2 亿多元的救助款物，创造了我会旱灾救助之最。在 2010 年的洪涝灾害救助中，总会对所有达到一级响应的受灾省份，在按正常救助标准给予救助的基础上，又从总会自身积累的资金中为每省追加了至少 100 万元的救助资金，救助力度前所未有。

玉树地震发生后，总会迅速派出工作组以及北京 999、湖南供水、云南大众卫生三支特色救援队参与救援活动，其中，供水应急队在灾区生产 800 多吨洁净饮用水，大众卫生应急队搭建了 100 个便捷、卫生的应急厕所，方便了群众的生活，突出了红十字会的特色。其他省份红十字会在第一时间主动派出救援队，积极开展救灾募捐，调拨物资，给予受灾地区有力支援。在灾后重建阶段，总会与青海省人民政府共同签署了《玉树地震灾后恢复重建项目备忘录》，将提供总额不低于 23 亿元人民币的项目资金，现已商定援建 29 所学校、33 所医疗机构和 2 个防灾减灾设施以及部分农牧民住房项目。国外捐款 4000 多万元均已确定用途。舟曲泥石流灾后恢复重建工作也在有序推进，总会已与甘肃省人民政府签署了《中国红十字会援助舟曲特大山洪泥石流灾后重建项目协议》，将提供 2. 25 亿元资金，用于支持舟曲泥石流灾害损毁的 7 个卫生、2 个教育项目恢复重建。

为确保汶川地震恢复重建项目的圆满完成，总会及时召开会议并下发了《中国红十字会关于进一步加强汶川地震灾后恢复重建工作的通知》，使红十字会参与的恢复重建工作得以迅速改观。对四川省调整项目进行了严格审核，截至目前共调整项目 168 个，项目资金 1. 38 亿元人民币。此外，制定了汶川地震余款使用方案，积极推进川、陕、甘地震灾区红十字会备灾中心项目和软件项目的落实工作。

2010 年红十字会的救灾工作成绩显著，得到党和政府的充分肯定。回良玉副总理在玉树灾区对红十字会救灾工作给予了高度评价。全国有 6 家单位、4 位个人分别被中共中央、国务院和中央军委评为玉树地震“全国抗震救灾英雄集体”、“全国抗震救灾模范”称号。总会荣获中国总会计师协会颁发的 2010 年度最具社会责任感奖。

在大力开展灾害救助的同时，各级红十字会以保障人民群众生命健康为己任，积极开展救护救助工作。

在救护工作方面，一是进一步加强标准化建设：调整红十字救护工作指导委员会，下发《关于进一步加强应急救护工作的意见》，开展红十字应急救护相关法律课题研究，逐步推动应急救护工作标准化建设；二是加强经验交流，培训工作取得实效；2010年8月，成功举办首届全国红十字应急救护大赛，全年各级红十字会共培训救护师资3.1万人，救护员317.3万人，普及救护防病知识1751万人次；三是培训工作深入行业、深入普通市民，如贵州、河北、重庆等红十字会与公安、交通部门密切合作对驾驶员开展救护培训，北京市、上海市红十字会在政府支持下向市民开展应急救护培训等等。

积极开展大病救助活动，“小天使基金”已累计救助贫困白血病患儿2640名，拨付资助款8117万元。“爱心工程”共义诊筛查先心病患者13169人，实施手术1775例。“扶贫救心—红十字在行动”完成先心病患者手术2000例。继续开展“红十字博爱送万家”活动，各级红十字会共筹集资金4000多万元，为20余万户贫困人群送去慰问物资和关怀。艾滋病预防与关爱工作也在稳步推进。

今年3月，接受卫生部委托在全国11个省市开展了人体器官捐献试点工作。明确了红十字会系统在宣传动员、报名登记、捐献见证、缅怀纪念、救助激励等方面的工作职责。试点工作开展以来，成立了“中国人体器官捐献工作委员会”和办公室等机构。积极推动建立国家人体器官捐献中心，争取国家“十二五”彩票公益金支持。11个试点省、市红十字会结合当地实际，创造性的开展试点工作，建立健全相关工作制度，工作流程，促进地方法规修改，保证试点工作平稳有序进行。截至2010年11月底，广东、天津、湖南、辽宁、浙江、湖北等地成功完成了28例器官捐献，捐献器官60多个。为今后推广这项工作奠定了良好的基础。造血干细胞捐献工作取得新进展，中华骨髓库总库容达到128万人份，2010年新入库14万人份，同时实现了当年捐献500例的突破进展。另外，针对部分省市出现临床用血供应紧张情况，总会与云南、北京、山东、广东、吉林、湖北等省市红十字会积极配合卫生主管部门开展了无偿献血宣传活动并取得良好效果。

同时，地方各级红十字会结合本地实际，积极开展救护、救助特色服务。如贵州省红十字会着力打造的“绿色家园行动”，浙江省红十字会的“村（居）红十字爱心互助金”等都是把红十字会工作延伸至农村的有益尝试。陕西省红十字会的老年志愿者服务队，江西省红十字会老年人介护服务，在社区养老服务方面创出了特色。青海省红十字会实施“贫困家庭先天性心脏病和疝气患儿”救助项目，已经成为青海省的爱民、惠民品牌。

我们还同部分国际组织、兄弟国家红十字会、跨国企业等20多个合作伙伴开展合作，在全国26个省市区开展了不同类型的发展项目29个，执行项目资金达3100多万元，项目涉及艾滋病预防与关爱、社区备灾减灾、农村健康教育与促进等。2010年还继续开展了全球基金疟疾项目、社区为本的急救与健康项目、心理援助项目等；还配合世界红十字日、世界艾滋病日、世界献血者日、世界急救日、国家防灾减灾日等开展了一系列相关活动。

（二）注重调查研究，谋划科学发展。为更好地谋划中国红十字事业未来五年的发展，在华建敏会长的率领下，九届理事会积极开展调查研究工作。

一是召开不同类型的专题座谈会，积极探索中国红十字事业未来发展。年初，由华建敏会长召集召开了中国红十字会名誉副会长座谈会，就制约事业发展的体制机制等问题进行了深入探讨，提出了许多有益建议。年中，华建敏会长召集驻会会领导在北戴河召开务虚会，就有关事业发展的“人”、“财”、“事”等方面的瓶颈问题进行探讨，大家解放思想、敞开思路，提出了许多对策。华建敏会长还带领执委会成员分别走访中编办、财政部、民政部、税务总局、审计署，就有关问题进行磋商。10月份，华建敏会长主持召开新闻宣传工作座谈会，介绍中国红十字会开展的各项工作，希望媒体与宣传主管部门进一步关注红十字事业的发展，更多的宣传报道红十字事业。此外，总会还召开了处级以上干部务虚会，明确发展目标、统一指导思想；举办了运转良好的省级红十字会标准座谈会、筹资工作研讨会等专项会议，对事业发展的具体问题进行研究。

二是开展实地调研，掌握大量的第一手资料。华建敏会长率部分执委会成员赴北京、天津、上海、内蒙古、四川、贵州、安徽、江西、江苏、福建等省区市开展调研。执委会成员就筹资、宣传、组织建设、器官捐献等工作出访了英国、挪威、澳大利亚、西班牙、瑞士、美国、蒙古等国红十字会，还对香港、澳门红十字会进行考察，学到了不同的做法和经验，开拓了发展思路。全国人大教科文卫委员会开展的《中华人民共和国红十字会法》执法调研，分别到福建省、四川省开展调研，调研成果对我们解决人、财、事等各方面的问题提供了可操作的解决方案和思路参考。此外，通过调研铁路和商业系统红十字会，初步探索了在各行各业建立红十字会的模式和开展工作的方式。还开展了会费收缴工作摸底调研，深入了解了会费收缴工作的现状和存在的问题。

三是为筹备好中国红十字研究会，分别与国家相关部委、高等院校、科研机构的专家举行了多次座谈，并召开了中国红十字研究会（筹）第一次专家委员会会议。还委托相关科研机构和院校开展“关于促进中国红十字事业发展若干问题研究”、“中国红十字事业2011—2015年研究规划”、“中国公益机构募捐渠道及募捐成本研究”、“省级红十字会评价指标体系建设”等课题。

（三）能力建设迈出重要一步。按照执委会的部署，2010年是各级红十字会大力加强能力建设的一年。我们从加强基层组织建设入手，在理顺管理体制、筹资能力建设、会员管理和干部培训等方面做了一系列努力，取得良好效果，促进了各级红十字会能力不断提高。

首先是，根据部分省级红十字会的要求，总会印发了《关于进一步加强市县级红十字会组织建设的指导意见》，红十字会理顺管理体制工作在七届、八届理事会奠定的良好基础上又取得很大进展。截至目前，省级红十字会已经全部理顺，地市级红十字会理顺率已经超过96%，县级红十字会理顺率已经超过53%，为红十字事业发展提供了坚实的组织保障。河北、甘肃、重庆、广东、江西、福建等6个省级红十字会和一批地市级红十字会顺利召开了会员代表大会，完成了换届工作，进一步增强了红十字会力量。招商银行股份有限公司等企业成立了红十字会，行业红十字会工作取得新进展。

二是队伍建设不断加强。成立了全国红十字会干部教育培训指导委员会，设立了培训指导中心，今年，总会投入近 45 万元，成功举办了 6 期地县级红十字会领导干部跨级直训，以及中国红十字会公益事业高级法律研修班、新闻发言人培训班等专职业务骨干培训，受到各级红十字会干部的好评，大家一致认为，这样的培训很有必要，能有效提高干部队伍的能力。总会还研究制定了红十字模范单位和运转良好的各级红十字会标准。通过积极创新用人机制，如天津市红十字会争取政府出资设立公益岗位加强队伍建设的措施等等，各级红十字会队伍力量不断增强。

三是红十字青少年工作焕发勃勃生机。成功举办全国红十字青少年夏令营。在天津、上海等地，“红十字知识进课堂”取得阶段性成果。青少年活动基地建设取得突破进展。选派优秀红十字青少年代表参加亚太地区青年峰会等国际会议，成功当选东亚地区红十字青少年委员会委员。

四是红十字志愿服务能力建设取得新进展。编辑出版《中国红十字志愿服务培训教材》，在全国统一使用红十字志愿者星级证章，省、地两级分会的志愿服务管理能力显著提高。全国红十字志愿服务管理信息系统开发完成，进入试运行。志愿者队伍稳步发展，目前已达 192 万人。红十字志愿者在青海玉树地震、甘肃舟曲泥石流等自然灾害救援和上海世博会、广州亚运会及亚残运会等大型活动中发挥了重要作用。

五是筹资能力不断增强，探索可持续的筹资工作机制取得新进展。2010 年，各级红十字会共筹集款物价值 77 亿元，其中为青海玉树地震筹资 23. 2 亿元。制定《中国红十字会筹资工作指导意见》、《中国红十字会总会公益项目基金管理暂行办法》、《中国红十字会手机短信捐款管理暂行办法》等基本制度，积极推进项目筹资和手机筹款工作，其中仅手机短信捐款募集 1146 万元。争取财政部、国家税务总局下发《关于确认中国红十字会总会公益性捐赠税前扣除资格的通知》；通过发布青海玉树地震捐款公告、组织捐赠企业参加汶川地震重建项目相关仪式等方式，进一步加强与捐赠者的沟通与服务，提高公信力。在巩固与建设银行、招商银行合作关系的基础上，与中国工商银行建立战略合作关系。各级红十字会筹资成果显著，北京市“博爱在京城”、安徽省“博爱在江淮”、山东省“博爱在齐鲁”等募捐活动、内蒙古自治区、河北省、山西省的“博爱一日捐”、浙江省的项目库筹资等特色工作也取得良好效果。

另外，紧紧围绕能力建设年，我们在相关业务工作方面注重加强制度建设和标准化建设，制定出台《中国红十字会项目管理办法》、《关于进一步加强应急救护工作的意见》等一批指导性、规范性文件，召开紧急救援队标准化等相关会议，进一步增强了各级红十字会的专业业务能力。

（四）国内国外大型活动彰显红十字事业生机活力。2010 年是上海世博会、广州亚运会等国际盛会取得巨大成功之年，也是红十字会的大型活动频频举办之年。

中国红十字会筹建了上海世博会国际红

十字与红新月馆，在世博园区内外开展包括十多个专题活动的“红十字世博项目”和“红十字与世博同行”志愿服务活动，并创造了多项纪录：国际红十字与红新月馆成为首个与世博局签约并交馆的国际组织馆，首个举办荣誉日的国际组织馆，并接待了包括红十字会与红新月会国际联合会主席、红十字国际委员会副主席等在内的参观游客超过107万人次。在园区内举办了“城市灾害救助”国际红十字高峰论坛，还举办了各类大型主题宣传活动，并为10万余名世博志愿者提供了急救培训。在园区内外设立了3000多个红十字服务站，仅园区内5个服务站就服务参观游客近18万人次。展馆被上海市文明办和上海世博局联合授予“世博文明场馆”荣誉称号。我会世博项目秘书处和展馆运营团队被上海市授予“工人先锋号”的荣誉称号。中国红十字会世博项目秘书处和上海市红十字会1名专职干部，分获党中央、国务院授予“上海世博会先进集体”和“上海世博会先进个人”荣誉称号。

积极参与亚运。与第16届亚组委签署合作备忘录，在志愿者培训、无偿献血动员、艾滋病预防宣传等方面为广州亚运会提供服务和保障。广东省红十字会在广州等4个亚运会赛事城市开展志愿者应急救护培训，承担了亚运赛场外志愿服务站点的医疗急救工作，并与台湾红十字组织组成水上安全救生志愿服务队，全程参加并完成了亚运会相关赛事的水上安全救生志愿服务工作，两岸红十字会第一次联手参与了重大赛事的保障工作。

今年在国际和港澳台交流方面开创了新局面。首次在华举办了“捐款国红十字会合作论坛”；配合国家东盟博览会和广西红十字会成立一百周年，举办了中国－东盟红十字论坛，收到了很好的效果；派团参加了亚太地区红十字与红新月大会等重大活动；举办了中国国际人道法国家委员会第三次全体会议、纪念《金门协议》签署二十周年海峡两岸红十字组织座谈会等专题会议。还派团参加了香港红十字会建会60周年、澳门红十字会建会90周年活动。积极配合国家外交工作，向20余个发展中国家红十字会提供了紧急和非紧急人道援助，为39个发展中国家红十字会的100多名学员举办了四期培训班；接待来访、参加在华国际会议和培训团组和个人共101批758人次；继续完成落实台湾“八八”水灾重建的援助工作。上述一系列活动，扩大了红十字会的影响，也为我国民间外交工作和对台工作做出了积极贡献。

2010年，在党和政府的亲切关怀下，在社会各界的大力支持下，各级红十字会圆满完成了九届理事会履新之年的各项重点工作。同时，我们也清醒地认识到，我国红十字事业总体上还存在着基础薄弱、发展不平衡等问题，需要我们进一步总结经验，解放思想，开拓进取，发扬成绩，纠正不足，再创佳绩。

二、红十字事业发展面临的新形势及对策

当前，我国的改革开放进入了新的阶段、和谐社会建设正在逐步推进。中国红十字事业面临着难得的发展机遇。

去年10月召开的党的十七届五中全会，进一步强调了社会建设，强调了维护社会发展的安全与稳定，特别是全会通过的《中共中央关于制定国民经济和社会发展第十二个五年规划的建议》提出要加快转变经济发展方式，要坚持兴利除害结合、防灾减灾并重、治标治本兼顾、政府社会协同，提高对自然灾害的综合防范和抵御能力。不久前，中编办专门召开会议征求包括红十字会在内的群众团体对新形势下群众团体的职能定位、作用发挥等方面的意见。《国务院办公厅转发发展改革委卫生部等部门关于进一步鼓励和引导社会资本举办医疗机构意见的通知》（国办发〔2010〕58 号）明确提出："鼓励红十字会、各类慈善机构、基金会等出资举办非营利性医疗机构，或与社会资本举办的非营利性医疗机构建立长期对口捐赠关系。"各种迹象表明，党和政府在加强社会建设、努力提供合格的社会公共产品方面的力度正在加大，同时要充分发挥包括红十字会在内的公益组织的作用。与此同时，正如华建敏同志指出，中国红十字会在三个方面拥有独特优势：一是政治上得到党中央、国务院高度重视，很多高级领导人担任中国红十字会的领导职务；二是法律上有红十字会法保障红十字会的权利和义务；三是国际国内高度认可红十字会的工作和贡献。此外，在组织上红十字会有覆盖全国的工作网络，具有其他社团不可比拟的执行（力）基础。这些都构成了红十字会在新形势下可以大有作为的历史机遇。

但同时，我们也清楚地认识到，我们前进道路中还面临着很多挑战。随着改革开放的不断深入，政府行政管理体制改革势在必行，国内公益领域的竞争已趋白热化，新的公益组织层出不穷，每天都有各种公益活动举办。虽然红十字会法对红十字会的职责、权利等有着明确规定，但在现实竞争中再也没有红十字会的专属领地，一切服务都要靠公信力和能力去获取，特别是在政府购买服务方面，公开竞标的全面展开只是时间问题。红十字事业发展的使命感、紧迫感甚至危机感已不再是遥远的理论问题。

面对新的机遇和挑战，全国各级红十字会要在以下三个方面下大功夫，敏锐抓住发展机遇，有效应对各种挑战。

第一，必须客观把握红十字会的工作定位。各级红十字会要把政府中心工作和弱势群体需求作为我们各项工作的出发点和落脚点。红十字会作为党和政府直接领导的群团组织，首先要围绕党和政府的中心工作，积极发挥助手和补充作用，找准定位，做出应有的贡献。另一方面，红十字会要始终关注社会中最困难的群体，帮助他们解决困难。困难群体的需要就是我们的工作方向，不仅要解决他们一时的困难，还要协助政府从制度、政策方面找出长远的出路。目前，在这两个方面，部分红十字会已经做出了成绩，在得到党和政府高度认可的同时，也为促进红十字事业发展奠定了各方面的良好基础。今后工作中，各级红十字会要坚持不懈地围绕这两方面的工作发挥自己应有的作用。只有这样，红十字事业才能真正成为党和人民需要的事业，才能健康可持续发展起来。

第二，必须着力提升红十字会的公信力。公信力，是使社会公众信任的能力，是公益慈善组织实现可持续发展的生命力所在。作为公益组织，中国红十字会只有不断加强公信力建设，才能更广泛地争取社会各界支持，更有效地推动红十字事业可持续发展。当前，我国公益事业发展呈现出新的特点，一是公益领域竞争日趋激烈，社会救助需求不断增多，各种组织募捐活动越来越多，筹资难度将会越来越大；二是伴随着社会建设的逐步深入，党和政府将越来越重视社会组织在全面建设小康社会、构建社会主义和谐社会进程中的积极作用，各级党委政府对公益组织的支持力度会越来越大；三是经过改革开放三十年的发展，我国经济社会快速发展，为公益事业发展创造了丰富的物质基础，社会公众及企业的社会责任感不断增强。在这种背景下，红十字会要积极争取党和政府、社会各界的支持，在激烈的公益领域竞争中走在前列，就必须着力加强公信力建设。

按照公信力“绩效”和“信息公开透明度”两个要素分析，目前中国红十字会的各项工作取得了显著成绩，得到了党和政府的充分肯定，相比其他公益组织，我们在“绩效”方面拥有很大优势。但在“信息公开透明度”方面，我们还有很大的提升空间。据中民慈善捐助信息中心发布的《2010年度中国慈善透明报告》分析指出，中国只有25%的慈善组织信息透明度较高，这种分析是否客观有待考证，重要的是这些分析反映了中国红十字会目前面临着增强公信力建设的挑战，需要我们在进一步做好各项工作的同时，以加大信息公开透明度为重点，进一步加强中国红十字会的公信力建设。2011年，全国各级红十字会要进一步加大工作力度，努力实现工作开展、组织状况、捐款使用等信息的公开透明，努力提高我们的社会公信力，促进事业的发展。

第三，必须把加强能力建设作为重点常抓不懈。无论是更好地发挥政府的助手作用，还是更好地服务弱势群体，都需要我们不断加强能力建设。2010年，通过开展能力建设年，各级红十字会在干部培训、筹资、救灾救护救助等各项工作中不同程度地取得了成果，增强了实力，大家一致认为，能力建设不仅是中国红十字会的一项必要的长期工作，它还有着宽泛的内涵，其任何一个方面都是需要不断深化完善的工程，不可能一蹴而就，必须统筹规划、逐个攻坚。执委会经过反复研究，决定把“能力建设”作为中国红十字会的一项重点工作坚持下去，并提出将2011年的工作主题确定为“以制度建设为重点的能力建设年”，以加强制度建设为重点进一步提高各级红十字会的能力和水平。制度建设不仅是任何组织机构的基础建设，也是中国红十字会在新形势下，进一步完善体制机制建设的必然要求。它是确保各级红十字会秉承宗旨、增强战斗力、提升公信力、扩大影响力，完善监督体系和不断创新工作的基本保障，是红十字事业生存和发展的需要，也是在竞争日益激烈的公益领域不断成长壮大的必由之路。

三、2011年重点工作及要求

2011年是以制度建设为重点的能力建设年。年度重点工作包括制度建设、“三救”工作、组织建设、理论研究、筹资机制建设、宣传工作、对外交往等共7个方面的14项工作。2011年的重点工作任务重、要求高、时间紧。下面，对做好2011年重点工作（已另附），我谈几点意见。

第一，准确把握着力点，圆满完成各项重点工作。14项重点工作直接关系到红十字会2011年工作的整体运行质量。做好这些重点工作，着力点是“制度”、“品牌”和“影响力”。制度是实现红十字事业可持续发展的基础，各级红十字会要按照总会的部署，切实做好各项制度的梳理、修订和完善等工作，以坚实的制度建设为圆满完成全年工作提供有力保障。品牌是红十字会重要的“无形资产”，是我们工作特色的重要体现，大家要不断增强品牌意识，在救援队伍建设、公益服务项目等各个方面做出特色，努力打造红十字人道、博爱、奉献的品牌。影响力是我们争取社会各界支持促进红十字事业发展的重要能力，大家要紧密结合筹资、重大活动举办、宣传等重点工作，以提高公信力、提升红十字品牌为目标，大力扩大红十字会的社会影响力。在圆满完成各项重点工作的同时，促进红十字事业发展再上新台阶。

第二，要高度重视、认真规划、扎实推进。全面做好2011年各项重点工作意义重大。各级红十字会同志、特别是领导干部，要在思想上高度重视，按照总会的统一部署把各项重点任务抓紧抓好。各级红十字会要把做好重点工作与提高自身能力建设紧密结合起来，与促进红十字事业发展紧密结合起来，工作要由一把手亲自抓，要制定实施计划，对重点工作做出明确的完成时限。要明确任务分工，严格责任落实，并建立重点工作年终总结机制，切实把重点工作抓实抓好、抓出成效。要建立重点任务监督机制，一把手要主抓督促落实，认真把关，确保各项重点工作按计划扎实高效向前推进。同时，要处理好开展重点工作与日常工作的关系，统筹兼顾，协调推进。目前各省区市政府正在按照中央的统一部署，抓紧制定本地区的“十二五”规划。在此，希望各级红十字会积极向当地政府建言献策，争取把红十字事业列入当地的“十二五”规划中，有力促进红十字事业的发展。

第三，要实事求是、因地制宜开展重点工作。总会下发的7个方面14项2011年重点工作，是从全国的角度为各级红十字会提供一个参照指导。在实施过程中，各级红十字会同志要紧密结合当地党和政府的中心工作，按照本地区、本单位的实际情况，本着实事求是、因地制宜的原则，提出切实可行的工作任务和目标，即各省红十字会要结合本省实际提出具有可操作性的重点工作，并通过开展重点工作，树立品牌，提高公信力，扩大影响力。

最后，我做一点说明。今年，根据我国红十字事业的整体情况和部分红十字会要求，总会研究制定了运转良好红十字会标准的指导性文件，意在为省级、地市级和县级红十字会提供一个具有一定可操作性的规范模板，为大家开展红十字会工作提供依据和参考。有的同志提出，总会不必制定地、县级标准，该标准可由省级红十字会制定，这样的观点不无道理。但是总会为地、县级红十字会提供一个统一的指导性的参考标准，并不强制执行，对各省制定相关标准也是有益无害的，在这个意义上，欢迎大家对这三个标准提出建设性意见，使其更贴近实际。

各位理事、各位代表，展望2011年，我们深感目标艰巨、任重道远。新的一年中，全国各级红十字工作者，将以更加饱满的热情、更加科学的方法，更加有力的措施，积极推动各项工作的开展。我们相信，在各级党委、政府的正确领导下，在社会各界的大力支持下，我们一定能够圆满完成新一年的各项任务，为促进中国红十字事业更加蓬勃发展、为加快社会主义和谐社会建设，做出新的贡献。

在理顺管理体制工作经验交流会上的讲话

中国红十字会副会长 郭长江

(2011 年 1 月 20 日)

各位代表:

我们在这次理事会上专门召开理顺管理体制工作经验交流会，主要目的就是总结近年来理顺管理体制工作的经验，分析理顺管理体制工作面临的新形势和新任务，继续推动这项工作深入开展。

下面，我代表执委会，结合理顺管理体制工作的进展情况，讲几点意见:

一、七届、八届理事会以来，理顺管理体制工作有了跨越性发展

从 1999 年中编办发文理顺总会管理体制之后，总会开始致力于推进各级红十字会的管理体制，特别是在七届和八届理事会的领导下，全面推动省、市、县三级红十字会理顺管理体制。彭珮云同志对理顺管理体制工作非常重视，多次发表重要讲话并亲自推动这项工作。华建敏同志担任会长以后也非常关心、关注这项工作，每次外出考察都积极推动这项工作的进展。七届、八届执委会为这项工作也付出了巨大的努力，多次给地方党政主要领导写信沟通情况，并通过开展调研、建立联系点等方式重点推动，召开理顺管理体制专题工作会议及时总结报道各地理顺管理体制工作的经验，沟通信息，加强指导，理顺管理体制工作取得了重大成绩。2009 年“九大”之后，九届执委会也一直紧紧抓住这项工作不放松。

首先，各级红十字会理顺管理体制工作取得跨越性发展。截至 2010 年 9 月，全国 334 个地市级红十字会中已经有 321 个理顺了管理体制，理顺率达到 96.1%；全国 2860 个县区级红十字会中有 1528 个理顺了管理体制，理顺率达到 53.4%。理顺管理体制的地市级红十字会比 2003 年增长了 3 倍，理顺管理体制的县级红十字会比 2003 年增长了 7.7 倍，理顺管理体制工作有了跨越性发展。

其次，理顺管理体制为红十字会工作的开展创造了良好条件。红十字会理顺管理体制后，红十字会作为独立的部门，党委政府都有分管领导负责，红十字会可以直接得到党政领导的关心、支持，同时红十字会的工作环境获得极大改善，工作协调能力也大大提高，为争取相关部门的支持和配合提供了方便。

第三，通过推动理顺管理体制，积累了丰富的工作经验。几年来，各级红十字会积极发挥主观能动性，探索推动理顺管理体制的新方式和新方法，积累了很多好的经验和做法。例如北京、吉林等省争取人大、政协的执法检查，内蒙古自治区把红十字会工作列入党委、政府的议题定期讨论，河北、江苏等省争取编办发文，江西省以项目促进理顺，四川、青海等省以灾后重建为契机推动理顺管理体制。

应该说，经过多年的努力，红十字会理顺管理体制的意义被越来越多的党政领导所认识，推进理顺管理体制工作的进展也是比较理想的。但是，我们也要充分认识到理顺管理体制工作中存在的问题，这些问题主要表现在三个方面:

一是理顺管理体制工作发展不平衡。一方面是地区的不平衡，特别是县级理顺管理

体制工作，有的省县级已经全部理顺，有的省理顺率仍然为零。另一方面是省市县红十字会理顺管理体制工作不平衡。省级目前已经全部理顺，市级理顺率也达到96%以上，而县级红十字会理顺管理体制在整体上还存在较大差距，还有很大的推进空间。

二是理顺管理体制工作落实不到位，“半理顺”现象较为突出。所谓“半理顺”，指的是编办已经下文，有编制、有机构，但是实际上许多工作尚未落实，不能独立自主地开展工作，我们姑且称之为“半理顺”。这一类的县具有理顺的基本条件，但是存在诸如专职领导未配备，编制人员不到位、编制被挤占，办公场所、设备等必要工作条件缺乏等情况，在很大程度上影响了红十字会开展工作和发挥政府人道领域助手的作用。

三是已经理顺管理体制的红十字会工作开展不理想。一方面，部分红十字会在理顺管理体制后缺乏工作积极性，不能有效开展工作，甚至不知道怎么开展工作。另一方面，一些已经理顺管理体制的红十字会仍然停留在传统的工作思路和工作方式上，被动地等、靠、要的工作作风没有改变，主动争取、创新工作精神不足，远远不能满足理顺后工作发展的需要。

之所以存在这些问题，我们认为主要原因是认识的问题。一是地方各级党政领导对于新形势下红十字会理顺管理体制工作的重要性和必要性尚有所认识不足，对红十字会在加强社会建设、构建社会主义和谐社会中发挥作用的认识还有不小的上升空间。二是红十字会自身工作人员的认识和动力不足，强调客观原因多，积极主动开展工作不够。理顺管理体制是事关红十字会自身发展的大事，只有红十字会干部主动工作，开拓创新，积极进取，才能取得切实成效。

二、要充分认识新形势下理顺管理体制工作的重要性和必要性

党的十七大以来，我们党坚持“以人为本”，提出要在经济发展的基础上，加快推进以改善民生为重点的社会建设。党的十七届五中全会更是从国情出发规划社会建设，将社会建设提到一个新的高度，提出“加强社会建设，建立健全基本公共服务体系，保障和改善民生”。在这样的大背景下，中国红十字事业迎来了大发展的重要机遇，也为理顺管理体制工作提供了难得的机遇。

理顺管理体制是加快社会建设和构建社会主义和谐社会的本质要求。社会建设以着力保障和改善民生为重点，红十字会从事的是社会建设领域的工作，它以保护人的生命和健康为宗旨，以改善最易受损害群体的境况为目标，在实践中解决人民群众最关心、最现实、最直接的问题，在与人民群众生活关系最为直接的医疗、教育、住房、养老、就业等方面，理顺管理体制的红十字会都可以大有作为。理顺红十字会的管理体制，就是为了进一步提高红十字会的社会工作能力，满足广大人民群众人道领域的巨大需求，更好地发挥红十字会作为政府人道领域工作助手的作用，发挥红十字会作为党和政府联系人民群众特别是困难群众的桥梁纽带作用，发挥红十字会在社会建设和构建社会主义和谐社会中的重要作用。

理顺管理体制是行政管理体制改革不断深化的必然要求。社会建设是一个庞大的系统工程。改善民生，加快社会建设，必须正确发挥政府和社会各方面的积极性，转变政府职能，加快推进政事分开，支持社会组织参与社会管理和公共服务，共同推进社会建设。当前，在社会发展领域，对社会组织的作用重视不够，政府责任不到位和包揽过多并存，没有充分发挥市场的作用、社会资源的作用和民间组织的作用。红十字会作为重要的、具有百年多历史的社会组织，理顺红十字会的管理体制，符合深化行政管理体制改革，转变政府职能的改革要求。也就是说，我们从自身的管理体制方面做好准备，才能抓住和应对政府职能转变带给我们的机遇和挑战。

理顺管理体制是红十字事业自身发展的迫切需要。红十字会作为党和政府人道领域的得力助手、构建社会主义和谐社会的重要力量、社会主义精神文明建设的生力军和开展民间外交的重要渠道，要发挥好广泛动员全社会力量奉献爱心、构建和谐社会以及广纳贤才、培养人才、让人才有所作为的平台作用，就必须有坚实的组织基础。红十字的力量来自于基层，来自于各级组织和成千上万的红十字会员、志愿者，而理顺各级红十字会的管理体制，恰恰是动员社会力量支持红十字事业，推动红十字事业发展的组织保证。从这个意义上来说，只有理顺管理体制，才能够保证红十字会在大灾时能够第一时间出现在第一线，在各类大型活动中有红十字的身影，在构建社会主义和谐社会中发挥积极的作用。

同志们，党中央关于构建和谐社会和加快社会建设的战略决策为红十字会各项工作的开展提供了有力的政策支持、舆论支持和社会支持，使红十字会有了更加广阔的发展空间和舞台，将会极大地促进理顺管理体制工作的深化和发展。我们要立足于红十字事业的发展，从和谐社会建设和政府转变职能后更好地发挥社会团体作用的角度，充分认识理顺管理体制工作的重要意义，继续深入推动理顺管理体制工作。

三、要采取有力措施，切实推进市县红十字会理顺管理体制

当前和今后一段时期，理顺管理体制工作的重点是要继续推动未理顺的市县级红十字会特别是县级红十字会理顺管理体制，完成“九大”通过的《中国红十字会2010—2014年发展规划》所确立的目标和任务。目前，全国已经有一半的县级红十字会理顺了管理体制或者编办已经下文正在理顺过程中。但是摆在我们面前的任务更加艰巨，因为已经理顺的都是红十字会基础较好的县，而尚未理顺的县级红十字会大多存在诸多困难，工作难度更大。各级红十字会对于理顺管理体制工作一定要有使命感和责任感，坚定信心，克服困难，采取有力措施，继续深入推进县级红十字会理顺管理体制工作，切实取得成效。

（一）加强省级红十字会的指导和协调力度。省级红十字会要根据各省实际情况制定具体实施方案，加大指导和协调力度，确保市、县两级红十字会理顺管理体制工作取得实效。要加强对已理顺的市、县红十字会专职工作人员的培训工作，通过培训帮助市县两级红十字会建立健全工作制度，使其在理顺体制后能够形成一个良好的运行机制，真正发挥应有的作用，做到理顺一个，巩固一个。要切实帮助市县级红十字会解决工作中遇到的困难。各省级红十字会对市县两级红十字会理顺管理体制工作有重大的责任。总会也会进一步加大指导力度，在干部培训、项目支持、评选先进等方面给予必要的倾斜。

（二）发挥市县级红十字会自身的主观能动性。常说“有为才能有位”，市县级红十字会要努力通过自身的工作让党政领导和职能部门认识到红十字会在当地经济和社会发展中的作用，要积极向党政领导和职能部门汇报工作，争取支持。特别是要做好与编制和卫生部门的沟通工作。

（三）分类指导，因地制宜，继续深入推进县级红十字会理顺管理体制工作。

对于人口大县和灾害多发县，要加快步伐。我国地域广阔，经济社会发展不平衡，县级红十字会理顺管理体制的工作难度更大。总会采取审慎务实的态度，提出首先要理顺人口大县和灾害多发县的红十字会管理体制，从这些年工作开展的情况来看，这个思路是正确的，只要省市红十字会领导重视，县级红十字会干部努力争取，这个目标是可以实现的。今后一段时期，我们要继续朝这个目标迈进，推动人口大县和灾害多发县理顺管理体制。

对于“半理顺”的县，要积极推动。从实际情况来看，半理顺的县基本上是具备理顺管理体制的条件，不存在编制的瓶颈，只是由于领导认识不到位，相关部门不够重视，红十字会干部缺乏独立工作的能力，才制约了理顺的进程。只要加大工作力度，切实推进，是可以实现完全理顺的。

对于那些人口较少、环境艰苦、经济条件差，暂时不具备理顺条件的县，要积极争取做到有专人、经费单列、由县委县政府领导分工联系，能够依照红十字会法和章程独立自主地开展工作。

（四）总结经验，树立典型，以示范带动理顺。对于已经理顺管理体制的市县红十字会，一方面要及时总结经验，总结出更加系统、符合实际、针对性强、便于操作的做法，积极推广，指导各地因地制宜，加快理顺管理体制的步伐。另一方面要在实际工作中对理顺管理体制的红十字会给予支持，增强其救灾救助实力，通过示范让尚未理顺管理体制的地区看到理顺管理体制对于红十字会开展工作和发展事业的推动作用，帮助他们转变观念，增强理顺体制的信心和决心。这次会上，我们安排了北京市红十字会等5个单位介绍他们在理顺管理体制工作和理顺体制后开展工作的一些经验和做法，希望能够给大家以启发和借鉴，进一步推动各地理顺管理体制工作。

（五）开拓创新，积极探索理顺管理体制工作的新模式和新途径。由于各地经济社会发展水平有较大差异，工作环境也各不相同，所以县级红十字会有很多特殊性，这就要求我们根据各地实际情况，紧密结合党和政府的中心工作、社会各界的人道需求，创新思路，因情施策，找准切入点，积极探索符合本地实际的理顺管理体制方式和方法，扎实推进理顺管理体制工作。

四、要加强能力建设，努力建设运转良好的各级红十字会

红十字会理顺管理体制以后做什么，怎么做，人手不够、资金不足的问题应该如何解决？要破解这些难题，就必须深入调研，理清思路，创新观念，寻找出路。根据我国红十字事业的整体情况和部分地方红十字会要求，总会研究制定了运转良好的红十字会标准的指导性文件，拿到理事会上征求大家的意见，主要目的就是为省级、地市级和县级红十字会提供一个具有一定可操作性的规范模板，为大家开展红十字会工作提供依据和参考。各级红十字会要以此为依据，加强自身能力建设，完善组织制度建设，切实提高红十字会的工作水平。下面，我就市县级红十字会理顺管理体制后如何加强能力建设，建设运转良好的红十字会提几点要求。

（一）要加强人员队伍建设，建立一支乐于奉献、勇于开拓、精通业务、善于做群众工作的队伍。一方面，理顺管理体制的红十字会要争取当地党委、组织部门选派优秀干部担任红十字会的负责人。另一方面，要强化对领导干部、工作人员的培训力度，努力培养和建设一支责任感强、理论素养和业务水平高、运用科学发展观指导工作实践能力强的红十字会队伍。总会去年启动了市县红十字会会长轮训项目，举办了6期市县级红十字会领导干部培训班，参训的同志普遍评价很高，尤其是刚刚参加红十字会工作不久的同志，认为培训很及时，很有帮助。总会今后会继续举办类似的培训班，同时也会积极支持各省加强培训工作，要按照《干部教育培训五年规划》的要求，在5年之内把理顺管理体制的市县级红十字会领导轮训一遍。

（二）要加强基层组织建设，夯实红十字事业发展基础。市县红十字会要加强对基层组织建设工作的宏观协调和督促检查，建立和完善基层组织建设相关的规章制度，针对红十字会基层组织的特点，有针对性地对基层组织骨干进行红十字运动基本知识和业务知识的培训，实现基层组织“五有”目标，做到“有热心红十字事业的带头人，有稳定的会员或志愿者队伍，有规范的管理制度，有稳固的服务平台，有红十字特色的活动”。红十字会基层组织要积极开展具有红十字特色的活动，大力弘扬人道、博爱、奉献的红十字精神，不断扩大和提高红十字会的社会影响力和吸引力，为红十字事业的可持续发展，奠定良好的社会基础。

（三）要加强志愿服务能力建设，建立社会化的工作机制。就我们目前的情况来看，市县级红十字会人员编制少的情况是客观存在的，短时期内不会像我们希望的那样有大的改变。那么，我们如何解决人力不足的问题？关键是各级红十字会要创新思路，积极探索多渠道的用人机制。例如可以在行政编制之外，通过设立编外机构、聘用专业人员和招用社工、志愿者等方式解决人手不够的问题。红十字事业要做大做强，真正践行“人道、博爱、奉献”的红十字精神，满足广大人民群众的人道需求，最根本和最有效的途径就是广泛动员全社会的力量，红十字事业绝不仅仅是红十字人自己的事业，而应该是向全社会开放的事业。加强志愿服务能力建设，通过发展长期固定志愿者，一方面可以解决我们人手不够的问题，另一方面又为志愿者提供了增长技能的平台，促进志愿者的自我发展，使其能够更好地服务社会。

（四）要加强筹资能力建设，探索可持续的筹资机制，为红十字事业发展提供经济基础和物质保障。当前，社会人道救助领域的需求巨大，困难群体对我们的期望非常迫切。我们要着眼大力提高各级红十字会的执行能力，创新筹资模式，整合多方资源，建立可持续的筹资渠道，为红十字事业持续发展提供可靠的物质保障。现在，从全国的整体情况来看，市县级红十字会的筹资能力还比较弱，但是我们不能低估市县级红十字会的作用。随着绝大部分市级红十字会和多数县级红十字会管理体制的理顺，各地经济的发展，市县级红十字会在筹资上完全可以有所作为。关键是要敢于创新，用活机制，探索出一条符合红十字会实际的筹资新路子，实现可持续发展。

（五）要加强执行能力建设，努力提高各级红十字会的资金运用能力和项目执行能力。各级红十字会要着眼于服务国家工作大局，满足人民群众迫切需要，找到工作的切入点和有力抓手。救灾、救助和救护，是红十字会人道主义领域最重要的工作职责。有灾害发生的时候要全力以赴救灾，没有灾的时候要主动关心困难群众，开展送温暖活动，促进社会和谐。在常态环境下，要进一步突出品牌意识，一方面要立足将现有的项目做大做强，进一步提升品牌影响力；另一方面要与时俱进，根据时代需求和社会的需要拓展新的工作领域，设计开发新的公益项目，培育新品牌。选准选好项目是前提，关键还在管好项目，提高项目执行能力，这也是各级红十字会加强能力建设的重点。要始终将项目管理水平的提高作为头等大事抓紧抓好。

（六）要加强制度创新，积极探索推动红十字事业持续快速发展的新途径。如果说理顺管理体制是中国特色红十字事业发展中的一次重大的制度变革，那么，在大多数红十字会已经实现管理体制理顺的后理顺时期，制度变革的需求不仅没有变小，反而更为巨大更为迫切了。在理顺管理体制之后，探索和创新红十字会有效工作的新模式，是各级红十字会共同面临的一项挑战，组织建设、资源开发、能力建设方面的制度创新与建设任务艰巨。各级红十字会要围绕“人、财、事”这三个问题深入开展调查研究，在吃透中国国情和借鉴国外经验的基础上，创新思维，勇于实践，探索建立有中国特色的、适应时代发展和社会需求的红十字会运作机制，使红十字会工作在新形势下取得更多的突破和更大的发展。

同志们，理顺红十字会管理体制，努力建设运转良好的各级红十字会，是一项具有全局性、根本性和战略性的重要工作。各级红十字会要统一思想，提高认识，集中力量和资源，采取有力措施，坚定不移地推进，为促进中国特色红十字事业蓬勃发展奠定坚实的组织基础。

报　告

中国红十字会总会2010年度财务收支情况报告

中国红十字会秘书长　王汝鹏

（2011年1月19日）

2010年，中国红十字会总会面对国内外重大灾害频发的情况，充分发挥政府人道救助领域助手的作用，广泛动员社会资源，积极开展募捐工作，取得显著成绩。总会全年实现财务收入32.57亿元、支出25.46亿元，财务收支保持历史最好水平。

单位：万元

财务收支	收入	支出
会员会费	23	23
接受捐赠	301204	227092
政府拨款/彩票公益金	21888	27500
动产不动产	2543	1
合　计	325658	254616

一、收入情况

2010年总会财务收入为32.57亿元。其中：

（一）会员会费收入2010年收缴会员会费23万元。

（二）接受捐赠收入

2010年接受国内外组织和个人的捐赠折合人民币30.12亿元，其中捐赠资金收入29.7亿元（包括总会12.36亿元、地方红十字会汇缴15.94亿元、基金会汇缴1.4亿元），捐赠物资及服务收入0.42亿元。捐赠收入占总收入的92%。

捐赠资金按项目分类显示：为青海玉树地震募集捐款23.16亿元（包括总会7.43亿元、地方红十字会汇缴14.33亿元、基金会1.4亿元）；为甘肃舟曲泥石流募集捐款0.48亿元；为西南旱灾募集捐款0.29亿元；为莫拉克台风募集捐款1.54亿元（包括总会0.02亿元、地方红十字会汇缴1.52亿元）；为海地地震募集捐款0.26亿元（包括总会0.17亿元、地方红十字会汇缴0.09亿元）；接受汶川地震捐款0.65亿元；接受红十字事业捐款0.61亿元；专项基金筹款1亿元；接受香港特别行政区红十字会捐款0.04亿元；接受澳门特别行政区红十字会捐款0.2亿元；接受台湾红十字组织捐款0.52亿元；接受红十字国际委员会捐款0.01亿元；接受红十字会与红新月会国际联合会捐款0.21亿元；接受其他项目捐款0.73亿元。

（三）政府拨款收入

2010年政府拨款收入2.19亿元，其中部门经费预算收入0.46亿元，总会本级彩票公益金项目预算收入1.73亿元，本年政府拨款收入占总收入的7%。

本年财政部批复总会彩票公益金项目预算1.73亿元，其中人道救助项目3600万元、救护师资培训项目540万元、中国造血干细胞资料库建设项目8132万元、贫困白血病儿童救助项目5000万元。

（四）动产和不动产及其他收入

2010年动产和不动产及其他收入2543万元，主要为银行利息收入。动产和不动产及其他收入占总收入的1%。

二、支出情况

2010年总会财务支出为25.46亿元。

（一）会员会费支出

2010年会员会费支出为23万元，用于制作荣誉证章和招聘志愿者费用。

（二）接受捐赠支出

2010年接受国内外组织和个人的捐赠支出折合人民币22.71亿元，其中捐赠资金支出22.3亿元，捐赠物资及服务支出0.41亿元，捐赠支出占总支出的89%。

捐赠资金支出按项目分类显示：用于救助青海玉树地震支出16.87亿元；西南旱灾支出0.18亿元；莫拉克台风支出0.41亿元；汶川地震支出2.7亿元；海地地震支出0.05亿元；专项基金筹款支出0.88亿元；香港特别行政区红十字会捐赠项目支出0.05亿元；澳门特别行政区红十字会捐赠项目支出0.06亿元；台湾红十字组织捐赠项目支出0.54亿元；红十字国际委员会捐赠项目支出0.01亿元；红十字会与红新月会国际联合会捐赠项目支出0.11亿元；其他捐赠项目支出0.44亿元。

2010年总会新增重大灾害重建项目资金19.99亿元。其中汶川地震捐款（含台湾红十字组织等）支出3.06亿元，继续在四川、甘肃、陕西、重庆、宁夏、云南等灾区建设民房、学校、卫生院、卫生站及部分集镇的饮水工程、备灾仓库及改水改厕项目等。青海玉树地震捐款支出16.53亿元，计划建设29所学校、28所卫生院及2个备灾减灾设施。另，总会于2010年10月拨付甘肃舟曲泥石流捐款0.4亿元，用于建设医院和学校（不属于本报告期）。

捐赠物资及服务支出0.41亿元，主要用于救助青海玉树地震、西南旱灾、水灾和世博会活动。

（三）政府拨款支出

截至2010年12月31日，当年接收政府拨款2.19亿元，上年结余0.85亿元，累计接收政府拨款3.04亿元。本年政府拨款支出为2.75亿元（包括本年支出2.16亿元，上年结余支出0.59亿元），其中部门经费预算执行数为0.69亿元，总会本级彩票公益金预算执行数为2.06亿元。政府拨款支出占总支出的11%。

2010年，总会部门经费预算执行数为0.69亿元，主要用于机关人员经费、行政运行及事业发展项目支出。

2010年，总会本级彩票公益金预算执行数为2.06亿元。

——用于人道救助项目支出4200万元，实施紧急人道救助物资采购3600万元，开展“红十字博爱送万家”活动500万元，项目配套支出100万元；

——用于救护师资培训项目支出3271万元，举办10期师资提高培训班支出100万元，培训师资420人次；举办46期师资复训班支出360万元，复训师资2143人次；用于采购教具设备2507万元，开展卫生救护演练50万元，制作教学宣传品101万元，卫生救护网络系统建设120万元，组织项目管理培训10万元及项目配套费23万元；

——用于中国造血干细胞资料库建设项目支出8132万元。完成HLA分型数据入库14.2万份，使库容量达到128万人份。为患者和移植医院提供检索服务3000余人次，480位志愿者为患者捐献了造血干细胞，向国（境）外提供造血干细胞20例。

——用于贫困白血病儿童救助项目支出5000万元。通过中国红十字基金会小天使基金救助了1600多名贫困白血病儿童。

（四）动产和不动产及其他收入支出

2010年动产和不动产及其他收入支出为1.3万元，用于网上银行年费等财务费用。

三、项目审计情况

2010年，总会配合国家审计署完成了青海玉树地震捐赠款物的审计工作。审计评价为：中国红十字会总会认真总结以往工作经验，及时要求各省、自治区、直辖市红十字会以及新疆生产建设兵团红十字会切实加强捐赠资金物资的管理，加快捐赠信息反馈工作，将捐赠资金物资逐级汇缴中国红十字会总会，救灾资金物资管理总体良好，审计未发现重大违法违规问题。

配合北京诚和会计师事务所完成了挪威红十字会减灾会议、中国全球基金第五轮疟疾项目的审计工作。挪威红十字会减灾会议项目审计结论为：总会基本上已按照工作计划实施并完成了项目任务。总会本级项目资金使用基本符合预算要求，财务开支真实、合法。财务账面实际发生数公允地反映了项目资金的使用情况。中国全球基金第五轮疟疾项目审计结论为：总会基本上已按照工作计划实施并完成了第九季度至第十三季度的项目任务。总会本级项目资金使用基本符合预算要求，财务开支真实、合法。财务账面实际发生数公允地反映了项目资金的使用情况。

根据财政部《中央级行政经费支出绩效考评管理办法》，总会委托北京宏元嘉华管理咨询有限责任公司对2009年度彩票公益金项目绩效考评。考评结果显示：中国红十字会2009年度彩票公益金项目定位准确、计划详细、管理较为有序、效果较为显著，基本实现了项目的阶段性目标，并促进了长期绩效目标的实现。项目的实施，具有较为显著的社会效益。

为提高红十字会的公信力，推进总会财务的公开透明，总会拟委托审计机构对上述报告进行审计，审计结果将对社会公布。为此，本期报告仅为总会本级2010年的财务收支情况，不含总会直属单位。总会直属单位的财务报告按照国家有关规定另行编报。

关于中国红十字会第九届理事会第二次会议更换和增补理事、常务理事候选人情况的报告

中国红十字会副会长　郝林娜

（2011年1月19日）

根据《中国红十字会章程》规定，现将九届二次理事会需要更换和增补的理事、常务理事候选人的情况报告如下：

一、需要更换的理事、常务理事候选人

常务理事何亚非、陈小娅、王中信因工作调整，外交部推荐部长助理吴海龙，教育部推荐副部长郝平，国家审计署推荐社会保障审计司司长李建新为常务理事候选人。

理事张淑琴、毛三元、徐火周、杜克琳、格列、徐志彪、肖莺子、黄双全、孙瑞标因工作调整，河北省红十字会推荐田更志，湖北省红十字会推荐贺方红，广东省红十字会推荐冯玲、贡儿珍，云南省红十字会推荐段鸿，西藏自治区红十字会推荐扎西德吉，广西壮族自治区推荐吕洁，公安部推荐高任、国家税务总局推荐张捷为理事候选人。

二、需要增补的理事、常务理事候选人

根据工作需要，拟增补天狮集团董事长李金元、贝因美集团董事局主席谢宏、淘宝网总裁陆兆禧、凤凰卫视中文台台长王纪言、中央电视台一频道总监朱彤、中国计生协国内部部长吴光华、全国老龄办副主任阎青春为理事。

拟增补中国工商银行副行长罗熹、香港华懋基金会主席龚仁心为常务理事。

附件：

更换和增补理事、常务理事候选人简介

以下按姓氏笔画排序

王纪言　男　汉族　1949年出生

凤凰卫视执行副总裁兼中文台台长。毕业于北京广播学院。历任电视系主任、学院副院长、研究生导师。参与创立凤凰卫视。现为北京电视艺术家协会理事，中国电视艺术家协会会员，中国广播电视学会理事兼电视研究会副主任、中国电视艺术委员会委员。

扎西德吉　女　藏族　1962 年出生

现任西藏自治区拉萨市卫生局局长、拉萨市食品药品监督管理局局长、拉萨市红十字会常务副会长。曾在土布江达县做医师工作，历任拉萨市药政科科长，拉萨市食品监督局副局长、局长。

田更志　男　汉族　1952 年出生

现任河北省红十字会党组书记、常务副会长。曾在河北省医学院医学系学习。历任河北医学院外科教研室教师、讲师、科长，河北省政府办公厅文教处干部、主任科员、副处长、调研员，省政府办公厅文化卫体处处长。

冯　玲　女　汉族　1969 年出生

现任广东省红十字会常务副会长。曾在广东省司法学校法律专业学习。历任中共广东蕉岭县组织部部长、县委副书记，梅州市妇女联合会主席、党组书记，省总工会女职工部部长。

朱　彤　男　汉族　1959 年出生

现任中央电视台副总编辑兼一频道总监。四川省戏曲学校中专毕业，中央戏剧学院表演习本科毕业，俄罗斯国立戏剧学院博士研究生毕业，获导演学博士学位。调入中央电视台后，历任《综艺大观》导演、《文化视点》制片人、文艺中心影视部副主任、台办公室副主任兼秘书处处长。

李金元　男　汉族　1958 年出生

毕业于天津大学成人教育学院工商管理专业、南开大学国际商学院 EMBA 经济师。先后在油田、塑料和饲料行业工作过十四年，现任天津天狮集团有限公司任董事长兼总经理，创造性地提出了“六网互动”的营销模式。

李建新　女　汉族　1958 年出生

任审计署社会保障审计司司长。毕业于河北地质学院。曾在地质矿产部审计局工作，历任审计署驻地矿部审计局处长，审计署社会保障局、教育审计局任局长，审计署特派办任特派员。

吴光华　女　汉族　1954 年出生

现任中国计生协国内工作部部长。历任解放军第一医院干部，中国计生协宣传处副处长、项目综合处处长、项目部部长。

吴海龙　男　汉族　1955 年出生

现任外交部部长助理。毕业于北京外国语学院。历任外交部国际司三秘、二秘，常驻联合国代表团二秘、一秘，外交部国际司一秘、副处长，驻以色列大使馆参赞，外交部国际司副司长，外交部驻香港特派员公署副特派员，外交部国际司司长。

贡儿珍　女　汉族　1955 年出生

现任广州市红十字会会长。毕业于香港浸会大学工商管理学院。历任广州市越秀区洪桥街党委副书记、办事处主任、区体改办主任，越秀区委常委、常务副区长，芳村区委副书记、副区长、区长，越秀区委书记、区人大常委会主任。广州市副市长。

吕　洁　女　汉族　1962 年出生

现任南宁市红十字会会长。在职研究生学历。历任南宁市政府办公厅第一秘书处副处长、处长，南宁市郊区党委常委、宣传部部长，南宁市委宣传部副部长，南宁市委副秘书长，市委、市政府接待办公室主任，南宁市委副秘书长，南宁市西乡塘区委书记。南宁市委常委、宣传部长、副市长。

陆兆禧　男　汉族　1969 年出生

现任阿里巴巴集团执行副总裁、淘宝网 CEO 兼总裁。广州大学管理系酒店管理专业、中欧国际工商学院毕业。历任广州文化假日酒店经理，广州俊业网络技术有限公司总经理，阿里巴巴广东大区经理，浙江支付宝网络科技有限公司总裁。

罗 熹 男 汉族 1960年出生

现任中国工商银行股份有限公司副行长。毕业于中国人民银行研究生部，经济学硕士学位。历任中国农业银行海南省分行副行长，福建省分行副行长，中国农业银行资产保全部、资产风险监管部、国际业务部总经理兼香港农业银行国际财务有限公司董事长。

张 捷 男 汉族 1958年出生

现任国家税务总局办公厅主任。历任西安市雁塔区税务局干部，西安市国税局雁塔分局局长，西安市国税局党组书记、局长，宁夏区国税局党组书记、局长。

郝 平 男 汉族 1959年出生

现任教育部副部长、党组成员。北京大学历史专业学士。历任北京大学学生工作部副部长、北京大学外事处处长、校长助理、副校长、党委常委，北京外国语大学校长。

贺方红 男 汉族 1955年出生

现任湖北省红十字会党组书记、常务副会长。中央党校大学学历。历任湖北省地矿局副局长，省地矿厅副厅长，地矿部湖北地质矿产勘查开发局常务副局长，省国土资源厅副厅长，省地质矿产勘查开发局副局长，省安全生产监督管理局副局长。

段 鸿 男 汉族 1956年出生

现任云南省红十字会党组书记、常务副会长。历任红河州泸西县公社党委书记，县白水乡党委书记，县委书记；红河州委组织部常务副部长，州人事局党组书记、局长；丽江地委委员、组织部长，丽江市委副书记、纪委书记、政法委书记；云南省卫生厅副厅长。

高 任 男 汉族 1951年出生

现任公安部治安管理局副局长。历任广州市公安局科长、副处长，公安部第一研究所副所长，全国核发第二代居民身份证工作领导小组副组长兼办公室主任。

龚仁心 男 汉族 1943年出生

二十世纪七十年代在内地从医，八十年代年在香港考取在港执业资格，之后在何文田太平道私人执业，随后在华懋集团旗下豪景花园商场执业。2007年至今任华懋集团主席。

谢 宏 男 汉族 1965年出生

毕业于浙江工商大学。贝因美创始人和现任集团总裁。现任浙江省优生优育协会副会长，浙江省预防医学会专业委员会委员，中国杭州婴童行业协会会长，浙江大学MBA导师，台湾婴童妇幼厂商联谊会名誉会长，浙江妇幼婴童产业商会会长，浙江省优生优育协会副会长。

阎青春 男 汉族 1956年出生

现任全国老龄办副主任。毕业于吉林大学。历任总参装甲兵政治部干事，民政部人教司、社会福利司、社会福利和社会事务司副处长、处长、副司长。

决 议

中国红十字会第九届理事会第二次会议关于通过2010年工作报告的决议

（2011年1月19日九届二次理事会通过）

中国红十字会第九届理事会第二次会

议，研究了王伟同志代表常务理事会所作的工作报告。理事会认为：工作报告认真、全面地总结了2010年的工作，客观公正，实事求是。

经中国红十字会第九届理事会第二次会议审议，予以通过。

中国红十字会第九届理事会第二次会议关于通过《中国红十字会总会2010年度财务收支情况报告》的决议

（2011年1月19日九届二次理事会通过）

中国红十字会第九届理事会第二次会议，研究了常务理事会提交的《中国红十字会总会2010年财务收支情况报告》。理事会认为：财务报告数据准确，客观公正，符合国家法律和财务工作制度的有关规定。

经中国红十字会第九届理事会第二次会议审议，予以通过。

中国红十字会第九届理事会第二次会议关于通过更换和增补理事、常务理事的决议

（2011年1月19日九届二次理事会通过）

中国红十字会第九届理事会第二次会议，研究了常务理事会提交的《关于中国红十字会第九届理事会第二次会议更换和增补理事、常务理事候选人情况的报告》。

理事会认为：原第九届理事会理事公安部黄双全，国家税务总局孙瑞标，河北省张淑琴，湖北省毛三元，广东省徐火周、徐志彪，广西壮族自治区肖莺子，云南省杜克琳，西藏自治区格列因工作变动等原因不再担任理事。原理事单位依次推荐高任、张捷、田更志、贺方红、冯玲、贡儿珍、吕洁、段鸿、扎西德吉继任第九届理事会理事。原第九届常务理事会常务理事外交部何亚非、教育部陈小娅、审计署王中信因工作变动等原因不再担任常务理事，原常务理事单位依次推荐吴海龙、郝平、李建新继任第九届常务理事会常务理事。增补全国老龄工作委员会办公室阎青春、中国计划生育协会吴光华、中央电视台朱彤、凤凰卫视中文台王纪言、天狮集团李金元、贝因美集团谢宏、淘宝网陆兆禧为理事，中国工商银行罗熹、香港华懋基金会龚仁心为常务理事。以上事宜符合《中国红十字会章程》的有关规定。

经中国红十字会第九届理事会第二次会议审议，予以通过。

中国红十字会九届理事会二次会议有关文件

中国红十字会2011年重点工作

2011年，是中国红十字会深入实施《中国红十字事业2009—2014年发展规划》的重要一年，是以制度建设为重点的能力建设年（简称制度建设年）。2011年工作的指

导思想是：在邓小平理论、“三个代表”重要思想和党的十七届五中全会精神指引下，认真贯彻《中华人民共和国红十字会法》，紧密结合我国经济社会发展的新形势和新特点，突出以人为本，以制度建设为重点，以改革创新、锐意进取的精神，以脚踏实地的工作作风，圆满完成各项工作任务，为促进中国红十字事业更加蓬勃发展，为建设社会主义和谐社会做出新贡献。

2011 年的重点工作是：

一、加强制度建设

1. 全面推进各级红十字会制度建设，制定、修订和完善基金管理、财务管理、物资管理、人员管理、灾害救助、救护培训、信息发布等各方面的制度，形成以制度管人、管财、管事，以制度规范各项工作的良好局面。

二、做好救灾、救护、救助工作

2. 加大工作力度，继续做好汶川地震、玉树地震、舟曲泥石流等灾害的灾后恢复重建工作，加强重建资金的管理和重建项目的落实，确保各项灾后重建工作按计划顺利推进。

3. 进一步加强各级红十字会备灾救灾中心建设，形成布局合理、程序规范、能力较强的灾害应急反应体系，提高标准化水平、打造具有红十字特色的救援队，全力做好 2011 年自然灾害救助工作。

4. 深入开展城乡社区红十字服务工作，推进“红十字博爱新村”和“红十字博爱社区”建设，提升基层红十字工作能力。进一步加强救护培训工作，完善应急救护培训指导体系，推进培训标准化建设，提升培训工作的能力和水平。

5. 做好人体器官捐献试点工作经验的总结工作，推动人体器官捐献机构的建立，争取“十二五”彩票公益金的经费支持，促进地方相关法规的修改完善，为全国推广此项工作打下良好的基础，逐步建立起我国人体器官捐献体系。

三、加强组织建设

6. 按照积极推进、分类指导、因地制宜的原则，推进地、县级红十字会理顺管理体制工作，重点推进人口大县、灾害多发县红十字会理顺管理体制工作。巩固理顺管理体制成果，总结典型经验，发挥示范带动作用，力争到 2011 年底县级理顺管理体制取得较大进展。

7. 加强会员管理及服务的试点工作，进一步规范会费收缴工作，巩固红十字会员队伍，探索把会员发展成为固定捐款人。继续推进发展行业红十字会工作，不断深化“社会化、开放式”的工作格局。

8. 加快实施“人才强会”战略，通过举办省级、地县级红十字会领导干部培训班，加强红十字会干部队伍建设，着力提高各级红十字会干部的学习能力、工作能力和创新能力。

9. 健全按专业、分领域组建志愿服务队伍的红十字志愿服务体系，加强志愿者登记注册管理。举办全国红十字青少年工作会议，推动红十字知识进校园、进课堂，在各级各类学校中广泛建立红十字组织，发展巩固红十字青少年队伍。

四、开展红十字理论研究工作

10. 大力开展理论研究工作，成立中国红十字理论研究会，深入开展相关重大课题研究，为红十字事业发展奠定坚实的理论基础。坚持依法建会、依法治会、依法兴会，加强法制建设，配合好全国人大开展红十字会法执法检查，为事业发展创造良好的法治环境。

五、创新筹资机制

11. 继续探索建立可持续的筹资工作机制，创新筹资方式，借鉴、引进数据库筹款模式，加强与大企业的联系、沟通，培育和发展长期固定捐款人，发挥手机短信捐款等筹资方式的作用，确保红十字会长期稳定收入来源。同时增强对捐赠人的服务意识，安全高效地执行好捐款，做好捐赠反馈、报告等服务工作，做到公开、透明，提升红十字会公信力。

12. 全面启动中国红十字会总会彩票公益金“十二五”计划，指导省级红十字会做好彩票公益金项目的争取和实施工作。各地红十字会要积极争取地方彩票公益金的支持。

六、推动宣传工作开创新局面

13. 进一步加强宣传工作力度，以举办汶川地震三周年纪念、“五八博爱周”、南丁格尔奖颁奖、捐赠人赴台湾考察援建项目等重大活动为载体，进一步加强与媒体的沟通与联系，精心组织宣传活动，扩大红十字会的社会影响。

七、加强与国际及台港澳地区的交流与合作

14. 充分发挥民间外交重要渠道作用，加强与国家红十字会和国际组织开展双边与多边的国际交流，精心筹备参加第31届红十字与红新月国际大会和联合会的代表会议；积极推动国际项目的引进与实施，努力落实商务部支持的对外援助和人员培训项目；积极探索和促进与台港澳开展具有实质性内容的合作；加强和规范对地方分会外事工作的指导、协调和服务。

中国红十字会总会关于表彰青海玉树抗震救灾先进集体和先进个人的决定

（红总字〔2010〕102号
2010年12月24日）

2010年4月14日，青海玉树地震发生后，在党中央、国务院的坚强领导下，中国红十字会以灾情为命令，视时间如生命，按照《中华人民共和国红十字会法》赋予的职责，充分发扬“人道、博爱、奉献”的红十字精神，汇聚人道力量，全力实施救援行动。广大红十字会干部、会员和红十字志愿者迅速行动，扎实工作，不畏艰难、连续作战，积极投入到抗震救灾工作中，涌现出许多模范典型。

为表彰先进，经中国红十字会总会研究决定，授予青海省等8个省级红十字会“抗震救灾组织奖”；北京市房山区红十字会等65个红十字会和红十字救援队“抗震救灾先进集体”；孙硕鹏等55名同志“抗震救灾先进个人”，张勇等94名同志“抗震救灾优秀志愿者”，香港和澳门特别行政区红十字会“抗震救灾特别贡献奖”。

全国各级红十字会、广大红十字会干部、会员和志愿者，要学习他们心系灾区、无私奉献的牺牲精神，学习他们不畏艰险、顽强拼搏的优良品格，以更加扎实的作风、更加努力的工作，在构建社会主义和谐社会中做出更大的贡献。

附件：

中国红十字会青海玉树抗震救灾先进集体（个人）名单

抗震救灾组织奖（8个）

青海省　广东省　上海市　福建省　浙江省　北京市　天津市　宁夏回族自治区

抗震救灾先进集体（65个）

北京市：房山区红十字会、北京市红十字会紧急救援中心（999）

天津市：北辰区红十字会、河西区红十字会

河北省：邯郸市红十字会、迁安市红十字会

山西省：大同市红十字会、安泽县红十字会

内蒙古自治区：鄂尔多斯市红十字会、额济纳旗红十字会

辽宁省：大连市红十字会、皇姑区红十字会

吉林省：长春市红十字会、延吉市红十字会

黑龙江省：哈尔滨市红十字会、富锦市红十字会

上海市：浦东新区红十字会、徐汇区虹梅街道红十字会

江苏省：南京市红十字会、昆山市红十字会

浙江省：杭州市红十字会、义乌市红十字会

安徽省：马鞍山市红十字会、怀远县红十字会

福建省：厦门市红十字会、晋江市红十字会

江西省：新余市红十字会、南昌县红十字会

山东省：青岛市红十字会、曲阜市红十字会

河南省：郑州市红十字会、金明区红十字会

湖北省：武汉市红十字会、夷陵区红十字会

湖南省：长沙市红十字会、慈利县红十字会

广东省：深圳市红十字会、台山市红十字会

广西壮族自治区：北海市红十字会、广西红十字紧急医疗救援队

海南省：海口市红十字会、定安县红十字会

重庆市：黔江区红十字会、武隆县红十字会

四川省：雅安市红十字会、双流县红十字会

贵州省：贵阳市红十字会、遵义市红十字会

云南省：德宏州红十字会、蒙自县红十字会

西藏自治区：阜康医院紧急救援队

陕西省：西安市红十字会、韩城县红十字会

甘肃省：平凉市红十字会、安定区红十字会

青海省：省红十字会备灾救灾中心、玉树藏族自治州红十字会

宁夏回族自治区：银川市红十字会、石嘴山市红十字会

新疆维吾尔自治区：昌吉回族自治州红

十字会、沙依巴克区红十字会

新疆生产建设兵团：农八师石河子市红十字会、农六师五家渠市红十字会

北京市红十字蓝天救援队

中国红十字（湖南）供水应急分队

抗震救灾先进个人（55名）

北京市：孙硕鹏、李立兵、王正华、刘秀华

天津市：王丽清

河北省：高继芳

山西省：段鸣爱

内蒙古自治区：张晓炜

辽宁省：苗　静

吉林省：苗秀荣、于立敏

黑龙江省：曹　晶

上海市：滕桂香、陈　明、沃伟东

江苏省：严晓明、孟纬鸿、杨维珊

浙江省：赵雅飞、王　佳、陈良龙

安徽省：陈玉琴

福建省：陆芳红、胡晓强、林敏惠

江西省：吴艳红

山东省：张多伟

河南省：王豫华

湖北省：程燕莉

湖南省：彭力夫、曹向东、谷　宇、彭清明、宋　波

广东省：陈海蓉、简海燕、罗慧颜

广西壮族自治区：蔡云旗、胡德宏、刘萍

海南省：李　政

重庆市：李永龙

四川省：王旭初

贵州省：冉雪莲

云南省：李　凌、施正春、李　涛

陕西省：杨和平

甘肃省：宋廷武

青海省：尼　玛、格　扎

宁夏回族自治区：杨红英

新疆维吾尔自治区：赵庆贺

新疆生产建设兵团：武耀平

香港特别行政区：蔡穗升

抗震救灾优秀志愿者（94名）

北京市：张　勇、马　刚、崔　伟

天津市：张连星、王维娜、王燕青

河北省：张　震、胡金泉、张海涛

山西省：李　政、秦　洋、王　璇

内蒙古自治区：张文强、庞　云、梁俊伟

辽宁省：赵连鹏、来丽娜、刘忠田

吉林省：王春艳、王耀辉

黑龙江省：施　永、孙林云、王学发

上海市：马黎平、沈　俊、朱悦青

江苏省：余　雷、顾　非、袁卫东

浙江省：倪雍厅、叶其明、吴春泉

安徽省：袁　媛、徐　斌、苏雪迎

福建省：张复星、曾　丽、沈清华

江西省：许　艳、杨义屏、朱玲玲

山东省：张兆全、曹积生、张循芳

河南省：陈　雪、常静霞、陈福安

湖北省：金钰傅、杨国昌、乔华中

湖南省：贺　文、黄　魁、彭继军、倪仕红、朱　勇

广东省：董斌、黎瑞冰、陆晖斐

广西壮族自治区：吕丽娜、张　政、王美春

海南省：符海燕、林德厚、罗　娟

重庆市：陈榜霞、胡泽生、李丛宇

四川省：王　杰、赵克飞、古米蓝

贵州省：朱泽瑞、卓先顺、严培文

云南省：张　伟、朱加厚、汤汉涛

陕西省：薛红茹、李　萍、郭天刚

甘肃省：袁鹏举、王　明、沈俊孝

青海省：马宝祥、张文郡、任延明

宁夏回族自治区：牛　敏、陈亚林、海明月

新疆维吾尔自治区：艾海提托合孙、孟慧华、王双成

新疆生产建设兵团：焦永红、张文林、孙力军

抗震救灾特别贡献奖（2个）

香港特别行政区红十字会

澳门特别行政区红十字会

中国红十字会总会关于表彰参与服务上海世博会先进集体和先进个人的决定

（中红字〔2011〕1号
2011年1月4日）

在党中央、国务院的坚强领导下，在全国人民的大力支持下，中国2010年上海世博会获得圆满成功。中国红十字会发扬“人道、博爱、奉献”精神，围绕中心、服务大局，成功举办了上海世博会国际红十字与红新月馆，广泛开展了“红十字与世博同行”志愿活动。上海、苏州、宁波、中山等有世博任务的地方红十字会在普及应急救护知识和技能，设立红十字志愿服务站，为游客和社会提供及时救助等方面，以积极、热情、奉献的工作态度，做了大量卓有成效的工作，取得了可喜的成绩。中国红十字会参与服务上海世博会的各项工作，得到上海世博会组委会、红十字会与红新月会国际联合会、红十字国际委员会及社会各界的认可。2010年12月，中共中央、国务院授予中国红十字会红十字世博项目秘书处“上海世博会先进集体”的荣誉称号；授予上海市红十字会干部王子美“上海世博会先进个人”荣誉称号。

为激励先进，表彰在参与服务上海世博会工作中作出突出贡献的各级红十字会、相关单位的先进集体、先进个人和优秀志愿者，经中国红十字会总会研究决定，授予上海市红十字会等24个单位“红十字参与服务世博先进集体”荣誉称号；授予丁超英等30位同志“红十字参与服务世博先进个人”荣誉称号；授予钱国祥等33位同志“优秀红十字志愿者”称号；授予上海意像企业形象设计有限公司“上海世博会国际红十字与红新月馆最佳创意设计奖”；授予上海东浩国际商务有限公司“上海世博会国际红十字与红新月馆优秀商务服务奖”；授予上海国际会议展览有限公司“上海世博会国际红十字与红新月馆场馆运营奖”；授予浙江贝因美科工贸股份有限公司等6个企、事业单位“特别贡献奖”（名单附后）。

希望获得荣誉称号的先进集体和先进个人珍惜荣誉、再接再厉，把参与服务世博的精神财富继续传承下去，再谱人道事业新篇章。全国各级红十字会、广大红十字会专兼职干部、会员、志愿者，要学习先进集体和先进个人的优秀品质，发扬红十字会的优良传统，深入贯彻落实科学发展观，围绕中心、服务大局，开拓进取、扎实工作，为构建和谐社会、为人类和平与进步事业做出更大的贡献。

附件：

中国红十字会参与服务上海世博会先进集体（个人）名单

“红十字参与服务世博”先进集体（24个）

上海市：上海市红十字会、浦东新区红十字会、黄浦区红十字会、卢湾区红十字会、上海市红十字医院、上海市新华红十字医院、上海市红十字胸科医院、上海市红十字第三人民医院、上海市红十字医疗急救中心、中国红十字会华山医院

江苏省：苏州市红十字会、无锡市红十字会

浙江省：宁波市红十字会、杭州市红十字心理健康志愿服务队

安徽省：合肥市红十字会

广东省：中山市红十字会

陕西省：商洛市红十字会

总会系统：中国红十字世博爱基金、中国红十字世博温暖基金、组织宣传部、联络部、报刊社、物资供应站、网络中心

“红十字参与服务世博”先进个人（30名）

上海市：丁超英、尉荣生、王春玲、熊仿杰、李江英、周湘兰、滕桂香、崔月芳、殷　洲、刘国华、冯　运、邵建华

江苏省：吴　佳、许　萍

浙江省：叶卫兵、范振芬

安徽省：叶丽萍

广东省：殷昭举、简海燕

陕西省：李志刚

总会系统：张旭东、郑文熙、宋慧民、王盛华、

张景春、邓　鹏、张赢方、王　艳、彭赛锋、洪诗平

优秀红十字志愿者（33名）

上海市：李　瑾、钱国祥、袁　星、李珺、沈文律、刘和芳、陆珍萍、吴跃英、夏欣、卢　刚、黄　萍、姚湘如、胡渊英、王之宙、胡天韵、赵清永、汤兆祥、刘贵朝、沈洁如、施　帆、路琮玮、陈　萍

江苏省：黄　慧、张云燕、陈　刚

浙江省：王道华、费素定、钱锡定

安徽省：傅　强

广东省：程治雄、何少梅、梁靖淇、孙虹

上海世博会国际红十字与红新月馆最佳创意设计奖（1个）

上海意像企业形象设计有限公司

上海世博会国际红十字与红新月馆优秀商务服务奖（1个）

上海东浩国际商务有限公司

上海世博会国际红十字与红新月馆优秀场馆运营奖（1个）

上海国际会议展览有限公司

特殊贡献奖（6个）

浙江贝因美科工贸股份有限公司

海门市明天家用纺织品有限公司

浙江泰普森控股集团有限公司

中央电视台新闻中心社会新闻部社会事业组

北京地下铁道通成广告有限公司

北京七彩传媒广告有限公司

中国红十字会总会关于表彰红十字服务亚运工作先进集体和先进个人的决定

（红总字〔2010〕108 号
2010 年 12 月 29 日）

各省、自治区、直辖市红十字会，新疆生产建设兵团红十字会，铁路、商业系统红十字会：

在党中央、国务院的坚强领导下，在全国各族人民的热情参与下，第 16 届亚洲运动会和亚洲残疾人运动会取得圆满成功。在筹备和服务亚运的过程中，中国红十字会发扬“人道、博爱、奉献”精神，围绕中心、服务大局，发挥了积极作用。广东省红十字会在总会的指导下，广泛动员，积极行动，带领各赛事城市红十字会全力以赴投入服务亚运会、亚残运会工作。开展了群众性救护知识普及和演练，招募红十字志愿者在赛场外服务站上岗服务，组织海峡两岸红十字水上救生志愿者联手服务亚运会帆船赛，宣传预防艾滋病知识，做好紧急情况下组织群众无偿献血的准备工作，参与亚运火炬传递等工作，实现了“红十字会服务亚运”的庄严承诺，宣传了红十字运动，弘扬了红十字精神，赢得了组委会和各国运动员、工作人员的好评。

为表彰在服务亚运工作中作出突出贡献、表现优异的集体和个人，激励群众广泛参与红十字志愿服务，提升红十字会参与大型活动的服务能力和水平，扩大红十字会的社会影响力，经总会研究决定，授予广东省红十字会等 5 个单位“中国红十字会服务亚运工作先进集体”称号；授予邵岩等 5 人“中国红十字会服务亚运工作先进个人”称号；授予高峰等 15 人“中国红十字会服务亚运工作优秀志愿者”称号。

希望获得荣誉称号的先进集体和个人珍惜荣誉、再接再厉，把参与亚运服务的精神财富传承下去，再谱人道事业新篇章。全国各级红十字会要向获得荣誉称号的先进集体和个人学习，发扬红十字会的优良传统，扎实工作、开拓进取，为构建和谐社会，为人类和平与进步事业做出更大的贡献。

附件：

中国红十字会服务亚运工作先进集体和先进个人名单

一、中国红十字会服务亚运工作先进集体（5 个）

广东省红十字会
广州市红十字会
佛山市红十字会
东莞市红十字会
汕尾市红十字会

二、中国红十字会服务亚运工作先进个人（5 人）

邵　岩（广东省红十字会）
陈　红（女，广州市红十字会）
麦洁华（女，佛山市红十字会）
叶伟坤（东莞市红十字会）
许晓文（汕尾市红十字会）

三、中国红十字会服务亚运工作优秀志愿者（15 人）

范文博　高　峰　黄　红　朱凡特　刘俊岐
何燕雯　吴言东　冯锦怡　周学勤　李雪雅
罗海波　陈健濠　林粤东　刘美君　张晓冰

法律、法规

中华人民共和国红十字会法

（1993 年 10 月 31 日第八届全国人民代表大会常委会第四次会议通过 1993 年 10 月 31 日中华人民共和国主席令第 14 号公布自公布之日起施行）

第一章　总　则

第一条　为了保护人的生命和健康，发扬人道主义精神，促进和平进步事业，保障红十字会依法履行职责，制定本法。

第二条　中国红十字会是中华人民共和国统一的红十字组织，是从事人道主义工作的社会救助团体。

第三条　中华人民共和国公民，不分民族、种族、性别、职业、宗教信仰、教育程度，承认中国红十字会章程并缴纳会费的，可以自愿参加红十字会。

第四条　中国红十字会遵守宪法和法律，遵循国际红十字和红新月运动确立的基本原则，依照中国参加的日内瓦公约及其附加议定书和中国红十字会章程，独立自主地开展工作。

第五条　人民政府对红十字会给予支持和资助，保障红十字会依法履行职责，并对其活动进行监督；红十字会协助人民政府开展与其职责有关的活动。

第六条　中国红十字会根据独立、平等、互相尊重的原则，发展同各国红十字会和红新月会的友好合作关系。

第七条　中国红十字会使用白底红十字标志。

第二章　组　织

第八条　县级以上按行政区域建立地方各级红十字会，根据实际工作需要配备专职工作人员。

全国性行业根据需要可以建立行业红十字会。

全国建立中国红十字会总会。

第九条　各级红十字会理事会由会员代表大会民主选举产生。理事会民主选举产生会长和副会长。

各级红十字会会员代表大会闭会期间，由理事会执行会员代表大会的决议。

理事会向会员代表大会负责并报告工作，接受其监督。

上级红十字会指导下级红十字会工作。

第十条　中国红十字会总会设名誉会长和名誉副会长。名誉会长和名誉副会长由中国红十字会总会理事会聘请。

第十一条　中国红十字会总会具有社会

团体法人资格；地方各级红十字会、行业红十字会依法取得社会团体法人资格。

第三章 职 责

第十二条 红十字会履行下列职责：

（一）开展救灾的准备工作；在自然灾害和突发事件中，对伤病人员和其他受害者进行救助；

（二）普及卫生救护和防病知识，进行初级卫生救护培训，组织群众参加现场救护；参与输血献血工作，推动无偿献血；开展其他人道主义服务活动；

（三）开展红十字青少年活动；

（四）参加国际人道主义救援工作；

（五）宣传国际红十字和红新月运动的基本原则和日内瓦公约及其附加议定书；

（六）依照国际红十字和红新月运动的基本原则，完成人民政府委托事宜；

（七）依照日内瓦公约及其附加议定书的有关规定开展工作。

第十三条 红十字会有权处分其接受的救助物资；在处分捐赠款物时，应当尊重捐赠者的意愿。

第十四条 在自然灾害和突发事件中，执行救助任务并标有红十字标志的人员、物资和交通工具有优先通行的权利。

第十五条 任何组织和个人不得拒绝、阻碍红十字会工作人员依法履行职责。

在自然灾害和突发事件中，以暴力、威胁方法阻碍红十字会工作人员依法履行职责的，比照刑法第一百五十七条的规定追究刑事责任；阻碍红十字会工作人员依法履行职责未使用暴力、威胁方法的，比照治安管理处罚条例第十九条的规定处罚。

第四章 标 志

第十六条 红十字标志具有保护作用和标明作用。

红十字标志的保护使用，是标示在武装冲突中必须受到尊重和保护的人员和设备。其使用办法，依照日内瓦公约及其附加议定书的有关规定执行。

红十字标志的标明使用，是标示与红十字活动有关的人或者物。其使用办法，由国务院规定。

第十七条 因宗教信仰使用红新月标志的，其使用办法适用红十字标志的使用规定。

第十八条 军队使用红十字标志，依照日内瓦公约及其附加议定书的有关规定执行。

第十九条 禁止滥用红十字标志。

对于滥用红十字标志的，红十字会有权要求其停止使用；拒绝停止使用的，红十字会可以提请人民政府按照有关法律、法规的规定予以处理。

第五章 经费与财产

第二十条 红十字会经费的主要来源：

（一）红十字会会员缴纳的会费；

（二）接受国内外组织和个人捐赠的款物；

（三）动产和不动产的收入；

（四）人民政府的拨款。

第二十一条 国家对红十字会兴办的与其宗旨相符的社会福利事业给予扶持。

第二十二条 红十字会为开展救助工作，可以进行募捐活动。

第二十三条 红十字会接受用于救助和公益事业的捐赠物资，按照国家有关规定享受减税、免税的优惠待遇。

第二十四条 红十字会建立经费审查监督制度。

红十字会的经费使用应当与其宗旨相一致。

红十字会对接受的境外捐赠款物，应当建立专项审查监督制度。

红十字会经费的来源和使用情况每年向红十字会理事会报告。

第二十五条 红十字会的经费使用情况依照国家有关法律、法规的规定，接受人民政府的检查监督。

第二十六条 任何组织和个人不得侵占和挪用红十字会的经费和财产。

第六章 附 则

第二十七条 本法所称“国际红十字和红新月运动确立的基本原则”，是指1986年10月日内瓦国际红十字大会第二十五次会议通过的“国际红十字和红新月运动章程”中确立的人道性、公正性、中立性、独立性、志愿服务、统一性和普遍性七项基本原则。

本法所称“日内瓦公约”，是指中国加入的于1949年8月12日缔结的日内瓦四公约，即：《改善战地武装部队伤者病者境遇之日内瓦公约》、《改善海上武装部队伤者病者及遇船难者境遇之日内瓦公约》、《关于战俘待遇之日内瓦公约》和《关于战时保护平民之日内瓦公约》。

本法所称日内瓦公约“附加议定书”，是指中国加入的于1977年6月8日缔结的《1949年8月12日日内瓦四公约关于保护国际性武装冲突受难者的附加议定书》和《1949年8月12日日内瓦四公约关于保护非国际性武装冲突受难者的附加议定书》。

第二十八条 本法自公布之日起施行。

中华人民共和国
红十字标志使用办法

（1996年1月29日中华人民共和国国务院、中华人民共和国中央军事委会员令第194号发布自发布之日起施行）

第一章 总 则

第一条 为了维护红十字标志的严肃性，正确使用红十字标志，依照红十字会法的有关规定，制定本办法。

第二条 红十字标志是白底红十字。

第三条 红十字标志是国际人道主义保护标志，是武装力量医疗机构的特定标志，是红十字会的专用标志。

除本办法规定的外，禁止任何组织或者个人使用红十字标志。

第四条 红十字标志具有保护作用和标明作用，二者不得混淆使用。

第五条 地方各级人民政府依照本办法对本行政区域内红十字标志的使用实施监督

管理。

地方各级红十字会应当协助本级人民政府对红十字标志的使用实施监督管理。

第二章 红十字标志的保护性使用

第六条 红十字标志的保护性使用，是指在武装冲突中，冲突各方对依照本办法的规定佩带红十字标志的人员和标有红十字标志的处所及其物品、医务运输工具，必须予以保护和尊重。

第七条 红十字作为保护性标志使用时，不得在标志上添加任何内容。

红十字作为保护性标志使用时，用在旗帜上的，红十字不得触及旗帜的边缘；用在臂章上的，红十字应当置于臂章的中间部位；用在建筑物上的，红十字应当置于建筑物顶部的明显部位。

红十字作为保护性标志使用时，应当在尽可能远的地方或者不同的方向得以辨认；在夜间或者能见度低时，应当以灯光照明或者用发光物装饰。

第八条 在武装冲突中，下列人员可以使用保护性红十字标志：

（一）武装力量医疗机构的医务人员和工作人员；

（二）红十字会的工作人员和医务人员；

（三）经国务院或者中央军事委员会批准的国际红十字组织和外国红十字组织的工作人员和医务人员；

（四）军用的和民用的医务运输工具上的医务人员和工作人员；

（五）经国务院或者中央军事委员会批准的国内外的志愿救助团体人员和民用医疗机构的医务人员。

第九条 在武装冲突中，下列机构或者组织及其处所、物品、医务运输工具可以使用保护性红十字标志：

（一）武装力量的医疗机构；

（二）参加救助活动的红十字会；

（三）经国务院或者中央军事委员会批准的国内外的志愿救助团体和医疗机构；

（四）经国务院或者中央军事委员会批准的国际组织。

第十条 使用保护性红十字标志的人员，必须随身携带由国务院或者中央军事委员会授权的部门签发的身份证明。

第十一条 武装力量医疗机构的人员、处所及其物品、医务运输工具，和平时期可以使用保护性红十字标志作为标记。

第三章 红十字标志的标明性使用

标明性使用第十二条红十字标志的标明性使用，是指对与红十字活动有关的人或者物的标示。

第十三条 红十字作为标明性标志使用时，在红十字下方必须伴以红十字会的名称或者名称缩写，并不得将红十字置于建筑物顶部。

红十字会的工作人员、会员和其他有关人员履行职责时，应当佩带标有红十字的小尺寸臂章；不履行职责时，可以佩带标有红十字的小尺寸胸针或者胸章。

第十四条 下列人员可以使用标明性红

十字标志：

（一）红十字会工作人员；

（二）红十字会会员；

（三）红十字青少年会员。

第十五条 下列场所可以使用标明性红十字标志：

（一）红十字会使用的建筑物；

（二）红十字会所属的医疗机构；

（三）红十字会开展符合其宗旨的活动场所。

第十六条 下列物品、运输工具可以使用标明性红十字标志：

（一）红十字会的徽章、奖章、证章；

（二）红十字会的印刷品、宣传品；

（三）红十字会的救灾、救护物资及运输工具。

第十七条 在本办法规定的范围以外需要使用标明性红十字标志的，由红十字会总会批准。

第四章 红十字标志的禁止使用

第十八条 红十字标志不得用于：

（一）商标或者商业性广告；

（二）非红十字会或者非武装力量的医疗机构；

（三）药店、兽医站；

（四）商品的包装；

（五）公司的标志；

（六）工程设计、产品设计；

（七）本办法规定可以使用红十字标志以外的其他情形。

第五章 罚则

第十九条 对违反本办法的规定，有下列情形之一的，红十字会有权予以劝阻，并要求其停止使用；拒绝停止使用的，红十字会可以提请人民政府责令停止使用：

（一）红十字会的工作人员、会员、红十字青少年会员以外的人员使用标明性红十字标志的；

（二）非红十字会使用的建筑物及其他场所使用标明性红十字标志的；

（三）非红十字会的医疗机构使用标明性红十字标志的；

（四）不属于红十字会的物品、运输工具等使用标明性红十字标志的；

（五）有违反本办法规定使用红十字标志的其他情形的。

第二十条 违反本办法第十八条的规定，擅自使用红十字标志的，由县级以上人民政府责令停止使用，没收非法所得，并处1万元以下的罚款。

第二十一条 阻碍红十字会工作人员依法履行职责的，依法给予治安管理处罚或者追究刑事责任。

第二十二条 武装力量中的组织和人员有违反本办法规定行为的，由军队有关部门处理。

第六章 附则

第二十三条 本办法有关红十字标志保护性使用的规定未尽事宜，依照日内瓦公约及其附加议定书的有关规定执行。

前款日内瓦公约及其附加议定书是指《中华人民共和国红十字会法》第二十七条规定的公约和议定书。

第二十四条 本办法自发布之日起施行。

中华人民共和国公务员法

（2005年4月27日第十届全国人民代表大会常务委员会第十五次会议通过）

目 录

第一章 总 则

第一条 为了规范公务员的管理，保障公务员的合法权益，加强对公务员的监督，建设高素质的公务员队伍，促进勤政廉政，提高工作效能，根据宪法，制定本法。

第二条 本法所称公务员，是指依法履行公职、纳入国家行政编制、由国家财政负担工资福利的工作人员。

第三条 公务员的义务、权利和管理，适用本法。

法律对公务员中的领导成员的产生、任免、监督以及法官、检察官等的义务、权利和管理另有规定的，从其规定。

第四条 公务员制度坚持以马克思列宁主义、毛泽东思想、邓小平理论和“三个代表”重要思想为指导，贯彻社会主义初级阶段的基本路线，贯彻中国共产党的干部路线和方针，坚持党管干部原则。

第五条 公务员的管理，坚持公开、平等、竞争、择优的原则，依照法定的权限、条件、标准和程序进行。

第六条 公务员的管理，坚持监督约束与激励保障并重的原则。

第七条 公务员的任用，坚持任人唯贤、德才兼备的原则，注重工作实绩。

第八条 国家对公务员实行分类管理，提高管理效能和科学化水平。

第九条 公务员依法履行职务的行为，受法律保护。

第十条 中央公务员主管部门负责全国公务员的综合管理工作。县级以上地方各级公务员主管部门负责本辖区内公务员的综合管理工作。上级公务员主管部门指导下级公务员主管部门的公务员管理工作。各级公务员主管部门指导同级各机关的公务员管理工作。

第二章　公务员的条件、义务与权利

第十一条　公务员应当具备下列条件：

（一）具有中华人民共和国国籍；

（二）年满十八周岁；

（三）拥护中华人民共和国宪法；

（四）具有良好的品行；

（五）具有正常履行职责的身体条件；

（六）具有符合职位要求的文化程度和工作能力；

（七）法律规定的其他条件。

第十二条　公务员应当履行下列义务：

（一）模范遵守宪法和法律；

（二）按照规定的权限和程序认真履行职责，努力提高工作效率；

（三）全心全意为人民服务，接受人民监督；

（四）维护国家的安全、荣誉和利益；

（五）忠于职守，勤勉尽责，服从和执行上级依法作出的决定和命令；

（六）保守国家秘密和工作秘密；

（七）遵守纪律，恪守职业道德，模范遵守社会公德；

（八）清正廉洁，公道正派；

（九）法律规定的其他义务。

第十三条　公务员享有下列权利：

（一）获得履行职责应当具有的工作条件；

（二）非因法定事由、非经法定程序，不被免职、降职、辞退或者处分；

（三）获得工资报酬，享受福利、保险待遇；

（四）参加培训；

（五）对机关工作和领导人员提出批评和建议；

（六）提出申诉和控告；

（七）申请辞职；

（八）法律规定的其他权利。

第三章　职务与级别

第十四条　国家实行公务员职位分类制度。

公务员职位类别按照公务员职位的性质、特点和管理需要，划分为综合管理类、专业技术类和行政执法类等类别。国务院根据本法，对于具有职位特殊性，需要单独管理的，可以增设其他职位类别。各职位类别的适用范围由国家另行规定。

第十五条　国家根据公务员职位类别设置公务员职务序列。

第十六条　公务员职务分为领导职务和非领导职务。

领导职务层次分为：国家级正职、国家级副职、省部级正职、省部级副职、厅局级正职、厅局级副职、县处级正职、县处级副职、乡科级正职、乡科级副职。

非领导职务层次在厅局级以下设置。

第十七条　综合管理类的领导职务根据宪法、有关法律、职务层次和机构规格设置确定。

综合管理类的非领导职务分为：巡视

员、副巡视员、调研员、副调研员、主任科员、副主任科员、科员、办事员。

综合管理类以外其他职位类别公务员的职务序列，根据本法由国家另行规定。

第十八条 各机关依照确定的职能、规格、编制限额、职数以及结构比例，设置本机关公务员的具体职位，并确定各职位的工作职责和任职资格条件。

第十九条 公务员的职务应当对应相应的级别。公务员职务与级别的对应关系，由国务院规定。

公务员的职务与级别是确定公务员工资及其他待遇的依据。

公务员的级别根据所任职务及其德才表现、工作实绩和资历确定。公务员在同一职务上，可以按照国家规定晋升级别。

第二十条 国家根据人民警察以及海关、驻外外交机构公务员的工作特点，设置与其职务相对应的衔级。

第四章 录 用

第二十一条 录用担任主任科员以下及其他相当职务层次的非领导职务公务员，采取公开考试、严格考察、平等竞争、择优录取的办法。

民族自治地方依照前款规定录用公务员时，依照法律和有关规定对少数民族报考者予以适当照顾。

第二十二条 中央机关及其直属机构公务员的录用，由中央公务员主管部门负责组织。地方各级机关公务员的录用，由省级公务员主管部门负责组织，必要时省级公务员主管部门可以授权设区的市级公务员主管部门组织。

第二十三条 报考公务员，除应当具备本法第十一条规定的条件外，还应当具备省级以上公务员主管部门规定的拟任职位所要求的资格条件。

第二十四条 下列人员不得录用为公务员：

（一）曾因犯罪受过刑事处罚的；

（二）曾被开除公职的；

（三）有法律规定不得录用为公务员的其他情形的。

第二十五条 录用公务员，必须在规定的编制限额内，并有相应的职位空缺。

第二十六条 录用公务员，应当发布招考公告。招考公告应当载明招考的职位、名额、报考资格条件、报考需要提交的申请材料以及其他报考须知事项。

招录机关应当采取措施，便利公民报考。

第二十七条 招录机关根据报考资格条件对报考申请进行审查。报考者提交的申请材料应当真实、准确。

第二十八条 公务员录用考试采取笔试和面试的方式进行，考试内容根据公务员应当具备的基本能力和不同职位类别分别设置。

第二十九条 招录机关根据考试成绩确定考察人选，并对其进行报考资格复审、考察和体检。

体检的项目和标准根据职位要求确定。具体办法由中央公务员主管部门会同国务院卫生行政部门规定。

第三十条 招录机关根据考试成绩、考察情况和体检结果，提出拟录用人员名单，并予以公示。

公示期满，中央一级招录机关将拟录用人员名单报中央公务员主管部门备案；地方各级招录机关将拟录用人员名单报省级或者设区的市级公务员主管部门审批。

第三十一条 录用特殊职位的公务员，经省级以上公务员主管部门批准，可以简化程序或者采用其他测评办法。

第三十二条 新录用的公务员试用期为一年。试用期满合格的，予以任职；不合格的，取消录用。

第五章 考 核

第三十三条 对公务员的考核，按照管理权限，全面考核公务员的德、能、勤、绩、廉，重点考核工作实绩。

第三十四条 公务员的考核分为平时考核和定期考核。定期考核以平时考核为基础。

第三十五条 对非领导成员公务员的定期考核采取年度考核的方式，先由个人按照职位职责和有关要求进行总结，主管领导在听取群众意见后，提出考核等次建议，由本机关负责人或者授权的考核委员会确定考核等次。

对领导成员的定期考核，由主管机关按照有关规定办理。

第三十六条 定期考核的结果分为优秀、称职、基本称职和不称职四个等次。

定期考核的结果应当以书面形式通知公务员本人。

第三十七条 定期考核的结果作为调整公务员职务、级别、工资以及公务员奖励、培训、辞退的依据。

第六章 职务任免

第三十八条 公务员职务实行选任制和委任制。

领导成员职务按照国家规定实行任期制。

第三十九条 选任制公务员在选举结果生效时即任当选职务；任期届满不再连任，或者任期内辞职、被罢免、被撤职的，其所任职务即终止。

第四十条 委任制公务员遇有试用期满考核合格、职务发生变化、不再担任公务员职务以及其他情形需要任免职务的，应当按照管理权限和规定的程序任免其职务。

第四十一条 公务员任职必须在规定的编制限额和职数内进行，并有相应的职位空缺。

第四十二条 公务员因工作需要在机关外兼职，应当经有关机关批准，并不得领取兼职报酬。

第七章 职务升降

第四十三条 公务员晋升职务，应当具备拟任职务所要求的思想政治素质、工作能力、文化程度和任职经历等方面的条件和资格。

公务员晋升职务，应当逐级晋升。特别优秀的或者工作特殊需要的，可以按照规定破格或者越一级晋升职务。

第四十四条 公务员晋升领导职务，按照下列程序办理：

（一）民主推荐，确定考察对象；

（二）组织考察，研究提出任职建议方案，并根据需要在一定范围内进行酝酿；

（三）按照管理权限讨论决定；

（四）按照规定履行任职手续。

公务员晋升非领导职务，参照前款规定的程序办理。

第四十五条 机关内设机构厅局级正职以下领导职务出现空缺时，可以在本机关或者本系统内通过竞争上岗的方式，产生任职人选。

厅局级正职以下领导职务或者副调研员以上及其他相当职务层次的非领导职务出现空缺，可以面向社会公开选拔，产生任职人选。

确定初任法官、初任检察官的任职人选，可以面向社会，从通过国家统一司法考试取得资格的人员中公开选拔。

第四十六条 公务员晋升领导职务的，应当按照有关规定实行任职前公示制度和任职试用期制度。

第四十七条 公务员在定期考核中被确定为不称职的，按照规定程序降低一个职务层次任职。

第八章　奖　励

第四十八条 对工作表现突出，有显著成绩和贡献，或者有其他突出事迹的公务员或者公务员集体，给予奖励。奖励坚持精神奖励与物质奖励相结合、以精神奖励为主的原则。

公务员集体的奖励适用于按照编制序列设置的机构或者为完成专项任务组成的工作集体。

第四十九条 公务员或者公务员集体有下列情形之一的，给予奖励：

（一）忠于职守，积极工作，成绩显著的；

（二）遵守纪律，廉洁奉公，作风正派，办事公道，模范作用突出的；

（三）在工作中有发明创造或者提出合理化建议，取得显著经济效益或者社会效益的；

（四）为增进民族团结、维护社会稳定做出突出贡献的；

（五）爱护公共财产，节约国家资财有突出成绩的；

（六）防止或者消除事故有功，使国家和人民群众利益免受或者减少损失的；

（七）在抢险、救灾等特定环境中奋不顾身，做出贡献的；

（八）同违法违纪行为作斗争有功绩的；

（九）在对外交往中为国家争得荣誉和利益的；

（十）有其他突出功绩的。

第五十条 奖励分为：嘉奖、记三等功、记二等功、记一等功、授予荣誉称号。

对受奖励的公务员或者公务员集体予以表彰，并给予一次性奖金或者其他待遇。

第五十一条 给予公务员或者公务员集体奖励，按照规定的权限和程序决定或者审批。

第五十二条 公务员或者公务员集体有下列情形之一的，撤销奖励：

（一）弄虚作假，骗取奖励的；

（二）申报奖励时隐瞒严重错误或者严重违反规定程序的；

（三）有法律、法规规定应当撤销奖励的其他情形的。

第九章 惩 戒

第五十三条 公务员必须遵守纪律，不得有下列行为：

（一）散布有损国家声誉的言论，组织或者参加旨在反对国家的集会、游行、示威等活动；

（二）组织或者参加非法组织，组织或者参加罢工；

（三）玩忽职守，贻误工作；

（四）拒绝执行上级依法作出的决定和命令；

（五）压制批评，打击报复；

（六）弄虚作假，误导、欺骗领导和公众；

（七）贪污、行贿、受贿，利用职务之便为自己或者他人谋取私利；

（八）违反财经纪律，浪费国家资财；

（九）滥用职权，侵害公民、法人或者其他组织的合法权益；

（十）泄露国家秘密或者工作秘密；

（十一）在对外交往中损害国家荣誉和利益；

（十二）参与或者支持色情、吸毒、赌博、迷信等活动；

（十三）违反职业道德、社会公德；

（十四）从事或者参与营利性活动，在企业或者其他营利性组织中兼任职务；

（十五）旷工或者因公外出、请假期满无正当理由逾期不归；

（十六）违反纪律的其他行为。

第五十四条 公务员执行公务时，认为上级的决定或者命令有错误的，可以向上级提出改正或者撤销该决定或者命令的意见；上级不改变该决定或者命令，或者要求立即执行的，公务员应当执行该决定或者命令，执行的后果由上级负责，公务员不承担责任；但是，公务员执行明显违法的决定或者命令的，应当依法承担相应的责任。

第五十五条 公务员因违法违纪应当承担纪律责任的，依照本法给予处分；违纪行为情节轻微，经批评教育后改正的，可以免予处分。

第五十六条 处分分为：警告、记过、记大过、降级、撤职、开除。

第五十七条 对公务员的处分，应当事实清楚、证据确凿、定性准确、处理恰当、程序合法、手续完备。

公务员违纪的，应当由处分决定机关决定对公务员违纪的情况进行调查，并将调查认定的事实及拟给予处分的依据告知公务员本人。公务员有权进行陈述和申辩。

处分决定机关认为对公务员应当给予处分的，应当在规定的期限内，按照管理权限和规定的程序作出处分决定。处分决定应当以书面形式通知公务员本人。

第五十八条 公务员在受处分期间不得晋升职务和级别，其中受记过、记大过、降级、撤职处分的，不得晋升工资档次。

受处分的期间为：警告，六个月；记过，十二个月；记大过，十八个月；降级、撤职，二十四个月。

受撤职处分的，按照规定降低级别。

第五十九条 公务员受开除以外的处分，在受处分期间有悔改表现，并且没有再发生违纪行为的，处分期满后，由处分决定机关解除处分并以书面形式通知本人。

解除处分后，晋升工资档次、级别和职务不再受原处分的影响。但是，解除降级、撤职处分的，不视为恢复原级别、原职务。

第十章 培 训

第六十条 机关根据公务员工作职责的要求和提高公务员素质的需要，对公务员进行分级分类培训。

国家建立专门的公务员培训机构。机关根据需要也可以委托其他培训机构承担公务员培训任务。

第六十一条 机关对新录用人员应当在试用期内进行初任培训；对晋升领导职务的公务员应当在任职前或者任职后一年内进行任职培训；对从事专项工作的公务员应当进行专门业务培训；对全体公务员应当进行更新知识、提高工作能力的在职培训，其中对担任专业技术职务的公务员，应当按照专业技术人员继续教育的要求，进行专业技术培训。

国家有计划地加强对后备领导人员的培训。

第六十二条 公务员的培训实行登记管理。

公务员参加培训的时间由公务员主管部门按照本法第六十一条规定的培训要求予以确定。

公务员培训情况、学习成绩作为公务员考核的内容和任职、晋升的依据之一。

第十一章 交流与回避

第六十三条 国家实行公务员交流制度。

公务员可以在公务员队伍内部交流，也可以与国有企业事业单位、人民团体和群众团体中从事公务的人员交流。

交流的方式包括调任、转任和挂职锻炼。

第六十四条 国有企业事业单位、人民团体和群众团体中从事公务的人员可以调入机关担任领导职务或者副调研员以上及其他相当职务层次的非领导职务。调任人选应当具备本法第十一条规定的条件和拟任职位所要求的资格条件，并不得有本法第二十四条规定的情形。调任机关应当根据上述规定，对调任人选进行严格考察，并按照管理权限审批，必要时可以对调任人选进行考试。

第六十五条 公务员在不同职位之间转任应当具备拟任职位所要求的资格条件，在规定的编制限额和职数内进行。

对省部级正职以下的领导成员应当有计划、有重点地实行跨地区、跨部门转任。

对担任机关内设机构领导职务和工作性质特殊的非领导职务的公务员，应当有计划地在本机关内转任。

第六十六条 根据培养锻炼公务员的需要，可以选派公务员到下级机关或者上级机关、其他地区机关以及国有企业事业单位挂职锻炼。

公务员在挂职锻炼期间，不改变与原机

关的人事关系。

第六十七条 公务员应当服从机关的交流决定。

公务员本人申请交流的，按照管理权限审批。

第六十八条 公务员之间有夫妻关系、直系血亲关系、三代以内旁系血亲关系以及近姻亲关系的，不得在同一机关担任双方直接隶属于同一领导人员的职务或者有直接上下级领导关系的职务，也不得在其中一方担任领导职务的机关从事组织、人事、纪检、监察、审计和财务工作。

因地域或者工作性质特殊，需要变通执行任职回避的，由省级以上公务员主管部门规定。

第六十九条 公务员担任乡级机关、县级机关及其有关部门主要领导职务的，应当实行地域回避，法律另有规定的除外。

第七十条 公务员执行公务时，有下列情形之一的，应当回避：

（一）涉及本人利害关系的；

（二）涉及与本人有本法第六十八条第一款所列亲属关系人员的利害关系的；

（三）其他可能影响公正执行公务的。

第七十一条 公务员有应当回避情形的，本人应当申请回避；利害关系人有权申请公务员回避。其他人员可以向机关提供公务员需要回避的情况。

机关根据公务员本人或者利害关系人的申请，经审查后作出是否回避的决定，也可以不经申请直接作出回避决定。

第七十二条 法律对公务员回避另有规定的，从其规定。

第十二章 工资福利保险

第七十三条 公务员实行国家统一的职务与级别相结合的工资制度。

公务员工资制度贯彻按劳分配的原则，体现工作职责、工作能力、工作实绩、资历等因素，保持不同职务、级别之间的合理工资差距。

国家建立公务员工资的正常增长机制。

第七十四条 公务员工资包括基本工资、津贴、补贴和奖金。

公务员按照国家规定享受地区附加津贴、艰苦边远地区津贴、岗位津贴等津贴。

公务员按照国家规定享受住房、医疗等补贴、补助。

公务员在定期考核中被确定为优秀、称职的，按照国家规定享受年终奖金。

公务员工资应当按时足额发放。

第七十五条 公务员的工资水平应当与国民经济发展相协调、与社会进步相适应。

国家实行工资调查制度，定期进行公务员和企业相当人员工资水平的调查比较，并将工资调查比较结果作为调整公务员工资水平的依据。

第七十六条 公务员按照国家规定享受福利待遇。国家根据经济社会发展水平提高公务员的福利待遇。

公务员实行国家规定的工时制度，按照国家规定享受休假。公务员在法定工作日之外加班的，应当给予相应的补休。

第七十七条 国家建立公务员保险制度，保障公务员在退休、患病、工伤、生育、失业等情况下获得帮助和补偿。

公务员因公致残的，享受国家规定的伤残待遇。公务员因公牺牲、因公死亡或者病故的，其亲属享受国家规定的抚恤和优待。

第七十八条 任何机关不得违反国家规定自行更改公务员工资、福利、保险政策，擅自提高或者降低公务员的工资、福利、保险待遇。任何机关不得扣减或者拖欠公务员的工资。

第七十九条 公务员工资、福利、保险、退休金以及录用、培训、奖励、辞退等所需经费，应当列入财政预算，予以保障。

第十三章 辞职辞退

第八十条 公务员辞去公职，应当向任免机关提出书面申请。任免机关应当自接到申请之日起三十日内予以审批，其中对领导成员辞去公职的申请，应当自接到申请之日起九十日内予以审批。

第八十一条 公务员有下列情形之一的，不得辞去公职：

（一）未满国家规定的最低服务年限的；

（二）在涉及国家秘密等特殊职位任职或者离开上述职位不满国家规定的脱密期限的；

（三）重要公务尚未处理完毕，且须由本人继续处理的；

（四）正在接受审计、纪律审查，或者涉嫌犯罪，司法程序尚未终结的；

（五）法律、行政法规规定的其他不得辞去公职的情形。

第八十二条 担任领导职务的公务员，因工作变动依照法律规定需要辞去现任职务的，应当履行辞职手续。

担任领导职务的公务员，因个人或者其他原因，可以自愿提出辞去领导职务。

领导成员因工作严重失误、失职造成重大损失或者恶劣社会影响的，或者对重大事故负有领导责任的，应当引咎辞去领导职务。

领导成员应当引咎辞职或者因其他原因不再适合担任现任领导职务，本人不提出辞职的，应当责令其辞去领导职务。

第八十三条 公务员有下列情形之一的，予以辞退：

（一）在年度考核中，连续两年被确定为不称职的；

（二）不胜任现职工作，又不接受其他安排的；

（三）因所在机关调整、撤销、合并或者缩减编制员额需要调整工作，本人拒绝合理安排的；

（四）不履行公务员义务，不遵守公务员纪律，经教育仍无转变，不适合继续在机关工作，又不宜给予开除处分的；

（五）旷工或者因公外出、请假期满无正当理由逾期不归连续超过十五天，或者一年内累计超过三十天的。

第八十四条 对有下列情形之一的公务员，不得辞退：

（一）因公致残，被确认丧失或者部分丧失工作能力的；

（二）患病或者负伤，在规定的医疗期内的；

（三）女性公务员在孕期、产假、哺乳期内的；

（四）法律、行政法规规定的其他不得辞退的情形。

第八十五条 辞退公务员，按照管理权限决定。辞退决定应当以书面形式通知被辞退的公务员。

被辞退的公务员，可以领取辞退费或者根据国家有关规定享受失业保险。

第八十六条 公务员辞职或者被辞退，离职前应当办理公务交接手续，必要时按照规定接受审计。

第十四章 退休

第八十七条 公务员达到国家规定的退休年龄或者完全丧失工作能力的，应当退休。

第八十八条 公务员符合下列条件之一的，本人自愿提出申请，经任免机关批准，可以提前退休：

（一）工作年限满三十年的；

（二）距国家规定的退休年龄不足五年，且工作年限满二十年的；

（三）符合国家规定的可以提前退休的其他情形的。

第八十九条 公务员退休后，享受国家规定的退休金和其他待遇，国家为其生活和健康提供必要的服务和帮助，鼓励发挥个人专长，参与社会发展。

第十五章 申诉控告

第九十条 公务员对涉及本人的下列人事处理不服的，可以自知道该人事处理之日起三十日内向原处理机关申请复核；对复核结果不服的，可以自接到复核决定之日起十五日内，按照规定向同级公务员主管部门或者作出该人事处理的机关的上一级机关提出申诉；也可以不经复核，自知道该人事处理之日起三十日内直接提出申诉：

（一）处分；

（二）辞退或者取消录用；

（三）降职；

（四）定期考核定为不称职；

（五）免职；

（六）申请辞职、提前退休未予批准；

（七）未按规定确定或者扣减工资、福利、保险待遇；

（八）法律、法规规定可以申诉的其他情形。

对省级以下机关作出的申诉处理决定不服的，可以向作出处理决定的上一级机关提出再申诉。

行政机关公务员对处分不服向行政监察机关申诉的，按照《中华人民共和国行政监察法》的规定办理。

第九十一条 原处理机关应当自接到复核申请书后的三十日内作出复核决定。受理公务员申诉的机关应当自受理之日起六十日内作出处理决定；案情复杂的，可以适当延长，但是延长时间不得超过三十日。

复核、申诉期间不停止人事处理的执行。

第九十二条 公务员申诉的受理机关审查认定人事处理有错误的，原处理机关应当及时予以纠正。

第九十三条 公务员认为机关及其领导人员侵犯其合法权益的，可以依法向上级机关或者有关的专门机关提出控告。受理控告的机关应当按照规定及时处理。

第九十四条 公务员提出申诉、控告，不得捏造事实，诬告、陷害他人。

第十六章 职位聘任

第九十五条 机关根据工作需要，经省级以上公务员主管部门批准，可以对专业性较强的职位和辅助性职位实行聘任制。

前款所列职位涉及国家秘密的，不实行聘任制。

第九十六条 机关聘任公务员可以参照公务员考试录用的程序进行公开招聘，也可以从符合条件的人员中直接选聘。

机关聘任公务员应当在规定的编制限额和工资经费限额内进行。

第九十七条 机关聘任公务员，应当按照平等自愿、协商一致的原则，签订书面的聘任合同，确定机关与所聘公务员双方的权利、义务。聘任合同经双方协商一致可以变更或者解除。

聘任合同的签订、变更或者解除，应当报同级公务员主管部门备案。

第九十八条 聘任合同应当具备合同期限，职位及其职责要求，工资、福利、保险待遇，违约责任等条款。

聘任合同期限为一年至五年。聘任合同可以约定试用期，试用期为一个月至六个月。

聘任制公务员按照国家规定实行协议工资制，具体办法由中央公务员主管部门规定。

第九十九条 机关依据本法和聘任合同对所聘公务员进行管理。

第一百条 国家建立人事争议仲裁制度。

人事争议仲裁应当根据合法、公正、及时处理的原则，依法维护争议双方的合法权益。

人事争议仲裁委员会根据需要设立。人事争议仲裁委员会由公务员主管部门的代表、聘用机关的代表、聘任制公务员的代表以及法律专家组成。

聘任制公务员与所在机关之间因履行聘任合同发生争议的，可以自争议发生之日起六十日内向人事争议仲裁委员会申请仲裁。当事人对仲裁裁决不服的，可以自接到仲裁裁决书之日起十五日内向人民法院提起诉讼。仲裁裁决生效后，一方当事人不履行的，另一方当事人可以申请人民法院执行。

第十七章 法律责任

第一百零一条 对有下列违反本法规定情形的，由县级以上领导机关或者公务员主管部门按照管理权限，区别不同情况，分别予以责令纠正或者宣布无效；对负有责任的领导人员和直接责任人员，根据情节轻重，给予批评教育或者处分；构成犯罪的，依法追究刑事责任：

（一）不按编制限额、职数或者任职资格条件进行公务员录用、调任、转任、聘任和晋升的；

（二）不按规定条件进行公务员奖惩、回避和办理退休的；

（三）不按规定程序进行公务员录用、调任、转任、聘任、晋升、竞争上岗、公开选拔以及考核、奖惩的；

（四）违反国家规定，更改公务员工资、福利、保险待遇标准的；

（五）在录用、竞争上岗、公开选拔中发生泄露试题、违反考场纪律以及其他严重影响公开、公正的；

（六）不按规定受理和处理公务员申诉、控告的；

（七）违反本法规定的其他情形的。

第一百零二条 公务员辞去公职或者退休的，原系领导成员的公务员在离职三年内，其他公务员在离职两年内，不得到与原工作业务直接相关的企业或者其他营利性组织任职，不得从事与原工作业务直接相关的营利性活动。

公务员辞去公职或者退休后有违反前款规定行为的，由其原所在机关的同级公务员主管部门责令限期改正；逾期不改正的，由县级以上工商行政管理部门没收该人员从业期间的违法所得，责令接收单位将该人员予以清退，并根据情节轻重，对接收单位处以被处罚人员违法所得一倍以上五倍以下的罚款。

第一百零三条 机关因错误的具体人事处理对公务员造成名誉损害的，应当赔礼道歉、恢复名誉、消除影响；造成经济损失的，应当依法给予赔偿。

第一百零四条 公务员主管部门的工作人员，违反本法规定，滥用职权、玩忽职守、徇私舞弊，构成犯罪的，依法追究刑事责任；尚不构成犯罪的，给予处分。

第十八章 附 则

第一百零五条 本法所称领导成员，是指机关的领导人员，不包括机关内设机构担任领导职务的人员。

第一百零六条 法律、法规授权的具有公共事务管理职能的事业单位中除工勤人员以外的工作人员，经批准参照本法进行管理。

第一百零七条 本法自 2006 年 1 月 1 日起施行。全国人民代表大会常务委员会 1957 年 10 月 23 日批准、国务院 1957 年 10 月 26 日公布的《国务院关于国家行政机关工作人员的奖惩暂行规定》、1993 年 8 月 14 日国务院公布的《国家公务员暂行条例》同时废止。

中华人民共和国献血法

（1997 年 12 月 29 日第八届全国人民代表大会常务委员会第二十九次会议通过 1997 年 12 月 29 日中华人民共和国主席令第 93 号公布自 1998 年 10 月 1 日起施行）

第一条 为保证医疗临床用血需要和安全，保障献血者和用血者身体健康，发扬人道主义精神，促进社会主义物质文明和精神文明建设，制定本法。

第二条 国家实行无偿献血制度。

国家提倡 18 周岁至 55 周岁的健康公民自愿献血。

第三条 地方各级人民政府领导本行政区域内的献血工作，统一规划并负责组织、协调有关部门共同做好献血工作。

第四条 县级以上各级人民政府卫生行政部门监督管理献血工作。

各级红十字会依法参与、推动献血工作。

第五条 各级人民政府采取措施广泛宣

传献血的意义，普及献血的科学知识，开展预防和控制经血液途径传播的疾病的教育。

新闻媒介应当开展献血的社会公益性宣传。

第六条 国家机关、军队、社会团体、企业事业组织、居民委员会、村民委员会，应当动员和组织本单位或者本居住区的适龄公民参加献血。

现役军人献血的动员和组织办法，由中国人民解放军卫生主管部门制定。

对献血者，发给国务院卫生行政部门制作的无偿献血证书，有关单位可以给予适当补贴。

第七条 国家鼓励国家工作人员、现役军人和高等学校在校学生率先献血，为树立社会新风尚作表率。

第八条 血站是采集、提供临床用血的机构，是不以营利为目的的公益性组织。设立血站向公民采集血液，必须经国务院卫生行政部门或者省、自治区、直辖市人民政府卫生行政部门批准。血站应当为献血者提供各种安全、卫生、便利的条件。血站的设立条件和管理办法由国务院卫生行政部门制定。

第九条 血站对献血者必须免费进行必要的健康检查；身体状况不符合献血条件的，血站应当向其说明情况，不得采集血液。献血者的身体健康条件由国务院卫生行政部门规定。

血站对献血者每次采集血液量一般为200毫升，最多不得超过400毫升，两次采集间隔期不少于6个月。

严格禁止血站违反前款规定对献血者超量、频繁采集血液。

第十条 血站采集血液必须严格遵守有关操作规程和制度，采血必须由具有采血资格的医务人员进行，一次性采血器材用后必须销毁，确保献血者的身体健康。

血站应当根据国务院卫生行政部门制定的标准，保证血液质量。

血站对采集的血液必须进行检测；未经检测或者检测不合格的血液，不得向医疗机构提供。

第十一条 无偿献血的血液必须用于临床，不得买卖。血站、医疗机构不得将无偿献血的血液出售给单采血浆站或者血液制品生产单位。

第十二条 临床用血的包装、储存、运输，必须符合国家规定的卫生标准和要求。

第十三条 医疗机构对临床用血必须进行核查，不得将不符合国家规定标准的血液用于临床。

第十四条 公民临床用血时只交付用于血液的采集、储存、分离、检验等费用；具体收费标准由国务院卫生行政部门会同国务院价格主管部门制定。

无偿献血者临床需要用血时，免交前款规定的费用；无偿献血者的配偶和直系亲属临床需要用血时，可以按照省、自治区、直辖市人民政府的规定免交或者减交前款规定的费用。

第十五条 为保障公民临床急救用血的需要，国家提倡并指导择期手术的患者自身储血，动员家庭、亲友、所在单位以及社会互助献血。

为保证应急用血，医疗机构可以临时采集血液，但应当依照本法规定，确保采血用血安全。

第十六条 医疗机构临床用血应当制定用血计划，遵循合理、科学的原则，不得浪费和滥用血液。

医疗机构应当积极推行按血液成份针对医疗实际需要输血，具体管理办法由国务院卫生行政部门制定。

国家鼓励临床用血新技术的研究和推广。

第十七条 各级人民政府和红十字会对积极参加献血和在献血工作中做出显著成绩的单位和个人，给予奖励。

第十八条 有下列行为之一的，由县级以上地方人民政府卫生行政部门予以取缔，没收违法所得，可以并处 10 万元以下的罚款；构成犯罪的，依法追究刑事责任：

（一）非法采集血液的；

（二）血站、医疗机构出售无偿献血的血液的；

（三）非法组织他人出卖血液的。

第十九条 血站违反有关操作规程和制度采集血液，由县级以上地方人民政府卫生行政部门责令改正；给献血者健康造成损害的，应当依法赔偿，对直接负责的主管人员和其他直接责任人员，依法给予行政处分；构成犯罪的，依法追究刑事责任。

第二十条 临床用血的包装、储存、运输，不符合国家规定的卫生标准和要求的，由县级以上地方人民政府卫生行政部门责令改正，给予警告，可以并处 1 万元以下的罚款。

第二十一条 血站违反本法的规定，向医疗机构提供不符合国家规定标准的血液的，由县级以上人民政府卫生行政部门责令改正；情节严重，造成经血液途径传播的疾病传播或者有传播严重危险的，限期整顿，对直接负责的主管人员和其他直接责任人员，依法给予行政处分；构成犯罪的，依法追究刑事责任。

第二十二条 医疗机构的医务人员违反本法规定，将不符合国家规定标准的血液用于患者的，由县级以上地方人民政府卫生行政部门责令改正；给患者健康造成损害的，应当依法赔偿，对直接负责的主管人员和其他直接责任人员，依法给予行政处分；构成犯罪的，依法追究刑事责任。

第二十三条 卫生行政部门及其工作人员在献血、用血的监督管理工作中，玩忽职守，造成严重后果，构成犯罪的，依法追究刑事责任；尚不构成犯罪的，依法给予行政处分。

第二十四条 本法自 1998 年 10 月 1 日起施行。

中华人民共和国
公益事业捐赠法

（1999 年 6 月 28 日第九届全国人民代表大会常务委员会第十次会议通过）

目　录

第一章 总 则

第一条 为了鼓励捐赠，规范捐赠和受赠行为，保护捐赠人、受赠人和受益人的合法权益，促进公益事业的发展，制定本法。

第二条 自然人、法人或者其他组织自愿无偿向依法成立的公益性社会团体和公益性非营利的事业单位捐赠财产，用于公益事业的，适用本法。

第三条 本法所称公益事业是指非营利的下列事项：

（一）救助灾害、救济贫困、扶助残疾人等困难的社会群体和个人的活动；

（二）教育、科学、文化、卫生、体育事业；

（三）环境保护、社会公共设施建设；

（四）促进社会发展和进步的其他社会公共和福利事业。

第四条 捐赠应当是自愿和无偿的，禁止强行摊派或者变相摊派，不得以捐赠为名从事营利活动。

第五条 捐赠财产的使用应当尊重捐赠人的意愿，符合公益目的，不得将捐赠财产挪作他用。

严格禁止血站违反前款规定对献血者超量、频繁采集血液。

第六条 捐赠应当遵守法律、法规，不得违背社会公德，不得损害公共利益和其他公民的合法权益。

第七条 公益性社会团体受赠的财产及其增值为社会公共财产，受国家法律保护，任何单位和个人不得侵占、挪用和损毁。

第八条 国家鼓励公益事业的发展，对公益性社会团体和公益性非营利的事业单位给予扶持和优待。

国家鼓励自然人、法人或者其他组织对公益事业进行捐赠。

对公益事业捐赠有突出贡献的自然人、法人或者其他组织，由人民政府或者有关部门予以表彰。对捐赠人进行公开表彰，应当事先征求捐赠人的意见。

第二章 捐赠和受赠

第九条 自然人、法人或者其他组织可以选择符合其捐赠意愿的公益性社会团体和公益性非营利的事业单位进行捐赠。捐赠的财产应当是其有权处分的合法财产。

第十条 公益性社会团体和公益性非营利的事业单位可以依照本法接受捐赠。

本法所称公益性社会团体是指依法成立的，以发展公益事业为宗旨的基金会、慈善组织等社会团体。

本法所称公益性非营利的事业单位是指依法成立的，从事公益事业的不以营利为目的的教育机构、科学研究机构、医疗卫生机构、社会公共文化机构、社会公共体育机构和社会福利机构等。

第十一条 在发生自然灾害时或者境外捐赠人要求县级以上人民政府及其部门作为受赠人时，县级以上人民政府及其部门可以接受捐赠，并依照本法的有关规定对捐赠财产进行管理。

县级以上人民政府及其部门可以将受赠财产转交公益性社会团体或者公益性非营利的事业单位；也可以按照捐赠人的意愿分发

或者兴办公益事业，但是不得以本机关为受益对象。

第十二条 捐赠人可以与受赠人就捐赠财产的种类、质量、数量和用途等内容订立捐赠协议。捐赠人有权决定捐赠的数量、用途和方式。

捐赠人应当依法履行捐赠协议，按照捐赠协议约定的期限和方式将捐赠财产转移给受赠人。

第十三条 捐赠人捐赠财产兴建公益事业工程项月，应当与受赠人订立捐赠协议，对工程项目的资金、建设、管理和使用作出约定。

捐赠的公益事业工程项目由受赠单位按照国家有关规定办理项目审批手续，并组织施工或者由受赠人和捐赠人共同组织施工。工程质量应当符合国家质量标准。

捐赠的公益事业工程项目竣工后，受赠单位应当将工程建设、建设资金的使用和工程质量验收情况向捐赠人通报。

第十四条 捐赠人对于捐赠的公益事业工程项目可以留名纪念；捐赠人单独捐赠的工程项目或者主要由捐赠人出资兴建的工程项目，可以由捐赠人提出工程项目的名称，报县级以上人民政府批准。

第十五条 境外捐赠人捐赠的财产；由受赠人按照国家有关规定办理入境手续；捐赠实行许可证管理的物品，由受赠人按照国家有关规定办理许可证申领手续，海关凭许可证验放、监管。

华侨向境内捐赠的，县级以上人民政府侨务部门可以协助办理有关入境手续，为捐赠人实施捐赠项目提供帮助。

第三章 捐赠财产的使用和管理

第十六条 受赠人接受捐赠后，应当向捐赠人出具合法、有效的收据，将受赠财产登记造册，妥善保管。

第十七条 公益性社会团体应当将受赠财产用于资助符合其宗旨的活动和事业。对于接受的救助灾害的捐赠财产，应当及时用于救助活动。基金会每年用于资助公益事业的资金数额，不得低于国家规定的比例。

公益性社会团体应当严格遵守国家的有关规定，按照合法、安全、有效的原则，积极实现捐赠财产的保值增值。

公益性非营利的事业单位应当将受赠财产用于发展本单位的公益事业，不得挪作他用。

对于不易储存、运输和超过实际需要的受赠财产，受赠人可以变卖，所取得的全部收入，应当用于捐赠目的。

第十八条 受赠人与捐赠人订立了捐赠协议的，应当按照协议约定的用途使用捐赠财产，不得擅自改变捐赠财产的用途。如果确需改变用途的，应当征得捐赠人的同意。

第十九条 受赠人应当依照国家有关规定，建立健全财务会计制度和受赠财产的使用制度，加强对受赠财产的管理。

第二十条 受赠人每年度应当向政府有关部门报告受赠财产的使用、管理情况，接受监督。必要时，政府有关部门可以对其财务进行审计。

海关对减免关税的捐赠物品依法实施监督和管理。

县级以上人民政府侨务部门可以参与对华侨向境内捐赠财产使用与管理的监督。

第二十一条 捐赠人有权向受赠人查询捐赠财产的使用、管理情况，并提出意见和建议。对于捐赠人的查询，受赠人应当如实答复。

第二十二条 受赠人应当公开接受捐赠的情况和受赠财产的使用、管理情况，接受社会监督。

第二十三条 公益性社会团体应当厉行节约，降低管理成本；工作人员的工资和办公费用从利息等收入中按照国家规定的标准开支。

第四章 优惠措施

第二十四条 公司和其他企业依照本法的规定捐赠财产用于公益事业，依照法律、行政法规的规定享受企业所得税方面的优惠。

第二十五条 自然人和个体工商户依照本法的规定捐赠财产用于公益事业，依照法律、行政法规的规定享受个人所得税方面的优惠。

第二十六条 境外向公益性社会团体和公益性非营利的事业单位捐赠的用于公益事业的物资，依照法律、行政法规的规定减征或者免征进口关税和进口环节、的增值税。

第二十七条 对于捐赠的工程项目，当地人民政府应当给予支持和优惠。

第五章 法律责任

第二十八条 受赠人未征得捐赠人的许可，擅自改变捐赠财产的性质、用途的，由县级以上人民政府有关部门责令改正，给予警告。拒不改正的，经征求捐赠人的意见，由县级以上人民政府将捐赠财产交由与其宗旨相同或者相似的公益性社会团体或者公益性非营利的事业单位管理。

第二十九条 挪用、侵占或者贪污捐赠款物的，由县级以上人民政府有关部门责令退还所用、所得款物，并处以罚款；对直接责任人员，由所在单位依照有关规定予以处理；构成犯罪的，依法追究刑事责任。

依照前款追回、追缴的捐赠款物，应当用于原捐赠目的和用途。

第三十条 在捐赠活动中，有下列行为之一的，依照法律、法规的有关规定予以处罚；构成犯罪的，依法追究刑事责任：

（一）逃汇、骗购外汇的；

（二）偷税、逃税的；

（三）进行走私活动的；

（四）未经海关许可并且未补缴应缴税额，擅自将减税、免税进口的捐赠物资在境内销售、转让或者移作他用的。

第三十一条 受赠单位的工作人员，滥用职权，玩忽职守，徇私舞弊，致使捐赠财产造成重大损失的，由所在单位依照有关规定予以处理；构成犯罪的，依法追究刑事责任。

第六章　附　则

第三十二条　本法自1999年9月1日起施行。

破坏性地震应急条例

（1995年2月11日中华人民共和国国务院令第172号公布 自1995年4月1日起施行）

目　录

第一章　总　则

第一条　为了加强对破坏性地震应急活动的管理，减轻地震灾害损失，保障国家财产和公民人身、财产安全，维护社会秩序，制定本条例。

第二条　在中华人民共和国境内从事破坏性地震应急活动，必须遵守本条例。

第三条　地震应急工作实行政府领导、统一管理和分级、分部门负责的原则。

第四条　各级人民政府应当加强地震应急的宣传、教育工作，提高社会防震减灾意识。

第五条　任何组织和个人都有参加地震应急活动的义务。

中国人民解放军和中国人民武装警察部队是地震应急工作的重要力量。

第二章　应急机构

第六条　国务院防震减灾工作主管部门指导和监督全国地震应急工作。国务院有关部门按照各自的职责，具体负责本部门的地震应急工作。

第七条　造成特大损失的严重破坏性地震发生后，国务院设立抗震救灾指挥部，国务院防震减灾工作主管部门为其办事机构；国务院有关部门设立本部门的地震应急机构。

第八条　县级以上地方人民政府防震减灾工作主管部门指导和监督本行政区域内的地震应急工作。

破坏性地震发生后，有关县级以上地方人民政府应当设立抗震救灾指挥部，对本行政区域内的地震应急工作实行集中领导，其办事机构设在本级人民政府防震减灾工作主管部门或者本级人民政府指定的其他部门；国务院另有规定的，从其规定。

第三章　应急预案

第九条　国家的破坏性地震应急预案，由国务院防震减灾工作主管部门会同国务院有关部门制定，报国务院批准。

第十条 国务院有关部门应当根据国家的破坏性地震应急预案，制定本部门的破坏性地震应急预案，并报国务院防震减灾工作主管部门备案。

第十一条 根据地震灾害预测，可能发生破坏性地震地区的县级以上地方人民政府防震减灾工作主管部门应当会同同级有关部门以及有关单位，参照国家的破坏性地震应急预案，制定本行政区域内的破坏性地震应急预案，报本级人民政府批准；省、自治区和人口在100万以上的城市的破坏性地震应急预案，还应当报国务院防震减灾工作主管部门备案。

第十二条 部门和地方制定破坏性地震应急预案，应当从本部门或者本地区的实际情况出发，做到切实可行。

第十三条 破坏性地震应急预案应当包括下列主要内容：

（一）应急机构的组成和职责；

（二）应急通信保障；

（三）抢险救援的人员、资金、物资准备；

（四）灾害评估准备；

（五）应急行动方案。

第十四条 制定破坏性地震应急预案的部门和地方，应当根据震情的变化以及实施中发现的问题，及时对其制定的破坏性地震应急预案进行修订、补充；涉及重大事项调整的，应当报经原批准机关同意。

第四章 临震应急

第十五条 地震临震预报，由省、自治区、直辖市人民政府依照国务院有关发布地震预报的规定统一发布，其他任何组织或者个人不得发布地震预报。

任何组织或者个人都不得传播有关地震的谣言。发生地震谣传时，防震减灾工作主管部门应当协助人民政府迅速予以平息和澄清。

第十六条 破坏性地震临震预报发布后，有关省、自治区、直辖市人民政府可以宣布预报区进入临震应急期，并指明临震应急期的起止时间。

临震应急期一般为10日；必要时，可以延长10日。

第十七条 在临震应急期，有关地方人民政府应当根据震情，统一部署破坏性地震应急预案的实施工作，并对临震应急活动中发生的争议采取紧急处理措施。

第十八条 在临震应急期，各级防震减灾工作主管部门应当协助本级人民政府对实施破坏性地震应急预案工作进行检查。

第十九条 在临震应急期，有关地方人民政府应当根据实际情况，向预报区的居民以及其他人员提出避震撤离的劝告；情况紧急时，应当有组织地进行避震疏散。

第二十条 在临震应急期，有关地方人民政府有权在本行政区域内紧急调用物资、设备、人员和占用场地，任何组织或者个人都不得阻拦；调用物资、设备或者占用场地的，事后应当及时归还或者给予补偿。

第二十一条 在临震应急期，有关部门应当对生命线工程和次生灾害源采取紧急防护措施。

第五章 震后应急

第二十二条 破坏性地震发生后，有关的省、自治区、直辖市人民政府应当宣布灾区进入震后应急期，并指明震后应急期的起止时间。

震后应急期一般为 10 日；必要时，可以延长 20 日。

第二十三条 破坏性地震发生后，抗震救灾指挥部应当及时组织实施破坏性地震应急预案，及时将震情、灾情及其发展趋势等信息报告上一级人民政府。

第二十四条 防震减灾工作主管部门应当加强现场地震监测预报工作，并及时会同有关部门评估地震灾害损失；灾情调查结果，应当及时报告本级人民政府抗震救灾指挥部和上一级防震减灾工作主管部门。

第二十五条 交通、铁路、民航等部门应当尽快恢复被损毁的道路、铁路、水港、空港和有关设施，并优先保证抢险救援人员、物资的运输和灾民的疏散。其他部门有交通运输工具的，应当无条件服从抗震救灾指挥部的征用或者调用。

第二十六条 通信部门应当尽快恢复被破坏的通信设施，保证抗震救灾通信畅通。其他部门有通信设施的，应当优先为破坏性地震应急工作服务。

第二十七条 供水、供电部门应当尽快恢复被破坏的供水、供电设施，保证灾区用水、用电。

第二十八条 卫生部门应当立即组织急救队伍，利用各种医疗设施或者建立临时治疗点，抢救伤员，及时检查、监测灾区的饮用水源、食品等，采取有效措施防止和控制传染病的暴发流行，并向受灾人员提供精神、心理卫生方面的帮助。医药部门应当及时提供救灾所需药品。其他部门应当配合卫生、医药部门，做好卫生防疫以及伤亡人员的抢救、处理工作。

第二十九条 民政部门应当迅速设置避难场所和救济物资供应点，提供救济物品等，保障灾民的基本生活，做好灾民的转移和安置工作。其他部门应当支持、配合民政部门妥善安置灾民。

第三十条 公安部门应当加强灾区的治安管理和安全保卫工作，预防和制止各种破坏活动，维护社会治安，保证抢险救灾工作顺利进行，尽快恢复社会秩序。

第三十一条 石油、化工、水利、电力、建设等部门和单位以及危险品生产、储运等单位，应当按照各自的职责，对可能发生或者已经发生次生灾害的地点和设施采取紧急处置措施，并加强监视、控制，防止灾害扩展。

公安消防机构应当严密监视灾区火灾的发生；出现火灾时，应当组织力量抢救人员和物资，并采取有效防范措施，防止火势扩大、蔓延。

第三十二条 广播电台、电视台等新闻单位应当根据抗震救灾指挥部提供的情况，按照规定及时向公众发布震情、灾情等有关信息，并做好宣传、报道工作。

第三十三条 抗震救灾指挥部可以请求非灾区的人民政府接受并妥善安置灾民和提供其他救援。

第三十四条 破坏性地震发生后，国内非灾区提供的紧急救援，由抗震救灾指挥部负责接受和安排；国际社会提供的紧急救援，由国务院民政部门负责接受和安排；国外红十字会和国际社会通过中国红十字会提供的紧急救援，由中国红十字会负责接受和安排。

第三十五条 因严重破坏性地震应急的需要，可以在灾区实行特别管制措施。省、自治区、直辖市行政区域内的特别管制措施，由省、自治区、直辖市人民政府决定；跨省、自治区、直辖市的特别管制措施，由有关省、自治区、直辖市人民政府共同决定或者由国务院决定；中断干线交通或者封锁国境的特别管制措施，由国务院决定。

特别管制措施的解除，由原决定机关宣布。

第六章 奖励和处罚

第三十六条 在破坏性地震应急活动中有下列事迹之一的，由其所在单位、上级机关或者防震减灾工作主管部门给予表彰或者奖励：

（一）出色完成破坏性地震应急任务的；

（二）保护国家、集体和公民的财产或者抢救人员有功的；

（三）及时排除险情，防止灾害扩大，成绩显著的；

（四）对地震应急工作提出重大建议，实施效果显著的；

（五）因震情、灾情测报准确和信息传递及时而减轻灾害损失的；

（六）及时供应用于应急救灾的物资和工具或者节约经费开支，成绩显著的；

（七）有其他特殊贡献的。

第三十七条 有下列行为之一的，对负有直接责任的主管人员和其他直接责任人员依法给予行政处分；属于违反治安管理行为的，依照治安管理处罚条例的规定给予处罚；构成犯罪的，依法追究刑事责任：

（一）不按照本条例规定制定破坏性地震应急预案的；

（二）不按照破坏性地震应急预案的规定和抗震救灾指挥部的要求实施破坏性地震应急预案的；

（三）违抗抗震救灾指挥部命令，拒不承担地震应急任务的；

（四）阻挠抗震救灾指挥部紧急调用物资、人员或者占用场地的；

（五）贪污、挪用、盗窃地震应急工作经费或者物资的；

（六）有特定责任的国家工作人员在临震应急期或者震后应急期不坚守岗位，不及时掌握震情、灾情，临阵脱逃或者玩忽职守的；

（七）在临震应急期或者震后应急期哄抢国家、集体或者公民的财产的；

（八）阻碍抗震救灾人员执行职务或者进行破坏活动的；

（九）不按照规定和实际情况报告灾情的；

（十）散布谣言，扰乱社会秩序，影响破坏性地震应急工作的；

（十一）有对破坏性地震应急工作造成危害的其他行为的。

第七章 附 则

第三十八条 本条例下列用语的含义：

（一）“地震应急”，是指为了减轻地震灾害而采取的不同于正常工作程序的紧急防灾和抢险行动；

（二）“破坏性地震”，是指造成一定数量的人员伤亡和经济损失的地震事件；

（三）“严重破坏性地震”，是指造成严重的人员伤亡和经济损失，使灾区丧失或者部分丧失自我恢复能力，需要国家采取对抗行动的地震事件；

（四）“生命线工程”，是指对社会生活、生产有重大影响的交通、通信、供水、排水、供电、供气、输油等工程系统；

（五）“次生灾害源”，是指因地震而可能引发水灾、火灾、爆炸等灾害的易燃易爆物品、有毒物质贮存设施、水坝、堤岸等。

第三十九条 本条例自 1995 年 4 月 1 日起施行。

社会团体登记管理条例

（1998 年 10 月 25 日国务院令第 250 号发布）

第一章 总 则

第一条 为了保障公民的结社自由，维护社会团体的合法权益，加强对社会团体的登记管理，促进社会主义物质文明、精神文明建设，制定本条例。

第二条 本条例所称社会团体，是指中国公民自愿组成，为实现会员共同意愿，按照其章程开展活动的非营利性社会组织。

国家机关以外的组织可以作为单位会员加入社会团体。

第三条 成立社会团体，应当经其业务主管单位审查同意，并依照本条例的规定进行登记。社会团体应当具备法人条件。

下列团体不属于本条例规定登记的范围：

（一）参加中国人民政治协商会议的人民团体；

（二）由国务院机构编制管理机关核定，并经国务院批准免于登记的团体；

（三）机关、团体、企业事业单位内部经本单位批准成立、在本单位内部活动的团体。

第四条 社会团体必须遵守宪法、法律、法规和国家政策，不得反对宪法确定的基本原则，不得危害国家的统一、安全和民族的团结，不得损害国家利益、社会公共利益以及其他组织和公民的合法权益，不得违背社会道德风尚。

社会团体不得从事营利性经营活动。第五条国家保护社会团体依照法律、法规及其章程开展活动，任何组织和个人不得非法干涉。

第六条 国务院民政部门和县级以上地方各级人民政府民政部门是本级人民政府的社会团体登记管理机关（以下简称登记管理机关）。

国务院有关部门和县级以上地方各级人民政府有关部门、国务院或者县级以上地方各级人民政府授权的组织，是有关行业、学科或者业务范围内社会团体的业务主管单位（以下简称业务主管单位）。

法律、行政法规对社会团体的监督管理另有规定的，依照有关法律、行政法规的规定执行。

第二章 管 辖

第七条 全国性的社会团体，由国务院的登记管理机关负责登记管理；地方性的社会团体，由所在地人民政府的登记管理机关负责登记管理；跨行政区域的社会团体，由所跨行政区域的共同上一级人民政府的登记管理机关负责登记管理。

第八条 登记管理机关、业务主管单位与其管辖的社会团体的住所不在一地的，可以委托社会团体住所地的登记管理机关、业务主管单位负责委托范围内的监督管理工作。

第三章 成立登记

第九条 申请成立社会团体，应当经其业务主管单位审查同意，由发起人向登记管理机关申请筹备。第十条成立社会团体，应当具备下列条件：

（一）有50个以上的个人会员或者30个以上的单位会员；个人会员、单位会员混合组成的，会员总数不得少于50个；

（二）有规范的名称和相应的组织机构；

（三）有固定的住所；

（四）有与其业务活动相适应的专职工作人员；

（五）有合法的资产和经费来源，全国性的社会团体有10万元以上活动资金，地方性的社会团体和跨行政区域的社会团体有3万元以上活动资金；

（六）有独立承担民事责任的能力。社会团体的名称应当符合法律、法规的规定，不得违背社会道德风尚。社会团体的名称应当与其业务范围、成员分布、活动地域相一致，准确反映其特征。全国性的社会团体的名称冠以“中国”、“全国”、“中华”等字样的，应当按照国家有关规定经过批准，地方性的社会团体的名称不得冠以“中国”、“全国”、“中华”等字样。

第十一条 申请筹备成立社会团体，发起人应当向登记管理机关提交下列文件：

（一）筹备申请书；

（二）业务主管单位的批准文件；

（三）验资报告、场所使用权证明；

（四）发起人和拟任负责人的基本情况、身份证明；

（五）章程草案。

第十二条 登记管理机关应当自收到本条例第十一条所列全部有效文件之日起60日内，作出批准或者不批准筹备的决定；不批准的，应当向发起人说明理由。

第十三条 有下列情形之一的，登记管理机关不予批准筹备：

（一）有根据证明申请筹备的社会团体的宗旨、业务范围不符合本条例第四条的规定的；

（二）在同一行政区域内已有业务范围相同或者相似的社会团体，没有必要成立的；

（三）发起人、拟任负责人正在或者曾经受到剥夺政治权利的刑事处罚，或者不具有完全民事行为能力的；

（四）在申请筹备时弄虚作假的；

（五）有法律、行政法规禁止的其他情形的。

第十四条 筹备成立的社会团体，应当自登记管理机关批准筹备之日起6个月内召开会员大会或者会员代表大会，通过章程，产生执行机构、负责人和法定代表人，并向登记管理机关申请成立登记。筹备期间不得开展筹备以外的活动。

社会团体的法定代表人，不得同时担任其他社会团体的法定代表人。

第十五条 社会团体的章程应当包括下列事项：

（一）名称、住所；

（二）宗旨、业务范围和活动地域；

（三）会员资格及其权利、义务；

（四）民主的组织管理制度，执行机构的产生程序；

（五）负责人的条件和产生、罢免的程序；

（六）资产管理和使用的原则；

（七）章程的修改程序；

（八）终止程序和终止后资产的处理；

（九）应当由章程规定的其他事项。第十六条登记管理机关应当自收到完成筹备工作的社会团体的登记申请书及有关文件之日起30日内完成审查工作。对没有本条例第十三条所列情形，且筹备工作符合要求、章程内容完备的社会团体，准予登记，发给《社会团体法人登记证书》。登记事项包括：

（一）名称；

（二）住所；

（三）宗旨、业务范围和活动地域；

（四）法定代表人；

（五）活动资金；

（六）业务主管单位。对不予登记的，应当将不予登记的决定通知申请人。

第十七条 依照法律规定，自批准成立之日起即具有法人资格的社会团体，应当自批准成立之日起60日内向登记管理机关备案。登记管理机关自收到备案文件之日起30日内发给《社会团体法人登记证书》。社会团体备案事项，除本条例第十六条所列事项外，还应当包括业务主管单位依法出具的批准文件。

第十八条 社会团体凭《社会团体法人登记证书》申请刻制印章，开立银行帐户。社会团体应当将印章式样和银行帐号报登记管理机关备案。

第十九条 社会团体成立后拟设立分支机构、代表机构的，应当经业务主管单位审查同意，向登记管理机关提交有关分支机构、代表机构的名称、业务范围、场所和主要负责人等情况的文件，申请登记。

社会团体的分支机构、代表机构是社会团体的组成部分，不具有法人资格，应当按照其所属于的社会团体的章程所规定的宗旨和业务范围，在该社会团体授权的范围内开展活动、发展会员。社会团体的分支机构不得再设立分支机构。社会团体不得设立地域性的分支机构。

第四章 变更登记、注销登记

第二十条 社会团体的登记事项、备案事项需要变更的，应当自业务主管单位审查同意之日起30日内，向登记管理机关申请变更登记、变更备案（以下统称变更登记）。社会团体修改章程，应当自业务主管单位审查同意之日起30日内，报登记管理机关核准。

第二十一条 社会团体有下列情形之一的，应当在业务主管单位审查同意后，向登记管理机关申请注销登记、注销备案（以下统称注销登记）：

（一）完成社会团体章程规定的宗旨的；

（二）自行解散的；

（三）分立、合并的；

（四）由于其他原因终止的。

第二十二条 社会团体在办理注销登记前，应当在业务主管单位及其他有关机关的指导下，成立清算组织，完成清算工作。清算期间，社会团体不得开展清算以外的活动。

第二十三条 社会团体应当自清算结束之日起15日内向登记管理机关办理注销登记。办理注销登记，应当提交法定代表人签署的注销登记申请书、业务主管单位的审查文件和清算报告书。登记管理机关准予注销登记的，发给注销证明文件，收缴该社会团体的登记证书、印章和财务凭证。

第二十四条 社会团体撤销其所属分支机构、代表机构的，经业务主管单位审查同意后，办理注销手续。社会团体注销的，其所属分支机构、代表机构同时注销。

第二十五条 社会团体处分注销后的剩余财产，按照国家有关规定办理。

第二十六条 社会团体成立、注销或者变更名称、住所、法定代表人，由登记管理机关予以公告。

第五章 监督管理

第二十七条 登记管理机关履行下列监督管理职责：

（一）负责社会团体的成立、变更、注销的登记或者备案；

（二）对社会团体实施年度检查；

（三）对社会团体违反本条例的问题进行监督检查，对社会团体违反本条例的行为给予行政处罚。

第二十八条 业务主管单位履行下列监督管理职责：

（一）负责社会团体筹备申请、成立登记、变更登记、注销登记前的审查；

（二）监督、指导社会团体遵守宪法、法律、法规和国家政策，依据其章程开展活动；

（三）负责社会团体年度检查的初审；

（四）协助登记管理机关和其他有关部门查处社会团体的违法行为；

（五）会同有关机关指导社会团体的清算事宜。

业务主管单位履行前款规定的职责，不得向社会团体收取费用。

第二十九条 社会团体的资产来源必须合法，任何单位和个人不得侵占、私分或者挪用社会团体的资产。

社会团体的经费，以及开展章程规定的活动按照国家有关规定所取得的合法收入，必须用于章程规定的业务活动，不得在会员中分配。

社会团体接受捐赠、资助，必须符合章程规定的宗旨和业务范围，必须根据与捐赠人、资助人约定的期限、方式和合法用途使用。社会团体应当向业务主管单位报告接受、使用捐赠、资助的有关情况，并应当将有关情况以适当方式向社会公布。

社会团体专职工作人员的工资和保险福

利待遇，参照国家对事业单位的有关规定执行。

第三十条 社会团体必须执行国家规定的财务管理制度，接受财政部门的监督；资产来源属于国家拨款或者社会捐赠、资助的，还应当接受审计机关的监督。

社会团体在换届或者更换法定代表人之前，登记管理机关、业务主管单位应当组织对其进行财务审计。

第三十一条 社会团体应当于每年 3 月 31 日前向业务主管单位报送上一年度的工作报告，经业务主管单位初审同意后，于 5 月 31 日前报送登记管理机关，接受年度检查。工作报告的内容包括：本社会团体遵守法律法规和国家政策的情况、依照本条例履行登记手续的情况、按照章程开展活动的情况、人员和机构变动的情况以及财务管理的情况。

对于依照本条例第十七条的规定发给《社会团体法人登记证书》的社会团体，登记管理机关对其应当简化年度检查的内容。

第六章　罚　则

第三十二条 社会团体在申请登记时弄虚作假，骗取登记的，或者自取得《社会团体法人登记证书》之日起 1 年未开展活动的，由登记管理机关予以撤销登记。

第三十三条 社会团体有下列情形之一的，由登记管理机关给予警告，责令改正，可以限期停止活动，并可以责令撤换直接负责的主管人员；情节严重的，予以撤销登记；构成犯罪的，依法追究刑事责任：

（一）涂改、出租、出借《社会团体法人登记证书》，或者出租、出借社会团体印章的；

（二）超出章程规定的宗旨和业务范围进行活动的；

（三）拒不接受或者不按照规定接受监督检查的；

（四）不按照规定办理变更登记的；

（五）擅自设立分支机构、代表机构，或者对分支机构、代表机构疏于管理，造成严重后果的；

（六）从事营利性的经营活动的；

（七）侵占、私分、挪用社会团体资产或者所接受的捐赠、资助的；

（八）违反国家有关规定收取费用、筹集资金或者接受、使用捐赠、资助的。

前款规定的行为有违法经营额或者违法所得的，予以没收，可以并处违法经营额 1 倍以上 3 倍以下或者违法所得 3 倍以上 5 倍以下的罚款。

第三十四条 社会团体的活动违反其他法律、法规的，由有关国家机关依法处理；有关国家机关认为应当撤销登记的，由登记管理机关撤销登记。

第三十五条 未经批准，擅自开展社会团体筹备活动，或者未经登记，擅自以社会团体名义进行活动，以及被撤销登记的社会团体继续以社会团体名义进行活动的，由登记管理机关予以取缔，没收非法财产；构成犯罪的，依法追究刑事责任；尚不构成犯罪的，依法给予治安管理处罚。

第三十六条 社会团体被责令限期停止活动的，由登记管理机关封存《社会团体法人登记证书》、印章和财务凭证。社会团体被撤销登记的，由登记管理机关收缴《社会团体法人登记证书》和印章。

第三十七条　登记管理机关、业务主管单位的工作人员滥用职权、徇私舞弊、玩忽职守构成犯罪的，依法追究刑事责任；尚不构成犯罪的，依法给予行政处分。

第七章　附　则

第三十八条　《社会团体法人登记证书》的式样由国务院民政部门制定。

对社会团体进行年度检查不得收取费用。

第三十九条　本条例施行前已经成立的社会团体，应当自本条例施行之日起1年内依照本条例有关规定申请重新登记。

第四十条　本条例自发布之日起施行。1989年10月25日国务院发布的《社会团体登记管理条例》同时废止。

基金会管理条例

（2004年2月11日国务院第39次常务会议通过2004年3月8日中华人民共和国国务院令第400号公布自2004年6月1日起施行）

第一章　总　则

第一条　为了规范基金会的组织和活动，维护基金会、捐赠人和受益人的合法权益，促进社会力量参与公益事业，制定本条例。

第二条　本条例所称基金会，是指利用自然人、法人或者其他组织捐赠的财产，以从事公益事业为目的，按照本条例的规定成立的非营利性法人。

第三条　基金会分为面向公众募捐的基金会（以下简称公募基金会）和不得面向公众募捐的基金会（以下简称非公募基金会）。公募基金会按照募捐的地域范围，分为全国性公募基金会和地方性公募基金会。

第四条　基金会必须遵守宪法、法律、法规、规章和国家政策，不得危害国家安全、统一和民族团结，不得违背社会公德。

第五条　基金会依照章程从事公益活动，应当遵循公开、透明的原则。

第六条　国务院民政部门和省、自治区、直辖市人民政府民政部门是基金会的登记管理机关。

国务院民政部门负责下列基金会、基金会代表机构的登记管理工作：

（一）全国性公募基金会；

（二）拟由非内地居民担任法定代表人的基金会；

（三）原始基金超过2000万元，发起人向国务院民政部门提出设立申请的非公募基金会；

（四）境外基金会在中国内地设立的代表机构。

省、自治区、直辖市人民政府民政部门负责本行政区域内地方性公募基金会和不属于前款规定情况的非公募基金会的登记管理工作。

第七条　国务院有关部门或者国务院授权的组织，是国务院民政部门登记的基金会、境外基金会代表机构的业务主管单位。

省、自治区、直辖市人民政府有关部门或者省、自治区、直辖市人民政府授权的组织，是省、自治区、直辖市人民政府民政部门登记的基金会的业务主管单位。

第二章　设立、变更和注销

第八条　设立基金会，应当具备下列条件：

（一）为特定的公益目的而设立；

（二）全国性公募基金会的原始基金不低于800万元人民币，地方性公募基金会的原始基金不低于400万元人民币，非公募基金会的原始基金不低于200万元人民币；原始基金必须为到账货币资金；

（三）有规范的名称、章程、组织机构以及与其开展活动相适应的专职工作人员；

（四）有固定的住所；

（五）能够独立承担民事责任。

第九条　申请设立基金会，申请人应当向登记管理机关提交下列文件：

（一）申请书；

（二）章程草案；

（三）验资证明和住所证明；

（四）理事名单、身份证明以及拟任理事长、副理事长、秘书长简历；

（五）业务主管单位同意设立的文件。

第十条　基金会章程必须明确基金会的公益性质，不得规定使特定自然人、法人或者其他组织受益的内容。

基金会章程应当载明下列事项：

（一）名称及住所；

（二）设立宗旨和公益活动的业务范围；

（三）原始基金数额；

（四）理事会的组成、职权和议事规则，理事的资格、产生程序和任期；

（五）法定代表人的职责；

（六）监事的职责、资格、产生程序和任期；

（七）财务会计报告的编制、审定制度；

（八）财产的管理、使用制度；

（九）基金会的终止条件、程序和终止后财产的处理。

第十一条　登记管理机关应当自收到本条例第九条所列全部有效文件之日起60日内，作出准予或者不予登记的决定。准予登记的，发给《基金会法人登记证书》；不予登记的，应当书面说明理由。

基金会设立登记的事项包括：名称、住所、类型、宗旨、公益活动的业务范围、原始基金数额和法定代表人。

第十二条　基金会拟设立分支机构、代表机构的，应当向原登记管理机关提出登记申请，并提交拟设机构的名称、住所和负责人等情况的文件。

登记管理机关应当自收到前款所列全部有效文件之日起60日内作出准予或者不予登记的决定。准予登记的，发给《基金会分支（代表）机构登记证书》；不予登记的，应当书面说明理由。

基金会分支机构、基金会代表机构设立登记的事项包括：名称、住所、公益活动的业务范围和负责人。

基金会分支机构、基金会代表机构依据基金会的授权开展活动，不具有法人资格。

第十三条　境外基金会在中国内地设立代表机构，应当经有关业务主管单位同意后，向登记管理机关提交下列文件：

（一）申请书；

（二）基金会在境外依法登记成立的证明和基金会章程；

（三）拟设代表机构负责人身份证明及简历；

（四）住所证明；

（五）业务主管单位同意在中国内地设立代表机构的文件。

登记管理机关应当自收到前款所列全部有效文件之日起60日内，作出准予或者不予登记的决定。准予登记的，发给《境外基金会代表机构登记证书》；不予登记的，应当书面说明理由。

境外基金会代表机构设立登记的事项包括：名称、住所、公益活动的业务范围和负责人。

境外基金会代表机构应当从事符合中国公益事业性质的公益活动。境外基金会对其在中国内地代表机构的民事行为，依照中国法律承担民事责任。

第十四条 基金会、境外基金会代表机构依照本条例登记后，应当依法办理税务登记。

基金会、境外基金会代表机构，凭登记证书依法申请组织机构代码、刻制印章、开立银行账户。

基金会、境外基金会代表机构应当将组织机构代码、印章式样、银行账号以及税务登记证件复印件报登记管理机关备案。

第十五条 基金会、基金会分支机构、基金会代表机构和境外基金会代表机构的登记事项需要变更的，应当向登记管理机关申请变更登记。

基金会修改章程，应当征得其业务主管单位的同意，并报登记管理机关核准。

第十六条 基金会、境外基金会代表机构有下列情形之一的，应当向登记管理机关申请注销登记：

（一）按照章程规定终止的；

（二）无法按照章程规定的宗旨继续从事公益活动的；

（三）由于其他原因终止的。

第十七条 基金会撤销其分支机构、代表机构的，应当向登记管理机关办理分支机构、代表机构的注销登记。

基金会注销的，其分支机构、代表机构同时注销。

第十八条 基金会在办理注销登记前，应当在登记管理机关、业务主管单位的指导下成立清算组织，完成清算工作。

基金会应当自清算结束之日起15日内向登记管理机关办理注销登记；在清算期间不得开展清算以外的活动。

第十九条 基金会、基金会分支机构、基金会代表机构以及境外基金会代表机构的设立、变更、注销登记，由登记管理机关向社会公告。

第三章 组织机构

第二十条 基金会设理事会，理事为5人至25人，理事任期由章程规定，但每届任期不得超过5年。理事任期届满，连选可以连任。

用私人财产设立的非公募基金会，相互间有近亲属关系的基金会理事，总数不得超过理事总人数的三分之一；其他基金会，具有近亲属关系的不得同时在理事会任职。

在基金会领取报酬的理事不得超过理事总人数的三分之一。

理事会设理事长、副理事长和秘书长，从理事中选举产生，理事长是基金会的法定代表人。

第二十一条 理事会是基金会的决策机构，依法行使章程规定的职权。

理事会每年至少召开2次会议。理事会会议须有三分之二以上理事出席方能召开；理事会决议须经出席理事过半数通过方为有效。

下列重要事项的决议，须经出席理事表决，三分之二以上通过方为有效：

（一）章程的修改；

（二）选举或者罢免理事长、副理事长、秘书长；

（三）章程规定的重大募捐、投资活动；

（四）基金会的分立、合并。

理事会会议应当制作会议记录，并由出席理事审阅、签名。

第二十二条 基金会设监事。监事任期与理事任期相同。理事、理事的近亲属和基金会财会人员不得兼任监事。

监事依照章程规定的程序检查基金会财务和会计资料，监督理事会遵守法律和章程的情况。

监事列席理事会会议，有权向理事会提出质询和建议，并应当向登记管理机关、业务主管单位以及税务、会计主管部门反映情况。

第二十三条 基金会理事长、副理事长和秘书长不得由现职国家工作人员兼任。基金会的法定代表人，不得同时担任其他组织的法定代表人。公募基金会和原始基金来自中国内地的非公募基金会的法定代表人，应当由内地居民担任。

因犯罪被判处管制、拘役或者有期徒刑，刑期执行完毕之日起未逾5年的，因犯罪被判处剥夺政治权利正在执行期间或者曾经被判处剥夺政治权利的，以及曾在因违法被撤销登记的基金会担任理事长、副理事长或者秘书长，且对该基金会的违法行为负有个人责任，自该基金会被撤销之日起未逾5年的，不得担任基金会的理事长、副理事长或者秘书长。

基金会理事遇有个人利益与基金会利益关联时，不得参与相关事宜的决策；基金会理事、监事及其近亲属不得与其所在的基金会有任何交易行为。

监事和未在基金会担任专职工作的理事不得从基金会获取报酬。

第二十四条 担任基金会理事长、副理事长或者秘书长的香港居民、澳门居民、台湾居民、外国人以及境外基金会代表机构的负责人，每年在中国内地居留时间不得少于3个月。

第四章 财产的管理和使用

第二十五条 基金会组织募捐、接受捐赠，应当符合章程规定的宗旨和公益活动的业务范围。境外基金会代表机构不得在中国境内组织募捐、接受捐赠。

公募基金会组织募捐，应当向社会公布募得资金后拟开展的公益活动和资金的详细使用计划。

第二十六条 基金会及其捐赠人、受益人依照法律、行政法规的规定享受税收优惠。

第二十七条 基金会的财产及其他收入

受法律保护，任何单位和个人不得私分、侵占、挪用。

基金会应当根据章程规定的宗旨和公益活动的业务范围使用其财产；捐赠协议明确了具体使用方式的捐赠，根据捐赠协议的约定使用。

接受捐赠的物资无法用于符合其宗旨的用途时，基金会可以依法拍卖或者变卖，所得收入用于捐赠目的。

第二十八条 基金会应当按照合法、安全、有效的原则实现基金的保值、增值。

第二十九条 公募基金会每年用于从事章程规定的公益事业支出，不得低于上一年总收入的70%；非公募基金会每年用于从事章程规定的公益事业支出，不得低于上一年基金余额的8%。

基金会工作人员工资福利和行政办公支出不得超过当年总支出的10%。

第三十条 基金会开展公益资助项目，应当向社会公布所开展的公益资助项目种类以及申请、评审程序。

第三十一条 基金会可以与受助人签订协议，约定资助方式、资助数额以及资金用途和使用方式。

基金会有权对资助的使用情况进行监督。受助人未按协议约定使用资助或者有其他违反协议情形的，基金会有权解除资助协议。

第三十二条 基金会应当执行国家统一的会计制度，依法进行会计核算、建立健全内部会计监督制度。

第三十三条 基金会注销后的剩余财产应当按照章程的规定用于公益目的；无法按照章程规定处理的，由登记管理机关组织捐赠给与该基金会性质、宗旨相同的社会公益组织，并向社会公告。

第五章　监督管理

第三十四条 基金会登记管理机关履行下列监督管理职责：

（一）对基金会、境外基金会代表机构实施年度检查；

（二）对基金会、境外基金会代表机构依照本条例及其章程开展活动的情况进行日常监督管理；

（三）对基金会、境外基金会代表机构违反本条例的行为依法进行处罚。

第三十五条 基金会业务主管单位履行下列监督管理职责：

（一）指导、监督基金会、境外基金会代表机构依据法律和章程开展公益活动；

（二）负责基金会、境外基金会代表机构年度检查的初审；

（三）配合登记管理机关、其他执法部门查处基金会、境外基金会代表机构的违法行为。

第三十六条 基金会、境外基金会代表机构应当于每年3月31日前向登记管理机关报送上一年度工作报告，接受年度检查。年度工作报告在报送登记管理机关前应当经业务主管单位审查同意。

年度工作报告应当包括：财务会计报告、注册会计师审计报告，开展募捐、接受捐赠、提供资助等活动的情况以及人员和机构的变动情况等。

第三十七条 基金会应当接受税务、会计主管部门依法实施的税务监督和会计监督。

基金会在换届和更换法定代表人之前，应当进行财务审计。

第三十八条 基金会、境外基金会代表机构应当在通过登记管理机关的年度检查后，将年度工作报告在登记管理机关指定的媒体上公布，接受社会公众的查询、监督。

第三十九条 捐赠人有权向基金会查询捐赠财产的使用、管理情况，并提出意见和建议。对于捐赠人的查询，基金会应当及时如实答复。

基金会违反捐赠协议使用捐赠财产的，捐赠人有权要求基金会遵守捐赠协议或者向人民法院申请撤销捐赠行为、解除捐赠协议。

第六章 法律责任

第四十条 未经登记或者被撤销登记后以基金会、基金会分支机构、基金会代表机构或者境外基金会代表机构名义开展活动的，由登记管理机关予以取缔，没收非法财产并向社会公告。

第四十一条 基金会、基金会分支机构、基金会代表机构或者境外基金会代表机构有下列情形之一的，登记管理机关应当撤销登记：

（一）在申请登记时弄虚作假骗取登记的，或者自取得登记证书之日起 12 个月内未按章程规定开展活动的；

（二）符合注销条件，不按照本条例的规定办理注销登记仍继续开展活动的。

第四十二条 基金会、基金会分支机构、基金会代表机构或者境外基金会代表机构有下列情形之一的，由登记管理机关给予警告、责令停止活动；情节严重的，可以撤销登记：

（一）未按照章程规定的宗旨和公益活动的业务范围进行活动的；

（二）在填制会计凭证、登记会计账簿、编制财务会计报告中弄虚作假的；

（三）不按照规定办理变更登记的；

（四）未按照本条例的规定完成公益事业支出额度的；

（五）未按照本条例的规定接受年度检查，或者年度检查不合格的；

（六）不履行信息公布义务或者公布虚假信息的。

基金会、境外基金会代表机构有前款所列行为的，登记管理机关应当提请税务机关责令补交违法行为存续期间所享受的税收减免。

第四十三条 基金会理事会违反本条例和章程规定决策不当，致使基金会遭受财产损失的，参与决策的理事应当承担相应的赔偿责任。

基金会理事、监事以及专职工作人员私分、侵占、挪用基金会财产的，应当退还非法占用的财产；构成犯罪的，依法追究刑事责任。

第四十四条 基金会、境外基金会代表机构被责令停止活动的，由登记管理机关封存其登记证书、印章和财务凭证。

第四十五条 登记管理机关、业务主管单位工作人员滥用职权、玩忽职守、徇私舞弊，构成犯罪的，依法追究刑事责任；尚不构成犯罪的，依法给予行政处分或者纪律处分。

第七章 附 则

第四十六条 本条例所称境外基金会，是指在外国以及中华人民共和国香港特别行政区、澳门特别行政区和台湾地区合法成立的基金会。

第四十七条 基金会设立申请书、基金会年度工作报告的格式以及基金会章程范本，由国务院民政部门制订。

第四十八条 本条例自2004年6月1日起施行，1988年9月27日国务院发布的《基金会管理办法》同时废止。

本条例施行前已经设立的基金会、境外基金会代表机构，应当自本条例施行之日起6个月内，按照本条例的规定申请换发登记证书。

中国红十字会章程

（2009年10月29日中国红十字会第九次全国会员代表大会通过）

第一章 总 则

第一条 为发展中国特色红十字事业，依照《中华人民共和国红十字会法》，制定本章程。

第二条 中国红十字会是中华人民共和国统一的红十字组织，是从事人道主义工作的社会救助团体，是国际红十字运动的成员。

第三条 中国红十字会以发扬人道、博爱、奉献精神，保护人的生命和健康，促进人类和平进步事业为宗旨。

第四条 中国红十字会遵守国家宪法和法律，遵循国际红十字运动基本原则（人道、公正、中立、独立、志愿服务、统一、普遍），依照日内瓦公约及其附加议定书、《中华人民共和国红十字会法》和本章程，独立自主地开展工作。

第五条 中国红十字会根据独立、平等、互相尊重的原则参加国际红十字运动，发展同有关国际组织和各国红十字会或红新月会的友好合作关系。

第六条 中国红十字会总会（简称总会）具有社会团体法人资格，对外代表中国红十字会，对内指导全国红十字会的工作，会址设在北京。地方各级红十字会、行业红十字会依法取得社会团体法人资格，各级红十字会会址设在同级政府所在地。

地方各级红十字会和全国性行业红十字会是中国红十字会的分会。上级红十字会指导下级红十字会的工作，下级红十字会向上级红十字会报告重要事项。

第七条 县级以上〔含县级（下同）〕红十字会机关工作人员参照《中华人民共和国公务员法》管理。

第八条 各级红十字会依法开展与自己职责有关的活动，接受人民政府的支持、资助和监督。

第九条 县级以上红十字会对为红十字事业做出显著贡献的集体、红十字会工作人员、会员、志愿者、捐赠者以及社会各界人士给予表彰奖励；对为红十字事业做出重大贡献者，按有关规定授予荣誉称号。

第二章 职责与权利

第十条 红十字会在和平时期履行下列职责：

（一）宣传和执行《中华人民共和国红十字会法》和《中华人民共和国红十字标志使用办法》；

（二）开展备灾救灾工作。制定应急预案，建立应急救援队伍；储备救灾物资，建设和管理备灾救灾设施；在自然灾害和突发事件中，开展救护和救助工作；根据自然灾害和突发事件的具体情况，由总会向国内外发出呼吁，依法接受国内外组织和个人的捐赠；地方各级红十字会在辖区内发出呼吁，依法接受国内外组织和个人的捐赠；及时向灾区群众和受难者提供急需的人道援助，参与灾后重建。

（三）开展应急救护和防病知识的宣传、普及、培训；在机关、企事业单位、社区、农村、学校和易发生意外伤害的行业和人群中开展初级卫生救护培训，组织群众参加意外伤害和自然灾害的现场救护；提高应急条件下的应急救助能力和水平；

（四）建设和管理中国造血干细胞捐献者资料库；开展捐献造血干细胞的宣传动员、组织工作；

（五）开展无偿献血的宣传推动工作，与各级人民政府共同对先进单位和个人进行表彰奖励；

（六）开展社会救助及相关服务工作。对易受损人群进行救助，为困难群众提供服务；在社区、农村中建立红十字服务站，开展服务群众、宣传培训、募捐救助等活动；开展帮助寻找失散亲人、重建家庭联系等其他人道服务工作；

（七）依法开展和推动遗体、器官（组织）捐献工作；开展艾滋病预防控制宣传和教育、关心爱护艾滋病病毒感染者、患者及其他人道救助工作；

（八）开展有益于青少年身心健康的红十字青少年活动；

（九）开展红十字志愿服务活动；

（十）宣传国际人道法、红十字运动基本原则，总会承担中国国际人道法国家委员会秘书处的日常工作；

（十一）依法开展募捐活动；在公共场所设置红十字募捐箱并进行管理；依照法律法规自主处分募捐款物；

（十二）兴办符合红十字会宗旨的社会福利事业；

（十三）参加国际人道救援工作；开展与国际红十字组织和各国红十字会或红新月会及其他国际组织的交流与合作；

（十四）完成人民政府委托事宜。

第十一条 依据日内瓦公约及其附加议定书，红十字会在战时和武装冲突时期履行下列职责：

（一）组织红十字救护队，参与战场救护；

（二）在武装部队中依法协助开展传染病的防治工作；

（三）对战区平民进行救助；

（四）协助战俘、被监禁者及难民与家人取得联系，转交钱物，并为此建立必要的通信渠道；

（五）参与探视和见证交换战俘。

第十二条 执行人道主义救助任务的红十字会工作人员，在战争和武装冲突中受日内瓦公约及其附加议定书的保护，在自然灾害和突发事件中受国家有关法律法规的保护。

第十三条 在自然灾害和突发事件中，佩戴红十字标志的人员和标有红十字标志的物资、交通工具优先通行。

第十四条 在自然灾害和突发事件中，为执行救助任务的需要，红十字会救援人员优先使用交通、通信等资源。

第十五条 红十字会兴办的社会福利事业按照国家有关规定，享受税收减免政策。

第十六条 红十字会接受的国（境）外组织和个人捐赠的救灾物资，享受国家有关减税、免税政策。有关部门优先安排运输和办理有关放行手续。

第十七条 红十字会开展活动和宣传工作，广播、电视、报刊、网络等新闻媒体应积极支持。

第三章 会 员

第十八条 中华人民共和国公民，不分民族、种族、性别、职业、宗教、信仰、教育程度，遵守《中华人民共和国红十字会法》，承认本章程，交纳会费的，可以申请加入红十字会。

第十九条 红十字会会员分为个人会员和团体会员。

公民以个人身份加入红十字会的为个人会员，在校学生加入红十字会的为红十字青少年会员；机关、企业事业单位及有关团体加入红十字会的为团体会员。

第二十条 个人入会由本人自愿申请，经所在地基层红十字组织批准，报县级以上红十字会备案，发给会员证，成为红十字会会员；对红十字事业做出较大贡献的单位和个人，县级以上红十字会可以直接吸收为会员。机关、企业事业单位及有关团体加入红十字会，须提出书面申请，由县级以上红十字会批准，发给证书和标牌，成为红十字会团体会员；团体会员单位应有专人负责红十字会工作。

第二十一条 对中国红十字事业做出贡献的中外人士，可由县级以上红十字会批准，授予同级红十字会荣誉会员称号。

第二十二条 会员的权利：

（一）参加红十字会的有关活动、会议及专业培训；

（二）有选举权、被选举权和表决权；

（三）对红十字会工作提出建议和批评；

（四）佩戴红十字标志；

（五）有退会的自由。

团体会员的权利由该单位法定代表人行使。

第二十三条 会员的义务：

（一）学习、宣传和贯彻《中华人民共和国红十字会法》、《中华人民共和国红十字标志使用办法》；传播国际人道法和红十字运动的基本知识；

（二）遵守《中国红十字会章程》；

（三）按期交纳会费；

（四）完成红十字会交办的任务；

（五）维护红十字会的合法权益。

第二十四条 会员退会，经原批准机关审核，收回会员证及标牌；个人会员退会的，需报原备案机关备案。

会员有下列情况之一视为自动退会：

（一）连续两年不参加红十字会活动；

（二）连续两年不交纳会费；

（三）团体会员法人撤销、合并、解散。

第四章　红十字志愿者

第二十五条　中外人士，不分职业、种族、宗教，遵守中国法律、法规，不计报酬，均可参加红十字志愿服务，经过申请，成为红十字志愿者。

第二十六条　红十字志愿者分为登记志愿者和注册志愿者。

第二十七条　县级以上红十字会为红十字志愿者注册审批机构；基层红十字志愿服务组织经县级以上红十字会授权，在其职责范围内开展志愿者登记、注册工作。

第二十八条　县级以上红十字会应积极发展红十字志愿者，建立不同专业、领域的志愿服务队伍，开展富有红十字特色的志愿服务活动。

第二十九条　红十字志愿者的权利

（一）获得红十字志愿服务的相关信息；

（二）获得红十字志愿服务必要的条件和保障；

（三）获得红十字志愿服务活动所需的教育和培训；

（四）对红十字志愿服务工作提出意见和建议；

（五）有退出红十字志愿服务组织的自由；

（六）相关法律法规及有关规定赋予的其它权利。

第三十条　红十字志愿者义务

（一）遵守中国的法律法规，志愿提供人道服务；

（二）遵循红十字运动宗旨，积极参与红十字志愿服务活动；

（三）履行志愿服务承诺，自觉维护志愿服务组织和志愿者的形象；

（四）保护在志愿服务活动过程中获悉的他人隐私及其它依法保护的信息，自觉维护服务对象的合法权益；

（五）正确使用红十字志愿者标识，妥善保管志愿者证；

（六）不得以志愿者身份从事营利或其它违背红十字会宗旨和社会公德的行为。

第三十一条　县级以上红十字会设立红十字志愿服务工作委员会，保持与其他部门志愿服务机构的联系，组织、指导红十字志愿者及志愿服务组织开展活动，维护红十字志愿者及其服务组织的合法权益，定期对红十字志愿服务工作进行考核、评估和表彰。

第五章　全国组织机构

第三十二条　全国会员代表大会

中国红十字会的最高权力机关是全国会员代表大会。全国会员代表大会每五年召开一次，由中国红十字会理事会召集，如遇特殊情况可提前或延期召开。

全国会员代表大会的代表由总会和地方红十字会推选的会员代表以及与有关部门协商产生的代表和特邀代表组成。代表比例由常务理事会根据会员人数和红十字事业发展需要决定。

全国会员代表大会的职权是：

（一）选举中国红十字会理事；

（二）修改《中国红十字会章程》；

（三）审议批准理事会的工作报告；

（四）审议批准理事会提交的工作规划；

（五）决定中国红十字会的重大事项。

第三十三条 中国红十字会设名誉会长、名誉副会长和名誉理事，根据工作需要，可以设顾问。名誉会长由理事会聘请国家主席担任。

第三十四条 理事会

理事会在全国会员代表大会闭会期间执行其决议。理事会任期五年，下一次全国会员代表大会召开时换届。理事构成及比例由常务理事会根据需要决定。

会员代表大会期间，理事会会议由大会主席团召集；闭会期间，理事会会议由常务理事会召集，每年召开一次。其职责是：

（一）聘请名誉会长、名誉副会长；

（二）选举常务理事；

（三）选举会长、常务副会长、副会长；

（四）根据会长提名，决定秘书长；

（五）增补、更换或罢免理事、常务理事；

（六）审查批准常务理事会的工作报告并向全国会员代表大会报告工作；

（七）制定发展红十字事业的大政方针、长远规划和年度工作计划；

（八）决定其他重大事项。

第三十五条 常务理事会

常务理事会对理事会负责并接受其监督。常务理事会由理事会选举产生的常务理事组成。常务理事会会议每年召开两次，由会长或常务副会长召集并主持。其职责是：

（一）依照《中华人民共和国红十字会法》和本章程的规定，向理事会推荐名誉副会长的人选；

（二）提出修改章程的议案；

（三）审议年度工作报告、计划；

（四）审议总会接受捐赠款物的使用情况；

（五）向理事会提出更换、增补及罢免理事、常务理事的议案；

（六）批准成立、撤销全国性行业红十字会；

（七）聘请名誉理事；

（八）决定其他重要事项。

第三十六条 执行委员会

执行委员会对常务理事会负责。执行委员会由驻总会的专职常务理事组成。常务副会长任执行委员会主任并担任中国红十字会总会法定代表人。执行委员会的职责是：

（一）执行会员代表大会、理事会和常务理事会的决议，主持总会日常工作；

（二）负责编制经费预算，审核年度经费财务决算；

（三）指导全国红十字会的工作；

（四）管理总会的动产和不动产；

（五）承担总会的民事、法律责任；

（六）负责对外交流与合作；

（七）聘请顾问；授予荣誉会员；

（八）批准成立专门委员会；

（九）完成理事会和常务理事会交办的其他事宜。

第六章 地方、行业和基层组织机构

第三十七条 地方红十字会

（一）各级地方红十字会的权力机关是同级会员代表大会。各级地方红十字会会员代表大会每五年召开一次，由同级红十字会理事会召集，如遇特殊情况可提前或延期召开，时间不得超过一年。

（二）各级地方红十字会建立理事会和常务理事会，任期五年。有3名以上（含3名）专职常务理事的红十字会，需设执行委员会，主持日常工作。

省、市（地）、县级红十字会名誉会长由同级理事会聘请当地主要领导担任。

（三）省、市（地）、县级红十字会会长一般应推选当地同级现职领导担任，其工作变动时应及时改选。

常务副会长、副会长和秘书长应保持相对稳定。常务副会长为本级红十字会机关法定代表人，主持日常工作。

（四）县级以上红十字会应根据工作需要配备专职工作人员，并具备能够独立自主开展工作的条件。

第三十八条 行业红十字会

全国性行业成立的红十字会为中国红十字会的行业红十字会，由中国红十字会常务理事会批准。其工作机构设置和人员配备，由行业红十字会常务理事会根据工作需要决定。

行业红十字会按照红十字运动基本原则，依照《中华人民共和国红十字会法》，遵循本章程，结合本行业特点开展工作。

第三十九条 基层组织

城市街道（社区）、农村乡镇（村、组）、企业和事业单位、学校、医疗机构和其他组织中建立的红十字会为基层组织。红十字会基层组织的主要职责是：宣传普及红十字知识，开展人道主义的救助活动，举办初级救护培训、群众性健康知识普及及其他符合红十字宗旨的活动。

第七章 特别行政区组织机构

第四十条 特别行政区红十字会为中国红十字会高度自治的地方分会。

第四十一条 特别行政区分会依照红十字运动基本原则，结合特别行政区实际独立自主地开展工作。

第四十二条 特别行政区分会可参照本章程，依据特别行政区法律法规制定组织规程或组织条例，并报总会备案。

第八章 经费和财产

第四十三条 红十字会经费的主要来源：

（一）红十字会会员交纳的会费；

（二）接受境内外组织和个人捐赠的款物；

（三）动产和不动产的收入；

（四）人民政府的拨款；

（五）其他合法收入。

第四十四条 各级红十字会建立经费审查监督制度；接受审计部门审计和相关部门监督。

对会费的使用和管理，按《中国红十字会会费管理办法》的规定执行。

对接受境内外组织和个人捐赠款物的使用和管理，按《中国红十字会募捐和接受捐赠工作管理办法》的规定执行。

第四十五条　红十字会的经费和财产受法律保护，任何组织和个人不得侵占和挪用。

第四十六条　中国红十字会总会是中国红十字基金会的业务主管单位。省级红十字会可依法建立基金会，地方红十字会可设立专项基金。

第九章　标志　会徽　会旗

第四十七条　中国红十字会使用白底红十字标志。其使用方法依照《中华人民共和国红十字标志使用办法》和《中国红十字会红十字标志标明性使用规定》的规定执行。

第四十八条　中国红十字会的会徽为金黄色橄榄枝环绕的白底红十字。

第四十九条　中国红十字会的会旗为白色旗帜正中央印制中国红十字会会徽。

第五十条　全国各级红十字会统一使用白底红十字标志和会徽、会旗。

红十字标志、红十字旗、中国红十字会会徽和会旗（样式附后）以及会员证、团体会员标牌、荣誉证书等需用红十字标志的，应按照中国红十字会的有关规定执行。

第十章　附　则

第五十一条　本章程所称"日内瓦公约"，是指中国加入的于1949年8月12日缔结的日内瓦四公约，即：《改善战地武装部队伤者病者境遇之日内瓦公约》、《改善海上武装部队伤者病者及遇船难者境遇之日内瓦公约》、《关于战俘待遇之日内瓦公约》和《关于战时保护平民之日内瓦公约》。

本章程所称日内瓦公约"附加协议书"，是指中国加入的于1977年6月8缔结的《1949年8月12日日内瓦四公约关于保护国际性武装冲突受难者的附加议定书》和《1949年8月12日日内瓦四公约关于保护非国际性武装冲突受难者的附加议定书》。

本章程所称国际人道法，是指在战争或武装冲突中，依据条例和惯例，以保护不直接参与军事行动（如平民百姓）或不再参加军事行动（如军队的伤、病员和俘虏）的人员为目的、规定各交战国或武装冲突各方之间交战行为的原则、规则和制度的总体，日内瓦公约及其附加议定书是其主要组成部分。

第五十二条　中国红十字会英文译名为："Red Cross Society of China"。

第五十三条　地方和行业红十字会的名称为：在行政区域名称或行业名称后加"红十字会"；对外交往中的称谓为：在行政区域名称或行业名称前加"中国红十字会"，在行政区域名称或行业名称后加"分会"，英文译名为："Red Cross Society of China ＊＊＊ Branch"。

第五十四条　基层组织的名称为：城市街道（社区）、农村乡镇（村、组）、企业和事业单位、学校、医疗机构和其他组织名称后加"红十字会"。

第五十五条　特别行政区红十字会的名称为："中国＊＊特别行政区红十字会"［英文译名：The Red Cross of the ＊＊ Special Administrative Region of the People's Republic of China］简称："＊＊红十字会（中国红

十字会分会)”［英文译名：＊＊Red Cross (Branch of the Red Cross Society of China)］。

第五十六条 本章程的修改权属中国红十字会全国会员代表大会，解释权属中国红十字会总会。

第五十七条 本章程自通过之日起生效，并报国务院备案。

附（略）：

1. 中国红十字会会徽式样
2. 中国红十字会会旗式样
3. 白底红十字标志式样
4. 红十字旗式样

说明：1、底：白色；2、十字：正红色；3、橄榄枝：金黄色。

中国红十字会会员管理办法

（2009年10月26日 中国红十字会第八届理事会第六次会议通过）

第一章 总 则

第一条 为加强红十字会会员管理，维护会员权利，充分发挥红十字会会员作用，根据《中华人民共和国红十字会法》、《中国红十字会章程》有关规定，制定本办法。

第二条 红十字会会员入会的基本条件，会员的基本权利、义务等，依据《中国红十字会章程》的相关规定执行。

第三条 红十字会会员发展和管理工作由会员所在地红十字会具体负责。

第二章 会员的权利和义务

第四条 中华人民共和国公民，不分民族、种族、性别、职业、宗教、信仰、教育程度，遵守《中华人民共和国红十字会法》、承认《中国红十字会章程》的，可以申请加入红十字会，经红十字会批准即为红十字会会员。

第五条 红十字会会员分为个人会员和团体会员。

公民以个人身份加入红十字会的为个人会员，机关、企业、事业单位、团体以及其他社会组织以单位身份加入红十字会的为团体会员。

会员按照履行义务和交纳会费的多少分为普通会员、特别会员、永久会员。

会员的权利：

（一）参加红十字会的有关活动、会议及专业培训；

（二）有选举权、被选举权和表决权；

（三）对红十字会工作提出建议和批评；

（四）佩戴红十字标志；

（五）有退会的自由。

团体会员的权利由该单位法定代表人行使。

第七条 会员的义务：

（一）学习、宣传和贯彻《中华人民共和国红十字会法》、《中华人民共和国红十字标志使用办法》；传播国际人道法和红十字运动的基本知识；

（二）遵守《中国红十字会章程》；

（三）按期交纳会费；

（四）完成红十字会交办的任务；

（五）维护红十字会的合法权益。

第三章 会员的入会程序

第八条 会员原则上实行属地管理，个人入会由所在地基层红十字会批准，单位入会由所在地县级以上（含县级，下同）红十字会批准。县级以上红十字会可直接批准申请人为本级红十字会会员。

申请加入红十字会的个人，可到所在地（乡镇、街道、企业、事业单位和学校）基层红十字会领取并填写《中国红十字会个人会员入会申请登记表》，附个人身份证复印件报所在地基层红十字会审批。

申请加入红十字会的学校、医院、机关、企业、事业、社会团体和其他社会组织等单位，可到单位所在地县级以上红十字会领取并填写《中国红十字会团体会员入会申请登记表》，附经过年检的企业法人营业执照或事业单位法人证书或社团法人登记证书副本的复印件（加盖本单位公章）等材料报单位所在地县级以上红十字会审批。

第九条 基层红十字会对个人的申请资料进行审查，确定接纳申请人为红十字会会员的，发给红十字会会员证和会员徽章，报县级以上红十字会备案。县级以上红十字会对机关、企业事业单位及有关团体的申请资料进行审查，确定接纳申请单位为红十字会团体会员的，发给红十字会团体会员证书和标牌。红十字会会员证和会员徽章由中国红十字会总会统一制作。团体会员证书和标牌由批准单位按中国红十字会总会统一样式制作。

第十条 对红十字事业做出突出贡献的中外人士（或单位），可以授予荣誉会员称号。荣誉会员由县级以上红十字会认定和批准，并授予同级红十字会荣誉会员称号，颁发中国红十字会统一制作的奖章（奖牌）和证书。

第四章 会员的会费交纳

第十一条 申请人（单位）自获得入会批准之日起，即获得红十字会会员资格，享有会员权利，履行会员义务，并按照《中国红十字会会费管理办法》，按期交纳会费。

第十二条 会费按年度进行交纳，入会时间不足1年的，按1年交纳。

个人普通会员的年度会费不低于10元；个人特别会员需一次性交纳会费1000元以上或连续交纳会费达10年，并能履行会员义务；个人永久会员需一次性交纳会费10000元以上或连续交纳会费达20年，并能履行会员义务。

团体普通会员年度会费不低于1000元；团体特别会员需一次性交纳会费10000元以上，并能履行会员义务；团体永久会员需一次性交纳会费100000元以上，并能履行会员义务。

第十三条 新入会的会员应在获得入会批准后的30个工作日内交纳当年会费。

第十四条 会员会费由批准加入的红十字会组织收缴，会员会费收缴应开具合法收据。会费的使用及管理按照《中国红十字会会费管理办法》执行。

第五章 会员的管理

第十五条 基层红十字会为红十字会个人会员登记管理机构，负责辖区内红十字会的会员发展、管理工作；县级以上红十字会具体负责所辖红十字会团体会员单位的管理工作。

第十六条 各级红十字会要按照管理科学化、制度化、规范化的要求，建立红十字会会员登记档案，实行科学、动态、规范管理。

第十七条 会员实行年度注册管理制度，每年交纳会费的同时进行注册；各级红十字会每年向上级红十字会报告红十字会员登记及管理情况。

第十八条 会员的转会

（一）会员的转会是指红十字会员从一个红十字会转入另一个红十字会；

（二）会员的转会应由转出红十字会出具转会证明，凭该证明在转入红十字会办理转入手续。转会后，交纳会费记录等信息由转入红十字会负责登记、统计；

（三）会员所在红十字会发生合并、分立的，会员应由新成立的红十字会给予登记注册。

第十九条 会员有退会的自由。

会员有下列情况之一可以视为自动退会：

（一）连续两年不交纳会费；

（二）团体会员法人撤销、合并、解散。

第二十条 会员退会，由其所在红十字会收回会员证（标牌），注销其会员资格，并备案。

第六章 会员的奖励

第二十一条 中国红十字会每五年开展一次优秀会员评选活动，对优秀会员进行表彰。省级以下（含省级）红十字会可根据实际情况，对优秀会员进行表彰。

第二十二条 对特别会员可授予红十字银质奖章（牌）；对永久会员可授予红十字金质奖章（牌）。

第二十三条 银质奖章（牌）由省级红十字会负责颁发，金质奖章（牌）由中国红十字会总会颁发。

红十字会员奖章（牌）由中国红十字会总会统一设计、制作。

第七章 附 则

第二十四条 本办法的修改、变更、解释权属于中国红十字会总会。

第二十五条 各级红十字会可根据本办法，结合本地实际，制定具体实施细则。

第二十六条 本办法自公布之日起施行。

年度主要文件

关于印发《关于在全国红十字会系统开展以制度建设为重点的能力建设年工作的指导意见》的通知

（中红字〔2011〕13 号
2011 年 3 月 3 日）

各省、自治区、直辖市红十字会，新疆生产建设兵团红十字会，铁路、商业系统红十字会：

现将《关于在全国红十字会系统开展“以制度建设为重点的能力建设年”工作的指导意见》印发给你们，请结合实际贯彻落实，并将具体工作方案和实施情况以简报等形式及时报送总会办公室和组织宣传部。

关于在全国红十字会系统开展以制度建设为重点的能力建设年工作的指导意见

为进一步贯彻落实中国红十字会“九大”会议精神，继续加强中国红十字会的能力建设，经九届二次理事会决定，2011 年在全国红十字会系统开展“以制度建设为重点的能力建设年”工作，以加强制度建设为重点，进一步提高各级红十字会围绕中心，服务大局的能力和水平。经执委会研究同意，现就有关工作提出以下指导意见：

一、指导思想

“以制度建设为重点的能力建设年”（简称“制度建设年”）的指导思想是：以邓小平理论和“三个代表”重要思想为指导，贯彻党的十七大和十七届四中、五中全会精神以及中国红十字会“九大”精神，落实科学发展观，结合世情、国情、会情，建立适应新形势发展需要的中国特色红十字事业制度体系，推进红十字会制度化和规范化建设，形成用制度管权、按制度办事、靠制度管人的长效机制，以有力的组织和制度保障推动中国特色红十字事业实现跨越式发展。

二、基本原则

（一）以人为本原则。以更好地改善最易受损害群体境况为制度建设工作的出发点，以激发和调动广大专兼职干部、会员、志愿者和捐赠人等红十字会工作参与者的主观能动性为制度建设工作的中心，在制度建设中突出“以人为本”的理念，促进红十字会的各项制度更加科学、更加规范、更加完善。

（二）因地制宜原则。要立足于当地社会建设和红十字事业发展的实际，因地制宜地开展红十字会的制度建设工作。要直面问题，把握重点，在制度建设过程中，切实解决影响当地红十字事业科学发展的制度问题。

（三）统筹兼顾原则。要搞好工作统

筹，将开展“制度建设年”工作与红十字会组织建设相结合，与红十字会各项业务工作相结合，与加强红十字会党建工作相结合，与廉政建设相结合，与会风建设相结合，与专兼职干部、会员和志愿者队伍建设相结合，确保各项工作全面有序地推进。

（四）可持续发展原则。要通过制度建设工作，建立制度管权、管事、管人、管物的长效机制，不断完善红十字会系统内部管理，增强各级红十字会适应社会发展的能力，实现中国特色红十字事业的可持续发展。

三、工作目标

（一）以制度凝聚共识。通过制度建设工作，增强红十字会系统的制度意识，引导红十字会专兼职干部、会员和志愿者积极学习制度、严格执行制度、自觉维护制度。

（二）以制度规范行为。通过建立健全统一高效的“人、财、物、事”等各方面制度，统一工作标准，规范红十字会的整体行为，促进红十字系统有序运行，健康发展。

（三）以制度促进工作。通过制度建设，进一步贯彻“依法建会、依法治会、依法兴会”的方针、任务和要求，进一步推动中国红十字会各项工作的开展，努力取得新的成效。

四、重点任务

（一）完善组织建设制度，增强红十字会的凝聚力。按照运转良好的红十字会标准，进一步推进理顺管理体制工作，完善并落实基层组织建设和志愿者、会员以及会费管理等组织建设相关制度。按照实事求是原则，加强会员队伍建设和管理，巩固发展志愿者队伍，进一步夯实红十字会的组织基础，增强红十字会的凝聚力。

（二）完善业务工作制度，增强红十字会的执行力。按照运转良好的红十字会标准，完善并落实突发事件应急预案和备灾、救灾、救助、救护培训、项目管理、对外合作交流以及其他重大事项从决策到执行的一系列制度，加强对人、财、物的科学管理和配置，提高工作绩效，增强各级红十字会的执行力，保证执委会的各项决策得到迅速坚决有效落实。

（三）完善信息公开制度，增强红十字会的公信力。按照运转良好的红十字会标准，完善并落实新闻发布和新闻发言人制度，在尊重捐赠人意愿的基础上，做好捐赠款物收支调配信息公开、救援救助物资采购信息公开和救援救助项目实施进度信息公开，进一步增加红十字会工作的透明度，增强红十字会的公信力。

五、总体要求

（一）抓好制度清理。认真开展调查研究，找准在制度建设方面存在的突出问题和薄弱环节，对现有制度进行一次全面系统的清理和审查，并按照“坚持、完善、废止”的不同要求做好分类登记。

（二）抓好制度完善。要在全面清理和总结实施现有制度经验的基础上，从更好地促进红十字事业发展大局出发，就制度执行问题开展基层调研，召开由专家参与的工作研讨会议，进一步修订完善相关制度。

（三）抓好制度创新。要根据中国特色红十字事业发展的新形势、新任务、新要求，加强探索和研究，结合工作实际，抓好制度创新，建立健全相关配套制度。

（四）抓好制度落实。要加强组织领导，对制度落实工作进行责任分解，明确责任部门和责任人，明确时限和阶段性要求，为制度落实创造良好环境和条件。要强化监督检查，建立健全制度落实问责机制。领导干部要率先垂范，带头落实制度、遵守制度，维护制度的严肃性和权威性。

（五）抓好典型经验。各级红十字会要注意发现制度建设工作的典型经验，培养典型、宣传典型，以点带面，发挥典型的群体效应。总会将适时召开相关会议，开展经验交流，对“制度建设年”工作进行总结。

关于开展红十字老区行系列活动的通知

（中红字〔2011〕17号
2011年3月10日）

各省、自治区、直辖市红十字会，新疆生产建设兵团红十字会：

2011年，是中国共产党建党90周年。在战争年代，老区人民养育了中国共产党及其领导的人民军队，为建立新中国付出了巨大牺牲，作出了极大贡献。

为大力弘扬“人道、博爱、奉献”的红十字精神，为老区群众排忧解难，在党的90岁生日来临之际，总会拟在全国范围内开展“红十字老区行”系列活动，并号召全国各级红十字会开展此项活动。现将有关事项通知如下：

一、活动主题

“红十字老区行”——纪念建党90周年系列活动

二、活动范围

在中国共产党和毛泽东等老一辈无产阶级革命家领导下创建的革命根据地。

三、时间安排

2011年3月中旬—7月底

四、活动内容

由各省级红十字会自行组织，根据本地情况募集款物，在本省老区重点面向“老红军、老游击队员、老革命、老党员、老劳模及贫困群众家庭”等，开展“送温暖、送健康”等系列活动。总会也将适时在部分老区开展系列活动。

五、要求

（一）各级红十字会要高度重视，加强对此项活动的组织领导，精心策划并制订活动方案，积极争取社会各界的支持，广泛动员社会力量，募集资金，切实取得实效。

（二）要大力做好活动的宣传报道工作，随时将活动情况在有关新闻媒体（电视、电台、报纸、网站）及中国红十字报、中国红十字会网站上宣传报道，加大对红十字精神的宣传力度，扩大红十字会的社会影响。

（三）请于8月15日前将活动情况报总会。

关于印发运转良好的红十字会标准的通知

（中红字〔2011〕19号
2011年3月15日）

各省、自治区、直辖市红十字会，新疆生产建设兵团红十字会，铁路、商业系统红十字会：

为加强红十字会能力建设，努力建设运

转良好的各级红十字会，总会制定了《运转良好的红十字会标准》，现印发你们，请认真对照标准开展工作。

运转良好的红十字会标准
省级红十字会

一、指导思想

坚定不移地走中国特色红十字事业发展道路，严格遵守国家宪法和相关法律，遵循国际红十字与红新月运动基本原则和《中国红十字会章程》，认真履行《中华人民共和国红十字会法》赋予的职责。努力将省级红十字会建设成为当地党委和政府在人道工作领域的得力助手、构建社会主义和谐社会的重要力量、社会主义精神文明建设的生力军、开展民间外交的重要渠道。

二、组织建设

机构：

（一）县级以上（含县级）红十字会理顺管理体制。

（二）按时召开会员代表大会和理事会。

（三）常务理事会、理事会结构合理，代表性广泛。

（四）常务理事、理事积极参与红十字会工作，发挥作用。

（五）规章制度完善、红十字会党组和内部机构健全、领导班子坚强有力。

会员：

（一）会员服务、管理、发展工作开展良好。

（二）会员积极参与红十字会活动。

（三）重视发展青少年会员。

志愿者：

（一）按专业、分领域的红十字志愿服务体系健全。

（二）志愿服务管理科学、规范。

（三）红十字志愿者在红十字会各项重点工作中作用明显。

（四）志愿者队伍（特别是注册志愿者队伍）稳步发展。

基层组织：

（一）广泛建立红十字基层组织。

（二）基层组织有热心红十字事业的带头人、有稳定的会员和志愿者队伍、有规范的管理制度、有稳固的服务平台、有红十字特色活动。

（三）发展行业红十字会。

三、资源保障

党政支持：

（一）党政领导定期听取红十字会工作汇报。

（二）兼任红十字会领导的党政领导积极参与红十字会工作。

（三）得到当地党委和政府在政策和资源等方面的充分支持。

人力资源：

（一）拥有能够满足各项工作需要的编制和人员。

（二）对工作人员和志愿者开展系统地培训、考核和表彰。

（三）能够有效整合智力资源，重视各种渠道的意见和建议。

（四）专门工作委员会的作用明显。

经费：

（一）能够系统化地开展筹资，经费来源稳定。

（二）会费收缴、使用、管理情况

良好。

（三）自觉加强审计监督，主动披露相关信息，捐赠款物使用公开透明。

设施设备：

（一）具备能够保障各项工作良好开展的物质条件（包括办公用房、车辆、电脑等设施设备）。

（二）备灾救灾中心（仓库）、造血干细胞捐献者资料库分库管理中心和训练中心等运转良好。

（三）信息化、网络化管理手段广泛运用。

四、工作绩效

应急救援：

（一）应急救援反应速度快，机制健全，作用明显，得到政府充分重视。

（二）与政府相关应急机构的信息沟通渠道畅通。

（三）应急物资储备体系健全，管理规范，物资充足。

（四）拥有胜任应急救援工作的专业队伍。

救护培训：

（一）对红十字救护培训领导有力。

（二）救护培训管理规范统一。

（三）救护培训普及度高。

救助：

（一）救助工作体系健全，覆盖广泛。

（二）系统、规范开展社区（乡村）红十字服务工作。

（三）救助项目突出红十字特色。

普法：

（一）宣传普及《中华人民共和国红十字会法》和《中华人民共和国红十字标志使用办法》效果良好。

（二）定期联合省级人大开展《中华人民共和国红十字会法》和《中华人民共和国红十字标志使用办法》执法检查。

（三）红十字会工作的法制环境良好。

传播：

（一）新闻发言人制度健全有效，与媒体合作良好，舆论引导能力强。

（二）社会形象和声誉良好。

（三）红十字知识和红十字精神广泛传播。

项目：

（一）造血干细胞捐献者资料库有效库容量稳步增加。

（二）宣传推动无偿献血和遗体、器官、组织捐献，成果显著。

（三）艾滋病防治项目进展良好。

（四）因地制宜地发展特色项目，有社会影响大、美誉度高的红十字品牌项目。

民间外交：

（一）积极配合总会做好对外交流合作工作。

（二）与当地外事部门紧密合作，活跃民间外交。

（三）“重建家庭联系”等涉外工作开展良好。

其他：

（一）高质高效完成执委会和当地党委、政府交办的其他工作。

（二）能够有效指导地、县级红十字会开展工作。

总之，运转良好的省级红十字会应当具备：强烈的社会责任感，精神面貌昂扬向上，开展工作积极主动；较强的公信力，工作成效得到当地党委、政府、公众、媒体广泛高度认可；有效的执行力，确保理事会、执委会的重大决策得到快速有效落实；不竭的创造力，能够探索创新体制机制，开发特色领域，开展特色工作，不断开辟中国特色红十字事业的发展新途径。

地（市）级红十字会

一、指导思想

以邓小平理论和“三个代表”重要思想为指导，全面贯彻落实科学发展观，以《中华人民共和国红十字会法》为依据，以建设具有强烈社会责任感、有效执行力、不竭创造力和较强公信力的红十字会为目标，按照新形势下中国特色红十字事业发展的要求，不断加强自身能力建设，努力提升工作水平，成为党和政府在人道工作领域的得力助手、构建社会主义和谐社会的重要力量和社会主义精神文明建设的生力军。

二、组织建设

机构：

1. 本级红十字会理顺管理体制，所辖县级红十字会全部理顺管理体制。

2. 内部机构健全，领导班子坚强有力，有热心红十字事业的带头人。

3. 理事队伍结构合理，代表性广泛，充满活力。

4. 理事积极参与红十字会工作，发挥作用。

会员：

1. 有一支覆盖面广、素质高的会员队伍。

2. 按照《中国红十字会会员管理办法》发展会员，会员管理科学、规范。

3. 会员热心红十字事业，积极参与红十字会活动。

4. 重视发展青少年会员。

5. 按时收缴会费，依法管理和使用会费。

志愿者：

1. 按照志愿服务管理办法的规定招募志愿者，志愿者队伍稳步发展。

2. 按专业、分领域建立红十字志愿服务队伍。

3. 志愿服务管理科学、规范。

4. 志愿者在红十字会各项工作中作用发挥明显。

制度建设：

1. 各项规章制度健全，坚持用制度管权、管事、管人，依法开展工作。

2. 明确岗位责任制及奖惩措施，细化职责、规范管理。

3. 民主管理制度健全，按时召开会员代表大会和理事会。

4. 建立长效监督机制，自觉接受社会监督，增强工作透明度，不断提高红十字会的公信力。

三、基础建设

1. 有独立的办公地点、基本的办公条件，有工作用车。

2. 有稳固的红十字服务平台或服务阵地。

3. 工作经费单列，列入当地一级财政。

4. 建立多渠道的筹资机制。

四、工作绩效

1. 围绕党和政府的中心工作，依法开展具有红十字特色的各项服务活动。

2. 积极开展红十字运动基本知识宣传活动，大力宣传红十字会法、红十字精神、宗旨和理念，努力形成党政重视、社会关注、各部门支持红十字事业的良好局面。

3. 适应新形势和人民群众的人道需求，不断拓宽人道工作领域，在做好传统工作的基础上，结合本地特点和优势，开展有创新性的特色活动，抓出红十字精品和品牌。

4. 独立自主有效地开展红十字会工作，对上级红十字会要求开展的工作有良好的执行力，并较好地指导下级红十字会开展工作，发挥承上启下的枢纽作用。

县（区）级红十字会

一、指导思想

以邓小平理论和“三个代表”重要思想为指导，全面贯彻落实科学发展观，以《中华人民共和国红十字会法》为依据，按照新形势下中国特色红十字事业发展的要求，不断加强自身能力建设，做到有编制、有机构、有人员、有经费、有办公地点，形成机构健全、队伍精干、独立工作、运转良好的工作机制，努力把自身建设成为具有强烈社会责任感、有效执行力、不竭创造力和较强公信力的红十字会。

二、组织建设

机构：

1. 本级红十字会理顺管理体制。

2. 内部机构健全，领导班子坚强有力，有热心红十字事业的带头人。

3. 有相对稳定的专兼职工作人员队伍，工作人员年龄、知识结构合理。

4. 理事队伍结构合理，代表性广泛，充满活力。

5. 理事积极参与红十字会工作，发挥作用。

6. 基层组织覆盖面广，基本实现“五有”目标。（即：有热心红十字事业的带头人，有稳定的会员或志愿者队伍，有规范的管理制度，有稳固的服务平台，有红十字特色的活动。）

会员：

1. 有一支覆盖面广、素质高的会员队伍。

2. 按照《中国红十字会会员管理办法》发展会员，会员管理科学、规范。

3. 重视发展青少年会员。

4. 按时收缴会费，依法管理和使用会费。

志愿者：

1. 按照志愿服务管理办法的规定招募志愿者，志愿者队伍稳步发展。

2. 按专业、分领域建立红十字志愿服务队伍。

3. 志愿服务管理科学、规范。

4. 志愿者在红十字会各项工作中作用发挥明显。

制度建设：

1. 各项规章制度健全，坚持用制度管权、管事、管人，依法开展工作。

2. 明确岗位责任制及奖惩措施，细化职责、规范管理。

3. 民主管理制度健全，定期召开会员代表大会和理事会。

4. 建立长效监督机制，自觉接受社会监督，增强工作透明度。

三、基础建设

1. 有独立的办公地点、基本的办公条件和必要的工作用车。

2. 有相对稳固的红十字服务平台或服务阵地。

3. 工作经费单列，列入当地一级财政。

4. 建立多渠道的筹资机制。

四、工作绩效

1. 围绕党和政府的中心工作，依法开展以保护人的生命和健康、实施人道救助为主要特色的各项活动，不断扩大和提高红十字会的社会影响力和吸引力。

2. 积极开展红十字运动基本知识宣传活动，大力宣传红十字会法、红十字精神、宗旨和理念，努力形成党政重视、社会关注、各部门支持红十字事业的良好局面。

3. 适应新形势和人民群众的人道需求，不断拓宽人道工作领域，在做好传统工作的基础上，结合本地特点和优势，开展有创新性的特色活动，抓出红十字精品和品牌。

关于上海市卢湾区红十字会高额餐饮费调查及处理情况的通报

（中红字〔2011〕26 号
2011 年 4 月 18 日）

各省、自治区、直辖市红十字会，新疆生产建设兵团红十字会，铁路、商业系统红十字会：

4 月 15 日，上海市红十字会在总会和卢湾区党委政府的协助下，针对近期网络传播的“卢湾区红十字会高额餐饮费”发票一事进行了调查，调查结果如下：

卢湾区红十字会于 2011 年 2 月 28 日以“红十字会工作会务费”支付给上海慧公馆餐饮管理有限公司 9859 元，发票号码为：46510945，记账凭证号为：JZ—03—0009。资金开支渠道为卢湾区红十字会的工作业务经费，非社会各界捐赠的救灾救助款。该活动消费为卢湾区红十字会与相关企业协会商洽工作的公务活动，参加人员 17 人。

鉴于该次人均消费水平明显高于规定标准，上海市红十字会于 4 月 16 日责成卢湾区红十字会对超过公务接待标准（人均 150 元）部分的 7309 元人民币由个人承担，予以退回。目前超标款项现已全部退回。同时，上海市红十字会向全市红十字会通报批评了卢湾区红十字会在公务接待活动中的铺张浪费现象，快速高效地调查、处理了事件。

为进一步贯彻党中央、国务院关于厉行节约的规定要求，强化勤俭办事业的作风，总会再次向各级红十字会提出以下要求：

一、要强化勤俭办事业的意识，在工作中进一步发扬勤俭节约、艰苦奋斗的作风，严格禁止铺张浪费。

二、要结合实际，进一步建立健全财务管理和信息披露的规章制度，分渠道明晰管理行政事业性经费和捐赠资金，通过加强制度建设，保证党中央、国务院通知精神的贯彻落实。

三、要采取有力措施，严格财务纪律，严禁使用捐赠资金开展公务活动，在开展公务活动时严格遵守各地相关的财务制度，严禁超规定、超范围、超标准使用资金。

四、要进一步强化资金管理的规范和透明，自觉接受政府部门、社会各界的监督，及时披露相关信息，让公众全面了解红十字会的工作，提升红十字会的透明度。

五、要认真总结此次事件的深刻教训，杜绝此类事情的再次发生。

六、各级红十字会要加强领导，严格要求，强化监管。对违反规定的，要依据党纪政纪和有关法律法规，严格追究责任。

关于印发《关于加强红十字会筹资工作的指导意见》的通知

（中红字〔2011〕27号
2011年4月21日）

各省、自治区、直辖市红十字会，新疆生产建设兵团红十字会，铁路、商业系统红十字会：

为进一步加强红十字会筹资工作，总会制定了《关于加强红十字会筹资工作的指导意见》，现印发给你们，请结合各地实际情况，认真贯彻落实。

关于加强红十字会筹资工作的指导意见

中国红十字会筹资工作的指导思想是：坚持以科学发展观为指导，紧密围绕红十字会的法定职责以及各级红十字会的重点工作和特色品牌项目，创造性地开展各种形式的筹资活动，逐渐建立可持续的筹资工作机制，不断提升红十字会人道救助实力，用实际行动保护人的生命与健康，为促进社会主义和谐社会建设，推动红十字事业又好又快地发展作出积极贡献。

为进一步加强红十字会的筹资工作，贯彻落实2010年筹资工作研讨会议精神，依据《中华人民共和国红十字会法》、《中华人民共和国公益事业捐赠法》以及《中国红十字会章程》的有关规定，结合《中国红十字事业2010—2014年发展规划》，特提出如下指导意见。

一、充分认识筹资工作的重要性

筹资工作是红十字会工作的一项非常重要的内容，是红十字会践行宗旨和使命、履行法定职责的基础和根本支撑，它对于有效开展红十字人道救助工作，发挥好政府在人道领域的助手作用，推动红十字事业可持续健康发展具有十分重要的意义。各级红十字会要从关系组织生存与发展的战略高度认识筹资工作，重视筹资工作，研究筹资工作，切实加大筹资工作力度，适应新的形势，不断改进红十字会的筹资工作。

一是要加强筹资部门的机构设置和人员配备。各级红十字会的主要领导要亲自抓筹资工作，地、市级以上红十字会要有一位会领导具体分管筹资工作，经常听取筹资部门的工作汇报，一起研讨筹资工作，帮助筹资部门解决工作中的实际困难。有条件的副省级以上红十字会应建立专门的筹资部门，配备专门的筹资工作人员，切实加强筹资工作队伍建设，积极探索社会化的方式和机制，拓宽选人用人渠道，采取选调、招聘、志愿服务等多种方式，引进、选拔、招募筹资人才。要重视对筹资工作的投入，加强筹资工作人员的业务交流和能力培训，努力培养和打造一支具有专业素质和能力的筹资工作队伍。

二是要树立依法筹资、全员筹资、服务筹资的理念。红十字会的筹资工作要严格遵守有关法律法规，增强法律意识和风险防范意识。要在认真落实《中国红十字会募捐和接受捐赠工作管理办法》等规章制度的基础上，进一步加强筹资工作的制度建设，规范各级红十字会的筹资行为。每一位红十字会的工作人员都要关心和支持筹资工作，要有全员筹资和服务筹资的意识。筹资工作与红十字会的许多业务工作密切关联，需要加强各个工作环节的密切合作，相互配合，发挥整体优势，共同促进筹资工作的开展。要高度重视对捐赠人的服务，努力维护和培育捐赠客户资源，搞好捐赠信息的公开透明和向捐赠人的信息反馈，不断提高捐款执行效率和使用效益，严格按照与捐赠人的约定分配使用捐赠款物，提高红十字会的社会公信力。

三是要大胆创新，不断提升筹资工作能力。红十字会的筹资工作要解放思想，更新观念，克服“等、靠、要”的思想，不断研究筹资工作规律，努力适应新的形势。要创新手段和方法，以改革开放的精神探索新形势下的筹资途径，积极采用适应社会发展要求的筹资方式，创造性、针对性地开展筹资工作。要开阔视野，积极学习借鉴国内外公益组织先进的筹资理念和成功的筹资模式，并根据本土实际和红十字会的自身特点进行完善和改造。

二、建立可持续的筹资工作机制

一是要建立捐赠客户服务机制。通过建立红十字之友联谊会、捐赠大客户俱乐部等不同形式，加强与捐赠客户的联系和沟通，研究捐赠客户的公益文化和偏好，了解他们的捐赠意愿和公益需求。要积极邀请捐赠客户参与红十字会的有关活动，特别是参与所捐项目的考察、实施和评估，加深捐赠客户对红十字会的认识及项目运作的了解。要向捐赠客户定期通报红十字会的工作情况，反馈捐赠款物的落实使用情况。要为长期捐赠客户提供跟踪服务，发展和培育红十字会的忠诚捐赠人。

二是要建立信息公开机制。要定期通过社会大众媒体和红十字会的信息平台等多种渠道公开红十字会的工作信息、财务信息、项目实施情况和审计报告。要按照捐赠意向使用捐赠款物，及时向捐赠人反馈捐款使用去向。在捐赠款物使用过程中，要自觉接受政府、捐赠人、媒体和社会公众的监督，做到公开、透明。

三是要建立营销传播机制。要以宣传为先导，把宣传与筹资密切结合起来，大力弘扬红十字精神，与媒体、演艺界、学界等合作培育公益文化，通过公益营销提升红十字会的影响力，打造知名公益品牌。要加强对资助效果的宣传，让捐赠人和全社会充分了解红十字会开展的救助工作和受益人境况的改善情况。要通过领导接见、冠名纪念、媒体报道等多种形式宣传捐赠人的爱心善举，提升捐赠人的公益形象，鼓励积极履行社会责任的行为，实现红十字会与捐赠人的互利共赢。

四是要建立筹资工作激励机制。总会将积极联合有关研究机构，推动建立红十字会筹资工作评价体系，对红十字会筹资工作的绩效进行科学评估，对筹资工作开展良好、绩效突出的地方红十字会和先进工作者进行表彰和奖励，在选派考察交流和学习培训方面给予支持和资助。

五是要建立筹资咨询指导机制。要充分借用外脑和利用外部资源促进红十字会的筹资工作，总会、省级红十字会和具备条件的地市级红十字会，可成立筹资工作咨询指导委员会，邀请筹资、公关、法律等方面的资深人士以及咨询顾问机构、传媒机构、重要捐方和长期公益合作伙伴等方面的热心人士参加，通过组织沙龙、研讨、务虚会等形式，为红十字会的筹资工作集思广益，建言献策，提供资源、法律、运作等方面的支持。

六是要创新人力资源整合机制。要积极探索“一会两制”的人力资源开发模式，整合组织内外、编制内外的人才资源，用改革创新的精神和社会化的运作机制，解决目前红十字会筹资工作人员不足的问题。要通过项目合作等多种方式，发现和吸引具有专业背景、客户资源和策划执行能力的人为红十字会的筹资工作提供服务。

三、不断开拓新的筹资模式

要与时俱进，不断研究红十字会的筹资工作规律，在巩固和完善传统筹资方式的基础上，积极开拓新的筹资模式，努力为捐赠人提供高效、便捷、透明的捐赠平台，开发和吸引各种捐赠资源。要坚持“两手抓”，一手抓应急筹资，即在遭受重大自然灾害或突发灾难事件时，要及时开展面向公众的社会化筹资，动员社会力量捐款捐物，奉献爱心；一手抓常态筹资，即在没有重大灾害的平常时期，做好常态的、可持续的筹资工作，不断创新和探索更多更好的筹资模式。

一是要引进数据库筹款方式，大力发展固定捐款人。数据库筹款方式是国外红十字会和公益慈善机构普遍采用的一种筹资模式，其基本作法是，开发捐款人信息管理系统，建立捐款人数据库，不断通过信函、电邮、电话等方式与捐款人建立联系，通过理念传播、项目推介和人性化服务，培育长期固定捐款人，培养红十字会的忠诚捐赠客户。总会将积极探索数据库筹款经验，待时机和条件成熟后，逐步向地方红十字会推广。同时，要把会员制度改革、会费收缴与数据库筹款工作结合起来，逐渐把红十字会员和志愿者发展成为红十字会的长期固定捐款人。

二是要规范积极地建立专项基金。专项基金筹资模式已被国内公益组织普遍采用，是一种深受捐赠客户特别是大额捐赠客户认同和欢迎的筹资模式，地方红十字会要积极借鉴和推广运用。设立专项基金要坚持“红会主导、规范管理、民主决策”的原则，在符合红十字宗旨的前提下，充分尊重捐方意愿。在具体实践中，要有专项基金的起设门槛（原则上总会不低于200万元，省级不低于100万元，地市级不低于50万元）；要与捐方或发起人签署合作协议；要制定专项基金的管理规则；要成立基金管委会，让发起人或主要捐款人参与基金的决策和管理，以增强专项基金管理工作的民主性和透明度。

三是要积极策划开展项目筹资。公益项目是筹资的重要载体，以项目为导向开展营销和筹资工作，是国内外公益机构普遍采用的一种筹资方式。各级红十字会要在法定职责的范围内，按照“党政重视、社会需求、媒体关注、符合宗旨”的原则，精心策划和设计公益项目。要加强公益营销，广泛联络，积极争取媒体支持，加强公益宣传和项目推介，增强项目品牌影响力，使之获得社会认同和捐赠支持。要提高红十字会的项目执行能力和效率，及时向捐赠人报告各阶段的项目进展，使捐赠人充分了解红十字会的项目开展情况，争取获得捐赠人的持续支持。

四是要大力推广新媒体筹资方式。要积极推广手机短信捐款方式。各级红十字要按照《中国红十字会手机短信捐款暂行管理办法》的规定，以重大灾害、突发事件或重要活动为契机，广泛利用各类媒体，宣传推介红十字会的手机短信捐款号码，使社会公众广泛知晓和参与，最大限度地发挥手机短信捐款的效益。要积极开发网络筹资方式，加强与互联网企业的公益合作，特别是要积极与第三方支付平台合作，实现县级以上红十字会均可通过网络平台接受社会捐赠。

五是要积极争取政府购买服务。政府购买服务是指政府将原来直接提供的公共服务事项，通过直接拨款或公开招标的方式，交给有资质、有执行能力的社会组织来完成，根据社会组织提供服务的数量和质量来支付服务费用。从某种程度上说，争取政府购买服务也是红十字会获取资源、筹集项目资金的一种有效方式。各级红十字会一方面要精心策划好的公益项目，另一方面要练好内功，提高执行能力和服务水平，只有这样，才能在与众多公益组织的公平竞争中脱颖而出，赢得政府的信任和选择，才能获得政府购买服务资金的支持。

四、切实规范各级红十字会的筹资行为

红十字会是一个统一的组织，总会、地方红十字会和红十字基金会是一个整体，在筹资工作中，要统筹协调，资源整合，互相支持。既要坚持统一性原则，也要鼓励创新，充分发挥地方分会、红十字基金会的积极性和创造性。上级红十字会要加强对下级红十字会筹资工作的培训、指导和服务，努力为下级红十字会的筹资工作创造条件；下级红十字会也要积极响应和贯彻上级红十字会的筹资呼吁和整体部署，形成统一调度、上下联动、分工合作的良性筹资格局。

各级红十字会要严格按照《中华人民共和国红十字会法》和国际红十字运动的有关规定，在本辖区或本行业内开展筹资工作。地方红十字会未经上级红十字会批准和其它地方红十字会同意，不得在本辖区外的其它地方开展公开募捐活动；行业红十字会未经总会批准，也不得直接在本行业外开展公开募捐活动。

国际国内发生重大自然灾害等突发公共事件时，总会将根据实际情况决定是否发出国际国内募捐呼吁；未经总会批准，地方红十字会、行业红十字会和红十字基金会均不得向国际红十字组织、其他国家红十字会以及香港、澳门特别行政区红十字会和台湾红十字组织发出募捐呼吁或开展公开的募捐活动。

地方红十字会、行业红十字会和红十字基金会可以接受辖区外、国（境）外组织和个人的直接捐款，但如需向国（境）外的红十字组织提供援助，必须通过总会中转；如需向本辖区外的其他境内红十字会提供援助，除上级红十字会明确要求需统一汇缴外，一般情况下可以直接拨付，但须同时向上级红十字会报告备案。

中国红十字会总会关于做好2011年防灾减灾日有关工作的通知

（中红字〔2011〕28号
2011年4月22日）

各省、自治区、直辖市红十字会，新疆生产建设兵团红十字会，铁路、商业系统红十字会：

今年5月12日是我国第三个“防灾减

灾日”，5 月 9 日至 15 日为防灾减灾宣传周。国家减灾委已对各省、自治区、直辖市人民政府及国家减灾委员会各成员单位下发通知，要求做好今年“防灾减灾日”的各项工作，促进全社会防灾减灾意识和能力的提高。作为我国防灾减灾领域的重要组成部分，各级红十字会要充分发挥自身优势，结合各地工作实际，在防灾减灾宣传周期间积极组织开展各项活动。现将有关事项通知如下：

一、明确活动主题，提高思想认识

今年“防灾减灾日”的主题定为“防灾减灾从我做起”。减轻灾害损失，避免人身伤害，关键是要调动公众参与防灾减灾的积极性和主动性。各级红十字会要紧紧围绕主题，采取多种形式，有针对性地动员公民关注身边的各类灾害风险，提高防灾减灾意识，积极参与防灾减灾和应急管理工作，提高自救、互救技能。

二、组织开展内容丰富的防灾减灾宣传培训教育活动

防灾减灾宣传周期间，各地红十字会要广泛动员红十字系统的力量，集中开展防灾减灾宣传培训教育活动。充分发挥红十字会在救护培训及备灾救灾领域的专业特长，要结合当地灾害风险隐患等特点，通过各种形式广泛开展防灾减灾应急演练、宣传普及等活动。对于开展减灾项目和社区备灾项目的地区，可结合项目实施情况有针对性地扩大宣传效果，提升公众的防灾减灾意识和能力。

三、积极参与防灾减灾知识普及活动

为做好今年的“防灾减灾日”的各项工作，国家减灾委员会制定了中央层面的主要活动及分工方案。根据方案，我会将会同科技部、民政部、国土资源部等有关单位在防灾减灾宣传周期间结合“四个一”活动（即：阅读一本关于防灾减灾的书籍，观看一部涉及灾害的影视作品，与他人分享一次避险经历和避险经验，开展一次家庭灾害风险隐患排查），进一步做好防灾减灾知识普及活动。届时，各省（自治区、直辖市）红十字会要主动与组委会其他单位联系，发挥自身优势积极参与，抓住契机向公众普及自救互救、逃生避险等相关知识。同时要积极组织红十字会员和志愿者广泛参与，走进社区、学校、工地、家庭等开展普及活动，通过活动力争取得良好的宣传效果。

四、要认真做好“防灾减灾日”活动总结

请各省级红十字会 5 月 20 日前将本省开展活动情况报告文字稿及电子版上报总会赈济救护部灾害管理处。

特此通知

关于贯彻落实中央关于开展党政机关公务用车问题专项治理和清理规范庆典、研讨会、论坛活动工作实施意见的通知

（中红字〔2011〕32 号
2011 年 5 月 3 日）

各省、自治区、直辖市红十字会，新疆生产建设兵团红十字会，铁路和商业系统红十

字会：

最近，中共中央办公厅、国务院办公厅印发了《关于开展党政机关公务用车问题专项治理工作的实施意见》和《关于开展清理和规范庆典、研讨会、论坛活动工作的实施意见》，中央召开党政机关公务用车问题专项治理工作和清理规范庆典、研讨会、论坛活动工作电视电话会议，中共中央政治局常委、中央纪委书记贺国强出席会议并讲话。

为贯彻落实中办、国办两个实施意见和贺国强同志讲话精神，确保各级红十字会两项专项治理工作有力有序有效开展，提出以下要求：

一、提高认识，认真贯彻落实两个实施意见和贺国强同志讲话精神。中办、国办的两个实施意见和贺国强同志讲话体现了中央对两项治理工作的高度重视，它不仅关系到反腐倡廉工作的成效，而且是一项党心、民心工程，是加强党的领导、巩固党的执政地位，保证社会主义制度长治久安的一件大事。各级红十字会要认真学习贯彻中央文件和贺国强同志讲话精神，深刻领会专项治理工作的重要意义，以对党和国家高度负责的精神、以对红十字事业高度负责的精神，抓好这两项治理工作。

二、落实责任，全面清理规范公务用车和庆典、研讨会和论坛。各级红十字会实行一把手（常务副会长或专职副会长）负责制，明确一名会领导分工负责，确定工作部门和人员，层层负责，层层抓落实。要认真执行党政机关和领导干部公务用车配备使用管理规定，积极配合各级政府推进公务用车制度改革，加强对捐赠车辆的使用和管理；对今年计划举办的庆典、研讨会、论坛，可举办可不举办的坚决不举办，确需举办的，要科学选择地点，严格控制规模，坚持勤俭办会的原则，严格控制经费支出。

三、完善制度，建立两个专项治理工作的长效机制。各级红十字会要按照地方党委、政府的统一部署，结合本会实际，认真开展两个专项治理工作。要把两个专项治理工作当作 2011 年的一项重要工作来抓，制定切实可行的工作安排，建立健全公务用车和车辆管理制度，并对本会公务用车和庆典、研讨会、论坛情况进行认真清理纠正。两个专项治理工作以自查自纠为主，在自查自纠、完善制度的基础上，研究建立长效管理机制，确保各项工作规范开展，切实维护红十字会的社会公信力。

四、加强管理，充分发挥资金使用的社会效益。最近，上海市卢湾区红十字会“高额餐饮费”事件引发了强烈的社会反响，对我会公信力造成了一定影响。各级红十字会要引以为戒，严格执行《会计法》等财务管理法规，切实加强财务管理，公开、透明、负责任的用好每一分钱。财政性资金要严格执行财务预算和开支标准，捐赠款物要尊重捐赠者的意愿。提高财务收入和资金使用的透明度，主动接受政府、审计部门和社会的监督，向社会交一本明白账、放心账。

特此通知。

中国红十字会总会关于做好2011年自然灾害救助工作的通知

（中红字〔2011〕34号
2011年5月23日）

各省、自治区、直辖市红十字会，新疆生产建设兵团红十字会，铁路、商业系统红十字会：

根据国家减灾委员会办公室组织的2011年我国重大自然灾害趋势预测会商情况，今年汛期（6—8月），主要多雨带位于黄淮、江淮地区，淮河流域、黄河流域下游、长江流域上游、珠江流域下游以及西南等地降水较常年偏多，部分地区可能发生洪涝和山洪、泥石流、滑坡等灾害；我国东南沿海登陆的台风较常年偏多偏强，初次台风登陆时间偏早，末次台风登陆时间偏晚，台风灾害可能重于常年。为积极应对今年的自然灾害，充分发挥红十字会作为政府人道救助领域助手的作用，现就做好2011年自然灾害救助工作通知如下：

一、切实加强组织领导

各省（区、市）红十字会的主要领导要亲自抓备灾救灾工作，周密部署，精心安排，做到认识到位、组织到位、措施到位，切实把备灾救灾工作落到实处。要统筹安排，切实加强救灾业务部门力量，既要为即将到来的汛期洪涝灾害做好准备，又要保证对地震等其他灾害救助做出快速反应。

二、做好救助准备工作

（一）各地要认真落实《中国红十字会总会自然灾害应急预案》、《中国红十字会灾害救助规则》以及本省（区、市）的应急预案。各地要总结以往本级红十字会救灾工作的经验和教训，尽快修订本级红十字会的应急预案，突出应急预案的可操作性与时效性。要加强应急演练，切实建立起高效的应急救援队伍。

（二）要加强对备灾救灾中心（仓库）的管理。要尽快组织备灾救灾中心（仓库）对救灾物资进行一次全面的清点核查，确保物资完好，调拨快速高效。各地要结合本地实际储备一定数量的救灾物资。

（三）继续加强对本省（区、市）救灾专职干部的培训工作，切实做好备灾救灾信息管理系统的推广应用。

三、加强灾情信息报送工作

各地要密切关注本地区灾情，特别要注意保持与当地民政、防汛、气象等政府部门的密切联系，及时了解当地灾害趋势，认真做好备灾工作，出现重大灾情时，应根据《中国红十字会灾害救助规则》及时报告总会。

四、加强灾害应急救助工作

（一）受灾省份红十字会要及时组织灾情考察和救助，做到在第一时间到达灾区，及时将救灾物资发放到受灾群众手中。受灾严重的省份要实行24小时值班制度。

（二）要加大救灾款物的募集力度。各级红十字会要发挥主观能动性，扩大筹资渠道，募集救灾款物，不断充实本级红十字会的救灾物资储备。要广泛动员社会资源，发挥会员和志愿工作者的作用，不断加大对受灾群众的救助力度。总会提倡非受灾省（区、市）红十字会主动支援帮助受灾省份红十字会开展救灾工作，但未经总会许可，任何受灾省份不得擅自向其他省（区、市）红十字会特别是港澳红十字会、台湾红十字组织发出救助呼吁。

（三）严格遵守灾害救助工作规则和纪律。要按照“快速、高效、公平、透明”的原则，做好救灾物资的发放工作，发放工作要经得起检查和审计。要切实加强救灾资金的管理使用，确保资金安全和使用效益。严禁擅自截留或挪用救灾款物，总会下拨的救灾物资必须及时足额发放到位，不得留存。

（四）要切实做好救灾资料收集、档案整理和数据统计工作。与救灾相关的文件、报表应分类整理和存档。要全面掌握所辖各级红十字会在救灾工作中投入物资的价值、受益人数等各项数据。要及时报送救灾工作报表等救助情况。对没有及时反馈救助信息的受灾地红十字会要进行通报批评。

（五）提高安全防护意识。在救灾工作中要加强对救灾车辆、设备的检修和维护，强化人员的安全意识，避免出现意外伤亡事故，确保参加救灾人员的人身安全。

五、加强对救灾工作的宣传

受灾省（区、市）红十字会应主动与相关媒体联系，提供有关信息，凸显红十字会在灾害救助工作中的作用，并带动全社会参与到红十字会的救灾工作中来。对于国家彩票公益金资助的救灾物资，在宣传时应着重予以强调或单独宣传，以更好地体现国家彩票公益金“取之于民，用之于民”的理念。

中国红十字会总会、教育部关于评选全国红十字模范校的通知

（中红字〔2011〕35号
2011年5月25日）

各省、自治区、直辖市红十字会、教育厅（教委），新疆生产建设兵团红十字会、教育局：

为贯彻落实《中华人民共和国红十字会法》，推动学校红十字会工作的开展，充分发挥红十字青少年工作在未成年人思想道德建设和大学生思想政治教育中的积极作用，中国红十字会总会、教育部决定联合开展全国红十字模范校评选工作。现将有关事宜通知如下：

一、评选宗旨

进一步推动红十字运动的普及，促进学校红十字会组织发展，提高学校红十字会工作水平，增强学校红十字会活力。在青少年中弘扬“人道、博爱、奉献”的红十字精神，引导广大青少年树立正确世界观、人生观和价值观，积极参与社会救助和志愿服务活动。

二、评选范围

各地大、中、小学（含中高等职业学校和民办学校）。

已获全国红十字模范校命名的学校不参加本次评选，但省级红十字会和教育部门可组织力量对已获命名的学校进行复查，复查不合格的可向中国红十字会总会和教育部申请取消其命名。

三、评选程序

（一）2011年6月，省级红十字会会同教育行政部门根据评审标准（见附件1）组织当地申报、评审、推荐工作，并以适当方式公示。

（二）2011年7月22日前，省级红十字会按照《全国红十字模范校名额分配表》（见附件2）规定的名额将候选学校及申报材料报中国红十字会总会组织宣传部（地址：北京市东城区北新桥三条8号，邮编：100007，联系人：孟辕，联系电话：010－84025890－5022，电子邮箱：zuqingchu@126. com）。

（三）2011年8月，中国红十字会总会和教育部对各地推荐的候选学校进行评审。

（四）2011年9月上旬，对拟命名的学校在中国红十字会总会网站上进行公示。

（五）2011年9月下旬，在全国红十字青少年工作会议上对获命名的学校进行表彰。

四、评选要求

（一）充分发挥评选工作的教育作用。评选工作重在推动学校红十字会相关工作的开展，把评选工作与学校有关的课堂教学、校园文化活动、社会实践活动有机结合。

（二）认真做好候选学校的推荐工作。各地推荐的候选学校原则上在省级红十字会命名的红十字示范校、达标校中产生，特别注重考察学校是否根据学生的特点开展具有特色性的工作。同时要兼顾学校类别和地区分布，做到公正公开。

（三）认真填写报送材料。候选学校和地方各级红十字会要会同有关部门认真填写《全国红十字模范校申报表》（见附件3），“主要事迹”一栏要用事例表述，避免简单抽象评语式语言，获得省级红十字会表彰命名的应附奖励证书复印件。

附件：

1. 全国红十字模范单位标准（高校和中小学）

2. 全国红十字模范校名额分配表

3. 全国红十字模范校申报表（略）

附件1：

全国红十字模范单位标准（高校）

评审项目	评审内容	分值	评审方法	评分标准	得分
领导重视机构完善（11分）	成立理事会，人员健全并定期召开会员代表大会和理事会会议。	4	听汇报查看资料	理事会人员（会长、副会长、秘书长、理事、学生代表等）齐全，得2分；会员代表大会要定期召开，理事会至少每一年召开一次，有会议记录，理事会主要领导出勤率不低于80%，得2分。	
	有专人负责学校红十字会日常工作、确保各项工作的认真落实。	4		由团委或学生处主要负责同志担任学校红十字会秘书长一职，负责日常工作，得4分；否则不得分。	
	有专项活动经费，确保工作顺利开展。	3	查看经费使用记录	行政有资助，每年保证一定活动经费，得3分；否则不得分。	

续表

评审项目	评审内容	分值	评审方法	评分标准	得分
组织落实队伍健全（11 分）	师生会员数占全校师生总数的比例。	3	查看会员档案	达20%以上，得3分；达10%～20%，得2分；5%～10%得1分；5%以下不得分。	
	每年会费收缴率情况。	3	查看会费收缴记录	会员自觉缴纳会费，会费收缴记录齐全、真实且收缴率达80%得3分，50%～80%得2分，30%～50%得1分，30%以下不得分。	
	组织机构健全。	1	查看相关资料、听汇报	有部门分工且各部室职能完善，得1分；否则不得分。	
	传帮带交接制度完善。	1	听汇报	有严格的干部考核制度，保证红十字会各部室的综合能力，得1分；没有考核制度，不得分。	
	有办公室。	3	实地考察	有办公室，得3分；否则不得分。	
制度健全管理规范（11 分）	健全各项制度（会员入会登记制度、财务制度、培训制度、募捐制度、优秀会员评选制度、会费管理制度等）。	3	查看制度	健全得3分；基本健全，得2分；非常不健全，不得分。	
	每学年制订工作计划、年底进行工作总结。	1	查看文字资料	有规范、思路清晰的计划和总结，得1分；计划和总结都没有或只有其中一项均不得分。	
	组织大型活动要有活动计划、总结。	1		有规范、思路清晰的计划和总结，得1分；计划和总结都没有或只有其中一项均不得分。	
	认真做好年底工作统计，按时上报统计报表。	1	查看档案资料	认真完成此项工作，统计数字真实，得1分；否则不得分。	
	档案齐全、规范（各类文件、活动记录、影像资料、登记造册等）。	3	查看档案资料	规范、齐全、整洁，分层分类，得3分；否则不得分。	
	有三年或三年以上的档案记录。	2		有规范、齐全的三年档案（多年工作的真实累积，不得弄虚作假）得2分；否则不得分。	

续表

评审项目	评审内容	分值	评审方法	评分标准	得分
活动开展（34分）	每年开展纪念“五·八”世界红十字日活动。	3	查看影像资料、活动记录	按要求举办庆祝“五·八”世界红十字日纪念活动，有活动记录得3分；否则不得分。	
	积极开展红十字志愿服务活动。	3		长年坚持，得3分；没有参与，不得分。	
	进行预防艾滋病和无偿献血的宣传教育活动。	2	查看影像资料、活动记录	每年至少组织一次预防艾滋病的宣传周或宣传月活动，得2分；否则不得分。	
	积极开展生命健康教育。	3	查看影像资料、活动记录	有5%以上在校生参加生命健康教育，得3分；少于5%，不得分。	
	组织造血干细胞的宣传及捐献活动。	2		组织活动且有活动记录得2分，否则不得分。	
	进行帮困、扶老、助残等社会服务活动。	2		每年的社会服务活动在10次及10次以上，得2分；5~10次，得1分；5次以下，不得分。	
	开展健康知识宣传和远离毒品、远离烟草教育活动。	3		通过讲座等形式开展活动，有活动记录，得3分，否则不得分。	
	积极参与上级红十字会组织的各项活动（如：评优活动、志愿服务、夏令营活动等）。	3		有上级红十字会的证明，得3分；否则不得分。	
	积极参与社会募捐活动。	2		积极组织师生参与募捐，奉献爱心，得2分；否则不得分。	
	积极进行横向联合，加强校际间合作。	2		有相关活动记录，得2分；否则不得分。	
	学校红十字会有品牌活动且形成经常性机制。	4		有品牌活动得2分，形成经常性机制得2分，否则不得分。	
	独立举办特色性红十字大型活动（不包括每年开展的纪念“五·八”世界红十字日活动）。	5		每年举办1次或1次以上主题鲜明、影响广泛、质量较高、特色突出的活动，得5分；活动整体水平一般，得3分；没有举办，不得分。	

续表

评审项目	评审内容	分值	评审方法	评分标准	得分
救护培训（5分）	每年制订培训计划。	1	查看文字资料	有计划，得1分；否则不得分。	
	取得初级急救员证书的人员比例。	2	查看档案记录	每年取得初级急救员证书的人员比例达到在校生10%以上，得2分；5%－10%，得1分；5%以下不得分。	
	有两支或两支以上（20人左右/支）的红十字救护队。	2	观看救护队表演、查看文字资料	保证救护队训练时间，有救护队员名册及救护训练记录，得2分；一支救护队，得1分；没有救护队，不得分。	
宣传工作（17分）	采取多种形式（讲座、知识竞赛等）传播国际红十字运动知识。	2	查看活动记录	对全体会员传播国际红十字运动知识，每学年至少一次，得2分；否则不得分。	
	会员对红十字会、红十字运动的了解程度。	3		抽查10人填写问卷，知晓率达90%，得3分；60%－90%，得2分；60%－30%得1分，30%以下不得分。	
	所举办或组织的活动在电视台、报纸的报道次数。	3	问卷调查	每年度5次以上，得3分；4次得2分；3次得1分；3次以下不得分。	
	通过校内广播，宣传红十字相关内容和消息。	2	查看影像、文件资料、档案记录	每年度达10次，得2分，少一次，扣0.5分，扣完为止。	
	开展红十字理论知识研究或开设与红十字运动相关的选修课。	3		开设课程或开展红十字理论研究的3分，否则不得分。	
	学校网站上有学校红十字会固定栏目或内容。	2		有固定栏目或内容且能定期更新得2分，有固定栏目或内容不能定期更新得1分，否则不得分。	
	出版红十字校刊。	2		至少每学年一期，得2分，否则不得分。	
标志使用（6分）	每次举办活动均悬挂红十字会会旗。	3	查看影像资料	每次活动均用会旗，得3分；偶尔使用，得2分；很少使用，不得分。	
	会员参加任何代表红十字会的活动，均佩戴会员证、会徽等明显的红十字标志。	3		每次活动会员佩戴明显标志，得3分；偶尔佩戴，得2分；很少佩戴，不得分。	

续表

评审项目	评审内容	分值	评审方法	评分标准	得分
工作研究 （5分）	学校认真研究学校红十字工作的发展情况，对发展中面临的困难和问题提出建议并能贯彻执行。	1	整体评估	通过座谈，酌情给分。	
	确定学校红十字工作的特色，围绕特色开展工作。	1		学校红十字会要认真研究工作特色，并在汇报材料中有所体现，要针对特色重点进行汇报。评审人员需结合学校红十字会的整体工作，酌情给分。	
	学校红十字会工作获得重大奖励或突出贡献表彰。	3		考察组酌情给分。	

全国红十字模范单位标准（中小学、中职学校）

评审项目	评审内容	分值	评审方法	评分标准	得分
组织建设 （7分）	成立学校红十字会理事会，理事会成员构成合理。	3	查看文字资料	理事会（会长、副会长、秘书长、理事、学生代表等）人员齐全，得4分；否则不得分。	
	有具体人员（专兼职均可）负责学校红十字会日常工作，确保各项工作的认真落实。	2	听汇报、看材料	指派负责学生工作的老师担任学校红十字会秘书长，负责日常工作，得2分；否则不得分。	
	班级成立红十字小组。	2	听班主任汇报	小组由会员组成，平时能够组织一些同学们喜爱的红十字活动，得2分；否则不得分。	
政策支持 （13分）	定期召开理事会会议，会上制定年度工作计划，并及时进行工作回顾和总结。	2	查看会议记录	理事会至少每年召开一次，有会议记录，理事会主要领导出席率不得低于80%，工作计划思路清晰、重点突出，工作总结真实客观，得2分；否则不得分。	
	定期召开学校红十字会会员代表大会。	3	查看影像资料或档案、文字记录	代表大会要定期召开，选举理事会，听取工作报告和财务报告等，主要领导出席率不得低于80%，得3分；否则不得分。	
	学校对红十字会工作有专项业务活动经费，确保工作顺利开展。	2	查看经费使用记录	行政有资助，每年保证一定活动经费，得2分；否则不得分。	
	将红十字会工作列入学校目标管理工作中。	3	查看相关政策	制定并落实此政策，得3分；否则不得分。	

续表

评审项目	评审内容	分值	评审方法	评分标准	得分
政策支持（13分）	建立健全各项制度。	3	查看制度	有会议制度、入会登记制度、评优制度、会费管理制度、学习和培训制度、社会服务制度、档案管理制度，宣传制度，得3分；少一项，扣0.5分，扣完为止。	
会员发展（8分）	每年举办新会员入会宣誓仪式。	2	查看影像资料或档案、文字记录	有历年资料，得2分；否则不得分。	
	师生会员数。	3	查看会员档案	会员数达到总人数90%以上，得3分；达60%－90%，得2分；60%以下不得分。	
	会费收缴率。	3	听汇报、查看会费收缴记录	会员自觉缴纳会费，会费收缴记录齐全、真实且收缴率达80%得3分，50%～80%得2分，30%～50%得1分，30%以下不得分；对于贫困地区的红十字青少年会费收缴可以采取一定比例的减免或免交。	
管理规范（4分）	建立学校红十字会工作的档案，档案齐全、规范。	2	查看档案	档案中含有各类文件、活动记录、影像资料等，档案管理规范、齐全、整洁、分层分类，得2分；否则不得分。	
	有四年或四年以上的档案记录。	1	查看档案	有规范、齐全的四年档案（多年工作的真实累积，不得弄虚作假）得1分；否则不得分。	
	认真做好年底工作统计，按时上报统计报表。	1	查看报表	认真完成此项工作，统计数字真实，得1分；否则不得分。	
宣传教育（12分）	采取多种形式（讲座、知识竞赛、征文比赛、绘画比赛、广告展板等）传播国际红十字运动知识。	3	查看活动记录	对全体会员进行国际红十字运动知识培训，至少每年一次，得4分；少一次扣一分，扣完为止。	
	师生会员对红十字会、红十字运动的了解程度。	3	问卷调查	抽查10个老师和10个学生填写问卷，知晓率达90%，得3分；60%－90%，得2分；60%以下不得分。	
	设有固定宣传栏，定期更新宣传内容。	3	现场查看、随机询问学生	查看宣传栏和档案中留存的宣传栏内容的底稿，符合要求，得3分；否则不得分。	
	积极参与总会在全国范围内开展的红十字青少年活动或项目。	3	查看活动记录随机询问学生	有活动记录且询问情况良好得3分。	

续表

评审项目	评审内容	分值	评审方法	评分标准	得分
活动开展（25分）	每年开展纪念“五·八”世界红十字日活动。	4	查看活动记录	按要求举办庆祝“五·八”世界红十字日纪念活动，有活动记录得4分；否则不得分。	
	积极参与社会募捐活动。	3	查看活动记录	积极组织师生参与募捐，奉献爱心，得3分；否则不得分。	
	定期举办红十字主题校会（班会）活动。	3	查看活动记录	有活动记录，得3分；否则不得分。	
	积极宣传艾滋病预防、远离毒品、远离烟草等知识（中小学各有侧重），开展健康教育。	3	查看活动记录	每年至少举办相关内容活动一次，有活动记录得3分；否则不得分。	
	积极参与上级红十字会组织的各项活动。	3	查看档案资料	积极参与各级红十字会组织的征文、演讲、知识竞赛、夏令营等活动，得3分；否则不得分。	
	每年举办一次红十字特色活动（不包括每年开展的纪念“五·八”世界红十字日活动）。	4	查看影像资料或档案、文字记录	范围广、规模大、质量高、形式新颖，得5分；活动整体水平一般，得3分；没有举办，不得分。	
	学校红十字会有品牌活动且定期举办。	5	查看活动记录	有品牌活动得3分，活动定期举办得2分；否则不得分。	
救护培训（9分）	每年制订培训计划，针对不同年级学生开展不同内容的培训活动。	1	查看文字资料	有针对不同年龄段学生的不同内容的救护培训计划和活动，得1分；否则不得分。	
	全校师生救护培训覆盖率。	2	听汇报、查看培训纪录	达到50%以上，得2分；达到30%－50%，得1分；30%以下不得分。	
	切实使老师和学生掌握一定的救护本领。	2	抽查技能知识掌握程度	抽查10个老师和10个学生，其中80%以上掌握技能得2分；30%－80%，得1分；30%以下不得分。	
	有教师取得初级急救员证书。	2	查看档案资料	2人以上得2分；1人得1分；否则不得分。	
	建立一支15人左右的救护队。	2	观看救护队表演查看训练纪录	有救护队员名册及救护训练记录，保证救护队训练时间，得2分；否则不得分。	

续表

评审项目	评审内容	分值	评审方法	评分标准	得分
社会服务（8分）	参与日常性的帮困、扶老、助残等社会服务活动，有服务基地和服务对象。	2	查看影像资料或档案、文字记录	制度完善且定期走访慰问，得2分；否则不得分。	
	结合各种纪念日开展社会服务活动。	3	查看影像资料或档案、文字记录	每年4次，得3分；每年3次，得2分；3次以下不得分。	
	全校学生参与社会服务活动的覆盖率。	3	查看相关资料	达到50%以上，得3分；达到20%－50%，得2分；20%以下不得分。	
标志意识（6分）	举办活动均悬挂红十字会会旗。	3	查看影像资料	每次活动均用会旗，得3分；偶尔使用，得2分；很少使用，不得分。	
	会员参加各级红十字会举办的活动时均佩戴会员证、会徽等明显的红十字标志。	3	查看影像资料	每次活动会员佩戴明显标志，得3分；偶尔佩戴，得2分；很少佩戴，不得分。	
社会影响（8分）	学校认真研究学校红十字工作的发展情况，对发展中面临的困难和问题提出建议并能贯彻执行。	2	听汇报、座谈	通过座谈，酌情给分。	
	确定学校红十字工作的特色且围绕特色开展工作。	3	整体评估	学校红十字会要认真研究工作特色，并在汇报材料中有所体现，要针对特色重点进行汇报。评审人员需结合学校红十字会的整体工作，酌情给分。	
	学校红十字会工作获得重大奖励或突出贡献表彰。	3	整体评估	考察组酌情给分。	

附件2：

全国红十字模范校名额分配表

本次活动在综合考虑各地红十字青少年工作规范化管理、会员发展和基层组织建设的基础上，结合红十字青少年工作实际开展情况，以是否成立地市级学校红十字工作委员会、当地红十字青少年会员占在校生总数比例及当地学校基层组织占学校总数比例这三个量化指标为主要参考依据进行名额分配。

具体分配情况如下：

序号	省、自治区、直辖市	分配名额（所）
1	北京	5
2	天津	5
3	内蒙古	5

（续表）

序号	省、自治区、直辖市	分配名额（所）
4	上海	5
5	江苏	5
6	山西	4
7	辽宁	4
8	吉林	4
9	黑龙江	4
10	浙江	4
11	山东	4
12	湖南	4
13	四川	4
14	贵州	4
15	福建	3
16	河南	3
17	湖北	3
18	广东	3
19	重庆	3
20	云南	3
21	新疆	3
22	河北	2
23	安徽	2
24	江西	2
25	广西	2
26	海南	2
27	陕西	2
28	宁夏	2
29	西藏	1
30	甘肃	1
31	青海	1
32	生产建设兵团	1

关于对“郭美美事件”等有关情况的通报

（中红字〔2011〕40号
2011年6月29日）

各省、自治区、直辖市红十字会，新疆生产建设兵团红十字会，铁路、商业系统红十字会：

近期网络上出现的“郭美美事件”对我会造成了恶劣的影响，现就有关情况通报如下：

一、“郭美美事件”相关情况、应对措施和下一步计划

（一）“郭美美事件”相关情况

6月21日，在经过新浪认证的名为“郭美美 baby”的新浪微博上，博主炫富，并称自己是“中国红十字会商业总经理”，引发了网络和媒体热议。事件波及到了中国红十字会和副会长郭长江同志以及中国商业系统红十字会，对我会的声誉造成恶劣影响，使我会的公信力面临很大挑战。

中国红十字会没有“红十字商会”这一机构，也未设“商业总经理”职位，更没有“郭美美”其人。中国商业系统红十字会是中国商业联合会根据《中华人民共和国红十字会法》第八条“全国性行业根据需要可以建立行业红十字会”的规定提出申请并经总会审批成立的行业红十字会，其本身并不从事商业活动。他们的主要工作是立足商业系统，传播人道主义和红十字精神，开展红十字宣传、救助和救护培训等工作，与中国红十字会也不存在募捐分成的问题。其工作人员由来自中国商业联合会和中国商业经济学会的志愿人员构成。这些人员的工资、奖金和补助均由原单位发放，未在红十字会领取任何报酬。中国商业系统红十字会设有会长、副会长、秘书长等职务，从来没有总经理的头衔。同时，根据中国商业系统红十字会提供的情况，在其组织及其组织的各项活动中，都没有“郭美美”或“郭美玲”参加。事件当事人“郭美美baby”也已于26日下午连发3条微博向红十字会和公众致歉。她表示，之前微博上“中国红十字会商业总经理”的身份是自己杜撰的，自己从未在中国红十字会工作。

另外，网上流传的某些与我会及相关个人有关的照片、微博、亲属关系的说法等内容，经核实，均无任何事实依据，纯属不负责任的谣言。我会副会长郭长江同志既没有名叫“郭美美”的女儿，也没有名叫“郭子豪”的儿子，郭美美和郭子豪也分别通过微博声明不认识郭长江同志，更不存在亲属关系。郭长江同志从来没有使用过微博或博客，更没有在新浪微博上注册过名为“郭长江 RC”的账号。网络上流传着一组拼凑的关于郭长江同志所佩戴手表的照片，完全是无中生有。据了解，郭长江同志没有“百达翡丽”手表。我会坚决反对那些企图通过制造虚假信息进行炒作的行为，也希望社会各界以平和心态看待此类问题，不被利用。

（二）关于“郭美美事件”应对措施和下一步计划

为澄清事实，中国红十字会总会先后于6月22日、24日两次通过中国红十字会官方网站就“郭美美事件”发表声明。6月24日向公安机关报案，并决定启动法律程序，以维护红十字会的合法权益和良好声誉。我们对郭美美等造谣中伤事件向公安部门报案，去法院起诉，一方面是红十字会维护自己正当权益的合法行动，另一方面也是请权威的执法部门通过侦查取证来澄清事实，还红十字会一个公正，让不法人员承担应有的法律责任。目前警方已经展开相关工作，我们将适时向社会公布工作进展情况。6月28日召开主流媒体新闻通气会，就“郭美美事件”相关情况作了进一步澄清。

二、审计署发布的中国红十字会总会2010年度预算执行情况和其他财政收支情况审计结果相关情况

国家审计署6月27日发布了今年第31号审计结果公告，其中披露了今年国家审计署对中国红十字会总会2010年预算执行情况和其他财政收支情况进行审计过程中发现的五个问题，马上受到媒体和网络的特别关注。

首先，公告所披露的是总会2010年财政拨款使用的问题，不涉及社会捐款。社会捐款部分，我们也一直在接受国家审计署和第三方的独立审计机构的审计监督，在汶川、玉树地震等重特大自然灾害救援期间，更是接受了审计署的驻会跟踪审计，审计结果均已由审计署向社会公告。今年在汶川地震三周年前夕，我们还公布了独立审计机构关于中国红十字会总会汶川地震捐赠款物收支审计情况的报告。

其次，审计公告中披露的五个问题，有的是操作层面的技术问题，有的是会计核算不规范问题，不存在贪污腐败、假公济私问题，也不存在“小金库”等问题。我们已对相关问题进行了纠正，并向审计署报告了整改结果，得到了审计署的认可。

目前公众议论的焦点集中在“红会超

标采购420余万元”问题，这个问题具体情况是：2009年，经财政部批准总会在当年财政预算中安排了1648万元卫生救护培训项目的模拟人教具采购任务。当年12月总会按照政府采购程序进行招标采购，经中央国家机关政府采购中心确定，模拟人采购项目按照计划采购的数量计算中标总额为1227.67万元，低于原采购预算的420.33万元。为加大对地方红十字会开展群众性卫生救护培训的支持力度，总会对招标采购结余的420.33万元资金，采取增加采购模拟人的数量完成了当年的预算执行任务，但未按规定程序向财政部报告。这个问题在审计结果公告中是明确的。

之所以对国家审计署审计结果公告中涉及红十字会的五个问题及红十字会的整改情况加以说明，首先是坦承红十字会在管理方面的不足，并通报我们的整改结果已经审计署认可；更是要向社会表明红十字会一直在接受包括国家审计部门在内的各方严格监督的；同时也重申欢迎社会各界对我们的工作加以监督并提出宝贵意见。

三、关于退款电话情况及答复口径

近期，受“郭美美事件”影响，出现了部分捐赠者致电我会或前来我会要求退还捐款的现象，各级红十字会要按照如下口径予以答复：

首先，感谢您对红十字会的捐赠与信任。对您的退款要求，我们深表理解，这完全是社会上的一些不实报道造成的。中国红十字会目前已运用法律武器对损害红十字声誉的人和事进行了诉讼。请您相信，中国红十字会作为从事人道主义工作的社会救助团体，您捐赠的每一笔善款，我们都会严格按照国家有关法律法规使用好，我们愿意接受政府和您以及社会各界人士的审查和监督。另外，按照国家关于捐赠的相关法律法规，您的捐赠、特别是具有救灾性质的捐赠是不能撤销的，在此也请您予以谅解。最后，再一次感谢您对中国红十字事业的支持。

此外，答复要求退款捐赠者时还要做到：

（一）答复口吻要平和、友善，答复要有耐心；

（二）对于到现场要求退款的，要留下姓名、联系方式等信息，并将该信息报送总会。

特此通报。

关于在全国红十字会系统开展自查自纠工作的通知

（中红字〔2011〕49号
2011年7月14日）

各省、自治区、直辖市红十字会，新疆生产建设兵团红十字会，铁路、商业系统红十字会：

为贯彻落实党中央关于加强党风廉政建设的要求和全国红十字会系统廉政工作会议精神，进一步加强廉政建设，提高红十字会公信力，总会决定在全国红十字会系统内开展自查自纠工作，各省级红十字会要以对红十字形象高度负责的精神，认真开展此项工作。现就有关事项通知如下：

一、时间安排

自查自纠工作从2011年7月中旬开始，至8月20日结束。

二、内容

针对规章制度的落实情况、重大问题科学民主决策情况、捐赠款物的管理情况、专项基金管理情况、与企业合作项目及经营项目的管理情况、红十字冠名医疗机构管理情况，按照“自查自纠情况统计表”的内容逐项进行自查自纠。

自查自纠的重点是：

（一）捐赠款物的管理情况。主要包括：捐赠资金收支是否公开透明，捐赠物资的分配是否公开透明，捐赠款物是否按捐赠人意愿足额拨付到灾区，是否因人为因素造成捐赠款物的重大损失等。

（二）专项基金的管理情况。主要包括：是否严格按照《中国红十字基金管理办法》管理专项基金，是否定期对专项基金进行审计并公开审计情况，是否在执行基金资金、项目中存在重大违规现象等。

（三）合作项目及经营项目的管理情况。主要包括：合作项目是否有利于传播红十字精神和支持红十字会开展公益活动，是否存在利用项目为单位或个人谋取私利的情况，是否发生过与合作方违法（规）分配项目收益的情况，是否存在违规使用红十字备灾仓库的情况。

三、有关要求

（一）各级红十字会主要负责人对本单位自查自纠工作负总责。要统一思想，制定详细的自查自纠工作方案，把自查自纠任务落实到有关部门和具体人员。

（二）严格按照检查内容特别是重点检查内容进行自查自纠，检查本单位在工作执行中是否存在违法、违纪、违规等情况，对发现的问题要如实向上级红十字会报告。

（三）深入分析存在的问题，研究制定整改方案，能立即整改的要立即整改，不能立即整改的要明确整改措施和时间，并认真研究建立长效机制。

（四）各级红十字会要如实填写《红十字会工作自查自纠情况统计表》，认真撰写自查自纠工作报告并逐级上报。自查自纠工作报告内容包括：自查自纠工作的组织开展情况，自查发现的主要问题、涉及金额、原因分析以及整改落实情况。对属于体制、机制和政策等方面的问题，要提出意见和建议。

请各省级红十字会于2011年8月20日前以正式文件形式将自查自纠工作情况和本辖区自查自纠情况统计汇总表报总会办公室。

特此通知。

附件：自查自纠情况统计表（略）

中国红十字会总会关于贯彻落实“两公开两透明”承诺的通知

（中红字〔2011〕51号

2011年7月19日）

各省、自治区、直辖市红十字会，新疆生产建设兵团红十字会，铁路、商业系统红十字会，各直属单位：

在全国红十字会系统廉政建设工作会上，中国红十字会提出了“两公开两透明”的公开承诺，即：捐赠款物公开，财务管理透明；招标采购公开，分配使用透明。为切实做好“两公开两透明”工作，进一步加大信息公开透明力度，现就贯彻落实两项承诺的有关要求通知如下：

一、关于“捐赠款物公开，财务管理透明”

要建立和完善捐赠款物接受、管理、使用分配的公示、跟踪和反馈制度，主动接受政府有关部门的监管和媒体、公众的监督。总会将率先实现接收捐赠的款物信息，捐赠人隔日可在中国红十字会官方网站进行查询；在特别重大灾害发生后的紧急阶段，做到捐赠收入和使用情况随时向社会发布；定期编制资助项目执行报告和财务报告，主动邀请审计和评估机构对捐赠款物和项目执行情况进行审计和评估，审计和评估结果要向社会公告。

要着力构建阳光透明的财务公开机制，政府拨款的财政资金要及时公布“三公”支出，社会捐赠的资金要及时公布使用分配情况。总会、地方红十字会都要建立依托于互联网的信息发布平台，力争两年内实现全国红十字会系统信息公开的制度化、标准化和规范化。总会将对2010年以来的财务收支报告、审计报告和有关评估报告通过官方网站陆续向社会公布，以接受社会监督。

二、关于“招标采购公开，分配使用透明”

要严格遵循国家相关法律法规，在物资采购、工程发包、购买服务等工作中，坚持程序规范、过程公开、结果公示的原则。符合政府采购要求的采购项目，必须实行公开采购，严格采购规程、严肃采购纪律。特别紧急阶段的采购，可在保证质量、价格合理的前提下，先行采购，随后公示。

无论是采购物资还是直接接受的捐赠物资，其分配和使用必须坚持公开公正、公平透明的原则，规范救助标准和发放规程。资助单位和受助单位均要建立捐赠物资接收分配信息公开公示制度，主动公示捐赠物资的来源、种类、数量和去向。捐赠物资的发放，除特别紧急阶段外，一般情况下要应进行调查摸底，张榜公示。

总会要求地方各级红十字会、各直属单位要积极履行承诺，结合本地实际情况，制定“两公开两透明”的实施方案，并将实施方案和实施情况报告总会。公开透明工作是事关红十字会公信力和社会声誉的一件大事，各地要引起高度重视，切实加强领导，明确责任，落实分工，确保“两公开两透明”工作落到实处，为提升中国红十字会的社会公信力，重塑红十字会的社会形象做出积极努力。

关于近期在全国红十字系统集中开展新闻宣传工作的通知

（中红字〔2011〕52号
2011年7月19日）

各省、自治区、直辖市红十字会，新疆生产建设兵团红十字会，铁路、商业系统红十字会：

为贯彻落实全国红十字会系统廉政工作会议关于加强正面宣传的要求，总会决定于近期在全国范围内集中开展“全方位、多层次、立体化”的新闻宣传活动。现就有关事项通知如下：

一、宣传目标

（一）应急宣传阶段：7月15日至8月15日

及时宣传报道各地贯彻落实全国红十字会系统廉政工作会议精神情况，并根据媒体和公众关心的问题及时通报本单位采取的系列措施；对涉及本会的不实报道及时回应，将负面影响降至最低。

（二）形象修复阶段：从7月下旬开始

选择公众易于接受的时机和形式，结合红十字品牌项目、典型人物、重点工作，综合运用多种媒体形式，宣传报道红十字会在人道救助领域发挥的作用，推动公众逐步了解红十字会，理解红十字会，支持红十字会。

二、宣传内容

（一）结合舟曲泥石流救灾一周年、世界急救日、世界艾滋病日、国际志愿者日等时机，重点宣传红十字会在救灾、救助、救护、推动无偿献血、造血干细胞捐献、人体器官捐献以及汶川、玉树等重大自然灾害中发挥的积极作用，充分展现红十字会在政府人道救助领域所做出的贡献。

（二）结合传统业务，加强对卫生救护、社区建设、志愿服务、传播红十字精神等内容的宣传，展现红十字会在促进社会主义精神文明建设、传播社会主义核心价值观以及在构建社会主义和谐社会中发挥的作用。

（三）根据各地工作实际，组织媒体对优秀工作人员、志愿者、受益人、捐赠人等典型人物、品牌项目、特色活动等内容进行集中宣传。

（四）结合贯彻全国红十字会系统廉政工作会议精神，对“捐赠款物公开，财务管理透明，招标采购公开，分配使用透明”等提升红十字公信力的举措主动宣传，提升红十字会公开透明的公益形象。

三、有关要求

（一）各地红十字会要加强正面宣传力度，与当地党委宣传部门保持密切沟通，主动引导主流媒体对红十字会进行正面报道，为红十字事业发展营造积极的舆论氛围。

（二）各级红十字会要提高与媒体沟通的能力，重视网络舆情研判工作，主动学习、研究、应用新媒体，有条件的地方可以组织力量对网络舆情进行监测和引导，要及时处理和澄清负面消息，并随时报总会备案。

（三）要积极策划能体现红十字精神的各类公益活动，并组织媒体报道，利用不同形式扩大红十字品牌影响力。

（四）请根据本通知要求，制定分阶段、分步骤、有计划的宣传方案，并于7月30日前报总会组织宣传部。

关于认真组织学习回良玉副总理华建敏会长在中国红十字会第43届南丁格尔奖章颁奖大会上讲话精神的通知

（中红字〔2011〕67号
2011年8月29日）

各省、自治区、直辖市红十字会，新疆生产建设兵团红十字会，铁路、商业系统红十字会：

8月26日，中国红十字会第43届南丁格尔奖章颁奖典礼在北京人民大会堂举行。国家主席、中国红十字会名誉会长胡锦涛等领导同志出席大会，胡锦涛主席亲自为获奖者颁奖，中共中央政治局委员、国务院副总理回良玉，全国人大常委会副委员长、中国红十字会会长华建敏，分别代表党中央、国务院和中国红十字会在大会上发表了重要讲话。充分体现了党中央、国务院对中国红十字事业的亲切关怀和大力支持，是对广大红十字工作者的巨大鼓舞和激励。

回良玉副总理和华建敏会长的重要讲话，充分肯定了中国红十字会特别是九届理事会成立以来所取得的成绩和为和谐社会建设做出的贡献，分析了新形势下红十字事业面临的机遇和挑战，对各级红十字会今后发展提出了明确要求。这两篇重要讲话高屋建瓴、内涵深刻，对鼓舞和激励全国红十字会工作者在新形势下做好各项工作、促进事业发展，具有重要的指导意义和现实意义。

现将讲话印发你们，要求各级红十字会紧密结合当前形势和总会关于加强廉政、公信力建设的要求，认真组织学习，深入领会这两篇重要讲话的深刻内涵，进一步统一思想，振奋精神，开拓创新，把讲话精神贯彻落实到各项具体工作中去，为推动中国特色红十字事业发展做出新的努力。

请各地将学习讲话的情况报总会办公室。

附件：

回良玉在中国红十字会第43届南丁格尔奖章颁奖大会上的讲话

（2011年8月26日）

今天，我们在这里隆重举行大会，为我国获得第43届南丁格尔奖章的8位优秀护理工作者颁奖，这是我国护理事业和红十字事业发展中的一件盛事。国家主席、中国红十字会名誉会长胡锦涛等领导同志出席大会，胡锦涛主席亲自为获奖者颁奖，这充分体现了党中央、国务院对红十字事业和护理事业的高度重视和关心，是对广大护理工作者和红十字工作者的巨大鼓舞和激励。在此，我代表党中央、国务院向获奖者表示热烈的祝贺，并向全国所有护理工作者和红十字工作者致以诚挚的问候！

南丁格尔奖是由红十字国际委员会于1912年设立的国际护理界最高荣誉奖。多年来，国际红十字运动大力倡导南丁格尔精神，以保护人的生命和健康、促进和平事业为宗旨，在人道领域开展了大量卓有成效的工作，为世界和平发展作出了突出贡献，赢得了中国人民和世界各国人民的尊重。克伦贝格尔主席亲临本次大会并发表了热情洋溢的致辞，这充分体现了红十字国际委员会对中国护理事业和红十字事业的重视与支持。在此，我代表中国政府，向远道而来的克伦贝格尔主席和红十字国际委员会的各位朋友，表示热烈的欢迎和衷心的感谢！

护理工作是医疗卫生事业的重要组成部分。长期以来，广大护理工作者努力为人民群众提供人性化的优质护理服务，受到了各方面的广泛好评。希望全国护理工作者以获奖者为榜样，再接再厉，发扬光大南丁格尔精神，秉承服务人民的优良传统，不断提高专业技术水平，为推进我国医疗卫生事业发展、增进全民健康做出新的贡献！

红十字事业是一项崇高而伟大的事业。中国红十字会成立100多年来，始终发扬人道、博爱、奉献的红十字精神，通过自己辛勤的工作，将公众的善心汇聚成爱的江河，为国家、为人民做了很多好事、实事。近年来，各级红十字会积极服务经济社会发展大局，无论是在抗击非典疫病、参与汶川特大地震、玉树强烈地震、舟曲特大山洪泥石流等灾害的救援救助和恢复重建中，还是在扶贫济困、助学助医、普及群众性应急救护知识以及开展无偿献血、白血病救治等工作中都发挥了重要作用，在印度洋海啸、巴基斯坦水灾、海地强烈地震、日本特大地震、非洲人道救援等国际援助工作中也取得了突出成绩。

当前，我国正处在发展的重要战略机遇期，经济社会发展很快，人民生活水平提高很快，人道救助的需求增长很快，群众参与慈善事业的热情很高。我们必须适应新的形势和要求，与时俱进地深化改革，不断地完善制度，进一步强化管理，切实维护慈善公益组织的公信力，提高人道救助的能力和水平。

全国各级红十字会要以邓小平理论和“三个代表”重要思想为指导，深入贯彻落实科学发展观，遵循国际红十字运动确立的基本原则，围绕中心、服务大局，紧抓机遇、锐意进取，使红十字事业在服务广大人民群众、服务和谐社会建设中发挥更大作用。要把公信力作为红十字会组织建设的重点，增加工作透明度，善于发现、勇于克服发展中面临的问题，不断加强制度建设，完善管理办法，强化监管责任，建立充满生机活力、符合自身特点的运行机制，提高社会影响力。要大力弘扬人道、博爱、奉献的红十字精神，努力形成“慈善光荣、奉献可敬”的社会氛围，动员更多社会力量支持、参与红十字事业。要进一步增强与国际红十字组织和各国、各地区红十字会的沟通与联系，学习借鉴先进经验，积极参与红十字国际行动，使中国红十字会成为中国人民与世界人民友谊的桥梁和纽带。

同志们，朋友们：

红十字事业是汇集爱心、弘扬善举的事业，红十字工作是为爱心善举服务、十分高尚、值得尊敬的工作。真挚地希望广大红十字工作者继续秉持人道准则、胸怀博爱之心、播撒仁慈美德、传递友善关怀，在真诚帮助困难群众的红十字事业中体验生命的意义、实现人生的价值。真挚地希望各级党委和政府认真落实红十字会法，切实帮助解决红十字会工作中遇到的困难和问题，充分发挥红十字会的作用。真挚地希望社会各界都来关心、支持红十字事业，自觉参与人道服务和各项慈善事业，共建共享和谐美好的新生活。

华建敏在中国红十字会第43届南丁格尔奖章颁奖大会上的讲话

（2011年8月26日）

今天，中国红十字会在这里隆重举行大会，为我国8位获得第43届南丁格尔奖章的优秀护理工作者颁奖。我代表中国红十字会向她们表示热烈的祝贺和崇高的敬意！向全国所有辛勤工作在人道服务领域的护理工作者和红十字工作者致以亲切的问候！

国家主席、中国红十字会名誉会长胡锦涛等中央领导同志出席今天的大会，胡主席还亲自为获奖者颁奖，这充分体现了党和政府对红十字事业的关心、重视与支持，体现了对广大护理工作者和红十字工作者的亲切关怀。

我国自1983年参与南丁格尔奖章评选以来，已有62人获此殊荣。本届评选我国有八人获奖，是获奖人数最多的国家。这充分说明，我国护理工作者在人道服务和护理工作领域所取得的杰出成就，得到了国际社会的高度肯定，也体现了国际红十字运动对中国红十字事业和护理事业的高度关注与认同。

本届八位获奖者，有的致力于麻风病护理几十年，兢兢业业，矢志不渝；有的在抗击重大自然灾害、参与国际人道救援的重要关头，不畏艰险，无私奉献；有的为提升我国的临床护理水平，悉心钻研，倾注了毕生心血。她们同历届获奖者一样，秉承南丁格尔精神，以崇高的品德、严谨的作风、高度的责任心和精湛的技术，扎根基层，恪尽职守，为我国的护理事业和人道主义事业做出了重要贡献。她们的身上，集中体现了“人道、博爱、奉献”的红十字精神。全国三千万红十字会员和志愿者都要以她们为学习的榜样，积极践行人道理念，大力弘扬红十字精神，更加热忱地为祖国、为人民、为社会服务。

中国红十字会成立107年来，为祖国、为人民做了大量卓有成效的工作。继承我国红十字运动百年来积累形成的爱国进步传统，发扬“人道、博爱、奉献”的红十字精神，进一步加快中国特色红十字事业的发展，是适应时代发展和社会进步的要求，更是满足人民群众新期待的需要。正如胡锦涛主席在接见中国红十字会“八大”代表时所指出的：“当前，全党全国各族人民正在为全面建设小康社会、加快推进社会主义现代化而团结奋斗。中国红十字会作为重要的社会团体，在这个历史进程中是可以大有作为的。”我国地域广阔，发展不平衡，自然灾害多发，人道需求巨大，这是我国的基本国情。立足国情，为最需要关爱、渴望得到帮助的群众服务，千方百计满足易受损害群体的人道需求，改善他们的境况，我们红十字会肩负重任、责无旁贷。我们一定要按照党中央、国务院的要求，紧抓机遇，迎接挑战，发奋图强，大有作为。

当前，红十字事业的发展还面临一些矛盾和问题。各级红十字会亟须加快提高能力、增强实力，为完成各项人道救助工作创造条件。破解制约红十字事业发展的难题，提升红十字会能力建设水平，需要党和政府的重视和支持，需要社会各界的信任和帮助，但更重要的是各级红十字会自身要有改革的勇气、创新的智慧和不断进取的决心。要通过改革创新，建立起适应时代发展和社会需求的体制机制；要通过改革创新，激发和凝聚广大红十字工作者的主动性、创造性；要通过改革创新，推动各级红十字会增强责任感、提升公信力。红十字会是社会公益组织，社会公众通过红十字会这一平台，奉献爱心，捐款、捐物和开展志愿服务，帮助有需要的困难群众。红十字会一头汇聚着人间真情和社会爱心，一头承载着无数困难群众摆脱困境和病痛的企盼，社会各界对我们的工作有着更高的要求和期待。我们各级红十字会都要更加自觉接受社会监督，虚心听取意见建议。始终坚持公开透明、严格管理、依法办事；始终坚持勤俭节俭、艰苦奋斗；始终坚持以比社会其他成员更高的道德标准要求自身。我们一定不负党和政府的重托，更加努力地工作，以公信力的不断提高赢得更高的影响力、更高的感召力和更高的凝聚力，赢得全社会的尊重与信赖，更广泛地动员和汇聚全社会人道力量，充分发挥人道救助领域政府助手的作用，以满腔的热情和真挚的情怀，为困难群众排忧解难，为祖国发展和社会进步做出更大贡献。

关于赵白鸽等同志任职的通知

（中红字〔2011〕78 号
2011 年 10 月 8 日）

各省、自治区、直辖市红十字会，新疆生产建设兵团红十字会，铁路、商业系统红十字会：

根据中国红十字会第九届常务理事会第二次会议《关于以通信选举方式增补第九届理事会理事、常务理事的决议》和《关于以通信选举方式选举中国红十字会常务副会长、副会长的决议》，经第九届理事会理事通信选举，赵白鸽同志为中国红十字会第九届理事会理事、常务理事和中国红十字会常务副会长，吴海龙、郝平、王伟同志为中国红十字会副会长。

特此通知。

关于印发中国红十字会2011—2015 年法制宣传教育规划的通知

（中红字〔2011〕82 号
2011 年 10 月 18 日）

各省、自治区、直辖市、新疆建设兵团红十字会，铁路、商业系统红十字会，总会各直属单位：

根据《中共中央 国务院转发〈中央宣传部、司法部关于在公民中开展法制宣传教育的第六个五年规划（2011—2015 年）〉的通知》要求，为做好中国红十字会法制宣传教育工作，现将《中国红十字会 2011—2015 年法制宣传教育规划》印发给你们，请结合本地实际认真贯彻执行。

附件 1：

中国红十字会 2011—2015 年法制宣传教育规划

为贯彻落实《中共中央 国务院转发〈中央宣传部、司法部关于在公民中开展法制宣传教育的第六个五年规划（2011—2015 年）〉的通知》的要求，结合我会实际情况，制定本规划。

一、指导思想

《中国红十字会 2011—2015 年法制宣传教育规划》（以下简称“六五”普法规划）是在中国特色社会主义法律体系形成，我国明确“十二五”时期经济社会发展的目标任务，整个社会和广大人民群众法治意识不断增强，社会各界对公益事业与中国红十字事业发展提出更高要求的背景下制定的。

中国红十字会“六五”普法规划的指导思想是：高举中国特色社会主义伟大旗帜，以邓小平理论和“三个代表”重要思想为指导，深入贯彻落实科学发展观，围绕“十二五”时期经济社会发展的目标任务，按照全面落实依法治国基本方略和构建社会主义和谐社会战略部署，坚持法制宣传教育与社会主义核心价值体系教育相结合、与弘扬红十字精神相结合、与传播人道理念相结合，推动中国红十字事业科学发展。

二、主要目标和工作原则

中国红十字会第六个五年法制宣传教育工作（以下简称“六五普法”）的主要目标是：通过深入扎实的法制宣传教育，进一步提高红十字会全体工作人员的法律意识和法律素质，增强各级红十字会领导干部学法、懂法、用法的观念，提高广大红十字会员、志愿者和红十字青少年的法制观念和意识，增强广大社会公众对中国红十字会知晓率和认同率，在全国红十字会系统进一步形成依法建会、依法治会、依法兴会的工作环境与机制，为红十字事业发展创造良好的法制环境。

“六五”普法的具体目标是：

（一）2011 年至 2013 年：各级红十字会干部普遍了解和掌握有关红十字事业的法律法规，法律意识和法律素质明显提高，依法管理和依法办事能力进一步增强。

（二）2011 年至 2015 年：红十字会捐赠者、红十字会工作的受益者及社会公众基本知晓红十字会的工作性质与内容，了解红十字标志的使用规则，对中国红十字会的认同率明显提高。

“六五”普法的原则：

——坚持围绕中心，服务大局。要按照国家“十二五”时期经济社会发展的总体要求和《中国红十字事业 2010—2014 年发展规划》要求，深入开展法制宣传，服务于以改善民生为重点的社会建设，服务于中国红十字事业的科学发展。

——坚持以人为本，服务易受损害群体。把人道、博爱、奉献的红十字精神作为红十字会系统普法工作的方向和动力，要着眼于群众的实际需求，积极利用法制宣传的契机向群众宣传中国红十字事业，介绍中国红十字会开展的各项工作，加强交流与沟通，更好的为易受损害群体服务。

——坚持学用结合，明确重点。各级红十字会工作人员特别是领导干部要认真学习与红十字事业相关的法律法规，积极向红十字会会员、志愿者宣传相关的法律法规，坚持法制宣传教育与法制实践相结合、与实际工作相结合，确立依法办事、依法管理的工作制度与管理体系。

——坚持把握大局，高度关注法律法规工作的发展。“十二五”期间，我国社会建设领域面临良好的发展机遇。各级红十字会要高度关注国家和地方在社会领域的立法行动，积极研究和参与，努力为红十字事业发展争取更加广阔的空间。

三、主要任务

（一）深入学习宣传中国特色社会主义法律体系和国家基本法律以及与红十字事业发展密切相关的法律法规。加强中国特色社会主义法律体系的学习与宣传，初步掌握中国特色社会主义法律体系形成的重要意义、基本经验及其基本构成、基本特征等。学习宣传各项法律法规，深入学习《中华人民共和国红十字会法》（以下简称“红十字会法”）和《中华人民共和国红十字标志使用办法》（以下简称“红十字标志办法”）以及贯彻落实红十字会法的地方法规；深入学习《中华人民共和国公益事业捐赠法》等公益慈善领域的法律法规；深入学习《中华人民共和国合同法》、《中华人民共和国审计法》、《中华人民共和国政府信息公开条例》等与红十字工作密切相关的法律法规，形成学法用法的良好法制氛围，充分发挥法律在中国红十字事业发展进程中的规范和保障作用。

（二）加强系统内的普法教育工作，规范化开展工作。要精心策划和组织普法活动，做到目标明确、重点突出，通过普法工作切实推动工作开展。要把对各级红十字会队伍的法制宣传教育作为整个“六五”普法工作的基础工作来抓。要通过开展专题法律讲座、分级法律培训、法律知识竞赛等多种方式，对广大红十字会工作人员、志愿者、会员加强法律的宣传与推广工作。应积极组织安排法律法规的学习、研讨和交流，鼓励上下级红十字会之间、不同地区红十字会之间开展学习交流。

各级红十字会干部要自觉学法用法，加强防范法律风险的意识，自觉运用法律武器开展工作；要密切关注国家、地方各级政府制定的各项与社会建设、公益事业相关的政策，及时总结社会各界对公益事业、对红十字会的新要求、新动向；通过加强自身建设和法制宣传，提高红十字会的规范化水平。

各级红十字会要配备专业人员从事法律法规工作，建立合同管理、项目管理、与企业合作管理、专项基金管理等管理制度，认真执行各项管理制度，建立工作台账，做好原始资料的整理和存档。省级红十字会应在2013 年之前建立完善相关制度。

（三）加强系统外法制宣传教育工作力度，为红十字事业发展创造良好法制环境。要把红十字会法、红十字标志办法、本地区贯彻落实红十字会法实施办法等法律法规作为重点内容，针对不同群体，开展形式多样的宣传教育。采取定期寄送普法宣传材料、不定期汇报工作、邀请参与红十字会活动等方式，面向相关部门、主管领导开展法律普及宣传教育，强化各级领导干部、各有关单位对红十字会工作的重视。要根据青少年的特点和接受能力，将法制宣传教育纳入红十字青少年工作体系，在提高青少年防灾避险意识、增强自救互救能力的同时，在青少年中弘扬“人道、博爱、奉献”的红十字精神，提高其道德修养，拓展青少年对红十字会性质及工作职能的认识和认同。采取有效方式，进一步加大针对各类企业普法宣传工作力度，使企业更加了解红十字会的工作，为红十字事业的发展创造良好的社会合作环境。

（四）加强法制宣传教育阵地建设，不断丰富宣传手段和途径。要充分发挥中国红十字会网站、《中国红十字报》、《博爱》、各级红十字会报刊及网站的宣传作用，利用广播、电视、报刊、互联网平台等大众传媒资源，鼓励探索利用互联网、手机等新兴媒体开展法制宣传教育，进一步加强与受众的沟通与互动。要在每年的全国法制宣传日、世界红十字日、红十字会法、红十字标志办法颁布等纪念日，集中组织开展大规模的公众宣传活动。要根据时代发展的要求，适应人民群众接受心理和特点的变化，不断创新红十字会法制宣传教育理念，拓宽工作领域，丰富宣传内容，改进工作手段，完善制度体系，加强阵地建设，形成长效机制，努力增强各级红十字会法制宣传教育的吸引力、感染力和实效性。

（五）配合公信力建设，进一步加强反腐倡廉的宣传教育。公信力是红十字会的生命力和根本保证。只有拥有良好的公信力，才能有力促进事业的发展。各级红十字会要按照中央的部署，进一步强化反腐倡廉建设；要加强对全体党员，特别是党员领导干部的反腐倡廉教育，坚持用更高的道德标准审视自身，更严的作风纪律约束自己；要坚持“公开、透明、公正、高效”的原则，严格执行法律法规的规定，加强惩治和预防腐败体系建设，加强领导干部廉洁自律工作，不断提高预防腐败能力和水平，营造红十字会良好的公信力。

四、实施步骤

“六五”普法规划从2011年开始实施，到2015年结束。分三个阶段：

宣传发动阶段（2011年下半年）：中国红十字会总会组织召开中国红十字会“六五”普法动员电视电话会议。各省级红十字会根据总会制定的“六五”普法规划制定本地的“六五”普法规划，做好宣传、发动和组织工作。并将本地“六五”普法规划，报总会办公室备案。

组织实施阶段（2012年上半年至2015年）：各级红十字会要采取各种有效方式、针对各类宣传对象，深入宣传与红十字事业相关的法律法规，深入学习经济、社会类法律法规，树立依法办事、依法管理的意识。各省级红十字会要根据本规划及当地规划确定的目标任务和要求，结合实际，制定具体工作方案和年度执行计划，并认真组织实施，确保“六五”普法规划得到全面落实。2013年总会开展中期检查督导。

检查验收阶段（2015年下半年）：总会按照全国普法办的要求制定红十字会“六五”普法考核验收办法，各省级红十字会制定本地区“六五”普法验收标准（验收标准的参考建议，详见附件），对本地区“六五”普法工作进行考核验收，对“六五”普法工作进行总结并报总会。总会将对各省级红十字会系统进行抽查，并对在“六五”普法工作中的先进单位和先进个人报送全国普法办，参加全国的评选和表彰。

五、组织领导和保障措施

（一）提高认识，加强领导。各级红十字会要高度重视法制工作，要切实把学法、懂法、用法的各项任务、措施落到实处，要健全领导机构和办事机构，成立由领导挂帅，各相关部门负责人共同组成的普法工作领导小组，明确领导职责，建立和完善议事、工作汇报和工作监督等制度。

（二）建立健全评估考核体系。建立健全评估考核体系，完善考核评估运行机制，对本规划的实施情况进行年度考核、阶段性检查和专项督查。建立健全激励机制，及时总结推广典型经验，并按照国家有关规定予以表彰。

（三）形成规范的工作内容，抓好队伍建设，落实法制建设与宣传的经费。各级红十字会要逐步确立法制宣传教育的规范性工作内容，定期开展工作，加强对专职人员的培训，提高专兼职法制宣传教育工作者的业务素质和组织指导能力，切实做好组织、协调、检查、指导工作。要将法制宣传教育和法律风险防范工作所需的经费，列入各级红十字会的财政预算，专款专用，保证工作正常有效地开展。

（四）突出重点，统筹兼顾。各级红十字会要结合本地区、本单位的具体情况，确定重点内容，抓住重点对象，紧扣重要环节，特别是抓好与红十字会密切相关的法律法规宣传教育，以重点带一般，统筹兼顾，采取切实措施，防止形式主义，保证法制宣传教育落到实处。

附件 2：

中国红十字会 2011—2015 年法制宣传教育规划实施情况验收基本标准

各地的验收标准应包含但不限于以下内容：

一、制定符合本地实际的“六五”普法规划，并下发执行。

二、省级红会设有专门的普法工作领导小组，并有专人负责该项工作。

三、定期对“六五”普法规划进行督导检查，及时解决面临的困难和问题。

四、定期开展法律专题讲座、干部法律培训、法律知识竞赛等法律宣传教育活动。

五、建立健全各项工作制度，配备专业工作人员，工作台账保存完好。

六、法律宣传方式方法灵活多样，有专门的法律宣传材料。

七、相关部门及主要分管领导基本了解红十字会法、红十字标志办法以及其他基本法律常识，能依法指导红会工作。

八、红十字志愿者及会员知晓、认同中国红十字会的性质和工作职责。

九、每年都要对普法工作进行阶段性总结，在“六五”普法末期进行系统总结，并将总结情况报上级红十字会。

中国红十字会关于加强红十字救援队建设的意见

（中红字〔2011〕86 号
2011 年 10 月 25 日）

各省、自治区、直辖市红十字会，新疆生产建设兵团红十字会，铁路、商业系统红十字会：

加强红十字救援队建设是适应灾害频发、减轻灾害损失的迫切需要，是完善中国红十字会应急体系建设、提升救援能力的重要举措。为深入贯彻《国务院办公厅关于加强基层应急队伍建设的意见》（国办发〔2009〕59 号）的要求，根据《中华人民共和国红十字会法》、《中国红十字会章程》、《中国红十字会灾害救助规则》相关规定，现就进一步加强红十字救援队建设提出如下意见：

一、指导思想和基本原则

（一）指导思想

以“三个代表”重要思想为指导，全面贯彻落实科学发展观，以保护公众生命健康、促进社会和谐稳定为出发点，组建和发展具有红十字特色的紧急救援队。

（二）基本原则

坚持“因地制宜，规模适度；志愿服务，一专多能；统筹规划，分步实施”的原则，在政府的支持下，充分依靠社会力量，全面推进救援队组织体系、工作机制、预案制度、物质装备、保障机制等各项能力建设，逐步形成管理规范、运转高效的红十字救援队体系。

二、主要目标

经过五年左右时间的努力，使我会救援队能力得到全面提升。依据红十字会的特色和优势，重点建设赈济、医疗、供水、大众卫生、心理、搜救、水上救生等各类救援队伍，形成布局合理、特色鲜明的红十字救援工作新格局。

重点加强国家级红十字救援队建设，将总会的医疗、供水、大众卫生救援队打造成训练有素、装备良好、可独立承担国内及国际重大灾害救援任务的具有红十字特色的应急队伍。

灾害多发省红十字会结合当地灾害特点和能力，至少建立一支省级红十字救援队，能够独立开展省内救援任务，逐步推进地市、县级红十字救援队建设。

三、主要任务

（一）重点加强国家级红十字救援队建设

总会将发展救援队作为救灾工作的战略转型和突破，将救援队建设纳入“十二五”彩票公益金项目五年规划，并积极争取国内外支持，大力发展总会救援队。未来五年，要继续加强救援队标准化建设及装备更新、人员培养、政策支持等方面工作，力争将供水、大众卫生、医疗等救援队打造成训练有素、装备良好、可独立承担国内及国际重大灾害救援任务的具有特色的红十字应急队伍。

（二）全面推进省级红十字救援队建设

省级红十字会要根据本省（区、市）突发公共事件的特点和自身能力，吸纳有相关专业特长的志愿者或依托现有的红十字医疗机构、团体会员单位等成立救援队，通过标准化的培训及配备相应救援设备及装备，打造若干支精通业务、运转高效、勇于吃苦的专业救援队伍，积极参与辖区内突发公共事件的救援工作。对于灾害多发省份要成立省级赈济救援队及医疗救援队，亦可结合自身能力和需求，根据总会提供的救援队建设标准建立其他种类的紧急救援队。救援队的建设应首先满足本地救援需求，在经验积累和实力增强的基础上可逐步扩大规模，开展跨地区救援，条件允许的队伍可申请加入总会救援队序列参与国内或国际重大灾害救援。

（三）逐步推进地市级、县级红十字救援队建设

地市级红十字会要根据自身实力，依托现有的红十字医疗机构、团体会员单位等资源建立紧急救援队，配备基本的救援设备，负责本地区范围内突发公共事件的救援工作。有条件的地区可建立其他种类的紧急救援队。基础较好的县级红十字会根据自身条件，可建立符合当地实际的救援队。各级红十字会要有具体部门和人员负责救援队的建设和发展工作，制订救援队建设方案，细化队伍职责，加强救援队业务演练，提高队伍综合素质和应急能力。

四、保障措施

救援队伍的建设涉及到资金、设备、人员、制度、政策等各个方面，是一项长期的系统工程，各省应统筹规划，分步实施，稳步推进。

（一）健全组织体系和工作机制

各级红十字会是推进红十字救援队建设和发展的责任主体。省级红十字会负责本省范围内各级红十字救援队建设规划，确定救援队的布局和规模，强化支持政策的研究，加强对救援队建设的督促检查和指导，要在本省范围内开展救援队建设示范工作，不断提高救援队管理水平，各级红十字会要按照各自职责指导推进本级红十字救援队组建工作。

（二）加强救援队人才建设

各级红十字会要本着志愿服务、专兼并举的原则，建设以红十字会工作人员、专业志愿者为主体的救援队伍，健全工作机制、明确工作职责。按照《中国红十字

志愿服务管理办法》相关规定，争取公开招募的方式，建立救援人才数据库，志愿者实现信息化分类管理，加强对志愿者的培训和管理，特别是要充分发挥红十字会员、志愿者及团体会员单位、冠名医疗机构的作用，形成合力，开展好灾害救援工作。

（三）不断深化救援队制度建设

根据实际，制定并不断完善应急预案，将红十字救援队部署与本级应急预案紧密结合。定期组织开展培训和演练，特别是多部门、多种类救援队的联合演练，通过演练检验本领、及时发现问题，不断修订和完善预案，提高预案的针对性和可操作性。要制定应急救援宣传方案，努力使红十字救援队成为我会的品牌项目。

（四）切实落实经费保障机制

各级红十字会要将救援队经费列入预算，采取政府补助、社会捐赠相结合的方式建立救援队伍经费渠道。要在地方政府的统一领导下，积极协调财政部门，将红十字救援队的工作经费、应急培训、演练经费等纳入同级财政预算。同时加大筹资力度，设立救援队专项筹资项目，为救援队募集相关经费。

（五）完善安全保障和激励机制

认真研究解决救援队工作中的实际困难，协调落实救援队员医疗、工伤、抚恤等保险，以及应急车辆执行应急救援任务时的免交过路费等政策措施。要加强安全保障方面的投入，配备必要的安全防护器材和设备，最大限度地保护各类救援行动参与人员的安全。建立对救援队员的奖励激励机制，对在救援队建设和管理工作中做出突出贡献的集体和个人，按照红十字会有关规定给予表彰奖励，提高其参与救援队建设工作的积极性。

在救援队建设发展过程中，各级红十字会要与同级政府相关部门保持密切联系，加强沟通，要纳入政府应急体系，在演练、实际救援工作中密切合作，切实发挥好在政府应急救援领域的助手作用。

关于印发中国红十字会手机短信捐款管理暂行办法的通知

（中红办字〔2011〕1号
2011年1月7日）

各省、自治区、直辖市红十字会，新疆生产建设兵团红十字会：

为进一步加强和规范红十字会手机短信捐款管理工作，总会制定了《中国红十字会手机短信捐款管理暂行办法》。现印发给你们，请遵照执行。

各级红十字会要积极开展手机短信捐款的宣传推介工作，主动联络和争取各类媒体。播发手机短信捐款的视频、音频和平面广告，宣传推广手机短信捐款的公益号码，把手机短信捐赠作为各级红十字会常规性与突发事件募捐最方便、快捷的方式，不断提升手机短信捐赠号码的知晓率，使手机短信捐赠成为中国红十字会稳定的善款来源。

附件：

中国红十字会手机短信捐款管理暂行办法

为进一步规范中国红十字会手机短信捐款的管理和使用，根据工业和信息化部《短消息类服务接入代码证书特别规定》，结合中国红十字会实际情况，制定本办法。

第一章 总 则

第一条 为进一步规范中国红十字会手机短信捐款的管理和使用，根据工业和信息化部《短消息类服务接入代码证书特别规定》，结合中国红十字会实际情况，制定本办法。

第二条 本办法所称的手机短信捐款是指总会利用工业和信息化部批准的10699993号码（包括其子号码，下同），与中国移动、中国电信、中国联通三家电信运营商合作，通过其电信通道接收手机用户发送短信捐款的募捐行为。

第三条 手机短信捐款的具体方式：

（一）中国移动、中国电信用户

单次捐：发送数字1或2至10699993号码，表示捐款1元或2元（不含通信费）。

包月：发送MY5、MY10、MY15至10699993号码，表示月捐5元、10元、15元（不含通信费）；取消包月服务：发送MY5Q、MY10Q、MY15Q到10699993号码表示取消5元、10元、15元的包月服务（不含通信费）。

（二）中国联通用户

单次捐：发送数字1到30至10699993号码，表示捐款1元至30元（不含通信费）。

第四条 总会是中国红十字会手机短信捐款的管理机构，拥有10699993号码，与运营商统一结算手机短信捐款的募集资金。

为便于各省级、计划单列市红十字会开展手机短信捐款，总会在10699993号码基础上，为各省级、计划单列市红十字会分配子号码。通过相应子号码募集的资金均作为相应的省级、计划单列市红十字会募集的资金，并按照本办法分配、使用。

第五条 总会与各省级、计划单列市红十字会在开展手机短信捐款工作时，应遵守本办法。各省级、计划单列市红十字会可根据本办法自行制定手机短信捐款工作的管理细则，并报总会备案。

第二章 运行管理

第六条 总会统一管理基于10699993号码开展的手机短信捐款业务，负责与中国移动、中国联通、中国电信开展合作，落实技术支持并管理运行服务商，制定相关政策，分配、管理子号码，制定整体的宣传推广战略，指导各省级、计划单列市红十字会开展手机短信捐款工作，督促信息公开，监督募集资金的使用。

第七条 总会分配给各省级、计划单列市红十字会使用的子号码如下：

北京 1069999310；天津 1069999322；河北 1069999331；

山西 1069999335；吉林 1069999343；

辽宁1069999324；

江苏 1069999325；上海 1069999321；山东1069999353；

浙江 1069999357；安徽 1069999355；江西1069999379；

福建 1069999359；四川 1069999328；重庆1069999323；

贵州 1069999385；云南 1069999387；西藏1069999389；

广西 1069999377；河南 1069999337；湖北1069999327；

湖南 1069999373；广东 1069999320；海南1069999384；

陕西 1069999329；甘肃 1069999393；宁夏1069999395；

青海1069999397；内蒙古1069999347；黑龙江1069999345；

新疆 1069999390；新疆生产建设兵团1069999391；??

青岛 1069999351；大连 1069999341；宁波1069999354；

厦门1069999352；深圳1069999375。

第八条 各省级、计划单列市红十字会负责本地手机短信捐款工作的开展，配合总会与当地通信管理局完成号码备案工作，组织宣传推广活动，使用募集资金开展公益资助，定期反馈筹集资金的使用情况，发布信息，接受总会及有关部门的检查和监督。

第九条 运行服务商与总会签署合作协议，并向各省级、计划单列市红十字会提供如下服务：手机短信捐款业务规划、技术开发、后台配置、商务沟通、号码测试上线、随机更改配置回复语、包月资讯下发等。运行服务商每月向总会提供短信捐款的数据分析及运行报告。运行服务商开通24小时客服热线电话：010－82335599和400－819－1860，接受各省级、计划单列市红十字会和手机短信捐款人的咨询。

第十条 手机短信捐款募集的资金按照中国红十字会募捐和接受捐赠的规定管理和使用。总会与各省级、计划单列市红十字会的财务部门负责统一核算、专账管理。

第十一条 各省级、计划单列市红十字会子号码募集的资金，总会按募集总额的90%拨付各省级、计划单列市红十字会开展公益资助，10%由总会用于手机短信捐款平台的运行成本和宣传推广费用。

第十二条 手机短信捐款募集的资金可用于：（一）符合红十字会宗旨的救灾、救助活动或项目；（二）手机短信捐款的宣传推广费用；（三）手机短信捐款平台的运行成本及其公益项目的管理、执行成本。

第十三条 总会每半年向各省级、计划单列市红十字会拨付一次手机短信捐款募集的资金。各省级、计划单列市红十字会应在每次拨款前向总会上报前次拨款的使用情况报告，拨款使用率应不低于前次拨款总额的70%。各省级、计划单列市红十字会可自行决定是否对募集捐款向市县红十字会进行再次分配。

第十四条 总会与各省级、计划单列市红十字会应积极做好手机短信捐款的宣传推广工作，提高手机短信捐款号码的社会影响和知晓率。

第十五条 宣传推广应遵循勤俭、节约、高效的原则。宣传推广经费从手机短信捐款募集的资金中据实列支，但不得超过所募集或拨付款项的10%。

第十六条 各省级、计划单列市红十字会原则上不得跨地区开展手机短信捐款的宣传推广工作。如需在异地进行手机短信捐款的宣传推广，须征得当地红十字会的同意，并报总会备案。

第十七条 各省级、计划单列市红十字会在宣传推广捐款项目时，要及时联系运行服务商更换回复语。回复语要表明接收捐款的单位名称、捐款金额、捐款项目名称等信息。

第三章 监督管理

第十八条 开展手机短信捐款工作须符合国家有关的政策法规，主动接受政府审计部门和社会审计机构的审计，接受上级红十字会和有关方面的监督检查。总会定期对手机短信捐款工作进行考核评估。对违反本办法或考评不合格的，总会有权停拨资金，并追究责任。

第十九条 手机短信捐款募集的资金，其使用和管理要公开透明。各省级、计划单列市红十字会要建立、健全募集资金的信息反馈制度，定期向社会（包括手机捐款人）公示募集资金的使用情况，发布公益资助项目的进展、实施情况。

第二十条 10699993号码为公益捐款号码，不得主动下发短信，不得从事商业推广活动。发现利用中国红十字会公益号码从事商业行为或诈骗行为的单位和个人，必须严肃追究法律责任。

关于征选2011年“魔豆爱心工程”实施城市的通知

（中红办字〔2011〕13号
2011年1月30日）

各省、自治区、直辖市红十字会，新疆生产建设兵团红十字会：

2006年，总会与淘宝网合作，开展了“魔豆爱心工程”公益项目，资助困难母亲网上开店创业，帮助她们利用网络获取稳定的生活来源，依靠自己的力量走出困境。该项目符合国家着力保障和改善民生的要求，符合红十字会的宗旨和救助范围，有利于改善困难群众的生活状况。项目启动以来，已经资助了200多位困难母亲，得到中央电视台等各类媒体的关注和报道，取得了良好的宣传效果和社会效益。

2011年，为了进一步扩大“魔豆爱心工程”公益项目的影响力，充分发挥项目作用，救助更多的困难人群，为和谐社会建设做贡献，总会现面向全国征选有意愿开展此项目的城市。因开展该项目的条件限制，此次征选范围主要限于省会城市和计划单列市。项目的执行方可以是省级红十字会，也可以是项目实施地的市级红十字会。有意愿开展此项目的省级红十字会或市级红十字会请填写征选表并盖章后于3月20日前上报总会。总会将根据有关情况，会同淘宝网挑选出项目实施城市。

项目执行地红十字会须做好以下几项工作：

一、与淘宝网共同做好项目的宣传推广工作。

二、按照受助条件，通过当地各级红十字会、其他社会团体和社区等渠道，寻找符合条件的受助人，并与淘宝网共同审定。

（一）受助条件：1. 生活困难的母亲；2. 高中及以上文化程度；3. 有一定电脑、网络基础知识；4. 开网店意愿清楚明确；5. 住所地可以实现宽带上网。残疾人和下岗女工优先，有经营经验者优先。

（二）推荐、选择、审定受助人的具体程序，由项目执行地红十字会与淘宝网根据当地实际情况协商确定。

三、配合淘宝网对受助人进行网上创业的技能培训。

四、负责后期对受助人的走访、跟踪调查，与淘宝网共同为受助人提供必要的后续帮助。淘宝网将通过系统培训、提供货源和推广支持等措施给予受助人持续帮助。

五、受助人确定并向总会备案后，总会将向项目执行地红十字会拨付资助款项，并按照有关规定配套项目执行费用，由项目执行地红十字会将资助款发放给受助人。

资助标准：1. 提供每位受助人一万元人民币的网上开店启动资金；2. 提供每位受助人网上开店所需电脑一台。

你会可以登录以下网址获取“魔豆爱心工程”公益项目的背景资料。http：//www. taobao. com/go/act/sale/mdbb. php

附件：2011年魔豆爱心工程公益项目实施城市征选表（略）

中国红十字会总会关于调整定点扶贫工作领导小组及其办事机构的报告

（中红办字〔2011〕49号
2011年3月1日）

国务院扶贫开发领导小组办公室：

由于我会领导成员变动，现将定点扶贫工作领导小组及其办公室调整情况报告如下：

一、扶贫工作领导小组

组　长：王　伟　中国红十字会常务副会长

副组长：郭长江　中国红十字会副会长

郝林娜　中国红十字会副会长

王海京　中国红十字会副会长

王汝鹏　中国红十字会秘书长

成　员：高崇华　总会办公室主任

王　平　总会赈济救护部部长

查慧勤　总会筹资与财务部部长

王世涛　总会组织宣传部部长

任　浩　总会联络部副部长

龚怡怡　总会直属机关党委副书记

白　藟　总会机关服务中心副主任

吴苾雯　总会报刊社社长

王　志　中国红十字基金会党支部书记

洪俊岭　中国造血干细胞捐献者资料库管理中心主任

辛宝山　总会训练中心主任

张淑爱　总会备灾救灾中心主任

二、扶贫工作领导小组办公室

主　任：王汝鹏（兼）

副主任：高崇华（兼）

成　员：李立东　总会赈济救护部副部长

肖连敏　总会办公室人事处处长

陈启洪　总会筹资与财务部筹资处副处长

总会办公室人事处负责扶贫工作领导小组办公室的日常工作。

关于印发《中国红十字会总会 2011 年重点工作安排》的通知

（中红办字〔2011〕53 号
2011 年 3 月 3 日）

总会机关各部室、各直属单位：

《中国红十字会总会 2011 年重点工作安排》已经执委会研究通过，现印发给你们，请抓紧部署落实，确保 2011 年重点工作任务圆满完成。

附件：

中国红十字会总会 2011 年重点工作安排

今年初，中国红十字会第九届理事会第二次会议审议通过了中国红十字会 2011 年重点工作，共 7 个方面、14 大项重点任务。为进一步集中力量、突出重点、奋力攻坚，总会将今年重点工作中事关全局、对红十字会公信力、基础性建设有重大影响和意义的制度；对有利于强化品牌、扩大影响力的重要工作和重大活动，及需要多个部门协调配合予以推进的事项，再次进行了提炼和细化。要求各部门、各单位抓紧部署、认真落实、圆满完成，促进红十字事业发展再上新台阶。

一、进一步加强制度建设

全面推进总会机关、直属单位及各地方红十字会制度建设，制定和完善各个工作领域的管理制度，形成以制度管人、管财、管事，以制度规范各项工作的良好局面。

（一）制定捐赠信息发布制度。由筹资与财务部会同相关部门，在广泛听取专家意见、借鉴国内外先进经验的基础上，结合总会实际，特别是针对大额捐赠、公益项目基金及固定捐赠人的信息发布与维护，在 8 月份前，完成中国红十字会总会捐赠信息发布制度的制定工作，为搭建中国红十字会信息发布平台提供制度支持，不断提升红十字会的透明度和公信力。（王伟同志牵头）

（二）制定捐赠者服务制度。由筹资与财务部负责并协调相关部门，在 6 月底前研究制定对大额捐赠者、固定捐赠者等捐赠群体的服务方式、服务内容的服务制度。逐步培育一支稳定的、可持续发展的捐赠队伍。（王汝鹏同志牵头）

（三）建立公益项目执行监督体系。由赈济救护部、筹资与财务部负责并协调相关部门，针对中国红十字会开展的日常救助项目、灾害救助项目、灾后重建项目等不同种类的公益项目，在年内制订出切实可行、实在管用的项目执行监督制度，明确工作目标、责任单位、监督方式、问责方式、时间期限等。（王海京同志牵头）

（四）规范公益项目基金管理。由筹资与财务部会同相关部门，对总会公益项目基金进行梳理，在 8 月份前制定出中国红十字会总会公益项目基金管理评估办法，明确对捐赠群体的服务内容、方式及项目统筹管理要求，切实保障项目执行力，确保信息反馈畅通，提高项目运行效率，为建立可持续发展的筹资机制提供制度保障。（王汝鹏同志牵头）

（五）完善中国红十字基金管理办法。由筹资与财务部会同相关部门，在广泛征求相关主管部门意见的基础上，在8月份前修改和完善中国红十字基金管理办法，拓宽基金收支渠道，提升基金对红十字事业发展的支持力度。（王汝鹏同志牵头）

（六）制定媒体志愿者服务队的工作制度。由组织宣传部负责并协调相关部门，立足媒体志愿者的特点及优势，结合我会工作实际，在原有中国红十字会总会新闻宣传志愿服务队有关规程基础上，进一步完善总会媒体志愿者服务队的工作制度，对媒体志愿者资格要求、时间要求、工作方式、激励制度、活动经费等进行规范和明确。（郭长江同志牵头）

（七）完善会员、志愿者管理制度。由组织宣传部负责并协调相关部门，结合我会的会员和志愿者管理实际，在深入研究分析我会会员和志愿者队伍现状、作用、发展趋势等基础上，在6月份前，对会员管理制度提出完善意见，并提出试点工作方案；进一步加强红十字志愿者登记注册管理和激励，修订、完善《中国红十字志愿服务管理办法》等相关制度，在“五八”博爱周期间推出红十字特色专项志愿服务活动。（郭长江同志牵头）

（八）完善人体器官捐献有关制度及相关工作。由赈济救护部、办公室负责并协调相关部门，结合人体器官捐献试点工作经验，立足我会参与人体器官捐献工作相关职责，在年底前，研究制订人体器官捐献的报名登记、协调员队伍管理、救助激励、缅怀纪念等有关制度。继续做好人体器官捐献试点工作，做好试点工作总结会和经验推广工作。积极协调中编办，争取年内设立中国红十字会人体器官捐献工作管理中心。配合卫生部，推动年内完成《人体器官移植条例》的修订。（郝林娜同志牵头）

（九）制定中国红十字会总会新闻发布和新闻发言人制度。由组织宣传部负责并协调相关部门，加强我会日常宣传及应急宣传工作。6月份前，结合工作实际完善总会日常信息发布制度和应急宣传工作流程，在日常工作和自然灾害等突发事件中主动、准确、及时地向社会发布信息。（郭长江同志牵头）

（十）制定运转良好的红十字会标准和全国红十字模范单位标准。由组织宣传部负责并协调相关部门，在讨论稿的基础上，结合九届二次理事会与会代表的意见进行修改，在3月份之前，完成运转良好的省、市、县级红十字会标准和红十字模范单位标准的制定工作并下发各省。同时指导各省结合自身实际制定运转良好的市县红十字会标准。（郭长江同志牵头）

（十一）制定红十字模范单位表彰制度。由组织宣传部负责并协调相关部门，根据全国红十字模范单位标准和工作实际，在6月份之前，完成全国红十字模范单位表彰制度的制定，对红十字模范单位的评选周期、评选范围、表彰名额、表彰形式等进行规范。（郭长江同志牵头）

二、提高红十字会的品牌和影响力

不断增强品牌意识，紧密结合各项重点工作，努力形成红十字会的工作特色、打造品牌，以良好的公信力和品牌效益，不断扩大红十字会的社会影响力。

（一）全面做好“5.12”汶川地震三周年各项活动。由筹资与财务部、赈济救护部、组织宣传部、联络部负责，在今年5月份前，围绕汶川地震三周年主题，圆满完成红十字会相关项目竣工验收、主题宣传、捐赠者考察、红十字会汶川地震抗震救灾国际研讨会等各项工作，确保通过开展相关活动，提升红十字会的美誉度。（王汝鹏同志牵头）

（二）做好南丁格尔奖的推荐工作和颁奖活动的协办工作。由赈济救护部、联络部、办公室负责，在今年7月份前，按照《中国红十字会南丁格尔奖章候选人推荐工作管理办法（试行）》的要求，做好该奖项候选人的推荐、颁奖大会的协办工作。加强与中共中央办公厅等中央国家部委的协调沟通，做好邀请胡锦涛主席出席大会并颁奖的工作。（王汝鹏同志牵头）

（三）全面做好“五八博爱周”的组织和宣传工作。由组织宣传部负责并协调相关部门，结合红十字会与红新月会“志愿者和志愿服务年”及汶川地震三周年，以“携手人道促和谐，志愿服务为民生”为主题，动员、统筹总会各部门、各直属单位、全国各级红十字会，围绕五八博爱周做好各项宣传工作，进一步增强社会各界对红十字会工作的了解，不断提高红十字会的社会影响力，为红十字会工作营造更加良好的社会氛围。（郭长江同志牵头）

（四）继续做好灾后重建工作。由赈济救护部负责并协调相关部门，做好汶川地震、玉树地震、舟曲泥石流等灾害的灾后恢复重建工作，加强重建资金的管理和重建项目的落实，确保各项灾后重建工作按计划顺利推进。今年2月份开始，进一步加强对汶川地震灾区重建项目的督导工作；今年5月份，启动今年对玉树地震、舟曲泥石流项目灾后重建项目的督导工作。（王海京同志牵头）

（五）继续做好中华骨髓库的相关工作。由中国造血干细胞库捐献者资料库管理中心负责协调赈济救护部、组织宣传部，不断创新工作思路，进一步树立中华骨髓库品牌，年内完成16万人份志愿者数据入库，移植550例的工作任务；积极筹备5月中旬在京召开的“中华骨髓库第三届年会暨庆祝中华骨髓库重新启动十周年”大会；继续做好加入世界骨髓库的相关工作；进一步开展与媒体的沟通，加强对中华骨髓库的宣传力度，不断扩大品牌影响力。（郝林娜同志牵头）

（六）启动数据库筹款并筹备建立长期大客户合作筹资模式。由筹资与财务部会同相关部门，借鉴发达国家红十字会筹资工作经验，启动并运行数据库筹款，年内完成数据库基础建设、效果测试机长期规划工作。筹备建立长期大客户筹资模式，重点加强面向国有企业的筹资工作，进一步探索可持续筹资机制。（王汝鹏同志牵头）

（七）做好赴台湾考察等工作。由联络部、筹资与财务部负责，与国台办等国家部委加强协调沟通，做好今年6月份华建敏会长赴台湾参加莫拉克台风相关红十字援建项目竣工仪式、年内邀请大陆大额捐赠人分两批赴台湾考察相关红十字援建项目的工作。由组宣部负责组织、联络国内各相关媒体，做好此项工作的宣传报道工作。（郝林娜同志牵头）

（八）大力推进红十字博爱家园建设。由赈济救护部、组织宣传部负责，以红十字博爱家园建设为契机，深入开展城乡社区红十字服务工作，支持地方红十字会因地制宜地开展特色工作，并扩大宣传，打造品牌，探索红十字进社区的可持续发展模式。（王海京同志牵头）

（九）全面做好“十二五”彩票公益金的启动、使用、管理等工作。由筹资与财务部负责并协调相关部门，年初全面启动中国红十字会总会彩票公益金“十二五”计划；尽快建立健全彩票公益金项目管理制度、完善管理措施，确保顺利实施；按计划圆满完成“十二五”彩票公益金2011年的各项采购和相关项目的使用工作；指导各省级红十字会做好向当地政府争取彩票公益金项目的工作。（王汝鹏同志牵头）

（十）做好红十字救援队建设。由赈济救护部负责并协调相关部门，从出台《关于加强红十字紧急救援队建设的意见》入手，制定救援队工作手册，推进救援队规范化和标准化建设，在彩票公益金、联合会等资金支持下，配置救援队装备、举办培训班及开展演练。（王海京同志牵头）

（十一）深入开展标准化工作，打造红十字应急救护品牌。贯彻、执行《进一步加强红十字应急救护工作的意见》，以国际救护指南修订为契机，从制定《中国红十字会应急救护指南》入手，修订总会教材、培训大纲、完善救护技术标准、考核标准，开展救护培训网络管理系统试点，逐步实现对红十字应急救护培训工作的“四统一”（技术标准、培训大纲、考核标准、发证）管理，提高培训质量和培训管理水平，打造红十字应急救护品牌。（王海京同志牵头）

（十二）争取应急救护培训在重点行业和大型国有企业中的突破。加强与重点行业和大型国有企业的沟通与合作，将应急救护培训与安全生产相结合，与职业培训相结合，与行业红十字组织建设相结合，探索以行政委托或购买服务的形式，在重点行业和大型国有企业中开展红十字应急救护培训。（王海京同志牵头）

（十三）继续加强与教育部合作。由办公室和组织宣传部负责，尽快协调会领导拜访教育部商谈相关合作事宜。年内，围绕红十字青少年工作发展情况和存在问题完成相关调研工作，在此基础上积极推动红十字模范校评选表彰活动，并争取红十字自救互救、逃生避险知识进校园。（郭长江同志牵头）

（十四）深入推进“红十字天使计划”。由中国红十字基金会负责并协调相关部门，继续实施红十字天使计划。完成援建博爱卫生院（站）100所、培训乡村医生1000名的年度任务，通过直接资助和转移资助方式，为5000名患有白血病、先心病、失聪、下肢残疾、生长激素缺乏症的贫困儿童、唇腭裂及贫困肿瘤患者提供医疗救助，做好小天使基金彩票公益金“十二·五”计划的项目执行工作。（郭长江同志牵头）

三、深入研究和稳步推进相关重大事项

进一步加快改革步伐，确保相关重大事项稳步推进，为促进红十字会工作取得新的成绩，奠定更加坚实的基础。

（一）完成《关于促进中国红十字事业发展若干问题的研究》课题调研及报告撰写工作。由办公室负责并协调相关部门，协调中国社会科学院社会学所并组成课题组，今年6月底形成研究初步成果并启动相关文

件起草工作，为促国务院发文支持发展红十字事业奠定坚实基础。（王伟同志牵头）

（二）做好华建敏会长走访相关部委的组织协调工作。由办公室负责并协调相关部门，联系、协调外交部、教育部、国资委、中国文联等国家相关部委和协会，做好华建敏会走访上述部委、协会的有关工作。（王汝鹏同志牵头）

（三）组织好中国红十字会名誉副会长座谈会。由办公室负责，组织协调华建敏会长及各位名誉副会长、副会长，并撰写相关汇报材料，在今年四月份左右适时召开第二次中国红十字会名誉副会长座谈会，向名誉副会长、副会长汇报相关工作和问题，争取得到更有力支持。（王汝鹏同志牵头）

（四）继续推进理顺管理体制工作，积极探索工作新路径。由组织宣传部负责并协调相关部门，在继续大力推进理顺管理体制工作的前提下，紧密结合我国现行体制和红十字会实际，按照分层次、分地区指导的原则开展此项工作。省级红十字会要充分发挥其对地、县级红十字会理顺管理体制的统筹指导工作；已经理顺管理体制的地、市级红十字会要进一步加强能力建设，认真总结经验，充分发挥作用，培养典型，扩大影响力；已经理顺管理体制的县级红十字会要巩固理顺成果，对未理顺的要引导鼓励其因地制宜、创造性地开展工作，为理顺创造条件。（郭长江同志牵头）

（五）做好向全国人大教科文卫委员会全委员的汇报工作。由办公室负责协调全国人大教科文卫委员会，并做好相关汇报材料撰写工作，圆满完成向在今年3月底召开的全国人大教科文卫委员会全委会的汇报工作。（王汝鹏同志牵头）

（六）成立中国红十字理论研究会。由办公室负责并协调相关部门，在2010年召开中国红十字研究会筹备工作会、完成向民政部报批工作的基础上，抓紧与民政部的协调沟通工作，争取在今年6月底前得到民政部的批准，正式成立中国红十字研究会。（郭长江同志牵头）

（七）做好海峡两岸红十字博爱论坛相关工作。由联络部负责并协调相关部门，做好第三届海峡论坛期间（2011年6月上旬）在福建省举办的“海峡两岸红十字博爱论坛”的相关工作。拟邀请全国人大常委会副委员长、中国红十字会会长华建敏、台湾红十字组织负责人和大陆有关省区市红十字会领导出席。（郝林娜同志牵头）

（八）做好中国红十字会代表团参加第31届红十字与红新月国际大会的相关工作。由联络部负责并协调相关部门，做好中国红十字会代表团参加今年11月在日内瓦召开的第31届红十字与红新月国际大会的相关工作。届时全国人大常委会副委员长、中国红十字会会长华建敏将率中国红十字会代表团出席。（郝林娜同志牵头）

（九）开展“纪念建党90周年红十字革命老区行”活动。由赈济救护部负责并协调相关部门，在井冈山、延安、西柏坡等革命老区开展先心病义诊筛查、大病救助和送温暖慰问系列活动。2月底前完成活动方案的制定工作，经办公会审定后适时启动活动。（王海京同志牵头）

（十）加快与工商银行的战略合作。由筹资与财务部负责并协调相关部门加快推进相关工作。通过工商银行网点宣传红十字会的公益项目。配合工商银行完成捐赠信息系统改造，为开具捐赠票据提供技术支持。开

展资金的保值增值工作，通过理财增加总会收入。争取与工商银行联合发行爱心卡，发展固定捐款人。（王汝鹏同志牵头）

（十一）继续深入开展“创先争优”活动。由机关党委负责，认真学习贯彻十七届五中全会精神，深入开展创先争优活动，做好2011年创先争优活动的表彰评比工作。加强基层党组织建设，发挥党员的先锋模范作用，使创先争优活动成为常态。围绕建党90周年，开展系列活动。（郭长江同志牵头）

四、要求及措施

做好今年各项重点工作意义重大。上述重点工作涉及到总会机关各个部门和相关直属单位。要求各部门、各相关单位高度重视，做好以下两个方面的工作。

一是“积极认领”、认真规划、抓紧落实。本安排提出的各项重点工作，是2011年各项重点工作中的“重中之重”，要求各部门、相关单位必须圆满完成。要在制定本部门、本单位重点工作计划的基础上，按照职责和分工，将上述重点工作尽快“认领”下来，纳入或补充到部门、单位重点工作计划中去，切实把这些重点工作抓紧抓好。要由部门、单位一把手亲自抓，明确完成时限，确保这些重点任务按时保质完成。

二是要加强对重点任务落实情况的督促和检查。各部门、相关单位要严格按照任务的时限要求，抓紧各项工作的落实。总会将建立重点工作年中、年终总结机制，分阶段采取召开专题会或办公会等形式，听取相关汇报，对各部门、相关单位重点工作的落实情况进行检查。日常工作中，各部门、相关单位要建立重点任务督办机制，一把手要主抓督促落实，认真把关，确保各项重点工作按计划扎实高效推进。办公室要协助会领导对所有重点工作的开展进行协调、督促和检查，确保各项重点工作有序推进。

关于开展2011红十字博爱周活动的通知

（中红办字〔2011〕72号
2011年4月13日）

各省、自治区、直辖市红十字会，新疆生产建设兵团红十字会，铁路、商业系统红十字会：

为纪念第64个世界红十字日，凝聚更多的社会力量参与和支持红十字事业，进一步扩大红十字会的社会影响，总会决定于2011年“五八”世界红十字日期间，在全国范围内开展“2011红十字博爱周”活动。现将有关事宜通知如下：

一、活动时间

2011年5月5—12日

二、活动主题

携手人道促和谐　志愿服务为民生

三、活动内容

（一）配合红十字会与红新月会国际联合会开展的“志愿者与志愿服务年”主题，围绕“救灾、救护、救助”及“无偿献血、捐献造血干细胞、人体器官捐献”等有关工作，开展与红十字志愿服务相关的活动。

（二）在汶川地震三周年纪念日和第三个国家“防灾减灾日”之际，结合自身工作实际开展相关活动。

（三）以典型宣传为重点，发现、推荐和宣传一批诸如郭明义、傅强、魏霞和、

"微尘"等红十字志愿服务先进个人和集体，弘扬时代精神，宣传先进事迹。

（四）天津等20余个省级、副省级红十字会将迎来建会百年或红十字运动百年，围绕本地红十字会百年来取得成绩，充分展示在人道救助领域所做的贡献和成就，开展相关宣传活动。

四、具体要求

（一）各省级红十字会根据总会安排，按照统一时间、统一主题、上下联动、形成合力的要求，精心组织，周密部署，切实加强组织领导，确保2011红十字博爱周在全国范围内产生较大影响，使红十字品牌形象进一步提高。

（二）总会将统一设计制作以"携手人道促和谐　志愿服务为民生"为主题的公益海报和光盘，分发给各省级红十字会，请各省自行制作并在当地报刊、网站和繁华地带刊登和张贴。

（三）总会将对开展2011红十字博爱周活动组织得力、形式创新、效果突出、影响广泛的省级红十字会和相关单位予以表彰。

（四）活动期间，请及时向总会通报有关情况。活动结束后，请认真总结，于5月30日前将"2011红十字博爱周"活动举办情况总结及有关汇总表（见附件2、3）报送总会组织宣传部宣传处。

附件：

中国红十字会总会和各省级红十字会"2011红十字博爱周"主要活动一览表

一、中国红十字会总会活动

1. 5月3日：2011红十字博爱周系列活动暨红十字关爱生命志愿服务行动启动仪式（总会组织宣传部）

2. 5月4日：汶川地震三周年红十字新闻志愿服务队采风活动（总会组织宣传部）

3. 5月4日：出版发行《爱的丰碑：中国红十字会援建汶川地震灾区纪实》画册（总会报刊社）

4. 5月5日：汶川地震三周年援建成果总结报告会（总会筹资与财务部）

5. 5月5日：灾后救援及恢复重建红十字国际研讨会（总会联络部）

6. 5月5日：纪念五八世界红十字日及汶川地震三周年电视公益晚会（总会筹资与财务部）

7. 5月5日：中国红十字会汶川地震三周年援建成果图片展（总会组织宣传部）

8. 5月6日：震区参观及援建项目考察回访（总会筹资与财务部）

9. 5月6日："星予心愿，情暖汶川"——为汶川地震灾区特教孩子上一堂课（中国红十字基金会）

10. 4月15日—5月8日：备灾救灾志愿者招募活动（总会备灾救灾中心）

11. 5月8日："携手人道助民生 志愿服务迎全运"主题活动（总会赈济救护部、辽宁省红十字会）

12. 5月9日："郭明义爱心团队志愿服务"活动（总会赈济救护部、辽宁省红十字会）

13. 5月16日：中华骨髓库第三届年会暨庆祝中华骨髓库重新启动十周年（中国造血干细胞捐献者资料库管理中心）

14. 5月28日："呵护生命在行动"——"五八"红十字博爱周活动（总会训练中心）

15. 5 月全月：第六届公益广告宣传月活动（总会组织宣传部）

二、各省（市、区）红十字会活动

16. 召开第四届中国·北京红十字工作国际研讨会（北京市红十字会）

17. 举办北京市红十字志愿者论坛暨999 社区综合服务站（红立方）发布会（北京市红十字会）

18. 举办百年会史回顾展开展仪式（天津市红十字会）

19. 举办“百名书画家画百年，百幅画作庆百年”活动（天津市红十字会）

20. 开展义诊、救护演练和大型宣传活动（河北省红十字会）

21. 举办纪念“五八”世界红十字日大型文艺演出（河北省红十字会）

22. 举办红十字富德杯“博爱印象·寻找身边的感动”公益摄影展活动启动仪式（山西省红十字会）

23. 举办在校大学生志愿服务应急救护技能演练活动（山西省红十字会）

24. 开展关爱空巢老人、残疾人、农民工及子女等弱势群体为主的“红十字关爱生命”志愿服务活动（内蒙古自治区红十字会）

25. 开展“为爱而来——汶川地震三周年”红十字新闻采风活动（内蒙古自治区红十字会）

26. 省红十字会联合沈阳市红十字会举办“红十字志愿者广场行走迎全运”活动（辽宁省红十字会）

27. 举办省红十字会志愿者应急救援队成立仪式（辽宁省红十字会）

28. 省红十字会联合松原市红十字会开展大规模的宣传、表彰、救助活动（吉林省红十字会）

29. 省红十字会联合长春市红十字会举办多恩盈业百万博爱助学基金发放启动仪式（吉林省红十字会）

30. 省红十字会与哈尔滨市红十字会联合开展徒步方队和健身跑活动（黑龙江省红十字会）

31. 省红十字会与齐齐哈尔市红十字会联合举办“遗体和眼角膜捐献纪念碑”奠基仪式（黑龙江省红十字会）

32. 开展市红十字会成立一百周年系列活动之一：“中华文化与红十字运动”主题论坛（上海市红十字会）

33. 播放纪念“五八”世界红十字日公益宣传片，发行新版《上海红页》（上海市红十字会）

34. 举办“五八”广场“三献”、“三救”宣传暨江苏省红十字“孟非幸福博爱基金”启动仪式（江苏省红十字会）

35. 开展红十字进社区——火灾应急演练及现场救护演练活动（江苏省红十字会）

36. 开展纪念“五八”世界红十字日暨红十字志愿服务惠民生广场活动（浙江省红十字会）

37. 开展救护培训“进学校、进社区、进企业”志愿服务活动（浙江省红十字会）

38. 举办“博爱在江淮——99 救助计划”启动仪式（安徽省红十字会）

39. 举办“携手人道促和谐”专场文艺晚会（安徽省红十字会）

40. 举办省红十字会建会 100 周年系列公益活动启动大会（福建省红十字会）

41. 举办主题为“我心中的红十字”和“人道的力量”文学征文绘画书法摄影作品大赛（福建省红十字会）

42. 举办“携手人道促和谐　志愿服务为民生”——社区血库成立暨授牌仪式（江西省红十字会）

43. 开展红十字志愿者“生命环保大使”爱心之旅活动（江西省红十字会）

44. 开展“博爱齐鲁”大型公益品牌建设活动启动仪式暨纪念五八世界红十字日广场宣传活动（山东省红十字会）

45. 联合省委宣传部、大众日报举办“博爱齐鲁与儒家思想”公益论坛（山东省红十字会）

46. 开展红十字志愿服务先进个人和集体评选活动（河南省红十字会）

47. 举行汶川地震3周年纪念日和第三个国家“防震减灾日”宣传活动（河南省红十字会）

48. 举办新闻宣传志愿服务队成立暨授牌仪式（湖北省红十字会）

49. 开展“携手人道促和谐　志愿服务为民生”的公益活动（湖北省红十字会）

50. 开展省红十字会成立百周年纪念大会（湖南省红十字会）

51. 开展“博爱百年”艺术展（湖南省红十字会）

52. 省红十字会与深圳市红十字会联合举办“红十字与大运会同行”志愿服务誓师大会（广东省红十字会）

53. 开展遗体器官捐献大型广场宣传活动（广东省红十字会）

54. 开展应急救护进社区活动（广西壮族自治区红十字会）

55. 开展“红十字博爱一日捐”活动（广西壮族自治区红十字会）

56. 开展“五八”广场日活动（海南省红十字会）

57. 开展“携手人道促和谐　夕阳暖志愿服务进社区”活动（海南省红十字会）

58. 举办庆祝市红十字会建会100周年文艺演出（重庆市红十字会）

59. 开展“防灾减灾日”宣传教育活动，出版发行《逃生手册——重庆市民自救互救200法》（重庆市红十字会）

60. 举办“灾害应急救护生命工程四川灾区行”总结会和大型演练活动（四川省红十字会）

61. 举办红十字志愿者张平先进事迹高校巡回报告活动启动仪式（四川省红十字会）

62. 开展“和谐贵州三关爱”活动（贵州省红十字会）

63. 开展以“我参与、我受益、我快乐”的全国民运会主题的红十字志愿服务活动（贵州省红十字会）

64. 开展省红十字新闻宣传评奖活动（云南省红十字会）

65. 开展首届陶瓷艺术作品大奖赛暨爱心捐赠活动（云南省红十字会）

66. 开展为拉萨市周围贫困县居民义诊活动（西藏自治区红十字会）

67. 开展无偿献血、艾滋病预防知识的演讲及宣传活动（西藏自治区红十字会）

68. 开展生命教育，普及救护知识及“防灾减灾日”纪念活动（陕西省红十字会）

69. 开展“讲文明 树新风 我为世园添光彩”志愿者服务活动（陕西省红十字会）

70. “开展红十字与灾区同在”宣传活动（甘肃省红十字会）

71. 开展携手人道促和谐、志愿服务为民生——广场大型宣传活动（甘肃省红十字会）

72. 开展关爱玉树州贫困母亲慰问活动（青海省红十字会）

73. 开展免费救治先天性心脏病患儿活动（青海省红十字会）

74. 开展形式多样、丰富多彩的志愿服务活动（宁夏回族自治区红十字会）

75. 开展纪念“汶川地震三周年”和第三个国家“防灾减灾日”活动（宁夏回族自治区红十字会）

76. 开展城市中小学为偏远、贫困地区学校志愿捐书活动，建立“红十字爱心书屋”（新疆维吾尔自治区红十字会）

77. 开展大专院校学生志愿服务活动（新疆维吾尔自治区红十字会）

78. 开展“携手人道促和谐　志愿服务为民生”红十字志愿服务周活动（新疆生产建设兵团红十字会）

79. 开展兵团无偿献血志愿者表彰活动（新疆生产建设兵团红十字会）

80. 开展“携手人道促和谐　志愿服务为民生”红十字博爱周宣传活动（铁路系统红十字会）

81. 开展救护培训和红十字药箱配备、使用情况的检查工作（铁路系统红十字会）

关于开展第五届“红十字公益广告宣传月”活动的通知

（中红办字〔2011〕77 号
2011 年 4 月 23 日）

各省、自治区、直辖市红十字会，新疆生产建设兵团红十字会，铁路、商业系统红十字会：

为纪念第 64 个世界红十字日，弘扬红十字精神，提升中国红十字会的公信力，凝聚更多的社会力量参与红十字事业，总会决定于 2011 年“博爱周”期间，在全国范围开展主题为“携手人道促和谐　志愿服务为民生”的第五届“红十字公益广告宣传月”活动。

各省级红十字会要根据本次公益广告宣传月活动的主题，精心设计制作公益广告，采取电视、报刊、网络等多种形式，在本地区广泛开展宣传推广活动，形成相对集中的宣传声势，进一步扩大“博爱周”活动的社会影响，更好的传播“人道、博爱、奉献”的红十字精神。

为便于各省级红十字会开展活动，总会制作了二个版本的平面宣传海报，供各地选用（海报和光盘已寄出）。

请及时报告活动的进展情况，并于 2011 年 6 月 13 日前，将公益广告刊发数量、折合价值等情况报总会组织宣传部宣传处。

附件：“红十字公益广告宣传月”刊发情况统计表（略）

关于支持大学生暑期社会实践项目的通知

（中红办字〔2011〕78 号
2011 年 4 月 20 日）

各省、自治区、直辖市红十字会，新疆生产建设兵团红十字会：

为落实《中国红十字事业 2010—2014 年发展规划》，加强学校红十字会能力建设，搭建学校红十字会活动平台，培养红十字青少年骨干，增强红十字会社会影响力，总会决定开展大学生暑期社会实践项目。现将有关事项通知如下：

一、项目对象

本项目面向各高校学校红十字会，由学校红十字会根据相关要求组织项目团队申请项目资助。

二、项目内容

本项目鼓励大学生积极参与红十字青少年公益项目设计和实施，全面提高大学生实践能力，达到锻炼自我，服务社会的目的。申报项目应符合红十字会宗旨，突出公益理念，体现创新精神。申报项目内容可以结合学生的专业、特长、兴趣、爱好等在公益领域进行探索和尝试。要能够带来积极的社会影响，符合红十字青少年特点并具有长效发展潜力。

三、项目组织形式

总会负责活动整体统筹、指导和评估。各省级红十字会根据总会确定的资助方案与总会签订项目协议书，负责当地项目组织、申报、协调、指导和培训等工作。学校红十字会负责本校具体项目的申请和实施。

四、项目经费

（一）项目资助：申报项目所需经费鼓励多渠道筹资方式。总会根据评审结果对获资助项目分三个等级资助，第一等级拟资助10个项目，每个项目2000元；第二等级拟资助15个项目，每个项目1500元；第三等级拟资助20个项目，每个项目1000元。

（二）保险资助：每个项目团队支持330元保险费用。保险经费专款专用，各项目团队必须给队员办理保险手续并向总会提供单据复印件。

（三）拨款方式：受资助项目资金由总会拨付给省级红十字会，省级红十字会向总会提供收据。省级红十字会根据获资助项目团队工作进展情况拨付资助经费并对获资助学校红十字会根据资金使用情况进行监管。项目执行结束后省级红十字会对本地受资助学校红十字会项目执行情况和资金使用情况进行审核并统一向总会提交相关报告。

五、项目团队要求

（一）以学校红十字会的名义提出申请，项目团队人数不少于四人；

（二）项目团队通过在成员构成上优化组合，形成年级、专业、特长等方面的优势互补；

（三）项目团队主体至少有四分之三的成员是大学生，本硕博均可，团队可以邀请相关社会人士加盟或担任指导；

（四）项目执行时间为2011年7月1日至9月1日。

六、项目实施流程

（一）项目申请。各学校红十字会结合自身实际进行项目设计，按要求填写《中国红十字会大学生暑期社会实践项目申报表》（附件1）和设计项目计划书（参照附件2）并报送省级红十字会。

（二）项目初审。各省级红十字会根据评分标准（附件3）对申请项目进行初审。省级红十字会根据初审结果推荐三个项目向总会申报，并于5月27日前将项目申报表、项目计划书、评分表报送至总会组织宣传部，电子版发送至总会组织宣传部电子邮箱，注明中国红十字会大学生暑期实践项目申报。

（三）项目审核。总会对各省通过初审

的项目召开专家评审委员会进行复审确定资助方案，6 月中旬总会将确定资助方案通知各地。总会根据确定的资助方案与各省级红十字会签订项目合作协议并拨付项目资助款。

（四）项目保障。各省级红十字会根据总会评审结果指导当地获资助项目团队制定具体项目执行计划、监督项目方案落实工作并对项目团队成员进行红十字会工作内容及相关安全常识培训工作。

（五）项目实践。7 月 1 日至 9 月 1 日，各项目团队根据计划开展申报项目实践活动。各省级红十字会要做好学生实践期间指导工作，安排专职联络员与团队进行联络，确保实践团队安全顺利完成任务。在实践活动开展期间，要求各实践团队及时反馈团队实践信息。积极联系媒体做宣传报道，可向各级红十字会和总会同时提交新闻稿或日记。

（六）项目总结

9 月 30 日前，各团队将实践成果报送当地红十字会并由省级红十字会统一报送总会。需提交的材料包括：

1. 经省级红十字会审核通过的项目实践报告（相关课题成果及论文也可提交）；

2. 团队实际参加人员名单；

3. 不少于 10 张有代表性的活动电子版照片，照片中最好有红十字会标志；

4. 团队自行拍摄编辑的 DV 短片或项目执行纪实录像；

5. 项目实践日记；

6. 项目宣传报道情况（附相关报道）；

7. 资助经费使用情况报告及票据凭证复印件。

中国红十字会总会关于印发《红十字志愿服务项目发展计划实施方案》的通知

（中红办字〔2011〕79 号
2011 年 4 月 25 日）

各省、自治区、直辖市红十字会，新疆生产建设兵团红十字会，铁路、商业系统红十字会：

根据中国红十字会总会与中央文明办联合印发的《关于开展红十字关爱生命志愿服务行动的通知》（中红字〔2011〕21 号），总会启动以“红十字关爱生命志愿服务行动”为主题的志愿服务项目发展计划，扶持和培育红十字志愿服务组织和服务项目。现将计划实施方案印发给你们，请各地红十字会认真贯彻实施。

各地申报志愿服务项目由省级红十字会复审汇总后上报（详见实施方案项目评审流程）。省级红十字会上报截止时间为 6 月 25 日，请把握时间节点，按时上报申请材料（一式三份）。实施方案和项目申请表格均可在中国红十字会总会网站（http://www.redcross.org.cn/）下载。

特此通知。

附件：

红十字志愿服务项目发展计划实施方案

一、目标

围绕中国红十字会发扬人道主义精神，

保护人的生命和健康的宗旨，以最易受损群体为服务对象，充分发挥红十字会自身优势，开展富有红十字特色的志愿服务活动。通过扶持和培育各地红十字志愿服务组织和服务项目，提高红十字志愿服务组织运作志愿服务项目的能力和水平，提升红十字会的社会服务能力，为改善易受损群体的境况做出更多的贡献。

二、项目理念

本计划借助公益组织孵化器的理念，对运作初期的红十字志愿服务项目、红十字志愿服务组织和社会上其他有特色的志愿服务项目进行能力培养、经费补贴等关键性支持，培育和发展红十字志愿服务品牌项目。本计划为长期性计划。计划初期由总会制定发展计划方案和项目评测制度，并选择试点地区和试点项目进行试点，由专家评审委员会对试点工作进行跟踪和评估，由地方红十字会负责组织红十字志愿服务队进行试点项目的申报、实施和宣传。当试点项目运作成熟后，总会将对项目进行全国推广。整体条件成熟后，总会将逐步扩大红十字志愿服务项目的扶持范围，加大扶持力度，推进红十字志愿服务的整体发展。

三、首期服务对象

空巢老人、残疾人、农民工及其子女

四、首期服务内容

（一）健康促进。针对空巢老人、农民工、残疾人等的需求，组织具有专业知识和技能的红十字志愿者为他们提供健康检查，生活照料、出行协助、信息服务和心理抚慰等服务，帮助他们在生活中排忧解难。

（二）自护教育。组织红十字志愿者深入城乡基层，为空巢老人、残疾人、农民工及其子女讲授防灾避险、疏散安置和健康卫生等知识，并开展相应的应急救护演练活动，提高他们的安全意识、自护能力和应急处置能力，帮助他们养成健康的生活习惯。

（三）人道援助。汇聚社会爱心，争取社会各界支持，针对空巢老人、残疾人，农民工及其子女的需求，组织进行物资和资金捐助，积极设立社区博爱超市、红十字服务站、爱心互助金和开展爱心义卖活动等社区送温暖服务项目。

（四）社会融入。利用现有的红十字志愿服务基地、社区服务站，在具有专业知识的志愿者带领下，组织低龄空巢老人和有行动能力的残疾人，开展健康检查、卫生宣传、互帮互助等力所能及的志愿服务活动，积极建立老人、残疾人生活互助小组，扩大其生活和社交网络，促进其社会融入。

（五）共同教育。利用学校红十字会平台，组织当地红十字青少年与农民工子女开展结对帮扶活动，进行学业辅导和兴趣辅导，共同学习红十字运动和自救互救的基本知识。组织当地红十字青少年与农民工子女共同开展宣传预防艾滋病、宣传远离烟草和毒品等红十字志愿服务活动，联合开展红十字青少年夏令营，共同参观城市，感受城市文化和城市生活。

各地红十字志愿服务队在重点做好以上志愿服务工作同时，可根据当地实际情况，策划开展其他内容的志愿服务项目。

五、项目支持方式

（一）能力建设。总会将对试点项目进行现场指导和督导评估，对试点项目的志愿者骨干进行集中培训。

（二）经费资助。总会将根据试点项目的实际运作情况提供一定的资金支持。

六、项目资助分类

总会将组织专家委员会对各地申报的志愿服务项目进行评审，根据评审结果对试点项目进行分类资助（评审标准见附件一）。

（一）一类资助项目，每个项目资助额度为20，000元及以上；

（二）二类资助项目，每个项目资助额度为5，000至10，000元。

七、申报要求

项目申报必须以志愿服务队的名义进行，各级红十字会所属志愿服务队均可参加申报，志愿服务队必须符合以下要求：

（一）队伍稳定。志愿服务队成员、服务项目、活动基地等相对稳定；志愿者注册登记、培训、考评等环节完善；能够广泛吸收社会资源，为服务项目提供必要的保证。

（二）服务规范。活动开展前有计划，活动结束后有视频、照片和活动总结等材料备案。能按照志愿服务项目化运作的方式，把志愿者来源、服务内容、服务方式、服务对象、工作目标具体化。

（三）特色明显。因地制宜的定期开展基于服务对象特点的志愿服务项目。项目内容丰富，操作性强，符合“党政关心、群众欢迎，媒体关注、志愿者所能”的原则。志愿服务在培育志愿服务品牌上有目标、有规划。

（四）管理完善。申报志愿服务队在志愿者招募、培训、组织调配、考核激励等方面有健全的规章制度，能够保证服务质量稳定，服务内容规范。

八、项目申报及评审流程

（一）符合条件的志愿服务队结合本地实际进行项目策划，并填写《项目申报表》（见附件二）。

（二）各志愿服务队向所在地方红十字会申报项目，各级地方红十字会对志愿服务队提交的申请材料进行预审，预审通过后向省级红十字会进行推荐。没有归属的志愿服务队可直接向省级红十字会进行项目申报。

（三）省级红十字会对申报项目进行复审后报送至总会，各省级红十字会报送项目原则上不超过2个，报送至总会的志愿服务项目均进入总会的志愿服务项目库。

（四）总会组织召开专家评审委员会对申请项目进行终审，提出评审意见，总会在此评审意见基础上，选定志愿服务队和志愿服务项目，并拨付项目资助经费。总会（项目资助单位）、志愿服务队（项目承担单位）及其所属地方红十字会（项目保证单位）签订三方合作协议（见附件三），确保项目的有效执行。

九、项目执行

（一）试点项目执行期暂定为一年，自协议签订之日起开始执行。试点项目志愿服务队要按照计划，积极推进有关工作，并及时上报项目开展相关信息，便于总会了解、指导项目运行，对于未按要求实施项目的志愿服务队，总会可根据协议终止项目。

（二）项目执行单位及相关单位要整合资源，扩大宣传，通过电视、电台、报纸、网络等媒体对项目的开展情况进行宣传报道，提高志愿服务项目的社会关注度和影响力，弘扬志愿精神和红十字精神。

（三）总会将选取富有特色、效果良好的项目向电视台、电台、报纸、网络等媒体推荐，制作专题节目或跟踪报道。

十、项目评估

（一）项目执行结束后，总会将进行项目总结评估。项目执行单位应提交《项目实施报告》。报告应包括活动开展记录、宣传报道情况、活动参与者感言、经费使用情况明细、视频、照片资料等内容。

（二）总会将结合项目申报材料、项目实施报告对项目实施成效进行评估。

（三）总会将根据各项目的完成情况，适时组织现场会议，向全国进行项目推介，并在红十字模范单位的评选中给予相应的加分。

关于印发中国红十字基金会天使阳光基金资助管理暂行办法的通知

（中红办字〔2011〕107号
2011年5月24日）

各省、自治区、直辖市红十字会，新疆生产建设兵团红十字会：

国家彩票公益金“十二五”计划在支持小天使基金项目的基础上，增加了天使阳光基金资助项目，仍由中国红十字基金会执行。为规范执行该项目，增强资助的准确性，提高救助工作效率，扩大彩票公益金大病救助项目的社会影响力，现将《中国红十字基金会天使阳光基金资助管理暂行办法》印发给你们，请遵照执行。

各单位应安排专人负责天使阳光基金彩票公益金项目。同时将本通知转发至各市（州）、县级红十字会，根据各地实际情况，提出落实项目任务的具体要求。

附件：

中国红十字基金会天使阳光基金资助管理暂行办法

第一章 总 则

第一条 “天使阳光基金”是中国红十字基金会（简称中国红基会）广泛动员社会力量，为救助贫困家庭的先天性心脏病儿童而设立的专项公益基金，是中国红基会倡导实施的“红十字天使计划”重要组成部分，并且得到中央专项彩票公益金十二五计划的支持。

第二条 “天使阳光基金”的资助管理遵循公开透明、尊重捐方意愿、体现资助效益的基本原则。

第三条 为加强和规范“天使阳光基金”的使用和管理，根据国务院《基金会管理条例》、财政部关于彩票公益金管理的相关规定和《中国红基会专项基金管理办法》等有关规定，制定本办法。

第二章 基金筹集

第四条 基金来源

（一）接受国内外法人和自然人的捐赠；

（二）组织开展专项筹资活动及合作项目募集的资金；

（三）国家彩票公益金资助；

（四）基金增值收益；

（五）其他合法收入。

第五条 本专项基金用于向贫困家庭患有先天性心脏病的儿童提供医疗救助。

第六条 “天使阳光基金”接受的所有捐款，中国红基会均开具财政部统一监制的公益事业捐赠专用收据，捐赠人可根据国家税务总局“关于公益性捐赠所得税税前扣除的相关办法”享受税收优惠政策。

第七条 “天使阳光基金”接受的非货币形式捐赠，除捐赠人指定用途外，中国红基会可以对捐赠物品进行义卖或公开拍卖，所得款项计入“天使阳光基金”。

第八条 捐赠人可以指定符合天使阳光基金救助条件的捐助对象，有权查询、监督捐款的使用情况。中国红基会对做出重要贡献的捐赠人给予宣传报道和授予荣誉。

第九条 支持“天使阳光基金”的中央专项彩票公益金由财政部下达预算至中国红十字会总会，中国红十字会总会通过财政授权支付方式将资金支付到中国红基会。中央专项彩票公益金的管理由中国红十字会总会负责，中国红基会具体执行，须严格遵守国家彩票公益金管理的相关规定。

第三章 基金管理

第十条 “天使阳光基金”执行财政部《民间非营利组织会计核算制度》。中国红十字会总会、中国红基会、省级红十字会、定点医院须加强对“天使阳光基金”的财务管理，保障项目资金的安全和正确使用。任何单位和个人不得以任何形式挤占、截留、挪用项目资金。

第十一条 对于中央专项彩票公益金的使用，各单位包括中国红十字会总会、中国红基会、地方各级红十字会、定点医院都必须建立专账和项目档案（包括申请表、评审表、资助告知书、银行票据、医疗救治费用清单、资助告知书回执等）。项目档案要保存十年。财务档案保管年限按照国家有关规定执行。

第十二条 依据国务院《基金会管理条例》相关规定，“天使阳光基金”中社会捐款年度资助支出总额的10%作为中国红基会的项目管理成本。

第十三条 从中央专项彩票公益金中列支执行本项目的必要费用由财政部与中国红十字会总会具体确定。

第十四条 成立由中国红基会工作人员、政府部门、医学专家、捐款人代表等有关方面人士共同组成的“天使阳光基金资助评审委员会”，负责天使阳光基金的资助评审工作，并对资助工作进行监督指导，对天使阳光基金的资助评审办法进行制度设计，确保管理科学，资助透明，评审公正。

第十五条 各级红十字会要定期汇总分析贫困先天性心脏病患儿求助及资助情况。地市级或县级红十字会要按季度向省级红十字会上报《先天性心脏病患儿求助情况登记表》（附件1）。省级红十字会要按季度向中国红基会上报《先天性心脏病患儿审核情况统计表》（附件2）。定点医院要按季度向省级红十字会和中国红基会上报《先天性心脏病受助患儿治疗情况统计表》（附件3）。中国红基会要按季度向中国红十字会总会上报《中国红基会先天性心脏病患儿资助情况汇总表》，并同时向社会公布。

第十六条 中国红基会定期向财政部、中国红十字会总会汇报救助项目的执行、落实、检查、评估等有关情况。

第四章 申请程序

第十七条 资助对象

（一）14周岁以下患有先天性心脏病且家庭经济贫困、未进行手术治疗的儿童少年。

（二）国家医保（新农合）报销比例达到90%的地区以外的先心病儿童（医保或新农合报销比例达到90%的地区的先心病儿童不在救助范围）。

第十八条 申请流程

（一）申请人家长（或法定监护人）从中国红基会网站下载（或到当地红十字会）填写《天使阳光基金资助申请表》，经户籍所在地（或居住地）村委会或居委会审核后，报地市级或县级红十字会，地市级或县级红十字会应在患儿提出申请后10个工作日内将初审结果报省级红十字会；省级红十字会在5个工作日内将复审结果报中国红基会天使阳光基金办公室。

（二）中国红基会在30个工作日内组织评审，确定资助范围、资助额及资助款项来源，并在官方网站进行公示。

（三）中国红基会不直接受理申请人的资助申请。

第十九条 符合条件的申请人必须在《天使阳光基金资助申请表》内提供以下资料：

（一）能证明申请人及其父母（或法定监护人）关系的材料：户口簿和身份证（复印件）。如户口簿无法证实监护关系的，须提供申请人出生证明或派出所开具的监护关系证明原件及最新生活照片；

（二）农村乡（镇）及以上人民政府、城市街道办事处及以上行政机构出具的家庭经济状况证明；

（三）二级甲等以上的医疗机构出具的患儿心脏超声诊断报告单和病情诊断证明；

（四）城乡低保、军烈属需提供低保证、军烈属证复印件或当地民政局证明；孤儿需提供当地民政局或福利院证明；残儿需当地残联提供残疾人证及相关证明。

第四章 评审程序

第二十条 中国红基会在收到省级红十字会统一报送的申请人资助申请表后，5个工作日内完成终审；合格资料存档待评审，不合格资料退回省级红十字会，由省级红十字会通知申请人重新办理或补齐资料后再申报。

第二十一条 在资金到账的情况下，天使阳光基金彩票公益金项目评审委员会每1~2个月召开一次评审会议或进行电话、传真、网上评审，确定资助对象、资助额并在官方网站进行公示。

第二十二条 中国红基会从社会募集的捐款，根据资金量及申请人求助情况，适时组织评审资助。

第二十三条 评审原则

（一）申报时间顺序原则：提交评审委员会评审名单按照申请人申报时间先后顺序排列，申请时间早的优先；

（二）量入为出原则：即根据筹资情况确定资助名额和资助金额；

（三）多方共担原则：即地方医疗保障机构报销一部分，患儿家庭自筹一部分，天使阳光基金资助一部分，定点医院减免一部分。

（四）综合评定原则：即根据患儿家庭

经济情况和病情的轻重程度及手术治疗后的效果综合评定资助对象；

（五）一次资助原则：即除定向捐助对象外，原则上每个申请人只安排一次资助。

第二十四条 评审确定的资助名单和资助金额在中国红基会官方网站予以公示，同时通知受助人所在地红十字会并向患儿就治医院寄发《天使阳光基金资助告知书》。

第五章 资助标准

第二十五条 除定向捐助外，天使阳光基金办公室结合地方农村合作医疗及城镇大病医保政策，依据个人自费情况制定以下资助标准。

（一）家庭自费 10000 元（不含）—15000 元（含），资助标准为 10000 元；

（二）家庭自费 15000 元（不含）—20000 元（含），资助标准为 15000 元；

（三）家庭自费 20000 元以上（不含），资助标准为 20000 元。

第二十六条 社会定向募集的捐助款原则上全部用于指定的捐助对象，如捐款超过该捐助对象的实际治疗费用，其结余部分，计入天使阳光基金，用于资助其他申请人。

第二十七条 如果患儿在治疗过程中死亡，尚未使用的资助款将计入天使阳光基金，用于资助其他申请人。

第六章 资助流程

第二十八条 中国红基会在网上公示结束后，通知患儿监护人，并告知受助人户籍所在地（或居住地）省级红十字会，并由省级红十字会将《天使阳光基金资助告知书》转至患儿，并通知患儿监护人资助情况并入院治疗。

第二十九条 获得资助的申请人家长（或监护人）在接到资助通知后三个月内须带受助人入院治疗，如逾期，视放弃资助，天使阳光基金办公室依据求助时间，对其他待求助人进行资助。

第三十条 受助患儿优先推荐到就近“天使阳光基金”定点医院就治，也可自行选择手术医院，并在手术完成出院后，向中国红十字基金会提报如下材料：

（一）签字按手印后的《天使阳光基金资助告知书》一份（一式两份，家庭自留一份）。

（二）住院病历首页（有医院印章，可清楚的显示申请人入院、手术、出院时间及手术结果）。

（三）费用清单。

（四）患儿术后照片（可提供电子版）。

（五）医疗票据，分两种情况：

1. 参加“新农合”、“城镇医保”或其他商业保险的申请人，先到上述部门报销，报销后复印住院医疗收据和报销补偿单（或由报销部门注明报销数额），住院医疗费收据上无收费明细的需同时提供收费结算单。所有复印件均需另加盖报销部门公章。收据报销后的余额累计不低于批准资助额。

2. 没有参加任何医疗保险的申请人，直接提供申请人住院医疗收据原件；收据上无收费明细的需同时提供收费结算单。收据金额累计不低于批准资助额。

第三十一条 受助患儿在定点医院治疗，且定点医院具有医保费用核销资格的，由定点医院直接提供上条规定资料，中国红基会将资助款直接拨付至定点医院账户。患儿监护人只需向医院缴纳不足部分费用。受助患儿在非定点医院治疗，或在无医保费用核销资格的定点医院治疗，患儿监护人可自行将上条规定资料提报到中国红基会，中国红基会将资助款拨付省级红十字会，省级红十字会在收到资助款5个工作日内拨付至患儿账户，并向中国红基会提交拨付凭证盖章复印件。

第七章 监 督

第三十二条 “天使阳光基金”接受社会监督和专项审计，并通过中国红基会官方网站和新闻媒体向社会公布基金的审计报告。中央专项彩票公益金的使用接受相关部门检查和审计，并将审计结果上报财政部和中国红十字会总会。

第三十三条 中国红基会实行公开评审和资助，并保存相应的文字资料，随时接受社会监督。

第三十四条 中国红基会须加强对项目执行、落实情况的日常检查与监督。每年组织一次全面检查，半年组织一次抽查。监督检查的重点内容为：

（一）资助款项在定点医院是否专款专用，全部用于受助患儿的治疗，是否有违反本办法规定的行为；

（二）省级红会及定点医院对项目资金的使用情况和相关档案制度是否健全，具体执行工作是否符合本办法要求。

第三十五条 中国红基会在拨出资助款后通知省级红十字会，省级红十字会须安排对本省全部受助人在15个工作日内对受助患儿进行电话回访，同时将回访情况书面报告中国红基会，并在本单位官方网站上公布资助及回访情况。

第三十六条 中国红基会在拨出每批资助款30天内，对受助人及其监护人进行抽样回访。

第三十七条 中国红十字会总会要加强对中央专项彩票公益金使用情况的监督检查，监督检查的重点内容为：

（一）中国红基会是否建立专账科目以反映资金使用情况，项目资金是否专款专用；

（二）对纳入救助项目资助范围患儿资格的认定是否公正、透明；

（三）中国红基会是否在规定的时间内将项目资金拨付到位；

（四）中国红基会在项目执行过程中是否有违规违法及违反本办法的情况。

第三十八条 县及以上红十字会负责对接收的求助资料进行核实，并配合中国红基会对资助款的使用进行监督，对违反本办法的行为进行问责和处理。

第三十九条 接到受助患儿的举报，中国红基会应及时进行核查，并对查实问题作出认真、严肃处理，处理结果向社会公布。

第四十条 在中央专项彩票公益金的使用中，如发现挤占、截留、挪用、拖延支付、扣抵项目资金或弄虚作假、受助患儿名不副实等问题，将根据《财政违法行为处罚处分条例》等有关规定严肃处理。

第八章　档案管理

第四十一条　省级红十字会及定点医院需对与天使阳光基金项目资助有关的资料单独立卷存档。需要存档的资料主要有：

（一）省级红十字会：

1. 求助来访情况登记；

2. 省级红十字会先天性心脏病患儿审核统计表；

3.《先天性心脏病患儿求助情况登记表》；

4. 确定资助申请人近况核实记录；

5. 资助款拨付凭据及回访情况记录；

6. 项目结案报告（本省）；

7. 当地媒体相关报道资料、典型案例故事、照片、音像视频等；

8. 受助人感谢信、锦旗等。

（二）定点医院：

1.《先天性心脏病受助患儿治疗情况统计表》；

2. 资助款使用情况、医院减免费用记录、申请人治疗情况；

3. 受助人典型案例故事、照片、音像视频等；

4. 受助人感谢信、锦旗等。

第九章　项目执行费的使用

第四十二条　中国红基会根据财政部核定比例提取项目执行费用，并严格按彩票公益金项目要求管理和使用。

第四十三条　中国红基会将按审批确定资助人数向各省拨付项目执行费。标准为：每资助一人按100元拨项目执行费，用于求助申请、复核、通知、回访及档案管理等支出，不得挪作它用。

第十章　附　则

第四十四条　根据救助工作需要，中国红基会可以选择具备先天性心脏病治疗资质、富有社会责任感的医疗机构作为“天使阳光基金”的定点治疗医院。

第四十五条　本办法由中国红十字基金会负责解释。

第四十六条　本办法自印发之日起执行。

关于印发中国红十字会总会机关公务接待制度的通知

（中红办字〔2011〕124号
2011年6月11日）

机关各部室：

《中国红十字会总会机关公务接待制度》已经办公会讨论通过，现予印发，请遵照执行。总会各直属单位参照执行。

中国红十字会总会机关公务接待制度

第一条　为进一步规范总会机关国内公务及外宾接待工作，严肃接待纪律，减少经费支出，加强廉政建设，根据《党政机关国内公务接待管理规定》（中办发〔2006〕33 号），制定本制度。

第二条 本制度适用于总会机关。总会各直属单位可参照执行。

第三条 本制度所称的公务接待，是指出席会议、考察调

研、学习交流、检查指导、请示汇报、商洽工作及国际、境外红十字组织来华期间的公务接待活动。

第四条 公务接待应当坚持有利工作、简化礼仪、务实节俭、杜绝浪费的原则。

第五条 公务接待应严格按照国家有关公务接待标准提供住宿、用餐、交通等服务，不得超标准接待。外事活动中，对由我方接待的外宾，一般只提供在华期间的食、宿、交通费用，不提供来华国际旅费，在华期间费用开支标准和管理办法按相关规定执行。

接待对象需要安排住宿的，总会应当在财政部定点饭店或红十字宾馆安排。接待对象应当在本级财政部门规定的住宿费开支标准上限以内，按照收费标准交纳住宿费。

接待对象需要安排用餐的，应尽量在总会机关食堂安排工作餐，一般不安排宴请。如确需宴请，应由总会有关部门提出意见，报会领导审批同意后，按照规定的标准执行。

第六条 公务接待中的出行活动应该集中乘车，减少随行车辆。

第七条 总会应当严格执行业务招待费的支出标准，控制接待经费支出。

第八条 总会办公室、筹资财务部、直属机关纪委应按照职责，加强对公务接待工作的规范化管理，加强对财政性接待经费的预算管理和执行管理，加强对公务接待经费使用情况的监督。对违反本制度，造成不良影响的有关人员，要按照党纪政纪的有关规定严肃处理。

第九条 本制度自印发之日起施行。

关于举办 2011 年急救日系列活动的通知

（中红办字〔2011〕128 号
2011 年 6 月 14 日）

各省、自治区、直辖市红十字会，新疆生产建设兵团红十字会，铁路、商业系统红十字会：

联合会将每年九月的第二个星期六定为“世界急救日”。全世界的红十字会和红新月会都会在这一天组织宣传活动，提高公众自救互救意识，传播救护知识和技能。今年的急救日是 9 月 10 日。总会决定举办“红十字‘救’在身边”系列活动。活动将以救护事例征文、精品课程评选为主线，在全国范围挖掘、发现一批优秀救护员和优秀师资，从而营造“救护有用，救护光荣，我要学救护”的社会氛围。现将有关事宜通知如下：

一、活动时间

2011 年 6 月至 2011 年 9 月

二、活动内容

（一）应急救护事例征文比赛；

（二）应急救护培训精品课程评选；

（三）2011 年世界急救日主题宣传活动暨优秀征文和精品课程颁奖仪式。

三、组织机构

主办单位：中国红十字会总会

承办单位：总会赈济救护部、总会训练中心、总会报刊社

参与单位：各地红十字会及会员单位

总会设活动组委会、征文评委会及精品课程评委会。

四、活动安排及相关要求

（一）红十字应急救护事例征文比赛

1. 征文要求详见“红十字‘救’在身边”征文启事（附件1，近期将刊登于《中国红十字报》）；

2. 比赛设一、二、三等奖，优秀奖和组织奖。所有获奖者将获得中国红十字会应急救护征文大赛获奖证书，优秀作品将在《中国红十字报》和总会网站刊登。总会将邀请奖获者代表参加急救日活动暨颁奖仪式；

3. 征文直接报送总会报刊社邮箱：zhengwen@ cnrcpress. com，报送截止时间为8月20日；

4. 请各省级红十字会组织、动员广大救护工作者、救护志愿者、团体会员单位（学校、冠名医院、志愿者队伍等）积极参与此次征文活动。

（二）红十字应急救护培训精品课程评选

1. 参评材料为红十字系统应急救护培训专、兼职师资的授课视频（时间在40分钟左右）及所讲课程的PPT课件；

2. 课程专题为心肺复苏、创伤救护、教学法等任选，内容要求科学、正确，强调原创性，对学员有吸引力；

3. 评选活动设一、二、三等奖，优秀奖和组织奖。所有获奖作品将获得中国红十字会应急救护精品课程证书，课件将入选总会应急救护精品课程资料库。总会将邀请奖获者代表参加急救日活动暨颁奖仪式；

4. 请各省级红十字会积极组织、推荐优秀救护师资的教学课程参加评选活动，要求每个省级红十字会至少推荐2个参选课程；

5. 请于8月5日前将课程视频及PPT课件刻光盘，与推荐表（附件2）一同邮寄至总会训练中心；

6. 邮寄时，请在信件上加注“课程评选”字样。

急救日主题宣传活动暨优秀征文和精品课程颁奖仪式等有关事宜将另行通知。

附件：

“红十字‘救’在身边”征文启事

联合会将每年九月的第二个星期六定为“世界急救日”，今年的急救日是9月10日。为落实总会《关于进一步加强红十字应急救护工作的意见》，切实推进救护工作创新发展，挖掘、发现应急救护成功案例和感人故事，总会决定举办“红十字‘救’在身边”征文比赛活动。

作为总会唯一公开发行的媒体，《中国红十字报》将开辟专栏对参赛作品择优刊登。同时，中国红十字会网站、中国红十字会总会报刊社网站将刊登其他优秀作品。

大赛设一、二、三等奖及优秀奖、组织奖若干名。所有获奖者均可获得“中国红十字会应急救护征文大赛获奖证书”，并有机会参加总会举办的急救日活动暨颁奖

仪式。

征文大赛由中国红十字会总会主办，总会报刊社负责参赛稿件的收集、筛选及初评工作。

一、征文主题：红十字“救”在身边

二、文章内容：本人参与救护或被救护的真实事例，以及参加红十字救护培训和救护、救援活动的经历和感受（包括保障性活动，如服务奥运、世博等）。要求事例典型、故事感人，具有示范意义；人物、时间、地点等基本要素具体、明确；可附现场图片。

三、文章以叙述为主，可以适当议论或抒情。议论或抒情要紧贴事实，有感而发，点到为止；语言流畅，文字洗练。

四、字数在1000字左右。

五、征文时间：即日起至8月20日止。

六、参赛者传送电子邮件时，请在标题栏加注“征文大赛”字样。

希望全国红十字工作者、红十字会员、红十字志愿者及其他相关人员踊跃参加，与全国同仁共同分享您的经验和感受。

关于印发中国红十字会艾滋病预防与关爱工作2011—2015年战略规划的通知

（中红办字〔2011〕134号
2011年6月24日）

各省、自治区、直辖市红十字会、新疆生产建设兵团红十字会：

为进一步做好艾滋病防治工作，总会制定了《艾滋病预防与关爱工作2011—2015年战略规划》（以下简称《规划》），现印发你们，请转发到各地市级红十字会，并根据本地实际情况，制定本地区红十字会防艾工作计划，落实防艾工作。

各级红十字会每年年底要将参与艾滋病防治工作情况逐级上报。

附件1：

中国红十字会艾滋病预防与关爱工作2011—2015年战略规划

一、背景情况

据卫生部统计，中国自1985年发现第一例艾滋病病人以来，截至2009年10月底，累计报告艾滋病病毒感染者和病人319877例，其中艾滋病病人102323例；报告死亡49845例。卫生部与联合国艾滋病规划署和世界卫生组织联合对中国2009年艾滋病疫情进行了评估。结果显示，截至2009年底，估计中国存活艾滋病病毒感染者和病人约74万人，其中，艾滋病病人为10.5万人；估计2009年当年新发艾滋病病毒感染者4.8万人。在目前存活的感染者和病人中，经性传播途径感染已接近六成。其中，男男性传播上升尤其明显，成为2009年新报告感染的重要途径，疫情正从高危人群向一般人群扩散。

在全社会的共同努力下，艾滋病的防治取得了明显的成效。全国艾滋病疫情快速上升的势头得到有效遏制，艾滋病的病死率有所下降，经济困难的患者及其家庭和孤儿孤老得到及时的救助，社会歧视也有所改变。

但是，艾滋病防治工作目前仍然面临着新的情况与问题，任务依然十分艰巨，疫情和防治工作出现了新特点、新情况和新问题，许多感染者和病人尚未发现，性传播已成为我国艾滋病的最主要传播途径，男性同性性行为传播上升明显，梅毒等性病疫情持续上升，丙型病毒性肝炎（以下简称丙肝）处于较高的流行水平，预防控制工作难度进一步加大；预防艾滋病的科学知识的宣传普及工作在农村、少数民族和边远贫困地区还很薄弱，对艾滋病感染者、患者及其家庭的社会歧视现象仍然存在；我国流动人口规模大，仅农民工流动就多达2.5亿人，在流动人口中开展有效防控仍然面临很大的困难。本着对人民、对民族、对国家高度负责的态度，将艾滋病防治工作纳入重要工作日程，扎扎实实，坚持不懈地做好防治工作是关系人民利益的重大任务。

中国红十字会是从事人道主义工作的社会救助团体，是党和政府在人道工作领域的助手，在艾滋病防治工作领域有着丰富的经验，并以其独特的工作模式、广泛的社会基础和工作网络，发挥着不可替代的重要作用。为进一步推动红十字事业的发展，推动我国社会主义和谐社会建设，促进人类与进步，依据《中华人民共和国红十字法》、《中国红十字事业2010—2014年发展规划》、《红十字会与红新月会国际联合会艾滋病全球行动同盟》、中国红十字会与国艾办（红总字〔2009〕4号）《关于关于进一步加强合作深入开展艾滋病防治工作的通知》以及国务院《艾滋病防治条例》和《中国遏制与防治艾滋病行动计划2011—2015》，制定《中国红十字会艾滋病预防与关爱工作2011—2015年战略规划》。

二、指导原则和工作目标

（一）指导原则

1. 依照法规 履行职责

依照《中华人民共和国红十字会法》、《中国红十字会章程》及《中国红十字会2010年—2014年发展规划》的要求，从保护人的生命和健康出发，弘扬红十字“人道、博爱、奉献”的精神，认真落实国务院《艾滋病防治条例》、《中国遏制与防治艾滋病行动计划》和《中国红十字会关于进一步加强艾滋病防治工作的通知》精神，以及中国红十字会总会与国艾办联合发文的精神，开展预防控制艾滋病宣传和教育、关爱艾滋病病毒感染者、患者及其家庭等工作。

2. 明确定位 发挥优势

作为政府人道救助领域的助手，充分发挥红十字会独特优势，遵循非评判原则，坚持开展预防宣传和关爱工作，将受艾滋病威胁和受艾滋病问题影响地区的弱势群体作为主要的目标人群，在预防宣传、关爱和反对歧视工作中发挥积极作用。

3. 因地制宜 分类指导

根据本地域艾滋病流行情况和人群分布特点，以及本单位人力和财力资源的情况，优先选择条件具备，并急需干预的人群和领域，同时针对实际需求和特点设计宣传教育和干预活动内容，开展工作。上级红十字会要加强对下一级红十字会工作的监督和分类指导。

4. 动员社会力量，加强与各界的合作

动员全社会力量，积极动员志愿工作者参与红十字会的艾滋病预防工作，进一步加强与卫生、教育、公安、司法、交通、铁道等政府部门和工会、共青团、妇联等社会团体，以及企业、国际组织的联系与合作。

（二）工作目标

1. 总目标

积极参与政府和多部门艾滋病防治项目，加强国际合作，做好艾滋病高危人群行为干预、社区宣传、反歧视和对艾滋病病毒感染者及其家庭的关爱等各类艾滋病预防与关爱项目，壮大同伴教育师资队伍，完善督导评估体系，推广成功经验和模式，争取实现艾滋病预防和关爱项目覆盖全国。

2. 具体目标及策略

目标一：提高大众对艾滋病相关知识的知晓率，扩大宣传覆盖面，预防艾滋病进一步传播，使受益人数从过去每省每年平均15万人增加到每省每年平均20万人以上。

策略：

（1）总会及各级红十字会应结合当地实际情况利用“五八”红十字日、6.26戒毒日、12.1世界艾滋病日等特殊日子，与中央或地方的报纸、电台、电视台等大众传播媒介合作，多渠道、多形式地开展艾滋病预防控制的宣传普及活动。

（2）在大、中学生红十字青少年中开展艾滋病预防知识的宣传教育。招募大学生志愿骨干，依靠志愿骨干再对其他高危行为人群（如：娱乐场所服务人员、男男性行为者、吸毒人群、流动人口等）进行干预和宣传。

（3）推动无偿献血是红十字法赋予的任务，在开展安全用血知识宣传教育的同时应结合开展艾滋病预防知识宣传教育。

（4）推动自愿咨询检测，提供咨询检测转介服务。

目标二：扩大关爱与支持，使受益人数从过去每省每年平均400人提高到每省每年平均500人（其中感染者、患者400人，艾滋病影响的儿童、孤儿和孤老100人）

策略：

（1）关爱受艾滋病影响的儿童、孤儿和孤老。

（2）推广建立社区支持小组和服务网络。

（3）通过建立“红丝带之家”、“爱心家园”等预防控制艾滋病宣传、教育、关爱场所，为感染者提供交流及技能培训的场地。

（4）提供以家庭为基础的感染者关怀与支持服务。

（5）对艾滋致贫群体提供生产技能、职业技能培训，提供物资援助，提高其生活水平。

（6）积极组织和鼓励艾滋病病毒感染者参与艾滋病预防宣传教育活动，参加红十字会预防宣传艾滋病的志愿者队伍。

（7）努力帮助受艾滋病影响的人提供就业机会。

目标三：减少歧视和偏见，争取每省与至少一个感染者组织或其它非官方组织合作，开展反歧视的活动，吸收感染者参加有关项目工作。

策略：

（1）建立社区感染者支持小组和网络并与其他感染者组织建立合作关系；加强与非官方组织和媒体的合作。

（2）加强对红十字会的工作人员和志愿者艾滋病知识的培训工作。

（3）开展各种形式的反歧视宣传活动。

目标四：增强各级红十字会能力，提高项目工作质量和可持续性。每省每年至少组织志愿者100人，开展艾滋病预防与关爱工作，每省每年至少培训同伴教育骨干20名，再通过志愿者和同伴教育骨干在各种目标人群中开展艾滋病预防宣传和干预活动。

策略：

（1）提高各级领导的重视，落实责任到人，以履行计划的承诺。

（2）建立自省级到地市级的艾滋病工作联络员制度，并对本单位工作人员进行艾滋病预防知识培训。

（3）严格按照现有的《艾滋病项目管理手册》进行项目的计划、申报、实施、汇报和管理等工作。加强各级红十字会防艾工作的能力建设，包括：项目管理人员的培训、志愿者队伍建设、加强同伴教育师资的培训和复训等。

（4）加强对志愿工作者的管理与指导，通过项目不断扩大志愿工作者队伍。

（5）扩大合作伙伴，加强地区层面的资源整合，发挥地区优势和特点。

（6）积极总结、交流开展艾滋病关爱项目的经验，探索可持续性开展艾滋病预防与关爱项目的做法，不断推广项目经验。

三、保障措施

（一）加强领导，争取多方支持。

（1）各级红十字会要把艾滋病预防与控制工作纳入到主要工作日程中，明确具体工作部门和责任人，加强同伴教育师资培训。各省级红十字会要在2010年底前制定出本地区预防与控制艾滋病工作规划并明确阶段性目标，每年要有工作计划和落实措施。

（2）各级红十字会要努力争取政府及有关部门的支持，积极参与当地政府艾滋病预防与控制工作，认真组织落实规划措施，确保任务目标的实现，做到，在人员上有保障，努力争取政府及有关部门在资金和政策上的支持，多渠道筹集艾滋病预防与关爱工作资金，保证规划的顺利实施。

（3）积极开展艾滋病预防控制项目合作，加强项目管理，提高项目效益。有条件的红十字会，可结合工作实际成立项目办公室或艾滋病救助基金等相应机构。

（4）各地红十字会不仅要积极争取政府部门在宣传活动经费上支持，还要根据各地情况，采取加强合作，引进合作项目支持，依法开展募捐等措施筹集项目经费，建立预防、救助的长效机制，推动工作的开展。

（二）加强沟通，促进合作

加强与政府及有关部门的信息沟通，争取支持。加强对艾滋病预防与控制工作的宣传力度，积极利用各种渠道扩大宣传。加强与有关社会团体和非政府组织合作，发挥各自优势，互相配合，开展活动，提高红十字会艾滋病预防与控制工作水平。

（三）开展国际合作，积极争取资金，引进项目开展工作

在开展预防宣传艾滋病的各项工作中，要充分发挥红十字会国际性组织的优势，通过双边与多边等渠道引进合作项目，并通过加强管理，充分发挥项目的效益。地方各级红十字会也要通过已经建立的项目合作关系，主动宣传我会在预防控制艾滋病的作用，争取扩大支持与合作。

四、督导与评估

（1）为保证规划的顺利实施，实行规划目标督导与评估制度。通过自查、抽查、评估等办法，对实施效果进行综合评价，督促指导各项规划目标的贯彻实施，并及时根据评估和变化情况调整规划目标和措施。总会将不定期对各省级红十字会执行规划情况

进行抽查。于2013年底和2015年底进行我会艾滋病工作中期、终期评估。

（2）充分利用总会艾滋病工作专家组的作用，参与我会艾滋病预防与关爱政策、工作规划的制定，以及其他有关工作的督导与咨询。

（3）在开展预防控制艾滋病合作项目时，各级红十字会要加强培训，建立健全管理、监督机制，提高项目效益。

（4）总会负责信息库开发与更新，规范项目的报告与统计。

关于转发《财政部　国家税务总局关于通过公益性群众团体的公益性捐赠税前扣除有关问题的通知》的通知

（中红办字〔2011〕139号
2011年6月28日）

各省、自治区、直辖市红十字会，新疆生产建设兵团红十字会：

为更好的贯彻落实公益性捐赠所得税税前扣除的有关规定，现将《财政部 国家税务总局关于通过公益性群众团体的公益性捐赠税前扣除有关问题的通知》（财税［2009］124号）转发给你们。符合条件的县级以上红十字会，请按照通知要求，及时向省、自治区、直辖市和计划单列市财政、税务部门申请公益性捐赠税前扣除资格，方便捐赠人享受国家税收优惠政策。

特此通知。

附件1：

财政部　国家税务总局关于通过公益性群众团体的公益性捐赠税前扣除有关问题的通知

财税［2009］124号

各省、自治区、直辖市、计划单列市财政厅（局）、国家税务局、地方税务局，新疆生产建设兵团财务局：

为贯彻落实《中华人民共和国企业所得税法》和《中华人民共和国个人所得税法》，现对企业和个人通过依照《社会团体登记管理条例》规定不需进行社团登记的人民团体以及经国务院批准免予登记的社会团体（以下统称群众团体）的公益性捐赠所得税税前扣除有关问题明确如下：

一、企业通过公益性群众团体用于公益事业的捐赠支出，在年度利润总额12%以内的部分，准予在计算应纳税所得额时扣除。年度利润总额，是指企业依照国家统一会计制度的规定计算的大于零的数额。

二、个人通过公益性群众团体向公益事业的捐赠支出，按照现行税收法律、行政法规及相关政策规定准予在所得税税前扣除。

三、本通知第一条和第二条所称的公益事业，是指《中华人民共和国公益事业捐赠法》规定的下列事项：

（一）救助灾害、救济贫困、扶助残疾人等困难的社会群体和个人的活动；

（二）教育、科学、文化、卫生、体育事业；

（三）环境保护、社会公共设施建设；

（四）促进社会发展和进步的其他社会公共和福利事业。

四、本通知第一条和第二条所称的公益性群众团体，是指同时符合以下条件的群众团体：

（一）符合《中华人民共和国企业所得税法实施条例》第五十二条第（一）项至第（八）项规定的条件；

（二）县级以上各级机构编制部门直接管理其机构编制；

（三）对接受捐赠的收入以及用捐赠收入进行的支出单独进行核算，且申请前连续3年接受捐赠的总收入中用于公益事业的支出比例不低于70%。

五、符合本通知第四条规定的公益性群众团体，可按程序申请公益性捐赠税前扣除资格。

（一）由中央机构编制部门直接管理其机构编制的群众团体，向财政部、国家税务总局提出申请；

（二）由县级以上地方各级机构编制部门直接管理其机构编制的群众团体，向省、自治区、直辖市和计划单列市财政、税务部门提出申请；

（三）对符合条件的公益性群众团体，按照上述管理权限，由财政部、国家税务总局和省、自治区、直辖市、计划单列市财政、税务部门分别每年联合公布名单。名单应当包括继续获得公益性捐赠税前扣除资格和新获得公益性捐赠税前扣除资格的群众团体，企业和个人在名单所属年度内向名单内的群众团体进行的公益性捐赠支出，可以按规定进行税前扣除。

六、申请公益性捐赠税前扣除资格的群众团体，需报送以下材料：

（一）申请报告；

（二）县级以上各级党委、政府或机构编制部门印发的“三定”规定；

（三）组织章程；

（四）申请前相应年度的受赠资金来源、使用情况，财务报告，公益活动的明细，注册会计师的审计报告或注册税务师的鉴证报告。

七、公益性群众团体在接受捐赠时，应按照行政管理级次分别使用由财政部或省、自治区、直辖市财政部门印制的公益性捐赠票据或者《非税收入一般缴款书》收据联，并加盖本单位的印章；对个人索取捐赠票据的，应予以开具。

八、公益性群众团体接受捐赠的资产价值，按以下原则确认：

（一）接受捐赠的货币性资产，应当按照实际收到的金额计算；

（二）接受捐赠的非货币性资产，应当以其公允价值计算。捐赠方在向公益性群众团体捐赠时，应当提供注明捐赠非货币性资产公允价值的证明，如果不能提供上述证明，公益性群众团体不得向其开具公益性捐赠票据或者《非税收入一般缴款书》收据联。

九、对存在以下情形之一的公益性群众团体，应取消其公益性捐赠税前扣除资格：

（一）前3年接受捐赠的总收入中用于公益事业的支出比例低于70%的；

（二）在申请公益性捐赠税前扣除资格时有弄虚作假行为的；

（三）存在逃避缴纳税款行为或为他人逃避缴纳税款提供便利的；

（四）存在违反该组织章程的活动，或者接受的捐赠款项用于组织章程规定用途之外的支出等情况的；

（五）受到行政处罚的。

被取消公益性捐赠税前扣除资格的公益性群众团体，存在本条第一款第（二）项、第（三）项、第（四）项、第（五）项情形的，3年内不得重新申请公益性捐赠税前扣除资格。

对存在本条第一款第（三）项、第（四）项情形的公益性群众团体，应对其接受捐赠收入和其他各项收入依法补征企业所得税。

十、对于通过公益性群众团体发生的公益性捐赠支出，主管税务机关应对照财政、税务部门联合发布的名单，接受捐赠的群众团体位于名单内，则企业或个人在名单所属年度发生的公益性捐赠支出可按规定进行税前扣除；接受捐赠的群众团体不在名单内，或虽在名单内但企业或个人发生的公益性捐赠支出不属于名单所属年度的，不得扣除。

十一、获得公益性捐赠税前扣除资格的公益性群众团体，应自不符合本通知第四条规定条件之一或存在本通知第九条规定情形之一之日起15日内向主管税务机关报告，主管税务机关可暂时明确其获得资格的次年内企业向该群众团体的公益性捐赠支出，不得税前扣除，同时提请财政部、国家税务总局或省级财政、税务部门明确其获得资格的次年不具有公益性捐赠税前扣除资格。

十二、本通知从2008年1月1日起执行。本通知发布前已经取得和未取得公益性捐赠税前扣除资格的群众团体，均应按本通知规定提出申请。

财政部 国家税务总局
二〇〇九年十二月八日

中国红十字会总会关于表彰2011年度报刊宣传先进集体和先进个人的决定

（中红办字〔2011〕167号
2011年9月2日）

各省、自治区、直辖市红十字会，新疆生产建设兵团红十字会，计划单列市红十字会：

2011年，在中国红十字会总会党组和执委会的正确领导下，在各级红十字会的积极推动和不懈努力下，《中国红十字报》和《博爱》杂志的宣传发行工作取得了可喜的成绩，社会影响力得到进一步提升。

为了进一步推动中国红十字会报刊宣传和发行工作，充分发挥《中国红十字报》和《博爱》杂志在红十字宣传中的重要作用，表彰和激励在2011年度新闻报道和报刊发行工作中做出突出成绩的单位和个人，经中国红十字会总会研究决定，对以下先进集体和先进个人予以表彰。（排名不分先后）

一、先进集体特等奖：

省级红十字会：江苏省、上海市

省会市红十字会：四川省成都市

地级市红十字会：江苏省苏州市、上海市浦东新区、江苏省南通市、江苏省盐城市

区、县级红十字会：江苏省昆山市

二、先进集体一等奖：

省级红十字会：四川省、北京市、山东省、内蒙古自治区、福建省、湖南省、江西省

计划单列市红十字会：山东省青岛市、福建省厦门市

省会市红十字会：江苏省南京市

地级市红十字会：江苏省徐州市、无锡市；江西省赣州市；山东省临沂市；山西省运城市；四川省泸州市；上海市闵行区；北京市西城区、丰台区

区、县级红十字会：江苏省南通市通州区；山西省运城市芮城县；四川省泸州市泸县

三、先进集体二等奖

省级红十字会：重庆市、陕西省、河南省、湖北省、山西省、新疆维吾尔自治区、浙江省、广东省、辽宁省、天津市、贵州省

省会市红十字会：新疆维吾尔自治区乌鲁木齐市、浙江省杭州市、福建省福州市

地级市红十字会：四川省雅安市；陕西省汉中市；新疆维吾尔自治区昌吉回族自治州；山东省淄博市；内蒙古自治区锡林郭勒盟、鄂尔多斯市；上海市长宁区、奉贤区、黄浦区、徐汇区、宝山钢铁集团有限公司；北京市海淀区、朝阳区、石景山区；河北省唐山市

区、县级红十字会：山东省临沂市莒南县；四川省泸州市合江县；浙江省瑞安市；江苏省吴江市、张家港市、江阴市、常州市武进区、盐城市盐都区

四、先进集体三等奖：

地级市红十字会：山西省大同市；江西省九江市；内蒙古自治区呼伦贝尔市、乌兰察布市；浙江省温州市

区、县级红十字会：

江苏省　南京市江宁区、建邺区、白下区；苏州市金阊区、吴中区、高新区、太仓市、常熟市；南通市崇川区、海门市、海安县；常州市金坛市；无锡市惠山区、新区、锡山区；徐州市云龙区、邳州市、新沂市、丰县、沛县、铜山县；盐城市东台市、大丰市、响水县、阜宁县、滨海县、射阳县

四川省　成都市青羊区、双流县；泸州市龙马潭区、纳溪区、古蔺县；雅安市名山县；巴中市南江县

山东省　青岛市崂山区、即墨市；临沂市沂水县；威海市乳山市

河南省　郑州市新郑市；安阳市汤阴县；沁阳市；洛阳市伊川县；南阳市唐河县

江西省　赣州市宁都县、赣县、于都县、大余县、南康市；九江市武宁县、都昌县；宜春市丰城市

陕西省　西安市长安区；汉中市南郑县；安康市石泉县

新疆维吾尔自治区　乌鲁木齐市天山区、沙伊巴克区、新市区、水磨沟区；昌吉回族自治州奇台县

山西省　运城市万荣县

黑龙江省　密山市

内蒙古自治区　鄂尔多斯市东胜区；呼伦贝尔市海拉尔区

浙江省　杭州市萧山区

湖北省　荆州市石首市；仙桃市

湖南省　常德市汉寿县；张家界市慈利县

安徽省　宿州市埇桥区

福建省　厦门市思明区；龙岩市新罗区

贵州省　贵阳市南明区、黔南布依族苗族自治州长顺县

新疆生产建设兵团　农八师石河子市、农四师

教育系统红十字会：苏州市教育红十字会、南通市教育红十字会、盐城市教育红十字会、张家港市教育红十字会、南通市通州区教育红十字会、昆山市教育红十字会、吴江市教育红十字会、盐城市盐都区教育红十字会、常州市武进区学校红十字工作委员会、南通市海门市学校红十字工作委员会、

南京市江宁区学校红十字工作委员会、江阴市学校红十字工作委员会

五、先进个人特等奖：

李玉宁

六、先进个人一等奖：

彭奕芳、崔月芳、滕海婷、唐五一、王云、李志国、朱燕、刘超英、周子茵

七、先进个人二等奖：

孙硕鹏、周百年、王永君、刘华鹰、肖麦秋、胡志行、李丽延、岳立成、王爱霞、侯雪、孙昕、侯秀田、邹宪章、费俭、李良春、周宏、王瑶、张玉林、徐立新、张燕萍、李杰、帖卫平

八、先进个人三等奖：

雷敏、张孚传、任义德、鲍毅、侯晓俊、侯国柱、彭超、马艳华、刘景波、吕海峰、潘晓惠、宋义辉、司爱华、刘润荣、徐俭美、孙斌、李婷、袁素梅、王英、徐红、吴玉林、吴恒菁、刘永红、秦健、庄洪祥、董洁、何斌、朱正威、卢军英、张满江、张伟怡、马继根、卫青青、吴松梅、王晓璇、周建伟、何家本、刘昌成、木兰、张晓炜、黎明华、孙晓波、朱世红、蔡艳蕊

希望受到表彰的先进集体和先进个人再接再厉，为进一步做好红十字宣传报道工作和报刊发行工作做出更大的贡献。

关于开展第 22 个国际减灾日活动的通知

（中红办字〔2011〕176 号
2011 年 9 月 30 日）

各省、自治区、直辖市红十字会，新疆生产建设兵团红十字会，铁路红十字会：

2011 年 10 月 12 日是第 22 个“国际减灾日”。今年“国际减灾日”的主题是：建设具有抗灾能力的城市—让我们做好准备。近日，国家减灾委员会办公室向各省级减灾委、民政厅（局）及减灾委各成员单位下发了《关于开展第二十二个国际减灾日活动的通知》（国减办电［2011］4 号），要求做好今年“国际减灾日”的相关活动。现将该通知转发给你会，请参照执行，并于 10 月 30 日前将“国际减灾日”宣传活动开展情况报总会赈济救护部灾害管理处。

特此通知

附件：

国家减灾委员会办公室《关于开展第二十二个国际减灾日活动的通知》（略）

关于做好 2011 年世界艾滋病日主题宣传工作的通知

（中红办字〔2011〕190 号
2011 年 11 月 4 日）

各省、自治区、直辖市红十字会，新疆生产建设兵团红十字会，铁路、商业系统红十字会：

2011 年 12 月 1 日是第 24 个“世界艾滋病日”，今年的宣传主题是“行动起来，向‘零’艾滋迈进”，副标题是“全面预防，积极治疗，消除歧视”。

为贯彻国艾办号召，进一步落实防艾工作的有关规定，做好艾滋病的预防和宣传工作，消除歧视，唤起人们对艾滋病病毒感染

者及病人的同情和理解，展示红十字会艾滋病预防与关爱工作的成果，各级红十字会要根据本地、本部门的防艾工作规划，认真做好今年的艾滋病日主题宣传活动，具体要求如下：

一、认真学习领会国艾办关于“开展2011年世界艾滋病日活动的通知”（附后）精神。

二、围绕宣传主题，开展多种形式的宣传活动。

三、与媒体充分合作，加强对防艾工作的宣传，倡导全社会积极行动起来，全面预防，积极治疗，消除歧视。

四、请于11月20日前将你会（包括各地、市级红十字会）的活动方案报总会。

五、请注意收集活动中有关资料和数据（如图片、参与活动的人员数量、志愿者数量、受众人群的类别和人数等），并于12月31日前将活动总结报总会。

附件：《国务院防治艾滋病工作委员会办公室关于开展2011年世界艾滋病日活动的通知》（国艾办函〔2011〕24号）（略）

关于举办纪念汶川地震五周年全国红十字青少年自救互救知识竞赛的通知

（中红办字〔2013〕41号
2013年3月13日）

各省、自治区、直辖市红十字会，新疆生产建设兵团红十字会：

2013年5月12日是汶川地震五周年，为祭奠在地震中消失的生命，配合宣传“5·12防灾减灾日”，使广大青少年掌握自救互救知识，增强自救互救能力，总会决定举办“全国红十字青少年自救互救知识竞赛”。现就活动的有关事项通知如下。

一、本次知识竞赛是总会2013年“五八”博爱周期间一项重要活动。各级红十字会要积极联合当地大、中、小学校，积极组织和动员青少年学生参加知识竞赛。要将红十字青少年自救互救知识竞赛活动与创建红十字模范校结合起来，与发展红十字青少年志愿者队伍结合起来，推动红十字模范校创建和红十字青少年志愿者队伍建设。

二、委托总会报刊社负责竞赛活动的具体组织工作，竞赛试题将刊登在《中国红十字报》上，需要试卷的单位可直接与总会报刊社联系。试卷订购时间为3月15日至4月31日。每份试卷1元。

三、2013年3月上旬启动此项活动，4月中旬刊登知识竞赛内容；“五八”博爱周期间开展答题竞赛，6月下旬完成试卷回收及判卷，7月中旬公布获奖名单。

四、奖项设置：设单位最佳组织一、二、三等奖若干名，设个人一等奖10名，二等奖20名，三等奖30名。

二

纪事篇

大 事 记

2011 年大事记

1月

1 月 4 日，中国红十字会第九届常务理事会第一次会议在北京召开。全国人大常委会副委员长、中国红十字会会长华建敏，常务副会长王伟，副会长窦玉沛、王军、马晓伟、郭长江、郝林娜、王海京，秘书长王汝鹏和在京常务理事出席会议。中国红十字会顾问伍绍祖、江亦曼、朱庆生、苏菊香和中国红十字会总会部门领导、直属单位负责人列席会议。会议由华建敏主持。

1 月 6—7 日，副会长王海京在四川成都出席“红十字博爱家园项目启动会”，四川、甘肃、陕西、重庆、宁夏和云南项目六省（区）红十字会的 60 多名代表参会。

1 月 7 日上午，由中国红十字基金会主办的“红十字天使计划”五周年座谈会在人民大会堂举行。华建敏、王伟、郭长江出席会议。卫生部、民政部、财政部代表，捐方代表，受助方代表，专家学者，媒体代表，地方红十字会代表，社会监督巡视员代表，项目执行人员代表等近百人参加座谈。

1 月 10 日，郝林娜在中国红十字会总会接受《人民日报》的采访，介绍中国红十字会参与人体器官捐献工作的情况。

1 月 11 日，由中国红十字会主办、中国红十字基金会承办的“红十字之夜 · 李云迪钢琴独奏会”在中山音乐堂剧场举行。华建敏、全国政协副主席黄孟复、李金华，王伟等观看演出。

1 月 12 日，王伟在安徽合肥启动中国红十字会 2011 年“博爱送万家”慰问活动。与此同时，郭长江、郝林娜、王海京，王汝鹏也分别赴新疆、山西、陕西和江西，开展“红十字博爱送万家”活动。中国红十字会自 1999 年开展“红十字博爱送万家”活动以来，全国红十字系统已募集价值 10 亿余元的款物，为 530 余万户、2100 余万贫困人群送去慰问物资。

1 月 12 日，中国红十字会中国红十字会总会在新疆昌吉州阜康市举行“红十字博爱送万家”昌吉州活动启动仪式。郭长江，新疆维吾尔自治区政府副主席、自治区红十字会会长铁力瓦尔地 · 阿不都热西提等出席仪式。

1 月 12 日，中国红十字中国红十字会总会、山西省红十字会、大同市红十字会 2011 年“红十字博爱送万家”活动在大同市阳高县启动。郝林娜，原山西省人大副主任、省红十字会会长王昕等出席启动仪式。

1 月 13 日，中国红十字会“红十字博爱送万家”活动江西省物资发放仪式在宜春市温汤镇刘坊村举行。王汝鹏代表中国红十字会中国红十字会总会捐赠价值 80 万元的慰问物资。

1 月 14 日，中国红十字会总会、陕西省红十字会联合在安康市宁陕县举行 2011 年“红十字博爱送万家”活动启动仪式。王海京、陕西省红十字会常务副会长张宝安、安康市政府副市长陈明及当地红十字会工作人员、志愿者、困难群众代表等 600 余人参加。

1 月 15—8 日，华建敏带领常务副会长王伟、副会长郝林娜等在江苏省人大常委会副主任李全林、省红十字会会长吴瑞林、常务副会长张立明等陪同下在江苏省无锡、扬州、南京进行红十字工作调研。

1 月 17 日，中国红十字会总会根据广西红十字会上报的雨雪冰冻灾情及灾区需求，从广州备灾救灾中心调拨 2000 床棉被和 1500 件棉衣，用于支持广西红十字会开展救助工作。

1 月 19 日，中国红十字会九届理事会第二次会议暨理顺管理体制工作经验交流会在江苏南京召开。华建敏，江苏省委书记罗志军，江苏省委副书记、代省长李学勇，国家发展与改革委员会副主任、中国红十字会兼职副会长朱之鑫，民政部副部长、中国红十字会兼职副会长窦玉沛，王伟，顾问江亦曼、朱庆生，郭长江、郝林娜、王海京、王汝鹏及来自全国各地的中国红十字会理事出席会议。会议总结了一年来红十字会的工作情况，对下一年的工作方向和工作重点进行部署，并就推动理顺管理体制工作进行交流座谈。

1 月 19 日，华建敏在南京市会见前来参加中国红十字会九届理事会二次会议的港、澳特别行政区红十字会代表。

1 月 19 日，华建敏会见出席九届二次理事会的红十字理论界代表，王伟、郭长江参加会见。

1 月 19 日，中国红十字会总会根据贵州省和云南省红十字会上报的雨雪冰冻灾情及灾区需求，向贵州省红十字会调拨 3184 床棉被和 1000 件棉衣，向云南省红十字会调拨 1500 床棉被和 2000 件棉衣，用于支持当地红十字会开展救助工作。

1 月 20 日，南京青奥组委会与中国红十字会总会签署《南京 2014 年青奥会合作备忘录》，标志着中国红十字会参与第二届青奥会服务工作正式启动。王伟，王海京，江苏省委常委、南京市委书记、南京青奥委执行主席朱善璐，江苏省红十字会会长吴瑞林等出席签字仪式。

1 月 31 日，王伟在中国红十字会总会接受新华社记者的采访，介绍国外红十字组织对中国红十字会发展借鉴。

2 月

2 月 17 日，王伟在广东省副省长、省红十字会会长雷于蓝等陪同下参加中山市“慈善万人行”活动。随后，王伟一行赴中山市红十字会考察工作。

2 月 18 日，王伟一行在广东省红十字会常务副会长冯玲、副会长华建陪同下，考察珠海市红十字会工作。

2 月 21—22 日，香港特别行政区红十字会副主席林胡秀霞、总监胡郭秀萍、秘书长陈启明一行赴中国红十字会总会就香港红十字会 2010 年参与国内赈灾工作情况及 2011 年工作重点进行会谈。郝林娜、王海京出席会谈。

2 月 22 日，卫生部、中国红十字会总会、中国人民解放军总后勤部卫生部在京召开2008—2009年度全国无偿献血表彰大会。这次大会表彰人数是历届全国无偿献血表彰活动获奖人数最多的一次。全国人大常委会副委员长韩启德、卫生部部长陈竺、常务副会长王伟、总后卫生部部长张雁灵、全国人大教科文卫委员会副主任任茂东等出席会议。

2月23日，王伟在中国红十字会总会会见教育部副部长刘利民一行，商谈双方进一步加强红十字青少年工作合作事宜。郭长江、郝林娜、王海京、王汝鹏陪同会见。

2月24日，“石汉基、石国基向中国红十字巴蜀力量基金捐赠图书仪式暨‘石景宜博士杯’华夏书画创作大赛颁奖典礼”在全国政协礼堂举行。香港汉荣书局有限公司向中国红十字巴蜀力量基金捐赠了价值774万元的172080册繁体版图书。全国人大常委会副委员长韩启德，全国政协副主席白立忱，原中共中央政治局委员、原全国政协副主席、中国红十字巴蜀力量基金理事长杨汝岱，副会长、中国红十字巴蜀力量基金管委会常务副主任郭长江等出席活动。

2月24日，王伟一行赴新疆生产建设兵团进行工作调研。兵团党委副书记、兵团司令员、兵团红十字会名誉会长华士飞会见王伟一行。

2月24日，中国红十字会总会决定为新西兰地震灾区提供五万美元人道主义援助，由中国驻新西兰大使馆转交新西兰红十字会用于地震灾区救助工作。

2月24日，人体器官捐献协调员管理办法研讨会在京召开。郝林娜，卫生部医管司，清华大学法学院及部分试点省市卫生厅局、移植医院、红十字会的负责人共40人参加了会议。

2月25日，中国红十字新闻宣传志愿服务总队工作座谈会暨新闻报道策划会在京召开。《人民日报》、中央电视台、《光明日报》、《新京报》、新浪网、《中国红十字报》等多家媒体记者参加会议。

2月25日，淘宝网2010年年会在杭州举行。王汝鹏应邀出席年会并在年会上宣布聘请著名影视明星袁立担任“中国红十字会淘宝公益基金”形象大使。王汝鹏代表中国红十字会对阿里巴巴集团一直以来对红十字事业的支持表示感谢。

3月

3月5日，王海京一行赴浙江省富阳市考察红十字“博爱救助金”发展和运行状况。浙江省红十字会常务副会长王冬梅、杭州市红十字会常务副会长陈美丽，富阳市副市长邵良等陪同考察。

3月7日，华建敏会见香港特别行政区红十字会会长曾鲍笑薇。郝林娜、王海京、王汝鹏，香港红十字会总监胡郭秀萍、秘书长陈启明参加会谈。

3月7日，中央宣传部、中央文明办、教育部、国家体育总局、共青团中央、全国妇联、中国残联、中国红十字会总会、全国老龄办九部委召开视讯会议，部署“讲文明树新风”志愿服务活动。郝林娜出席会议并就红十字志愿服务工作开展情况发言。

3月10日12时58分，云南省德宏傣族景颇族自治州盈江县发生5.8级地震，震源深度10公里。地震造成多人伤亡，部分房屋不同程度倒损。地震发生后，中国红十字会总会根据云南省红十字会上报的灾情情况，立即启动三级应急响应，紧急调拨价值

38.67 万元的救灾物资，包括 150 顶单帐篷、3000 床棉被和 730 件棉衣，用于支持当地红十字会开展救助工作

3 月 10—11 日，中国红十字会总会和卫生部在辽宁省沈阳市联合召开全国人体器官捐献试点工作交流会。郝林娜、卫生部医管司副司长周军、辽宁省政府副秘书长马祥图等出席会议。来自全国 11 个首批人体器官捐献试点省（市）和部分非试点省红十字会、卫生厅（局）、器官移植定点医院代表及有关专家等 150 余人参加会议。

3 月 11 日 13 时 46 分，日本本州岛东北部宫城县以东海域发生里氏 8.8 级地震，并引发海啸，造成重大人员伤亡。中国红十字会对此深表关切，并就尽快采取救援行动做出部署。3 月 12 日，中国红十字会向日本红十字会提供 100 万元人民币的紧急援助。同日，向日本红十字会发出慰问电，向日本受灾群众表示诚挚的慰问，对地震遇难者表示深切的哀悼，并表示将根据灾区需求继续提供及时的人道援助。

3 月 14 日，中国驻玻利维亚大使馆临时代办王坚向玻利维亚方转交中国红十字会捐赠的三万美元洪涝灾害紧急援助款。

3 月 15 日，中国红十字会再次向日本地震灾区追加提供 500 万元人民币紧急援助，用于支持日本红十字会的救助工作。

3 月 19 日，中国红十字基金会嫣然天使基金“斯利安天使行动”在北京正式启动。中国红十字会副会长、中国红十字基金会理事长郭长江，中国红十字基金会负责人王志，嫣然天使基金发起人李亚鹏和王菲夫妇，创盈科技产业集团董事长易斌等出席启动仪式。

3 月 20 日，由中国红十字会总会和广东省红十字会共同主办，中国红十字传播基金协办的“博爱暖中华”全国公益巡演走进广东揭东大型公益晚会在广东省揭东县人民广场举办。王海京，广东省副省长、广东省红十字会会长雷于蓝等出席活动。

3 月 21 日，三一重工股份有限公司通过中国红十字会向日本捐赠灾区急需的泵车一台，王汝鹏在中国红十字会总会接受捐赠。

3 月 22 日，中国红十字会数据库筹款公益项目及“爱心直邮温暖 2011”活动启动仪式在北京举行。王伟、全国人大财经委副主任郝如玉、秘书长王汝鹏、青年演员海清及中恒集团、北京银行等捐赠企业和媒体代表共百余人出席仪式。中央电视台主持人鲁健主持活动。中国红十字会聘请海清担任“数据库筹款公益项目”形象代言人。

3 月 29 日，继 3 月 12 日、15 日两次向日本红十字会捐赠人民币 100 万元和 500 万元的紧急援助款后，中国红十字会决定第三次向日本地震灾区提供 2000 万元人民币的紧急援助，用于支持日本红十字会开展灾后救助和重建工作。

3 月 20—22 日，华建敏顺访香港特别行政区红十字会，郭长江陪同访问。

3 月 24—25 日，王伟一行在贵州省红十字会常务副会长罗治雄等陪同下赴遵义进行专题调研。王伟一行先后深入仁怀市、红花岗区、汇川区就红十字会救灾备灾储备管理中心、社区红十字服务站、志愿者自组创建品牌“微笑小屋”、基层红十字网络体系建设等工作进行调研。

3 月 24—25 日，中国造血干细胞捐献者资料库 2011 年工作会议在贵州省贵阳市召开。王伟、郝林娜、苏菊香出席会议。

4月

4月，财政部2011年度部门预算批复，完成中国红十字会总会预算分配方案工作。财政部批复同意“十二五”期间，中央财政将投入12亿元支持红会事业发展。

4月6日，中国红十字会总会向各省、自治区、直辖市红十字会，新疆生产建设兵团红十字会，铁路、商业系统红十字会印发《全国红十字模范单位标准（试行）》。“标准”分别就红十字志愿服务组织、红十字基层组织、冠名红十字（会）医疗机构、中小学及高校红十字组织、社区红十字组织是否达到模范单位标准规定了评审项目、内容和评审办法。

4月7日，由国家商务部主办，中国红十字会总会承办，中国红十字会总会训练中心负责实施的“发展中国家社区服务项目管理研修班”在京开班。郝林娜出席开班仪式。

4月11—14日，中国红十字会2011年赈济救护工作会议在昆明召开。王伟、王海京，云南省政协副主席、省红十字会会长陈勋儒，云南省红十字会常务副会长段鸿等出席会议。全国30个省、自治区、直辖市红十字会和新疆生产建设兵团红十字会领导与赈济救护负责人等100余人参加了会议。香港特别行政区红十字会代表应邀参会。

4月12—14日，王伟一行在云南省政协副主席、省红十字会会长陈勋儒，省红十字会常务副会长段鸿等陪同下，先后深入云南省昆明市、德宏州盈江县、保山市腾冲县，就红十字工作进行考察调研。

4月15日，网友爆料上海市卢湾区红十字会高额餐饮发票。上海市红十字会当日下午获悉此事后，立即会同卢湾区有关部门进行调查取证，及时向社会公布调查及处理情况。中国红十字会总会对此事高度重视，做出严肃通报，并向各级红十字会提出六点要求。

4月15日，郝林娜一行专程赴江西调研人体器官捐献试点工作。

4月18日—27日，王海京带领中国红十字会代表团对法国和南非红十字会进行了正式访问。

4月20—21日，由北京市红十字会与北京市民间组织国际交流协会联合主办的第四届北京红十字工作国际研讨会在北京国家会议中心举行。本次研讨会的主题是“世界城市，应急准备”。彭珮云、郝林娜等出席会议。会议主要就特大城市的应急准备、民防服务、突发事件与立体救援紧急医疗救援、红十字防备文化等课题进行研讨。

4月26日，湖南省红十字会成立100周年纪念大会在省委礼堂举行。华建敏，湖南省委书记、省人大常委会主任、省红十字会名誉会长周强出席并讲话。郝林娜出席大会。

4月29日，湖北省红十字会第六次会员代表大会召开。华建敏，王伟、郝林娜，湖北省委书记李鸿忠，省长王国生，省人大、省政协等有关领导出席开幕式。华建敏在鄂期间，考察了武汉石门峰名人文化公园遗体捐献纪念馆（林），视察了武昌东亭社区红十字服务站、博爱超市，观看社区志愿者的救护演练，并深入特困家庭进行亲切慰问。

5 月

5月3日，王伟、郭长江、郝林娜、王海京出席在北京新闻大厦举办的“2011 红十字博爱周系列活动暨红十字关爱生命志愿服务行动”启动仪式。

5月5日，中国红十字会在四川省成都市举行汶川地震三周年援建成果总结报告会。华建敏，彭珮云，四川省委副书记、省长蒋巨峰，红十字会与红新月会国际联合会主席、日本红十字会会长近卫忠煇，王伟，教育部副部长、中国红十字会副会长郝平，国家人口和计划生育委员会副主任陈立，审计署副审计长石爱中，江亦曼，四川省人大常委会副主任李崇禧、张东升，四川省副省长、四川省红十字会会长陈文华，成都市人大常委会主任王东洲，郭长江、郝林娜、王海京，红十字会与红新月会国际联合会副主席、卡塔尔红新月会会长穆罕默德·阿尔马迪德，王汝鹏，苏菊香等出席报告会。国际及港澳台代表和全国各省级红十字会、副省级城市及计划单列市红十字会代表出席报告会。华建敏发表讲话。会上，华建敏、彭珮云向演艺明星颁发了中国红十字会“5·12博爱之星”荣誉纪念牌，并同与会人员一起参观纪念中国红十字会援建汶川地震灾区三周年图片展。会前，华建敏会见了专程来华出席会议的近卫忠煇等外宾。

5月5日，汶川地震抗震救灾红十字国际研讨会在成都召开。华建敏，王伟，成都市委副书记、市长葛红林，红十字会与红新月会国际联合会主席、日本红十字会会长近卫忠煇，红十字会与红新月会国际联合会副主席、卡塔尔红新月会会长穆罕默德·阿尔马迪德，江亦曼，郭长江、郝林娜、王海京，王汝鹏，苏菊香等出席研讨会。来自红十字会与红新月会国际联合会，红十字国际委员会，国际劳工组织，兄弟国家红十字会与红新月会代表；香港、澳门特别行政区红十字会，台湾红十字组织代表；全国各省级红十字会、副省级城市及计划单列市红十字会代表以及来自相关部委、国内外捐赠企业代表共200多人参加了此次研讨会。会议由杨澜主持。

5月5日，“红十字向您报告——中国红十字会援助汶川地震三周年公益晚会”在成都市举行。华建敏，彭珮云，中共四川省委副书记、四川省人民政府省长蒋巨峰，红十字会与红新月会国际联合会主席近卫忠煇，王伟，郭长江、郝林娜、王海京，王汝鹏，以及来自国家有关部委的领导，红十字会与红新月会国际联合会和有关国家、地区红会代表，各省级和计划单列市红十字会代表，国内外主要捐赠企业代表，公益明星，专家学者，四川各大院校学生，新闻媒体代表等2000余人观看了演出。

5月6日，华建敏一行到四川省阿坝州汶川县映秀镇、水磨镇，都江堰市玉堂镇视察汶川地震灾后恢复重建情况。

5月7日上午，华建敏考察中国红十字会成都备灾救灾中心眉山仓库及四川省红十字会应急救援中心眉山基地建设项目现场。王伟，王海京，四川省人大常委会副主任张东升，副省长、省红十字会会长陈文华，省红十字会常务副会长文家碧等陪同视察。

5月8—9日，彭珮云在郝林娜陪同下，赴四川汶川、北川考察汶川特大地震灾后恢复重建工作。

5月12日为国家“防灾减灾日”，中国红十字会总会与苏宁电器合作，在北京、上海、广州、南京等全国十大城市开展了主题为“防灾减灾 我们在行动”的大型宣传活动。

5月17日，由中国红十字会总会主办，湖北省红十字会和武汉大学承办的第二期红十字会干部法律培训班在武汉大学开班。王汝鹏，湖北省红十字会常务副会长贺方红，武汉大学副校长周创兵等出席开班仪式，来自全国各省级红十字会及副省级城市红十字会的相关负责人参加培训

5月22日，北京市首个“红立方”——999社区综合服务站在大兴区彩虹新城小区正式启用。王伟、北京市委常委梁伟为首个“红立方”揭幕。

5月24日，由中国红十字基金会携手奥运冠军杨扬发起设立的专项体育公益基金——“冠军基金”在北京体育大学启动。该基金将引入国际奥委会运动员再发展计划，为退役或现役运动员提供职业发展咨询和生活就业培训。国际奥委会副主席、国家体育总局副局长于再清，郭长江，国际奥委会执委、国际奥委会运动委员会主席弗兰克·弗雷德里克斯等出席启动仪式。

5月26日—6月1日，华建敏率领中国红十字会考察团赴台湾，对台湾红十字组织进行工作访问，参加由中国红十字会援建的“莫拉克”风灾重建项目的捐赠仪式。5月27日晚，国民党荣誉主席连战设宴招待代表团一行。台湾社会、经济、宗教、慈善、医疗卫生等各界知名人士，以及当年签署《金门协议》的当事人参加晚宴。郝林娜陪同参加台湾考察活动。

6月

6月6日，华建敏在中国红十字会总会105会议室接受凤凰卫视吴小莉的专访，介绍中国红十字会发展情况。

6月8日上午，华建敏，王伟，江西省委常委、赣州市委书记史文清，江西省人大副主任、省红十字会名誉副会长胡振鹏，江西省政府副省长、省红十字会会长谢茹，郭长江，国家机关工委宣传部巡视员郭存亮等在江西瑞金出席“红十字老区行”全国启动仪式。“红十字老区行”是中国红十字会在建党90周年之际发起的面向革命老区的系列公益活动，内容包括义诊、公益演出、培训乡村医生、药品捐赠、援建博爱卫生站(院)、红十字博爱书屋等。随后，郭长江率慰问组赴陕西延安，王汝鹏率慰问组赴河北西柏坡，王海京率慰问组赴山东沂蒙老区开展“红十字老区行”慰问活动。

6月6—8日，华建敏赴江西参加中国红十字会“红十字老区行”系列活动并调研江西省红十字会工作。王伟、郭长江，江西省人大常委会副主任胡振鹏、副省长谢茹陪同调研。

6月7日，赣州市红十字博爱基金会在江西省赣州成立。华建敏，江西省委常委、赣州市委书记史文清为基金会揭牌。博爱基金会成立首日，共获社会各界捐赠3000余万元。王伟，江西省人大常委会副主任、省红十字会名誉副会长胡振鹏，郭长江出席成立仪式，江西省副省长、省红十字会会长谢茹讲话。

6月8—10日，中国红十字会总会在济南举办“十二五”彩票公益金项目培训班，来自全国31个省级红十字会及中国红十字会总会有关部门、直属单位相关负责人等参加培训。王汝鹏出席培训班并讲话。

6月9—12日，华建敏在浙江调研红十

字工作。华建敏先后来到杭州、富阳、绍兴等地，深入备灾救灾中心、红十字博爱学校和医院、救护实训基地等，考察了浙江省红十字会的组织建设、备灾救灾、基层红十字博爱救助金、红十字冠名基金和现场救护培训等工作。郭长江参加调研，浙江省委副书记夏宝龙、省人大常委会副主任冯明，副省长郑继伟，省红十字会常务副会长王冬梅等陪同调研。

6 月 12 日，由中国红十字会主办，福建省红十字会、厦门市红十字会、中国红十字会总会报刊社共同承办的海峡两岸红十字博爱论坛在福建省厦门市举行。福建省委常委、副省长、省红十字会会长陈桦，郝林娜，台湾红十字组织理事李钟桂出席论坛开幕式并致辞。

6 月 12—16 日，中国红十字会总会训练中心与清华大学继续教育学院联合举办“红十字会领导干部现代管理研修班”。王汝鹏出席开班仪式。

6 月 13 日，中国红十字会总会在重庆召开全国红十字志愿服务项目发展研讨会。郭长江出席会议。

6 月 14—15 日，郭长江赴陕西省延安市参加中国红十字会“红十字老区行”系列活动陕西延安市启动仪式并调研当地红十字会工作。

6 月 15—24 日，王伟率中国红十字会代表团一行五人访问考察了匈牙利红十字会和保加利亚红十字会，并拜访了红十字会与红新月会国际联合会欧洲地区代表处。

6 月 15 日—24 日，郝林娜率中国红十字会代表团分别访问了马尔代夫红新月会和柬埔寨红十字会。应马尔代夫红新月会的要求，向其提供 20 万瑞郎的能力建设支持，以及根据柬埔寨红十字会提出的需求，向其提供非紧急物资援助并签署双边合作协议。

6 月 15 日，中国红十字会总会根据有关省份红十字会上报的强降雨、洪涝、泥石流灾情及需求，半个月内向贵州、湖南、湖北调拨紧急救灾资金 10 万元、家庭包 1400 个、夹克衫 1000 件、棉被 1000 床、环境消毒剂 3600 箱、饮水消毒剂 2200 箱。

6 月 21 日，中国红十字会主办的“红十字老区行”系列活动河北省启动仪式在西柏坡举行。王汝鹏出席。

6 月 21 日，由中国宋庆龄基金会、全国老龄工作委员会办公室、中国红十字会总会、中国残疾人福利基金会和五丰投资集团共同发起的“中国和谐服务工程”在北京启动。全国人大常委会副委员长蒋树声出席活动。

6 月 22 日，中国红十字会总会就网络热议的“郭美美事件”发表郑重声明。

6 月 24 日，中国红十字会总会再次发表声明：中国红十字会没有“红十字商会”的机构，也未设“商业总经理”的职位，更没有“郭美美”其人。中国红十字会一贯反对企图通过制造虚假信息进行炒作的行为，也希望社会各界以平和心态看待此类问题，不被利用。24 日下午，中国红十字会总会已就此事向公安机关报案，并决定启动法律程序，以维护红十字会的合法权益，维护中国红十字会的良好声誉。声明重申：网上流传的某些与中国红十字会及相关个人有关的照片、微博、亲属关系的说法等内容，经核实，均无任何事实依据，纯属不负责任的谣言。对今后继续恶意炒作此事件的单位和个人，中国红十字会将保留进一步追究其法律责任的权利。中国红十字会希望媒体和网络承担起应有的社会责任，本着实事求是的原则，向受众提供真实、公正、准确的信息，避免不实信息的传播。声明同时指出：中国红十字会作为从事人道主义工作的社会救助团体，在认真履行《中华人民共和国红十字会法》赋予的职责的同时，欢迎政府和社会各界对其工作予以监督。同日，中国商业系统红十字会和天略集团分别发表声明，对相关事实予以澄清。

6月28日，中国红十字会总会在京召开新闻发布会，向媒体通报有关“郭美美事件”及相关问题。针对近日在网络和媒体上热议的“郭美美事件”，王伟重申，中国红十字会没有“红十字商会”的机构，也未设“商业总经理”职位，更没有“郭美美”其人。同时，根据中国商业系统红十字会提供的情况，在其组织及其组织的各项活动中，都没有“郭美美”或“郭美玲”参加。事件当事人“郭美美 baby”也已于26日下午连发三条微博向红十字会和公众致歉。她表示，之前微博上“中国红十字会商业总经理”的身份是自己杜撰的，自己从未在中国红十字会工作。王伟指出，网上流传的某些与中国红十字会及相关个人有关的照片、微博、亲属关系的说法等内容，经核实，均无任何事实依据，纯属不负责任的谣言。为澄清事实，中国红十字会总会先后于6月22日、24日两次通过中国红十字会官方网站就“郭美美事件”发表声明，并启动法律程序，向公安机关报案。王伟还就国家审计署27日发布今年第31号审计结果公告中，中国红十字会总会2010年预算执行情况和其他财政收支情况进行审计过程中发现的五个问题，进行了说明。郭长江、王汝鹏及中国红十字会总会有关部门负责人参加新闻发布会并分别回答有关问题。

6月29日，由中国红十字会援建的玉树地震灾后恢复重建项目——玉树县隆宝镇寄宿制小学竣工仪式举行。青海省委书记、省人大常委会主任强卫，北京市副市长洪峰，郝林娜，青海省委常委、省人民政府副省长徐福顺，青海省委常委、省委秘书长王小青，青海省红十字会党组书记孙林及青海省、玉树州县及隆宝镇小学师生等500余人参加了竣工仪式。该项目是中国红十字会援建玉树灾后恢复重建第一个竣工项目。

7月

7月1日，中国红十字会总会发布关于“暂停中国商业系统红十字会一切活动”的声明。

7月4日，中国红十字会总会获得新浪微博认证，正式开通官方微博。开通当天，中国红十字会连发四条微博，其中三条介绍国际红十字运动历史和中国红十字会历史，一条为中国红十字会秘书长王汝鹏答博友问。问题主要涉及郭美美事件及商业系统红十字会、红十字会审计事件、红十字会的特殊身份和管理模式等。中国红十字会总会官方微博将有专人负责信息的更新和发布。

7月5日，《中国日报》、《环球时报》分别对红十字会与红新月会国际联合会东亚地区代表处主任马丁·法勒进行了专访。马丁·法勒就“郭美美事件”、中国红十字会与国际红十字运动的关系、中国红十字会与红十字会与红新月会国际联合会的关系等问题发表看法。马丁·法勒表示中国红十字会在地区和世界范围内与其他国家红会合作良好、工作出色，也接收其他国家红会的援助。

7 月 5 日，2011 年东亚地区红会领导人会议在内蒙古自治区鄂尔多斯市开幕。来自东亚地区五个国家的红十字会代表，以及红十字国际委员会、红十字会与红新月会国际联合会的代表参加了会议。郝林娜在开幕式上致辞。

7 月 6—7 日，中国红十字会在京召开全国红十字会系统廉政工作会议。华建敏，彭珮云，中纪委常委、监察部副部长王伟，中纪委常委、中央国家机关工委副书记、中央国家机关纪工委书记杜学芳，王伟，江亦曼，中组部、国务院办公厅等相关部门负责人以及中国红十字会全体会领导，苏菊香出席会议。各省、自治区、直辖市红十字会，新疆生产建设兵团红十字会，计划单列市及各副省级城市红十字会和中国红十字会总会机关各部门、直属单位的负责人参加会议。会议由郭长江主持。代表们联系红十字会廉政工作实际进行讨论，总结存在的问题并提出改进工作的意见和建议。华建敏在会上讲话。

7 月 7 日，北京市公安局东城分局证实，警方接受报案后，经依法开展工作，现查明，郭美美（女，20 岁，湖南省益阳市人）及其母与中国红十字会无直接关联。在警方调查中，郭美美称，对于中国红十字会，此前并不了解，不认识相关人员，也从未担任相关职务，是 2011 年 3 月份在与深圳商人王某交谈中，知道王某与商业系统红十字会相关单位的合作意向。后郭美美认为原来在微博上注册认证的“主持人、演员”身份层次较低，为满足炫耀心理，于 5 月自行杜撰了“中国红十字会商业总经理”身份，提交微博网站审核通过并加“V”认证。在审查中，郭美美对自己的不当行为表示后悔和歉意。

7 月 9—14 日，朝鲜红十字会副会长白勇虎率团访问中国红十字会。13 日，王伟会见朝鲜红十字会代表团一行，郝林娜陪同会见。

7 月 12 日，伊朗红新月会会长阿布汗桑·范和率四人代表团访问中国红十字会，与郝林娜进行礼节性会见，并参观北京市红十字会 999 紧急救援中心。

7 月 15 日，由民政部主办的第六届中华慈善奖表彰大会在人民大会堂隆重举行，中国红十字会“魔豆爱心工程”和中国红十字基金会“春雨行动”分别荣获“中华慈善奖最具影响力公益项目”。国务院副总理回良玉、华建敏、全国政协副主席张梅颖等党和国家领导人出席表彰大会，接见获奖代表并为获奖个人和单位颁奖。

7 月 18 日，“红十字老区行”最后一站山东站启动仪式在费县沂蒙广场隆重举行。王海京，武警总医院医务部副主任彭碧波等出席仪式。本次老区行活动期间，中国红十字会总会和中国红十字基金会为山东省援建一个急救站、五个卫生站、10 个红十字书库、培训 100 名乡村医生、捐赠了价值近 200 万元的药品。

7 月 19 日，中国红十字会总会向地方红十字会及行业红十字会发出《关于贯彻落实“两公开两透明”承诺的通知》。

7 月 22 日，意大利红十字会托斯卡纳地区委员会主席卡波尼和意大利红十字会东南亚地区项目代表乌加罗赴中国红十字会总会拜访，郝林娜会见来访的客人。

7 月 25 日，中国红十字会总会、中国红十字基金会、浙江省红十字会捐助将 45

万元人道救助金转交温州市红十字会，用以开展“7·23”温州动车追尾事故人道救助工作。当地红十字会组织志愿者进行的心理救援工作也已陆续展开。

7月31日，“中国红十字会捐赠信息发布平台”上线试运行，首先发布青海玉树地震捐赠收支和资助使用的有关情况，并陆续发布甘肃舟曲泥石流、云南盈江地震、日本地震等重大自然灾害的捐赠信息及善款使用情况。

8月

8月3—11日，郭长江率代表团赴俄罗斯、芬兰两国进行工作访问。

8月8—11日，由中国红十字会总会和卫生部共同举办的全国人体器官捐献协调员培训班在山东省烟台市开班，郝林娜，卫生部医管司领导出席培训班开班式。

8月25日，华建敏在北京人民大会堂会见红十字国际委员会主席克伦贝格尔。王伟，郭长江、郝林娜、王海京、王汝鹏参加会谈。

8月26日，中国红十字会第43届南丁格尔奖章获得者座谈会在中国红十字会总会训练中心会议室举行。华建敏、王伟、郭长江、郝林娜、王海京、王汝鹏、卫生部医政司司长王羽、总后卫生部医疗局副局长石青龙、武警部队卫生部部长时立强及孙玉凤、张利岩、陈声容、陈荣秀、吴欣娟、姜小鹰、赵生秀、索玉梅八名第43届南丁格尔奖章获得者等共50余人参加座谈会。座谈会由王海京主持。

8月26日，第43届南丁格尔奖章颁奖大会在北京人民大会堂举行。中共中央总书记、国家主席、中央军委主席、中国红十字会名誉会长胡锦涛出席大会，为八名中国获奖者颁发奖章。中共中央政治局常委、国务院副总理李克强，华建敏等出席颁奖大会。颁奖大会前，胡锦涛会见了红十字国际委员会主席雅各布·克伦贝格尔，欢迎他来华访问并参加南丁格尔奖章颁奖大会。

8月30日，中国红十字会总会和云南省红十字会启动“德宏州盈江县地震灾区恢复重建项目”，王海京出席启动仪式。

9月

9月7日，由中国红十字会总会主办、中国红十字会总会训练中心承办的“急救为人人”2011世界急救日主题宣传活动在北京邮电大学宏福校区举行。华建敏出席活动，王伟发表讲话。国务院应急办、教育部、铁道部、卫生部、共青团中央等单位领导，红十字国际委员会和红十字会与红新月会国际联合会的代表参加活动。除在北京设立主会场外，香港、福州、济南、青岛、淄博等城市还设立了分会场，同时开展群众性应急救护演练。

9月9日，中国红十字会总会援助定点扶贫县暨援建郝家寨博爱小学奠基仪式在山西省浑源县举行。王伟、王汝鹏、山西省红十字会会长王昕及浑源县相关领导出席。

9月12日，中国驻巴基斯坦大使刘健会见巴基斯坦国家灾害管理局主席卡迪尔，转交中国红十字会向巴红新月会捐赠的五万美元救灾款。

9月16日，中国红十字会总会在机关召开干部大会，中组部副部长李建华宣布中央关于赵白鸽（女）任中国红十字会党组书记。免去王伟的中国红十字会党组书记职务的决定。提名赵白鸽为中国红十字会常务副会长人选；王伟同志不再担任中国红十字会常务副会长职务，改任兼职副会长。

9 月 19—20 日，中国红十字会总会在京召开红十字志愿服务项目评审会暨中国红十字志愿服务工作委员会专题会议，对红十字志愿服务项目发展计划首批申报项目进行评审，并对中国红十字志愿服务工作委员会进行补充和调整。郭长江出席会议并讲话。

9 月 21 日，郝林娜在京会见来访的台湾红十字组织负责人陈长文一行。郝林娜对台湾红十字组织以及台湾同胞在汶川大地震中给予地震灾区的大力支持和帮助表示感谢。

9 月 21 日，华建敏会见并设宴款待了台湾红十字组织负责人陈长文一行。国务院台办副主任孙亚夫，郝林娜、王海京参加会见。

9 月 21—28 日，秘书长王汝鹏率队出访塞内加尔和加纳两国的红十字会，与两国红十字会签署相关协议并开展友好交流活动。

9 月 22 日，王海京会见来访的联合国难民署紧急安全及供应司司长阿瓦德一行，并就双方开展合作的可能性进行会谈。

9 月 23 日，中国红十字会总会根据四川、陕西、河南三省红十字会上报的灾情及需求，共向灾区调拨 9500 床棉被、2000 件夹克衫、2000 个爱心包、1500 箱环境消毒剂、3300 箱饮水消毒剂、7100 个家庭包，共计价值 328 万元。中国红十字会总会紧急派出两支救灾工作组分赴四川和陕西灾区考察灾情。从年初起，中国红十字会已投入紧急救灾款物价值 2311 万元。

9 月 22—28 日，台湾红十字组织负责人陈长文一行 20 余人赴陕西、甘肃、四川三地考察灾后重建项目。台湾红十字组织援建的所有硬件项目已全部竣工并投入使用。

9 月 27 日，中国红十字会第九届常务理事会第二次会议在京召开，华建敏，赵白鸽，郭长江、郝林娜、王海京、王汝鹏出席。

9 月 27 日，通过通信选举方式增补第九届理事会理事、常务理事，选举中国红十字会常务副会长、副会长。赵白鸽当选中国红十字会常务副会长，外交部部长助理吴海龙、教育部副部长郝平、王伟为中国红十字会副会长（兼职）。

10月

10 月 2 日，中国红十字会总会根据广西自治区红十字会上报的台风灾情及需求，启动四级应急响应，向其调拨了 2000 个家庭包，总价值 48 万余元。

10 月 8 日，赵白鸽在京向国务院副总理回良玉汇报中国红十字会工作。

10 月 9 日，郭长江在京出席辛亥革命 100 周年纪念活动

10 月 10 日，中国红十字会召开机关全体干部大会，华建敏、赵白鸽出席大会并讲话。郭长江主持会议。郝林娜、王海京、王汝鹏参加会议。中国红十字会总会机关各部室及直属单位主要负责人参加会议。

10 月 10 日，王海京在中国红十字会总会会见越南红十字会代表团。

10 月 11 日，中国红十字会向利比亚提供的第二批紧急人道主义救援物资启运，并于当日抵达利比亚首都的黎波里。在 8 月伊

斯兰斋月节期间，中国红十字会宣布向利比亚提供价值5000万元人民币的紧急人道主义救援物资，第一批紧急人道主义救援物资已于8月18日运抵班加西。此次提供的第二批救援物资包括大米、油及药品，分别于10月11日、14日和15日运抵利比亚的黎波里机场。

10月11日，赵白鸽、郝林娜陪同中央党校省部级领导战略思维与领导能力研究专题班学员考察和调研北京市红十字会999紧急救援中心。

10月11—13日，王汝鹏参加在新疆举办的中国红十字会2011年筹资财务培训班。

10月13日，赵白鸽在中央党校会见卫生部副部长黄洁夫、最高人民法院副院长张军，就深入推进器官捐献试点工作交换意见。郝林娜出席。

10月13日，有媒体报道称，近日有部分学校要求孩子加入红十字会，并要交纳会费。有的学生表示，如果不交，就会挨骂。对此，中国红十字会总会表示，加入会员和收取会费是自愿行为。收取会费目的是增强会员意识，所缴会费将全部用于为会员提供服务以及开展与红十字会宗旨相一致的各项活动。

10月14日，赵白鸽在京向国务院副秘书长丁学东汇报中国红十字会工作。

10月14日，王海京在京出席汶川地震灾后恢复重建总结表彰会议。

10月17日，赵白鸽在中国红十字会总会听取红十字与红新月运动系列法定会议参会筹备情况。

10月17日，王海京在四川省成都市出席香港红十字会博爱康复中心签约仪式。

10月18日，赵白鸽、王海京在中国红十字会总会出席与台湾血液基金会合作备忘录签署仪式。

10月21日，南方片区红十字会工作座谈会在江苏省昆山市召开。华建敏出席并讲话。赵白鸽主持会议。郭长江、王汝鹏出席座谈会。南方片区十三省（区、市）红十字会主要负责同志参加。

10月22日，赵白鸽，王汝鹏在北京师范大学出席中国社会政策研究专题论坛。

10月24日，赵白鸽、郭长江、王汝鹏在京出席红十字品牌管理座谈会暨全国红十字新闻发言人培训班开班式。

10月25日，赵白鸽在中国红十字会总会会见斯里兰卡红十字会代表团。

10月26日，赵白鸽在京出席全国政协主办的中国人口资源环境发展态势分析会并作主题发言。

10月28—30日，赵白鸽在海南出席第72届中国改革国际论坛，并调研海南省红十字会工作。

10月31日，中国红十字会“六五”普法动员电视电话会议召开。华建敏、赵白鸽、全国人大教科文卫委员会副主任委员宋法棠，全国政协社会和法制委员会副主任张穹，司法部政治部主任张彦珍，国务院法制办副主任袁曙宏等出席会议。

11月

11月1日，全国红十字青少年工作会议在天津召开。华建敏，赵白鸽，教育部副部长郝平，共青团中央书记处书记卢雍政，天津市副市长、市红十字会会长张俊芳，郭长江、王海京，卫生部医政司司长王羽，天津市人大常委会副秘书长王世新，红十字国际委员会代表苏克德夫·辛格，红十字会与红新月会国际联合会代表华美菱等出席会议。

11月5日，赵白鸽在京出席搜狐企业家论坛2011年会并作主题演讲。王汝鹏出席。

11月7日，中国红十字会与中国社会学社会政策研究专业委员会在京联合组织"国际红十字会模式探讨"论坛。赵白鸽、郭长江、郝林娜、王海京、王汝鹏、红十字国际委员会东亚地区代表处主任梅拉、红十字会与红新月会国际联合会东亚地区办事处主任马丁·法勒出席。

11月9日，中国红十字会名誉副会长座谈会在京召开。华建敏主持会议。全国人大常委会副委员长、名誉副会长桑国卫，全国政协副主席、名誉副会长黄孟复、张榕明、李金华出席会议，赵白鸽、郭长江、郝林娜、王海京、王汝鹏参加会议。

11月9日，华建敏、赵白鸽、郭长江一行，在北京体育大学乒乓球馆看望参加民族地区优秀青年乡村教师文体培训班的学员们。

11月10—11日，王海京在青岛出席救援队工作研讨班。

11月11日，赵白鸽在京出席筹资工作委员会2011年年会。

11月11—13日，郝林娜在深圳出席中华骨髓库志愿服务工作会。

11月13日，赵白鸽在京出席2011低碳时代（国际）论坛暨低碳时代人物致敬盛典，并作题为"应对气候变化中的公民参与和行动"的主旨演讲。

11月14日，赵白鸽出席在人民大会堂举行的民族地区优秀乡村教师培训班结业典礼并讲话。郭长江出席。

11月14日，郝林娜在武汉出席器官捐献协调员培训班。

11月15日，王汝鹏在中国红十字会总会机关接受《中国经营报》记者采访。

11月16日，郭长江出席山西省红十字会建会100周年纪念大会。

11月16日，郝林娜出席上海市人体器官捐献工作法制环境论证会。

11月20日，赵白鸽、王海京在京出席红十字蓝天救援队综合救援演练活动。

11月22—25日，郝林娜在天津、浙江、福建、湖南开展人体器官捐献试点工作调研及评估。

11月23日—12月2日，赵白鸽率团出席2011年红十字与红新月运动法定会议，期间组织多场座谈会、会面会，与有关国际组织和各国红会进行广泛而深入的交流。

11月23—27日，王海京赴港出席医疗健康紧急应变组培训开班仪式。

11月26日，郝林娜在京出席"北京市红十字会造血干细胞中心成立十周年暨十万志愿者数据入库"活动。

11月27—30日，王汝鹏在湖南出席协同办公系统培训班。

12月

12月1日，华建敏在上海出席上海市红十字会成立百周年大会，郝林娜陪同出席。

12月4日，华建敏到北京军区总医院看望获得红十字基金会"天使阳光基金"资助的先心病儿童，并出席中国红十字基金会"天使阳光救心行"活动暨彩票公益金项目情况通报会。赵白鸽，财政部副部长、兼职副会长王军，北京军区副司令员黄汉标，郭长江参加，红十字基金会常务副理事长王志陪同。

12月5—6日，省级红十字会领导干部培训班暨组织建设信息系统管理培训班在京举办。赵白鸽、郭长江、郝林娜、王海京、王汝鹏出席开班仪式。全国31个省、自治区、直辖市及新疆生产建设兵团的常务副会长、副会长和秘书长，中国红十字会总会机关各部室、直属单位主要负责人参加。赵白鸽作题为《新时期红十字会工作的改革与发展》的培训报告。

12月7日，华建敏主持召开省级红十字会会长座谈会，赵白鸽出席。

12月7—8日，中国红十字会第九届理事会第三次会议在京召开。华建敏出席会议。赵白鸽、郭长江、郝林娜、王海京、王汝鹏参加会议。

12月8日，“红十字在行动”报告会在京举行。中共中央政治局委员、国务院副总理回良玉，华建敏，全国政协副主席、中国红十字会名誉副会长张榕明、李金华，彭珮云出席报告会。各界人士400人参加报告会。

12月9日，北方片区红十字会工作座谈会在京召开。华建敏、赵白鸽、郭长江、郝林娜、王海京、王汝鹏，以及国办秘书三局巡视员、副局长刘会增参加座谈会。

12月14日，赵白鸽在总会机关主持召开会议，专题研究商业系统红十字会有关事宜。郭长江、王汝鹏出席。

12月19日，“毕节贫困山区同心助医工程”流动医院捐赠仪式及领导小组座谈会在京举行，王海京出席。

12月21日，赵白鸽在总会机关会见联合国人口基金驻华代表何安瑞先生。

12月21—23日，辽宁省红十字会第八次会员代表大会在辽宁召开。华建敏出席会议，并考察辽宁省红十字会工作，副会长王海京参加。

12月22日，赵白鸽在京出席全国妇联十届四次执委会。

12月22日，中国红十字会——联合国人口基金生殖健康紧急服务项目启动会在京举办。郝林娜出席。

12月26日，中国红十字会总会干部选拔任用工作动员会在中国红十字会总会机关召开。赵白鸽作动员讲话，郭长江、郝林娜、王海京、王汝鹏出席会议。

12月28日，赵白鸽在总会机关会见可口可乐大中华区副总裁，副会长郝林娜出席。

12月30日，红十字会改革与发展专题研究汇报会在中国红十字会总会机关召开。赵白鸽、郭长江、郝林娜、王海京、秘书长王汝鹏出席会议。总会机关各部室主要负责人参加会议。

12月30日，器官捐献立法研究专家研讨会在京召开。郝林娜、江亦曼出席会议。

工作会议

在第31届国际大会第二分委会上的发言

中国红十字会常务副会长　赵白鸽

2011年11月29日，瑞士日内瓦

尊敬的主席，女士们，先生们：

我十分荣幸代表中国红十字会就“进一步发挥助手作用”一题发言。

众所周知，与政府的合作关系是决定我们运动存在和发展的因素之一。国家红会作为政府在人道领域助手的地位和角色不仅是日内瓦公约和运动章程所赋予，而且在联合国大会第A/RES/49/2号决议中得到了加强。为确保尊重和发挥国家红会的相关作用，第30届国际大会通过了第二号决议，强调通过平衡职责分明与互惠互利间的关系，促进政府和国家红会间建立合作关系。但是，这些工具目的虽好却仍不足以应对在实际人道主义行动中所面临的挑战。因此，我们认为在第31届国际大会上讨论这一问题很有针对性。

女士们，先生们：

在当今世界，越来越多的政府有意识地将社会资源运用到公共服务的策划、实施和监督方面。私营企业承担起更多责任，在全球提供长期的基础施设和相关服务。无论我们是否已意识到，公私合作的模式已在工业化和发达国家中被广泛应用，这种做法被证明能有效地在分散风险的同时保持公信力。随着公民社会组织在世界范围内的影响力的增加，这种趋势在公共服务管理中尤为明显。

中国正经历社会环境的深刻转变。近几十年，随着经济的快速发展，社会发生了翻天覆地的变化。社会与经济、政治和文化之间的协调发展问题被政府提到了前所未有的高度。近年来，非政府组织越来越多地参与到公益事业中来。经济、政治和社会的转型给中国红十字会带来了机遇和挑战。为保持我们在人道主义事业中的领军者地位，我们必须与政府、私营企业及公众建立起多层次的合作关系。

与政府的良好合作关系有利于建立有益的法律环境，同时有助于国家红会的健康发展。正如其它良好关系的建立，与政府的合作必须通过对话和合作，必须建立在互信互利的基础之上。这种合作关系的明显优势在于能对国家红会开展工作的法律框架产生直接影响。对国家红会发展有利和可预见的法律框架包括法律基础的建立，充分的政策和法规环境，以及可定期审议并更新的支持性法律。中国红十字会极大地受益于中国现有的法律环境，我们在汶川地震抗震救灾工作中所取得的成绩即是很好的体现，例如：中国红十字会作为国际救援队包括联合会派出的紧急救援队的协调人，为国际救援提供绿色通道，在灾后重建中有明确的任务等。除了这方面的成绩，我们还致力于明确红会与政府在紧急救援和发展项目中的角色和职责。另外，随着国家法律的变化，我们仍继续探索如何提高竞争力，同时与其他组织保持合作推动建立有利于人道主义事业的环境。

展示出能力是维持平衡的合作关系的关键。审视国家红会自身，我们认为要维持以互信互利为特点的关系，一定要加强自身的能力建设。为实现这个目标，中国红会将努力提高内部制度建设以实现更强有力的领导力。我们将努力通过标准化程序来增强我们的执行力。我们还要建立起鼓励、保护、推动、表彰志愿服务工作的制度和文化。

我想举一个例子说明良好的合作关系如何达到互惠的效果。过去两年中，我们与联合会合作在河南省驻马店市开展了“加强型能力建设”项目。我认为该项目最吸引人的一点就是通过提供相应的培训和便利，让志愿者开展社区为本、以需求为导向的志愿服务，增强志愿者管理的能力建设。当地政府看到项目对社区产生的积极影响后，提供了资金和政策支持，也使红会的总体工作得到了加强。通过一年时间，该分会的志愿者人数翻了一番，社区工作取得了加倍的效果。该分会的工作成绩被当地政府作为构建和谐社会的重要举措而写入了政府工作报告。

女士们、先生们：

我充分相信，通过决议“进一步加强助手作用”将很好地推动与政府部门建立更有力的合作关系。中国红十字会愿意分享经验和教训，同时呼吁联合会、国际委员会和其他国家红会定期交流从内部和外部资源中获取的这方面的信息和做法。我坚信，通过与其他人道机构地紧密合作，中国红十字会一定会与运动所有成员一道在人道主义事业中做得更多、更好、更深入。

在中国红十字基金会三届二次理事会上的讲话

中国红十字会副会长、中国红十字基金会理事长　郭长江

2011 年 4 月 27 日

各位理事、监事：

大家好！

刚才，王志同志作了中国红基会 2010 年工作报告、选国同志做了 2010 年财务报告，我完全同意；德昆同志介绍了中国红基会五年规划的制订情况，各位理事对秘书处的工作表示了肯定，提出了很多很好的建议，尤其是对中国红基会五年发展规划建议稿提出了中肯的修改意见，希望秘书处认真研究并修改、落实。

2010 年，中国红基金筹款和资助规模持续增长，公信力和社会影响力继续提升，这些成绩应予以充分肯定。这些成绩的取得，是总会党组关心重视、正确领导的结果，是社会各界广泛参与、热情支持的结果，是各位理事和基金会全体同志共同努力的结果。在这里，我作为理事长，衷心地向大家表示诚挚的感谢！

2010 年是中国红基会继往开来的一年。在这一年里，中国红基会调整了部门设置和业务流程，理事会顺利换届，秘书处班子也实现了平稳交接，筹资救助等各项工作有条

不紊地向前推进。2010 年也是充满挑战的一年。在这一年里，我国发生了西南旱灾、玉树地震、舟曲泥石流等多个重大自然灾害，红基会积极应对，筹集救灾款物，救灾赈灾工作卓有成效；同时，常规公益项目“红十字天使计划”和“博爱助学计划”的筹款和项目实施工作也齐头并进，品牌知名度和社会影响力得到进一步提升，取得了令人瞩目的工作成绩。

我们也要清醒地认识到，目前公益组织之间的竞争越来越激烈，目前全国登记的基金会数量已有 2100 多家，全国的 5A 级公募基金会已经有七家了，将来可能还会有新的 5A 级基金会产生。逆水行舟，不进则退，我们红基会一定要居安思危，未雨绸缪。如何打造和增强核心竞争力，如何始终保持在基金会领域中的前列地位，已经成为我们不能回避、也必须倾全力来思考和解决的问题，这就需要新的领导班子不断思考未来的发展方向和发展战略。

今年 2 月底的时候，红基会召开了一次务虚会，与会的理事代表和员工们畅所欲言，积极献言献策，对红基会的未来发展提出了许多有建设性的意见和建议，体现了大家的主人翁姿态和工作热情，刚出炉的《红基会会通讯》还专门刊发了务虚会的成果。刚才工作报告中提出的 2011 年的工作思路和工作重点及五年规划，吸收了务虚会上的合理建议，我认为符合实际、切实可行。借此机会，我就红基会今后的工作讲几点意见：

第一，要找准红基会定位，适时调整发展战略。

首先，认清红基会的整体定位。华建敏会长曾多次讲到中国红十字会的四个定位，基金会也要着眼大局，紧跟这四个定位，接受总会的业务指导，依托总会的组织优势和工作支持开展各项活动；同时，要摆脱“等、靠、要”的传统观念，坚持独立自主，主动在筹资模式和项目管理方面改革创新，学习、赶超国内其他基金会同行，借助总会支持和公益复兴的东风，打造出“组织优势明显、项目区别度高、机构灵活机动”的红基会特色。

其次，把握发展方向，制定发展战略。上半年要深入基层，开展调研，发现不足，总结经验，发展和创新项目体系，为红基会未来五年发展奠定基础。通过实地调研，深入了解项目成效，准确把握社会需求，创新设计公益产品，完善项目体系，把握基金会的战略定位和发展方向，为今后开展工作做好充足准备，促进中国红基会的健康可持续发展。在今后的工作中，要不断探索和发展筹资这一核心工作，着力提升专业筹资能力，并进一步加强对专项基金的规范管理。同时，结合我们自身的实际情况，可以尝试探索项目运作型与资助型有机结合的工作模式。

第二，推进制度建设，进一步促进红基会的规范管理。

总会将 2011 年定为“制度建设年”，这也是红基会在今年要力抓的一项工作，没有规矩就不成方圆，制度建设对于一个机构来说，非常重要，加强制度建设在历次会议上被反复强调，相关工作也取得了一些成绩，但是还远远不够。2011 年要整理和完善现有的规章，建立健全对内、对外的各项制度，建立起一整套与红基会发展相适应的机制和体制，以确保在实际工作中真正做到有章可依，有制可循，真正实现“凭规则说话，按制度办事，在规范中发展”。支持借助外脑的办法，通过聘请咨询公司或NGO研究机构进行红基会的发展战略制定、项目设计，开展ISO9000质量认证体系建设。

第三，加强品牌建设，不断提高红基会的公信力和影响力。

中国红基会还要进一步打造和提升品牌形象，形成“品牌效应”，让更多热心公益的社会力量支持红十字事业，参与红基会的项目和行动中来。红基会这几年形成的“红十字天使计划”、“博爱助学计划”等公益品牌和明星资源、媒体传播、专项基金筹款、与国资委和大型央企合作良好等竞争优势，需要进一步总结，以便扬长避短，更好发挥作用，才能促使工作不断再上新台阶。基金会的品牌打造得如何，要综合评定各方面指标，不仅仅要看募集款物的多少，更要看公信力和影响力的高低。公信力和影响力是红基会的生命所在，关系着红基会的生死存亡，关系着红基会是否能在激烈的公益市场竞争中立于不败之地。我们一定在思想上高度重视，要始终把公信力和影响力作为核心工作常抓不懈，多下功夫。一是要加大宣传力度，二是要加强监督工作，三是要建立风险防范机制，这三个方面要相辅相成、紧密配合。

第四，加强能力建设和队伍建设，持续保持旺盛生命力和战斗力。

红基会一向比较重视团队建设，能力建设启动得也比较早，但仍然有很大的发展空间。现在我们的队伍比较年轻，充满活力，执行力强，战斗力高，值得肯定。未来还需要进一步增加专业知识，提升理论素养，并学习和借鉴其他基金会的成功经验。同时，还要注意提高团队协调能力和整体工作效能，各个部门之间既有分工明确，又要紧密合作，这样才能促进基金会健康有序发展。

本次理事会正式选举王志同志担任常务副理事长，红基会的班子全部配齐。希望在领导班子带领下，红基会的团队创造更大的辉煌，也希望全体员工能够不断成长和进步，在各自的岗位上发挥更多的光和热。

回顾过去，中国红基会创造了不平凡的业绩；展望未来，我们对红基会的前景充满着信心！我们要抓住机遇，直面挑战，改革创新，团结奋进，朝着“全国最具实力、最具影响力和最具公信力的公募基金会”这一目标不断迈进。

在“海峡两岸红十字博爱论坛”的致辞

中国红十字会副会长　郝林娜

2011年6月12日

各位红十字同仁、各位来宾：

在海峡两岸和平发展的大好形势下，今天我们来自两岸的红十字同仁齐聚在花团锦簇的鹭岛厦门，参加第三届海峡论坛并举办首次两岸红十字博爱论坛，具有深远而重要的意义。首先，我仅代表中国红十字会，对海峡两岸红十字博爱论坛的举办表示热烈祝贺，向所有前来参加论坛活动的两岸红十字同仁、各界朋友致以诚挚的欢迎。我非常欣慰地看到以李钟桂理事率领的台湾红十字同仁代表团由30人组成，而且其中有很多熟悉的面孔是十几天前我们刚在在台湾见过面的老朋友。5月26日至6月1日，全国人大副委员长、中国红十字会会长华建敏一行应台湾红十字组织的邀请赴台湾进行为其一周的友好交流访问。我本人有幸参加这此交流访问活动。这次访问的主要目的有三个，一是进一步巩固和加强两岸红十字组织的交流与合作，增进相互了解，学习台湾同仁在人道救助领域的好经验，探讨进一步加强合作的领域；二是感谢台湾红十字组织多年来给予我会的帮助。特别是在汶川地震、青海玉树地震及甘肃舟曲泥石流的救灾及重建过程中，给予大陆受灾同胞的关爱亲情和项目援助；三是参加由我会援建台湾的“莫拉克”八八水灾重建项目落成仪式。本次访问在台湾红十字同仁的精心设计和安排下取得了圆满成功，达到了预期的目的。华会长在访台期间不仅和红十字同仁进行了广泛深入地交流，还与国民党荣誉主席连战夫妇、吴伯雄先生、台北市长郝龙斌、台中市长胡志强等政界人士进行了会见。华会长还参观了台湾相关电子、生物、汽车等企业并和相关负责人进行了座谈，比较全面地了解了台湾的经济、社会发展情况，为推动了两岸的大交流、大合作做出了积极贡献。华会长在台湾时反复强调：两岸同胞同根、同种、同源、同文，中华民族悠久的历史文化传统是两岸和平发展的重要基础；面对重大自然灾害两岸红十字同仁秉承民意、患难与共、共克时艰、同档风雨、共享阳光。他提出，未来两岸红十字组织要以务实的态度、人道的精神，将合作推向一个新阶段，在两岸人民心连心的过程中，成为两岸民众高度认同的亮点。华会长还希望，两岸同仁要加强红十字人道博爱奉献的精神和中华传统文化帮扶济困、积德行善思想内涵一致性的理论研究。借此机会，我要向台湾红十字同仁给予我们代表团热情的接待周到的安排表示衷心地感谢。

各位同仁：

海峡论坛是由两岸同胞共同打造、旨在促进两岸民间交流的增进了解、加强合作重要平台。本届论坛围绕“聚焦基层、共享成果”的主议题，强调平等参与互动，以推动两岸扩大交流与合作为宗旨，以体现两岸关系和平发展为内涵，以反映两岸各界民众的共同愿望为期盼。这是一次新形势下两岸民间大交流的盛会。本次论坛大会下设33个子论坛，涵盖青年、妇女、科技、商会、海洋等领域，集中探讨两岸民众普遍关心的民生议题。整个活动的重心面向基层，具有民间性、草根性与广泛性的鲜明特点。海峡两岸红十字组织作为两岸民间交往的重要渠道，首次纳入到第三届“海峡论坛”，共同举办“海峡两岸红十字博爱论坛”，我以为具有重要而现实的意义。本次论坛旨在巩固友谊、促进交流、达成共识、加强合作。通过两岸红十字同仁互相学习、交流经验，开辟更广泛的人道领域合作，为增进两岸人民的福祉，更好地为两岸民众服务。

回顾历史，两岸红十字组织作为两岸民间重要的交往平台，自上世纪80年代海峡两岸恢复接触交往以来，以弘扬人道精神为己任，在寻人转信、青少年交流、灾害救助等领域开展了很好的合作，充分发挥了红十字组织的独特作用。多年来，不管海峡两岸关系风云变化，我们两岸红十字同仁都能秉承红十字的人道宗旨，搁置争议、求同存异，克服困难，共同努力，始终保持密切合作，为促进两岸的沟通交流，为增进两岸人民的福祉做出了积极贡献。上世纪80年代，在两岸还没有直接双向三通的情况下，我们通力合作为两岸同胞开展寻人转信工作，在两岸间架起了一座彰显人道主义的红十字桥梁。截止到目前，两岸红十字组织转寄了300多万封信件，办理了超过10万件的寻人个案，其中有四万多个案寻找到了离散的亲属。1990年，两岸红十字组织为保障两岸私渡人员的生命权，共同签署了具有历史意义的《金门协议》，为保护两岸民众的生命和维护他们的尊严，发挥了红十字独特而重要的人道主义作用。去年，我们两岸红十字同仁还特别在厦门和金门共同举办了《金门协议》签署二十周年纪念活动。《金门协议》为促进两岸和平发展做出的贡献将永载史册。

二十多年来，两岸红十字同仁在不断的接触与交往中彼此建立了深厚的情谊。特别近年来在抗击重大自然灾害的斗争中，两岸红十字同仁，谱写了一方有难，八方支援的感人篇章。2008年，汶川特大地震发生后，台湾红十字组织在第一时间向灾区紧急运送了大批救灾物资，还派遣搜救队和医疗队参与受灾地区的人道及医疗服务，同时在岛内开展募捐活动，短短时间收到社会捐款16亿新台币，为汶川紧急阶段的救灾工作做出了积极的贡献。在后续的灾后重建过程中，台湾红十字组织为川、甘、陕三省受灾地区援建了87个重建项目，目前大部分已建成并投入使用。这些项目为灾区人民群众就医治疗，学生上课提供了强有力的支持和保障。此外，在青海玉树地震救助和甘肃舟曲泥石流的灾后重建工作中，台湾红十字组织分别向我会提供了88.7万美元和56万美元的捐款。对此，我们一并深表感谢。2009年，台湾南部地区遭受“莫拉克”“八八”台风侵袭，给台湾南部地区民众的生命财产造成严重损失。台湾的灾情牵动着华夏大地，大陆民众怀着对台湾同胞的手足之情和感恩之心，积极踊跃捐款。特别是四川的老百姓他们还没有从特大地震灾害的伤痛中平复，但他们感同身受，积极行动。捐款队伍中有老人、有孩子场面感人至深；同样与台湾有着地缘近、血缘亲隔海相望的福建省民众的捐款热情更是高涨。很快汇集大陆同胞爱心的1.2亿元人民币的援助款用于莫拉克台风受灾地区的重建项目。这次我们去台湾看到嘉义县阿里山山美村由华会长亲笔提字的“福美吊桥”正在建设，番路乡“日安社区”灾民永久住房都在陆续落成。当地老百姓正准备迁入新居享受新生活非常高兴。这些项目的实施，再次展示和见证了海峡两岸红十字组织在重大自然灾害面前同舟共济、人道救助、共克时艰的红十字精神。

各位同仁：

2008年以来，两岸关系实现了历史性转折，步入了和平发展新阶段。两岸实现了期盼已久的直接双向三通，开创了两岸大交流、大合作的良好局面；尤其是两岸签订经济合作框架协议，标志着两岸关系发展取得新的重要成果，也为两岸人民的福祉带来具体的实惠。两岸红十字组织近年来在人员交流特别是青少年交流，水上救护培训，灾害救助等领域已开展了广泛的交流与合作，并取得了积极成果。去年在广州举办的亚运会，两岸红十字同仁成功合作参与了亚运会水上竞赛项目的救护任务，得到了亚组委以及社会各界的高度评价。

最后我想说的是：当前，两岸关系和平发展大好局面来之不易，我们要倍加珍惜。举办这个论坛标志着两岸红十字组织合作的深化和更有实质性内容。今天的论坛是第一次，但决不是最后一次，我衷心希望今后两岸红十字同仁，结合两岸和平发展大局需要，更紧密地加强交流与合作、勇于开拓创新，努力在救灾、青少年交流、社区服务、水上救生等方面形成合作工作机制，充分利用海峡论坛作为一个新的交流平台，坚持把论坛办下去，每年有不同的话题、每年有新的思想碰撞，论坛的形式可以活泼多样，地点可以在厦门也可以在台北。让我们共同为两岸和平发展祖国统一大业做出积极的贡献！

在红十字博爱家园项目启动仪式上的讲话

中国红十字会副会长　王海京

2011年1月6日

汶川特大地震是新中国成立以来破坏性最强、波及范围最广、受灾人口最多的自然灾难。震后的灾区，百废待兴。如何又好又快重建美好新家园，成为党、政府、灾区群众和社会各界关注的焦点。中国红十字会在党中央、国务院的坚强领导和有关部门的支持下，及时启动应急预案，向灾区调拨了大批救灾款物，派出上百支紧急救援队，之后又开展了最大规模的民房、学校、卫生院等灾后恢复重建项目。目前，灾后恢复重建已进入扫尾冲刺阶段，中国红十字会的援建项目大多已竣工，陆续投入使用。昔日满目疮痍的灾区，如今已发生了脱胎换骨的巨变：百姓住上了漂亮安全的新房，学生走进了宽敞明亮的学校。

然而，灾后重建是涉及社会经济发展的系统工程，不仅是在一片废墟上重建基础设施和生活设施，更重要和更具挑战性的是进行当地社区的重建。相对于灾后建房修路等硬件设施的重建，灾区的社区重建更注重软件投入，包括社区组织的恢复和完善、人际关系的维护和稳定、人们心理创伤的治疗、群众自救互救、防灾避险能力和社区造血功能的提升等。社区重建的专业性要求比较高、持续时间比较长，且需要具有一定专业素质并且是非盈利性质的组织和志愿者来积极参与。这些特征都是我们红十字会所具有的。经过慎重考虑和论证（酝酿了很长时间，选择恰当的时机），执委会研究决定，投入一定资金，在汶川地震灾区的四川、甘肃、陕西、重庆、云南和宁夏的237个受灾县（市、区）各选区一个农村或城市社区，开展红十字博爱家园项目。通过在项目社区建立红十字基层组织，开展红十字特色的防灾减灾、应急救护、逃生避险、自救互救、健康卫生等社区工作，建立社区救助基金，强化公益设施建设，增强汶川地震受灾农村社区或城市社区的软实力，促进红十字会的组织发展和能力建设。下面，我着重介绍一下项目立项背景和意义、项目设计及项目要求。

一、项目立项的意义

（一）“博爱家园”项目是党和政府和谐社区建设和新农村建设的积极探索和有益补充。大家知道，大力开展和谐社区建设和社会主义新农村建设是我国当前重大战略决策，是我们党指导基层工作的新理念、新举措。党的十七届五中全会也提出要加快经济发展转变方式，科学推进新农村建设，全面夺取全面建设小康社会新胜利的重要任务。红十字会如何在当前政府改善民生、建设和谐社会的大局中找到工作抓手，怎么有效推进红十字事业在农村发展，是我们正在思考的重要问题。现在实施的“博爱家园”项目，可以说是中国红十字会立足实际、服务和谐社区建设和社会主义新农村建设的新举措，是政府中心工作的有益补充，必定会得到政府的大力支持，符合国情、民情，是新形势下红十字会组织参与和谐社区建设和新农村建设的积极探索和生动实践，红十字会借此可跻身于社会建设的主战场，将开辟红十字事业创新发展的新天地。

（二）红十字博爱家园项目是的灾后重建工作的有益补充，符合灾区群众安居乐业的需求。国务院颁布的《汶川地震灾后恢复重建条例》明确指出，在灾后重建中应坚持“政府主导与社会参与相结合”的原则。在这次地震灾后重建中，社会力量发挥了重要作用，在产业重建、文化重建、生态重建、心理重建等方面都进行了广泛参与。城乡社区作为社会的基本构成单元，是广大人民群众工作、生活的重要场所，是防灾减灾的前沿阵地。汶川地震后，国家更加重视社区防灾减灾的宣传教育和减灾能力建设工作，以提高社区抵御灾害风险的能力和水平。而目前我国社区群众的防灾减灾意识还比较淡薄，自救互救能力不强，基层社区的防灾减灾能力薄弱。加强社区防灾减灾工作，已成为保障人民群众生命财产安全的现实需要。红十字博爱家园项目，更着眼于灾区群众防灾减灾能力的提高，更注重社区生计的恢复和重建，是以政府为主导的灾后重建的有益补充。

（三）红十字博爱家园项目是红十字传统项目的整合、创新和发展，是红十字事业持续发展和能力提高的重要载体。红十字品牌的生命力在于传承，更在于创新。备灾减灾、应急救护培训、健康卫生知识普及是中国红十字会的传统项目，积累了丰富的经验。但是这些项目多为“单兵作战”，相关利益群体在项目的实施过程中难以发挥主动性，结果常常是随着项目的结束，开展的活动也随之结束。红十字博爱家园项目是基于社区这一平台上对以上项目进行了整合，并加入了组织发展、社区救助基金等新元素，是对红十字传统项目的扩展和创新。较以前的项目，该项目从设计上更注重资源整合后的合力效应，更加注重受益地区的可持续发展。同时，灾后重建硬件项目竣工后，灾区红十字会，特别是震后完成管理体制理顺的县级红十字会，客观面临着如何进一步发展和可持续发展的问题。这个项目需要基层红十字会更多实质性的参与和引导。它的实施，势必能提升基层红十字会项目执行能力，带动筹资宣传、志愿服务、组织建设等工作的全面推进，促进红十字会综合能力建设的发展。

（四）红十字博爱家园项目是与国际重建模式接轨的中国化探索和实践，符合国际红十字救灾重建理念。近年来，国际联合会、香港红十字会及一些兄弟国家红十字会作为出资方，在我国开展以社区为本备灾项目（CBDP）、社区为本的健康和急救项目（CBHFA），以及以小额贷款和技能培训为主要内容的生计重建项目。中国红十字会也相应地积累了一定的经验。这些项目模式更注重志愿者、社区群众等相关人员的参与，更注重受益社区综合减灾能力的提高，更注重受灾群众生计的恢复和发展。红十字博爱家园项目则是中国红十字会借鉴这些先进项目理念，结合自身实际“自主设计、自主实施、自主管理”的项目。同之前的国际项目相比，这个项目覆盖范围更大，影响将更大。

总之，这个项目有继承，更有创新；既符合国家灾后重建总体规划和灾区需求、又符合红十字宗旨和捐赠人要求；既利国利民，又有利于红十字会的发展。

二、项目设计的基本思路

项目建议书是个概念性文本，供大家讨论。

（一）项目目标

通过在社区建立红十字基层组织，开展红十字特色的防灾减灾、应急救护、逃生避险、自救互救、健康卫生等社区工作，建立社区救助基金，强化公益设施建设，增强汶川地震受灾农村社区或城市社区的软实力，促进中国红十字会的组织发展和能力建设。

（二）项目产出

项目产出是三个能力的提高。一是社区可持续性发展的能力，包括社区备灾、减灾、应对突发事件、互助解决问题方面的能力，在国际上有个通用的说法就是要建设“弹性社区”。二是红十字会志愿者自我管理、自我组织、自我发展的能力，使志愿者可以红十字会植根于社区的最活跃的关键力量。三是各级红十字会的服务能力，包括救灾、救护、救助、筹资、宣传等综合能力，更好地为弱势群体服务。

随着三个能力的不断提高，我们的博爱家园将成为红十字会的永久示范店。

（三）项目内容

项目主要包括四个组成部分：组织发展、生计发展、硬件建设、软件建设。项目实施之初要建立社区红十字组织，要发展会员和志愿者，成为项目发展的中间力量；在调查和评估的基础上，进行社区备灾设施、基础生活设施、基础卫生设施、便民设施等硬件建设；注重开展防灾避险知识宣传、自护救护技能普及等工作，帮助社区群众开展应急预案的制定和演练，提升社区软实力，促进社区精神文明建设；通过建立社区互助金，帮助项目社区发展生产，改善居民生活条件，提高生活水平。

（四）项目理念

一是全面协调可持续发展。项目的设计和实施要符合社区建设总体规划，要与各级红十字会的长远发展战略和工作重点相一致，与有关部门实现资源共享、优势互补，并以项目的实施促进红十字会基层组织的发展，促进各项工作的协调发展。

二是强调社区参与。在各种救灾活动或援助项目中，社区及社区居民的定位一般是灾民及弱势群体、被援助对象，更多的是被动的接受或接收。我们这个博爱家园项目要改变这种传统的做法，在项目实施全过程中，要贯彻参与式发展理念，调动当地政府的积极性和主动性，使受益群众和志愿者作为项目的主体，实现从“要我发展”到“我要发展”的转变。

三是要把握国际视角。中国红十字会近年来在国际红十字运动中的作用越来越凸显，我们在结合中国的实际探索中国模式的同时，也要着眼国际发展的大格局（比如说促进社会性别平衡，千年发展目标中将促进社会性别平衡作为很重要的内容，作为人道主义组织，中国红十字会目前的各项工作也在贯穿这项内容。博爱家园项目在项目设计、社区需求评估等方面都要考虑到妇女及儿童的特殊需求，注重妇女权利的倡导）。

三、项目要求

“博爱家园”项目是一项“为政府分忧、为百姓解困、传递爱心、倡导奉献”的惠民工程，涉及到政府、相关部门、捐资方、老百姓等多方力量，头绪多、情况复杂，做好项目有以下几点要求：

一要充分领会项目的内容实质，高度重视。各级红十字会要充分认识博爱家园项目开展的必要性，提高对于项目意义和作用的认识，要把项目的重要性提高到能力建设和组织长远发展的重要高度；要成立专门的项目管理机构，一把手要亲自抓，把项目实施和管理作为年度的重要工作，要列入绩效考评体系。

积极争取政府有关部门及社会各界的广泛参与和大力支持，并通过宣传和反馈吸引更多的社会力量投身于这个项目，从而积极探求可持续的项目筹资机制，探索社区长期扶持救助机制和基层红十字会的可持续发展模式

二要注重树立创新意识，因地制宜。红十字博爱家园项目是红十字会关注民生工程的新的公益品牌。大家要立足长远，把品牌意识贯穿项目实施全过程，这次会议我们就要一起来探讨这个品牌，从名称、标识到内涵、宣传、管理等诸多方面，群策群力。

“博爱家园”项目刚刚起步，面临全新的情况，有很多我们无法预料的新问题。比如说，如何在微观层面上优化政策环境；如何进一步探索形成推进工作的长效机制；如何巩固既有工作成果，确保工作的连续性和可持续性；如何实现“博爱家园”由点及面、由初级向高级的转化等等。希望我们能在今后的工作中积极探索，认真地研究和思考，我们充分尊重基层的大胆实践和群众的首创精神，要着眼于实施“博爱家园”服务新农村建设的长期性和艰巨性，进一步挖掘“博爱家园”的时代内涵，在实践中不断总结成功做法和有益经验，把那些好做法、好经验用制度的方式固定下来、坚持下去，宣传开来，转化为经常性的工作举措，在组织领导、资源整合、协调服务、管理监督、评价激励等方面建立健全工作机制，推动此项工作在创新中持续健康发展。

三要提高项目管理水平，严抓落实。“博爱家园”以项目化为基本运作模式，这就要求我们必须严格按照项目的管理来运行。《中国红十字会总会项目管理办法》是我们工作的依据和标准，要按照《“博爱家园”项目申请手册》的具体要求来执行。各级红十字会严格按照项目确定的最终方案，抓好落实。

要深入社区进行基线调查和能力评估，严格按照筛选标准选择实施条件好、项目收益高、可持续性强的社区作为项目点，条件不成熟的社区可以暂缓考虑；总会、省、市、县级红会都要组织督导评估，及时发现问题，解决问题；要促进项目交流，不断提高项目管理水平；加强资金监管，严抓预算管理。

项目建有激励机制，对于执行力度强、效果突出的项目地区将给予奖励，可以考虑推荐优秀项目社区参加民政部“全国综合减灾示范社区”的评选。要在总结项目成果和经验的基础上，积极向其他省份推行这个项目模式，扩大这一项目的影响力。

在“十二五”彩票公益金项目培训会议上的讲话

中国红十字会秘书长　王汝鹏

2011 年 6 月 8 日

这次在山东济南市举办中国红十字会总会彩票公益金项目培训会，主要是总结“十一五”期间彩票公益金项目的执行情况，对开始实施的彩票公益金项目“十二五”计划做动员部署和业务培训。

一、关于彩票公益金项目“十一五”计划的执行情况

经国务院批准，“十一五”期间，中央财政从统筹的彩票公益金中安排 79480 万元，继续支持中国红十字会开展备灾救灾、救护师资培训、造血干细胞捐献、白血病儿童救助等项目，经过总会和地方分会的共同努力，这些资助项目已全面落实，实施进展顺利，取得了明显的社会效益，产生了良好的社会反响，有力促进了红十字事业的发展，在和谐社会建设中发挥了重要作用。

（一）“十一五”彩票公益金的收支情况

2007 至 2010 年总会彩票公益金预算收入为 79480 万元，其中总会本级收入 76735 万元，占总预算的 96.5%；地方分会收入 2745 万元，占总预算的 3.5%。预算执行 79453.68 万元，其中总会本级支出 79469.68 万元，地方分会支出 2729 万元，完成预算的 99.97%。截止 2010 年 12 月 31 日预算结转 15.96 万元，结转资金将按照彩票公益金管理办法的规定安排使用，其中，救护师资培训项目结转 10.32 万元，用于该项目网络管理系统维护等后续工作；贫困白血病儿童救助项目结转 5.64 万元，继续用于白血病患儿的资助，结转资金将在 2011 年上半年执行完毕。

（二）“十一五”彩票公益金项目的实施情况

1. 备灾救灾项目。彩票公益金“十一五”计划期间，总会专门下发了《关于加强救灾物资分配管理的通知》，修订了《中国红十字会救灾工作报表》，从救灾物资的采购到向受益人发放，做到层层监督，环环相扣，确保每一个环节都不出问题。按照政府采购的有关要求，总会集中采购了价值 1.5 亿元的备灾救灾物资，其中采购粮食 2.143 万吨、棉被 34 万床、棉衣 17.3 万件、夹克衫 18.96 万件、棉帐篷 5567 顶、单帐篷 1.1 万顶、环境消毒剂 5.767 万箱、饮用水消毒剂 5.15 万箱。这些救灾物资分别投入到全国 28 个省（区、市）用于地震、洪涝、泥石流、山体滑坡、台风等自然灾害的人道救助工作，受益群众超过 400 万人。截止 2010 年 12 月 31 日，在总会区域性备灾中心和灾情多发地的省级红十字会储备了 4683 万元的救灾物资，如有重大灾情，这些救灾物资可立即运抵灾区。

在紧急救灾工作中，中国红十字会积极发挥红十字会救灾系统的优势，配合政府开展救灾工作，第一时间为灾区群众送去粮食、帐篷、衣物、药品等物资，在使用公益金采购的物资包装上都印制了“国家彩票公益金资助”字样和红十字标志，让受益群众知道物资的来源，使受灾群众在最困难、最需要帮助的时候，感受到党和政府以及红十字会的关爱，体现了国家彩票公益金“取之于民、用之于民”的理念。

在人道救助工作中，总会继续开展“红十字博爱送万家”活动。“十一五”期间，共投入彩票公益金2500万元、自筹资金610万元，采购送温暖物资12.5万箱，分发到全国31个省（区、市）和新疆生产建设兵团用于开展送温暖活动，使15万户家庭、60余万群众受益。地方红十字会也为“红十字博爱送万家”活动配套筹集款物八亿元，使400万户贫困家庭、1600万贫困人口受益。“红十字博爱送万家”活动已成为社会参与、政府支持、媒体关注、群众欢迎的品牌工程。

2. 救护师资培训项目。“十一五”期间，共投入救护师资培训项目资金9854万元，其中总会本级7109万元，地方分会2745万元，全国32个省级红十字会参加了项目工作，共举办救护师资培训班551期，培训师资25850人，资助建立了一支基本稳定的救护师资队伍，缓解了长期以来地方红十字会救护师资严重不足、培训经费严重短缺问题。该项目还组织编印了救护师资培训教材4.73万册，制作救护教学挂图二万套，宣传招贴画50万张，宣传折页25万张，救护手册八万册，制作教学光盘六万张，招标采购了4900万元的救护培训教具，从培训内容、教学质量、考核方式等方面都进行了改进和规范，提高了教学水平和培训质量，实现了培训教材、质量标准、教学计划、考核发证“四统一”的项目目标。

救护师资培训项目的实施带动了行业救护培训工作的发展，也带动了救护知识普及工作的开展。培训对象突破了原来仅限于红十字会系统和卫生系统，电力、煤炭、石油、公安、旅游、民航等特殊行业也选派学员参加了培训。据不完全统计，“十一五”期间全国培训救护员总数超过1419万人次，普及救护知识达7119万人次，他们在汶川地震、玉树地震等重大自然灾害以及在服务北京奥运会、广州亚运会、上海世博会等大型活动中发挥了积极作用。

3. 造血干细胞捐献者资料库项目。中央财政安排彩票公益金4.1686亿元，用于中国造血干细胞捐献者资料库建设项目，完成志愿者HLA血样分型资料入库74.58万人份，其中高分辨数据20万人份。截至2010年12月31日，中华骨髓库库容量达到了128万人份，超额完成计划目标28万人份，创造了全世界骨髓库年度入库数量最多、发展速度最快的佳绩。“十一五”期间，中国造血干细胞捐献者资料库全面完成了项目目标，实现了跨越式发展，已成为惠及患者、造福社会的生命希望之库。

4. 贫困白血病儿童救助项目。2009年3月，温家宝总理关心和救助河北白血病患儿一事经媒体报道后，引起社会广泛关注。总会向财政部申请国家彩票公益金支持开展白血病儿童救助工作。2009、2010年度，财政部连续两年从中央统筹的彩票公益金中安排1亿元人民币，专项用于贫困白血病患儿的医疗救助。两年间共为来自全国各地的3204名贫困白血病患儿提供了医疗资助。

贫困白血病儿童救助项目的实施，为渴望得到救助的患儿带来了生的希望，挽救了一批贫困白血病患儿的生命，在一定程度上缓解了白血病患儿家庭的经济压力，受助患儿及其亲人切身感受到党和政府的关怀以及全社会的爱心，更坚定了战胜病魔的勇气和生活的信心，促进了家庭稳定及社会和谐，产生了显著的社会效益。

（三）“十一五”彩票公益金项目的实

施体会

1. 彩票公益金项目为红十字会注入了生机与活力，搭建了红十字会在人道领域发挥政府助手作用的新舞台。中国红十字会作为从事人道主义工作的社会救助团体虽已走过百年历程，但综合实力还不够强。红十字会实施彩票公益金项目，是政府向社会组织购买公共服务的一次成功尝试，不仅提升了中国红十字会的项目执行能力和社会服务能力，也促进了红十字事业的可持续发展。彩票公益金项目的实施把党和政府的关心、彩民的爱心与红十字精神传递给千家万户，让更多的人了解、支持、关心红十字事业，唤起更多的社会力量回报社会、奉献爱心，有利于形成全社会乐于助人、扶危济困的良好风尚。同时也是中国红十字会贯彻落实科学发展观，积极参与社会主义和谐社会建设的有益实践。

2. 党和政府对红十字事业的重视和支持，是实施彩票公益金项目的关键。回良玉副总理在中国红十字会第九次全国会员代表大会上指出："当前，我国已进入全面建设小康社会、加快推进社会主义现代化的关键时期。大力发展红十字事业，有利于动员社会力量、汇集各方资源，帮助解决群众特殊生活困难，促进社会和谐稳定"。红十字会承担实施彩票公益金项目，体现了党和政府对红十字事业的关心、重视和支持，对红十字事业的发展意义重大。为管好用好公益金，总会执委会高度重视，认真部署，精心组织，有效发挥了总会和地方分会的积极性，通过成立专家委员会、动员媒体参与项目宣传、聘请专业机构开展项目评估等多种方式，为公益金项目的健康实施提供保障。四年来，我们在完成南方冰冻雪灾、汶川特大地震、青海玉树地震等重大灾害救援的同时，也出色完成了服务北京奥运、上海世博、广州亚运会的工作任务，全面实现了彩票公益金项目的"十一五"目标。

3. 完善规章制度，强化管理和监督，是管好用好彩票公益金的重要保证。公益金是专项用于社会福利、体育等社会公益事业的专项资金。为规范公益金的使用，按照财政部关于资金使用要规范透明，确保公平、公开、公正的要求，总会从制度建设入手，首先与财政部联合制定了《中国红十字会总会彩票公益金管理办法》，根据管理办法，总会又相继制定印发了《彩票公益金管理实施细则》、《彩票公益金项目绩效考评实施办法（试行)》、《中国造血干细胞捐献者资料库建设项目实施办法》、《彩票公益金救护师资培训项目实施办法》、《中国红十字基金会小天使基金资助管理暂行办法》等一系列规范性文件，进一步规范了项目资金的管理、使用和监督，完善了管理流程和机制，为公益金项目目标的实现提供了制度保障。

4. 加强项目绩效考评工作，有利于提高彩票公益金的使用效益。为了提高彩票公益金的使用效益，总会坚持开展项目绩效考评工作，建立了以绩效考评为核心的"追踪问效"机制。通过聘请专家定期开展项目绩效考评，加强了财务管理和实施监督，使我们对项目的管理情况、执行情况、资金使用情况及物资采购与发放情况有了客观全面了解，及时发现执行中的问题。同时利用考评结果，对内部控制制度、项目完成的进度和质量、规章制度的落实情况、项目实施的社会效益等进行比较和分析，及时总结经验，纠正不足，使公益金项目管理工作更加科学化、精细化，提升了红十字会的公信力。

（四）彩票公益金项目执行中存在的问题

在彩票公益金项目取得上述成绩的同时，我们也清醒地看到在公益金项目管理中，还存在一些需要引起我们重视和注意的问题，在以后的工作中要认真进行整改。这些问题主要表现在：一是个别项目执行单位擅自扩大公益金支出范围；二是部分单位存在项目经费结余，项目执行力不强；三是会计基础工作不够规范；四是省级红十字会对项目实施指导监督不力；五是一些项目执行单位未按规定及时报送绩效考评报告。

二、关于彩票公益金“十二五”计划

2010年7月，总会在总结彩票公益金“十一五”计划实施成果的基础上，向财政部申报了公益金“十二五”计划。经国务院批准，“十二五”期间中央财政从统筹的彩票公益金中安排12.0369亿元用于支持红十字事业，其中人道救助救援项目2.9429亿元，生命健康安全教育项目1.0540亿元，造血干细胞捐献者资料库建设项目5.1085亿元，贫困白血病和先心病儿童救助项目2.5亿元，人体器官（组织）捐献项目4315万元。

“十二五”期间彩票公益金项目的具体实施目标是：

——建立快速高效的灾害救援反应机制。落实《中国红十字会自然灾害与突发事件应急预案》，加强应对自然灾害和突发事件的能力建设，有效发挥备灾救灾中心（仓库）的作用，加大救灾工作力度，努力成为非政府组织中的主要救援力量。通过购买粮食、帐篷、棉衣、棉被等，为灾区群众提供紧急救助，预计可使190万个家庭、760万人口受益。通过组建紧急救援队，在第一时间为灾区群众提供医疗、饮用水、公共卫生等方面的支持。

——把应急救护培训纳入应急体系建设的整体规划。要逐步实现红十字救护培训的“四统一”管理，建立救护培训工作的长效机制。争取在直辖市、省会城市和部分基础较好的城市达到每百人中有一名培训合格的红十字救护员，参加应急救护培训人数达到当地人口总数的1.5%以上。有条件的红十字会要积极拓展水上救护培训等新的工作领域。

——把中华骨髓库建成惠及患者、造福社会的生命希望之库。到2015年，32个省级红十字会全部建立中华骨髓库分库，有效库容量达到200万人份。

——为患重大疾病的贫困儿童点燃希望。从2011年至2015年，重点资助贫困家庭的白血病和先心病儿童，按照每名患儿资助三至五万元的标准，预计可资助一万名贫困家庭的白血病和先心病儿童。

——建设覆盖全国的人体器官捐献信息网络平台。到2015年，建立一个拥有6.5万人体器官捐献志愿者的资料库，培训器官捐献工作者、志愿者和协调员8000人，建立一支高素质的人体器官捐献工作者队伍。

为保证彩票公益金“十二五”计划的全面落实，我代表总会提出以下工作要求：

（一）要切实加强领导，进一步提高公益金项目的实施管理水平。凡承担公益金项目的单位，主要领导要亲自负责，项目执行管理部门要分工负责、协调行动。要加强总会与地方分会、项目管理部门之间的沟通和配合，密切合作，确保公益金“十二五”

计划目标全面实现。

（二）要严格执行财政法规和公益金的各项管理规定。各项目执行单位必须严格把关，严肃纪律，强化预算管理，把项目预算做实、做细，严格项目支出管理，维护预算的严肃性。要以加强项目管理和提高执行力为重点，建章立制，堵塞管理漏洞，提高项目的综合管理水平。

（三）加大公益金项目的宣传力度，全面提升项目影响力。要切实加强彩票公益金项目的舆论宣传，扩大项目的社会影响，同时积极做好公益金项目的绩效评估工作，确保公益金项目的公开透明和资金使用效益。

（四）积极争取地方政府的重视和支持。各地红十字会要苦练内功，努力提升执行能力，以规范高效的管理水平和服务质量去赢得政府的信任和支持，以获得更多资源，促进中国红十字事业的可持续发展。

同志们，中国红十字会有百余年历史，有着光荣的传统和良好的社会声誉，有遍及全国的组织网络和庞大的会员、志愿者队伍，这是我们实施好公益金项目的重要工作基础和组织保障。我们要充分发挥自身的优势，努力服务于国家社会建设的大局，当好政府助手，为促进经济社会协调发展，建设社会主义和谐社会做出积极的贡献。

三

总会篇

中国红十字会组织结构图

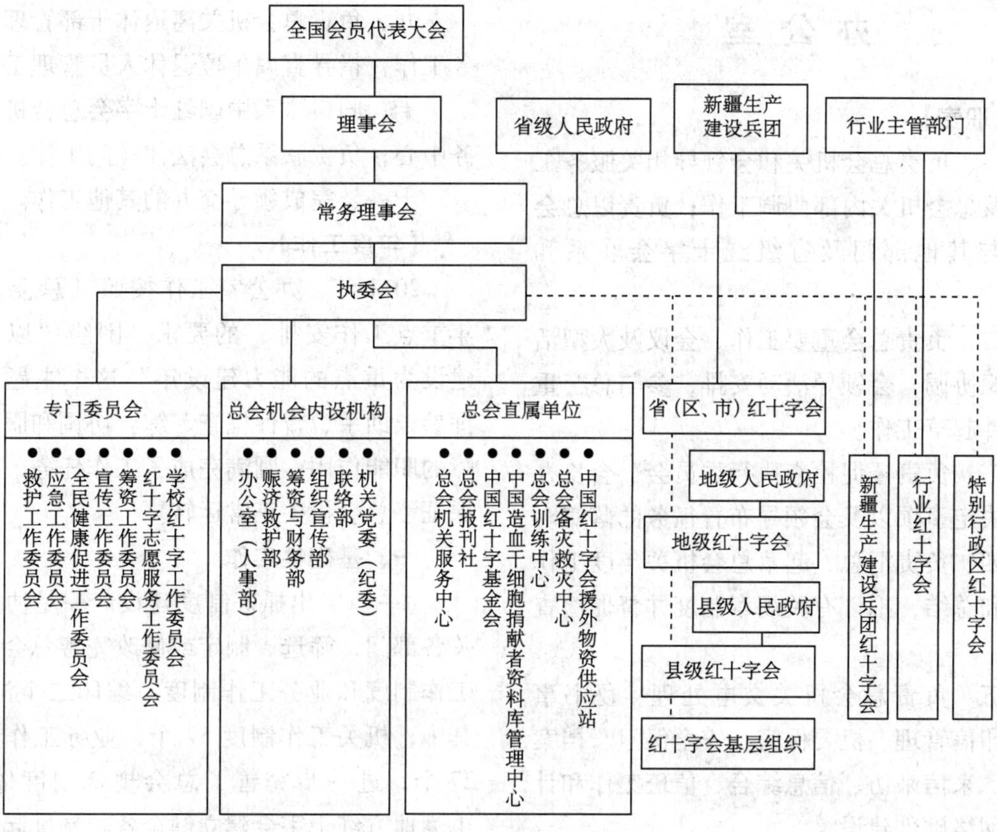

注：图中实线表示领导关系；虚线表示业务指导关系。

中国红十字会总会机关及直属单位

总会机关

办公室

【职责】

一、负责总会机关和会领导相关服务工作以及总会机关内部协调工作；负责以总会名义与其他部门及省级红十字会联系和沟通；

二、负责总会重要工作、会议及大型活动组织协调，会领导活动安排，参与总会重要文件起草工作。

三、负责督促检查执行委员会、会长办公会决定事项以及会领导布置任务的落实。

四、负责汇总、起草总会机关年度工作计划和总结，拟订有关规章制度并督促检查落实。

五、负责总会机关文电处理、秘书事务、印信管理、机要保密、安全保卫、档案管理、来信来访、信息综合、值班工作和计算机网络硬件建设。

六、负责总会机关人事工作，指导直属单位人事工作。负责总会机关干部教育培训工作；负责与人力资源社会保障部联合表彰红十字会系统先进集体和先进工作者的协调和组织实施工作；负责中国红十字会工作者荣誉证章颁发工作。

七、负责立法、普法工作和法律法规贯彻工作；负责维权事务和法律政策咨询。

八、负责红十字会理论研究工作；参与红十字会法规性文件起草和修订。

九、负责总会机关离退休干部管理和服务工作，指导直属单位退休人员管理工作。

十、归口联系中国红十字会总会机关服务中心；负责联系总会法律顾问工作。

十一、完成领导交办的其他工作。

【年度工作】

2011 年，办公室工作按照《总会 2011 年重点工作安排》的要求，围绕“以制度建设为重点的能力建设年”这个主题，发挥参谋助手、督促检查、综合协调和服务保障的职能作用，圆满完成了工作任务，从而保证了总会机关正常运转。

一、基础性工作

（一）突出抓好制度建设。一是协调机关各部门，筛选、制定或修改完善总会机关工作制度和业务工作制度。编印二个汇编，其中，机关工作制度 57 个，业务工作制度 27 个，进一步完善了总会规章制度体系，也为地方红十字会建立健全各项制度起到了示范作用。6 月下旬，已印发机关干部、直属单位和省级红十字会；在系统廉政会议上作为会议材料，受到与会代表的好评。二是健全与办公室业务相关的制度。认真研究拟订或修订制度五个，加上 2010 年完成的 14 个相关制度，进一步健全完善了会议、人事和保密等方面的规章制度，新建立了催办、信访工作、合同管理、公务接待及离退休干部工作等制度，以期实现用制度管人、管事的目标。

（二）协调保障工作。一是增强协调服务意识，主动与机关各部门和直属单位、有关部委、地方分会沟通协调，完成了第43届南丁格尔奖章颁奖大会、九届二次理事会、南方片区座谈会、援助汶川地震三周年纪念活动，华建敏赴各地红十字会调研等组织协调工作。二是协调完成执委会、办公会安排和会议材料准备，认真完成会议纪要起草印发；完成会领导周安排、月安排，完善会领导的各项服务保障性工作。三是认真撰写文件，起草向胡锦涛总书记汇报工作、向国务院领导汇报工作、九届二次理事会、汶川地震救援三周年研讨会等文件，参与国务院《关于促进红十字事业发展若干意见》的起草工作；编印《简报》10期，《会内通报》21期。四是加强督办工作，落实总会重要工作部署。

（三）网络和协同办公系统建设。完成了协同办公系统的开发完善工作，组织总会和直属单位工作人员协同办公系统培训班。完成了正版软件的安装调试工作。配合机关办公用房调整，及时进行网络布线改造，保证了正常办公。主动配合总会捐赠信息平台上线，承担捐赠信息平台意见反馈的分析整理，及时提供相关部门研究处理。起草了《中国红十字会协同办公系统使用管理办法》、《中国红十字会总会网站管理办法》，旨在加强网络规范化管理。对网站链接进行了清理。启动了总会信息化建设工作，完成了整体工作计划和组织架构设计，组织召开了信息化建设专家小组第一次会议。

（四）机要保密及档案工作。4月初，召开总会保密委员会会议，研究部署总会2011年保密工作。对总会各部门非涉密计算机及专项保密工作以及档案保管、利用和库房安全状况进行逐项检查，未发现失泄密情况。拟订印发了《中国红十字会总会档案管理办法》。截至11月8日，机要收文750件，密电126件，及时送会领导阅签。完成2010年档案归档工作，整理档案270卷。

二、干部人事工作

（一）机关干部人事工作。完成中组部规定的年度“一报告两评议”和“领导干部个人情况报告”上报工作。拟订总会干部任用方案（讨论稿），提出了干部任用方式和程序等建议。完成机关干部第三步工作津贴调整、离退休干部退休津贴调整和直属单位退休人员退休费调整工作。完成对第六期援疆和扶贫干部届满考核、对第七期援疆和扶贫干部组织推荐选派工作。完成2010年度机关和直属单位人事统计工作、机关干部和直属单位班子成员人事档案规范整理工作。

（二）直属单位干部人事工作。完成干细胞管理中心、基金会部分班子成员任职组织程序。完成总会备灾救灾中心“三定”方案、岗位设置和人员聘用制工作审核。经中编办批准成立总会直属事业单位“中国红十字会总会事业发展中心”。完成清理核查直属单位津贴补贴工作。

（三）定点扶贫工作。办公室从2011年起负责总会定点扶贫具体工作，提出了加强组织领导、健全办事机构的建议，拟订印发了总会《关于进一步做好定点扶贫工作的实施意见》。具体协调落实了2011年的扶贫工作，9月上旬，将组织筹集的240万捐款及物资送往浑源，举行援助扶贫县暨郝家寨博爱小学奠基仪式，会领导出席活动，并召开定点扶贫工作座谈会。

三、法律法规和理论研究工作

（一）法律法规建设。起草印发《中国红十字会 2011—2015 年法制宣传教育规划》；10 月末，组织召开了中国红十字会“六五”普法工作电视电话会议，启动“六五”普法工作，总会领导与全国人大教科文卫委、全国政协社发委、司法部、国务院法制办领导出席会议。各级红十字会及相关部门代表 2000 余人参加会议。

5 月，在武汉举办了红十字会干部法律培训班。省级、副省级城市红十字会负责人近 60 人参加了培训。

委托知识产权机构——万慧达公司开展“红十字会与企业合作情形下红十字标志标明性使用研究”，已形成课题报告第二稿。

组织报送红十字会系统“五五”普法先进单位和个人。总会被中宣部、司法部评为“五五”法制宣传先进单位；办公室政策法规处被国家普法办评为先进单位、梁少华被评为先进个人。

（二）理论研究工作。与中国社会科学院社会学所合作开展“关于促进红十字事业发展若干问题研究”，就涉及红十字事业发展政策、法律环境，组织队伍建设、筹资工作发展、工作职能定位等进行研究，已经完成课题报告。与北京科技大学社会学系合作，开展“我国省级红十字会组织运行状况评估指标体系研究”，已形成课题报告。

（三）办理“两会”代表提案。2011 年总会共收到全国人大代表建议四份，其中，主办一份，协助办理一份，参阅办理二份；收到全国政协委员提案四份，其中，主办一份，协助办理三份。目前，有关建议和提案已办理完毕。

（四）合同管理工作。自 3 月起实施《总会合同管理办法》。开展对总会机关各部室对外签订的合同进行审查、登记、管理工作。

四、老干部工作

认真落实离退休干部政治待遇和生活待遇。组织政治学习四次，情况通报会一次，举办座谈会一次。开展看望慰问和送温暖活动，走访慰问老党员、老干部 50 余人次；还到上海看望了 95 岁高龄的黄叔善和生病的韩雅玫夫妇。开展丰富多彩的文体活动，积极参与总会、侨办、侨联、残联、宋庆龄基金会老干部文艺汇演；组织老干部到天坛公园、延庆县和内蒙古游览参观。办公室在老干部统计工作、全国离退休干部纪念建党 90 周年征文活动中，分别获得中组部优秀报表单位和组织工作三等奖。还积极与国管局联系，争取到 24 万元老干部活动室建设经费。离退休干部普遍满意。

五、党支部工作

坚持“一岗双责”，坚持业务工作与党建工作一起研究，一起布置，一起落实，不断加强党支部建设，发挥党员先锋模范作用，为做好各项工作提供坚强的组织保障。

一是加强理论学习。重点学习党的十七届五中、六中全会精神，学习胡锦涛总书记“七一”重要讲话，学习总会各项规章制度。不断提高党员干部的理论修养、政治素质，做遵守纪律的模范。《紫光阁》网站登载了办公室支部组织学习十七届六中全会精神的简报。二是进一步强化党支部目标管理，落实党建责任制，支委分工负责，形成合力。三是坚持开展思想政治工作，激发党员干部的工作热情，形成和谐上进的团队氛围。四是丰富支部活动，不断增强党支部的凝聚力。支部组织全体党员参加了中组部“党的基本知识竞赛”，系统学习党的历史和党的基本知识；组织全体党员参观燕京集团，切身感受现代企业的文化魅力和创新精神。五是积极开展创先争优活动，在总会“两优一先”表彰大会上，办公室党支部以及三名党员、一名党务工作者受到表彰。

（高崇华）

综 合 处

【职责】

一、负责机关内设机构和人员编制的管理工作

二、负责机关部门领导及以下人员的考核、录用、任免、调配、奖惩、培训、工资、福利、出国政审以及人事档案管理。负责离退休干部工资调整。

三、负责机关聘用人员劳动关系及工作补贴的审核工作。

四、承办总会援疆和扶贫干部的呈报、保险福利及待遇的审核工作。

五、负责承办与人力资源社会保障部联合评选表彰红十字会系统先进集体和先进工作者工作。负责承办中国红十字会工作者荣誉证章颁发工作。

六、承办直属单位领导班子及成员的考核，领导班子成员的任免、调动、工资审核、退休手续及档案保管。负责直属单位处级干部任免备案。

七、负责直属单位机构编制工作和工资总额审定。指导直属单位人事管理工作。

八、完成领导交办的其他工作。

人 事 处

【职责】

一、承办机关参照公务员管理工作。

二、承办机关内设机构设置和人员编制的具体事宜。

三、负责机关部门领导及以下人员的考核、录用、任免、调配、奖惩、培训、工资、福利、出国政审以及人事档案的事务管理。

四、负责机关聘用人员（包括外聘、返聘和志愿者）的人事关系及工作补贴的审核工作。

五、承办总会援疆和扶贫干部的呈报以及援疆和扶贫干部在工作期间应享受的保险和福利待遇的审核工作。

六、承办直属单位机构编制工作，负责处级以上干部的考核、任免、调动、工资审核以及档案管理。指导直属单位人事工资政策及人事监督管理工作。

七、负责与人事部联系，承办联合评选表彰全国红十字系统先进集体和先进工作者的具体工作。

八、完成领导交办的其他工作。

政策法规处

【职责】

一、负责红十字会立法、普法和维权工作。对国家有关公益事业法律法规提出修改意见，开展法律政策咨询。

二、研究国家相关法律法规和方针政策对红十字事业发展的影响。

三、负责红十字会理论研究工作；研究国际红十字运动发展史，中国红十字会历史及发展方向；承担带有综合性、前瞻性、重

大问题的课题研究。

四、参与全国会员代表大会、理事会和工作会议等重要会议主要文件的起草工作。

五、配合全国人大、政协等有关部门制定并实施红十字会执法检查考察（或调研）计划。

六、参与拟订红十字会法规和政策性文件。

七、协调和落实中国红十字理论研究会的工作。负责联系总会法律顾问有关事宜。

八、完成领导交办的其他工作。

离退休干部处

【职责】

一、贯彻落实党中央国务院有关离退休干部的方针、政策。

二、负责组织机关离退休干部的政治学习、传达文件、通报重要情况，参加相关会议；协助直属机关党委安排离退休干部党支部的活动，做好离退休干部政治思想工作。

三、定期走访、慰问机关离退休干部，了解情况并及时向上级反映离退休干部的意见和要求，合理解决离退休干部提出的实际问题。检查指导直属单位退休人员管理工作。

四、协同筹资与财务部机关财务处计划使用机关离退休干部经费。

五、组织机关离退休干部的健康休养，开展适合老年人特点的文体活动。

六、配合机关服务中心做好机关离退休干部的住房、用车、健康体检等工作。

七、做好机关离退休干部逝世后的缮后工作。

八、协助做好机关离退休干部医疗保障工作。

九、完成领导交办的其他工作。

赈济救护部

【职责】

一、指导全国红十字会系统开展备灾救灾、应急卫生救护、人道救助等工作，负责拟定完善相关政策、制度和发展战略、发展规划。

二、负责全国红十字会系统备灾救灾、应急卫生救护、人道救助等业务培训、考核评估、信息收集等工作。

三、负责拟订总会筹集款物开展的备灾救灾、应急卫生救护、人道救助等工作的具体计划，并指导实施、监督和检查。

四、统筹总会应急救援队伍、备灾救灾设施的建设和管理，负责针对突发公共事件的应急救助和救护工作。负责总会应急工作办公室的日常工作。

五、参与无偿献血、造血干细胞捐献、遗体（器官、组织）捐献的宣传推动及管理工作；协助政府开展艾滋病预防和控制工作；负责冠名红十字医疗机构的人道服务工作指导和相关管理。

六、组织推荐南丁格尔奖章获得者人选，并组织颁奖活动。

七、负责与国家有关部门或机构的业务沟通协调工作；会同总会联络部开展相关的国际交流与合作。

八、负责统筹、协调、指导和实施境内外资金支持的项目工作。

九、归口联系中国造血干细胞捐献者资料库管理中心、中国红十字会总会训练中心、援外物资供应站、备灾救灾中心。

十、完成领导交办的其他工作。

【年度工作】

2011年，积极开展紧急救援和灾后重建工作。向17个受灾较为严重的省区下拨物资、资金60批次价值2630万元，下拨粮食价值2400万元。先后派出救灾工作组和紧急救援队赶赴一线。全年累计拨付汶川、玉树地震灾区重建项目资金7.97亿元。舟曲泥石流灾区重建项目全部开工建设。确定援建盈江地震灾区重建项目方案，涉及资金1560万元；确定2010年水灾重建项目，涉及资金1256万元。

认真开展应急救护工作。实施彩票公益金生命安全教育项目，开展救护培训网络管理试点，评选出一批精品课程。与香港特别行政区红十字会合作开展师资培训试点项目。9月份开展了世界急救日全国性宣传活动，成功组织心肺复苏演练。这些项目和活动在普及救护知识，促进公众行为改变上发挥了重要作用。

大力开展救助工作。继续实施以老人和儿童为重点的大病救助活动，支持救助3000多名贫困先心病和白血病患者。2011年元旦春节期间，在10个省区组织开展送温暖活动，受益群众2500户。开展“红十字老区行活动”，共筹集款物价值5000余万元，慰问9个老区省份的5000户老红军、老党员及贫困群众家庭。

开展无偿献血宣传推动工作。联合卫生部、解放军总后卫生部共同举办2009－2010年度无偿献血表彰大会。借助“世界献血者日”，开展多种形式的广泛宣传，提升社会公众无偿献血的积极性。

造血干细胞捐献工作取得长足发展。中华骨髓库总库容达145万人份（截至2011年12月15日），成为全球第四大骨髓库。总库高分数据达到30多万人份，全年实现捐献480多例，捐献总数达2400多例。通过数据库资源新发现人类基因300多个，为我国在该领域进入国际先进行列奠定了基础。

人体器官捐献试点工作顺利推进。协同卫生部推动《人体器官移植条例》的修订工作；在16个省份开展试点，实现自愿捐献133例，捐献大器官342个；成立器官捐献工作委员会和专家委员会并开展工作。

灾害管理处

【职责】

一、负责红十字会系统备灾救灾工作政策、规章、文件的研究、起草、修改工作，并指导贯彻实施。

二、负责红十字会系统应对自然灾害等重大突发公共事件应急反应能力建设；根据应急预案的要求，指导、协调各级分会开展针对自然灾害救助等重大公共事件的处置工作。

三、负责总会备灾救灾工作计划的拟订、实施、监督、管理。

四、负责拟订总会救灾物资的分配计划和海关罚没物资的协调管理。协助办理境外捐助物资进口的有关手续。配合接受对灾害救助相关工作的审计、检查和监督。

五、负责红十字会系统备灾救灾信息和网络的规划与管理。

六、按照分级负责的原则，负责红十字会救灾备灾人员的业务管理培训工作。

七、负责指导、协调备灾救灾中心的管理工作。

八、负责红十字会系统备灾救灾工作的考核、评审工作。

九、承担总会应急工作办公室的日常工作。

十、完成领导交办的其他工作。

救 护 处

【职责】

一、负责研究、拟定红十字会系统卫生救护等方面工作的政策性文件，并指导实施。

二、对红十字会系统卫生救护等方面业务工作进行培训、考核、评审，负责收集整理有关信息。

三、普及卫生救护知识，推动和指导现场的、群众的、初级的卫生救护培训工作。在重大自然灾害和突发事件的救护救助活动中，组织、动员广大红十字会员、救护员和群众进行现场自救互救。

四、依法参与无偿献血事业的宣传与推动；和政府有关部门组织表彰活动。

五、按照红十字国际委员会的要求，遴选南丁格尔奖章候选人，并组织颁奖活动。

六、协助政府积极开展预防和控制艾滋病宣传教育工作。

七、负责红十字（会）医疗机构的审核、命名工作。

八、参与同人道主义相关的卫生、保健、救护项目，推动遗体（器官）捐献工作。

九、归口联系中国造血干细胞捐献者资料库和总会训练中心的有关业务工作。

十、完成领导交办的其他工作。

健康服务处

【职责】

一、负责拟定全国红十字系统健康服务工作相关政策、规章、制度等，并指导贯彻实施。

二、指导全国红十字系统在城乡社区开展卫生知识宣传普及、健康促进以及大病救助等人道服务工作。

三、负责总会健康服务项目的监督落实工作。

四、指导、推动全国红十字系统开展遗体、器官、组织捐献工作。

五、负责健康服务相关领域的干部培训及志愿者队伍建设和管理。

六、会同有关部门参加与本处工作职责相关的国际交流活动并实施相关合作项目。

七、协调和落实健康促进工作委员会相关工作。联系中国造血干细胞捐献者资料库管理中心。

八、完成领导交办的其他工作。

项目办公室

【职责】

一、负责统筹、协调、指导和实施总会开展的境外资金支持的多边和双边发展项目；

二、负责制定项目管理的相关政策和规章制度；

三、负责项目的协商与谈判，承担对外、对内的联系工作；

四、负责监督检查项目的执行情况，组织项目的评估工作、调查研究、经验总结与推广工作，开展项目管理的培训工作和交流活动；

五、参与项目的筹资工作，负责收集项目管理信息；

六、完成会领导交办的其他工作。

筹资与财务部

【职责】

一、负责拟订全国红十字会系统筹资战略、规章制度和总会筹资计划，指导地方各级红十字会的筹资工作。

二、负责总会筹资工作及国内捐赠项目的洽商、谈判、协议的签署及部分项目的实施。

三、配合联络部开展筹资业务国际交流与合作。

四、统筹管理总会机关各类资金和资产。负责总会日常财务与资产的会计核算和监督工作；对总会直属单位财务工作及总会核拨地方各级红十字会的款物使用进行指导和监督。

五、依据国家有关法律法规和财务规章制度及国际红十字运动的相关规则，对总会机关重大财务事项实行事前审核、事中检查、事后追踪问效。

六、负责拟订红十字事业经费和总会财务、资产管理制度，监督检查总会机关和直属单位执行有关法律法规和财务制度的情况。

七、归口联系中国红十字基金会。

八、完成领导交办的其他工作。

【年度工作】

2011年，中国红十字会遭遇“网络事件”，筹资与财务工作面临前所未有的压力和挑战。筹财部的全部人员在总会党组和执委会的领导下，直面挑战，以对红十字事业高度负责的态度，扎实工作，较好地完成了全年工作任务。

一、建立和完善制度

2011年是理事会确定的以制度建设为重点的能力建设年。筹财部集中力量、突出重点，完成八项制度的制定和草拟工作，为事业发展和机关建设提供制度保障。

（一）制定《中国红十字会筹资工作指导意见》。指导意见的印发对全国红十字会系统筹资工作起到引领和规范作用，特别是经历“网络事件”的考验，对当前开展筹资工作仍然具有很强的指导意义。

（二）印发《中国红十字会手机短信捐款暂行管理办法》，对全国红十字会手机短信捐款进行全面规范，通过优化分配机制，有效调动地方红十字会参与的积极性，提高资源的动员能力。

（三）修订和完善《中国红十字会总会财务管理办法》、《中国红十字会总会财务报销办法》，推动总会财务管理的科学化、规范化和精细化。用制度管钱、按制度办事的财务监管机制得到进一步的增强。

（四）按照财政部关于进一步推动公务卡制度改革，落实公务卡结算目录的要求，制定《中国红十字会总会公务卡结算实施办法》。

（五）配合财政部完成《中央专项彩票公益金支持红十字事业项目资金管理办法》的制定工作，为总会彩票公益金“十二五”计划的全面启动和快速实施奠定良好基础。

（六）在听取专家、总会各部门及相关单位意见的基础上，完成《中国红十字会总会募集和接受捐赠物资管理办法》的草拟工作。

（七）为提高捐赠项目资金投入、分配使用的科学决策能力，建立捐赠人信息反馈制度，完成《中国红十字会总会捐赠项目支出评估评审管理暂行办法》的草拟工作。

（八）按照财政部关于加强财政资金绩

效考评工作的要求，完成《中国红十字会总会财政资金支出项目绩效考评实施办法》的草拟工作。

二、全力推动信息公开工作

2011 年是总会信息公开透明全面提速、快速推进的一年。加大总会信息公开透明度、搭建捐赠信息平台是总会年内计划的既定任务，受到“网络事件”、公开“三公经费”及审计署审计公告等多种外部因素的影响，让 2011 年的信息公开透明更具挑战性。

（一）按照理事会确定的 2011 年重点工作，筹财部在秘书长王汝鹏领导下，牵头组织和实施纪念汶川特大地震三周年系列活动。包括汶川特大地震三周年援建成果总结报告会，纪念“五八”世界红十字日暨汶川特大地震三周年电视公益晚会，以及灾区考察回访等。在此期间，向社会发布全国县级以上红十字会汶川地震接受捐赠款物的收支情况及总会捐赠收支情况的专项审计公告。特别是通过“红十字向您报告”晚会，以鲜活感人的事例和大量的数据、影像，全面反映红十字会三年来抗震救灾的成果，展示红十字会的良好社会形象，向社会交出一份明白账，为红十字会系统参与汶川地震灾后重建工作画上圆满句号。

（二）搭建“中国红十字会捐赠信息发布平台”。首期发布玉树地震捐赠收支信息。因受“网络事件”影响，平台上线时间比原计划提速二个月。为保证如期上线，筹财部与龙信公司通力合作，面对几十万笔的数据，大家克服时间紧、任务重、人手少等多重困难，加班加点，收集、整理、核对了大量项目信息，完成了捐赠项目的对应工作，对平台上线后可能出现的问题做了多种预案。7 月 31 日，平台上线不到 30 小时，点击量达到 2600 余万笔，受到社会的极大关注。瞬时间筹财部电话铃声不断，有查询捐款的、有要求退款的、也有不理智的侮辱谩骂。对待公众、媒体提出的大量问题和质疑，筹财部全体人员任劳任怨，表现出极大的耐心和克制，本着对红十字事业高度负责的态度，做了大量深入人心的回复工作。大家白天回复热线，将常见的问题进行梳理，发给值班室及相关部门做参考；下班后处理和回答媒体及公众关注的问题，及时说明情况，消除误解。同时利用主流媒体快速澄清事实，特别是几次央视的专访都收到良好效果。尽管平台上线还存在这样或那样的问题，但毕竟是红十字会向公开透明跨出的一大步。捐赠信息发布平台也因此荣获“2011 京华公益奖·编辑部特别奖”。

（三）加大总会财政经费收支情况的公开力度。2011 年，总会按照财政部的要求，首次披露了总会 2011 年财政预算和 2010 年财政决算情况和总会“三公经费”的使用情况，并针对总会“三公经费”接受了央视的专访，对于公众了解红十字会收到一定成效。

（四）为解决影响总会信息公开的难点和热点问题，积极参与向国务院汇报的相关工作。就规范捐赠项目支持费、设立“国际人道援助基金”及核销逾期借贷款等问题，会同有关部门走访并征求财政部、审计署、外交部及国台办等中央部门的意见，提出了具体建议，为争取国务院支持解决上述问题开展深入细致的前期工作。

三、建立可持续发展的筹资机制

2011 年，筹财部着眼能力建设和探索可持续筹资机制，通过印发《指导意见》

和《手机捐款管理办法》等规范性文件，加大对地方红十字会筹资工作的指导；通过优化筹资工作委员会的结构，发挥专家智库作用，提高资源的动员能力；通过专业培训和研讨，加强红十字会的筹资队伍建设，取得成效。

（一）举办全国红十字会筹资与财务培训班。培训班以公开透明为主题，建设最具公信力的红十字会为主线展开热烈讨论，为在新形势下做好筹资与财务工作理清思路、确定方向。

（二）成功召开筹资工作委员会年会，会议聘请新一届筹资工作委员会委员。来自法律、财务、金融、媒体等各方面的专家，围绕中国红十字会今后的筹资战略进行深入研讨，在创新筹资机制和红十字会公信力建设等多个方面提出具有指导性和操作性的意见和建议，在总会今后筹资工作的基本思路和方向上达成共识。

（三）启动数据库筹款工作。建立由龙信公司支持的“中国红十字会数据库筹资管理中心”；邀请海清出任数据库筹资工作形象大使；组团赴世界儿童基金会学习考察数据库筹款项目；为直邮募捐筹集工作经费400万元，实现总会筹资方式的新拓展。

（四）全面开展手机短信捐款的宣传推广工作。聘请袁莉作为手机短信捐款的形象大使，制作和发布平面、视频、广播等多种方式的宣传品，组织全国红十字会联动宣传，通过广播电台、报刊、网站、户内外广告等各种载体开展宣传，并与中国工商银行合作，在其全国的网点进行宣传。手机短信全年筹款近500万元。

四、开展募捐和接受捐赠工作

2011年，总会捐赠收入55848万元，捐赠支出167858万元。全年的捐赠收入扣除大灾因素的影响，有一定幅度的增长。

（一）积极开展募捐和接受捐赠工作。参与盈江地震救灾工作，总会共募集捐赠款物626万元，已拨付424万元。日本地震发生后，在未发出募捐呼吁的情况下，积极联系捐赠人、动员社会力量捐款，总会募集捐赠款物3565万元。为规范捐赠管理，先后下发两个通知，对地方红十字会开展募捐和接受捐赠工作进行指导，并迅速组织完成地方红十字会、中国红十字基金会4376万元的捐款汇缴任务。目前，全国红十字会系统捐赠到账共计7941万元，已拨付日本红十字会7208万元。

（二）公益项目和基金筹款稳步增长。2011年，公益项目和基金实现收入2.3亿元，其中筹财部管理的淘宝公益基金、中恒博爱基金等进账款物达到1.9亿（捐款4000万元、物资1.5亿元），占公益项目和基金筹款总额的83%。其中“魔豆爱心工程”全年在全国13个省、市扩大实施，并荣获中华慈善奖最具影响力公益项目。

五、为事业发展提供经费保障

2011年，总会财政拨款收入28957万元，比2010年增加7069万元，总会开展资金保障增值工作实现收入近3000万，两项工作实现增收1个亿。

（一）2011年是总会彩票公益金“十二五”计划的开局之年，国家“十二五”期间，中央财政将投入12个亿支持红十字事业发展，比“十一五”增加投入4个亿。2011年，筹财部在认真总结“十一五”计划执行情况的基础上，全面开启彩票公益金“十二五”计划，从建立和完善管理制度做起，组织印发财政部制定的《中央专项彩票公益金支持红十字事业项目资金管理办法》及红十字人道救助救援等五个项目的实施方案汇编；举办全国红十字会彩票公益金项目培训班，加快项目实施和预算执行。在努力排除“网络事件”干扰，推进预算执行方面措施得力，收效明显。

（二）加强预算管理，加大经费执行力度是2011年总会财务的重点工作。筹财部采取与部门、单位共同讨论经费预分方案，建立季度经费申报计划制度，定期通报预算执行情况等措施，加大财政资金的执行力度。在遭遇“网络事件”的不利情况下，总会在财政部预算执行排名中能够保持较好水平。2011年，筹财部抓住机遇，成功申报“中国红十字会信息管理系统”项目。目前，项目已经过专家初审，财政部已同意立项，2012年有望得到经费投入。

（三）接受审计署、社会中介机构的审计监督，认真落实审计整改工作。2011年，总会先后接受六批外部审计和项目考评。配合审计署完成2010年度预算执行和其他财政收支情况，以及决算（草案）的审计工作，并组织落实审计整改工作。首次邀请外部审计机构对《2010年中国红十字会总会财务收支情况报告》进行审计，为提高总会年度财务报告的公信度助力。完成了总会汶川地震捐赠款物财务收支情况、李连杰壹基金项目清算及国际联合会2008至2009年援助计划等10个项目审计。配合外部考评机构完成对2010年总会计算机网络项目执行情况的绩效考评等工作。

（四）积极慎重地开展资金保值增值工作。在确保总会资金安全完整和重大项目支出的基础上，年内银行理财获得收益近3000万元。

六、完成领导交办的其他工作

参与治理“小金库”和公务用车清理检查及落实整改工作；参加总会救灾救助项目的督导检查及项目评审工作；募集救助款物参与扶贫和老区行活动；完成海南博鳌捐赠房产的过户工作，使总会固定资产增加3400万元；参与理事会、报告会及南丁格尔颁奖等重大活动、会议的文件起草及会务服务工作。

（查慧勤）

筹 资 处

【职责】

一、负责拟定红十字会系统筹资战略、规章制度和总会筹资计划，指导地方红十字会的筹资工作。

二、负责总会重要救助任务的筹资工作；负责策划及组织实施大型募捐活动，协同业务部门开展相关筹资活动。

三、负责建立国内合作筹资项目库，拟订国内筹资项目计划书。负责国内筹资及合作项目的洽商、谈判、合作协议的签署及部分项目的实施。会同相关部门收集、整理并向捐赠者反馈捐赠相关信息资料。

四、配合联络部开展与红十字国际组织、各国红十字会（红新月会）及台湾红十字组织、香港、澳门红十字会的筹资业务交流与培训。

五、协调和落实筹资工作委员会的相关工作。联系中国红十字基金会。

六、完成领导交办的其他工作。

机关财务处

【职责】

一、负责总会机关财务与资产管理工

作。拟订总会机关财务、会计及国有资产管理的规章制度并组织实行，保障总会机关正常运转的资金需要。对总会直属单位的财务与资产管理工作进行指导和监督。

二、负责总会机关日常会计核算和财务监督工作，负责编制机关经费预算、决算和财务报告，配合财政、审计部门的审计、监督及检查工作。

三、负责总会固定资产和政府采购的财务管理工作，对总会委托机关服务中心负责的国有资产管理工作进行指导和监督。

四、承办上级主管部门布置的任务。

五、完成领导交办的其他工作。

事业财务处

【职责】

一、负责拟订红十字事业经费管理的规章制度并组织实行。

二、负责总会会费收入、接受国内外捐赠、红十字基金及其他资金的会计核算、财务监督和财务报告工作，配合审计部门和机构的审计、监督及检查工作。

三、参与合作项目的财务管理，配合项目主管部门和单位开展项目工作。对总会核拨地方红十字会的专项资金管理使用进行财务培训、指导和监督。

四、汇总编制总会年度财务收支情况报告。

五、承办上级主管部门布置的任务

六、完成领导交办的其他工作。

组织宣传部

【职责】

一、负责中国红十字会组织建设。负责拟订组织建设相关政策、规定和工作规划、计划；推动理顺管理体制工作和红十字会基层组织建设工作；指导行业红十字会的组织发展；负责会员队伍建设和红十字会系统专兼职干部培训工作。

二、负责志愿者队伍建设和管理服务工作。指导并组织地方各级红十字会开展志愿者培训工作。

三、负责中国红十字青少年工作。发展青少年会员，在各级各类学校开展红十字青少年工作；组织开展青少年夏（冬）令营工作。

四、配合办公室做好评选表彰全国红十字系统先进集体和先进工作者的相关工作。

五、负责中国红十字会宣传工作。负责拟定中国红十字会宣传战略、规划和计划；指导地方各级红十字会宣传工作。

六、负责中国红十字会重大宣传活动、新闻报道、品牌推广工作；负责推动建立新闻发布制度；负责信息收集和分析工作。

七、负责与国家有关部门或机构的业务沟通协调工作；配合联络部开展对外宣传工作及相关的国际交流与合作；负责红十字运动基本知识和国际人道法的传播工作。

八、归口联系中国红十字会总会报刊社、网络信息中心。

九、完成领导交办的其他工作。

【年度工作】

2011 年，组织宣传部全体人员以加强制度建设为重点，推进组织建设，深化宣传工作，全力应对网络事件，创新志愿服务和青少年工作，各项工作均取得一定成效。

一、以规范化、制度化为重点推动组织建设

（一）制定印发《关于在全国红十字会

系统以制度建设为重点的能力建设年工作的指导意见》、《运转良好的红十字会标准》和《红十字会模范单位评选标准》，提交《关于目前行业红十字会发展情况的报告》并起草《关于加强行业红十字会管理的指导意见》。上述文件是总会加强管理和制度建设的生动体现，特别是关于行业红十字会发展情况的报告是上半年完成的，为起草行业红十字会管理指导意见起到了重要的支持作用。

（二）与办公室相互配合，做好常务理事会、理事会的筹备组织工作。先后召开了九届一、二次常务理事会和九届二、三次理事会。二次采取通信方式进行常务副会长、副会长等选举和三次理事会文件征求意见工作。由于时间紧，组织处连续加班加点，保证了总会领导班子及时顺利交接和三次理事会的顺利召开。

（三）举办省级红十字会领导干部培训班，制定红十字会2010—2014年干部培训计划，在总会训练中心的积极配合下起草年度地县级红十字会干部培训实施方案，待执委会批准后实施。

（四）通过召开全国理顺管理体制工作经验交流会和编发简报等形式推动理顺管理体制工作，目前全国理顺率地级为96.1%，县级为61.4%。与10个拟换届的省级红十字会沟通，指导地方换届工作。

（五）做好理事的联系与服务工作，两次组织系统外的理事分赴云南、浙江考察红十字系统工作。

（六）完成青海玉树抗震救灾先进集体及个人评选表彰工作。评选表彰了八个“抗震救灾组织奖”、65个“抗震救灾先进集体”、55名“抗震救灾先进个人”、94名“抗震救灾优秀志愿者”、两个“抗震救灾特别贡献奖”。

二、以弘扬红十字精神、加强应急宣传为重点推动宣传工作

（一）应对上海万元餐费和网络事件，全力投入应急宣传工作。

针对舆论危机，及时与媒体沟通联系，澄清有关中国红十字会的不实信息；

起草宣传方案，与中宣部、国新办等相关部委多次沟通，为中国红十字会应急宣传和正面宣传工作争取支持；

密切关注舆情，统筹公关公司对舆情进行实时监测，每天向领导提供舆情监测报告，并就重要新闻发布和事件处理策略征询公关公司意见，为领导决策提供依据。截至12月19日，提供网络事件舆情监测报告176期，专项舆情报告30余期；

主动与重点媒体沟通，策划、组织《人民日报》、新华社、中央电视台等媒体开展专题报道、专访；

开通总会官方微博，拟制出以微博为核心的新闻信息发布平台方案；

精心制定中国红十字会形象修复宣传方案，成功举办“红十字在行动”报告会和系列修复新闻宣传活动。

针对云南盈江和日本地震等救灾工作，迅速整合会内外媒体资源，与相关部门以最快的速度进行信息渠道的对接，保证中国红十字会开展的救灾行动第一时间被媒体发布。

（二）弘扬红十字精神，开展特色活动和公益广告等宣传工作。

以“携手人道促和谐 志愿服务为民生”为主题，举办第六届“红十字博爱周”活动，开展系列活动80多项。

举办中国红十字会汶川特大地震三周年系列活动图片展，开展专题新闻宣传，先后组织《人民日报》、中央电视台等12家主流媒体记者赴四川进行新闻采风活动和即时性采访报道。

举办“博爱暖中华”公益晚会和“红十字老区行活动启动仪式”，弘扬红十字志愿服务精神。

开展第六届“红十字公益广告宣传月”等公益广告推广活动。设计制作发布了2011年志愿服务、10699993短信募捐和红十字青少年等公益广告六幅，近百家媒体和5000多地铁灯箱广告及“红十字公益宣传募捐箱”陆续予以免费刊登。

（三）强化媒体合作，加强重点工作和品牌项目宣传。

召开“中国红十字新闻宣传志愿服务队联谊会暨新闻报道策划会”和七次媒体恳谈会，加强与媒体的沟通与联系。

多次组织《人民日报》、新华社、中央电视台等媒体记者对中国红十字会人体器官捐献等重点工作进行深度报道，中央政治局常委、中央政法委书记，公安部部长对报道进行批示。全年组织媒体采访49次，截至12月19日，百度搜索2011年“中国红十字会总会”新闻34400篇。

（四）着力加强宣传工作的制度建设。

举办红十字品牌管理座谈会暨第二届新闻发言人培训班，继续推动新闻发言人制度建设，起草上报《中国红十字会总会新闻发布和新闻发言人制度》。

与总会报刊社紧密协作，充分发挥《中国红十字报》作为中国红十字会重要宣传阵地的作用。

（五）继续做好宣传合作项目，为合作伙伴提供服务与管理。

三、以项目化、专业化和精品化为重点推动志愿服务工作

（一）总会继2008年成为全国志愿服务活动协调小组成员单位之后，2011年又成为中华志愿者协会副会长单位，进一步融入全国志愿服务大格局。

（二）调整充实中国红十字志愿服务工作委员会，吸纳了中央文明办、教育部、民政部、团中央等部委和北京大学、中国青年政治学院的专家学者加入。

（三）争取到与中央文明办联合发文并共同举办启动仪式，在全国开展红十字关爱生命志愿服务行动，有力地推动了红十字志愿服务工作。

（四）借鉴公益孵化器理念，创新性地开展红十字志愿服务项目发展计划，面向全国征召优秀的红十字志愿服务项目进行扶持和培育，在近百个项目中筛选了八个项目进行资助，受到媒体和社会的关注与欢迎，并受邀在全球志愿者大会上介绍该计划。

（五）专门召开全国红十字志愿服务项目发展研讨会，讨论如何推动红十字志愿服务向项目化发展。

（六）完成中国红十字会参与服务上海世博会先进集体及个人评选表彰工作。表彰了24个“红十字参与服务世博先进集体”，30名“红十字参与服务世博先进个人”，33名“红十字参与服务世博优秀志愿者”、六个“特别贡献奖”和三个上海世博会国际红十字与红新月馆“最佳创意设计奖”、“优秀商务服务奖”及“运营奖”。

四、以红十字精神进校园为重点推进青少年工作

（一）召开全国红十字青少年工作会

议，进一步明确和部署未来五年的红十字青少年工作。这是一次在网络舆情不利的情况下召开的一次重要会议，使得社会对于红十字青少年工作有了更多的了解和理解。

（二）争取到“十二五”彩票公益金支持，在全国调研的基础上选择了五省、市试点，启动了红十字学校健康安全活动，并着手推动红十字青少年社会实践教育基地建设，开展学校健康安全辅导员培训及救护志愿活动。

（三）创新性地实施大学生暑期社会实践项目，以项目化运作推动青少年工作。来自22个省的45个项目获得总会资助，得到媒体关注和大学生积极参与。

（四）成功举办了以生命健康为主题的全国红十字青少年夏令营。

（五）继续在天津、上海、河南等地开展探索人道法项目工作。

（红　宣）

组织建设处

【职责】

一、负责拟订全国红十字组织建设规划、计划，研究和指导各级红十字会的组织建设，推动理顺管理体制工作。

二、推动红十字会基层组织和会员队伍建设。

三、负责红十字会专（兼）职干部培训工作。

四、负责全国会员代表大会、理事会、常务理事会和工作会议筹备的相关工作。

五、负责中国红十字会常务理事、理事及名誉理事、博爱大使的联系和服务工作。

六、配合办公室做好评选表彰全国红十字系统先进集体和先进工作者的相关工作。

七、负责指导、检查《中国红十字会会费管理办法》的执行情况。

八、完成领导交办的其他工作。

宣　传　处

【职责】

一、负责拟订全国红十字系统的宣传战略和年度宣传工作计划，指导地方以及行业红十字会的宣传工作。

二、负责中国红十字事业的宣传、品牌宣传和总会宣传品的开发制作。

三、负责推动红十字会新闻信息发布制度的建立、完善和实施。

四、负责总会中心工作和重大活动的宣传、报道，协同业务部门开展专项宣传活动。负责建立新闻资料档案。

五、配合联络部做好对外宣传工作。

六、协调和落实红十字宣传工作委员会的相关工作。联系中国红十字会总会报刊社、网络信息中心。

七、完成领导交办的其他工作。

青少年与志愿服务处

【职责】

一、负责拟订红十字青少年和志愿服务工作规划、计划；研究并指导各级红十字会红十字青少年、志愿服务工作的开展。

二、推动并指导学校红十字组织、红十字青少年会员队伍、红十字志愿者队伍的建设；定期对红十字青少年、红十字志愿服务工作绩效进行考核、评估和表彰。

三、统筹、协调红十字志愿服务工作，具体指导、协调、推动全国红十字青少年志愿服务总队队伍建设和相关工作开展。

四、组织全国各类学校开展有益于红十

字青少年身心健康的活动；负责在青少年中传播红十字运动基本知识项目的推广工作；承办和协办国内、国际及海峡两岸红十字青少年夏（冬）令营；指导并组织各级红十字会开展志愿者培训，开展红十字志愿服务活动。

五、负责推广落实红十字国际组织、各国红十字会（红新月会）、台湾红十字组织、香港、澳门红十字会有关红十字青少年与志愿者的活动和项目；负责与国内外相关组织进行红十字青少年与志愿服务项目合作与交流。

六、协调和落实学校红十字工作委员会、红十字志愿服务工作委员会的工作。

七、完成领导交办的其他工作。

联 络 部

【职责】

一、负责与红十字国际组织（包括红十字国际委员会、红十字会与红新月会国际联合会）、各国红十字会（红新月会）以及其他国际组织的交流与合作；负责与台湾红十字组织、香港、澳门红十字会的交流与合作；参加国际红十字运动的法定会议和活动。

二、负责拟订总会外事工作相关规定和计划、总结；负责总会机关及直属单位的外事工作及台港澳事务，指导和协调省级红十字会的对外交流与合作。

三、配合总会机关相关业务部室，引进国（境）外援助和技术，开展交流与合作，协助落实相关工作。

四、具体执行外交部授予总会的外事审批权以及相关的管理工作。

五、协助政府开展民间外交和对外及台港澳地区的交往，执行政府指定或委派的人道主义工作，具体实施对外人道救援工作。

六、负责涉及国外和台港澳地区的查人转信工作。

七、负责中国国际人道法国家委员会秘书处工作。

八、负责外事工作调研和有关信息的搜集、分析及报告工作。

九、完成会领导交办的其他工作。

【年度工作】

2011 年主要工作

一、筹备和组织汶川地震三周年灾后救援及重建工作国际研讨会，探索立体化灾难的救援模式，扩大和提升中国红十字会的对外影响。

汶川特大地震灾后重建工作是在举国体制下，各方力量共同参与的杰出典范。结合汶川地震重建工作三周年经验总结，联络部积极筹备和组织灾后救援和重建工作国际研讨会，进一步探索在世界环境恶化、灾难频发的严峻形势下，人道组织需要应对的新挑战及新策略。

研讨会取得了很好的效果，为各国红十字组织、国际组织围绕灾后救援和重建工作提供了一个交流的平台，与会代表在亲眼目睹了汶川重建成果、亲身体会到了中国灾后重建模式的巨大威力后，表示中国的经验对各国在新形势下的灾后重建提供了借鉴，丰富了灾后重建工作的方法和内容。

二、圆满完成了中国红十字会会长华建敏访问台湾的牵头组织工作，深化了两岸红十字组织的交流与合作，进一步推动两岸关系和平发展。

华建敏访台的活动是2011年总会重点工作之一，为此，联络部在主管副会长的直接领导下，早部署、早沟通，在2010年底就开始与国台办积极对接，力求争取他们的支持。台湾问题十分敏感，华建敏又是作为大陆第一位级别最高的领导到台湾，需要协调和考虑的事情很多，是对联络部工作人员政治素质及专业水平的一个考验。在与国台办的共同努力下，终于圆满完成了华建敏的访台任务。

华建敏此次成功访台，进一步加深了总会与台湾红十字组织的联系，对促进两岸和平交流起到了积极的作用。

三、积极筹备第31届红十字国际大会、代表会议、联合会大会（日内瓦）。根据国际大会的要求和我会的工作实际，提交了中国红十字会对第30届国际大会承诺及决议的落实情况；深入研究法定会议内容，就与中国红十字会工作联系密切的议题广泛征求意见，制订应对方案；与组织方沟通促成常务副会长赵白鸽在大会“加强政府助手关系”分委会和“气候变化的人道后果”研讨会上作主旨发言；提交了我会对第31届大会承诺；会议期间，安排中国红十字会代表团与国际委员会、国际联合会和相关重要国家红会高层领导会见，为中国红十字会与国际伙伴的未来合作奠定了基础。

四、协助国际联合会主办东亚地区领导人会议。郝林娜出席。东亚五国及国际联合会和国际委员会共30人参会。

五、积极参与国际救援和救助，在国际红十字运动中逐渐扩大影响，进一步服务我外交大局。

（一）积极配合外交部，做好日本震后援助工作。“3·11”后，联络部快速反应，当日下午即以联络部领导名义向日本红十字会发去信慰问，3月12日，以常务副会长王伟名义致函日本红十字会会长近卫忠辉，捐款100万元；此后又分4批向日本红十字会提供了援款，共计7300万元人民币。期间，联络部分别于3月15日及5月9日两次派出部门领导赴日，参加联合会组织的高级支持小组，参加灾情考察及灾后重建工作研讨会，以积极的姿态展示中国红十字会负责任大国及国际人道主义的精神风范。配合总会组宣部完成中央电视台新闻播报口径及与连线采访等工作，协助完成三一重工向日本援助泵车的工作。

在上级领导的指导下，联络部与外交部保持密切联系，积极有效配合总理赴日参加中日韩三国会议，确保中国红十字会对日工作有利于整体外交大局。

（二）海地援助工作。为了尽快推动援助海地工作，2月份，联络部与总会赈救部派人赴海地参加重建工作协调会，希望与海地红十字会共同协商援建一个卫生院，但鉴于与海地红十字会的沟通联系十分困难（两国没有外交关系，加上语言沟通困难，对方是法语国家），对中国红十字会提出的建议至今没有反馈，经请示会领导，建议将中国红十字会收到的援款余额分别转给红十字会与红新月会国际联合会和红十字国际委员会，用于海地灾后重建工作。

（三）援助利比亚。2月，利比亚危机爆发，7月份，根据外交部提议，以中国红十字会名义向利比亚提供价值5000万元的人道救援物资，并由中国红十字会做好宣传工作。在联络部领导直接带领下，多边处积极协调外交部亚非司、商务部援外司、总参外办，配合向北约组织发商请通航函，起草新闻通稿，组织新闻媒体记者集体前往启运机场进行报道；在后续物资运送过程中，积极与利比亚红新月会和中国驻利使馆联系，确保陆续运抵的物资全部接收，在当地产生了很大反响，展示了中国人民的国际主义精神和无私大爱。

（四）援助朝鲜。8月份，应朝鲜红十字会请求，中国红十字会决定向朝鲜提供价值30万元人民币的方便面，并委托辽宁省红十字会全权办理物资的采购、报关、运输等相关手续。辽宁省红十字会积极办理此事。

（五）援助肯尼亚、埃塞俄比亚。针对非洲之角饥荒，多边处在联络部领导带领下，走访外交部，及时沟通，跟进国际上对非洲饥荒的反应，并上报会领导提出援助建议。目前已向肯尼亚提供了200万元人民币的援助，并办理了向埃塞俄比亚援助200万元的转款手续。

（六）其他小额紧急援助。配合外交部，向巴西（1月）、澳大利亚（1月）、斯里兰卡（1月）、新西兰（2月）、缅甸（4月）、乌兹别克斯坦（7月）、韩国（8月）、老挝（8月）、土耳其（10月）、越南（10月）、菲律宾（10月）、秘鲁（11月）等12个国家提供了55万美元的小额紧急援助。在向这些出现突发自然灾害的国家红会提供援助中，做到了与外交部沟通及时，反应迅速，援助效果良好。还由中国红十字会自行出资援助了泰国红十字会抗击洪灾。

六、进一步深化与国际组织及其他国家红会的双边合作与交流，工作成果丰富。

（一）积极深化与红十字国际委员会、红十字会与红新月会国际联合会的双边交流，拓宽与其他国际组织的合作渠道。建立定期会议制度；拟定了2012年合作计划；通过多边渠道完成了对非洲之角的援助工作；配合红十字国际委员会、红十字会与红新月会国际联合会完成赴相关省分会的考察工作，取得良好效果。协助支持地方分会与国际联合会开展交流与合作。逐步建立起与非洲国家红会新合作组织、联合国人口基金、联合国难民署等机构的合作交流机制。

（二）双边交流影响逐渐扩大，范围更加广泛。2011年联络部共组织近40批次超过100人次（多边处11月增加出一次，二人次；全年共接待来访58批次，226人次）分赴20多个国家和地区进行友好访问、参加培训或出席会议，接待澳大利亚红十字会、加拿大红十字会、日本红十字会、澳大利亚发展署、法国驻华使馆、波兰驻华使馆等国家红会、驻华使领馆来访考察超过近20批次，同期协助完成山西、甘肃、陕西、安徽、云南、北京、天津、四川、中华骨髓库、红十字基金会、山东、江苏、河北、总会训练中心等团组出访加拿大、土耳其、南非、挪威、韩国、肯尼亚、美国、马来西亚、印度尼西亚、澳大利亚、新西兰、日本、香港特区的联系协调工作。共计与33个国家和地区红会组织开展了不同形式的交流活动。

其中一些双边交流互访，在增进互信、加深了解的基础上，还就建立双边合作达成共识。分别与柬埔寨、马尔代夫、保加利亚、塞内加尔、加纳签署了双边合作协议。

（三）夯实多双边合作项目，成绩显著。充分利用红十字国际委员会、红十字会与红新月会国际联合会驻北京办事处的优势，积极协调相关人员与中国红十字会总会各部、直属单位进行专题交流，结合国际联合会东亚地区代表处的工作计划，安排他们到地方分会进行考察调研改水及卫生项目，努力推动总会备灾救灾中心成为国际委员会救援物资储备点。积极利用汶川地震境外红会与我会的交流基础，推动双边项目合作，进一步推动玉树地震境外援助项目的实施。

（四）全力以赴完成2011年非紧急援助项目。非紧急援助项目是中国红十字会扩大国际影响、增进与其他国家红会民间交流的重要渠道。此项目于2009年正式执行，2010年由于人手不够，只完成了2009年两个国家红会援助项目的后期实施。2011年，在会领导高度重视下，联络部提出了七个备选国家红会作为援助对象，并积极依靠外交部、商务部的支持，与六个国家红会取得联系，就援助物品清单进行确认，并进入配单阶段。其中，柬埔寨水泵项目已进入采购阶段，该项目得到援助国家红会的热烈欢迎，也得到中国驻外使馆的大力支持。

完成非紧急援助项目物资清单。根据联络部领导要求，为进一步做好该项目，有效提高双边沟通交流，多边处在商务部《对外援助物资供货指导目录》基础上，结合人道援助特点，完成中国红十字会对外援助物资清单并报商务部备案。

完成《中国红十字会非紧急人道主义援助项目操作办法》，规范指导中国红十字会开展非紧急援助项目。

（五）积极配合总会训练中心开展涉外培训项目。完成2010年援外培训工作总结报告，发会内通讯，抄报商务部、中联部和外交部。

指导协助总会训练中心顺利完成2011年商务部支持的发展中国家红会援外培训共三期，负责部分讲师的聘请、审改每期开闭幕式中英文稿件及出席领导的邀请，根据需要派人随学员外出考察，全程参与其管理工作。

审改、报批、下发总会训练中心具体负责实施的中国红十字会能力建设海外培训班的各类文件，顺利完成第一期赴比利时培训班的工作，目前正在办理第二期赴美国培训班事宜。

七、积极推动境外资金项目管理工作，汶川地震重建项目95%已完工，进入审计阶段。

（一）汶川特大地震灾后工作。配合汶川特大地震三周年，编制完成《境外资金项目统计表》，建立325个重建项目的台账。

截至2011年10月底，多边处负责的325个汶川特大地震境外资金重建项目，总资金为5.1亿余元，资金来自于11个国家红会/组织，项目涉及医院、卫生院（卫生室）、学校、残疾人康复中心、改水工程重建工程，送温暖、采购办公设备能力建设项目及采购救护车项目。目前，尚有25个项目由于重建规划调整、开工晚等原因仍在进行中。75%的重建款已拨付，正在协调开展审计，审计结束后将按协议拨付剩余款项。

8月份，总会与马来西亚圣约翰救伤队新续签了其在陕西五个村卫生室的重建项目协议。目前正在与地方签署五方协议

（二）玉树、舟曲灾区救助工作。2011年，双边处继续负责玉树地震灾后重建境外资金项目的管理，项目分为日本红十字会项目、台湾红十字组织项目和其它境外资金整合项目。项目总资金3800余万元，硬件项目五个，以及日本红会的软件项目五个，台湾一个。截至目前，软件项目全部完成，硬

件项目进行中。计划2012年完工。

多边处负责的舟曲泥石流灾后重建项目为台湾红十字组织援助的舟曲县医院体检中心重建项目。项目总资金300万元人民币。项目由甘肃省政府统一执行，目前已经开工建设。

（三）加拿大发展项目。完成加拿大援建甘陕学校和卫生院项目的建设工作，以及甘肃改水项目、陕西商洛水灾和四川甘孜地震重建项目的准备和启动工作。继续执行四川艾滋病关爱与预防项目第二期干预活动，地方分会能力建设培训班及厦门水上安全/游泳项目。水上安全项目是中加红十字会首次在技术层面开展合作，项目旨在通过实施水上安全教育从而减少厦门水上伤亡事件。该项目是中加双边合作模式的一次全新尝试。

八、积极做好南丁格尔奖章申报及颁奖大会外宾接待工作。与外交部、红十字国际委员会共同协作，做好委员会主席来华的接待安排工作，特别是国际书记的接见。确保了外事工作万无一失。

九、配合总会做好网络事件的应对工作。向国际联合会、国际委员会及时通报事件背景及我会应对策略；协助总会组宣部及时提供媒体应对材料；安排中央媒体对国际联合会东亚办主任等采访；收集并翻译国际联合会有关与企业合作等政策性文件供决策参考；完成《关于中国红十字会发挥民间外交作用的相关材料》及《关于红十字会与红新月会国际联合会及相关国家红会在政府支持、项目管理费的相关材料》两份文件。协调华尔街日报的采访工作，收集整理翻译境外媒体就该事件的相关报道。

十、开展对红十字运动动态调研。及时收集、编译并上报红十字运动最新动态等相关信息，特别是重大国际性救援行动的进展，并向我会官网供稿。

十一、传播红十字运动基本知识及国际人道法项目。举办两期区域性传播骨干培训班（7月山东、9月陕西）；举办全国骨干培训班（11月江苏）；协助宁夏、广西分会传播项目获国际委员会资助；编印《国际红十字与红新月运动》一书；协助西藏分会传播培训班获国际委员会资助。

十二、重建家庭联系项目。编印《中国红十字会重建家庭联系工作指南》，并下发各地分会；协助委员会设计重建家庭联系宣传折页和海报；日本地震后启动重建家庭联系（寻人）工作，向公众提供了网站查询和“急切盼望消息”通信两项免费服务；举办16个分会（含香港特别行政区红十字会）参加自然灾害中的重建家庭联系培训班（6月浙江）。

全年共接收寻人案件122件，结案69件，并成功寻人37件；转交红十字信件7封。

十二、中国国际人道法国家委员会秘书处工作。邀请全国人大法工委加入国家委员会；与中国政法大学军事法研究所合作创办刊物；接待德国国际人道法国家委员会主席来访（4月北京）；召开2011年第一次工作组会议（6月北京）；召开全体会议（12月北京）

十三、承办2014年亚太地区大会。获外交部同意后，8月已向国际联合会表示有意承办2014年第九届亚太地区大会。为正式申办亚太大会，已向财政部征求意见，获得财政支持。

十四、其他工作。完成红十字参与世博

项目的后期工作，协调安排向上海世博会博物馆赠送馆藏纪念品等事宜；拟举办中国红十字会外事工作培训班。

十五、组织举办“海峡两岸红十字博爱论坛”。“海峡论坛”是由国台办主办的海峡两岸间一个重要的交流平台。这个平台为两岸民间交往与合作创造了良好环境。多年来，中国红十字会为两岸民间交往发挥了积极而独特作用。面对两岸的新形势，为了适应发展的需要，为了两岸民众的福祉，经国台办批准，台港澳事务处在 2011 年第三届海峡论坛期间，与福建省和厦门市红十字会合作，6 月，在厦门成功举办了首届“海峡两岸红十字博爱论坛”。

两岸红十字组织代表及学者等 100 多人参加了论坛。双方对百年红十字会在保护生命健康、弘扬人道主义、构建和谐社会中的功能作用与发展前景，进行了理论学术讨论和实践经验交流并充分分享意见，对今后的发展也提出了希望。

十六、接待台湾红十字组织会长，完成台湾援助汶川地震重建硬件项目。

2011 年是汶川地震特大地震三周年。根据重建规划，台湾红十字组织援建的硬件项目将全部完成。应我会的邀请，台湾红十字组织会长陈长文率领包括有台湾红十字组织代表、设计单位及台湾亲蓝、亲绿媒体记者在内的 26 人团，对川甘陕的台湾援建项目进行了考察。中国红十字会会长华建敏在北京会见了陈长文等人。在台港澳事务处的努力下，在双边处、多边处的积极协助下，保证了台湾红十字组织对项目的考察活动得以顺利完成，使台湾的亲绿媒体，没能借援建项目对大陆进行攻击。

十七、督导落实中国红十字会援建台湾“莫拉克”重建项目的实施

台湾“莫拉克”风灾重建项目是中国红十字会以民间身份对台湾民众开展的心与心的沟通项目。根据两岸红十字组织签订的合作备忘录，2011 年，由中国红十字会捐赠 1.2 亿元人民币修建的台湾“莫拉克”风灾重建项目的硬件部分全部完成。为了保证项目按时完成，为了保证项目的进度和质量，台港澳事务处注意和台湾红十字组织保持联系，收集了解相关信息，积极跟进每一个进程。同时，台港澳事务处还组织项目考察组赴台湾实地考察项目点，以确保项目的执行。目前，中国红十字会援建的 150 户灾民住房和阿里山福美吊桥已经建成，软件项目也正在开展中。多边处将对其进度继续跟进。

十八、继续协助花冈基金北京事务局开展相关工作。组织在天津召开了死难中国劳工祭奠活动，在南京举办了“在日中国劳工图片展”活动。

（张　明）

多边合作处

【职责】

一、开展对红十字国际组织的调研，掌握国际红十字运动的最新动态，提出有关意见和建议。

二、负责中国红十字会参加红十字运动、红十字国际组织有关会议及其他国际会议的准备工作。

三、开展国际人道法研究，负责国际红十字运动基本知识及人道法的传播工作。

四、负责协调总会（包括各业务部室和直属单位）、地方分会与红十字国际组织（包括总部及地区办事处）及其他相关国际

组织的联系、交流与合作。负责中国红十字会与红十字国际组织的信件翻译、处理工作。负责中国红十字会与红十字国际组织人员交往时的接待与出访安排工作。

五、负责涉及国（境）外的查人转信工作；与红十字国际委员会合作，在发生灾害或紧急状态时协调开展重建家庭联系工作。

六、负责中国国际人道法国家委员会秘书处具体工作。

七、完成领导交办的其他工作。

双边合作处

【职责】

一、负责开展中国红十字会与各国红十字会（红新月会）及其他团体、组织的双边交流与合作。

二、负责中国红十字会与各国红十字会人员的交往，做好接待与出访的准备、联络和落实。

三、开展对各国红十字会（红新月会）及相关团体的调研工作。

四、负责实施中国红十字会对外援助工作。

五、负责指导、协调地方分会和总会直属单位与其他国家红十字会（红新月会）及相关组织开展双边交流与合作。协助总会机关相关业务部室开展对外业务交流活动。

六、负责外交部等政府部门交办的有关工作及代管外侨工作。

七、完成领导交办的其他工作。

台港澳事务处

【职责】

一、按照《中华人民共和国香港特别行政区基本法》、《中华人民共和国澳门特别行政区基本法》和红十字运动“统一性”原则以及国家的有关政策，负责红十字会工作范围内的台港澳事务。

二、负责总会、各省级分会与台湾红十字组织、香港、澳门红十字会及有关团体的联系、交流与合作。

三、负责统筹和协调地方分会的台港澳事务，并进行政策性指导。

四、承办总会赴台港澳的审批手续。

五、完成政府有关部门交办的任务。协助政府处理海峡两岸突发事件。联系见证海峡两岸遣返工作。

六、开展对台工作调研，提出相关意见和建议。

七、完成领导交办的其他工作。

直属机关党委

【职责】

直属机关党委在中央国家机关工委领导和总会党组指导下开展工作。其职责是：

一、宣传和执行党的路线、方针、政策，宣传和执行党中央、上级组织和本组织的决议，充分发挥党员的先锋模范作用，团结、组织党内外的干部和群众，努力完成本单位所担负的任务。

二、组织党员认真学习马克思列宁主义、毛泽东思想、邓小平理论和“三个代表”重要思想，学习科学发展观，学习党的路线、方针、政策和决议，学习党的基本知识，学习科学、文化、法律和业务知识。

三、对党员进行教育、管理、监督和服务，提高党员素质，增强党性，严格党的组织生活，开展批评和自我批评，维护和执行党的纪律，监督党员切实履行义务，保障党员的权利不受侵犯。加强和改进流动党员管理。

四、密切联系群众，经常了解群众对党员、党的工作的批评和意见，维护群众的正当权利和利益，做好群众的思想政治工作。

五、充分发挥党员和群众的积极性创造性，发现、培养和推荐他们中间的优秀人才，鼓励和支持他们在改革开放和社会主义现代化建设中贡献自己的聪明才智。

六、对要求入党的积极分子进行教育和培养，做好经常性的发展党员工作。

七、领导总会机关纪委开展工作，全面履行“保护、惩处、监督、教育”职能，对党员进行监督，严格执行党的纪律，加强党风廉政建设。

八、监督党员干部和其他任何工作人员严格遵守国法政纪，严格遵守国家的财政经济法规和人事制度，不得侵占国家、集体和群众的利益。

九、教育党员和群众自觉抵制不良倾向，坚决同各种违法犯罪行为作斗争。

十、领导直属单位党的工作。代管机关监察审计室。

十一、领导机关和直属单位工会、共青团、妇委会工作，支持他们依照各自的章程独立负责地开展工作。领导机关和直属单位的统战工作。

十二、完成上级党组织和会领导交办的其他工作。

【年度工作】

2011 年，总会直属机关各级党组织和广大党员干部职工在总会党组和中央国家机关工委的正确领导下，按照 2011 年直属机关党建工作要点的安排，狠抓工作落实，取得了显著成绩。

一、回顾总结 2010 年直属机关党建工作，研究制定 2011 年直属机关党建工作计划。直属机关党委认真学习党中央、国务院和中央国家机关工委党建会议和相关文件精神，在全面回顾总结 2010 年直属机关党建工作基础上，紧紧围绕我会的中心工作，认真研究制定 2011 年直属机关党建工作计划，提交党委会审议通过并印发。为了将 2011 年党建工作计划落到实处，及时组织召开支部书记会议，部署 2011 年党建工作，要求基层党组织结合本单位实际，研究制定贯彻落实方案。

二、广泛开展庆祝建党 90 周年系列活动。一是召开纪念建党 90 周年暨“两优一先”表彰大会。会议组织总会直属机关新发展党员举行了庄严的入党宣誓仪式；表彰了总会先进基层党组织四个、优秀共产党员 28 名和优秀党务工作者六名。总会党组书记、常务副会长王伟结合红十字会面临的问题，以“认真学习贯彻胡锦涛同志重要讲话精神，加强党风廉政建设打造红十字公信力”为题，为直属机关党员干部讲了一堂深入浅出、内涵丰富的党课。二是组织总会及直属单位 70 余名党员干部在党组副书记、副会长、总会机关党委书记郭长江带领下，赴大庆开展了“重走大庆路，感悟大庆魂”的主题实践活动。大家认为，此次活动给广大党员干部留下了深刻印象，接受了一次价值观的冲撞和灵魂的洗礼，大家深刻体会了伟大的大庆精神，而且也亲眼目睹了大庆人民在现代化建设时期所取得的伟大成就，是一次秉承革命优良传统，掀起“创先争优”活动高潮的重要活动。三是认真学习贯彻胡锦涛总书记“七一”重要讲话。总会党组和直属机关各级党组织将学习贯彻胡锦涛总书记讲话精神作为首要政治任务和建设学习型党组织的重要内容，紧密结合改革发展实际，坚持学以致用，不断推动红十字事业实现跨越式发展。（1）党组带头学习。总会党组书记、常务副会长王伟高度重视，亲自主持党组扩大会议和中心组专题学习会，及时传达、深入学习、认真贯彻胡总书记“七一”重要讲话精神。（2）党委精心组织。根据党组部署，直属机关党委研究制定了实施方案并下发了《关于深入学习贯彻胡锦涛总书记在庆祝中国共产党成立90周年大会上重要讲话精神的通知》，就深入学习领会讲话的基本精神、切实抓好讲话精神的贯彻落实、精心组织好学习宣传提出明确要求。（3）向全体党员配发学习材料并及时向中央国家机关工委反映总会学习贯彻胡锦涛总书记讲话精神的情况。（4）精心组织参加工委举办的各类辅导报告会。（5）基层党组织狠抓落实。各单位党组织高度重视，支部书记亲自主持会议，组织全体党员干部职工认真研读讲话原文，紧密结合本单位改革发展实际和党建工作现状，畅谈学习体会，并通过形式多样的方式巩固学习成果。（6）8月2日上午，中国红十字会总会召开党组中心组（扩大）学习会，邀请中共中央党校哲学博士、教授，中央党校社会发展研究中心副秘书长董振华，就深入学习胡锦涛总书记“七一”重要讲话作辅导报告。四是组织参加中央国家机关工委开展的“两优一先”评选表彰活动。总会造血干细胞库管理中心党支部，总会联络部副部长、党支部副书记任浩分别荣获“中央国家机关先进基层党组织、优秀共产党员称号。五是“七一”前夕开展慰问困难党员和老党员活动。六是各单位党组织以“纪念建党90周年，深入开展创先争优”为主题开展了丰富多彩的党日活动。七是积极参加工委举办的各项庆祝活动。总会党组成员、秘书长王汝鹏带队参加了“党旗飘扬——中央国家机关庆祝建党90周年文艺演出”。八是与相关部门配合开展纪念建党90周年红十字老区行活动。工委宣传部巡视员郭存亮参加了老区行活动，对此活动给予充分肯定。九是以“学党史、强党性，抓落实、作贡献”为主题，从2011年5月至“七一”前后，在直属机关党组织和党员干部中集中开展了“学习党的光荣历史、弘扬党的优秀传统、奉献红十字事业”宣传教育活动。

三、成功召开了中国红十字会总会工会第四次会员代表大会，顺利完成换届改选工作。副会长、总会党组副书记、总会直属机关党委书记郭长江出席大会并讲话，中央国家机关工委统战群工部副部长、工会联合会副主席曹博慧到会祝贺。中国红十字会副会长王海京、秘书长王汝鹏以及大会代表、列席代表60余人出席了大会。大会审议和通过了第三届工会委员会工作报告和财务工作报告。经无记名投票选举，选举出第四届工会委员会委员及工会经费审查委员会委员。

四、大力推进学习型党组织建设。直属机关党委按照总会党组的部署和要求，组织党员参加了中央和工委举办的系列报告会。积极配合总会党组中心组做好传达学习会议精神的工作，结合十七届六中全会和红十字会改革发展实际，确定学习主题，安排时间配合中心组专题学习，充分发挥龙头带头作用。直属机关党委分别下发了收听收看会议盛况的通知和学习贯彻会议精神的通知，通过多种方式，在直属机关营造学习贯彻全会精神的热潮。

五、深入开展创先争优活动。一是依据《中国红十字会总会机关和直属单位党支部建设目标考评办法》，机关党委对2010年度党支部工作进行了考核，评出了先进，全面推动创先争优活动。二是按照中央创先争优领导小组的部署和要求，制定了《中国红十字会总会在基层党组织和党员中进行公开承诺工作方案》，普遍开展领导干部点评创先争优工作。会领导点评工作信息被中央创先争优领导小组办公室刊发。三是广泛开展向杨善洲同志学习活动。四是做好总会推优工作，2011 年经总会机关党委推荐，总会造血干细胞库管理中心党支部、总会联络部副部长、党支部副书记任浩分别荣获“中央国家机关先进基层党组织、优秀共产党员称号；总会直属机关党委副书记龚怡怡被评为中央国家机关巾帼建功先进个人，中国红十字基金会财务处荣获全国五一巾帼标兵岗称号；经团委推荐，总会组宣部宣传处马慧被评为“中央国家机关优秀团员”，总会赈济救护部灾害管理处孙婷婷被评为“中央国家机关优秀团干部”，总会造血干细胞库管理中心和总会训练中心团支部被评为“中央国家机关五四红旗团支部”。五是根据全国优秀共产党员评审小组的安排部署，组织参加了全国优秀共产党员网上投票推荐活动。

六、加强和谐机关建设。一是直属机关妇工委与北京市红十字会工会联合举办了庆祝“三八”礼仪形象大讲堂活动。中国红十字会秘书长王汝鹏代表总会党组向总会、直属单位及北京市红十字会的全体女干部、女职工致以节日的问候。随后来自中国形象设计协会的高级讲话李虹慧就“怎样在繁忙的工作中设计好自身形象，既能不失职业女性的干练，又可以体现出各自的品位与风格”等问题进行了系统的理论传授。二是总会妇工委派员参加了中央国家机关第三联络片工作研讨会，会上介绍了我会开展“为民服务巾帼争先”活动的情况，得到了与会单位领导的肯定。三是总会工会主席龚怡怡、副主席黑德昆参加了工委工会联系会组织的工会主席考察及研讨会等活动。四是组织工会干部参加了工会联合会举办的工会干部健步走活动，展现了总会员工的风貌，荣获了组织奖。五是直属机关团委围绕庆祝“五四”青年节，与工商银行王府井支行团委联合举办了主题为“绿色五月”的青年交流、植树、拓展活动；六是总会团委第八年与国家人口计生委团委联合举办“你在他乡还好吗?”流动人口服务活动，面向北京西站地区的流动人口，开展了红十字运动基本知识宣传、应急救护知识技能训练、捐献造血干细胞咨询、预防艾滋病知识普及等活动；七是组织团员干部赴总会备灾救灾中心参观学习，并召开团员青年座谈会，为做好总会团员青年工作出谋划策。八是利用元旦春节期间开展走访困难职工、困难党员活动，看望重病住院职工，把党的温暖送到基层。

七、组织召开民主生活会。结合开展年终总结工作，以“坚持以人为本执政为民理念，发扬密切联系群众优良作风，进一步推进红十字事业又好又快发展”为主题，严格按照广泛开展谈心、征求意见、会议结果通报的要求，做好党组民主生活会的服务工作，组织好各直属单位党支部按时保质召开民主生活会。

八、切实抓好稳定工作。高度重视维护

稳定工作，做好敏感时期的维稳工作，为保证总会中心任务的完成提供良好的环境。

九、认真开展十七届六中全会精神的学习。总会党组高度重视六中全会的学习贯彻，党组书记、常务副会长赵白鸽亲自部署，指导总会的学习贯彻工作。六中全会结束后的第二天，党组中心组即召开学习会，并形成报告，报中央有关领导，得到有关部门领导的肯定。紫光阁网站全文刊登了学习报告。2011 年，总会机关党委投稿反映我会重大工作及学习情况的二十余篇稿件被紫光阁网站刊登，各党支部也进一步加强党建信息报送工作。2011 年机关党委已连续编发 18 期《支部工作简讯》，集中宣传报道基层党组织学习贯彻活动的开展情况，在直属机关营造了浓厚的学习氛围。

十、完成领导交办的其他事宜。一是组织开展东城区人大代表选举工作。坚持充分保障党员群众选举权的原则，积极会同人事部门，及时准确圆满地完成对机关及直属单位选民的登记、投票工作。二是根据执委会的决定，成立机关红十字会，作为机关红十字会的办事机构，机关党委草拟了《中国红十字会总会直属机关红十字会会员管理及会费收缴管理办法》（简称《管理办法》）并根据此办法的有关规定，为总会及直属单位 308 人办理了入会手续并收取 2011 年度会费 5010 元人民币，已按规定将会费交至总会事业财务处。

十一、加强宣传教育，筑牢党员干部的思想防线。

及时传达党风廉政建设相关会议和文件，把思想统一到中央的会议精神上来，把行动统一到中央的决策部署上来。十七届六中全会和十七届中纪委第六次全会召开后，机关纪委高度重视，认真传达学习，总会各党支部结合本支部实际情况组织专题学习会，专题传达学习中央会议的精神，大家认真学习了党的十七届六中全会公报、《中共中央关于深化文化体制改革推动社会主义文化大发展大繁荣若干重大问题的决定》和胡锦涛总书记在十七届中央纪委六次全会上的重要讲话，重温了《中国共产党党员领导干部廉洁从政若干准则》，用党的理论来武装头脑，指导实践，推动工作，努力实现思想观念和思想方法、工作思路和工作方法、人员素质和工作作风的与时俱进，不断提高反腐倡廉建设质量和水平。通过学习，全体党员干部切实增强了坚持以人为本、执政为民的责任感和使命感。为深入学习贯彻胡锦涛总书记“七一”重要讲话的精神，网络事件后，7 月 6 日至 7 日，中国红十字会总会在京召开了全国红十字会系统廉政工作会议。自查自纠系统内存在的廉政违纪问题。会议要求全国红十字会系统进一步加强廉政建设，分析存在的问题，敲响警钟。会议向社会承诺“两公开两透明”，即：捐赠款物公开，财务管理透明，招标采购公开，分配使用透明。会议强调，全国红十字会系统要严格执行“两公开两透明”自律规定，把红十字会系统廉政建设和公开透明工作提升到一个新高度。中国红十字会会长华建敏、特别顾问彭珮云、中纪委有关领导出席会议并讲话。

十二、加强反腐倡廉教育，把教育做为拒腐防变的第一道防线，坚持不懈地开展理想信念、党风党纪、廉洁从政、艰苦奋斗社会主义核心价值体系等教育，以此来夯实工作人员反腐倡廉的思想道德防线。通过正面宣传与典型案例相结合的宣传，教育党员干部廉洁从政。积极组织党员干部从工作中学、从身边学，学习了郭明义、叶如陵等优秀红十字志愿者的感人事迹，结合刘志军、王纪平等案件和上海市卢湾区红十字会宴请超标发票事件等展开讨论。一方面发挥先锋模范的榜样作用，教育引导广大干部严以律己，秉公用权、廉洁自律，干干净净做事、清清白白做人；另一方面，以反面典型直观展示腐败行为造成的严重后果，通过剖析典型案例，总结发案特点和规律，启发教育党员干部防微杜渐。

十三、深入调查“网络事件”相关事实。

“网络事件”发生后，为查清网上炫富，以及事件中涉及的“红十字博爱服务站”项目的事实，中国红十字会总会邀请中央纪委监察部、中国商业联合会、中国社会科学院成立联合调查组，通过听取情况汇报、查阅资料、分别谈话、实地考察等方式，对中国商业系统红十字会相关问题进行调查，机关纪委牵头承办具体的调查工作。

调查结果显示，郭美美与中国红十字会总会及商业系统红十字会没有关系，其网上炫耀的财富与红十字会、公众捐款及项目资金没有关系。“红十字博爱服务站”项目资金与红十字会捐款无关。商业系统红十字会管理不规范，存在自行聘任副会长、副秘书长等违反《中国红十字会章程》的行为。王鼎公司利用红十字会品牌谋取商业利益。根据调查结果，调查组提出有针对性的整改意见，为回应社会关切，规范行业系统红十字会管理，应对“网络事件”，维护红十字会的公信力做出了积极贡献。

十四、组织开展《中国共产党党员领导干部廉洁从政若干准则》贯彻执行情况专项自查。

总会接到中央纪委下发《关于开展〈中国共产党党员领导干部廉洁从政若干准则〉贯彻执行情况专项检查工作的通知》时，正值全国红十字会系统廉政工作会议刚召开不久，机关纪委下发通知，要求各党支部要把落实中央纪委专项检查通知精神和全国红十字会系统廉政工作会议精神结合起来，认真开展专项自查工作。

各党支部按照总会机关直属机关纪委《关于开展<中国共产党党员领导干部廉洁自律从政若干准则>贯彻执行情况专项自查工作的通知》要求，认真开展了自查自纠工作，主要措施有：一是将纪委关于开展《中国共产党党员领导干部廉洁从政若干准则》贯彻执行情况专项自查工作的通知传达到支部每一名党员；二是召开支委会和支部党员大会，在会上，每位党员领导干部分别对照“八个严禁”、“52 个不准”进行了对照检查、自查自纠和民主评议，未发现违纪问题，也未接到相关信访举报；三是积极配合人事部门做好领导干部报告个人有关事项工作，支部处级以上领导干部如实填报本人婚姻变化和配偶、子女移居国（境）外、从业等事项，收入、房产、投资等事项，主动接受组织监督。全体党员干部在工作生活中自觉遵守组织纪律，认真对照《廉政准则》的 52 个不准，主动接受组织监督，时刻保持共产党员的先进性。各党支部积极结合“网络事件”反思工作中的问题，进行自查自纠，梳理业务工作流程，排查可能存在的漏洞，规范项目运作，提升项目管理水平，防范风险。

十五、抓好“两项专项治理”工作的实施。

《中共中央办公厅、国务院办公厅关于

开展清理和规范庆典、研讨会、论坛活动工作的实施意见》和《中共中央办公厅、国务院办公厅关于开展党政机关公务用车问题专项治理工作的实施意见》下发后，总会党组召开党组（扩大）会议，传达学习并部署贯彻落实两个《实施意见》。总会成立了由原党组书记、常务副会长王伟任组长，党组副书记、副会长、总会直属机关党委书记郭长江为副组长，党组其他成员及相关部室领导为组员的两项专项治理工作领导小组及由党组成员、秘书长王汝鹏任组长的工作小组。具体工作由机关纪委负责协调有关部门做好组织实施落实。

为更好地贯彻落实中央精神和总体部署，总会制定了《关于贯彻落实中央关于开展党政机关公务用车问题专项治理和清理规范庆典、研讨会、论坛活动工作的实施意见》并下发到各个部门和直属单位。要求要把这项工作与我会的反腐倡廉工作紧密结合起来，把开展专项治理工作作为加强党风政风建设的迫切任务，作为建设资源节约型社会的必然要求，作为检验深入学习科学发展观活动成效的重要内容，抓深、抓实、抓细，抓好。及时研究解决工作中出现的主要问题，建立长效管理机制，确保各项工作规范开展，切实维护红十字会的社会公信力。

这两项专项治理工作，按照《实施意见》的要求，已经完成清理纠正和监督检查阶段的工作，完成各项报表的上报工作。

9月5日，总会开展公务用车问题专项治理登记自查和审查核实工作，接受中央公务用车问题专项治理工作领导小组办公室督导核查组的督导检查。中国红十字会总会高度重视这次督导核查工作，接到通知后，总会公务用车问题专项治理工作小组召开会议进行部署，要求按照通知要求做好准备，提供材料，同时又对总会前一阶段公务用车问题专项治理登记自查和审查核实工作进行梳理，实事求是、不隐瞒、不遗漏地向督导检查组提供车辆登记台账、公务用车预算及支出、加油记录、派车单等资料。督导检查组在总会通过座谈、查看文字材料、公务用车情况登记表、查验本年度第二季度的加油记录、本年度8月份的派车单、实地现场查看车辆等方式，对总会公务用车问题专项治理登记自查和审查核实工作情况进行了督导检查，做出综合评价为好的评定，认为总会领导高度重视治理工作，治理工作小组工作细致认真，制定实施方案完整，实施步骤严密；派车单、加油记录比较细致、清晰，财务管理工作比较认真；公务用车登记完整、真实，公示范围比较广泛，车辆无豪华装饰。

十六、受理群众来信来访工作。

截至目前，共处理来信11件次，就来信来访反映的有关问题及时进行初核，机关党委以认真调查核实、澄清事实的主导思想做好来信来访工作，对署名反映情况的进行反馈。

十七、广泛开展精神文明建设。10月28日，中央国家机关精神文明办主任场宝琴带队来中国红十字会总会调研精神文明创建工作。总会党组副书记、副会长、总会直属机关党委书记郭长江介绍了总会精神文明创建工作。杨宝琴对总会精神文明创建工作给予充分肯定。

十八、拓展精神文明创建工作领域，深入开展城乡结对工作。按照中央城乡统筹、文明先行的要求和总会党组的指示，在北京市红十字会、平谷区红十字会和红十字基金会党支部的配合下，启动了中国红十字会总会与平谷区金海湖镇精神文明共建工作。在调研、探讨的基础上，草拟了《精神文明共建协议》，明确了共建原则、共建内容、责任和义务及保障措施。进一步探索中央国家机关与地方携手提高精神文明创建工作水平，促进地方经济社会和谐发展的新路子。

十九、党的十七届六中全会决定，党的十八大定于2012年底召开。根据中央和中央国家机关工委的精神，在党组的领导下，总会出席党的十八大代表会议预备人选推荐工作已正式启动。

（曲　靖）

监察审计室

【职责】

监察审计室在总会领导的领导下开展工作，其职责是：

监察方面

一、负责总会机关行政监察工作，领导直属单位行政监察业务工作。

二、贯彻执行国家有关规定，监督检查总会机关工作人员、直属单位领导班子成员执行国家政策和法律、法规及总会党组颁发的决议和命令情况。

三、负责调查处理总会机关、直属单位工作人员违反国家政策、法律法规、政纪的行为，提出处理意见和处分建议。

四、受理总会机关、直属单位工作人员的申诉，受理个人或单位对总会机关、直属单位工作人员违纪行为的检举、控告；做好违纪、违法方面来信、来访的处理工作。

五、协助直属机关党委抓好反腐败和廉政建设工作。

六、完成上级交办的其他工作。

审计方面

一、依照国家法律、法规和政策以及总会规章制度，独立开展内部审计监督工作，对直属单位财务收支及相关经济活动进行内部审计监督；针对存在问题，提出改进管理、完善内部制度的建议和纠正、处理违反财经法规行为的意见。

二、经授权，对直属单位领导班子进行任期财务审计；对直属单位主要负责人进行经济责任审计和离任审计。

三、办理审计机关、上级内部审计机构交办的审计事项。

四、完成上级交办的其他工作。

总会直属单位

中国红十字会总会机关服务中心

【年度工作】

2011年，总会机关服务中心在总会党组的正确指导下，在分管会领导王汝鹏秘书长的直接领导下，在机关各部室和各兄弟单位的支持下，团结带领全体干部职工，紧紧围绕总会中心工作要求，积极稳妥地采取以强化内部管理抓质量，以加强自身建设促发展等项措施，使中心内部统一了思想，营造了团结和谐的氛围，发扬务实高效的工作作风，为总会工作的正常运转提供了可靠的后勤服务保障，推动中心工作迈上了新台阶。

一、坚持政策理论学习，加强领导班子建设

中心领导班子始终把加强班子建设放在首位，坚持集体学习制度。通过学习，及时了解和掌握党和国家的大政方针及领会总会党组要求和总会中心工作，把握服务思路，更新服务理念，制定服务规划；通过交流，加强了班子成员之间的团结，增强了工作的透明度，推进了班子的民主作风建设。在领导班子成员的带动下，中心广大干部职工形成自觉学习、主动学习的良好风气。大家在学习中提高了觉悟，开阔了眼界，增长了技能。在工作中能够心往一处想，劲往一处使，立足本职，团结协作，群策群力，热情服务，大家都在为集体荣誉争光，为做一名合格中心人而努力工作。

二、完善各项规章制度，强化管理工作程序

为完善制度，优化服务，规范管理，在去年修订《管理制度汇编》的基础上，制定了《机关服务中心会议制度》、《收发工作管理办法》、《资料室管理办法》、《车辆管理制度》、《车队工作人员奖惩办法》、《车队管理制度》。要求领导干部带头规范管理，严格按制度办事，依程序行事。与此同时坚持以下规章制度：

（一）坚持主任办公会议制度。遇重大问题和重要事项集体商议，集体决策，形成会议纪要，印发各处室遵照执行。

（二）坚持每周例会制度。例会上，各部门汇报上周工作，提出本周工作计划。中心领导总结上周工作成绩与不足，部署下周工作任务。通过例会，大家能及时掌握和了解中心的工作重点、工作动态及工作要求。坚持例会制度，对中心工作规范化管理、高效优质服务起到了积极的指导和促进作用。

（三）坚持党支部会议制度。定期召开党支部委员会，传达贯彻党中央、中纪委、总会党组和机关党委的有关文件精神，学习理论知识，通报中心重要事项，研究中心干部任免等人事工作，研究讨论中心党的工作。如有重要事项形成会议决议，印发每位党员，认真贯彻执行，为完成总会交办的各项服务任务提供组织保证。

（四）坚持工作月报制度。将中心每个月的主要工作及完成情况形成文字材料，报送分管会领导并印发中心领导及各处室。一方面便于分管领导掌握中心的工作情况，有的放矢地指导工作，同时起到各处室相互学习，取长补短，共同提高的作用。

一年来，中心各级领导干部坚持树正气，立正风，严格按照制度进行管理，用制度教育人、说服人，改变了凭关系、人情办事和做老好人的处事方法。职工能够自觉遵守各项规章制度，一种积极向上的风气和良好工作秩序正在逐步形成。

三、加强内设机构管理，优化服务效率

为提高服务效率，更好地完成总会交办的任务，使每个职工都能最大限度的发挥作用，中心根据工作需要，对部分职工进行了轮岗、分流调整及内退、返聘等安排。2011年，调入任用1名办公室主任，提拔聘任2名处长，聘用1名财务科长和1名车队队长，这些新上任的同志作风正派，有事业心，有责任感，有大局意识，敢于承担责任，热爱红十字工作，在工作中真正起到并发挥了应有的作用；分流、轮岗了5名同志，1名同志因工作需要借调总会，3名同志因年龄大不适宜做驾驶员工作而调整到处室做工勤工作，1名同志因身体原因安排较为轻松的工作等。这些同志都能够以大局为重，服从安排，较快的适应了新的工作环境，并认真完成组织交办的各项任务。

通过中心内设机构和人员的调整，调动了广大干部和职工的积极性，提高了办事和工作效率。

四、2011年完成的主要工作

（一）办公室工作

1. 人事管理工作

（1）加强对在职人员的管理和考核。2011年，中心根据工作需要，严格按照干部选拔任用管理条例规定，对3位副处级干部进行了考评，经过本人述职、征求意见、职工投票、公示、报总会同意等方式，选拔聘任为处长；按照国家退休政策，为1名同志办理了退休手续；按照中心主任办公会议决定，经本人申请，办理了2名职工内退手续。

（2）加强对聘用人员的管理。与3名聘用人员续签了劳动合同，与4名新聘人员签订了劳动合同，对新聘人员进行岗前谈话，提出工作要求，并积极鼓励聘用人员参加业务学习和专业技能考试。2011年，有2名同志通过了国管局资格证书考试。

（3）按中编办和组织机构代码中心要求，完成中心法定代表人的变更和各项社会保险的基数核定工作及社保登记证的变更登记及年检等工作。

2. 完成各类报表的填报工作

（1）编报中心2010年度的财务收支表，结合中心实际情况编写报表说明，并与去年同期各项数字进行了对比分析。

（2）完成向国家人力资源和社会保障部报送《事业单位工作人员统计报表》和《机关、事业单位工作人员工资统计报表》的工作。

（3）参加国管局后勤改革与综合管理司召开的“机关后勤服务统计报表工作会议”。按照会议要求进行机构编制、经费来源、社保缴纳以及物业服务、车辆维护等相关后勤服务等内容得相关数据统计，并向国管局填报了国家机关各部门后勤服务统计表。

（4）完成市人社局关于国家机关、企事业单位2011年用人需求与减员情况调查表填报工作。

（5）经与总会筹财部多次沟通，对总会机关各部门及直属单位上报的国有资产年度配置计划表进行审核、汇总。较好地完成了国管局2011年度国有资产配置计划表编报工作。

3. 医疗保健服务工作

在中心精心安排、认真组织、积极宣传和努力工作下，较好地完成了总会团体志愿无偿献血、职工体检、计划生育、医疗保障工作。2011年共有5位同志参加无偿献血（其中机关服务中心1人、基金会3人、训练中心1人）；组织了150余名在职和离退休职工参加体检；与东城区计划生育委员会签订了2012—2013年计划生育责任书，发放计生用品1200多盒；采购常用药品30多种，有150多人次领取了药品，为总会和造血干细胞库管理中心职工核报医药单据595笔。

4. 财务管理工作

2011年，中心财务部门始终坚持加强财务管理，优化资源配置，提高资金使用效益的原则。为了适应新形势下的发展，财务建立健全和完善落实了各项财务规章制度，为领导决策提供了有效的政策支持。

（1）配合审计署完成延伸审计工作。

中心积极配合审计署和总会筹财部2010年度部门预算执行情况审计，对他们提出的问题进行耐心、细致的解释，对审计记录中的数据逐一进行核对，并按要求提供了“十一五”彩票公益金物资采购项目及救灾款采购项目的文件资料等。在这次审计中，未发现中心有违纪违规问题，为总会完成审计工作起到了积极的配合作用。

（2）代管经费收支情况

机关服务中心负责代管总会机关部分行政经费的核算管理工作。在经费管理上，中心认真领会相关政策，严格执行预算，不挤占、不挪用，保证专款专用。定期编制上报专项经费决算报表，为领导做出相关决策及时提供了财务信息。

2011年，总会拨入机关部分经费总计471.6万元。支出总计171.3万元。报销医药费86.2万元。报销出租车费7.3万元。报销班车费18.8万元。

5. 文印服务、信件收发工作

文印室承担着为总会印制、装订和寄发会议材料、领导重要讲话、会内通报、简报及公文等工作。中心克服人手少、工作量大、设备老化等困难，本着严格要求，认真负责的态度，高标准、高质量、高效率地完成了全年的文印工作任务。截止11月，印制各类公文和会议材料约3、7万份。向各地红十字会及有关单位寄发《会内通报》24期、《简报》9期，收发信件10万余份，订阅发放报刊杂志2万余份。

6. 车辆管理工作

（1）公车治理工作。按照中央和国家机关关于公务用车专项治理工作精神和要求，总会成立了车辆专项治理工作领导小组和工作小组。有关公务用车专项治理的具体工作落实在机关服务中心。中心对总会所有车辆进行了摸底和排查，将车辆情况和有关建议上报总会。完成并上报了2010年公务用车费用基本情况调查表和省部级领导干部公务用车统计表及总会名下公务用车情况统计工作。

（2）车队服务工作。完成南丁格尔颁奖大会、全国电视电话会议、总会廉政会、理事会等重大活动的用车服务任务，以及机要送信、老干部活动、机关各部室的日常公务等出车任务3000多趟次，安全行驶23万公里，超时3200小时，加班220天。

（3）完成每日近300趟次、5000余件机要文件送取工作，遇紧急信件随时送取。

（二）行政管理和服务工作

1. 办公楼维修工作

中国侨联全部搬离总会办公楼后，中心年初即对办公楼进行装修。为不影响工作，保证装修和搬家工作顺利有序进行，中心制定了各部室搬家时间表，并及时安排施工单位对腾空的办公室进行粉刷和装修。共计完成50余间办公室的粉刷及搬家工作，更换了所有污损窗帘、纱窗，铺设18间办公室地板，对1—3层卫生间进行了装修和改造。修理了16间办公室的空调，为3间办公室安装了分体空调。同时就办公楼空调老化等问题，与国管局有关部门进行汇报与沟通，争得他们的支持，同意我会先进行市场调研，然后上报更换空调的报告。此项工作正在准备中。

另：修缮2位离休职工住房，完成43号办公院部分房屋的维修工作。

2. 办公楼环境改造工作

（1）为加强办公院管理和车辆停放等工作，中心印发了出入证、制做了会客登记簿，改装了门卫室对外窗口，为新来的项目人员和外聘人员印发了临时车证，加强和规范办公院出入管理。

（2）在办公院外墙护栏石柱加装白色球灯，改造院内停车场，为会领导办公室、会议室及门厅摆放绿植，美化了办公院整体环境。

3. 职工住房配售工作

为解决职工住房困难，改善职工住房条件，中心积极与国管局相关部门沟通协调，力争更多房源。2011年10月，国管局分配给总会10套住房。为了按时完成住房配售任务，中心克服工作量大、时间要求紧等诸多困难，在总会分房领导小组的领导下，加班加点起草分房方案、摸底和筛查职工住房状况和申请表等，力争在规定时间内完成住房配售任务。

4. 资产和住房管理工作

（1）完成汇总并上报财政部2010年度总会和直属单位资产决算填报工作；2013年总会和直属单位国有资产配置计划表及报表说明。

（2）通过国管局资产处置平台，完成总会餐厅、43号院报废的部分资产的处置，并进行了资产清户，做到了账实相符。

（3）建立总会和备灾中心、造血干细胞库等直属单位新调入职工住房档案，编报住房补贴预算。完成了2012年总会、直属单位职工住房补贴月算工作。

（三）招标采购工作

1. 完成捐赠信息平台网络招标采购工作。在2011年突发的郭美美事件中，为做到总会承诺的7月底向社会公开捐赠信息，中心全力以赴，在时间紧、任务要求高的情况下，按照总会要求，积极与企业沟通联系，按时完成了信息平台数据库网络设备的招标采购工作，为捐赠信息上线提供了设备保证。

2. 完成"送温暖"及捐赠物资的采购运输等工作。根据总会"送温暖"物资采购计划，严格按照政府采购程序，认真组织招标工作，严把招标质量关，积极与各地红十字会、供货商沟通、协调，发现问题及时解决，保质保量地完成了本年度1000万元采购及运输任务和2012年度800万元的招标采购工作。

3. 完成了"十二五"彩票公益金4453万元的公开招标采购运输任务。

4. 完成了办公楼和造血干细胞库管理中心网络改造招标工作。

根据总会办公楼和造血干细胞库管理中心网络改造及软件升级项目招标任务需求，中心选择政府采购定点企业后与其进行了多次技术交底和商务洽谈，经过共同努力，完成了1048万元网络系统技术改造项目的招标工作。

5. 重新修订物资采购技术标准。为做好救灾物资采购和"十二五"彩票公益金资助物资采购工作，中心按照2011年工作要点和总会"十二五"彩票公益金物资采购预算要求，在与相关技术单位和总会业务部门反复协商、沟通、研讨的基础上，重新修订了救灾物资采购技术标准，现已完成"十二五"彩票公益金救灾备灾物资技术标准汇编工作。

6. 其他招标采购工作。完成了澳门红十字会捐赠的28万元1000个"家庭包"的采购任务，以及186件办公设备和办公家具的采购工作，总金额98.3万元。其他采购包括：供水设备900万元，"生命健康安全教育"编撰印刷及宣传片600万元，国际联合会援助舟曲大米64.935万元，总会机房改造68万元，总会信息管理系统技术咨询38万元，援助成都博爱小学空调10.04万元万元。

（四）节能减排工作

勤俭节约、艰苦奋斗是中华民族的传统美德。节能减排是可持续发展的具体体现，是造福子孙后代的大事，中心力争为实现国家的节能减排目标、为创建节约型单位、节约型社会做出积极的贡献。2011 年，中心把节能减排工作当作一件大事来抓，多次召开会议研究部署有关工作，并采取了一系列措施和办法。

一是积极响应国务院、国管局关于节能减排号召，对总会机关能耗相关工作进行自查。自查中发现办公楼原有暖气片锈裂漏水严重、散热量差等问题，中心及时制定了暖气循环系统改造方案，供暖前更换了所有暖气，完成了办公楼的暖气改造工程。

二是在职工中广泛宣传并积极提倡绿色办公和低碳生活方式，中心领导带头并要求职工从我做起，从点滴做起，从小事做起，自觉养成健康、文明、节约、环保的良好习惯，发现身边有浪费等不良行为主动制止和规劝；并采取夏季定时开启和关闭空调，冬季供暖后关闭空调等节能措施。

三是积极响应“节能宣传周”活动。在办公楼公共场所布置宣传展板，张贴宣传海报，发放宣传材料等，倡导从我做起的节能理念。

四是围绕节能减排工作，职工积极开动脑筋，为节能减排献计献策。中心落实三项措施。一是增加车辆保养工作。由车队有维修技能的司机对机关公务车进行保养和维护，节约了维修费用；二是购置公用自行车，在 10 公里以内外出办公，倡导骑车出行，既缓解了公务用车紧张，又大大减少了公务用车量；三是购置了洗衣机，节省了总会值班更换床单、被罩外送清洗费用。

五是积极创建节水型单位。中心与水平衡测试技术服务中心联系，对总会的年用水量、建筑面积、设备设施及院内环境等因素进行了水平衡测试，并制定了规章制度，建立了数据台账等工作。

2011 年，中心参加了国管局组织的“厉行节约与资产管理”征文活动，并代表总会报送了 1 篇论文。

（五）消防安全工作

为保证办公楼安全，进行了对原有监控设备的改造工作。

节假日前与总会办公室及物业人员对办公楼消防安全例行检查，对各部室在楼道内摆放的易燃物品协助进行清理，提醒各部室锁好门窗、断水断电、注意安全，对于存在安全隐患的部门予以提示。

春节前与北京市东城区消防主管部门签订了安全责任书，并要求物业认真做好预防工作。

根据东城区公安消防支队对我会办公楼消防检查提出的消防安全存在的问题，对消防设备故障进行了维修，并对物业相关人员进行了消防技能培训。

结合总会实际，编制上报了《中国红十字会总会消防疏散应急预案》和《中国红十字会总会防汛应急预案》。

（六）完成中华红康实业发展中心 2011 年年检办理工作及档案移交工作。按照总会要求，中心办理了中华红康实业发展中心年检工作。现已完成了红康中心 2007—2010 年 4 年的年检补办手续及与总会法规处的档案移交工作。目前，该项工作待总会确认新的合作方后，配合办理其税务登记、银行开户、变更法人代表等事宜。

（七）完成海关免税报关工作

根据海关总署规定，所有免税物资须办理海关年报后才能办理相关手续，由于总会从未办理过年报审批，所以给中心办理进口物资免税手续带来很大困难。中心经营处经过多方努力和协调，并翻阅了大量业务部室工作档案，补填了所有相关报表等资料，现已获准通过了2010年海关年报。

顺利完成巴蜀力量基金捐赠图书、西班牙医疗发展基金会捐赠心电图仪等项进口物资免税手续办理工作。为总会今后办理进口物资海关免税手续打下了基础。

（八）对红十字扶贫开发服务中心工作的管理

1．按照民政部有关规定和《红十字扶贫开发服务中心章程》有关条款，2011年应进行红十字扶贫开发服务中心换届工作。经过中心多次与民政部沟通、咨询有关事宜，并对扶贫中心的现状进行了了解和调研，现已完成了扶贫中心2010年审计和2011年年审工作，并协助其向民政部呈报了《红十字扶贫开发服务中心2010年度工作报告书》和《红十字扶贫开发服务中心章程》修改稿；向总会报送了《关于红十字扶贫开发服务中心换届方案的请示》、理事推荐名单等有关报告，目前，等待总会批复。

2．接收捐赠工作

争取百事（中国）有限公司支持，完成了2011年“百事图书室”合作项目的捐赠和实施工作。

2011年8月，“光明行”公益项目为97例白内障患者实施了免费复明手术，并进行了活动总结，

按照总会扶贫要求，为山西省浑源县捐赠1辆救护车、10台电脑显示屏。

五、党支部工作

（一）定期召开支委会，制定学习计划和要求，研究、讨论党内工作；不定期的组织党员学习有关党的路线、方针、政策和廉政建设文件，提高党员政治素质和理论修养，教育党员、特别是党员领导干部要时刻发挥共产党员的先锋模范和表率作用，要以身作则、廉洁自律。

（二）加强组织建设，严格组织程序。根据支部委员变动等情况，及时增补支部委员，健全组织机构。培养一名入党积极分子并确定了专门联系人，对其定期开展谈心和教育工作，按时上报思想汇报材料。近期，培养期满，支部将其确定为发展对象，进一步加强教育。

（三）开展“缅怀先烈，铭记历史”主题教育活动。为加强党组织建设，发挥党支部的战斗堡垒作用，增强党员的党性观念，中心组织党员和职工参观了平津战役纪念馆，进行了革命传统和爱国主义教育，大家一致表示，要时刻不忘共产党员的责任和使命，在创先争优活动中率先垂范，立足本职，做好服务工作。

（四）结合“七一”党的生日，组织党员学习胡锦涛同志“七一讲话”，为了节省开支，组织党员在办公室集中观看了《建党伟业》录像片，对党员进行学习教育。

（五）召开党员学习会，学习贯彻十七届六中全会精神和总会党组要求。通过学习大家纷纷表示，要将全会精神与本职工作结合起来，全心全意做好机关后勤管理和服务保障工作。

（六）召开了党内《廉政准则》执行情况通报会。处以上干部对照“八个严禁”、

“52个不准”进行检查，写出书面报告，并与支部签订党风廉政建设责任书。支部对照自查自纠中发现的问题，提出整改意见，并将意见报告书上报总会。

【历史沿革】

中国红十字会总会机关服务中心（对外称“机关服务局”）的前身是中国红十字会总会行政处。根据国家关于中央国家机关后勤体制改革的政策文件和总会机关机构改革方案，中心于1999年9月9日正式成立。几年来，在总会党组和执委会的正确领导和关怀下，在机关各部门的大力支持下，机关服务中心紧紧围绕总会党组中心工作任务，结合中心实际，加大改革力度，严格履行各项职能，较好地完成了总会机关的后勤保障工作。2004年，1月，开始筹备申报“红十字扶贫开发服务中心”注册工作。11月，经民政部批准成立了“红十字扶贫开发服务中心”。4月，2004年彩票公益金项目“送温暖”活动物资采购以公开招标方式进行。4月22日在中国招标投标网、中国政府采购网、《中国财经报》上发布了采购公告。5月，①配合总会完成了“中国红十字会建会100周年庆典”活动的后勤保障工作。②2004年彩票公益金项目救灾棉服、棉被采购以公开招标方式进行。5月27日在中国招标投标网、中国政府采购网、《中国财经报》上发布采购公告。③国务院机关事务管理局分配总会15套经济适用住房，这是房改后首次配售经济适用住房，服务中心组建了配售领导小组，将房源和相关政策等张榜，同时按照国管局住房配售要求制定了《新海苑、广泉小区经济适用住房配售办法》，整个配售过程坚持公开、公平、透明、合理的原则。6月，2004年彩票公益金项目救灾帐篷采购以公开招标方式进行。6月11日在中国招标投标网、中国政府采购网、《中国财经报》上发布了采购公告。7月，2004年彩票公益金项目救灾饮用水、环境消毒剂采购以公开招标方式进行。7月15日在中国招标投标网、中国政府采购网、《中国财经报》上发布了采购公告。8月，①根据中编办《关于印发〈中国红十字会总会机构改革方案〉的通知》、《国务院办公厅转发国务院机关事务管理局、中央机构编制委员会办公室关于深化国务院各部门机关后勤体制改革意见的通知》和总会《关于组建中国红十字会总会机关服务中心并启用印章的通知》等文件精神，经总会党组批准，机关服务中心主要职责、内设机构和人员编制方案得到确定。②2004年彩票公益金项目救灾粮食采购采用邀请式招标方式进行。10月，①顺利完成中国红十字会第八次全国代表大会的后勤保障工作。②对干面胡同43号院进行了房屋修缮及环境改造。11月，①2005年彩票公益金项目“送温暖”活动物资采购以公开招标方式进行。11月9日在中国招标投标网、中国政府采购网、《中国财经报》上发布了采购公告。②2004年彩票公益金救护师资项目的招贴画及宣传折页采用公开招标方式进行采购。11月25日在中国招标投标网、中国政府采购网、《中国财经报》上发布了采购公告。12月，中国造血干细胞捐献者资料库电脑网络系统技改（硬件部分）采购以公开招标方式进行。12月22日在中国招标投标网、中国政府采购网、《中国财经报》上发布了采购公告。

2005年，在“为印度洋海啸受灾国捐款”活动中，紧急采购救援物资共计

4067.43 万元。《机关服务中心管理制度汇编》出台并实施。

2006 年共完成 5 个项目，采购总额为 12544501.52 元。增加固定资产额度 686957 元。发放职工购房补贴 1860497 元。

【组织机构】

中国红十字会总会机关服务中心内设四个处级部门。

（一）办公室

负责机关服务中心工作的综合协调、会议组织、文电处理、秘书事务、安全、保密、档案管理等工作；负责机关服务中心人事（含退休人员）工作、财务和机关有关经费、总会机关住房公积金及住房补贴的管理；负责总会机关医疗保健、计划生育、爱国卫生、绿化、人民防空、献血等社会事务工作的管理。

（二）服务处

负责总会机关后勤服务和职工有关福利工作；负责总会机关车辆、通讯、办公用品、设备、设施及外事礼品和会议室等的管理工作；负责在京召开的全国会员代表大会等全国性会议的后勤保障工作；负责总会机关要文件交换、信件投递、报刊收发工作；负责总会和直属单位基建项目的申请、立项工作；负责总会机关委托的房地产及其他固定资产的管理；负责总会机关和直属单位职工经济适用房的申报及管理工作；负责机关所属的房屋修缮等工作。

（三）经营处

负责救灾（备灾）物资采购招投标工作，履行《中国红十字会总会救灾物资采购管理办法》的职责；负责境内外捐赠物资的接收、转运和援外物资的采购、转运工作；负责兴办符合红十字会宗旨的经济实体；负责策划开发服务创收项目，管理所属经营创收单位等工作。

（四）文印室

负责机关各部室文件的打字、编排和印制；负责总会召开的全国性会议，举办的各类培训等文件及资料的印制；负责联系办理总会机关印刷品及出版物（除总会一报一刊）的印制。

（傅　刚）

中国红十字会总会报刊社

【年度工作】

2011 年，中国红十字会总会一报一刊发行量连续七年稳中有升，2011 年，《中国红十字报》发行量首次突破五万份，平均月发行量达到 51000 多份，比上一年提搞 2.9%；《博爱》杂志平均月发行量达到 48000 多份，比上一年提高 5.1%。

经济效益连续七年稳步提高，虽然受到“网络事件”影响，但 2011 年报刊社收入结余仍比上一年提高了 14%。

职工收入连续七年稳步增加，2011 年，职工收入在上一年的基础上提高了 12.5%，职工的福利也得到进一步提高。

2011 年，主要做了以下几项工作：

一、围绕红十字会工作发挥两个作用

（一）引导作用：

2011 年是中国红十字会“以制度建设为重点的能力建设年”。为了推动这项工作的开展。报刊社在年初即制定了报道计划，并重点从两个方面入手：

一是用典型引路《中国红十字报》及时关注和报道来自基层的鲜活经验：

二是启发思路《中国红十字报》专门

开设了“制度建设”栏目。围绕为什么要加强制度建设，做好红十字会工作需要进行哪些制度建设，怎样搞好制度建设等问题，先后刊发了一批观点新颖、见解独特的文章，以此启发思路，引导创新，推进各级红十字会的制度建设。

“网络事件”发生后，《中国红十字报》不但及时刊登了中国红十字会总会的几次声明，而且密切关注事态发展，抓住有利时机引导舆论。在最初舆论几乎一边倒的时候，《中国红十字报》在头版头条刊登了反映真相的报道“郭美美事件子虚乌有，百达翡丽指鹿为马”，对盛传一时的谣言进行澄清。还三次整理编发了王汝鹏秘书长的答记者问：“我们有信心重新赢得公众支持和信任”、“推进公开透明的一大步”、“质疑和批评让我们做得更好”，对社会质疑的一些问题进行了正面回答。

“网络事件”发生后，不但社会舆论几乎一边倒，而且很少有正面的声音传出来。在那个最困难的阶段，《中国红十字报》采取借力宣传，借势宣传的办法，达到了较好的宣传效果。

借力宣传《中国红十字报》先后转载了二篇重要稿件，一篇是《中国日报》、《环球时报》记者对国际联合会北京代表处主任马丁的专访，马丁对中国红十字会作出了“工作是出色”的评价。还有一篇转载于《新京报》，在红十字会与企业合作遭到普遍质疑时，《新京报》就“公益组织能否与企业合作”采访了清华大学创新与社会责任研究中心主任邓国胜、南都公益基金会理事长徐永光等专家学者，他们的回答是肯定的。

借势宣传在这期间《中国红十字报》还转载了《人民日报》的一篇记者调查。针对网友关于中华骨髓库“患者查询一次要500元”等说法，《人民日报》记者的调查结果是中华骨髓库“配型检索免费，代收费用不留分文”。

这种借势、借力的宣传方法比自己站出来辩白要好得多。

在中国红十字会作出“两公开，两透明”的公开承诺后，《中国红十字报》及时报道了各级红十字会的快速反应，如，以“红十字会‘开晒’捐赠信息”为题，及时报道了总会捐赠信息发布平台上线的消息；以“危机中维护公信力”为题，报道了杭州市江干区红十字会在危机中维护公信力的做法和经验以及各地开展的廉政问责制的情况。

后“网络事件”时期，《中国红十字报》发了一系列鼓劲、提气的报道：

中国红十字会常务副会长赵白鸽出席搜狐企业家论坛年会时表示，“红十字会将进行更多改革，想赚钱的，请远离红十字会”；中国红十字会“魔豆爱心工程”与“春雨行动”获中华慈善奖最具影响公益项目奖等。

第18届国际联合会大会和国际大会期间，中国红十字会代表团频繁开展外交活动，由于这对“网络事件”后修复中国红十字会在国际社会的形象将起到积极作用，《中国红十字报》对代表团在日内瓦的活动进行了充分报道。

11月28日《福布斯》中文发布“2011年度中国慈善基金会榜，红十字基金会位列第三。消息公布后，社会上有人对红十字基金会名列第三提出质疑，报刊社马上派记者采访红十字基金会，发表了对红十字基金会信息公开透明工作的调查，告诉读者“第三名”是怎样打造出来的。

总之，在“网络事件”出来后，《中国红十字报》积极发挥中国红十字会媒体的舆论引导作用，发出了自己的声音。在上海卢湾区红十字会高额餐费事件中，报刊社也发挥了积极正面引导舆论的作用。

（二）传播作用：

传播是媒体的重要职能。作为中国红十字会的媒体，报刊社传播的重点应该是两个，一是告诉人们什么是红十字精神；二是告诉人们红十字会做了什么。

对红十字精神的传播报刊社采取的是讲故事的办法。

一年来，《中国红十字报》和《博爱》杂志讲述了很多生动感人的故事，这些故事很好地阐述了“人道、博爱、奉献”的红十字精神。

《中国红十字报》二版头条位置作为固定栏目，全年报道了近百个救灾、救护、救助，无偿献血、捐献造血干细胞、捐献遗体器官，体现红十字精神的感人故事。

定位为“关注民生，记录情感”的《博爱》杂志，通过讲述一个个以情动人、以情感人的故事，传播人道、博爱、奉献的红十字精神。2011 年，《博爱》杂志讲述了近 400 个真情故事，其中有多篇稿件被《读者》等知名刊物转载。

红十字事业是一项需要动员广大民众共同参与的事业，告诉人们红十字会做了什么、正在做什么、将要做什么，就是一种很好的动员方式。

首先，《中国红十字报》对各级红十字会开展的各项重要工作进行了较为及时和充分的报道。

在“5·12”三周年纪念日到来之前，报刊社两次派记者深入四川地震灾区采访，《中国红十字报》推出了十几个版面的“纪念‘5·12’地震三周年专刊”，全面、系统、多角度地展现了汶川地震三年来各级红十字会在灾后重建中出色的工作和成果。

6 月，总会启动“红十字老区行”活动，报刊社派记者分赴江西瑞金、陕西延安、河北西柏坡、山东沂蒙老区，对“老区行”活动进行全程跟踪，使这一活动得到充分报道。

6 月，总会举办了全国应急救护大赛，报刊社积极配合总会在全国开展“红十字‘救’在身边”征文比赛活动。报刊社具体承担征文的组稿和编辑工作，共组稿 600 余篇，《中国红十字报》开专栏和专版对参赛作品择优刊登。

6 月，海峡两岸首次红十字博爱论坛在厦门举行，报刊社不但作为承办单位之一参与了论坛的承办，而且对论坛以及论坛成果进行了全方位的报道和展示。

《中国红十字报》密切关注和传播对红十字工作具有启发意义的新经验、新观点、新思路。

2011 年，《中国红十字报》刊登基层工作经验类重点文章 50 余篇，刊登具有新观点、新思路、新见解的理论性文章 60 余篇。同时密切关注和传播人道领域的新动向、新热点、新趋势。

二、走多元发展之路，在坚持社会效益的前提下不断提高经济效益

2011 年，报刊社继续坚持“一体两翼”、“四轮驱动”的经营模式——

一体：《中国红十字报》、《博爱》杂志；

两翼：报刊衍生产品，活动衍生产品；

四轮驱动：发行＋广告＋项目＋活动；

6月爆发的“网络事件”使报刊社开展的一些项目和活动受到了一定的影响。但是由于报刊社抓住机遇借机发展，借势发展、借力发展，报刊社总体经济效益没有受到大的影响。

一是抓住地方分会建会百年的机遇借机发展。2011年，全国有10余个省级红十字会建会百年，报刊社不但编辑出版了多期地方红十字会建会百年纪念专版，而且还编辑出版了地方红十字会建会百年纪念画册。

二是抓住总会举办海峡两岸红十字博爱论坛的机遇借势发展。6月，海峡两岸红十字博爱论坛在厦门举行，报刊社积极参与承办论坛，并在论坛期间举办红十字博爱理事会第二届年会，不但扩大了报刊社的影响，而且带动了博爱理事会的发展，下半年又有三个省会城市红十字会和一个地级市红十字会加入博爱理事会。目前，理事会共有成员单位40余个。

三是抓住社会之力借力发展。2007年，在总会支持下，报刊社捐款发起在中国红十字基金会设立旨在救助艾滋孤儿的专项基金——红十字帮帮基金。自2007年以来，报刊社每年都将部分收入捐给帮帮基金，已先后救助多批艾滋孤儿。2011年，经过努力已争取到了100万元捐款注入帮帮基金，使救助实力大大提高。12月1日世界艾滋病日，在吉林省红十字会和石家庄市红十字会的积极配合下，帮帮基金对这两个地方共20名艾滋孤儿实施了救助。救助标准为，双孤儿童每月400元人民币，单孤儿童每月300元人民币，资助周期为3年。

年初，报刊社提出抓好三个主业（《中国红十字报》、《博爱》杂志、《中国红十字年鉴》），打造三个品牌（红十字博爱理事会、红十字帮帮基金、博爱杂志）的奋斗目标，并将其列入报刊社发展战略。

一年来，报刊社围绕这个目标不断夯实工作基础，一是在提高报刊质量上下功夫；二是制定了理事会发展战略和理事成员招募细则，确保理事会健康可持续发展；三是建立监督机制，使红十字帮帮基金在阳光下操作，做到公平、公正、透明。

三、完善报刊社各项规章制度，用制度管人管事

2011年是中国红十字会以制度建设为重点的能力建设年，为了更有效地规范和开展各项工作，报刊社把建立健全各项规章制度作为全年的重点工作之一。根据报刊社的实际情况，进行了各项制度的调整、建立及完善工作，使各项工作都做到有章可循，基本实现以制度管人，以制度管事。

【历史沿革】

中国红十字会总会主管主办的《中国红十字报》、《博爱》期刊、《中国红十字会年报》、《中国红十字年鉴》，由中国红十字会总会报刊社编辑出版，报刊社属中国红十字会总会京内直属单位。

自改革开放中国红十字会恢复国内工作以来，《中国红十字》期刊（后改名《博爱》）复刊于1980年，《中国红十字报》创刊于1986年，熊世琦为总会宣传部部长兼总编辑。1988年8月26日，全国红十字报刊通讯发行工作座谈会在江西庐山召开。1990年8月9日至15日，《中国红十字报》、《中国红十字》期刊通讯员业务讲习班在湖南张家界举行。

1991年9月13日至15日，中国红十字报刊工作会议在辽宁沈阳召开，颁发了报刊工作先进集体、优秀特约记者、特约通讯员及好新闻奖。在此之前，刘峰、武星户等先后调入中国红十字会总会报刊社，接替熊世琦等人的报刊社领导工作。

1992 年 9 月 18 日至 21 日，中国红十字报刊工作会议在广东广州召开，颁发了报刊工作先进集体、优秀特约记者、特约通讯员及好新闻奖。同年 10 月，中国红十字会总会以红办字（1992）第 143 号文件规定："报刊社具有独立法人地位，享有民事权利和承担民事义务，实行事业单位企业管理，自主经营，独立核算，自负盈亏。""报刊社实行社委会领导下的总编辑（兼社长）负责制和副社长、副总编辑的分工负责制。""报刊社享有劳动用工权和人事管理权，社内实行全员聘任制。"

1993 年 1 月 1 日，经中国红十字会总会报刊社申办，中国红十字会总会报卫生部批准，中国红十字会总会报刊社由全额拨款事业单位改制为自收自支事业单位，1994 年 1 月 1 日起，报刊社设立会计、出纳，财务独立核算。同时，中共中国红十字会总会党组聘任刘峰为社长兼总编辑（法定代表人），武星户为副总编辑。同年 4 月 6 日至 9 日，中国红十字报刊社第一届特约记者工作会议在浙江温州召开，颁发了报刊工作先进集体、优秀特约记者、特约通讯员及好新闻奖。与此同时，根据中发〔1993〕7 号文件和中编委会议精神，中编办批复总会机构改革方案确定中国红十字会总会报刊社自收自支事业编制 40 名。按照党管干部的原则和总会规定，报刊社副处级以上干部由中共中国红十字会总会党组管理并聘用，其他人员由报刊社自行管理并聘用。

1994 年 4 月 6 日至 8 日，中国红十字会总会报刊社第二届特约记者工作会议在广西召开。同年 10 月 21 日至 25 日，中国红十字报刊工作会议在四川召开，颁发了报刊工作先进集体、优秀特约记者、特约通讯员及好新闻奖。

1995 年 3 月 25 日，中央机构编制委员会办公室以中编办字〔1995〕52 号文件发出《关于印发〈中国红十字会总会机构改革方案〉的通知》中指出："《中国红十字会总会机构改革方案》经中央机构编制委员会办公室审核，并报国务院领导批准，现予印发。"《中国红十字会总会机构改革方案》在"事业单位和编制"中指出："中国红十字会总会报刊社自收自支事业编制 40 名。"同年 10 月 6 日至 8 日，中国红十字报刊工作会议在天津召开，颁发了报刊工作先进集体、优秀特约记者、特约通讯员及好新闻奖。

1996 年 7 月 1 日，中共中国红十字会总会党组聘任武星户为代社长兼总编辑（法定代表人）。同年 9 月 23 日至 27 日，中国红十字会宣传论坛暨报刊工作会议在新疆召开，颁发了报刊工作先进集体、优秀特约记者、特约通讯员及好新闻奖。

1997 年 3 月 20 日至 23 日，中国红十字会总会报刊社第三届特约记者工作会议在北京召开。同年 9 月 27 日至 30 日，中国红十字报刊工作会议在江西吉安召开，颁发了报刊工作先进集体、优秀特约记者、特约通讯员及好新闻奖。

1998 年 5 月 8 日，中共中国红十字会总会党组以"红会党字［1999］第 6 号"文件通知：聘任李兰颂为副社长兼总编辑（法定代表人）。同年 3 月 2 日至 5 日，中国红十字会总会报刊社第四届特约记者工作会议在海南召开；10 月 8 日至 11 日，中国红十字会宣传论坛暨报刊工作会议在山西召开，颁发了报刊工作先进集体、优秀特约记者、特约通讯员及好新闻奖。

1999 年 6 月 14 日，中共中国红十字会总会党组以“红党字［1999］第 003 号”文件通知：聘任李兰颂为副社长兼总编辑（法定代表人），武星户为副总编辑。同年 9 月 8 日至 10 日，中国红十字会总会报刊工作会议在上海召开，颁发了报刊工作先进集体、优秀特约记者、特约通讯员及好新闻奖。

2000 年以前，《中国红十字报》、《博爱》期刊由卫生部主管、总会主办；2000 年起，经中国红十字会总会报刊社向国家新闻出版署申办，《中国红十字报》、《博爱》期刊由中国红十字会总会主管主办。

2000 年 9 月 21 日至 23 日，中国红十字会总会报刊工作会议在浙江宁波召开，颁发了报刊工作先进集体、优秀特约记者、特约通讯员及好新闻奖。同年 10 月 8 日，中共中国红十字会总会党组批复中国红十字会总会报刊社《关于机构设置和岗位职责的试行方案》（另有 9 个配套文件）。其中，《关于机构设置和岗位职责的试行方案》的内容是：中国红十字会总会报刊社为正处级单位，下设科级业务部门 1 室 4 部：1. 办公室（人事、财务、文档、稿酬、通联、后勤），主任、副主任各 1 人（科级或中级），主管若干（副科级或中级），负责专项事务；2. 出版部（照排、审读、摄影、网络、值班、机动），主任、副主任各 1 人（主任编辑或副编审），主管若干（中级或副科级），负责专项事务；3. 报纸编辑部（采访、编辑、组稿、跟版、校对、清样），主任 1 人（主任编辑或副编审）；4. 期刊编辑部（采访、编辑、组稿、跟版、校对、清样），主任 1 人（副编审或主任编辑）；5. 经理部（发行、广告、印刷、纸张、设备、经营），主任、副主任各 1 人（科级或中级），主管若干（副科级或中级），负责专项事务。

2001 年 7 月 27 日，中国红十字会总会报刊社经申办获得国家事业单位登记管理局颁发的“事证第 110000000649 号”《中华人民共和国事业单位法人证书》。其中，名称：中国红十字会总会报刊社；宗旨和业务范围：出版红十字报刊，宣传红十字工作《中国红十字报》出版《博爱》期刊出版广告业务新闻业务研究相关业务培训与印刷发行；住所：北京市东城区干面胡同 43 号；法定代表人：李兰颂；经费来源：事业收入；开办资金：人民币 44 万元（实为报刊社当年自有资金）；举办单位：中国红十字会总会。同年 9 月 5 日至 7 日，中国红十字会总会报刊工作会议在吉林召开，颁发了报刊工作先进集体、优秀特约记者、特约通讯员及好新闻奖。12 月 30 日，中共中国红十字会总会党组以“红党字［2001］16 号”文件通知：聘任唐晓音为社长（法定代表人），李兰颂为副社长兼总编辑，肖星为副社长，武星户为副总编辑。

2002 年 5 月 24 日至 26 日，中国红十字会总会报刊社新闻业务培训班在云南保山腾冲举行。同年 5 月 27 日，中国红十字会总会报刊社出台了以职工全员聘任制为原则主体的系列管理办法，主要有《报刊社岗位职责及效益工资分配暂行办法》（内含《说明》、《办公室岗位职责及效益工资分配》、《报刊编辑出版岗位职责及效益工资分配》、

《综合开发岗位职责及效益工资分配》部分)。9月24日至26日，中国红十字会总会报刊工作会议在广西桂林召开，颁发了报刊工作先进集体、优秀特约记者、特约通讯员及好新闻奖。当年起，由中国红十字会总会报刊社承办的总会项目“中国红十字会英文通讯”复刊出版。同年12月间，中国红十字会总会报刊社组织福建省、湖北省、成都市、苏州市红十字会以中国红十字会宣传工作者代表团名义访问日本、韩国。

2003年4月15日至18日、22日至25日中国红十字会总会报刊社先后举办了2期全国红十字青少年工作论坛，来自各地的代表大多为中小学校的校长和教师，代表们在论坛中交流了各自红十字青少年工作的经验和体会。8月19日至21日，中国红十字会总会报刊工作会议在内蒙古呼伦贝尔召开，颁发了报刊工作先进集体、优秀特约记者、特约通讯员及好新闻奖。同年12月间，中国红十字会总会报刊社组织福建省红十字会代表团访问法国、德国等国。年内，由中国红十字会总会报刊社承办的红十字会与红新月会国际联合会项目《红十字宣传指南》一书编辑出版(五洲传播出版社)。

2004年5月31日至6月4日，中国红十字会总会报刊社新闻业务培训班在北戴河举行。同年8月间，中国红十字会总会报刊社组织浙江省红十字会代表团访问澳大利亚、新西兰。9月21日至23日，中国红十字会总会报刊工作会议在贵州遵义召开，颁发了报刊工作先进集体、优秀特约通讯员及好新闻奖。在此前后，中国红十字会总会报刊社受红十字国际委员会委托组织翻译出版了《国际人道法问答》中文版；报刊社受红十字会与红新月会国际联合会委托组织翻译出版了《2004年度世界灾害报告》。

(一)《中国红十字报》:

《中国红十字报》创刊于1986年，现报头为赵朴初题写。

1986年10月5日，《中国红十字报》第1期即试刊号编辑出版，为4开4版月报，赵朴初、钱信忠、黄树则、谭云鹤题词祝贺。

1986年12月5日，由中共中央宣传部批准，《中国红十字报》第3期即创刊号编辑出版，为4开4版月报，向国内外公开发行。

1991年1月5日，即第56期起，《中国红十字报》扩为4开4版半月报。5月5日，即第64期起，《中国红十字报》扩为对开4版半月报。当年，中国中央人民广播电台黄金时段报摘节目多次摘播《中国红十字报》刊登的消息和通讯。

1992年1月3日，即第80期起，《中国红十字报》扩为对开4版周报，杨成武、陈丕显、马文瑞题词祝贺。

1992年11月27日，即第126期起，《中国红十字报》首次试办“月末版”，至1993年下旬止。

1994年4月1日，即第194期，《中国红十字报》举办了《中华人民共和国红十字会法》知识竞赛活动，当期报纸(含试卷版)发行93.5万份，11月15，举行了颁奖仪式。

1997年度，中国红十字会总会报刊社举办了“达纳康杯”无偿献血知识竞赛，共销售有考卷的《中国红十字报》96万份，在北京人民大会堂召开的总结表彰大会上，全国政协副主席、中国红十字会会长钱正英向优胜奖和组织奖获得者颁奖。

1998年9月11日，即第422期起，《中国红十字报》每逢重大活动与纪念日均出版对开1版和4版的彩色报纸，至2002年1月止。第422期《中国红十字报》彩色报纸的启动资金为中央电视台文艺中心影视部部分编导、大连市广播电视局部分领导、中央电视台首播电视剧当年获奖的单位代表以及全体个人的捐款。

2000年3月24日是《中国红十字报》第500期出版日。3月26日是中国中央电视台《正大综艺》第500期播出日，双方就国际性共同特点联袂举办庆典，出版了彩色印刷的《中国红十字报》第500期专号，录制播出了“正大综艺”第500期专辑，发行了明信片。全国人大常委会副委员长、中国红十字会会长彭珮云题词：“办好中国红十字报为建设有中国特色红十字事业服务”；中国红十字会常务副会长王立忠致贺词：“讴歌和平发展主题高扬人道博爱理念祝贺《中国红十字报》出版第500期”。

2003年，《中国红十字报》每逢月末周五加至为对开8版，其中，后4版为彩色印刷的月末版加版，只在北京地区免费发放，至2003年12月止。从本年度开始，中国红十字会总会报刊社与红十字会与红新月会国际联合会驻东亚地区代表团在《中国红十字报》第一版上不定期开办了《亚太通讯》和《焦点报道》专栏，收到很好的传播效果。

2004年1月30日，即第697期起，《中国红十字报》每逢月末周五为4开8版的月末版，至2004年12月止。同年9月8日，中共中国红十字会总会党组聘任吴苾雯为社长兼总编辑（法定代表人），李兰颂为副总编辑。

2005年1月7日，即第746期起，《中国红十字报》全年一版、四版套红。

（二）《博爱》期刊：

《博爱》期刊创刊于1913年，刊名为孙文题字（选自孙文为广东省中山县的题词）。

1913年5月1日，《中国红十字总会杂志》第一号即创刊号诞生，该刊载有“武昌黎副总统致南京孙大总统电：‘鄂省自起义以来。血战数十日。尸骸枕藉。无算伤残。幸赖中国红十字会。设立临时医院。救治被伤兵士。并施掩埋。兹查该会已由日本赤十字社社长松方侯爵。特派法学博士有贺长雄来沪。’”该刊还载有“日本赤十字社社长电”：‘一千九百十二年正月十二号瑞士日来弗东京赤十字社社长松方侯爵转。’另据权威资料证实：“1912年11月13日，常议会公议，每月出画报一册，以为劝捐张本，每期约需洋200元。”刊有“总会名誉会长、部分正副会长照片”，署名“第一号中华民国二年三月上旬中国红十字会编辑部”。有编辑部就有媒体，“每月出画报一册”的时间比《中国红十字总会杂志》还要早。

1921年10月10日，《红会月刊》第一期编辑出版。

1946年，由《会务通讯》和《救护通讯》合并的《中国红十字》月刊编辑出版。

1950年9月30日，《新中国红十字》期刊出版创刊号。

1956年4月，《新中国红十字》期刊更名为《中国红十字》期刊复刊。

1958年，中国红十字会总会组训部和宣传部与中央爱国卫生工作委员会办公室合署办公，《中国红十字》期刊与《讲卫生》

月刊合并为《爱国卫生》期刊。

1980 年 7 月 20 日，《中国红十字》期刊复刊，为月刊，小 16 开，内文 32 页。

1992 年 1 月 15 日，即总第 212 期起，《中国红十字》期刊由月刊改为双月刊，小 16 开，内文 64 页。

1993 年 1 月 15 日，即总第 218 期起，《中国红十字》期刊更名为《博爱》，双月刊，小 16 开，内文 64 页。

1995 年 1 月 15 日，即总第 230 期起，《博爱》为双月刊，并改为大 16 开，内文 64 页。刊名为孙文题字。

1998 年 12 月《博爱（增刊红十字会法版）》编辑出版（启动资金为北京市红十字会订阅 4000 册的费用）。

1999 年 4 月，《博爱》期刊入选中国期刊协会、中国出版对外贸易总公司在美国洛杉矶举办的中国期刊展览会。为了展示中国改革开放以来期刊发展的成就，开拓中国出版物在美国的发行市场，扩大中国文化在美国的影响，中国期刊协会、中国出版对外贸易总公司于 1999 年 4 月在美国洛杉矶举办了中国期刊展览会。经权威部门和出版专家的严格筛选与一致认定，《博爱》期刊按照中国期刊协会征集函的要求寄出样刊后，接到通知并得到获准：以现代汉语传播人道主义、国际红十字运动和开创中国特色红十字事业新局面的最大平面媒体的独特面貌及世纪风采，与国内部分优秀期刊齐登国际期刊市场及期刊展览的大雅之堂。同年 12 月《博爱（增刊红十字基金版）》编辑出版（启动资金为中国红十字基金会订阅 5000 册的费用）。

2000 年、2001 年两年的时间里，中国中央人民广播电台黄金时段直播节目——《星空无限》和《娱乐新干线》均把当期出版发行的《博爱》期刊作为奖品用于颇有收听率的竞猜活动，中央人民广播电台每次将获奖者名单和地址传真给中国红十字会总会报刊社，再由《博爱》期刊编辑部采取邮寄的办法将奖品颁发给获奖听众（包括世界各地收听华语区域），使《博爱》期刊在更为广阔的范围内得以发行，扩大传播了中国红十字的人道主张。2001 年 4 月《博爱（增刊修订本红十字会法版）》编辑出版。

2003 年 1 月 15 日，即总第 278 期起，《博爱》期刊由双月刊改为月刊，大 16 开，内文 64 页，当年月平均整订户发行量为 3.83 万份。

（三）《中国红十字会年报》：

《中国红十字会年报》创刊于 1986 年。

《中国红十字会年报》为中国红十字会年度工作的集纳总成。自改革开放中国红十字会恢复工作以来，每年一册，文图并茂，已经跨越了近 20 年，连续编辑出版了近 20 期，对推动中国特色红十字事业的蓬勃发展，起到了真实记录、整体反映和广泛宣传的作用。由于文字是汉、英对照的，《中国红十字会年报》还作为对外宣传品用于对外交流以及台港澳事务交往活动中。当前，中央提出坚持以人为本思想、树立落实科学发展观、构建社会主义和谐社会等一系列指导方针，中国红十字会作为在政府人道领域的助手，进一步加强了对热爱和平、珍视和睦、促进和谐重大意义和工作进程的宣传。集纳年度工作亮点的《中国红十字会年报》起到了这一宣传作用。

《中国红十字会年报》是中国红十字会总会对外宣传的常设项目之一。主要内容为：1. 中国红十字会名誉会长、会长、常务副会长、副会长、秘书长介绍；2. 中国红十字会组织机构图；3. 中国红十字会全国会员代表大会、常务理事会及其理事会、年度工作会议情况；4. 依法兴会、组织建设、筹资与宣传、红十字青少年、传播红十字运动知识、赈济救护、社区服务、无偿献血、预防控制艾滋病与遗体捐献、造血干细胞捐献者资料库建设、台港澳事务、国际交往、总会年度接受捐赠资金及彩票公益金收支情况报告等；5. 各省、自治区、直辖市、新疆生产建设兵团红十字会，铁路、商业红十字会年度工作情况反映等。

（四）《中国红十字年鉴》：

《中国红十字年鉴》创刊于 2005 年（《中国红十字年鉴 · 2004/2005 创刊号》）。

《中国红十字年鉴》是中国红十字会一部大型的重要文献汇编。它既是综合反映开创中国特色红十字事业新局面的百科书，也是全面反映中国红十字会百年历程的编年史，属公开出版物，每年一部。

《中国红十字年鉴》由中国红十字会领导、总会各部门及直属单位主要负责人、省级红十字会常务副会长或专职副会长、行业红十字会负责人组成编辑委员会，负责领导、组织协调和审稿工作。编委会下设有编辑部，编辑部负责按计划开展编辑、出版等项工作。

《中国红十字年鉴》的编辑出版，不但能真实记录、整体反映各个历史阶段中国红十字事业的发展情况，而且作为宣传品它还可以起到向社会传播和宣传红十字精神，动员民众参与红十字事业的重要作用。同时，它还可以用于对外交流以及与台港澳的交往活动中。

《中国红十字年鉴》是中国红十字会总会对外宣传的常设项目之一。《中国红十字年鉴 · 2004/2005 创刊号》编辑体例和主要内容为：纵览篇（百年会史概述、百年会史编年、新中国成立以来中国红十字会第一届至第八届全国会员代表大会工作报告）；文献篇（中共中央、全国人大、国务院、全国政协领导的讲话、致信、题词，法律、法规，重要文件，中国红十字事业 2005 ~ 2009 年发展规划）；纪事篇（大事记、重大活动及会议）；专业篇（部分专业会议介绍，大型项目课题论证）；总会篇（名誉会长、副会长，会长、常务副会长、副会长、秘书长名单，中国红十字会会长、常务副会长在 2004 年、2005 年中国红十字会工作会议上的讲话，总会机关：办公室、赈济救护部、事业发展部、联络部、直属机关党委，直属单位：机关服务中心、报刊社、中国红十字基金会、中国造血干细胞捐献者资料库管理中心、训练中心、上海援外物资供应站）；分会篇（全国各省、自治区、直辖市红十字会，铁路系统、商业系统红十字会，新疆生产建设兵团红十字会，香港、澳门特别行政区红十字会）；人名篇（百年会史名录，人物志、人名录）；研究篇（理论与实践、调查与研究，先进经验）；数据篇（人、财、物数据资料，募集捐赠款物数据资料）；资讯篇（公共词条与篇目，总会及省、自治区、直辖市、特别行政区分会联络方式）。

2005 年起，《中国红十字报》、《博爱》期刊确定新的定位。报纸定位于：立足系统，面向国内外，具有权威性的大报。期刊定位于：面向大众，生活情感类杂志，其宗旨为“关注民生，纪录情感，在亲情、友情、爱情、人际之情的讲述中凸显世道人心，弘扬博爱精神”。《中国红十字报》、《博爱》期刊在印度洋海啸救援的宣传报道活动中，发挥了积极作用。2005 年，中国红十字年鉴编辑部成立。承接了《中国红十字年鉴》、《中国红十字会年报》、《中国的南丁格尔（南丁格尔奖获得者报告文学集)》等项目。

2006 年，《中国红十字报》、《博爱》期刊强化服务总会，服务基层的功能，在基层组织建设，抗灾救灾和灾后重建等方面做了大量报道。5 月，报刊社与红十字国际委员会东亚地区代表处联合举办了新闻业务培训班，来自全国各级红十字会的 200 多名宣传干部参加了培训。

2007 年，《中国红十字报》由周一刊改为周二刊，扩大了报道面，充实了宣传内容。《博爱》期刊推出了“家教档案”、“动感人生”、“老照片”等新的栏目，使期刊内容更为丰富。《中国红十字年鉴》增加了计划单列市、省会城市、直辖市城区的词条，扩大了息信的收集范围。

2008 年，在汶川特大地震后的两个多月时间里，《中国红十字报》刊发抗震救灾为主的版面 70 余个，其中地方红会专版 13 个。此间共刊发抗震救灾消息、通讯、特写、评论、短讯等各类体载稿件 750 余篇，以及大量图片、图表。《博爱》期刊也对中国红十字会和志愿者参与抗震救灾行动进行了全方位报道。总会第一批赴灾区指导救灾工作的李兰颂和赴灾区进行新闻报道的刘玉海获总会抗震救灾先进个人称号。7 月下旬，《中国红十字报》辟专栏，对红十字会参与的奥运工作进行报道。前后共刊发稿件 70 篇。总会授予报刊社参与北京奥运会特别贡献奖，授予吕进福参与北京奥运会先进个人称号。在办好《中国红十字年鉴》和《中国红十字会年报》的基础上，开始进行《中国红十字会汶川特大地震抗震救灾志》的编辑工作。

【组织机构】

1995 年 3 月 25 日，中央机构编制委员会办公室以（中编办字〔1995〕52 号）文件通知中国红十字会总会，同意印发《中国红十字会总会机构改革方案》，该方案“事业单位和编制”中指出：“中国红十字会总会报刊社自收自支事业编制 40 名。”

2001 年 7 月 27 日，由中国红十字会总会报刊社向国家事业单位登记管理局申办，被确定为事业单位法人；宗旨和业务范围是：出版红十字报刊，宣传红十字工作；经费来源：事业收入；开办资金：人民币 44 万元。首位法定代表人为副社长、总编辑李兰颂。

2004 年 9 月 8 日，中共中国红十字会总会党组聘任吴苾雯为社长兼总编辑（法定代表人)，李兰颂为副总编辑。

自 2005 年 1 月，中国红十字会总会报刊社实行全员聘任制；经中国红十字会总会批准组建了新一届社务委员会，成员为：吴苾雯、李兰颂、孙惠玲、张建平。报刊社设立 1 室 7 部：

办公室（主任：李兰颂，兼)；负责本社人事、财务、文档、印信、后勤、外联及安保等工作。

报纸编辑部（主任：孙惠玲)；负责《中国红十字报》的编辑出版工作。

期刊编辑部（主任：张建平)；负责《博爱》期刊的编辑出版工作。

年鉴编辑部（主任：傅虹，副主任：冯志国)；负责《中国红十字年鉴》、《中国红十字会年报》及新增新闻出版项目的编纂出版等工作。

发行部（副主任：白琳）；负责本社出版物的发行工作。

广告部（副主任：傅学煜）；负责《中国红十字报》、《博爱》期刊广告业务的承揽、审核及客户服务等工作。

项目活动部（副主任：郑勇）；负责经营项目及活动的策划、组织、实施等工作。

传媒营销部（主管：肖星）；负责中国红十字会网站的采编事宜、中国红十字会《英文通讯》编辑出版等工作。

【大型项目】

一、《中国红十字年鉴》，2005年2月，中国红十字会总会报刊社成立中国红十字年鉴编辑部，设编辑部主任、副主任各1人，并经中国红十字会执行委员会批准成立中国红十字年鉴编辑委员会。年内编纂出版了《中国红十字年鉴·2004/2005创刊号》，为中国红十字会自1904年成立101年以来的第一部大型文献汇编，既是中国红十字会百年历程的编年史、也是开创中国红十字事业新局面的大事记，还是从事人道领域社会救助的专兼职工作者们必备的百科书。《中国红十字年鉴·2004/2005创刊号》，填补了中国红十字会一直没有年鉴的空白，该项目已被纳入“十一五”计划，确保了社会效益和经济效益相统一。

二、《中国红十字会年报·2004》，每年一期，大16开，以图片为主，全彩色印制，汉英语对照，多用于外宣。

三、《中国的南丁格尔》专题报告文学及长篇通讯集；全书传主为我国43位第29届至40届南丁格尔奖获者。

四、编辑出版了《中国红十字报·印度洋海啸救援专版》、《印度洋海啸大救援·中国红十字在行动》的画册及VCD光盘。

五、《中国红十字会英文通讯》每两个月一期，继续发行至各驻华使领馆、红十字国际委员会、红十字会与红新月会国际联合会、70多个国家和地区的红十字会与红新月会。

六、协办第一、二届中国造血干细胞捐献者优秀新闻作品评选活动。该项目由西安扬森公司出资、中国造血干细胞捐献者资料库管理中心（中华骨髓库）承办、中国红十字会总会报刊社协办（负责该活动的评奖、颁奖仪式及会务等工作）。

【主要特色】

中国红十字会总会报刊社自1988年起，一直坚持“以会议代培训”和“以培训促发展”的工作方针，建立了较为完善的通讯报道网络和报刊发行渠道。2005年6月，中国红十字会总会报刊社与红十字国际委员会驻东亚地区代表处在河北省承德市举办了新闻业务培训班，250多名红十字专职工作者参加了培训。同年9月5日至7日，中国红十字会总会报刊工作会议在宁夏召开，颁发了报刊工作先进集体、优秀通讯员及好新闻奖。与此同时，中国红十字会总会报刊社还坚持发扬“在办报刊中举办好活动”和“在举办活动中办好报刊”的特色，影响较大，收益颇丰。仅在2005年里，中国红十字会总会报刊社与中国造血干细胞库管理中心和西安扬森公司合作，举办优秀新闻作品评选活动。从6月中旬开始，给中央电视台新闻频道送去每期出版的《中国红十字报》，中央电视台新闻频道的“媒体广场”节目多次摘播了发表在《中国红十字报》

上的稿件，扩大了中国红十字会的社会影响。

（李兰颂　傅　虹　冯志国）

中国红十字基金会

【年度工作】

2011 年，中国红十字基金会大力开展制度建设，积极探索战略转型，推出新项目，妥善应对突发事件，稳步推进各项工作，顺利通过民政部年检，“春雨行动”荣获中华慈善奖最具影响力公益项目奖。

一、筹资和资助情况

2011 年，中国红十字基金会筹款目标 1.4 亿人民币，尽管遭遇网络事件引发的对整个慈善事业的质疑，导致公众捐款热情减退，企业捐款积极性也有所降低，对基金会的筹款工作造成很大影响，但中国红十字基金会克服舆论危机等不利因素，积极主动地开展各种筹款活动，取得明显成效。

以建党 90 周年纪念为契机，开展对革命老区援助项目的筹款活动；策划和成立速效救心基金、冠军基金、金万年基金等三个具有影响力的专项基金；与 BV 国际著名商业品牌和文化品牌合作开展义卖、拍卖等筹款活动；与中国联通、电信等运营商合作开通了短信号码捐赠平台；积极有效的盘活现有资金，提高理财和基金增值能力。截至 2011 年 11 月底，到账捐赠款物 1.34 亿元，加上政府彩票公益金补助收入 5000 万元，利息收入 2300 万元，已经实现收入 2.07 亿元，完成年度目标。

两大主体公益项目“红十字天使计划”和“博爱助学计划”顺利推进。截至 11 月 30 日，全年立项援建“红十字救护站” 22 所；新立项博爱卫生院、站 163 所；立项二个新村项目；举办乡村医生培训班 16 期，培训乡村医生 1569 人；共资助白血病、先心病、唇腭裂等重症儿童 4469 人，资助盲人参加按摩技能培训、呼叫中心服务生培训、专业学习 267 人次。新建博爱小学 24 所，捐赠红十字书库 710 套、红领巾书屋 200 个；博爱助学金资助 123 名贫困大学生，培训乡村教师 210 多名。

二、注重实效，不断创新，结合热点推出新型公益项目

在景区援建“红十字救护站”是中国红十字基金会 2011 年的创新公益项目。基金会根据景区标准及年接待游客数量的不同，设计了四档援建标准，充分满足了景区应对游客意外伤害事故和突发疾病的需求，受到广泛好评。中国红十字会会长华建敏参加了江西瑞金沙洲坝红十字救护站揭牌仪式，并考察救护站工作。此外，红十字救护站还承担宣传普及健康教育、初级急救知识，以及开展其它便民服务等职能，是进行红十字宣传的有力平台。

2011 年是中国共产党建党 90 周年，为弘扬革命前辈艰苦奋斗、无私奉献的精神，帮助革命老区切实改善医疗卫生条件，总会发起“红十字老区行——纪念中国共产党成立 90 周年系列活动”，由中国红十字基金会联合有关省红十字会具体承办。中国红十字基金会在开展实地调研后，广泛动员社会力量、整合捐赠资源，资助了江西、陕西、河北、山东、山西、广西、贵州、福建、湖南等九省区革命老区。至 11 月底，“红十字老区行”活动按计划完成，活动共投入 2960 万元，援建红十字救护站 22 所，博爱卫生站53所，举办乡村医生培训班九期，配备红十字救护车10辆，配赠红十字书库90套，资助贫困白血病和先心病患儿900名。

三、加强检查和督办，抓紧完成救灾项目

（一）督促汶川地震重建项目验收，对招标项目进行评估

积极加强督办，开展竣工项目批量验收，并邀请捐方参加项目落成仪式。按照项目执行实际情况，及时调整项目验收标准，以加快款项拨付进度。

截至11月底，2011年完成汶川特大地震灾后重建结案项目942个，拨款总额计5975.7万元；援建65个县的博爱家园，拨付资金2500万元。委托北京大学公民社会研究中心对汶川特大地震灾后重建招标16个项目，以及2009年中央电视台慈善导航栏目获得中国红十字基金会资助的三个公益项目进行评估，目前已经在撰写评估报告。

（二）玉树地震灾后重建项目进展情况

结对援建青海玉树州第二民族中学的项目2011年5月动工，中国红十字基金会在8月安排会领导、工作人员和社会监督员进行了实地督导，项目建设比较顺利。

与中华环保基金会合作实施的"中航工业——玉树地震灾区金太阳援助工程示范项目"在8月初开工建设，中国红十字基金会在10月安排社会监督工作人员进行了实地督导，目前已经完成基础性工作，部分项目点的牧民已经用上太阳能发电，使用效果良好。

（三）"春雨行动"抗旱救灾项目的结案和验收

"春雨行动"抗旱救灾项目已经完成90%以上，目前正在收集"春雨行动"的结案资料，督促地方红十字会认真完成项目收尾及验收。7月，"春雨行动"获评中华慈善奖最具影响力公益项目。

四、规范管理大病救助项目

（一）项目执行情况

从2011年起，"小天使基金"和"天使阳光基金"分别获得国家彩票公益金3000万元和2000万元的资金支持，用于救助白血病和先天性心脏病患儿。

"小天使基金"国家彩票公益金项目于5月下旬起正式实施，10月中旬实施完毕，前后分七批下拨资助款项，累计资助全国各地的白血病患儿962名，资助款达到2940万元。另一般性社会捐款安排资助331名白血病患儿。

"天使阳光基金"确定资助患儿1587名（含彩票公益金项目资助1396名和一般性社会捐款资助191名）。目前，彩票公益金项目已组织500多名患儿完成了心脏病手术，300多名患儿在院手术。由于部分地区缺乏先心病手术必备药品（鱼精蛋白），导致部分患儿手术延误，中国红十字基金会联合北京军区总医院等四家医院及中央电视台开展了"天使阳光救心行"专项活动，将偏远地区贫困患儿分别安排到北京、重庆、成都、昆明等地医院完成手术，中央电视台全程跟踪报道，共播出新闻10条，累计时长30分钟。该活动以崭新的面貌展示了中国红十字基金会的优势项目，突出了中国红十字基金会大病救助项目的特色，地方红十字会和定点医院也都得到了正面宣传，在央视共同关注栏目连续播出，社会反响很好。

（二）项目管理情况

7月，中国红十字基金会在合肥召开彩

票公益金“十二五”项目培训会议。8月，在牡丹江市召开彩票公益金项目定点医院会议。通过会议和培训，传达财政部和总会对“十二五”项目实施工作的要求，对地方红十字会、定点医院等项目执行单位进行专项业务培训，并广泛听取他们关于开展医疗救助工作的意见和建议，有助于进一步改进和提高医疗救助工作，打造中国红十字基金会、地方红十字会、定点医院相互配合的公益救助网络体系。

除此之外，制作统一的彩票公益金项目资助告知书，规范评审、公示、资助等工作流程；制定《天使阳光基金资助管理暂行办法》、《专项基金定点医院管理办法》、《优秀定点医院评选表彰办法》等规章制度。同时，邀请社会监督员开展对已资助患儿的回访工作，加强款项使用监督和成效反馈。

五、积极推进培训项目工作力度

（一）策划创新开展乡村医生培训工作

2011年，共举办乡村医生培训班16期。其中举办民族地区乡村医生培训班五期。

在“寻找最美乡村医生”公益摄影展后，中国红十字基金会出版了反映乡村医生事迹的画册，其中“竹篮医生”、“索道医生”、“草药医生”等感人画面受到社会各界广泛关注，特别是“索道医生”的照片引起中央领导的高度重视，并作出重要批示，要求各大媒体宣传乡村医生的先进典型，解决他们的实际问题。为此，中国红十字基金会在“两会”期间，特别举办了一期由云南、广西等少数民族乡村医生为主的培训班，之后与又中央统战部合作，在宁夏、广西、新疆、甘肃等民族地区举办“同心·红十字天使计划”乡村医生培训班四期，共培训民族地区乡村医生480名，社会反映良好。

（二）积极开展项目宣传工作

2010年底，乡村医生培训项目座谈会召开、“寻找最美乡村医生”公益摄影活动举办，受到国家领导人的关注和重视，李长春、刘云山均做出重要批示，要求各主流媒体加强对乡村医生的宣传和报道力度。年初，新华社、《人民日报》、中央电视台播发、刊登乡村医生的报道17篇次。其中中央电视台《新闻调查》进行了45分钟的专题报道，《身边的感动》栏目进行了为期五天的优秀乡医连续报道。

（三）举办首期民族地区乡村教师培训班

为进一步改善民族地区的教育水平和民生状况，中国红十字基金会联合中共中央直属机关青年联合会、中国青少年发展服务中心、中华民族团结进步协会联合主办了“2011民族地区优秀青年乡村教师文体培训班”，对来自九个民族地区的108名优秀青年乡村教师进行了文体课程的培训。一批体育明星担任教学工作，中央电视台等媒体对此进行了跟踪报道，此次培训得到总会领导和社会各界的好评。

六、积极稳妥应对质疑，确保业务正常开展

（一）积极稳妥应对质疑

2011年，中国红十字基金会接连遭遇多起媒体和社会质疑事件，引发舆论危机，中国红十字基金会沉着应对，尽力引导舆论导向，未造成进一步的恶劣影响，避免各项业务受到更大冲击。

1. 妥善处理孙文辉劫持中国红十字基

金会小天使基金工作人员事件。2011 年 3 月，劫持事件发生后，在事发当天，中国红十字基金会在理事长的指导下，积极配合警方成功解救被劫持的员工。面对媒体的采访，及时制定应对策略，减少负面影响。事后，及时制定安全改进措施，调整办公布局，开设了专门的求助接待窗口，加强安保措施，以防止类似事件再次发生。

2. 沉着应对网络事件。在 2011 年 6 月份发生的网络事件中，面对空前的信任危机，中国红十字基金会按照总会统一部署，及时回应媒体对温暖中国、老年公寓等项目的质疑，拜访社会监督委的各位主任、副主任委员，召开员工大会和专项基金通气会，传达总会精神，落实总会要求，开展自查，制定整改措施，防范问题和风险。11 月上旬，专门召开监督委主任委员办公会议，听取他们的批评意见。

3. 8 月，白血病患儿张紫翎家长误解中国红十字基金会定向捐款资助情况，并在微博上进行质疑，在一定范围内引起社会舆论关注。中国红十字基金会迅速应对，查清问题所在，承认项目管理中存在的疏忽，在内部开展批评的同时，向家长进行耐心诚恳的解释，并及时、有效地澄清有关事实，避免问题进一步扩大。

4. 8 月，中国红十字基金会发现“崔永元公益基金”第五期乡村教师培训班中，有地方干部冒充教师身份参加培训，即协同“崔永元公益基金”的工作人员展开调查，要求相关地方红十字会查清事实真相，各责任人退回相关费用，并在调查后主动发布信息，公开处理结果，赢得社会认可。

为进一步提高危机公关管理能力，中国红十字基金会建立了舆情监控系统，及时发现并导控舆情，提高相关人员对于舆情危机的应对能力，并派员参加总会的新闻发言人课程培训。

（二）积极开展正面宣传及品牌推广活动

围绕红十字天使计划、乡村医生培训、红十字老区行等主要公益项目加强报道力度，策划深度专题宣传，1 至 10 月份，媒体刊发新闻稿 500 余篇，重点主流媒体报道量显著增加。继续与央视及地方卫视相关栏目保持合作，并与《中国新闻周刊》联合举办了第六届企业社会责任国际论坛。

5 月，组织红十字博爱周“星语心愿 情暖汶川”明星志愿者回访活动。吸引中央及地方媒体的广泛关注，有力配合了总会汶川特大地震三周年系列活动。

设计制作基金会主形象、红十字天使计划、博爱助学计划、乡村医生培训、红十字老区行、玉米爱心基金、成长天使基金等新版公益平面及视频广告共计八套，并通过《瞭望》、《参考消息》、《今日中国》、东直门交通枢纽等渠道免费刊登，累计广告价值 600 万元。中国红十字基金会五幅公益广告在 2011 年第三届“中国公益新闻年会”中获评“年度优秀公益广告奖”。

尝试运用论坛、博客、微博等多种传播手段打通“两个舆论场”。制作《中国红十字基金会通讯》电子版，将覆盖面扩大至 8000 多名留有电子邮箱的捐赠人，增进与捐赠人的沟通联系。

七、深化内部改革，加强规范管理

（一）扎实开展制度建设

年初召开务虚会，讨论中国红十字基金会未来发展问题，全体员工群策群力，共同为机构未来发展出谋划策。4 月，基金会三届二次理事会召开，会议通过了《中国红十字基金会2011—2015年发展规划纲要》。

2011年，中国红十字基金会出台《资金使用管理办法（试行）》、《财务报销管理办法（试行）》、《培训基金管理办法（试行）》、《社会监督委员章程（暂行）》、请销假制度和考勤制度等13项管理制度，并实行业务归口管理，进一步明确部门的管理职责，确保制度执行到位。

参照人事部和财政部文件，2011年，中国红十字基金会开始试行绩效工资计发方案，有助于进一步实现薪酬结构科学化，鼓励全体员工为筹资工作做贡献，共同提升组织业绩，防范风险。

（二）加强专项基金规范管理

2011年，中国红十字基金会在原来已经出台的《专项基金管理办法》的基础上，下半年新制定了《专项基金管理办法的实施细则》，进一步规范专项基金的设立和后续管理，对专项基金开展筹款活动、资助活动，明确了申报、审批、监督等程序，以防范风险。同时，着手对专项基金进行清理、整顿，提高专项基金的入门门槛，加强对合作伙伴的资质审查，确保专项基金的发展规范、管理有序，在合作中维护机构的声誉、利益和形象。

2011年，中国红十字基金会撤销专项基金一个，近期中国红十字基金会拟资助完资金后撤销的基金还有三个，包括龙族基金、NPP公益创投基金、盈港爱心基金，并对奔跑天使基金、西部女性阳光基金等基金进行核查整改，以切实加强对各个专项基金的协调和指导工作。目前，大部分专项基金正在朝着“十有”的管理目标迈进，工作能效和风险防控能力有所提升。

（三）加强项目管理，提升公开透明度

2011年，中国红十字基金会重点加强财务的预、决算管理功能，并增强对合作方的财务监管和审计。组织对灾后重建项目巡视、督导和验收九次，范围涉及全国七个省份数十个市、县的41个项目。还组织社会监督员对“小天使基金”等五个专项基金或公益项目进行回访、检查和督导，实地检查和督导六家医疗救助项目执行单位。全年制作社会监督简报15期。

网络舆论事件后，中国红十字基金会在完善信息管理系统的基础上，进一步与软件公司合作开发信息披露系统，除已实现的捐赠到账查询、年报、审计报告、财务报告公示等功能外，还将制作项目地图，便于捐赠人及公众及时了解项目运作动态和善款使用情况。

《福布斯》中文版11月28日发布“2011福布斯中国慈善基金会榜”，该榜单以慈善基金会的透明度为主要评价标准，包括基本信息、筹款信息、项目执行信息、财务披露、日常事项披露等六项。中国红十字基金会以94分位列该排行榜第三。

八、事业发展中心进一步加强实体项目建设

2011年的曜阳老年公寓项目，一方面抓新项目的筹备和建设，另一方面抓已建成老年公寓的管理服务升级，召开曜阳老年公寓建设和管理工作座谈会。富春江曜阳老年公寓首期工程建设完成。“扬州曜阳”为10名曾有过突出贡献的伤残军人、英模劳模等老年朋友代表免费提供公寓房。举办《博爱中国·走进杭州》大型慈善公益晚会。设立了“曜阳养老基金”，用于帮扶特殊困难家庭老人养老和开展社会公益性养老服务活动。

扬州世明、北京拔萃两所双语学校取得新成绩：（1）加大对贫困生资助力度，全年累计资助200余名“红基生”和“红萃生”免费上学。（2）教学质量有新的提高，北京拔萃双语学校学生的平均成绩在朝阳区名列前茅，4名学生考上清华、北大，创历史之最。（3）组织师生参加公益活动和红十字紧急救护培训；在学生中成立了红十字志愿者协会，将“青少年红十字活动”和“志愿者活动”纳入学校德育教学体系；安排北京光明天使艺术团的二名残疾学生来学校免费就读。2011年，世明学校在扬州市学校总体排名前三，拔萃学校被教育部中国教师发展基金会评为“全国民办教育先进集体”。

【历史沿革】

中国红十字基金会于1996年12月成立。简称：中国红基会。英文译名为“Chinese Red Cross Foundation”，英文缩写为：CRCF。

该基金会属于公募基金会。面向公众募捐的地域范围是：国内外。其原始基金数额为人民币800万元，来源于企业和有关人士的捐赠。

2005年4月，启动实施了“天狮助学计划”，天津天狮集团捐款1000万元，其中500万元在西部20个省（区、市）援建20所天狮博爱小学，另500万元专项用于扶持少数民族地区的教育项目。6月，为帮助遭受特大洪灾的黑龙江省宁安市沙兰镇中心小学异地重建募集捐款120多万元。6月，中国红十字基金会首倡设立了我国第一个救助贫困白血病儿童的专项基金——“小天使基金”。7月，为帮助改善贫困地区农村的医疗卫生条件，中国红十字基金会启动推出了“红十字天使计划”大型公益项目。

2006年，中国红基会计接受海内外捐赠款物8605.24万元，累计资助支出5958.56万元。其中“红十字天使计划”资助支出2814.2万元，向新农合试点县转赠医疗物资1320.87万元，“博爱助学计划”资助支出3144.36万元，定向资助民族教育项目和职业技术教育项目2600多万元。

2007年，中国红基会累计接受海内外捐赠16483万元。全年资助支出9872万元。其中“红十字天使计划”资助支出8344万元，向医疗机构和新农合试点县转赠医疗设备、药品价值2900万元，“博爱助学计划”资助支出1528万元。2007年，中国红基会先后设立了资助健走活动的“行者基金”，资助失聪儿童的“天使回声基金”，资助盲人培训的“光明天使基金”，救助下肢残疾儿童的“奔跑天使基金”，资助城市农民工的“农民工援助基金”；设立了企业冠名的“合生元母婴救助基金”、“纳思达天使爱心基金”、“丁家宜爱心基金”、上汽通用五菱博爱基金、三全博爱助学基金、广州丰田助学基金、“肯德基餐饮健康基金”、“NPP公益创投基金”等，调动了社会参与公益事业的积极性。

2008年，中国红基会累计接受海内外捐款15.37亿元，其中，接受地震捐赠款物13.92亿元，“红十字天使计划”接受捐赠1.04亿元，“博爱助学计划”接受捐赠3695万元。2008年资助支出7.32亿元，其中“红十字天使计划”资助支出6270万元，“博爱助学计划”资助支出2658万元。中国红基会从地震捐款中安排资金2000万元，面向社会公开招标“5·12灾后重建项目”。邀请社会有关方面资深人士组成评审委员会，经过三批严格评审，15 个民间公益组织申报的 16 个灾后重建项目中标，共资助 1719 万元。中国红基会被中国红十字会总会授予抗震救灾工作“最佳组织奖”，项目合作部和副秘书长刘选国被总会记三等功，胡星奇等十多位员工也被授予抗震救灾先进个人。以奥运为契机，联合奥体明星合作开展公益活动。2008 年，又有杨童舒、孙悦、成龙、陈宝国、孙红雷、周杰伦、陈好、蒋勤勤、佟大为、陈红、哈辉、王宝强、赵琳、汤灿、吴京、刘飞儿、仲满、胡彦斌、弦子等一批文体明星加盟红基会的公益项目，成为“爱心天使”和推广大使，有的还担任专项基金的管理职务。

【组织机构】

该基金会的登记管理机关是民政部，业务主管单位是中国红十字会总会。中国红十字基金会第二届理事会由 9 名理事组成，他们是：王立忠、郭长江、汤声闻、江丹、王汝鹏、张峻、陈明仁、吴苾雯、龚怡怡。理事长王立忠，副理事长郭长江、汤声闻、江丹，秘书长王汝鹏，副秘书长张峻。

该基金会的内设机构有办公室、宣传部、项目合作部、财务部。

理事会是该基金会的决策机构。行使下列职权：制定和修改章程，决定机构的使命、战略和目标；选举和罢免理事长、副理事长、秘书长；决定重大业务活动计划，包括资金的募集、管理和使用计划；决定机构资产运作的原则、策略、途径和重大投资事项，对资产安全负责；审查机构年度财务报告；制定机构政策和重要管理制度；决定设立办事机构、分支机构、代表机构；决定由秘书长提名的副秘书长和各部门主要负责人的聘任；听取、审议秘书长工作报告，检查秘书长的工作，给予秘书长工作支持并评估其绩效；决定基金会的分立、合并或终止；决定其他重大事项。

理事会每年至少召开两次会议。理事会会议由理事长负责召集和主持。理事每届任期五年，任期届满，连选可以连任。

该基金会的理事长、法人代表为郭长江。

【大型项目】

该基金会于 1996 年 12 月成立以来，得到了党和政府的大力支持和社会各界的踊跃捐助，累计接受海内外捐赠 6378.92 万元，救助支出 4057.9 万元，其他支出 995 万元。先后组织开展了“97 复明行动”、“顺顺千万元救助行动”、“预防贫血工程”、“捐建博爱医院”等医疗卫生领域的大型公益活动；资助拨款 225 万元，在扬州创建了“扬州世明双语学校”，在北京创建了“北京拔萃双语学校”；同时，还在扬州、杭州、北京、上海等地创建老年公寓、老年乐园、老年康复中心等老年性社会服务事业，产生了良好的社会影响。2005 年 4 月，相继启动实施了“天狮助学计划”、“红十字天使计划”等大型公益项目。2006 年，与京华时报社联合发起了“京华天使行动”，与中央电视台联合开展了“情系太行山，建设新农村”活动，携手李亚鹏、王菲成立了“嫣然天使基金”。

【主要特色】

中国红十字基金会的宗旨是：贯彻执行《中华人民共和国红十字会法》，弘扬人道、博爱、奉献的红十字精神，关注和保护人的生命和健康，为红十字事业筹集资金和物资，对最易受损害的人群进行人道主义救助。

基金会依据国家有关法律、法规，并根据《中华人民共和国红十字会法》和《中国红十字基金会章程》，开展公益活动，其业务范围包括：呼吁社会各界积极参与红十字救死扶伤、扶危济困、敬老助残、助人为乐等人道主义救助活动，为社会公益事业做贡献；开展与国际友好团体、个人及港、澳、台同胞和海外侨胞的友好往来和相互合作；根据需要，依法在有关国家和地区设立分支机构或代表机构，不断拓展海外业务和项目合作；弘扬中华民族爱老敬老的传统美德，通过各种有效形式，积极兴办老年福利事业，倡导社会新风，促进社会文明；积极促进和创办群众医疗救护事业，救死扶伤，改善易受损害人群的境况；支持和兴办具有红十字特色的教育事业，为贫困学生就学提供和创造机会；开展适合自身特点的其他社会救助活动；通过各种直接和间接形式，积极向社会募捐款物，增加基金来源；采取多种合法有效的方式，实现基金的保值增值。

（刘选国）

中国造血干细胞捐献者资料库管理中心

【年度工作】

2011 年是中华骨髓库“十二五”建设项目的开局之年，近一年来，中国造血干细胞捐献者资料库管理中心在总会党组的领导下，在人员少、任务重、大事多、压力大的情况下，特别是在 2011 年 6 月发生“网络风波”后，全体工作人员以对事业高度负责的精神，兢兢业业、各司其责，团结一致、积极应对，各项工作按照年度计划顺利进展。

一、业务工作情况

（一）扩容骨髓库，为海内外患者服务

1. 2011 年，入库计划 16 万人份。截至 10 月底，已完成全年入库工作任务 16 万多人份，总库容已达到 142 万多人份，其中高分辨数据达到 30 万多人份。由于高分数据入库，大大缩短再动员时间，提高了移植服务工作效率，其临床效果已显示出来，2011 年 5 月单月移植达到 64 例，创造了建库以来单月移植最高水平。

2. 2011 年，计划捐献 550 例造血干细胞。截至 12 月末，完成 598 例，其中向国境外提供 13 例，全年突破捐献计划，实现了中华骨髓库发展史上年度捐献人数的新高。截至目前，为临床捐献总数 2576 例，其中，向国（境）外提供 93 例。

（二）通过会议、培训班，加强管理与技术交流

1. 1 月 25 日，在北京召开了“中华骨髓库捐献造血干细胞 2000 例通报会”，全国人大常委会副委员长、中国红十字会会长华建敏，中国红十字会特别顾问彭珮云，时任中国红十字会常务副会长王伟，副会长郝林娜，苏菊香顾问和陆道培院士、杨焕明院士及京内主要媒体记者等 150 多人参加了通报会。

2. 2 月 22 日，卫生部、中国红十字会总会、总后勤部卫生部召开 2008—2009 年度无偿献血表彰大会，其中对无偿捐献造血干细胞 616 名个人予以表彰。

3. 3 月 12 日和 10 月 11 日，先后召开两次“移植医院工作交流座谈会”，会议邀请国内外专家介绍了移植技术最新研究进

展，参会的省级分库、移植/采集医院的120 多位代表进行了有效沟通，就不断提高骨髓库使用率达成共识。

4．3 月 25 日，在贵阳召开了 2011 年中华骨髓库工作会议。会议通报了 2010 年中华骨髓库工作情况，对 2003—2010 年省级分库捐献情况进行了系统分析；向省级分库布置了 2011 年入库工作任务；有关专家从高分辨数据检测技术、样品库建设意义进行了业务培训。会议套开了分库血样品管理工作、分库宣传工作两个培训班。这种以会代训的办会方式得到了参会的总会领导和与会代表的肯定。

5．4 月 10 日，在河南举办了“2011 年中华骨髓库入库数据口腔拭子试点工作培训班”。培训班对 5 个分库 3 个实验室的 30 多人进行了培训。

6．5 月 16—17 日，在北京召开了“中华骨髓库第三届年会暨庆祝中华骨髓库重新启动十周年大会”，全国人大常委会副委员长、中国红十字会会长华建敏，中国红十字会特别顾问彭珮云，时任中国红十字会常务副会长王伟，卫生部副部长黄洁夫，解放军总后勤部卫生部副部长方国恩，副会长郝林娜以及相关部委领导、专家，世界骨髓库以及其他国家和地区主要骨髓库的代表、中华骨髓库各分库、实验室、移植/采集医院、脐血库和相关爱心企业、爱心大使、志愿者代表 280 多人出席了大会。会上，中华骨髓库发表四篇重要学术论文。国（境）外 6 位知名专家进行了学术发言。国境外专家就造血干细胞捐献以及移植技术发展等进行了探讨。

7．8 月 11—12 日，在吉林省长春市召开了“2011 年度实验室技术交流会”。会上，专家委员会专家向与会同志介绍了 CWD 表研究进展情况，并明确 2011 年高分数据入库标准，为完成数据入库工作提供了技术保障。

8．11 月 11—14 日，在深圳召开了“中华骨髓库志愿服务工作会”。会议表彰了 2008—2011 年优秀志愿工作者和志愿服务队，完成了中国红十字会总会捐献造血干细胞志愿服务总队领导班子的换届选举工作。

9．11 月 23—26 日，在陕西西安市举办了中华骨髓库第十期网络培训班，以中华骨髓库网络系统“十二五”技术改造和软件系统更新为培训重点，为中华骨髓库的数据库建设与运营，为数据资料管理与利用提供了有利保障。

10．12 月 16—17 日在京召开中华骨髓库第六届专家委员会会议。会议换届选举了新一届专家委员会委员。

（三）认真贯彻落实总会“以制度建设为中心的能力建设年”计划

1．制度建设。2011 年，管理中心根据业务工作进展出台和修订管理和规约性文件 30 个，其中：人事、财务、公文等行政管理文件 15 个，医疗服务管理文件五个，技术服务文件五个、组织教育文件五个。

为了进一步总结中华骨髓库建设和管理经验，使中华骨髓库在“十二五”期间更好、更快的发展，中心将 2001 年以来国家有关部委、中国红十字会总会以及中华骨髓库管理中心围绕中华骨髓库建设出台的规约性文件进行了整理，编辑出版了《中国造血干细胞捐献者资料库管理中心文件汇编》，这些文件全面反映了中华骨髓库 2001 年以来快速发展的轨迹，对规范中华骨髓库内部建设及开展各项业务工作具有指导意义。

2. 医疗服务工作。2011 年 1—12 月末检索 4971 人次，初筛 32890 人次，再动员 10196 人次，高分辨 3257 人次，体检 950 人份，移植 598 人份，随访 758 人次。向分库、采集移植医院发布了 10 期《中华骨髓库业务通报》，及时、快捷的反应分库、实验室、采集移植医院的工作成果、经验问题。对指导工作、沟通信息和调动各方工作积极性，提高移植率起到了很大的促进作用。

3. 宣传工作。根据 2011 年宣传工作重点，借助中华骨髓库重新启动十周年和第三届年会契机，加大对内和对外的宣传声势，举办了有关宣传活动。完成了 2010 年 CMDP 年报、2011 年 12 期通讯、重启十周年画册、长篇报告文学的编纂工作；拍摄《大爱无疆、生命相髓——中华骨髓库重新启动十周年献礼暨十一五规划成就展映》宣传片；分别在 CCTV《东方时空》、《社会与法》播出 3 次，BTV 特别节目《你好党员》、卫生健康频道播出了《造血干细胞知识及捐献程序》；2011 年 3 月 7 日，组织媒体记者在 307 医院对华建敏会长慰问汪凯（患者张广秀）一事展开宣传报道。出台了《关于印发〈中华骨髓库管理信息系统——志愿捐献者信息录入说明〉通知》、《中华骨髓库志愿服务组织日常管理意见》等管理文件。2011 年，中华骨髓库博爱基金强生项目、金卫项目救助贫困白血病患者 28 名。

4. 技术管理工作。完成了“十二五”中华骨髓库网络系统更新改造的立项及《中华骨髓库十二五网络系统技术改造需求书》的编制，完成了 1000 万元网改技改的公开招标和与中标公司合同签署工作。为了做好“十二五”网络技改工作，珍惜来之不易的国家投资，先后召开了五次有专家、专业公司、中心领导及全体工作人员参加的论证会，就骨髓库现有硬件设备、软件运行及“十二五”期间网络系统技术需求进行了深入细致的研讨。8—11 月，有关人员与中标公司进行了多次研讨、论证、说明会议，组织到省级分库、采集移植医院进行需求调研，全面了解各机构、各部门对网络管理的业务需求。增加高分检索、供患随访分析、资料统计分析、代收费业务管理、世界骨髓库接轨等管理模块，使新网络管理系统无论是硬件配置、机房环境，还是软件设计有一个质量上的飞跃。

为促进中华骨髓库可持续发展，充分发挥专家委员会作用。在遇有重大问题、重大决策时都要听取专家意见、建议。2011 年 1—10月，召开了六次专家小组会，分别就第三届年会议程、中华骨髓库 CWD 表、1483 例无关供者异基因造血干细胞移植——中华骨髓库十年资料分析论文、2011HLA 分型数据入库标准、2011 年度入库数据质控标准等工作进行咨询、讨论和论证，形成了一些决议和议案。出台了《2011 年 HLA 基因分型入库标准及质控办法》、《样品库质控管理规则》等六个技术管理文件。

2011 年，总库管理中心组织有关专家进行了三项科研课题学识报告的撰写。尤其是中华骨髓库 CWD 表的出台，为中华骨髓库科研工作填补了一项空白。

（四）加强交流工作

第三届年会期间，台湾慈济骨髓库一行

六人对中华骨髓库进行了友好访问。慈济骨髓库对近年来中华骨髓库建设的巨大进展表示了真诚的祝贺。双方就志愿者动员、供者和患者服务流程等业务和相关技术与合作进行了交流沟通。6 月中旬，管理中心组团访问了意大利和南非骨髓库。8 月中旬，骨髓库组团出访了德国和俄罗斯骨髓库，拓宽了视野，学习借鉴国外骨髓库好的技术、好的管理经验，运用到中华骨髓库的建设中来。

二、其他工作

1. 财务资产管理工作。完成了 2010 年度决算及 2011 年预算工作，完成了“十二五”彩票公益金中国造血干细胞捐献者资料库项目实施方案，境外收费证书年审及换证工作，完成了 2011 年度重新核定发票使用范围及换购新发票工作，完成了管理中心五个账户的年审、零余额账户的设立及核算方式确定、新支票的换购工作，完成了二级核算单位手续办理、固定资产清理、报费工作。为供患者往来结算 1030 多笔，为捐献工作正常运转保驾护航。修订了《管理中心财务管理办法》、《管理中心报销管理规定》、《管理中心采购规定》等四个管理制度。目前，2011 年度预算已经基本完成，管理中心财务状况正常，资金运转良好。经统计，管理中心有旧电脑等五类合计价值 163 万元的固定资产已不能继续使用，向总会提出报废申请，经总会领导、筹财部批复《关于管理中心报废固定资产的批复》，严格按照国管局有关文件规定，按程序进行了报废处理。这种固定资产处理方式是红十字会系统的第一次，为今后固定资产处置进行了有益尝试。

2. 审计工作。2011 年 1—3 月，管理中心接受了国家审计署对管理中心 2010 年财务核算工作的延伸审计。2011 年 4 月 15 日，收到总会转发审计署《关于中国红十字会总会 2010 年度预算执行和其他财政收支情况以及决算（草案）审计的报告》（征求意见稿）的通知，针对“审计调查报告”提出的管理中心关于使用结转和结余资金 25.32 万元未纳入部门预算管理、扩大项目支出范围 22.48 万元二个审计问题，立即组织认真学习、逐条对照检查，并根据审计署要求，对“审计调查报告”提出的问题已按审计要求进行了认真整改。

3. 人事行政工作。为了落实制度建设有关要求，组织进行了《管理中心工作人员考勤制度》、《管理中心派遣人员聘用制度》、《管理中心临时人员管理制度》、《管理中心公文办理办法》、《管理中心档案管理实施细则》的修订工作。完成了六期大事记的编纂和上报总会工作，完成了 2010 年度 70 个文件卷档案整理和上报总会工作，完成了管理中心法人机构代码、法人证书的验证工作，完成了上海物资供应站法人证书更换工作。编纂了《2011 年工作会议（第九册）文件汇编》和《管理中心制度汇编》。

4. 党务工作。完成了 2010 年达标工作考评、创先争优领导集中点评工作，完成了创先争优活动 7 期工作简报，组织参观了国家博物馆、北京规划展览馆，观看了电影《建党伟业》。完成了二名预备党员的转正工作。结合纪念建党 90 周年活动，开展了支部书记讲党课、学习总会文件、收看中央“庆祝建党 90 周年大会”活动，并展开讨论。被中央工委评为“创先争优”优秀党支部。

【历史沿革】

中国造血干细胞捐献者资料库，简称

“中华骨髓库”，前身是1992年经卫生部批准建立的“中国非血缘关系骨髓移植供者资料检索库”。2001年，在政府有关部门的支持和指导下，中国红十字会总会重新启动了建设资料库的工作。2001年4月23日，由中国红十字会等20多家单位参加的中国造血干细胞捐献者资料库工作委员会在北京成立并召开第一次会议。中国红十字会会长彭珮云任主任。2001年5月，中国红十字会总会在人民大会堂举行情况通报会，宣布重新启动中国造血干细胞捐献者资料库工作。同年12月，中央机构编制委员会办公室批准成立中国造血干细胞捐献者资料库管理中心，统一管理和规范开展招募志愿者的宣传、组织、动员、HLA（白细胞抗原）分型等活动，为患者提供检索配型、造血干细胞采集以及移植治疗相关服务。

2003年至2005年，中国造血干细胞捐献者资料库的建设得到了国家彩票公益金的支持。截至2005年12月底，全国建立了30个省级分库、25个HLA定点组织配型实验室和1个质量控制实验室；可用于为患者检索服务的HLA分型资料35.6万多人份；与国内外80多家医院建立了业务联系，共提供检索服务9000多人次，3000多位患者配型成功，380多位志愿捐献者为患者捐献了造血干细胞。资料库已初步显现在临床使用上的意义。资料库的建设还产生了良好的国际影响，已为来自美国、加拿大、新加坡、英国、法国、德国、澳大利亚、挪威、日本等国家和台湾、香港、澳门地区的患者提供了检索查询服务300多人次，为美国、新加坡及香港、台湾地区的提供造血干细胞9例。

2007年，中国造血干细胞捐献者资料库完成入库14万人份数据，使总库库容达到72万人份，实现造血干细胞捐献240例。2008年，中国造血干细胞捐献者资料库完成入库14万人份数据，完成移植270例。

四川汶川大地震发生后，中心主任洪俊岭受总会指派，赴四川成都任总会前方抗震救灾指挥部总指挥。刘静湖、邹庆波、靳伟民、张雷和扬帆先后到灾区参与抗震救灾和灾后重建工作。

【组织机构】

（一）国家管理中心

按照卫生部和中国红十字会总会《关于加强中国造血干细胞捐献者资料库及分库建设的通知》要求，建设和管理资料库；HLA分型资料数据管理；境内外检索查询和采集、捐献造血干细胞相关服务等。

（二）专家委员会

专家委员会由国内知名的HLA和造血干细胞移植及法律、社会伦理等专家组成。中国工程院院士陆道培任主任委员，下设HLA和造血干细胞移植专家工作组。在国家管理中心的领导下研究解决有关技术问题，对资料库的建设和发展提出技术指导意见。

（三）分库

到2005年12月底，中国造血干细胞捐献者资料库有30个省级分库。担负着宣传征集适龄健康公民报名加入资料库；组织采集志愿者血样；开展相关咨询服务；检索服务；志愿者再动员；组织开展采集造血干细胞相关服务等工作。

（四）HLA组织配型实验室

到2005年底，中国造血干细胞捐献者资料库有25个定点HLA组织配型实验室，主要进行志愿者的HLA检测和数据上传工作。

（五）高分辨实验室

负责中国造血干细胞捐献者资料库总库、省级分库提供造血干细胞前的HLA血样的高分辨工作。由国家管理中心与高分辨实验室签订合作协议，合作期限为一年，目前有北京、苏州、深圳三个高分实验室。

（六）质控实验室

质量控制实验室受国家管理中心和国家血液检定机构委托开展对各HLA组织配型实验室的标准样本鉴定和入库数据抽检。

（七）采集、移植医院

目前，经省级卫生行政部门批准，在国家管理中心备案的造血干细胞移植医院有80多家，按照卫生部颁发《非血缘造血干细胞移植技术管理规范》、《非血缘造血干细胞采集技术管理规范》和国家管理中心发布的《造血干细胞采集、移植医院技术服务标准》开展工作。

【大型项目】

中国造血干细胞捐献者资料库管理中心得到了国家彩票公益金1.78亿元人民币的支持（于2003至2005年使用）。国家彩票公益金成为中国造血干细胞捐献者资料库建设的主要资金来源。

2002年10月27日，中国红十字会总会与强生公司支持中国造血干细胞捐献者资料库建设的合作项目在人民大会堂举行签约仪式。全国人大常委会副委员长、中国红十字会会长彭珮云，美国强生公司董事长兼首席执行官威廉·韦尔登出席签字仪式并为该项目揭牌。双方签署合作协议书。该合作项目为期三年，三年合作中，强生公司将出资830万元人民币，用于组织、动员强生在华员工捐献造血干细胞并捐款支付该公司员工的检测费；捐款支付资料库15000人份50%的检测费；连续举办三届“强生杯捐献造血干细胞，拯救生命”好新闻作品评选活动。

2004年3月29日，在人民大会堂中国红十字会与中国平安保险公司举行捐赠保险仪式。为2003年1月1日至2006年12月31日期间，中国造血干细胞捐献者资料库中的所有造血干细胞捐献者，无偿提供为期一年的每人总保额35万元的意外伤害及重大疾病保险。中国红十字会会长彭珮云向中国平安保险（集团）股份有限公司颁发感谢状，向马明哲董事长颁发“中国造血干细胞捐献者资料库爱心大使”聘书。

2002年，中国红十字会总会与民建中央签署合作项目，由民建企业界11家会员单位共同筹集资金成立“中华骨髓博爱基金项目”，用于中国造血干细胞捐献者资料库的建设。

为推动中国红十字事业的发展，充分调动一切社会积极力量，使更多的人关注、支持、参与中国造血干细胞捐献者资料库的建设，自2000年起，中国造血干细胞捐献者资料库就聘请国内外知名人士作为资料库的爱心大使。截至2004年底，李宁、姜昆、黄格选、康辉、顾俊、倪萍、廖昌永、周源源、温兆伦、马艳丽、孙楠、曾媛、林依轮、程前、李咏、马伊琍、扬阳等知名人士成为中国造血干细胞捐献者资料库及各省级分库的“爱心大使”。2006年9月他们都身体力行地参与了中国造血干细胞捐献者资料库的宣传活动。

2003年9月9日，中国造血干细胞捐献者资料库与中国电信合作开通了信息热线电话16895999。为社会各界人士开辟了一条方便、快捷的服务渠道。

2005年1月31日，首届“捐献骨髓拯

救生命”优秀新闻作品颁奖会在京召开，引起强烈的社会反响，对造血干细胞知识的宣传普及起到了积极的推动作用。11月，中国红十字会总会与强生公司签署补充捐款协议，2006年继续出资200万元人民币，支持中国造血干细胞捐献者资料库建设项目。

2007年，我国31个省份都建立起了中华骨髓库的分库，实现了全国建库的目标。

【主要特色】

中国造血干细胞捐献者资料库管理中心是隶属中国红十字会总会领导的独立的法人公益事业单位。依托省红十字会建立了30个省级分库，其业务工作由国家管理中心领导。此项目成为中国红十字会的品牌工程。

组织机构从国家管理中心到地方省级分库、专家委员会、实验室、移植医院、采集中心，层级分明，通力合作，网络遍及全国各地。

2003年至2005年，中国造血干细胞捐献者资料库的建设得到了国家彩票公益金1.78亿元的支持。2006～2010年国家彩票公益金继续出资4亿元，支持资料库的建设。中国造血干细胞捐献者资料库自建立以来就以服务全球华人、造福人类为已任，从无到有、从小到大，克服各种困难，迅速发展，填补了世界骨髓库缺少华人样本和配型的一大空白。为推动人类社会平等、和谐发展做出了重大贡献。

（查秀英）

中国红十字会总会训练中心（中国红十字会宾馆）

【年度工作】

2011年，中国红十字会总会训练中心在总会的领导和支持下，在中心全体干部职工的共同努力下，顺应构建社会主义和谐社会的发展形势，面向红十字会系统内外积极开展各类培训，取得了显著成绩。截至2011年10月，完成收入1700万元，各项工作已经或接近完成全年计划，预计全年收入实现2000万元，同比大幅度提高。截至2011年10月，共培训学员15536人，其中包括：彩票公益金救护师资培训17期，培训学员740人；面对社会开展的救护员培训56期，培训学员12621名；乡村医生培训15期，培训学员1500名；干部培训班三期，与清华合作办班一期，培训学员549人；援外培训班三期，培训29个国家的红会及政府官员90名，出国培训班一期，培训学员36人。

一、围绕三大培训业务开展各类培训

训练中心作为总会唯一的全国性的培训组织实施单位，承担着对全国红十字系统内的干部培训、应急救护救援培训和开展国内外的红十字业务交流与合作等三大培训业务。随着总会各项业务的发展，总会赋予训练中心的任务也越来越多，对训练中心的要求也越来越高，如何在新的发展时期，准确把握中国红十字运动发展的新的机会和挑战，适应国家和民众对公益事业的要求和期许，认真做好三大培训是训练中心的工作的重点。

（一）应急救护与救援培训

1. 十二五彩票公益金培训

为执行好“十二五”彩票公益金救护师资培训项目，训练中心组织相关人员认真总结“十一五”计划的经验和不足，认真学习AHA2010年国际心肺复苏指南，培训师资，准备课件。广泛听取地方红十字会对彩票公益金救护师资培训的意见与建议，制订了“十二五”彩票公益金项目的实施方案，与“十一五”计划相比，在培训内容、培训方法、学员选拔等方面有了较大的改进与提升。为“十二五”彩票公益金项目的顺利实施打下了良好的基础。2011 年，已完成初训班 11 期、复训班 4 期、管理班 2 期，共培训学员 510 人。此外，按照总会的要求，还完成了 2004—2010 年 5000 名救护员师资信息录入工作。

2. 社会救护培训成绩显著

2011 年以来，训练中心共完成社会救护员培训 56 期，共培训救护员 12851 人。还深入社区、机关、企业、学校和军营，开展各类应急救护培训。培训对象涉及国家机关部委、多种行业、大中小学校、中国 500 强企业、国际知名品牌公司、外资企业的不同受众等。训练中心为企业员工讲授安全生产过程中容易发生的烧伤、中毒、外伤等一般事故的现场急救知识；为商务部等机关干部职工讲授常见意外伤害、避险逃生知识；为东城区消防支队消防战士讲授烧伤等创伤的止血、包扎、搬运、固定等技能。这些救护知识的传授，为大家送去了生命健康的福音，传递了人道博爱的理念。

2011 年 9 月 5 日，训练中心主动谋划并承接了总会交办的“世界急救日”大型活动。中心全体人员打破部门界限，集中了最大的力量，精心组织、认真策划、全力投入，使活动得以成功举行。在北京邮电大学 4000 名学生集体演练心肺复苏，多支力量分别演练创伤包扎、交通事故救援等。全国人大常委会副委员长、中国红十字会会长华建敏出席活动，中国红十字会常务副会长王伟出席并讲话，副会长郭长江、王海京，秘书长王汝鹏等出席。国务院应急办、教育部、铁道部、卫生部、共青团中央等有关单位领导，红十字国际委员会和红十字会与红新月会国际联合会的代表也参加了活动。

这项活动的开展，使“人人学急救，急救为人人”、“人道、博爱、奉献”的理念得以广为传播。创造了我国规模最大、参加人数最多，也是参与地区和城市最多的群众性应急救护演练的纪录。同时将 2011 年世界急救日系列宣传活动推向高潮。

3. 积极开展应急救援培训，创建应急救援培训基地

7 月，训练中心就成立应急救援基地的合作事项与北京侨外出国咨询有限公司达成协议，该基地旨在更好的普及全民防灾避险、自救互救等生命健康安全知识和基本技能，面对各行业和各类人群开展灾害救援和应急救护培训，用知识守护生命和健康。训练中心希望通过建成一个拥有先进的教学设备、多媒体教室、急救医疗设备、救援设备及医学仿真模拟教具，模拟多种灾害现场，进行多种形式的灾害救援和应急救护等技能训练的应急救援基地，使中国红十字会的应急救援培训达到国内一流水平。培训课程将引进国际标准，结合国内灾害救援经验，让学员在独特的灾害模拟场景中体验、学习和掌握应急救援救护基础知识及技能。目前基地正在建设中。

4. 组织实施国际联合会、联合国等委托项目的相关培训

（1）继续实施国际联合会 CBHFA 项目

CBHFA 项目是由红十字会与红新月会国际联合会资助，总会主办，训练中心承办的以社区为本的健康和急救项目。

项目根据国外 CBHFA 项目的策略和核

心方法，充分利用实施指南和工具开展活动。

在中国实施的CBHFA项目计划在川、陕、甘、云四省地震灾区的10个乡镇开展。项目以社区为基本实施单位，以社区参与，社区动员以及“以需求为导向”为核心实施模块，邀请社区健康工作者进行社区卫生（如疾病预防、健康促进等）、急救知识和技能的培训，改变社区居民卫生行为习惯，让他们掌握避险逃生、自救互救的技能。

目前，CBHFA项目已完成了模块一红十字运动知识；模块二社区动员；模块三社区评估活动；模块四基本急救和创伤培训；模块六疾病预防和卫生宣传等内容的编写。2012年，继续完成项目的实施、督导评估，以及整体项目的总结工作。

（2）申请、实施联合国人口基金项目——“应急情况下的生殖健康服务”（MISP）

为了更好地扩大中国红十字会在联合国系统以及各大部委间的影响，同时，借助红十字会在应急救护方面的优势，更好地造福民众，训练中心协助总会于2011年开始申请联合国人口基金（UNFPA）项目，项目计划现已列入在“中国政府和UNFPA之间的合作方案”中。项目实施期五年，预算约30万美元。

2011年年底将开展基线调查，启动仪式，MISP工具包的更新准备等工作。

（3）继续完成红十字基金会、老牛基金会、壹基金等委托单位的相关培训

目前，已完成红十字基金会委托的乡村医生的救护员培训15期，培训救护员1500名。

完成红十字基金会委托“守护生命——建设安全校园，关爱学生生命”项目。组织来自四川援建学校的30名老师来京接受应急救护培训，参观学习、交流经验，使参训教师能够承担起所在学校的应急救护知识普及工作，并在突发事件来临时，正确科学地引导师生避险、自救、互救。在此项目的后续期间，又完成了“安全体验教室”项目，为训练中心业务的开展进行了新的探索。“安全体验教室”，以实际行动在中小学师生中广泛传播红十字会的社会公益理念，使孩子在教室里受益，在寓教于乐中掌握应急救护知识。

接受了老牛基金会委托的“老牛生命学堂”项目，该项目由老牛基金会捐赠中心出资100万元，用于在全国10个省市培训二万名中小学生学习应急救护、避险逃生知识和技能的重大项目。目前，已经在呼和浩特市、南京市、兰州市、郑州市等四个城市举办了启动仪式，并开始培训工作。该项目受到了当地政府、红十字会、学校和社会各界的广泛好评及认可，各地党政主要领导亲自出席当地的启动仪式，新闻媒体也进行了大量的宣传报道，广泛地宣传了训练中心的应急救护培训，提升了红十字会的社会知名度。

（4）实施壹基金计划关爱凉山彝族地区中小学学生生命安全与健康项目

由壹基金计划资助的关爱凉山彝族地区中小学学生生命安全与健康项目，由中国红十字会主办、总会训练中心承办，于2011年1月至2012年5月在四川省凉山州实施。项目资金约126万元，项目旨在强化少数民族贫困地区中小学校师生的紧急避险意识、应急救护知识与技能，加强学校的突发公共事件应急演练，规范学校的应急预案体系建

设，使学校应急避险与现场救护知识和技能培训常态化；提高贫困地区中小学生乃至当地公众的疾病预防和应急水平；探索利用社会公益基金在偏远、贫困地区开展紧急避险、现场救护、卫生健康等知识与技能普及活动的模式，为在全国范围内推广“健康安全校园”积累经验、奠定基础。2011年，完成项目调研，根据调研结果及时调整项目计划。举办了项目启动会暨培训班，就应急避险与现场救护知识和技能举办讲座、演练。做好各项项目活动物品的准备工作，为2012年完成艾滋病致孤儿童活动打好基础。

（二）积极开展红十字系统内的干部培训

2011年，训练中心共举办三期基层干部培训，一期合作培训。从年初开始，按总会组宣部的意见反复修改干部轮训方案和计划。

三期干部基层培训分别在广西南宁、陕西西安、浙江宁波举办。三期学员为473人。这三期基层干部培训的课程不同，既有红十字运动的基础知识，也有能力建设的主题，还有志愿服务工作等。训练中心邀请了香港红十字会的同仁、著名高校的教授、红十字会的资深同事，社会知名人士、基层红十字会人员等不同方面的师资进行了授课。课程设置得到了学院的广泛认同，反映良好。

此外，为提高基层干部的管理能力、开阔视野，中心与清华大学继续教育学院洽谈并签署合作协议，于6月份在清华大学完成一期为期五天的基层领导干部研修班。76名学员来自17个省的69个地县。其中副会长以上的占60.2%。课程涉及到了社会学、管理学、新闻传媒学、营销学等多学科。学员们受益匪浅，亲身感受到清华大学厚德载物、认真严谨的学风，表示这样的培训要多搞，表现出他们对知识的渴望，更看到红十字会人永恒学习的决心，看到红十字事业发展的美好前景。

（三）积极开展对外交流与合作，为中国民间外交做贡献

目前，训练中心实施的国家外专局出国（境）培训是总会及地方红十字会唯一的出国（境）培训的渠道。2011年，国家外专局对出国培训的要求更加严格，加之网络事件对出国（境）培训的审批工作带来了一定影响，中心在操作中遇到了前所未有的困难，但是中心的相关部门积极想办法，最终取得任务批件。

全年出国境培训共有36人参加，分别来自总会、总会直属单位、省级红十字会，副省级城市、计划单列市、地市级红十字会等。培训目的地为比利时和美国。比利时的培训已经完成，美国的培训即将成行。比利时培训班是举办此类培训以来最好的一期，收效最大、学员反映最好、会领导最认可的一期。在这些出国人员培训的报告上，他们深刻阐述了培训的收获和体会。有些人还专门举行报告会，对出访国的红十字会工作进行介绍，特别是对应急救护、救援方面的先进经验进行了详细的介绍。训练中心认为出国境培训达到了目的，真正为地方红十字会走出去，学习国际先进理念，为地方红十字会的自身发展做了实事，得到了参训红十字会人员的好评，同时也加强了中心与各级地方红十字会的联系，为今后工作打下了基础。

中心承办的商务部援外培训项目继续保持良好的发展势头，全年举办培训班三期，

有来自亚洲和非洲的29个国家的90名红会成员及政府官员参加，其中39名来自各国红会系统，51名来自政府部门。为确保培训质量和效果，商务部决定2011年为援外项目质量年，重点开展“大练兵、大排查、大整顿”三项具体活动，切实加强援外工作管理和执行能力建设。4月8日，训练中心主任参加了商务部举行的对外援助质量年启动仪式，并代表在京援外项目实施单位在承诺书上签名，中心按照“援外项目质量年活动”的统一部署，积极参与各项活动，认真开展援外项目自查，部门主动配合专项排查，共同提高援外项目质量水平。

通过五年来的援外培训工作，中心积累了丰富的涉外接待及培训经验，形成一套比较完善的援外培训项目操作程序，2011年的援外培训实现了质的飞跃。中国红十字会的援外培训契合了国际上希望中国成为援助国的要求，通过培训为各国红会及相关政府部门在人才培养方面提供了必要的援助，对加强各国红会建设给予了实实在在的帮助，促进了各国红十字事业的发展，为世界红十字运动的发展做出了贡献。研修班的成功举办，使中国红十字会援外形象得到进一步的提升，进一步增进了中国同发展中国家人民的友谊，提升了中国红十字会民间外交的影响力，取得了重要成果。援外培训成为中国红十字会对外援助的一种特殊模式。

二、开拓创新，充分利用社会资源，摸索公益培训模式

训练中心作为自收自支的事业单位，在公益的领域内开展工作。公益和创收是一个需要认真协调、平衡的课题。特别是中国红十字会在“网络事件”后面临着巨大的挑战，这种挑战也给中心的业务开展带来了巨大的困难。中心的事业要发展，各种培训要进行，要宣传和弘扬红十字精神，要开展群众性应急救护救援的培训，普及自救互救知识，所有这些需要资金。中心的职工和退休职工有八十多人，这些职工的正常工资要得到保证，还要为中心的发展创造资金来源。所有这些难题都考验着训练中心领导者的智慧。

经过广泛的调研、接触，中心逐步地打开了一些新的途径。2011年，经与北京中侨国际文化交流中心协商，共同建立培训基地。基地运营管理采用合同制，中国红十字会总会训练中心作为培训基地主管单位，负责挂牌、监督管理和指导，北京中侨国际文化交流中心投资人民币3000多万元进行培训基地建设，并作为独立法人实体，在中国红十字会总会训练中心的指导和监督管理下，开展应急救援救护培训和相关公益活动，普及全民防灾减灾、自救互救基本知识和技能。这种利用社会资源建设培训基地，是训练中心的一种新探索。

此外，中心在工作中积极探索一些合作的新形式，如与著名高等学府联合举办培训，提升培训的内涵和质量。争取一些基金会的项目，获取项目资金，开展公益培训。

与总参进行深入的协商，力争在民兵预备役中开展应急救援培训，在中小学及社会单位中推介安全体验教室，创造普及自救互救知识的新模式。开发培训教育网络，利用信息化手段，普及应急救护知识。与日本著名的医疗机构德洲会进行接触，争取合作项目。

所有这些，都是训练中心在吸引社会资源，利用社会资金方面做的新尝试。同时也认识到，在社会舆论更加透明化的今天，群众对红十字会的公益属性更加关注，资金使用上要更加规范、合理合法。

三、以培训和经营为主线，调整职能，合理布局，广纳人才，使人力资源得到最大利用

随着中心业务的开展，中心的业务变化很大，发展很快，原有的内设机构的格局已经不太适应。为此，中心班子决定在总会原批复的机构设置的基础上，对部门的设置进行调整。使各部门的工作更加明确、业务更集中。使人力资源得到更加合理的使用。

中心决定在 2011 年内，完成竞争上岗的工作，通过竞争上岗，使人才得到充分的利用，实现全员聘任，变身份管理为岗位管理，明晰责权利，使中心的人力资源管理工作向着更加科学、有序、可持续性的方向发展。

同时在人员使用上更加科学，通过多种渠道广纳人才，通过志愿者、顾问、形象大使等不同身份形式为中心所用，为红十字事业服务。2011 年中心就聘请了“金龟子”刘纯燕女士、大杨扬女士、王大伟先生等作为中心的形象大使，取得了很好的社会效应。另外，中心还聘请了一些从部队退役的师职军官、海外华人为中心的顾问，充分利用他们广泛的社会关系和丰富的社会经验、工作能力为中心的事业发展做工作，取得很好的效果。

四、加强宣传工作，使更多的人了解、参与红十字事业

为进一步推进训练中心文化建设，中心从 2011 年 3 月设置宣传主管，制定训练中心宣传工作管理制度，宣传工作实现了从无到有，宣传工作的力度和实效明显增强，展现了新思路，拓展了新局面。先后与京华时报、环球时报、光明日报、人民日报、健康报、中国红十字报、中国青年报、新京报等 10 余家报社建立了合作关系，与央视一套、中国国际广播电台、北京电视台科教频道等主流媒体建立了良好的关系。训练中心在《光明日报》（中央级报刊）、《环球时报》、《京华时报》、《中国日报》、《中国红十字报》等报刊发表了“防灾减灾日里说救护”，“让更多中国人懂得避险自救”，“公共安全体系建设应重视群众救护技能普及”等多篇文章。搜狐、腾讯、凤凰网、环球网、人民网、网易、中国网、中国青年网、和讯网、健康报网、京华网、人民铁道网、北京晨报网、中国日报网、中华英才网等 20 余个网站报道了中心的培训工作，并开通了训练中心搜狐微博；参加中国国际广播电台和中国国际广播网络电视台录制的“两会”会客厅节目；做客环球资讯广播电台（调频 90.5）；做客新浪直播间等。2011 年中心还创办了《红训快报》。

上述宣传工作的开展，大大地提高了社会各界对应急救护工作的认识，不仅有效地宣传了应急救护培训工作的地位和作用，也提高了社会对普及应急救护工作重要性和必要性的认识。

五、认真做好宾馆接待服务工作

根据中心总体部署，宾馆克服重重困难，加大自主营销力度，2011 年 1—10 月份宾馆实现总收入 414.73 万元。根据中心“五年规划”的整体思路，训练中心与宾馆将逐步达到分开独立运行的构想，宾馆更新经营管理观念、统一思想、树立自主营销的信心，积极调整市场定位，主打周边商散、淡季学生团，推出春节特惠价房等措施。宾馆餐厅也将目标盯紧周边的市场，推出

“春节家宴”、“精品家常菜”、“商务自助午餐”的促销活动，并取得积极的成果。加强服务意识，为客人提供优质服务。尽管一直面临着服务员紧缺、服务员不稳定的情况，但宾馆仍然没有放松服务要求，对每一个新来的服务员加强培训，为来自各地红十字会系统的领导做好接待，为来自全国各地的客人做好服务。

为保障总会职工餐的服务，2011 年，中心主任先后三次专题开会协调解决问题，2011 年在总会餐厅共需投入 80 万以上，用于设备设施、物品的更新改造，补贴餐费和人员工资等。确保了总会的职工餐及总会领导重要宴会的接待任务，获得总会相关部门的好评。

为保障 53 号院有一个良好安全的工作环境，中心加强了安全管理工作。以北京市各项消防安全检查为契机，狠抓消防安全“四个能力”建设，精心组织员工学习消防安全知识，更换过期消防器材，张贴消防标识，完成了地下室电气线路改造，整顿了后楼职工宿舍，完成了地库清理工作等，有效消除了安全隐患。

【历史沿革】

中国红十字会总会训练中心与中国红十字会宾馆为一个单位，两个牌子。于 1986 年由德国、日本等 6 个国家红十字会组织捐资建成，是以承担亚太地区红十字卫生救护培训任务，接待国际、国内卫生组织在京召开各项大型会议的工作为主、从事社会性的对外经营为辅的服务机构。

1993 年，根据中央国家机关宾馆招待所分等定级标准，国务院机关事务管理局为中国红十字会宾馆颁发了一级宾馆招待所资格证。

2002 年，国务院机关事务管理局和国家发展改革委员会对当年需要重新核定登记和首次定级的 50 家宾馆招待所进行了等级评定。经评定，中国红十字会宾馆再次被评为国家一级宾馆招待所。

1984 年 6 月 13 日，在北京市东城区干面胡同 53 号举行了中国红十字会总会训练中心（宾馆）奠基典礼，参加仪式的各方面代表共有 170 余人，中国红十字会常务副会长谭云鹤指出，训练中心（宾馆）的建成，将对中国红十字会的工作和与各国红十字会组织之间的交流合作发挥积极的作用。

1986 年 9 月 15 日，举行了中国红十字会总会训练中心（宾馆）的竣工典礼。国家领导人宋任穷、赵朴初，北京市副市长陈昊苏，红十字国际委员会主席德拉玛他及日本、联邦德国、瑞典、芬兰、美国红十字会的代表等应邀参加了竣工典礼。

1986 年 10 月 11 日，中国红十字会总会训练中心（宾馆）接待了全国红十字会理事会代表。

1987 年 5 月 11 日，中国红十字会主办的《国际人道主义法》讲习班在训练中心（宾馆）举办，全国政协副主席雷洁琼及外交部国际司、解放军总政治部的代表出席了开幕式。红十字国际委员会总务部主任莫里勇，国际委员会亚太办事处纽考姆，红十字会与红新月会国际联合会亚太部主任西瓦拉特南，美国红十字会副主席杰拉尔逊，美国红十字会外事委员会主席舒沃兹等出席。

1987 年 8 月 1 日起，中国红十字会总会训练中心（宾馆）正式实行承包责任制。

1987 年 9 月 8 日，受卫生部委托，中国红十字会总会训练中心（宾馆）承办世界卫生组织亚太地区学术交流会。

1992年起，中国红十字会总会训练中心成为自收自支单位。

1996年，中国红十字会总会训练中心接待了来访的泰国公主。

1996年，中国红十字会总会训练中心承办了省红十字会秘书长培训班。

1996年，中国红十字会总会训练中心接待了国际红十字夏令营营员。

1998年，中国红十字会总会训练中心承办了红十字会法颁布五周年庆典。

1998年，中国红十字会总会训练中心承办了抗洪赈灾表彰大会。

2001年7月，中国红十字会总会训练中心接待了参加第三十八届南丁格尔奖颁奖典礼的代表、日本花冈劳工会议代表、韩国访问团。

2001年8月，中国红十字会总会训练中心接待了香港会议代表。

2001年9月15日，中国红十字会总会训练中心（宾馆）举行了15周年店庆活动。

2003年，中国红十字会第七届理事会第四次会议在中国红十字会总会训练中心举行。

2003年，抗击“非典”献爱心——纪念“五八”世界红十字日，红十字行动新闻发布会在中国红十字会总会训练中心举行。

2003年，中国红十字会总会训练中心接待了参加第39届南丁格尔奖颁奖典礼的代表。

2004年2月10日，中国红十字会总会机关从中国红十字会总会训练中心（宾馆）搬迁至北新桥新址办公。

8月初，中国红十字会总会训练中心暂停营业，全面装修。

11月26日，在择优、竞争、双向选择的原则下，中国红十字会总会训练中心进行了机构改革，其中6名工人被聘任为科级干部，12名职工办理了内退手续。

12月底，中国红十字会总会训练中心装修完成。

2005年3月，根据总会文件精神，中国红十字会总会训练中心定为副局级单位。4—12月，训练中心举办3期救护师资提高班，36期师资培训班，共培训1236人。

2006年，训练中心为35个单位开展救护知识技能培训，受训1900余人。全年接待各类会议91个。

【组织机构】

（一）中心历届领导

阳照，男，1985年10月兼任中国红十字会总会训练中心主任（正处级）。

袁天义，男，1985年12月至1986年9月，兼任中国红十字会总会训练中心副主任；1986年9月，任中国红十字会总会训练中心主任（正处级）。

杨象乔，男，1986年7月任中国红十字会总会训练中心副主任（副处级）。

张瑾，男，1986年9月任中国红十字会总会训练中心副主任（副处级）。

陈明仁，男，1988年至1991年3月，2001年11月至2004年4月，任中国红十字会总会训练中心主任（正处级）。

王兴阶，男，1991年3月至2001年11月，任中国红十字会总会训练中心主任（正处级）。

赵铁，男，1991年任中国红十字会总会训练中心副主任（副处级）。

李艳，女，1993年3月任中国红十字

会总会训练中心副主任（副处级）。

冯瑞珍，男，2001 年 3 月 21 日任中国红十字会总会训练中心副主任（副处级）；2001 年 12 月，担任中国红十字会总会训练中心副主任（主持工作，副处级）；2005 年 3 月 25 日，任中国红十字会总会训练中心副主任兼宾馆经理（总会机关副部长级）。

杨会新，男，2005 年 3 月 25 日任总会训练中心主任（副司局级）。

唐晓音，女，2005 年 3 月 25 日任总会训练中心副主任（副司局级）。

陈明仁，男，2006 年 11 月 16 日兼任训练中心主任（副司局级）。

鲁京城，男，2006 年 11 月 16 日任训练中心副主任（正处级）。

（二）内部编制

1983 年 6 月 14 日，国家卫生部发文，同意成立中国红十字会总会训练中心，下设训练教学科、行政管理科，总编制 38 名。

1986 年 3 月 28 日，卫生部批准中国红十字会总会训练中心人员编制 60 名。

1988 年 3 月 9 日，中国红十字会总会训练中心组织机构内设 5 个科室，分别为：中心办公室、财务科、设备科、餐饮科、接待科。

1992 年 6 月 3 日，国家卫生部发文，根据中编办批复，批准中国红十字会总会训练中心事业编制 97 名。

2005 年 10 月 9 日，根据中国红十字会总会文件，总会训练中心内设 4 个处级部门，分别为：办公室、培训部、接待部、餐饮部。人员编制为 97 名。

【主要特色】

中国红十字会总会训练中心是隶属中国红十字会总会的独立法人公益事业单位，也是红十字会系统唯一的全国性培训基地。

救护培训：卫生救护是红十字运动的起源，宣传及普及卫生救护和防病知识，开展人道主义卫生救护活动，进行初级卫生救护培训及健康教育，组织群众参加现场救护，是红十字会的一项重要职责。作为唯一的全国性培训基地，训练中心积极将开展卫生救护培训同传播人道主义精神、发展和壮大红十字组织及职业培训、精神文明建设结合起来。通过举办救护培训，扩大红十字会的影响，提高红十字会的声誉。

近年来，训练中心开展了一系列培训工作，越来越多的群众在接受培训的同时了解了红十字会。经过不懈的努力，为红十字救护工作的普及奠定了良好的基础。

2005 年 4 月，中国红十字会总会向训练中心下达了“十五”计划 2004～2005 年彩票公益金救护培训项目指标。彩票公益金救护培训项目的执行，进一步推动了训练中心的工作，使培训质量有了明显的提高。

接待服务：经过装修改造的中国红十字会总会培训中心大楼，现有客房 66 套，其中：标准间 57 个、豪华套间 4 个、商务间 5 个，可同时接纳 120 人入住；大小会议室 3 个，多功能厅 1 个；餐厅内除大厅外，有豪华包间 1 个，中包间 3 个，可同时接待 120 人用餐。可承接国际、国内各种会议、培训，为总会及直属单位、各省分会提供服务，同时对外开放，接待中外来宾入住。

（王　辉）

总会备灾救灾中心

【年度工作】

2011 年，是“十二五”规划开局之年，总会备灾救灾中心以科学发展观统领全局，以构建和谐中心为主要目标，以队伍建设为基础，以文明创建为载体，紧跟总会“制度建设年”步伐，立足稳步发展、持续发展、和谐发展。扎扎实实开展各项工作，较好的完成了年初计划和上级赋予的各项任务。

中心成立一年多来，在总会党组及中心领导班子的带领下，从无到有，克服种种困难，大力发扬红十字精神，在制度建设、基本建设、队伍建设等方面取得了长足的进步：

一、政治思想工作

（一）着力加强自身建设，进一步增强创造力、凝聚力和战斗力

中心领导班子按照总会的统一部署，组织全体人员学习了胡锦涛总书记“七一”讲话、党的十七届六中全会、红十字会九届二次理事会、“六五普法”等重大会议精神，采取领导讲课、集中辅导、个人自学等多种形式，解决了为什么学、怎么学、学后怎么办的工学矛盾，增强了全体人员的政策理论水平，理清了工作开展思路；充分利用党课教育，推进学习型党组织建设；组织走访、参观新农村建设和“追思烈士，扬爱国精神，继人道事业”等主题实践活动；大力开展创先争优活动，营造良好氛围，激发大家的工作热情，增强坚定不移地从事红十字事业的信心、决心和自豪感。

（二）坚持预防为主，大力加强党风廉政建设

按照《中央纪委、中央组织部关于进一步做好两项法规贯彻实施工作意见》和《关于党员领导干部报告个人有关事项的规定》，认真抓好全面把握领导干部的八个不准、52 项禁止事项及全国红十字会系统廉政工作会议要求，支部书记张淑爱在多次会议中要求：大家以严肃的态度、严格的要求、严厉的制度、严明的纪律做好各项工作。尤其是通过 2011 年的“制度建设年”活动，班子成员以身作则，严格执行党风廉政建设责任制，加强工程建设、采购物资、公务接待等环节监督管理，防止和遏制腐败现象的发生。

（三）注重公信力建设

通过“网络事件”，中心领导认识到公众的理解和信任是任何一个具有公益职能的机构赖以存在的基础。度过此次信任危机，必须通过各种方式和渠道加强与公众的交流和沟通，让公众了解和理解红十字会的性质和工作，以服务公众和社会的心态，小心谨慎地在各种职能中转换角色。就新建单位而言，中心应该加强自身建设，努力做好本职工作，树立应对公共危机意识，切实加强规范化管理，坚持实事求是，以实际行动维护红十字会的声誉和形象。

二、业务工作

（一）基本建设工作

1. 基建工程竣工后，工作重点转入基建资金使用结算和决算阶段。中心领导多次召开专题会议，并积极协调相关单位，8 月份完成基建项目决算审核工作。目前，在进行资金支付和向财政部申报工作。

2. 按基建程序要求，办理基建项目质检备案工作。为保证资料完整、有效，中心设专人负责整理基建工程建设的档案、归档工作；委派二人协调顺义区有关单位，11 月份完成了工程竣工验收和质监备案等相关工作。

3. 做好基建工程竣工后运行期间（保

修期）出现问题的整改工作。为保证建成的物资库发挥应有的仓储功能，对运行期间出现的问题，中心领导主动协调相关单位，并要求尽快、高质量进行整改和完善。

（二）制度建设工作

1．健全各项规章制度。中心在向总会机关学习的基础上，结合自身实际，制定了《中国红十字会总会备灾救灾中心规章汇总》和《中国红十字会总会备灾救灾中心救灾物资管理制度工作细则汇编》。

2．制定新的规范指南。根据会领导指示，总会委托备灾救灾中心负责牵头，与救灾物资制作厂家共同调研救灾物资种类及标志使用问题。通过两次征求全国红十字会系统意见和建议，结合基层红十字会的需求，在原有的标准上，重新起草并制定了《中国红十字会备灾救灾物资种类及标志使用规范》（2011 版）并已上报。

3．制定中心仓储收费标准。按总会的要求，为充分利用和发挥中心物资库及各种仓储设备作用，中心根据国家相关规定及仓储业的市场行情，结合实际，制定了中心仓储收费标准，并已上报总会待批复后执行。

（三）信息化建设工作

1．充分发挥中心人才资源优势，利用网络平台，完成了办公 OA 系统的开发，并组织人员认真学习该系统的操作使用，逐步实现无纸化办公。

2．用友软件公司向红十字会捐赠了备灾救灾物资管理系统软件，中心结合各地需求和建议与用友软件公司进行交流沟通，逐步完善、提高软件的实用性和可操作性，为备灾救灾体系的跨越式发展提供有力的智力支持。

（四）对外交流工作

1．与各部委的交流。在会领导的安排部署下，中心对国务院应急办公室、国家储备局、地震局等多个单位进行了走访，争取在国家储备局十二五规划中加入红十字会备灾救灾工作，将红十字会备灾救灾中心纳入国家应急体系中，作为救援物资储备基地。

2．加强国内外合作、交流。中心大力开展对外交往，红十字国际委员会、国际联合会已多次来中心考察，十分满意中心的硬件设施和管理水平，并有意将中心纳入东亚地区救灾物资储运基地；接待了陕西、江苏、青海、四川、浙江等地红十字会共 20 批次 150 余人来我中心参观。通过广泛、富有建设意义的交流，为各地红十字会备灾救灾中心（物资库）建设和发展起到了示范、指导作用。

3．加强专业知识及技能培训。中心多次邀请国家储备局物资管理一线工作人员及物资清理消毒专业人员对员工进行培训，同时派人到储备局仓库进行长期学习。通过“请进来、走出去”的方针，拓宽了学习渠道，提高了专业水平，为中心物资储备科学化、正规化奠定了坚实基础。

（五）完成上级交予的工作

2011 年，完成总会筹财部 8557 箱物资的转运和存储工作；完成北京市红十字会 760 余箱外伤急救包的接收、存储、出库等工作；完成全国红十字系统备灾救灾中心（物资库）的基本情况分析并已形成报告上报总会。

（六）召开备灾救灾工作研讨会

11 月初，中心在总政沙河基地举办了中国红十字会备灾救灾工作研讨会，召集各区域性备灾救灾中心及灾害频发省市备灾救灾中心共 13 个单位 30 余名代表参加。会上交流了各自备灾救灾中心的现状、存在困难、下步打算；探讨了备灾救灾中心在事业单位分类改革中所处的地位及今后发展方向；学习了备灾救灾物资管理信息网络系统。与会代表通过研讨，统一了思想，理清了思路，学习了政策，分享了成果，为下步更好的指导工作奠定了坚实基础。同时也为总会制定备灾救灾中心规划发挥了参谋助手的作用。

【历史沿革】

中国红十字会总会备灾救灾中心成立于2010年10月9日，是中国红十字会第一个国家级备灾救灾中心，总建筑面积16491平方米，主要由四个物资库和一个管理中心构成，主要功能是建立全国红十字会系统备灾救灾物资储备体系和信息管理系统，完善备灾救灾物资的采购、收储、分发。

中国红十字会总会备灾救灾中心的建立，目标是把备灾救灾中心建设成为适应国家应急体系要求，管理规范，具有一定储备、调控能力和快速反应机制的全国红十字备灾救灾物资调拨中心和物资管理培训中心，并以此为基点，逐步形成中国红十字会在国家层面、区域和基层的三级备灾救灾管理体制，建立红十字系统全国联动的备灾救灾网络。

（冯瑞珍）

中国红十字会援外物资供应站

【年度工作】

2011年，中国红十字会援外物资供应站继续按照总会领导和总会工作组既定的指导思想和方针，紧紧围绕中国红十字会第九届理事会第二次会议提出的重点工作和要求，全面落实《供应站2011年工作要点》，工作任务基本完成，经济指标基本实现，各项工作取得新的进展。

一、加强思想教育和培训，单位凝聚力得到增强，全员素质进一步提高

1. 坚持每月一次的政治学习制度。学习内容主要包括：党和国家的方针政策、法律法规，以及总会和上海市委、市政府的各类文件精神。同时，还配合国家大事和总会的重大活动组织各类专题讲座。2011年以来，主要组织全体干部职工认真学习了党的十七届五中全会精神，中央对制定《“十二五”规划》的指导意见，胡锦涛同志的“七一”重要讲话，以及总会颁布的一系列规章制度。通过学习教育，干部职工精神面貌进一步振奋，由以前比较封闭、狭隘、消极的思想心态，逐渐向着开放、包容、积极向上的心态转变。勤奋敬业，关心集体的人越来越多。

2. 以庆祝建党九十周年为契机，强化对党员的先进性教育。一是在全体党员中开展争先创优活动。活动中，供应站有两人被评为上海市合作交流系统优秀共产党员和上海市优秀法律宣传工作者。二是组织开展“三个一”的活动。即要求每个党员和入党积极分子学好用好《做最好的党员》这本书，组织一次党史讲座，参观一个红色革命纪念地，接受传统教育。目前，供应站的党员人数已占到正式职工总数的一半，每个党员都在各自的岗位上发挥着引导作用和模范作用。

3. 充分发挥工会组织的桥梁纽带作用，营造向上、和谐的工作氛围。2011年，供应站工会先后组织了迎春文体娱乐活动、工作人员健康体检、参观宋庆龄纪念馆和革命老区红色旅游等活动，加强了单位的精神文明建设，增进了党群联系，密切了干群关系，活跃了文化生活，提高了单位的凝聚力和向心力。

二、加强制度建设，规范内部管理，各项工作基本实现有规所依，有章可循

1. 明确全年工作方向，做到工作有的放矢。根据总会2011年的主要工作，结合本站实际，制定了《供应站2011年工作要点》，对行政管理、财务审计、经营管理、备灾物资仓储、安全管理及党群组织建设等工作提出了具体要求和完成目标。这个工作要点是供应站建站以来制定的第一个工作要点。

2. 修订、完善工作制度。2011年，根据总会的有关规范，在原有规章制度的基础上，补充和完善了《编外聘用人员管理规定》、《考勤管理规定》。特别是针对上海发生的“11·15事件”，为了确保救灾物资的万无一失和国家财产安全，年初成立了设备安全管理科，制定了供应站《安全管理规定》，进一步明确了安全管理的主体、范围、标准和运作程序，使安全防护措施真正落到了实处。至年底，开展了两次大规模的安全生产大检查，召开了年度安全工作会议，对全年的安全工作进行了总结，查找了问题，提出了整改要求，进一步明确了责任。

3. 完成新一轮岗位续聘，进一步落实工作职责。严格按照国家人事部和总会关于岗位设置、岗位聘用的有关规定和要求，上半年，完成了新一轮的岗位聘用工作，其中有七人按原岗位续聘，有五人按新设置的岗位聘用。在岗位续聘过程中，通过提拔重用群众一致认同，工作绩效显著的两名职工，有效激发了全体职工的工作积极性。

4. 切实规范经营活动。一是吸取历史教训，严格审查、完善租赁格式合同条款，明确合同双方的责、权、利，减少和避免了经营纠纷的产生。二是规范经营行为，严格做到依法经营，照章纳税，避免产生新的后遗症；三是既严格按照地方政府有关规定落实管理措施，同时又灵活应对市场需求，以出借方式，进一步利用空余库房，增加收入，减轻了仓储管理经费不足的压力。全年合同收入534万元，较上一年度增长10%。

5. 摸清家底，对固定资产实施规范化管理。以往物资供应站没有进行过细致、全面的经营资产调查、整理，对资产情况只能凭记忆，说个大概情况，拿不出详细、完整的经营资产统计数据。在2010年度工作总结中，结合供应站下一步的发展思路，总会工作组提出了这一要求。年初，物资供应站就组织有关人员对全站所有房产进行了一次彻底的调查、清理和统计，整理并建立了供应站目前最全面、最真实的房产资料，为推进供应站的转型和发展提供了准确信息和重要依据。目前，物资供应站共拥有房产建筑面积15808平方米，其中产权面积7730平方米，临时建筑面积8078平方米。

6. 加强自查自纠，树立廉洁、诚信的形象。针对网络事件，一是认真学习贯彻总会廉政工作会精神，充分认识抓好廉政工作对维护红十字会良好形象，提高红十字会公信力的重大意义；二是对涉及救灾物资管理、财务管理、经营管理等敏感部位，进行认真清理，查漏补缺，及时整改。为提高救灾效果，针对物资供应站久存的备灾物资现状，积极向总会赈济部进行了专题汇报，对救灾物资尽快实施调处的建议被总会赈济部采纳并实施。截至 12 月 21 日，所有 2005 年调进的备灾物资得到了妥善处置。三是制定供应站《突发事件处置方案》，提高与媒体打交道的能力。

三、有理有节、依法化解历史纠纷和发展症结，存续多年的历史遗留问题基本得到解决

2010 年四季度，在总会工作组指导和直接参与下，较好地解决了金倡大棚租赁合同纠纷和马福昌仓库管理权属问题，这些问题的解决，为 2011 年度彻底、有效地解决历史遗留问题打下了良好的基础。

1. 顺利完成对财务账套的理顺和调整工作。一年来，按照审计部门和总会筹财部的要求，遵照国家有关财务管理的法律法规，先后对供应站、红康公司、红园公司、五方公司等四个单位的四个账套认真进行调整，对不符合规定的账务按规定进行了清理、规范和处置。基本改变了以往财务管理不清晰、不规范的局面。

2. 依法处理与桂林浴室的合同纠纷，维护了单位的合法权益。在总会工作组参与的同桂林浴室多次谈判无果的情况下，4 月底，物资供应站对该浴室启动了司法程序。8 月 8 日，上海市第一中级人民法院终审判决物资供应站胜诉，判令桂林浴室应该偿付所有所欠租金，搬出所租赁的物资供应站房屋。在徐汇区人民法院执行庭的调解下，11 月 30 日收回了被浴室占用长达 19 个月的房屋，并已启动了追讨欠款的程序。

四、积极探索供应站科学发展的新路子

2011 年，物资供应站在开展各项工作的同时，按照总会领导提出的要求，为彻底改变物资供应站多年来业务项目单一、面貌陈旧、发展目标模糊且缺乏后劲的被动局面，站领导班子带领大家进行了谋划单位科学发展新路子的探索。

1. 认真思考、积极谋求建设和发展新途径。领导班子定期分析形势，讨论单位发展方向、运行模式，不断探索和研究合作发展事宜。

2. 结合教育培训活动，号召全体人员为单位的可持续发展统一思想，建言献策，提供改革和发展的思路。尤其是对如何提升红十字的品牌公信度，如何将红十字事业的发展与进一步提高单位效益有机结合，带领全体职工进行了有益探索。

3. 广交朋友，寻求合作。物资供应站地处上海，具有丰富的经济和事业发展资源，发展的空间十分广阔。按照总会领导的要求，一是努力寻求发展势头好、科技含量高、社会效益和经济效益明显、产业性质与红十字宗旨相关的经济实体合作。先后与华大基因、国际物流 UPS 上海公司、上海血液中心等近十个经济实体进行了合作意向交流。二是寻求有实力、有信誉的企业合作，通过改善硬件设施、配套服务功能，提高经济效益，彻底改变目前落后、陈旧的形象。三是寻求国际合作。7 月中旬，物资供应站接待了国际联合会的同行，就有关合作进行了交流，开拓了视野，积累了经验。

【历史沿革】

中国红十字会援外物资供应站，成立于 1991 年 7 月，是中国红十字会总会在上海成立的全国第一家赈灾仓库。其主要职能是：为人道主义救助提供援外物资供应服务，并承担援外物资的采购与供应、包装与保管、储运与发放以及相关救灾供应服务。

1985 年以来，中国红十字会总会委托

上海市红十字会向坦桑尼亚、埃塞俄比亚、罗马尼亚、安齐拉等40多个国家和地区筹集、发运了价值近1000万元人民币的药品、医疗器械、食品、棉毯等救灾物资。此外，还办理了国外、港、台地区向我国捐赠的约100万元人民币的大米、药品、医疗设备、救灾车等接收、储存、转运等工作。上海市红十字会在办理救灾物资任务时，得到了上海县城乡建设发展总公司的支持，为红十字会救灾物资的储备、包装、运输等提供了良好的工作条件，并在海关、商检、保险、报关等联系提供了方便，缩短了救灾物资的发运时间，圆满完成了援外物资的调运任务。

1990年，为适应不断增加的援外救灾和国内救灾任务的需要，使救灾物资工作管理进一步规范化，上海市红十字会向中国红十字会总会提出了建立救灾物资供应站的请示。请示提出：在原上海县城乡建设发展总公司的基础上，由中国红十字会总会、上海市红十字会、上海县城乡建设发展总公司联合在上海创建救灾物资供应站。总会在多次专题调查研究的基础上，于1991年3月23日下达了《关于成立救灾物资供应站的批复》，同意成立救灾物资供应站的请示。批复中明确："供应站名称定为中国红十字会援外物资供应站，该站为隶属于中国红十字会总会的事业单位，实行企业化管理，经济上实行独立核算、自负盈亏。"总会委托上海红十字会负责供应站的日常管理和财务监督，并指派总会国际联络部副部长何竟兼任该站副站长，以协调有关事宜。总会拨款5万元以资支持。供应站在筹建工作中得到了中国红十字会总会领导的支持。

中国红十字会援外物资供应站于1991年7月4日成立，在上海登记注册，组建了领导班子。总会任命原上海县城乡建设发展总公司总经理赵晨兼任站长及法人代表，并主持工作，上海市红十字会副秘书长潘鹤琴兼副站长，总会国际联络部副部长何竟兼任副站长。为此，时任中国红十字会秘书长韩长林、上海市卫生局局长王道民、上海市政府外事办副主任李舜善等20余个部门的领导参加了揭牌仪式，同时向新闻界宣布了中国红十字会第一个援外物资供应站在上海正式成立，从而掀开了援外任务的新篇章。

1992年1月，经总会同意供应站申请征用了上海闵行区沪青平路206弄8号（虹桥机场南大门口岸）10亩土地，总会先后投入资金580万元人民币。供应站按照"一业为主、多种经营"、"以站养站"的方针开展创业工作。

1997年12月，在供应站建设救灾仓库过程中由于缺少资金，主动同上海闵浩实业有限公司合作，联合成立了上海五方航运物资储运有限公司。闽浩公司投资500万元人民币，持有55%的股权，供应站以409万元的资产投入，持有45%的股权。

1997年11月，供应站建造完成了6036平方仓库、办公楼的基础设施建设（包括两栋四层框架式5096平方米的救灾备灾仓库），为红十字事业的发展奠定了基础。1992年8月，经总会批复，供应站在上海注册成立了"中国红康房地产公司"，后改名称为"红康实业总公司"并投资150万元人民币。

1993年2月，总会将赵晨正式调入供应站工作，改变了供应站三家联合模式。

1993年1月15日总会下达了《关于理顺中国红十字会援外物资供应站的管理关系的通知》，供应站成为总会直属的事业单位；总会下达了《关于中国红十字会援外物资供应站人员编制的批复》；总会批复再次确定供应站是隶属于总会的事业单位，主要职权是接收、储运国内外的赈灾物资，并承办仓储、转运等任务。

2002 年清理整顿：由于供应站的成立是总会批准的，还须由国家机构编制审批，因此，无法作为事业法人单位进行注册登记。2002 年 9 月 10 日，总会以向中央机构编制委员会递交了《关于加强对援外物资供应站管理的情况报告》，申请补办供应站编制。

2002 年 8 月 21 日，中央机构编制委员会以《关于中国红十字会援外物资供应站机构编制的批复》，"经研究同意设立中国红十字会援外物资供应站，核定经费自理事业编制 15 名。"

2002 年 10 月，总会与上海闵浩实业有限公司签订了股权转让协议书，总会以 320 万元的资金收购了上海闵浩公司在五方公司 55%的全部股份，五方公司成为总会的全资公司。

2002 年 12 月 30 日，总会党组下发《关于杨喜兰等三同志聘任的通知》，正式聘任事业发展部副部长杨喜兰兼任中国红十字会援外物资供应站站长和法人代表；王惠芳任中国红十字会援外物资供应站第一副站长；王伟任中国红十字会援外物资供应站副站长。

2003 年 8 月，供应站完成了国家事业单位法人注册登记工作，从而供应站正式列为事业法人单位，使供应站的发展逐步走上了规范化的轨道。

2003 年 11 月，供应站完成了与闵浩公司在五方公司的股权交割程序。

2005 年，供应站强化救灾物资管理，投入 18 万元改造、修整仓库，保证救灾物资完好和安全，可出租面积达 6000 平方米。全年营业收入达 260 万元。

2006 年，供应站抓好管理，使 300 多万元的备灾救灾物资保管完好。全年房产出租总收入 325 万元。

2007 年，供应站完成了年初制定的 350 万元的经济创收指标，全年租赁收入达 351 万元。

2008 年，供应站实现创收 422 万。

2007 年 8 月至 2010 年 8 月，总会党组任命张峻为援外物资供应站站长、党支部书记、法定代表人。

（沪　站）

四

研 究 篇

工作研究

进一步加强红十字会的组织建设

江苏省红十字会专职副会长　单加海

体制是部门或单位事业科学、顺利、快速发展的重要根基和组织制度保证。近年来，江苏省各级红十字会以理顺管理体制为突破口，狠抓组织建设，积极推进依法建会、依法治会、依法兴会，取得一定成效，为发挥红十字会作为党和政府人道工作领域的助手作用奠定基础。

一、推进理顺管理体制，夯实事业发展根基

体制不顺，工作难转。在省辖市全部理顺管理体制的基础上，2008 年底，省红十字会在第八次会员代表大会上，深刻剖析制约理顺县级红十字会管理体制的主客观因素，提出应对措施，有针对地开展工作，取得可喜的成果。截至到 2010 年底，全省 105 个县（市、区）中已有 96 个基本理顺红十字会的管理体制，由 2008 年底的 33% 上升到 91.4%，跃上一个新的台阶。

一是抓机遇、求突破。江苏省在确立理顺县级红十字会管理体制目标时，坚持高起点定位，抢抓各种有利时机，积极争取所在地党委、政府的重视，谋求全面理顺县级红十字会管理体制工作新的突破。2008 年 12 月，时任中国红十字会会长彭珮云在江苏省红十字会第八次会员代表大会上提出“在巩固已有成果的同时，加快理顺县级红十字会管理体制”的殷切希望，参加会议的原省委书记、省人大常委会主任、省红十字会名誉会长梁保华极为重视，当即表态要在 2009 年底前基本理顺县（市、区）红十字会管理体制。会议结束后，省红十字会主动向省委、省政府主要领导汇报，起草《关于理顺全省县（市、区）红十字会管理体制的请示》。根据梁保华的批示，省编委于 2009 年 4 月 30 日下发《关于理顺县（市、区）红十字会管理体制的通知》，并向各地编办提出具体落实要求。市、县两级红十字会积极向地方党委、政府宣传红十字会的历史地位和在经济社会发展中的特殊作用。盐城市委组织召开常委会，专题研究加强县级红十字会力量问题，下发《市委常委会议纪要》；南京市政府专门召开分管县、区长会议，提出具体要求；盐城、泰州、宿迁等市根据省编办的通知要求，结合本地实际，重新发文将县级红十字会的机构规格由副科级调整为正科级，有力地推动理顺工作的顺利进行。

二是抓规范、求发展。为确保理顺管理体制工作健康、规范、有序地展开，在省编委下发通知的同时，省红十字会及时下发《关于实施省编委 <关于理顺县（市、区）红十字会管理体制的通知> 的意见》，对县级红十字会领导班子人员的选拔、干部配备、机构设置、办公经费来源渠道等问题进行具体指导。同时，注重加强红十字会党的组织建设，提请省委组织部转发徐州市红十字会组建党组的情况报告，要求各地组织部门重视和加强红十字会党的组织建设，规范干部管理工作，对机构已独立设置的省辖市红十字会，要求及时组建党组；对暂不具备单独组建党组条件的，在积极创造组建党组条件的同时，根据归口管理的原则理顺干部管理关系。目前，省和南京、徐州、无锡、盐城、常州、连云港市以及南通市通州区、宿迁市泗阳县等红十字会建立党组。

三是抓责任、求实效。对于县级红十字会在理顺自身管理体制问题上，往往是心有余而力不足。针对这一实际情况，省和省辖市红十字会领导分片包干、责任到人，发挥个人的人脉关系和声望，深入基层一线加强协调，分步推进。仅 2009 年，省红十字会五位会领导对自己包干的市、县就跑了两遍以上，与市、县主要领导沟通，摸清底数，找准问题的症结，并在 2009 年底省辖市红十字会领导干部座谈会上进行了探讨，提出了“三步走”的工作思路。即：第一步是在 2010 年上半年前，理顺工作基础好的、条件已经具备的县级红十字会；第二步是到 2010 年底，理顺所有县及县级市红十字会管理体制；第三步是在 2011 年理顺剩下的 10% 左右的区红十字会。目前，第二步已经顺利完成。

四是抓督查、求落实。为确保理顺县级红十字会管理体制工作落实到位，省红十字会主动请省人大教科文卫委员会、省编办组成联合调研小组，深入基层执法调研，听取当地政府和有关部门对理顺县级红十字会管理体制情况的汇报，对个别进展较慢的县（市、区），参与调研的省人大和省编办的领导直接给其提出理顺时限，并指出不论难度有多大，通知必须下发，机构必须确立，编制必须到位，人员必须选好，要确保体制理顺后，专职人员到位，办公场所解决，办公经费落实，为红十字会独立自主开展工作创造良好条件。

二、加强基层组织建设，完善工作网络体系

红十字会的基层组织是红十字会的重要组成部分，是传播红十字精神、开展人道主义救助工作的具体组织者和实施者。根据总会关于加强红十字会基层组织建设工作的指导意见，按照建网络、扩队伍、创品牌的总体思路，积极推进红十字会基层组织建设，完善红十字工作网络体系，巩固和扩大红十字会的社会基础。

一是搭建红十字基层网络平台。实践告诉我们，社会管理的触角在城市社区（街道）、农村乡镇、企事业单位、学校等基层组织之中。红十字会作为党和政府人道工作领域的助手，更多面向的是社会最底层的困难群众。如果我们没有基层这一网络平台，我们的红十字会工作就会“悬空”，难以直接为弱势群体服务。为此，我们把眼光瞄准在社区红十字和学校红十字工作上，围绕“突出社区、覆盖学校、延伸乡村、突破企业”的发展目标，大范围地建立、健全机关、社区、乡镇、学校、商会红十字会，其中，盐城市在市级机关建立了红十字会机关工作委员会，徐州、南通、苏州等市率先在总商会、开发区、外资企业中建立了红十字基层组织。目前，全省在社区、乡镇、企事业单位、学校建立红十字会基层组织 5969

个，会员达到405万人。

二是扩建红十字志愿服务队伍。志愿服务是红十字运动七项基本原则之一，是红十字会实践人道主义的重要途径和方式。根据总会按照不同领域建立红十字会志愿服务队伍的要求，我省各级红十字会根据当地的实际情况，按照分层建立、分类指导的原则，分别建立了红十字新闻、红十字应急救援、卫生救护、高校红十字青年、捐献造血干细胞、无偿献血、遗体捐献和艾滋病预防宣传等志愿者服务队，打造了红十字会一道道亮丽的风景。随着全省红十字宣传工作的深入和人道工作成绩的显现，红十字志愿者队伍不断壮大，至今红十字志愿者已超过18万人，注册志愿者超过五万人，为推动红十字会工作提供了强有力的人力支撑。

三是创建红十字示范工程品牌。红十字基层组织的扩大，同样需要有一系列规范、科学的管理，否则，就有可能损害红十字会的声誉。为此，根据总会有关规定，结合江苏实际，健全红十字基层组织工作台账，完善社区红十字服务站证件、服饰、服务标识、培训教材和奖励“五统一”标准，出台志愿者招募、注册、管理、表彰等规定，编写红十字示范学校考核验收细则，规范红十字会基层组织建设，打造诸如镇江的网络志愿者、南京的“志友”等红十字示范品牌项目，其中，南京的“志友”被评为全国最佳红十字志愿者组织，南京中医药大学生红十字青年志愿者开展的“农民健康百村工程”被共青团江苏省委评为创新创优成果二等奖。近年来，江苏省南京、无锡两市被评为全国社区红十字服务示范市，23个县（市、区）被评为全国社区红十字服务示范区，六所学校被评为全国红十字模范学校，五个乡镇（街道）红十字会、七所冠名医疗机构跨入全国“十佳百优千星”之列，为加强红十字基层组织建设提供样板。

三、创新长效管理机制，提升服务社会能力

管理是一个永恒的话题，也是一个创新的过程。只有打破固定的思维定势，坚持创新管理机制，才能找准工作的切入点，才能找准红十字事业与党和政府重视、人民群众关注的问题的结合点，才能实现新的跨越。

一是大力加强能力建设。重视对专职干部、会员和志愿者的培训工作，努力提升他们的能力素质和业务水平。近年来，省红十字会每年举办一至两期省辖市常务（专职）副会长、秘书长理论学习培训班，邀请大学教授、专家讲授有关管理学、社会学、经济学以及依法行政、红十字运动等知识，增强各级领导干部对做好红十字会工作的使命感和责任感，提高依法建会、依法履职、依法争取政府及有关方面支持、依法维护红十字会合法权益的能力。鼓励各级红十字会干部参加中央党校和省委党校组织的在职学习、培训，报考各类院校的学历教育课程，不断提高自身的理论素养和文化水平。举办省级红十字紧急救援队培训班，连续两年在南京高校中开展以模拟突发事件和灾害现场的救护演练。各级红十字会积极组织专职干部、新进人员、基层红十字组织的兼职人员和志愿者骨干，进行红十字运动基本知识以及组织建设、社区服务、备灾救灾、卫生救护等业务知识培训，开拓了红十字会干部的视野，增强了做好红十字会工作的能力和信心。

二是积极探索管理方法。红十字会人

少、点多、面广、线长的特点，决定省红十字会在管理上要付出更多的努力。为充分调动各级红十字组织的积极性，加强对全省红十字会系统的管理，对市、县级红十字会采取目标考评办法，每年将组织建设工作情况纳入省辖市红十字会目标管理考核内容，从理事会机构的建立、健全，对基层红十字组织的管理和指导，会费的收缴，会员的管理，志愿者队伍建设等方面都明确标准，对每次考核的结果均以书面形式反馈到各市，对存在的问题限期进行整改。对冠名医疗机构，省红十字会采取不定期抽查与年度验审的方法，规范冠名医疗机构管理；对学校红十字会工作，省红十字会积极与省教育厅联系，取得省教育厅的大力支持，以创建红十字示范学校为载体，将学校红十字工作纳入全省教育系统评审内容，有力地推动学校红十字会建设。对社区、乡镇、企事业单位的基层红十字组织，由各市、县红十字会每年将省红十字会下达的目标和任务分解到基层，并进行考核。通过一系列行之有效地考评机制，促进了各地红十字会的组织建设和各项工作的开展。

三是营造舆论环境氛围。充分发挥《江苏红十字》报、红十字网站和《江苏红十字简报》的作用，登载省委、省政府主要领导对加强红十字建设的重要批示和参加红十字会活动情况，刊登各市在组织建设、募捐筹资等方面的具体做法，介绍先进市、县（市、区）理顺管理体制的成功经验。依托与苏州大学社会学院合作建立的江苏省红十字运动研究基地，开展有关红十字理论和实践的专题研究，创办了《红十字》季刊，已编印发行六期、专刊一期，发表各类文章100余篇、40余万字。及时将这些报刊、宣传资料发至红十字会系统及县级以上党委、政府领导和各位理事参阅。依托各级党委宣传部门的力量，借助大众传媒广泛开展宣传，先后与省委宣传部联合召开了全省红十字宣传工作座谈会、与省新闻工作者协会联合召开红十字宣传工作表彰会；与江苏广电总台城市频道和南京城市交通广播合作，开播《江苏红十字——大爱无疆》电视专题片和《爱在红十字》广播节目；各级红十字会积极与高速公路、地铁、公交站台、市民中心管委会联系，在公共场所利用平面媒体设立红十字广告；南京、扬州等市红十字会注重发挥博爱演出队的作用，深入社区、乡镇慰问演出。

通过红十字会管理体制的理顺、基层组织建设的加强和各级干部能力素质的提高，从根本上打破了制约红十字事业发展的“瓶颈”，基本形成了上下贯通的组织网络和上下联动的工作局面，推动了各项工作的开展。三年来，全省红十字会募捐筹资款物达到21亿多元，其中，省红十字会本级募集了四亿多元；成功实现捐献造血干细胞84人，累计达到180人。省红十字会先后被中国红十字会总会授予“抗震救灾最佳组织奖”，被江苏省委、省政府评为“对口援建四川绵竹先进集体”，表彰为省“三下乡”活动特别贡献奖；江苏省造血干细胞分库荣获全国优秀分库和先进分库的双项大奖。同时，也得到了省委、省政府的大力支持，近五年，省政府划拨5000万元充实省红十字会人道救助基金，2010年又明确从彩票公益金中每年支持省红十字会至少800万元用于人道救助，有力地促进江苏省红十字事业的发展。

红十字事业科学发展的体制保障

北京市红十字会常务副会长　韩　陆

理顺红十字会的管理体制是中国红十字会第七届理事会以来重点开展的一项基础性工作。在中国红十字会总会和北京市委、市政府、市有关部门的大力支持下，北京市红十字会完成区、县红十字会理顺管理体制工作。2004 年，全市各区、县红十字会均解除与卫生局的挂靠关系，成为政府直接联系的独立设置的群众团体，行政级别从副处级升格为正处级。近年来，经过各级红十字会的不懈努力，各项事业取得快速发展，充分发挥政府人道救助领域的助手作用。

一、建立了适应社会发展要求的红十字队伍

通过理顺管理体制，北京市红十字系统队伍建设总体水平有效提升，用人机制不断创新。一是专职干部队伍总体数量不断增加。2004 年理顺管理体制前，我市红十字系统行政事业单位共有专职人员 212 名，其中市红十字会 123 名。截至 2010 年底，全市红十字系统行政事业编制人员 363 名。其中，市红十字会行政编制 35 名，事业编制 145 名；已有近三分之一的区县人员编制超过 15 名。二是红十字会专职领导干部配备呈现多渠道、高素质、年轻化的趋势。近年来，市委组织部选派了两位具有较高素质和多岗位工作经验的年轻人到市红十字会担任副会长，并从市红十字会内部提拔了两名副局级领导干部；2009 年，市红十字会有四位同志经过民主推荐，成为正局级和副局级后备干部。各区县也相继从宣传部、文明办、外事办、文化委、民政局、卫生局、街道办等部门选调了一批年富力强、具有较高学历和丰富工作经验、社会活动能力强的干部充实到区县红十字会领导岗位，很多干部主动要求到红十字会工作。市红十字会内部也实行了各部门处级干部轮岗制度。干部的选任与交流为各级红十字会组织开拓思路、学习借鉴、创新发展奠定了坚实基础，为首都红十字事业注入了生机与活力。三是干部队伍综合素质显著提升。截至 2009 年底，全市红十字会专职干部已全部达到大专以上学历，已有博士、博士后学位的人员进入干部队伍。初步形成大学毕业生招聘、社会公开招聘和接收军转干部等多种人才引进的渠道。干部队伍配备基本呈现知识结构多样化，年龄结构年轻化，干部队伍梯次化的总体格局。四是内部机构逐步完善。2009 年，市红十字会机关争取市编办的支持，增设财务审计部、机关党委，将原业务部改名为志愿服务部，增加编制，规范职责；市红十字会所属造血干细胞管理中心和备灾中心规范工资。部分区县根据工作需要增设了全额、差额或自收自支的应急教育中心、造血干细胞工作站等事业单位。五是创新用人机制适应事业发展需求。中国红十字会会长华建敏在部分省、市调研红十字工作时指出“必须采用多种方式为红十字工作顺利开展提供人力保障”。近年来，市红十字会在创新用人机制方面进行尝试和探索。第一，采取政府购买服务的方式，安排新毕业的大学生从事红十字工作。第二，加强红十字专业志愿者队伍建设。近年来，尤其是继奥运会后，市红十字会先后建立蓝天救援队、心理援助队伍、造血干细胞志愿者之家、阳光车队、预防艾滋病核心小组、新闻界志愿者队伍等多支具有红十字特色、专长的志愿者队伍。各区县也建立红十字应急救援队、心理援助服务站、医疗咨询服务站等多种形式的红十字志愿服务队伍，并搭建各种服务平台。一大批具有专业和技能人才的加入，大大充实了红十字队伍的有生力量。第三，采取与有关部门、企事业单位合作的方式，借力开展工作。2010 年，市红十字会与市公安局签署合作协议，在为公安民警提供免费培训和急救服务的同时，借力开展红十字文化宣传，有力拓展了“999”急救中心社会服务范围和能力。此外，市红十字会还加强与社会工作委员会、共青团、国际民间交流协会、世界和平基金会的合作，充分利用其他组织的社会资源和人力资源，开展红十字公益项目和文化宣传，有效提高红十字会的社会影响力和自身实力。

二、提供了强有力的资源保障

通过理顺管理体制，市红十字会的红十字事业工作实力不断增强。一是政府资金支持逐年递增。以市红十字会为例，2004 年，市红十字会各项经费 770.5 万元，2010 年各项经费达到 4378.11 万元。2009 年项目经费更是达到了 8646.58 万元。区县红十字会经费也有大幅提升，2010 年区县各项经费总和共计 3538.46 万元，比 2004 年增长近七倍。资金高速增长主要得益于奥运会前后市红十字会系统连续承办市政府实事项目。2011 年，在市政府大力支持下，应急救护培训、市民避险逃生演练等项目已经纳入常规性经费项目，“999”应急系统建设、社区应急训练等新增项目预算将超过三亿元。二是红十字工作进入了党和政府工作序列。完善的体制机制使红十字组织得到各级党委、政府的高度重视，红十字会在各项工作中的重要作用日益突出，理顺管理体制拉近红十字组织与各级党委、政府之间的距离，并逐渐融入其中。2007 年，北京奥运会筹备期间，市红十字会进入奥运筹备工作领导小组；2008 年，市红十字会成为全市首批十大枢纽型组织，相继培育一批具有专业技能的社会组织和服务项目；2009 年，市红十字会正式成为市应急委成员单位，以“999”紧急救援和卫生救护培训为主要内容的市红十字应急体系，在保障首都安全、维护社会稳定中发挥着越来越重要的作用；2009 年至 2010 年，市红十字会连续两年承办市政府实事项目，最大限度地扩大了红十字组织的社会影响力。三是与各部门交往日益密切。作为政府直接联系的独立设置的群众团体，各级红十字会组织社会工作范围不断扩大。近年来，我市红十字组织在工作中加强了与应急委、社工委、文明委、民政、卫生、教委、公安、妇联、工会、残联、共青团等单位的合作与交流，分别联合下发文件，对共同发展红十字事业做出安排部署，携手开展一些富有特色、符合社会需要的公益活动，取得很好效果。

三、明确了事业发展的核心任务

通过理顺管理体制，全市各级红十字组织不断研究探索如何抓住工作重点，开展凸显红十字的特色工作，2007 年以来，市红十字会紧紧抓住筹备和举办奥运会的良好契机，在实践中逐步摸索出“以应急体系建设为核心，赈济救助、志愿服务、文化传播、组织创新等体系统筹发展”的工作模式。一是重点发挥了红十字组织在城市应急体系建设中的作用。理顺管理体制，为红十字应急体系的发展提供了广阔平台，红十字应急救援能力不断突显，“防备文化”逐渐深入人心。2008年以来，市红十字会依托“999”紧急救援队和蓝天辅助救援队等专业、志愿救援队伍，相继参与了汶川地震、西南旱灾、玉树地震等大型灾害的救援行动，两次荣获党中央、国务院、中央军委颁发的“抗震救灾英雄集体”称号。近年来，市红十字会着力开展以避险逃生、自救互救为主要内容的红十字卫生救护培训工作，截至2010年，全市已经有近400万人参加过红十字卫生救护普及培训，自2008年至今，连续三年实现初级急救员培训超10万人的目标。2010年，市应急委以文件的形式明确了主要依托我会开展全市的应急救护技能培训工作，并对全市加强应急培训工作提出要求。2009年至2010年，市红十字会先后免费向全市600万个家庭和200万名在校学生发放了《家庭急救手册》、《青少年急救手册》。市红十字会所属“999”紧急救援中心，经过多年发展，现已拥有急救车153辆、国际先进的应急指挥平台等设备，担负着北京市百分之五十以上的日常急救任务。2010年，市红十字会红十字应急体系建设快速发展的事实作为范例被写入红十字会与红新月会国际联合会《2010年世界灾难报告》，红十字应急体系已经成为北京市应急体系建设中的一支重要力量。二是大力推进其他各项工作统筹发展。近年来，市红十字会募捐救助实力不断增强。2004年，全市各级红十字组织募捐善款670万元，2010年，全市共募集善款达21828.94万元，其中玉树地震、西南旱灾、舟曲泥石流、南方水灾等专项募捐9578.25万元，募捐总额比2004年增长32.5倍；形成“博爱在京城”、“博爱一元捐”等多个品牌项目，“少儿大病救助”项目两年来共为636名患有白血病等大病的患儿家庭送去救助金954.67万元，已经成为北京市最具知名度的社会公益项目；北京市红十字基金会建立两年成绩斐然，2009年筹集资金1716万元，2010年筹集资金9091.11万元，充分发挥常态化募捐的主渠道作用。红十字志愿服务形成规模。奥运会期间，全市有7.1万名红十字志愿服务者在各比赛场馆和社区中的2667个红十字社区服务站中提供良好服务；北京红十字蓝天救援队成为国内首个正式注册的民办非企业救援队，其分支机构已经遍布全国40余个省市和大中型城市，成为政府紧急救援的有效补充。各区县红十字会也相继建立起44支志愿者辅助救援队，并提供了各种形式的服务平台，逐步通过政府购买服务的形式解决了其开展服务的成本。红十字会文化传播体系日臻完善。《我们的世界、大家的行动》等一大批红十字公益宣传片在各种媒体上持续播出；“北京市红十字VI视觉识别系统”、红十字系列公益海报正式推出；《北京红十字报》、《红十字网》已经成为红十字宣传品牌，红十字公信力和影响力大幅提升。

四、发挥了国际民间交往主渠道作用

通过理顺管理体制，市红十字会获得出国独立审批权，在与国外同行学习交流中，开阔眼界、拓宽思路，提升自身工作水平。一是加强与世界各国红十字组织的交往。2004年以来，市红十字会共接待来自红十字国际委员会、红十字会与红新月会国际联合会，日本、韩国、美国、法国、香港等40多个国家和地区红十字组织和政府来访团组123批、1345人次。出访美国、英国、荷兰、日本、韩国、挪威、芬兰、以色列、土耳其、新加坡等24个国家以及台、港、澳地区团组49批、208人次，与美国、日本、韩国、加拿大、西班牙、挪威、俄罗斯、乌克兰等15个国家首都红十字会签署了双边友好交流协议。二是学习借鉴好做法、好经验为我所用。“他山之石可以攻玉”。正如红十字会和红新月会国际联合会副秘书长比开利所说：北京市红十字会的快速成长，最大的经验就是将国内外红十字组织的工作经验与方法，与北京实际很好的结合在一起。长期以来，市红十字会将出访交流当作学习借鉴先进经验的机会，要求每批出访团组要善于学习和总结，要看到他人的工作，学到他人的经验，为我会的改革发展提出意见和建议。如：通过学习西班牙马德里、香港等红十字应急工作经验，在其基础上发展“999”紧急救援系统。同时，市红十字会通过不同渠道与其他国家红十字组织之间开展交流，促进共同发展。如：2009年，市红十字会在英国伦敦“奥运城市红十字国际论坛”上，介绍了北京市红十字会在北京奥运会筹备、举办期间的经验和做法，得到2012年奥运会举办地伦敦红十字会的高度重视。三是着力打造品牌项目。“北京红十字国际研讨会”是理顺管理体制后，市红十字会举办的一个国际化的大型红十字国际论坛，2004年、2007年、2009年已成功举办过三届，成为北京市红十字会的经常性项目。2011年，将举办第四届国际研讨会。市红十字会在总会、市外办和国际民间交流协会的大力支持下，正努力将其打造成为国际红十字运动领域具有重大影响力的交流平台，为促进我国红十字事业发展发挥作用。

有效推进理顺体制工作的基本攻略

福建省红十字会常务副会长　黄毅敏

坚定不移依法推进管理体制理顺，是推动红十字事业科学发展、跨越发展的基本前提和重要保证。近年来，在中国红十字会总会的关心指导和福建省委、省政府的重视支持下，我们积极探索、持续作为，因地制宜，创新办法，努力突破影响和制约管理体制理顺工作的种种障碍，理顺管理体制，促进各项事业不断发展。2005年来，全省九个设区市红十字会从零理顺到目前全部理顺，84个县级红十字会从只有一个下文理顺，到目前有76个下文理顺，理顺率达90.48%，56个市、县常务副会长配备到位。

一、依法推进理顺，党政支持很重要

几年来，省红十字会通过各种途径督促各级红十字会争取党政领导对红十字会的了解和理解，把握一切可能的机会向编制、组织、人事等部门多宣传、多沟通、多汇报，取得重视和支持，营造多方支持理顺工作政策支撑的良好环境。

（一）依法推动是根本。《中华人民共和国红十字会法》和《福建省红十字会条例》明确规定“省、设区市、县（市、区）按行政区域建立地方红十字会。各级地方红十字会设置办事机构，配备专职工作人员”，这是各级红十字会理顺管理体制的重要依据。为此，我们结合贯彻总会相关文件政策，积极宣传法律法规中关于组织体制建设的内容，营造依法推动管理体制理顺的氛围。2006 年省红十字会领导加盟省政协委员的第一份提案就是《关于加快推进理顺市、县红十字会管理体制的建议》，每年专题向省人大、省政协汇报工作，将《中华人民共和国红十字会法》和《福建省红十字会条例》贯彻执行情况列入各级人大和政协执法检查和视察年度安排项目，重点督促红十字会理顺管理体制情况。省人大分别于 2006 年、2009 年，全国人大教科文卫委于 2010 年在福建省开展执法调研和检查工作，省政协每年一次听取汇报并视察。据不完全统计，近五年全省、市、县人大、政协已开展《福建省红十字会条例》专题执法检查和视察 10 余次，涉及九个设区市、20 个县（市、区），管理体制依法理顺工作进展明显。

（二）领导重视是关键。理顺工作推进的程度，与领导的重视支持力度成正比。总会矢志不移的推进要求，以及下发的指导性文件是各地红十字会开展工作的基本法宝。特别是总会领导坚定不移的工作决心和意志，以及卓有成效的工作方法，不仅是对地方各级红十字会的有力示范和支撑，更是打动各级党政领导和感动各方的重要力量。几年来，总会所有领导到我省调研视察均强调理顺管理体制工作，特别令人感动的是中国红十字会原会长彭珮云先后 5 次到福建考察调研，指导工作，每一次不仅亲自找各级党政主要领导说理顺工作，而且还亲自写信给福州、厦门、泉州等市委书记，主持召开市、县红十字会会长及相关部门领导的座谈会等，为我省理顺红十字会管理体制起到了重要的促进作用。

五年来，通过总会的推动和我们的争取努力，省委书记、省长和分管副省长等先后多次就红十字会理顺管理体制、备灾仓库建设等问题作了批示，要求省里本着实事求是的精神加以研究解决。省红十字会汪毅夫、陈桦两位会长分别直接给九个设区市的市长、市委书记写信，要求他们支持红十字会加快理顺管理体制。2010 年 12 月 1 日，省委常委会还专题听取省红十字会工作情况汇报，要求各级党委、政府加强红十字会机构和队伍建设。值得一提的是上月底我省召开换届大会前，省委常委、副省长、省红十字会会长陈桦同志又就此事亲自给 80 多个县（市、区）委的书记写信，短短一个月又推动了八个县级红十字会理顺关系。

（三）政策支持是依据。在加强与组织、编办、财政等部门沟通联系，省红十字会及时下发指导性文件的同时，争取省编办出台政策与规定，是市、县（区）红十字会管理体制理顺的重要依据。几年来我省编办先后下发了《关于理顺市、县（区）红十字会管理体制有关问题的通知》和《关于进一步研究解决红十字会机构编制问题的通知》，对理顺提出明确要求。去年，我们争取省政府下发了《关于促进红十字事业加快发展意见的通知》，省编办等部门也明确支持要求全省到 2012 年各级红十字会全部理顺管理体制，依法独立自主开展工作。在此基础上，近期省编办还将根据黄小晶省长的意见下发通知，要求每个县级红十字会编制人员小县不少于二名、大县不少于三名。这些举措，为理顺红十字会管理体制工作提供了良好的政策支撑。

二、有为才能有位，社会认可最必要

几年来，我们积极引导全省各级红十字会从凝聚爱心、探索创业到建立载体、发挥作用；从搭建公益平台、捐血助医救护到应急赈灾济难、保护生命健康；从弘扬人道精神、激发人性光辉到汇聚爱心力量、树立博爱旗帜，积极依法履职，主动奋发作为，红十字工作不断取得各界的认可与支持，设立机构、理顺体制等谋求独立自主开展工作的要求，逐渐为社会所认可。

（一）灾害救援发挥作用。针对省内外频频发生的强台风、暴雨洪灾、冰冻雨雪、地震、泥石流和干旱等历次灾害，第一时间组织动员各级红十字会迅速反应，全力以赴展开灾害救助行动和募捐工作，体现红十字会的作为，提升红十字会的影响力。近五年，在灾害人道救援中，全省各级红十字会募集善款15.26亿元，共发放灾害救助款物12.11亿元，救助受灾群众600多万人次，实施了红十字博爱新村、学校、卫生院（站）等灾后民生重建项目303个。特别是在2008年汶川地震灾区募捐救援行动中，红十字会募捐达6.62亿元，占我省社会捐赠总额一半。我们先后荣获省委、省政府"防抗台风抗洪抢险救灾先进集体"和总会"全国红十字系统救灾工作先进单位"、"为印度洋海啸灾区募捐全国最佳组织奖"和"抗震救灾最佳组织奖"等。在这些急难险重、党政关注、群众关心的救援行动中，最早冲在前面和送上关爱的总有红十字工作者的身影，展示人道的力量，弘扬人性的光辉，红十字会的作用逐渐凸显出来，成为各级党政认可的助手。

（二）关注民生扎实作为。主动融人，贴近民生，按照"党政所系、群众所需、红十字会所能"的原则，创新项目，主动作为，在关注民生、体恤弱群的人道救助活动中，充分发挥红十字会在政府人道领域的助手作用。我们引导各级红十字会紧紧围绕关爱民生主题，精心设计救助项目，通过系列公益行动强化效应，全力推进。2005年起启动红十字系列博爱救助行动，开展红十字义诊、复明、助学、帮困等，上下联动，持续深化，累计发放社会救助款物2.43亿元，救助困难群众120多万人次，受到了困难群众的欢迎。相继开展的还有"春暖女性爱心行动"、"关爱务工人员暑期公益行动"、"盛夏送清凉"、"金秋博爱助学"、"春节百孤圆梦"、"爱心年夜饭"等。推出了包括建立针对救助白血病儿童的"希望天使基金"、救助先天性心脏病患儿的"爱心天使基金"和白内障患者复明的"光明天使基金"等在内的六项健康天使系列救助行动；建立包括"海都红十字公益金"和"东南联盟红十字公益金"在内的五个红十字公募救助基金，创新集宣传、筹资、救助于一体的公益平台，整合社会爱心资源，系统引导公益善行。这些社会救助活动都是通过全省上下共同实施、联动打造，让公众时刻感到红十字就在身边，很好地提升红十字的公益形象。

（三）持续宣传扩大认知。紧密携手媒体与党政宣传部门，着力拓展红十字会的宣传阵地，特别是发挥公益组织领头羊的作用，在全社会倡导爱心公益理念，是取得公众认可与支持的最有效方式。我们坚持把传播红十字知识、弘扬人道精神、倡导爱心公益理念作为一项重要的基础性工作来抓。创新宣传模式，整合社会资源，强化宣传效果，通过联手相关传媒开发系列公益互联网站，策划举办大型晚会等公益宣传活动，以及坚持从建立社会化宣传工作机制入手，推进红十字公益形象提升，有效提高了红十字会社会知晓率。2006 年起分别与福建电视台、东南卫视、福建日报等省内主要媒体联合创办了《海峡西岸红十字》与《海峡传情》电视栏目，开设专版专栏，取得较好的宣传效应。2008 年起，向社会各界倡导每年1月1日设立为“爱心公益日”，持续开展“用爱迎新年”等大型公益主题行动，引导人人“行一个善举，献一份爱心”，唱响了人道博爱奉献的主旋律。并与省委文明办、广电集团、报业集团等共同组织“福建省红十字爱心公益企业、爱心公益人物评选表彰活动”，倡行公益，凝聚爱心。2009 年起，我们还联合省文明办等在文明创建单位中开展争创“红十字爱心公益单位”活动，通过创新宣传平台，持续不断提升红十字会的社会知晓率，收到了很好的宣传效果，增强了民众的认可与参与度，也取得了明显的筹资效应，社会各界对红十字会在构建和谐、服务保障民生中的作用进一步认可。

三、稳妥推进理顺，创新思路更需要

几年来，针对市县级红十字会工作基础、人员编制等情况较为复杂的实际，我们区分不同情况，努力解决理顺体制中的种种障碍，不断加大对基层的扶持力度，稳妥地推进理顺工作。

（一）坚持结合实际。市县红十字会工作基础不同，必须区分不同情况，分类指导，采取有针对性的措施来推进。对于宁德市的福鼎市，三明市的宁化县、将乐县等没有红十字会人员编制的县，我们抓住灾害救援的机会，以省级直接实施为主，特别在援建博爱卫生院（站）等灾后重建项目方面给予先期优先考虑或倾斜，加上宣传动员和项目要求，以此争取当地政府和卫生部门的支持。目前，这几个县不仅都理顺了体制，还都有两至三名专职工作人员。对于大部分县级红十字会工作人员兼职较多，理顺的阻力主要在卫生部门领导的状况，我们采取领导发话、执法调研、联合督导等，由上级政府、编制部门和设区市红十字会共同监督落实编制到位的办法，争取当地政府支持，加快理顺进度。同时在刚刚独立时予以开办费、配置救灾指挥车等支持，并指导采取“1 + X”方式解决人员不足的问题。对于厦门、莆田、泉州等一些本来就有专人、工作基础较好或编制较多的县（市、区），我们注重项目支持、工作指导、上下联动、表彰奖励，以及在救助资金、物资安排上予以倾斜等，同时加大专职干部的培训，在该地市树立培养典型，起到示范引领的作用。目前，全省市县两级红十字会已落实编制 248 名，这几年先后选派 100 多名干部参加各种能力建设培训班，900 多人次接受了省级红十字会能力建设、志愿服务、宣传传播、救护培训等专题系统培训。通过因地制宜，分类实施，理顺管理体制工作稳步推进。

（二）注重项目带动。随着灾后重建项目实施特别是卫生项目的日益增多，一些山区的卫生行政部门为了争取项目支持，同时主要还是许多盼望作为、希望尽早独立自主开展工作的红十字会干部积极推动，红十字会的项目带动成为了争取理顺体制的有效载体。这几年，我们在全省各地实施建设了一批博爱卫生院（站）、援助医疗设备、开展大病救助和灾后重建项目等，加强与基层组织建设有机结合，有力地促进了管理体制的理顺。其中较为典型的是，2010 年，省红十字会通过总会争取芬兰红十字会在福建省实施“社区为本，应对气候变化减灾项目”，选择了台风多发的沿海大县漳浦作为项目实施地，在项目实施过程中，着力推进该县红十字会加快理顺管理体制。当地政府高度重视，加大支持力度，增加编制，下发了“三定”方案，配强红十字会领导，还专门划拨了办公用房和备灾仓库，为红十字会开展工作创造各种有利条件，该县红十字会一下子从老大难成为所在地市工作条件最好地方，项目实施等工作开展得有声有色。

（三）筑好根基和载体。理顺管理体制的最大障碍，其实还是人的因素。多数的红十字会专兼职干部既担心独立后无依无靠，无钱无物，更不知道如何开展工作，这是影响理顺积极性和推行进度的重要原因。因此，除了上级领导、政策的推动外，必须解决思想障碍和后顾之忧，同时在物质支持之外还要在工作载体、工作思路方面予以指导。加强红十字会专兼职干部能力培训、参公管理是非常重要的，上级红十字会所开展的各项工作、公益活动的示范与宣传也更加有效，这是其信心保证和感受最贴切的。在经常召开现场会、推进会，组织市县之间相互学习借鉴的同时，我们注意到了加强工作载体建设，筑牢基层组织根基，是解决孤立考虑理顺县级红十字会工作，引导其有效履职作为的重要抓手。2008 年，福建省召开红十字会基层组织建设工作推进会，提出“大中学校广覆盖、街道社区促提升、乡村组织多培育、企事业单位求突破、医疗机构重作用”的基层组织发展思路，并先后培育有泉州石狮市锦尚镇、厦门市思明区前埔南社区、福州市鼓楼区中山社区、南平市延平区博爱村、漳州市芗城区实验小学红十字会等一批基层组织典型，较好地引导并促进组织建设的良性发展。同时，通过调研提出，在所有基层组织中建立“红十字爱心互助金”，作为基层组织的工作平台，激发了细胞活力，为县级红十字会的工作支撑和体制理顺进一步深化打好坚实基础。实践证明，推进体制理顺工作与基层组织的发育程度、工作载体的建设与作用发挥、以及专兼职人员对红十字会工作的理解与自信心是紧密相连的。

三措并举顺体制，四管齐下促发展

江西省宜春市红十字会会长　舒建勋

宜春市位于江西省西北部，自西汉设县，迄今已有 2200 多年的历史。2000 年 8 月撤地设市，现辖三市六县一区，总面积 1.87 万平方公里，总人口 548 万，其中，中心城建成区面积 45 平方公里，人口 45 万。宜春历史底蕴深厚。晋代著名诗人陶渊明、明代《天工开物》作者宋应星、现代物理学家吴有训都是宜春人；佛教禅宗五大宗派中有三宗发祥于宜春，被原中国佛教协会会长、宜春宝峰寺方丈一诚大师称为“禅宗圣地”。宜春生态环境优美。唐宋八大家之首韩愈曾写下“莫以宜春远，江山多胜游”的著名诗句，城郊的明月山被列为国家级地质公园和国家级风景名胜区。宜春矿产资源丰富。境内的钽铌被誉为江西“五朵金花”之一，其储量占全国储量近 50%；石灰石储量超百亿吨，约占全国1/4。进入新世纪以来，我市坚持以大开放为主战略，以工业化为核心，经济社会得到又好又快发展。2010 年，全市生产总值 800 亿元，财政总收入 107 亿元。

宜春市始终高度重视红十字会工作，紧紧抓住理顺县级管理体制这一难点问题，迎难而上，多措并举，强力推进，在 2010 年底全面完成理顺县级红十字会管理体制工作。我们的基本做法是“三争三创”。

一是争取领导重视，创造理顺体制的良好氛围。宜春市红十字会将多年来的主要工作和取得的成效，以书面形式上报省红十字会和宜春市委、市政府，将宜春市全面理顺管理体制的重要性和理顺后如何进一步开展红十字工作作了详细的阐述和说明。省政府副省长、省红十字会会长谢茹和省红十字会党组书记、常务副会长方娅高度重视，明确要求全省县级红十字会体制理顺比例超过全国平均比例，并多次与宜春市委、市政府主要领导进行沟通。市委、市政府为此专门召开了常委会，会议充分肯定了宜春市红十字工作成绩，一致通过了《宜春市红十字会理顺体制方案》，并下发了《宜春市红十字会理顺体制实施意见》，对县级红十字会的规格、机构、人员编制作出了明确规定。《意见》指出，各县（市、区）红十字会为政府领导联系的、独立设置的人民团体，编制不少于五人，参照公务员管理；会长由县（市、区）政府分管领导兼任，设主持日常工作的常务副会长一名、秘书长一名、专职工作人员三名，内设办公室、赈济科两个科室。同时，要求各县（市、区）确保红十字会有办公场所、有工作经费，在 2010 年底前全面完成理顺工作。

二是争取县市配合，创新理顺体制的崭新思路。为按时完成理顺体制任务，我们在认真分析各县（市、区）经济、社会情况和红十字会工作的基础上，决定采取“以点带面”的方式，先在高安、丰城、樟树这三个经济条件和红十字会工作基础较好的县级市试点。市政府副市长、市红十字会会长舒建勋亲自抓，红十字会机关领导靠前抓，先后到三地宣传理顺红十字会体制的意义，通过面对面的沟通与交流，得到了三地党、政一把手的高度重视和大力支持。丰城市把理顺红十字会体制列入当前工作的重要议事日程，并迅速召开了市政府办公会，专题研究理顺红十字会体制、编制的事宜，只用了一个月时间，就完成了下发明确编制、下发文件、选配班子等一系列工作，做到了人员、经费、办公场所、交通工具“四个到位”。随后，高安、樟树两市相继发出理顺红十字会体制、编制的文件。为了趁热打铁，市红十字会及时召开了全市红十字工作会议暨理顺县级红十字会管理体制经验交流会，各县（市、区）长、红十字会副会长参加了会议。会上，我们安排高安、丰城、樟树三个市的分管市长作了典型发言，介绍各自理顺体制的基本做法和经验，充分发挥了示范和带动作用，有效地打消了部分县（市、区）的思想顾虑，强力推动了全市理顺体制工作的顺利进行。到 2010 年底，我市 10 个县（市、区）圆满完成了理顺红十字会体制的任务。

三是争取党政支持，创强县级红十字会的工作班子。县（市、区）红十字会领导班子素质，决定着红十字事业发展的成效和质量。配齐、配强县级红十字会的领导班子，是红十字事业发展的重要基础。在理顺体制的过程中，市红十字会十分注意把配齐、配强县级红十字会领导班子，作为红十字事业发展的基础工作来抓，专门制定了红十字会班子成员的选配标准，要求各地把热爱红十字事业、具有奉献精神、综合协调能力强的干部选拔到红十字会领导班子中来。经过与县（市、区）主要领导的反复沟通和协调，得到了领导的广泛响应和支持。目前，全市10个县（市、区）红十字会领导班子已全部配齐、到位，并以饱满的工作热情和良好的精神状态，投入到了发展红十字事业的工作之中。

与此同时，市红十字会以全面理顺县级红十字会管理体制为契机，多措并举，全力促进红十字事业的快速发展，连续多年获得江西省红十字工作目标管理先进单位，并得到了中国红十字会总会领导的高度肯定。具体体现在以下“四个提升”。

一是创建“1 + X”工作模式，提升红十字会工作的覆盖面。针对市红十字会“人员量少、工作量大”的特点，市红十字会创建“1 + X”工作模式，即以红十字会少量的专职工作人员为核心，带动社会有关方面的志愿者力量，组成“红十字五人志愿领导小组”，共同开展红十字工作。这些年来，市红十字会先后组建了卫生、教育、文化、企业、事业、驻宜部队、义工联合会等涉及社会多个部门、行业的红十字志愿服务网络，在推动红十字志愿服务中发挥了积极的作用，有效地拓展了红十字会工作的领域，增强了红十字会与基层单位、人民群众的密切联系，同时也有效地缓解了红十字会人员量少与工作量大之间的突出矛盾，较好地扩大了红十字工作的影响，增强了各级红十字会工作的生机与活力。

二是积极实施人道救助，提升红十字会工作的影响力。宜春市是一个自然灾害比较多的地区，每当灾害来临，市红十字会都积极、主动地开展人道救助，通过救灾物资发放和“红十字博爱送万家”活动，把救助工作尽可能做得更好、做得更实，做出规范、做出成效，使人民群众充分感受到党和政府的温暖与关怀，充分体会到红十字工作对苦难群众救助的及时性和重要性，从而在心底里认可、信任红十字会工作。良好的口碑，树立了宜春市红十字会良好的社会形象，进一步扩大红十字会的社会影响。

三是全力推进项目建设，提升红十字会服务经济社会发展的能力。近年来，市红十字会通过争取“仁和集团”捐款320万元，实施了“农民工创业扶助基金项目”，帮助了解决金融风暴中部分返乡农民工就业难问题。同时启动博爱卫生院、农村改水改厕等项目建设，走出了红十字会工作服务经济社会发展的新路子。据不完全统计，近年来，全市各级红十字会共争取32个项目、物资5500余万元，受益群众83万余人。

四是借势而为，提升各级红十字会的发展活力。县级红十字会管理体制的理顺和基层组织建设的推进，从根本上打破了制约我市红十字事业发展的瓶颈，目前，已基本实现“有人管事、有钱办事、依法行事”，形成了上、下贯通的组织网络和上、下联动的工作局面，有效提升了各级红十字会的发展活力，为谱写红十字事业的新篇章奠定了坚实的基础。2010年底，在江西省红十字会第六次代表大会上，宜春市红十字会被授予“江西红十字系统先进集体”的荣誉称号。

创新工作模式，推进红十字会工作又好又快发展

浙江省富阳市红十字会会长 邵 良

富阳市位于浙江省北部，东接杭州市萧山区，南连诸暨市、西邻桐庐县，北与临安市、余杭区、西湖区毗邻。总面积1831.22平方公里，人口64万。共设乡、镇、街道25个，其中乡六个，镇15个，街道四个，全市有276个行政村。2010年，全市实现生产总值355亿元，财政总收入50亿元，城镇居民人均可支配收入23362元，农民人均纯收入11832元。天下佳山水、古今推富春。鹳山揽胜、龙门古风被誉为“新富春十景”。

富阳市红十字会自2008年理顺管理体制以来，积极弘扬“人道、博爱、奉献”的红十字精神，坚持人本观念，不断完善机构设置，健全管理制度，创新工作模式，开展特色活动，红十字会工作取得了显著成效。汶川特大地震抗震救灾工作中分别被浙江省红十字会和杭州市红十字会评为省级抗震救灾先进集体和杭州市级抗震救灾最佳组织奖。2009年，市红十字会被浙江省人力资源和社会保障厅、省红十字会评为“浙江省红十字系统先进集体”；市红十字会党支部被杭州市委、市政府评为联乡结村“先进基层党组织”。2010年，富阳市红十字志愿者工作被杭州市委、市政府评为杭州市优秀志愿服务项目；市红十字会被富阳市委、市政府评为富阳市大社保工作先进单位等。下面我向各位领导汇报富阳市红十字会近几年的工作情况：

一、全面理顺体制，谱写红十字事业新篇章

富阳市红十字会成立于1990年，前期阶段由市卫生局代管，受人员、经费所限，红十字会工作无法得到有效拓展。面对困境，我们清醒地认识到，要谋求红十字事业的新发展，必须理顺管理体制，依法独立开展工作。我们主要从两个方面入手，实现红十字会体制“突围”。

（一）积极争取领导重视和支持，加快推进理顺管理体制步伐。

富阳市红十字会理顺管理体制工作时间短、速度快、力度大。从2008年开始，我们积极争取市领导的重视和支持，注重向市委、市政府主要领导请示、汇报红十字会工作情况和上级红十字会的工作要求。在关系到红十字会发展的几件大事上得到市委、市政府主要领导的批示或以文件形式得到安排落实。市编办明确市红十字会为参照公务员管理的副局级单设社会团体，市政府办公室牵头解决了红十字会办公用房350平米；市财政划拨开办经费37万元，用于购置办公设施和交通工具，划拨50万元用于红十字会备灾救灾启动资金；市国资委调配解决总面积280平方米的红十字会专用备灾救灾仓库一个。这些都为理顺管理体制初期开展工作奠定物质基础。

在2008年南方雪灾中，市红十字会反应迅速，及时向市委市政府汇报灾情，市委、市政府领导指示两办发文，由红十字会牵头在全市范围内开展抗雪救灾的募捐救助工作，这也是富阳历史上首次由红十字会牵头开展救灾备灾工作。汶川特大地震发生后，市委办、市政府办发出倡议在全市开展

抗震救灾募捐工作，并指定由红十字会、慈善总会一起接受捐款。富阳市四套班子领导及法检两长的个人捐款全部通过红十字会转交灾区。市领导的带头捐款，为市红十字会开展抗震救灾募捐工作打下良好的基础。

与此同时，我们积极争取相关部门领导的帮助和支持。每年都邀请市政府办公室、组织部、宣传部、人事局、教育局、卫生局、民政局、财政局、公安局、司法局等部门的主要领导和分管领导参加红十字会工作座谈会。实时汇报工作开展情况和后一阶段工作思路，听取各部门负责人的意见书。近几年，在红十字会人员配备、宣传策划、资金筹集、物资储备、驾驶员救护知识培训等方面都得到了相关部门的大力支持。并对积极热心公益事业、促进红十字事业发展、具有一定影响力的企事业负责人吸收进理事会，壮大会员队伍，通过召开座谈会、去受助地区实地考察等形式让爱心人士们更深刻的认识红十字会。

（二）积极争取政策保障，不断优化红十字事业发展环境。

富阳市红十字会在理顺管理体制初期各项工作进展比较顺利，但在发展过程中也开始碰到一些深层次的问题。如基层组织建设问题、日常工作的开展问题等。在市委、市政府多位领导带领有关部门负责人到红十字会进行工作调研时，我们提出了红十字会长远发展中的实际问题并得以解决。2009 年 1 月 16 日，富阳市委办、市政府办下发了《关于进一步加强红十字会工作的意见》（富委办〔2009〕7 号）对红十字会基层组织建设、救护知识培训、基层红十字会职责、救灾备灾工作等等一系列事项作出了明确和具体规定。针对人员和经费问题市政府会议纪要的形式给与明确。2009 年在原有 2 名计划内用工的基础上新增计划内用工 2 名。市级财政 2009 年年度预算 171 万元，2010 年年度预算 196 万元，每年从“春风行动”募捐款中划拨 50 万元用于红十字会日常救助经费，元旦、春节安排专项慰问经费。同时明确红十字会每年开展的初领证机动车驾驶员救护培训的创收收入 50% 用于成本核算，50% 用于日常救助。目前在机制建设上，富阳市红十字会不仅有独立的办公和仓库用房，专职工作人员 9 名，并且有稳定的日常救助经费近 150 万元。在体制建设上，市红十字会机关作为单设群团纳入市委、市政府综合目标考核单位，红十字会业务工作纳入市委、市政府对乡镇（街道）的综合目标考核，对推动红十字会基层工作起到非常重要的作用。

二、注重工作创新，实现红十字事业新突破

管理体制理顺后，富阳市红十字会抓住时机，乘势而上，重民生、促和谐，认真履行各项职责，深入开展救灾、救助、救护工作，积极进取，开拓创新，取得了事业发展的“新突破”。主要表现在以下几个方面：

（一）构建组织网络，强化红十字会队伍建设。

富阳市红十字会在理顺管理体制以后，基层组织建设层层推进。基层组织建设工作更加规范化、制度化，基层组织队伍进一步得到壮大，活动能力得到进一步增强。全市 25 个乡镇（街道）均成立了基层红十字会，卫生和教育部门成立了红十字工作委员会，各村（社区）成立了红十字工作小组，形成了市、乡镇（街道）、村（社区）红十字会组织和服务网络。全市现有红十字团体会员单位76家，会员97513人，登记在册志愿者248人。组织网络的建成为全面贯彻落实《红十字会法》，促进红十字事业发展奠定了良好的基础。为进一步提高基层红十字会干部业务能力，市红十字会每年由市委党校对基层红十字会会长、秘书长进行红十字业务培训。通过系统学习红十字会知识，到先进地区实地考察，使红十字会干部对红十字会工作有了更加深刻的认识，增强了做好红十字会工作的信心。

红十字志愿者队伍日益壮大，成员涉及医疗、机关事业单位、教师、学生和自由职业者等多个阶层。现有救护培训、社区服务、健康心理咨询、艾滋病防治干预、红十字精神宣传、送医下乡等10个行动小分队共248人。为提高广大志愿者的服务质量，每年定期组织志愿者们开展业务培训2次。2010年开展送医下乡、慰问社区空巢老人、健康知识宣传等活动近50次。接受服务对象超过一万人次。以开展“关爱女性健康-红十字志愿服务进社区”等品牌活动为载体，不断深化志愿服务活动的内涵和外延。志愿捐献造血干细胞登记入库的志愿者人数达到1214人，位居浙江省县市（区）首位，占全省总入库人数的5%，汪霖与陈阳成功捐献，其中，我市人民医院的汪霖医生不仅成为浙江跨国捐献骨髓第一人，而且成为全国首位进行两次跨国捐献造血干细胞的志愿者。

（二）注重民生建设，加强人道主义救助。

1. 立足本职，确保日常救助工作取得新成效。

近年来，我市红十字会根据实际情况，实时对特困对象进行救助，以开展春节期间的“博爱送万家”及其他节日困难慰问工作为基础，加大对重特大疾病和天灾人祸家庭的临时救助力度。

2009年，富阳市委、市政府把红十字会作为骨干单位纳入了全市大社保救助体系。实现组织联建、活动联搞、服务联动、设施联办，有效提升了红十字会社会影响力。大社保机制明确红十字会救助对象主要为因病致贫和突发事件引发的困难家庭。基层红十字会核实后通过大社保救助信息平台上报，方便困难群众申请救助，缩短了救助程序，避免重复救助及救助不公平现象的出现，困难群众在第一时间就能得到及时救助。2011年起还将通过大社保工作平台，由红十字会牵头开展全市白血病困难患者的市级专项救助、慰问工作。

2. 发挥优势，提高灾害救助的效率和水平。

在历经了2008年南方雪灾、汶川地震、以及2010年西南旱灾、玉树地震后，富阳市红十字会灾害应急能力不断提高。2008年5.12汶川特大地震发生，市红十字会在第一时间召开工作会议，研究部署援助灾区工作，制订一系列赈灾方案。捐款款物达到3300万元，募集数量居杭州市13县市（区）红十字会系统首位，浙江省县市（区）红十字会系统第二位。2010年玉树地震发生后，富阳市红十字会在较短的时间内募集爱心款物330万元，有利地支援了灾区的重建工作。

（三）创新模式，全面推进红十字会工作。

1. 从关注民生入手，整合社会资源，探索困难救助新路子。

在做好传统救助的基础上，积极探索困

难救助新路子，创新工作模式，拓展筹资渠道。

一是建立红十字爱心互助金。总结村级“红十字爱心互助金”经验，积极探索红十字爱心互助金的长效机制。2009 年 12 月，在环山乡、春江街道成立全省首创的乡镇（街道）一级“红十字爱心互助金”，极大提高了红十字会救助工作力度。2010 年又新增东洲街道、受降镇、洞桥镇三个乡镇（街道）级爱心互助金单位。乡镇（街道）爱心互助金的建立，营造了友爱互助的和谐氛围，也为基层红十字会的组织建设搭建了强有力的工作平台。

二是建立富阳博爱超市。整合社会爱心资源，使各类困难群体在超市获得相应帮助。通过富阳博爱超市平台，使捐受双方实现了由“你助我受”被动方式向“按需择助”的主动方式转变，使有限的资源发挥最大效能。

三是与富阳农村合作银行、市教育局共同建立 1000 万阳光成才奖学基金。专门用于奖励品学兼优、家庭困难的中小学生。

多种救助模式的建立，不仅给困难群体带来了更方便、更快捷的救助，同时也让人民群众对红十字会工作有了更多的了解。

2. 从服务大局出发，有偿无偿相结合，探索救护培训新模式。

理顺管理体制以来，富阳市红十字会急救知识进社区、进农村、进企业、进学校得到进一步落实。与老年大学合作对全市离退休老干部进行免费卫生救护知识培训，对乡镇（街道）重点行业的职工进行免费培训。通过类似多层次全方位的培训，在社会上产生了很大的反响。

在此基础上，我会积极探索研究救护知识培训体制，将无偿普及和有偿培训结合起来，2009 年 3 月 20 日起，开始对全市新领证驾驶员进行救护技能培训。2010 年共培训各类高危行业从业人员已超过 17500 余人。创收所得不仅弥补了日常救护知识培训的不足经费，还为红十字会无偿救护普及和日常救助提供了一定的资金保障。

3. 从社会热点切入，利用多渠道和手段，探索宣传工作新格局。

近几年来，富阳市红十字会十分注重做好宣传工作。汶川特大地震后组织开展遇难同胞祈福会、募捐晚会。在地震一周年，通过各大媒体发布征文公告，社会反响强烈。做好常规性活动的宣传。以“世界肺结核日”，“五八世界红十字日”、“世界艾滋病日”等纪念日为契机，在人流量密集的广场开展红十字知识宣传、义诊、急救知识宣传等。同时做好简报编印、网站建设等工作，注重加强与一报两台等主流媒体的沟通协作。2010 年，在《富阳日报》及富阳新闻网发布红十字消息 80 多条，刊登在中国红十字会总会网站与报纸的消息近 50 条。通过多渠道、全方位介绍红十字各项工作情况，社会知晓率逐年提高。

理顺管理体制以来，富阳市红十字会工作取得了一定的成绩，但与高标准、高要求工作定位还有一定的距离，与广大群众的期望还有一定的差距。在今后的工作中，我们将继续加强自身能力建设，完善组织体系，创新工作手段，拓宽筹资渠道，不断提高救灾、救助、救护工作能力，使红十字会真正成为充满活力，富有效率的人道救助团体，为政府分忧，为百姓造福。

在抗震救灾和恢复重建中传播大爱

四川省绵阳市游仙区红十字会
常务副会长 代锦芳

绵阳市辖六县、一市、二区，市红十字会于2008年4月理顺管理体制，独立运行。截止2009年3月，九个县（市、区）红十字会全部理顺管理体制。目前，全市共发展红十字基层组织233个，红十字会员37662人。市级红十字会志愿者队伍13支，志愿者1596人。游仙区是四川省绵阳市九个县（市、区）之一，全区幅员面积1000平方公里，总人口53.8万。在汶川特大地震中，距离宏观震中50公里的游仙区遭受重创，直接经济损失118亿元，被国务院列为全国51个重灾县的第17位。在2008年突发的地震灾难面前，游仙红十字会崛起于危难，勇于担当，坚持理顺体制与抗震救灾、恢复重建两手抓，实现了全区红十字事业跨越发展，夺取了抗震救灾和恢复重建的重大胜利，赢得了党委政府和社会各界的充分认可，提升了红十字会的社会影响力。

一、适时理顺管理体制，确保红十字会工作步入正轨

游仙区由于灾后重建没有国家层面的对口支援，积极争取社会援助显得尤为重要。游仙区委、区政府非常重视和发挥红十字会在抗震救灾和灾后重建中的作用，2008年6月，正值抗震救灾攻坚战期间，区委召开了四届第三十八次常委会议，“会议同意区红十字会单设为正科级事业单位，由区编办按程序报市编办审批”。7月，区编委正式行文，明确区红十字会管理体制由区卫生局代管调整为区政府领导联系，核定事业编制四名，会长一名（由区政府领导兼任），常务副会长一人，副会长兼秘书长一人，工作人员二人，经费形式为核定收支，全额补助。从8月份到年底，在全区范围内选调了四名基层工作经验丰富、协调能力强的同志从事红十字工作，从而确保了红十字会领导、人员、编制全部到位。在随后的避险唐家山堰塞湖泄洪、灾后重建期间，区政府几度搬迁，都为区红十字会安排了办公室、临时仓库。区财政局按照群团组织的相同标准，进行单独预算，并专门为红十字会解决了援建项目工作经费和临聘人员费用。通过财政配备、自主募集的形式，配备了工作车辆、基本设备、传真机、（打）复印机、数码相机等工作设施设备。2009年3月，在区委、区政府领导的亲自关心下，游仙区红十字会第四次会员代表大会顺利召开，大会选举产生了第四届理事会。理事会成员分别为政府相关部门（政府办、监察、财政、审计、发改、建设、民政、教育、卫生等）、群团组织（共青团、妇联、工会、残联、工商联等）及区内高校，为推动全区红十字事业提供了组织保障，成为绵阳市率先理顺体制的县级红十字会之一。

由于及时理顺了体制，红十字会有人办事，有钱办事，政府在人道主义工作领域的助手作用得到了凸显。抗震救灾期间，共收到社会各界捐赠的车辆、药品、食品、学习用具、棉衣被、书籍等物资价值上千万元，这些物资在抗震救灾中发挥了重要作用。灾后重建期间，共争取到境内外红十字会（组织）援建资金1.35亿元，占全区接受社会援建总资金的 28%，为游仙区的灾后重建做出了重大贡献。

二、凝聚人道力量，有效展开抗震救灾和恢复重建

抗震救灾勇于担当。2008 年 5 月 12 日，按照事先的安排，游仙区红十字会同区卫生局在魏城镇开展以纪念国际护士节为主题的救护训练活动。地震刚结束，所有参会人员撤出摇摇欲坠的危楼后立即投入到抗震救灾中。魏城卫生院迅速将就医患者转移出大楼，全体医护人员在开阔地搭起简易手术室，马上接收伤员实施救治。游仙区红十字会配合镇党委政府和消防官兵在垮塌的魏城小学废墟中抢救出被掩埋的小学生 11 人，抢救伤员近 200 人，转移伤员近 100 人。随后，克服了通信瘫痪、交通不便等困难，深入各乡镇，多渠道地全面勘察、上报灾情，让各级领导和社会各界及时了解游仙区的受灾情况。震后第三天，就收到四川省红十字会下拨的 300 万元紧急救灾款。在避险唐家山堰塞湖泄洪期间，组织 1 万多名志愿者搭建帐篷、搬运物资、心理疏导、防疫消毒、清运垃圾等，确保了大灾之后无大疫。魏城镇桂花社区红十字会积极做好抢救伤员、转移受灾群众、收发救灾物资等，有力地支持了党委、政府的抗震救灾工作，被总会评为“优秀乡镇（街道）社区红十字会”。

灾后重建敢为人先。如此大规模的重建任务是游仙区红十字会从来没有经历过的。为保证“四方协议”得到贯彻落实，确保游仙区红十字会援建项目的顺利开展，区红十字会联合卫生、教育、监察、发改、建设、财政、民政、审计等单位，成立了“游仙区红十字会援建项目协调领导小组”，为援建项目的顺利实施提供了政策和技术支撑。

经过多方的协调和努力，在上级红十字会和兄弟红十字会的关心支持下，游仙共争取到红十字会援建资金 1.35 亿元，援建项目 92 个，其中，学校 18 所，卫生院 12 所，博爱新村六个，卫生站 52 个。在项目推进过程中，游仙区红十字会克服了人员紧缺，无任何经验可借鉴的困难，及时调整思路，协同相关部门，整合力量，创造性地开展工作。针对项目资金流程的管理，工程建设质量的监督，独创了一整套监管制度，为援建项目工作积累了宝贵的经验。在实践中摸索制定的《援建项目建设质量监管程序》、《捐赠（定向）资金监管制度》、援建项目资金报批程序和流程受到上级红十字会及审计部门的充分认可。目前，各级红十字会援建游仙区的 92 个项目全部开工，已竣工并投入使用 44 个，完成审计三个。街子乡岳家博爱新村、柏林镇洛水博爱新村作为全省灾后永久性农房建设的示范点，得到了中央、红十字会总会和省市领导的高度评价。红十字会的爱心援建，使游仙的学校、卫生院、农房实现了 30 年的跨越提升。

三、抓住灾后重建契机，实现游仙红十字会工作重心转变

按照“项目借势，健全机构，突出感恩，丰富活动”的思路，以爱心援建和总会提出的能力建设年为契机，在抓好硬件建设的同时，更加注重援建项目单位红十字会基层组织的建设和发展。坚持感恩宣传和组织建设两手抓、两促进，推动红十字工作常态化进程。

大张旗鼓宣传爱心援建，是游仙区红十字会紧抓不放的工作切入点。直接指导受援单位，做好现场红十字知识宣传，公布捐赠资金来源信息，有选择地举行开工奠基、竣工剪彩，有针对性地邀请捐赠企业和社会爱心人士参加现场活动，把项目援建的过程做成爱心宣传的途径。

适时报道和反馈项目动态，是游仙区红十字会的重要工作方法。两年来，及时上报和反馈了以灾后援建为主的信息200多条（次），多为各级红十字会网站和主流媒体登载。让捐赠方及时掌握项目实施情况，宣传了红十字会援建成果。

做好立碑冠名工作，是游仙区红十字会履行协议、信守承诺的具体表现。坚持做到援建项目完成一个，立碑冠名工作及时跟上。努力提升“博爱碑”的文化含量，使“博爱碑”成为永久驻留的风景。

重视精神家园重建，是游仙区红十字会关注民生的工作特色。在博爱新村举行送文化下乡、乔迁新居、助老行动、唱红歌迎国庆、乡村运动会等活动，受到了灾区群众的广泛欢迎，社会反响强烈，进一步助推了灾后重建，让群众认知并投身到红十字事业中。

健全基层红十字会组织，是游仙区红十字会项目重建中重要工作环节。2010年5月，联合团区委、区教体局、区卫生局印发了《关于在红十字会灾后重建项目单位建立红十字会基层组织的通知》（绵游红会发〔2010〕58号）文件，于9月底前，在红十字会援建单位，完成了首批基层红十字会的建立。针对机构设立、开展活动等工作，及时召开会议，培训业务。为方便联络，建立了游仙区红十字会QQ群。截止目前，全区建有基层红十字会44个，发展个人会员2426人（青少年会员1200人），志愿者2044人。游仙区红十字会的基层组织建设工作，作为灾后援建成果转化的成功典范，迎接了四川省红十字会基层组织建设工作会与会代表的参观考察，受到一致好评。中国红十字会原会长彭珮云、中国红十字会会长华建敏在游仙区考察时，对游仙区红十字会的项目工作给予了充分肯定。

突出感恩主题，是游仙区红十字会传递爱心的有效行动。坚持在新楼显著位置设置感恩箴言、博爱警句，给捐赠方邮寄感谢信、学生作文画作等。使博爱精神在互动中得到传递。在2009年台湾“莫拉克”风灾、海地特大地震，去年玉树地震、舟曲山洪泥石流及“8.13”特大山洪泥石流灾害发生后，区红十字会积极开展各种形式的募捐活动，共募集善款80余万元，尽了灾区人民一份微薄之力，用行动传承了博爱奉献精神。

由于感恩文化的融入，使各援建项目成为传播博爱精神的活教材。如今，在学校、卫生院和博爱新村涌现出一大批热心红十字事业的群体，营造了浓厚的红十字氛围，发展壮大了红十字基层组织。为灾后恢复重建完成后常态下红十字工作的正常开展奠定了基础。我们有信心、有决心、有能力高起点地开展红十字工作，让“人道、博爱、奉献”精神在游仙大地开花结果，让行善感恩成为一种生活习惯，让红十字会真正成为政府在人道领域里的得力助手。

经 验 借 鉴

中国红十字会代表团访问台湾红十字组织报告

经中央批准，应台湾红十字组织负责人陈长文邀请，2011 年 5 月 26 日至 6 月 1 日，全国人大常委会副委员长、中国红十字会会长华建敏率中国红十字会代表团赴台湾进行访问。

在海峡两岸关系和平发展取得一系列积极成果的形势下，台湾红十字组织主动邀请华建敏赴台访问，这不仅是海峡两岸红十字组织最高级别负责人第二次在台湾会晤，也是截止目前组团访台最高级别的领导。为此双方都很重视这次活动。台湾红十字组织和有关方面做了周密细致的安排，中国红十字会做了认真的准备，并得到国台办的关心、指导和大力支持。在代表团全体成员的共同努力下，访问达到了预期目的，取得了圆满成功。

一、基本情况

华建敏此次访台主要有三个目的：一是增进两岸红十字组织的相互了解、相互学习，借鉴台湾同仁的好的做法和经验，探讨进一步深化和拓展双方的合作；二是感谢台湾红十字组织多年来对中国红十字会给予的帮助，特别是近些年来在汶川地震、青海玉树地震及甘肃舟曲泥石流的救灾及重建过程中，台湾红十字组织和社会各界给予的大力支持；三是考察中国红十字会援建的“莫拉克”风灾灾后重建项目落实情况，参加有关捐赠仪式。此次华建敏率团访台受到台湾红十字组织及有关方面的高度重视。在七天的访问中，代表团参加了近 30 场活动。此次台湾之行虽然时间不长，但活动安排务实，内容丰富多彩。

除与台湾红十字组织进行广泛交流和会谈外，国民党名誉主席连战夫妇会见并宴请了代表团全体成员，国民党副主席曾永权、国民党元老郝柏村、辜振甫夫人辜严倬云等一些政要及社会名流、慈济组织负责人等参加。访台期间，华建敏还会见了台北、台中市市长、副市长以及台湾高铁公司董事长、台达电子等高新技术企业负责人。代表团还实地考察了“莫拉克”风灾后大陆同胞援建的重建项目，出席了阿里山福美吊桥捐赠仪式和番路乡日安社区灾民安置永久屋捐赠仪式。华建敏一行在嘉义县深入灾民居住的板房，与灾区民众亲密接触、促膝交谈，了解他们灾后的生活情况，询问他们的生计来源和经济收入情况。代表团与当地群众进行了心与心之间的交流，带去了大陆人民对台湾同胞的问候，充分体现了大陆人民对台湾同胞的关爱之情。在福美吊桥所在的山美村邹族民众居住区，代表团受到当地部落长老及民众的热烈欢迎。他们用当地最高的礼节迎接华建敏，为他穿上了一套邹族的民族服装，场面热烈，令人感动。仪式结束后，村民争着与华建敏照相。灾民那种发自内心的朴素语言和对大陆的感激之情使代表团充分感受到两岸同胞同源、同根、同种、同文和血浓于水的骨肉亲情，也更加坚定了为促进两岸和平发展、造福两岸民众的信心。

代表团还参观了裕隆汽车集团，内湖科技园区，台达电子集团和讯联生物科技公司等台湾著名企业，并走访了台中著名的夜市。此次，华建敏以红十字会会长身份，广泛接触各阶层人物，从政界到企业，从普通民众到社会精英以及当地的少数民族灾民，对台湾的社会、经济和文化进行了广泛深入的了解，充分感受到，当地民众由衷欢迎当前两岸和平发展互惠互利的大好局面。

在台活动期间，凤凰卫视进行了全程跟踪报道，中央电视台、中新社、东南卫视，台湾的《中国时报》、《联合报》、中天电视台、《自由时报》等主流媒体也都发布了华建敏访问台湾的消息。特别是华建敏穿着邹族民族服装用邹族语言问候当地灾民的情况被台湾媒体进行了广泛报道。5 月 31 日，华建敏在与吴伯雄荣誉主席会面后，接受了中央电视台、凤凰卫视、中天电视台、东南卫视等大陆和台湾媒体的采访。

二、在台期间的几次重要会谈

5 月 27 日，代表团在台湾红十字组织总部与台湾红十字组织进行了工作会谈。台湾红十字组织陈长文会长和有关部门负责人介绍了其机构开展的相关工作，特别是台湾红十字组织使用大陆民众捐款，开展“莫拉克”风灾灾后重建工作的情况。听完他们的情况介绍后，华建敏表示，两岸红十字组织奉行共同的原则和宗旨，都秉持“人道、博爱、奉献”的红十字精神，以保护人的生命和健康为己任，从事造福人类的崇高事业。中华民族扶危济困、敬老助残、救死扶伤、乐善好施的传统美德，深深植根于两岸民众的血脉之中，“仁爱在心、善行天下”是两岸红十字同仁的共同追求。回顾历史，海峡两岸红十字组织自上世纪八十年代恢复接触交往以来，在寻人转信、青少年交流、灾害救助等领域开展了很好的合作。华建敏建议今后两岸红十字组织要进一步发挥其独特的作用，成为新形势下两岸开展民间交流的新亮点。

在与国民党荣誉主席连战、吴伯雄会见时，连、吴皆表示，两岸同为炎黄子孙，同属中华民族，相同的血脉、文化是两岸关系和平发展的重要基础。他们对红十字组织在应对自然灾害、促进两岸交流合作方面所发挥的独特作用给予充分肯定，并希望今后进一步加强合作。他们还表示当前的两岸关系和平发展来之不易，双方应该好好珍惜。吴伯雄特别谈到，两岸再不要有炮火纷争的情况，珍惜现在的大好局面，扩大交流合作领域，互惠互利共赢，为两岸老百姓共享发展成果谋福祉，要在经贸上手携手，文化上心连心，开创两岸和平发展的新局面。

华建敏在会谈中反复强调，代表团一踏上宝岛的土地就没有陌生感，每个建筑、每个村落看上去都很熟悉。代表团所到之处，受到了台湾同胞的热烈欢迎。从台北、台中、再到嘉义，一路走来，不仅领略了台湾经济发展的成果和秀丽风光，更体会到两岸同为炎黄子孙，同属中华民族，同文同种，同根同源的同胞情意，是一次情真意切之旅。他说，相同的血脉和共同的传统文化是两岸关系和平发展的重要基础。我们所到之处看到无论是红十字同仁，还是普通民众，大家对中华民族大家庭的认同一致，也更加坚定了我们为促进两岸和平发展的信心。华建敏还向他们介绍了由大陆援建的“莫拉克”风灾灾后重建项目进展情况。从阿里山山美村邹族同胞，以及番路乡日安社区搬进新居的受灾民众的身上，我们感受到了他们那种坚忍不拔、奋发自强，对未来生活充满美好向往的乐观情怀。华建敏强调在和灾民促膝交谈中没有任何距离感和陌生感，灾民对他也很热情，反复强调，在他们最需要帮助的时候，大陆民众援建的临时居住板房和后续的永久住房项目让他们感到十分温暖。华建敏强调这充分体现了两岸红十字组织在重大自然灾害面前同挡风雨，共享阳光的务实合作。他还强调在台湾充分感受到妈祖文化在当地民众中有着广泛的影响。他认为应急救难、扶危济困的妈祖精神与“人道、博爱、奉献”的红十字宗旨相通。提出面对重大灾害，两岸红十字组织要共同弘扬这种患难与共，共克时艰的民族精神。华建敏在谈话中还充分肯定了两岸的经贸合作成果，2010 年两岸贸易额达到了 1453 亿美元，台湾顺差 860 亿美元。台湾和大陆一样，都比较快地摆脱了国际金融危机的严重影响。我们以现有的经贸合作为基础，鼓励企业发挥自己的优势，双向投资，实现强强联合，对双方的经济发展都有利。最后他希望未来两岸红十字组织要以务实的态度、人道的精神，将合作推向一个新高度，在两岸民众心连心的交流过程中，成为两岸民众高度认同的亮点。他说，两岸交流要求同存异，重在求同；两岸合作要着眼于两岸长远和根本利益，不断改善民众福祉，扎实做事。

华建敏作为党和国家领导人以红十字会会长的身份，利用本次访台机会广泛接触各界人士，积极倡导中华民族文化认同，大力宣传红十字精神与中国传统文化相一致的内涵，得到台湾各方的认同和好评。

三、收获与体会

此次访问通过两岸红十字组织最高领导人的接触，进一步加强了两岸红十字组织的联系和了解，达到了预期效果。代表团对两岸关系和平发展出现的良好局面有很深的体会。

（一）通过此次访问，代表团深深地体会到两岸同为炎黄子孙，同属中华民族，同根同源的文化根基是两岸关系和平发展的重要基础。代表团接触的各界人士都对当前两岸出现的大交流、大合作的形势给予充分肯定，无论是红十字同仁、企业负责人、还是普通民众，大家对中华民族大家庭的认同高度一致。

（二）两岸关系和平发展先经后政的指导思想非常正确，受到台湾人民的欢迎。两岸广泛的经济、贸易交流以及各行各业的交流合作，为两岸关系的深入发展带来生机。特别是 6 月 28 日即将开始的大陆民众赴台自由行的旅游项目，一定会为台湾老百姓带来更多的实惠，创造更广阔的合作前景，带动经济发展，也必将为推动两岸关系深化发展增光添彩。

（三）华建敏作为目前赴台团组中级别最高的领导，与国民党高层进行气氛友好融洽的会见，体现了中国共产党对台搁置争议，求同存异，共谋发展的指导思想的正确，也反映了国民党愿意与共产党高层积极接触深入交流的愿望。代表团感到两党之间的高层交流很有必要，有助于促进两党之间人与人、心与心的交流。代表团离台前，陈长文与马英九通电话，马英九请陈转达对华建敏的问候，并表示赞同华建敏提出的，两岸红十字组织在新形势下应该进一步加强交流合作，成为两岸关系发展新的亮点。本次访问的交流意义已超越了红十字领域，充分展示了红十字会在促进两岸民间交往方面的独特作用。

（四）此次访问台湾，加深了台湾民众对中国红十字会的了解，特别是中国红十字会为台湾“莫拉克”风灾所援助的项目直接使老百姓受益，深受当地群众的欢迎。这样务实有效的合作，不仅扩大了中国红十字会在台湾的影响力，也为促进两岸关系和平发展，加强两岸红十字组织今后进一步的合作奠定了坚实的基础。

（华建敏、郝林娜、任　浩、张　虎、黄毅敏）

中国红十字会代表团参加第31届国际大会等国际红十字与红新月运动法定会的报告

第18届红十字会与红新月会国际联合会大会、2011年国际红十字与红新月运动代表会议和第31届红十字与红新月国际大会于2011年11月23日至12月1日在瑞士日内瓦召开，中国红十字会常务副会长赵白鸽率领包括香港和澳门分会代表在内的中国红十字会代表团出席会议。

一、会议基本情况

第18届红十字会与红新月会国际联合会大会（以下简称联合会大会）于11月23日至11月25日召开。联合会大会是联合会的最高权力机构，每两年举行一次。180个国家红十字会或红新月会代表出席，参会人数约800人。本次联合会大会以“转变观念，挽救生命”为主题，回顾并评估与2020战略相关的业务工作和财务状况。听取各法定委员会和咨询机构工作报告；围绕志愿服务发展、联合国2011—2020道路安全十年、人道外交、推动性别平等以及非暴力和平文化、急救实践、加强社区恢复能力、筹资战略、在灾害和暴力事件后提供心理支持议题以全体会议或小组讨论的形式进行研讨。大会围绕联合会《2020战略》“挽救生命、保护民生、加强灾害与危机的恢复能力；创造健康安全的生活；提倡社会包容和非暴力文化”三大目标的推动和执行情况，确定了国际联合会的工作重点、方向，通报了全联合会报告体系、网上学习平台和组织能力评估认证体系等工作进展，并通过《全联合会资源动员战略》。

红十字与红新月运动代表会议（以下简称代表会议）于11月26日召开。代表会议由各国红会、红十字国际委员会、红十字会与红新月会国际联合会三方代表组成，每两年举行一次。为期一天的“代表会议”重点研究红十字运动对核武器问题的立场、与外部伙伴的合作、运动战略、各国红会在武装冲突和其他暴力情况下的指导文件；通过国际大会议程，通过了《努力消除核武器》和《第31届国际大会日程》等九项决议。

第31届红十字与红新月国际大会（以下简称国际大会）于11月28日至12月1日召开。国际大会是国际红十字与红新月运动的最高审议决策机构。各国红会、国际委员会、国际联合会以及日内瓦公约缔约国均派代表出席，每四年举行一次，约1500名代表出席。本届大会以“共同的世界，你我的行动”为主题，主要内容是围绕加强国际人道法、加强各地人道主义行动、加强救灾法和消除医疗护理障碍四个主题，听取报告、交流讨论和通过相关决议，并选举常设委员会成员。大会要求参会国家红会和政府结合大会议题作出承诺，确定了国际红十字运动的工作重点、方向，并通过了《对武装冲突受害者的法律保护》和《实施国际人道法四年行动计划》等九项决议。

二、中国红十字会代表团参会情况

（一）法定会议及其他多边会议

中国红十字会代表团积极参与法定会议各项议题讨论，特别是在第31届国际大会上，代表团与政府团按照会前方案协调分工，参与了全会及分委会讨论，并大会提交了中国红十字会2012－2015年的承诺。中国红十字会代表团团长赵白鸽应邀在“加强助手作用”分委会以及“气候变化的人道后果”研讨会上作主题发言。在第二分委会的发言中，赵白鸽结合中国红十字会实际阐述了良好法律环境和自身能力建设对于保持和发展红会与政府合作建立互利关系的重要性。在气候变化研讨会上，赵白鸽介绍了中国和中国红十字会在与气候变化相关方面取得的成绩，阐明了中国红十字会未来在应对气候变化问题的思路，强调了政府、非政府组织、社会、公民对气候变化应承担责任。

除法定会议正式议程外，中国红十字会代表团还积极参与了由国际委员会和国际联合会组织的多边会议。国际委员会与英国红十字会牵头发起的品牌顾问组会议通过了下步工作日程和方式，确定在本届代表会议上提出“意向声明”，并争取在2013年运动代表会议上通过关于红十字品牌的决议。由联合会发起的“国家红会发展工作组”会议围绕国家红会能力建设的危机管理和资源动员两个核心问题展开讨论。中国红十字会代表团团长赵白鸽在发言中强调加强对风险案例的分析研究，加强信息和经验交流。促进南南、南北南合作。建议将资源动员能力建设与整个国家发展战略结合起来，充分发挥政府助手作用等并从中获得发展。

（二）双边交流

中国红十字会代表团利用会议中世界各地代表齐聚的机会，积极通过多双边交流分享经验、增强互信、加强合作，并积极宣传中国红十字会。代表团利用会议间隙时间组织了近20场活动，先后拜会了国际委员会主席克伦贝格尔、国际联合会主席近卫忠辉，并与委员会总干事伊夫·达科尔、联合会秘书长比开利·格列塔、委员会亚太行动部长阿兰·埃施利曼、加拿大、英国、瑞典、塔吉克斯坦、韩国、朝鲜等10多个国家红会举行了双边会谈，结合我会面临挑战、改革目标、能力建设、红会定位、组织架构、人力资源和志愿者建设、筹资战略、资金管理、信息公开和国际合作等进行了广泛深入的交流。

（三）组织座谈

中国红十字会分别组织召开了关于中国红十字会公信力建设和与非洲合作的座谈会。在公信力建设座谈会上，来自联合会、英国、加拿大红会及中国红十字会香港、澳门分会的代表积极献计献策，一致认为舆论危机是各国红会都面临的普遍挑战，要把握危机带来的机遇，深入思考，合理改革，切实提升自身能力，要与时俱进地调整宣传战略，做好内部和外部沟通，以积极的宣传重树红会的良好形象，与会代表均愿意在此方面加强与中方合作；在与非洲合作座谈中，来自常设委员会、联合会、非洲新合组织和多个非洲国家红会代表与会。与会人员认为目前中国应关注由灾害与饥荒引发的人道危机，加强基础能力建设是目前非洲红会当务之急，建议中国红十字会出面协调邀请在非中国公司参与非洲红会能力建设，提高灾害应对能力。赵白鸽向与会者介绍了中非红会的合作设想，邀请非洲红会领导人出席2012年发展中国家红会能力建设研讨班，并议定成立工作组，由联合会非洲办事处汇总非洲红会基本需求信息以及在非中国公司名单，积极推动相关合作进展。

三、体会和启示

（一）全球政治、经济和自然环境变化不断引发的人道危机，凸显红十字会特殊的、显著的、不可替代的作用

金融危机、经济社会发展不平衡带来的社会动荡、种种不确定因素引发的灾害数量、规模、发生频率及严重程度呈现日益严峻趋势。这一趋势凸显红十字运动作为全球人道领域的领跑者，其特殊的、显著的、不可替代的作用。红十字组织在大型灾害发生时在运动系统内广泛的国际资源动员、协调能力，成熟的专业国际救援运作体系，充分显示出其独特的作用。而在战争和地区性的武装冲突中，经日内瓦公约缔约国承认和国际人道法赋予的职责，唯有红十字组织有可能为冲突中的受害者提供救援，更体现了红十字不可替代的地位。

（二）各国政府在更大程度上发挥红十字会作用

大会中了解到，越来越多的国家政府、特别是发达国家政府日益重视发挥国家红会的作用。国家红会依据其崇高的品牌声誉、丰富的国际资源、广泛的社区基础、庞大的涵盖各年龄和职业层面的志愿者队伍，成为政府在人道领域和开展民间外交方面的重要助手或者合作伙伴。美国、英国、瑞典、澳大利亚等国家红会都承担了政府官方发展援助资金（ODA）项目，与国际委员会和联合会合作，由政府出资建立了装备精良、技术精湛、实力雄厚的国际救援队，每当大灾发生，立即参与国际调动，实行跨越国界的人道救援，在全世界树立国家良好形象，在提升国家软实力方面发挥明显作用。

（三）更加重视提供非紧急状态的日常服务，把“保护民生、确保健康安全的生活”作为战略目标

“确保健康安全的生活和提倡社会包容和非暴力文化”是联合会2020战略三大目标之一。联合会大会强调红十字会与灾害相关的工作都是在国家红会长期提供服务基础上开展的，红会要在为弱势群体提供长期服务、传播爱与温暖，促进社会和谐方面发挥政府助手作用。主要倡导红十字会开展的工作内容包括：一是加强社区层面的服务；二是加强灾后或暴力事件后的心理抚慰和救援；三是强调急救为红十字会核心工作；四是与联合国道路十年工程合作，将倡导道路安全列入工作日程；五是积极倡导非暴力文化、创造和平生活方式。

（四）努力加强红会能力建设成为运动发展第一要务

大会达成高度共识，即发挥政府助手作用必须建设强大的国家红会。会议再次重申了强大国家红会的定义，即“强大国家红

会是有能力通过其以志愿者为基础的组织网络，根据需要在全国范围内为弱势群体持续提供服务的国家红会”。

加强国家红会能力建设重点关注三个方面：

1. 加强危机应对能力。舆论危机导致形象和公信力受损是各国红会面临的普遍挑战，大会认为一是在国家红会间加强对风险案例的分析研究，提高应对能力；二是在运动范围内建立危机处理机制，建立提前预警和早期干预系统；三是由联合会能力建设基金予以支持，派出专家帮助发生危机的国家红十字会制定恢复计划；四是在国家红十字会遇到危机的时刻给予鼓励和建议，并积极支持其改革。

2. 加强资源动员能力。资源动员能力是国家红十字会能力的核心。资源不仅是资金，还包括人力资源、智力资源和产品资源。资源动员能力建设与全球发展战略特别是国家发展战略结合起来，充分发挥政府助手作用等并从中获得发展；资源动员需要拓展与企业的合作，要制定完善的商业合作伙伴战略、严格的管理机制、可操作的技术指南以及评估和罚责机制。以规避红十字会品牌商业化的风险。

3. 加强志愿者管理能力。志愿者是红十字运动的核心，也是建设强大国家红十字会的核心。大会号召各国政府和红十字会根据联合国志愿者协会和联合会文件，完善志愿者行动法律和政策框架，将志愿者活动纳入本国各层级的应急反应计划中；倡导志愿者行动的社会公益作用，大力宣传志愿者活动，推广志愿服务精神。

加强红十字会能力建设的主要措施包括：成立由30个国家红会领导人组成的联合会秘书长国家红会发展组和成立由委员会牵头的由20国国家红会领导人组成的红十字品牌顾问组，加强沟通协调和战略问题研究。上述两组中国红十字会均获邀为成员。

四、建议及后续工作

根据大会情况和中国国情，就加强中国红十字会在人道领域和民间外交的政府助手作用提出以下几点建议：

（一）抓住机遇设定战略，加大政府支持力度

当今世界，各国对发展的全面、协调、可持续性进一步达成共识，各国政府相应作出承诺并付诸实践，并将开始新一轮规划。这一背景为红十字事业的发展提供了新一轮机遇。应认真研究新一轮的发展议题，以及中国红十字会的定位和作用。以满足中方与广大发展中国家特别是在应对气候变化、民生、救灾减灾及人道主义救助等领域的现实关切。

充分利用红十字会拥有的红十字品牌声誉、丰富的国际资源、广泛的社区基础和庞大的志愿者队伍的独特优势，发挥其在社会建设中的作用。建议国家财政或通过政府购买服务方式给予红十字会固定的资源支持和政策倾斜，吸收红十字会参与国家人道问题的研究决策和执行过程，进一步明确红十字会在国家灾害紧急救援、国家发展项目中的角色和职责，为红十字会工作创造更好的政策环境。

（二）积极开展红十字领域的南南合作

会议中了解到，日本政府2011年5月在塞内加尔达喀尔召开了第三次“TICAD”部长级后续行动会议。日本还呼吁和非洲国家在即将在南非举行的COP17上进行密切合作，为非洲应对气候变化问题提供中长期

规划。韩国政府也在通过韩国红十字会与非洲国家建立合作关系。中国红十字会认为，在当前形势下进一步通过红十字会渠道加强与非洲国家合作具有战略意义。如目前中国政府对非洲的援助大都集中在经济合作与设施建设方面，应加大并特别关注由灾害与饥荒引发的人道危机，建议商务部外援项目中专门设立与人道外交相关项目，通过红十字会渠道实施官方发展援助项目。

（三）利用红十字会的国际资源积极推动中国红十字会参与国际救援，提高国家软实力

中国红十字会将通过国际合作不断提高紧急救援能力并争取参加国际救援工作。会议期间，加拿大红十字会倡议设立一个专门针对提升我会参与国际救援能力的培训项目“白求恩紧急救援培训项目”。红十字国际委员会、红十字会和红新月会国际联合会及一些国际救援方面经验较为丰富的红十字会都表示愿意支持中国加强国际紧急救援中的人力资源建设。应将推动中国红十字会参与国际救援作为加强国家软实力的战略选择。通过相关部委的政策和资源支持，推动中国红十字会加入国际红十字灾害救援网络，加强专业救援队建设，学习国际先进经验，提升灾害救援能力、树立中国负责任大国的良好形象。

（四）支持红十字会通过改革加强组织和能力建设

更好的发挥政府人道领域助手作用需要切实加强红十字会的组织建设和能力建设。从一些国家红十字会组织情况看，很多国家红会总部都是几百人的编制，而中国红十字会总会只有79个编制，各级红十字会专职人员只有一万人左右。目前，红十字会系统也存在机制老化、知识和人员结构不合理等问题，和现有任务和国际社会的期望有很大差距。在管理能力、备灾救灾、弱势群体救助、宣传推广和形象管理、公信力建设、资源动员、资金管理、国际合作等各方面能力都需要国家给予扶助支持，通过体制改革和机制创新加以提高。

（赵白鸽、张　明、马文博）

中国红十字会代表团参加联合会秘书长国家红会发展组会议并顺访委员会报告

2011年3月6—10日，经国务院批准，应红十字会与红新月会国际联合会（以下简称“联合会”）邀请，中国红十字会常务副会长王伟赴日内瓦参加了由联合会秘书长比开利召集的智囊团会议，并在会后顺访了红十字会国际委员会（以下简称“委员会”）。

一、访问基本情况

（一）参加联合会秘书长智囊团会议情况

此次智囊团会议是联合会秘书长比开利召集的小范围务虚会，目的是在当前迅速发展变化的世界局势和人道主义工作环境下，为联合会如何保持其地位和影响献计献策。该会议不是联合会的法定会议，成员由秘书长随机选取，多数由积极参与联合会事务的国家红会的主要负责人参与。比开利称美国、荷兰、法国等大国红会也表态积极，但

因故未能出席。

会前比开利向与会人员散发了讨论问题提纲，并对世界局势对联合会的影响及联合会的工作进行了全面的思考和分析（上述材料一并译出附后）。会议氛围民主开放，与会人员畅所欲言。会议就所涉问题没有形成决议性结论，但就以下方面达成了普遍共识：

1. 加强工作能力并提高工作质量，通过良好的工作表现得到认可。

与会人员一致认为能力建设没有放之四海而皆准的标准，各国红会要分析所处的环境，寻求各自的解决方案。但联合会秘书处应在宏观场面进行规划和协调，并制订评估体系。会议肯定了联合会已经开展的“联合会系统报告体系”、《联合会资源动员战略》和信息分享网络的建设，但建议对全联合会系统的评估和信息分享应以激励而非惩罚手段为主，吸引尽可能广泛的国家红会参与，以全面的整体形象展示联合会系统的合力。全联合会范围内，可以通过国家红会结对互助，取长补短。会议强调能力建设应是全联合会一致的协调努力，各国红会不能仅依靠联合会秘书处或别国红会，必须意识到各自的责任。会议对能力建设的资金来源进行了探讨。

2. 灾难管理是联合会的主业，发展项目依然必要。

会议肯定了联合会主要业务领域，特别是海地地震和巴基斯坦水灾等国际大型灾害救助和重建方面的成就和影响力，认同秘书处应加强在大型国际灾害救助工作中的协调作用，同时缩减中小灾害的实地参与。与会人员对联合会的大型灾害协调机制进行了分析，认为联合会秘书处的领导作用不明确，应着眼“受灾国红会的发展”和“捐款国红会的协调”两手抓，进一步明确各方的权责关系，优化联合会系统的整体合力。

会议认为灾害管理工作是我们的绝对主业，但发展项目作为我业务工作不可分割的部分，仍然应该保持。王伟会长建议联合会应在传统业务之外，考虑通过募捐晚会或慈善企业排名等大型活动的平台树立权威形象，吸引公众关注。这一想法引起与会人员的兴趣，联合会副秘书长马提亚斯表示将结合对其他机构运作模式的调研深入研究。

3. 联合会的定位问题仍需深入研究和努力

王伟应邀对定位问题发表了开篇发言，他介绍了中国红十字会在国内“人道领域得力助手，和谐社会重要力量和民间外交重要渠道”的定位，指出中国红十字会在国内环境下工作力争高效、专业、迅速的思路，得到与会各方一致认同。

会议听取了秘书处工作人员对定位问题的研究结果，研究全面归纳了联合会的形象和存在的问题，并对联合会发展的机遇和挑战进行了分析。会议肯定了研究的意义，认为国家红会对定位问题也应加大研究力度，对联合会在全球和各个国家的定位和影响细化分析。与会人员对联合会的品牌和运动的原则也进行了探讨，认为需要对品牌的内涵、影响力和资源进行深入分析，不宜轻易转换；运动的基本原则具有普世价值，不应放弃，但可以通过更现代的语言以更被接受的方式加以诠释，并通过我们的工作发挥光大。

会议还讨论了与委员会的关系问题，认为委员会与武装冲突相关的业务领域明确，资源稳固，更受各国政府和国际社会的重视。比较激进的德国红会代表甚至认为，委员会对非国际性武装冲突等业务的拓展已经干预到了国家红会和联合会的业务范畴，联合会和各国红会应采取措施防止委员会权力渗透。会议认为联合会作为国家红会的民主联盟必然存在，与委员会的关系并非二选一，应当尊重委员会的实力与成就，通过与之积极沟通协作，发展联合会的力量。

比开利在会议最后就智囊团会议下一步的设想进行了说明。比开利肯定了本次会议的意义，认为智囊团会议虽然不是法定会议，但形式灵活，更有利于秘书处更广泛地听取意见。有关问题将通过各种形式继续和与会代表磋商，至少在 11 月国际大会之前还要召集一次。本次会议所讨论的内容将形成文字材料，向与会代表征求意见后上报联合会主席和副主席，并同时发给部分国家红会，必要的问题可以上报领导委员会，由联合会领导层作出最后决议。

（二）访问委员会情况

2011 年 3 月 9 日，王伟拜会了位于日内瓦的委员会总部。此次访问虽是参加联合会会议后顺访，但得到了委员会的高度重视，副主席克里斯蒂娜?贝利和总干事伊夫?达考德分别会见了王伟，本来外出的主席克伦贝格尔也提前返回与王会长进行了短暂的会晤。

在与贝利副主席的会见中，王伟介绍了中国红十字会正在筹备的汶川特大地震系列活动和南丁格尔颁奖活动，希望委员会能够派员参与。王伟诚挚邀请克伦贝格尔主席再次访华，贝利表示克伦贝格尔主席高度重视与中国关系和此次访问，贝将与克伦贝格尔尽早确定访华方案。关于克伦贝格尔访问中拜会我国家领导人的可能性，王伟建议结合南丁格尔奖颁奖仪式进行，并指出来自中国的南丁格尔奖获奖人越多，中国国家主席胡锦涛出席颁奖典礼的可能性越大。贝利向王伟介绍了 11 月份即将召开的红十字国际大会上将由委员会主导的议题，包括武装冲突中的卫生救护工作、非国际冲突的立法和监禁人员问题和全面禁止使用核武器的提议等，并表示随后向中国红十字会提供详细材料，希望得到中国红十字会支持。

在与达考德总干事的会见中，双方主要就希望拓展合作的几个方面交流了意见，并明确了跟进措施。在应急救援领域，委员会正在推行一套快速部署体系，委员会根据冲突地区的形势确定救援形式与规模，准备资金和相关设备，从各国红会抽调专业人员，短期内即可集结开展任务，团队人员每一至三个月轮换。这项新举措已得到德、挪等七个发达国家红会的支持，达考德表示如果王伟感兴趣他可陪同王会长一起赴挪威进行专项考察。王伟表示中国红十字会将积极考虑参与这一体系，但需要委员会提供这一项目的详细材料，中国红十字会与国内相关方共同就此事的方案和程序磋商一致后才能确定。对中国红十字会救灾仓库使用的问题上，达考德合作意愿明确，表示将于 4 月派遣其总部的后勤部长来华考察仓库情况，并随后确定后续具体措施。达考德对王伟提出的通过大型活动或慈善评估建立全球层次平台，扩大红十字国际影响的想法也非常热衷，并表示可与委员会正在进行的一项品牌项目相结合，该项目组将于 2011 年 6 月召开电视电话会议，达考德邀请王伟参会共同探讨运动的国际品牌定位问题。

中国日内瓦常驻团对此次访问给予了大力支持，常驻团代办、裁军大使王群亲自接待中国红十字会代表团，参赞刘华陪同代表团全程参加了与委员会的会谈。常驻团高度重视中国红十字会将于11月赴日内瓦参加红十字国际大会，并建议中国红十字会尽早将参会人员日程、方案、人员构成及中国红十字会会长华建敏参会的相关要求通报常驻团，以便其协助筹备。对中国红十字会的国际作用、与委员会的合作项目等，常驻团也主动表示将协助中国红十字会在日内瓦进行衔接，并将通过常驻团和新华社驻瑞机构向中央提供参考建议。

二、体会和建议

（一）联合会认识到世界局势和人道形势的变化给联合会带来的巨大挑战，并积极努力地寻求对策。联合会此次召集秘书长智囊团会议，是打破传统思维模式，听取更广泛声音的一种尝试，参会人员集结了传统、新兴大国和发展中国家红会的代表，具有较强的代表性。参会人员都积极支持发展联合会的作用，虽然像德国红会等少数国家的意见略显激进并有批判性，但都对联合会的发展具有积极的参与态度和深入的思考。

（二）联合会会议务虚的成分较大，视野过于关注联合会内部事务。智囊团会议探讨了能力建设、救灾模式、筹资、定位、外部关系等诸多方面，并一致认为自身实力亟待提升，但并未就解决办法提出明确的方案，对于救灾等业务工作缺少实际指导意义。对国际上其他竞争对手或类似的联盟组织的组织形式、工作特点缺乏必要的了解和借鉴。对于与委员会的关系更多是以竞争对手的眼光，对于某些国家对委员会的批判意见联合会虽未明确表态赞同，但会议中没有表达任何有建设性的合作意向。

（三）相比之下，委员会所关注的问题则更具有现实意义。从委员会对利比亚局势的关注，到与中国红十字会在应急管理和备灾仓库的合作等，都非常注重实际效果，并制定了明确的后续措施和清晰的时间表，具有很强的操作性。特别是委员会提出的与中国红十字会在国际冲突地区“快速部署体系”开展的合作如能成功开展，将极大地锻炼中国红十字会队伍的紧急反应和参与国际事务能力，对于增强中国红十字会的国际影响力，提升我国家形象都具有重要意义。

（四）两大组织对与中国红十字会深化合作都抱有很高的期望，中国红十字会也应把握机遇增强对红十字国际事务的参与度。联合会作为会员机构，决策机制更为复杂低效，但其作为多边的平台作用不可替代，中国红十字会应进一步熟悉联合会的运作机制，积极参与联合会倡导的全球事务。对于委员会更强烈而明确的合作意愿，应下大力气推动落实，特别是就参与委员会“快速部署体系”一事马上着手调研可行性和具体操作程序，并争取外交部、商务部等援外主管部门的支持与配合。

（五）中国红十字会国际工作应借助常驻团地处瑞士和直达中央的双重优势。从访问过程中了解，常驻团此前与联合会和委员会的接触不多，但常驻团希望中国在国际人道领域发挥更大作为，对中国红十字会国际作用的态度非常积极。刘华参赞在参加委员会会议过程中主动提出作为政府代表对委员会与中国红十字会合作进行衔接，并得到了委员会方面的赞同。刘华还表示愿与中国红十字会就红十字国际事务进一步沟通，以便常驻团在向中央就国际人道局势进行报告时纳入中国红十字会的想法。中国红十字会应充分发挥常驻团的优势，在国际事务中，特别是2011年11月份国际大会的参会筹备过程，就中国红十字会关注问题保持与常驻团的紧密联系和沟通。

（王 伟、马文博）

中国红十字会代表团访问俄罗斯、芬兰红十字会考察报告

由中国红十字会副会长郭长江为团长的中国红十字会代表团一行六人，应邀于2011年8月3—11日赴俄罗斯、芬兰两国进行工作访问。访问期间，代表团与两国红十字会交流了工作情况，探讨了共同关心的问题，表达了中国红十字会与两会进一步加强合作的意向。此次访问受到两国红十字会的热烈欢迎和热情接待，代表团严格执行出访工作计划和纪律，圆满完成了考察交流任务，取得了预期成果。

一、基本情况

代表团先后访问了俄罗斯国家红十字会、圣彼得堡红十字会和芬兰国家红十字会，国家红十字会和分会负责人及有关部门负责人介绍了红十字会发展现状以及具体工作开展情况，郭长江介绍了中国红十字会工作，并与两国红十字会领导就当前红十字会运动的情况，各国红十字会面临机遇和挑战等双方关心的问题进行了交流，双方对企业合作、政府购买服务、与其他救助组织合作、募捐和信息公开等问题进行了深入的探讨。两国红十字会高度赞赏中国红十字会的发展和近几年来在国际上所做的工作，对于中国红十字会提出双方进一步加强合作的建议给予了积极地响应。代表团还分别参观了两国红十字会的展览馆、项目宣传栏等。

（一）访问俄罗斯红十字会的基本情况

俄罗斯红十字会历史悠久，成立于1867年，于1921年得到红十字国际委员会的认可，于1934年加入红十字会与红新月会国际联合会。俄罗斯红十字会有101个地区级分会和1436个区级分会，以及13355个基层分会。全国共有1499名工作人员，总会有79名专、兼职工作人员。俄罗斯红十字会非常注重对员工、会员和志愿者的培训工作。俄罗斯红十字会的会员代表大会是国家红十字会的最高权力机关，每五年召开一次。两次会议期间，由会员代表大会选出的理事会执行其决议。理事会有39名成员，由国家红十字会会长主持工作。理事会选出由11名成员组成的主席团。自苏联解体后，政府对红十字会的关注和支持力度大大降低，较大程度地影响了红十字会事业的发展。俄罗斯红十字会一直努力加强与政府的沟通合作，争取更多支持。俄罗斯政府每年为俄罗斯红十字会支付联合会会费。联合会、委员会和一些国家红十字会资助俄罗斯红十字会开展有关项目。目前，俄罗斯红十字会主要与美国、挪威、芬兰等国红十字会有国际合作。

俄罗斯红十字会开展的主要工作有灾害管理、卫生服务、急救培训、社会福利、青少年项目和传播交流等，其活动领域广泛，目标人群主要针对儿童、老年人和受灾人群，活动中特别注重疾病预防方面的宣传与发动，如针对艾滋病、结核防治的宣传做的较多，成效明显。在预防艾滋病宣传中，开展大型宣传活动，遍及省级分会，年活动经

费达2.47亿卢布。与挪威的合作项目是开展儿童救助，年度经费为5000万卢布。在灾害管理方面，俄罗斯红十字会是国家应急管理委员会的成员，赋有灾害预防、应急救护和灾后重建的职责，其中既有抢险救援，也有心理救援。2010年，俄罗斯多个地区发生洪涝、火灾等自然灾害，红十字会实施九次救援行动，为灾民提供避难场所并发放食品，俄罗斯红十字会向联合会、国内企业和个人筹集1200万卢布，向5000个家庭提供帮助。2011年，南部两省同时发生沙尘暴和洪水灾害，红十字会帮助灾民重建家园。在煤矿爆炸等人为灾害事件发生后，红十字会及时组织志愿者为失去亲人的家庭提供心理支持。不久前，伏尔加河发生沉船事故，有29名儿童死亡，8名儿童成为孤儿，红十字会积极开展援助，对受害者及受害家庭予以心理救援。日常工作中，红十字会重视急救培训，根据各分会实际和地区需要，有重点地开展救生员培训，在灾害风险较高的10个分会培训救生员3544名，培训工作中不断更新、丰富培训内容与方式，使培训更具实效性，且便于推广。

在与俄罗斯红十字会交流中，郭长江向俄罗斯红十字会递交了中国红十字会提出的两会战略合作协议文本，表达了中国红十字会愿与俄罗斯红十字会开展深入交流和广泛合作的愿望，认为中俄两国有着深厚感情和传统友谊，同为国际红十字运动大家庭的重要成员，应开展更广泛、更紧密的合作，希望与俄罗斯红十字会建立长期战略伙伴合作关系，同时邀请俄罗斯红十字会会长率团在适当时候访问中国红十字会。

在圣彼得堡红十字分会，代表团与红十字会领导人和六名业务部门负责人进行了座谈。据该会副会长介绍，圣彼得堡分会是俄罗斯红十字会分会中力量最强、发展最好的分会，拥有65名专职工作人员。该会依据红十字运动基本原则，传播人道和慈善精神，注重针对儿童、残疾人、老年人、难民和劳务移民开展的众多社会福利与救助项目；大力开展教育培训项目，进行急救培训，传播红十字运动基本知识；成立法律援助中心，为难民、移民提供法律援助；并与国际组织、其他国家合作较多，今年开展了与德国红十字会合作20周年的纪念活动，明年将举行与联合国难民署的合作纪念活动。圣彼得堡分会副会长希望与中国红十字会在紧急救援方面开展合作。

在儿童救助方面，圣彼得堡分会与当地政府、联合国儿基会开展合作，建立了统一救助模式，主要对象为流浪儿、难民儿童和贫困家庭儿童。三年前，与政府及一些非政府组织合作开展儿童培训，成立了三个培训中心，为上述儿童提供避难场所，同时开展技能培训，已有2000名儿童得到培训与救助。在其所救助的女童中有60%感染艾滋病毒，中心为她们提供治疗。

艾滋病和滥用毒品现象在圣彼得堡地区较为常见，开展儿童救助和艾滋病预防工作显得尤为需要。艾滋病救助中心有完善的救助工作流程，有固定的救助团队，注重临终关怀，一些企业捐助提供药物、医疗和生活救助。在青少年中开展同伴教育和心理咨询，以预防艾滋病的传播蔓延。在监狱开展教育宣传活动，圣彼得堡有18000名囚犯，其中5000名感染艾滋病病毒，作为重点人群加以干预。圣彼得堡分会也参与美国资助的与医疗机构合作开展艾滋病预防的科研工作，分析当地艾滋病流行趋势，为加强艾滋病防控提供决策依据。

圣彼得堡分会在欧盟资助下，对已建16年的难民所进行翻修、扩建，以满足不断增长的难民需求。自2009年以来，难民数量大增，来自非洲、中东等地较多，其中，阿富汗难民占60%。圣彼得堡分会已为500名难民提供法律援助，为无合法身份的难民申请难民署救助，向政府申请最低保障，并帮助其融入当地社会。法律援助中心提供法律信息咨询服务，开通热线电话，开展劳工劳务、人权救助和社会救助等活动，已解答3500多人次的电话咨询，在工作中与移民局、使领馆、媒体和社会组织建立了良好合作关系。

圣彼得堡分会积极开展青少年志愿服务活动，组织志愿者到儿童福利院慰问，教音乐，做游戏；在社会上对控制吸烟、结核病防治开展教育和干预，去学校开展艾滋病预防、控烟宣传活动，在世界献血日开展无偿献血宣传活动，推动社会无偿献血。红十字会与企业合作活动较少，企业对红十字会进行捐赠，主要是捐赠食品、物资和设备等，也有公司资助红十字会开展急救培训，红十字会为其公司员工提供急救培训。企业捐赠过去曾享有免税政策，后来政策取消，现在无任何税收优惠。圣彼得堡分会与企业之间无任何与企业业务经营有关的合作，只有捐赠和受捐的关系，圣彼得堡分会除急救培训收费外，没有经营性项目。

圣彼得堡分会认为，苏联解体后，该会面临困难逐渐增多，需要社会救助的人数不断上升，但政府和社会对公益慈善的关注未见增加，红十字会的实力和能力相对下降，不能满足日益增长的社会救助需求。他们希望在当地的华人企业能给予红十字会更大支持。

郭长江介绍了中国红十字会开展的工作、面临的新形势和挑战以及中国红十字会对加强自身能力建设重要性的认识，双方对以上问题进行了深入地探讨。

（二）访问芬兰红十字会的基本情况

芬兰红十字会的前身是“芬兰救助伤病士兵协会”，成立于1877年，那时芬兰还是俄国的大公国。1919年芬兰取得独立并成立共和国后，该协会更名为芬兰红十字会。芬兰红十字会于1920年得到红十字国际委员会的认可，于1921年加入红十字会与红新月会国际联合会。芬兰红十字会法于2000年3月生效，该法授权共和国总统批准芬兰红十字会章程。会员代表大会是芬兰红十字会的最高权力机关，每三年召开一次，选举会长和副会长，并批准工作计划和预算。芬兰红十字会是芬兰最大的民间组织之一，有12个区级分会和550个基层组织，约95000名会员，三万名志愿者，超过20万名献血者，以及约七万名固定捐款人。芬兰红十字会主要收入来自于其提供服务的收费、政府支持和欧盟资助，其他收入来自会费、红十字产品和芬兰博彩机协会等。

芬兰红十字会开展的主要工作有社会服务和卫生服务、社会福利、急救培训和救援、协助难民和多文化融合、青少年项目、输血服务、为服刑人员提供服务、为有需要的青少年提供临时住所和传播交流等。芬兰红十字会非常注重开展国际项目和国际救援，特别是在ERU（即“紧急救援小组”）建设与管理方面成绩斐然，令人钦佩。

芬兰红十字会于2011年6月召开了代表大会，通过了与联合会新发布的《2020战略》相呼应的国家红十字事业发展战略，并确定未来一段时期内的国际援助重点领域和国内志愿者活动项目，集中体现在以下三个方面：一是加强预案管理，积极做好应对国际紧急事件的准备。二是推进社会关怀项目，对老年人施以关爱，继续开展急救培训这一传统项目。各分会以更开放的方式开展活动，感召更多人加入红十字志愿服务活动中来。三是加强宣传与推广，大力宣传红十字运动基本原则和知识，让全社会更加了解红十字的价值。芬兰红十字会的工作目标是致力于发展成为国际性的实力强大的国家红十字会，依靠国民的支持，根据国内外救援需求，充分发挥红十字会作用，在国内外救援、救助心动中力求更大作为。

芬兰红十字会注重发挥国家总会、分会和志愿者之间的互动作用，国家红十字会有30名专职人员，全国约有300名，另有500人从事献血管理，红十字会聘用人员约1000名。芬兰红十字会的国际项目经费主要来自于政府、欧盟和红十字会自筹。国内项目的经费以社会筹资为主，社会捐款中个人捐赠占绝大多数，企业捐赠比例较低。2010年的募捐收入为1200万欧元，其中只有200—300万欧元来自企业。芬兰红十字会对与企业的合作要求非常严格，一般只接受企业捐赠，最好是非定向捐赠，不接受任何附加条件，不允许企业使用红十字会名义和标志，不与企业合作开展任何赢利性活动。

芬兰红十字会的急救培训主要由分会进行，培训实力雄厚，各地设有急救队，与地方应急管理局合作密切。红十字会牵头负责志愿急救服务中心，下辖50个急救组织。芬兰开展急救培训已有50年历史，已培训35000名急救员。

芬兰红十字会有自己的ERU，在供水和卫生救援方面工作出色。芬兰红十字会的ERU规模从小诊所到大规模医院分做四级，可适应不同程度灾害的紧急救援。ERU的类型涉及办公、通讯、交通、物流、信息等各方面，综合实力和服务能力很强，其他欧盟国家红十字会难以与其比肩。芬兰红十字会在国外开展紧急救援时，考虑与发展项目相结合，在已进行发展项目的地方，如发生灾难，立即投入紧急救援；在进行紧急救援的地区，紧急救援任务完成后也会考虑进行可持续发展项目。

芬兰红十字会派出海外的救援人员数量不断增加，由1970年的15人，增至2010年的284人，所有派出人员作为红十字志愿者，自费参加培训，红十字会负责其在海外的食宿。2010年用于国际救援项目经费约为4000万欧元，其中约2/3用于紧急救援，约1/3用于发展项目，这些费用约2/3来自政府和欧盟，约1/3来自红十字会自筹。

芬兰红十字会接受定期和不定期的内外部审计，欧盟、政府和捐款方都对其审批或支持的项目进行审计，芬兰红十字会自身也有审计部门对项目进行跟踪审计，确保经费使用和项目质量。当国内外遇有突发灾难时，芬兰红十字会可向政府提出紧急申请，如最近的非洲饥荒，芬兰红十字会申请了110万欧元用于紧急援助。芬兰红十字会是政府在备灾救灾方面的助手，参与制定灾害预案、应急救援和机制建立，在社区开展食品安全、社区卫生等发展项目。

芬兰红十字会有丰富的志愿者管理经验，开展常规性培训，确保志愿者服务水平和服务质量；加强志愿者的社会网络管理，培养海外服务兴趣，有计划地进行人才储备和人才交流；志愿者去国外工作期间，其所在单位停薪留职，由红十字会支付其薪水，志愿完成任务回国，继续回原单位工作；注重培训记者作为红十字会志愿者，近年来，培训了数百名记者，对宣传红十字会活动发挥了重要作用。

芬兰红十字会十分重视与中国红十字会的合作，1984 年曾与中国红十字会合作建设训练中心，现仍把中国列为优先合作国家。芬兰红十字会曾参与四川汶川地震救援，2011 年 5 月份派员参加了中国红十字会举办的汶川特大地震三周年纪念活动，目前在福建进行发展性项目。芬兰红十字会表示，在双边项目和新开展项目中仍把中国列在首位。郭长江代表中国红十字会感谢芬兰红十字会长期以来对中国红十字会的支持，并表达了与芬兰红十字会在紧急救援等方面继续深化合作的愿望。

二、主要收获

此次出访收获很多，主要有以下三点：

（一）增进了国家红十字会间的了解和交流。俄罗斯和芬兰是两个具有代表性的欧洲国家，通过访问，代表团清楚地看到了俄罗斯红十字会的发展轨迹和体制变动前后的变化，有一些经验教训值得借鉴思考。芬兰红十字会的稳步发展、能力的不断巩固和增强以及其国际救援工作和志愿者管理的成功经验值得中国红十字会认真学习。在全面了解对方的同时，代表团也就中国红十字会总会和省级红十字会业务发展情况作了介绍，并就对方感兴趣的问题进行了重点交流，对双方可能开展合作的领域进行了积极探讨，达到了国家红十字会间增进了解和信任，推进交流与合作的目的。

（二）开阔了眼界和思路。通过这次出访，对两国红十字会事业发展重点和趋势有了更加深入的认识和体会。俄罗斯红十字会历史上实力强大，业绩辉煌，苏联解体后，实力受到较大影响，红十字会面临很多困难和挑战，在政府支持减少、社会资源不足的情况下，红十字会把工作重点放在有国家和国外红十字会提供资金支持的国内灾害救援、贫困人群救助、心理救援及疾病预防宣传等项目，对灾害受难者及其家庭的心理疏导和利用明星效应加强结核、艾滋病预防宣传等方面成效显著。圣彼得堡分会在难民、移民救助特别是提供法律援助上作了大量工作，发挥了不可替代的作用；为流浪儿和贫困儿童开展技能培训，深化和拓展了红十字会人道救助职能。芬兰红十字会把业务工作重点放在国际救援上，对世界各地发生的重大灾害及时实施紧急救援，适时援助进行发展性项目，几十年的努力造就了能征善战的红十字救援队伍，为国际红十字事业做出了巨大贡献，充分体现了红十字组织的国际性，赢得了极高的国际声誉。以上这些国家或省级红十字会的工作重点及各具特色的工作令人印象深刻，工作项目精品化、操作管理精细化和有规模、成效大是其突出特色。

（三）商讨了合作事宜，为建立长期战略合作关系奠定了基础。访问期间，与俄罗斯、芬兰红十字会就深化合作进行了探讨，中俄两国红十字会就建立长期战略合作关系达成初步意向，俄方表示要认真研究我方提出的合作协议，尽快答复并择机签署。中芬两国红十字会也都希望在 ERU 建设、人员培训和发展性项目方面进一步加强合作。

三、几点启示

代表团认为，两国红十字会工作和事业

发展对我国红十字会有以下几点启示：

（一）红十字会事业的良性发展离不开政府的强力支持和公众的积极参与。俄罗斯红十字会在政体变化后，政府支持力度有所削弱，业务工作特别是国际性作用受到一定影响，与其历史辉煌时期相比，事业发展缓慢，基本依靠外援。芬兰红十字会与政府有着良好的合作关系，政府在国内和国际救助中，把红十字会作为人道救助的主要力量，购买红十字会的服务，红十字会工作稳定、事业可持续发展，综合实力不断增强，除在国内开展难民救助等重点工作外，在国际救援上发挥的作用也越来越大，国民参加志愿服务的积极性高，建成了一支高素质、专业化的红十字志愿者队伍，其ERU的建设和发展所取得的成绩离不开政府支持和公众参与。

（二）重点突出，严格管理，着力发展红十字服务的精品品牌。红十字会应严格依照红十字会性质、职责和职能，结合国际、国内社会需求，在人道领域开展长期、稳定、可持续且具有影响力的活动或项目，活动不求全，但注意服务的质量和延续性，也应注重国际援助与合作，发挥国际性组织的作用。我国红十字会作为联合会的重要成员，应进一步加强国际交流与合作，更多地开展国际援助项目，充分发挥国际救援、救助作用，做出中国对国际人道事业发展的应有贡献。在国内外项目的实施和管理中，要突出重点，提高执行力，加大管理、审计和监督力度，推行精品化立项、精细化管理，通过连续多年的努力，把重点业务项目建设成为具有国际和国内具有较高声誉的品牌。

（三）谨慎开展与企业间的合作，杜绝任何有不当附加条件的企业捐赠，维护红十字形象和声誉。两国红十字会与企业合作很少，募捐以个人捐赠为主，只接受企业的无条件捐赠，日常捐赠多为非定向捐赠，不允许企业使用红十字会名称和红十字标识。中国应建立更严格的企业捐赠或合作管理制度，谨慎对待和严格审查企业与红十字会有关的行为，以免商家为达到追求商业目的而影响红十字会的形象和公信力。

（四）加强红十字志愿者培训与管理，建设稳定的、高素质和专业化的志愿服务队伍。红十字会“三救三献”具体服务活动都需要组织志愿者进行，只有对志愿者开展常规性培训，更新知识、培养兴趣、增强志愿服务热情和服务技能，才能提高红十字会的凝聚力和战斗力，才能提高红十字志愿者队伍的服务效能和社会影响力。芬兰红十字会为派出海外的志愿者支付志愿服务期间的有关费用，确保服务期间的必要生活条件和待遇，同时，协调好志愿者所在公司的安排，在完成任务回国后让志愿者仍回原公司继续工作，为志愿者解除后顾之忧的做法值得学习和借鉴。

（郭长江、龚怡怡、曹怀杰、杨轶丹）

中国红十字会代表团访问马尔代夫红新月会、柬埔寨红十字会考察报告

2011年6月15—24日，中国红十字会副会长郝林娜率中国红十字会代表团（以下简称“代表团”）一行六人分别访问了马尔代夫红新月会和柬埔寨红十字会。本次出

访的目的是应马尔代夫红新月会的要求，向其提供20万瑞郎的能力建设支持，以及根据柬埔寨红十字会提出的需求，向其提供非紧急物资援助并签署双边合作协议。代表团访柬、马期间，对两国红十字会的组织结构、运作方式、筹资和组织建设等方面的具体情况进行了详细了解，考察了其红十字组织的地方分会建设情况，并就进一步加强双边交流合作、促进高层友好交往等问题进行了讨论。

一、出访活动基本情况

（一）在马尔代夫活动的基本情况

代表团访问马尔代夫期间，与马尔代夫红新月会签署了支持马红新月会组织能力建设的备忘录，在签署仪式后，马尔代夫红新月会会长 Ibrahim Shafeeg 先生和郝林娜举行了记者招待会，郝林娜就中国支持马尔代夫红新月会的做法及今后的合作意向回答了记者的提问。

代表团还与马尔代夫红新月会同仁进行了工作会谈，详细了解了作为成立时间不到两年的马代红新月会，在组织建设、备灾救灾、志愿者等方面工作的开展情况，并介绍了中国红十字会现阶段的工作情况和未来发展目标，特别是中国红十字会正在开展的非紧急援助项目以及针对发展中国开展的援外培训项目等。

在马期间，代表团冒着酷暑，专程访问了 Thinadhoo 岛设立的分会，该岛只有 8000 人口，靠接雨水作为饮用水，没有垃圾处理设施，卫生状况和生活条件很困难。该岛较早建立地方分会且当地政府很重视红新月会工作。在该岛听取了当地分会的工作开展情况，与当地政府官员进行了座谈并考察了岛上的供电站、走访了当地居民家庭、参观了该岛唯一的一家医院。最后，代表团还参加了该分会培训中心的奠基仪式。整个活动期间无论是当地的政府官员还是红新月会的同仁志都对代表团表示热情的欢迎对为他们提供的帮助表达出发自内心的感谢，他们淳朴真挚的感情感动了代表团每一位成员。

总体来说，马尔代夫红新月会对此次访问给予了高度重视，在马考察期间，马尔代夫红新月会会长和秘书长全程陪同，参观访问内容丰富，交流充分、热情周到。

（二）在柬埔寨活动的基本情况

此次访柬活动得到了柬埔寨红十字会及中国驻柬埔寨使馆高度重视，代表团一下飞机，即受到了热烈欢迎，柬埔寨红十字会第二副会长 Chung Sopheap 女士及中国驻柬埔寨使馆代办贺乐平专程到机场迎接，柬埔寨各大媒体前往报道。

访柬埔寨期间，柬埔寨红十字会会长、首相夫人文拉妮·洪森两次会见代表团并设立了对媒体公开的招待晚宴。她在致辞中转达了洪森首相对代表团的问候，回顾了中柬两国关系发展和两国人民友好交往的历史，特别感谢中国政府多年来给予西哈努克太皇的生活和医疗帮助以及对柬埔寨在社会经济发展中给予的援助。她还高度评价了柬、中两国红十字会多年来的友好交往和中国红十字会会长彭佩云访问柬埔寨建立的双边友好交流的友谊以及中国红十字会在柬埔寨发生自然灾害和重大安全事故中给予的人道救助表示衷心感谢；郝林娜在晚宴上也强调了中柬两国由老一辈领导人开创的友好关系源远流长，赞赏柬埔寨政府在维护亚太地区和平做出的积极贡献，并对两国红十字会开展民间交流、加深两国人民友谊所做的贡献给予了积极评价；郝林娜同时向洪森夫人转达了华建敏、彭佩云、王伟对她的问候。

在与柬埔寨红十字会会长洪森夫人的正式会谈后，双方续签了中柬两国第二次双边合作协议。柬埔寨各大媒体、《中国日报》等纷纷作了报道。

在柬埔寨访问期间，除了听取柬埔寨红十字会总会各部门的整体情况介绍，确认非紧急援助项目的进展外，柬埔寨红十字会还专程安排代表团考察了暹粒省分会，实地入户了解柬埔寨当地老百姓的生活状况，考察了地方分会结合当地情况开展的改水改厕等人道救助的项目。通过对柬埔寨基层的考察，代表团深刻地感受到柬埔寨目前农村百姓的生活水平较低、经济发展落后，卫生条件远未达到基本的保证。

代表团访问柬埔寨期间，得到了中国驻柬埔寨使馆大力支持，使馆为代表团的顺利访问提供了重要的帮助。贺乐平代办出席了与洪森夫人的两次重要会见，并派出了柬语翻译协助代表团工作。期间，贺乐平还在使馆接待代表团一行，翔实介绍了柬埔寨国情及柬埔寨红十字会的基本情况，指出柬埔寨是中国长期以来的友好盟国，在东盟十国中，柬埔寨对中国积极支持并发挥重要作用。目前柬埔寨经济发展面临很多困难，对中国红十字会本次为他们支持的非紧急援助项目给予了充分肯定，并希望中国红十字会今后继续加强与柬埔寨红十字会的交流尽可能多给予他们帮助。

二、马尔代夫红新月会、柬埔寨红十字会主要经验及做法

此次访问增进了中国红十字会与马、柬两国红会间的相互了解。两国红会，特别是柬埔寨红十字会开展工作的做法，值得我们深入思考和借鉴。

（一）柬埔寨红十字会在其国家享有很高的声誉，民众的支持率很高。柬埔寨红十字会是国家自然灾害救援工作的重要力量，他们取得的成绩与政府的极大支持密不可分。柬埔寨红十字会大会是柬埔寨红十字会的最高权利机构，中央委员会是大会常设机构，其成员包括王室、议会、政府部门的人员。柬埔寨首相夫人文拉妮·洪森 2010 年获选连任柬埔寨红十字会会长，两位副会长均为参议员夫人，下设秘书长由会长任命。副会长不参与红十字会日常管理，主要负责一年一度“五八筹资日”的筹资工作。秘书长负责红十字会的日常管理，每周向会长报告一次。柬埔寨红十字会在 24 个省市设有分会，省长任名誉会长，副省长任分会会长，各省常务副会长每周或通过电子邮件或电话向会长报告，必要时当面报告。各级红十字会和政府的关系非常密切。

一年一度的“五八”筹款日是柬埔寨红十字会会长一年中的重要工作，在每年年底会长就会成立第二年“五八”活动的组委会，专责筹款筹备工作。筹款日当天，国王或皇太后、首相均会出席并提供捐助，各界政要均出席支持，柬埔寨内具有实力的企业都会慷慨捐助善款。“五八”日活动捐款成为柬埔寨红十字会募集资金的重要来源，近几年，“五八”日捐款总额占柬埔寨红十字会全年国内募集资金总额的 50% 以上，2011 年，在“五八”活动中，柬埔寨红十字会共募集了 700 万美元，开创新高。特别值得一提的是，在柬埔寨华人企业的捐赠占了其募集资金的重要组成部分，在代表团与洪森夫人正式会谈并签署合作协议当天，中国华威集团驻柬公司也在柬埔寨红十字会总部举行捐赠 30 万美元的捐赠仪式。

所有募集的资金中，柬埔寨红十字会提取20%的管理费，用于支付日常人员、办公经费开支，其工资类比高于政府同级部门，加上该组织在国内有很高声誉，吸引了大量高素质人才加入红十字会。据柬埔寨红十字会秘书长介绍，进入红十字会工作竞争很激烈，需要通过层层选拔，人才的保障是柬埔寨红十字会可持续发展的又一重要条件。除了面向公众的筹资，柬埔寨红十字会也积极开发筹资渠道，例如出租其充足的办公空间、开展商业化的急救培训等。2010年柬埔寨踩踏事件后，全面普及急救培训的重要性更加凸显，柬埔寨红十字会会长决定开始面向政府提供急救培训。

宣传工作也是柬埔寨红十字会一大特色。目前柬埔寨一共有七家电视台每天固定专栏播出柬埔寨红十字会新闻（其中一个是有线电视），根据内容多少播出时长由几分钟到半个小时不等。播出内容深入到日常工作范畴中，柬埔寨红十字会秘书长介绍，诸如总部召开会议，总部下到地方分会检查工作或开展救灾活动、甚至人员招聘等内容都会被媒体详细全程报道。

（二）马尔代夫红新月会成立于2009年，是个还没有满两周年的年轻组织，但是他们克服重重困难，在人手少、资金严重不足、当地社会对国际红十字运动了解甚少的困境中，一步一步脚踏实地的开展工作，进入社区，进入学校，发展志愿者，逐渐成为当地政府的有效支持力量。代表团成员对他们在艰苦的工作条件下展示出的“人道、博爱、奉献”精神表示由衷的敬佩。

通过对两国红会的访问，代表团对两国红会系统的状况、运行模式、组织状况、会员管理和筹资等方面的情况有了进一步的了解。对于加强中国红十字会与两国红会的友好交往，不断扩大中国红十字会在两国的影响，巩固和加强与两国人民间的传统友谊，起到了积极的作用。

三、体会和建议

（一）国力增强是开展民间外交的重要基础和条件

此次出访的一个重要任务是与两国红会签署支持其能力建设的合作协议，向马尔代夫红新月会提供20万瑞郎的能力建设支持，落实由商务部支持中国红十字会执行的向柬埔寨红十字会提供120万元人民币的非紧急援助项目。两笔资金分别来源于印度洋海啸资金及商务部的援外项目。尽管援助项目资金额度并不很大，但对提高马、柬两国红会的能力建设、开展人道救助起到了积极作用。这种务实援助项目产生了很好的影响，获得两国红会由衷地欢迎。马尔代夫红新月会会长感慨地说：“印度洋海啸灾后重建基本完成后，来自欧美所有援助国的红会撤出后再也没有返回，只有中国还记得我们，还记得当初给我们的承诺！作为拥有13亿人口的大国，对我们马尔代夫这样的小国给予的支持充分体现了中国外交国家不分大小一律平等的对外政策。我从内心深处感谢中国。”柬埔寨红十字会会长洪森夫人也反复强调中国对柬埔寨长期的支持，并表达了其内心的由衷感激之情。中国驻外使馆也对这样的援助给予了高度评价。驻柬使馆代办贺乐平说，中国红十字会的这一援助项目对当地红会的帮助很大，有利于中国政府和中国红十字会在受援国民众间产生积极的影响。

代表团此行深切体会了“国富民强”的深刻含义，能够开展这样的项目，完全得益于国力的增强。也使代表团深刻感受到了作为中国人的骄傲与自豪。更体会到作为负责任大国所承担的国际义务和使命。

（二）中国红十字会民间外交的作用不可小觑，“雪中送炭”效果好。

古人语：国之交在于民相亲。这次出访代表团亲眼见证了当地民众对中国红十字会提供援助的感激和渴望。所到之处，国内主要媒体都进行了深入广泛报道。中国红十字会提供的有限援助，在他们看来，是来自中国老百姓对他们的关爱，是中国政府有责任、有担当大国胸怀的展示。金额不多的支持对这些发展速度相对较慢、生活水平仍然较低的国家，无疑是“雪中送炭”。因此，这样的活动产生的正面效应很大。今后建议进一步加强与外交部、商务部的联系，争取更多的支持，通过红十字会这一特殊组织来进一步拓展和丰富民间交往。

（三）积极探索新的援助模式，丰富援外内容。

通过考察了解，马尔代夫、柬埔寨两个国家当前主要需求有所不同，例如马尔代夫对垃圾处理、发电供电等需求很大，柬埔寨主要是改水改厕问题，这些项目所需资金不很大，且真正能够让老百姓受惠。当代表团无法回答两国地方红会提出进一步帮助的需求，看着他们渴望的眼神大家心里很沉重。建议中国红十字会主动与国资委、大型国有驻外企业沟通合作，有计划的开展一些切实可以帮助当地民众的项目，通过当地红会实施，这样既使饱受灾害之苦的老百姓受益，也可以宣传企业品牌，同时提升中国红十字会的公信力，更重要的是配合了国家的整体外交政策，展示了负责任大国的形象。

开展对外援助项目，可以鼓励有条件的地方分会积极配合总会参与援外项目工作。此次出访，第一次将香港特别行政区红十字会人员纳入团组，今后可以继续深入与港、澳特别行政区红十字会合作，联合实施援外项目，扩大效果。

（四）巩固和深化与马尔代夫红新月会、柬埔寨红十字会的交流与合作机制，为进一步加强双边的务实合作奠定了基础。

此次出访，两国红会均安排了考察地方分会的项目。在马尔代夫和柬埔寨，代表团进入社区、进入村庄，和当地居民直接交流，近距离了解他们的生活状况，了解红会引进的改水改厕等项目实施情况。通过这些务实的考察了解，更清晰了今后开展合作项目的领域，也逐渐明确了合作的方法。另外，本次我们了解到柬埔寨红十字会在宣传工作方面做得很好，他们有七个电视频道专设栏目为红会开展每一项具体活动进行广泛的宣传，由于宣传工作深入人心，加之洪森夫人在柬的影响力，柬埔寨红十字会在国内美誉度很高。这一经验很值得我们学习借鉴。应该协调主管宣传部门为我们红会开辟专门频道节目加大对我工作的宣传，树立良好的形象。

通过此次访问，代表团成员深切感受到，随着中国国力的增强，中国红十字会的国际地位和影响力也在不断提高，广大发展中国家红会对中国红十字会的帮助寄予了很高期望。尽管我们的发展还面临着各种各样的困难，尽管在国内仍有大量的弱势群体需要我们提供帮助，但作为一个负责任的大国的红十字会，中国红十字会应当尽我所能帮助发展中国家红会，围绕国家外交战略，争取政府支持，创新工作方式，丰富合作内容，积极开展民间外交活动，为中国的经济社会发展创造良好的国际环境。

（郝林娜、胡郭秀萍、曾凡国、
罗志雄、苏 焱、张 菡）

中国红十字会代表团访问法国、南非红十字会考察报告

应法国和南非红十字会的邀请，以中国红十字会副会长王海京为团长的中国红十字会代表团一行六人，于2011年4月18—27日对法国和南非红十字会进行了正式访问。代表团重点考察了应急救护、灾害管理、器官捐献以及援非情况，就进一步加强交流，密切友好往来，以及建立长期合作与互助关系等问题与两国红十字会代表进行了深入讨论，取得了积极成果。

一、访问基本情况

（一）访问法国的基本情况

此次访问是近10年来中国红十字会对法国红十字会的首次高层访问。代表团与法国红十字会秘书长Director General及应急救护部门的相关负责人举行了会谈，就应急反应、卫生救护等专题进行了交流。双方均认为，两国红十字会之间的合作空间很大，应该保持常态化的合作与交流，尤其是在救护工作领域，双方决定尽快起草并签署有关救护工作的专项合作协议。

代表团还访问了法国卫生部，从宏观上对法国的应急工作体系及红十字会与政府在应急工作的关系有了整体的了解。

访问期间，代表团还考察了法国生物医学所（Biomedical Agency），详细了解了法国器官捐献工作的情况并对中国红十字会器官捐献试点工作情况做了介绍。

另外，代表团还邀请法国红十字会在方便时访问中国红十字会。

（二）访问南非的基本情况

为落实中国红十字会非紧急援助项目，代表团在结束法国访问之后，对南非红十字会进行了考察访问。代表团与南非红十字会代理秘书长、宣传与市场部经理及红十字青少年工作负责人举行了会谈。

南非红十字会近期因捐款人缩减项目预算等原因出现资金运转困难等问题，对中国红十字会提供的非紧急援助项目非常期待，代表团听取了南非红十字会的工作介绍，并向其详细说明了项目内容、申请程序等事项。

访问结束时，南非红十字会向代表团递交了非紧急援助项目物资申请清单，其中包括电脑、服务器、打印机等基本办公设备。

另外，代表团还介绍了中国红十字会为发展中国家红十字会/红新月举办能力建设培训班的基本情况，并欢迎南非红十字会代表参加培训，还邀请南非红十字会在方便时访问中国红十字会。

二、法国、南非红十字会基本情况

（一）法国红十字会基本情况

法国红十字会成立于1864年，1907年得到红十字国际委员会承认，并于1919年5月加入国际联合会。法国红十字会最初包括三个组织：救助士兵伤员会，法国女士协会和法国妇女联盟，该三个组织于1940年合并。

法国红十字会的法定机构有全体大会、理事会、会长组成。全体大会每年举行一次，其现任会长为Jean Francois Mattei先

生，是国际联合会领导委员会成员、艾滋病高层工作组成员、人道外交工作组成员。

按照法国行政区域划分，法国红十字会有22个大区分会，96个省级分会。全国红十字会工作人员约1.7万人，总会工作人员400人，志愿者52000名。其主要工作领域有五个方面：应急救援、卫生救护、培训、社会服务及国际工作。自2005年，法国红十字会在40个国家开展了250多个项目。

卫生救护培训是法国红十字会工作的一大亮点，已有80多年历史。法国国内有13个合法的急救服务组织，其中法国红十字会最大。这13个组织都与政府签有协议，其装备、人员条件必须符合相关规定，政府每三年将对其进行资格审核。红十字会借助自身制度完善、组织网络健全等优势主要参与救援行动（急救员服务、救护车等）、灾民关怀、灾后志愿者的管理等工作。

会费：会员需缴纳16欧元会费，未成年人会员缴纳四欧元。会费被视作为红十字会的捐款，因此可享受免税政策（捐款额的75%），即缴纳16欧元会费，可以免税12欧元。

社会服务项目：2010年，法国红十字会招募到200多名16－25岁的年轻人，专门参与为社区服务工作，预计2011年人数将翻倍。这些人中60%为女性，40%为男性。他们从事的工作33%为社会服务，包括老人院、看护中心等；27%为急救和参加紧急行动，包括急救和防灾知识普及，救援等；24%为传播工作，包括国际人道法，志愿服务，运动知识传播等；16%为卫生项目，向老、弱、病、残人员提供服务。

（二）南非红十字会基本情况

南非红十字会正式成立于1921年，1928年得到国际委员会的承认，1929年加入国际联合会。南非红十字会拥有九个省级分会、35个地方分会和100多个社区红十字组织，全国红十字会工作人员为675名。目前，总会人员为32名。南非红十字会的理事会由八位成员组成，任期三年，由全国会员代表大会选举产生，理事会成员中保留一名青年代表。南非红十字会总会下设五个部门：财务行政部、宣传市场部、人事部、项目部、培训部。其工作领域主要是灾害管理、卫生及艾滋病项目、人道法传播、重建家庭联系、红十字青少年，艾滋病项目占总业务量的80%。

工作经费：其工作经费主要来自项目经费，政府的支持特别少，目前，在南非开展项目的捐赠方有芬兰红十字会、英国红十字会、比利时红十字会、荷兰使馆、红十字国际委员会、国际联合会、欧盟等。其中，荷兰使馆以往每年投入1500万兰特（相当于1500万元人民币）支持其艾滋病项目，2011年，荷兰使馆大幅度缩减项目预算，导致南非红十字会资金运转困难，中层管理者的工资和一些基本的办公用品（电脑、服务器等）保障缺口较大。

卫生救护：红十字会的急救培训每人收取50兰特（约50元人民币），2010年收入约为100万兰特。

人道法传播：南非成立了人道法国家委员会，成员包括外交部、国防部、文化部、卫生部、公安部、红十字国际委员会和南非红十字会。外交部为牵头单位。

人道外交：南非红十字会希望利用人道法国家委员会、非盟的平台开展人道外交、推动各项工作的开展，如清理标志滥用问题、解决救助物资入关免税、便利问题，希望向政府争取更多的资金和政策支持。

三、重点工作经验

（一）法国红十字会应急救护工作

法国红十字会设有应急救护部，主要负责应急工作包括自然灾害应急和救护培训。法国有国内民政保护法（公民保护法），规定每个公民有义务学习急救知识，自救救人，规定司机、教师、学生及高危行业（每20人中有一名急救员）必须接受急救培训。全国有13个组织是法律规定可以开展急救培训，红十字会是其中最大的一个，13个组织和政府签订协议，规定必须配备什么样的条件和技术装备，政府每三年评估审核是否合格，第一个协议规定组织是否有资格可以在现场开展急救服务，第二个协议规定是否有资格开展救护培训，培训对象一是普通大众，二是急救员，三是救护师资。法国红会设有紧急救援中心，24小时值班，设有应急专线，当有车祸发生时，目击者可以拨打15、17、18、112其中任何一个欧洲急救统一专用号码，然后红会急救员到现场评估急救，最后医生救护车到现场。目前法国红十字会有20823名急救员，4500名师资，2010年提供了76420次急救服务，其中包括为大型活动提供急救服务，急救培训的主要内容包括1. 急救技术；2. 师资培训；3. 管理技术；根据培训对象不同从半小时到10小时不等，费用为平均每人10欧元。2010年培训75万人，对于学生和管理人员，每年还要复训。急救员培训包括一级和二级以及队长培训，每12名急救员有一名队长。师资培训分为四个层次。除急救知识外最近又加入防灾避险知识。法国红十字会有900辆救护车参与急救。红会的急救服务只在晚上和周末提供，平时由医院提供。

另外，每年9月份第二个周六的“世界急救日”就是由法国红十字会于2000年倡议发起的，各国红十字会/红新月会都将举行系列活动庆祝“世界急救日”。2003年，法国红十字会接替比利时红十字会负责“欧洲急救教育咨询中心”事务，该中心于1996年建立，旨在提供急救领域的信息和实践经验，帮助国家红会发展培训、协助国家红十字会间的交流，跟踪与急救相关领域的动态。

（二）法国器官捐献

法国的器官捐献工作由卫生部的下属机构生物医学署负责，1952年开展第一例器官移植工作—肾移植，1969年成立器官移植组织，开始从活体获取器官，1976年法律规定可以从遗体获取器官，1994年出台生物伦理法律并成立器官移植管理机构，法律规定：1. 尊重遗体；2. 所有遗体属于国家；3. 默认同意（除非明确提出不同意捐献遗体）；4. 没有资金补偿；5. 捐赠者和受者都是匿名；6. 风险和受益评估；7. 生命安全和后续监督。2004年对这部法律进行了修订。

法国总人口6313.6万，2010年等待移植病人9703人（其中肾7616人），移植4708人（其中脑死亡1476人、心死亡62人、活体300人），从捐献器官数量看，脑死亡捐献数量大于物活体捐献，活体捐献数量大于心死亡，活体捐献主要在亲人之间，数量很少，92%依靠死亡人士的捐赠。法国对脑死亡有法律规定1. 脑电图；2. 脑血流图；3. 诊断脑死亡定义；4. 必须是有资格的医生诊断；5. 为避嫌诊断脑死亡的医生不能与器官移植有关；6. 尊重尸体，尸体要恢复。

器官移植分为三个步骤：1. 获取；2. 分配；3. 移植。分三个层面进行国家、地区、地方。在国家层面：要制定1. 等待接受移植人员名单；2. 拒绝同意捐献遗体的人员名单；3. 同意接受捐献遗体人员名单（从人道主义角度出发，也进行登记）；4. 器官分配原则；5. 器官移植成功经验等指导性文件；6. 器官调配、质量安全原则；7. 协调员培训等。在地区层面，划分为四大区，七个团队获取器官，24 小时值守。在医院层面：移植医院有卫生部门认定授权，每个医院有协调员，可以是医生或护士。医院分为1. 移植医院；2. 器官摘取医院；3. 移植和摘取医院三类。

器官分配是中心的主要工作，为保证分配公平要制定分配原则和规定，网站公布透明，与专家讨论拟定。中心职责主要有1. 编写器官移植指南；2. 与卫生部医院签署协议；3. 与报销有关的医疗事故处理；4. 器官移植相关法律实施和执行；5. 向公众提供信息；6. 成立伦理委员会，人员来自中心以外。器官分配主要原则有1. 优先考虑儿童；2. 紧急处置的危重病人；3. 特殊难配型的；4. 特殊血型的等等。专家设计电脑管理系统，由电脑系统来选择。捐献年龄没有绝对限制，只要适合移植都可以，平均年龄在53—55 岁。11 个欧盟国家都有负责器官移植专门机构，中心属于卫生部直属，费用 1/3 政府拨款，2/3 保险公司支付。

四、意见和建议

（一）密切与政府的关系，争取政府的重视和支持是做好红十字会工作的重要保证。

法国政府和南非政府都用购买服务的方式给予红十字会支持，红十字会利用自身优势开展急救服务以及健康教育又帮助政府，只有密切与政府的关系，努力争取政府的支持，红十字会的工作才能大有作为。

（二）加大力度宣传自救互救、防灾避险知识

自然灾后频发的现状使得社会各界对于自救互救、防灾避险知识的需求日益加大，充分利用红十字会的自身优势加大宣传普及力度，对于扩大红十字会的影响和声誉具有无比积极的意义，哪个国家都一样。

（三）努力做好器官捐献工作

器官捐献工作的重要性日益凸显，如何开展好这项工作是红十字会面临的重要任务，加强与政府的联系，加强对社会的宣传，加强对民众的教育，每一个环节都有艰苦细致的工作要做。

（四）加大援助非洲力度

非洲国家红十字会受制于经济落后的现状，对于中国红十字会的支持寄予莫大的期望，积极争取政府的支持，扩大援助非洲的规模对于增强中国红十字会在非洲的影响具有积极的意义。南非是非洲大国，也是金砖国家，应把援助南非作为重点，以扩大影响。

（王海京、高崇华、李立东、
刘琳娜、刘　静、龙　奕）

中国红十字会代表团访问塞内加尔、加纳红十字会考察报告

在商务部、外交部的大力支持下，2011

年9月21—28日，中国红十字会秘书长王汝鹏率中国红十字会代表团出访了西部非洲的塞内加尔和加纳两国的红十字会，与两国红十字会签署了相关协议并开展了友好交流活动，取得了良好效果。

一、塞内加尔和加纳红十字会概况

本次出访的两国：塞内加尔和加纳同位于非洲西部。其中，塞内加尔国土面积196722平方公里，人口1100万，全国分为14个行政区、30个省、90个县，首都达喀尔；加纳国土面积238540平方公里，人口2100万，全国共设10个省，省下设138个县，首都阿克拉。塞、加两国均为农业国，塞内加尔主要产业为花生种植及出口，其他产业有渔业、采矿、制造业和旅游业等；加纳在西部非洲经济较为发达，黄金、可可和木材三大传统出口产品是加经济支柱。

塞内加尔红十字会成立于1963年，并于同年成为运动成员。塞内加尔红十字会目前共有116名工作人员，其中总会20名，还有大约71000名会员和志愿者，约10000名红十字青少年。总会目前设有办公室（财务部）、卫生部、青少年培训和急救部、宣传和市场部、组织人事部等部门。国家红十字会在行政区、省、县三级设立分会，总会不负责对各级分会人、财、物的管理。塞国家红十字会会长由理事会选举产生，任期三年，分会负责人也由选举产生，秘书长和会长助理是政府拨付工资的专职人员，其他人员均为兼职。塞内加尔红十字会与政府合作关系良好，总统、总理办公室主任是红十字会的联系人，塞红十字会每年经费的8%－10%来自政府部门拨款，1%来自国民议会，财务接受内外部审计和政府审计。塞红十字会开展的主要活动包括救灾、备灾、基础卫生和社区项目。目前，西班牙、法国和科威特三国红十字会是塞红十字会的最大合作者和资助者，同时，塞红十字会与摩纳哥、卢森堡及联合国粮农组织等也保持着一定的合作关系。

加纳红十字会的前身是1929年成立的妇幼福利关怀联盟。该联盟由母亲、教师、护士和家庭主妇组成，主要工作是照顾家庭和婴幼儿。1932年，该联盟成为英国红十字会的黄金海岸分会。1957年加纳独立后，加纳议会批准了加纳红十字会法。1959年2月，红十字国际委员会承认了加纳红十字会的地位；1959年11月，加纳红十字会加入了红十字会与红新月会联盟。加纳红十字会是非营利的志愿组织，致力于减轻人们的疾苦，在社区开展救灾备灾活动。加纳红十字会总部位于阿克拉，由秘书长主持日常工作，设有六个部门：灾害管理部、卫生部、资源部、财务和行政部、宣传部和组织部。加纳红十字会在全国10个区和138个县都设有分会，有超过60000名志愿者。会员代表大会是加纳红十字会的最高决策机构，每两年召开一次。中央理事会由会长、副会长、名誉司库、名誉法律顾问、卫生顾问、公共关系顾问、10个区红十字会会长，以及不超过五名由会员代表大会选出的代表和一名青少年代表组成。加纳红十字会开展的主要工作有：基础卫生关怀，包括在社区、工厂和企业组织急救培训和职业病预防活动等；社会福利，包括为社区内孕妇、营养不良儿童等有需求人群提供关怀救助等；救灾备灾，包括为灾民分发救灾物资等；社区服务，包括在乡村推广水和卫生项目等；青少年活动，包括在学校推广急救培训等。

二、出访主要行程

代表团于当地时间 9 月 21 日下午到达塞内加尔首都达喀尔，未作休整即从机场直接前往塞内加尔国家红十字会，参观考察了塞红十字会办公楼、塞红十字会投资兴建的幼儿园、学校等设施，并与塞内加尔红十字会会长迪亚罗举行了会谈。会谈结束后，汝鹏、迪亚罗分别代表中国红十字会、塞内加尔红十字会签署了双边友好合作备忘录。

22 日上午，在迪亚罗的陪同下，代表团前往距达喀尔 140 多公里外的多拜尔（DIOURBEL）行政区，考察了塞内加尔红十字会在该地区的分会，与该地区分会负责人及各相关部门负责人举行了会谈，并参观了该地区分会在农村设立的中心卫生站。当天下午，在塞内加尔红十字会安排下，代表团前往巴迪克（BADIK）地区，考察了该地区红十字会及下属的二个基层卫生站，受到当地红十字会工作人员和志愿者的热情欢迎。考察结束后，王汝鹏接受了当地广播电台的采访，介绍了中国红十字会此次访塞的目的和中、塞红十字会双边友好合作备忘录的主要内容，表示中国红十字会将在中国政府的支持下，不断增进两国红十字会间的友好合作和交流，并在力所能及的条件下尽量为当地红十字会提供支持和帮助，为改善当地易受损人群的生活和健康境况，促进国际红十字运动的发展做出应有的贡献。22 日晚，代表团一行应中国驻塞内加尔大使馆邀请，前往大使官邸与龚元兴大使及夫人、政务参赞、商务参赞等大使馆官员举行了会谈，就中国红十字会对塞内加尔红十字会非紧急援助项目的具体落实等事宜进行了交流并达成了有关共识。23 日晚，迪亚罗及塞内加尔红十字会主要负责人宴请了中国红十字会代表团一行，并向代表团成员颁发了荣誉证书和绶带，表彰中国红十字会对塞内加尔红十字会的支持。晚宴期间，王汝鹏还与红十字与红新月会国际联合会驻塞内加尔代表进行了交流。

在结束对塞内加尔红十字会为期四天的访问后，代表团乘机于当地时间 26 日上午到达加纳，并在中国驻加纳大使馆工作人员的陪同下，立即赴加纳国家红十字会，与加纳红十字会秘书长阿杜及宣传部、财务部等部门负责人进行了会谈，王汝鹏和阿杜分别介绍了各自红十字会的基本情况，在加强合作、促进交往等方面进行了深入交流，会谈结束后，双方签署了中、加两国红十字会双边友好合作备忘录。当天下午，代表团应邀前往中国驻加纳大使馆，与使馆临时代办赵世人进行了会谈，就相关人员培训、举办物资援助仪式等工作达成了一致意见。当晚，加纳红十字会会长、秘书长及各位负责人设宴款待中国红十字会代表团，并就有关情况进行了交流。

加纳当地时间 27 日晚，代表团在圆满完成对塞、加两国红十字会出访任务后回国。

三、出访的主要成果

本次出访塞、加两国红十字会，不仅是中国红十字会加强与其他国家红十字会合作交流的一项重要工作，也是执行商务部计划、配合国家整体外交、加深中非友谊的一项重要内容。同时，在出访期间，代表团与塞、加两国红十字会就组织建设、人员构成、经费来源、工作方式等进行了深入交流，了解了相关情况，拓展了工作思路，两国红十字会一些有益作法也十分值得中国红十字会借鉴。

本次出访塞、加两国红十字会的最大成果，是中国红十字会与两国红十字会顺利鉴署双边友好合作备忘录，进一步加强了与非洲红十字会的合作与交流。备忘录的鉴署，使中国红十字会与两国红十字会在信息交流和相互支持、对易受损害群体开展人道主义援助、人员交流、重建家庭联系/寻人等多个方面，以法律形式建立起了更加紧密的合作与联系，对于加强中国红十字会与两国红十字会分享各自先进经验，促进红十字青少年、国际人道法的传播、国际救灾法的宣传、防灾减灾工作以及促进国际红十字运动在发展中国家的发展等，都具有十分重要的推动作用。

特别是在商务部的大力支持下，备忘录明确中国红十字会分别向塞、加两国红十字会提供不低于25万和20万美元的非紧急援助，以支持两国红十字会在组织建设、能力建设等方面进一步加大工作力度。这两笔援助虽金额并不巨大，但对于资金比较困难的两国红十字会来讲，无疑是雪中送炭，得到了两国红十字会的热烈欢迎和衷心感谢，也进一步提升了中国红十字会乃至我国在非洲朋友中的形象。正如塞内加尔红十字会迪亚罗会长所言，“中国红十字会的这些援助不仅能够改善塞内加尔红十字会的工作条件，促进了红十字会的能力建设，而且丰富和提升了中非合作的内容和意义。”

同时，此次是中国红十字会第一次正式访问加纳红十字会，对两国红十字会合作发展具有里程碑式的重要意义。

本次出访的另一重要成果，是与中国驻塞、加两国使馆就相关问题达成共识，为进一步发挥红十字会国家民间外交重要渠道作用奠定更加坚实的基础。出访期间，中国红十字会代表团分别拜会了中国驻塞、加两国使馆，与使馆人员就相关问题进行了协商并达成共识。

一是以中国红十字会名义向塞、加两国红十字会提供的非紧急援助物资，既是中国红十字会向两国红十字会提供的援助，更是中国政府向非洲人民提供的无偿援助，中国驻塞、加两国使馆将切实安排好援助物资的接收工作，并将举办向所驻国红十字会交接物资的仪式，同时加大宣传力度，以此为契机进一步宣传中非友谊，提升中国国家形象。

二是塞、加两国均为水灾频发国家，前期，中国红十字会为加纳等国水灾提供的人道救援有力支持了受灾国政府、红十字会工作，也有力支持了我使馆的工作。今后，中国红十字会与中国驻塞、加两国使馆将进一步加强沟通与联系，坚决贯彻中央关于加强中非合作的指示精神，充分发挥红十字会民间外交渠道作用，与商务部、外交部等紧密配合，加强对两国灾害的救援，为国家整体外交战略的实施做出贡献。

三是针对中国红十字会每年在华举办各国红十字会人员免费培训班的过程中，存在有关国家非红十字会人员冒名顶替来华的现象，使馆将协助中国红十字会，加强对相关人员身份的审查等工作，保证红十字会人员赴华参加培训。同时，使馆将在中国红十字会与两国红十字会人员互访、交流等方面提供方便。

本次出访汲取了两国红十字会有益做法，为促进中国特色红十字事业发展提供了新鲜经验。塞、加两国同属发展中国家，其红十字会的工作能力和水平相比中国红十字会、特别是发达国家红十字会还有很大的差距。但在实际工作中，两国红十字会也有一些亮点和有益作法值得中国红十字会学习借鉴。

比如，塞内加尔红十字会高度重视妇女工作，全国成立了50余个妇女工作委员会，共有2295名妇女工作者，其中每个分会中均有一位妇女领导，加强红十字会开展妇女工作的力度，并吸引了全国更多的妇女加入到红十字志愿者、工作者行列。目前，中国各级红十字会中还没有专门的妇女工作委员会，在这方面，可以向塞红十字会学习经验，在有条件的地区或行业，特别是妇女人数较多的地区或行业率先成立妇女工作委员会，更加有力地促进红十字会工作的开展。

再如，积极发展经济实体解决资金短缺问题，促进红十字事业可持续发展。塞内加尔红会目前建有五所幼儿园，并在日本政府的资助下建立了一所小学校。这些幼儿园和学校在当地各方面条件都比较好，幼儿园共有七个国家的285名幼儿入园，291名学生就读于红十字会小学校，师资为塞国家教育部的专职教师。红十字会每年收入的40%以上来自于这些经济实体，已成为塞红十字会开展工作的主要经济来源。

还有，因地制宜开展救助和宣传等工作，红十字会工作深得民众好评。塞内加尔有很多穆斯林，宗教日有大量信徒赴宗教场所朝圣。多拜尔（DIOURBEL）行政区有一重要宗教场所，当地红十字会敏锐地将红十字会工作与宗教活动紧密结合起来，在沿途30多公里的道路上，红十字会搭建急救帐蓬，组织志愿者成立急救队，对可能遇到麻烦的朝圣者进行卫生急救，不仅救助了伤者，更在有百万人参与的宗教活动中展示了红十字会的工作、宣传了红十字会的形象，得到朝圣者和当地民众的认可。加纳红十字会则针对当地卫生条件差、蚊虫多且叮咬后可能产生严重病变、艾滋病人相对较多等实际情况，积极开展了在社区发放蚊帐、在社区设立公共洗手台、在居民中推广正确的卫生习惯、宣传如何正确与艾滋病人接触等工作，协助政府开展卫生普及工作，这些切实的便民活动，有力提升了红十字会在民众中的形象。据两国红十字会官员介绍，红十字会在两国民众中均享有崇高的声誉。

再有，两国红十字会非常重视红十字青少年和志愿者工作，这些力量已成为红十字会工作的生力军。两国红十字会专职人员均十分缺乏，如拥有2000多万人口的加纳，红十字会总会及分会专职人员共只有41名，各项工作的实施主要依靠志愿者。平时，红十字会积极开展对志愿者和红十字青少年的培训工作，增强他们的技能；同时建立有效的激励机制，提高志愿者和红十字青少年的积极性，据塞红十字会官员介绍，塞红十字会基层卫生所（站）的负责人，均由红十字青少年培养而成。这些经验，对于拥有几亿青少年的中国，应是一个很好的借鉴。

本次出访实地了解了非洲红十字会困难，做到心中有数。代表团通过实地考察，也深刻地感受到塞、加两国红十字会工作所面临的众多困难。主要原因是两国国力相对较弱，政府对红十字会资金、人员等支持力度有限，民众捐款能力也十分有限，造成两国红十字会在资金筹措、人员编制等方面严重缺乏；因缺少必要的工业基础，两国红十字会开展工作的相关产品及设施也相当缺乏。出访期间，两国红十字会均向中国红十字会代表团表达了要求支持的愿望，具体包括：塞红十字会提出其基层卫生站专职医护人员、医疗器械、药品严重缺乏；地方红十字会开展急救员培训工作急需办公场所、客房和相关设施；地方红十字会准备在政府划拨的海滩上开展盐加工项目，急需水泵、铲子等工具；加纳红十字会提出缺乏开展应急救护所需的救护车、绷带、单架、教学模型人等。对此，王汝鹏代表中国红十字会表示，请两国红十字会尽快就上述需求拉出清单，中国红十字会将在双边友好合作备忘录的大框架下，尽最大努力为两国红十字会提供必要的援助。王汝鹏还表示，因中非地理距离较远，药品等特殊物资在进出口检验、运输等方面也存在着一定困难，但中国红十字会将为非洲同仁提供力所能及的最大支持，希望中非红十字会进一步加强沟通合作，共同为国际红十字运动做出新贡献。

总体而言，中国红十字会代表团此次出访西非两国，圆满完成了与两国签署双边友好合作备忘录、考察两国红十字会等任务，达到了促进中非红十字会友好合作交流、增进中非人民友谊等目的，取得了预期效果。

四、体会及建议

此次出访取得了良好效果，通过出访考察活动，代表团有以下几点深刻的体会。

一是政府的支持是红十字会开展各项工作的基本保障。红十字会是政府在人道领域的助手，政府支持和资助红十字会的工作，是各个国家红十字会开展工作的普遍原则。从发达国家红十字会的经验来看，红十字会都接受政府的资助，从而能够有足够的力量开展相关工作并发挥重要作用，比如挪威红十字会70%的资金来源于政府拨款，英国红十字会开展国际救援的资金约30%左右来自政府支持等。从塞、加两国情况来看，由于国力所限，两国政府对红十字会的资金支持分别只占其资金来源的8%－10%和5%－10%左右，在专职人员配备、相关设施支持等方面也十分有限，使其不得不在筹措资金、争取外援等方面加大工作力度，影响了红十字会相关工作的开展。但因两国红十字会与政府保持着良好的合作关系，政府在土地划拨、减免税收等方面给予了红十字会相关优惠政策，如塞政府批拨给塞红十字会海滩并准许其从事盐加工、加政府批拨给加红十字会建设用地等，使红十字会能够根据自身力量开展多种经营和志愿者培训等方式解决资金、人员等方面的不足。应该说，如果没有政府在相关政策等方面的支持，两国红十字会工作开展将寸步难行。

从塞、加两国和发达国家红十字会的工作得到启示，无论是发达国家、还是发展中国家，红十字会工作必须紧紧依靠政府的大力支持，做好政府在人道领域的助手，只有这样，才能为红十字事业发展提供坚实的保障。长期以来，作为党和政府在人道领域的得力助手，中国红十字会得到了党和政府的大力支持，在党和政府领导下为促进社会主义和谐社会建设发挥了重要作用。在当前社会上要求红十字会“去官化”、“完全民间化”歪风盛行的形势下，他国的经验和我国的国情要求我们，中国红十字会必须进一步坚定信念，必须在党和政府的领导下，更加积极主动地在各个方面争取党和政府的大力支持，为和谐社会做出更大贡献。

二是红十字会各项工作必须服务政府的中心工作，切实做好对最易受损者的关爱，只有这样，才能得到政府和民众的支持。从不同国家红十字会的工作来看，发达国家红十字会、特别是自然灾害较少的发达国家红十字会，其工作重点多放在配合政府开展对外援助、服务社区民众等方面，以增强国家软实力、提升国家形象。从塞、加两国情况来看，其核心任务是发展经济、消除贫困、改善公共卫生条件等。两国红十字会在实际工作中，紧密结合国家发展阶段的要求，在改善农村基础卫生条件、推广正确卫生习惯、艾滋病和虐疾等多发病防治、水灾救助等方面开展了大量工作，使政府和民众切实感受到红十字会工作的重要性和取得的成果，红十字会在社会中拥有崇高的声誉，有力促进了红十字会工作的开展。

中国幅员辽阔、自然灾害频发多发、经济社会各地发展不平衡。长期以来，各级红十字会紧密结合当地实际，在党和政府领导下因地制宜地开展救护救助等工作，为当地经济社会发展做出了积极贡献。出访体会提示我们，紧密结合中国国情，在服务国家发展大局的基础上，根据不同的发展阶段突出不同的工作重点、采取不同的工作措施、切实做好广大民众和最易受损人群的关爱工作，不仅是中国各级红十字会工作得到政府和民众支持的重要基础，也应是今后工作的重点和方向。

三是应加强创新、积极主动采取多种运作方式解决事业发展中面临的相关问题。塞、加两国红十字会在资金、人员严重缺乏的情况下，积极采取了兴办实体、培养志愿者、加强红十字青少年等措施来解决相关困难，对同样面临相关困难的中国各级红十字会应该说是一个有益的借鉴。比如，目前在国家财政拨款有限、“无灾捐款少”，组织建设、能力建设亟需资金支持等现实情况下，中国开办经济实体的各级红十字会几乎是“凤毛麟角”，缺乏可持续发展的资金基础。应在国家法律法规允许框架内积极进行研究探索，采取以实体促发展模式，以雄厚的经济基础促进红十字事业健康发展。再如，在红十字会专职工作人员缺乏的情况下，应将眼光放得更开阔、更长远一些，同时在措施上进一步开拓创新，进一步加强对我国数亿青少年的红十字宣传教育工作，并制定有效激励政策，大力发展红十字青少年和志愿者，解决事业发展面临的困难和问题。

结合出访情况和体会，就进一步加强红十字国际合作、促进事业发展提出如下建议。

第一，红十字会外援工作意义重大，建议商务部、外交部等政府有关部门进一步加大对此项工作的支持。在政府每年 100 万美元外援基金基础上，建议财政部等有关部委同意中国红十字会以相关剩余资金设立对外援助基金，用于红十字外援工作。同时，建议海关、国家检验检疫等部门对红十字会外援药品实物出入境等方面给予相关政策支持。促进红十字会外援工作顺利开展。

第二，红十字会外援工作应在遵循国家整体外交战略下，量力而行、有理有节。近年来，中国经济社会迅速发展，综合国力不断提高，国际社会特别是发展中国家红十字会对中国红十字会外援工作报有很大期望。如此次出访中塞、加两国红十字会均对中国红十字会提出了援助要求，其中不乏超出中国红十字会能力所及的请求。对此，应有充分的心理准备。中国红十字会决策层及相关外事部门应做到心中有数，在国家整体外交战略大框架下，认真做好援外工作计划等工作，一方面量力而行，一方面不失位、不越位。

第三，进一步重视开展发展中国家红十

字会经验交流活动。学习借鉴别国红十字会经验对促进中国各级红十字会自身发展有着重要意义。目前，中国红十字会工作交流中，更加侧重学习借鉴发达国家的先进做法和经验。事实上，在出访塞、加两红十字会过程中，代表团体会到两国红十字会工作中所面临的如资金短缺、人员短缺等情况，与中国基层红十字会特别是老少边穷地区红十字会所面临的困难十分相似，学习这两国红十字会以及其他发展中国家红十字会在相关工作中的经验和有益作法，对工作开展应更具有针对性和现实性。建议今后在加强学习借鉴发达国家先进经验的同时，进一步重视与发展中国家开展经验交流活动，相互学习、相互促进。

第四，建议有条件、有能力的地方红十字会直接参与和发展中国家红十字会的相关项目合作。发展中国家红十字会的合作项目，有资源充沛但资金需求不高、技术要求不高等特点，如塞内加尔红十字会的盐加工项目，仅要求提供一台抽水泵、一些铁铲等工具等；加纳红十字会有政府批拨的珍贵土地资源，因缺乏资金造成土地闲置等。相对中国而言，不需要太大的投入即可产生良好社会效益和经济效益。在中国红十字会积极争取国际大项目合作的前提下，建议总会支持有条件、有能力的地方红十字会开展一些小项目对口合作活动同时加强监管，不仅能够提升红十字会整体能力，也能够通过这些项目合作，在国际上树立中国红十字会乃至国家的良好形象。

（王汝鹏、任　浩、金宝杰、吕进福、莫益勇）

中华骨髓库访问意大利、南非骨髓库、器官库考察报告

2011 年 6 月 12—21 日，以洪俊岭为团长的中华骨髓库代表团，顺利完成了对意大利和南非两国骨髓库、器官库的访问和考察。

一、意大利骨髓库基本情况

6 月 13 日，代表团访问了位于意大利西北部城市热那亚的意大利骨髓库（IBMDR，The Italian Bone Marrow Donor Registry）、HLA 组织配型实验室、供者中心和 Ospedali Galliera 医院。意大利骨髓库主任 Dr. Nicoletta Sacchi 和 Ospedali Galliera 医院院长 Dott Adriano Lagostena 热情接待了访问团一行。访问团进行了深入细致的调研并与 IBMDR 达成增进沟通、加强合作的意向。

意大利骨髓库成立于 1989 年，是世界骨髓库认证的、欧洲第 4 大骨髓库，库容 390654 人份。2010 年移植捐献 879 例，其中 139 例提供给国外，740 例为本国移植，其中供者来源 67.9% 为国外骨髓库或脐带血库。

（注：据 2009 年世界骨髓库年报，各国干细胞移植使用外来供者比例平均 44%。2009 年 2 月，IBMDR 接受一例 CMDP 造血干细胞捐赠）。

意大利骨髓库拥有供者中心 80 个，设在各地血站。移植中心 54 个。采集中心 60 个，脐血库 18 个，HLA 实验室 54 个。实验室需通过 EFI 认证。HLA 分型用 luminex 和 SBT 做分型，志愿者入库时，进行 HLA－A/B/Cw 位点的低分辨分子生物学检测，

DRB1 位点做高分辨检测，同时还要检测 ABO 及 Rh 血型。

意大利骨髓库联合各地区的资料库、供者中心、采集中心和移植中心组成国家协调中心（National Co - ordinating Centre），负责协调各分支机构运行。总部设在位于热那亚的加列拉医院的组织配型实验室，其数据中心负责收集和管理志愿捐献者的分型数据。意大利骨髓库工作人员 15 人。

骨髓库的供者招募和宣传经费主要来自于基金会的捐助，起初国家协调中心由一家瑞士的基金会资助，1993 年起，改为意大利骨髓库基金会出资，基金会由 ADMO 骨髓捐献者协会（Associazione Donatori di Midollo Osseo - Bone Marrow Donors Association），NIC 意大利歌手足球队（Nazionale Italiana Cantanti - Italian Singers Football Team）和加列拉医院 Ospedali Galliera 三部分组成。意大利骨髓库工作人员的工资由医院或其他来源支付。新供者的检测费由国家卫生部负担，在相关地区行政经费中支出。意大利患者查询本国志愿者或其他国家志愿者的费用以及配型相合进行移植的费用由患者所在地区的医疗健保系统负担。

意大利骨髓库是世界骨髓库捐献者协会（WMDA）和世界骨髓库捐献者资料库（BMDW）的成员。2007 年 6 月，通过世界骨髓库捐献者协会认证，并通过了 ISO 9001：2000 的认证。

意大利骨髓库将世界骨髓库数据下载到本地进行查询，并通过 EMDIS 与世界骨髓库成员进行沟通。

2001 年，根据相关法律，意大利骨髓库取得国家机构认证。规定 IBMDR 的职责是：协调地方资料库和与其他国家的相关组织进行合作；推动无关供者检索和管理国家骨髓库，向国内外受者提供非血缘关系供者捐献的造血干细胞以及脐带血；管理与检索程序相关的信息交流等。此外，法律还特别规定：意大利骨髓库负责接受来自国内外的非血缘关系脐带血和成人捐献者的检索申请；保证从配型检测到采集和移植的造血干细胞检索流程正确进行；收集、登记和认证所有关于在国内外进行的造血干细胞检索等相关流程的成本，承担有关行政方面的费用，并支付其他相关的费用。

招募组织动员新供者的方式是：1. 献血员；2. 咨询者；3. 宣传活动。

意大利人 90% 以上信仰天主教。天主教在意大利的势力和影响巨大，全国有 281 个教区，大主教和主教 440 多名，神甫约 63000 多名，修女 14 万多名，各种修士人数众多，领薪金的神职人员 21 万多人。全国大小城市村镇均有教堂，各地还有不少修道院。教会办有很多医院和学校，对意大利的政治、文化等影响很大。作为意大利骨髓库财政来源之一的加列拉医院最初也是教会办的医院。后转为公立医院。

代表团注意到，意大利骨髓库捐献者反悔率很低。在意大利骨髓库里几乎没有华人捐献者。

二、南非骨髓库基本情况

6 月 17 日，代表团访问了位于南非第二大城市开普敦的南非骨髓库。Ernette D. du Toit 教授等接待了访问团。双方坦诚友好地进行了会谈。并达成近期签署合作协议的意向。

南非骨髓库成立于 1991 年，由 Ernette D. du Toit 教授和 Peter Jacobs 教授创立。创立初衷是考虑到罕见的 HLA 分型，特别是非洲原住民的分型使配型较为困难，建立南非骨髓库就显得非常重要。但后来由于当地人加入人数较少，目前国内患者主要靠国外供者。

南非骨髓库是 WMDA 成员，非营利机构。工作人员 10 人。经费、人员工资自行筹措，财务由董事会经营、投资、管理。

招募供者由供者中心自行招募，费用自筹。

南非骨髓库有三家 HLA 实验室，其中位于开普敦的组织免疫学实验室通过 EFI（欧洲免疫遗传学联合会）认证，承担骨髓库的检测任务。这个实验室也是非洲地区第一个获得此认证的实验室。

南非骨髓库是非洲唯一的骨髓库，库中也有来自尼日利亚的分型数据 274 人份 HLA - A/B/C/DRB1 分型数据，还有如安哥拉、博茨瓦纳、肯尼亚、毛里求斯、马拉维、纳米比亚、尼日利亚、乌干达、赞比亚、津巴布韦等国的供者数据。据南非骨髓库 2008—2010 年报及南非骨髓库在 BMDW 于 2011 年 5 月 31 日最后更新的数据显示，总库容 63368 人份，其中 13.2%，8336 人份为 HLA - A \ B \ DRB1 分型数据。这个数字远远低于世界平均水平（80%）。2009 年全年共有 1865 名志愿者从资料库中移除，其中 783 名是由于超龄。资料库中黑人捐献者的比率很低，只有 2065 人。

1997 年 6 月，南非进行了第一例本地非血缘造血干细胞移植。到 2010 年 6 月 30 日，开普敦、约翰内斯堡、比勒陀利亚的移植中心共进行了 194 例非血缘造血干细胞移植，包括外周血、骨髓血和脐带血造血干细胞移植，也含二次捐献的。供者大多数来自国外。南非骨髓库向国外提供六例造血干细胞。

我们考虑南非骨髓库初检相合率及向外提供干细胞的几率不高与其库容较小且 HLA - A，B 位点仍然很大程度上是血清学检测有关。

南非医疗保障体制覆盖面不广，只有一些被公费医疗覆盖的人群的和有钱的人才能负担的起骨髓移植。

南非是世界上唯一同时拥有三个首都的国家：行政首都比勒陀利亚（Pretoria）是南非中央政府所在地，人口 220 万；立法首都开普敦（Cape Town）是南非国会所在地，是全国第二大城市和重要港口，位于西南端，为重要的国际海运航道交汇点，人口 300 万；司法首都布隆方丹（Bloemfontein）为全国司法机构的所在地，人口 50 万。南非总人口 4999 万，主要由黑人、白人、有色人和亚裔四大种族构成。有 11 种官方语言，英语和阿非利卡语（南非荷兰语）为通用语言。居民主要信奉基督教新教、天主教、伊斯兰教和原始宗教。南非骨髓库库容中超过 70% 是白人，亚裔占 8%。

考虑到供者追踪费时费力，南非骨髓库给每个入库供者一封感谢信和卡片，上面标明：如果有地址、联系方式等变化的请主动联系骨髓库。

三、意大利器官库基本情况

6 月 17 日上午，代表团访问了位于罗马的意大利国家移植器官移植中心，该中心主任亚历山大教授和对外事务部主任保拉女士等热情会见了中国代表团。在充分沟通交流后，亚历山大主任表示非常乐于与中国同行合作，愿意用自己国家建库经验帮助中国器官库的建设、发展。

意大利器官库承担国家器官捐献协调中

心作用，1999 年正式建立，隶属于意大利卫生部，下辖三个大区中心和 18 个地区中心。其主要职责是负责制定相关政策和监管整个国家移植捐献分配系统的运行状况。器官库现有工作人员 35 名，每个大区中心约有工作人员 10 名，各地区中心约有工作人员 6－8 名不等。中心的人员工资和运行经费全部由国家卫生系统专项经费支付。器官库协调捐献中心（ICU）和移植中心，负责对全国的器官移植及分配进行监管和协调。意大利的器官分配由标准分配、国家分配和特殊分配三部分构成。其中，标准分配占 70%，主要是在器官分配原则框架下解决本区域内的器官分配；国家分配占 20%，此类分配主要针对在本区域内等不到器官的急症病人，为这类人群从其他大区协调器官以提供紧急需求；特殊分配占 10%，主要是针对一些等待进行肝肾、心肺等联合器官移植手术的病人。

为了公平起见，意大利的器官捐献和分配体系完全独立运作，与器官移植中心是彻底分开的，移植中心和移植医生只负责移植手术，不知道器官来源，不参与到器官的捐献和分配的具体环节中。器官捐献都是国家医疗体系支付费用，不收取病人费用，也不付给供者（家属）报酬。

意大利的器官捐献体系效率很高，以 2010 年为例，全国每年约有 9500 个移植等待患者。每年约有 1100 个供者成功实施捐献，可进行约 3000 例不同类型的器官移植手术。其中，肾移植 1600 例，肝移植 1000 例，心脏移植 250 例，肺移植 100 例，胰腺移植 50 例。目前，意大利的器官捐献以心脏死亡捐献为主，约占 95%，由于意大利已经有脑死亡立法，这其中有相当一部分属于是脑死亡捐献；其余 5% 是活体捐献，在意大利，活体捐献不仅仅限于亲体之间，也有少部分活体捐献是非亲体的捐献。

目前在欧洲有两种器官捐献体系，一种是默认同意型捐献体系，典型国家是奥地利和匈牙利，在这种体系下，默认为每一个公民同意自愿捐献，不同意捐献的公民必须自己声明才可免捐。这种体系的优点是捐献率高，缺点是虽然政治家欢迎但遭到一部分民众的反对。另一种是声明同意型捐献体系，比如意大利和大多数欧洲国家。意大利的脑死亡判定与其他国家类似，不能由单个医生做出，必须由 ICU、神内和法医组成的判定小组来共同完成。在意大利，所有的器官捐赠都是自愿和无偿的，患者的医疗费用及器官获取、保存和运输过程中产生的费用全部由国家医疗保险基金支付。

对于同意捐献者的个人资料，有专门的电脑信息系统负责追踪供者，并不断更新以确保资料库的可信度。另据亚历山大主任介绍，意大利计划在明年开始推行在身份证上增加填写公民是否同意捐献的选项。

四、南非器官库基本情况

6 月 20 日，代表团来到位于开普敦的南非器官捐献中心进行了考察，中心主任琳达女士热情接待了访问团。洪俊岭首先介绍了中国器官库建设的现状和下一步的工作计划。琳达向代表团介绍了南非器官捐献中心的总体情况。南非器官捐献中心于 1988 年成立，有七名工作人员，职能是负责器官捐献的健康教育、宣传和招募捐献者等方面，并不负责器官的获取和分配。而且，捐献中心迄今仍然没有得到政府的支持，只是一个民间的非营利和非政府组织，没有来自政府渠道的资金支持，所有运行需要的资金全靠募捐来支持。经费来源是制约中心发展的一个很大的问题。任琳很羡慕中国政府重视和支持器官捐献工作，认为中国有政府的政策和资金支持一定会发展得又快又好。由于南非的民族和宗教众多，一些民族仍有保存全尸入葬的习惯，在器官捐献领域面临的挑战巨大。该捐献中心的工作人员普遍没有医学背景，协调员也是由医院聘用的，不隶属于器官捐献中心，协调员主要是有经验的尤其是在急诊和 ICU 工作的护士，全国目前有 12 所移植医院，23 名器官捐献协调员。捐献者最终的捐献都是自愿和无偿的，捐献者意愿在身份证后面都有明确的标注。器官转运的费用由募来的基金支付，病人不用支付任何费用。

琳达建议中国的器官捐献首先要有自己独立的网站。在网站上，方便供者在网上自助注册，还要建立一个数据库，每个捐献志愿者要有一个纸质可供签名的同意书和方便捐献者存放在钱包里的卡片。并且特别提出与供者接触和受者接触的工作人员不能是同一个人，避免一些个人的感情因素掺杂在里面。

五、体会与借鉴

意大利、南非两国骨髓库都不能自己满足本国患者的需要，外源供者占大多数，他们都接受国际援助以满足本国患者需要，同时敞开大门为世界人民服务。这一个说明国际合作的必要性，再一个可以展示了成熟骨髓库为世界服务的一种姿态。华人在世界范围内流动与日俱增，这要求中华骨髓库加强国际合作，勇于承担大国骨髓库义务，加强涉外工作，加强自身建设，努力建设好骨髓库。同时进一步推广高分辨数据入库和招募新供者。挖掘文化，宗教，捐献理念在干细胞捐献中的作用，有效降低反悔率。

意大利、南非两国器官库各有特点，中国红十字会可以借鉴他们的经验。代表团体会到这样一件移风易俗，涉及社会风气，延续生命的大事，必须做好国家层面的“顶层设计”。在“顶层设计”时首先要考虑“中国器官库要做什么？”哪些是需要政府做的？哪些是要与政府各部委合作的？哪些是红十字会要执行的？哪些是红十字会可以做的？哪些是宣传大众参与的？探索制定相关政策、法规的同时切实迈出实用性的步子。不与相关部委推诿，不做意向不明确的事情，不做重复开发。红十字会是政府在人道领域的助手，目前已经接受政府委托开始相关工作。要与相关部委紧密配合，深层次沟通。

（洪俊岭、靳伟民、鲁　静、郑　军、刘　勇）

中国红十字会总会训练中心赴比利时举办欧盟地区及红十字会应急救护体系建设培训的报告

经国家外专局和中国红十字会总会批准，2011 年 6 月 25 日至 7 月 15 日，中国红十字会总会训练中心组织实施了在比利时举办的欧盟地区和红十字会应急救护体系建设的培训。来自全国 14 个省、市、自治区红十字会系统的 18 位红十字会的工作人员参加了培训。培训重点是了解欧盟、比利时在应急救护体系建设方面的经验和做法。培训人员参加了欧盟红十字办公室、比利时国家红十字会、比利时地方省市红十字会和有关部门所做的 20 余次专题讲座。

一、培训概况

（一）培训组织

参加本次欧盟地区及红十字会应急救护体系建设培训的人员由来自中国红十字会总会及部分省市 18 人组成。中国红十字会总会训练中心主任辛宝山为团长。

中国红十字会总会训练中心在筹备期间多次与国家外专局出国（境）管理司、中国红十字会总会领导及总会联络部沟通协调，根据中国红十字会各级组织开展应急救护工作的情况，立足于解决实际问题，与境外机构拟定相关培训课题、落实境外接待工作并制定严格的管理制度，针对全国的招生工作、协助所有报名人员办理护照签证，保证了此次培训的顺利开展。

出国前，训练中心为培训团举行了开班仪式，并按照总会和中心的要求对出国期间的学习培训、参观访问等活动及外事纪律等进行培训。

（二）培训方式

根据本次培训安排，整个培训分为专题讲座、专业考察交流和团组内部交流三种形式。

1. 专题讲座

本次培训专题讲座的主要内容有：比利时红十会字工作介绍；循证医学和实践；国际应急体系介绍；比利时红十字会灾难应急体系介绍；欧盟人道援助工作；比利时急救培训概况；灾难心理救援；青少年红十字会工作介绍；红十字会筹资与宣传工作；欧盟急救手册介绍；生命科学与安全讲座；比利时弗拉芒大区以及各省应急事件管理方面的经验介绍等。专题讲座采取集中授课和现场提问相结合的方式。授课老师主要来自欧盟委员会人道援助司、比利时红十字会（办公室、国际合作部、技术鉴定中心、危机管理办公室、人道援助部等部门）、南非斯特伦堡大学、哈赛尔特大学等。

2. 专业考察交流

培训期间，培训团深入到比利时布鲁塞尔、林堡等省、市考察，实地参观了哈赛尔特生命科学学院研发中心、哈赛尔特医院、根克医院，观摩了林堡省红十字会专门为我们举行的灾害现场救援演练，了解当地红十字会和相关部门在危机管理、应急事件中内部与外部协作，并和他们座谈交流。

3. 团组内部学习交流

培训期间，培训团组织了内部座谈，全体成员结合各省实际情况踊跃发言，交流学习收获，强化了培训成果。

二、主要收获

比利时红十字会成立于 1864 年，成立以来一直致力于人道救助、应急救护、国际人道法传播等工作，并积极参加国际人道主义救援活动。比利时红十字会包括设在布鲁塞尔的比利时红十字会总部、弗拉芒大区（荷语区）和瓦隆大区（法语区）的红十字会组织。这两个地区的红十字会组织是隶属总部的两个分支机构，业务管理上相对独立。弗拉芒大区红十字会主要负责国家红十字会层面上的国际交流。此次培训主要是由弗拉芒大区红十字会组织接待。通过专题讲座和实地参观，团员们主要收获有以下几各方面。

（一）ERU—国际应急救援体系的一部分

ERU（Emergency Rescue Unit），即紧

急救援队，是由训练有素的专业人员组成的，使用标准化设备，可以在接到救援任务后迅速反应的救援队。ERU 在受灾地区基础设施不堪重负或严重损坏时，被派往为灾区，提供物流、通讯、水源、医疗等支持。ERU 可在世界任何地方最长工作四个月，并在工作期间能做到自给自足。

ERU 由国家级红十字会建立，目前，丹麦、芬兰、挪威、奥地利、法国、德国、意大利、英国、瑞士、新西兰、瑞典、美国、日本、西班牙、（比利时、卢森堡、荷兰三个国家联合组建 ERU）17 个国家拥有 ERU。很多国家虽然没有建立自己的 ERU，但是也会派工作人员参与联合部署的救援工作，如澳大利亚、加拿大、克罗地亚、香港、冰岛和马其顿。

在重大灾难发生时，如印尼海啸、伊朗地震、中国的汶川特大地震等，当受灾国没有能力或需要并接受国际救援时，红十字会与红新月会国际联合会（以下简称国际联合会）会派遣相应的 ERU 前去救援。自 1996 以来，各国红十字会 ERU 已参与了 201 次救援活动，在国际救援中发挥了重要作用。

建立 ERU 的主要目的是为了提供基础设施的支持（物流 ERU 和通讯 ERU）和为受灾民众提供服务（基础卫生健康 ERU，供水 - 卫生 ERU 和救援 ERU 等）。在这里简单介绍几种不同类型的 ERU：

1. 物流 ERU：主要工作是后勤保障。负责接收、储存、转发救灾物品，为其他 ERU 队伍的抵达做准备（如报关，运输到现场）等。目前拥有物流 ERU 的五个国家红十字会有英国、比利时、丹麦、法国、西班牙。

2. 通讯 ERU：在灾害现场建立通讯设施，卫星电话、无线电、无线网络、计算机故障排除等。通讯 ERU 拥有各种高端技术设备，但因部分受灾国家的进口条例要求，极高频或高频通讯设备的使用可能受到限制。目前拥有通讯 ERU 的国家红十字会有奥地利和西班牙，日本红十字会也在筹建自己的通讯 ERU。

3. 救援 ERU：增强灾区红十字会救援能力，帮助志愿者更快行动，协助受灾地区进行灾害现场评估，建立救援物资分发机制，并在分发过程中与物流 ERU 紧密合作以确保物资的准确发放。

4. 供水——卫生 ERU：负责水源的清洁，保证安全用水。根据所需用水的体积，质量和受益人数分为三种类型的 ERU（供水——卫生 15，供水——卫生 40，大众卫生 20）。每种 ERU 平均有 4 ~ 8 名工作人员，包括水利工程师，技术人员和卫生宣传员。

供水——卫生 15 的最大存储容量高达 225000 公升，每天可为 15000 人提供治疗和配水，主要用于人口较为分散的地区使用，可分成九个不同的存储和分发站独立使用。

供水——卫生 40 可为更广泛的人群提供治疗和配水，可处理供 40000 人饮用的多达 600000 公升的水，也可分成九个不同的存储和分发站独立使用。

大众卫生 20 可为 20000 受益人提供基础卫生服务（厕所、矢量控制和固体废物处理）。

5. 基础卫生健康 ERU：通常在难民营或已有的卫生医疗建筑内建立临时医疗站（非医院），可为多达 30000 人口提供基础和及时的治疗、预防和社区健康护理服务。包括门诊、亲子预防保健、初级卫生保健和教育、营养监测和疫苗接种。目前，拥有基础卫生健康 ERU 的国家红十字会有芬兰、德国、挪威、西班牙和日本，法国红十字会也在筹建自己的基础卫生健康 ERU。

6. 快速部署医院：灾难发生后48小时内，部署于尽可能接近受灾现场的可灵活移动的诊所，具有6—8名医护人员，以支持灾区的急救、分流和医疗转送。快速部署医院在具有更完整医疗功能的医院或诊所（具有手术、产科、儿科、放射、药房、化验等功能）建立之前，最多可工作10天。

7. 大本营：可为多达60人的红十字会工作人员提供生活和工作的空间和设施服务，包括寝室、淋浴、厕所、洗衣设备、食品、通讯等。

为保证快速准确的灾害应急反应，国际联合会将根据各个国家 ERU 的工作状态更新月值班表，该表清楚地显示每个月各国 ERU 的工作状态。灾难发生后，国际联合会将根据评估后的受灾程度、受灾国政府的应对能力、政府资助情况和受灾国是否欢迎等因素决定是否派遣 ERU。

（二）比利时灾难救援体系

2006年，比利时政府出台法律，规定村（市）、省、国家三级政府要制定针对突发事件的应对方案（应急预案），应对方案包括总体和具体的两套方案，同时建议每个公民都要有个人的应急计划。

在比利时，国家有危机处理中心，分为市、省、联邦三级协调机构：

初级（小灾难），由村、市一级协调，协调员由村长、市长担任，同时上报省长。

中级（涉及到几个村子的灾难），由省级协调，协调员由市长担任，并向联邦政府相应的部长汇报。

高级（涉及到省以上的灾难），由联邦协调，内政部部长负责。

灾害现场有五方面的人员参与救援：

1. 消防队员，负责现场搜救、转移群众。消防队指挥官决定一切处置事项；

2. 医疗卫生人员，由领队医生负责，红十字会是重要的合作伙伴，负责急救伤员，保障公众健康。一般红十字会派五名志愿者到现场，其中一人为联络官，二人为后勤，负责寻找安全、适当的地方搭帐篷，安置伤员；

3. 警察，负责维护秩序，监督事发地治安，保护现场，不许闲人进入。当出现死亡人员时，负责身份鉴定确认等工作；

4. 物流支持组（挖掘机、供电、卡车等），主要由政府、军队和红十字会人员组成；

5. 通讯与信息组，负责信息传播。政府人员负责统一协调，为信息把关，并通过媒体发布信息。

灾害救援现场由内到外分为红色区域、桔黄色区域、黄色区域等不同区域。其中红色区域为灾害现场中心，只有消防队能够进入进行搜救，红十字会一般不进入；桔黄色区域为前方医疗站，红十字会负责建立；黄色区域内红十字会人员、消防人员、医疗人员、警察可以进入；最外层为警察警戒，闲人免进。

灾难救援中红十字会的任务：

1. 伤情分类、搭建帐篷。

2. 稳定伤员：医疗处置由医生和护士做，红十字会人员负责观察呼吸、脉搏等，直到转移。

3. 伤员管理：由红十字会根据医院的专业及接待能力，安排伤员送至哪家医院。

政府救护车与红十字会救护车共存：

政府救护车的全国统一呼救号码为112，车身为黄色，负责在紧急情况下向求助者提供帮助和服务。红十字会救护车的全国统一呼救号码为105（1979年开始使用），车身为白色，有醒目的红十字标志，负责在非紧急情况下向求助者提供帮助和服务。

根据比利时政府规定，接到灾害救援电话后，政府救护车须在12分钟内到达现场，红十字会救护车须在40分钟内到达现场。

弗拉芒大区红十字会有200辆救护车，其105呼救中心有22名全职人员，60条电话线，负责统一调度该大区的红十字会急救车辆。该中心每年接报警17万次。接线员都经过专业培训。

除了政府救护车和红十字会救护车外，私人救护车也被允许在非紧急情况下提供救护服务，相比105和112，私人救护车呼叫号码更长，车身可采用除白色、黄色以外的任何颜色。

2011年7月6日，全体学员拜访了比利时林堡省红十字会。林堡省红十字会对我培训团组的造访表示了热烈的欢迎，并在介绍该红十字会情况后，邀请我们观摩了专门为我们准备的紧急救援演练。

演练的主题是模拟一个大型公共紧急事件发生后（薯条店发生爆炸）红十字会派应急救护队参与救援。演练内容包括接到报警后派出救护车、搭建临时医疗站、伤员转运、治疗和转院。参加演练的人员包括两名伤员的扮演者和林堡省红十字会应急救护队的成员。

在演练前，首先拟定了伤员的总人数为80人，其中一级（U1）伤员八人，二级（U2）伤员24人，三级（U3）伤员48人，同时，根据伤员情况和现场环境制定了援救路线和行动计划。如图3所示，两位伤员位于广场右侧，在就近并保证安全的情况下选择了伤员左侧广场的空地搭建帐篷建立临时医疗站，并要求所有车辆和人员都是由帐篷右侧进，左侧出。

为了更好的模拟现场情况，两名志愿者分别扮演成两名伤势不同的伤员（其中一人为有35年经验的专业模拟师）。如右图所示，左边伤员是左腿受伤，右边伤员是双上肢大面积烧烫伤。

红十字会在接到报警电话后，同时派出多辆救护车，其中包括专门负责伤员转运的救护车和负责在事故现场附近安全地带搭建临时医疗站的设备车。

在选择好适合搭建临时医疗站的场所后，红十字会人员在两分钟内迅速搭建好帐篷，并根据需要将帐篷分为三个功能区：左侧为一级（U1）伤员抢救区，中间为设备、药品摆放区，右侧为二级（U2）伤员抢救区。

与此同时，负责转运伤员的救护车在抵达伤员所在地后，救护员首先对伤员的伤情进行初步检查，并在伤情追踪记录卡上填写伤员的姓名和伤情级别。左腿受伤的伤员伤情为二级（U2），双上肢大面积烧烫伤的伤员伤情为一级（U1）。伤员需将记录卡佩戴在胸前。

在伤情初检结束后，红十字会救护员将伤员分别转运到临时医疗站。在医疗站外有专业医生等候伤员，并在第一时间对伤员进行复查，确认伤情。

现场医生根据实际需要将伤员分别安排在不同的救护区域，并在红十字会救护员的协助下对伤员进行治疗。同时，医生需要及时将诊断结果记录在伤情追踪记录卡上。在突发紧急事件发生后，很多伤员在接受治疗后仍处于紧张焦虑的状态，因此，安抚伤员也是红十字会救护员的职责之一。待伤员病情基本稳定后，红十字会救护员将根据伤情所需将伤员转运到附近医院。

在短短 40 分钟内，林堡省红十字会应急救援队向培训团成员展现了他们平时的工作情况，所有参加培训的团员都对此模拟演练印象深刻。为了确保应急救援队全体人员的专业水准，在灾难真的发生时能更快更好的完成救援工作，救援队每个月都会进行此类的模拟演练和内训。更令人敬佩的是，这支救队的全部队员包括伤员扮演者都是红十字会的志愿者。尽管当天下着大雨，他们在演练过程中也没有丝毫的懈怠，他们的付出完美地体现了红十字运动的志愿服务精神。

（三）比利时红十字会的急救培训

比利时红十字会的急救培训根据受训人群的不同主要分三种类型。即针对公众的培训、针对企业的培训、针对教育系统的培训。

1. 公众培训

由地方红十字会负责免费培训，公开课程、自愿参加，无种族、性别、年龄要求。分为基础急救培训，12 学时，培训合格后颁发证书；高级急救培训，同样 12 学时，培训合格后颁发证书；单一课程培训，如 CPR、AED 培训。前两项培训是红十字会的基础课程。每班 12—15 名学员，一个培训老师，学习方法灵活，参与性、互动性很强，通常在晚上和周末举行。每年的基础和高级两项培训可培训 15000 人。证书是打印的，有效期为五年。每年的单一课程培训人数为五万人。

以上培训教师为红十字会志愿者。为确保全国培训质量统一，12 学时中每个学时的授课内容都有明确规定。他们做到了教材统一、教学大纲统一、教学内容统一、教学计划统一、考核发证统一。

2. 企业培训

企业培训有具体的法规（劳工法律）：普通企业或机构工作场所每 50 人中必须有一人会急救，工业企业每 20 人中必须有一个人会急救。自 2011 年 7 月 1 日后，法律将修改为根据各行业的危险性来决定多少人中必须有一人掌握急救知识。公司需要自己根据风险分析决定需要多少掌握急救知识的员工。同时，由管理层和普通员工组成的工会也会根据工作中的实际风险进行评估，决定需掌握应急救护知识的人数。

比利时红十字会针对企业的培训是 18 个学时加两个学时的考试，白天上课，由总部的专业培训师培训，同样每个培训师培训 12—15 名学员，收费标准为每班 2160 欧元。

值得一提的是，在进行公众培训和企业培训的过程中，为了更好的吸引参训人员的注意力，模拟逼真的现场情况并帮助参训人员克服真实意外中见到伤员的恐惧心理，红十字会采用了由模拟师扮演伤员的授课方式，并有专门的志愿者负责化妆、模拟。

3. 教育系统培训

在比利时，青少年从 6 岁开始到 18 岁都要参加应急救护培训。根据不同的年龄段学习不同的救护知识和技能。急救早已纳入教学体系当中，而且越来越被重视。

教育系统培训有两种形式：一是直接培训，由青少年红十会志愿者授课；二是间接培训，即培训学校老师，经过五天的培训，学校老师可获得证书，回校后再给自己学生上课。直接培训不收取任何费用，间接培训则由学校出资，每班1000欧元。

其他培训：

心肺复苏是急救中最重要的一部分，学员按照新指南，通过观看光盘学习，一位老师指导12—15个学员，每三个学员配备一个安妮，边学边练，效果很好。此方法是美国心脏协会（AHA）向全球推荐的统一方法。

培训师培训：参加培训的条件是18周岁以上，有基础培训和高级培训证书的红十字会志愿者。符合条件的志愿者需用二天时间准备入学考试，再学习二天的教学法，再用四天时间学习具体的急救训练原则，最后一天是有关课程的考试。

培训师的继续教育：每年参加半天到一天红十字会组织的相关会议；每二年参加一次周末的国家级培训；强制的免费培训（由总部决定）如学习新的国际指南；在网络管理系统登记注册；定期由总部工作人员提供其他的信息文件。

模拟师培训：要参加基础和高级课程，然后参加模拟员培训，逐渐升级为高级模拟师。

4. 急救培训教材

培训教材中最重要的是书名为“Help”的应急救护手册，全书500页，是一本非常好、非常实用的参考手册。其中有大量图片、技术介绍、背景资料、并配有光盘。很多机构使用这本手册进行培训。

除了急救手册针对不同年龄阶段的学员外，青少年救护培训也根据不同的年龄段使用不同的教材，分为6—9岁；10—12岁；13—15岁三个年龄组。比利时红十字会还制作了与各种培训相对应的不同的练习册、光盘等。教师有教员手册（62页）、教学指南等多种培训用书。

（四）筹资与宣传

比利时红十字会为回顾过去的工作，制定未来的战略计划，每四年做一次市场调查，结果显示96%的公众知道红十字会，对红十字会的好感指数位列公众对不同机构好感指数的前三名。红十字会工作是多方面的，最知名的是献血、救援行动、急救培训，这些也是志愿者群体最多的项目。公众对红十字会的认知是筹资的基础。

1. 资金来源

比利时红十字会的资金52%来自供给医院的血液收入；26%来自为政府提供的服务收入；9%来自提供给企业、个人的服务收入；2.8%来自政府补贴；10%为自主筹款。

2. 筹资形式

筹资形式主要有针对个体展开的市场营销，遗产捐献和与企业开展的公益合作。254个分会每个分会都有一个志愿者做筹资宣传工作（3%的志愿者负责此项工作）。

个人捐款：锁定目标人群，通过电子邮件、直邮、年末邮寄挂历、短信、广告、杂志、上街直接捐款等活动实现。为了更好的锁定目标人群，比利时红十字会采用了先进的在线计算机数据库系统。通过所购买的客户资料（在比利时，有合法的相关市场分析公司收集并出售客户消费习惯等相关数据资料）和日常的捐款人信息收集，有效的利用计算机系统对捐款人进行分类，再针对不同分类，采取电子邮件、宣传品邮寄、短信等各种方式开展募捐活动。在得到善款捐赠的同时继续收集并分析捐款人的捐款行为，更新数据库。

比利时红十字会有一个名为“Music for Life”的广播筹资活动，于每年圣诞节期间举办，为期六天，每年的活动主题不同，是红十字会名副其实的宣传与筹资的金牌项目。

活动期间，红十字会联合地方电台在开阔的广场搭建一个用玻璃制作的室外直播间作为活动主现场，广场内还设有临时快餐店、水站、急救站等便民设施。

室外直播间内有三个拥有高知名度和迷人外表的电台 DJ 主持现场节目。在这个玻璃的直播间里，主持人的一举一动都是可见的，他们不可以进食，只可以喝水。与此同时，各地民众聚集在广场内，很多人会通过付费点歌、购买食品、发送短信、义卖等方式来支持红十字会的工作。

2010 年为“Music for Life”活动举办的第五年，活动主题是关注艾滋病孤儿。包括电台、电视台、报纸杂志、网络等各类媒体对活动进行了全方位的报道宣传。2010 年活动的电视收视率为 8%，200 万人在线收听，有近 1/3 的人（弗拉芒大区 600 万人口）参加这个活动。通过该活动，红十字会共收到 2000 个团体捐款及 1.5 万个人捐款，捐款数额从 2006 年的 270 万欧元增加到 500 万欧元。

遗产捐献：比利时红十字会有专人负责遗产捐献事宜的培训。财产所有者在生前立下遗嘱，明确去世后将遗产全部或部分捐给红十字会、其他组织或个人。比利时的遗产税很高，这也促使部分公民死后将遗产捐给慈善组织，其中包括红十字会。

企业捐款：一是企业捐款做慈善，不期待回报；二是赞助商赞助，增加知名度；三是和企业建立长期的互利共赢关系，定期捐款，如与度假公园合作 20 年、与午餐券公司合作已有五年等等。

比利时红十字会每年举办年会（竞赛会），请欧盟主席发奖，扩大红十字会影响。

基层红十字会最知名的筹款方式是卖玻璃贴（贴在汽车上），从 1961 年开始延续到现在。地方红十字会 80% 的收入来源于此种方式。购买玻璃贴在比利时已经不只是捐款，而是一种传统、一种象征、一种文化、一种态度。2010 年共卖了 54 万张，筹资 270 万欧元。

五

人名篇

中国红十字会历届领导人

名 单

1904 年～1910 年

1904 年 3 月 10 日，上海万国红十字会支会成立。一周后定名为上海万国红十字会，实行董事会制，由中、西董事联合组成。

董 事 会：45 人

主 席：英工部局值年总董培恩。

中方董事：10 人，以沈敦和为首。

西方董事：35 人，以李提摩太为首。

董事会下设执行董事 7 人。其中：中方董事 2 人（后为 3 人），以沈敦和为首。

西方董事 5 人，以英刑司威金生为首。

1905 年 9 月 5 日，日俄两国最终签订了《朴茨茅斯条约》，战争结束。此时上海万国红十字会已完成自己的使命。

1905 年 11 月上旬，突然有招商局抄示外务部致北洋大臣电，谓海参崴发生乱事，华民住处被焚，饬即派轮前往救护云云。上海万国红十字会当即与招商局商派海定号轮船，由牛庄折赴烟台，装足药片食物，前往救济。故万国红十字会得仍继续存在约 2 年之久。

吕海寰、盛宣怀光绪三十三年（1907 年 7 月 21 日）向清廷请旨试办中国红十字会的奏折名为《沥陈创办红十字会情形并请立案奖励折》。1908 年 5 月核定照准“著徐世昌查明具奏该部知道钦此”，上海万国红十字会结束解散。清政府就此开始运作创办中国红十字会之事。红十字会事务由吕海寰、盛宣怀等大臣监临。（见本年鉴研究篇）

1910 年～1911 年

1910 年 1 月，商约大臣吕海寰与前电政大臣吴重熹又上《酌拟中国红十字会试办章程请旨立案折》会奏试办中国红十字会，并酌拟试办章程 6 条附呈。试办章程六条中的第二条是“从前万国红十字会，由中西董会议刊刻中西合璧图记，钤用信守。现创设中国红十字会，拟请旨饬部铸造中国红十字会关防一颗，须由会长执掌印用，以照凭信。”

1910 年 2 月 27 日，军咨处向清廷上《详核红十字会原奏敬陈管见折》：“宣统二年正月十八日（2 月 27 日）奉谕旨，吕海寰等奏，酌拟中国红十字会试办章程，请立案一折，着派盛宣怀充红十字会长，余依议。该衙门知道钦此，由军机处抄交到处，自应钦遵办理。……再此折系军咨处主稿，会同外务部筹办，海军事务处、陆军部办理，合并声明谨奏。宣统二年四月十二日奉旨依议钦此。”大清红十字会正式成立。

会长：盛宣怀（1910 年 2 月—1911 年

10 月)

总董：沈敦和

1911 年～1912 年

辛亥革命事起，清政府将大清红十字会改名为中国红十字会。1911 年 11 月 13 日，发上谕任命前外务部尚书吕海寰担任中国红十字会会长。10 月 30 日，召开统一大会，总会设于北京，总办事处设于上海。会长驻总会，副会长及常议会驻总办事处。

会长：吕海寰（清政府委派）

总董：沈敦和、福开森（清政府委派）

理事长：沈敦和

理事：江绍墀（公推）

1912 年～1913 年

1912 年 9 月大总统委任吕海寰、沈敦和为中国红十字会正副会长。10 月，第二次常议会决议：正副大总统为红十字会名誉总裁。

名誉总裁：袁世凯

名誉副总裁：黎元洪

会长：吕海寰

副会长：沈敦和

常议会会长：沈敦和（兼）

理事长：江绍墀

1913 年～1922 年

1913 年 9 月 29 日召开中国红十字会第一次会员代表大会选举出领导人，由大总统任命。

名誉总裁：袁世凯

徐世昌（1918 年公推）

名誉副总裁：黎元洪

会长：吕海寰（1920 年 9 月辞职，公推为名誉会长）

汪大燮（1920 年 9 月民国政府任命）

副会长：沈敦和（1919 年辞职，1920 年 7 月过世）

蔡廷干（1919 年～1922 年）

蔡耀堂（驻京副会长 1922 年 8 月～）

杨晟（驻沪副会长 1922 年 8 月～）

常议会会长：沈敦和（兼）

杨晟（1920 年 7 月常议会公推）

常议员：朱佩珍、施则敬等 34 人

理事长：江绍墀（1914 年辞职）

赵鸿藻（1914 年～1918 年）

朱煜（1918 年～1919 年）

吴宝义（1919 年 1～5 月）

唐元湛（1919 年 5 月～1921 年 11 月）

庄录（1921 年 11 月～）

秘书长：冯恩崑

1922 年～1924 年

1922 年 6 月召开第二次会员代表大会，选举出的会领导由总统任命。

会长：汪大燮

副会长：蔡廷干、杨晟

议长：王震

副议长：盛炳记

1924 年～1928 年

1924 年常议会推选会长、副会长，由

政府任命。

会长：颜惠庆

副会长：蔡廷干（驻京副会长）

杨晟（驻沪副会长）

1928 年～1933 年

会长：颜惠庆

副会长：王正廷（1928 年 8 月）

虞和德（1928 年 8 月）

1931 年内政部、外交部拟定了管理红十字会法规，转呈立法院审核。

1933 年～1938 年

1933 年国民政府将中国红十字会改名为中华民国红十字会。

1934 年召开第一次理事联席会议，公推领导人。

名誉会长：蒋中正

名誉副会长：黄绍竑、吴铁成、颜惠庆、虞和德（治卿）

会长：王正廷（国民政府任命）

副会长：史量才、刘鸿生

（史量才被刺后，杜月笙继任）

秘书长：曹云祥

庞京周（1937 年继任）

常务理事：林康侯、闻兰亭、王一亭、王晓籁、关炯之

常务监事：黄涵之、钱新之、陆伯明

1938 年～1943 年

1938 年行政院增聘调整红十字会领导人。

名誉会长：蒋中正

名誉副会长：孔祥熙、宋子文、黄绍竑、吴铁成、颜惠庆、虞和德（治卿）

会长：王正廷

副会长：杜月笙、刘鸿生

常务理事：王晓籁、林康候、闻兰亭、王一亭、关炯之、钱新之、陆伯明

常务监事：黄涵之

秘书长：潘小萼

1943 年～1946 年

国民政府国防委员会通过改组由军事委员会对红十字会施以管制，制定了《战时监督红十字会暂行办法》，红十字会领导人仍由行政院聘任。

名誉会长：蒋中正

名誉副会长：宋美龄、戴季陶、孔祥熙、宋子文、吴铁成、王正廷、虞和德（治卿）

会长：蒋梦麟

副会长：杜月笙、刘鸿生

常务理事：戴季陶、商震、翁文灏、王晓籁、宋子文

常务监事：钱新之、张伯苓、宋汉章

理事：虞和德、杜月笙、刘鸿生、刘瑞恒、蒋梦麟、朱恒壁、康心之、缪加铭、杭力武、戚寿南

监事：陈仪、王世杰、邵力子、许世英、屈文六、周诒春、穆籍初、丁文渊、汤飞凡

秘书长：胡兰生

1946年~1949年

国民政府颁布《复原期间管理中华民国红十字会办法》，改组红十字会，会长、副会长、理事、秘书长由行政院聘任。

名誉会长：蒋中正

李宗仁（1948年增聘）

名誉副会长：宋美龄、戴季陶、孔祥熙、宋子文、吴铁成、王正廷

会长：蒋梦麟

副会长：杜月笙、刘鸿生

常务理事：蒋梦麟、蒋廷、金宝善、马超俊、吴有训、关颂声、徐国懋

理事：杜月笙、刘鸿生、谷正纲、杭力武、王云五、王晓籁、刘瑞恒、钱大钧、张蔼真、徐寄庼

秘书长：胡兰生

副秘书长：曾大钧、汤蠡舟

新中国成立后改组红十字会

1949年新中国建立前夕，蒋梦麟等带领红十字会总会机关大部分人员跟随国民党政府去台湾。刘鸿生、胡兰生等领导人和部分工作人员留在大陆。1950年中央人民政府对中华民国红十字会进行协商改组，改名为中国红十字会，改组会议由卫生部副部长苏井观、中国人民救济总会秘书长伍云甫、中国红十字会总会原秘书长胡兰生担任主席团主席。选出的中国红十字会第一届理事均由周恩来总理签署聘任书予以聘任。

1950年8月~1961年10月

（第一届）

会长：李德全

副会长：彭泽民、熊瑾玎、刘鸿生、胡兰生

党组书记：伍云甫

秘书长：胡兰生（兼）

副秘书长：林士笑、倪斐君

1961年10月~1979年2月

（第二届）

1961年10月23~27日，中国红十字会召开代表会议，选举产生第二届领导人，经国务院批准。

会长：李德全

副会长：伍云甫、赵朴初、熊瑾玎

党组书记：伍云甫

秘书长：彭炎

副秘书长：倪斐君

1965年中国红十字会进行改选，产生第二届新的领导人，党中央中发193号文件批复。

会长：钱信忠

副会长：伍云甫、刘清扬、熊瑾玎

赵朴初、彭炎、孟谦

党组书记：伍云甫

秘书长：彭炎（兼）

副秘书长：倪斐君、王敏

1979年2月~1985年5月

（第三届）

1979年中国红十字会进行改选，选举产生第三届领导人。中共中央组织部批准。

会长：钱信忠

副会长：杨纯、王仪、王敏、顾锦心、

沈其震、赵朴初、彭炎、熊天荆、龚普生、孟谦、王肇元、邓启修、魏龙镶、刘鹏飞

党组书记：杨纯

秘书长：王敏（兼）

副秘书长：吴日承

1985 年 5 月 ~ 1990 年 2 月

（第四届）

1985 年 5 月 31 日 ~ 6 月 1 日，中国红十字会召开第四次全国代表大会，选举产生第四届领导人。

名誉会长：朱学范、赵朴初、钱信忠

会长：崔月犁

副会长：谭云鹤、章明、沈辰、何理良、蔡壬癸

党组书记：谭云鹤

秘书长：蔡壬癸（兼）

副秘书长：范雨田、曲折

1990 年 2 月 ~ 1994 年 4 月

（第五届）

1990 年 2 月 15—17 日，中国红十字会召开第五次全国会员代表大会，选举产生第五届领导人：

名誉会长：朱学范、赵朴初、钱信忠、崔月犁

顾问：谭云鹤

会长：陈敏章

副会长：顾英奇（常务）、张德江、邹时炎

郝长元 1990 年 2 月 ~ 1992 年 2 月

胥昌忠 1992 年 2 月 ~ 1994 年 4 月

吴常康 1992 年 2 月 ~ 1993 年 1 月

孙柏秋

党组书记：顾英奇

秘书长：韩长林 1990 年 2 月 ~ 1992 年 2 月

吴常康（兼）1992 年 2 月 ~ 1993 年 1 月

曲折 1993 年 1 月—1994 年 4 月

副秘书长：曲折 1990 年 2 月 ~ 1993 年 1 月

1994 年 4 月 ~ 1999 年 10 月

（第六届）

1993 年 10 月 31 日，第八届全国人民代表大会常委会第四次会议通过《中华人民共和国红十字会法》，国家主席江泽民颁布第 14 号主席令施行。

1994 年 4 月 23 ~ 25 日，中国红十字会召开第六次全国会员代表大会，改选产生第六届领导人：

名誉会长：江泽民

名誉副会长：赵朴初、王光英、李沛瑶、钱信忠、崔月犁、陈敏章

会长：钱正英

副会长：顾英奇（常务）、范宝俊、杨崇春

林炎志 1994 年 4 月 ~ 1997 年 4 月

柳斌 1997 年 4 月 ~ 1999 年 10 月

彭玉 1997 年 4 月 ~ 1999 年 10 月

王立忠 1998 年 3 月 ~ 1999 年 10 月（专职）

孙柏秋（专职）、曲折（专职）

党组书记：顾英奇

秘书长：李长明 1994 年 4 月 ~ 1999 年

3 月

孙爱明 1999 年 4 月 ~1999 年 10 月

1999 年 10 月 ~2004 年 10 月

（第七届）

1999 年 10 月 11 ~13 日，中国红十字会第七次全国会员代表大会改选产生第七届领导人：

名誉会长：江泽民

名誉副会长：王光英、何鲁丽、赵朴初、钱正英、钱信忠、张文康

会长：彭珮云

副会长：王立忠（常务）、孙爱明（专职）

党组书记：王立忠

秘书长：苏菊香

副秘书长：汤声闻

1999 年 12 月 29 日，中央机构编制委员会以中编办批准中国红十字会总会“由卫生部代管改由国务院领导联系”。理顺了总会的管理体制。

2001 年 10 月 10 日中央机构编制委员会办公室关于印发《中国红十字会总会机关主要职责、内设机构和人员编制方案》的通知（中央编办发〔2001〕34 号），确定总会机关内设 4 个机构和机关党委，编制 60 名。

2004 年 10 月 ~2009 年 10 月

（第八届）

中国红十字会第八次全国会员代表大会于 2004 年 10 月 27 ~29 日在北京人民大会堂召开，选举出新一届领导人。

名誉会长：胡锦涛

名誉副会长：司马仪·艾买提、何鲁丽（女）、韩启德、傅铁山、黄孟复、张怀西

会长：彭珮云（女）

常务副会长：江亦曼（女）

副会长：朱庆生、姜力（女）、赵沁平、肖捷、沈国放、苏菊香（女，专职）、郭长江（专职）

党组书记：江亦曼（女）

秘书长：郭长江（兼）

顾问：王立忠、孙爱明、汤声闻

2009 年 10 月 ~

（第九届）

中国红十字会第九次全国会员代表大会于 2009 年 10 月 27 ~29 日在北京召开，选举出新一届领导人。

名誉会长：胡锦涛

名誉副会长：韩启德、桑国卫、黄孟复、张榕明（女）、李金华

会长：华建敏

常务副会长：王伟

副会长：何亚非、朱之鑫、陈小娅（女）、窦玉沛、王军、马晓伟、郭长江（专职）、郝林娜（女　蒙古族　专职）、王海京（专职）

党组书记：王伟

秘书长：王海京（兼）、王汝鹏（2010 年 4 月接任）

人 物 志

国际人道服务荣誉奖

获奖名单

1988年12月，姜健获美国红十字会“国际人道服务荣誉奖”。

1992年6月，张振坤获美国红十字会“国际人道服务荣誉奖”。

南丁格尔奖章

南丁格尔与南丁格尔奖章

费劳伦斯·南丁格尔（1820年5月12日~1910年8月13日）生于意大利中部的历史名城佛罗伦萨，后来随家迁居英国。幼年时就怀有一颗仁慈而美好的心灵。她鄙弃养尊处优和无聊的社交生活，不顾父母的反对，毅然于1850年离家去普鲁士学习护理，接受短期的医护训练。1853年受聘担任伦敦患病妇女护理会的监督职。

1854年到1856年间的克里米亚战争中，英国战地医院管理不善。条件极差，又没有护士护理伤病员，士兵死亡率高达50%多。南丁格尔得此消息后，即率领38名护士抵达前线，在四所战地医院里进行服务。当时前线药品缺乏，水源不足，卫生极差，但她毫不气馁，竭力排除种种困难，为伤病员解决必需用品和食品，组织士兵家属协同工作，增加他们的营养，从而使战地医院面貌改观。在短短的半年时间里，就使伤病员的死亡率下降到2.2%，她的功绩顿时传播四海。

南丁格尔在克里米亚战地为伤病员所做的忘我奉献，激励了后来不久成立的红十字会的成员。他们主张的人道宗旨，已生动而具体地体现于南丁格尔的战地活动实践中。因此，在她生前，国际红十字会在1907年的伦敦大会上就设立南丁格尔奖章，作为鼓励各国护士的国际最高荣誉奖。1912年，即南丁格尔死后第二年，在华盛顿举行的第九届红十字国际大会上正式确定颁发南丁格尔奖章，基金由各国红十字会认捐。具体颁发任务委托给在日内瓦的红十字国际委员会。

按照奖章条例，南丁格尔奖章系奖励“毕业护士和志愿助手，他们是红十字会或红十字会附属医护单位的积极分子或定期支持者。他们在战时或平时，以特别的勇气和献身精神为伤病员服务，因而建立了优异功绩”。在从事积极救助而牺牲的上述人员，亦可在“死后”追赠南丁格尔奖章。

南丁格尔奖章，在正常情况下，每两年颁发一次，每次最多颁发50枚奖章。至今为止，我国共有38名优秀护理工作者荣获此奖。

按照章程规定，受奖人名单公布后，要在当年举行隆重的授奖仪式，由国家元首或该国红十字会会长亲自颁发奖章，广泛进行宣传，鼓舞广大护理人员。

中国第二十九届至第四十三届南丁格尔奖章获得者名单

第二十九届（1983 年）

王琇瑛女，1908 年生，原中华护理学会副理事长

第三十届（1985 年）

司堃范女，1930 年生，原北京市红十字朝阳医院外科护士长

梁季华女，1916 年生，原广州市红十字医院护理部主任

杨必纯女，1940 年生，四川省泸州市红十字医院护理部副主任

第三十一届（1987 年）

史美黎女，1936 年生，上海市红十字医院胸外科护士长

陈路得女，1914 年生，原天津医学院附属医院顾问

张云清女，1925 年生，辽宁省肿瘤医院副主任护师

第三十二届（1989 年）

林菊英女，1920 年生，原中华护理学会理事长

周娴君女，1931 年生，湖南省湘西自治区人民医院副院长

孙秀兰女，1942 年生，河北省唐山市红十字儿童急救中心护士长

陆玉珍女，1934 年生，上海市遵义医院护理部主任

第三十三届（1991 年）

吴静芳女，1926 年生，河南省商丘地区医院护理部主任

第三十四届（1993 年）

李桂美女，1937 年生，青岛市传染病医院护士长

张水华女，1933 年生，宁夏医学院附属医院护理部主任

张瑾瑜女，1926 年生，福建省肿瘤医院护理部主任

第三十五届（1995 年）

孙静霞女，1914 年生，江苏省常州市第一人民医院护理部顾问

邹瑞芳女，1930 年生，浙江省湖州市第一人民医院护理部主任

第三十六届（1997 年）

汪赛进女，1923 年生，安徽省护理学会荣誉理事长

关小瑛女，1928 年生，原天津市护理学会理事长

陆冰女，1932 年生，上海市第六人民医院护理部主任

孔芙蓉女，1936 年生，河南省护理学会副理事长

黎秀芳女，1917 年生，解放军兰州军区总医院专家组成员

第三十七届（1999 年）

曾熙媛女，1933 年生，原中华护理学会理事长

王桂英女，1920 年生，原天津市护理学会理事长

秦力君女，1943 年生，原解放军总医院护理部主任

第三十八届（2001 年）

吴景华女，1932 年生，宁夏回族自治

区护理学会副理事长

王雅屏女，1945 年生，北京市红十字会急诊抢救中心副院长

李秋洁女，1949 年生，哈尔滨医科大学附属二院护理部主任

第三十九届（2003 年）

叶欣女，1956 年生，广东省中医院二沙岛分院急诊科护士长

钟华荪女，1947 年生，广东省护理学会副理事长、省人民医院护理部主任

李淑君女，1963 年生，解放军第二炮兵总医院口腔科护士长

姜云燕女，1976 年生，解放军喀喇昆仑模范医疗站护士长

苏雅香女，1945 年生，贵州省护理学会理事长

巴桑邓珠男，1951 年生，四川省甘孜州人民医院副院长

章金媛女，1929 年生，江西省南昌市第一人民医院原护理部主任

梅玉文女，1939 年生，天津市护理学会名誉理事长

李琦女，1942 年生，上海第二人民医院原护士长

陈东女，1944 年生，北京佑安医院护理部主任

第四十届（2005 年）

陈征女，1947 年生，北京地坛医院社会服务部主任

万琪女，1965 年生，解放军西藏军区总医院护理部主任

王亚丽女，1955 年生，甘肃省定西市人民医院护理部主任

刘振华女，1955 年生，山东省济南市皮肤病防治院麻风病房住院部主任

冯玉娟女，1952 年生，香港医院管理局九龙西联网护理总经理、广华医院及东华三院黄大仙医院护理部经理

第四十一届（2007 年）

泽仁娜姆，1968 年生，青海省同仁慢性病防治院主管护师

陈海花，1969 年生，北京军区总医院消化科护士

丁淑贞，1951 年生，大连医科大学附属第一医院护理部主任

聂淑娟，1947 年生，新疆医科大学第一附属医院主任护师

罗少霞，1950 年生，澳门镜湖医院护理部主任

第四十二届（2009 年）

刘淑媛，66 岁，首都医科大学附属北京安贞医院心血管外科重症监护室护士长

张桂英，39 岁，吉林省神经精神病医院精神科护士长

潘美儿，32 岁，浙江省皮肤病防治研究所住院部护士长

杨秋，33 岁，四川省都江堰向峨乡公立卫生院护士

鲜继淑，40 岁，重庆第三军医大学第一附属院医神经外科护士长

王文珍，46 岁，海军总医院护理部总护士长

第四十三届（2011 年）

孙玉凤，43 岁，上海皮肤病基院护理部副主任

张利岩，53 岁，武警总医院副院长、护理部主任

陈声容，47 岁，南京军区南京总医院妇产科护士长

陈容秀，67 岁，天津市肿瘤医际护理

质控中心主任

吴欣娟，53 岁，北京协和医院护理部主任

姜小鹰，58 岁，福建基科大学护理学院院长

赵生秀，53 岁，青海省人民医院副院长

索玉梅，59 岁，解放军第四医院医务处副主任护师

全国民族团结进步模范

中国红十字基金会赴西藏志愿医疗队被国家民委授予民族团结进步模范称号

1998 年 10 月 14 日，中华人民共和国国家民族事务委员会以民委（政）字〔1998〕322 号文件作出《关于授予中共中央办公厅赴青海省玉树藏族自治州帮扶组等单位和张继政等同志民族团结进步模范称号的决定》。决定指出：为贯彻党的十五大精神，加强社会主义精神文明建设，进一步巩固和发展平等、团结、互助的社会主义民族关系，促进民族团结进步事业不断发展，国家民委决定对中央、国务院有关部委、直属机构，各民主党派、人民团体，解放军、武警部队在促进民族团结进步事业和发展民族经济文化方面做出突出贡献的单位和个人进行表彰，授予中共中央办公厅赴青海省玉树藏族自治州帮扶组、中国红十字基金会赴西藏志愿医疗队等 133 个单位和张继政、李兰颂等 120 位同志民族团结进步模范称号。

决定强调：希望荣获民族团结进步模范称号的单位和个人，戒骄戒躁，再接再厉，不断取得新成绩。希望全国各族人民以民族团结进步模范为榜样，为维护祖国统一，增进民族团结，促进各民族共同繁荣做出更大贡献。

附录：民族团结进步模范集体、模范个人名单

民族团结进步模范集体、模范个人名单

中国红十字会总会

中国红十字基金会赴西藏志愿医疗队

李兰颂男汉族中国红十字基金会副秘书长

刘平男汉族哈尔滨医科大学第一临床医学院眼科副主任医师

周军男汉族北京市同仁医院眼科主治医师

冯永明男汉族光明集团股份有限公司总裁

（摘自于《人民日报》1999 年 1 月 16 日第 8 版）

全国红十字会系统先进集体和先进工作者

《关于表彰全国红十字会系统先进集体和先进工作者的决定》

（人发〔2002〕31 号
2002 年 3 月 22 日）

各省、自治区、直辖市人事厅（局）、红十字会：

新中国成立后，特别是改革开放以来，

在党中央、国务院的领导和社会各界的支持下，我国红十字事业蓬勃发展。1993 年 10 月 31 日《中华人民共和国红十字会法》的颁布施行，是我国红十字事业发展史上的一个里程碑。从此，全国各级红十字会组织和广大红十字工作者，以邓小平理论为指导，认真学习、努力实践江泽民同志“三个代表”重要思想，坚持依法建会、依法治会和依法兴会，抓住机遇，开拓进取，把国际红十字运动的基本原则与中国社会主义建设的实际相结合，积极探索建设有中国特色的红十字事业。在自身建设、备灾救灾工作、群众性卫生救护知识培训、社区服务、开展红十字青少年活动、推动无偿献血、进行社会救助、台湾事务工作以及对外交往等方面都取得了显著成绩，涌现出一大批先进集体和先进工作者。

为表彰他们的模范事迹，进一步弘扬“人道、博爱、奉献”的红十字精神，人事部、中国红十字会总会决定：授予北京市红十字会等 31 个单位“全国红十字会系统先进集体”荣誉称号；授予杨有平等 30 位同志“全国红十字会系统先进工作者”荣誉称号。被授予“全国红十字会系统先进工作者”荣誉称号的人员，享受省部级劳动模范和先进工作者待遇。

受到表彰的先进集体和先进工作者，有的从事红十字工作几十年，为红十字事业辛勤耕耘；有的锐意进取、开拓创新；有的埋头苦干，无私奉献；有的多方筹资，开展社会救助活动，把党和政府的关怀送到千家万户。他们以优异的成绩和良好的作风，赢得了广大人民群众的信赖和赞誉，展现了新时期红十字工作者高尚的思想品质和良好的精神风貌。

人事部、中国红十字会总会号召各级红十字会组织和全体红十字工作者向受到表彰的先进集体和先进工作者学习。学习他们开拓进取、不断创新、与时俱进的改革精神；学习他们心系群众、爱岗敬业、奉献爱心的高尚情操；学习他们艰苦奋斗、不辞辛劳、扎实工作的优良作风。希望受到表彰的先进集体和先进工作者把荣誉作为新的起点，谦虚谨慎，戒骄戒躁，再接再厉，为红十字事业做出新的更大的贡献。

全国各级红十字会组织和全体红十字工作者要以先进模范为榜样，高举邓小平理论伟大旗帜，紧密团结在以江泽民同志为核心的党中央周围，以“三个代表”重要思想为指导，齐心协力，努力拼搏，为建设有中国特色的红十字事业，为社会主义两个文明建设做出新的更大的贡献，以优异的成绩迎接党的十六大的胜利召开。

中国红十字会系统先进集体名单

（2002 年）

北京市红十字会
天津市红十字会
河北省石家庄市红十字会
山西省晋城市红十字会
内蒙古自治区通辽市红十字会
辽宁省沈阳市红十字会
吉林省延边州红十字会
黑龙江省密山市红十字会
上海市红十字会
江苏省红十字会

浙江省常山县红十字会
安徽省铜陵市红十字会
福建省厦门市红十字会
江西省九江市红十字会
山东省红十字会
河南省焦作市红十字会
湖北省武汉市武昌区红十字会
湖南省慈利县红十字会
广东省广州市红十字会
广西壮族自治区柳州市红十字会
海南省琼山市红十字会
四川省广元市红十字会
重庆市红十字会
贵州省贵阳市云岩区红十字会
云南省红十字会
西藏自治区红十字会赈济部
陕西省西安市红十字会
甘肃省天水市红十字会
青海省西宁市红十字会
宁夏回族自治区固原地区红十字会
新疆维吾尔自治区乌鲁木齐市红十字会

中国红十字系统先进工作者名单

（2002 年）

杨有平，女，50 岁，北京市通州区红十字会秘书长。

李彭林，女，53 岁，天津市汉沽区红十字会办公室主任。

曹雪梅，女，44 岁，河北省邯郸市红十字会秘书长。

杨竹梅，女，42 岁，山西省大同市红十字会专职副会长兼秘书长。

云曙碧，女，78 岁，内蒙古自治区红十字会会长。

郭春英，女，47 岁，辽宁省锦州市红十字会秘书长。

韩丽娟，女，40 岁，吉林省红十字会专职副会长。

崔淑珍，女，45 岁，黑龙江省哈尔滨市红十字会秘书长。

孙国华，女，54 岁，上海市南汇区红十字会常务副会长。

蔡丽萍，女，36 岁，江苏省响水县红十字会秘书长。

龚学跃，男，52 岁，浙江省乐清市红十字会秘书长。

赵胜利，女，54 岁，安徽省合肥市红十字会秘书长兼办公室主任。

陈金治，女，40 岁，福建省莆田市莆田县红十字会干部。

李安海，女，48 岁，江西省南昌市红十字会秘书长。

张玉荣，女，57 岁，山东省济宁市红十字会常务副会长。

严淑华，女，45 岁，河南省许昌市红十字会秘书长。

柯剑，男，44 岁，湖北省咸宁市红十字会秘书长。

赵云英，女，47 岁，湖南省衡东县红十字会副会长。

赵敢，男，59 岁，广西壮族自治区百色地区红十字会秘书长。

卓英，男，54 岁，海南省红十字会常务副会长。

赵国荣，女，47 岁，四川省红十字会主任科员。

彭东鲁，男，46岁，重庆市大足县红十字会副会长兼秘书长。

郭介华，男，57岁，贵州省铜仁地区副会长兼秘书长。

次仁旺堆，男，46岁，西藏自治区红十字会秘书长。

李辛，女，53岁，陕西省宝鸡市红十字会专职副会长兼秘书长。

郑怀安，男，55岁，甘肃省红十字会秘书长。

尼玛，女，44岁，青海省红十字会专职副会长。

刘静，女，43岁，宁夏回族自治区红十字会秘书长。

马春丽，女，40岁，新疆维吾尔自治区昌吉州红十字会专职副会长。

《关于表彰全国红十字会系统先进集体和先进工作者的决定》

（国人部发〔2004〕88号）

各省、自治区、直辖市人事厅（局）、红十字会：

在党中央、国务院的领导和关怀下，全国各级红十字会及广大红十字工作者，以邓小平理论和“三个代表”重要思想为指导，全面贯彻党的十六大精神，树立和落实科学发展观，坚持依法建会、依法治会和依法兴会，扎实工作、无私奉献，充分发挥了在人道主义救助工作领域政府助手的作用，涌现出一大批先进集体和先进个人。

为表彰他们的模范事迹，弘扬“人道、博爱、奉献”的红十字精神，人事部、中国红十字会总会决定：授予北京市西城区红十字会等29个集体“全国红十字会系统先进集体”荣誉称号；授予斯日古楞等10名个人“全国红十字会系统先进工作者”荣誉称号。被授予“全国红十字会系统先进工作者”荣誉称号的个人享受省部级劳动模范和先进工作者待遇。希望受到表彰的先进集体和个人珍惜荣誉，发扬成绩，戒骄戒躁，再立新功。

全国各级红十字会和全体红十字工作者要以受表彰的先进集体和个人为榜样，在以胡锦涛同志为总书记的党中央领导下，高举邓小平理论和“三个代表”重要思想伟大旗帜，解放思想，实事求是，开拓创新，与时俱进，不断推进中国红十字事业的发展，为全面建设小康社会、实现中华民族的伟大复兴而不懈奋斗。

中国红十字会系统先进集体名单

（2004年）

北京市西城区红十字会
天津市大港区红十字会
河北省保定市红十字会
山西省大同市城区红十字会
内蒙古自治区呼和浩特市红十字会
辽宁省辽阳市红十字会
吉林省通化市红十字会
黑龙江省佳木斯市红十字会
上海市南汇区红十字会
浙江省瑞安市红十字会

安徽省宿州市红十字会
福建省南安市红十字会
江西省南昌市红十字会
山东省济宁市红十字会
河南省红十字会
湖北省黄冈市蕲春县红十字会
湖南省红十字会
广东省肇庆市广宁县红十字会
海南省儋州市红十字会
四川省泸州市红十字会
重庆市开县红十字会
贵州省贵阳市红十字会
云南省红十字会备灾救灾中心
西藏自治区拉萨市城关区红十字会
陕西省宝鸡市红十字会
青海省红十字会
宁夏回族自治区红十字会
新疆维吾尔自治区红十字会

中国红十字会系统先进工作者名单

（2004年）

斯日古楞，女，55岁，内蒙古自治区赤峰市红十字会常务副会长。

刘琳娜，女，49岁，辽宁省红十字会常务副会长。

周莉，女，40岁，黑龙江省伊春市红十字会秘书长。

史庆荣，女，48岁，安徽省滁州市红十字会秘书长。

刘丽萍，女，51岁，山东省青岛市红十字会常务副会长。

牛茂修，男，44岁，河南省安阳市红十字会专职副会长。

龙军胜，男，49岁，广西壮族自治区红十字会秘书长。

喇建康，男，42岁，四川省凉山州红十字会秘书长。

阮姮，女，47岁，云南省昆明市红十字会常务副会长。

李云，女，55岁，新疆维吾尔自治区阿克苏地区红十字会主任科员。

人 名 录

卫生部 中国红十字会总会 总后勤部卫生部 关于表彰2010—2011年度无偿献血奉献奖金奖等奖项获奖者的决定

卫医政发〔2012〕76号

各省、自治区、直辖市卫生厅局、红十字会，新疆生产建设兵团卫生局、红十字会，各军区联勤部、各军兵种后勤部卫生部，总参三部后勤部，总参管理保障部、总政直工部、总装后勤部卫生局，军事科学院、国防大学、国防科技大学院（校）务部卫生部（处），总后直属单位卫生部门：

《中华人民共和国献血法》（以下简称《献血法》）实施以来，各级政府领导有力，有关部门大力配合，广大无偿献血者、志愿工作者和社会各界积极参与，我国的无偿献血事业取得了可喜的成绩。2010—2011年两年间，尤其是在2010年青海玉树地震、2011年7·23甬温线特别重大铁路交通事故等严重灾害医疗救治及血液保障工作中，各地涌现出了一批先进个人、单位、部队和省市。他们积极关心、支持无偿献血事业，为无偿献血工作作出了突出贡献。

为表彰先进，树立无私奉献、互助互爱的先进榜样，进一步激励有关部门、社会团体与健康适龄的公民积极参与无偿献血这项利国利民的社会公益活动，根据《献血法》和《全国无偿献血表彰奖励办法（2009年修订）》的规定，卫生部、中国红十字会总会、总后勤部卫生部决定，对在无偿献血工作中作出突出成绩的艾军生等23549名同志授予“无偿献血奉献奖金奖”，艾京等24692名同志授予“无偿献血奉献奖银奖”，艾双银等87076名同志授予“无偿献血奉献奖铜奖”；陈淑刚等1151名同志授予“无偿捐献造血干细胞奖”；董振海等5826名同志授予“无偿献血志愿服务奖”；蒋永和等10名同志、北京林业大学等69个单位授予“无偿献血促进奖”；天津市等八个省（市）和天津市河东区等236个市（区）授予“无偿献血先进省（市）奖”；65301部队等18个军队单位授予“无偿献血先进部队奖”。

卫生部、中国红十字会总会、总后勤部卫生部将对“无偿献血奉献奖金奖”、“无偿献血促进奖”、“无偿献血志愿服务奖终身荣誉奖”、“无偿献血先进省（市）奖”、“无偿献血先进部队奖”、“无偿捐献造血干细胞特别奖”的获奖者进行表彰。委托各省、自治区、直辖市对获得“无偿献血奉献奖银奖”、“无偿献血奉献奖铜奖”、“无偿献血志愿服务一星级至五星级奖”、“无偿捐献造血干细胞奉献奖”的获奖者予以表彰。

希望获奖的个人、单位、部队和省市珍惜荣誉，继续努力，充分发挥示范和带头作用，带动社会各界支持并参与无偿献血工作。我们号召社会各界向他们学习，齐心协力，为保证血液供应和安全，营造互助友爱的社会文明进步之风，促进医疗卫生事业的全面、协调、可持续发展作出新的更大的贡献。

附件：1. 无偿献血奉献奖金奖获奖名单
2. 无偿献血促进奖获奖名单
3. 无偿献血志愿服务奖终身荣誉奖获奖名单
4. 无偿献血先进省（市）奖获奖名单
5. 无偿献血先进部队奖获奖名单
6. 无偿捐献造血干细胞特别奖获奖名单
7. 无偿献血奉献奖银奖获奖名单、无偿献血奉献奖铜奖获奖名单、无偿献血志愿服务奖一星级至五星级奖获奖名单、无偿捐献造血干细胞奉献奖获奖名单（由各省、自治区、直辖市公布）

卫生部　中国红十字会总会
总后勤部卫生部
2012 年 11 月 28 日

附件 1

无偿献血奉献奖金奖获奖名单

（23549 人）

北京：艾军生　艾满清　艾启超　安柏祥
安冬霞　安广义　安　虎　安慧蛟
安建昌　安　磊　安　龙　安龙飞
安　平　安永军　敖立波　巴贵彪
白　冰　白　甫　白富云　白国斌
白国双　白吉武　白　静　白　连
白龙强　白清波　白小辉　白欣楠
白玉龙　白玉萍　白战平　白　振
柏海峰　柏　勇　班书田　班　越
包晨雷　包付国　包胜利　包兴民
包跃鹏　鲍爱华　鲍广伟　鲍双乐
边立海　卞桂廷　薄海武　薄惠中
薄小龙　蔡　超　蔡琛玮　蔡加峰
蔡其睿　蔡荣贤　蔡文娟　蔡文龙
蔡　雪　曹保锋　曹东旭　曹　华
曹利军　曹　胧　曹鲁鲁　曹　盼
曹苏群　曹万丽　曹望乾　曹文涛
曹小江　曹旭明　曹学龙　曹振虎
曹仲军　柴红涛　柴敬军　柴明山
柴西峰　柴　旭　常丙林　常高阳
常海光　常红光　常红忠　常洪瑞
常英豪　常政安　晁启凤　晁毓飞
晁中伟　陈保林　陈　波　陈春光
陈春艳　陈德华　陈东光　陈冬华
陈冬梅　陈冬梅　陈　峰　陈广利
陈贵波　陈国栋　陈国铎　陈国帅
陈海兰　陈浩波　陈　红　陈红军
陈红伟　陈华意　陈绩洋　陈家友
陈建民　陈　健　陈井文　陈　静
陈　昆　陈莉莉　陈力峰　陈连新
陈　联　陈　林　陈林枝　陈美媛
陈明荣　陈明伟　陈　鹏　陈鹏刚
陈　平　陈强生　陈庆春　陈瑞华
陈瑞龙　陈瑞明　陈尚波　陈仕斌
陈　帅　陈　涛　陈文生　陈文雪
陈　霞　陈小东　陈新冬　陈　兴

陈秀红 陈旭影 陈学红 陈易宝
陈印胜 陈永杰 陈永米 陈宇航
陈玉斌 陈媛娴 陈跃华 陈泽文
陈展鹏 陈占魁 陈占威 陈振合
陈 志 陈志海 陈志强 陈志星
陈 炙 陈中国 陈 杜 程国云
程海峰 程洪诗 程 军 程凌祥
程 明 程培山 程启忠 程清林
程伟华 程雪诗 仇明华 仇明云
初传贵 楚新利 楚宗斌 褚文全
丛 涛 丛 文 丛 颖 崔宝金
崔桂军 崔海明 崔华荣 崔华松
崔 俊 崔克志 崔林林 崔明军
崔明明 崔日龙 崔晓羽 崔 鑫
崔艳宾 崔友明 崔玉虎 代晓波
代 宗 戴景晓 戴 珺 戴启斌
戴腾飞 单长雷 单涛清 党会森
党民兴 党 培 邓高红 邓光江
邓国兵 邓国良 邓海阔 邓晓海
邓占平 刁春霞 丁长安 丁 晨
丁传道 丁国龙 丁 建 丁淑明
丁 爽 董博文 董高进 董光路
董光照 董建国 董建平 董金义
董林林 董龙龙 董茂林 董明辉
董喜文 董小锋 董 新 董秀林
董玉海 董玉芹 董章程 都彦坤
豆学礼 窦号军 杜 海 杜洪松
杜景旺 杜君恒 杜 坤 杜马义
杜鹏飞 杜 莎 杜世强 杜万普
杜小帅 杜晓争 杜永平 杜志凯
段长水 段静静 段雷宏 段 楠
段松峰 段玉龙 段争明 敦山新
鄂 笠 恩志强 凡定智 樊德明
樊国民 樊红林 樊 华 樊 辉
樊利学 樊 琦 樊玉花 樊云奇

范丙奎 范德岭 范凤格 范耕坤
范桂清 范洪建 范吉高 范进涛
范 磊 范其海 范淑玲 范雪冰
范银峰 范永伟 方 波 方 杭
方 熇 方 鹏 房扇广 费利芳
费利青 冯德果 冯风云 冯广超
冯国强 冯 海 冯海臣 冯海明
冯建华 冯庆方 冯双平 冯晓亮
冯彦龙 冯益东 冯元堂 冯重阳
冯宗珠 冯佐根 付春江 付春亮
付春强 付春强 付德清 付德庆
付东方 付国斌 付金海 付李林
付丽英 付 强 付 荣 付卫卫
付秀梅 付亚振 付 真 富成江
富禄搏 甘立锁 甘上淼 高兵飞
高昌林 高长利 高德彬 高恩涛
高飞龙 高 峰 高 峰 高锋垒
高国民 高建成 高金龙 高晋通
高京丽 高景峰 高九艳 高丽娜
高连英 高明星 高庆垒 高尚伟
高少元 高士柯 高世珍 高树平
高 帅 高素芬 高天祥 高文住
高向南 高延军 高延林 高 洋
高 瑶 高 雨 高云冲 高云霞
高运良 高 占 高战东 高振河
高 震 高志伍 高仲山 葛 超
葛建军 葛鹏飞 葛兴刚 葛彦朋
葛永生 葛永锁 葛运财 葛中秋
耿满富 耿晓运 宫巨江 宫显阳
龚 华 龚秋君 龚少安 龚玉龙
巩树洋 贡小刚 勾秀武 苟 娟
古国全 谷国苍 谷俊生 谷永丰
顾德周 顾善来 关百强 关凤瑞
关红斌 关记成 关维宾 关 振
管东民 管清伟 郭宝华 郭 兵

郭常翼　郭成阔　郭春生　郭灯明
郭光胜　郭海良　郭海泉　郭红军
郭红伟　郭宏民　郭洪涛　郭　辉
郭继传　郭津伟　郭　莉　郭　利
郭　亮　郭留杰　郭路杰　郭　明
郭沫飞　郭彭年　郭　强　郭清田
郭庆刚　郭全武　郭胜超　郭　松
郭文学　郭现化　郭　湘　郭小超
郭晓亮　郭晓佩　郭秀春　郭秀梅
郭雅琼　郭亚军　郭亚威　郭延斌
郭　艳　郭永彬　郭玉霞　郭云涛
郭占坡　郭志诚　郭志刚　果长合
果连军　果　硕　哈长春　韩　冰
韩广建　韩国林　韩国英　韩海燕
韩建文　韩　军　韩俊武　韩　磊
韩立杰　韩　帅　韩伟胜　韩　祥
韩晓梅　韩　笑　韩秀芝　韩旭光
韩　煦　韩　毅　韩柚清　韩　余
韩瑜峰　韩　玥　韩振波　韩正国
韩志杰　韩忠华　郝二小　郝　刚
郝　钢　郝桂兰　郝建国　郝建国
郝建国　郝建国　郝建国　郝建国
郝景义　郝连群　郝　伦　郝　倩
郝　强　郝书娥　郝书娟　郝苏民
郝　伟　郝文福　郝晓丽　郝玉权
郝钟华　何爱国　何长勇　何栋生
何恩全　何广彬　何洪兴　何江灿
何开封　何明军　何　牧　何　平
何铁臣　何　伟　何现康　何晓宇
何　新　何旭峰　何银连　何友财
何玉青　何玉婷　何云峰　何运书
何忠源　贺东胜　贺兴明　赫岩松
侯成信　侯翠丽　侯　笛　侯东杰
侯福来　侯福永　侯继红　侯建峰
侯俊涛　侯立军　侯鹏飞　侯前鑫
侯　师　侯衍山　侯艳超　侯迎春
侯永彪　侯永利　侯雨涵　侯　珍
候庆广　胡宾开　胡长炳　胡长俊
胡朝友　胡德明　胡德胜　胡东兴
胡桂龙　胡国阁　胡海超　胡海城
胡海江　胡海杰　胡海利　胡海涛
胡红川　胡　辉　胡建民　胡建文
胡江波　胡　鹏　胡平利　胡　强
胡勤豹　胡　瑞　胡瑞军　胡尚录
胡胜利　胡显浪　胡香坤　胡小冬
胡晓梅　胡玉然　胡玉香　胡云鹏
胡振如　胡志超　胡志刚　胡志强
花　超　华　程　槐学力　黄辰光
黄　成　黄大志　黄高杰　黄国强
黄海鹏　黄军珲　黄立君　黄令军
黄培辉　黄世菊　黄守春　黄嗣钧
黄庭坚　黄　伟　黄文彬　黄文凯
黄小峰　黄新雄　黄旭亮　黄学兵
黄亚文　黄永亮　黄玉枝　黄正坤
黄志雄　回　音　惠磊磊　慧　力
霍爱军　霍　朋　霍鹏翔　霍玉磊
霍志贵　姬占标　吉秀云　纪连和
季德刚　季福喜　季　洋　冀金亮
冀　楠　冀　雄　冀亚峰　贾　滨
贾存旺　贾凤丽　贾光锋　贾海静
贾海洋　贾宏婷　贾俊林　贾俊卿
贾凯凯　贾立刚　贾立辉　贾　林
贾　齐　贾瑞霞　贾仕芬　贾文中
贾秀萍　贾亚楠　贾砚军　贾永荣
贾　勇　贾增永　贾振忠　江欢迎
江胜辉　姜宝库　姜尔波　姜　华
姜会明　姜金硕　姜庆龙　姜胜荣
姜　涛　姜天宝　姜　颖　蒋冬生
蒋　敏　蒋淑兰　蒋卫国　焦天池
焦永利　金春芹　金春艳　金光瑞

金弘善 金洪亮 金巨亮 金明亮
金 平 金 霄 金 勇 金 源
晋 枫 晋剑锋 靳爱泳 靳明如
靳书丰 荆月英 敬先云 靖春杰
阚志强 康宝山 康现伟 康拥军
康永平 康 勇 康玉海 康玉龙
亢亭涛 柯昌汉 柯昌远 孔 超
孔凡帅 孔繁昌 孔 军 孔启磊
寇高磊 寇海森 赖远孟 兰大力
兰建文 兰 军 兰瑞华 蓝仕鹏
郎春鹏 郎桂春 雷红忠 雷新平
黎 达 黎居一 李爱民 李爱文
李 苞 李宝灵 李宝明 李保建
李 兵 李兵兵 李 波 李彩艳
李长浩 李长惠 李长青 李长友
李 超 李 超 李 超 李成雷
李程程 李崇胜 李传芳 李春海
李春蕾 李春林 李春阳 李春雨
李慈应 李翠楠 李存俊 李道峰
李德贵 李德军 李德龙 李德伟
李丁鹏 李东光 李冬飞 李 栋
李恩会 李二庆 李发俊 李 飞
李风亭 李 峰 李凤玲 李凤芝
李孚宇 李福顺 李福喜 李福新
李钢领 李跟江 李更春 李耕强
李广禄 李 国 李国臣 李国军
李国雨 李海长 李海菊 李海旺
李海周 李 寒 李汉军 李 菡
李 航 李红霞 李红霞 李洪光
李洪军 李洪瑞 李鸿涛 李 华
李 华 李华宝 李怀光 李会龙
李 慧 李慧民 李吉秀 李继伟
李加林 李加稳 李 佳 李 家
李家强 李嘉琦 李建军 李建军
李建民 李建星 李建中 李 健

李 江 李 江 李江泊 李江会
李金财 李金锋 李金君 李金鹏
李锦平 李晋文 李京贤 李晶坤
李晶璞 李晶莹 李景花 李景辉
李景芝 李景志 李敬金 李 静
李九松 李 娟 李 军 李 军
李军锋 李军红 李军儒 李 均
李俊峰 李俊军 李俊玲 李克海
李克中 李 磊 李 磊 李立兵
李立国 李 丽 李 丽 李丽华
李利军 李连禄 李 林 李 琳
李凌峰 李刘威 李留帅 李 龙
李 龙 李龙元 李 梅 李 萌
李 猛 李 蒙 李孟超 李梦龙
李 明 李 娜 李 宁 李 宁
李宁宁 李培东 李朋飞 李 鹏
李 平 李 平 李 平 李倩倩
李 强 李清平 李庆安 李庆齐
李庆银 李庆云 李全保 李全军
李全战 李任伟 李荣军 李荣鹏
李 锐 李瑞明 李尚龙 李尚明
李绍春 李生波 李生国 李胜荣
李士良 李书青 李淑梅 李树根
李树华 李 帅 李 帅 李栓群
李双阳 李 爽 李 顺 李松昼
李松鹏 李 涛 李 涛 李 涛
李 涛 李腾飞 李天舒 李铁龙
李铁梅 李庭明 李万江 李万禄
李 旺 李 威 李 伟 李 伟
李伟超 李伟家 李 卫 李 文
李文彬 李文彬 李文峰 李文建
李文山 李文学 李相福 李祥业
李霄君 李小波 李小红 李小利
李小明 李晓静 李晓蕾 李晓龙
李晓宁 李 新 李 鑫 李 雄

李秀琴　李学健　李学民　李学文
李雪全　李雪松　李　岩　李　岩
李彦良　李艳红　李燕波　李燕兰
李　阳　李　阳　李幺林　李　也
李　烨　李倚天　李义和　李鹰山
李　颖　李　颖　李永福　李永刚
李永红　李　勇　李　友　李玉林
李玉霞　李玉忠　李月梅　李越江
李云和　李云鹏　李云勇　李泽震
李增水　李增戌　李增智　李赵华
李征科　李　峥　李正国　李志波
李志刚　李志刚　李志光　李志国
李志军　李志雷　李志龙　李志强
李志英　李志远　李　忠　李忠祥
李朱存　李　柱　李柱军　李卓洋
李子凤　李宗宾　李宗辉　历福山
栗桂英　栗全海　连风强　连运祥
梁春立　梁东红　梁　非　梁海波
梁华洋　梁欢欢　梁会军　梁慧媛
梁建立　梁乃跃　梁青松　梁仁爽
梁树春　梁伟只　梁　卫　梁　喜
梁　晓　梁　振　梁之山　林国章
林建军　林金实　林　劲　林永杰
林再春　林泽文　林志军　林志军
林志军　林志军　林志勇　凌宝富
凌陈贵　刘爱军　刘爱林　刘磅礴
刘宝来　刘保品　刘　斌　刘炳忠
刘长福　刘长良　刘　超　刘　晨
刘　闯　刘传成　刘春平　刘慈中
刘翠英　刘得跃　刘德福　刘德霓
刘德月　刘德月　刘　顶　刘东亮
刘东旭　刘　帆　刘风荣　刘　锋
刘凤岭　刘复庆　刘　歌　刘贵荣
刘桂海　刘桂军　刘国良　刘国民
刘国强　刘国祥　刘果平　刘海军

刘海龙　刘海全　刘海洋　刘汉磊
刘　浩　刘红生　刘　宏　刘洪生
刘怀宝　刘欢喜　刘惠永　刘　慧
刘　佳　刘　佳　刘佳佳　刘家良
刘　建　刘建华　刘建辉　刘建军
刘建平　刘建平　刘建英　刘　剑
刘金城　刘金磊　刘金梅　刘金星
刘进军　刘井芬　刘　静　刘　军
刘　军　刘　军　刘军会　刘　君
刘俊海　刘俊章　刘开容　刘兰柱
刘　雷　刘　磊　刘　磊　刘　莉
刘立国　刘立军　刘立勇　刘利臣
刘连香　刘　龙　刘满权　刘美星
刘民涛　刘　楠　刘　奇　刘钦海
刘青山　刘秋来　刘全金　刘少华
刘世强　刘树清　刘帅帅　刘拴孝
刘双成　刘太良　刘汪兴　刘　伟
刘　伟　刘　伟　刘伟领　刘玮婷
刘文宝　刘文博　刘文举　刘文廷
刘西杰　刘希东　刘　先　刘显奎
刘献广　刘项辉　刘晓辉　刘晓燕
刘孝礼　刘　鑫　刘秀娥　刘　旭
刘　旋　刘学霸　刘学芬　刘亚雷
刘亚丽　刘艳伟　刘　秧　刘　洋
刘亿宝　刘　颖　刘永光　刘永辉
刘永建　刘永深　刘永生　刘瑀石
刘玉汾　刘玉军　刘玉庆　刘玉伟
刘玉文　刘元超　刘远荣　刘跃权
刘云飞　刘云肖　刘召金　刘照明
刘　真　刘志彬　刘志华　刘志军
刘志明　刘志伟　刘志新　刘智峰
刘智勇　刘中科　刘　卓　刘子康
柳长龙　柳　青　柳艺峰　龙殿春
龙建生　龙柳生　卢　芳　卢　刚
卢佳艺　卢金波　卢西胜　卢志文

芦宏亮　芦雪林　鲁　标　鲁彬琳
鲁云鹏　陆柏松　逯振义　路桂中
路霆钰　路玉浩　路正昆　吕　宾
吕付林　吕桂兰　吕桂梅　吕红伟
吕俊峰　吕霖堃　吕乃娥　吕瑞勤
吕淑平　吕　兴　吕永成　吕增武
罗朝刚　罗　丹　罗　东　罗汉英
罗开彦　罗培旭　罗培洋　罗世华
罗述安　马本歧　马炳森　马　博
马长有　马　超　马成民　马春霖
马春雨　马芳斌　马　刚　马贺杰
马红强　马洪超　马虎林　马会彬
马　净　马　均　马俊华　马立军
马　丽　马连军　马　亮　马林育
马明明　马青福　马全春　马荣坤
马荣浴　马如意　马瑞兵　马淑芬
马　涛　马万青　马喜来　马孝洪
马新刚　马新海　马新伟　马兴杰
马幸福　马旭林　马延强　马彦龙
马艳峰　马艳华　马　燕　马　杨
马永生　马玉兰　马园诏　马　越
马　云　马云华　马云燕　马正军
马正民　马志辉　满　达　满利波
毛立斌　毛　明　毛　英　毛迎军
梅　丛　梅建军　梅立强　梅士华
梅小林　门海锋　蒙占田　孟　宾
孟凡杰　孟繁兴　孟嘉康　孟　杰
孟立金　孟令磊　孟　梦　孟庆来
孟庆文　孟婷婷　孟显锋　孟宪永
孟祥刚　孟祥念　孟　欣　孟召军
米海龙　米　洁　秘运山　苗立佳
苗全福　苗永梅　苗永梅　闵洪峰
牟启龙　牟文彬　穆　雪　穆宗杰
那义忠　南二猛　倪春勤　倪海永
聂俊虎　聂秀玲　宁世广　宁　顺

牛　兵　牛丙朋　牛庆杰　牛晓凯
欧　琼　欧显琼　欧香菊　潘东山
潘福庆　潘光瑞　潘　辉　潘　凯
潘庆阳　庞邓喜　庞来川　庞　林
庞青林　庞　双　庞学景　裴春梅
裴高伟　裴红彬　裴金玲　裴学军
裴志双　彭大春　彭　芳　彭广月
彭海龙　彭洪明　彭名申　彭思远
彭　伟　彭伟杰　彭雪松　彭宇阳
彭云宁　蒲灯明　蒲燕斌　浦凤英
戚乐周　亓建彬　亓玖江　祁　红
祁军领　祁　伟　祁志梅　齐宝武
齐广中　齐桂春　齐海乐　齐海龙
齐海旺　齐君长　齐森光　齐树友
齐　涛　齐　文　齐　云　钱富东
钱利德　钱志刚　乔　锋　乔福贵
乔国盛　乔　龙　乔庆涛　乔　珊
乔　硕　乔卫峰　乔秀娟　乔　勇
乔志科　秦春梅　秦昊天　秦孟芳
秦永海　邱　红　邱建国　邱式贡
邱寿功　邱万永　邱志广　曲翠芬
曲翠莲　曲金龙　曲　阳　曲　杨
曲志恒　屈　栋　屈红岩　屈洪泽
屈　勇　屈玉福　全国平　全　华
权春国　任爱花　任　宾　任常安
任观霞　任国成　任浩丞　任加平
任金龙　任　璟　任昆峰　任　盼
任天鑫　任天悦　任相伟　任小平
任新生　任学明　任雪雁　任永望
任招轩　任志华　沙鹏飞　沙彦国
沙彦勇　商德华　商　杰　商书凤
商志鑫　尚景田　尚铭雷　尚卫东
尚　勇　邵春风　邵东壁　邵　国
邵　华　邵进成　邵景录　邵礼彬
邵烈光　佘海杰　申国平　申　坚

申建军　申江涛　申庭雪　沈　滨
沈国栋　沈怀宁　沈继惠　沈　建
沈　建　沈林杰　沈希林　沈秀秀
沈　阳　盛正良　师付民　施国林
施水强　石长飞　石改生　石建生
石钧亮　石雷只　石　磊　石立恒
石连英　石青伟　石生刚　石　雨
石元足　时利军　史　程　史　程
史大山　史　东　史金玉　史　义
史玉可　舒　敏　舒士三　帅保明
帅　非　税　嘉　司　虎　司俊岭
司留根　宋长松　宋春阳　宋德才
宋关英　宋国亮　宋国阳　宋建兴
宋金禄　宋景英　宋均尚　宋连猛
宋少平　宋胜利　宋万军　宋文春
宋新亮　宋秀安　宋学霞　宋永峰
宋志强　苏　丹　苏德永　苏东旭
苏国华　苏　海　苏　俊　苏丽杰
苏　青　苏善玲　苏　涛　苏万勇
苏小红　苏小艳　苏一茜　苏忠贵
宿一奇　眭　娟　隋保学　隋东阳
隋国庆　隋名坤　孙百柱　孙宝成
孙宝乐　孙　兵　孙长刚　孙长森
孙德安　孙冬利　孙福建　孙福明
孙福顺　孙国瑞　孙海涛　孙合军
孙宏安　孙洪波　孙洪亮　孙洪英
孙　辉　孙会金　孙　姣　孙金柱
孙京涛　孙　晶　孙军生　孙俊海
孙　磊　孙　丽　孙连义　孙茂程
孙美军　孙　萌　孙明强　孙　频
孙启刚　孙　强　孙巧军　孙　然
孙荣付　孙少峰　孙士超　孙士清
孙通渠　孙为霞　孙　伟　孙文彬
孙喜刚　孙先可　孙向东　孙小林
孙小侠　孙晓娣　孙新鑫　孙　旭

孙学博　孙学峰　孙学孟　孙雪梅
孙岩芝　孙颜军　孙　洋　孙　英
孙永洪　孙占友　孙振臣　孙振军
孙正伟　孙志伟　索　朴　塔桂客
台国良　覃在斌　谭昌旺　谭清良
谭为涤　谭雄刚　檀志军　汤靖峰
汤青林　汤增桃　唐春明　唐纯羽
唐大庆　唐德华　唐建龙　唐　明
唐少国　唐永进　唐友峦　唐子俊
陶金伟　陶开宁　陶连彪　陶文杰
田春祥　田殿雨　田　东　田菲菲
田凤海　田广林　田海燕　田建民
田　凯　田利涛　田　娜　田强辉
田瑞德　田树德　田天友　田万丰
田　喜　田晓宏　田　耀　田一泽
田　玥　田志方　田自伟　同永恒
佟　飞　佟　刚　佟启库　佟　然
佟增元　涂正军　拓建奎　万国保
万　乐　万述英　万述英　汪金龙
汪胜雷　汪　涛　汪新军　汪永胜
汪　雨　王爱东　王爱国　王爱民
王百川　王宝贵　王保杰　王保军
王保全　王　兵　王　波　王伯伍
王渤亮　王长青　王长生　王长印
王长玉　王　晨　王　成　王成龙
王传明　王春凤　王春辉　王春杰
王春雷　王春阳　王大凯　王大洋
王　东　王　东　王东贵　王东强
王冬兰　王冬玲　王冬梅　王都强
王二强　王凡林　王　方　王风开
王　峰　王凤军　王凤伍　王凤艳
王凤芝　王夫红　王　福　王付宽
王付阳　王富海　王　刚　王　岗
王冠军　王冠中　王光杰　王贵斌
王桂波　王桂芹　王国辉　王国立

王国平 王国芹 王国拴 王海波
王海丰 王海峰 王海锋 王海通
王海雄 王海彦 王海洋 王 昊
王和臣 王和平 王红群 王洪彬
王洪杰 王洪丽 王洪敏 王 华
王华兰 王 化 王化恒 王化军
王化松 王 欢 王 辉 王徽青
王回平 王会民 王会雨 王继兴
王家强 王甲顺 王建才 王建东
王建刚 王建国 王建华 王建军
王建立 王建丽 王建令 王建社
王建新 王 健 王 健 王杰磊
王金铂 王金超 王金玲 王金霞
王金艳 王进宝 王进术 王京生
王景海 王 静 王静娜 王 军
王军超 王军辉 王军民 王军伟
王 君 王俊斌 王俊秀 王俊征
王 恺 王 康 王 康 王珂璋
王 科 王克琴 王 匡 王奎军
王 琨 王雷霞 王 磊 王立春
王立军 王立军 王立山 王立山
王立伟 王立伟 王立业 王立有
王 丽 王丽军 王利兵 王连兰
王连旺 王林秋 王柳晨 王 龙
王露露 王濛濛 王 猛 王 敏
王 明 王明田 王娜娜 王 楠
王培传 王佩宽 王彭朝 王 鹏
王 平 王奇武 王 琪 王 琪
王 琪 王起福 王倩倩 王勤凤
王青海 王清华 王 庆 王全伟
王入谦 王瑞福 王瑞华 王睿男
王 赛 王善清 王少玉 王少玉
王深深 王胜勇 王诗君 王士武
王世清 王世钰 王守令 王书兵
王淑琴 王 帅 王 帅 王帅兵

王双辉 王 硕 王松林 王索金
王锁柱 王 涛 王 韬 王同军
王 彤 王万鹏 王 王 王 巍
王 伟 王伟芝 王文华 王文杰
王文琦 王文远 王现国 王香团
王向辉 王小凤 王小军 王小康
王小文 王晓超 王晓庆 王孝林
王欣冉 王 新 王新刚 王新光
王新龙 王新瑞 王 鑫 王 鑫
王兴龙 王兴伟 王秀俊 王秀玲
王秀敏 王秀起 王秀清 王许朋
王 旭 王学华 王学军 王学强
王学芹 王学义 王雪冬 王勋平
王亚彬 王亚娟 王亚星 王延庭
王艳梅 王艳民 王宜洪 王 颖
王 颖 王永利 王永强 王永强
王永水 王 勇 王勇强 王宇飞
王宇巍 王玉明 王玉强 王玉荣
王玉容 王玉伟 王玉兴 王跃章
王云成 王运涛 王增海 王占军
王占军 王占民 王占兴 王召辉
王 哲 王 哲 王 振 王振才
王振东 王振富 王振国 王振海
王振华 王振杰 王 争 王正学
王之国 王 值 王志锋 王志刚
王志国 王志军 王志军 王志民
王志强 王志祥 王志新 王 智
王忠福 王忠厚 王忠华 王忠敏
王子彪 王自伟 韦国清 韦宏远
韦岩东 卫春茂 卫景荣 卫腾飞
卫重宇 位方强 蔚绒彪 魏才源
魏 峰 魏改风 魏金彪 魏磊磊
魏起勇 魏士广 魏世益 魏书森
魏祥华 魏志远 温建国 温凯瑶
温堪柱 温喜会 温向东 温志加

文金崇　文　龙　文　明　文　宙
闻心鹏　翁　超　沃涛明　吴　博
吴朝辉　吴朝勇　吴　辰　吴东方
吴方忠　吴广臣　吴国良　吴国顺
吴海涛　吴海涛　吴海英　吴建波
吴建龙　吴建楠　吴江涛　吴　疆
吴金超　吴金琦　吴京伟　吴镜伟
吴来福　吴　磊　吴立辉　吴立龙
吴庆军　吴　森　吴世刚　吴书敏
吴　帅　吴　松　吴　腾　吴　桐
吴　伟　吴文云　吴小壮　吴学志
吴雪忠　吴逸骖　吴永杰　吴永涛
吴玉凤　吴月军　吴云鹏　吴振伟
吴作旺　吴作意　武海申　武少为
武文帅　武晓君　武　雪　武永博
武永申　席会颖　席强胜　夏国营
夏宏宇　夏庆喜　夏忠荣　向长翠
向长翠　向常翠　项天武　肖本秀
肖国峰　肖海朋　肖丽刚　肖上明
肖　霞　肖永鹏　肖玉新　肖占娟
谢　凡　谢　樊　谢金山　谢琪玲
谢少福　谢小威　谢亚东　谢　宇
辛明辉　辛中义　邢秉全　邢　程
邢大山　邢　栋　邢化成　邢　杰
邢立英　邢亚斌　邢玉祥　熊诗同
熊振辉　修明志　胥　虎　徐保国
徐长虹　徐传城　徐传英　徐传芝
徐大伟　徐东为　徐二伟　徐　锋
徐福川　徐国全　徐国双　徐　辉
徐　会　徐佳辉　徐嘉文　徐建军
徐敬延　徐　康　徐可荣　徐立军
徐林泰　徐林伟　徐明茹　徐明姝
徐　樵　徐世卿　徐双喜　徐　伟
徐文伟　徐　秀　徐艳龙　徐永超
徐永三　徐玉胜　徐振军　徐忠涛
许爱军　许保金　许　斌　许长发
许　超　许　锋　许凤明　许凤明
许国庆　许继旺　许建华　许建良
许金红　许锦兵　许俊伟　许　磊
许木锋　许瑞金　许晓艳　许以品
许振民　许　柱　许　柱　宣宏宾
宣淑萍　薛大宝　薛　海　薛华平
薛金花　薛　礼　薛庆会　薛伟举
薛希军　薛勇锋　薛占廷　闫成盼
闫成平　闫海涛　闫　红　闫华伟
闫化林　闫建华　闫坤坤　闫潘登
闫鹏飞　闫士伟　闫　伟　闫校刚
闫新鱼　闫雅辉　闫溢涛　闫　勇
闫昱华　闫　振　闫志彬　严丽君
严子红　阎　超　阎　鹏　颜疆亚
颜金飞　颜景贵　颜景生　颜　蓉
燕冠臣　杨爱华　杨宝成　杨保国
杨参军　杨长年　杨春根　杨春节
杨春杰　杨道古　杨德明　杨　迪
杨定光　杨　东　杨　刚　杨　刚
杨桂恩　杨桂芳　杨桂芳　杨国富
杨国军　杨国欣　杨海丰　杨海民
杨　宏　杨洪东　杨洪利　杨洪运
杨厚福　杨　华　杨　华　杨华杰
杨　辉　杨会生　杨惠峰　杨　慧
杨建平　杨　健　杨金华　杨金星
杨金柱　杨　晶　杨景田　杨　静
杨　军　杨　军　杨　军　杨军军
杨军军　杨军龙　杨克武　杨奎亮
杨　乐　杨立海　杨立友　杨　利
杨利兵　杨利英　杨　林　杨留长
杨　龙　杨路磊　杨明甫　杨　朋
杨鹏程　杨其河　杨仁涛　杨如刚
杨胜鼎　杨胜义　杨圣涛　杨书荣
杨树清　杨　帅　杨素军　杨铁强

杨廷宝　杨　维　杨　伟　杨卫忠
杨文彬　杨文丰　杨文龙　杨文元
杨文志　杨喜来　杨喜玉　杨宪波
杨晓明　杨学武　杨彦青　杨彦涛
杨宴锡　杨燕刚　杨　业　杨友立
杨有学　杨玉刚　杨玉兰　杨玉龙
杨　源　杨远飞　杨云波　杨泽成
杨占宾　杨振东　杨振群　杨　忠
杨忠华　杨忠林　杨　柱　杨宗汉
姚春平　姚继伟　姚俊清　姚　磊
姚　龙　姚廷德　姚星仲　要　雷
衣伟泽　易　洪　易家泉　易俊平
易咏梅　阴红丽　殷凤兰　殷正军
尹彬虎　尹春东　尹海林　尹会文
尹继红　尹　磊　尹立叶　尹　陆
尹占录　尹占元　尹智成　尹　忠
英新莲　雍玉海　攸飞龙　游　鹏
于奥玲　于宝珊　于　彬　于冰沁
于长宏　于辰辰　于春晓　于大华
于德江　于海龙　于海涛　于昊阳
于洪兵　于洪波　于洪山　于　辉
于继全　于建广　于金龙　于景生
于　军　于坤朋　于立君　于　玲
于龙彪　于孟章　于　淼　于　鹏
于鹏飞　于　坡　于清华　于绍文
于　颂　于天文　于　伟　于文杰
于五星　于希海　于锡超　于　洋
于　洋　于　永　于增河　于张俊
于　喆　于志军　于志双　于志有
禹建伟　喻　良　原　浩　原　浩
袁家战　袁立雨　袁绍仿　袁　桃
袁伟强　袁小瑞　袁晓飞　袁新明
袁　义　袁振宇　远　光　岳　林
岳营军　云　琦　云全新　云　桃
臧文涛　曾长浩　曾范伟　曾秀菊

曾艳红　翟　林　翟肖波　翟有德
翟中贤　詹燕涛　张爱军　张爱荣
张宝建　张宝君　张宝利　张宝玲
张宝荣　张宝印　张保顺　张本莹
张　飚　张　彬　张丙胜　张　博
张　博　张博文　张昌志　张长安
张长东　张长帅　张　超　张朝东
张朝政　张城源　张传富　张钏珑
张春红　张春来　张春洋　张　弟
张东海　张丰领　张风宇　张　峰
张奉禄　张福鹏　张高众　张根平
张公叶　张光波　张光辉　张广播
张广春　张广辉　张广军　张桂芳
张桂华　张国和　张国英　张海波
张海文　张海啸　张　晗　张　瀚
张　豪　张好国　张和力　张　贺
张　红　张　红　张红生　张宏图
张洪亮　张洪涛　张洪伟　张　虎
张怀亮　张　辉　张会满　张吉成
张吉明　张继彬　张加申　张佳旭
张甲凯　张建华　张建军　张建明
张建全　张建武　张建召　张建征
张剑虹　张　健　张健康　张健利
张涧东　张　杰　张　杰　张金安
张金霞　张京生　张　晶　张景刚
张景余　张军斌　张君宇　张俊杰
张俊军　张俊亮　张俊勇　张　坤
张兰月　张乐胜　张　雷　张　磊
张　磊　张　磊　张　磊　张　磊
张黎明　张力新　张力卓　张立波
张立伟　张立新　张　丽　张利军
张利生　张利伟　张利增　张连杰
张连通　张连香　张　梁　张　亮
张　亮　张　亮　张　琳　张　领
张　龙　张　龙　张　龙　张　露

张　鹭　张　萌　张敏龙　张　明
张明嵩　张明伟　张　宁　张　芃
张　朋　张鹏杰　张　平　张其雁
张歧合　张启升　张　强　张　强
张庆春　张庆国　张庆玉　张秋凤
张秋莹　张全兵　张全春　张全刚
张全林　张仁才　张仁峰　张仁明
张仁普　张仁银　张　荣　张荣宾
张荣猛　张荣强　张　瑞　张瑞峰
张瑞玉　张少军　张少天　张绍安
张实增　张士广　张世良　张世平
张寿松　张书荣　张淑华　张淑贞
张　帅　张栓庄　张　爽　张　松
张　松　张遂根　张天阳　张天智
张　铁　张　彤　张万生　张　巍
张　伟　张　伟　张　伟　张　伟
张卫兴　张文彩　张文海　张文军
张文君　张文凯　张文岐　张文希
张西雷　张　宪　张宪豹　张小臣
张小珂　张晓东　张晓飞　张晓茹
张晓涛　张新航　张新龙　张新堂
张兴广　张兴文　张雄辉　张秀红
张秀玲　张秀生　张秀英　张　旭
张　旭　张旭平　张学昌　张　雪
张雪玲　张雪松　张亚峰　张亚娜
张亚洲　张　岩　张彦辉　张艳超
张艳红　张艳朋　张　燕　张耀进
张业龙　张义春　张　翼　张银果
张　英　张迎庆　张　颖　张永功
张永军　张勇朝　张有芹　张余辉
张玉才　张玉存　张玉芬　张玉峰
张玉海　张玉珍　张月红　张　越
张云毅　张占梅　张占生　张占文
张振华　张振生　张振新　张志存
张志光　张志军　张志强　张志强
张志清　张志荣　张治帮　张忠权
张子忠　张　宗　章满仓　章伟伟
赵爱堂　赵保军　赵大尉　赵　丹
赵德芳　赵德山　赵东坡　赵冬春
赵冬林　赵甫松　赵　刚　赵　刚
赵光辉　赵桂群　赵国强　赵国清
赵　海　赵海波　赵　恒　赵红印
赵红元　赵洪甫　赵洪渠　赵　辉
赵会凯　赵会涛　赵吉增　赵建斌
赵建力　赵景志　赵九仕　赵军干
赵军萍　赵　君　赵君廷　赵　俊
赵　凯　赵雷雷　赵　蕾　赵丽云
赵连发　赵连涛　赵美加　赵　鹏
赵青海　赵清法　赵　全　赵诗龙
赵思梦　赵　涛　赵万里　赵　伟
赵文林　赵文涛　赵西忠　赵喜彬
赵相杰　赵向阳　赵晓麒　赵新民
赵亚民　赵延生　赵　岩　赵彦儒
赵艳彪　赵艳华　赵永亮　赵永明
赵永青　赵永宣　赵玉平　赵　月
赵　韵　赵振北　赵正铭　赵志彬
赵志敏　赵志强　赵子珍　赵宗辉
郑宝利　郑宝岭　郑必孔　郑伯光
郑迟明　郑春新　郑从蓉　郑德海
郑发雨　郑　帆　郑凤春　郑福利
郑广全　郑计栓　郑瑾瑾　郑　亮
郑　璐　郑美丽　郑培坚　郑清焦
郑瑞士　郑诗祥　郑士全　郑世贵
郑水龙　郑小兵　郑晓晨　郑沿松
郑艳美　郑　毅　郑银柱　郑　勇
郑　宇　郑玉福　郑远生　郑云飞
郑云虎　郑志付　郑治宏　钟　锋
钟建刚　周百利　周保卫　周　昌
周朝辉　周成龙　周芳芳　周付军
周广银　周广柱　周桂海　周海峰

周海兰　周建江　周金库　周　军
周俊明　周　磊　周立立　周立维
周立维　周录银　周麦艳　周　强
周少辉　周仕平　周曙杰　周树芸
周维政　周文田　周小龙　周兴志
周英根　周永华　周　游　周于军
周振全　周　正　周志娟　周　忠
周作明　朱长增　朱传义　朱翠艳
朱存勇　朱丹凤　朱洪水　朱欢欢
朱　建　朱　江　朱丽波　朱盼盼
朱少旭　朱文明　朱希磊　朱喜全
朱小凯　朱晓峰　朱永超　朱子武
祝清利　祝小敏　庄桂合　卓海明
宗长宝　宗正秋　邹才彬　邹　超
邹洪梅　邹建文　邹丽娜　邹佩冬
邹天舒　邹兆宇　左立友　左　平
左顺领　左宇祺　万　君
阿拉达尔图　才吉日拉图
努尔夏提·哈斯英汉
欧阳大年　欧阳贞鹏
沙的克·哈力克　图门巴雅尔

天津：艾晶晶　巴文柱　鲍玉亭　毕振华
卜　超　蔡　昊　蔡来望　曹道生
曹尔林　曹　建　曹金国　柴敬芳
常惠兰　陈　娣　陈东林　陈　松
陈彤国　陈　桐　程　鹏　程万亿
崔　臣　崔洪亮　崔亚明　崔永革
崔　跃　代金剑　刁莉萍　丁　伟
丁晓晓　董会民　董建忠　董俊芳
董凯兵　董卫强　董祝宪　豆献涛
窦秀梅　杜春红　杜海威　杜　建
杜　俊　杜祥峰　杜孝玮　杜一夫
杜迎辉　杜子虎　樊玉旺　范宝顺
范红艳　范吉民　范永强　范　宇
冯殿发　冯姣姣　冯　毅　冯跃红
付道海　付贵景　付敏杰　傅宝文
傅小青　高　凡　高　峰　高　峰
高广胜　高建国　高俊周　高领超
高仟仟　高枢元　高修法　高　源
高志颖　葛　超　耿　丽　龚明成
巩立国　谷燕云　谷志勇　关蓓蓓
关鸿飞　郭国设　郭　敏　郭荣城
郭　涛　郭晓艳　郭义瑛　郭　奕
郭永红　郭跃文　韩大鹏　韩恩和
韩红希　韩瑞永　韩　伟　韩　旭
韩振杰　郝秀兰　何丛会　何文龙
何雅雯　贺建国　侯春华　侯新国
候永彪　胡存增　胡双喜　胡　涛
胡雨彤　黄菁菁　黄　龙　黄淑菊
黄淑萍　黄西艳　黄晓东　回运锋
姬振鹏　季成双　季昭阳　冀　梅
贾国庆　贾　欣　姜　三　姜　枢
焦世义　金丽娟　金　鹏　康　林
孔海军　冷玉泉　李斌鹏　李　冰
李春龙　李春全　李德义　李风全
李革莲　李冠华　李国英　李海超
李海涛　李　浩　李洪华　李洪坡
李　虎　李吉印　李建设　李金财
李景月　李乐明　李利明　李连军
李明帅　李念曼　李佩红　李朋召
李　鹏　李　鹏　李　平　李青岭
李权舟　李润华　李树义　李双喜
李　婷　李　伟　李文召　李向芳
李晓娜　李晓松　李晓旭　李新龙
李兴龙　李星元　李亚新　李　英
李泽恩　李振国　李志明　李　智
李中虎　李中生　厉秀静　梁国君
梁惠婷　梁　君　梁雅楠　梁玉华
林　璐　刘　斌　刘德成　刘　刚
刘　红　刘建峰　刘　剑　刘杰生

刘　军　刘君怡　刘俊飞　刘　凯
刘克起　刘　坤　刘　磊　刘丽红
刘利利　刘鲁刚　刘孟祺　刘洺辰
刘　宁　刘　平　刘　青　刘清泉
刘　蕊　刘淑媛　刘　帅　刘苏桂
刘苏香　刘　伟　刘　伟　刘祥生
刘新华　刘兴旺　刘雪梅　刘　阳
刘　阳　刘银德　刘永艳　刘由荣
刘玉祥　刘玉珍　刘增华　刘振江
刘志永　刘忠晶　刘子禄　刘子琪
柳长松　龙佩云　娄宝祥　娄文博
吕朝平　吕洋洋　骆树涛　马传礼
马大谋　马德松　马海宁　马　健
马　君　马　锐　马瑞亮　马旭亮
马　雪　马雪娣　马志民　马志强
孟建伟　孟庆茂　穆怀龙　倪　伟
宁　羽　牛德红　潘建军　潘　洁
潘志良　庞金庭　裴　明　彭　勃
祁　堃　齐江伟　齐全宝　钱嘉强
钱建设　乔延胜　乔　赢　秦永亮
邱永涛　曲姜贺　屈克强　任保军
任　梦　任玉娟　任元章　任志辉
芮甜甜　邵　昆　邵权英　邵玉田
申　建　申金波　石亚春　史广全
史金安　司亚辉　宋洪杰　宋　辉
宋立志　宋玉美　宋玉知　宋振成
苏玉萍　隋红丽　孙德泓　孙光金
孙　浩　孙虹圻　孙惠强　孙继成
孙　婧　孙连明　孙连顺　孙　青
孙书君　孙书青　孙　涛　孙　伟
孙文华　孙秀兰　孙雪冰　孙志永
孙治华　谭子龙　唐　炜　田春廷
田栋梁　田海生　田军鹏　田志刚
汪胜国　王博奇　王长龙　王翀凌
王　丹　王昳文　王国强　王海波
王海涛　王宏宏　王洪峰　王　欢
王　杰　王金生　王　菁　王　菁
王　静　王开春　王昆恒　王镭晶
王立祥　王连洪　王茂杰　王　敏
王明栋　王　鹏　王　强　王润源
王树朝　王树青　王　松　王送坡
王天亮　王维来　王　伟　王伟杰
王小凤　王晓旭　王晓宇　王新春
王新同　王　鑫　王　旭　王学军
王学仲　王　亚　王亚东　王　颖
王永辉　王　跃　王政斌　王志刚
王　智　王自刚　魏长虹　魏广碧
魏俊波　魏庆国　魏晓明　温振河
文彦博　吴　昊　吴立佳　武方玉
武　剑　席岩峰　向方玉　肖福洪
肖继宁　肖宇鹏　谢海涛　谢　鹏
谢胜利　邢苑娇　邢泽宝　徐大法
徐广才　徐国惠　徐淑海　徐晓冬
徐雪征　徐　毅　徐永强　许海旺
薛丽超　闫相民　严金贵　颜　良
杨秉宇　杨　超　杨辰飞　杨　帆
杨凤玲　杨纪彬　杨　杰　杨景虎
杨连旺　杨鲁飞　杨民才　杨式样
杨书芹　杨书锁　杨亚宁　杨影辉
杨　哲　杨　正　姚丙义　姚日千
姚跃进　叶春雷　易金虎　殷长胜
殷兆华　尹德利　尹焦敏　于海波
于红建　于　娜　于培军　于士谦
于卫军　于文东　于　勇　于振江
于政委　袁春霞　袁　军　岳凤琴
翟　超　翟学友　张传坤　张　定
张　芳　张国军　张国林　张瀚聪
张怀伟　张　辉　张　慧　张建喜
张　杰　张金桥　张金山　张金伟
张　娟　张俊明　张　礼　张丽敏

张 亮 张 鹏 张 平 张 茜
张 倩 张清川 张 森 张 爽
张陶陶 张庭梁 张 彤 张 伟
张 伟 张文忠 张晓冬 张晓雪
张 鑫 张学耀 张学哲 张延帅
张岩真 张 叶 张谊诚 张印泉
张 勇 张玉虎 张玉江 张 圆
张 志 张志俭 张志妙 张祖峰
赵宝昆 赵得清 赵恩成 赵光旭
赵 辉 赵家彬 赵金伟 赵 军
赵立臣 赵秋雷 赵 群 赵荣鑫
赵 蕊 赵瑞红 赵瑞娟 赵 腾
赵 彤 赵旺泉 赵晓亮 赵源兴
赵增美 郑卫华 郑亚东 钟彧龙
周爱林 周 宾 周 博 周朝林
周建安 周 磊 周立维 周 钦
周庆春 周 维 周晓敏 周宗才
朱保明 朱大鹏 朱广荣 朱津惠
朱 琳 朱少龙 朱 毅 朱玉美
祝长耀 邹优越
河北：安春阳 安少梅 白德旺 白 晶
白俊海 白志勇 鲍艳萍 毕志林
卞桂廷 步建中 才 进 蔡成海
蔡春玉 藏鹤仙 曹根旺 曹金芬
曹俊许 曹廷军 曹王平 曹 志
柴洪亮 柴临生 常 波 常继红
常润喜 常实新 常艳淑 车建新
陈翠英 陈丁丁 陈国卫 陈建兴
陈 磊 陈丽娟 陈 强 陈松林
陈新友 陈秀萍 陈增如 陈 站
陈振宝 陈志钢 陈志清 程宝林
程金国 程守光 程羽美 程玉权
仇克强 褚福臣 崔桂平 崔国涛
崔树山 崔伟巍 崔玉明 达利亚
代凤魁 代全胜 单文明 邓敬华
狄春海 丁福昌 丁慧刚 董国铸
董世超 董志宝 段景焱 樊艳群
樊云涛 范晨晓 范瑞英 范学文
方淑玲 费忠民 封锦鹏 冯爱军
冯 波 冯建国 冯连生 冯伟勋
冯卫京 冯玉环 冯志刚 付会亮
付建伟 付 硕 干振芳 甘红清
甘绍忠 高 爱 高桂海 高桂花
高国军 高海荣 高罕奇 高 浩
高慧颖 高俊国 高 雷 高 磊
高 鹏 高 强 高荣新 高 山
高树生 高素贞 高卫东 高文强
高先军 高彦友 高运涛 高振友
葛 均 耿英杰 古 聪 古 昆
谷沛峰 谷晓娟 谷永丰 关香茹
管俊明 郭 超 郭 坤 郭 力
郭清华 郭 瑞 郭尚梅 郭廷棋
郭 卫 郭晓东 郭勇鑫 郭志广
韩翠荣 韩国平 韩海峰 韩红霞
韩建友 韩立国 韩 威 韩玉厚
郝国英 郝佳亮 郝振钢 郝志强
郝忠鹏 何增怀 贺日清 贺树清
侯 超 侯继申 侯玉帅 侯占君
候国臣 胡 帅 胡小龙 扈成伟
黄建平 黄立府 黄丽杰 黄秀平
黄志彬 黄自双 回俊强 霍亚军
姬百艳 姬如静 吉建华 籍亚军
纪承博 纪小锋 季 征 冀天亮
贾凤清 贾立峰 贾秋蒙 贾树峰
贾维成 贾雪庆 贾 英 贾勇统
江冬林 姜海鸥 姜俊亮 姜 明
姜永法 蒋大军 蒋光华 蒋敬武
蒋铁峰 解建国 靳红巧 靳赛利
靳文锋 居 宁 剧立军 瞿继龙
阚淑香 康 彪 康喜贵 劳占勇

劳战友　雷普旭　李　兵　李丙瑞
李春文　李德兵　李东宝　李恩东
李福顺　李　钢　李光辉　李广庆
李桂侠　李国政　李　海　李海亮
李海涛　李　红　李红梅　李　宏
李华宾　李会敏　李纪成　李建军
李建平　李建齐　李建祥　李　健
李金亮　李津才　李进福　李俊杰
李康燕　李丽霞　李连平　李　琳
李领霞　李　鹏　李　平　李庆合
李秋龙　李润婵　李　森　李尚旺
李世永　李　檀　李　伟　李伟坤
李文才　李小东　李小卫　李晓东
李晓东　李晓建　李新宽　李　星
李杏云　李秀荣　李学会　李雪坤
李雪龙　李雪松　李雪松　李亚恩
李彦信　李艳华　李艳晖　李艳平
李　洋　李一辉　李英立　李迎春
李　永　李永懂　李永芳　李　勇
李玉芬　李　媛　李振山　李　震
李志朝　李志良　李志明　李志平
栗　芳　栗　伟　连振宝　梁春芝
梁淑慧　梁晓军　梁照法　梁志举
林永梅　林玉才　刘阿虎　刘宝军
刘　波　刘聪杰　刘翠兰　刘翠敏
刘　冬　刘　刚　刘　刚　刘海龙
刘海艳　刘红喜　刘红星　刘虎生
刘　辉　刘建斌　刘建波　刘建国
刘金春　刘金增　刘景飚　刘利永
刘连会　刘　培　刘　萍　刘青秀
刘庆华　刘秋田　刘　群　刘群英
刘瑞杰　刘少辉　刘胜利　刘士培
刘淑兰　刘拴孝　刘为林　刘文长
刘文芳　刘文玲　刘向东　刘小娟
刘小义　刘新国　刘新年　刘　鑫

刘　旭　刘艳峰　刘艳涛　刘艳忠
刘杨杨　刘　祎　刘永辉　刘永军
刘永荣　刘　勇　刘玉春　刘玉飞
刘玉华　刘玉林　刘玉龙　刘芸芳
刘占州　刘中权　柳建军　柳金明
娄沧粟　芦爱平　芦彦侠　路文东
路杏査　吕广泽　吕莉娜　吕瑞国
吕树珍　吕一葳　吕元根　吕志刚
罗长宝　罗德宁　罗桂花　罗旭升
罗　娅　马宝庆　马　季　马建设
马开有　马明全　马平建　马素青
马晓爱　马玉栋　马　哲　马振东
毛彩云　么佳成　孟宪勇　孟祥辉
孟艳霞　米宝来　苗志亮　乜　辉
南海侠　南力生　宁梓真　牛俊杰
潘殿伟　潘自陆　庞吉田　庞俊瀍
裴彩丽　裴福发　彭　刚　彭　丽
浦宝红　浦凤英　祁宏昌　祁丽芳
齐海东　齐建飞　齐文革　乔桂娥
乔岚峰　乔月莲　秦　磊　裘　刚
曲书文　任大震　任　航　任建新
任士杰　任永文　任运金　戎清强
尚树军　邵体成　邵艳芳　邵祖广
申麦虎　申亚勇　沈立兵　石海波
石红宾　石　华　石利军　时建军
史俊峰　史永坤　舒东阳　司　国
宋桂芝　宋文民　宋　永　宋玉山
宋志伟　苏晓伟　苏旭朝　眭伟强
孙长武　孙海鹏　孙海元　孙建利
孙井龙　孙俊生　孙凯南　孙　岚
孙　雷　孙丽萍　孙　伟　孙　伟
孙亚明　孙玉合　孙运宾　孙占虎
孙振杰　孙志林　索清扬　谭晓宇
檀德军　滕建国　滕建民　田本善
田长义　田　军　田立波　田立国

田立宁　田利昌　田庆龙　田晓峰
田永伟　仝　川　万海超　万海军
万建速　汪　洁　汪立国　汪　苓
王爱井　王丙冉　王长军　王崇煦
王翠珩　王德奎　王殿奎　王　飞
王福全　王钢炉　王冠星　王国飞
王海军　王海龙　王海明　王海山
王　浩　王　红　王洪岭　王惠建
王慧元　王继军　王家维　王建军
王建平　王　剑　王杰亮　王　金
王金发　王金芬　王　锟　王　雷
王　磊　王　磊　王立滨　王丽秀
王丽英　王利军　王利勇　王满仓
王萌梦　王明菊　王培军　王庆新
王庆元　王　蓉　王　森　王守民
王书田　王淑英　王树克　王顺利
王四林　王　伟　王文岐　王希尊
王希刚　王献峰　王小强　王晓梅
王新立　王新龙　王秀清　王　旭
王绪花　王雪光　王雅东　王亚菲
王延龙　王彦维　王艳军　王一臣
王　怡　王英凤　王永亮　王　勇
王　宇　王玉忠　王　煜　王志刚
王志刚　魏广增　魏景东　魏清民
魏晓梅　魏兴旺　温　辉　温建良
吴国龙　吴建立　吴敬红　吴向晖
吴新龙　吴玉峰　吴裕金　吴云波
武宝文　武永平　郗现强　席　辰
夏文祥　肖光林　肖建忠　肖金龙
谢福星　谢　磊　谢淑稳　谢小冬
谢永革　辛凤霞　辛瑶瑶　信春荣
邢国旺　徐和平　徐前菊　徐庆菊
徐彦周　徐志民　许丰清　许风和
许立平　许小稳　许延秋　许云华
许志会　闫　栢　闫　成　闫富贵

闫玖岭　闫君彦　阎　伟　颜亚宾
扬寅波　杨宝海　杨　东　杨冬久
杨桂林　杨国俊　杨红波　杨洪伟
杨继英　杨杰民　杨可新　杨平有
杨闪闪　杨树奎　杨文顺　杨文勇
杨小辉　杨晓丹　杨晓诠　杨彦平
杨永立　杨占军　杨志学　杨智亮
杨宗涛　腰同光　姚　丰　姚媛媛
伊淑清　殷宏伟　殷秋玲　尹海兵
尹　勇　雍文霞　尤秀军　西洪志
于春和　于东海　于富河　于洪莹
于　鸿　于淑玲　于秀琴　于秀珍
喻贤林　袁东慧　袁淑华　苑玉霞
臧亚丽　詹书峰　张宝群　张　彬
张彩霞　张常海　张春生　张凤林
张凤芹　张　福　张贯军　张贵生
张桂云　张国杰　张国平　张浩云
张红珍　张　华　张华廷　张焕生
张会方　张会民　张会青　张计虎
张建伟　张建云　张金昌　张金刚
张金华　张进保　张克东　张锟鹏
张兰芳　张　立　张立彪　张利国
张　练　张　敏　张明志　张　娜
张　宁　张启富　张　强　张群萍
张　荣　张瑞娟　张三月　张守义
张淑芬　张淑香　张曙楠　张树林
张　帅　张铁军　张万程　张万中
张卫红　张文民　张　习　张向伟
张晓春　张晓飞　张艳丽　张燕霞
张义学　张银江　张永利　张　跃
张云丽　张云素　张占利　张　震
张志锋　张志刚　张志华　张志欣
张志勇　张粽海　赵爱丽　赵保金
赵　波　赵　晨　赵寸然　赵典海
赵东民　赵董平　赵　峰　赵桂英

赵海东 赵洪伟 赵会强 赵金福
赵　娟 赵奎丽 赵立想 赵丽平
赵　龙 赵鹏飞 赵瑞达 赵树戈
赵树阁 赵文祥 赵秀兰 赵　旭
赵　旭 赵雅岚 赵延霞 赵　弈
赵玉国 赵跃辉 赵振喜 赵志强
赵中义 赵梓建 甄克力 郑国文
郑建军 郑艳晶 郑振兴 郅辉锋
周国良 周海江 周　洪 周会森
周连海 周　民 周青彬 周清源
周　润 周胜光 周世华 周秀珍
周振华 朱爱红 朱宝亮 朱彩萍
朱德贵 朱国栋 朱井华 朱　军
朱文堂 朱颖超 朱　震 邹克焕
邹连松 左立敏 左　强 左孝龙

山西：王　忠 艾春强 巴百亮 白存武
白　华 白丽芳 白培兴 白四元
白晓曦 柏　龙 毕映瑶 卜东海
蔡利庆 曹建生 曹勤斌 曹旺顺
柴创军 柴凌虹 常慧峰 常建华
常镜华 常林山 常潞生 常平安
常威博 常　英 陈东健 陈广平
陈贵芳 陈建军 陈剑平 陈树文
陈完完 陈孝贤 陈续平 陈跃进
陈云林 成向锋 成亚峰 程　桥
程土麦 程细买 迟玉梁 仇栓柱
崔建兵 崔建辉 崔建明 崔　健
崔　雷 崔丽丽 崔喜龙 崔学雷
崔忠孝 邓秉祥 董德胜 董继鸿
董铁民 董卫红 董晓文 窦振跃
杜怀伟 杜建斌 杜永斌 杜志军
段栋栋 段二伟 段矿平 段全红
段彦江 段震中 范红兵 范会宾
范婷婷 方保国 方　培 冯　彪
冯斗宝 冯宏伟 冯丽珍 冯民民
冯淑艳 冯　洋 冯翼飞 付慧芸
付文安 高变升 高根花 高峻峰
高鹏飞 高锁来 高印峰 高跃武
耿建新 耿　平 郭常光 郭　栋
郭朵润 郭海潮 郭　亨 郭　坚
郭晋同 郭立安 郭丽萍 郭利兵
郭　鹏 郭瑞峰 郭胜刚 郭武林
郭昕堂 郭学明 郭　毅 郭英鹏
郭永胜 郭玉海 郭振平 郭志斌
韩贵民 韩建国 韩军霞 韩强强
韩廷琦 韩勇岗 郝根喜 郝介元
郝俊杰 郝　祥 何喜东 何新宝
何砚中 何玉兰 贺　斌 贺吉平
洪儒福 侯明亮 侯文军 侯文敏
侯雪芹 胡弟红 胡海生 胡金柱
胡楠楠 胡向成 胡晓东 胡　旭
胡彦分 胡玉良 胡　月 黄海波
黄秋亮 霍清娥 姬云峰 吉志峰
贾红旭 贾红昱 贾　佳 贾培俊
贾晓伟 贾　照 姜润喜 姜　涛
焦继文 金　波 金学杰 靳贵成
靳海滨 荆志刚 景军锋 康吉军
康建亮 康　玮 寇建国 寇淑华
来保明 来小柱 郎志新 雷保林
雷怀敏 李　杨 李　保 李保秀
李本龙 李丙伟 李婵娥 李超峰
李春霞 李大方 李广荣 李国平
李国玉 李海斌 李海鸥 李红兰
李慧卿 李建平 李晋德 李　军
李　俊 李俊平 李俊义 李魁明
李　丽 李　凌 李满平 李　明
李乃琪 李乃玉 李　鹏 李　鹏
李　鹏 李　奇 李　琦 李庆波
李瑞龙 李书伟 李卫军 李　魏
李小飞 李　鑫 李选刚 李彦波

李燕琴 李义德 李永岗 李有林
李玉荣 李原伟 李跃征 李志红
梁德忠 梁俊刚 梁力刚 梁晓沐
梁银花 梁志忠 刘 波 刘常根
刘创业 刘 红 刘华勇 刘 俊
刘俊跃 刘 丽 刘丽京 刘 龙
刘茂才 刘 伟 刘晓泽 刘学军
刘雪强 刘毅军 刘 勇 刘毓林
刘跃德 刘 云 刘运强 刘中富
柳建基 柳 洋 卢冰洁 卢 义
芦中庆 陆红燕 路 军 路秀玲
吕建国 吕君慧 吕俊浩 吕荣忠
吕张军 吕志勇 罗建华 马保林
马斌庆 马翠珍 马典陈 马贵付
马俊锋 马美琴 马栓国 马 威
马严松 马 云 孟爱莲 孟继娟
米利芳 米太豹 聂 伟 牛红伟
牛建斌 牛金林 牛 淼 牛晓亮
牛玉会 潘保福 潘保贵 潘立增
潘小川 裴辉军 裴小娟 彭海峰
平若飞 齐 盼 强少斌 乔宏强
乔永建 乔志刚 秦合义 秦和平
秦晋霞 秦小建 秦兴斌 秦杨军
邱晋晓 邱晋旭 任景堂 任 静
任鹏飞 任玉明 荣 武 桑宏琪
邵 兵 邵东辉 邵国正 邵洪波
邵日宏 申鸿斌 申现刚 申秀花
申艳丽 申云喜 沈菊芳 沈永红
师进堂 师向楠 施凌燕 施秀琴
石宏山 石 磊 石 磊 石利红
石志文 史列明 史儒鸿 史晓琴
司天成 司卫平 司卫云 宋 超
宋建军 宋晋宝 宋铭春 宋生权
宋宪晴 宋新民 宋云萍 宋志朝
苏高平 苏万红 宿元根 眭鑫鑫

孙春东 孙立峰 孙万晋 孙雅萱
唐耀东 田兵兵 田继伟 田建生
田路新 田树岗 田炜明 仝 明
汪 纯 王 伟 王爱兵 王爱民
王保华 王超鹏 王 冲 王德荣
王 凡 王 芳 王福书 王 刚
王高峰 王广坤 王国平 王海兰
王鹤宏 王红斌 王鸿霞 王建明
王建英 王进忠 王敬萍 王 军
王俊生 王 凯 王 玲 王 玲
王龙龙 王满平 王满堂 王鸣星
王 宁 王 琦 王清龙 王锐林
王 赛 王少波 王少云 王淑敏
王树林 王树平 王树亭 王栓义
王天福 王天富 王天山 王同驹
王伟斌 王文书 王晓荣 王晓燕
王新安 王新根 王秀根 王旭刚
王旭庆 王彦云 王跃华 王运生
王贞英 王振云 王志兵 王志辉
王志平 卫 斌 卫同林 尉冬花
尉士全 魏 辉 温 军 文丽敏
毋小波 吴保利 吴 钢 吴红兵
吴建宾 吴建兵 武 佳 武 旺
武显明 武晓东 武学谦 武 勇
武振宇 谢广民 谢国彪 邢双锁
邢小娟 邢新立 徐虎威 徐换生
徐 林 徐玲蓉 徐云红 徐志丰
许向东 薛岩华 鄢小玲 闫海珍
闫继勇 闫锦明 闫军亮 闫世英
闫永芳 闫志伟 燕卫东 杨兵全
杨常青 杨翠平 杨 华 杨金燕
杨金招 杨俊虎 杨 力 杨利光
杨 玲 杨 鹏 杨芮玺 杨 伟
杨文国 杨 璇 杨永红 杨元富
杨增旺 杨正国 姚文新 弋清社

殷成林　殷建平　尹燕杰　于保宁
于贵章　于香莲　于　洋　于志刚
原　建　原晋堂　原龙义　原晓倩
原旭杰　袁克明　袁　沛　袁晓燕
袁效斌　袁耀文　翟三保　张爱军
张保明　张　斌　张　斌　张斌杰
张　波　张春生　张殿臣　张殿宫
张东明　张　垺　张根海　张国杰
张国强　张海刚　张海林　张汉清
张　恒　张鸿亮　张鸿瑞　张　辉
张继寿　张建强　张　键　张金旺
张　晋　张黎明　张　丽　张利斌
张林义　张宁平　张　鹏　张　平
张　骞　张青林　张瑞强　张绍玲
张　涛　张完保　张　炜　张文娟
张文伟　张向梅　张小飞　张小军
张晓龙　张晓卿　张秀军　张雪玲
张彦华　张逸超　张友敏　张志军
张志勇　章敬庆　赵成勇　赵春霞
赵高元　赵广辉　赵　君　赵　龙
赵忙太　赵素文　赵晓军　赵晓平
赵秀川　赵亚洲　赵玉星　赵振华
郑慧斌　郑建华　郑月兰　支晋清
周　富　周加加　周建光　周文龙
周振华　朱金明　朱文军　朱小云
左德忠　皇甫建青

内蒙古：巴特尔　白波涛　白秀花　包海军
包海龙　毕传朋　曹奇峰　朝鲁门
陈　波　陈　超　陈洪坤　陈　胜
陈志刚　池慧敏　崔红艳　代秀娟
丁　志　杜国梁　段惠良　恩晓刚
付翠英　付呼和　付立明　付　丽
付连芝　付亦新　郭景丰　郭静峰
郭　涛　郭忠宝　海　波　韩春来
韩　飞　韩哲文　郝晓刚　何广文
何瑞平　何延刚　侯晓杰　候国新
候文祺　胡广福　华伟斌　黄星印
惠向东　冀　红　贾兴华　姜艳明
焦德成　景欣峰　雷　翔　李成军
李国泉　李　浩　李洪志　李　嘉
李　军　李　明　李然钊　李三功
李社军　李深江　李实惠　李淑鸿
李　桐　李文奎　李文龙　李晓明
李　艳　李志刚　梁东旭　梁红举
林江洪　林江涛　林　阳　刘秉义
刘长印　刘　慧　刘金国　刘金霞
刘景龙　刘　生　刘嗣东　刘　炜
刘雪松　刘　燕　刘玉才　刘志军
娄海文　卢振宇　吕　萍　罗　莉
马春生　马　慧　马守珍　米秋媛
穆以顺　聂淑清　牛梦玄　潘子厚
齐风霞　强志明　邱　峰　宋春艳
宋鹤天　宋建国　孙玉宝　唐晓川
田林宏　佟良玉　万　树　王　安
王桂芝　王哈达　王海昌　王怀有
王建民　王俊强　王　立　王曼丽
王鹏坤　王桐华　王晓利　王永刚
王玉虎　王治国　乌兴花　吴殿龙
武计德　武志强　夏永峰　夏永明
相亚光　徐秋惠　薛　东　闫岱勤
闫向红　扬春植　杨　剑　杨小红
杨晓坤　叶范路　尹庆祥　于海强
于山峰　曾建华　翟延波　张　浩
张久成　张利平　张利武　张佩忠
张强美　张淑梅　张延春　张义兵
张永智　张志洪　张志龙　张志强
张子利　章巧红　赵风利　赵国栋
赵兰青　赵　平　赵瑞强　赵亚学
赵有军　郑海东　周国栋　周晓鹏
阿拉塔其其格　阿拉坦巴根那

阿拉腾苏和　敖日格乐　德力格尔
乌云塔娜
辽宁：安　达　安立春　安立平　安美刚
安　爽　安新春　白　玲　蔡景菊
蔡云海　曹春茂　曹清松　曹旭强
曹有林　曹作鹏　常宝齐　常　娥
常振峰　常宗磊　车廷富　车新岐
陈长青　陈春霞　陈烽炜　陈　刚
陈广权　陈海红　陈海伟　陈华欣
陈敬生　陈　丽　陈丽辉　陈启东
陈庆伟　陈　伟　陈　霞　陈旭东
陈永海　陈　宇　程继伟　程连弟
仇宝禹　楚云利　丛刚义　丛龙亭
丛培华　丛培民　丛培卓　崔广东
崔敬媛　崔力争　崔学艳　崔延森
崔重岩　代　军　代鲁宁　代文红
戴宝刚　单连新　邓　彪　邓德君
丁乃余　丁文军　董　兵　董恩福
董立杰　董燕娣　杜金鹏　杜铁英
杜小野　段　伟　段志凌　鄂孝利
恩　威　樊志文　范怀忠　范美杰
范示野　范松魁　范　霞　范晓东
范永强　方　媛　丰　伟　冯锦利
冯永刚　付　兵　付　强　傅　严
盖兴月　甘志强　高　崇　高春华
高　峰　高红梅　高　健　高延安
高咏梅　高志远　高作全　葛恒忠
葛久志　龚普然　谷宝光　谷靖宇
顾金铸　关　虎　关丽娟　关明海
管　笙　桂在进　郭　峰　郭宏俊
郭　庆　郭晓霞　郭　鑫　郭志宏
哈明东　海　燕　韩高瑞　韩利永
韩世学　韩　涛　韩湘东　何绍东
何淑洁　何　英　何忠广　贺丽芬
贺照平　洪井松　洪　亮　侯宝贵
侯黎明　侯艳玲　侯焱鑫　胡国锋
胡建国　胡景凯　胡万众　胡艳红
胡艳军　胡志新　黄　静　黄淑清
黄熠舒　黄志宇　吉福国　冀承军
贾　凡　贾　浩　贾智仁　江　山
姜德君　姜　峻　姜　坤　姜丽范
姜丽萍　姜　南　姜　胜　姜增涛
姜振坤　蒋　军　矫洪彬　解德军
解培江　金凤成　金　虹　金　丽
金世龙　金振鹏　康　凯　康日新
孔德彬　孔维英　孔玉东　寇顺江
寇志刚　匡向军　兰海东　郎希彬
郎秀全　李宝臣　李宝华　李宝元
李　斌　李　波　李长润　李长伟
李春智　李大俊　李大亮　李德君
李东辉　李　芳　李冠霖　李贯平
李桂芬　李桂莲　李桂蓉　李海军
李红军　李红霞　李洪瑞　李鸿敏
李厚虎　李　晖　李　辉　李锦生
李晶涛　李兰花　李　雷　李　磊
李　力　李梦竹　李　敏　李　娜
李鹏英　李　强　李全赢　李世强
李淑红　李淑君　李淑荣　李铁成
李万福　李　伟　李文义　李晓丹
李　欣　李彦东　李　艳　李艳霞
李一飞　李　毅　李　毅　李　勇
李玉春　李跃双　李云宏　李照兴
李　喆　李志伟　李装念　梁桂香
梁　军　梁　卫　林　青　林松林
林祥君　林治仁　林忠昆　林作红
刘佰亮　刘宝军　刘长伟　刘春光
刘大勇　刘德成　刘　东　刘　访
刘福营　刘　干　刘海军　刘洪伟
刘洪霞　刘际龙　刘建军　刘　剑
刘金彪　刘金凤　刘金伟　刘锦艳

刘景顺　刘　军　刘俊龙　刘明远
刘　楠　刘鹏江　刘庆海　刘少滨
刘盛勇　刘世杰　刘仕壮　刘　硕
刘思亮　刘　伟　刘　娓　刘小磊
刘晓峰　刘欣凯　刘新海　刘兴东
刘　旭　刘学军　刘学勤　刘雪林
刘亚军　刘艳君　刘艳丽　刘　杨
刘　营　刘永东　刘永新　刘　宇
刘玉春　刘玉强　刘玉庆　刘占宏
刘占宇　刘志平　柳毅裕　柳中芹
龙丽丽　卢庆祥　陆　骏　吕　军
吕　凯　吕子童　栾安彩　栾　冰
罗海枫　马　博　马国勋　马合芳
马俊杰　马康虎　马　骊　马　明
马　明　马世顺　马素娟　马　巍
马文胜　马晓葵　马昕光　梅卫华
孟红梅　孟庆勇　孟庆哲　孟宪伟
苗长法　牟慧芳　母德琪　聂　焱
宁宝文　宁胜男　牛　牛　牛　涛
潘春红　潘海涛　潘学庆　潘志超
庞德东　庞　伟　庞云成　裴文华
朴立凤　齐海燕　齐　平　齐艳娇
齐子新　钱长有　秦　国　秦晓丽
邱现河　邱瑛祥　曲长涛　曲洪斌
曲吉云　曲景峰　屈志强　任长春
任　辉　任建华　任　杰　任立军
任立志　任丕东　任　彤　任秀丽
茹云彩　桑爱军　桑爱平　沙　枫
尚金涛　邵羡恭　沈维民　生丽伟
石宏岩　石　季　石　淼　石　勇
史玉杰　宋宝忠　宋　光　宋井双
宋黎明　宋丽英　宋　强　宋晓丹
宋晓利　宋孝林　苏凤芝　苏学君
苏子哲　宿成结　孙　冰　孙桂波
孙　贺　孙红艳　孙洪琴　孙继红

孙利杰　孙　敏　孙　鹏　孙仁忠
孙胜刚　孙腾峰　孙　伟　孙希富
孙亚军　孙　阳　孙　洋　孙　莹
孙志军　孙忠恩　谭景海　谭明明
谭锡博　汤　萍　唐利君　唐笑声
陶文龙　滕贵彬　滕怀祥　田国斋
田　野　佟吉元　万永吉　王爱群
王柏良　王　宝　王保华　王长锐
王承伍　王春秋　王大永　王德华
王德军　王福振　王海军　王海伦
王红梅　王洪伟　王洪祥　王积彬
王继胜　王　俭　王建平　王建新
王　健　王　杰　王洁香　王金河
王金龙　王进宇　王　晶　王开源
王　昆　王立文　王立忠　王丽红
王丽梅　王利岩　王　亮　王媚静
王　明　王明琨　王男男　王　鹏
王　强　王庆芬　王庆顺　王　全
王胜杰　王世保　王世珠　王树斌
王树喜　王　顺　王　松　王　粟
王锁颖　王维正　王向红　王晓红
王晓亮　王晓亭　王孝梅　王笑凡
王新华　王旭东　王学杰　王　妍
王　颖　王永强　王永顺　王玉辉
王玉兰　王玉力　王玉清　王岳林
王　玥　王跃东　王　茁　卫杨进
温畅明　文　铭　吴华海　吴建业
吴　军　吴龙江　吴锡山　武宝繁
武　齐　武圣伟　夏德新　夏继朋
夏金久　夏玉红　肖德龙　肖国庆
谢建华　谢娇茹　谢　绥　谢　挺
谢秀萍　谢云飞　辛　平　辛思达
辛勇智　邢国华　修德军　胥锡仙
徐朝阳　徐丹宁　徐　刚　徐　宏
徐　杰　徐俊强　徐世壮　徐文杰

徐元刚 徐志学 许秀军 许志广
薛 强 薛世峰 闫凤英 闫 明
闫鹏展 阎桂萍 阎晓鹏 颜春梅
杨春刚 杨道伟 杨福柱 杨 光
杨贵义 杨桂清 杨 红 杨 宏
杨洪军 杨洪明 杨 华 杨怀强
杨景学 杨 军 杨立民 杨丽丽
杨 柳 杨龙武 杨 敏 杨青海
杨秋霞 杨世伟 杨 铁 杨 兴
杨艳红 姚长国 姚双林 叶长友
伊 柯 衣凤贵 于 波 于东波
于桂兰 于国良 于海生 于 晖
于继红 于 杰 于九江 于 军
于 军 于 雷 于 前 于生伟
于 涛 于 鑫 于 勇 于志峰
余 哲 袁春成 袁家坤 袁力梅
曾令龙 曾 儒 曾永奎 詹克红
张保魁 张 波 张成鸿 张凤才
张凤云 张贵山 张桂荣 张国俊
张 昊 张宏斌 张洪涛 张慧利
张慧燕 张佳宁 张家男 张 剑
张 健 张锦生 张立新 张丽芬
张丽娟 张丽丽 张丽瑶 张 利
张 良 张林杰 张 锰 张明博
张 强 张 强 张 石 张 硕
张铁为 张 网 张 伟 张 伟
张希彪 张 欣 张秀刚 张学平
张学伟 张 英 张英澎 张 勇
张雨时 张玉宝 张玉君 张玉涛
张 郁 张珍珠 张振民 张志红
张志奎 张忠立 赵宝苍 赵秉言
赵 波 赵国贵 赵国军 赵宏伟
赵金朋 赵金萍 赵锦坤 赵立波
赵立新 赵丽艳 赵 淼 赵明春
赵瑞东 赵圣宣 赵淑华 赵廷国
赵婷婷 赵卫民 赵文辉 赵锡明
赵香兰 赵小丹 赵兴贵 赵秀华
赵艳秋 赵 焱 赵 毅 赵 勇
赵越超 赵越超 赵振兴 赵志君
郑大川 郑国祥 郑利军 郑文芳
郑迎春 钟志国 周晨光 周海洋
周 航 周洪举 周焕平 周立权
周丽丽 周晓燕 周阳旭 周 义
周玉琨 周 圆 周志祥 朱畅久
朱海兵 朱洪军 朱 锐 朱文莉
朱亚杰 朱忠星 邹德奎 邹德伟
邹玉柱 左汝谦

吉林：白 鸽 蔡 强 蔡振光 曹德萍
曹海峰 曹吉林 曹敬斌 曹璐璐
曹培华 常青涛 常志勇 陈 刚
陈 红 陈劲松 陈立焕 陈秀莲
陈元芬 成 龙 迟丽佳 丛越秀
崔洪君 单洪伟 丁帮龙 丁晓光
丁 勇 董国铨 董玉梅 杜 贺
段冰楠 付桂英 付清娜 付 微
付旭尧 高蓓蕾 高光红 高建光
高首梅 高子恒 葛善文 宫丽娟
郭 才 郭家富 郭仲光 韩 广
韩国君 韩银库 郝凤伟 何鹏飞
赫明龙 侯宪斗 黄 伟 贾 涛
姜德云 姜 峰 姜海涛 焦忠维
金光哲 寇志洋 赖国成 雷建华
李长红 李长文 李春新 李 纯
李凤梅 李 静 李 军 李 敏
李鹏君 李树龙 李铁军 李文财
李熙森 李延程 李 昭 李忠江
李子玉 梁 超 梁佳国 梁 宁
梁云峰 林晓光 刘常春 刘殿国
刘 欢 刘 宽 刘丽红 刘 男
刘书先 刘万阁 刘万元 刘彦德

刘艳侠　刘一飞　刘占双　刘宗民
鲁　莽　陆海龙　吕井龙　吕　群
吕欣梅　吕志民　马　亮　马世明
马兴明　马秀梅　莫光滨　那　穆
倪玉宝　宁太山　潘永林　彭克复
平　原　曲秀宏　曲学伟　任银山
荣景武　桑　铜　沙显辉　商效维
尚健朋　盛春花　史庆东　宋春明
宋桂荣　宋树军　宋艳秋　苏学春
孙　戈　孙广德　孙　杰　孙金成
孙孝军　孙玉双　孙志波　孙中铁
滕学富　田世涛　田文义　汪超海
王　冰　王朝辉　王大兴　王凤江
王鸿雁　王金龙　王金玉　王景福
王　鹏　王　秋　王尚彬　王世敏
王世泽　王守彬　王姝媛　王树欣
王先祥　王亚军　王艳艳　王轶兴
王迎风　王　颖　王友民　王悦明
王韫韬　王占学　王振超　王振发
王志强　王智峰　温洪雷　吴凤春
吴　康　吴　强　熙化钒　肖德泉
肖栋栋　肖　凯　肖立文　辛　平
邢秀峰　徐东孝　徐家望　徐立海
徐思维　徐　伟　许洪亮　许鑫彪
闫　顺　严文安　杨成才　杨大为
杨德贵　杨国库　杨荣娜　杨　帅
杨文忠　杨友为　杨忠林　姚洪彪
姚明刚　殷长伟　尹彩虹　尹维娜
应　贺　于海君　于海洋　于　洋
袁春陆　展　军　张春雨　张登山
张　军　张　军　张绍均　张述彦
张　巍　张维权　张　伟　张炜婷
张喜利　张　岩　张志芳　张志奎
赵宝成　赵长和　赵长岭　赵东洋
赵洪庆　赵　森　赵绍发　郑洪健
郑奎利　郑淑波　周　龙　周　杨
周玉良　朱成华　朱凤君　朱文杰
朱晓强　朱　勇　朱振远　祝家俊
宗　帅

黑龙江：安茹芳　安之文　安钟雷　白景凯
白奎元　白丽丽　白丽平　白玉洁
柏岩霞　鲍美荣　毕江华　毕连重
卞忠虎　藏　平　曹宪凤　曹云霞
常德文　常兴奇　畅国剑　车明智
车玉堂　陈凤玲　陈国兴　陈　红
陈洪生　陈洪霞　陈继龙　陈健波
陈　君　陈立强　陈明明　陈　鹏
陈铁龙　陈艳霞　陈勇军　陈　羽
陈正忠　程凤芹　池佳鑫　迟春瑶
初锡杰　丛晓东　崔国梁　崔国山
崔海亮　崔洪春　崔建斌　崔金萍
崔久森　崔　利　崔秀芬　崔学荣
崔　艳　崔忠华　代文彬　代永亮
戴冬明　单　斌　单立忠　单　权
邓毅德　邸　波　丁冬芝　丁　峰
丁贵花　丁利艳　丁　震　丁佐才
董洪泽　董　辉　董丽娟　董晓庆
董　勋　董智斌　杜春波　杜美华
杜树滨　杜晓宇　杜以成　范德黔
方秋华　房安民　房　鑫　房忠城
费　强　冯良才　冯寿山　付春光
付春梅　付国惠　付　辉　付世平
付素梅　付秀敏　付学亮　付艳宏
付永胜　盖仁伟　甘春燕　刚绍武
高　峰　高洪艳　高奎春　高　明
高伟达　高卫玲　高焱虹　高　阳
高艺文　郜　明　葛元波　耿福利
宫玉萍　谷丽新　谷田义　谷艳红
关　利　关　崴　管珠梅　郭德玉
郭凤阁　郭庆海　郭庆霞　郭雅娟

果晓慧 海 声 韩宝军 韩春梅
韩大可 韩惠章 韩丽娜 韩绍重
韩亭军 郝传志 郝卫东 郝志刚
贺 莉 侯海珍 侯 曼 侯庆芝
侯艳丽 胡欣明 胡亚芬 华露露
黄建全 黄可意 黄 倩 黄庆伟
黄 鑫 汲凤杰 汲凤丽 纪桂秋
纪振华 贾爱军 贾海利 贾永丽
贾玉春 贾志辉 江洪波 姜大明
姜 海 姜 华 姜丽英 姜沫若
姜文玲 姜忠彬 蒋铭辉 金洪波
金莲花 金少华 金淑梅 荆国义
康广元 康仁文 康在录 孔繁亭
孔令芝 寇海涛 寇汉玉 匡雅琴
来元英 郎凤清 劳雅英 雷宗建
李 斌 李丙义 李博弘 李长青
李春华 李春华 李春生 李春艳
李春义 李 丹 李 栋 李凤山
李凤站 李 钢 李光彩 李广合
李桂霞 李国柱 李洪飞 李 钧
李 凯 李 立 李连涛 李 明
李明义 李 宁 李佩艳 李 强
李 强 李庆杰 李淑兰 李树明
李 微 李维家 李 伟 李文君
李献伟 李小生 李晓庆 李新刚
李秀丽 李秀清 李秀英 李延波
李艳春 李艳军 李 燕 李燕霞
李一男 李颖殊 李永刚 李 勇
李玉杰 李元彬 李云清 李 志
李忠文 历士波 栗端新 栗端忠
梁大为 梁国跃 梁庆波 梁 巍
梁文举 梁 勇 梁宇华 林长君
林 东 林国栋 刘滨志 刘长青
刘 超 刘 诚 刘翀贤 刘春杰
刘春生 刘翠英 刘 德 刘跟东

刘桂红 刘桂梅 刘国军 刘洪涛
刘洪伟 刘虎平 刘建新 刘金宝
刘金波 刘进虎 刘 军 刘俊杰
刘俊义 刘克敏 刘立佰 刘丽荣
刘伦奇 刘 明 刘明伟 刘 群
刘 锐 刘绍宇 刘淑梅 刘淑荣
刘树平 刘松滨 刘素艳 刘 涛
刘维义 刘伟奇 刘晓兵 刘晓芳
刘晓光 刘晓力 刘晓伟 刘雪红
刘衍清 刘 艳 刘 艳 刘 杨
刘 毅 刘英春 刘 勇 刘 宇
刘玉梅 刘玉庆 刘玉一 刘 跃
刘志凯 刘忠文 刘子君 娄 琪
卢 军 卢司君 卢政隽 鲁绍成
吕高友 吕红波 吕茂奇 吕淑婷
吕 涛 吕 霞 吕钊森 吕中华
吕忠民 栾新玲 栾玉英 罗淑英
骆延君 骆云成 麻丽娜 麻艳红
马 驰 马 健 马丽丽 马松岩
马文军 马秀波 马忠国 马忠邻
毛克功 梅秀艳 孟凡华 孟繁琴
孟宪春 孟宪国 孟 祥 苗广田
闵慧娟 莫丽波 牟俊财 牟喜凤
牟雅琴 倪海齐 宁桂芬 宁国忠
牛 涛 欧 军 潘 胜 齐雅琴
齐雅文 钱长林 钱大宏 钱桂云
钱 晶 钱 琨 钱秀杰 秦 鹏
秦鹏龙 邱 悦 曲 红 曲明忠
曲先宁 曲亚娟 任常富 任德发
任力心 任 丽 任秀芝 任玉昆
汝新涛 沙胜利 尚益馨 邵 凯
邵文莉 沈景波 生树强 盛 群
盛旺松 施春玲 施化舫 石凤山
石海燕 石俊山 石 磊 石 鑫
石 勇 时 磊 时立兴 宋 波

宋景芳　宋庆宇　宋振坤　苏长福
苏哈依　苏劲风　苏显玲　苏秀梅
隋秋梅　隋　毅　孙常江　孙凤春
孙洪峰　孙建春　孙静平　孙兰英
孙力民　孙丽荣　孙美婷　孙明星
孙庆云　孙铁晶　孙铁柱　孙卫国
孙文博　孙喜鹏　孙贤玉　孙向辉
孙小川　孙兴春　孙秀花　孙学山
孙亚斌　孙永才　孙玉玲　索再刚
谭远军　汤淑贤　唐沛琦　滕德宇
滕明宇　滕佩河　滕　瑜　田成柱
田国宏　田佳峰　田　凯　田淑梅
佟智军　万盛梅　汪秋艳　王宝臣
王宝利　王保林　王　斌　王　波
王博文　王彩兰　王长江　王长丽
王长顺　王　超　王春兰　王春艳
王翠华　王翠平　王翠玉　王德龙
王发玉　王　芳　王　芳　王凤华
王　刚　王桂霞　王　宏　王　华
王吉嵩　王济云　王建瑛　王金华
王金辉　王金凯　王金玉　王劲松
王俊喜　王俊岩　王乐春　王理宏
王立革　王立君　王丽红　王丽娟
王利志　王　琳　王　路　王明超
王明武　王培海　王其明　王庆喜
王全林　王仁飞　王胜奎　王世玲
王淑霞　王　威　王　薇　王　巍
王　伟　王卫平　王显民　王向辉
王晓慧　王晓明　王　星　王秀波
王秀兰　王秀丽　王秀香　王秀云
王雪丽　王雅繁　王亚利　王　艳
王艳雨　王艳芝　王　瑛　王　颖
王颖君　王永良　王　勇　王　禹
王玉连　王玉霞　王月臣　王正勇
王　政　王之全　王志华　王志鹏
王志勇　王致范　王忠财　隗国良
魏春艳　魏建华　魏　薇　魏雅琴
魏忠义　温忠辉　吴　滨　吴广仁
吴惠清　吴家萍　吴金华　吴静茹
吴丽爱　吴庆华　吴世亮　吴双磊
吴晓刚　吴懿倩　吴玉杰　吴玉山
武伟华　夏君忠　夏卫平　肖凤云
谢桂芹　谢丽梅　谢秀凤　谢永发
辛佳宝　辛梅君　刑伊梅　邢建军
邢　蕾　邢秋军　邢彦坤　修雪峰
徐贵滨　徐金源　徐　晶　徐　丽
徐丽娟　徐　民　徐庆玮　徐淑霞
徐文清　徐艳玲　徐振忠　徐忠华
许长军　许传江　许宏英　宣世成
薛广义　薛文华　闫是全　闫玉霞
颜丙坤　杨宝财　杨滨生　杨春健
杨春梅　杨春旺　杨国刚　杨景新
杨俊宇　杨　凯　杨　坤　杨连钢
杨　玲　杨　巍　杨文英　杨喜民
杨宪鹏　杨宪秋　杨晓利　杨晓野
杨玉梅　杨兆君　杨兆嵘　杨振春
杨振海　杨智勇　姚　璐　易晓波
殷广洲　尹翠花　尹　光　尹凯文
尹龙腾　尹　萍　由　杰　由晓健
于春红　于　芳　于汉武　于洪海
于利国　于明利　于文斌　于喜亮
于亚杰　于云芝　于镇海　遇恒春
遇秀霞　袁美玲　袁　胜　袁秀华
岳　彬　越　辉　翟关中　翟向阳
张宝欣　张　超　张成国　张成龙
张成颐　张传鑫　张大伟　张　迪
张凤彩　张桂华　张国顺　张国兴
张海军　张海军　张海丽　张汉涛
张洪霞　张鸿雁　张会斌　张继义
张建红　张金贵　张久财　张　军

张君海　张俊岭　张克军　张魁文
张立波　张丽洁　张丽梅　张丽娜
张灵波　张美娟　张美霞　张明全
张　宁　张　琴　张庆山　张绍刚
张诗文　张淑芬　张淑珍　张天锋
张铁男　张维江　张维良　张维义
张　伟　张文安　张文彬　张文净
张文林　张文学　张喜华　张晓东
张晓峰　张晓娟　张晓艳　张　欣
张兴华　张　旭　张序滨　张学滨
张雪峰　张雅君　张亚兰　张艳玲
张艳玲　张英涛　张咏慧　张　宇
张增元　张照有　张忠宏　张忠双
赵宝杰　赵彩霞　赵翠娟　赵德友
赵国起　赵建平　赵　静　赵丽明
赵丽琴　赵　亮　赵　敏　赵胜明
赵维国　赵希伟　赵晓明　赵　新
赵新磊　赵新宇　赵学春　赵玉梅
赵　哲　赵　峥　赵志平　甄　金
甄　伲　郑贵财　郑丽华　郑人来
郑玉海　郑智斌　钟丽霞　仲崇建
周　华　周慧芝　周立成　周丽娟
周雪松　周　艳　周　颖　周月明
朱红军　朱　静　朱坤均　朱立萍
朱丽华　朱　萍　朱　巍　朱笑岩
朱星宇　朱宇耀　朱跃军　庄长俊
庄秀凤　卓智江　宗利民　宗银花
邹凤云　邹国芬　邹　英　邹永宽
左雅红

上海：包翔宇　陈　辰　陈芳群　陈　科
陈勤奋　陈群梁　陈淑勤　陈晓波
陈泽人　成艳燕　褚园园　戴红辉
单建成　单　明　邓小兵　董春生
杜　鹃　杜云飞　段文涛　樊　华
冯幸龙　冯志英　傅卫平　高付贵
高　萍　高芝平　葛　波　龚小平
龚晓春　龚晓庆　顾　奔　顾　豪
顾建平　管珠梅　郭佳松　韩　芳
洪军英　胡继春　胡建新　黄明虎
贾银生　姜兵斌　姜　鹏　蒋国明
揭景琳　瞿佳男　孔　兵　孔桂云
乐宝菊　李成龙　李光建　李怀堂
李惠强　李克山　李炼强　李淑兰
李腾君　李　威　李　伟　李小树
梁丛佶　梁　舜　林敏琼　林晓君
刘　昊　刘　辉　刘　伟　刘　洋
刘　峥　陆海峰　陆耀华　罗　平
马萧萧　马志强　毛善峰　潘垅和
潘卫利　乔松山　邱晓平　汝叶芳
沈　晖　沈激灏　沈建军　沈　科
沈晓祥　沈远华　沈洲平　苏俊杰
唐金山　唐涛菲　陶波涛　田礼虎
田文吉　田文祥　田　杨　万霜宇
汪安乐　汪百付　汪大同　汪正浩
王　兵　王海波　王　健　王可人
王利彬　王　亮　王　亮　王　林
王玲美　王明玉　王　伟　王　伟
王文妤　王　英　王政彦　王志刚
翁昊天　翁卫平　吴福佳　吴　健
吴彦俊　夏龙须　肖　丰　肖胜军
刑剑强　徐爱莉　徐桓琦　徐继华
徐　为　许莉萍　许　凌　许　文
言浩华　杨建辉　杨　林　杨　凌
杨守建　杨文生　杨以桥　杨　毅
杨振华　叶　敏　伊傲天　俞孝平
虞哲存　郁红球　袁　野　曾宪均
张　丹　张海军　张晶晶　张君平
张　凯　张前生　张群芳　张孝晨
张　儇　张银春　张振刚　张正亚
赵林涛　赵亦沁　郑玉强　周　钢

周　健　周新华　周　杨　朱洪忠
朱路平　朱文敏　朱新兵　诸文君
祝松军　邹丽虹　THEN YONG YOO
江苏：安觊韬　安　凯　白建华　柏洪青
柏建强　柏顺斌　柏　志　包佃来
包小伟　鲍　波　鲍　博　鲍春群
鲍路瑶　鲍秋琴　鲍学明　鲍彦侠
鲍银莲　鲍玉事　毕春茂　毕金年
毕俊海　边　斌　卞成锁　卞春成
卞加进　卞敏丹　卞巧荣　卜祥锋
卜祥涛　卜玉娇　蔡　超　蔡成劳
蔡成立　蔡　存　蔡发群　蔡福林
蔡宏伟　蔡湖清　蔡建飞　蔡金彪
蔡军敏　蔡　君　蔡俊华　蔡林芬
蔡荣华　蔡松波　蔡文佳　蔡晓春
蔡欣洋　蔡信泽　蔡雪平　蔡艳锋
蔡震国　蔡正华　蔡志悦　仓　斌
仓国云　仓　山　曹　彬　曹波波
曹冬梅　曹广新　曹海平　曹　骅
曹怀军　曹　辉　曹　健　曹开展
曹　恺　曹克彬　曹理想　曹刘柱
曹明杰　曹伟新　曹　侠　曹小华
曹晓红　曹晓祥　曹　兴　曹　阳
曹雨生　曹云峰　曹兆勇　曹振华
柴宏佩　柴　松　常博祥　常河翔
常　瑞　常永青　陈爱亮　陈白娣
陈必胜　陈昌龙　陈成祯　陈登谋
陈　冬　陈冬文　陈　芳　陈　斐
陈　锋　陈凤俊　陈　刚　陈光成
陈光辉　陈广剑　陈广喜　陈　贵
陈桂琴　陈国慧　陈海斌　陈海东
陈海丰　陈海浪　陈　红　陈洪光
陈　华　陈　华　陈怀安　陈辉琴
陈吉飞　陈家荣　陈家武　陈建春
陈建国　陈建华　陈建军　陈建兰

陈建明　陈建清　陈建生　陈建松
陈建新　陈建新　陈建业　陈金朝
陈金根　陈金霞　陈金勇　陈进芝
陈静娟　陈　娟　陈　军　陈　军
陈　军　陈　军　陈　军　陈开封
陈　凯　陈　科　陈　钶　陈来平
陈　雷　陈　垒　陈磊磊　陈　莉
陈立銮　陈丽芳　陈　良　陈　琳
陈　琳　陈　琳　陈　敏　陈　明
陈明权　陈　宁　陈　彭　陈　鹏
陈鹏宇　陈屏凤　陈其中　陈　强
陈　卿　陈清华　陈　荣　陈　荣
陈荣才　陈如宏　陈如井　陈绍东
陈　胜　陈史忠　陈淑珍　陈顺祥
陈　松　陈同和　陈同亮　陈伟东
陈伟强　陈　卫　陈卫兵　陈卫国
陈卫平　陈卫卫　陈文杰　陈文井
陈文龙　陈文全　陈贤义　陈　相
陈小飞　陈小锁　陈晓东　陈协君
陈　新　陈新忠　陈兴石　陈　亚
陈闫伟　陈　彦　陈　燕　陈　耀
陈叶春　陈益钧　陈　永　陈永元
陈　勇　陈　勇　陈　勇　陈　友
陈余春　陈宇祥　陈　雨　陈　雨
陈玉连　陈　跃　陈跃飞　陈跃年
陈　韵　陈　哲　陈正兰　陈正磊
陈芝源　成纲梁　成　慧　成　杰
成军祥　成立伟　成晓红　成志涌
程　斌　程　呈　程　访　程　辉
程　霖　程留文　程松华　程伟忠
程云妹　池　云　储德高　楚希玲
褚雪明　褚忠良　崔保江　崔伯兵
崔长西　崔承栋　崔　芳　崔广信
崔海涛　崔洪涛　崔华乔　崔华堂
崔　杰　崔利军　崔林娟　崔培耕

崔　平　崔生健　崔素梅　代继承
代新怀　戴　彬　戴道明　戴海洪
戴　辉　戴　进　戴晶晶　戴美华
戴石柱　戴微光　戴维辉　戴显顺
戴余林　戴正平　戴宗红　单光冉
单　慧　单井林　单立流　单　强
单婷婷　党少华　邓翠萍　邓加兵
邓　佳　邓　杰　邓凌煌　邓　原
刁品国　丁爱兰　丁　飞　丁国辉
丁华生　丁加敏　丁　娟　丁　军
丁军祥　丁　蕾　丁　力　丁立民
丁柳香　丁　朋　丁　鹏　丁　平
丁全荣　丁　人　丁森清　丁文龙
丁孝顺　丁延家　丁逸庆　丁增胜
丁忠顺　董安缘　董　兵　董福杰
董付庚　董海峰　董家勇　董建义
董军装　董　雷　董　青　董　群
董锁华　董文斌　董现永　董迎春
董玉丽　都耀华　窦　玲　杜爱玮
杜　安　杜长伟　杜德友　杜根炼
杜国喜　杜红庆　杜　伟　杜　响
杜秀梅　杜志成　段慧芳　段家龙
段建军　段荣旗　樊　芳　樊晓露
范广璞　范　杰　范　雷　范　琦
范倩倩　范　蔷　范清田　范　旺
范　卫　范文哲　范亚琴　范友志
范玉东　范钰城　范月红　方贝贝
方得伟　方怀斌　方　杰　方卫保
方宜成　方　媛　费春明　费登琴
费云峰　丰建静　封　俊　封文正
冯　波　冯　博　冯朝刚　冯大勇
冯国庆　冯浩东　冯建华　冯　江
冯　杰　冯　杰　冯　凯　冯维兆
冯香香　冯英龙　冯志勇　符　坤
付贵刚　付　海　付南良　付　涛

付晓霞　付永根　傅敏文　傅子强
盖　娟　盖书芳　盖为东　甘　猛
高碧霞　高　彬　高翠芳　高翠红
高　峰　高海群　高怀鹏　高会林
高建林　高江民　高金兰　高金龙
高军宝　高立永　高明伟　高　鹏
高　崎　高荣斌　高　尚　高世宁
高仕杰　高思清　高　慰　高文兰
高五红　高细龙　高先锋　高　昕
高修庭　高雪明　高　异　高益峰
高　勇　高章其　高正荣　郜　然
戈建春　戈建忠　戈　洋　葛　芳
葛海清　葛建国　葛　理　葛瑞平
葛　伟　葛伟清　葛祥国　葛祥金
葛晓梅　葛孝伟　葛新达　葛银华
葛志明　耿长篩　耿　弘　耿克付
龚加兵　龚　俭　龚庞奠　龚启平
龚卫初　龚云凤　贡成荣　贡建英
贡江南　谷爱国　谷怀峰　顾宝江
顾大林　顾东权　顾　锋　顾　海
顾宏伟　顾　欢　顾冀君　顾建华
顾建林　顾建梅　顾金凤　顾金旗
顾　军　顾黎黎　顾丽强　顾丽云
顾连仁　顾　萍　顾　强　顾士荣
顾守利　顾顺喜　顾卫东　顾宪均
顾雪英　顾宜海　顾志桥　顾志顺
顾志祥　顾众宏　顾周斌　顾祖林
关　玲　关永斌　管培武　管旭东
管最俊　郭爱华　郭宝兰　郭　春
郭宏彬　郭建华　郭培娣　郭　频
郭胜龙　郭婷婷　郭万亮　郭万松
郭伟民　郭晓凤　郭兴光　郭玉兵
过彩萍　韩宝龙　韩长业　韩　辰
韩栋栋　韩福贵　韩光周　韩国春
韩国生　韩洪歌　韩建荣　韩　京

韩　晶　韩晶飞　韩克勤　韩　龙
韩胜伟　韩树金　韩树亮　韩　韬
韩旺红　韩文银　韩先清　韩　艳
韩兆华　韩正平　韩　治　杭水冰
杭　涛　杭　云　郝大帅　郝建华
郝马龙　郝萌萌　郝其建　郝翔鸣
何陈生　何光乾　何建勋　何久艺
何立全　何林勇　何能进　何瑞钦
何　山　何守俊　何小芬　何小立
何叶萍　何益波　何英娟　何　瑛
何真毅　贺恒辉　贺晓祥　贺　欣
洪吉安　洪　洁　洪洋云　洪　赟
侯建锋　侯建国　侯凌峰　侯正浩
呼雪莲　胡陈晨　胡成杰　胡春林
胡　纯　胡飞进　胡　峰　胡根林
胡根勤　胡怀东　胡建祥　胡建祥
胡　江　胡宽余　胡　磊　胡立新
胡　凌　胡龙艳　胡明明　胡诗品
胡顺梅　胡巍巍　胡卫东　胡喜宁
胡小国　胡晓峰　胡晓琴　胡旭文
胡雪根　胡耀星　胡　翊　胡永安
胡永明　胡永祥　胡勇坚　胡振东
胡正松　胡忠林　花亚梅　华　刚
华晓芳　怀国刚　环建军　郇　宇
黄爱萍　黄保云　黄　彬　黄伯兴
黄　成　黄　芳　黄国俊　黄海枫
黄海亮　黄　红　黄厚华　黄继忠
黄建平　黄　晶　黄俊铭　黄　凯
黄　可　黄　堃　黄　雷　黄立会
黄立清　黄　丽　黄丽敏　黄佩玉
黄　平　黄　平　黄启艳　黄强强
黄如杰　黄　帅　黄锁强　黄　伟
黄文郁　黄希宝　黄翔宁　黄　鑫
黄星宇　黄秀云　黄旭东　黄　艳
黄迎宾　黄玉红　黄跃国　黄志坚

惠林童　霍红雨　霍惠文　霍莉平
霍其恒　姬杏涛　及　俊　吉洪波
吉林海　吉湘飞　计　英　纪翠云
纪汉军　纪家祥　纪良骏　季春裕
季　东　季东良　季　俭　季建兵
季　凯　季美珍　季　祥　季雪峰
季永健　祭华庆　贾才兵　贾　红
贾宏浩　贾金宝　贾　军　贾忙生
贾祥勇　贾晓弋　简福超　江国杰
江　海　江华俊　江华樑　江　鹏
江顺林　江　涛　江　禹　姜道标
姜德朋　姜德用　姜龙喜　姜　明
姜　巍　姜　伟　姜文章　姜　新
姜新宇　姜秀美　姜振明　姜志明
蒋春花　蒋春节　蒋高峰　蒋根宝
蒋桂霞　蒋辉荣　蒋金候　蒋俊玥
蒋　凯　蒋　凯　蒋　康　蒋灵峰
蒋其根　蒋荣兵　蒋　曙　蒋　伟
蒋炜新　蒋　侠　蒋小明　蒋　笑
蒋拥军　蒋　勇　蒋余成　蒋真军
焦　妮　焦歧云　解冬红　金保明
金得洲　金　冬　金红军　金俊彦
金可英　金　明　金平川　金　炜
金　鑫　金　鑫　金　亚　金玉蓉
靳爱菊　经　博　荆全喜　景晶晶
景文斌　居仁英　瞿　斌　瞿　铭
瞿　勇　隽志远　阚东红　阚　萌
孔德军　孔德义　孔林坤　孔　侠
孔祥俊　寇敬辉　蒯宝祥　匡先益
兰晓松　雷靖宇　黎鸿贤　李爱新
李百顺　李　浜　李　波　李财章
李彩云　李灿灿　李长平　李　超
李　成　李传兵　李传雨　李春梅
李聪慧　李大兵　李大港　李大更
李大海　李　东　李东洋　李冬生

李凡红 李 飞 李 锋 李辅洁
李 刚 李 刚 李光淑 李广帅
李 贵 李桂林 李桂婷 李 海
李海丰 李海明 李恒发 李红宾
李红飞 李洪娟 李洪强 李洪英
李华新 李华治 李 欢 李 辉
李 慧 李纪成 李佳荣 李家沂
李 坚 李 建 李建党 李建林
李建荣 李建梯 李建霞 李建英
李建跃 李 杰 李 杰 李杰芳
李解明 李金虎 李金龙 李金钊
李景泉 李 敬 李 军 李军辉
李军生 李 俊 李开元 李克喜
李 莉 李良群 李灵巧 李六元
李梦扬 李明辉 李明珍 李 鸣
李 娜 李 宁 李 宁 李 倩
李 强 李 强 李强华 李 青
李仁青 李荣泉 李如新 李 赛
李珊珊 李少波 李少良 李绍旺
李士举 李世芳 李世华 李仕双
李守安 李守明 李 帅 李双利
李顺庭 李四刚 李四龙 李锁妹
李 霆 李 薇 李 伟 李伟青
李伟伟 李文彬 李文亮 李文青
李文武 李文玉 李先宁 李小成
李小伟 李晓梅 李新东 李新兰
李 幸 李秀芳 李秀珍 李绪永
李延伟 李 严 李 妍 李 艳
李 艳 李艳明 李 耀 李轶卓
李益霞 李 鹰 李 映 李拥政
李永辉 李永乐 李永祥 李泳梅
李 勇 李优锋 李有斌 李玉霞
李玉霞 李战群 李振军 李正开
李志鲲 李志勇 李志忠 李智强
李中军 李中友 李忠林 李忠新

李 卓 李子林 李自祥 力 量
厉从亮 厉 刚 连广月 连顺猛
梁 峰 梁国栋 梁金万 梁可正
梁 亮 梁 蒙 梁思超 梁重熹
林国伟 林 海 林海东 林海清
林洪武 林 静 林 敏 林荣彬
林 卫 林友法 林兆勇 林正明
林志兵 凌代安 凌新凤 凌兆俊
刘保玲 刘必明 刘 标 刘 滨
刘 波 刘步荣 刘彩娇 刘长永
刘传风 刘春华 刘大慧 刘德法
刘东亮 刘 凡 刘 飞 刘 峰
刘 峰 刘 峰 刘桂军 刘桂珍
刘国林 刘海霞 刘汉清 刘红波
刘 辉 刘 辉 刘吉娣 刘计合
刘继庆 刘建华 刘江林 刘蒋毅
刘 杰 刘金松 刘金新 刘晋铭
刘 军 刘俊山 刘 凯 刘克军
刘扣祥 刘 奎 刘乐天 刘理想
刘 霖 刘 浏 刘 陆 刘 美
刘 梦 刘米兰 刘 敏 刘明飞
刘 平 刘 强 刘 瑞 刘少华
刘绍芬 刘述桃 刘 顺 刘松兴
刘穗兴 刘腾录 刘天明 刘铁彬
刘 通 刘 伟 刘 伟 刘 卫
刘 卫 刘卫国 刘文冬 刘 稳
刘西超 刘贤梅 刘小华 刘晓建
刘晓林 刘晓旭 刘新人 刘兴伟
刘秀珍 刘旭东 刘亚红 刘延安
刘 艳 刘艳莉 刘艳萍 刘燕军
刘 洋 刘叶霞 刘英美 刘 颖
刘永觉 刘永全 刘永振 刘 渝
刘 玉 刘 玉 刘玉华 刘曰魁
刘 云 刘增果 刘 钊 刘振西
刘振宇 刘正宏 刘正军 刘正瑞

刘　智　刘钟泽　柳阿宝　柳方要
柳　雪　龙　林　楼国森　卢　峰
卢国峰　卢黎波　卢连旭　卢　林
卢明轩　卢　松　卢　松　卢文芹
卢　霞　卢　欣　卢永志　卢有兰
卢裕荣　卢远征　卢振树　卢　政
芦　军　芦小燕　鲁邦强　鲁　兵
鲁　军　鲁　立　鲁微微　鲁兴芳
陆斌祥　陆东升　陆凤英　陆改香
陆国忠　陆　海　陆泓洁　陆会娟
陆建刚　陆建国　陆建清　陆　晶
陆兰娣　陆立元　陆林男　陆　强
陆仁平　陆圣惠　陆万庆　陆小峰
陆　游　陆正龙　陆志华　鹿丙文
鹿新建　路月珍　吕建新　吕　静
吕静娅　吕清同　吕善丰　吕士滨
吕　伟　吕文秀　吕盈申　栾根宏
罗　超　罗　超　罗　钢　罗红林
罗华伟　罗　建　罗兰江　罗留杏
罗勤峰　罗　泉　罗　昕　骆林茹
马　超　马海俊　马宏斌　马虹文
马慧慧　马佳君　马　坚　马俊生
马连鸣　马联伟　马强刚　马如龙
马汝祝　马善奎　马树功　马树伟
马伟男　马衔滨　马新建　马绪从
马学洪　马雪玲　马意刚　马永平
马永强　马　勇　马玉华　马云智
马正娣　马志芳　马宗谚　毛凤福
毛凤新　毛继新　毛美凤　毛伟伟
毛益军　毛振友　梅晓丽　孟长安
孟　方　孟　磊　孟玲玲　孟　伟
孟现永　孟小杰　孟晓萌　孟秀梅
孟彦婷　糜　超　米春明　苗　斌
闵知行　缪冠军　缪　辉　缪寿林
缪为江　缪正国　缪志刚　缪宗仁

莫英勇　牟继勤　南　疆　倪爱妹
倪　峰　倪海旭　倪汉兵　倪华军
倪凯飞　倪　敏　倪念东　倪启欢
倪圣文　倪守勇　倪　微　倪卫平
倪祥武　倪兴銮　倪正仙　倪正宇
年　芳　年四中　聂常强　聂庆华
聂新亚　聂志伟　宁益春　牛建涛
潘安松　潘长高　潘辰东　潘　晨
潘定龙　潘　冬　潘　峰　潘　锋
潘根华　潘建超　潘金川　潘　俊
潘　鹏　潘万庶　潘　伟　潘　伟
潘晓彪　潘孝喜　潘雪珍　潘迎秋
潘玉梅　潘兆群　潘子宇　庞晶晶
庞世华　庞希望　裴洪浩　裴雨波
彭爱均　彭春雷　彭海泉　彭慧慧
彭　杰　彭立志　彭　丽　彭满高
彭培培　彭允好　皮永兴　蒲　浪
蒲兆勤　浦怀蓉　浦纪明　浦建峰
浦　江　戚建秀　戚　强　戚志泉
祁昌远　祁建方　祁玲玲　祁锁堂
祁雯蓉　齐宝虎　齐　畅　齐朝辉
齐立伟　齐　露　钱炳东　钱　钢
钱　静　钱　隽　钱柯柯　钱　岭
钱　平　钱世彤　钱炜炜　钱文龙
钱祥根　钱　啸　钱　雄　钱逸鸣
钱　英　钱智勇　钱宗霞　强卫清
乔汉飞　乔洪伟　乔津浦　秦爱祖
秦春霞　秦建波　秦克飞　秦曙鸣
秦　伟　秦稳军　秦晓燕　秦学喜
秦艳平　庆元元　邱　斌　邱　斌
邱春宝　邱恩新　邱会生　邱利民
邱美云　邱　然　邱文伟　邱勇杰
邱　悦　曲国庭　屈　凯　屈　磊
权太猛　饶利民　任国朝　任华庆
任家魁　任天正　任永新　戎　君

荣　刚　荣　红　荣乃明　桑中良
沙　杰　山玉芬　商钱峰　上官姗姗
尚爱伟　尚成礼　尚合清　尚建召
尚蒙蒙　邵国胜　邵海明　邵　慧
邵　建　邵　乔　邵　伟　邵　文
邵文武　邵小芹　邵学余　邵轶群
邵玉华　邵正理　申汉才　申　森
沈　斌　沈春明　沈恩奎　沈　高
沈国春　沈宏生　沈　虹　沈辉章
沈慧生　沈加朝　沈建新　沈金华
沈金良　沈京都　沈晶晶　沈　静
沈　莉　沈　力　沈　明　沈　南
沈巧娣　沈　涛　沈铁山　沈晓晨
沈以良　沈玉春　沈　振　盛建国
盛亚金　盛　湧　盛增瑞　施恩惠
施　晖　施丽萍　施鹏飞　施寿林
施晓华　施有芒　施玉华　石晨光
石　岗　石贵林　石　红　石　克
石　磊　石凌晨　石荣生　石雪明
石玉柱　时国平　时　磊　时太军
时天骐　史海林　史建农　史俊文
史谦益　史淑华　史玉清　侍　超
侍崇钰　侍文中　束忠民　帅庭秀
司　慧　司向阳　宋　斌　宋步鑫
宋良干　宋　晴　宋时堂　宋万莲
宋　薇　宋雅春　宋亚安　宋忠杰
苏　斌　苏宏裕　苏　惠　苏立新
苏荣焱　苏如坤　苏如荣　苏伟忠
苏　轩　眭兴兆　隋国基　孙宝华
孙　斌　孙　波　孙步成　孙步中
孙彩林　孙　超　孙　程　孙　峰
孙　锋　孙福平　孙海鹰　孙　浩
孙红军　孙红军　孙红玲　孙宏俊
孙继营　孙加旺　孙　佳　孙建斌
孙　健　孙　健　孙　京　孙　奎
孙　磊　孙　磊　孙　蕾　孙理智
孙　立　孙　路　孙　敏　孙　明
孙　楠　孙　鹏　孙　鹏　孙庆香
孙书江　孙书君　孙书芹　孙淑平
孙旺旺　孙　伟　孙　伟　孙伟贤
孙卫国　孙　伍　孙习娣　孙祥林
孙小丽　孙亚东　孙宜伦　孙逸文
孙莹莹　孙永富　孙勇春　孙由军
孙　羽　孙　展　孙志强　孙志强
孙祝林　谈　胜　谈晓斌　谭辉勇
谭　昱　谭忠平　汤道雷　汤惠明
汤继虎　汤建芳　汤金龙　汤　进
汤兰珍　汤文祥　汤晓红　汤拥军
汤竹萍　唐红霞　唐红韻　唐　慧
唐慧荣　唐　凯　唐来彬　唐乐平
唐美忠　唐敏勤　唐其国　唐　勤
唐兴华　唐旭东　唐亚军　唐耀权
唐颖香　唐　勇　唐正洪　唐正浪
陶宝根　陶传山　陶广国　陶　红
陶建芬　陶建民　陶　健　陶　立
陶小华　陶雪罡　滕春云　滕道伟
滕海霞　滕云龙　滕祚瑞　田德峰
田德会　田　佳　田　洁　田松岳
田伟庆　田　阳　童成龙　童国华
童剑波　童青云　涂祥忠　万安政
万汉强　万华远　万加平　万建农
万　莲　万　平　万忠林　万　壮
汪飞扬　汪　海　汪　恒　汪家辉
汪　坚　汪建华　汪金龙　汪　劲
汪　军　汪　军　汪林祥　汪明正
汪歧红　汪　椹　汪守成　汪　屹
汪玉君　王爱国　王爱华　王安臣
王必国　王宾瑶　王　斌　王　斌
王　斌　王炳强　王步鸿　王　岑
王昌玲　王昌平　王长华　王长林

王　超　王　超　王　成　王传成
王传星　王春美　王春云　王　达
王大营　王大振　王丹凤　王道伟
王德信　王德云　王东升　王二花
王　方　王　芳　王　飞　王　飞
王飞飞　王风波　王　锋　王凤娟
王广喜　王国良　王国润　王国卫
王海金　王海林　王海松　王海珍
王　浩　王合宣　王　贺　王恒来
王恒云　王红英　王宏权　王　虎
王　花　王　怀　王　欢　王　辉
王会强　王惠萍　王继超　王继红
王继平　王继唐　王加宝　王加红
王　坚　王建春　王建国　王建国
王建国　王建华　王建华　王建荣
王建雄　王江萍　王江展　王　杰
王金娥　王金梅　王金元　王　晶
王敬可　王　静　王　娟　王　军
王　军　王　君　王　君　王俊辉
王　珺　王凯君　王　坤　王乐华
王　雷　王　磊　王　磊　王　磊
王　林　王　林　王林忠　王　玲
王　玲　王留坤　王留权　王脉举
王茂凡　王美华　王　敏　王　明
王明华　王明然　王明珍　王培凤
王培浩　王培田　王品海　王　平
王　萍　王普均　王其锦　王　倩
王　强　王　强　王　强　王巧英
王青强　王庆丰　王庆玲　王庆伟
王全想　王群玉　王任玄　王荣英
王三孝　王　胜　王圣和　王圣森
王仕升　王书夕　王淑华　王述兵
王帅帅　王双龙　王双明　王顺宁
王松涛　王素洋　王　淘　王腾飞
王天斌　王天星　王铁军　王万能

王伟敏　王伟伟　王伟伟　王伟谊
王文利　王文明　王文清　王小军
王小强　王晓进　王晓燕　王晓燕
王孝影　王　辛　王新建　王秀红
王　旭　王旭峰　王　雪　王雪森
王亚云　王亚召　王艳旭　王迎春
王永佳　王　勇　王　勇　王勇杰
王勇杰　王友强　王玉花　王玉林
王玉龙　王玉玺　王玉珍　王媛媛
王月华　王云万　王云霞　王　展
王　昭　王兆选　王　哲　王　振
王震海　王征远　王正军　王正明
王政权　王　中　王中彪　王中华
王　忠　王　忠　王子于　王宗玉
王祖刚　韦广涛　韦国梁　韦　健
韦金光　韦六仙　韦　伟　位维良
魏爱平　魏长友　魏　端　魏海生
魏　昊　魏　健　魏康辉　魏礼娜
魏　平　魏　强　魏泰敏　魏贤荣
魏小静　魏新淮　魏银霖　魏尊侠
温　敏　文忠梅　闻学明　巫冬梅
巫惠明　巫　妹　巫　萍　巫万祥
吴　安　吴炳召　吴　波　吴曹磊
吴长稚　吴春雨　吴道明　吴德超
吴德喜　吴东源　吴　芳　吴福明
吴　刚　吴光宁　吴桂林　吴桂喜
吴国庆　吴海宁　吴　昊　吴纪忠
吴佳丽　吴佳琦　吴建丰　吴建国
吴建国　吴　健　吴　杰　吴金宏
吴菊兰　吴　军　吴　军　吴　凯
吴　坤　吴　雷　吴力力　吴立艳
吴良运　吴龙华　吴茂波　吴美金
吴美玲　吴民泉　吴敏娅　吴培侠
吴佩景　吴钦妹　吴荣霖　吴绍洲
吴寿文　吴太洪　吴婷婷　吴伟伟

吴卫平　吴文贵　吴文中　吴　晓
吴新田　吴旭玉　吴亚兵　吴　影
吴　勇　吴勇骏　吴雨亮　吴　岳
吴云峰　吴泽山　吴镇虎　吴志华
吴志生　吴智勇　武历勤　武　鹏
武永强　武　勇　奚学保　席风超
席玉思　夏晨龙　夏春荣　夏丹丹
夏东龙　夏富春　夏高永　夏根祥
夏举东　夏克勤　夏　坤　夏连钧
夏　林　夏绍琴　夏咸建　夏小萍
夏序隆　夏永巧　夏永祥　夏友宏
夏育林　夏　云　夏志龙　肖翠华
肖厚平　肖建锋　肖留碗　肖仁仙
肖　蓉　肖淑侠　谢爱民　谢　锋
谢观瑞　谢国元　谢红梅　谢　康
谢黎雅　谢利民　谢明伦　谢泉鑫
谢善琪　谢苏灵　谢　伟　谢孝忠
谢新仕　谢宇昊　谢玉华　谢玉林
谢兆飞　谢　志　辛宪仲　辛学尧
辛以雷　邢国君　邢建萍　熊长彬
熊均海　熊均华　熊　林　徐　兵
徐彩英　徐昌廷　徐长征　徐成生
徐成武　徐成喜　徐　驰　徐春霞
徐春云　徐东洲　徐方大　徐　芬
徐　峰　徐　刚　徐　刚　徐汉尧
徐　昊　徐　昊　徐和英　徐鹤鸣
徐鹤新　徐红辉　徐红艳　徐洪良
徐　惠　徐惠娟　徐继华　徐继荣
徐　建　徐建惠　徐建明　徐洁琳
徐津京　徐　进　徐　进　徐　进
徐　进　徐晶晶　徐敬全　徐　静
徐　娟　徐　俊　徐俊胜　徐立峰
徐林祥　徐　玲　徐　梅　徐美芳
徐　娜　徐　平　徐启元　徐巧兰
徐秋霞　徐戎霖　徐善超　徐善玉
徐胜军　徐石宏　徐书华　徐维琦
徐　伟　徐伟华　徐伟生　徐文亮
徐　祥　徐小英　徐杏男　徐学伦
徐以成　徐艺光　徐邑东　徐永丰
徐永军　徐　勇　徐　勇　徐勇军
徐玉军　徐月琴　徐云文　徐泽林
徐征球　徐正贵　徐正鸿　徐正新
徐志芳　徐志敏　徐志鹏　徐志荣
徐治初　徐忠元　徐祝祥　徐宗海
许冬泉　许　飞　许　飞　许桂英
许国家　许宏波　许宏巍　许建宏
许建军　许　军　许　可　许立文
许　敏　许　桃　许天虎　许卫星
许向荣　许　鑫　许运标　许兆民
许志波　薛阿平　薛炳生　薛桂兰
薛汉平　薛金华　薛　均　薛来岭
薛俐东　薛连荣　薛刘生　薛　平
薛　强　薛琴方　薛荣良　薛仕胜
薛书珍　薛　伟　薛兴良　薛永峰
闫　贺　闫建林　闫伦飞　闫西伟
闫　妍　闫振棒　闫志祥　严爱军
严海洋　严金林　严　立　严维翔
严伟勇　严宇峰　严志坚　言国成
言新波　言新泉　颜炳金　颜国云
颜晶晶　颜　玲　颜廷栋　颜新镇
颜玉婷　燕　鹏　燕奇峰　杨爱军
杨爱群　杨碧佳　杨　斌　杨　斌
杨长刚　杨　超　杨春清　杨得志
杨　迪　杨　冬　杨端祥　杨恩慧
杨芳芳　杨丰义　杨福明　杨　刚
杨功珊　杨广洲　杨桂财　杨鹤军
杨红梅　杨红明　杨洪伟　杨　华
杨华军　杨辉杰　杨会全　杨建新
杨　剑　杨　静　杨　静　杨　静
杨　娟　杨军农　杨　君　杨　坤

杨莉萍 杨礼硕 杨立中 杨　丽
杨利纳 杨曼丽 杨　眉 杨巧珍
杨　清 杨　荣 杨　瑞 杨树清
杨水昌 杨廷瑞 杨　威 杨伟振
杨卫东 杨文江 杨文军 杨文君
杨　霞 杨小强 杨晓东 杨晓民
杨昕启 杨　鑫 杨旭海 杨学春
杨雪松 杨　扬 杨　阳 杨　洋
杨　英 杨友生 杨玉恒 杨玉梅
杨媛媛 杨志豪 杨志敏 杨忠华
杨　仲 杨尊雨 姚菲菲 姚　钢
姚高峰 姚建平 姚　健 姚　杰
姚　军 姚鹍鹏 姚　利 姚庆烨
姚群芳 姚庶波 姚　薇 姚炜平
姚文明 姚锡华 姚小渊 姚晓东
姚新宇 叶国文 叶海峰 叶江利
叶　猛 叶仁安 叶首强 叶小明
叶扬成 叶永建 易　萍 殷　钢
殷国明 殷　豪 殷建华 殷开宝
殷鲁江 殷绍华 殷　文 殷文华
殷晓蔚 殷晓燕 殷延荣 殷友祥
尹大伟 尹德银 尹　福 尹红升
尹　锐 尹祥勇 尹艳华 尹永华
尹　勇 尹中宏 印锦平 印军智
印　象 尤德成 尤国祥 尤　立
尤　通 尤兆龙 于长安 于传生
于　刚 于桂泽 于海亮 于海霞
于　康 于梅梅 于世海 于新峣
于　忠 余健成 余　雷 余　曦
余祥雷 余兴春 余洋洋 余　熠
余震南 余卓华 俞季华 俞　快
俞士清 俞晓华 俞　鑫 虞敖根
袁传雷 袁达龙 袁国彩 袁国江
袁海涛 袁家忠 袁建云 袁金金
袁　李 袁丽萍 袁　亮 袁　霖
袁巧生 袁荣华 袁　伟 袁小勇
袁晓青 袁秀梅 袁亚东 袁玉芳
袁　媛 岳　豹 岳以军 越广云
臧桂荣 曾爱权 曾建华 曾　奇
曾西缘 曾修竹 曾学军 翟怀宇
翟连园 张保亮 张　斌 张　斌
张斌斌 张　兵 张炳荣 张彩平
张昌莲 张超伟 张成庄 张崇勤
张传彬 张传永 张　春 张春雨
张存志 张登付 张丁元 张　东
张　东 张东芳 张东新 张二强
张　帆 张风雷 张　峰 张　峰
张凤东 张凤萍 张　刚 张谷勤
张广辉 张贵喜 张桂芳 张桂芬
张桂华 张桂玲 张桂玲 张桂元
张国芳 张国连 张国平 张国友
张国云 张海宾 张海风 张海燕
张　晗 张汉清 张　好 张　浩
张恒军 张红春 张红豆 张红光
张红荣 张红涛 张红霞 张宏春
张宏良 张　洪 张洪武 张　虎
张　华 张　华 张华斌 张华生
张华伟 张　晖 张　慧 张计标
张加玲 张家芳 张俭平 张　建
张　建 张　建 张建国 张建淮
张建军 张建良 张建民 张建明
张建萍 张建伟 张建玉 张　剑
张剑峰 张　健 张　杰 张金昌
张金妹 张金生 张金玉 张金元
张　劲 张　进 张京川 张　炯
张　娟 张　娟 张　军 张军平
张君慧 张　俊 张俊国 张　凯
张　凯 张可育 张克敏 张克营
张　坤 张兰英 张　雷 张　磊
张　磊 张　磊 张丽娟 张利君

张　亮　张亮亮　张林华　张　琳
张灵姊　张刘勇　张　龙　张忙大
张茂平　张　梦　张梦实　张　敏
张明发　张明华　张明明　张　萍
张其平　张琦浩　张启高　张倩倩
张　强　张　琴　张青华　张庆山
张　琼　张琼丹　张　群　张冉冉
张任平　张　荣　张如勇　张善银
张绍华　张　胜　张胜军　张圣元
张士奎　张世军　张　舒　张署安
张顺国　张顺珠　张素红　张堂柏
张天兵　张同强　张王宇　张　威
张　伟　张　伟　张　伟　张　炜
张卫东　张卫东　张卫青　张　文
张文凯　张文丽　张夕妹　张西涛
张喜超　张小刚　张小林　张小林
张小明　张小鹏　张晓冰　张新平
张　歆　张兴旺　张兴中　张邢涛
张秀贞　张徐州　张学军　张学鲁
张雪峰　张延旭　张　严　张　艳
张　艳　张艳平　张燕玲　张燕妮
张　洋　张耀如　张业铭　张永利
张永林　张永平　张　勇　张　勇
张勇杰　张　友　张　玉　张玉红
张玉兴　张　煜　张元坤　张媛媛
张云佳　张正亚　张正友　张志明
张志明　张志强　张志兴　张忠祥
张忠于　张珠峰　张茁星　张祖继
张尊进　章德飞　章　青　章士平
掌孝高　赵　斌　赵　超　赵春霞
赵　翠　赵广满　赵国苛　赵　海
赵海波　赵海妮　赵红兵　赵红军
赵洪森　赵华忠　赵继柳　赵建法
赵景刚　赵　静　赵　军　赵立喜
赵利保　赵　良　赵　亮　赵林花

赵　敏　赵　明　赵　南　赵平旭
赵　强　赵荣国　赵荣妹　赵世秋
赵天宏　赵天平　赵　伟　赵　伟
赵　炜　赵文辉　赵晓兰　赵晓银
赵信正　赵兴剑　赵学勇　赵雪东
赵永红　赵友鸣　赵玉凤　赵玉红
赵月福　赵哲敏　赵自阳　征金五
郑　波　郑传将　郑东波　郑贵营
郑　华　郑　娇　郑惊涛　郑　静
郑骏马　郑　磊　郑莉春　郑李俊
郑木英　郑思海　郑玉朝　郑　臻
支才华　支　强　钟金甫　钟　军
钟　声　钟　毅　周爱美　周宝富
周朝建　周　春　周德安　周德邦
周东泉　周尔飞　周二芳　周粉兰
周风春　周　峰　周　刚　周戈林
周革海　周光峰　周国保　周国平
周海龙　周海岳　周　昊　周　红
周红涛　周红霞　周　虹　周惠琴
周慧玲　周　建　周　建　周建军
周建康　周建平　周建平　周金元
周晋诚　周　俊　周俊女　周康榕
周克成　周　磊　周理想　周立民
周　利　周　利　周连生　周　亮
周林峰　周林轩　周路平　周梅林
周　岷　周　明　周　明　周明华
周培培　周　沛　周鹏霄　周　齐
周　强　周青云　周曲鸣　周上威
周胜雷　周石虎　周　涛　周天鹏
周　巍　周维汉　周文洪　周　翔
周小钰　周新元　周　鑫　周兴东
周旭东　周璇璇　周　学　周章秀
周志刚　朱爱俊　朱安磊　朱蓓怡
朱　碧　朱　兵　朱长武　朱　超
朱超群　朱朝阳　朱春良　朱春梅

朱德平　朱　定　朱二增　朱方玉
朱　锋　朱凤洋　朱高巡　朱光辉
朱　广　朱广喜　朱桂兵　朱国建
朱海平　朱恒新　朱红芬　朱洪发
朱洪宁　朱　鸿　朱　棘　朱加国
朱佳佳　朱佳莉　朱建军　朱建新
朱建新　朱建兴　朱建中　朱　江
朱金虎　朱经伟　朱　军　朱　军
朱孔花　朱孔艳　朱　坤　朱　磊
朱莉莉　朱立新　朱　亮　朱　蒙
朱　萍　朱前进　朱秋菊　朱人奇
朱　沙　朱胜萍　朱时春　朱士锋
朱孙峰　朱天兵　朱为民　朱　伟
朱　伟　朱文龙　朱小琳　朱孝先
朱秀英　朱学荣　朱雪峰　朱雪峰
朱雅杰　朱亚东　朱延中　朱洋江
朱英永　朱永东　朱友华　朱羽然
朱跃峰　朱云端　朱振峰　朱振华
朱政明　朱志豪　朱志林　祝夕生
庄瑞琳　庄　维　庄严培　庄艳春
庄　燕　卓忠恒　宗国斌　宗云斌
邹　飞　邹风祥　邹洪延　邹　进
邹　凯　邹　雷　邹连锁　邹　梁
邹亮太　邹庆臣　邹　艳　邹玉明
邹云杰　邹中玉　祖军文　左津琐
左　强　左新春

浙江：安海东　安建勇　安如意　包国平
包剑凤　包翼鹏　鲍济定　鲍伟明
鲍银坊　蔡邦齐　蔡晨阳　蔡国芳
蔡军胜　蔡伟华　蔡卫平　蔡杏芬
蔡兆建　曹建中　曹来兵　曹　良
曹佩红　曹卫东　曹小凤　曹雅琴
岑成林　查小钢　柴聪颖　柴利惠
柴林福　柴魏魏　柴晓丽　柴晓莹
陈保国　陈　波　陈超儿　陈春青
陈德环　陈德伟　陈　迪　陈东方
陈尔立　陈方红　陈飞婵　陈飞虎
陈飞燕　陈　锋　陈福财　陈富良
陈国宫　陈国君　陈国良　陈国青
陈　浩　陈和平　陈荷花　陈红松
陈　宏　陈　洪　陈洪记　陈惠平
陈建华　陈建亮　陈建平　陈　建
陈建忠　陈　剑　陈　剑　陈　剑
陈　杰　陈　洁　陈金伟　陈金秀
陈　静　陈菊妹　陈菊珍　陈军委
陈均升　陈俊华　陈兰英　陈　雷
陈利富　陈良彬　陈　亮　陈　亮
陈列瑾　陈林国　陈灵坚　陈灵贞
陈　龙　陈　龙　陈罗华　陈美菊
陈美珍　陈明建　陈奇平　陈　强
陈秋君　陈　全　陈三庆　陈少红
陈双飞　陈斯楚　陈为民　陈　伟
陈　伟　陈　伟　陈伟东　陈伟平
陈伟阳　陈　蔚　陈文华　陈文建
陈西云　陈喜林　陈　霞　陈贤德
陈贤德　陈贤龙　陈　献　陈香仙
陈香忠　陈小明　陈笑颜　陈协堂
陈　欣　陈　新　陈新华　陈兴权
陈修兵　陈雪法　陈雪璐　陈雪燕
陈训伟　陈一鸣　陈　谊　陈寅德
陈英华　陈永君　陈永林　陈永明
陈勇军　陈玉炎　陈战略　陈兆粮
陈正如　陈志刚　陈志刚　陈志会
陈志良　陈志文　陈治集　陈柱大
陈紫成　程冬泉　程　飞　程　辉
程惠英　程剑菁　程开贵　程时满
程树活　程曾平　池全能　池一平
储勇伟　褚柳其　褚诗均　崔　涛
崔英杰　戴爱军　戴东海　戴二峰
戴国民　戴金海　戴培英　单　洁

单晓奇 单张兴 邓楚红 邓 辉
邓 佳 邓礼剑 丁 超 丁广俊
丁国平 丁洪奇 丁建斌 丁井波
丁良才 丁 路 丁日阳 丁学钧
丁雪峰 丁 燕 丁支明 丁志鹏
董海科 董和平 董恒星 董娟娣
董秋荣 董 伟 董文献 董银龙
董宇翔 董雨林 董忠岳 杜华贵
杜利国 杜良丰 杜鹏程 杜巧平
杜亚君 杜雨来 段宏光 段永平
樊鑫淼 樊正意 范家俊 范立刚
范卫明 范文光 方春财 方 飞
方根水 方华丰 方纪红 方建新
方姣君 方 蕾 方利英 方 亮
方佩珠 方侠君 方贤兵 方新泉
方 兴 方 雄 方旭东 方旭华
房兴步 封烜明 冯宝财 冯 闯
冯海永 冯会光 冯坚强 冯建立
冯锦龄 冯气军 冯 琴 冯上宝
冯小荣 冯 元 符 超 付 光
付严和 傅华萍 傅 强 傅秋祥
傅寿南 傅文伟 傅小琴 高 帆
高 峰 高国兴 高 军 高俊光
高俊伟 高李国 高立新 高 攀
高 勇 高尤成 高云星 高治国
高智航 高智均 葛彩琴 葛承浓
葛红伟 葛洪兴 葛贤令 葛祥清
耿 东 龚福海 龚 辉 龚太永
龚相妙 龚晓锋 龚晓音 辜晓波
顾 瑾 顾克亮 顾立明 顾连一
顾伟明 顾小成 顾杨伟 郭长治
郭 峰 郭海峰 郭 峻 郭立发
郭 群 郭瑞东 郭秀珍 郭 旋
郭延涛 郭永强 郭 正 韩爱平
韩宝炼 韩二锋 韩根荣 韩继超

韩建权 韩 铭 韩朋飞 韩腾飞
韩兴江 韩彦安 韩永康 韩永林
郝玮宸 何 冲 何飞军 何广法
何国强 何海舟 何 辉 何会锡
何惠丽 何继星 何建光 何金炉
何露露 何 萍 何庆生 何素彬
何卫国 何小萍 何英镇 何有林
何 元 何增江 贺存光 贺玲胜
洪 飞 洪国卫 洪海锋 洪建广
洪明喜 洪文归 洪雪荣 侯庆云
侯孝春 侯玉龙 胡爱华 胡碧彩
胡 兵 胡朝阳 胡方明 胡方振
胡 刚 胡桂花 胡国星 胡国勇
胡宏姣 胡宏英 胡鸿军 胡华斌
胡画月 胡家临 胡金凤 胡 静
胡留磊 胡旅群 胡美宽 胡明荣
胡勤俭 胡庆阶 胡荣裕 胡先明
胡献鹏 胡小明 胡学良 胡译之
胡银灿 胡 鹰 胡永福 胡泽国
胡宗满 户业超 华海平 华水洪
黄成民 黄承发 黄程军 黄春芳
黄春愚 黄道敏 黄福来 黄 纲
黄国禄 黄和杰 黄槐刚 黄欢乐
黄建军 黄健俊 黄进喜 黄利富
黄茂忠 黄妙霞 黄 敏 黄 勤
黄秋霞 黄全奎 黄群慧 黄荣良
黄水兵 黄土军 黄 伟 黄文丁
黄 武 黄仙彬 黄小华 黄小健
黄小强 黄兴华 黄宜倾 黄永萍
黄有爱 黄元华 黄允文 黄智虎
黄祖国 霍 军 姬浩南 计 彪
季诚跃 季初一 郏敏志 贾殿坤
贾建东 贾毅成 江国平 江克义
江浙军 姜保文 姜道忠 姜发斌
姜建国 姜江水 姜 凯 姜立忠

姜亮冲　姜仁军　姜万有　姜卫鸿
姜小波　蒋凤祥　蒋光华　蒋海波
蒋建林　蒋建新　蒋唐明　蒋卫江
蒋　焱　蒋　谊　蒋　毅　蒋裕康
蒋郑燕　蒋志根　解连河　解　宁
金安明　金春春　金黛华　金根英
金昊东　金　浩　金建平　金建伟
金凯前　金莅盛　金梅娟　金庆国
金秋红　金秋生　金显力　金永珍
金　勇　金珍珍　晋朝阳　荆兆荣
居全第　瞿　伟　瞿　伟　瞿献真
瞿　永　康　巍　柯介仁　柯文刚
孔　梁　孔霞萍　孔雪梅　邝恩恩
赖仙君　赖雪莱　蓝　晶　蓝礼堂
郎建平　雷朝韵　雷菊钗　雷艳春
李彪飞　李兵方　李炳有　李灿清
李　晨　李栋才　李　法　李峰涛
李　光　李光好　李光荣　李　贵
李桂新　李国华　李国庆　李海刚
李海亮　李海鸥　李　浩　李红斌
李洪亮　李洪亮　李虎啸　李华锋
李　辉　李继红　李家友　李　坚
李建民　李建中　李　剑　李金宝
李金华　李　娟　李立新　李连宏
李连江　李　猛　李妙根　李　宁
李培刚　李培杰　李　鹏　李　强
李润平　李书丰　李素恩　李素平
李万林　李　伟　李卫平　李文琴
李先优　李小玲　李小平　李小平
李晓东　李晓秋　李新明　李雄伟
李秀云　李　旭　李　亚　李益芬
李益富　李　寅　李寅虎　李永清
李勇军　李泽建　李针伟　李之令
李志恒　李志勇　厉　华　励红良
励华振　郦顺华　练发峰　练士军

梁凤昌　梁国勇　梁　龙　梁文强
梁正高　廖建明　廖明东　廖世子
廖文坤　廖小波　林阿柳　林朝青
林陈华　林春花　林冬良　林　峰
林海军　林吉平　林金卫　林仁利
林小虎　林　鑫　林正亭　林志军
林智华　刘传卫　刘道凤　刘　锋
刘凤英　刘　钢　刘国民　刘海庆
刘合理　刘和祥　刘　衡　刘　红
刘　欢　刘　荟　刘坚强　刘剑波
刘健飞　刘金阳　刘竞争　刘俊涛
刘开生　刘利萍　刘美霞　刘年富
刘青松　刘　庆　刘琼瑞　刘世民
刘淑华　刘天成　刘　祥　刘　晓
刘晓艳　刘　毅　刘　勇　刘　勇
刘勇毅　刘幼鸿　刘远金　刘兆必
刘兆昌　刘振董　刘振阳　刘宗林
刘宗亚　柳　州　娄爱宝　娄建英
娄琪瑶　娄言军　楼红人　楼展妙
楼昭阳　卢海波　卢洪华　卢华根
卢继东　卢坚强　卢金荣　卢茂富
卢世芳　卢小岳　卢元龙　芦卫东
鲁备军　鲁建军　鲁建强　鲁天平
陆国强　陆红星　陆文刚　陆燕燕
陆　志　路俊宝　吕陈华　吕健敏
吕金仓　吕俊龙　吕美良　吕　星
罗成智　罗国龙　罗国祥　罗国银
罗海林　罗辉海　罗　俊　罗立挺
罗　平　罗庆藩　罗小伟　罗兴均
罗秀花　罗应周　骆淇筠　骆志立
麻天雷　麻侠猛　马　飞　马鑑皓
马九平　马军锋　马力锋　马跃克
马志康　毛必建　毛飞东　毛海军
毛华军　毛建飞　毛建红　毛苗仙
毛瑞运　毛伟军　毛文彪　毛文娟

毛　翔　毛小荣　毛星月　毛月燕
茅惠兵　梅龙均　梅友平　孟长春
孟海滨　孟一辰　孟煜宏　缪伟珍
缪正方　莫云华　牟联族　牟　潘
牟文杰　穆仁立　穆正林　倪朝刚
倪惠民　倪旭东　倪仲翌　聂海莉
宁卫东　牛向阳　牛修保　牛　营
潘宝庆　潘恩仁　潘　峰　潘汉杰
潘　慧　潘剑勇　潘妹琴　潘时发
潘婉红　潘文辉　潘小波　潘小红
潘颜花　潘　云　泮宝朋　泮碧莲
泮教林　庞宝才　庞菊华　庞良庆
庞振祥　裴俊丰　彭　波　彭华明
彭　伟　彭艳锋　濮志刚　祁新军
祁选舜　齐　磊　齐玲飞　齐　鸣
钱国钿　钱国兴　钱　江　钱江汉
钱亚峰　钱永根　秦万明　邱　波
邱高华　邱杭斌　邱建权　邱建闰
邱　良　邱隆裕　邱　伦　邱仁林
邱永红　邱志伟　裘建东　裘容杰
屈建雄　全建国　饶水仙　饶王进
饶珠发　任关庆　任　剑　任进春
任鹏飞　任树标　任小琴　任晓飞
任新祥　茹超群　阮积堃　阮金瑞
阮如忠　商庆宝　尚春景　尚宪法
邵华娟　邵　荐　邵晶晶　邵立刚
邵立明　邵　鹏　邵幸铭　邵志强
邵仲箴　沈　飞　沈浩才　沈　建
沈克胜　沈　莉　沈立军　沈利国
沈良荣　沈文荣　沈献立　沈逸辉
沈永平　沈　愈　沈志光　沈忠其
圣东梁　盛　桉　盛灿军　盛显青
盛向前　盛永萍　施美君　施申华
施兴华　施兴祥　施永忠　施志强
石登勤　石　红　石教森　石菊芳
石友东　石云黄　时长进　史丹阳
史光辉　史海平　史建良　史文姣
史文君　寿佳威　舒贵来　舒信康
水江明　水　琴　斯军民　宋　兵
宋春雷　宋飞飞　宋金英　宋秋良
宋少敏　苏德庆　苏立鹏　苏旭勇
苏云祥　粟绍荣　孙宝斑　孙朝峰
孙春明　孙国华　孙海英　孙华近
孙军方　孙临风　孙　琳　孙明川
孙明康　孙佩菁　孙钱贵　孙荣强
孙少忠　孙士忠　孙新涛　孙艳洁
孙业磊　孙　毅　孙　勇　覃文存
谭美华　汤传科　汤登汉　汤季洪
汤锡强　汤元付　唐长华　唐　聪
唐光耀　唐光政　唐惠军　唐建春
唐黎明　唐平龙　唐秋平　陶爱军
陶初阳　陶复元　陶宏华　陶基军
陶　江　陶永江　陶玉明　陶振强
滕　奔　滕建伟　滕勇良　田春来
田甫军　田凯业　田　旷　田太明
童胜军　童为伟　童　勇　屠位琦
万　梅　汪　波　汪宏佳　汪宏裕
汪惠琴　汪建高　汪建平　汪晶晶
汪佩蓉　汪汝胜　汪文波　汪雪锋
汪衍德　汪　洋　汪韵平　汪志红
王柏忠　王本刚　王　斌　王才虎
王春盛　王从友　王大伟　王丹菊
王道德　王　德　王付湘　王　刚
王国华　王国梁　王海军　王海松
王和方　王和平　王　华　王　华
王　华　王怀良　王怀水　王季凯
王继根　王建华　王建民　王建敏
王建仁　王建忠　王剑峰　王金宝
王晶晶　王　景　王军武　王　珺
王丽华　王良强　王林福　王林秀

王禄康　王伦敏　王妙斐　王　明
王明和　王宁宁　王　鹏　王频波
王启宝　王钱魁　王　强　王庆锋
王庆芹　王群志　王　荣　王荣友
王三萍　王绍川　王生煜　王士金
王水鹏　王苏生　王素玲　王　涛
王　韬　王天保　王天平　王铁林
王通林　王　伟　王　伟　王伟栋
王卫萍　王文亮　王文龙　王玺明
王先丽　王贤彬　王贤伟　王宪军
王小海　王小军　王晓波　王晓波
王晓东　王新象　王旭春　王延昌
王一兵　王轶众　王益江　王银平
王英侠　王　颖　王永春　王永富
王　勇　王勇丽　王佑飞　王宇光
王煜炜　王悦领　王　云　王照法
王振国　王正栋　王正祥　王志明
王忠艺　王紫东　王佐英　魏坚群
魏建回　魏尧盘　闻衍军　翁　波
翁兰兰　翁晓临　沃立钧　吴保建
吴　斌　吴　斌　吴彩萍　吴长威
吴长忠　吴诚斌　吴传兵　吴丹丹
吴方军　吴凤英　吴高增　吴国庆
吴国忠　吴海波　吴海娟　吴海云
吴红红　吴洪辉　吴建辉　吴建军
吴建平　吴娇英　吴　杰　吴金童
吴金玉　吴军华　吴　均　吴来清
吴兰钜　吴礼庆　吴立强　吴立新
吴　谦　吴　群　吴胜利　吴述锋
吴树清　吴顺兵　吴显波　吴祥庆
吴雪云　吴永成　吴永海　吴永平
吴禹阳　吴玉香　吴约东　吴云飞
吴云洪　吴云华　吴兆云　吴真水
吴中友　吾俊明　伍庆文　武国君
武江平　武玲芳　武　鹏　武运华

奚兵圣　夏邦武　夏常兵　夏丹宏
夏　锋　夏敬铭　夏莎雨　夏祥法
夏秀苍　夏甬峰　夏勇军　向广宏
项　波　项　超　项　磊　项力华
项义仙　项志军　项助发　肖加所
肖家文　肖小森　肖信飞　肖绪兵
肖永贵　肖钟华　谢　峰　谢刚龙
谢佳龙　谢科技　谢立红　谢立祥
谢毛毛　谢　明　谢清保　谢荣燕
谢云山　谢　振　谢志峰　谢宗孝
忻汉伟　邢美华　邢明权　熊道生
熊德云　熊劲松　徐宝良　徐斌钢
徐东东　徐　飞　徐高雄　徐国飞
徐国华　徐　华　徐华勇　徐　晖
徐　辉　徐佳信　徐建东　徐　健
徐金军　徐　进　徐　俊　徐　磊
徐利国　徐利明　徐良炜　徐鹏鸿
徐品法　徐品有　徐勤军　徐　青
徐全福　徐群飞　徐荣华　徐汝英
徐韶晖　徐世广　徐淑芳　徐天健
徐　伟　徐伟峰　徐伟军　徐伟丽
徐卫周　徐文斌　徐文卫　徐西福
徐湘钢　徐向兵　徐小红　徐小依
徐孝军　徐　星　徐　行　徐雄标
徐秀忠　徐雪梅　徐勇春　徐振敏
徐忠良　徐　洲　许碧俊　许继东
许建平　许建塘　许金豪　许立标
许丽清　许绍东　许育满　宣秋成
宣学军　宣忠强　薛淦荣　薛宏亮
闫来元　闫　伟　严　浩　严　涛
严雅云　严永新　颜　飞　颜美洁
颜小威　阳　曙　杨　昌　杨春兰
杨东方　杨光林　杨广清　杨桂珍
杨海峰　杨海林　杨汉诺　杨红萍
杨华波　杨焕余　杨金国　杨君辉

杨俊超 杨 立 杨 翎 杨青财
杨仁杰 杨仁志 杨森德 杨胜勇
杨松华 杨伟民 杨文浩 杨仙英
杨小波 杨晓蓉 杨兴志 杨艺帆
杨拥政 杨 勇 杨 勇 杨 赟
杨震生 杨 智 杨智慧 杨宗盛
姚福珍 姚华强 姚军军 姚荣珍
姚育娟 姚 震 叶奔建 叶碧君
叶长峰 叶纪省 叶建兵 叶建国
叶建炜 叶建新 叶 菁 叶康友
叶乐阳 叶丽卫 叶 明 叶明斌
叶哨林 叶孝洪 叶笑君 叶旭升
叶雪来 叶英富 易 彬 殷仕彬
尹 晖 尹 邹 应 芳 应根跃
应海裕 应联兴 应文进 应晓亮
应一红 应召锋 雍顺平 游朝付
于 冲 于 辉 于振发 余爱华
余 超 余登林 余 锋 余富火
余海金 余红东 余坚伟 余军华
余 俊 余利国 余敏惠 余 铭
余仙女 余新富 余秀常 余一涛
余益星 余跃雄 余志隆 余梓荣
於国敏 於 亮 俞爱定 俞 帆
俞高云 俞国兴 俞国勇 俞家祥
俞开明 俞开兴 俞兰珍 俞玲娜
俞培林 俞佩晶 俞书英 俞伟磊
俞玮春 俞闻君 俞晓云 俞 瑛
俞永清 俞 泳 俞振华 俞 征
俞正浩 俞仲阳 虞国青 虞康年
袁春凯 袁茂富 袁 淼 袁启波
袁世敏 袁孝炯 袁兴尧 袁珍飞
臧武源 曾邦龙 曾国团 曾庆利
曾土有 曾仙翠 曾旭光 曾应波
翟如元 詹金华 詹 荣 詹水凤
詹顺达 占玉飞 张艾军 张白婵

张本路 张朝良 张春雷 张春云
张福妹 张根法 张根妹 张光平
张国琴 张海伟 张红辉 张洪敏
张建峰 张建华 张建灵 张建明
张建新 张建月 张建跃 张锦麟
张菊兰 张 军 张 军 张俊喜
张开来 张 坤 张 堃 张老虎
张礼强 张 力 张利明 张林涛
张灵江 张孟桂 张 敏 张 明
张明华 张明华 张 宁 张 鹏
张 平 张平富 张企达 张 青
张秋芳 张少萍 张天跃 张 巍
张卫超 张味萍 张文栋 张先龙
张贤富 张小建 张晓威 张晓莹
张笑英 张秀梅 张须伦 张学伟
张雅萍 张亚琴 张一飞 张义珍
张 瑛 张 勇 张有田 张 玉
张远宝 张月娥 张月红 张 云
张浙景 张志锋 张志华 张志强
张智华 张忠玲 张子豪 章海峰
章宏平 章黎明 章梁君 章水英
章显乐 章月娣 章 蕴 章宗义
赵 兵 赵春富 赵春龙 赵福勇
赵国焓 赵海峰 赵洪风 赵洪亦
赵 佳 赵建仙 赵九福 赵 俊
赵林光 赵鸣江 赵铅锋 赵荣伟
赵世富 赵卫国 赵文江 赵文培
赵文武 赵武杰 赵祥龙 赵小洋
赵永明 赵玉兰 赵志和 郑 斌
郑伯君 郑才良 郑 府 郑国东
郑海平 郑红军 郑 辉 郑绩顶
郑建波 郑建飞 郑建龙 郑建明
郑金文 郑可法 郑利娟 郑茂光
郑敏华 郑上玲 郑生健 郑时慧
郑世明 郑四良 郑素凤 郑献勇

郑小栋　郑　欣　郑余忠　郑玉明
郑玉祥　郑元海　钟　波　钟　沉
钟林童　钟其生　钟　乔　钟小平
周邦纳　周　宾　周曹君　周常友
周传勇　周锋洋　周　福　周贵洲
周海军　周海珍　周荷萍　周华林
周继光　周建峰　周建惠　周建中
周江华　周金桃　周菊英　周俊杰
周　坤　周兰保　周立峰　周利民
周联统　周明洋　周仁友　周盛国
周仕成　周　渭　周祥水　周新辉
周兴海　周裔盛　周永贵　周永行
周园场　周岳夫　周　芸　周正荣
周志云　周忠信　周仲玉　周祖胜
朱阿亮　朱安平　朱邦群　朱成章
朱大训　朱福财　朱福寿　朱根芳
朱根义　朱光额　朱国俊　朱国新
朱　浩　朱和平　朱红午　朱宏兆
朱洪流　朱　虹　朱建荣　朱江梅
朱理华　朱利伟　朱良丰　朱　美
朱　敏　朱敏志　朱琼浩　朱松波
朱松林　朱伟芳　朱喜忠　朱小波
朱小洪　朱延涛　朱一心　朱毅涛
朱永专　朱余美　朱玉平　朱玉前
朱志宁　朱志平　朱自杰　朱宗原
诸葛毅　祝孔银　祝龙军　祝强奋
祝　雅　庄凌峰　卓步必　卓林军
卓文涛　宗红森　邹坤富　邹秋莲
邹文林　邹　毅　邹应根　邹振文
邹宗兴　左亮亮　欧阳玉宣
沈香女当　闻人华飞

安徽：卞玉兵　蔡　杨　蔡宗舜　曹　辰
曹干尚　柴雪峰　常　啸　陈　波
陈国华　陈海峰　陈　红　陈　洪
陈建兵　陈　健　陈　静　陈　磊
陈良杰　陈令旗　陈明前　陈庆娣
陈三菊　陈卫东　陈新军　陈　燕
陈　义　陈子辉　谌　云　程里成
程　训　崔财山　代小平　戴　鹏
戴卫东　丁方明　丁方平　丁　奎
丁　明　丁汪松　丁　伟　董昌志
杜东升　杜祜联　杜　萍　杜晓华
段　娟　段学广　凡海南　范长江
范海波　范恒鑫　方存来　方正方
冯　琳　冯士祥　冯振广　傅　强
甘　伟　高　翔　戈　春　葛　刚
耿广侠　弓玉强　龚　军　贡培胜
顾　超　顾云飞　桂芳超　郭继昌
郭　军　郭来福　郭立华　郭效贤
郭兆荆　虢治友　韩景宇　韩明涛
韩庆祝　韩胜龙　韩小梅　侯　培
胡光远　胡立功　胡　强　胡先荣
胡新凯　胡秀杰　黄　海　黄静雯
黄　康　黄　勇　黄跃文　纪永生
季益保　江龙祥　姜冠武　姜　昊
姜永华　蒋雪梅　焦　普　解志贤
金　辉　金秋园　景凤英　瞿小兵
康振运　孔金侠　来刘超　李大雷
李登阜　李海波　李　昊　李　浩
李洪康　李华瑜　李怀富　李　嘉
李令球　李　露　李荣东　李书红
李淑珍　李卫东　李卫星　李小军
李艳莉　李艳玲　李义勇　李永涛
李玉成　李　渊　李志平　李重阳
梁　斌　梁新峰　梁　影　梁玉平
廖　醒　刘　波　刘长江　刘　超
刘传彪　刘恩芝　刘国强　刘　辉
刘天楚　刘兴报　刘　莹　刘　影
芦道军　鲁明周　鲁其亚　陆　斌
陆　凯　陆忠仙　鹿炳武　吕　玲

吕文成　吕志文　罗运武　马　峰
马坤坤　马四新　毛　侠　梅其焕
孟凡力　孟庆保　孟　学　穆广红
穆士运　倪　兵　年　伟　聂　斌
牛建功　潘立寅　庞　宾　庞海军
裴　培　濮建明　浦喜庆　钱　诚
钱　军　秦　军　裘宏坤　曲志敏
权勤光　饶光明　任东杰　尚玉烈
佘碧媛　沈传付　沈道珍　沈冬青
沈进波　沈　茜　盛敏付　石　泉
帅　亮　宋百来　宋存杰　宋　华
宋巨怀　宋来运　宋　晴　宋振海
苏广娥　苏培红　孙爱华　孙朝阳
孙礼刚　孙　毛　孙全胜　孙小虎
孙　勇　孙玉芳　孙照玉　汤　斌
汤德成　唐怀立　陶存虎　陶　静
陶贤龙　涂聚志　汪帮海　汪钢星
汪　杰　汪锡梅　王爱民　王安华
王潮瀚　王道杭　王德芳　王夫利
王国庆　王国庆　王家辉　王晋真
王娟芳　王军麾　王克城　王　磊
王　磊　王利敏　王龙泉　王　梅
王敏华　王明龙　王　盛　王　伟
王　玮　王文杰　王　祥　王　轶
王永翠　王玉兰　王　振　王振学
王　征　韦章林　魏俊峰　魏振宇
巫隆隆　吴　超　吴　东　吴冬梅
吴国庆　吴国兴　吴　军　吴　凯
吴　魁　吴良赟　吴胜利　武　勇
夏　强　夏世傲　相昌富　项　伟
谢立新　谢培德　徐　斌　徐　兵
徐　飞　徐家伟　徐　良　徐　梅
徐　敏　徐曲明　徐善云　徐　勇
徐宗军　许　兵　许江安　许　诺
许　群　许维松　许　勇　薛凤奇

薛继法　薛明方　闫德兰　闫　旭
严春松　晏　阳　杨安生　杨　超
杨海滨　杨　浩　杨　坚　杨　克
杨维国　杨卫超　杨新荣　杨秀云
杨秀云　杨　扬　杨　杨　杨治怀
姚金锋　尹纯才　尹　飞　尹立军
尹之骁　于信誉　余桂珍　余王根
俞维海　喻燕燕　袁　淮　袁维平
袁晓鹏　袁志国　曾现甫　翟俊杰
翟丽娟　张朝阳　张传祥　张　贵
张　辉　张　健　张晶晶　张　可
张克文　张　敏　张荣耀　张　锐
张　胜　张树范　张维财　张维志
张文俊　张文玲　张　侠　张先银
张晓伟　张秀建　张袖珍　张绪伦
张亚军　张　阳　张　毅　张友胜
张　振　张志富　张志美　张　壿
赵富金　赵　虹　赵鸿雁　赵　军
赵　凯　赵孟坤　赵新洪　郑铭捷
钟　东　周　标　周红梅　周　杰
周雷雷　周善保　周　文　周先保
周小波　周志生　朱家银　朱俊俊
朱美玲　朱　山　朱　腾　朱言红
朱永刚　朱永新　朱月琴　訾化山
訾言记　邹　刚　祖　杰

福建：包君宏　包永榕　蔡安娜　蔡长吉
蔡东鲁　蔡国期　蔡和达　蔡和杰
蔡华南　蔡敬恩　蔡来康　蔡岚燕
蔡莉莉　蔡龙钿　蔡启明　蔡榕洲
蔡赛香　蔡善金　蔡世芳　蔡小榕
蔡小珍　蔡垚奇　蔡怡新　蔡勇宝
蔡政霖　曹立新　曹如月　曹　英
常庆东　陈　安　陈宝和　陈保锦
陈碧云　陈标建　陈　彬　陈　彬
陈炳桂　陈炳树　陈　波　陈昌樵

陈春珠 陈聪华 陈德晞 陈灯锦
陈定友 陈　芳 陈　飞 陈　芬
陈　峰 陈　刚 陈贵聪 陈国良
陈国强 陈海滨 陈　浩 陈恒源
陈　宏 陈　华 陈怀俊 陈　辉
陈　辉 陈　辉 陈伙英 陈嘉俊
陈建辉 陈建平 陈建文 陈建州
陈金发 陈金治 陈　晶 陈竞红
陈就智 陈　驹 陈俊杰 陈兰娜
陈　莉 陈　历 陈立华 陈丽华
陈丽玲 陈丽萍 陈丽鑫 陈丽樱
陈丽媛 陈　凌 陈刘章 陈　龙
陈龙杰 陈　敏 陈　敏 陈明桥
陈铭捷 陈能珠 陈宁胡 陈培元
陈　萍 陈　琦 陈勤民 陈　清
陈清地 陈庆杰 陈庆生 陈秋婷
陈全程 陈　群 陈瑞昆 陈韶斌
陈少波 陈少峰 陈少修 陈少云
陈圣付 陈诗兴 陈时和 陈斯芳
陈体建 陈体硕 陈体行 陈天兴
陈　婷 陈莞迎 陈王平 陈　威
陈　伟 陈伟琳 陈卫东 陈卫国
陈　文 陈文化 陈文林 陈　武
陈　希 陈　熙 陈　熙 陈祥兴
陈　翔 陈小龙 陈　欣 陈兴录
陈兴棠 陈　星 陈秀玲 陈秀珍
陈秀珠 陈宣风 陈雅森 陈义顺
陈忆民 陈翼翼 陈应灿 陈　莹
陈　颖 陈永聪 陈永锋 陈　勇
陈勇将 陈友珍 陈玉坤 陈玉双
陈元彪 陈　云 陈泽良 陈振锋
陈振辉 陈振宇 陈志红 陈志坚
陈智山 陈子灿 谌贻茂 成　征
程碧评 程定友 程功煌 程　辉
程森森 程明姬 池家斌 丛　丹

丛喜庆 戴景树 戴可方 邓长樑
邓建生 邓金才 邓　球 邓祥青
邓鑫亮 狄　明 丁建勇 丁莉勤
董春晓 杜曾勇 段广亮 段化朋
范福燕 范小华 方　黎 方林斌
方如渝 方锡康 方小娟 方燕琦
费庆胜 费智明 冯文南 冯豫洁
冯作强 付和印 傅　成 傅德海
傅秀贞 傅玉莲 高　汾 高建辉
高居南 高　逵 高木平 高清泉
高雪玲 高艳燕 高燕平 高一帆
高永华 高　原 葛开松 葛　榕
耿庆伟 关　炜 关雅希 郭　聪
郭　冬 郭翰斯 郭洪涛 郭坚定
郭建芳 郭晶晶 郭乐平 郭　敏
郭其建 郭添云 郭蔚东 郭喜栓
郭永建 郭云秀 郭　忠 韩清土
韩秋娜 韩智霞 何毕克 何洪军
何建清 何剑鸣 何强明 何珊华
何　伟 何文平 何绪艳 何曾启
何志坚 何忠民 何仲华 洪本龙
洪柳强 洪其伟 洪　清 洪玉珍
侯丽琴 侯志森 胡定华 胡惠明
胡集国 胡敏雄 胡明海 胡伟宁
胡文勇 胡祥伟 胡小波 胡　璇
胡奕滨 胡志生 黄啊根 黄碧霞
黄　波 黄　岑 黄　超 黄传贵
黄聪聪 黄道镛 黄德生 黄登良
黄　锋 黄　纲 黄海容 黄　皓
黄　河 黄泓冰 黄纪国 黄见东
黄建华 黄建明 黄建仁 黄建证
黄杰灵 黄杰元 黄金表 黄　锦
黄居春 黄荔生 黄俏鸫 黄清德
黄秋榕 黄秋生 黄瑞萍 黄少芳
黄少玲 黄少松 黄守明 黄树荣

黄水秀 黄松青 黄婉燕 黄夏鸣
黄晓利 黄晓燕 黄晓镇 黄　新
黄雪良 黄艳光 黄贻枫 黄永胜
黄友金 黄友平 黄宇峰 黄雨林
黄远茂 黄云峰 黄志坚 黄志强
黄志群 黄志勇 黄子雄 黄作文
纪立新 纪涌舒 季昌盛 贾建忠
简天发 江　帆 江建敬 江礼冬
江明才 江炜琼 江小烨 江信军
江玉琴 姜建国 姜　彦 姜　泳
蒋宏杰 蒋青云 蒋天飚 解凤雷
解子亭 金　华 金建平 金清岩
金晓双 康　健 柯朝宝 柯　锦
柯礼齐 柯清伟 柯水棠 柯莹灯
柯志鸿 赖晓明 赖永刚 兰德安
兰伙银 兰　鹏 兰　珠 蓝志雄
雷世明 李安明 李柏椿 李陈歆
李聪标 李冬帆 李端望 李　光
李光华 李贵阳 李海东 李海军
李寒林 李　翰 李　辉 李纪湖
李建红 李建云 李剑峰 李健康
李　江 李锦芳 李进展 李路路
李茂兴 李美金 李弥松 李　明
李明钰 李乃明 李　升 李书杰
李顺超 李　思 李挺松 李维烽
李晓光 李学培 李　砚 李扬安
李杨崇 李艺炎 李永忠 李　勇
李友斌 李于深 李月钗 李增颖
李正维 李政新 李志勇 李　忠
李子飞 李子庆 连　财 连建华
梁光喜 梁华容 梁慧敏 梁金钢
梁进明 梁其容 梁　荣 梁小亮
廖概豪 廖建发 廖金松 廖新升
廖玉幼 廖　洲 廖宗杰 林阿静
林宝钗 林宝开 林宝妹 林宝珠

林本丰 林碧英 林　彬 林　斌
林　斌 林　斌 林秉雄 林步康
林　灿 林　陈 林成强 林承恩
林翠琴 林翠玉 林鼎建 林东枫
林　凡 林　芬 林芬珠 林福地
林　革 林桂治 林国冰 林国琴
林　航 林宏洲 林洪强 林　浒
林　皇 林　辉 林惠娟 林惠贞
林惠珍 林加强 林佳楠 林家锐
林　坚 林见埌 林建国 林建宇
林金海 林金娇 林　京 林　晶
林　娟 林开柏 林丽明 林丽平
林丽琴 林丽玉 林灵龙 林　略
林茂峣 林美瑜 林美玉 林美珠
林门峰 林乃杨 林能斌 林　平
林其强 林起宸 林　琴 林　庆
林秋林 林　荣 林瑞班 林三峰
林山明 林少青 林　燊 林世良
林溯淇 林　涛 林　伟 林　伟
林　文 林文雄 林　西 林　熙
林　霞 林宪文 林祥平 林小鸣
林晓龙 林晓明 林晓晓 林　兴
林星辉 林　雄 林修武 林秀春
林秀娟 林　栩 林学良 林雪芳
林　艳 林　艳 林艳明 林义勇
林　莹 林映雪 林永锋 林永珍
林　勇 林友光 林育华 林云贞
林　真 林振亮 林振山 林　芝
林志华 林志艺 林宗祥 刘爱云
刘必荣 刘必铮 刘必志 刘　斌
刘成辉 刘东春 刘　飞 刘贵青
刘红旗 刘洪群 刘建村 刘建良
刘静宏 刘救星 刘　军 刘黎明
刘丽萍 刘丽珠 刘良寿 刘　榴
刘　梅 刘美钦 刘棉阳 刘其建

刘清锋　刘庆武　刘群芳　刘荣锭
刘瑞旺　刘生钟　刘世辉　刘烁峰
刘文海　刘向华　刘小榕　刘新景
刘新立　刘秀云　刘用力　刘友电
刘漳生　刘志勇　刘兹文　刘尊平
柳刚华　柳　涛　楼吕燕　卢剑华
卢金福　卢　苇　卢文彪　卢文虎
卢文强　卢祥坤　卢园娥　卢远超
卢　增　陆　青　陆盛林　陆　玮
吕卫军　吕源中　栾苏敏　罗富水
罗　光　罗　华　罗建明　罗　奎
罗　媚　罗其钢　罗秋英　罗晓利
罗兴平　罗域镛　罗振林　骆进源
骆科文　骆启新　麻宗钧　马爱民
马昌华　马闽军　马思明　马　威
马秀平　麦发秀　毛场水　毛锦芳
毛文娟　缪少廉　缪希荣　穆　兵
倪　钟　聂　婷　牛学鹏　欧榕俊
潘春顶　潘丹丹　潘德光　潘德钦
潘付强　潘　杰　潘瑞璋　潘世民
潘文宏　潘文君　潘依妹　庞　军
裴九刚　彭成全　彭　钢　彭耕耘
彭建云　蒲春华　戚会村　齐镇亚
秦彬彬　秦中惠　邱军永　邱　萍
邱杨东　裘　捷　饶东鸣　任甲子
任良斌　任　伟　荣加能　阮敏敏
阮棋平　阮添瑞　尚春光　尚慧东
邵华龙　申战朵　沈春木　沈建英
沈如意　施发富　施海龙　施剑师
施　玲　施文典　石坚劲　时建榕
史富强　舒春凤　舒　鑫　帅标龙
斯东晓　宋诚本　宋洪献　宋立泉
宋万仓　宋友滨　苏　峰　苏和德
苏剑军　苏坤源　苏胜城　苏淑清
苏郁丰　苏振宇　苏子庆　隋　春
孙军京　孙　黎　孙立新　谭　源
唐丽钦　唐　松　唐小平　唐雪梅
陶婷婷　童　琳　童清怀　涂淡招
涂和生　涂洪彬　涂开伟　涂文龙
万文进　万毅文　汪朝荣　汪清伙
汪淑花　汪永满　王财秀　王朝杰
王　成　王承德　王承俤　王大林
王德意　王恩贤　王国民　王海奋
王豪伟　王　宏　王华锋　王坚焰
王建生　王金龙　王金枝　王　晶
王景煌　王　娟　王开飞　王　乐
王丽萍　王丽清　王连彬　王隆湖
王美芳　王　淼　王命星　王　鹏
王　鹏　王　平　王　平　王　强
王秋英　王荣臣　王绍敏　王盛清
王盛全　王书尧　王蜀福　王　文
王小玲　王小强　王秀珠　王　英
王　莹　王　勇　王玉生　王章明
王兆阳　王　臻　王振斌　王志煌
王志明　王中峰　王忠武　王子鹏
魏宁榕　魏　群　魏赛友　魏英铨
魏志令　温必松　温祖平　文民军
文　勤　翁璜浩　翁金枝　翁良将
翁美榕　翁尚颖　翁天端　翁文杰
吴炳梅　吴　波　吴长飞　吴传增
吴聪明　吴东员　吴光晓　吴国辉
吴宏伟　吴华峰　吴　晖　吴辉映
吴佳色　吴家实　吴建新　吴健雄
吴金监　吴金陵　吴黎嘉　吴里久
吴美娟　吴　敏　吴乃昕　吴书文
吴苏宝　吴文娟　吴晓辉　吴晓晶
吴燕晖　吴阳清　吴一青　吴银泉
吴永瑁　吴永忠　吴原复　吴跃进
吴志强　吴忠扬　伍　立　夏均华
夏俊波　相　军　向　森　肖　传

肖　华　肖九富　肖　亭　肖永辉
肖　云　谢丹凤　谢东灿　谢光良
谢继雄　谢家启　谢建福　谢良贵
谢　玲　谢能州　谢　宁　谢荣珍
谢仕英　谢铁璧　谢小鹏　谢小颖
谢秀跃　谢永源　谢章斌　谢振海
谢作磊　忻国英　忻永辉　胥明勇
徐成健　徐　丹　徐吉云　徐　凌
徐龙华　徐瑞平　徐世杰　徐淑珍
徐　新　徐　燕　徐跃进　许　斌
许炳雄　许冠中　许　宏　许渐芬
许　力　许　麟　许玲锦　许鲁坚
许少宪　许添水　许伟锋　许亚勇
许怡新　许振华　许志勇　薛爱玉
薛炳新　薛　春　薛国荣　薛进魁
薛晓宏　薛学诚　鄢晨枫　鄢　伟
闫　军　严　彬　严风辉　严庆新
颜波波　颜敏丽　颜巧峰　颜顺兴
杨白榕　杨　宝　杨苍飞　杨福滨
杨福镇　杨国良　杨建新　杨　宁
杨　鹏　杨　鹏　杨　萍　杨　奇
杨庆祝　杨升强　杨时雨　杨水池
杨夏兰　杨　鑫　杨星慧　杨耀祖
杨　毅　杨　永　杨　勇　杨　宇
杨育平　杨钊福　杨志雄　杨仲云
姚海荣　姚　慧　姚建雄　姚　磊
姚苏航　姚向伟　叶　葆　叶长英
叶贵清　叶华娟　叶　桓　叶家康
叶景枫　叶丽琴　叶明锋　叶　青
叶　容　叶世忠　叶小瑛　叶兴明
叶雅容　叶月华　殷福永　应连明
应兴盛　游春生　游景波　余诚实
余宏斌　余菊花　余奶旺　余水生
余正锋　俞宏文　俞希彪　袁良葆
袁　州　岳　亭　曾潮波　曾　诚

曾传应　曾光焕　曾建军　曾金海
曾七中　曾庆延　曾蓉易　曾文伟
曾钰芬　曾贞伟　詹春生　詹技巧
詹夷生　张长虹　张长麟　张成彪
张根战　张光荣　张海鸿　张含英
张汉铭　张　华　张辉煌　张嘉龙
张建河　张建军　张建伟　张剑峰
张　健　张金兴　张锦宣　张　晶
张礼月　张立新　张　琳　张茂泽
张美珍　张明辉　张彭英　张巧玲
张钦远　张清林　张清霞　张庆荣
张如胜　张　润　张赛珠　张绍钰
张世尧　张仕杰　张书勇　张素晶
张　伟　张文光　张文星　张贤雄
张　翔　张小梅　张信鹏　张学京
张学平　张义福　张　翼　张银妹
张永祥　张煜高　张越明　张志坚
张志强　张治平　章　伟　章志强
赵成亮　赵红忠　赵　泓　赵　晖
赵建章　赵瑞华　赵　胜　赵忠辉
郑　彬　郑炳金　郑炳生　郑城英
郑崇贵　郑大华　郑鼎生　郑东龙
郑伏全　郑福海　郑富瑜　郑海峰
郑鸿展　郑惠稻　郑惠松　郑建平
郑　健　郑进龙　郑立群　郑林权
郑　琳　郑　琳　郑刘韡　郑龙奎
郑启斌　郑　钦　郑　荣　郑少剑
郑世明　郑文苏　郑香珠　郑晓微
郑秀丽　郑秀琴　郑旭峰　郑依尊
郑　义　郑义德　郑义祥　郑益锋
郑铀钢　郑玉銮　郑则伟　郑　钟
钟秉宏　钟可京　钟旺山　周花金
周建雄　周乐璋　周　璐　周民生
周闽生　周名荣　周启宇　周　顺
周祥秀　周　翔　周　翔　周玄江

周元英　朱功彩　朱黎记　朱理辉
朱理明　朱　林　朱迈顺　朱美榕
朱晓炜　朱育琦　庄建国　庄建新
庄剑超　庄进福　庄绍清　庄泳铭
卓福东　宗东升　邹华保　邹建华
邹荣隆　邹垚燚　邹艺聪　江子林弟
欧阳廷强　欧阳雪琴

江西：安伟涛　白国栋　白霄云　边　建
蔡成林　蔡定遂　曹开平　岑　洪
岑　乐　陈大华　陈　东　陈国平
陈和锦　陈　辉　陈惠柳　陈家佩
陈金龙　陈　军　陈黎明　陈立锋
陈立新　陈丽芬　陈　亮　陈禄舟
陈美霞　陈明兰　陈　宁　陈绍云
陈淑兰　陈　恬　陈　雯　陈　雯
陈秀兰　陈　义　陈鹰翔　陈有贵
陈跃平　陈泽强　陈　喆　陈志坚
成　材　成传访　程　彪　程昌桂
程亮亮　程向荣　程晓东　程裕习
程远山　褚明芳　崔　俊　崔泽海
戴长浩　戴金英　戴玉燕　邓功万
邓建文　邓　杰　邓绿玲　邓永荣
邓友生　丁良安　丁宇聘　董善德
杜国强　段鸿儒　樊子兵　范　彬
范　龙　范　奇　范玉良　范志强
方　淋　方伟江　封雪花　付荣新
付武开　付小兰　傅　骏　傅筱秀
干　剑　甘安峰　甘黎黎　高　枫
高　航　高焕新　高　杰　高俊频
高良永　高朋举　高晓妹　高振伟
龚斌刚　龚建明　龚建平　龚　青
龚绍花　龚文东　顾定恩　顾定业
顾建平　关书华　管建华　郭　健
郭巨平　郭延发　韩瑞志　韩　廷
何　滨　何　锋　何国新　何　敏
何水林　何昕亮　何倚俚　何　振
何　振　洪成叶　洪　光　洪金衡
侯伯骅　侯卫杰　胡冬妹　胡　凡
胡桂香　胡海青　胡华平　胡力群
胡仁菊　胡水花　胡　伟　胡艳萍
胡业芳　胡银华　胡志军　胡仲子
花　蕾　黄　刚　黄建江　黄建平
黄建强　黄　杰　黄　静　黄　俊
黄克强　黄茂英　黄　平　黄奇标
黄　琼　黄仁峰　黄水清　黄伟能
黄　玮　黄先和　黄小凡　黄小平
黄新建　黄新萍　黄颖鑫　贾国强
江　波　江　宏　江期军　江天平
江亦萍　姜逢华　蒋国华　蒋锦荣
蒋来虎　蒋林坤　揭　乐　金　欣
柯雪梅　孔令红　孔思亮　孔祥春
况筱华　来娟美　赖峰刚　赖思颖
赖伟民　赖泽胜　兰师东　雷　钢
雷金云　雷　鹏　雷伟中　雷　翔
李冬华　李冬英　李　菲　李富春
李国海　李国贞　李洪顺　李　慧
李家兴　李建新　李　杰　李井秀
李　景　李俊英　李力波　李良洪
李　旻　李　敏　李　敏　李　娜
李　宁　李　萍　李启海　李　强
李　强　李　青　李青萍　李三香
李省金　李　顺　李顺红　李　巍
李文革　李晓凤　李　炎　李招萍
李　真　李征军　李志刚　连莉萍
梁春根　梁金花　梁锦勇　梁鲁金
梁裕虎　梁振东　廖剑京　廖勇生
廖远辉　林　凡　林景和　林　灵
林　玲　林　龙　林　茜　林　洋
林　毅　凌　云　刘爱兰　刘　宸
刘春阳　刘德军　刘广铭　刘国辉

刘国平 刘 昊 刘 弘 刘华俊
刘惠林 刘家洲 刘建民 刘军平
刘蓝香 刘乐辉 刘 磊 刘 莉
刘立勇 刘立志 刘 民 刘 鹏
刘 萍 刘 琪 刘 权 刘群英
刘石鹏 刘世辉 刘 甜 刘为民
刘伟光 刘文饶 刘小勇 刘晓露
刘学通 刘依农 刘 毅 刘应群
刘永刚 刘玉波 刘园飞 刘 云
卢谋林 卢毓光 陆赣宾 路丕军
吕善勇 吕艳清 栾义刚 罗成民
罗 芳 罗煌云 罗建英 罗 杰
罗 静 罗来忠 罗 敏 罗明华
罗时亮 罗淑凤 罗淑萍 罗嗣明
罗桃花 罗 卫 罗细妹 罗贤吉
罗义南 马 磊 马铁昌 马仲江
毛春香 毛志刚 梅文军 梅 颖
梅 勇 闵锦国 莫英财 聂太迟
欧阳昕 潘红莲 潘华平 庞 刚
彭建红 彭美霞 彭艳春 彭 雨
齐 明 钱家愚 钱小平 秦 伟
秦 雨 丘红宇 邱崇志 邱小平
邱译锋 邱志坚 邱作文 冉江华
饶 凯 饶 曙 饶新华 任 红
邵云兰 沈六妹 沈智勇 盛 杰
师 京 史 程 史俊斌 史明金
舒 林 帅高杰 司 军 宋育辉
宋志涌 苏 奋 苏风华 苏记明
宿 卫 孙鸿俊 孙益群 覃亚忠
谭云华 唐成洋 陶根香 田兵兵
田 莉 童 玲 涂剑辉 涂俊文
涂文涛 涂相平 涂小弟 涂赞福
万道星 万冬生 万发萍 万 锋
万国俊 万红梅 万建华 万建林
万 钧 万 良 万文柏 万文斌
万显策 万孝星 万雅莉 万 勇
万宇峰 汪建峰 汪四春 王炳生
王朝林 王成成 王刚强 王国平
王海涛 王 辉 王 建 王建国
王建平 王 健 王键中 王 瑾
王精甫 王 凯 王 雷 王 平
王 琦 王仁英 王 荣 王世超
王 舒 王曙华 王 玮 王文华
王晓华 王晓敏 王晓群 王 星
王雪飞 王 彦 王 彦 王永国
王 勇 魏 丞 魏进军 魏天才
魏 伟 魏永强 魏雨鹏 温开德
吴 斌 吴建兵 吴建军 吴 军
吴开平 吴 威 吴 巍 吴雅丽
吴延荣 吴宜旺 吴英南 吴振华
吴志昊 吴志勇 伍国勇 夏小儿
夏小平 向华中 肖 军 肖 梅
肖 旭 肖 旸 肖 莹 肖志蓉
谢春晖 谢 锋 谢海亮 谢 弘
谢洪波 谢金城 谢 静 谢军根
谢联武 谢 鹏 谢 琦 谢锡海
谢小红 谢宜春 谢永春 邢志勇
熊迪奇 熊 辉 熊 建 熊江山
熊龙龙 熊禄茂 熊青羽 熊仁发
熊尚万 熊水秀 熊文军 熊小林
熊晓莉 熊信英 熊学琴 熊雪根
徐 斌 徐昌清 徐常卫 徐成贵
徐恩影 徐方军 徐 芳 徐高良
徐海林 徐建民 徐 洁 徐 俊
徐丽凤 徐 强 徐望根 徐小东
徐耀勇 徐 勇 许根生 许淑红
许雪莹 许云鹏 许祖芳 薛琪晓
严福英 严军华 阎 洁 阎 帅
杨 斌 杨春荣 杨剑梯 杨乐平
杨 力 杨乾明 杨伟刚 杨文利

杨雪峰　杨义根　杨志刚　姚宜品
姚　勇　叶春娥　叶　赣　叶江胜
叶军蓉　叶旺林　殷和明　殷俊杰
殷志军　尹　东　尹丽萍　尹英偕
尤　慧　于　青　余　超　余　坚
余苏贵　余文明　吁正康　袁　纲
袁桂清　臧富超　曾凡燕　曾纪铧
曾军华　曾　康　曾　琴　曾小炎
翟善猛　张安慧　张宾强　张　斌
张　兵　张炳旭　张长江　张桂英
张泓涛　张洪青　张鸿辉　张建强
张　健　张　莉　张　黎　张立丽
张孟贤　张　平　张　强　张庆辞
张瑞芳　张时龙　张　涛　张　添
张锡强　张小刚　张晓艳　张欣江
张学朋　张雪莲　张永琦　张永清
张元华　张智宝　章桂仙　章　欢
章建华　章建强　章　权　赵国华
赵海山　赵腊梅　赵　鸣　赵　南
赵汝东　赵桐民　赵为群　赵新春
赵　兴　赵逸寰　赵英祥　郑辉玉
郑　剑　郑水花　郑　翔　郑小琴
钟国芳　钟红阳　钟　骅　钟　琦
钟振荣　周超华　周　诚　周根根
周　龙　周龙妹　周清奇　周卫星
周玉堂　周玉英　周元定　周志远
朱丹萍　朱京平　朱明生　朱　韧
朱文达　朱宗亮　祝　斌　邹安平
邹斌荣　邹　剑　邹耐根　邹文红
邹有生　欧阳志亮

山东：安富国　安　岗　安悌传　安维烈
安　勇　安志霞　白宝乾　白化奇
白俊红　白　梦　白志国　柏亮星
班乃营　包芳勤　包路路　毕洪新
毕建国　毕可广　毕文坤　毕研超
毕忠诚　薛　静　边敦北　卞良强
卞鲁青　卞贞善　薄怀亮　蔡金岭
曹爱飞　曹长峰　曹国德　曹宏伟
曹　挥　曹继刚　曹建军　曹林军
曹同辉　曹意磊　曹英珍　曹永成
曹永亮　曹允国　曹兆鲁　曹忠聚
曹子青　查敏敏　柴永军　柴勇利
昌军生　常　青　车　蕊　陈安利
陈　波　陈　波　陈泊帆　陈长海
陈成合　陈传军　陈殿波　陈殿忠
陈冬生　陈风军　陈刚本　陈　钢
陈光庆　陈广山　陈贵芝　陈海全
陈海莹　陈　洪　陈洪宽　陈洪星
陈欢迎　陈　辉　陈记海　陈敬平
陈　静　陈　军　陈　君　陈礼义
陈立河　陈　龙　陈明锐　陈　平
陈其明　陈　强　陈庆林　陈庆山
陈冉冉　陈如龙　陈汝建　陈瑞忠
陈守民　陈　帅　陈　帅　陈腾腾
陈　通　陈玩良　陈为兵　陈为华
陈伟贞　陈文学　陈锡元　陈　霞
陈晓兵　陈　肖　陈新安　陈学善
陈雪峰　陈延龙　陈义友　陈永民
陈永琦　陈　勇　陈钰龙　陈月敏
陈召辉　陈兆圭　陈　阵　陈　振
陈宗君　成　伟　程宝来　程　成
程贵法　程　浩　程　红　程宏伟
程　军　程茂胜　程守强　程　伟
程远韶　迟彩艳　迟长青　迟明珍
迟晓阳　仇兆强　初克政　储　霞
褚福国　褚庆贵　慈寿雪　慈新杰
从日顺　从方东　丛威晶　丛章烨
丛志钢　崔川川　崔建鑫　崔建忠
崔　健　崔金胜　崔进军　崔　萍
崔文娟　崔小虎　崔晓艳　崔兴年

崔学军　崔　颖　崔永利　崔永明
代宪龙　戴　黎　戴清怀　戴树温
单　萌　单　伟　党传磊　党　伟
邓汉喜　邓　菊　邓丽君　邓　伟
邓文海　邓智桓　狄福海　丁方伟
丁会梅　丁济文　丁建平　丁　奎
丁　磊　丁慎军　丁胜卫　丁晟磊
丁　盛　丁淑荣　丁树香　丁顺利
丁献方　丁晓范　丁兴民　丁　勇
东　建　董保灿　董长亮　董方亮
董皓杰　董　进　董　魁　董　磊
董　梅　董　强　董庆芝　董顺强
董　伟　董　辛　董学庆　董　毅
董　勇　都安源　杜承义　杜东海
杜桂兰　杜鸿斌　杜江明　杜金亮
杜林林　杜梅兰　杜明洋　杜　铭
杜升启　杜文华　杜锡军　杜秀艳
杜学兵　杜在胜　段昌健　段海鹏
段景军　段培勇　段阳臣　法桂芝
范而康　范建福　范俊凯　范新艳
范勇利　范中堂　范宗军　方　云
房百川　房德国　房　文　房有社
费瑞忠　冯　斌　冯昌岗　冯立栋
冯立江　冯琳郦　冯启剑　冯求华
冯汝标　冯尚春　冯绍凯　冯　涛
冯　伟　冯文胜　冯兴云　冯学东
冯延辉　冯　燕　冯永春　冯　勇
冯玉燕　冯增仨　冯振首　冯志文
付常春　付成群　付　峰　付尚建
付守全　付双明　付新民　付新仁
付　志　傅德俭　傅洪伟　傅洪振
盖恒强　盖洪明　高爱群　高本杰
高　斌　高　程　高佃国　高凤雷
高凤茂　高洪才　高鸿霖　高　健
高　健　高金伟　高　坤　高　磊
高　磊　高丽萍　高　利　高　坡
高　睿　高顺利　高颂钧　高　翔
高小峰　高　旭　高　勇　高佑芳
高玉军　高裕海　高志海　葛　畅
葛　浩　葛明仁　葛祥云　葛振花
耿　杰　耿俊佑　耿　欣　耿　毅
公静静　公维才　公延芬　公元勇
宫本田　宫宏涛　宫丽娜　龚安志
巩　伟　谷弘波　谷　雨　顾成柱
顾海波　顾连君　顾士玲　顾士忠
管庆进　管胜标　管旭升　郭安全
郭　超　郭春河　郭存义　郭洪伟
郭吉刚　郭纪强　郭建华　郭截群
郭京安　郭　亮　郭　奇　郭斯孝
郭　涛　郭新立　郭绪增　郭雪玲
郭　琰　郭彦平　郭英政　郭宇宙
郭玉华　郭玉芝　郭云亭　郭芝强
国殿亮　韩丙府　韩昌华　韩道臣
韩　冬　韩广瑞　韩桂英　韩国祥
韩红卫　韩洪海　韩洪鹏　韩纪现
韩景华　韩　龙　韩　珞　韩　猛
韩明昌　韩　蓬　韩庆福　韩　森
韩双双　韩　伟　韩文斌　韩宪英
韩燕峰　韩业侠　韩以嵩　韩月良
韩增林　韩正迎　韩志新　郝　彪
郝　峰　郝光宝　郝国林　郝　君
郝　林　郝　隆　郝守伟　郝学彬
郝学军　郝迎训　郝宇飞　何富昌
何后孟　何开刚　何茂允　何美平
何秀光　何艳平　何　铮　贺洪林
贺立新　贺　炼　贺　祥　黑　林
洪兆庆　侯　波　侯海奎　侯家良
侯　靖　侯　隽　侯明君　胡安奇
胡　波　胡纯诚　胡丰收　胡夫玲
胡国鹏　胡建国　胡　杰　胡　鹏

胡　倩　胡维良　胡伟峰　胡秀硕
胡延民　胡燕燕　胡兆玉　扈广泉
华　峰　黄春雷　黄飞龙　黄海燕
黄宏业　黄加亮　黄建勋　黄金峰
黄　林　黄民芳　黄秋云　黄淑苓
黄显贵　黄孝民　黄旭波　黄耀伟
黄跃杰　黄兆光　黄忠贵　黄忠贵
惠连海　惠　朋　惠祥海　霍保兴
嵇传磊　纪现鹏　纪跃东　季　辉
季　林　季茂普　季苏玲　季永刚
季月锋　季　钊　冀传海　贾国顺
贾纪伟　贾继鲁　贾　军　贾君洪
贾理强　贾　利　贾琳琳　贾明海
贾瑞刚　贾学保　贾学芬　江从波
江海琳　江　明　江志亮　姜大伟
姜桂颜　姜国勇　姜继武　姜　杰
姜　林　姜乃法　姜平杰　姜其曰
姜守浩　姜　涛　姜文林　姜修田
姜秀华　姜雪竹　姜永林　姜　震
姜志军　蒋方羽　蒋富山　蒋泗涛
蒋文珍　蒋孝明　降羡文　娇铭艳
焦爱慧　焦学儒　解成里　解品志
金　波　金　虎　金孟民　金士威
金士威　金学刚　金　铸　靳百强
靳　鹏　荆建亭　荆林燕　景年文
鞠美兰　康建华　亢丽波　孔令法
孔庆祥　孔　涛　匡智明　兰爱平
兰天翔　冷存田　冷焕武　李爱华
李宝风　李保华　李　滨　李　兵
李　波　李　超　李朝峰　李　成
李成新　李崇波　李传友　李春峰
李春军　李春云　李德乐　李　东
李东明　李东新　李法军　李凡翠
李方勇　李封昱　李　峰　李凤云
李福德　李福根　李福林　李福鹏
李付兴　李　刚　李高峰　李广平
李桂平　李国安　李国辉　李海波
李海朋　李海银　李恒银　李洪亮
李洪夏　李虹霖　李鸿波　李　虎
李　虎　李　华　李　华　李华云
李怀青　李继富　李继银　李冀阳
李嘉庆　李　建　李建刚　李建国
李建国　李建亮　李健波　李江南
李　杰　李　杰　李金会　李金良
李金钟　李景永　李　静　李　静
李静波　李　军　李　军　李君成
李俊华　李　峻　李珺华　李开忠
李　恺　李可明　李　焜　李磊邦
李　莉　李　力　李　雳　李连生
李　玲　李　冕　李　明　李　明
李　明　李明玉　李　铭　李　蓬
李　鹏　李　鹏　李　鹏　李　鹏
李　平　李　萍　李庆洪　李庆军
李庆森　李庆伟　李泉忠　李　群
李群章　李荣武　李如军　李瑞良
李善刚　李善永　李善中　李尚震
李绍胜　李升亭　李胜涛　李胜祥
李圣田　李世江　李世俊　李守良
李寿生　李太国　李　涛　李停杭
李同军　李同周　李　旺　李　伟
李魏巍　李文建　李　霞　李贤锋
李献宝　李　想　李向东　李向伟
李向阳　李小亮　李晓东　李　辛
李　鑫　李兴旺　李修峰　李修桂
李秀君　李秀梅　李学善　李延波
李延群　李衍昌　李　扬　李尧安
李义民　李　毅　李英杰　李英琴
李英侠　李迎新　李永康　李　勇
李　勇　李　勇　李玉虎　李玉龙
李　元　李　源　李曰顺　李悦明

李云国　李泽涛　李增光　李兆江
李照亮　李振国　李振山　李振生
李振宋　李峥嵘　李正安　李志刚
李志友　李智超　李中卫　李　忠
李忠宝　李忠杰　李忠营　厉　虹
栗纪先　廉俊武　梁爱玲　梁承军
梁城栋　梁　川　梁　峰　梁恭恬
梁国磊　梁　靓　梁　鹏　梁文华
梁文增　梁　晓　梁孝顺　梁毅杰
梁玉华　梁玉媛　梁振华　梁遵祥
林凡伟　林凡旭　林海峰　林合元
林继承　林建刚　林　森　凌　华
刘爱莲　刘爱梅　刘宝华　刘宝玉
刘保春　刘保云　刘　斌　刘　斌
刘　斌　刘　波　刘长根　刘成阳
刘崇斌　刘崇阳　刘传才　刘春国
刘春华　刘春生　刘春玉　刘春跃
刘翠霞　刘德磊　刘德平　刘德玉
刘丰春　刘风光　刘福泉　刘　钢
刘革亭　刘　光　刘光凤　刘广和
刘广伟　刘桂琴　刘国良　刘国能
刘国平　刘海涛　刘汉立　刘红梅
刘洪才　刘洪臣　刘洪祥　刘洪阳
刘洪源　刘华宁　刘化斌　刘　辉
刘纪红　刘继伟　刘家宝　刘建刚
刘建军　刘建明　刘建政　刘　健
刘　杰　刘　杰　刘　杰　刘进华
刘敬兵　刘敬振　刘　军　刘　军
刘军发　刘军鹏　刘俊华　刘俊禄
刘　凯　刘　凯　刘康康　刘科伟
刘克强　刘来清　刘立松　刘亮亮
刘鲁晨　刘鲁民　刘路路　刘　明
刘　彭　刘　鹏　刘　奇　刘　奇
刘迁让　刘　倩　刘　强　刘庆国
刘庆国　刘庆民　刘　瑞　刘瑞峰

刘瑞江　刘　胜　刘守勤　刘树德
刘太方　刘　涛　刘　涛　刘维军
刘维全　刘　伟　刘卫东　刘文佳
刘文利　刘先进　刘献禄　刘祥亮
刘小江　刘晓波　刘晓杰　刘晓全
刘孝江　刘新春　刘兴波　刘学辉
刘学森　刘学文　刘延滨　刘延滨
刘延臣　刘艳臣　刘　飏　刘永华
刘永华　刘永康　刘　勇　刘　勇
刘玉华　刘玉金　刘玉龙　刘玉英
刘育新　刘元杰　刘元菊　刘元振
刘兆刚　刘兆国　刘兆明　刘振华
刘　朕　刘正君　刘　芝　刘中堃
刘卓林　刘子友　刘自文　刘宗俊
刘宗清　刘作津　柳西科　娄佃文
娄　凯　娄钦英　娄运占　卢建亮
卢书建　卢晓玲　卢兆峰　卢正勇
鲁广民　鲁国华　鲁丽娜　鲁文峰
鲁召欣　逯长春　路士杰　路　遥
吕本强　吕长吉　吕　飞　吕　珩
吕红卫　吕建国　吕　明　吕启华
吕现坤　吕学文　吕雪瑞　吕忠辉
栾建利　栾来国　栾雪梅　罗汉福
罗黎明　罗万国　罗学春　麻洪聚
麻景尧　麻　骏　马宝义　马北京
马　兵　马　博　马传青　马翠生
马法林　马飞飞　马福建　马广乐
马汉青　马宏生　马景慧　马居成
马娟娟　马来平　马　民　马鹏辉
马钦亮　马双岭　马文成　马文祥
马武军　马晓博　马晓龙　马兴海
马　艳　马永山　马　勇　马振美
马志强　马志远　马　忠　麦　强
满桂喜　毛安春　毛德江　毛建文
毛民宾　梅香波　门晶勇　门通起

孟凡存　孟凡俊　孟凡启　孟凡雪
孟凡友　孟范利　孟令国　孟令恒
孟令华　孟令新　孟　陆　孟　芹
孟四新　孟宪国　孟宪甲　孟　祥
孟祥金　孟兆红　米春香　米西银
米　霞　米晓林　苗长路　苗登科
苗　森　苗增韶　闵祥恒　缪其山
墨海娜　穆枞枞　南刚志　倪　军
倪淑清　聂乃荣　聂　强　聂　鑫
聂　朕　宁未来　宁召胜　牛爱华
牛光雷　牛家会　牛建国　牛学东
牛志刚　潘　斌　潘　非　潘鲁翔
潘　艳　潘尧广　庞道彦　庞桂珍
逄锦明　逄淑涛　裴永侠　彭　涛
亓　刚　亓俊伟　亓汝东　齐保超
齐　飞　齐明清　齐庆伦　齐少帅
祈　峰　綦岩滨　钱吉柱　乔爱华
乔　斌　乔建军　乔　森　乔英淳
乔　勇　秦存伟　秦　峰　秦国基
秦红卫　秦　军　秦　荣　秦显章
秦小免　邱志远　裘勇梅　曲春光
曲华东　曲　凯　曲绍刚　曲学杰
曲玉红　曲兆军　曲志昇　曲智亭
任崇宝　任　栋　任　芳　任风云
任芙莉　任　岷　任蓬军　任启文
任　涛　任秀艳　任泽志　任中超
荣怀臣　荣加东　荣绍林　荣宪立
阮立滨　洒富利　赛春航　沙广立
沙　敏　商显厚　尚吉涛　尚庆凡
尚一笑　尚贞礼　尚志勇　邵爱民
邵长城　邵登峰　邵更生　邵国涛
邵　静　邵俊强　邵　凯　邵　岩
邵　阳　佘玉廷　申成光　申成文
申彭勃　沈洪金　沈秀秀　沈迎寿
生　涛　盛宁宁　盛　强　盛婷婷
盛　翔　盛　哲　施卫丽　石德广
石杰玉　石　磊　石强信　石绍永
石运增　时圣震　时延申　史　兵
史丙文　史东霞　史兰涛　史民安
史　艺　史永平　史跃华　司克耀
司学彬　司志强　宋爱芹　宋才新
宋长利　宋长民　宋常巧　宋德宗
宋富泉　宋　钢　宋国胜　宋军伟
宋均梅　宋立洪　宋立志　宋丽娜
宋　鹏　宋　祁　宋庆光　宋如波
宋圣涛　宋天房　宋　伟　宋祥宇
宋祥芝　宋晓辉　宋晓强　宋修军
宋绪京　宋绪美　宋　芝　宋志电
宋忠旻　苏　冰　苏崇文　苏明花
苏泉林　苏　森　苏　涛　苏同雷
苏信平　苏　艳　苏玉忠　苏宗嵋
宿传伦　隋清军　隋学峰　随学军
孙宝忠　孙　斌　孙长祥　孙传防
孙传昆　孙德敬　孙电华　孙东雷
孙　冬　孙发斌　孙发英　孙丰文
孙　峰　孙　峰　孙奉帅　孙高娣
孙公河　孙　光　孙海林　孙　浩
孙　红　孙红艳　孙宏伟　孙怀东
孙继存　孙家富　孙　建　孙建华
孙建建　孙建平　孙　健　孙景祥
孙君正　孙俊霞　孙　骏　孙黎明
孙　立　孙　丽　孙　良　孙梁青
孙　林　孙茂霞　孙　明　孙明胜
孙宁昆　孙宁芝　孙培金　孙普琴
孙　奇　孙　强　孙钦强　孙瑞玲
孙韶广　孙士强　孙士友　孙　涛
孙　韬　孙　腾　孙廷玉　孙万里
孙文轩　孙宪东　孙兴海　孙修军
孙修勇　孙旭业　孙学书　孙艳红
孙艳会　孙　焱　孙业涛　孙　毅

孙永涛　孙园杭　孙云鹏　孙兆华
孙兆强　孙兆群　孙振森　孙　震
孙治波　孙宗青　谭丛照　谭　斐
谭锦华　谭鲁宁　谭明辉　谭珊珊
谭玉祥　谭　震　汤方会　汤孟佐
汤庆峰　唐宝华　唐海舰　唐建华
唐　强　唐日松　唐晓林　唐　毅
唐元普　陶明达　腾国斌　滕　琦
田广友　田国强　田海涛　田来吉
田立峰　田盼盼　田淑同　田小杰
田新安　田　琰　田　扬　田永奎
田勇同　田中华　涂德敏　屠　跃
万宝刚　万德福　万德国　汪　猛
王爱国　王安良　王安宁　王安鹏
王宝峰　王宝贤　王保森　王　滨
王炳海　王　波　王　波　王伯森
王　博　王　博　王彩平　王　超
王　超　王　成　王成峰　王成岗
王成军　王成亮　王承军　王传辉
王传来　王传龙　王传训　王传镇
王传忠　王春平　王春生　王翠华
王大宁　王大泉　王德磊　王德朋
王登喜　王钿业　王东辉　王东青
王东升　王东生　王　冬　王恩杰
王恩仁　王法江　王　芳　王丰泉
王　峰　王　峰　王峰坚　王　锋
王锋刚　王福光　王福香　王　刚
王　刚　王冠平　王光财　王光华
王桂军　王海清　王海涛　王海涛
王海昭　王合英　王　恒　王红专
王洪凯　王怀社　王怀义　王焕成
王焕银　王　晖　王卉冰　王会升
王惠博　王积红　王继国　王加海
王加利　王家宝　王嘉利　王建安
王建彪　王建成　王建东　王建凤

王建华　王建平　王建生　王建武
王建星　王　健　王　杰　王　杰
王金春　王金梁　王金祥　王京涛
王　晶　王　晶　王景敏　王敬坤
王久生　王巨友　王　军　王郡光
王孔国　王宽国　王　坤　王昆仑
王　磊　王　磊　王　磊　王蕾蕾
王立忠　王丽红　王丽娜　王丽霞
王利德　王利海　王连彬　王连涛
王连勇　王　亮　王玲玲　王茂发
王　孟　王　民　王民兰　王明华
王　宁　王　宁　王培启　王培胜
王　朋　王　鹏　王　平　王　屏
王启信　王　倩　王　强　王　青
王　青　王青梅　王庆湖　王　荣
王瑞德　王瑞萍　王胜峰　王诗强
王士平　王士泉　王世海　王守宏
王书成　王姝丽　王淑范　王淑玲
王曙光　王述杰　王思泉　王素华
王素君　王　涛　王　涛　王　涛
王　涛　王　涛　王　涛　王腾飞
王体良　王天明　王　添　王　彤
王惟谆　王维林　王　伟　王　伟
王　伟　王　伟　王伟波　王　卫
王文宝　王文祥　王西军　王希伟
王锡华　王习玉　王　霞　王先军
王宪军　王相银　王小金　王晓策
王晓聪　王晓峰　王晓坤　王晓龙
王晓明　王晓鹏　王晓晓　王新建
王新汶　王兴安　王兴富　王星钧
王秀辉　王秀鹏　王　旭　王旭辉
王学成　王学民　王学习　王雪琴
王延宾　王岩家　王一旻　王宜忠
王　易　王永康　王永乐　王永亮
王永香　王　勇　王友彬　王友新

王有财　王宇宙　王　玉　王玉超
王玉河　王玉强　王玉婷　王玉霞
王玉印　王玉英　王元军　王元利
王元学　王元勇　王　远　王跃华
王泽建　王召奎　王兆根　王兆虎
王兆伟　王贞国　王振海　王振华
王振京　王振久　王振奇　王振山
王振余　王　震　王正录　王志波
王志方　王志敏　王智山　王中昌
王　忠　王忠东　王子瑞　魏大鹏
魏代友　魏德超　魏广志　魏　国
魏国梁　魏国旺　魏洪超　魏焕秋
魏佳庆　魏金龙　魏力平　魏　铃
魏荣法　魏万里　魏文涛　魏　雯
魏秀珍　魏玉蓓　魏增启　温永东
文公路　吴宝峰　吴　波　吴成凤
吴成国　吴诚勇　吴传杰　吴春雷
吴存金　吴广强　吴　昊　吴洪纲
吴洪康　吴洪生　吴　杰　吴炯乐
吴　磊　吴立萌　吴　琼　吴士俊
吴卫东　吴晓林　吴　新　吴新福
吴　鑫　吴雪鹏　吴延欣　吴拥军
吴　勇　吴育南　吴振文　武春捷
武广金　武晖杰　武圣泳　武　勇
西保义　夏　冬　夏国亭　夏俊飞
夏云峰　咸大鹏　咸伟滨　相立英
相顺庆　相振江　项围远　萧　军
肖培建　肖寿怀　谢昌胜　谢　辉
谢苗苗　谢明学　谢　升　谢文义
谢玉香　谢志勇　谢遵祥　辛玲玲
辛　鹏　辛文胜　邢俊生　邢兰琴
邢秀华　邢兆来　熊家国　徐道富
徐道义　徐德鹏　徐东风　徐　峰
徐福强　徐　富　徐　刚　徐光发
徐贵浩　徐海峰　徐海涛　徐　浩

徐家勇　徐嘉财　徐　建　徐建科
徐建生　徐金萍　徐兰香　徐力夫
徐　丽　徐连忠　徐　亮　徐林国
徐　璐　徐　宁　徐青山　徐全国
徐树梅　徐　涛　徐团结　徐　伟
徐卫明　徐　蔚　徐　潇　徐小波
徐新成　徐秀云　徐延辉　徐玉军
徐志强　许翠华　许　浩　许恒金
许洪振　许建红　许建平　许　杰
许林明　许士洞　许相林　许效友
许玉发　许增波　续一连　玄鸿刚
玄兴华　玄绪栋　薛　梅　薛鹏秋
薛　庆　薛　瑞　薛瑞超　薛瑞荣
薛　涛　薛维玲　薛　伟　薛越霞
鄢　鑫　闫　兵　闫丙华　闫春娟
闫德强　闫　峰　闫福青　闫更利
闫　海　闫和松　闫庆强　闫　涛
闫勋伟　闫宗仁　颜凡生　颜　建
颜仕文　燕志伟　杨宝弟　杨丙现
杨　波　杨　博　杨朝晖　杨春蒙
杨春晓　杨存林　杨存伟　杨岱勇
杨德荣　杨德献　杨东明　杨　冬
杨凤荣　杨冠朝　杨桂岭　杨桂芝
杨海军　杨洪磊　杨洪卫　杨化友
杨怀涛　杨金宝　杨进明　杨　军
杨俊福　杨俊贵　杨俊生　杨克新
杨立强　杨连东　杨列云　杨茂坤
杨明刚　杨　强　杨秋广　杨绍春
杨绍伟　杨胜伟　杨廷凤　杨　婷
杨同友　杨　彤　杨维华　杨维艳
杨伟兴　杨西彪　杨西丽　杨锡勇
杨　晓　杨兴飞　杨秀夫　杨秀芹
杨燕得　杨毅波　杨永孟　杨玉春
杨　真　杨忠勇　姚道顺　姚付金
姚洪波　姚俊彪　姚喜茂　姚新刚

姚益虎 叶怀芳 叶　龙 叶晓林
叶因峰 衣　凡 衣培玺 殷　欣
尹翠霞 尹德琳 尹　华 尹建国
尹利涛 尹新柱 尹　章 尤如想
于　斌 于长仁 于　超 于栋梁
于法广 于风芝 于光水 于海涛
于洪波 于洪岐 于洪涛 于慧莲
于建学 于金才 于　军 于兰兰
于林波 于　龙 于龙江 于　蓬
于　琪 于　倩 于　强 于晟磊
于淑娥 于树泉 于　涛 于晓龙
于　星 于雪晶 于　洋 于亦福
于永海 于忠成 于周平 郁继忠
袁春华 袁德海 袁　佳 袁金刚
袁少波 袁显信 袁宪友 袁训申
袁亚标 袁　印 袁子良 苑方生
苑岐昆 苑文东 岳彩秀 岳　华
岳孟臣 岳治海 云成玉 臧宝领
臧丕正 臧晓红 臧永栋 翟建林
翟建云 翟　朋 翟清让 翟荣水
翟新岗 翟玉谓 张爱民 张爱民
张安农 张保华 张　宾 张　斌
张冰梅 张　博 张昌虎 张常玉
张超兴 张晨明 张成敏 张成五
张成元 张　诚 张乘荣 张传敏
张春恩 张春华 张春明 张春新
张淳杰 张丛丛 张翠华 张德海
张德良 张德茂 张登科 张冬冬
张　铎 张法圣 张　帆 张　峰
张　峰 张凤香 张富海 张光明
张光忠 张广泉 张国川 张国龙
张国平 张国强 张国伟 张海临
张海乾 张合理 张恒超 张恒洲
张衡泰 张红峰 张红辉 张红梅
张红星 张宏利 张洪恩 张洪广

张洪立 张洪涛 张洪文 张洪雨
张鸿志 张华锋 张焕梅 张　辉
张　辉 张继宏 张继良 张继伟
张加宝 张加林 张建国 张建华
张　健 张　健 张江东 张　杰
张　杰 张　洁 张金德 张金善
张京春 张京霞 张敬宽 张静涛
张　军 张　军 张开渊 张克祥
张　坤 张昆鹏 张乐乾 张乐胜
张　磊 张　磊 张立芳 张立国
张　丽 张　利 张利泉 张连夫
张连义 张　琳 张　霖 张　玲
张令萍 张龙功 张满意 张茂林
张　猛 张　蒙 张　敏 张　明
张　明 张　明 张明鑫 张铭录
张　娜 张　娜 张　娜 张培波
张培新 张　鹏 张　鹏 张鹏华
张　琦 张启普 张起云 张　谦
张　强 张　强 张　桥 张清波
张庆法 张庆祥 张　权 张　群
张仁涛 张如青 张汝勇 张　锐
张赛赛 张绍辉 张士虎 张士省
张世科 张世庆 张世伟 张世伟
张守杰 张守民 张书军 张书芹
张树美 张帅帅 张松波 张松松
张　涛 张　涛 张同高 张为太
张　伟 张　伟 张伟东 张卫东
张卫国 张卫国 张文彩 张文翠
张文建 张文芹 张文森 张文中
张西雪 张希超 张先斌 张贤达
张现杰 张晓鹏 张晓强 张效松
张心慧 张新昌 张新国 张新洋
张　鑫 张　鑫 张兴国 张兴华
张绪加 张绪勇 张　学 张学青
张学双 张雪芳 张雪华 张训贵

张彦明　张　艳　张艳刚　张　燕
张　燕　张　晔　张诒怀　张义江
张银龙　张永春　张永刚　张　雨
张玉庆　张元博　张元峰　张元明
张元荣　张　越　张　云　张云党
张在伟　张泽克　张增珍　张昭华
张振华　张振宁　张振山　张正强
张正义　张政伟　张志锋　张志刚
张志军　张智林　张智勇　张　壮
张子超　张子学　仉炳恒　赵佰英
赵宝荣　赵宝志　赵　冰　赵　冰
赵伯艳　赵崇录　赵崇洋　赵德江
赵　栋　赵　丰　赵风新　赵风柱
赵　锋　赵　锋　赵锋民　赵福荣
赵广港　赵红英　赵洪大　赵　建
赵　杰　赵景华　赵　军　赵　军
赵俊杰　赵　凯　赵坤鹏　赵　雷
赵立刚　赵立国　赵联祥　赵亮亮
赵　玲　赵　青　赵青山　赵青伟
赵清涛　赵庆军　赵三星　赵善良
赵淑岩　赵水冰　赵松松　赵铁鑫
赵　旺　赵文海　赵文政　赵西刚
赵祥忠　赵兴洪　赵秀菊　赵绪栋
赵雪连　赵　阳　赵永超　赵玉晶
赵元英　赵云磊　赵振彬　赵志强
赵志勇　赵尊江　甄利新　甄艳珂
郑丙武　郑春兴　郑道奎　郑　刚
郑靖宇　郑　磊　郑　立　郑倩倩
郑　伟　郑伟伟　郑祥俊　郑新房
郑　旸　郑云征　钟兆麟　仲　芩
仲维超　仲伟元　周彬彬　周　冰
周长贵　周　峰　周　刚　周光荣
周红新　周洪来　周金保　周林章
周龙锋　周　萌　周鹏翔　周青川
周燃林　周瑞伟　周生宽　周　涛
周　涛　周卫国　周文智　周宪林
周晓丽　周　兴　周秀峰　周学良
周永强　周振鑫　周志勇　朱炳林
朱长军　朱格莹　朱光平　朱国民
朱海亮　朱洪波　朱佳煜　朱建泽
朱　敬　朱孔车　朱孔鹏　朱礼市
朱　宁　朱　鹏　朱　平　朱　卿
朱庆军　朱　涛　朱文件　朱相东
朱晓阳　朱雅军　朱　燕　朱业斌
朱永志　朱玉滨　朱玉法　诸葛明
祝光者　祝国振　祝利忠　庄肃晓
庄　伟　庄小美　庄绪堂　庄云强
卓树林　邹德全　邹海民　邹海蓬
邹　健　邹　晶　邹　亮　邹　鹏
邹新建　邹亚平　邹玉波　邹云峰
左奎功　左　青　欧阳长辉
诸葛福鹏　诸葛祥召

河南：安爱红　安浏文　安　民　安晓宇
安　勇　巴明礼　巴帅营　白崇团
白从秀　白瑞敏　白绍伟　白　霞
白新刚　白新明　白　洋　白有卫
白　宇　白云飞　拜保银　包　峰
毕殿兴　卞志强　薄青卫　蔡　冰
蔡　磊　曹　磊　曹　琦　曹喜军
常福军　常广林　常国防　常九录
常丽君　常平芳　常文改　常　裕
陈保华　陈春丽　陈　枫　陈　峰
陈富生　陈　刚　陈广良　陈广生
陈国彬　陈国强　陈海军　陈洪友
陈惠芳　陈家欣　陈建郑　陈金营
陈军智　陈俊杰　陈峻岭　陈　珺
陈　敏　陈培清　陈朋飞　陈鹏军
陈汝俊　陈瑞娟　陈书海　陈同合
陈　伟　陈文亮　陈文胜　陈喜芳
陈小兵　陈小美　陈雪林　陈亚飞

陈艳敏 陈 英 陈 英 陈月刚
陈 哲 陈振超 陈 卓 成 路
程传峰 程访远 程凤群 程国强
程宏章 程纪高 程 雷 程双祥
程卫东 程新勇 程艳玲 程迎怀
仇晓辉 楚珠峰 褚廷民 崔东全
崔光林 崔军辉 崔俊虎 崔林浩
崔明章 崔平新 崔瑞君 崔少华
崔万钦 崔新平 崔鑫磊 崔子平
代家乐 代金平 丹红杰 邓九春
丁付军 丁建军 丁金凯 丁金忠
丁 礼 丁绍军 丁玉峰 丁运法
东泉森 东元庆 董培培 董庆玉
董秋军 董 瑞 董 伟 董晓园
董云毅 董中华 董周平 豆乃福
窦传玲 窦广建 杜朝伟 杜承建
杜春兰 杜 芳 杜 刚 杜国建
杜国瑞 杜海姣 杜海霞 杜明清
杜月红 杜中梅 段春雷 段春霞
段东昭 段红涛 段 华 段建敏
段金娥 段西霞 段学峰 段 宇
樊江泓 樊 军 樊煜旌 范杰民
范聚敏 范朋超 范启亮 范天平
范卫星 范相才 范秀英 范翊萱
范玉玲 范玉香 方 放 方岳道
房成振 房鲜胜 丰金虎 冯春红
冯 峰 冯和平 冯宏博 冯建喜
冯凯军 冯庆丰 冯庆华 冯铁良
冯西林 冯 一 冯玉荣 冯志明
付光华 付焕龙 付建红 付建义
付力强 付文静 付玉森 付志强
高宝顺 高 虹 高俊峰 高俊红
高明辉 高妞妞 高荣珍 高如付
高 茹 高 胜 高铁秀 高志强
郜春霞 郜相文 葛俊平 葛 娓

葛新安 耿继华 耿致立 宫国庆
龚俊萍 勾振强 谷书娟 谷秀献
顾文忠 顾秀升 关玉花 关 智
管庆勇 贵士旺 桂爱山 桂小印
郭爱生 郭创杰 郭登献 郭 菲
郭海玲 郭红俊 郭红瑞 郭洪亮
郭建华 郭建敏 郭金潮 郭金永
郭俊杰 郭利明 郭 琳 郭满堂
郭庆满 郭瑞霞 郭书印 郭伟献
郭兴旺 郭元德 郭元香 郭整风
韩波涛 韩长海 韩 超 韩德超
韩德恩 韩高英 韩继立 韩金平
韩茂兵 韩明远 韩钦田 韩同福
韩晓东 韩忠丽 郝灵斌 郝庆斌
郝士云 何继敏 何建伟 何 军
贺晨阳 贺建国 贺艳娟 侯汴宁
侯国强 侯平均 侯玉宾 侯跃鹏
候秀芳 胡金荣 胡守瑞 胡伟沙
胡晓艳 胡跃增 虎国和 花张拴
华道本 华德良 华朋远 黄殿军
黄东升 黄飞虎 黄国旗 黄建强
黄 鹏 黄志超 黄志翔 惠新利
霍建国 姬 强 姬胜利 吉宏海
纪 承 纪留民 季红武 贾安河
贾福生 贾国恩 贾会民 贾建新
贾圣林 贾友和 贾振武 贾志强
姜 宏 姜 华 姜晓飞 蒋保庆
蒋文学 焦保柱 焦风宵 焦友吉
焦志景 金明亮 金群跃 金卫良
靳宏伟 靳 辉 靳建设 靳军良
靳一江 荆长有 井玉新 景英震
瞿夏莉 康宏涛 康培坤 康迎春
康中海 孔 彬 孔 飞 孔小美
寇云杰 兰 钢 兰 海 雷 震
冷劲松 黎书伟 李爱民 李保全

李长琴　李朝辉　李趁义　李　冲
李春磊　李春玲　李大山　李　东
李东明　李粉玲　李丰坤　李　峰
李逢平　李国富　李国辉　李国军
李国森　李海杰　李海涛　李海新
李海燕　李合卫　李和义　李红兵
李红江　李红卫　李红岩　李　宏
李洪彬　李洪山　李洪伟　李辉敏
李会堂　李吉峰　李建辉　李建军
李建勋　李建中　李江涛　李金甫
李金鹏　李尽立　李劲松　李敬军
李　静　李军豪　李　雷　李连胜
李良峰　李琳捷　李琳娜　李留锋
李留杰　李六功　李　敏　李　明
李明杰　李磨官　李　纳　李　宁
李　鹏　李奇峰　李　强　李　强
李　强　李庆斌　李庆军　李庆伟
李庆元　李全亮　李任重　李汝涛
李胜利　李省富　李书芬　李书林
李书彦　李树功　李帅辉　李双军
李四信　李素荣　李　涛　李　涛
李同乐　李　伟　李　伟　李伟红
李文军　李武启　李小雷　李新会
李新学　李　言　李　燕　李燕茹
李　迎　李永辉　李永跃　李　勇
李予生　李增军　李昭军　李祯有
李振华　李正开　李正娜　李志国
李志玲　李志强　李志伟　李智勇
李中兴　李宗祥　梁春兰　梁　杰
梁龙飞　廖洪江　廖　伟　林凤英
林建洛　林述卫　蔺鹏飞　刘爱军
刘保生　刘　超　刘呈江　刘传新
刘大海　刘福庆　刘赴京　刘　戈
刘桂枝　刘国宏　刘海滨　刘海坡
刘和平　刘和平　刘红亮　刘吉栋

刘继福　刘　坚　刘建豪　刘建中
刘金贵　刘进伟　刘军民　刘钧文
刘俊红　刘　凯　刘克停　刘来群
刘来喜　刘　娜　刘　宁　刘　鹏
刘　泉　刘荣芝　刘善武　刘生才
刘淑梅　刘双喜　刘松涛　刘　涛
刘天平　刘　伟　刘伟锋　刘文姣
刘文杰　刘喜峰　刘向东　刘小军
刘晓冬　刘晓峰　刘晓龙　刘晓娜
刘新建　刘新萍　刘学军　刘雪峰
刘　亚　刘亚军　刘炎强　刘英栋
刘拥军　刘永生　刘永忠　刘咏滨
刘勇生　刘玉强　刘跃建　刘运顺
刘照科　刘志彬　刘志濮　刘志松
刘治华　刘自臣　刘宗沛　刘宗涛
柳明喜　娄亚东　卢宝山　卢冬亮
卢海龙　卢少建　芦　娜　鲁向华
鲁瑶刚　陆亚军　路继进　吕光齐
吕绍勇　吕卫东　吕武庆　吕应召
罗金荣　罗清振　罗玉娥　罗玉萍
马　超　马丁丁　马冬梅　马福意
马冠军　马宏伟　马建军　马　军
马　俊　马俊崧　马　磊　马　玲
马　睿　马世垒　马西涛　马喜平
马喜珍　马　星　马彦杰　马营君
马雨洪　马振兴　马子强　毛爱民
毛　斌　毛恒亮　毛洪礼　毛丽军
梅剑标　孟宝峰　孟军玲　孟俊英
孟　磊　孟令刚　孟伟荣　苗红波
苗进生　苗顺生　苗素梅　闵新建
明新燕　莫东红　莫兴乐　穆加强
穆永斌　南应龙　宁海峡　牛凤芹
牛高飞　牛　虎　牛建国　牛解放
牛兴斌　牛玉明　牛玉玉　牛振清
潘书贺　庞艳明　裴江玉　裴文玉

彭凤兰 彭建民 彭建伟 彭井营
彭秋珍 彭喜旺 彭亚辉 彭亚民
蒲学忠 普灿永 齐保良 齐晓刚
齐永刚 钱春怀 钱瑞峰 钱树刚
钱小娟 乔建涛 乔庆丽 乔荣兴
乔 松 秦光健 秦红卫 秦珂珂
秦明勇 秦玉成 秦玉军 邱铁梅
邱中参 曲振军 冉保安 冉豹狼
任传宁 任德生 任建伟 任 强
任秋玲 任群向 任瑞恒 任四明
任松伟 任文林 任新瑜 荣站路
桑冀刚 沙 杰 尚冬梅 尚俊英
尚培民 尚少华 邵桂珍 邵海林
邵俊喜 邵晓理 邵子庆 申 宝
申何宝 申会强 申 莉 沈东维
慎书粉 慎文龙 绳进家 盛建平
盛进明 师春凤 师宏昌 石福春
石慧军 石晋予 石松庄 石鲜霞
石玉生 石志刚 时和军 史朝华
史凤江 史红艳 史红艳 史继超
史卫锋 史优军 史忠惠 舒红亮
舒银涛 宋爱琴 宋长生 宋丹昱
宋发振 宋光莉 宋桂梅 宋合生
宋 军 宋 焜 宋丽花 宋林朋
宋清胜 宋天有 宋万军 宋相生
宋玉和 宋玉洛 宋跃民 苏爱玲
苏克俭 苏克涛 苏孟元 苏巧峰
苏小强 苏 勇 苏 召 孙臣香
孙栋云 孙二炮 孙国银 孙纪昆
孙建斌 孙建洲 孙静侠 孙 俊
孙良菊 孙玲莉 孙 龙 孙民强
孙培齐 孙 韧 孙如意 孙瑞锋
孙胜涛 孙向阳 孙晓伟 孙学勤
孙亚军 孙玉明 孙志群 孙治卫
覃小珍 唐海宾 唐建乐 唐旭东

陶书丽 陶玉玲 田丙申 田闯林
田 伟 田 伟 仝开英 万春亮
汪延召 王爱民 王保福 王保民
王保清 王保书 王保伟 王 斌
王丙臣 王炳灿 王灿烨 王 超
王朝国 王朝华 王朝阳 王传江
王大海 王德龙 王杜鹃 王发展
王 芳 王凤琴 王福现 王改红
王革胜 王广安 王贵山 王国瑞
王海斌 王海全 王海涛 王海云
王和平 王洪胜 王洪勋 王 辉
王 辉 王慧玲 王慧贞 王建甫
王建华 王建立 王建鸣 王建涛
王建忠 王金凯 王聚龙 王 军
王军峰 王 君 王俊芳 王俊亭
王俊英 王凯华 王磊杰 王 莉
王 莉 王莉华 王立卿 王连花
王留长 王柳强 王名诺 王明春
王明亮 王明堂 王宁辉 王喷过
王其云 王巧珍 王钦超 王秋月
王如意 王 森 王 胜 王胜利
王圣慧 王士民 王世民 王守锋
王淑芳 王树才 王树纲 王素芬
王 伟 王伟东 王伟明 王卫彬
王卫奇 王文旗 王五奎 王宪英
王祥龙 王小兵 王小平 王 晓
王晓玲 王晓民 王新峰 王新岭
王新玲 王 鑫 王星寒 王幸展
王学俭 王学锐 王学瑞 王学文
王学友 王亚平 王 岩 王衍亭
王彦岭 王彦伟 王艳梅 王艳伟
王艳霞 王艳艳 王 颖 王永安
王 勇 王玉红 王玉荣 王增明
王战军 王照祥 王振羽 王志华
王志华 王志顺 王志祥 王忠强

王忠义　王仲良　王竹梅　王著稳
卫大强　卫红强　卫建中　卫喜庆
卫雪现　魏爱国　魏凤鸣　魏改红
魏建华　魏礼宾　魏全德　魏荣固
魏森林　魏书彬　魏田会　魏向阳
魏新平　魏增勇　魏转建　温保银
毋宏旭　吴超峰　吴德庆　吴登臣
吴利广　吴梦春　吴文强　吴亚楠
吴　勇　吴智平　武根德　武建恩
武　凯　夏金德　夏鹏举　夏　阳
咸粤来　肖金良　肖明星　肖献忠
肖新生　谢东亮　谢惠生　谢建文
谢军贤　谢万金　谢迎九　邢根成
邢红江　邢平虎　邢淑兰　邢新广
邢　赟　邢志刚　徐柏玉　徐保银
徐成忠　徐德强　徐方方　徐国敏
徐红五　徐　军　徐　凯　徐　宁
徐瑞芬　徐伟亭　徐小红　徐学礼
许朝胜　许光明　许金亮　许　军
许昆成　许希朝　许晓梅　许玉林
轩勤生　薛利勇　薛勤兵　薛瑞硕
薛永忠　闫海超　闫红江　闫满仓
闫松强　闫　莹　闫战宾　闫召辉
严蒙春　严小牛　燕连生　杨宝仓
杨备战　杨　波　杨彩霞　杨春祥
杨德强　杨殿俊　杨广申　杨桂花
杨桂花　杨国仁　杨好勤　杨　桦
杨欢庆　杨惠峰　杨嘉慧　杨建辉
杨剑普　杨俊晓　杨　丽　杨孟洲
杨明军　杨铭瑜　杨　楠　杨鹏举
杨书豪　杨文锋　杨显福　杨小锋
杨小萍　杨　晓　杨新爱　杨新锋
杨新刚　杨新民　杨秀琴　杨亚博
杨耀山　杨　勇　杨予军　杨　玉
杨蕴荣　杨泽予　杨占周　杨振普
杨中利　杨自克　姚　刚　姚会军
姚　磊　姚　立　姚义鹏　要　武
叶齐晖　叶淑华　叶修建　叶秀香
伊静轩　殷保全　尹玉婵　于保钦
于春生　于耿伟　于江录　于天保
于迎虎　于永强　余素梅　余心喜
郁长青　袁兵只　袁　辉　袁世望
袁文昌　袁占军　袁祖银　岳浩强
悦　令　曾金宝　翟海涛　翟力军
翟明勋　翟秋红　翟少伟　翟雪梅
詹　明　詹伟涛　展建志　张爱玲
张宝玲　张保生　张保相　张彬林
张丙生　张超杰　张程军　张存涛
张　东　张法强　张芳民　张凤玲
张福林　张福敏　张付军　张广田
张国成　张国芳　张国旗　张国胜
张国友　张　果　张海波　张海涛
张海燕　张海燕　张　瀚　张宏海
张宏伟　张宏伟　张洪杰　张　虎
张　华　张惠莲　张惠玲　张继俊
张继伟　张建平　张建设　张建亭
张建新　张建勋　张建忠　张建洲
张金顺　张金五　张金芝　张进泰
张京云　张景昌　张景禄　张景增
张　敬　张俊杰　张俊卿　张凯勋
张可君　张腊梅　张乐勇　张雷钢
张　磊　张　磊　张立功　张立新
张　丽　张丽娜　张利锋　张林玫
张　猛　张　明　张明亮　张　鹏
张　平　张平献　张巧玲　张秋芬
张秋义　张任菲　张　锐　张　申
张胜军　张胜军　张双山　张　涛
张铁强　张　伟　张伟峰　张伟杰
张文海　张文平　张文英　张文哲
张西云　张先梅　张显钧　张宪莉

张相当　张小伟　张晓辉　张新娣
张新东　张新明　张新社　张新雨
张学东　张学贤　张雪娇　张艳红
张艳军　张燕林　张　永　张永安
张永周　张咏欣　张玉保　张玉朝
张玉兰　张玉柱　张月香　张跃乐
张增强　张振岭　张志成　张志军
张志亮　张志敏　张志霞　张中久
张子光　赵爱珍　赵彬彬　赵得顺
赵　东　赵福有　赵海滨　赵海涛
赵红卫　赵宏丽　赵纪文　赵继成
赵建华　赵建亭　赵娇菊　赵九林
赵军凯　赵俊杰　赵露露　赵　倩
赵清军　赵秋焱　赵　瑞　赵胜利
赵胜田　赵士魁　赵书涛　赵天保
赵天海　赵万德　赵卫星　赵　霞
赵晓兵　赵欣博　赵新平　赵　岩
赵炎平　赵　阳　赵玉枝　赵云刚
赵志国　赵智勇　郑　博　郑朝忠
郑关峰　郑国富　郑汉杰　郑建平
郑双强　郑喜梅　郑小彩　郑志强
钟　毅　周丙炎　周存超　周粉霞
周国民　周海营　周红军　周　辉
周建秋　周克海　周玲蒲　周龙海
周如强　周伟国　周卫民　周　文
周玉萍　周增光　朱德华　朱丰文
朱建民　朱军峰　朱命彬　朱秋菊
朱书琴　朱同川　朱卫华　朱向阳
朱秀芝　朱要武　朱振戟　朱正军
庄中胜　卓　倩　邹　青　皇甫幼忠
湖北：艾存拉　艾　华　安俊义　敖术勇
鲍承旭　鲍庆香　鲍升利　蔡　辉
蔡清香　蔡　颖　蔡振华　蔡正忠
曹德成　曹东秋　曹建平　曹九宏
曹孙虎　曹祥佳　常怀龙　车孝龙

陈宝和　陈昌敏　陈传宝　陈德宝
陈德军　陈　革　陈国国　陈焕钿
陈　卉　陈　杰　陈杰芳　陈楷杰
陈利群　陈柳仲　陈　龙　陈　幂
陈明强　陈　宁　陈　强　陈青桥
陈师道　陈思忠　陈　涛　陈　伟
陈伟胜　陈卫星　陈湘君　陈晓鸣
陈新军　陈兴华　陈艺丹　陈映国
陈永建　陈　勇　陈　勇　陈友荣
陈志爱　陈志强　程伯超　程兰英
程　龙　程明星　程文华　程焰宁
程　姚　程志鹏　崔　国　崔勇兵
代　瀚　代　威　戴　霁　戴建华
单志强　党　刚　党　政　邓德云
邓　刚　邓　辉　邓金平　邓龙家
邓　荣　邓英语　邓永志　邓志选
丁诚意　丁代权　丁红斌　丁庆忠
丁项丽　丁学生　丁亚丽　丁曾颖
丁志清　丁忠威　董振江　都永超
都　勇　杜宝敨　杜得元　杜恩平
杜　江　杜　磊　杜前委　杜　强
杜　涛　杜　涛　杜　艳　杜豫川
杜志波　段德玉　段丽坡　段天明
鄂江新　范曹军　范金权　范　闪
方　斌　方　进　方卫东　方永昌
房　栋　冯国庆　冯家虎　冯　娟
冯仁兰　付洪刚　付金彤　付巧玲
付少君　傅锡建　甘　平　甘志红
高方振　高　虎　高吉洪　高江峰
高　凯　高　康　高　铁　高贻军
耿广会　龚　岩　龚　跃　勾夏峰
关志勇　郭锋伟　郭建平　郭锦春
郭俊林　郭玲敏　郭　路　郭伦华
韩东冬　韩锡友　韩志茹　杭建权
郝　兵　郝承继　郝　峰　郝将一

郝　林　郝　伟　郝　伟　郝　勇
何大胜　何金洲　何　静　何克全
衡家彦　洪维龙　洪　晓　胡大平
胡道贤　胡海波　胡化兵　胡金平
胡　军　胡柳柳　胡　明　胡　鹏
胡庆林　胡松林　胡铁军　胡文莉
胡献忠　胡行健　胡雅琴　胡永忠
胡志强　胡志荣　华女贵　黄昌学
黄定成　黄光明　黄国珍　黄海涛
黄海燕　黄红艳　黄洪海　黄嘉丽
黄力生　黄立新　黄　淼　黄　锐
黄　涛　黄　为　黄　伟　黄文军
黄小惠　黄新安　黄学群　黄有良
黄援朝　计　虎　季永华　冀克诚
江　山　江　涛　江　涛　姜　彪
姜龙华　蒋　净　蒋士杰　靳明全
靳顺志　鞠　丹　鞠　勇　亢祖志
柯早春　孔德洲　孔维钟　匡冬梅
赖　芳　郎玉军　乐钱珍　乐正鑫
雷继山　黎官学　黎宏威　李　兵
李长红　李长驯　李　达　李德平
李东洋　李方国　李方雄　李凤琴
李　刚　李　戈　李光明　李光璞
李国汉　李国友　李后梅　李建英
李金华　李劲松　李　俊　李俊生
李　浪　李　立　李丽霞　李利军
李　玲　李梦栀　李　明　李　鹏
李　萍　李秋林　李全新　李仕权
李述兵　李　薇　李卫群　李祥平
李　骁　李亚平　李亚清　李艳洁
李燕龙　李　毅　李　莹　李永平
李永强　李赵鹏　李宗春　连明秀
梁　琛　梁小飞　梁新保　廖安伟
廖慧敏　廖新进　廖泽忠　林　华
林吉斌　林佳斌　林　勇　刘保国

刘　彪　刘富亭　刘国斌　刘国磊
刘　洪　刘家亮　刘　杰　刘　杰
刘锦培　刘　君　刘魁武　刘　磊
刘凌云　刘罗郑　刘美军　刘　盼
刘　鹏　刘前进　刘清梅　刘清镇
刘泉林　刘　蓉　刘胜利　刘圣武
刘书臣　刘思源　刘太付　刘　涛
刘　涛　刘　伟　刘文冰　刘　欣
刘秀强　刘亚莉　刘亚美　刘艳萍
刘银华　刘永庆　刘羽飞　刘　源
刘志强　刘　舟　刘宗文　柳素芬
柳先武　龙长明　卢　峰　卢　军
卢　军　卢岁东　卢晓平　鲁　锋
鲁红勇　陆　琳　陆　萍　路　源
吕　广　吕汉清　吕　璐　罗帮金
罗传林　罗会中　罗品余　罗　飒
罗卫星　罗小兰　罗亚华　罗云丽
罗震宇　骆　翔　马光宇　马国珅
马　俊　马明武　马顺庭　马天清
马文成　马永生　马则成　马泽清
毛　荣　毛　迎　毛正平　梅志强
蒙　涯　孟　琳　孟献伟　明金元
倪　波　倪国强　聂　成　聂国田
聂　武　宁长军　牛建新　欧阳晖
潘击空　潘松林　潘晓敏　潘新德
潘学红　潘勇利　潘　玥　裴　涛
裴云林　彭富理　彭汉昌　彭仕平
彭仕平　彭显贵　彭　榆　皮　娟
蒲红梅　蒲林清　濮国全　漆志跃
祁红波　齐　晨　齐家宏　秦昌锋
秦　宏　秦加鑫　秦　卫　秦志强
邱　蕾　邱里虎　屈国强　屈　凌
冉孟奎　饶　莉　饶　龙　任贵生
任连海　任　强　任晓梅　尚高欢
邵和平　邵荣凯　申　俊　沈路明

沈朋　沈涛　沈玮　石教赐
石烈刚　石明　石喜震　舒畅
司马波　司晓　宋春博　宋大群
宋黎明　宋龙辉　苏金香　孙春祥
孙杰　孙金　孙娜　孙涛
孙熹　孙秀荣　谈群峰　谭光宇
谭红　谭召松　汤爱华　汤贵喜
汤进伟　唐美菊　唐伟　唐文彬
陶报强　陶朝晖　陶国梁　陶菊
田昌勇　田福存　田海宁　田浩
田宏秀　田家福　田进　田良勇
田顺新　田勇　仝赛赛　童学军
涂斌　涂卫东　涂智刚　庹成保
庹文涛　万人心　汪红霞　汪华荣
汪林　汪炎平　汪芸枫　汪正明
汪志刚　王军　王保成　王冰
王炳松　王灿　王长斌　王成坤
王代宗　王丹丹　王定正　王峰
王峰　王官玉　王光全　王海鸿
王海瑞　王浩龙　王吉鼎　王吉银
王建桥　王建设　王健　王江红
王金雄　王军　王乐松　王磊
王黎明　王立猛　王茂顺　王梦莹
王敏　王培东　王启平　王荣
王蓉　王胜利　王诗明　王顺
王天华　王维佳　王文波　王文震
王小进　王小田　王晓兵　王新会
王新周　王兴华　王以春　王银川
王永辉　王友杰　王云斌　王政
王志红　王志媛　王忠标　王卓
韦盛　魏文昉　温泉　吴成龙
吴迪　吴磊　吴礼云　吴丽萍
吴木之　吴佩玲　吴乾明　吴琼
吴私　吴香生　吴小朋　吴扬
吴钰泓　吴远武　吴岳飞　吴志华

吴志文　吴忠保　伍保元　伍锦城
武凯　奚东方　奚天圣　夏路
夏述侦　夏伟燕　夏玉祥　夏志勇
向建桥　向仁贵　向万朋　向彦霖
项吉安　项元元　肖华兵　肖会德
肖世能　肖炎良　肖艳　肖艳平
谢柏元　谢芳　谢桂芳　谢远飞
辛小燕　熊爱民　熊斌　熊国涛
熊家新　熊建武　熊思来　熊维明
熊宗明　胥克强　徐国光　徐恒召
徐红钢　徐华胜　徐娟　徐雷雷
徐磊　徐苗苗　徐涛　徐为
徐文　徐燕萍　徐颖　徐尤海
徐元义　许波　许东勇　许伟
许祎　许右国　许忠　薛传伟
薛均新　闫锋　闫甘祥　闫勇波
严国勤　严倩倩　严若新　严铜桥
杨爱琴　杨斌　杨超　杨池洪
杨春涛　杨冬梅　杨汉冲　杨环
杨继红　杨佳程　杨军　杨宽心
杨莉　杨烈　杨琳　杨梅
杨萍　杨青　杨全　杨三
杨述轩　杨天志　杨威　杨先钰
杨小卫　杨洋　杨友平　杨志勇
姚磊　姚良超　姚楠　姚清海
姚庆池　姚胜利　姚小威　叶凤霞
叶家启　叶明　叶有民　易恺
易远林　易真　殷时太　尹春香
尹天平　游世光　游振　余波
余国庆　余金聪　余宽　余兴政
余中阳　虞峰　虞琼　喻锋
喻鹏　喻少华　喻勇　袁良根
袁双喜　袁斯诒　袁伟　袁晓英
袁引　岳峰　曾德亮　曾凡胜
曾令君　曾荣　曾胜　曾训丰

曾永全　曾　勇　曾幼才　曾泽琳
詹才旺　詹蕲泉　占　维　张安勇
张　斌　张昌刚　张昌勇　张成程
张传红　张传仙　张道勇　张德文
张东祥　张丰波　张桂芳　张函平
张恒玉　张红云　张　华　张　欢
张积粮　张家刚　张金海　张金林
张进勋　张进勇　张荆秀　张　珂
张　坤　张　坤　张　良　张　龙
张　龙　张　敏　张　明　张明才
张其凤　张启程　张　青　张荣帮
张瑞林　张瑞琴　张诗平　张树清
张万鹏　张　巍　张新斌　张许来
张学伟　张延延　张亦龙　张永红
张　勇　张　煜　张增胜　张振武
张正燕　张志坚　张智刚　章建峰
赵成发　赵方军　赵夫永　赵光华
赵海燕　赵红梅　赵洪玮　赵佳元
赵建忠　赵立平　赵　龙　赵　敏
赵稳稳　赵　武　赵　云　郑成玉
郑　晶　郑　凯　郑　焜　郑利平
郑蒙军　郑启辉　郑荣华　郑阮尤
郑维刚　郑学文　郑以平　郑　英
钟红军　钟　鹏　钟庭芳　钟　伟
周德慧　周德清　周东阳　周冬冬
周　刚　周光明　周红斌　周宏斌
周静慈　周凌云　周　敏　周　容
周世家　周双科　周　围　周先刚
周宣军　周选璞　周学虎　周焱焱
周永红　周玉玲　朱爱民　朱本林
朱长江　朱登峰　朱汉生　朱京艳
朱　靖　朱　静　朱　亮　朱　平
朱天琦　朱泽玲　祝双凤　祝治华
宗晓斌　邹兵武　邹　鹏　邹清锐
邹四化　邹宪荣　司马朝峰

湖南：鲍玉兰　毕世明　卞　军　蔡　军
曹利建　车志坚　陈厚林　陈建兵
陈劲松　陈　俊　陈萍辉　陈守德
陈武民　陈喜桃　程　灿　楚　前
代爱群　代美丽　邓盛国　邓卫群
邓　银　邓有才　邓志勇　丁宇华
范让林　费必武　丰小玉　冯　俭
冯仕科　付小龙　高　攀　高其钢
高　兴　葛　勃　葛青松　龚忍心
龚晓宏　龚永福　龚智敏　谷　洋
顾　玮　郭爱兰　郭登攀　郭　文
韩林建　何百炼　何超平　何湘忠
何　颖　何志俐　贺连生　侯经鸣
侯　启　侯　炜　胡桂平　胡建君
胡建频　胡　锴　胡孟林　胡　勇
华中威　黄才勇　黄海东　黄海章
黄惠君　黄　建　黄　平　黄申忠
黄田月　黄细珍　黄学山　黄　卓
季小洪　江明东　江明旭　蒋宏荣
金　淼　孔冬初　黎浩武　李　斌
李代芬　李东劲　李冬桂　李衡英
李　红　李红光　李　坚　李　建
李林辉　李伶伶　李蒙古　李南海
李　楠　李　攀　李庆阳　李秋英
李森虎　李　雄　李秀艳　李毅平
李雨琴　李振亚　李志鸿　梁仁华
梁天白　廖建华　林全华　刘长源
刘东升　刘高峰　刘海沙　刘辉钦
刘惠萍　刘建忠　刘　剑　刘姣赞
刘金才　刘景运　刘军改　刘树军
刘　涛　刘小凤　刘新明　刘歆华
刘训斌　刘　勇　刘震斌　刘忠义
柳孟如　柳秋高　柳秋玲　龙庭波
卢　凡　卢建国　卢　磊　鲁丰收
陆　程　陆桂林　陆海亮　罗　峰

罗俊湘　罗　欣　罗新辉　罗子初
马玉平　毛　亮　莫国强　莫育华
聂凌达　欧书兵　欧维钢　欧　扬
欧阳军　欧足福　潘少峰　潘志勇
彭　进　彭　魁　彭　磊　乔月会
秦　进　邱湘宏　任建衡　佘　浩
宋永红　孙　萌　谭惠兰　谭乐传
谭　榴　谭　胜　唐东波　唐　剑
唐　健　唐　林　唐运兵　陶雄喜
田　颖　田志夫　佟莹莹　汪建湘
王春芝　王得明　王　钢　王宏兵
王　俊　王世龙　王文宣　王先清
王湘祁　王新强　王　宇　王子荣
王祚钧　魏　超　文建新　文　治
吴广军　吴国宏　吴　海　吴建升
吴利雄　吴林招　吴文斌　吴永安
夏　琛　夏如海　肖开锋　肖力杨
肖却非　肖　伟　肖湘红　肖雪君
肖义文　谢朝辉　谢建富　谢　旺
谢　旭　熊　军　徐进春　许飞海
薛国兴　严　冰　颜明华　颜志军
阳　珍　杨定森　杨　辉　杨金星
杨　军　杨宇环　杨跃衡　姚　健
叶新球　易文勇　易志强　殷齐逊
殷忠于　游　勇　余刚宝　余慧娟
余小红　余周忠　袁　培　袁　英
袁泽宇　袁正江　曾立祥　曾智堂
张　超　张国强　张家发　张建国
张　俊　张可停　张乐兵　张　曙
张晓辉　张　勇　张宇翔　赵保成
赵大鸣　赵德林　赵辉勇　赵向群
赵银龙　郑　伟　郑芝群　钟建升
钟美玲　钟莺丽　周保国　周　峰
周　海　周礼文　周湘晖　周　祥
朱国祥　朱　江　朱息文　邹　波
左智峰

广东：艾金华　艾军民　白俊月　白　石
白永江　白占营　白智勇　贝月红
毕赐成　毕海英　毕婉婷　闭祖增
边吉成　别春丽　宾龙付　蔡成彬
蔡德谋　蔡冠恒　蔡海建　蔡红忠
蔡　坚　蔡建明　蔡建章　蔡苗婉
蔡民泳　蔡启行　蔡倩怡　蔡秋贤
蔡仁胜　蔡仕章　蔡顺华　蔡添高
蔡小燕　蔡　新　蔡一聪　蔡　毅
蔡玉持　蔡志昌　蔡志权　蔡志伟
曹道岳　曹　东　曹付兵　曹　豪
曹举元　曹俊君　曹玲爽　曹　伟
曹西旺　曹　耀　曹英勇　曹志良
岑海荣　岑伟炳　岑裕明　查杰鹏
柴丕林　常荣争　车子敏　陈爱华
陈爱荣　陈柏华　陈　彬　陈　兵
陈炳城　陈炳廉　陈灿佳　陈春桃
陈　翠　陈达开　陈带娣　陈德胜
陈登峰　陈冬雷　陈　都　陈二杭
陈峰强　陈锋彪　陈关生　陈　桂
陈桂明　陈国淦　陈国辉　陈国武
陈国章　陈　海　陈海斌　陈海文
陈红兵　陈焕新　陈　晖　陈辉成
陈季文　陈继廉　陈家升　陈家有
陈嘉健　陈建成　陈建刚　陈　剑
陈剑锋　陈健聪　陈健国　陈健民
陈江伟　陈金城　陈金明　陈金强
陈锦鸿　陈锦泉　陈锦锐　陈锦棠
陈劲海　陈景伦　陈举暖　陈　俊
陈俊州　陈　凯　陈历明　陈丽君
陈丽君　陈丽琴　陈丽谊　陈亮威
陈林武　陈　龙　陈录硕　陈路霜
陈　明　陈明亮　陈明州　陈　鸣
陈年秀　陈　宁　陈　品　陈其祥

陈启全　陈锵文　陈巧妍　陈钦伟
陈庆豪　陈庆杰　陈群岳　陈日文
陈尚豪　陈韶明　陈少光　陈少宏
陈少卿　陈社金　陈升年　陈　生
陈世团　陈首宏　陈寿海　陈书亚
陈树华　陈树佳　陈树志　陈婉芳
陈　伟　陈伟民　陈伟鹏　陈伟强
陈伟雄　陈伟智　陈卫有　陈文辉
陈喜华　陈喜杰　陈细醒　陈　祥
陈祥燕　陈小峰　陈小青　陈小青
陈小全　陈小群　陈小英　陈晓梅
陈笑文　陈　欣　陈新德　陈宣彤
陈学海　陈雪梅　陈彦均　陈艳嫦
陈燕玲　陈　阳　陈耀华　陈耀茂
陈业启　陈业增　陈艺雄　陈永彬
陈勇华　陈有权　陈玉保　陈　渊
陈远燕　陈远志　陈跃雄　陈运来
陈泽舟　陈展洪　陈展辉　陈　湛
陈章兰　陈钊华　陈振威　陈振云
陈志海　陈志花　陈志坚　陈志江
陈志快　陈志全　陈志炜　陈志雄
陈志勇　陈志忠　陈　智　陈柱银
陈子健　陈子友　陈祖胜　成辉油
成贤光　成正生　成子喜　程海泉
程鲁阳　程　松　程　托　程永权
程　誉　程志信　池　宏　楚丰涛
丛冬梅　崔冬晓　崔建磊　崔健新
崔啟良　崔　强　崔西田　崔喜祥
崔永超　崔运城　代育林　戴海军
戴建彪　戴瑞军　戴伟英　戴宪斌
戴旭钊　戴元军　戴宗鸣　邓　斌
邓朝阳　邓成昌　邓　飞　邓广添
邓国强　邓鸿涛　邓活燎　邓继昌
邓建敏　邓建球　邓健文　邓金木
邓锦坤　邓梁君　邓仁华　邓善文

邓少锋　邓绍忠　邓世优　邓　涛
邓通贵　邓伟浩　邓伟洪　邓卫民
邓小洪　邓晓辉　邓学武　邓　堰
邓业凌　邓义甲　邓英争　邓允国
邓兆健　丁　达　丁金荣　丁利安
丁龙华　丁锐发　丁时全　丁小岩
丁钰翔　丁元林　丁忠旗　董光乾
董　凯　董良明　董鹏远　董四军
董学伟　董志勇　窦德品　杜宝春
杜松军　杜伟杰　杜伟民　杜选波
段海峰　段立敏　段新桂　范传宝
范公太　范浩然　范绍方　范绍乐
范新晖　范新明　范永青　范永增
范远祥　方晓立　方　宇　房振辉
费　杨　封秀群　冯大海　冯德智
冯佛生　冯光辉　冯广彬　冯国金
冯海强　冯鸿浦　冯积远　冯佳林
冯建明　冯　亮　冯林浩　冯其得
冯奇志　冯庆欢　冯锐玲　冯松飚
冯太富　冯韬光　冯伟昌　冯星慧
冯星善　冯永昌　冯永权　冯　勇
冯灶光　冯志鹏　冯志武　浮习卫
付成明　付翠松　付贵玉　付　坚
付钦伟　付绍春　付双明　付　伟
傅　浩　傅浩洋　傅裕茂　傅志成
傅志勇　傅　忠　甘富全　甘建斌
甘劲文　高夺印　高国勋　高洪智
高建华　高金龙　高镜成　高巨广
高林江　高　敏　高培豪　高婉媚
高伟东　高雪峰　高　原　高振宁
高振坪　葛道权　葛贵生　葛希政
耿久义　龚建平　龚俊杰　龚泽伟
龚中奇　苟　兵　古纪亮　古伟标
顾三义　顾晓华　顾正飞　关芬海
关嘉敏　关坚强　关乃昌　关仕云

关则怡 关兆珍 关 忠 官明荣
管文辉 桂建军 郭聪如 郭 东
郭焕达 郭建玲 郭健标 郭结明
郭锦华 郭孔业 郭立新 郭利伟
郭宁康 郭秋成 郭 荣 郭瑞宗
郭水鸣 郭宣邑 郭玉婵 郭振旺
郭志启 郭志强 郭子昂 郭宗宽
虢明孝 哈英敏 韩 诚 韩孟运
韩南丽 韩 游 韩 直 杭吉才
郝勇杰 何炳强 何长棋 何超杰
何凤霞 何富心 何光明 何光润
何国明 何红滨 何慧娟 何建怡
何 剑 何锦波 何景腊 何军华
何朗生 何 利 何林峰 何林洪
何 敏 何铭坤 何 茹 何石广
何世金 何伟文 何伟源 何 文
何希虎 何小雄 何晓兵 何旭基
何 勋 何衍县 何 杨 何耀基
何永东 何永锋 何友平 何 裕
何泽球 何志海 何志龙 何志强
贺安清 贺宝胜 贺 成 贺杜南
贺 静 贺茂朋 衡军义 洪映标
侯宝源 侯宏璋 侯健棠 侯俊英
侯凯洪 侯永洪 胡保平 胡炳智
胡长春 胡 飞 胡进强 胡 蓉
胡升勇 胡伟军 胡细好 胡欣赏
胡雅忠 胡 忠 胡仲兴 黄宝炎
黄碧辉 黄 飙 黄德明 黄灿辉
黄楚文 黄传辉 黄传聚 黄春丽
黄春梅 黄翠娟 黄翠珊 黄道贤
黄德雄 黄德有 黄东明 黄东裕
黄端明 黄 峰 黄桂泉 黄国辉
黄国荣 黄国伟 黄国雅 黄帼燕
黄海坚 黄海良 黄 好 黄浩华
黄贺欣 黄红标 黄红原 黄 华

黄辉城 黄 惠 黄惠明 黄家成
黄嘉荣 黄剑波 黄健恒 黄健章
黄杰聪 黄杰钊 黄 劲 黄景宏
黄静娴 黄 菊 黄俊河 黄 奎
黄黎民 黄丽华 黄丽萍 黄 敏
黄木娣 黄佩娟 黄 鹏 黄 萍
黄启勇 黄前明 黄日科 黄荣康
黄榕芬 黄汝强 黄少军 黄仕游
黄素梅 黄 巍 黄 伟 黄伟彬
黄伟锋 黄伟和 黄伟鹏 黄伟强
黄卫忠 黄文兴 黄西镜 黄夏彪
黄小燕 黄小勇 黄新平 黄秀惠
黄 璇 黄学明 黄耀斌 黄耀荣
黄 屹 黄 毅 黄莹光 黄永坚
黄友培 黄禹彬 黄玉初 黄玉来
黄玉玲 黄钰海 黄钰生 黄泽雄
黄振镜 黄志冬 黄志杰 黄志伟
黄治国 黄 智 黄忠初 黄仲均
黄柱良 霍德福 霍信行 霍语新
霍志强 姬军令 纪锦绵 纪炜钊
纪泽鸿 贾 逵 贾明哲 简贺萍
简剑锋 江柏祥 江 斌 江观飞
江海燕 江景敏 江敏仪 江 萍
江绍波 江文标 江祥生 江秀屏
姜国东 姜佩娟 姜雪萍 姜 耘
姜志国 蒋国民 蒋建华 蒋军伐
蒋仁刚 蒋伟军 蒋欣材 蒋学良
蒋延席 焦广磊 焦剑中 焦玲艳
焦晓兵 焦新庭 焦 占 揭巍东
金成龙 金德胜 金剑平 金太平
荆大庆 康 麟 康显敦 柯文华
柯志忠 孔桂洪 孔金娣 孔英杰
孔粤龙 孔 哲 寇 超 匡光前
邝发文 邝国荣 邝红玲 邝 辉
邝 荣 邝志刚 邝志霄 邝忠林

赖光明　赖嘉河　赖俊宇　赖荣斌
赖伟义　赖文辉　赖小华　赖永球
兰方卿　兰　平　蓝广成　蓝敬善
蓝玉英　蓝　政　劳剑辉　劳文非
劳志南　老冠奇　雷春晖　雷福才
雷洪旭　雷金生　雷顺安　雷卫敏
雷益宏　雷用清　雷　源　雷　臻
黎国波　黎　鸿　黎建流　黎锦园
黎俊彦　黎林忠　黎明楷　黎明涛
黎暖森　黎启程　黎青美　黎三弟
黎伟东　黎卫强　黎旭明　黎玉雄
黎裕贤　黎　云　黎占权　黎振英
黎志明　黎志育　黎梓灵　李宝瑜
李保龙　李　彬　李昌环　李　超
李　超　李成浩　李成军　李成豫
李传永　李春华　李春林　李春路
李翠云　李电才　李东风　李冬梅
李　栋　李　恩　李　峰　李　峰
李锋海　李乎营　李关保　李桂强
李国辉　李国强　李国新　李海澄
李海力　李海燕　李浩新　李浩鑫
李恒田　李　红　李　红　李红侨
李洪岩　李　华　李华青　李淮海
李汇龙　李惠元　李慧文　李吉昌
李继坤　李加联　李佳华　李佳萍
李建洪　李建华　李建科　李建平
李剑筠　李贱红　李杰明　李杰强
李杰威　李金达　李金华　李锦荣
李劲松　李　军　李　军　李　君
李　君　李君立　李　科　李　磊
李立君　李亮恩　李　林　李林军
李灵红　李留生　李敏明　李明忠
李木常　李　霓　李鹏飞　李　品
李　萍　李启恒　李启庭　李庆利
李庆文　李秋华　李秋莲　李秋亮

李权林　李　群　李群涛　李荣华
李荣伟　李　嵘　李嵘坚　李　锐
李胜军　李石波　李石生　李士强
李书超　李树军　李素芳　李太友
李　彤　李伟成　李伟光　李伟康
李伟忠　李　文　李文江　李文杰
李文杰　李文杰　李　曦　李　贤
李献敏　李香雄　李小波　李小红
李小华　李小明　李晓光　李新霞
李兴明　李修升　李秀芳　李雪冰
李亚军　李亚林　李亚唐　李言杰
李彦芬　李彦雷　李彦争　李艳斌
李艳群　李杨泳　李　瑶　李银河
李应杰　李颖杰　李永辉　李永军
李友顺　李宇峰　李宇坤　李玉飞
李玉清　李源基　李远华　李　云
李运生　李振豪　李正梅　李芝斌
李志成　李志刚　李志明　李志强
李治定　李智广　李忠伟　李卓凡
李子峰　李自涛　连建康　练　军
梁德鑑　梁富伟　梁桂波　梁桂芝
梁国辉　梁国庆　梁国弢　梁国雄
梁恒昭　梁　红　梁红兵　梁家俊
梁　坚　梁健洪　梁健平　梁健强
梁节华　梁锦灿　梁锦英　梁景贤
梁　俊　梁礼峰　梁敏清　梁明坚
梁　铭　梁倩文　梁清清　梁清旭
梁铨尧　梁日腾　梁汝仲　梁万强
梁伟彬　梁伟权　梁　析　梁祥奕
梁小勇　梁肖军　梁　兴　梁雄桂
梁旭峰　梁血露　梁雅仪　梁燕韵
梁耀湘　梁　勇　梁郁强　梁月能
梁展毅　梁钊华　梁兆辉　梁正标
梁志豪　梁志伟　梁志雄　梁智才
梁　忠　梁灼轩　廖桂欢　廖恒发

廖恒宇　廖红军　廖建锋　廖金频
廖奇创　廖　贤　廖献优　廖雪霞
廖异勇　廖志平　廖志远　林　晨
林传武　林创松　林春敏　林春生
林丹霞　林东海　林恩红　林发生
林　刚　林国锋　林国夫　林国樑
林国胜　林海健　林汉明　林　华
林基海　林继松　林建光　林建文
林锦超　林俊彪　林俊枫　林　柯
林　立　林丽芬　林玲玲　林平生
林千章　林巧芬　林俏宏　林庆舟
林韶宁　林少杰　林少群　林伟初
林伟杰　林伟楠　林稳平　林显腾
林献毅　林小红　林晓庆　林信旭
林选佳　林彦才　林耀佳　林义勇
林银燕　林宇全　林泽光　林振灶
林志军　林志开　林子平　凌德保
刘保生　刘　斌　刘　斌　刘冰荃
刘　兵　刘炳新　刘　波　刘彩琴
刘昌国　刘长春　刘长伟　刘朝波
刘大兵　刘德文　刘二军　刘发群
刘　非　刘风南　刘　刚　刘光全
刘国平　刘海龙　刘海涛　刘汉杰
刘宏宽　刘洪涛　刘怀建　刘焕仪
刘会中　刘惠华　刘继红　刘建华
刘建军　刘建强　刘建伟　刘建忠
刘建洲　刘　江　刘江华　刘金华
刘京亮　刘景崔　刘景田　刘巨威
刘　军　刘　军　刘俊勇　刘　民
刘　明　刘明浩　刘南宝　刘　圻
刘其文　刘旗国　刘起为　刘　强
刘樵均　刘庆龙　刘若飞　刘少青
刘士硕　刘世财　刘曙光　刘　特
刘伟军　刘伟明　刘伟清　刘伟忠
刘　卫　刘卫明　刘文华　刘文军

刘孝苓　刘　鑫　刘兴太　刘醒仁
刘亚局　刘延军　刘艳新　刘耀东
刘英斌　刘　颖　刘永生　刘泳添
刘　勇　刘勇华　刘勇辉　刘友元
刘余平　刘愉贤　刘育文　刘裕发
刘远雄　刘云山　刘战平　刘章元
刘振东　刘　志　刘志刚　刘志明
刘志强　刘中儒　刘中亭　刘卓开
柳　萌　龙　兵　龙家丽　龙　俊
龙水根　龙云虎　卢　成　卢道学
卢国行　卢家麟　卢建卫　卢杰煌
卢俊龙　卢　亮　卢欠彬　卢秋全
卢瑞琼　卢伟龙　卢秀锋　卢耀辉
卢志雄　卢志扬　卢志勇　鲁　方
鲁合锋　鲁锦玲　鲁晓明　陆建华
陆建明　陆　明　陆　胜　陆穗生
陆卫江　陆奕中　陆永庆　陆泽焕
陆智杰　陆智强　吕宝泰　吕海乐
吕健力　吕　荣　吕维庆　吕晔云
吕友臣　吕志钢　律中华　罗　彬
罗昌东　罗　成　罗德智　罗　东
罗关平　罗桂根　罗　辉　罗　健
罗　杰　罗金成　罗俊峰　罗　丽
罗利伟　罗其亮　罗仁会　罗少贤
罗生高　罗伟锋　罗伟坚　罗小韩
罗永超　罗永洪　罗永明　罗永熙
罗玉权　罗玉衍　罗源熊　罗志超
罗志荣　罗灼威　骆佩文　骆韶雄
骆少毅　骆伟东　骆　逍　马　彪
马　超　马　骋　马传龙　马存龙
马福江　马洪光　马嘉琪　马剑华
马金顺　马　晋　马　静　马腊军
马　强　马喜江　马　翔　马运兵
马志勤　麦保尔　麦华生　麦吉辉
麦均涛　麦凯宏　麦庆全　麦永苓

麦永源　麦政祥　麦智勇　麦柱辉
毛世强　毛　勇　毛志明　梅义航
梅钟翔　蒙东伟　蒙学东　蒙致伟
孟　凯　孟　琳　米洁云　米允芝
苗军军　闵少华　缪文晖　莫东友
莫锦华　莫荣森　莫善智　莫树源
莫新忠　莫兴友　莫有兴　莫煜波
牟　辉　南威风　倪丽华　倪绍华
倪　伟　聂曼云　宁海平　牛建兵
欧　浩　欧淑珍　欧文龙　欧艳霞
欧阳俊　欧振扬　潘成林　潘春阳
潘德新　潘　峰　潘海辉　潘红漫
潘厚斌　潘嘉敏　潘建辉　潘景龙
潘俊伟　潘开清　潘凯俊　潘　立
潘庆伟　潘少燊　潘寿荣　潘伟东
潘卫方　潘希元　潘献民　潘小霞
潘银香　潘玉英　潘允雄　潘志安
盘坤朝　盘少科　庞　丽　庞庆雷
庞锡章　庞晓光　彭爱军　彭　宝
彭　斌　彭成贵　彭德勤　彭红亮
彭化俊　彭惠玲　彭俊祥　彭　利
彭敏丹　彭为民　彭　卫　彭学有
彭永红　彭志培　蒲　刚　戚　刚
祁木炎　齐　发　钱朝辉　钱大柱
乔　彬　秦贵廷　秦贵庭　秦建新
秦亮月　秦仁军　丘宝权　丘畅开
邱耿江　邱光迎　邱　国　邱金萍
邱俊法　邱柯楠　邱礼福　邱明贤
邱排房　邱钦宗　邱文丰　邱旭辉
邱耀云　邱轶恺　邱永刚　邱岳平
裘品昂　区成国　区桂凤　区金洪
区炜健　区熙雯　区宇琦　区志权
屈泽年　全栋胜　全　森　阙灼卿
冉晓平　饶伟光　饶卫锋　任高峰
任敬华　任军辉　任　良　任其善

容凯斌　容婉芬　容　喜　阮海生
阮　金　阮穗虹　阮钊南　闰晓秋
沙学松　尚长林　尚树林　邵满红
邵清华　邵仲刚　邵仲琦　申光标
申嘉伟　申建榜　申　榕　沈达兴
沈　钢　沈国斌　沈国辉　沈红兴
沈久霞　沈瑞涛　沈庭法　沈吴坚
沈晓理　师付华　施建品　施金彪
施学起　石兵全　石登峰　石观阳
石海军　石海洋　石红东　石　建
石雄伟　时义轩　史晓斌　史增林
史忠宝　舒纲清　思有礼　斯国新
宋冠锋　宋建明　宋俊峰　宋　平
宋庆洪　宋小娜　宋新华　苏柏龙
苏厚桦　苏健武　苏洁华　苏丽香
苏　莲　苏　琪　苏适之　苏淑仪
苏雾观　苏小萍　苏　欣　苏远龙
苏志松　孙　斌　孙　革　孙健民
孙坤才　孙孟清　孙尚德　孙文陆
孙雪松　孙一妙　孙　鹰　孙振远
孙志杰　谈国华　谈洁清　覃家官
覃喜光　覃延利　覃永乐　覃祖鸣
谭柏有　谭灿彬　谭东良　谭　海
谭红军　谭立志　谭纳辉　谭绮雄
谭秋霞　谭铨标　谭维华　谭文勇
谭言安　谭永好　谭智斌　汤桂强
汤守亮　汤穗雄　汤远城　汤赞燊
唐超凡　唐登福　唐会银　唐　静
唐理想　唐美龄　唐　明　唐明德
唐铭辉　唐天兰　唐振宇　唐祖庆
陶柏华　陶海东　陶鸣方　陶　卫
陶五妹　滕汉飞　田朝宇　田　耕
田维高　田现军　田训格　佟德敏
万国根　万小春　万园才　万月平
万志敏　汪利康　汪　勇　汪志勇

王安平　王保山　王　斌　王　滨
王丙庚　王　波　王　诚　王创成
王德康　王东明　王东木　王二涛
王发长　王福涛　王　刚　王钢雄
王高听　王广富　王寒松　王宏洲
王吉良　王佳柱　王建军　王建伟
王　健　王健勇　王　鉴　王江波
王金华　王金永　王京龙　王　晶
王敬宜　王　军　王　军　王俊东
王俊衡　王开盛　王克峰　王来英
王兰机　王　雷　王　莉　王　莉
王立晋　王立均　王立文　王立祥
王丽珠　王龙举　王美中　王　明
王木荣　王　宁　王　强　王青峰
王磬萍　王全峰　王群娣　王如柏
王瑞荣　王　莎　王少凯　王少伟
王世雄　王树光　王　帅　王　涛
王　涛　王天玉　王停宾　王　伟
王伟刚　王蔚松　王文超　王　希
王小伟　王秀珍　王秀芝　王雪飞
王亚飞　王颜清　王彦超　王叶波
王　营　王　勇　王　宇　王宇林
王宇琼　王裕伟　王云松　王芸孙
王　喆　王振红　王振宇　王震宇
王志华　王志杰　王志龙　王子君
王梓亦　危锦枨　韦承业　韦会荣
韦瑞武　韦升松　韦　勇　韦友平
韦照东　魏崇斌　魏冬乔　魏继伟
魏锦环　魏可业　魏伟光　魏文清
魏元福　温程荣　温鹏华　温启亮
温荣略　温瑞雄　温伟的　温叙风
温远军　文必聪　翁东华　翁俊辉
翁敏皓　翁雄尔　翁永勃　翁祖航
邬清仔　邬伟瑜　巫锡忠　巫永东
巫远深　吴柏枢　吴璧峰　吴伯仪

吴彩艳　吴传文　吴春明　吴德兴
吴芳华　吴芳敏　吴凤龙　吴桂珊
吴海波　吴海玲　吴浩全　吴宏生
吴华瀚　吴华文　吴辉军　吴惠贞
吴家健　吴金好　吴钜昌　吴康任
吴克雄　吴连波　吴能錡　吴绮勤
吴泉枝　吴荣超　吴盛禄　吴仕海
吴思敬　吴望俊　吴伟明　吴伟雄
吴炜斌　吴卫进　吴文精　吴晓华
吴学飞　吴学新　吴言东　吴　岩
吴艳超　吴艳芳　吴扬超　吴一阳
吴英才　吴勇军　吴毓智　吴　云
吴展帆　吴兆明　吴振宇　吴正东
吴志文　伍昌坤　伍华忠　伍杰荣
伍杰荣　伍景勋　伍俊彦　伍启光
伍思胜　伍雄标　伍玉峰　伍子鹏
武翠翠　武小萍　武营辉　务艳红
奚化永　习志燕　席民安　席文东
夏春亮　夏丹丹　夏东文　夏龙康
夏永永　夏忠诚　冼飞球　冼根祥
冼志坚　香华强　向　飞　向乾平
萧劲松　萧柱河　肖程好　肖　凡
肖国军　肖国明　肖辉映　肖剑承
肖　莉　肖荣华　肖婉霞　肖燕梅
肖阳春　肖　云　肖芝平　肖作勇
谢朝明　谢海军　谢锦芳　谢静音
谢利猜　谢柳娜　谢　鹏　谢　强
谢任坚　谢　沙　谢绍忠　谢伟良
谢谓明　谢英钰　谢勇明　谢泽容
谢秩峰　谢灼婷　邢　维　邢小贵
邢震洪　熊　娟　熊　可　熊伟棠
熊英强　熊　宇　徐定心　徐广鉴
徐广欣　徐贵华　徐　海　徐　虎
徐建平　徐建顺　徐剑株　徐京民
徐轲珂　徐路遥　徐　明　徐明辉

徐明洲　徐朋勇　徐日达　徐世军
徐寿青　徐帅彪　徐顺波　徐松顺
徐文彬　徐晓楠　徐新宇　徐亚毅
徐宴强　徐耀林　徐　游　徐玉和
徐志坚　徐志均　徐子阳　徐梓文
许大华　许德武　许发意　许　高
许国华　许宏华　许建庭　许杰旺
许金丰　许开清　许秋影　许少强
许世彬　许树练　许伟铭　许沿纯
许彦武　许志华　禤健新　禤新凤
薛　弘　薛金彬　薛锦源　闫广领
闫洪波　严冬梅　严焕光　严敏仪
严绍平　严小球　严新文　严志濠
严子辉　颜炳胜　阳　春　阳俊红
阳有军　杨丙亮　杨传辉　杨存文
杨典皇　杨　帆　杨国兴　杨　海
杨海滨　杨　浩　杨宏伟　杨虎英
杨坚毅　杨　剑　杨剑华　杨　健
杨金花　杨静雯　杨　军　杨俊广
杨俊琳　杨康秋　杨里华　杨　明
杨南龙　杨鹏智　杨庆华　杨日有
杨绍梅　杨　生　杨世明　杨伟春
杨伟华　杨伟平　杨现朋　杨小凤
杨新波　杨杏格　杨秀仪　杨衍华
杨尧欢　杨　易　杨　毅　杨银拴
杨勇奇　杨又明　杨玉山　杨毓然
杨泽东　杨兆辉　杨征征　杨志刚
杨志华　杨志明　杨志余　杨宗平
姚本兵　姚　波　姚创锦　姚达洪
姚国锋　姚俊英　姚利强　姚秋源
姚耀辉　叶伯康　叶　锋　叶洪浪
叶洁瑜　叶金福　叶坤辉　叶少欢
叶绍林　叶松生　叶伟成　叶文兴
叶　翔　叶小刚　叶信礼　叶勇明
叶远雄　叶志东　衣广生　易　兵

殷　建　殷　丽　殷　中　尹炳仁
尹良惠　尹培智　尹日华　尹邵波
尹伟贤　尹玉东　于风广　于海亮
于立权　于　朋　于自永　余灿中
余国民　余洁华　余金昌　余俊欧
余明星　余遂恩　余威国　余晓均
余雪仁　余炎聪　余叶伦　余永惠
余永良　余治勤　俞　乐　俞丽明
俞振彪　庾杰雄　喻　强　喻向峰
原阳军　原宇莹　袁迪伟　袁鹏里
袁瑞文　袁伟强　袁文亮　袁先圣
袁亚志　袁友成　袁玉申　袁　智
袁柱文　苑庆平　曾碧怡　曾德和
曾德彦　曾凡贵　曾繁炼　曾飞龙
曾广强　曾广智　曾辉煌　曾纪奕
曾建东　曾建华　曾剑华　曾结坚
曾金龙　曾京燕　曾婧璐　曾俊辉
曾令光　曾令英　曾　敏　曾清林
曾庆荣　曾瑞典　曾文峰　曾祥洪
曾小军　曾晓明　曾晓生　曾秀明
曾云林　曾昭铭　曾志建　翟海彬
翟巨平　詹举云　张　豹　张　斌
张　冰　张炳辉　张彩强　张彩兴
张长帅　张成蓉　张春秀　张达夫
张道义　张德平　张登锋　张东平
张福梅　张福山　张付江　张光辉
张广生　张贵平　张国栋　张国林
张国平　张海波　张海川　张弘强
张红礼　张洪波　张洪万　张洪忠
张　华　张华明　张华文　张焕新
张　晖　张　辉　张　辉　张慧军
张继波　张佳斌　张嘉鸿　张建兵
张建发　张建灵　张剑成　张剑铭
张　杰　张　杰　张　杰　张　杰
张　杰　张杰钧　张敬宜　张　靖

张均升　张俊杰　张俊生　张立林
张丽梅　张连宝　张　良　张灵灵
张　凌　张　梅　张　萌　张　敏
张明林　张铭刚　张铭新　张　楠
张鹏程　张　平　张齐智　张清柏
张清源　张庆柱　张　权　张人龙
张少朋　张劭都　张胜利　张盛志
张世欣　张书恒　张书芹　张双伟
张松山　张素云　张天才　张天玉
张万红　张　威　张　伟　张　伟
张文昌　张文惠　张祥国　张小峰
张小华　张晓欢　张晓磊　张　欣
张新革　张新征　张雄辉　张秀莲
张秀珍　张　旭　张　旭　张雪梅
张艳青　张　洋　张　屹　张永超
张　勇　张　勇　张　瑜　张　羽
张云东　张云峰　张镇钟　张志红
张志芹　张志祥　张志远　赵炳泉
赵昌全　赵长安　赵东洋　赵桂容
赵红勋　赵会锋　赵京强　赵开强
赵　凯　赵　平　赵　强　赵琼辉
赵群仙　赵诗水　赵秀峰　赵　勇
赵　宇　赵　铮　赵子勇　甄江华
郑定强　郑东锐　郑凤英　郑光明
郑国欣　郑宏光　郑慧明　郑径舟
郑军伟　郑礼新　郑立雄　郑丽君
郑妙娥　郑铭川　郑任春　郑荣林
郑韶铭　郑少锋　郑伟贤　郑　卫
郑向荣　郑晓龙　郑亚贤　郑　茵
郑兆安　郑　姿　郑梓修　钟波涌
钟昌伟　钟　诚　钟德全　钟东武
钟　锋　钟广和　钟国良　钟　海
钟汉华　钟红霞　钟洪波　钟家荣
钟建军　钟建平　钟建威　钟健球
钟立明　钟茂民　钟　明　钟明峰

钟平俊　钟绮松　钟锱东　钟庆典
钟　山　钟添昌　钟统华　钟伟荣
钟伟赵　钟文斌　钟文胜　钟晓乐
钟秀英　钟岩松　钟燕宽　钟　义
钟勇奇　钟远荣　仲晓松　周爱萍
周　斌　周炽韵　周德荣　周栋斌
周发海　周贵涛　周海荣　周泓榉
周家健　周建辉　周建林　周金华
周金星　周礼雄　周丽玲　周连春
周美香　周铭巧　周盼章　周　平
周涛殷　周　文　周锡钊　周向昭
周小敏　周新军　周新伟　周雪青
周要发　周永全　周泽森　周枝茂
朱本胜　朱灿光　朱国安　朱国基
朱泓蒨　朱建红　朱剑荧　朱　杰
朱杰敏　朱洁谊　朱金龙　朱静芝
朱觉超　朱俊生　朱亮华　朱庆初
朱韶宣　朱思健　朱万辉　朱　文
朱武兴　朱雄杰　朱学运　朱艳霞
朱燕霞　朱耀康　朱永良　朱元广
诸克兵　祝超华　祝阳东　庄利文
庄　萍　庄小凤　庄永洁　宗长松
宗国利　邹超平　邹成源　邹建辉
邹　雷　邹美翠　邹少明　邹志海
邹志生　左天金　左小明　包胡日查
欧阳兆东　司徒达雷　司徒伟强
广西：白　英　白跃明　柏建平　班鲜花
边董强　宾爱民　卜少文　卜伟明
蔡秀群　蔡煜岗　曹春刚　曹江桥
曹静杰　曹闽华　岑广森　岑启高
岑寿强　岑亭儒　岑志金　岑智得
陈　婵　陈朝光　陈丹莉　陈德莲
陈　冬　陈革斌　陈贵福　陈桂有
陈海波　陈海英　陈衡华　陈　洪
陈　骅　陈家佳　陈家祥　陈建华

陈建军　陈建宁　陈　健　陈　健
陈均元　陈　科　陈立刚　陈立志
陈丽琴　陈丽莺　陈　林　陈秋古
陈双付　陈双喜　陈万强　陈为民
陈伟雄　陈卫胜　陈文坚　陈锡忠
陈贤斌　陈向红　陈晓晶　陈晓民
陈新华　陈　雄　陈燕丽　陈业洲
陈　伊　陈义高　陈永寿　陈远超
陈远嫚　陈再昌　陈　喆　陈芝炎
陈志刚　陈志国　陈志强　陈志兴
陈　忠　陈忠义　程碧宁　褚海斌
崔珈铭　崔丽萍　崔志伟　戴思学
戴文雄　邓爱琼　邓海东　邓海林
邓汉亮　邓洪洪　邓嘉宁　邓启干
邓起彪　邓绍传　邓四海　邓小霞
邓易宗　邓永俊　邓昱昱　邓忠健
董　健　董小梅　窦建军　窦玉光
杜秀清　樊超斌　范晓光　范增师
范志刚　方朝新　方成波　方　群
方远明　冯海波　冯　鹏　冯乙洲
冯　英　付国亮　付石泉　傅双麒
傅文钢　傅霞伦　干婷婷　甘　敏
甘文彪　甘永忠　高　戈　高焕华
高蔚芳　耿春生　龚瑞典　龚艳弟
顾祥国　关　宏　关　勇　郭　东
郭　红　郭嘉力　郭　坚　郭贤彦
郭新喜　郭媛媛　郭兆光　果　华
韩晶晶　韩　信　杭语诗　何才源
何崇福　何得明　何丰果　何红军
何华杰　何焕营　何进伟　何进云
何矩桐　何　具　何军威　何名坚
何普丽　何荣生　何　伟　何小春
何志霞　何智华　何梓菘　胡　滨
胡　刚　胡　刚　胡善平　黄爱宁
黄报勇　黄必宁　黄　兵　黄陈谊
黄春城　黄德英　黄冬平　黄懂宁
黄　繁　黄　耿　黄光明　黄桂榕
黄汉高　黄汉民　黄恒东　黄　鸿
黄华添　黄华新　黄华钟　黄绘宁
黄家南　黄　俭　黄　健　黄金山
黄金通　黄敬松　黄　静　黄静波
黄卡宁　黄利彬　黄良东　黄林锋
黄龙波　黄　猛　黄　敏　黄敏恒
黄　明　黄明坚　黄明勋　黄　年
黄宁生　黄佩佩　黄品瑶　黄平安
黄琼带　黄　秋　黄秋明　黄秋生
黄　荣　黄世鹤　黄树忠　黄四云
黄　滔　黄天宇　黄万庆　黄伟震
黄文光　黄　武　黄先解　黄显胜
黄小萍　黄肖春　黄　新　黄　新
黄新猛　黄新文　黄旭钦　黄亚光
黄　炎　黄炎忠　黄　艳　黄艳芬
黄艳华　黄　雁　黄业坚　黄义强
黄毅光　黄　莹　黄有问　黄元生
黄　政　黄　志　黄竹青　黄祖流
霍本林　吉声河　计孟珍　计愉和
简　伟　江华全　江建强　江丽华
江永生　江　泳　江祖很　姜建明
姜志伟　蒋　东　蒋嘉榕　蒋建程
蒋坤平　蒋秋文　蒋铁英　蒋　永
蒋　永　蒋永军　蒋永康　金　枫
瞿新南　孔春迟　孔幸辉　邝　龙
邝雪萍　来悉烈　赖必谋　赖　平
赖小均　赖正忠　兰军强　兰胜达
兰小龙　蓝昌福　蓝干成　蓝更生
蓝江汇　蓝乐红　蓝同先　蓝图强
蓝文强　蓝　晞　蓝志红　雷超群
雷　成　雷顶祺　雷胡林　雷金成
雷　宁　雷启慧　雷世佺　雷业玲
雷振灵　雷志成　黎　东　黎东勇

黎桂平	黎国振	黎　明	黎少格
黎寿强	黎耀江	黎煜亮	李　彬
李　斌	李彩群	李　成	李成武
李春艳	李　聪	李　东	李光南
李广梅	李桂强	李桂森	李国林
李国荣	李国政	李海峰	李海珉
李珩渊	李红燕	李宏平	李鸿文
李焕茂	李辉国	李继来	李　佳
李剑宇	李　健	李　箭	李江廉
李江文	李　杰	李进波	李靖南
李　军	李军阳	李俊伟	李　康
李可成	李　昆	李　兰	李立威
李鲁军	李　明	李　宁	李宁杰
李宁玲	李宁生	李　强	李强太
李　青	李庆新	李日升	李瑞富
李世荣	李树还	李树忠	李天源
李　婷	李旺君	李　伟	李伟民
李伟文	李　卫	李　文	李文军
李文莉	李献民	李相军	李　翔
李小勤	李新群	李新艳	李萱美
李延胜	李燕琴	李一林	李易洁
李　英	李　勇	李勇机	李勇加
李裕坚	李跃新	李兆军	李振修
李政勇	李　志	李　忠	李　忠
理　宁	利春景	梁安荣	梁承武
梁大懂	梁发萍	梁飞宇	梁广炎
梁桂莲	梁桂铭	梁国祥	梁国云
梁红华	梁红梅	梁家海	梁家胜
梁甲生	梁　建	梁　剑	梁健明
梁　键	梁江宁	梁进宜	梁俊峰
梁侃川	梁立斌	梁　丽	梁禄恩
梁庆华	梁　秋	梁荣林	梁瑞兰
梁少娟	梁　雯	梁小漓	梁小玮
梁　啸	梁秀群	梁秀章	梁学能
梁　炎	梁　燕	梁燕萍	梁永坚

梁勇军	梁宇华	梁兆宁	梁正瑞
梁　政	梁志光	梁忠勇	梁佐峰
廖敢文	廖汉权	廖贱弟	廖墨琳
廖培锋	廖启宁	廖武君	廖先锋
廖远云	林翠云	林红艳	林　坚
林建宏	林康国	林礼志	林　霖
林路生	林　萍	林少华	林树海
林祥添	林　雄	林亚男	林依兆
林　毅	林　勇	林　昀	凌　彬
凌　晖	凌　玲	凌统信	凌卫荣
刘　安	刘　斌	刘传忠	刘春莲
刘德谦	刘电宁	刘芳久	刘　刚
刘国强	刘建辉	刘　剑	刘　健
刘杰品	刘敬奇	刘　静	刘良涌
刘宁秋	刘秋红	刘三红	刘文昌
刘文平	刘锡凤	刘小泉	刘新春
刘艳辉	刘燕梅	刘异丁	刘迎建
刘永明	刘　咏	刘余兴	刘宇平
刘玉英	刘玉云	刘月锋	刘志平
刘志勇	刘智兴	龙丽群	龙文光
卢海滨	卢合坚	卢华东	卢逎年
卢勤艺	卢若均	卢显柱	卢用候
卢　昭	卢振军	卢振亮	卢芝兴
卢智兴	陆宝君	陆崇立	陆贵华
陆国昌	陆海宁	陆晖文	陆江民
陆　京	陆　桑	陆世文	陆卫民
陆熙茵	陆玉强	吕　凡	吕海文
吕华金	吕剑飞	吕　敬	吕伟洪
吕泽通	吕振松	吕振宇	罗炳华
罗　飞	罗福荣	罗建恒	罗科娟
罗　宁	罗强华	罗瑞轩	罗水漠
罗素宁	罗文娟	罗小凤	罗小梅
罗秀珍	罗勇树	罗云华	罗紫云
罗宗会	骆息香	马剑锋	马瑞林
马银华	马玉皎	马云山	麦有钻

卖柳勇　毛金芳　梅栋枫　蒙翠英
蒙世悟　蒙云江　蒙泽森　明声广
莫昌任　莫光敏　莫家梅　莫金英
莫　康　莫铭恩　莫让文　莫日乐
莫文才　莫小兵　莫星华　莫秀英
莫一韬　莫永波　莫远文　牟礼军
聂　红　宁照元　农梅环　农　巍
农勇理　欧　迪　欧冠文　欧祖远
潘翠连　潘洪文　潘菊良　潘良贵
潘茂廷　潘善军　潘雅澍　潘颖萍
潘　勇　潘　勇　潘振峰　庞　成
庞宏光　庞建明　庞金海　庞进海
庞　勇　庞　震　庞忠豪　彭定荣
彭飞翔　彭桂文　彭　勤　彭　忠
钱　虹　钱叶胜　秦广良　秦桂玉
秦家明　秦夏英　秦志环　丘勇涛
邱继华　邱梦幽　邱　明　邱旭兰
邱泽罡　饶　锋　阮春林　桑胜男
邵苏和　申美方　申太玲　申盈明
沈梦君　施　嘉　石　峰　石　坚
石丽源　石玉球　舒玉坤　宋传仁
宋多坚　苏达雄　苏宏飞　苏建成
苏建阳　苏　灵　苏荣敏　苏　涛
苏文科　苏永忠　苏有承　苏跃文
苏卓然　粟增宁　孙金胜　孙静毅
孙琼珍　孙忠华　孙左军　覃　兵
覃冬梅　覃芳菊　覃桂莲　覃国际
覃浩天　覃家松　覃家提　覃健春
覃健恒　覃　静　覃　玲　覃仕泉
覃　勋　覃永鹏　覃　勇　覃裕龙
覃兆文　覃正射　覃智钊　谭　峰
谭　韬　谭璇梅　谭学军　谭云锋
谭正松　檀　勇　汤德亮　汤　亮
唐博涯　唐衡喜　唐　睿　唐韶松
唐　威　唐文舫　唐永忠　唐祖耀

陶　坚　陶　江　陶　平　陶庆珍
陶少君　陶树果　陶秀权　滕　福
滕济盛　滕忠宁　陀　敏　万富友
汪立龙　汪益辉　王　宾　王长青
王　城　王端楚　王福宁　王广萍
王桂江　王桂云　王红春　王华中
王杰峰　王锦辉　王　进　王　军
王　峻　王　磊　王　玲　王平英
王　萍　王　普　王庆艳　王世俊
王　微　王祥有　王晓衡　王学治
王业进　王　义　王友松　王　月
王兆强　韦爱丽　韦　斌　韦常新
韦　达　韦　福　韦　赓　韦　国
韦海斌　韦红梅　韦鸿绿　韦加付
韦　坚　韦　杰　韦金勇　韦锦阳
韦景芳　韦李强　韦明生　韦木生
韦沛常　韦秋萍　韦　荣　韦荣生
韦胜钦　韦胜全　韦盛和　韦仕初
韦素光　韦万超　韦卫伟　韦秀平
韦益新　韦　毅　韦荫钰　韦有文
韦玉忠　韦正观　韦志朗　韦周兵
韦宗鲁　韦作细　卫　巍　魏　健
魏立军　温保国　温　奇　温文昭
文　超　文威海　文　章　邬劲军
巫林华　巫树恒　吴炳武　吴超美
吴　峰　吴富林　吴国志　吴红仙
吴建明　吴建帅　吴剑辉　吴晶晶
吴　军　吴军军　吴康华　吴　立
吴立新　吴丽群　吴明德　吴铭杰
吴　全　吴任玲　吴珊珊　吴武平
吴小莲　吴旭贵　吴　勇　伍朝强
伍尚浪　席双喜　夏德荣　夏　宁
肖　灵　肖　青　肖瑞娇　肖文钦
谢德福　谢光耀　谢广渊　谢汉盛
谢　鸿　谢焕武　谢　辉　谢惠祯

谢　梁　谢　敏　谢石昌　谢燕萍
谢杨铭　谢永秀　谢月平　谢兆东
辛　乾　熊明珍　熊　青　熊诵发
徐　斌　徐驰山　徐光义　徐　莉
徐世彪　徐世奎　徐　钊　徐志军
许成胜　许春富　许　立　许晓玲
薛秋凤　薛　晓　严　华　严　辉
言辉阳　颜国旺　颜　欢　颜　坚
颜立莉　颜柳霞　颜　铁　颜植娟
颜　准　羊建明　阳光明　杨　斌
杨长剑　杨　成　杨德勇　杨东安
杨凤姣　杨馥榕　杨桂峰　杨汉光
杨红卫　杨惠萍　杨可文　杨克小
杨磊军　杨　亮　杨　琳　杨　龙
杨　明　杨南源　杨培琼　杨　强
杨庆清　杨胜武　杨　晟　杨武兵
杨秀花　杨　燕　杨燕琼　杨一冰
杨兆慧　杨振云　姚　潮　姚春锋
姚　立　姚仕伟　姚文广　姚志民
叶桂军　叶华永　叶剑龙　叶　梅
叶善腾　叶雄志　叶玉海　叶镇中
叶震林　阴其兵　尹惠英　尹雍君
于　杰　余　斌　余冠红　余广通
余秋凤　余永波　俞立华　俞　孜
虞洪辉　玉年花　玉永刚　袁　帆
袁　毅　袁毅敏　袁　跃　袁紫剑
曾本庆　曾　川　曾道金　曾国荣
曾继平　曾进和　曾令另　曾琬琰
曾献明　曾祥涛　曾小光　曾燕萍
曾玉桃　曾昭胜　张桂宁　张海清
张建国　张建华　张锦洪　张　静
张　军　张　军　张　军　张　俊
张　科　张黎莉　张罗明　张美兰
张平阳　张树新　张　伟　张文秀
张旭勋　张奕中　张有奇　张渊震

张　元　张远辉　张　越　张　征
张自强　章年盛　章秋霞　赵宝珍
赵桂峰　赵连玉　赵巧玲　赵天能
赵卫平　赵延灼　赵志强　赵智宏
郑　静　郑丽娟　钟宁波　钟其武
钟俏艳　钟青凯　钟伟偲　钟振广
钟智锋　钟梓荣　周　和　周后明
周基亮　周建宾　周健伟　周敬文
周　娟　周　珂　周立科　周　丽
周柳红　周　陆　周　明　周宁建
周仁森　周如佳　周少锷　周　婷
周卫忠　周文钢　周文荣　周星光
周雪龙　周耀辉　周寅昉　周永池
周又秋　周　云　周振宾　周子平
周祖坚　朱爱珍　朱程慧　朱　海
朱建雄　朱俊丽　朱　强　朱尚元
朱振声　卓鸿飞　卓丽琼　邹碧梅
邹富生　邹劲鹏　邹异标　邹志浩

海南：安道华　白贵平　白岩松　蔡　红
蔡一可　曹　岩　陈伯康　陈德娟
陈海生　陈红桂　陈厚安　陈焕斌
陈　江　陈　璟　陈灵芝　陈　鹏
陈　平　陈　清　陈　清　陈琼波
陈素云　陈兴傍　陈修荣　陈　宇
陈元祥　陈元智　陈泽东　陈　忠
陈　忠　程宝贝　初　乐　崔红胜
代存月　代海红　戴忠明　邓孚银
邓小龙　邓征宇　丁　辉　丁佳丽
杜　超　杜念信　方文亮　冯　敏
冯学成　冯永建　符　波　符美菱
符史华　符士椿　符修海　符永兴
符云高　付　昌　龚卫华　顾时峰
郭海孝　郭均青　郭晓霞　韩春明
韩佳良　韩建东　韩立勇　韩鹏飞
何　波　何　峰　何　峰　何启川

洪家发 胡慧峰 胡文锋 黄 昌
黄坤联 黄史一 黄 伟 黄曦辉
黄 雄 黄 芸 黄 章 惠以久
贾亮华 简 清 江 玲 姜周鹏
柯行春 寇连生 赖德昌 雷 俊
黎华珠 黎行旭 李 福 李观旭
李华清 李建国 李江俊 李秋琼
李锡刚 李 晓 李学琼 李学山
李 燕 李永祥 栗景成 梁昌玉
梁广文 梁锦树 梁 秀 梁振柳
梁振强 林芳田 林鸿强 林明访
林 宁 林 平 林琪姗 林若鹃
林师权 林仕山 林仕童 林 卫
林尤山 林 昱 刘昌武 刘 干
刘克海 刘 力 刘启刚 刘仕富
刘 文 刘现勇 刘祥坤 刘助坤
陆 龙 陆 瑶 吕奇帛 罗发亮
罗 鸣 罗儒奇 蒙亚山 孟庆亮
米怀强 莫佳干 宁健伶 宁运生
欧敏精 潘芹芹 彭妃艺 彭启明
钱 芳 钱 敏 乾超雄 秦春明
邱 蔚 阙伟萍 沈 晨 盛长安
宋姿姿 苏 龙 孙成海 孙树栋
孙星火 孙玉合 谭绍建 唐 禄
唐兴于 陶炳华 陶桂恒 田 兴
童循摄 汪 梅 王 飞 王广达
王国辉 王国雄 王海雄 王宏化
王健华 王金儿 王敬猛 王静慧
王 骏 王康富 王康键 王 乐
王立智 王凉洁 王 林 王 龙
王敏亮 王清江 王世民 王 滩
王潭望 王锡英 王祥拔 王小斌
王新宇 王选程 王亚男 王永峰
王永清 王钟庆 魏 海 温雅备
翁雄清 吴 斌 吴福雄 吴 刚
吴建森 吴坤侠 吴乾龙 吴淑巍
吴淑信 吴志东 吴中亮 吴子桐
谢桂兰 谢南健 谢沛业 谢绍英
忻黎枰 辛庆和 邢增健 熊山洪
熊杨梅 徐汗青 徐 黔 徐日平
许健善 许杰坤 许 锞 许 岚
薛 涛 严月君 杨化文 杨 静
杨 军 杨俊林 杨小惠 杨玉常
尹德杰 于 淼 余 凡 元永新
袁定培 曾海森 曾令键 曾晓玲
詹 勇 张 晋 张珂玮 张亮亮
张 猛 张平建 张韶峰 张帅彪
张思峰 张 威 张维力 张兴章
张邢育 张 雄 张 旭 张云龙
赵东冰 赵俊杰 赵仕东 赵忠武
郑学磊 钟鹏举 钟锡海 周达勇
周建南 周炎煦 周志刚 朱继展
朱西怀 朱小玲 朱晓东
重庆：陈春燕 陈汉莲 陈红伟 陈 见
陈 胜 陈顺龙 陈天明 陈 义
陈勇凡 陈泽海 段兴平 高太萍
高 正 古利新 何全友 何同胜
何小燕 何泽国 姬锟锟 贾 青
兰立勇 雷祖军 冷 涛 李国春
李小琴 李永东 李永忠 廖成武
刘本辉 刘 剑 刘林娅 刘 平
刘义华 刘中华 隆朝均 罗德建
孟 建 莫传分 钱永芳 施时明
孙 姣 谭 江 谭祥斌 谭小龙
汤世群 唐泽忠 陶庆文 王春元
王富强 王 贵 王男麒 王同林
夏伟红 徐巧华 闫伟明 杨 健
杨小靖 杨跃章 余登友 曾钊慧
张冯满 张 莉 张清船 张 弦
张友淑 郑 瑾 周树友

四川：安　泰　蔡　培　曹　洁　陈　娟
陈龙海　陈　路　陈晓虎　陈幼梅
陈志洪　单　成　但　敏　邓　冬
邓国平　邓建全　邓　雷　邓松林
杜剑林　段梦美　范礼远　冯春兰
奉远德　伏春容　符建秋　付小红
高　春　龚贤才　勾宗普　苟佳波
韩森林　何学远　洪　伟　胡兴琴
胡云琼　黄海雄　黄　军　黄明波
黄水泉　江希滨　蒋增国　孔　庆
赖成良　赖明英　赖麒麟　兰志强
雷　林　雷　平　李敦良　李　林
李清彬　李素琴　李腾亚　李拓原
李学朝　李　瑛　李永文　李泽良
廖云刚　林　海　林　湖　刘弟荣
刘冬梅　刘　峰　刘　洪　刘建军
刘凯道　刘　莉　刘　凌　刘小瑜
刘玉彬　柳　旭　卢安云　卢颜星
卢元章　吕　毅　罗鸿憨　骆泽洪
缪　超　潘　炤　彭　阳　彭育清
邱　红　邱名山　任步玉　沈　涵
宋　玮　苏　健　孙　毅　唐　浒
唐中富　田民建　万克群　汪海涛
汪　剑　汪杰川　王　超　王东阳
王光卫　王和蓉　王红彬　王　辉
王静萍　王　磊　王　霞　王贤钦
王　羡　王运全　王则池　文玉兴
文正平　吴发江　吴　昊　吴　建
吴军黎　吴雨发　肖　肃　谢成龙
熊新明　徐声明　许　韬　颜俊伟
颜　涛　杨　林　杨全东　杨松涛
杨秀伟　叶兴贞　叶永茂　尹华忠
原丁丁　袁　宏　曾　敏　曾雪梅
张　斌　张　超　张恩海　张二林
张金生　张　丽　张　琳　张　霖
张　琴　张　伟　张　旭　张育峰
张跃宜　赵克蓉　赵克喜　钟　诚
钟吉元　钟　鸣　周　俊　周　坤
周雪琴　周　焰　周永钢　庄昭香
邹　英

贵州：蔡建秀　陈兴敏　冯仕江　付东友
付　忠　葛中紫　何　萌　侯尚荣
胡　红　胡绍萍　黄吉寿　江　飞
江继端　蒋志祥　黎开洪　李根全
李沛顺　李　涛　李旭鹏　刘　华
刘明全　刘明先　刘素荣　陆永照
罗应祥　潘应国　綦义全　冉从元
冉启忠　石登科　石胜利　唐上阙
汪　黔　王国剑　王小玲　王　央
韦国越　吴长河　吴宜辉　肖金刚
鄢　勇　杨志财　殷　彤　尤　义
张丽华　张囊开　张　萍　赵贵平
赵修芬

云南：柏　帆　包　得　蔡光荣　曹子玲
陈宝仙　陈　坤　陈善平　陈　勇
程玉华　崔宽宽　崔　明　邓秀芳
邓勇德　杜玉华　方建文　冯在武
傅　虹　高　阳　高增祥　桂俊民
何建聪　胡兴贵　华利昌　黄彦林
霍延昆　江　力　姜文会　姜永全
李安松　李春海　李非雄　李福兴
李　坤　李兰芳　李宁芳　李　巧
李舜胤　李通元　李应春　梁　伟
梁永祥　林起吉　刘　川　刘　芳
刘乔英　刘仕凤　卢小平　吕　林
罗存春　罗　宏　罗世能　马选福
毛国波　毛靖鑫　聂荣珍　潘家祥
潘水莉　潘云秀　彭春黄　浦世俊
尚龙涛　申石林　沈善恒　沈学林
施琼芳　宋泽民　苏　俊　孙华伟

孙树生 汤 伟 田凤宇 田建林
万相娥 王秉高 王财永 王克梅
吴云华 夏开益 夏文龙 肖根正
谢 东 邢开永 徐 军 徐召华
阎红艳 杨凤碧 杨光志 杨红东
杨 华 杨乔明 杨庆杰 杨廷万
尹永贞 袁关香 袁 武 袁 燕
曾 潇 张福妹 张国荣 张莉莉
张庆国 张仕钧 张双良 张耀芳
张忠富 钟 刚 钟 毅 周明昌
周益良 朱石良 禚守兰
陕西：艾卫东 安 睿 安 阳 白 强
白 涛 边社英 蔡 翔 常 兰
常 淇 钞 鹏 陈传亚 陈春平
陈春平 陈功贤 陈 光 陈 利
陈 庆 陈万秀 陈文辉 陈新科
陈 鑫 陈耀军 陈毅娟 陈玉培
成 超 程 方 程海铭 程军民
仇晓辉 崔宏伟 崔李杰 崔 妮
崔 宁 崔志渊 代晓峰 戴 锐
党亚军 邓国强 丁 君 董大威
董吉胜 董 娜 董文杰 董宜冬
杜 宣 段景云 冯纪民 冯世忠
付春雷 付文强 付 颖 富效军
高秋菊 高小寨 耿 哲 管同嵩
郭卫林 韩 杰 韩向峰 韩选斌
郝艳磊 何宝红 何新建 何玉婷
何智明 贺耀民 侯文烨 侯小凤
侯艳丽 呼海杰 呼建强 华 壆
黄 晨 黄 华 黄 勇 黄 哲
贾亚国 姜慧敏 姜 明 蒋 华
焦海劳 金留念 靖运涵 孔伯群
孔德峰 孔东亮 寇小军 李宝强
李宝艳 李保国 李保平 李晨凯
李浩亮 李红党 李红江 李会民
李惠峰 李 军 李兰英 李 莉
李 宁 李 鹏 李 勤 李 荣
李时安 李学清 李亚军 李云红
李志孝 李 忠 梁明祥 梁文远
梁晓勇 林 焰 刘官存 刘广平
刘国滨 刘海耀 刘建海 刘凯娜
刘 苗 刘 旻 刘叔巍 刘 卫
刘小宁 刘 雄 刘绪民 刘永智
刘钰超 刘云霞 柳建新 卢鹏超
陆 斌 禄 皓 罗军峰 马根学
马 骥 马 林 马 龙 马 涛
马 腾 马雪松 马玉刚 孟 娜
孟艳杰 米登飞 樵泽彪 秦朋章
曲红岩 屈怀亮 屈小丽 任思宇
任振斌 荣文平 邵生霞 沈 香
石亚斌 史波涛 宋宏锋 宋 梅
苏建龙 孙 承 孙 刚 孙丽华
孙卫东 孙永波 孙月亮 谈 欣
谭俊刚 唐豪豪 田瑞超 万黎军
王宝军 王彬旭 王彩贤 王东存
王海波 王海静 王汉文 王建建
王建龙 王菊贤 王 雷 王 垒
王 磊 王利军 王 萌 王乃义
王 青 王社强 王 伟 王文革
王西屏 王小英 王 兴 王 雪
王亿超 王 征 魏 东 魏明先
魏喜林 魏宇堂 魏正华 吴逢刚
吴 琦 吴伟伟 吴张萍 仵 伟
武金虎 夏 冉 夏 廷 肖旭阳
肖 媛 谢景才 谢克锋 邢海江
邢科年 邢在外 徐红卫 徐源庆
许本成 许俊峰 薛存虎 薛哲锋
闫 波 闫利军 杨爱国 杨 斌
杨春磊 杨 华 杨金铜 杨庆福
杨荣军 杨小军 杨小莉 杨正斌

姚改玲　姚　均　叶　森　叶　莹
尤　波　虞荣建　袁玉良　岳冬梅
曾桑堵　张宝林　张　兵　张存成
张东鸽　张东升　张二庆　张凤果
张国顺　张海缠　张海英　张　辉
张开昌　张　琳　张梦强　张民权
张明娟　张乃会　张　平　张秋莲
张书平　张　婷　张同旺　张文艳
张晓晨　张晓刚　张雪海　张瑶婵
张毅超　张　颖　张源定　张增贤
张振民　赵　峰　赵光浩　赵建斌
赵　亮　赵茂辉　赵　鹏　赵树杰
赵　伟　赵卫国　赵文森　赵小华
赵永民　赵　勇　赵战义　郑　康
郑　宽　郑　瑶　郑有泉　周宝刚
周　彪　周金满　周立均　周晓军
周垠利　周永光　朱红涛　朱金文
朱伟峰　朱云涛

甘肃：曹存刚　陈志刚　党如龙　豆喜娥
顾琴琴　郭云鹏　郭志斌　韩　军
汉兴远　郝亚东　侯　斌　胡明昌
胡明荣　黄　键　季　红　金立新
康岸桥　雷耀斌　李宝平　李发军
李改军　李建勋　李金堂　李连生
李锡伟　刘富荣　刘劲宏　吕兴庆
罗国霖　马福海　马　羚　马明清
苗科贤　潘文斌　邱宏元　曲小艳
邵　广　师文军　石晓霖　孙　磊
孙　伟　田毅智　王　斌　王春彦
王东芳　王　峰　王　军　王培贤
王雪杉　王永学　温雅文　吴　珊
辛靖阳　邢　彪　邢金果　徐　兵
徐文彬　杨　勇　殷红德　尹玲玲
于慧星　于如洋　贠乐子　袁文强
张春芝　张存银　张国侃　张　民
张淑萍　张小军　张元凯　张智君
赵　栋　赵国忠　赵昊伟　赵强龙
赵天成　赵小丽　郑　伟　郑　勇
周尕萍　周　欣　周忠阁　朱继军
朱静玉　朱学斌　朱学文

宁夏：白晓红　曹　建　陈晓燕　陈银兰
程建辉　程金权　邓　忠　丁青玲
董胜利　杜江晟　范晓东　方　英
高凤翔　高明生　郭阿荣　韩悦娜
韩跃坤　撖学刚　胡　斌　胡立新
黄　皓　姬小飞　黎　祥　李长生
李洪江　李积强　李建华　李俊博
李　强　李维军　李志强　林人端
刘继元　刘建平　刘　明　刘艳燕
刘永杰　鲁　喆　马国丰　马汉鹏
马建忠　马玉明　米立宁　牛　杰
潘爱民　潘梅娟　申晓川　沈秉艳
石　明　宋玲玲　宋兴龙　汪　华
王爱国　王　诚　王菊香　王　黎
王少军　王文娟　王　雨　王志坚
吴　岳　徐桂琴　徐　萌　闫中阳
杨晓荣　杨新燕　姚文明　于晓波
袁良辰　翟巧华　詹宁安　张建国
张生飞　张育中　赵纳刚　赵苏雅
左东旭

新疆：白　萍　包冬山　毕海俊　曹丽剑
曹　勇　曹振强　常祺轩　常晓燕
常永亮　陈　兵　陈光辉　陈怀国
陈　伦　陈　伟　陈　旭　陈　勋
程素杰　党杨鹏　丁高慧　董德智
董　科　董为保　董文文　杜　鹏
樊庆强　樊振声　方国福　房光祥
冯国利　符美强　甘延萍　高百成
高伟方　龚松柏　谷龙兵　顾海庆
官景鹏　郭永科　韩　军　韩文忠

何传波　何建萍　何　江　何晓莹
何　旭　何银利　何永军　胡安全
胡文静　胡云峰　纪国泉　简利民
蒋建军　蒋　欣　焦志强　金跃福
孔成林　赖建伟　兰广原　雷志刚
李安春　李　冰　李　刚　李　刚
李　刚　李广才　李　国　李浩明
李辉灿　李其昌　李　强　李世伟
李　涛　李万新　李　伟　李永刚
李　韵　梁成龙　梁文彬　林文辉
林　植　蔺国军　刘建嵩　刘如理
刘新军　吕新和　吕亚平　骆风珍
骆绪胜　马　继　马小武　马　鑫
马　勇　马　勇　孟志清　潘立平
彭　强　皮乾昱　齐金涛　曲爱军
冉晓虎　尚　勇　沈　凯　史玉琳
宋腊梅　孙　斌　孙海燕　孙宪春
孙小涛　孙兆星　塔拉甫　汤　辉
唐红光　唐　健　唐　琪　田　芳
田军刚　田　亮　田　寿　田万涛
王长林　王付海　王　金　王　军
王俊周　王　娜　王曙光　王　伟
王伟华　王晓东　王新强　王　鑫
王学成　王亚民　王原军　王中定
吴华雄　吴　磊　向远芳　谢成德
谢虎平　徐　新　徐　颖　徐章程
许彦林　闫红光　杨长俊　杨利娟
杨梅娟　杨文其　姚积文　叶桂香
叶红林　银　花　于吉香　余新林
张高超　张海云　张红英　张宏健
张　力　张利杰　张　玲　张　龙
张　明　张　戎　张生辉　张书兵
张同臣　张　伟　张小慧　张小玲
张新宁　张学兵　张燕芹　张　勇
张忠建　张忠瑞　张卓超　赵东旭
赵建明　赵林翔　赵旭辉　赵永垒
郑　萍　周红萍　邹　曦　左裕圆
艾尔肯·阿不都勒艾则孜
哈米特·马木提　居来提·阿力木江
麦合木提江·塔依尔
木合塔尔·塔西买买提
尼加提台外库　吐尔东·莫尼亚孜
依尔夏提·木尼尔丁
玉山江·买买提依明
朱马别克·巴依木合买提

兵团：陈　彬　董建军　范　浩　高可育
韩东亮　黄永刚　姜学杰　蒋将军
景永刚　黎家凯　李光辉　李宏平
李克华　李　强　李晓帆　刘爱国
米富林　裴军杰　乔传建　任广文
宋红新　王鹤霖　张汉伟　张　华
张战疆

部队：常兴奇　陈小龙　崔　巍　高　军
顾众宏　黄锁强　黄志林　焦　朋
郎秀全　黎斌兵　李海亮　李金宝
李永清　梁　琛　梁正高　刘　娜
马印图　冉彦雄　饶　曙　任良斌
沈　浩　唐天兰　王　兵　王　晓
王　星　王　英　王可人　王幸会
徐　驰　徐贞英　杨建辉　杨茂娥
姚柱平　岳宝玲　曾　儒　张聪聪
张帅彪　张西坤　赵永垒　周冬冬
周宏斌　周小军　朱玉法　卓法强

附件 2

无偿献血促进奖获奖名单

促进奖单位奖

（单位 26 个）

天津师范大学（天津市）

天津市深远广告传播有限公司（天津市）

天津月坛现代商业集团有限公司（天津市）

河北钢铁集团九江线材有限公司（河北省）

葫芦岛市民安步行商业街管理委员会办公室（辽宁省）

上海申通德高地铁广告有限公司（上海市）

上海陆家嘴金融贸易区开发股份有限公司（上海市）

中国移动通信集团上海有限公司（上海市）

江苏银行无锡分行（江苏省）

江苏省人民医院（江苏省）

宁波日报报业集团（浙江省）

宁波嘉和公交广告有限公司（浙江省）

平安养老保险股份有限公司宁波分公司（浙江省）

芜湖南京新百大厦有限公司（安徽省）

青岛广播电视台（山东省）

武汉博瑞银福广告有限公司（湖北省）

湖北广播电视台电视经济频道（湖北省）

《新闻选刊》编辑部（湖北省）

《健康必读》杂志社（湖南省）

株洲市公共交通有限责任公司（湖南省）

深圳市宝安区慈善会（广东省）

中国四川宜宾五粮液集团有限公司（四川省）

贵州广播电视台（贵州省）

贵州精英企业科技发展有限公司（贵州省）

窑街煤电集团公司（甘肃省）

兰州大学第二医院（甘肃省）

促进奖特别奖

（单位43个，个人10名）

北京林业大学（北京市）

北京电视台（北京市）

解放军报社（北京市）

解放军电视宣传中心（北京市）

军事医学科学院野战输血研究所（北京市）

《人民军医》杂志编辑部（北京市）

天津日报传媒集团《每日新报》（天津市）

保定广播电视台（河北省）

建设银行张家口市分行（河北省）

河北北方学院（河北省）

太原煤气化集团公司官地煤矿（山西省）

阳泉煤业集团团委（山西省）

伊利集团（内蒙古）

吉林大学（吉林省）

吉林电视台都市频道《守望都市》栏目组（吉林省）

齐齐哈尔报业集团（黑龙江省）

哈尔滨市中央大街管理处（黑龙江省）

完美（中国）有限公司上海分公司（上海市）

中国船舶重工集团公司第七一六研究所（江苏省）

苏州职业大学（江苏省）

盐城师范学院（江苏省）

南京军区《健康之友报》编辑部（江苏省）

浙江省嘉兴学院（浙江省）

安徽电视台公共频道（安徽省）

完美（中国）有限公司安徽省分公司（安徽省）

合肥广播电视台《我爱健康》栏目组（安徽省）

安徽维权908爱心车队涡阳分队（安徽省）

福建省立医院（福建省）

江西财经大学（江西省）

江西省交通厅（江西省）

济南电视台（山东省）

山东电视台齐鲁频道（山东省）

山东财经大学（山东省）

河南省黄淮学院（河南省）

中国红十字无偿献血志愿服务总队濮阳市大队（河南省）

华南理工大学（广东省）

广西田东高级中学（广西省）

桂林电视台（广西省）

西南政法大学（重庆市）

贵州大学（贵州省）

陕西铁路工程职业技术学院（陕西省）

北方民族大学（宁夏）

神华宁夏煤业集团有限责任公司（宁夏）

蒋永和（博思展览服务公司）

李秀宏（西山煤电集团）

徐洪峰（齐齐哈尔市龙峰消防安全总公司）

陈　军（连云港市无偿献血志愿服务分会）

胡富有（温州市青少年活动中心）

高永华（福州市民）

汪炎平（孝感农民）

邓辉煌（湖北民族学院法学院）

李友文（梅州市嘉应学院）

艾　文（四川恒大置业有限公司）

附件3

无偿献血志愿服务奖终身荣誉奖获奖名单

（134人）

河北：董振海

山西：胡金柱　沈菊芳　孙雅萱

辽宁：王　晶

吉林：于　雷

黑龙江：许长军　陈　琦　王晓明　刘　敏　刘丽娜　来元英　季明志　李晓庆　左雅红　王秀波

上海：曹正麟　陈泽人　洪军英　金少清　乐宝菊　钱宝华　宋　琪　孙家鹏　吴　健　夏龙须　叶　敏　赵亦沁

江苏：陈　军　蒋根宝　刘艳萍　孙红玲　王靖平　王绪平　夏绍琴　张忙大　赵　良　朱　沙

浙江：范金武　任国栋　王新象　杨仁志

安徽：胡少华　许江安

福建：陈伙英　高永华　贾建忠　马昌华　袁景彬

山东：郭斯孝　王玉年　张建军

湖北：董振江　龙　郁　夏志勇　杨天志　叶凤霞

广东：鲍自谦　贝月春　毕海英　蔡仕章　陈　东　陈　建　陈　俊　陈韶明　陈伟智　陈锡梧　陈小青　邓志辉　高家琪　高　敏　高素云　韩孟运　何红滨　何旭基　胡保平　胡井祥

黄　凯　黄绍铭　黄素梅　黄云飞
霍德福　蒋仁刚　赖嘉河　蓝欲晓
李楚玉　李春华　李　红　李红侨
李慧文　李金华　李胜军　李伟华
李　曦　李小红　林创松　龙永雄
麦妙屏　潘卫方　彭国明　邱礼福
沈红兴　盛道顺　孙惠英　覃喜光
汪　勇　王　诚　王　敏　王群娣
邬旭群　吴开风　肖　平　谢静音
阳　春　杨春森　杨立新　于军民
曾健强　张彩兴　张建军　张俊生
张　权　张素云　张小娜　周建华
周新军　周彦好　周一炎　朱为刚
朱细莲

广西：羊建明

四川：冯光智　熊德金　杨秀伟

附件 4

无偿献血先进省（市）奖获奖名单

（244 个）

先进省（8 个）：天津市、河北省、山西省、辽宁省、黑龙江省、安徽省、山东省、陕西省

先进市（236 个）：

天津（16 个）河东区、和平区、红桥区、西青区、南开区、河北区、河西区、北辰区、武清区、东丽区、蓟县、津南区、宝坻区、静海县、宁河县、滨海新区

河北（11 个）石家庄市、唐山市、邯郸市、邢台市、保定市、张家口市、承德市、沧州市、廊坊市、衡水市、秦皇岛市

山西（11 个）太原市、大同市、朔州市、阳泉市、长治市、晋城市、忻州市、吕梁市、晋中市、临汾市、运城市

内蒙古（5 个）呼伦贝尔市、鄂尔多斯市、包头市、乌海市、锡林郭勒盟

辽宁（14 个）沈阳市、朝阳市、阜新市、铁岭市、抚顺市、本溪市、辽阳市、鞍山市、丹东市、大连市、营口市、盘锦市、锦州市、葫芦岛市

吉林（3 个）长春市、松原市、吉林市

黑龙江（13 个）哈尔滨市、佳木斯市、双鸭山市、七台河市、黑河市、大庆市、伊春市、鹤岗市、鸡西市、牡丹江市、绥化市、大兴安岭地区、齐齐哈尔市

上海（2 个）闵行区、松江区

江苏（12 个）徐州市、宿迁市、淮安市、盐城市、扬州市、泰州市、南通市、镇江市、无锡市、苏州市、常州市、连云港市

浙江（11 个）杭州市、湖州市、嘉兴市、舟山市、宁波市、绍兴市、衢州市、金华市、台州市、温州市、丽水市

安徽（16 个）合肥市、芜湖市、蚌埠市、淮南市、淮北市、铜陵市、安庆市、黄山市、滁州市、阜阳市、宿州市、亳州市、池州市、宣城市、六安市、马鞍山市

福建（6 个）福州市、三明市、厦门市、漳州市、龙岩市、南平市

江西（7 个）九江市、鹰潭市、南昌市、萍乡市、新余市、赣州市、吉安市

山东（17 个）济南市、聊城市、德州市、东营市、淄博市、潍坊市、烟台市、威海市、青岛市、日照市、临沂市、枣庄市、济宁市、泰安市、莱芜市、滨州市、菏泽市

河南（14 个）郑州市、洛阳市、焦作市、新乡市、安阳市、濮阳市、开封市、商丘市、许昌市、漯河市、信阳市、周口市、

驻马店市、三门峡市

湖北（8个）武汉市、黄石市、宜昌市、襄阳市、荆门市、孝感市、荆州市、黄冈市

湖南（9个）长沙市、常德市、岳阳市、株洲市、湘潭市、衡阳市、郴州市、娄底市、怀化市

广东（8个）东莞市、珠海市、中山市、佛山市、韶关市、湛江市、肇庆市、梅州市

广西（6个）南宁市、桂林市、贵港市、玉林市、百色市、来宾市

重庆（5个）涪陵区、南川区、奉节县、九龙坡区、万州区

四川（15个）成都市、绵阳市、德阳市、南充市、广安市、乐山市、自贡市、宜宾市、巴中市、达州市、资阳市、眉山市、雅安市、攀枝花市、阿坝藏族羌族自治州

贵州（6个）六盘水市、遵义市、安顺市、毕节地区、黔南布依族苗族自治州、黔东南苗族侗族自治州

云南（2个）玉溪市、临沧市

陕西（10个）西安市、延安市、铜川市、渭南市、咸阳市、宝鸡市、汉中市、安康市、商洛市、榆林市

甘肃（6个）兰州市、金昌市、天水市、酒泉市、武威市、临夏回族自治州

青海（1个）西宁市

宁夏（2个）石嘴山市、吴忠市

附件5

无偿献血先进部队奖获奖名单

（18个）

65301部队

北京卫戍区

兰州军区南疆军区

71146部队

73011部队

75100部队

77100部队

92830部队

95829部队

96101部队

总参谋部陆航部

61716部队

总后勤部司令部管理保障局

第四军医大学

装备学院

军事科学院院务部

国防大学校务部

武警内蒙古总队

附件6

无偿捐献造血干细胞奖特别奖获奖名单

（55人）

河北：陈淑刚　杨雪川

山西：苏永强

辽宁：柏　艳

黑龙江：袁志超　王海军

浙江：陈　俊

福建：傅　佳

山东：吕明玉　王慧胜

河南：户玉东　范秀杰

湖北：杨子威　裴飞宇　肖　磊　严生军

湖南：李仕兵

广东：潘庆伟　黄奎生　叶剑锋　盛道顺

杨典皇　包开科　周建华　黄　慧
陈长华　潘　立　屈本荣　梁建群
吕晓东　刘景宇　孟令坤　杨银拴
张桂硕　陈福平　黄红卫　贺　静
万祥红　宋运湘　张春秀　张晓燕
翁志芳　黄德强　王小明　林坤刁

雷森兴　邓仙严　黄勉华　陈　虎
广西：彭仕敏　黄家南　邓　武
海南：胡炜恒
贵州：于晓东
云南：毛金凤

造血干细胞捐献

捐献者名录（2011年）

编号	分库	捐献者	性别	年龄	民族	职业	采集日期
1979	广东	陈瑞镜	男	27	汉	其他	2011.01.03
1980	广东	陈慧仪	女	22	汉	其他	2011.01.04
1981	广东	赖文杰	男	21	汉	学生	2011.01.04
1982	黑龙江	王海军	男	23	汉	其他	2011.01.06
1983	浙江	董　平	男	39	汉	浙江	2011.01.06
1984	广东	盛道顺	男	32	汉	其他	2011.01.08
1985	山东	宗静涛	男	24	汉	山东	2011.01.08
1986	浙江	陈　阳	女	35	汉	其他	2011.01.08
1987	江苏	张长春	男	42	汉	医生	2010.01.10
1988	广东	何胜东	男	39	汉	工人	2011.01.10
1989	北京	陈瑞成	男	42	汉	其他	2011.01.10
1990	天津	王锦阳	男	25	汉	职员	2011.01.10
1991	贵州	任　亮	男	27	汉	公务员	2011.01.10
1992	天津	李　宁	女	28	汉	学生	2011.01.10
1993	江苏	赵　军	男	29	汉	其他	2011.01.11
1994	广东	叶定然	男	24	汉	其他	2011.01.11
1995	河南	梁桂喜	男	41	汉	其他	2011.01.10
1996	湖南	朱辉辉	男	22	汉	其他	2011.01.11
1997	山东	商显勇	男	36	汉	学生	2011.01.12
1998	青海	董树林	男	21	汉	青海	2011.01.12
1999	上海	展子栋	男	34	汉	其他	2011.01.12
2000	湖南	党春丽	女	25	汉	职员	2011.01.13
2001	北京	张嘉华	男	38	汉	其他	2011.01.13
2002	云南	张秀云	男	22	汉	云南	2011.01.14
2003	浙江	郑卫军	男	40	汉	公务员	2011.01.14
2004	广东	刘仲均	男	35	汉	其他	2011.01.14
2005	浙江	杨明红	男	41	汉	其他	2011.01.17
2006	上海	傅孝煜	男	25	汉	学生	2011.01.17
2007	河南	李莎莎	女	28	汉	其他	2011.01.17
2008	广东	张汝祥	男	21	汉	学生	2011.01.17

2009	天津	史冠超	男	22	汉	学生	2011.01.17
2010	新疆	宋备峰	男	42	汉	其他	2011.01.19
2011	山东	刘英霞	女	33	汉	工人	2011.01.20
2012	山东	许　铮	女	20	汉	学生	2011.01.20
2013	贵州	于晓东	男	20	汉	学生	2011.01.24
2014	北京	齐　鸣	男	24	汉	北京	2011.01.24
2015	福建	傅　佳	男	32	汉	工人	2011.01.24
2016	江苏	乔　柱	男	27	汉	职员	2011.01.24
2017	山东	袁卫青	女	40	汉	教师	2011.01.24
2018	河南	张迎春	男	38	汉	工人	2011.03.29
2019	江苏	王高明	男	31	汉	其他	2011.01.19
2020	湖南	曾辰熙	男	24	汉	学生	2011.01.27
2021	上海	孙　继	男	33	汉	其他	2011.01.26
2022	江西	崔　平	男	42	汉	其他	2010.12.28
2023	山东	王　彬	男	24	汉	其他	2011.02.20
2024	广东	罗永政	男	36	汉	其他	2011.02.21
2025	贵州	罗德敏	女	23	布依	学生	2011.02.23
2026	北京	钱　丽	女	23	汉	学生	2011.02.26
2027	河南	赵丰玉	男	36	汉	编辑	2011.02.22
2028	湖南	周芳偌	男	34	汉	学生	2011.02.23
2029	浙江	郑科科	男	23	汉	学生	2011.02.15
2030	河北	陈忠祥	男	38	汉	卫技	2011.02.15
2031	新疆	张建明	男	31	汉	卫技	2011.02.21
2032	福建	林　航	女	26	汉	其他	2011.02.21
2033	湖北	汪文龙	男	22	汉	学生	2011.02.24
2034	湖南	罗志勇	男	25	汉	学生	2011.02.22
2035	湖南	向　佳	男	28	汉	学生	2011.02.22
2036	湖南	余水良	男	24	汉	其他	2011.02.23
2037	天津	隋欢欢	男	21	汉	学生	2011.02.23
2038	山东	张加秀	女	34	汉	卫技	2011.02.23
2039	山东	孙志军	男	32	汉	卫技	2011.02.23
2040	山东	薛　松	男	25	汉	学生	2011.02.24
2041	贵州	胡小石	男	25	汉	其他	2011.02.23
2042	江苏	马海涛	男	33	汉	工人	2011.02.24
2043	上海	仲吉宇	男	34	汉	其他	2011.02.24

2044	河南	李英杰	女	29	汉	其他	2011. 02. 24
2045	山东	侯　翠	女	32	汉	卫技	2011. 02. 28
2046	上海	孙颖斐	女	32	汉	其他	2011. 02. 28
2047	河南	段莹博	男	28	汉	学生	2011. 02. 28
2048	河南	曹金中	男	34	汉		2011. 03. 01
2049	河南	常冬玮	女	34	汉		2011. 03. 01
2050	云南	段汉登	男	23	白	学生	2011. 03. 02
2051	安徽	杨　阳	男	25	汉	学生	2011. 03. 03
2052	福建	林松铸	男	23	汉	学生	2011. 03. 03
2053	湖北	杨子威	男	19	汉	学生	2011. 03. 02
2054	湖北	严生军	男	27	汉	技术员	2011. 03. 02
2055	吉林	李　磊	男	29	汉	学生	2011. 03. 07
2056	山东	董　林	男	23	汉	卫技	2011. 03. 07
2057	山东	汪　凯	男	23	汉	学生	2011. 03. 07
2058	河南	段金锋	男	40	汉	其他	2011. 03. 08
2059	广东	董舟河	男	23	汉	学生	2011. 03. 08
2060	河北	陈志刚	男	44	汉	工人	2011. 03. 04
2061	湖南	邓玉舟	女	35	汉	其他	2011. 03. 10
2062	湖南	李　昕	男	20	汉	学生	2011. 03. 10
2063	广东	李贵生	男	22	汉	学生	2011. 03. 11
2064	广东	邱　烽	男	34	汉	学生	2011. 03. 12
2065	天津	于　跃	男	31	汉	学生	2011. 03. 14
2066	山东	高　萍	女	26	汉	学生	2011. 03. 15
2067	贵州	杨金贵	男	25	布依	学生	2011. 03. 15
2068	上海	夏琛鼎	男	26	汉	学生	2011. 04. 12
2069	河南	李经成	男	47	汉	公务员	2011. 03. 16
2070	辽宁	刘兴云	男	26	汉	其他	2011. 03. 05
2071	江苏	李　平	男	25	汉	职员	2011. 03. 14
2072	北京	肖水仁	男	22	汉	学生	2011. 03. 17
2073	湖南	胡向阳	男	40	汉	卫技	2011. 03. 18
2074	湖北	蒋大鹏	男	32	汉	工程师	2011. 03. 20
2075	山东	王多辉	男	26	汉	学生	2011. 03. 21
2076	广东	苏华杰	男	23	汉	学生	2011. 03. 21
2077	广东	杨典皇	男	29	汉	其他	2011. 03. 21
2078	贵州	吴永江	男	21	土家	学生	2011. 03. 21

2079	河南	李　鹏	男	29	汉	其他	2011. 03. 21
2080	广东	黄旭辉	男	20	汉	学生	2011. 03. 18
2081	天津	刘金秋	女	20	汉	学生	2011. 03. 22
2082	广西	林家安	男	25	汉	其他	2011. 03. 23
2083	北京	夏　雨	男	26	汉	学生	2011. 03. 24
2084	天津	纪洪雨	男	23	汉	学生	2011. 03. 29
2085	广东	周建华	男	35	汉	其他	2011. 03. 25
2086	山东	李　聪	男	23	汉	学生	2011. 03. 27
2087	山东	曲　胜	男	39	汉	工人	2011. 03. 28
2088	广东	叶剑锋	男	29	汉	其他	2011. 03. 28
2089	上海	杨义明	男	22	汉	学生	2011. 03. 29
2090	广东	林　宏	男	24	汉	学生	2011. 04. 01
2091	黑龙江	张俊鹏	男	22	汉	学生	2011. 04. 07
2092	河北	陈淑刚	男	30	汉	医师	2011. 04. 06
2093	河南	王希林	男	47	汉	其他	2011. 04. 11
2094	河南	郭　筱	女	26	汉	其他	2011. 04. 11
2095	江苏	茆永康	男	31	汉	学生	2011. 04. 11
2096	山西	赵宏纲	男	37	汉	其他	2011. 04. 11
2097	海南	胡　可	男	22	汉	学生	2011. 04. 11
2098	浙江	谢正生	男	20	汉	军人	2011. 04. 12
2099	浙江	陶辉平	男	33	汉	其他	2011. 04. 12
2100	山东	吕明玉	女	35	汉	其他	2011. 04. 12
2101	河南	卜佑宽	男	29	汉	其他	2011. 04. 13
2102	湖南	王　敬	男	41	汉	学生	2011. 04. 13
2103	天津	张春霞	女	23	汉	学生	2011. 04. 12
2104	江苏	唐静文	男	26	汉	其他	2011. 04. 13
2105	上海	李　鲁	男	22	汉	学生	2011. 04. 15
2106	天津	马　玲	女	21	汉	学生	2011. 04. 12
2107	河北	刘同海	男	39	汉	公务员	2011. 04. 16
2108	湖南	赵　勇	男	34	汉	学生	2011. 04. 13
2109	福建	丁　辉	男	23	汉	学生	2011. 04. 15
2110	上海	黄　河	男	29	汉	其他	2011. 04. 18
2111	河南	豆　玲	女	38	汉	其他	2011. 04. 18
2112	上海	吴名峰	男	23	汉	学生	2011. 04. 19
2113	天津	庄建磊	男	27	汉	其他	2011. 04. 19

2114	陕西	王建成	男	21	汉	学生	2011.04.18
2115	云南	孔德文	男	24	彝	其他	2011.04.20
2116	河南	邹海新	男	44	汉	工人	2011.04.21
2117	河南	王洪涛	男	36	汉	公务员	2011.04.21
2118	上海	钱　俊	男	43	汉	其他	2011.04.21
2119	山东	贾芳平	男	46	汉	工人	2011.04.21
2120	湖南	潘　妙	男	23	汉	其他	2011.04.21
2121	广东	吴雪莹	女	26	汉	学生	2011.04.22
2122	陕西	闫　星	男	30	汉	其他	2011.04.20
2123	河北	齐晓彤	女	21	汉	其他	2011.04.25
2124	天津	林伟平	男	23	汉	学生	2011.04.25
2125	浙江	张　耀	男	37	汉	工人	2011.04.25
2126	广西	文新建	男	24	汉	学生	2011.04.25
2127	重庆	黄　海	男	24	汉	学生	2011.04.25
2128	天津	史海欣	女	21	汉	学生	2011.04.25
2129	云南	廖　明	女	23	彝	其他	2011.04.27
2130	上海	吴　彬	男	28	汉	其他	2011.04.25
2131	广东	黄向全	男	26	壮	其他	2011.04.11
2132	湖北	肖　磊	男	38	汉	学生	2011.04.22
2133	河北	许　乐	男	29	汉	其他	2011.04.23
2134	山西	孙　剑	男	26	汉	其他	2011.04.27
2135	河南	张炳辉	男	29	汉	卫技	2011.04.27
2136	江苏	王晓光	男	32	汉	职员	2011.04.27
2137	陕西	王茂春	男	23	汉	学生	2011.04.27
2138	江苏	陆继锋	男	34	汉	职员	2011.04.27
2139	山东	李彦儒	男	24	汉	卫技	2011.04.28
2140	天津	危秋剑	男	23	汉	学生	2011.04.28
2141	上海	邬兰弟	男	29	汉	其他	2011.04.28
2142	河南	李战伟	男	22	汉	职员	2011.04.29
2143	北京	王　娟	女	31	汉	学生	2011.05.03
2144	北京	刘绍龙	男	30	汉	学生	2011.05.03
2145	云南	殷新丽	女	21	汉	学生	2011.05.04
2146	山东	孙丽雯	女	42	汉	卫技	2011.05.03
2147	湖南	彭　访	男	25	汉	其他	2011.05.08
2148	湖南	郑　杨	男	28	汉	其他	2011.05.08

2149	黑龙江	王立东	男	25	汉	工人	2011. 05. 09
2150	北京	张 骥	男	22	汉	学生	2011. 05. 10
2151	天津	魏 婧	女	24	汉	学生	2011. 05. 09
2152	天津	薛文茜	女	21	汉	学生	2011. 05. 09
2153	山东	刘河令	男	37	汉	公务员	2011. 05. 10
2154	陕西	张 宣	女	40	汉	其他	2011. 05. 11
2155	天津	关 帅	男	23	汉	学生	2011. 05. 11
2156	江苏	秦 宾	男	35	汉	公务员	2011. 05. 11
2157	湖南	李培钦	男	28	汉	其他	2011. 05. 11
2158	河南	刘朝锋	男	38	汉	其他	2011. 05. 09
2159	江苏	李旭东	男	25	汉	学生	2011. 05. 09
2160	广东	刘文跃	男	35	汉	职员	2011. 05. 12
2161	北京	任小兵	男	34	汉	学生	2011. 05. 12
2162	河南	戴建军	男	34	汉	工人	2011. 05. 13
2163	河南	梁文菲	女	21	汉	学生	2011. 05. 13
2164	广东	黄雪梅	女	22	汉	学生	2011. 05. 13
2165	山东	贺 志	男	35	汉	卫技	2011. 05. 15
2166	吉林	赵万韬	男	26	汉	学生	2011. 05. 16
2167	福建	王 莎	女	26	汉	学生	2011. 05. 16
2168	河南	户玉东	男	24	汉	学生	2011. 05. 10
2169	安徽	范晓宇	男	22	汉	学生	2011. 05. 16
2170	山西	贾成强	男	28	汉	其他	2011. 05. 16
2171	广西	滕海标	男	36	壮	其他	2011. 05. 31
2172	陕西	李 创	男	23	汉	学生	2011. 05. 18
2173	新疆	熊佳英	男	26	回	职员	2011. 05. 18
2174	河南	赵峻岭	男	34	汉	工人	2011. 05. 16
2175	新疆	李菲菲	男	23	俄	待业	2011. 05. 16
2176	重庆	陈禹仲	男	23	汉	学生	2011. 05. 16
2177	河南	屈永刚	男	25	汉	工人	2011. 05. 17
2178	山东	陈庆春	男	29	汉	公务员	2011. 05. 18
2179	黑龙江	范秋玉	女	27	汉	学生	2011. 05. 18
2180	福建	吴新烨	男	39	汉	卫技	2011. 05. 19
2181	山西	邓 燕	女	27	汉	其他	2011. 05. 19
2182	山东	颜 军	男	31	汉	公务员	2011. 05. 20
2183	湖北	江 玲	女	22	汉	学生	2011. 05. 20

2184	北京	任志丽	女	28	汉	学生	2011. 05. 23
2185	浙江	梁秀慧	女	30	汉	其他	2011. 05. 23
2186	河南	范秀杰	男	36	汉	其他	2011. 05. 26
2187	陕西	杨昊文	男	21	汉	学生	2011. 05. 28
2188	山东	翟兆春	男	22	汉	学生	2011. 05. 23
2189	贵州	刘朝祥	男	39	汉	其他	2011. 05. 23
2190	浙江	刘　征	男	21	汉	工人	2011. 05. 17
2191	河南	陈松昌	男	25	汉	学生	2011. 05. 25
2192	浙江	谭文炎	男	40	汉	教师	2011. 05. 25
2193	天津	蔡立荣	男	20	汉	学生	2011. 05. 24
2194	重庆	黄　佳	女	23	汉	其他	2011. 05. 24
2195	江苏	徐玲娟	女	42	汉	其他	2011. 05. 25
2196	河南	杜丹枫	男	25	汉	学生	2011. 05. 27
2197	山东	张世丽	女	32	汉	工人	2011. 05. 28
2198	河南	张东锋	男	33	汉	军人	2011. 05. 30
2199	上海	戴振伟	男	22	汉	学生	2011. 05. 31
2200	浙江	吴忠华	男	38	汉	军人	2011. 05. 31
2201	湖南	郑　芹	女	31	土	其他	2011. 05. 23
2202	天津	郝　钊	男	21	汉	学生	2011. 05. 30
2203	北京	王阿男	男	31	汉	军人	2011. 05. 30
2204	山东	刘志霞	女	39	汉	工人	2011. 05. 25
2205	北京	金云龙	男	36	鲜	其他	2011. 06. 01
2206	福建	林温和	男	26	汉	其他	2011. 06. 02
2207	贵州	刘军红	男	24	汉	学生	2011. 06. 02
2208	山东	纪成金	男	31	汉	其他	2011. 06. 02
2209	福建	罗东盛	男	36	汉	其他	2011. 06. 06
2210	贵州	彭小伟	男	24	汉	学生	2011. 06. 06
2211	山东	魏红渠	男	29	汉	卫技	2011. 06. 07
2212	安徽	倪寿稳	男	21	汉	学生	2011. 05. 30
2213	天津	王　军	男	25	汉	学生	2011. 05. 31
2214	上海	唐　艳	女	31	汉	其他	2011. 06. 09
2215	河南	张文婉	女	24	汉	护士	2011. 06. 07
2216	河南	岳振坤	男	25	汉	其他	2011. 06. 07
2217	山西	李海军	男	35	汉	其他	2011. 06. 07
2218	陕西	陈　鹏	男	21	汉	学生	2011. 06. 12

2219	湖北	夏　龙	男	36	汉	学生	2011.06.13
2220	吉林	张秋生	男	33	汉	其他	2011.06.13
2221	新疆	鲁艳艳	女	23	汉	学生	2011.06.13
2222	山西	毛成效	男	24	汉	其他	2011.06.13
2223	北京	唐子文	男	28	汉	学生	2011.06.15
2224	山东	薛居冰	男	35	汉	卫技	2011.06.15
2225	江苏	王福田	男	43	汉	村长	2011.06.15
2226	上海	蒋光海	男	27	汉	职员	2011.06.15
2227	广东	蓝婵影	女	24	汉	其他	2011.06.16
2228	云南	邱　梅	女	20	彝	学生	2011.06.17
2229	湖北	黄　卫	男	26	汉	其他	2011.06.16
2230	湖南	周光利	男	34	汉	学生	2011.06.17
2231	河北	燕合强	男	39	汉	其他	2011.06.20
2232	广东	胡寅亮	男	37	汉	广东	2011.06.20
2233	四川	任晓梅	女	24	汉	学生	2011.06.21
2234	山东	高一曼	男	25	汉	其他	2011.06.21
2235	上海	刘杉强	男	26	汉	其他	2011.06.22
2236	河南	倪　惠	女	33	汉	学生	2011.06.22
2237	陕西	张嘉轩	男	34	汉	工人	2011.06.22
2238	天津	张宇航	男	27	汉	职员	2011.06.22
2239	上海	孔晓寒	女	30	汉	其他	2011.06.23
2240	北京	孙冲丽	女	26	汉	其他	2011.06.23
2241	河南	李新文	女	45	汉	其他	2011.06.24
2242	吉林	倪　伟	男	21	汉	学生	2011.06.23
2243	天津	孙国军	男	32	汉	教师	2011.06.27
2244	福建	杨兴甫	男	37	汉	职员	2011.06.27
2245	天津	邓朝晖	男	20	汉	学生	2011.06.27
2246	山东	路海燕	女	31	汉	教师	2011.06.29
2247	湖南	陈培超	男	26	汉	学生	2011.06.30
2248	福建	陈永洁	男	24	汉	学生	2011.06.30
2249	辽宁	赵广仁	男	26	汉	学生	2011.06.30
2250	陕西	周　谦	男	24	汉	学生	2011.06.23
2251	江苏	陈　茜	女	42	汉	公务员	2011.06.29
2252	天津	姜　玲	女	31	汉	教师	2011.07.01
2253	江苏	刘国防	男	31	汉	工人	2011.07.04

2254	新疆	刘　岩	男	28	汉	公务员	2011.07.05
2255	河南	楚卫萍	女	32	汉	农技	2011.07.05
2256	贵州	范　锷	男	22	汉	学生	2011.07.04
2257	江苏	周保国	男	40	汉	其他	2011.07.06
2258	河南	凌　红	女	45	汉	卫技	2011.07.06
2259	陕西	赵双飞	男	23	汉	其他	2012.09.18
2260	河南	王文卿	男	33	汉	教师	2011.07.11
2261	山西	陈晓波	男	36	汉	其他	2011.07.07
2262	安徽	高　滨	男	26	汉	学生	2011.07.07
2263	湖北	田　强	男	21	土家	学生	2011.07.08
2264	广西	廖荣富	男	36	壮	工人	2011.07.11
2265	湖北	陈建军	男	46	汉	其他	2011.07.09
2266	广东	田　源	男	35	汉	工程师	2011.07.08
2267	河南	王　伟	男	30	蒙古	卫技	2011.07.11
2268	福建	李　军	男	23	汉	军人	2011.07.11
2269	黑龙江	辛华滨	男	30	汉	其他	2011.07.11
2270	云南	张　纯	男	24	汉	学生	2011.07.12
2271	河南	赵贞贤	女	26	汉	工人	2011.07.13
2272	湖南	文　广	男	31	汉	其他	2011.07.13
2273	上海	王文斌	男	25	汉	其他	2011.07.15
2274	河南	肖旭臻	男	38	汉	职员	2011.07.14
2275	山东	王莉莉	女	34	汉	工人	2011.07.14
2276	河南	许　刚	男	30	汉	技工	2011.07.14
2277	山西	张　鹤	女	23	汉	工程师	2011.07.15
2278	新疆	王　成	男	26	汉	工人	2011.07.15
2279	广东	蔡洽红	女	25	汉	学生	2011.07.16
2280	广东	徐锦通	男	23	汉	学生	2011.07.18
2281	广东	唐　珩	女	45	汉	学生	2011.07.18
2282	甘肃	徐　静	女	23	汉	学生	2011.07.18
2283	陕西	孙　星	男	21	汉	学生	2011.07.18
2284	浙江	汝信滔	男	24	汉	卫技	2011.07.18
2285	山东	江　峰	男	34	汉	工人	2011.07.18
2286	山西	崔爱刚	男	35	汉	学生	2011.07.18
2287	宁夏	李宁虎	男	23	汉	学生	2011.07.18
2288	湖南	周　欢	男	24	汉	其他	2011.07.19

2289	江西	吴发兰	女	29	汉	其他	2011.07.20
2290	云南	李燕华	女	23	汉	学生	2011.07.20
2291	山东	吕海洋	男	31	汉	卫技	2011.07.20
2292	重庆	陈锡林	男	21	汉	学生	2011.07.21
2293	云南	殷小平	男	48	汉	工人	2011.07.21
2294	江苏	朱兴根	男	26	汉	职员	2011.07.19
2295	青海	张　琳	男	24	汉	学生	2011.07.22
2296	湖北	陈　平	男	35	汉	学生	2011.07.24
2297	上海	张海华	女	33	汉	其他	2011.08.01
2298	内蒙古	高宝全	男	41	汉	卫技	2011.07.25
2299	河南	翟志伟	男	32	汉	家政	2011.07.25
2300	云南	刘坤坤	男	23	汉	学生	2011.07.25
2301	江苏	陈　芳	女	39	汉	工人	2011.07.25
2302	海南	王晶晶	女	26	汉	学生	2011.07.25
2303	云南	吴家川	男	24	汉	学生	2011.07.26
2304	四川	张利彬	男	36	汉	职员	2011.07.26
2305	河南	李　伟	男	31	汉	其他	2011.07.26
2306	天津	蓝颜利	男	25	汉	学生	2011.07.27
2307	陕西	谷　雨	男	26	汉	职员	2011.07.24
2308	江苏	卫玉华	男	32	汉	卫技	2011.07.27
2309	江苏	贡国金	男	38	汉	教师	2011.07.27
2310	北京	邢庆宇	男	20	汉	学生	2011.07.27
2311	广西	徐　萍	女	43	回	其他	2011.07.28
2312	辽宁	赵富宽	男	21	满	学生	2011.07.28
2313	广东	林　奂	男	22	汉	学生	2011.07.28
2314	浙江	张　凡	男	30	汉	其他	2011.08.01
2315	天津	隋劲松	男	28	汉	工人	2011.08.01
2316	广西	韦与斌	男	34	壮	工人	2011.08.01
2317	山东	王　伟	男	37	汉	工人	2011.08.03
2318	广西	盘佑军	男	28	壮	教师	2011.08.03
2319	云南	范豪杰	女	23	汉	学生	2011.08.03
2320	天津	张　恺	男	22	汉	学生	2011.08.03
2321	山东	郑全义	男	48	汉	公务员	2011.08.03
2322	山东	陈圣国	男	48	汉	卫技	2011.08.04
2323	河南	邓海亮	男	35	汉	其他	2011.08.04

2324	浙江	陈俊淋	男	26	汉	新闻	2011.08.05
2325	黑龙江	王海军	男	23	汉	其他	2011.08.07
2326	河南	王成梁	女	38	汉	公务员	2011.08.08
2327	广东	余瑞海	男	43	汉	卫技	2011.08.08
2328	北京	李春葆	男	32	汉	其他	2011.08.08
2329	广西	袁智海	男	23	汉	学生	2011.08.08
2330	天津	王福强	男	38	汉	医师	2011.08.08
2331	上海	赖寿兰	男	31	汉	其他	2011.08.08
2332	宁夏	逯　水	男	31	汉	公务员	2011.08.09
2333	辽宁	李文雯	女	23	汉	学生	2011.08.09
2334	天津	王义华	男	20	汉	学生	2011.08.10
2335	江苏	潘璐璐	女	35	汉	其他	2011.08.10
2336	山东	王慧胜	男	30	汉	教师	2011.08.11
2337	安徽	赵佳佳	女	21	汉	学生	2011.08.11
2338	浙江	吕晓锋	男	35	汉	其他	2011.08.09
2339	上海	张浩梁	男	35	汉	其他	2011.08.11
2340	山东	王广法	男	38	汉	公务员	2011.08.15
2341	河北	曹　宁	男	29	汉	其他	2011.08.15
2342	广东	雷森兴	男	29	汉	工人	2011.08.15
2343	山东	韩建民	男	33	汉	公务员	2011.08.16
2344	北京	向煜暄	男	25	汉	学生	2011.08.17
2345	山西	马　帅	男	24	汉	学生	2011.08.17
2346	河南	王小博	男	28	汉	工人	2011.08.18
2347	山东	邱　辉	女	24	汉	学生	2011.08.18
2348	山东	卜昱鑫	女	31	汉	工人	2011.08.18
2349	山西	韩滔滔	女	41	汉	卫技	2011.08.18
2350	江苏	施　春	男	29	汉	卫技	2011.08.15
2351	吉林	杨树清	男	47	回	其他	2011.08.19
2352	河南	郭　冕	男	28	汉	学生	2011.08.19
2353	福建	吴　昊	男	33	汉	技术员	2011.08.20
2354	贵州	张其玖	男	22	汉	学生	2011.08.22
2355	北京	金碧空	男	24	汉	职员	2011.08.23
2356	广西	唐　峰	男	25	汉	其他	2011.08.23
2357	河南	李东岗	男	27	汉	卫技	2011.08.23
2358	云南	何毅明	男	22	汉	学生	2011.08.23

2359	云南	毛亚南	女	21	汉	学生	2011.08.28
2360	河南	崔彩霞	女	40	汉	其他	2011.08.28
2361	云南	苏翔宇	男	23	壮	职员	2011.08.29
2362	湖南	喻　俊	男	22	汉	其他	2011.08.29
2362	江苏	毕坚屹	女	37	汉	工人	2011.08.29
2364	陕西	宋青华	女	27	汉	其他	2011.08.29
2365	北京	黑　眈	男	27	汉	职员	2011.08.30
2366	湖南	李仕兵	男	34	汉	其他	2011.08.30
2367	河南	娄红军	男	39	汉	工人	2011.08.30
2368	江苏	孟祥虎	男	34	汉	其他	2011.08.30
2369	湖南	王　刚	男	20	汉	其他	2011.08.30
2370	云南	余运涛	男	21	汉	学生	2011.08.31
2371	广东	贺行龙	男	23	汉	其他	2011.08.31
2372	山东	郭素英	女	41	汉	职员	2011.09.01
2373	福建	毛　净	女	26	汉	其他	2011.09.01
2374	河南	范秀杰	男	36	汉	其他	2011.08.31
2375	天津	范　瑾	男	24	汉	学生	2011.09.05
2376	江苏	吴桂兵	男	34	汉	教师	2011.09.05
2377	广东	黄海星	男	26	壮	学生	2011.09.05
2378	湖南	李　军	男	28	汉	工程师	2011.09.05
2379	河北	晁晓东	女	24	汉	其他	2011.09.05
2380	广西	潘荣正	男	41	壮	待业	2011.09.06
2381	浙江	宋蜀明	男	50	汉	卫技	2011.09.06
2382	新疆	黄　新	男	34	汉	职员	2011.09.07
2383	四川	罗德莉	女	34	汉	工人	2011.09.08
2384	山东	黄树刚	男	25	汉	卫技	2011.09.08
2385	福建	傅佳淋	男	32	汉	工人	2011.09.06
2386	山东	高洪霞	女	36	汉	其他	2011.09.20
2387	新疆	保珊娜	女	22	蒙古	职员	2011.09.12
2388	河北	陈淑刚	男	30	汉	医师	2011.09.08
2389	贵州	田亚运	女	21	土家	学生	2011.09.12
2390	黑龙江	李　霞	女	36	汉	其他	2011.09.13
2391	四川	周　颖	女	20	汉	学生	2011.09.14
2392	河北	邢　波	男	29	汉	军人	2011.09.15
2393	四川	周传琪	女	24	汉	学生	2011.09.19

2394	安徽	何　胜	男	24	汉	其他	2011.09.19
2395	海南	李顺权	男	37	汉	学生	2011.09.19
2396	吉林	顾建远	男	26	汉	其他	2011.09.19
2397	江苏	严罗江	男	31	汉	教师	2011.09.19
2398	浙江	林巧生	男	25	汉	其他	2011.09.19
2399	浙江	陈义杰	男	26	汉	其他	2011.09.19
2400	天津	董大陆	男	24	汉	学生	2011.09.21
2401	山东	褚　昆	男	35	汉	学生	2011.09.20
2402	河北	郭成永	男	37	汉	卫技	2011.09.21
2403	广东	李　睿	男	22	汉	学生	2011.09.21
2404	贵州	石连聪	男	26	汉	教师	2011.09.22
2405	河南	王宇庆	男	27	汉	其他	2011.09.23
2406	贵州	徐　杰	男	24	汉	学生	2011.09.26
2407	江苏	朱志怀	男	32	汉	麻醉师	2011.09.26
2408	广东	黄文军	男	25	汉	学生	2011.09.26
2409	内蒙古	王　瑞	男	48	汉	公务员	2011.09.26
2410	上海	李　宇	男	21	汉	学生	2011.09.26
2411	江西	邓智峰	男	35	汉	学生	2011.09.26
2412	甘肃	周富强	男	24	汉	学生	2011.09.27
2413	贵州	于晓东	男	20	汉	学生	2011.09.21
2414	安徽	程友勇	男	35	汉	其他	2011.09.28
2415	广东	黄飞洪	男	24	汉	学生	2011.09.29
2416	河北	郭红军	男	26	汉	其他	2011.09.28
2417	福建	潘小樱	女	22	汉	其他	2011.09.29
2418	福建	黄爱敏	女	23	汉	其他	2011.09.29
2419	云南	刘忠沂	男	22	汉	学生	2011.10.02
2420	浙江	包　华	男	24	汉	学生	2011.09.30
2421	辽宁	柏　艳	女	39	汉	工人	2011.09.28
2422	山东	唐卫来	男	31	汉	公务员	2011.10.10
2423	山西	冯海东	男	38	汉	其他	2011.10.12
2424	北京	郭晓萍	女	23	汉	学生	2011.10.12
2425	河南	王孔黎	女	37	汉	职员	2011.10.13
2426	山东	刘纪会	男	33	汉	卫技	2011.10.13
2427	黑龙江	吕　慧	男	32	蒙古	其他	2011.10.08
2428	湖北	骆　翔	男	25	汉	学生	2011.10.11

2429	广东	叶德华	男	23	汉	学生	2011.10.13
2430	吉林	王源祥	男	22	汉	学生	2011.10.13
2431	江西	王　芳	女	29	汉	医生	2011.10.13
2432	天津	吴　洋	男	19	汉	学生	2011.10.13
2433	湖南	张潇潇	女	22	满	职员	2011.10.13
2434	山东	孙小华	女	39	汉	职员	2011.10.17
2435	山东	王焕涛	男	28	汉	卫技	2011.10.17
2436	江苏	许　洪	男	25	汉	学生	2011.10.17
2437	江苏	李　杰	男	24	汉	其他	2011.10.17
2438	天津	郭　刚	男	23	汉	学生	2011.10.18
2439	山东	衣春涛	男	33	汉	卫技	2011.10.18
2440	江苏	杜　洁	女	30	汉	其他	2011.10.18
2441	贵州	梅　锥	男	22	汉	学生	2011.10.17
2442	河北	杨公正	男	39	汉	学生	2011.10.14
2443	安徽	何春明	男	26	汉	其他	2011.10.13
2444	河南	常克立	男	38	汉	其他	2011.10.20
2445	福建	孙文俊	男	20	汉	学生	2011.10.20
2446	贵州	任登环	女	36	汉	工程师	2011.10.21
2447	福建	崔文敬	女	33	汉	其他	2011.10.24
2448	河北	韩吉庆	男	25	汉	其他	2011.10.24
2449	山东	于　杰	男	30	汉	公务员	2011.10.24
2450	山东	王胜祥	男	30	汉	教员	2011.10.24
2451	湖南	杨　光	男	45	汉	其他	2011.10.24
2452	广东	邓志勇	男	25	布依	学生	2011.10.24
2453	浙江	姜　伟	男	36	汉	工人	2011.10.25
2454	江苏	裴志伟	男	40	汉	个体	2011.10.25
2455	湖南	苏　旭	男	32	汉	学生	2011.10.26
2456	四川	刘利平	女	22	汉	学生	2011.10.27
2457	湖南	吴新民	男	32	汉	其他	2011.10.27
2458	山东	张　衡	男	22	汉	学生	2011.10.24
2459	河南	孙金龙	男	26	汉	其他	2011.10.26
2460	广东	秦玲英	女	27	汉	其他	2011.10.27
2461	河南	耿继红	女	37	汉	其他	2011.10.27
2462	河北	李　立	男	32	汉	技术员	2011.10.26
2463	山东	吕明玉	女	35	汉	其他	2011.10.28

2464	湖南	杨　雄	男	36	汉	公务员	2011. 10. 31
2465	广东	邓先严	男	26	汉	工人	2011. 10. 31
2466	广东	翁耀佳	男	31	汉	其他	2011. 11. 07
2467	江苏	戴　平	女	35	汉	其他	2011. 10. 31
2468	江苏	严　飞	女	25	汉	卫技	2011. 11. 01
2469	内蒙古	范海利	男	39	汉	工程师	2011. 11. 01
2470	山东	陈方利	男	36	汉	教师	2011. 11. 02
2471	广东	包开科	男	27	汉	工人	2011. 11. 02
2472	福建	黄恒根	男	21	汉	工人	2011. 11. 03
2473	湖南	曾双乐	男	19	汉	学生	2011. 11. 03
2474	湖南	彭　可	男	29	汉	学生	2011. 11. 14
2475	广西	桂　媛	女	29	汉	学生	2011. 11. 07
2476	天津	刘保民	男	29	汉	学生	2011. 11. 07
2477	浙江	邓　宁	男	25	汉	其他	2011. 11. 07
2478	湖北	余代翔	男	21	汉	学生	2011. 11. 07
2479	河南	徐迎春	男	38	汉	工人	2011. 11. 07
2480	浙江	汪海丰	男	32	汉	教师	2011. 11. 15
2481	内蒙古	苏　平	男	36	汉	卫技	2011. 11. 08
2482	江苏	杜　娟	女	32	汉	职员	2011. 11. 08
2483	河南	曾天生	男	26	汉	教师	2011. 11. 07
2484	广西	黄汉新	男	33	汉	其他	2011. 11. 09
2485	河南	任　帅	男	25	汉	其他	2011. 11. 14
2486	辽宁	张艳峰	男	26	汉	其他	2011. 11. 25
2487	山东	任　军	男	34	汉	卫技	2011. 11. 10
2488	吉林	李云青	女	19	汉	学生	2011. 11. 14
2489	广东	唐万平	女	42	汉	卫技	2011. 11. 14
2490	北京	高国庆	男	24	汉	学生	2011. 11. 14
2491	山东	张占江	男	43	汉	其他	2011. 11. 15
2492	山东	柳辑章	男	33	汉	卫技	2011. 11. 15
2493	江苏	张文生	男	42	汉	卫技	2011. 11. 15
2494	江苏	叶世明	男	41	汉	医生	2011. 11. 14
2495	贵州	李怡净	女	43	汉	教师	2011. 11. 17
2496	北京	曹　潮	男	25	汉	学生	2011. 11. 17
2497	上海	葛俊杰	男	26	汉	其他	2011. 11. 21
2498	天津	陈怡俊	女	39	汉	学生	2011. 11. 21

2499	新疆	黄　睿	男	27	汉	公务员	2011. 11. 21
2500	湖南	李仕兵	男	34	汉	其他	2011. 11. 17
2501	陕西	杨　伟	男	30	汉	职员	2011. 11. 21
2502	浙江	李仲飞	男	28	汉	卫技	2011. 11. 22
2503	山东	周伟清	男	35	汉	工人	2011. 11. 22
2504	江苏	赵士和	男	44	汉	其他	2011. 11. 22
2505	云南	鲍　翔	男	21	汉	军人	2011. 11. 23
2506	河南	秦建设	男	33	汉	其他	2011. 11. 23
2507	贵州	禹海生	男	20	汉	学生	2011. 11. 24
2508	福建	陈　勇	男	27	汉	学生	2011. 11. 24
2509	河南	陈窑武	男	34	汉	其他	2011. 11. 25
2510	河北	蔡恩昌	男	40	汉	其他	2011. 11. 27
2511	河南	史景乐	男	27	汉	其他	2011. 11. 28
2512	山西	王丽亚	女	34	汉	工人	2011. 11. 28
2513	山东	马玉奇	男	29	汉	其他	2011. 11. 28
2514	山东	王洪泰	男	29	汉	卫生专业技术人员	2012. 08. 01
2515	浙江	孙　洁	女	32	汉	职员	2011. 11. 28
2516	天津	刘　平	女	30	汉	其他	2011. 11. 28
2517	河南	郭河坤	男	31	汉	医生	2011. 12. 02
2518	陕西	王　成	男	22	汉	其他	2011. 11. 28
2519	上海	顾　颖	男	35	汉	其他	2011. 11. 30
2520	广东	陈孝润	男	32	汉	学生	2011. 11. 30
2521	江苏	夏济难	男	26	汉	其他	2011. 11. 30
2522	上海	陈　亮	男	29	汉	卫技	2011. 12. 01
2523	广西	邓　武	男	35	汉	其他	2011. 12. 01
2524	河北	于陈陈	男	23	汉	其他	2011. 12. 01
2525	山东	王慧胜	男	30	汉	教师	2011. 12. 02
2526	浙江	曹志军	男	43	汉	其他	2011. 12. 05
2527	内蒙古	刘　伟	男	25	汉	其他	2011. 12. 05
2528	江苏	戴启伟	男	36	汉	职员	2011. 12. 06
2529	辽宁	郑　建	男	29	汉	其他	2011. 12. 06
2530	重庆	王玲玲	女	22	汉	学生	2011. 12. 07
2531	甘肃	豆丽娟	女	28	汉	其他	2011. 12. 07
2532	湖北	杨　军	男	36	汉	其他	2011. 12. 07

2533	陕西	王　康	男	22	汉	其他	2011. 12. 07
2534	湖南	李　杰	男	21	汉	学生	2011. 12. 29
2535	山东	苏瑞坡	男	37	汉	其他	2011. 12. 08
2536	山东	朱建军	男	30	汉	卫技	2011. 12. 08
2537	河北	李海江	男	27	汉	军人	2011. 12. 05
2538	山东	刘玉堂	男	36	汉	卫技	2011. 12. 12
2539	山东	詹宝萍	女	34	汉	其他	2011. 12. 12
2540	江苏	李阿疆	男	27	汉	其他	2011. 12. 12
2541	河南	吴　欣	男	31	汉	卫技	2011. 12. 12
2542	山东	臧　勇	男	30	汉	卫技	2011. 12. 13
2543	内蒙古	王　淇	男	30	汉	教师	2011. 12. 13
2544	湖北	朱军辉	男	33	汉	学生	2011. 12. 14
2545	广东	杨斌辉	男	30	汉	其他	2011. 12. 14
2546	河北	郑广荣	男	23	汉	学生	2011. 12. 14
2547	河南	宋　彦	女	28	汉	卫技	2011. 12. 14
2548	重庆	陈　君	男	24	汉	学生	2011. 12. 15
2549	湖北	刘　江	男	22	汉	学生	2011. 12. 19
2550	山东	张海卿	男	43	汉	其他	2011. 12. 19
2551	上海	徐骏立	男	21	汉	其他	2011. 12. 19
2552	天津	廖绘江	男	20	仡佬	学生	2011. 12. 20
2553	上海	蔡　丰	男	36	汉	学生	2011. 12. 20
2554	江苏	卓　峰	男	32	汉	工程师	2011. 12. 21
2555	河北	岳海龙	男	30	汉	军人	2011. 12. 16
2556	湖南	张　宝	男	34	汉	其他	2011. 12. 22
2557	河南	杨建设	男	37	汉	其他	2011. 12. 23
2558	吉林	田春禹	男	29	汉	工人	2011. 12. 23
2559	河北	李军霞	女	40	汉	卫技	2011. 12. 26
2560	江苏	田进军	男	36	汉	教师	2011. 12. 26
2561	江苏	张　�	男	29	汉	会计	2011. 12. 27
2562	江苏	徐　建	男	37	汉	其他	2011. 12. 26
2563	上海	黄喆懋	男	30	汉	卫技	2011. 12. 27
2564	山东	左玉津	男	39	汉	工人	2011. 12. 28
2565	山东	夏胜利	男	41	汉	工人	2011. 12. 28
2566	湖南	潘勤舟	男	23	汉	其他	2011. 12. 28
2567	江苏	汪琳琳	女	30	汉	医师	2011. 12. 27

2568	湖北	康 燕	女	20	汉	学生	2011. 12. 28
2569	湖南	赵 兆	男	31	汉	公务员	2011. 12. 28
2570	广东	陈荣超	男	33	汉	其他	2011. 12. 29
2571	广东	叶志华	男	28	汉	其他	2011. 12. 30
2572	江苏	汪 江	男	34	汉	其他	2011. 12. 30
2573	河南	石 星	男	20	汉	学生	2011. 12. 30
2574	湖南	周 君	男	29	汉	学生	2011. 12. 30
2575	辽宁	张 琦	男	29	汉	其他	2011. 12. 30
2576	河北	路永全	男	28	汉	其他	2011. 12. 30

卷　　二

六　分会篇

七　资讯篇

六

分　会　篇

省、自治区、直辖市红十字会

北京市红十字会

【年度工作】

2011年是首都“十二五”规划的开局之年。虽然在全年工作中，红十字组织面临了前所未有的危机与挑战，但是全市各级红十字组织和广大红十字工作者在市委、市政府的领导下，解放思想，开拓创新，迎难而上，扎实工作，圆满完成了全年各项工作，许多领域取得了创新和突破。

（一）认真开展自查自纠工作，着力维护红十字组织社会形象。7月中旬，按照总会关于开展自查自纠工作的相关要求，市红十字会进行了专题研究，成立工作领导小组，提出安排意见，制定详细的工作方案。全市各级红十字组织积极行动起来，迅速展开自查自纠工作。截至8月15日，市红十字会各部室、各直属单位、各区县红十字会均按要求完成了自查自纠工作。为全面推动自查自纠工作的落实，市红十字会自7月下旬开始，组成调研督查小组，由领导班子成员带队，深入各部门、各区县，围绕自查自纠重点内容开展了调查研究和督促检查。各级红十字会坚持边自查、边整改，自觉维护红十字组织的社会形象。通过认真分析、研究，全市红十字系统未发现重大问题。在开展自查自纠工作期间，市红十字会还就全市冠名单位情况进行了专题调研，在此基础上下发了《关于进一步加强冠名单位管理的通知》，对全市各级红十字会所属挂靠单位进行清理，充分发挥枢纽型组织作用，采取社会组织的方式对其进行管理。同时，进一步明确了冠名单位的审批程序。通过开展自查自纠工作，全市红十字组织切实做到了制度落实到位，管理扎实有效，各项工作未受到重大影响，工作秩序基本正常。

（二）适应首都公共安全建设，着力推进红十字防灾应急工作常态化。一是市红十字会深入贯彻落实市应急委关于加强应急培训工作的文件精神，制定下发《关于加强应急救护培训工作的指导意见》，积极推动应急培训工作机制转型，市红十字会对全民防灾应急教育工作的综合统筹得到进一步明确。年内，全市共完成初级急救员培训15万余人，师资培训1100人，92万人参加了普及培训，应急培训的质量进一步提升。组织在京境外媒体应急培训，收到了良好的反响。二是在各级党委、政府及有关部门的大力支持和协助下，各区县均以社区、学校为重点开展了应急救护演练，参加人数达16万人，群众性自救互救演练初步实现常态化。西城区红十字会举办了全区范围的应急演练大赛，对社区演练的效果进行了检验。顺义区红十字会利用地下人防工程设立防灾减灾宣教中心，现已成为该区应急教育普及培训的重要基地。延庆县红十字会与县教委联合开展了“中学生应急救护技能演练比赛”，共有23所学校的275名学生参加，收到了良好效果。三是下半年市会在全市开展“防灾减灾从我做起——“999”校园安全行、景区安全行”活动，通过紧急疏散演练、救护表演、安全课堂和配备应急装备的方式，进一步增强了师生、游客的风险防范意识和灾害应对能力。年底前已在13个区县18所中小学校和景区、景点开展了应急疏散演练，参演师生和家长观摩约三万余人。四是“120”、“999”院前急救联合指挥调度协调机制建立，进一步确立了“999”在首都医疗急救和紧急救援方面的主体地位。五是“999”和北京首都航空直升机有限公司联合组织了“地空联合医疗急救演练”，并签署了长期急救转运合作协议，标志着北京市空中急救进入实施阶段，直升飞机救援已经成为常态化的急救模式。六是东城、朝阳、海淀、石景山、大兴等区县分别组建了蓝天救援分队，海淀区红十字会为队员进行了初级急救员培训，还购置了29万元的救援设备；11月，蓝天救援队进行了为期10天的集中训练，并组织了训练结果汇报演练，红十字专业救援力量进一步系统化、正规化，在突发意外事件救援中发挥了重要作用。

（三）深入贯彻中央和市委、市政府的决策部署，着力创建“枢纽型”社会组织。2011年，全市各级红十字组织深入学习贯彻胡锦涛总书记在省部级领导干部社会管理及其创新专题研讨班上的重要讲话精神，按照市委十届九次全会的部署，充分发挥枢纽型社会组织作用，积极开展社会组织培育、管理、服务试点工作。目前，市红十字会主管社会组织八个、联系12个、培育七个。按照市委和市委社会工委的总体部署，成立了市红十字会社会组织党建工作委员会和社会组织联合党总支，在所属第一批七个社会组织中成立党支部，社会组织党建工作扎实开展。为积极探索加强和创新社会管理服务的有效途径，以“999”急救站为依托，推出了北京市“999”社区综合服务站，即，“社区红立方”项目。经过市、区两级红十字会的不懈努力，相继在大兴、东城、平谷等区建立了三个综合服务站，其他区县也在积极筹备之中。大兴区彩虹新城服务站和东城区和平里服务站建立以来，共开展医疗急救3332次，应急培训、健康科普、心理援助、赈济救助等服务21836人次，广大社区居民从中受益。2011年“七一”前夕，社区服务站经市委社会工委批准，正式命名为“北京市社会组织共产党员实践教育基地”。“红立方”公益项目已经成为红十字公共服务的品牌。

（四）紧紧围绕人道公益宗旨，着力营造红十字筹资赈济品牌效应。一是继续做强、做大“博爱在京城”公益筹资品牌，全市社会救助实力进一步增强。全年，全市各级红十字会共募集捐赠资金4707.78万元，物资价值1690.29万元。通州区红十字会全年募捐总额达到1748万元，同比增长两倍，位居16个区县之首。二是市红十字基金会筹资主渠道作用进一步显现。全年，共筹集款物价值5000余万元，新增公益项目四个。三是社会救助力度不断加强。全年，市红十字会用于社会救助的资金达684.02万元。其中，369.8万元用于本市自然灾害、突发事件和困难群体的救助。314.22万元用于云南、广西、江西、内蒙以及日本等遭受自然灾害地区的救助。向本市及兄弟省市发放救助物资价值共计1221.4万余元。怀柔区红十字会以博爱超市为爱心平台，实现了救助零距离。全年，博爱超市销售额超过80万元，为弱势人群发放博爱卡149张，总价值74500元；义卖商品销售额7500元。四是筹资、救助模式实现了创新突破。平谷区红十字会实施"阳光救助工程"，帮扶社区服刑和刑释解教特困人员，形成了监所、社会合作帮助共同矫正改造被监管人员的良好局面，该模式为红十字组织更加广泛地参与社会管理和救助探索出了一条全新道路。五是对口援建工作扎实推进。援疆工作进展顺利；什邡对口援建的心理援助"一中心、六分站"项目完成，"我们在一起"北京——什邡心灵关爱项目实施进入第三年总结收尾阶段，救助效应进一步显现。年内，市会组成多个考察组，对项目执行情况进行了追踪考察。

（五）加大服务管理和社会动员力度，着力提升红十字志愿服务水平。一是志愿者管理逐步实现规范化。制定下发了《关于做好红十字志愿者登记注册工作的通知》；年内，全市红十字会新注册志愿者34041名，志愿服务团体106个。全市各区县红十字志愿者注册人数均突破千名。二是初步形成专业化志愿者队伍。在北京市红十字志愿服务推进会上，正式成立10支红十字志愿服务队，涉及紧急救援、艾滋病防治、新闻、文化、环保等多个领域，红十字志愿者队伍进一步正规化、专业化。三是加大对青少年培训力度。市区两级红十字会连续组织青少年红十字知识专场培训，结合青少年关心的问题，进行了相关基础知识的传播。同时，开展了学校红十字组织现状调研，推动了学校红十字工作的进一步开展。四是造血干细胞工作取得新突破。全年实现了志愿者血样入库3668人份，成功捐献24例。房山区红十字会爱心大使厉莉被评为全国十大道德模范，在榜样作用的感召下，区县造血干细胞志愿者招募数量大幅增加。年内，昌平、门头沟、密云等区县成立了造血干细胞捐献动员工作站，实现了"有专人、有场地、有经费"的"三有"目标。

（六）坚持形象塑造和文化养成，着力拓展红十字文化传播和国际交流途径。全年，组织各大媒体参与各类活动现场报道20余次。主流平面媒体和网络媒体报道信息144篇。世界红十字日和世界急救日期间，在《中国红十字报》分别刊登专版四期；电视、广播等媒体播报市红十字会相关信息45次。组织对"红立方"和"999"急救中心的专题报道。市红十字会领导接受媒体各种采访六次，四次做客北京电视台、北京人民广播电台参加访谈节目。开展了"五八"博爱文化月、"公共急救文化宣传月"、"世界献血者日"、赴老区"红十字博爱光明行"等活动专题报道。先后在全国15个城市722家医院的LED显示屏、本市户外LED显示屏开辟首都红十字公益宣传广告栏目；继续在地铁4号线车厢移动电视和站台灯箱进行红十字会相关宣传；与北京电视台科教频道合作拍摄、播出九集科普教育片《守护生命》；与北京电视台合作开展了"我的红十字"——北京市第三届红十字知识电视竞赛活动，提升了红十字会人道公益影响力。成功应对了相关网络舆情，维护了红十字组织的声誉。为了纪念"五八"红十字日活动，区红十字会专门下发了纪念"五八"世界红十字日活动方案，要求各基层红十字会、红十字组织结合具体工作实际广泛开展宣传纪念活动。丰台区红十字会在“五八”前夕，统一制作了25套共计450块宣传展板，组织了58场专题宣传活动，提高了红十字会的知晓率和影响力。年内，市红十字会与有关部门联合开展了“枢纽型社会组织调研”，形成了“北京市红十字会‘枢纽型社会组织’课题报告”。成功举办了第四届红十字工作国际研讨会。来自美国、罗马尼亚和香港、澳门等多个国家和地区的30多名红十字组织负责人和专家及红十字国际委员会、国际联合会官员，部分外国驻华使馆官员出席了会议。与会人员就城市应急准备、红十字组织在社会管理体系中的角色等课题进行了深入探讨，为北京红十字应急体系建设提供了有益的借鉴。全年，市红十字会共接待来自美国、加拿大、西班牙、乌克兰、罗马尼亚、朝鲜、香港、澳门等国家和地区红十字组织和政府来访团组21个148人次，应邀组团出访德国、罗马尼亚、韩国等共12个团组72人次，市红十字会及“999”还分别派员赴挪威、法国参加培训二人。

2011年，全市各级红十字组织、广大红十字专兼职干部、会员和志愿者以扎实高效的工作作风、廉洁奉公的工作品德、公开透明的工作形式、开拓创新的工作精神，维护了红十字声誉、树立了红十字形象，推动红十字工作取得了良好的业绩。丁向阳副市长在中国红十字会九届三次理事会上指出：“在2011年极端不利的大背景下，北京市红十字会的工作没有受到任何影响。”

【历史沿革】

1928年10月29日，在危难和动乱的年代，中国红十字会北平分会诞生了。建国前的北平红十字会，以“恤兵博爱”为宗旨，开展了战地救护、难民救济、筹募基金等工作。

1950年12月28日，中国红十字会北平分会正式改组为北京市红十字会，走上了改组后的新生阶段。1949年至1958年，在“兴办医疗实体；参加抗美援朝、组织志愿手术队和医防服务队赴朝进行防疫、医疗和战地救护；开展募捐；建立组织、发展会员；参加爱国卫生运动，组织卫生救护训练；同时，在红十字青少年、血源管理、外事往来，接受捐赠”等方面做了很多工作。1959年到1978年，经历了与卫生教育所合署办公、“文化革命十年动乱”、党的十一届三中全会拨乱反正等时期，红十字会的工作也走过了停止和重新恢复的过程。1980年召开的北京市红十字会第四次会员代表大会，选出了以常务副市长白介夫为会长的新的领导机构，北京市红十字会开始了红十字工作新的探索和实践，并总结出“救死扶伤、扶危济困、敬老助残、助人为乐”的十六字工作方针，协助政府完成了一系列特殊任务。1993年10月《中华人民共和国红十字会法》、1996年1月《中华人民共和国红十字标志使用办法》、1994年10月《北京市实施〈中华人民共和国红十字会法〉办法》的颁布、实施，使红十字事业走上了法制化建设的轨道。1997年1月21日，北京市红十字会第七次会员代表大会召开，大会聘请市委、市政府的主要领导尉健行和贾庆林担任名誉会长，提出了“努力开创有中国特色的红十字事业”的奋斗目标；明确了“为首都两个文明建设做出更大贡献”的工作要求。在市委、市政府的关怀下，北京市红十字会于1991年与市卫生局脱离挂靠关系，1996年成立了党组，2002年被批准为正局级单位，2003年4月机关领导班子进行调整，主要领导更换后，理顺了机关机构设置，理顺了人员编制，理顺了机关和直属事业单位的关系。市委市政府关于“独立设制、建立党组、提高规格”等一系列政策的有力支持；人道主义“四项工程”：救灾救助、自救互救、红十字青少年、社区服务工程的不断实践；组织建设、宣传传播、兴办实体、对外交流的不断规范，使北京市红十字会的工作有了大幅度的发展。2004年6月1日，北京市红十字会第八次会员代表大会召开前，在北京市委书记办公会上，市委领导专门听取了北京市红十字会代表大会的筹备工作汇报，并批准了会议方案，指示要把大会开成高品位、高规格的大会，这在北京市红十字会的发展史上是首次，充分体现了市委、市政府对红十字事业的关心和重视。6月8日，北京市红十字会第八次会员代表大会在京西宾馆召开。来自基层红十字组织的会员代表，市委、市政府有关部、委、办、局和社会团体、企业界、志愿工作者的代表以及社会知名人士等266人参加了大会。中共中央政治局委员、北京市委书记刘淇，中国红十字会会长彭珮云，市委副书记、市长王岐山等领导出席了会议。刘淇、彭珮云发表了重要讲话。大会全面总结了北京市红十字会第七届理事会的工作，制定了2004～2008年发展规划，选举产生了由95名理事组成的新一届理事会，聘请市委书记刘淇、市长王岐山为北京市红十字会名誉会长，副市长孙安民当选为会长，李雪奴当选为常务副会长，韩陆、张进存当选为副会长，根据会长提名决定刘燕君为秘书长。

【组织机构】

截至2005年底，北京市红十字会有基层组织1481个，会员86.7万人（其中青少年会员33.9万人），占本市常住人口的6.31%，志愿工作者7.1万人。全市18个区县均建立了红十字会，97.7%的街道、83.7%的乡镇和51%的各类学校也建立了红十字会组织。成立了学校、厂矿系统、旅游系统和志愿工作者委员会。北京市红十字下辖医疗服务中心、卫生救护培训中心、宣传教育中心、紧急救援中心（999）、中国造血干细胞资料库北京管理中心、备灾救灾服务中心和少儿住院医疗互助金管理办公室等七个直属事业单位。

北京市红十字会会员代表大会

第一届

1950年12月28日召开，代表30人，理事16人，常务理事五人，会长严镜清。

第二届

1955年6月23日召开，代表239人，理事17人，常务理事五人，会长严镜清。

第三届

1962年6月21日召开，代表63人，理事20人，常务理事5人，会长严镜清。

第四届

1980年4月18日召开，代表120人，理事22人，常务理事五人，会长白介夫，名誉会长严镜清。

第五届

1985年11月29日召开，代表204人，特邀邀代表八人，理事56人，常务理事10人，会长白介夫，名誉会长严镜清。

第六届

1991年11月29日召开，代表211人，理事86人，常务理事四人，常务副会长张熙增，会长何鲁丽，名誉会长白介夫、严镜清。

第七届

1997 年 1 月 21 日召开，代表 249 人，理事 87 人，常务理事八人，常务副会长张熙增，李雪奴，会长林文漪、刘敬民，名誉会长尉健行、贾庆林。

第八届

2004 年 6 月 8 日召开，代表 266 人，理事 95 人，常务理事 13 人，常务副会长李雪奴，会长孙安民，名誉会长刘淇、王岐山。

北京市红十字会组织机构一览表

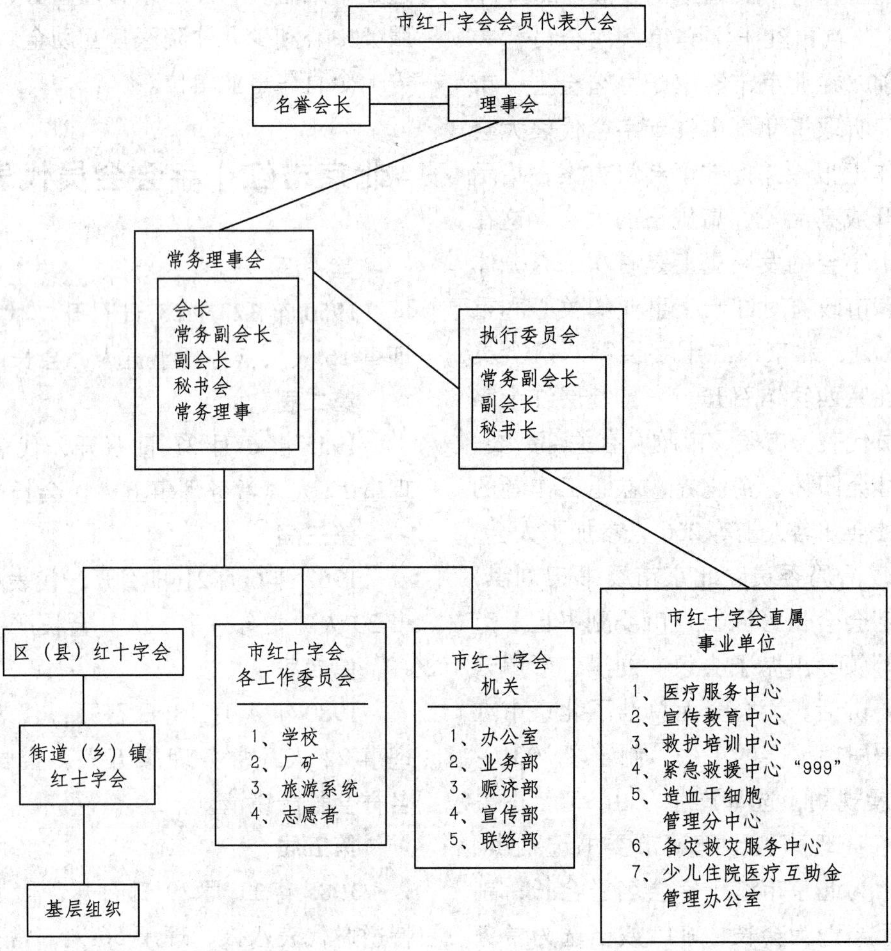

【大型项目】

一、1984年，非洲36个国家遭受旱灾。中国红十字会发出了《关于为非洲灾民开展社会募捐的通知》，北京市红十字会仅半个月就募集了110多万元，支援非洲灾民。

二、1988年，中国红十字会总会、外交部、国家教委、广播电影电视部、国家体委向国务院写了《关于参加1988年国际体育援助计划活动的请示》，国务院批复同意。从4月至9月，北京市红十字会开展了“88国际体育援助”——国际性体育募捐活动。根据由中国红十字会总会牵头组成的国际体育援助中国组织委员会的部署和要求，北京市红十字会牵头开展了两次全市性的活动。其中举办了义诊、义演、义卖、义赛等募捐活动，200多万人参加募捐，共募集70多万元。

三、1998年，为“三江流域”遭受水灾开展募捐，支援了内蒙古自治区、江西省、黑龙江省、吉林省、安徽省、湖南省、湖北省等红十字会的救灾工作，捐款达千万元。

四、2001年，对遭受雪灾、凌灾、地震等灾害的内蒙古自治区、新疆维吾尔自治区、四川省甘孜藏族地区、延边朝鲜族自治州红十字会给予了670万元的援助。

五、2002年，对遭受灾害的陕西省、贵州省、福建省、安徽省、湖南省、湖北省、江西省、广西省、四川省、云南省、重庆市、内蒙古和新疆自治区红十字会（共13个省、市、区）给予了514.1万元的援助。

六、2003年，支援江西省、陕西省、山东省、河南省、甘肃省、山西省、江苏省、安徽省、湖南省、湖北省、浙江省、贵州省、四川省、云南省、黑龙江省、重庆市和广西壮族自治区、内蒙古自治区、新疆维吾尔自治区红十字会（共19个省、市、区）救灾工作，共770.7万元。

七、2004年，支援吉林省、云南省、四川省、湖南省、贵州省、河南省、内蒙古自治区、重庆市（八个省、市、区）红十字会的救灾工作，共计99.7万元。按照捐赠者意愿，定向支援新疆维吾尔自治区红十字会医疗器械，价值8.7万元人民币。

八、2002年，汉城红十字会向北京市红十字会捐赠一辆价值六万美元的移动救灾救助服务车，这种集救灾救助为一体的现代化快捷服务车在我国红十字会系统尚属首辆。

九、2003年，为支持北京市的抗击“非典”工作，北京市红十字会接受了国内外及社会各界捐款2700多万元和价值5000多万元的各种物资，并及时送到小汤山、佑安、地坛等医院及全市的发热门诊和弱势群体中。其中，日本国株式会社丸山制作所捐赠了80台高效灭菌消毒机，价值20万元人民币；广西红十字会捐赠了60吨白糖和二吨多白果，价值21万元人民币；福州市红十字会转赠移动式和壁挂式空气消毒机60台、过氧乙酸五吨和口罩、葡萄糖饮品等，总价值49.3万元人民币。

十、2004年，使用荷兰红十字会援助的22万元人民币的合作项目资金，先后在首都经济贸易大学、北京工业大学，举办了两期“预防艾滋病青年同伴教育”培训班，共培训了20名项目主持人，400名宣传员，并通过他们的传播，使两所高校的千余名学生接受了预防艾滋病的知识，较好地掌握了自我防护的方法和技巧。

【主要特色】

一、救灾救助工作

（一）救灾：自1995年以来，市红十字会依法开展募捐，共筹集款物价值人民币1.5亿元，既支援了内蒙、新疆、江西等25个省、自治区的救灾工作，还对北京市发生的灾害和困难群众进行了救助。

2003年4月，面对突如其来的“非典”疫情，全市各级红十字会组织，积极投入抗击“非典”斗争，在慰问医务人员，接受、分发救助物资，稳定群众情绪和发放“关怀非典受难者基金”方面，协助政府做了大量的工作。

（二）救助：关爱农村老党员。自1999年起，北京市红十字会与市委组织部连续四年共同开展了为农村建国前入党的近万名老党员免费送医送药和体检活动。共集资200多万元，组织了9支医疗队，出动医务人员500多人次，到达113个乡镇，对近万人（次）的老党员进行了义诊和慰问。

博爱复明。1999年2月，北京市红十字会开展了为北京市家庭困难、无力支付手术费用的白内障患者提供免费复明手术活动，被市政府列为为市民所办实事之一。通过市、区、街（乡）红十字会推荐、审核、确定手术救助对象，由北京市红十字会光明眼科诊所负责手术。几年来，共筹资300多万元，出动流动检查车到18个区县义诊近百次，为各类眼疾患者义诊、检查人数达3500余人次，筛选出适合做白内障手术者960人，使近800名贫困的白内障患者重见光明。“复明工程”得到了国外红十字会和志愿工作者的支持。美国著名眼科专家伊丽莎白·旺博士和里查德·达密安诺医生，新西兰红十字会东西分会志愿者玛丽·简·赫里斯顿医生，先后来北京市红十字会光明眼科诊所帮助工作。

在继续做好对国内外救灾救助的同时，为加强对本市困难人群和突发意外伤害事故中造成的困难群体的救助力度，为提高红十字会的救助实力和应急能力，北京市红十字会实施了赈济工作的“七个一”配套工程。（建立一支队伍：备灾救灾服务中心，一个备灾仓库，一个捐赠接受站，一套募捐工作规章制度，一个捐赠激励机制，一个网上捐赠，一个捐赠救助工作网络）。2003年底，市编办批准成立了北京市红十字会备灾救灾服务中心（正处级事业单位。全额拨款事业编制12人）。建立了备灾仓库并充实了救灾物资；“北京市红十字会募捐接收站”在社区挂牌运行，方便群众捐赠物品；严格募捐工作规章制度、实施捐赠激励机制，使奉献爱心的企业和个人积极性得到发扬和延续；网上捐赠的开通，拓展了募捐工作渠道；市、区（县）、街（乡）募捐救助工作网络的建立，为红十字会实施救灾救助工作，提供了组织保障。

二、救护工作

北京市红十字会紧急救援中心（“999”）是经市编办正式批准的北京市红十字会的下属事业单位；“999”是经信息产业部特别批准给中国红十字会总会用于救灾、救助、救护的特殊服务专用电话号码，北京地区率先使用。2001年9月19日开通运行以来，本着以人为本、以病人为中心的宗旨，从近、从速、从优转送病人的基本原则，“999”已形成了以“紧急救援中心”为主，四个分中心、六个急救大站、45个急救分站的急救系统。制定了24小时紧急突发事件上报制度，并与“110”、“119”建立了紧急救援联动机制。共出动20万车次，救治了20余万病人，为北京市民增加了一条绿色生命通道。

1995～2004年北京市红十字会接受社会捐赠款、物情况统计

（单位：万元）

年份	1995	1996	1997	1998	1999	2000	2001	2002	2003	2004	2005	总和
款	251.56	180.84	1322.66	63.33	31.7	1882.2	1031.62	2127.07	670	4451.62	12012.6	
物				1635.78	38.25	152.57	345.67	750.85	2602.39	584.84	325.05	6435.4

“999”按照红十字会“协助政府开展人道领域救助工作”的要求，积极参与了北京地区近年来重大事故的救援工作。特别是在北京发生蓝极速网吧火灾、密云特大踩踏伤亡事故的救援和抗击“非典”斗争中做出了积极贡献。

三、志愿捐献遗体工作

1999年，按照北京市政府的要求，“北京市志愿捐献遗体工作管理办公室”成立，设在北京市红十字会。北京市红十字会与市教委、市卫生局、市民政局、市公安局、市司法局等联合制定了《北京市志愿捐献遗体暂行办法》，并分别在协和医科大学、北京大学医学部、首都医科大学建立了三个遗体接受站。截至2004年，报名登记自愿捐献遗体者7739人，其中3298人办理了公证，累计实现遗愿者419人。为了弘扬志愿捐献遗体者无私奉献的精神，2004年，在市民政局的大力支持下，捐献遗体者纪念碑——“生命”，在北京市常青园骨灰林基地落成。

四、造血干细胞移植工作

2001年4月，中国造血干细胞捐献者资料库重新启动。要求北京市红十字会建立“中国造血干细胞捐献者资料库北京分库”。本着充分利用社会资源、减少机构重叠的原则，北京市红十字会与北京市卫生局协商后，明确了北京市红十字血液中心承担“北京分库”血样的组织分型工作。6月份，北京市红十字会向市编办提出“关于成立北京造血干细胞捐献者资料库服务中心的请示”，11月，市编办批准市红十字会成立北京造血干细胞捐献者资料库服务中心，为相当于正处级的全额拨款事业单位、编制10名。截至2005年，在造血干细胞捐献者资料库北京管理中心报名登记的志愿者血样已有38051人份，其中已完成检测HLA分型数据27017人份；有21位志愿者成功捐献了造血干细胞，为白血病患者送去了重生的福音。

五、“博爱在京城”募捐救助系列活动

北京市红十字会推出了“博爱助困、博爱助学、博爱助残、博爱助老”系列救助活动，制定了“56130救助计划”。即，帮助五万名困难家庭的儿童加入中小学生、婴幼儿住院医疗互助金，每人50元；救助3000个困难家庭，每户500元，资助3000名困难学生的年度学费，每人400元；帮助100个生活困难的白内障患者免费实施复明手术，每人2000元；帮助30个困难的孤寡老人入住颐年养老院，每人每年6000元。全年共向社会募集善款1898.53万元，完成了“56130”救助计划。救助了因自然灾害及突发事件造成的困难人群，使用了983万元的募捐款，切实加大了对本市困难人群的救助力度。

六、“北京市中小学生、婴幼儿住院医疗互助金”工作

北京市中小学生、婴幼儿住院医疗互助金（简称互助金），是由农工民主党北京市委员会和北京市政协部分委员连续多年提案，经市政府批准由市红十字会和市教委、市卫生局联合开展的一项以互助共济为原则的公益性事业，于 2004 年 9 月正式启动。凡0—18 岁有北京市户籍的孩子（包括已患病的孩子），每人每年交纳 50 元人民币，最高可累计享受到八万元的住院医疗费用保障。

此项工作，得到了市委、市政府和区县政府的大力支持。市委宣传部批示各新闻媒体加大了宣传力度；市编办批准成立了“北京市少儿住院医疗互助金管理办公室”；市财政局拨付启动经费，协调银行为各区县建立了集团账户。社会各界纷纷奉献爱心，为贫困家庭的少儿加入互助金捐款。为使互助金工作成为“阳光工程”，把这件利民的好事做实、实事做好，市红十字会成立了由市人大代表、市政协委员、市政府职能部门代表和加入互助金的学生家长代表等组成的“互助金工作监督委员会”，全程监督互助金工作。

（王万里）

东城区红十字会

【简介】

东城区红十字会创建于 1952 年 2 月，其前身是东单区红十字支会、东四区红十字支会。1958 年 5 月随着两个行政区域合并，同时更名为东城区红十字会。区红十字会当时的主要工作是在人民群众中宣传普及卫生防病知识，组织现场救护训练，参加爱国卫生运动。1963 年 2 月，东城区红十字会召开第一次会员代表大会，选举产生第一届理事会，健全了领导机构。至 1966 年底，全区 319 个居委会均建立了红十字会组织，建立红十字卫生站 310 个，部分驻区企事业单位、学校建立了红十字会。1966 年 12 月至 1979 年 8 月，东城区红十字会停止工作。1979 年 9 月在上级红十字会的关怀下，东城区红十字会重新恢复工作。至 1982 年东城区全面恢复基层红十字组织，发展会员 16000 余人。

全区 10 个街道红十字会与普教系统 100% 的社区和 100% 的中小学校建立了红十字会组织。共有基层红十字会组织 361 个，会员 60184 人。

西城区红十字会

【简介】

成立于 1953 年的北京市西城区红十字会，历任会长均由西城区政府副区长（区革委会副主任）担任。七届理事会第一次聘请了时任区委书记和区长担任名誉会长。2004 年 11 月，区红十字会理顺管理体制。机关编制 10 人，处级领导一正一副，内设办公室、业务部两个科室。2005 年 2 月和 7 月，经上级党组织批准先后成立了机关党支部和党组。8 月成立少儿住院医疗互助金管理办公室（相当正科级全额拨款事业单位，核定编制四人）。

西城区红十字会下设学校工作委员会和七个街道红十字会。区属 84 所中小学、职技校设有红十字会组织，有151个社区红十字小组，九支红十字救援队，376家驻区会员单位、201家团体会员单位，红十字会员总数96849人（其中红十字青少年会员32561人），红十字志愿者9053人，街道社区、学校建会率达100%。

崇文区红十字会

（2010年7月与东城区合并）

【简介】

崇文区红十字会成立于1953年，当时挂靠区卫生局，为从事人道主义工作的社会救助团体，事业编制。2004年底，按照中国红十字会总会的要求，崇文区红十字会理顺了管理体制，机构独立设置，级别升为正处级，编制增加到八人。2005年12月22日，崇文区红十字会召开第七次会员代表大会，选举产生了新一届理事会，区委书记李晓光、区长牛青山为名誉会长，副区长刘玉芳为会长，贾红梅任常务副会长，吴国强任秘书长。全区七个街道、区直机关、教育、卫生系统都建立了红十字组织，基层红十字组织达34个，红十字会员30795人（其中红十字学校10所，青少年会员7893人）。

宣武区红十字会

（2010年7月与西城区合并）

【简介】

宣武区红十字会建于1953年，“文革”期间工作停顿，1978年恢复工作。按行政区域划分，区红十字会下设八个街道红十字会及红十字会学校工作委员会。现有基层组织147个，其中机关、企事业单位82个，中小学校、职高65个。红十字会员40692人，其中成人会员31911人，青少年会员8781人。

宣武区红十字会紧紧围绕“保护人的生命和健康，发扬人道主义精神，促进和平进步事业”的宗旨，本着解放思想、实事求是、创造性开展工作的原则，努力实施和完善人道主义博爱系列工程，进一步拓宽了人道主义救助工作的领域，使全区红十字会工作更加贴近社会、贴近生活、贴近群众。

2004年9月，根据市编办（京编办事［2004］81号）文件批复，宣武区红十字会机关被列为区政府直接联系的独立设置的群众团体机构，机构规格为正处级，编制五名。2005年6月，根据宣武区编办（宣编［2005］22号）文件批复，增加区红十字会编制二名，总编数为七名，设置办公室、业务科二个内设机构。

2004年11月，中国红十字会总会对宣武区“争创《全国社区红十字服务示范区》工作”进行评审验收。2005年2月，宣武区荣获中国红十字会总会、民政部授予的“全国社区红十字服务示范区”称号。

朝阳区红十字会

【简介】

朝阳区红十字会建立于1957年11月，当时名称为东郊区红十字会，挂靠在朝阳区卫生局。1958年随着区政府更名改为朝阳区红十字会。朝阳区红十字会机关正式编制八人，到2005年6月红十字会领导及科室人员全部到位。8月成立了区红十字会机关党支部，建立了各项规章制度。全区22个街道、

20 个地区（乡）全部建立了红十字会，210 所学校建立了红十字会组织，成立了朝阳区红十字学校工作委员会，共有红十字团体会员单位 418 家，红十字会员六万余名。

海淀区红十字会

【简介】

1958 年 10 月，海淀区红十字会成立，同年，区红十字会在海淀、四季青、清河等 10 个乡、镇建立基层红十字会组织，发展会员 3000 人。1979 年，海淀区红十字会恢复工作。2005 年 5 月，经区委、区政府批准，区红十字会调整为区政府直接联系的独立设置的正处级群众团体机构。全区有 22 个街道、二个地区办事处和五个镇建立了红十字会，共有社区红十字会员小组 558 个，红十字会员总数 22 万人。全区小学、中学及职高共计 169 所，全部建立了红十字会，青少年会员 4.6 万人。有志愿工作者一万余人。有红十字工作委员会一个（海淀区红十字学校工作委员会）。区红十字会机关内设办公室和业务部，机关人员编制八名，下设海淀区少儿住院医疗互助金管理办公室直属事业单位。

丰台区红十字会

【简介】

丰台区红十字会 1984 年 12 月 24 日建会，挂靠区卫生局。2005 年 10 月 26 日，区红十字会正式独立为由区政府直接领导和联系的正处级单位。内设一部一室，编制七人。

石景山区红十字会

【简介】

根据北京市机构编制委员会办公室《关于理顺区县红十字会机关管理体制有关问题的通知》和北京市红十字会《关于做好理顺区县红十字会管理体制工作的指导意见》，2004 年 12 月 31 日，石景山区机构编制办公室发文石编发出《关于调整石景山区红十字会机关管理体制的通知》，红十字会理顺为区政府直接联系的独立设置的群众团体机构，机构规格调整为正处级，核定机关编制八名，其中处级领导职数为一正二副。全区九个街道办事处、教工委均建立了红十字会组织。全区 56 所中小学校、职业学校中有 48 所学校建立了红十字会组织。全区现有基层红十字会组织 200 余个，红十字会员 8200 余人，红十字青少年 6700 余人、红十字志愿工作者 9000 余人。

天津市红十字会

【年度工作】

2011 年，全市各级红十字会以纪念天津市红十字会成立 100 周年为契机，深入贯彻落实科学发展观，围绕中心，服务大局，积极作为，化解不利因素，发挥了政府在人道工作领域的助手作用，为天津经济社会协调发展做出了应有贡献。主要表现在：纪念建会百年系列活动内容丰富，惠民生送关爱，红十字精神得到了彰显；筹资渠道有效拓展，救灾救助实力有所增强；救护培训工作有序推进，群众性自救互救知识和技能进一步普及；无偿献血、造血干细胞捐献、遗体和角膜器官捐献，以及艾滋病防控宣教工作富有成效；红十字青少年工作在全国保持了优势，健康培训进校园工作有效开展；坚持“两公开、两透明”，廉政工作制度建设初显成效；组织建设进一步加强。市肿瘤医院护理质控中心主任陈荣秀获第43届南丁格尔奖，全市红十字会系统50个先进集体和100名先进工作者受到表彰。

一是开展了纪念建会百年系列活动。市红十字会自上而下深入开展了纪念建会100周年系列宣传活动，新闻报道工作紧扣活动主题，全力配合开展工作。与河西区政府联合举行了“天津市红十字会成立100周年纪念活动”启动仪式，市政府、市人大、市政协相关领导出席仪式，近百名书画艺术家、志愿者参与了捐画活动。各区县和滨海新区、行业系统红十字会，以“携手人道促和谐，志愿服务为民生”为主题，分别组织开展了较有声势的宣传活动。

编辑制作红十字百年历史图片展，编写《天津红十字会一百年》、《红十字百件实事迎百年——博爱在津城》纪念书籍，纪念百年特刊随《今晚报》红报箱发送到本市30万户家庭中。制作完成了《红十字百年历史》专题片、应急避险动漫短片及大型公益广告展牌。

结合器官捐献者纪念碑落成仪式、汶川特大地震援建项目爱心回访、世界急救日及魔豆救助项目活动进行了深度报道，增强了募捐工作的透明度。全年中央及地方报纸平面媒体刊发红十字会工作稿件245篇，在网络媒体播发稿件24条，电台播发32条，电视台播发35条，制作电视专题片六部。

借助媒体力量宣传先进典型。器官捐献者史铁生被天津电视台推选为感动津门“真情2010都市年度人物”。配合中央电视台新闻频道、科教频道采访报道了天津市人体器官捐献工作。天津市组织的“五八”纪念活动被总会评为“优秀奖”，报刊宣传工作获总会“2011年度报刊宣传先进集体奖”。

二是惠民生送关爱，救灾救助实力得到增强。募捐工作成效明显。市红十字会系统开展二次救灾募捐，接收救灾募捐款170万元。各区县“博爱一日捐”募捐总数2304万元，同比增长143.8%。为市红十字会备灾救助基金注入170万元。南开、宝坻、北辰募捐超过200万元。接收社会各界专项基金捐款429万元，同比增长32%。为资助特困生、救助大病患者募捐80万元。全年接收救灾募捐款物3614万元。

备灾救灾与应急管理工作进一步加强。通过总会向日本地震灾区援助137万元，向甘肃舟曲泥石流灾区支援第二批灾后重建项目款561万元，向贵州旱灾地区支援灾后重建款34万元，向非洲旱灾灾民支援救灾款11万元。

灾后重建项目稳步推进。筹集汶川特大地震灾区灾后重建款2.14多亿元，涉及四川、陕西、甘肃三个省份76个项目全部完成并交付使用。组织常务理事、捐赠单位和媒体代表分3批赴陕西、四川进行灾后重建项目考察。确定玉树县上拉秀乡寄宿制中心校为天津市支援青海灾区灾后重建项目，拨付重建款3884万元，在建10480平米新校舍。支援甘肃舟曲灾后重建项目，拨付1061万元用于投建秦王川寄宿高中。向贵州省旱灾地区支援34万元，援建三个引水项目。

对口援疆工作有效落实。全年有九个区

县（和平、南开、河北、塘沽、汉沽、大港、东丽、津南、北辰）红十字会筹资 97 万元，向和田地区于田县、策勒县、民丰县援建了 11 个项目，大部分项目已交付使用。

"四助一送"博爱救助活动持续开展。筹款 2142 万元，资助 5.15 万人。市和区县两级红十字会年内完成 157 个救助项目，募集项目款达 173.5 万元。

基金会工作启动运转。年内制定了基金会章程和七项规章制度，聘请了 13 位理事，已具备申报条件。利用新帮办基金、安定医院精神残疾基金、儿童医院大病基金等，救助大病患者 678 名，使用基金 160 万元。市会本级建立的基金经清理规范后有 15 支，筹集资金 174.2 万元。与淘宝网合作开展就业救助活动，38 名困难母亲实现就业。

备灾中心建设与管理工作得到加强。市和区县两级红十字会重新修订了应急预案，对专职干部进行了灾害管理技能培训。备灾物资帐目全部独立建制，出入库管理规范，物资接收、分发信息全面公开。

三是抓普及培训，卫生救护工作有序推进。应急避险知识宣传力度进一步加大。编印了《应急避险小手册》，首次印刷 30000 册向全市发放。与市应急办、天津交通台联合开办了"救护知识走进直播间"节目。与和平区政府共同举办了"社区家庭应急救护大赛"，中国民航大学乘务学院百名大学生进行了心肺复苏演练，增强了公众对救护知识和技能的了解。

依托市红十字培训中心聘请师资，在师资力量薄弱区县举办培训班 80 余期。成功举办了青年同伴教育主持人培训班和复训班，五所高校的 56 名大学生接受了系统培训。编印《预防艾滋病》宣传手册和宣传折页各 2.5 万份。利用世界红十字日、世界艾滋病日，在大学生和市民中开展宣传活动，分发宣传资料 1.93 万份，受益人数 2.2 万人。

加强遗体捐献和人体器官捐献工作宣传力度。清明节前夕，市红十字会和天津电视台在元宝山庄举办了"奉献者生命的礼赞"大型追思电视直播活动。社会各界代表、捐献者亲属及受者代表 100 多人参加了活动，进一步扩大了社会认知度。年内共报名登记志愿捐献遗体者 123 名，实现生前遗愿者 19 人。

四是规范运行机制，造血干细胞及人体器官捐献工作保持领先。以制度建设为先导，规范供者服务工作流程。制定出台了《造血干细胞捐献者入院采集温情提示》，修订完善了《天津造血干细胞捐献同意书》和《医院采集操作突发情况应急办法》，为志愿捐献者成功采集提供了保证。

在《渤海早报》开设了"百题迎百年"红十字知识竞答活动专版。举办了造血干细胞业务培训班，18 个区县及高校红十字会主管人员参加了培训，使红十字会系统专兼职干部进一步了解了造血干细胞捐献的意义和流程。

截至 2011 年底，初筛人数 1667 人，同比增长 48%。进入思想再动员人数 392 人，与 2010 年大体持平。进入高分辨检测 160 人，与 2010 年持平。进入体格检查 52 人，同比增长 33.3%。实现捐献 36 人，同比增长 44%，累计实现捐献 102 人。年内 15 个区县开展了招募工作，共招募志愿者 1354 人，12 所高校的 3095 名师生成为造血干细胞志愿者。全年新增有效志愿者资料 6087 人份，确保了年内 6000 名志愿者招募目标的顺利完成。库容量累计达44316人份，库容使用率达万分之八，比国家标准翻了一番，巩固了天津市位居全国五个省市首批试点地位。

积极推进地方性法规的设立，“天津市人体器官捐献管理中心”正式获批。对人体器官捐献与移植立法项目进行了专题调研和立法汇报，初步形成《天津市人体器官捐献条例草案》，并将此《条例》确定为2011年立法审议项目。

组织召开了天津市人体器官捐献委员会工作会议，审议通过了《天津市人体器官捐献委员会职责及议事制度》、《天津市人体器官捐献博爱救助基金管理办法（试行)》，为工作正常运转提供了组织保证。

以全国人体器官捐献试点工作会议在天津市召开为契机，克服困难，积极运作，使机构设置、报名及捐献人数、制度建设等项工作走在全国前列。年内天津市有213名志愿者报名登记身故后捐献器官，累计登记436人。对63名潜在志愿者家属进行动员，同比增长270%。有11人成功实现器官捐献，同比增长83%，为23名患者带去重生的希望。

加大人体器官捐献宣传工作。在全市主要干道设立了200块路名牌公益广告，在天津站后广场设立了通道灯箱广告，在天津医科大学总医院等五家三甲医院设立了18块公益宣传栏，人体器官捐献社会认知领域不断扩大。天津市在全国人体器官捐献试点工作交流会及协调员培训班上交流了经验做法。

五是健康培训进校园，红十字青少年工作保持优势。深入贯彻落实《关于加强学校红十字会工作的指导意见》和《评选全国红十字模范校的通知》精神，推动人道法进课堂工作。在河北、河西区举办二期探索人道法师资培训班。组成联合评审小组，对申报全国红十字模范校的八所学校进行了评审验收。

与市教委在广播电视大学建立了天津市红十字青少年培训基地。依托市教委远程教育服务中心开展红十字健康培训，建立了可持续的安全健康和急救知识培训机制，使红十字健康培训惠及广大师生。

经总会和教育部评审，天津工业大学、天津交通职业学院和天津师范大学的大学生暑期社会实践活动项目获得资助和表彰。承接中国红十字会“十二五”彩票公益金学校安全教育项目，举办了四期学校救护师资培训班，培训师资120人。红十字健康培训进校园工作进一步开展。全年，各级各类学校共培训师生51.79万人，同比增长69.4%。

协助总会成功召开了全国红十字青少年工作会议，全国人大常委会副委员长、中国红十字会会长华建敏率四部委领导出席会议，市教委、市红十字会代表在大会论坛上作了交流发言。与会代表参观了天津大学、天津师范大学、红光中学的红十字青少年工作，观摩了国际人道法课程。天津市红十字青少年工作受到与会代表的一致好评。

六是加强会员和志愿者队伍规范管理，组织建设进一步加强。市和各区县红十字按时召开了理事会或代表大会。滨海新区成功召开了第一次会员代表大会并成立红十字会。

完善并落实了基层组织建设相关制度，巩固发展志愿者和会员队伍，进一步夯实了组织基础。全市有红十字会基层组织2561

个，同比增长 17.1%。企业建会 170 个，同比增长 44.1%。会员 59.9 万人，同比增长 5.4%，其中成人会员数量增加了 20.3%。志愿服务队 395 支，同比增长 11.3%。志愿者人数 19.9 万人，同比增长 19.7%。

市红十字会协助有关区县红十字会开展了红十字会干部能力建设培训工作，各级红十字会组织建设进一步加强。

七是以制度建设为重点，廉政建设工作初显成效。召开了全市红十字会系统廉政工作会议，市和区县两级红十字会围绕募捐款物接收、分发使用、信息公开、财务管理、物资采购、制度建设等认真进行了自查自纠，针对查找出的问题进行了梳理，并制定了整改措施。市红十字会检查组采取听汇报、查阅资料、检查财务账目、物资库存等方法，对各区县红十字会的各项管理工作进行了检查，专题研究汇总了检查结果，梳理了存在问题，督促落实了整改措施。

为完善制度建设，市红十字会重申了关于募捐工作规范管理的五项制度，制定了《天津市红十字会接受捐赠款物的信息公开办法》、《天津市红十字会物资采购管理办法》，在完善市红十字会捐赠信息公开的同时，利用市红十字会网站平台及时公示捐赠信息。

加强了机关内部制度建设工作，制定了《天津市红十字会机关集中采购管理办法（试行）》、《干部谈话制度》等。举办了规范募捐财务管理工作培训班，市红十字会财务人员就募捐账户独立设置、募捐物资账目管理、备灾中心各项制度建设等对各区县红十字会财务人员进行了全员培训，并对各区县红十字会财务管理情况进行了全面验收。

此外，干部选拔任用、外事工作及后勤保障方面也取得了较好成绩，为年度工作顺利开展发挥了保障作用。

【历史沿革】

天津市红十字会从 1911 年 11 月 10 日诞生之日到今天，已经走过了 100 年的风雨历程。天津是我国较早建立红十字会组织的地方之一。百年来，经历了两个截然不同的社会制度。在新中国建立前的近 40 年中，天津市红十字会是以“恤兵博爱”为宗旨的慈善团体。当时，红十字会工作人员和一些为红十字事业而献身的志士仁人冒着枪林弹雨活跃于战区，救护伤兵和平民百姓，或奔走于灾区赈济灾民，是在极其艰难的社会条件下履行人道主义使命的。建国后，在周恩来总理的亲切关怀下，中国红十字会总会得以改组，作为地方组织的天津市红十字会于 1953 年 3 月也获得了新生。从那时起到 20 世纪 60 年代中期，天津市红十字会在中共天津市委和天津市人民政府的领导和关怀下，走上了一条健康发展之路。当时，红十字会基层组织遍及全市城乡各行各业，红十字会会员（包括红十字青少年会员）已逾百万。市红十字会作为政府的助手，在保护人的生命和健康及开展民间外交方面发挥了积极的作用。“文革”期间，天津市红十字会组织和工作被迫停顿长达 10 余年之久。直到 20 世纪 70 年代末期，在中共十一届三中全会召开以后，经过拨乱反正，才重新得到恢复。

1978 年 7 月，天津市红十字会组织机构和工作恢复以后，立即着手加强组织建设。恢复后的天津市红十字会首届理事会会议于 1978 年 9 月 10 日召开（因红十字会工作停顿 10 余年，无法召开代表大会，为此恢复后的首届理事会代行了第三次会员代表大会的职权)。经过充分的酝酿和讨论，理事会一致选举白桦为天津市红十字会会长，并组成常务理事会。理事会决定：从天津市的实际出发，大力开展宣传工作，利用三年时间，把全市红十字会基层组织恢复起来，红十字会工作要做到“组织落实、人员落实、制度落实、活动落实”四个落实。

1992年9月18日至19日，天津市红十字会第四次会员代表大会召开。参加此次会员代表大会的代表共168人，其中正式代表155人，列席代表13人。参加此次会员代表大会的代表们经过认真讨论，一致通过了关于第三届理事会工作报告的决议、关于《天津市红十字会组织通则》的决议、关于《天津市红十字会五年工作规划要点》(1991—1995年）的决议。同时，经过代表充分酝酿和讨论，选举产生了新一届领导机构——第四届理事会。

在四届一次理事会上，一致通过并聘请钱其璈为天津市红十字会名誉会长。选举曲学申为天津市红十字会会长。

1993年10月《中华人民共和国红十字会法》和1996年1月《中华人民共和国红十字标志使用办法》的颁布实施，使红十字事业走上了法制化建设的轨道。1998年11月24日，天津市红十字会第五次会员代表大会召开，来自全市各有关部门、各单位和基层红十字会组织的168名代表参加大会。大会选举出68名理事组成新一届理事会。聘请俞海潮担任名誉会长，提出实施“四项工程”：百老百小博爱社会工程、保护生命工程、人道救援工程、青少年思想道德教育工程，充分发挥红十字会在精神文明建设中的作用。

2004年，天津市红十字会系统为“救灾救助基金”募集资金270余万元。在“红十字博爱送万家”活动中，全市各级红十字会共筹措资金120万元，救助了3200个困难群众家庭。市红十字会与海关合作，争取到罚没侵权物资价值65万元，用于救助困难学生。一年来，全市共筹集博爱助学金337万元，资助困难学生3759人。2004年，市红十字会还举办五期师资培训班，培训师资160人。与市体育局联合在全市170多个游泳场所培训救生员829人。一年来，全市共培训机动车驾驶员四万余人次。在“健康教育进社区”活动中，市红十字会发放《健康教育手册》13万份、防治“非典”宣传光盘32000张，开通了“天津市红十字会健康教育网站”，为18万群众免费查体，向二万余户家庭赠送了药品和卫生包。市红十字会与加拿大国际发展署共同捐资兴建了三个红十字农村防病培训指导中心，举办了33期乡医培训班，发放宣传材料20万份，发放消毒药品1500箱，使万余户农民受益。全市红十字会系统还开展了纪念中国红十字会成立100周年系列宣传纪念活动。完成了《闪光的红十字》电视专题节目的制作和播出，在市级以上新闻媒体刊登新闻报道205篇。市红十字会与市教委联合召开了红十字青少年工作会议，制订并颁发了《2004年至2010年天津市学校红十字会工作规划》。至2004年底，全市18个区、县全部成立了学校红十字工作委员会。天津市全年新创建市级红十字标准校26所。市红十字会组织红十字青少年参加了奥地利红十字青少年夏令营友好交流活动。2004年，全市累计有5700人完成造血干细胞的血样采集，经HLA分型入库资料累计达4700人份，有34位志愿者与患者HLA初配型基因相合，七人成功捐献了造血干细胞。

天津市红十字会会员代表大会

第一届

1951年3月30日召开，代表29人，理事30人，常务理事六人，会长李允恪，副会长宋罗歧（兼）等。

第二届

1958年3月10日召开，1884人，理事28人，常务理事六人，会长李振亚（兼），副会长吴士法等。

第三届

1978年9月10日召开，理事32人，常务理事七人，名誉会长钱其璈，会长白桦（兼）等，副会长赵芸一（兼）等。

第四届

1992年9月18日召开，代表168人，理事72人，常务理事三人，名誉会长钱其璈、庄公惠，会长曲学申、赵辉，副会长康健等。

第五届

1998年11月24日召开，代表168人，理事68人，常务理事七人，名誉会长俞海潮、张俊芳，会长赵辉，副会长王建华、吴炳岳、韩军、黄广祥。

【组织机构】

天津市红十字会现有基层组织2918个，会员40余万，志愿者单位896个，志愿工作者39646人，拥有覆盖全市18个区、县和教育、铁路、武警三个行业的红十字会组织网络系统。同时，在教育系统建立了红十字会学校工作委员会，18个区、县也分别建立了区、县红十字会学校工作委员会。

天津市红十字会机关设有办公室（联络部）、赈济部、救护部、事业发展部。下辖直属事业单位中国造血干细胞捐献者资料库天津市分库管理中心。

根据《中华人民共和国红十字会法》和中国红十字会总会《理顺管理体制座谈会纪要》精神，2004年8月28日，天津市红十字会向市编委提交了《关于我市区县红十字会机构依法独立设置的再请示》。2005年1月18日，市机构编制委员会下发了《关于区县红十字会机关机构设置和人员编制有关问题的通知》。目前，天津市18个区、县红十字会机关理顺管理体制工作正在顺利进行。

【大型项目】

一、1998年向遭受自然灾害的省、市、自治区进行的援助：

（一）1998年1至2月，向河北省张家口地震灾区募捐款物3690203元；发往西藏自治区那曲雪灾区现金、物资价值为256850元。

（二）8月11日至10月9日，为“三江流域”水灾开展募捐，共接收社会各界捐赠款物总值443万元，衣物15632件，分别发往湖南、湖北、内蒙古、黑龙江等灾区。

二、2001年，紧急救助内蒙古自治区、新疆维吾尔自治区受灾地区，共募集款物总值达1330161余元，并募集了20余万件棉被、棉大衣、皮衣等物品，分四批运往灾区。

三、2002年向遭受自然灾害的省、市、自治区进行援助：

（一）向内蒙古自治区通辽市、甘肃省定西县、广西壮族自治区贺州市和重庆市接龙镇各拨付救助款 10 万元，用于建设红十字小学。

（二）为福建省建宁县全溪乡卫生院建立放射科。

四、2003 年积极为遭受自然灾害的兄弟省市捐款捐物：

（一）2 月，向新疆维吾尔自治区伽师地震灾区捐款 10 万元，帮助修建一所小学。

（二）7 月为淮河等洪涝灾害地区募捐款物 71 万余元，购置帐篷、棉被、棉大衣、毛毯、药品等物资支援安徽、湖南、陕西三省灾区。

五、2004 年支援了六个省、市救灾工作：

（一）筹措价值 80 万余元的生活必需物资，支援内蒙古自治区锡林郭勒盟地震灾区和河南省、湖北省、四川省、云南省昆明市、黑龙江省佳木斯市的水灾灾区和贫困地区

（二）筹措价值 800 余万元的八万套“元亨强心卡”赠送给 14 个省、市红十字会。

【主要特色】

一、开展“红十字博爱助学”募捐活动

为了使政府对特困生的救助增加一条重要的民间筹资渠道，同时也充分发挥学校红十字会的救助职能，使红十字会成为学校助困工作的主要承担者，2004 年 5 月，经市领导批准，天津市红十字会与市委教卫工委、市教委、天津日报报业集团联合发起了“红十字博爱助学”募捐活动，并设立了市、区、县学校三级“红十字博爱助学金”。制定并下发了《关于开展红十字博爱助学募捐活动的通知》、《天津市红十字博爱助学金管理使用暂行办法》、《天津市红十字校园募捐箱管理办法》等文件。募捐活动开展以来，得到社会各界的热烈响应。市教卫系统向“市红十字博爱助学金”捐赠了 102.0098 万元；平安保险公司天津分公司、北海粮油工业（天津）有限公司、天津市公安系统青年文明号干警、各区、县、各大中专院校以及社会上的爱心人士也纷纷捐款。截至 2004 年底，天津市红十字会共接收捐款 169.3 万元。南开大学广告策划中心捐赠了价值 10 万元的首批 80 个校园募捐箱，设立在部分学校校园内。

红十字博爱助学活动已成为红十字会服务党和政府工作大局、服务学生的一个“品牌”活动，凸显了红十字会在校园助困工作中的独特作用，天津市红十字会决定将其作为“品牌”年年进行下去。2005 年，为了搞好这项活动，市红十字会在春节长假时间，与天津电视台、市残联联合举办并播出了《我们同行》大型电视公益会，中国红十字会会长彭珮云专程到会发表了热情洋溢的讲话。

二、红十字青少年活动

天津市认真贯彻落实中国红十字会总会和国家教育部下发的《关于进一步推进学校红十字会工作的意见》及《学校红十字会工作规则》，注重发挥红十字会在学校全面推进素质教育中的重要载体作用，使红十字青少年工作成为学校整体工作的一个重要组成部分，在壮大组织、规范建设、丰富活动、创新方式上进行了积极探索，从而扩大了红十字会的影响力和号召力。自 1997 年开始，市红十字会与市教委联合在全市大中小学开展了创建红十字标准校活动，加强和规范了对学校红十字会工作的管理，建立健全了学校红十字会组织和管理机制，成立了

天津市学校红十字会工作委员会，18 个区、县也都建立了区、县学校红十字会工作委员会。红十字标准校普遍建立了四项工作制度，即：学校红十字会理事会议制度、红十字青少年活动制度、会费收缴使用管理制度、年终评比表彰制度。目前，全市 20 所大学全部建立了红十字会，绝大多数中小学校也已建立红十字会，中专校三分之二已建立红十字会，全市共发展红十字青少年会员 19 万人。经过七年的努力，截至目前，全市共创建市级红十字标准校 226 所，区级标准校 640 所。

2001 年，在巩固红十字标准校工作的基础上，天津市红十字会开展了创建“红十字示范校”活动。经市红十字会、市教委严格评审验收，全市共有 10 所学校被命名为“红十字示范校”。

自 2000 年起，天津市红十字会与市委教卫工委、市教委、市民政局联合发起了天津市大中小学红十字青少年敬老奉献服务基地建设活动。全市 394 所学校与 320 所养老机构签订了敬老奉献志愿服务协议，实现了让全市所有养老院都享有红十字青少年志愿服务的工作目标。在创建红十字青少年敬老奉献服务基地活动中，全市有 10 所养老院和与之对口服务的 11 所学校被评为红十字敬老奉献示范基地和示范学校。

三、构筑红十字会农村防病健康培训指导网络

为全面提高乡村卫生人员在疫情预防和控制方面的能力、应急反应能力及参与长期疫病控制方面的能力，加拿大国际发展署和天津市红十字会共同捐赠 39 万元人民币和九万余元物资，在天津市武清、东丽、津南区建立了红十字会防病培训指导中心。红十字防病培训指导中心的主要功能是协助当地政府以及卫生部门组织乡村级卫生人员培训，免费发放消毒药品，对公共场所定期消毒，组织卫生宣传员深入农户宣传讲解防病知识，做到送药送卫生健康下乡，为农民群众服务。各培训中心均健全了培训制度，坚持邀请医学专家每月授课一次。培训对象以乡、街、村干部，乡村医生、校医、厂医、院内医务人员等为主，通过他们带动或推动单位、村队、社区卫生宣教工作的开展。培训内容涉及各种传染病的预防、消毒、隔离指导，多发病、常见病、慢性病的防治，群众性卫生急救技术普及和艾滋病知识预防工作。乡医有针对性地向群众宣讲通俗易懂的防病保健知识，深入生活困难、行动不便的群众家中讲解药品使用常识，提高他们预防疾病的能力，培养良好的卫生习惯。在抗击“非典”和禽流感的工作中，红十字防病培训指导中心在第一时间向 400 个行政村发放了 20 万份宣传材料，设立了 30 个红十字宣传栏。为加强辖区内的消毒工作，减少传染病的发生机率，三个区为各行政村配发喷雾器，并标有“红十字防病消毒专用”字样，乡医定期对公共场所进行消毒。红十字防病培训指导中心积极发挥红十字救助职能开展救助工作，每逢年节，红十字会工作人员都为特困家庭送去慰问金以及米、面、油等慰问品，免费为敬老院老人体检，建立健康档案，为困难群众在防控疾病方面提供力所能及的帮助。

四、开发性扶贫工程

为帮助贫困农民摆脱困境，天津市红十字会从 1996 年开始摸索出一条新路，经与香港环球之友有限公司天津办事处积极联系，着手引进资金开展开发性扶贫工程。

1998年11月20日，经市红十字会积极努力协调，香港环球之友有限公司天津办事处与蓟县杨津庄乡政府正式签订协议，首次实施开发性扶贫工程，即：由香港环球之友有限公司为韩庄村提供697000元人民币，用于建造41座温室蔬菜大棚。其中40座大棚用于扶贫，每个大棚由一户贫困农民承包，共计40户；一个大棚用作蔬菜品种试验。此次扶贫资金分六年偿还本金，待资金收回后，再用于新的扶贫项目。

韩庄村贫困户承包蔬菜大棚后，在定期来津的美国和中方专家的指导下辛勤耕种，于1999年春节喜获丰收。他们将收获的西红柿、黄瓜等卖出，得到了第一笔收入。截至2001年5月，韩庄村承包大棚的贫困户均已摆脱困境，并开始逐年偿还扶贫本金。

天津市红十字会在全面总结经验的基础上，于2000年末至2001年初，由市红十字会领导带队相继考察了天津市部分区、县较贫困的地区，并选定在汉沽区后沽乡宝田村进行开发性扶贫试点工作。

这次市、区两级红十字会共同出资四万元，建造五个以种植葡萄为主的温室大棚，由五个有劳动能力的贫困户承包种植，乡政府具体进行指导。同时，每个承包户每年拿出一定收入款项帮助一户无劳动能力的贫困户共同脱贫。如该扶贫点试验成功，天津市红十字会将在此基础上进一步探讨开发性扶贫的可行性，争取扶贫工程有更大的发展。

五、癌症康复委员会工作

1993年12月10日，天津市红十字志愿工作者协会癌症康复委员会成立，这是全国首家由红十字会组建的癌症康复组织。

自从河北区红十字癌症康复俱乐部于1992年10月24日成立以来，一年之间发展会员350多名。为满足全市癌症患者的需求，市红十字会成立了全市性的癌症康复组织，分别在各、区县建立癌症康复俱乐部，下设50多个活动站。截至2000年底，已有2300多名癌症患者加入了这个组织。他们坚持常年开展体育和气功锻炼，通过群体抗癌，科学抗癌，使大部分癌症患者增强了抗癌克癌的勇气，并笑对人生，延续生命。

癌症康复会经常组织会员开展各项活动，如举办康复知识讲座、文体活动，开展抗癌明星、克癌勇士评选活动，组织宣讲团到肿瘤医院为身患癌症的患者现身说法，到监狱开展帮教活动等。他们还专门成立了“生命之爱艺术团”，为社会各界举行义演，迄今已演出上百场。市红十字癌症康复会还举办了“生命之爱”艺术展，该市一批著名书画家将自己创作的艺术作品捐赠给癌症康复会。在展出的224件作品中，有百余幅作品出自癌症患者之手。

六、建立遗体捐献者纪念园

2004年5月19日，由天津市红十字会、天津医科大学、天津元宝山庄陵园有限公司共同创建的天津市遗体捐献者纪念园在蓟县元宝山庄陵园落成。遗体捐献者纪念园坐落于天津市目前唯一的山地绿色生态陵园——元宝山庄陵园中的“归于自然”景观处。纪念园由天津市红十字会、天津医科大学、天津元宝山庄陵园有限公司三方合作共同建设，天津元宝山庄陵园有限公司无偿提供了500多平方米的建设用地和全部建设资金，总值1173.7万元。纪念园设计方案采取向社会公开征集的方式，园内的长25米、高4米的纪念碑为标志性建筑，并在以“奉献”为主题的纪念碑上镌刻209名已经实现愿望的遗体捐献者的名字。在他们当中，有著名的科学家、离休干部，也有普通的知识分子、工人、农民。纪念园周围以绿色植物和鲜花为陪衬，整个纪念园设计理念突出文化品位、观赏价值和艺术特点，该纪念园是我国目前规模最大的遗体捐献者纪念园。截至目前，天津市已有120多人领取了捐献遗体登记表。

七、建立助困抚恤班

1997年6月12日，天津市红十字会建立了“助困抚恤班”，这是对特困生进行长期资助的一种探索形式。“助困抚恤班”建立后，分期分批接纳了社会上需要帮助的、有特殊困难的中小学生。凡经市红十字会批准的抚恤班成员，由市红十字会确定抚养人（抚养人都是志愿为困难中小学生提供长期资助的单位或各界人士），抚养人每月为抚恤班成员提供固定的救助金（每月50~150元不等），救助金额根据被救助者家庭的实际困难情况而定。

截至目前，市红十字会建立的“助困抚恤班”已先后接纳了224名特困中小学生，有六个单位和百余名资助人提供了资助，每年资助款额已达25万余元。被救助的学生中，已有100余名高中毕业考上大学。由王本强连续多年资助的特困生盛保善在2000年的高考中，以664分的好成绩考上了清华大学。

（宋　强）

和平区红十字会

【简介】

和平区红十字会成立于1956年7月，2005年8月正式独立设置，正处级编制，现有人员六人。全区有红十字会基层组织74个，红十字会员20460人，红十字志愿工作者3358人。

2011年，区红十字会召开六届七次理事会议。有10位爱心企业家为区红十字会捐款27万元，浩沙国际香港有限公司捐赠价值10万元的保暖内衣。“红十字博爱送万家”活动筹集救助资金17万元，救助500余户困难家庭。应急救护培训600余人，有三人参加中国红十字会总会师资培训班。区教育系统全年采集造血干细胞血样83人份。

现任会领导：

区红十字会会长：孟冬梅（副区长）

常务副会长：周庆津

河东区红十字会

【简介】

河东区红十字会成立于1957年，“文革”期间停止工作，1981年恢复工作，2005年定为正处级单位。全区有基层红十字会组织78个（街道12个、学校41个、医院20个、民营单位五个），红十字团体会员单位61家，红十字会员5812人，红十字青少年会员11156人，红十字志愿工作者896人。

2011年，区红十字会完成102人份的造血干细胞血样标本及唾液粘膜标本采集工作。“红十字博爱助百家救助”活动发放救助款物35.9万元，救助特困家庭667户。投资五万元，在四所学校、两个街道、两家医院建立八个博爱图书室。

现任会领导：

区红十字会会长：张庆岩（副区长）

常务副会长：邢晓斌

南开区红十字会

【简介】

南开区红十字会成立于 1956 年 6 月，“文革”期间工作停止，1980 年 4 月恢复工作，2006 年 2 月独立工作，为处级单位，编制五人，现有人员七人，其中在编四人。现有基层红十字会组织 64 个，红十字会员 23680 万人，红十字志愿工作者 15620 人。

2011 年，区红十字会在“红十字博爱送万家”活动中筹措 12 万元款物，慰问困难户 400 余户。开展“慈善博爱助万家”募捐活动，共募善款 266 万元。全年卫生救护培训 5400 余人。与市红十字会共同投资 600 万元，建成区红十字备灾库及卫生救护培训中心。为七个单位配备博爱图书室。在新疆于田县阿热勒乡拉依喀村投入 10 万元建成 60 平方米的卫生室。

现任会领导：

区红十字会会长：朱峰（副区长）

常务副会长：刘占瑞

红桥区红十字会

【简介】

红桥区红十字会成立于 1958 年，正处级单位，现有四名专职干部，基层组织 19 个，会员近二万人，红十字志愿工作者 5000 余人。

2011 年，区红十字会在“红十字博爱送万家”活动中筹措 24 万余元救助款物，救助困难群众 770 户。全年募集善款 140 余万元，发放救助款物 56 万余元。在 60 余个社区对近千名群众开展卫生救护培训。全年采集造血干细胞血样 55 人份。

现任会领导：

区红十字会长：马政（副区长）

常务副会长：张永红

河西区红十字会

【简介】

河西区红十字会成立于 1957 年，正处级单位，现有五位专职干部，三名志愿工作者。在基层红十字会组织中，有教育系统中小学校红十字会 60 个，街道红十字会 13 个，医疗团体会员单位红十字会 18 个，企事业单位红十字会 36 个，全区有红十字会会员 3.7 万人。

2011 年，区红十字会召开了七届三次理事会。在“红十字博爱送万家”活动中，区红十字会筹集资金 20 多万元，救助困难家庭 1500 余户。为云南盈江地震灾区和日本地震灾区募集捐款近二万元。全年开展群众性急救知识培训二万人次。全年招募 126 名造血干细胞志愿捐献者。

现任会领导：

区红十字会会长：孙惠玲（副区长）

常务副会长：吴子杰

河北区红十字会

【简介】

河北区红十字会于 1957 年建会，2006 年 3 月独立设置机构，编制五人，正处级单位。全区有基层红十字会组织 209 个，红十字会员 25854 人，红十字志愿工作者 9190

人。有社区红十字服务站 101 个，红十字募捐站 104 个。

2011 年，区红十字设立 50 万元备灾专项基金。在红十字送温暖活动中，慰问困难家庭 400 户。投资 12 万元为新疆和田地区民丰县叶亦克乡阿瓦提和阿依塔什村建二所博爱卫生室。开展应急救护培训，全区 59 个中小学、幼儿园的红十字会秘书经考核全部达到初级卫生救护合格水平。有 64577 人参加卫生救护培训。609 人取得初级卫生救护合格证，全区有 113 人报名捐献造血干细胞。

现任会领导：

区红十字会会长：刘冬云（副区长）

常务副会长：史家华

河北省红十字会

【年度工作】

2011 年，全省各级红十字会围绕贯彻落实《河北省红十字事业 2010—2014 发展规划》和“以加强制度建设为重点的能力建设”这一主题，按照年初确定的目标任务，克服社会“网络事件”带给红十字会的不利影响，努力开拓、积极进取，以加强组织建设、制度建设、能力建设和公信力建设为重点，充分发挥政府人道工作领域助手作用，各项工作都取得了新成效、新进展，为改善民生、促进社会和谐做出了积极贡献。

一、业务工作

（一）备灾救灾和应急救援能力稳步提升。2011 年，一是河北省、市两级红十会积极创造条件，备灾救灾物资储备库设置率达 70%，招标采购了帐篷、棉被等必要的救灾物资，初步形成了省、市两级备灾物资储备体系，使全省红十字会系统备灾仓储设施少、救灾物资缺如的状况得到基本改善，为应急救援工作提供了重要保障。二是健全了全省备灾救灾信息网络系统，完善了各级红十字会自然灾害和突发事件应急预案。三是加强了应急救援队伍建设，年内全省新建应急救援队 47 支、累计达 176 支，省、市红十字会共组织应急演练 80 余次，全省应急救援快速反应能力显著提高。

筹资和社会救助工作积极推进。2011 年，全省各级红十字会共募集款物总值 5336.26 万元，创无重大自然灾害年份募捐数额新高。积极推进大病医疗救助项目，筹集资金 1643.82 万元，救助贫困患者 7459 人；筹集专项资金 894.34 万元，救助先心病患儿 341 人，资助贫困失学儿童 1527 人，全省各类受助人数达 12822 人；争取中国红十字基金会 256 万元救助资金，救助先心病患儿 52 人、白血病患儿 62 人；向香港中美仁爱医疗救助中心募集了 1150 万元的医疗器械，并配合其与河北医科大学第一医院实施为期 10 年、每年 150 万元的医疗救助项目；开展“红十字博爱送万家”活动 589 次，发放慰问款物总值 560.74 万元，受益家庭五万多户。

（二）救护培训工作深入开展。坚持救护培训的公益性原则，2011 年度，全省培训救护员 29.7 万人、公益普及培训 55.4 万人次，取得了良好的社会效益。在师资队伍建设和规范课程设置上下功夫，注重培训质量效果，积极参加总会组织的《红十字“救”在身边征文比赛和应急救护精品课程评选》活动，邯郸、秦皇岛市救护培训师资分获救护培训精品课程优秀奖。积极开展救护演练活动，“世界急救日”期间，组织省、市“120”急救中心、省会“110”等15个专业应急救援队，在省会和设区市主要广场等公众场所，现场进行了外伤止血、包扎、固定、搬运技术及心肺复苏等技能的讲解、演示，并邀请现场群众互动，向群众发放急救资料，宣传自救互救知识，起到了很好的宣传效果。

（三）“三献”工作健康有序运行。2011年度，造血干细胞库入库志愿者资料12333人份，超额完成总会下达的年度任务指标，全省库容资料累计达90056人份，成功实施捐献23例，累计捐献98例。省红十字会充实了造血干细胞库工作人员，强化内部管理，加强对各市工作的指导与监督，志愿者数量、数据质量和移植率明显提高，反悔率和流失率明显下降，省造血干细胞库总体工作在全国各分库中排名前移。全省11个设区市均成立了献血服务大队，招募红十字无偿献血志愿服务者7100余人。人体器官捐献工作，遗体捐献登记新增290例，实施捐献新增12例，累计达152例；器官捐献登记新增202人，实施捐献新增7例，累计达50例。

二、能力建设工作

（一）法治观念进一步增强。以中国红十字会‘六五’普法动员电视电话会议精神为指引，积极贯彻落实《红十字会法》、《献血法》和《公益事业捐赠法》等法律法规，积极营造“学法用法”的良好氛围，法治观念更加牢固，各级红十字会依法处理公益事业与市场、企业和社会关系的能力得到了有效提升。

（二）基本制度进一步健全。以贯彻落实全国红十字会系统廉政工作会议精神为契机，组织召开了全省红十字会会长会议，会议全面分析了全省红十字会系统工作面临的形势，深刻剖析了存在的问题，提出了具体工作措施和对策。副省长、省红十字会会长孙士彬就加强全省红十字会系统全面建设和廉政工作提出了“四要、三查三看”的明确要求。全省红十字会系统从纠正偏差、堵塞漏洞，加强制度落实入手，深入开展以“三查三看”内容为重点的自查自纠活动，查找人员管理、经费使用和会务公开等方面存在的问题，进一步建立完善了公开透明的监督工作机制，为提升红十字会社会公信力，深入推进事业发展奠定了坚实基础。

（三）组织体系进一步完善。在理顺县级红十字会管理体制方面，采取推进和完善并举的方针，扎实推进部分“半理顺”的县级红十字会管理体制的巩固完善工作。2011年，全省理顺红十字会管理体制的县在2010年基础上增加了三个，总数达到46个。在基层组织建设方面，围绕“学校广覆盖，社区乡村重培育，企事业单位求突破，医疗机构强作用，志愿组织展活力”的发展目标，新建村级红十字会员小组1176个、累计2072个，新发展学校红十字会228个、累计602个，新发展会员4.3万人、累计37.5万人，新发展红十字志愿工作者9451人、累计13.4万人，其中新注册志愿者2424人、累计注册2.2万人，全省红十字会组织建设体系得到进一步完善。

三、宣传工作

全省各级红十字会坚持把宣传人道主义、传播红十字精神放在突出位置，充分利用“世界红十字日”、“世界急救日”和

《红十字会法》、《献血法》颁布实施纪念日等时机，组织开展各种宣传纪念活动。2011年，全省举办人道法传播培训班90余次，宣传普及人数近七万人。组织宣传活动350余次，直接参与人数近五万人，动员招募宣传志愿者2070人，设置各类宣传展板800余块，发放红十字运动基本知识、无偿献血、捐献造血干细胞、艾滋病预防知识等各类宣传资料手册近60万份，动员近百家医院参加了现场义诊活动，红十字会与媒体合作关系更加密切，省、市红十字网站建设更加完善，全省红十字大宣传格局得到进一步巩固。

【历史沿革】

河北省红十字会始建于1956年11月，挂靠省卫生厅，“文革”期间被撤销。1985年，省红十字会恢复建制。1996年，省编委核定事业编制八名。2000年11月，省红十字会独立建制，由挂靠省卫生厅管理改由省政府领导联系，干部归属省委组织部管理，事业经费由省财政全额拨款。2002年2月，省编委批准了省红十字会的“三定”方案。2002年8月，省委组织部和省人事厅批准省红十字会机关干部参照国家公务员管理。省红十字会2004年4月建立了党组，6月，召开了河北省红十字会第三次会员代表大会，大会聘请省长季允石为名誉会长，选举副省长孙士彬为会长，张淑琴为专职副会长，会长提名李小学为秘书长。

【组织机构】

省红十字会机关内设一室四部：办公室、业务工作部、人事部、组织与青少年部、卫生救护部。机关人员编制12人，其中专职副会长（副厅级）一名，秘书长一名，处级干部六名，干事二名，工勤人员二名。机关现有办公用房700平方米左右。2003年，成立河北省造血干细胞捐献者资料库管理中心，定编四人，为处级全额拨款事业单位。

全省11个地级市和173个县（市、区）均建立了红十字会组织。截至2005年底，全省11个设区市全部理顺管理体制，围场县等六个县红十字会实现了独立建制，其他县（市）仍隶属同级卫生行政部门管理。全省各级红十字会共有专职工作人员80名，有基层红十字会组织1844个，红十字会员32.72万人，红十字志愿工作者7.39万人。

【大型项目】

2004至2005年香港社区备灾项目是河北省红十字会独立后引进的第一个境外合作项目，选定承德围场县两个村为项目试点村，引进项目资金66万元。项目历时一年，圆满完成各项任务目标。通过项目的实施，有效地扩大了红十字会的社会影响力和公信度，锻炼了各级红十字会的项目执行和管理能力，为项目工作的进一步扩展奠定了良好的基础。2005年11月，总会项目阶段总结会议在承德市召开。总会领导、香港红十字会同仁以及兄弟省市代表对河北省的项目工作给予了高度评价。第一周期项目的成功实施，带来项目的滚动。第二周期香港红十字会援助资金180多万元，是第一周期的三倍。项目扩展到承德围场和沧州孟村两县的八个贫困村，继续实施改水工程，强化村民备灾救灾能力。

【主要特色】

成立省红十字会新闻中心，策划实施了一系列影响较大的社会宣传活动，为红十字事业发展营造了良好的社会氛围，受到总会和省领导的充分肯定。

（刘慧君）

石家庄市红十字会

【简介】

石家庄市红十字会于1986年恢复建会，挂靠石家庄市医学会，1996年经市编办批准，由石家庄市卫生局代管，2005年12月，经市编办批准，石家庄市红十字会由“市卫生局代管”改由“市政府领导联系”，规格由原来的科级调整为副县级，设会长一名（兼），专职副会长一名（副县级），科级职数二名，内设办公室，业务工作部两个机构，事业编制五名，工勤人员编制一名，人员参照公务员制度管理。

保定市红十字会

【简介】

保定红十字会成立于1928年，抗日战争后期活动终止。1956年恢复工作，“文革”期间机构撤销，1987年恢复建立。2004年10月，经市编委批准机构独立设置，编制四人。目前，全市有基层红十字会组织5269个，红十字会员46.7万人，红十字志愿工作者6.1万人。

沧州市红十字会

【简介】

沧州市红十字会始建于1927年，解放战争和“文革”期间两次停止工作，1987年，市红十字会恢复成立。2006年，市红十字会理顺管理体制，由市卫生局代管改由市政府领导联系。

承德市红十字会

【简介】

承德市红十字会始建于1962年，“文革”期间停止工作，1979年，市红十字会恢复工作，机构挂靠市卫生局。2002年6月，经市编委批准机构独立设置，定编四人，内设办公室、业务部。

邯郸市红十字会

【简介】

邯郸市红十字会始建于1957年，“文革”期间停止工作，1989年，市红十字会恢复工作，挂靠市卫生局，2004年，市红十字会理顺管理体制。

衡水市红十字会

【简介】

衡水市红十字会建于1989年4月，2005年9月，市红十字会机构独立设置，由市卫生局代和改由市政府领导联系。全市11个县（市、区）均建立了红十字会组织，全市有红十字团体会位35家，红十字会员3625人，乡镇红十字会22个，村级农村红十字会会员小组101个。

廊坊市红十字会

【简介】

廊坊市红十字会成立于1988年3月，

挂靠市卫生行政部门。2005年10月，市红十字会机构独立设置，由市卫生局代管改由市政府领导联系，有编制五人。

秦皇岛市红十字会

【简介】

秦皇岛市红十字会成立于1957年，“文革”期间停止工作，1984年恢复工作。2004年10月，市编委批准市红十字会机构独立设置，由市卫生局代管改由市政府领导联系，机构规格为副处级，定编制六名，人员参照公务员管理。

唐山市红十字会

【简介】

唐山市红十字会1988年5月恢复建制，挂靠市卫生局。2005年5月，市编委批准市红十字会机构独立设置，由市政府领导联系，规格为副县级，定编制五名。全市各县（市）区和唐钢、开滦煤矿等工厂企业均建立了红十字会组织，全市共有专（兼）职红十字会干部102人，红十字团体会员单位105家，红十字会员21万人，红十字志愿工作者5000多人。

邢台市红十字会

【简介】

邢台市红十字会于1986年5月恢复成立，下辖21个县（市）区红十字会，有红十字团体会员单位165家，红十字会员10258人。

张家口市红十字会

【简介】

张家口市红十字会始建于1986年。2004年11月，市编委下文理顺了市红十会管理体制，由挂靠市卫生局改为市政府导联系，机构规格为副处级，事业经费由财政全额拨款。市红十字会机关内设综合部、业务部。

山西省红十字会

【年度工作】

2011年，省红十字会按照省委、省政府工作中心和2011年理事工作会议部署，深入贯彻落实科学发展观，坚持依法办会、依法治会，与时俱进，开拓创新，协助党和政府在开展人道领域的救助、救济、救援等方面做了大量的工作，为构建和谐山西发挥了积极作用。

一、以建会百年庆祝活动为主线，开展了形式多样的宣传活动

2011年，省红十字会领导班子成员不断加大宣传工作指导力度，着力创新宣传模式，努力扩大宣传覆盖面。结合本会建会100周年，紧抓宣传契机，与省内各类媒体通力合作，广泛深入宣传建会100年来取得的成果和人道救助工作领域发挥的积极作用，成功举办了山西省红十字会建会100周年大型庆祝活动。隆重举办了山西省红十字会建会100周年庆祝大会，编辑出版了30万字的《百年历程百年辉煌——山西省红十字会百年史》一书与《凝聚人道力量，铸就百年辉煌》画册，策划、编排了《让爱永恒》专题片与《大爱无疆》文艺节目。成功举办了救助贫困先心病患儿实施心脏手术突破500例回访活动，本省非血缘关系捐献造血干细胞突破50例新闻发布会，以及纪念“五八世界红十字日”、“世界急救日”等大型公益活动。与省直工委、省文明办联合开展了首届红十字“富德杯”博爱印象·寻找身边的感动公益摄影展活动。全年电视媒体、各类报纸、网站报道省红十字会工作达400余篇次。

创新传播模式，使本会传播工作与省委组织部“干部在线学院”建设相结合，将录制的国际红十字运动知识讲座视频课件纳入省委组织部“干部在线学院”学习平台，供全省广大干部在线学习。

通过不断加大宣传力度，红十字会的社会知晓率不断提高，在山西省第十一届人民代表大会第五次会议上，省红十字会工作再次被纳入政府工作报告。

圆满完成了全省2011年度总会“一报一刊”订阅工作，并荣获“2011年度中国红十字会总会报刊宣传先进集体二等奖”称号。

二、深入推进应对突发事件救助、备灾救灾、扶危济困工作，救助领域不断扩大

根据省政府《关于进一步加强全省应急预案编制修订和管理工作的通知》的要求，成立了《山西省红十字会自然灾害救助应急预案》修订小组，起草、修订了《山西省红十字会自然灾害救助应急预案》，并通过了省应急办组织的专家评审会的评审，经报省政府同意成为省政府部门预案，使全省红十字会自然灾害救助工作逐步走上科学化、制度化轨道。

引领全会在多渠道、多领域开展筹资工作，提高了救灾、救援、救助的实力，不断增强红十字会的备灾救灾能力，为开展各项救助工作奠定了坚实基础。2011年，全省各级红十字会共募集款物价值人民币2816万元，款项1925万元，物资891万元。与省直工委、省文明办联合发出《关于继续开展2011年“博爱一日捐”募捐工作的通知》，省文明委将“博爱一日捐”公益募捐活动作为评选表彰宣传精神文明建设以及扎实推进群众性精神文明创建活动的重要指标纳入2011年工作安排。2011年，全省红十字会开展“博爱一日捐”活动共募集资金1630余万元。与中国红十字基金会联合开展“幸福天使”救助活动，接收“幸福天使基金”捐赠总价值人民币650万元的贝因美婴幼儿食品及医疗救助金，用于本省0—6岁贫病婴童的救助。积极开展日本地震、云南盈江地震等灾害救援工作，共募集捐款近17万元，及时将社会各界爱心捐款汇入总会专帐，支援灾区。积极配合中国红十字会在长治市城区举行的耐多药结核病健康教育与救助培训项目，该项目投入4万美元，对30名结核病患者进行了医疗救助，项目的开展实施得到华建敏会长的好评。

救助领域不断扩大。为推动全省2011年红十字“博爱送万家”救灾救助活动的开展，全省各级红十字会共筹措了700多万元的物资，对本省受灾地区的部分特困户和近40余个县（市、区）城乡特困户进行了救助；先后有大同、阳泉等8市的16个县遭受不同程度的暴雨、洪涝及大雪灾害的袭击，省红十字会对各地灾情和需求进行评估后，争取到总会国家彩票公益金捐赠50万元的面粉，并及时采购面粉35吨，分别拨至受灾县，受益者达 9.1 万人；继续开展“微笑工程”唇腭裂贫困患儿救助活动。截至目前，实施唇腭裂救助手术 398 例；积极开展红十字“博爱救心工程”，组织山西医科大学第二附属医院和太钢总医院的有关专家对晋中、吕梁等地的 737 名儿童进行免费先心病筛查，全年成功完成贫困先心病患儿救助手术 104 例；与省直机关工会工委联合开展 2011 年省直单位大病致困职工救助金发放活动，为 76 名大病致困职工发放了救助金，救助金额达 21.5 万元；积极做好贫困白血病患儿的筛选、资料审核、票据上报、资金落实及档案管理等工作。2011 年，共计发放救助金 83 万元，救助 29 人；深入推动全省贫困乡镇的村级卫生站建设工作，在考察筛选的基础上，确定了对 9 个市的 14 个村级卫生站援建项目。2011 年，完成了 8 所博爱卫生站的后期工作，受益人口约 8000 余人。

三、重视学校红十字会与志愿服务工作，以内容丰富、形式多样的活动促进各项工作的开展

重视学校红十字会工作，与省教育厅联合开展了 2011 年山西省红十字示范校评选命名工作，全省 18 所各级各类学校被命名为“山西省红十字示范校”，并积极开展全国红十字模范校申报工作；组织高校红十字会开展了 2011 年大学生暑期社会实践项目的申报工作。经过总会专家委员会评审，忻州师范学院红十字会申报的“预防艾滋病宣传教育活动”与太原市卫生学校申报的“关爱农民兄弟、救护培训下乡”项目均获得总会三类项目资助；在全省开展了以“我与红十字”为主题的征文绘画活动，全省各高校和 11 个市的 85 所大、中、小学校及幼儿园选送的 1700 篇（幅）作品参赛，共评选出 61 篇（幅）获奖作品，并进行了表彰；在太原工业学院等学校建立红十字会；选派 4 名优秀的红十字青少年骨干参加了在辽宁省大连市举办的 2011 年全国红十字青少年夏令营活动。

全年共成立了五支红十字志愿服务队，在志愿服务、传播红十字运动知识、做好预防艾滋病宣传、社区服务、普及应急自救互救技能等方面发了挥独特作用；按照中国红十字会总会和中央文明办《关于开展红十字关爱生命志愿服务行动的通知》要求，开展了关爱空巢老人等志愿服务项目，受到社会各界的好评。全年累计参与各项活动的红十字青少年和志愿者达 300 余人次，志愿服务时间达 2000 余小时。

省红十字会先后在太原卫生学校、太原工业学院、山西中医学院、榆社县西马乡中学、山西红十字蓝天救援队等院校和志愿服务队进行了红十字运动知识普及及应急救护培训。

圆满完成了宋庆龄基金会对“非典”去世人员子女的年度救助工作。

四、加强专职干部能力建设及应急救援队伍的培训，救护培训工作扎实有效

举办了全省红十字会专职干部能力建设暨应急管理培训班，对省、市、县（市、区）红十字会 80 余名专职干部进行了公益项目的设计与营销、红十字会法律法规、突发事件与应急管理以及红十字志愿服务等方面的培训。

不断加大救护知识的普及宣传。在“五八世界红十字日”、“世界急救日”等大型宣传活动中，省红十字会、省应急办、省军区、省教育厅等联合在部分高校举行纪念活动，活动中，山西红十字蓝天救援队进行了地震紧急搜救模拟演练，大学生应急救援志愿服务队的部分红十字志愿者进行了集体心肺复苏实操演练和创伤急救四项技术演练，活动的开展，进一步增进了人们认识急救、学习急救、宣传急救的现代急救理念，宣传活动反响甚佳。

组织专业的救援队伍和红十字志愿者进行培训学习演练。先后对山西红十字蓝天救援队、晋中、太原蓝天救援队的242名专业救援人员和1200名红十字志愿者进行了专业技术知识技能培训，使全省红十字应急救护能力得到很大的提高。

组织山西红十字蓝天救援队20人参加第六届中部博览会志愿服务活动。在活动现场设立4个专门的服务点，为参加展会的人员提供救援服务和救护知识咨询，并根据自身工作的特点，主动要求承担团省委志愿者救护培训的任务。

全年，对全省交通运输、煤矿、铁路等高危领域及多个行业的11478名人员进行了培训，全省普及救护知识人数达243000余人。

五、造血干细胞捐献工作稳步发展，保质保量完成中华骨髓库造血干细胞采样工作

圆满完成总库下达的6000人份采样任务，累计向总库传输志愿者HLA分型数据6.2万人份。2011年，省分库有13名志愿者捐献了造血干细胞，是省红十字会建立造血干细胞捐献者资料库以来造血干细胞捐献最多的一年，累计捐献造血干细胞54例。

召开了全省造血干细胞工作会议，对近年来在造血干细胞工作中涌现出的优秀工作站、优秀工作者以及积极支持和参与造血干细胞捐献工作的新闻媒体等进行了表彰。

副省长张建欣，原省人大副主任、省红十字会会长王昕接见了省红十字会第50例造血干细胞捐献者崔爱刚。张建欣副省长代表省政府向崔爱刚表示问候，授予他《中国造血干细胞捐献者荣誉证书》，省红十字会会长王昕代表省红十字会授予他“山西省红十字会荣誉会员”称号，团省委授予他“山西省优秀青年志愿者”称号。

省红十字会第51例造血干细胞捐献者，来自太钢总医院重症监护室24岁的马帅，于2011年8月17日捐献了造血干细胞，被评为2011年度“感动太钢人物”。

省分库每月向志愿者进行温馨提示、节日问候，群发短信3000~5000条，进一步推动了全省造血干细胞捐献工作的发展。

六、加强与国际及地区红十字组织的交流与合作，积极引资，争取援建项目，效果显著

派员随总会代表团对保加利亚和匈牙利两国进行考察和交流，就红十字组织建设、志愿服务、青少年、筹资、救灾备灾等等工作及双方共同关心的问题进行了深入的交流和探讨。

选派3名优秀的红十字青少年骨干参加了在台湾举办的“海峡两岸红十字大学生夏令营”活动。

积极配合中国红十字会总会开展的日本地震寻人工作，竭力帮助本省因地震失去联系的在日人员与家庭重建联系。

加强与台湾血液基金会的交流，接待了台湾血液基金会访问团一行，对推动海峡两岸血液事业的共同发展发挥了积极作用。

积极引进外援公益资金，对我省部分贫困县进行了项目援建。2011年，由挪威红十字会、中国红十字会总会援建的榆社县北寨乡牛槽沟村等三个村改水改厕及健康教育项目顺利竣工并通过验收。该项目投入资金102余万元，使3个行政村238户、765名村民受益。同时，还在长治市襄垣县西马固村等三个村开展了此项目，项目投资145多万元，使3个行政村349户、1289名村民受益。

【历史沿革】

1911年11月13日山西河东（运城）红十字会成立，会长赵维祥。1957年，经山西省人民政府批准，成立山西省红十字会。“文革”期间停止活动。1984年10月，省红十字会恢复工作后，在省委、省人大、省政府、省政协的关心、支持下，有了长足的发展。2004年11月10日，山西省红十字会第五次会员代表大会召开。大会全面总结了山西省红十字会第四届理事会的工作，制定了2005年至2009年发展规划，选举产生了由109名理事组成的新一届理事会，聘请山西省省长张宝顺担任省红十字会名誉会长，副省长王昕再次当选为省红十字会会长。

【组织机构】

山西省各级红十字会加强组织建设，完善工作机制，目前，全省11个市及119个县（市、区）全部建立红十字会，发展基层组织2016个，会员总数达31万余人。其中有11个市和98个县（市、区）红十字会解决了“三列”（机构、人员、经费）问题；1416所大专院校、1000多所中小学校成立了红十字组织，发展青少年会员六万多人。

山西省红十字会机关设有办公室、赈济部，下辖中国造血干细胞捐献者资料库山西省分库管理中心、山西省红十字会备灾救灾护中心两个直属事业单位。

根据《中华人民共和国红十字会法》、《山西省红十字会条例》和中国红十字会总会《理顺管理体制座谈会纪要》精神，山西省编委于2004年7月28日下发了《关于省红十字会调整体制的通知》，明确了省红十字会由省卫生厅代管改为由省政府领导联系，副厅级建制，独立设置党组，依法理顺了省红十字会的管理体制。2005年5月，山西省编办下发了《关于调整各市红十字会管理体制的通知》，明确规定：各市红十字会由市卫生局代管改由市政府领导联系；设会长一名，由市政府分管领导兼任，设专职副会长一名，为副处级。截至2005年底，太原、大同、临汾、运城、长治、晋城、阳泉、吕梁、晋中、忻州、朔州等11个市的编办下发了理顺红十字会管理体制文件。太原、大同、临汾三市红十字会已经按照要求理顺管理体制，较好地解决了人员、机构、经费和办公场所等问题。

山西省（地）市级红十字会有：太原市红十字会、大同市红十字会、临汾市红十字会、运城市红十字会、长治市红十字会、晋城市红十字会、阳泉市红十字会、吕梁市红十字会、晋中市红十字会、忻州市红十字会、朔州市红十字会。

山西省红十字会
会员代表大会

第一届

“文革”前召开，代表40人，理事18人，常务理事六人，会长王中青，秘书长闫海燕。

第二届

1984年10月召开，代表90人，理事39人，常务理事六人，会长赵军，秘书长徐彤斐。

第三届

1990年4月29日召开，代表125人，理事74人，常务理事12人，名誉会长赵军、吴达才、杨明葆，会长俞益生，常务副会长孙建成，秘书长任明亮。

第四届

1996年11月23日召开，代表132人，理事89人，常务理事31人，名誉会长胡富国，会长王昕，常务副会长赵震寰，秘书长冯晋生。

第五届

2004年11月10日召开，代表169人，理事109人，常务理事19人，名誉会长张宝顺，会长王昕，专职副会长冯晋生，秘书长白冰。

【大型项目】

一、1995年

3月，山西省红十字会组团一行七人访问日本赤十字社琦玉县支部，签订了琦玉县支部从1995—1999年为山西省红十字会每年无偿培养六名研修生的第一个五年协议。

10月，山西省红十字会、省教育委员会联合召开“我心中的红十字”绘画、征文颁奖大会，省红十字会出资近一万元表彰受奖者。全省共有573所学校的23718名少年儿童参赛。经专家评审，分别评选出绘画、征文一等奖10名、二等奖15名、三等奖20名及组织奖17个。

11月24日，山西省红十字会、“黄河”电视台对外部、“健康之声”电台、太原日报社和三株太原营销有限公司及省城14家医院联合开展“救灾捐赠献爱心日”赈济活动，共募集捐款4.8万元，购置救灾物资发往浑源、应县、保德、阳曲、娄烦等18个受灾县，受益群众约3万余人。

12月，由山西省红十字会筹资三万元与省电视台、省红十字医院（山西医学院第二附属医院）等单位联合摄制的电视剧《我八岁》（上、下集）摄制完毕，这是山西省红十字会第一部以真人真事为题材的电视剧。

12月24日，山西省首家企业——忻州温泉度假村派立高（山西）房地产有限公司的40多名员工报名登记捐献骨髓，并向白血病患儿梁跃杰捐款3000元；5月，霍州市红十字会、市关心下一代工作委员会、市教育委员会等单位联合开展救助白血病患儿梁跃杰的活动，共募集捐款1.5万余元。

二、1996年

2月，山西省红十字会筹措资金，分别给大同市和太原市红十字会拨救灾款2万元和1万元。

1996年入夏以来，山西省气候异常，各种自然灾害频繁发生，部分地区遭受严重洪涝灾害。10月7—8日，红十字会与红新月会国际联合会救灾代表让·库班先生对重灾区进行两天的灾情考察，并携带国际联合会和中国红十字会总会首批救援面粉9990斤，向灾民进行发放。

10月，山西省红十字会在省城南文化宫隆重举行救灾物资发放仪式。红十字会与红新月会国际联合会向山西省捐赠30万元的面粉、60多万元的治疗和消杀药品，总价值近百万元。这是山西省红十字会历年来接受国内外捐助救灾款物最多的一次。发放仪式结束后，救灾物资分别运往晋中、晋城、运城、吕梁、临汾、长治、忻州、太原等八个地（市）的九个重灾县。

三、1997 年

5 月 7 日，在全国第七个助残日来临之际，山西省红十字会、省残疾人联合会和省残疾人福利基金会联合开展向灾区残疾人特困户慰问捐助活动。捐助的救济物资有棉被、粮食、仔猪和仔羊共价值人民币近五万元，受益乡镇 15 个，受益残疾人特困户 350 户。

4 月，山西省交通征费稽查局下发《关于红十字会专用救灾指挥车和救护车免征养路费有关事项的通知》。仅此一项，山西省红十字会系统节省经费近 60 万元。

四、1998 年

山西省红十字会为东北松花江流域和长江流域灾区开展募捐活动，支援灾区款物 500 余万元。

5 月 8 日，山西省红十字会在太原举行成立“山西省红十字眼库”新闻发布会；山西省红十字会向大同市红十字会拨款三万元，用于灾害救助。

五、1999 年

山西省计委拨款 160 余万元，建造山西省红十字会备灾救灾仓库。

山西省红十字会为救助本省干旱、地震及洪涝灾区，筹募 200 余万元的粮食、药品、棉被、衣服等物资，使灾区 10 余万人口得到及时救助。

7 月 26 日，续签 2000～2004 年日方每年给山西省红十字会无偿培养六名研修生的第二个五年协议。

11 月 30 日至 12 月 1 日，山西省红十字会、省卫生厅在太原联合举办红十字知识与现场救护技能竞赛活动，共有地市组（A 组）和省直组（B 组）16 个单位的 64 人参加竞赛。

六、2000 年

2 月 18 日，红十字会与红新月会国际联合会、中国红十字会总会向大同市灾区发放价值 38 万余元的赈灾物资；为救助山西省干旱、洪涝灾区，全省各级红十字会组织筹集人民币 74.59 万元、物资 249.08 万元，出动红十字医疗队 66 次，救助 13 万余人。

4 月 26—28 日，在山西省红十字会的积极争取下，美国视博恩公司援外医疗队一行 10 人赴大同市县进行了为期三天的免费送医送药活动，为 1059 名群众义诊，免费发放 3.1 万元的药品。

临汾市地区红十字会配合香港“健康快车”行动开展医疗服务，免费为 1000 余名白内障患者进行复明手术；9 月 15 日，晋中市红十字会、市残疾人联合会联合开展“助残献爱心”巡回医疗活动。

七、2001 年

山西省红十字会募集款物 128.9 万元，救助本省灾区 64425 人，并向新疆灾区支援捐款二万元。4 月，红十字会与红新月会国际联合会派专职审计人员，对 2000 年度国际联合会拨给山西省大同市地震灾区 36.58 万元救灾专款使用情况进行审计，结果表明，符合各项审计要求。

9 月 21—25 日，山西省红十字会在太原举办首期预防艾滋病青年同伴教育培训班，积极实施“山西省艾滋病预防控制青少年干预计划”，并在太原、大同、临汾、晋中、阳泉、长治等地的大专院校举办青年同伴教育培训班。

八、2002 年

山西省红十字会向遭受特大暴雨袭击的

陕西、重庆、河南灾区及本省灾区援助款物30余万元。

7月27日，长治市红十字会与卫生部门联合开展了“健康快车”白内障复明行动。此次行动历时三个月，免费实施复明手术1148例。

山西省红十字会与太原市红十字会联合开展向下岗职工义诊献爱心活动，捐赠药品等物资5.75万元。

5月8日，山西省红十字会在省城30个服务窗口首批设置红十字募捐箱。

6月10日，忻州师范学院向山西造血干细胞捐献者资料库捐善款25万元及500人份造血干细胞血样；11月，忻州师范学院再次捐善款五万元及100人份造血干细胞血样；11月23日，山西中医学院1000余名师生捐献造血干细胞血样。

12月19日，中国红十字会总会、山西省红十字会在侯马市区娱乐服务场所开展预防艾滋病传播干预项目启动。

九、2003年

积极协助政府及有关部门做好抗击“非典”的工作，山西省各级红十字会共接收捐赠款物9387.86万元，其中仅省红十字会就接收社会捐赠款物7475.66万元（捐赠款为2370.46万元，捐赠物资为5105.2万元），并及时将款物分发到全省防治“非典”最前沿的医疗机构、疾病控制中心等单位。

8月，在中国红十字会总会的统一安排下，山西省红十字会向全省“非典”康复者患者及病逝者家庭家属发放了香港工商界设立的“关怀非典受难者基金”107.8万元，并协助北京市红十字会发放了1.4万元“非典”救助基金。

受宋庆龄基金会的委托，山西省红十字会向全省因非典去世人员子女发放教育费资助1.4万元。

山西省红十字会向运城、大同、阳泉、长治等受灾市援助138万余元的救灾物资。

6月，澳门特别行政区红十字会捐助15万元人民币，援建山西省第一所红十字博爱学校——浑源县上韩村澳门红十字会博爱小学。

4月，山西省红十字会向新疆灾区捐款物10万余元。

10月30日，忻州师范学院向山西造血干细胞捐献者资料库捐善款5万元及400人份造血干细胞血样。

十、2004年

山西省红十字会向全省11个市的受灾户和城镇低保户、贫困户发放40万元救助物资250吨、价值50万余元救助面粉及50万元慰问物资，受助群众8333户，受益群众3.5万人；2月，山西省红十字会向全省11个市的110个乡镇卫生院捐赠价值32万余元的消毒器（锅）。

日本琦玉县支部与山西省红十字会签订了2005年至2007年每年为山西省无偿培养六名研修生的第三个合作协议。

9月，山西省红十字会向内蒙古、四川灾区支援3040余万元救灾物资。

12月30日，山西省红十字会与太原海关就没收的侵权货物用于社会公益事业举行了合作协议签字仪式。

【主要特色】

2001年，山西省红十字会制定了《山西省红十字会2001～2005年法制教育规划》，启动了全省红十字系统“四五”普法工作；山西省红十字会举办了首期预防艾滋病青年同伴教育培训班，积极实施“山西省艾滋病预防控制青少年干预计划”，并在太原、大同、阳泉、临汾、晋中、长治等地的高校举办同伴教育培训班。

2004年，太原市红十字会与太原康明眼科医院共同发起了“康明眼病救助基金——健康光明红十字行动”，救助贫困地区白内障患者400名，奖励高校品学兼优的近视眼患者520名，共筹资110万元。

（侯晓俊）

太原市红十字会

【简介】

太原市红十字会始建于1937年。新中国成立以后，中国红十字会太原分会于1951年重新成立并开展工作，“文革”期间中断。1986年5月7日，太原市红十字会恢复组建。市红十字会2005年6月理顺管理体制。机关内设办公室、组织宣传部、赈灾救护部。人员编制为九人，参照公务员管理。太原市的10个县（区、市）均建立了红十字会，全市有基层红十字会组织460个，红十字会员18万人，红十字志愿工作者2000余人，红十字团体会员单位30家，红十字冠名医疗机构六家。

长治市红十字会

【简介】

长治市红十字会建立于1964年，1986年恢复组建，多年来一直由市卫生局代管。1999年3月，经市编委同意确立编制、机构，为科级，单位编制三人。2005年9月，市红十字会理顺管理体制，由市卫生局代管改由市政府领导联系，定编八人。2006年12月，配备了专职副会长。长治市13个县（市、区）和一个开发区均建立了红十字会，有九个县（区、市）红十字会有机构、人员、编制。全市有红十字会员万余名，基层红十字会组织239个，红十字会专（兼）职工作人员40余人。

大同市红十字会

【简介】

大同市红十字会始建于1956年，1966年停止工作，1985年12月恢复组建，2005年11月理顺管理体制。大同市红十字会有专职干部10人，红十字会团体会员单位67家，红十字志愿工作者2000余人，所属挂靠单位八家，红十字会员25245人，红十字青少年会员177183人，社区红十字会卫生站60所，社区红十字会服务站有人员122人。

晋城市红十字会

【简介】

晋城市红十字会成立于1986年1月，有编制五名，有专职干部六名。晋城市所有的县（市、区）均已建立红十字会，且全部理顺了管理体制，共有专兼职干部43名。全市有基层红十字会组织843个，红十字会员15余万人，红十字青少年会员二万余人。有红十字会急救中心七个，红十字急救站31个，红十字老年病医院一所。

晋中市红十字会

【简介】

晋中市11个县（区、市）编办均已下

文明确了红十字会管理体制和职数、编制数，全市共有专职干部编制45名，在岗人员49名，有八个县（区、市）配备了专职副会长。

临汾市红十字会

【简介】

临汾市红十字会1987年5月恢复建立。2005年6月，市红十字会理顺管理体制，为市政府直属单位。全市17个县（市、区）均成立了红十字会，共有基层红十字会组织130个，红十字专（兼）职工作人员58人，红十字会会员1.3万人，红十字志愿工作者3000余人。

朔州市红十字会

【简介】

朔州市红十字会1990年成立，挂靠市卫生局。2005年，朔州市编制委员会正式下发了《关于调整朔州市红十字会管理体制的通知》“将朔州市红十字会管理体制由市卫生局代管调整为由市政府领导联系”，2008年12月，市红十字会配备了专职副会长。

忻州市红十字会

【简介】

忻州市红十字会成立于1987年6月1日，2006年底，市红十字会理顺管理体制。2007年4月，正式配备专职领导干部，独立建制，独立办公。

阳泉市红十字会

【简介】

阳泉市红十字会在矿区基层单位中组建红十字会组织近40个。阳泉市第四人民医院成为阳泉市红十字会的团体会员单位。

运城市红十字会

【简介】

运城市红十字会1988年成立。

吕梁市红十字会

【简介】

2007年，吕梁市红十字会理顺管理体制。纳入了财政预算单位，有了独立的办公场所，购置了办公设备。完善了各种工作制度，规范了工作内容。

内蒙古自治区红十字会

【年度工作】

2011年是内蒙古自治区“十二五”规划的开局之年，也是红十字事业面临严峻挑战的一年。在自治区党委、政府的领导和社会各界的大力支持下，全区各级红十字会认真学习实践科学发展观，锐意进取，开拓创新，真抓实干，积极推进法制建设和自身能力建设，大力开展人道救助和服务工作，圆满完成了各项任务。全区基层组织发展到7506个、苏木（乡镇）、嘎查（村）建会率分别达到96%和36.64%、会员164万人、团体会员7199个、红十字志愿者28685人；募集款物1.72亿元，连续第三年超过亿元；投入1.02亿元开展了救灾救助工作，受益群众达77万人（次），再创历史新高；年内新培训红十字急救员63523人，救护防病知识普及性培训267363人次，完成造血干细胞有效入库数据3326份，实现捐献6例。

一、积极推动法制建设，强化了红十字事业发展的法律保障

法制建设是推动红十字事业发展的根本保障。随着全区红十字事业的快速发展，1995年11月出台的《内蒙古自治区实施〈中华人民共和国红十字会法〉办法》已不能完全适应形势的需要。为此，自治区红十字会把修订和完善《实施办法》作为一项重点工作，积极争取自治区人大、政府的支持，将《实施办法》的修订列入2011年立法计划，并主动参与立法调研和修订稿撰写工作。9月28日，自治区第十一届人民大表大会常务委员会第二十四次会议通过了《实施办法》（修订稿）。新的《实施办法》贯彻中央和自治区关于加强社会建设和社会管理的精神，加大了对红十字事业的扶持力度，将近年来自治区政府和有关部门出台的一系列保障红十字事业发展的政策和措施，以法规的形式加以巩固和确认，充实、规范了红十字会运行机制、完善内部自律和外部监督的内容，并对红十字会法定职责进行了调整和拓展，具有很强的政策性、指导性和操作性，为红十字会依法履行职责提供了可靠的法律保障。

二、扎实推进自身能力建设，扩大了红十字会基层组织，巩固“博爱一日捐”长效筹资机制

（一）实施目标考核，完善各项制度，开展全员轮训，提升了工作水平。一是继续实行目标化管理。根据全年中心任务，调整了年度目标考核内容和指标，突出筹资工作、基层组织建设等重点工作，兼顾一般业务，保证了各项工作任务分解落实到位，评判标准清晰明确。截至目前，各盟市已基本完成对所辖旗县（市、区）红十字会的考核，自治区红十字会对盟市的考核在11月底结束。二是围绕总会提出的制度建设年要求，指导各地建立健全了机关管理和业务工作制度，切实做到用制度管人、管事，促进了红十字会系统的标准化、规范化建设。三是继续开展全员轮训。11月5—7日，在呼和浩特市举办了领导干部培训班，12个盟市和101个旗县（市、区）、5个开发区红十字会的常务副会长130多人参加了为期三天的培训。各盟市红十字会也结合当地实际，对所辖旗县（市、区）红十字会工作人员进行了业务培训，培训率超过100%，专职干部的业务能力有了新的提升。四是加强了机关党建工作。自治区红十字会成立了机关党委，加强政治理论和政策学习，开展了创先争优、纪念建党九十周年系列活动。各地红十字会也按照当地党委的统一部署，扎实开展创先争优活动，进一步改进了机关作风，党员干部的宗旨意识、服务意识不断增强，形成了比学赶帮、勇夺先进的工作氛围。五是信息化建设迈出重要一步。自治区财政投入90万元支持本会研制红十字会办公软件系统。项目定于11月中旬开标，在年底前完成软件的初步设计。

（二）全面推开基层组织“五进”工作，壮大了红十字会队伍。2011年，本会认真贯彻自治区政府办公厅《关于进一步加强红十字会基层组织建设的通知》精神，在2010年试点工作基础上，全面推开红十字组织“五进”工作。截至11月10日，全区949个苏木（乡镇）、街道办事处和12674个嘎查（村）、居委会的建会率分别达到了96%和36%，各级各类学校建会率为44%。在基层组织建设中，各地红十字会坚持质量第一的原则，深入基层调研指导，实行考核达标奖励工作经费制度，帮助基层红十字会规范组织管理、开展红十字特色活动。经过考核，全区苏木（乡镇、街道）红十字会的“六有”合格率达到62.4%，成为服务基层群众、传播人道主义的重要载体。各地红十字会还建立了552支志愿服务队，发展志愿者28685人，围绕社会关注点和公众需求，针对农牧区留守老人儿童、城镇空巢老人、残疾人、农民工、高考学生开展了农田帮种帮收、家政服务、健康咨询、高考心理辅导等志愿便民服务活动，受到群众的欢迎。

（三）“博爱一日捐”长效机制得到进一步巩固，募集款物达到1.34亿元。2011年是全区开展“博爱一日捐”活动的第六年。面对网络事件对筹资工作造成的不利影响，各地红十字会把巩固“博爱一日捐”长效机制作为首要任务，争取党委、政府的重视和支持，加强组织动员工作，募捐工作实现了稳中有升。全系统“博爱一日捐”募捐总额达到1.18亿元，项目筹资1179万元，物资价值221万元，款物合计1.34亿元，连续第三年超过亿元，为开展人道工作提供了坚实的物质基础。

（四）规范捐赠款物管理，维护了红十字会的社会公信力。本会修订出台了捐赠款物管理办法、项目管理办法，并把捐赠款物使用管理情况列为目标考核的主要内容，实行一票否决制度。7月中旬，本会召开了盟市红十字会常务副会长会议，传达了总会廉政工作会议精神，部署了自查自纠工作。全区旗县以上红十字会对2008—2010年捐赠款物、项目资金的使用管理情况进行了全面的检查，对自查中发现的个别地区救灾物资管理粗放、物资采购不够规范等问题进行了及时地纠正。全区红十字会系统建立了新闻发言人制度，召开新闻发布会，通报募集资金物资使用情况，通过网站、简报、新闻媒体及时公布捐赠信息，并主动接受审计监督。截至11月10日，自治区红十字会本级、10个盟市、86个旗县（市、区）红十字会已经完成了审计工作，均未发现违纪违规问题，其余单位在11月20日前全部完成审计。

三、大力开展人道救助和服务工作，充分发挥政府人道工作领域的助手作用

（一）关注区内灾情，第一时间实施救援。2011年入夏以来，呼伦贝尔、包头、乌兰察布、呼和浩特、鄂尔多斯、兴安盟、巴彦淖尔、赤峰等盟市的局部地区不同程度遭受暴雨、冰雹、洪涝灾害。各级红十字会闻灾而动，第一时间开展了救灾工作。据统计，全区各级红十字会投入救灾款物达到1412万元，受益人群205678人（次）。

（二）发扬互助精神，全力支援兄弟省市救灾工作。经过两年多的建设，由本会援建的四川省大邑县、陕西省凤翔县、甘肃省宕昌县汶川地震灾后重建项目全部竣工，项目款已全部拨付灾区。5月31日，本会与青海省红十字会、玉树州政府签订了协议，投入4200万元援建玉树州疾控中心项目。9月下旬，本会组织新闻单位、捐赠人代表赴青海玉树灾区实地考察了项目进展情况。在当地党委、政府的重视下，该项目进展十分顺利，目前已进入竣工验收阶段。由鄂尔多斯市红十字会投资800万元援建的玉树县第二完全小学项目也于10月底竣工。本会投入800万元资金援建的甘肃省舟曲县疾控中心重建项目5月份动工，计划2012年竣工并投入使用。

（三）加大投入，扩大了社会救助工作覆盖面。2010年，全区红十字会紧紧围绕自治区工作大局，开展了多种形式的社会救助活动，全年投入社会救助款物8837.59万元，受益人群达565036人（次），是历史上投入款物和受益群众最多的一年。一是在2011年元旦、春节期间，继续在全区范围内组织开展以“博爱一日捐、温暖千万家”为主题的“红十字博爱送万家”活动，共投入送温暖活动款物3191.96万元，救助困难群众67493户，受益人数达27万人。二是连续第六年开展了以“博爱一日捐，助你上大学”为主题的资助贫困大学生活动，投入1417.77万元，资助了11032名大学生，资金投入和受益学生实现了连续六年逐年递增。三是开展纪念建党九十周年救助活动。自治区红十字会投资13.5万元，在革命老区——和林格尔县黑老夭乡实施了博爱饮水项目，使当地118户、343名村民喝上了健康的自来水，彻底解决了人畜饮水困难的问题。各盟市也筹措款物60万元，走访慰问了当地贫困党员、复转军人。四是开展了医疗救助活动。年内，争取中国红十字基金“小天使”项目资金76万元，使25名白血病患儿得到救助。在总会支持下，投入30万元资金开展了救助贫困先心病患者活动，目前已完成40名贫困患者的筛选。总会拨付本区的广西梧州制药捐赠的价值100万元药品，也全部分配到12个盟市，专项用于救助革命老区困难群众。各盟市也结合自身实际，开展了多项医疗救助活动。乌兰察布市红十字会投入41.2万元，免费为340名贫困白内障患者实施了复明手术，鄂尔多斯市红十字会投入36万元，帮助18名贫困聋儿安装了人工耳蜗，受到当地百姓的广泛欢迎。年内，各盟市、旗县（市、区）都建立了辖区贫困人口档案，为社会救助工作的规范化、常态化提供了详实、准确的基础信息。

（四）强化督导检查，确保外援项目进度和质量。挪威红十字会援助察右前旗组织发展与改水改厕项目投入资金155万元，已完成改造卫生厕所296户，改水工程232户，其余工程11月底全部结束。挪威红十字会援助134万元建设的乌拉特前旗乌日图高勒嘎查单侧石砌防洪坝，固阳县兴顺西镇前、后威俊村打井配套工程，镶黄旗古特勒乌苏嘎查打井配套工程等三个减灾项目工程已进入尾声，后续宣传培训正在进行。12月底前三个减灾项目全部完成，有258户、881人受益。由加拿大红十字会援助的白内障复明扶贫项目在呼和浩特市实施，项目资金3.2万加元，计划完成白内障手术134例。截至目前，已完成白内障患者初筛登记657名，实施复明手术86例。中国红十字基金会支持本区174万元，新建博爱卫生院1所、博爱小学1所、博爱卫生站16所、红十字书库4个，除2所卫生站外已全部完成。本会还自筹资金493.5万元，支持各盟市实施扶贫救助饮水工程、扶贫种养殖、蔬菜暖棚、农牧区卫生院站等21个项目，目前已完成项目13个。

（五）创新形式，扩大了应急救护培训

覆盖面。2011年8月，本会联合自治区教育厅下发通知，召开启动大会，部署了全区各级各类学校应急救护培训工作，对培训工作的组织领导、内容、目标、任务做出了具体规定，要求各级各类学校在每年新学期开学时对新生全面进行应急救护、避灾避险知识培训。世界急救日期间，各地红十字会围绕“急救为人人”的主题，以学校应急救护培训工作为重点，开展了20多场次宣传培训、地震逃生演练等活动，发放各类宣传资料5万余份。各盟市红十字会继续加强行业救护培训工作，在采矿、电力、铁路、民航、服务业、旅游等行业和人群中开展了初级卫生救护培训，全年培训红十字急救员63523人，开展救护防病知识普及性培训267363人次，提高了群众的自救互救意识和能力，促进了安全生产。本会还新组建了一支应急医疗救援队和一支心理救援服务队。应急医疗救援队由武警内蒙古总队医院卫勤应急保障分队68名在职医务人员组成，承担本会重大自然灾害和突发事件应急救护工作。心理救援志愿服务队由包头市部分心理工作者组成，队员具有丰富的实践经验，该队申报的“关爱空巢老人志愿服务霞光行动”项目获得总会志愿服务二类项目资助。

（六）加大宣传力度，“三献”工作取得新进展。全区进一步加大了造血干细胞捐献工作宣传力度，营造了“个人自愿、家庭支持、单位重视、社会赞誉”的良好社会氛围，全年已录入志愿者资料、上传中华骨髓库3326人份，超额完成总库下达的3000人份入库任务，初配成功404例、完成志愿者再动员185例、高分辨采样送检55例、体检12例，成功捐献4例。商都县红十字会常务副会长王瑞成为全国红十字会系统首位捐献造血干细胞的专职干部，产生了广泛的社会影响。2011年，本区被总会和卫生部列入全国第二批人体器官捐献试点工作省区后，本会联合卫生厅向自治区政府提出申请，成立自治区人体器官捐献工作委员会和人体器官捐献办公室，并建立了协调员队伍，积极开展宣传动员工作。各盟市红十字会还开展了遗体、器官捐献宣传动员和登记工作。截至2011年底，已有179人报名，累计实现遗体捐献4例、角膜捐献10例。各级红十字会结合第8个世界献血者日，配合卫生部门开展了形式多样的宣传活动，动员149177人次无偿献血。

（七）开展形式多样的宣传活动，扩大了社会影响。全区红十字会认真贯彻《自治区党委宣传部关于进一步加强红十字事业宣传工作的通知》精神，结合世界红十字日、全国防灾减灾日、世界献血者日等纪念日，以“三救”、“三献”工作为载体，开展了丰富多彩的宣传活动，传播了人道、博爱、奉献精神，扩大了红十字会的社会影响。在改进自办网站、简报工作的同时，各地红十字会还与新闻媒体合作开办了《爱在红十字》、《红十字在行动》等一大批固定栏目，建立了多层次、多渠道的宣传阵地，扩大了传播覆盖面，增强了宣传实效。全年报刊、电台、电视台有关红十字会工作的报道达到4029篇（次）。

（八）加强交流，拓展友好合作。2011年7月，由中国红十字会总会承办的东亚五国红十字会领导人会议在鄂尔多斯市召开。在自治区政府、鄂尔多斯市政府和有关部门的支持下，本会圆满完成了会议后勤保障工作，与会五国红十字会来宾给予了高度评价。10月，成功承办了挪威红十字会援助防灾减灾项目研讨会，受到国际联合会、总会和挪威、越南红十字会官员的赞扬。本会还与江西、青海等省区市红十字会开展了交流，建立了友好合作关系。

【历史沿革】

1919年至1920年间，在内蒙古赤峰县，由当时的赤峰电报局局长陈君甫、高等学校校长阎希圣、当过省议员的乔俊杰、秀才卢洪恩、永生利染坊的司帐先生金洪才、股东马德山、掌柜李永祥七人自动发起倡议，组织了赤峰红十字会。因为红十字会属于社会上的一种慈善团体，发展会员是严格遵守自己的宗旨，得到了各方面的拥护，会员人数很快增加到了100多人。会员们共同推举乔俊杰为会长、阎希圣为副会长。正副会长选出后，即将会员名册和会员缴纳的会费一并送交了中国红十字会总会。总会批准后，颁发了一枚木质钤记，上写“中国红十字会赤峰县分会钤记”，并同时发给了总会章程、分会简章及其它有关文件、书刊等。1919年（民国八年）旧历五月初五凌晨，第一次直奉战争波及赤峰，当时赤峰红十字会刚刚成立，仓促间临时组织了一个救护队。救护队分为担架队和掩埋队，对在战场上死亡者就地雇人掩埋，对伤员则雇用民众用簸罗、门板绑成担架送到赤峰红十字分会，救治伤员30名。红十字会奉行战地救护、扶危济困的宗旨深得民心，得到了当地社会各界的拥护，会员很快发展到400多人，其它一些地区也不同程度地开展了红十字会活动。

全国解放以后，自治区党委和政府对自治区的红十字事业给予高度重视，1956年正式批准成立了自治区红十字会。自治区政府副主席哈丰阿任会长，卫生厅胡尔钦毕力格厅长任副会长，下设办公室、组训组、宣传组等办事机构。1961年至1986年内蒙古自治区红十字会因文革及其他原因停止了活动。1987年5月停止活动20多年的自治区红十字会，经自治区人民政府批准正式恢复了工作，5月20日召开了内蒙古自治区红十字会恢复大会。从此，自治区红十字事业随着我国改革开放，建设具有中国特色的社会主义的巨大浪潮进入一个崭新的发展阶段。

1990年6月6日至6月9日，内蒙古自治区红十字会召开第一次全区会员代表大会，参加会议的代表共计99人。聘请自治区政府主席孔飞、人大副主任徐令妊、政协副主席乌兰、内蒙医学院教授陈锵为自治区红十字会一届理事会名誉会长，选举名誉理事五名，理事53名，常务理事18名，选举云曙碧为自治区红十字会一届理事会会长，刘广理、胡良发、杨曼、王孔运为副会长。云曙碧会长作了题为“艰苦奋斗积极进取努力开创我区红十字事业新局面”的报告，指出今后红十字会工作要坚持群众路线、组织建设应稳步发展、加强卫生救护工作、积极努力做好社会福利工作、做好红十字青少年工作、充分发挥离退休人员在红十字会工作中的作用、进一步加强宣传工作的思路，为自治区红十字事业的发展明确目标。

1996年4月，自治区红十字会召开了一届四次理事会议，聘请自治区党委副书记政府主席乌力吉担任名誉会长，自治区人大常委会副主任刘震乙、自治区政府副主席宝音德力格尔、自治区政协副主席农工民主党自治区主委兰乾福、自治区政协副主席、自治区佛教协会会长乌兰、自治区政协副主席杨紫珍、内蒙古医学院教授陈锵担任名誉副会长，并增补了部分理事。会议选举李淑莲任自治区红十字会副会长，增选自治区政府副秘书长安扶、自治区卫生厅副厅长刘树涛、自治区教育厅副厅长占布拉、自治区民政厅副厅长冯品英担任副会长。

2004 年 11 月 8—9 日，内蒙古自治区红十字会召开第二次全区会员代表大会，中国红十字会会长、原全国人大常委会副委员长彭珮云，副会长兼秘书长郭长江，事业发展部部长蓝军，自治区党委书记、人大常委会主任储波，自治区党委副书记、政府主席杨晶，自治区党委副书记、纪检委书记巴特尔，自治区党委常委、秘书长任亚平，自治区党委常委、组织部长陈朋山，自治区人大常委会副主任尤仁，宝音德力格尔，陈瑞清，哈斯巴根，自治区政府副主席乌兰，自治区政协副主席奇英成等自治区领导出席大会，大会全面总结“一大”以来 15 年一届理事会所做的工作，制定 2005 ~ 2009 年的发展规划，选举产生宝音德力格尔等 20 名第二届常务理事，桂忠等 74 名理事，聘请自治区政府主席杨晶、自治区红十字会原会长云曙碧担任自治区红十字会名誉会长，自治区人大常委会副主任宝音德力格尔当选为二届理事会会长，聘请自治区政府副主席乌兰、自治区政协副主席奇英成为名誉副会长，桂忠当选为专职副会长兼秘书长，盖文山、乌兰、郝勇、何瑞芝、云宗元、阿斯林、斯琴高娃、贾拉森八人为兼职副会长。2005 年 4 月 14 日，自治区红十字会召开二届二次理事会议，会议选举陈华任常务理事、秘书长。由于盖文山副会长分管工作调整，由自治区政府办公厅副主任杨玺继任理事、常务理事、副会长。

内蒙古自治区红十字会历次代表大会

初期（1956 ~ 1960 年）：会长哈丰阿。

恢复工作期间（1987 年 5 月 ~ 1990 年 5 月）：代表 44 人，理事 10 人，名誉会长云曙碧。

第一届

1990 年 6 月 6 日召开，代表 99 人，理事 53 人，常务理事 18 人，名誉会长孔飞、许令妊、乌兰、陈锵，会长云曙碧。

第二届

2004 年 11 月 8 日召开，代表 158 人，理事 74 人，常务理事 20，名誉会长杨晶、云曙碧，宝音德力格尔，专职副会长桂忠。

【组织机构】

内蒙古自治区红十字会现有基层组织 2474 个，累计发展会员 82 万人，志愿工作者 5707 多人。全区 12 个盟市和 101 个旗县都建立了红十字会组织。有 307 个企业、1023 个事业单位、500 个乡镇、120 个街道建立了红十字会组织，在 479 所小学、356 所中学、10 所大学中建立了红十字会。在自治区教育系统建立了学校红十字工作委员会。

1995 年 5 月 8 日，内蒙古自治区红十字会从卫生厅独立出来，理顺了管理体制，单位规格为正厅级，机关设有办公室、业务处、组宣部三个处级单位，下设一个备灾救灾培训中心。2001 年机构改革时，撤掉了组宣部，人员编制也由原来的 14 人减为 13 人。自治区红十字会理顺管理体制后，所辖 12 个盟市及部分旗县（市区）相继理顺了管理体制。截至 2006 年 8 月，全区 12 个盟市及满洲里市、二连浩特市两个计划单列市红十字会全部理顺了管理体制，单位规格为正处级，编制 5~12 人不等。全区 101 个旗县（市区）已有 94 个旗县级红十字会理顺了管理体制，机构规格为正科级，编制 3~12 人不等。12 个盟市红十字会是：呼和浩特市、包头市、乌海市、赤峰市、通辽市、鄂尔多斯市、呼伦贝尔市、巴彦淖尔市、乌兰察布市、兴安盟、锡林郭勒盟、阿拉善盟红十字会，两个计划单列市红十字会是：满洲里市、二连浩特市红十字会。

【主要特色】

一、开展“红十字博爱送万家”活动

为了更好地弘扬人道、博爱、奉献的红十字会精神，按照中国红十字会总会的统一部署，自治区红十字会从 1999 年开始在每年的元旦、春节期间都开展了“红十字博爱送万家”活动。为贫困灾区和边远农牧区群众送去粮食、衣物等生活必需品。

二、援助开展了卫生小项目

（一）援建卫生院医疗小项目：1999~2004 年由加拿大红十字会援助内蒙古自治区红十字会 12 万加元，在乌兰察布市凉城县、鄂尔多斯市伊金霍洛旗伊金霍洛苏木开展了卫生项目的援建工作。

（二）复明扶贫行动：2001 年至 2006 年由加拿大红十字会每年援助九万加元，在乌兰察布市、鄂尔多斯市、包头市、呼和浩特市、阿拉善盟、锡林郭勒盟、巴彦淖尔市开展了复明扶贫项目。该项目旨在帮助贫困白内障患者复明，术后能够从事生产劳动，走出生活困境，弘扬红十字人道主义精神，扩大红十字会的影响力。

（三）开展了艾滋病同伴教育活动：2002 年开始，由加拿大红十字会每年援助一万加元，开展的艾滋病同伴教育项目，旨在通过同伴教育增强预防艾滋病的公众意识，防止青年人发生易感染艾滋病的危险行为，控制艾滋病在内蒙古地区的蔓延。

三、造血干细胞捐献

2004 年经中国红十字会总会批准，内蒙古自治区红十字会成立了中国造血干细胞捐献者资料库内蒙古分库，三年来全区共采集造血干细胞 874 份，累计采集血样近 5000 份，进行供者再动员六例。

四、扶贫助学

扶贫助学工作一直是自治区红十字会救助领域中的主要内容之一，特别是从 2005 年开始，自治区红十字会响应自治区党委、政府的号召，与内蒙古电视台经济生活频道《都市全接触》栏目合作开展扶贫助学活动，先后投入扶贫助学款物 65.6 万元，救助了大、中、小学生共计 1104 人。2005 年在“博爱一日捐”募捐款中拿出部分善款在全区资助 1000 名贫困大学生。

（胡志行）

呼和浩特市红十字会

【简介】

呼和浩特市红十字会于 1958 年成立，“文革”开始后撤销，直至 1987 年 9 月恢复工作，对内称呼为呼和浩特市卫生局红十字会办公室，对外称呼为呼和浩特市红十字会，编制为三人，后增编到五人。1995 年红十字会办公室提格为准处级，编制 10 人，仍由卫生局代管。2000 年 12 月 26 日，市编委同意呼市红十字会办公室机构单独设置，直接由市政府联系领导。2002 年机构改革时，市委、政府对呼和浩特市红十字会在机构、人员、经费等方面给予了极大的支持，不仅保留了原有编制，而且核定处级干部二名，一正一副，内设二个科室，即办公室和业务科，核定科级职数四人，两正两副。于2004年市委批复参照公务员管理，并成立了党组。2005年，市政府为市红十字会增编二人，增加了组宣科，增加科级职数一名。现机关在职人员13人，副处级一人、科级四人。

呼伦贝尔市红十字会

【简介】

1988年，呼伦贝尔（盟）市红十字会恢复工作。1995年，（盟）市红十会机构独立设置，与血站合署办公。2001年，市红十字会机关理顺管理体制，为独立的正处级单位，现在参照公务员管理的事业编制八名，工勤编制二名，实有人员11人。

赤峰市红十字会

【简介】

1919年至1920年，由陈君南等七人自动发起，成立了赤峰市红十字会。1989年，从卫生局分离并独立建制。1992年3月召开了第一次会员代表大会。2005年底，全市12个旗（县、区）红十字会全部理顺了管理体制。

包头市红十字会

【简介】

包头市红十字会成立于1957年，由于历史原因1960年停止工作。1990年复会，组织机构由卫生行政部门代管。2003年，市红十字会由卫生行政部门代管改由市政府管理，核定机构规格为正县级，内设办公室、业务科，全额事业编制八人。2004年，市红十字会列为参照公务员管理单位。

巴彦淖尔市红十字会

【简介】

巴彦淖尔市红十字会成立于1987年9月。1998年7月，市红十字会理顺管理体制，人员参照公务员管理，机关内设办公室、业务部，有编制七名。1996年，全市七个旗（县、区）红十字会相继理顺管理体制。市、旗（县、区）红十字会共有专职干部43名，基层红十字会组织194个，红十字会员71571人，红十字志愿工作者39人，红十字医疗机构12家，红十字急救队10支。

锡林郭勒盟红十字会

【简介】

锡林郭勒盟红十字会成立于1997年，全盟有12个旗（县、市）红十字会和一个管委会。机关内设办公室、业务科两个职能部门，有编制八名。全盟有专职红十字会干部58人。

乌海市红十字会

【简介】

乌海市红十字会2004年6月理顺管理

体制，有编制六名。全市有红十字会团体会员单位 22 家，红十字会员 223 人，红十字志愿工作者 55 人。

兴安盟红十字会

【简介】

兴安盟红十字会于 1989 年 10 月恢复成立，1999 年，盟红十字会理顺管理体制，有事业编制四名，工勤编制三名。机关内设办公室、赈济部、宣传与筹资部三个部门。

鄂尔多斯市红十字会

【简介】

鄂尔多斯市红十字会于 1988 年恢复工作。1998 年，市红十字会理顺管理体制。全市八个旗（区）红十字会全部理顺了管理体制。全市红十字会有编制 41 名，有红十字团体会员单位 91 家，基层红十字会组织 175 个，红十字会员 22874 人，红十字志愿工作者 272 人。

阿拉善盟红十字会

【简介】

阿拉善盟红十字会成立于 1987 年。2002 年，盟红十字会理顺管理体制，人员参照公务员管理，有编制四名。机关内设办公室、宣传赈灾科。2006 年，盟红十字会增加副处级职数一名。2007 年 4 月，盟红十字会党组成立。

通辽市红十字会

【简介】

通辽市红十字会 1987 年恢复工作，八个旗、县（市、区）红十字会也相继成立。1997 年，市红十字会理顺管理体制，规格为副处级事业单位，人员参照公务员管理。2001 年，内蒙古自治区红十字会通辽备灾救灾中心成立，隶属通辽市红十字会。2002 年，通辽市各旗、县（市、区）红十字会相继理顺管理体制。全市有红十字会工作人员 65 人，基层红十字会组织 592 个，红十字会员 24 万人。

乌兰察布市红十字会

【简介】

乌兰察布市红十字会 1997 年理顺管理体制，有编制六名，人员参照公务员管理。2007 年，市编委又为市红十字会增加三名编制。全市 11 个旗、县（市、区）红十字会全部理顺了管理体制，机构规格均为正科级，编制在三至五名。

辽宁省红十字会

【年度工作】

2011 年，在省委、省政府领导下，在总会指导下，辽宁各级红十字会及广大红十字工作者，全面贯彻落实科学发展观，大力弘扬“人道博爱奉献”的红十字精神，深入开展救灾、救助、救护工作，实施红十字特色的人道救助项目，充分发挥红十字会在人道主义工作领域中的优势，为推进全省红十字事业科学发展、创新发展、和谐发展，建设文明幸福的辽宁做出了积极贡献。

一、做好“三救”工作

修订印发了《辽宁省红十字会自然灾害应急预案》，制定下发了《关于做好2011年自然灾害救助工作的通知》；组建了一支由20名志愿者组成的掌握救援设备使用、户外无线电通联、户外搜救和现场急救等相关知识的“辽宁省红十字志愿者紧急救援队”。

2011年“红十字博爱送万家”活动省红十字会共筹措款物280万元，救助省内部分遭受严重洪涝灾害的灾区群众、全省贫困群众、日本遗孤及其养父母和孤儿之家的孤儿。打造人道救助品牌，共救助少儿血液病患儿149人，救助金额310万元；救助贫困家庭先心病患儿55人，救助金额67.12万元；救助贫困晚期癌症患者76名，救助金额13.68万元；“少儿光明行动”项目诊治贫困儿童眼病患者21例。利用手机短信捐赠资金建立的“红十字家园项目”筹集救助金80万元，全省74个社区的3000户贫困家庭受益。

全省培训救护师资1164名，救护员13589名，救护知识普及726740人次。成立了由20名来自辽宁省红十字北方医院（中国人民解放军沈阳军区总医院）具备一定医疗专业资质的人员组成的“辽宁省红十字应急救护队”。

省政府支持省红十字会继续开展“艾滋病预防与关怀项目”。2011年5月，辽宁省红十字会在“红十字·爱之家”启动了2011年艾滋病预防与关怀项目，旨在为弱势群体和边缘人群，特别是为辽宁地区艾滋病病毒感染者和病人提供心理咨询、沟通交流和小组活动服务，是艾滋病病毒感染者和病人的精神家园。2011年，在大学生、男男性接触人群及艾滋病病毒感染者和病人等目标人群中，举办了艾滋病预防青年同伴教育主持人培训班，开展目标人群小组活动和外展宣传活动；开展了对艾滋病病毒感染者和病人家庭、医院探访活动及“红丝带门诊”关爱活动；举办了全省红十字会系统专职干部能力建设培训班。

二、做好“三献”工作

辽宁省红十字会建立了人体器官捐献文化长廊及人体器官捐献纪念碑，组织人体器官捐献志愿者俱乐部开展“百年大爱，万里行活动”，制作了辽宁省器官捐献网站，深入沈阳、鞍山台安、长春的相关医院，实现劝捐器官捐献，全省共完成八例器官捐献。

全年共入库造血干细胞数据11000余人份，完成了全年任务。2011年，完成初筛1516例，再动员219例，高分辨73例，体检15人，先后共有六人成功捐献了造血干细胞。截至目前，全省造血干细胞捐献者资料累计入库数据89640人份，成功移植85例。

在推进无偿献血工作中，辽宁省红十字会通过6月14日“世界献血者日”开展系列宣传活动，使广大民众进一步了解无偿献血等方面知识，使更多的健康人群积极踊跃地加入到无偿献血的队伍中来，让“拯救生命、奉献爱心、参与公益、升华自我”的人道理念得到进一步弘扬，推动全省无偿献血工作。

三、加强基层组织建设，开展志愿服务

2011年是辽宁省红十字会组织建设重

点年份。为推动县级红十字会理顺管理体制工作，省红十字会在七届五次理事会上明确提出了工作目标和任务要求，并与各市签订了绩效考核目标。副省长、省红十字会会长滕卫平撰写了《致未理顺县区长的一封信》，在全省向未理顺红十字会管理体制的县区长致信，以此推动县区红会理顺体制工作。截至目前，全省已理顺体制县区合计90个。

与大连红十字会共同承办了2011年中国红十字青少年夏令营，本次夏令营取得了圆满成功。在全国高校红十字会开展大学生暑期实践项目中，大连海洋大学的“暑期支教入乡村、红丝连爱助学童”项目荣获二等奖。开展博爱助学活动，资助装备制造学院的100名经济困难的学生，捐赠助学金六万元。加大学校红十字基层组织建设工作，推动学校红十字事业的发展，向总会申报了四所中国红十字会总会模范校评选候选单位。

在志愿服务工作中，重抓建队伍建设，搞特色活动。同时完善注册制，补充新的有潜力的志愿者。注重加强志愿者的能力建设工作，对省直骨干志愿者进行培训。在全省范围内开展百名优秀红十字志愿者评选工作，在全省范围内评选出以郭明义为代表的110位优秀红十字志愿者。

12月，在沈阳市召开了全省第八次会员代表大会，全国人大常务委员会副委员长、中国红十字会会长华建敏及副会长王海京等到辽宁参加大会，华建敏会长在会上作了重要讲话。辽宁省委书记、省人大常委会主任王珉，省委副书记、省长陈政高等领导参加了大会，省委副书记夏德仁代表省委、省政府作了讲话。这次大会听取、审议了由常务副会长刘琳娜代表第七届理事会所作的工作报告；会议审议了《辽宁省红十字会2012—2016年发展规划》；选举产生了第八届理事会、常务理事会和会长、常务副会长、副会长；大会聘请省委书记王珉、省长陈政高为名誉会长，省人大副主任佟志武和省政协副主席高鹏为名誉副会长；副省长滕卫平再次当选辽宁省红十字会会长；大会表彰了全省红十字会系统先进集体和先进个人、优秀志愿者、捐赠者代表等。

在参加会议期间，华建敏会长一行到省红十字会机关、辽宁省红十字救援医院（中国人民解放军463医院、省红十字会少儿先天性心脏病救治定点医院）、省红十字会艾滋病预防宣传教育基地“爱之家”进行了视察，并专程到鞍山市参加红十字志愿者座谈会，接见了全国道德模范郭明义等先进个人代表。

四、做好宣传工作，不断扩大红十字会的社会影响

根据总会要求，结合实际工作需要，红十字博爱周活动期间，本会组织了以“携手人道助民生、志愿服务迎全运”为主题的大型广场活动。在活动中，成立了“辽宁省红十字志愿者紧急救援队”，到场的领导及7000余名红十字志愿者共同绕沈阳奥体中心进行了“迎全运健康行走”活动。本次广场活动中，有60余人参与无偿献血、五人采集了干细胞血样、10人登记遗体捐献、数千人在红十字签字布上留下了自己的签名，共同预祝全运会在沈阳取得圆满成功。

省红十字会宣传工作围绕特色活动、救助项目、重大突发事件救援开展，如：红十字博爱送万家、艾滋病预防与关怀项目、先心病儿童救助等活动，多以新闻发布会等形式进行对外宣传。此外，在日本地震救灾活动中，积极联系新闻媒体，提供新闻素材，吸引更多的爱心人士参与到红十字事业中来。为迎接省红十字会“八大”召开，围绕重点工作，制作了一部反映省红十字会“七大”以来五年工作的画册及专题片。

2011 年是“六五”普法的第一年，认真贯彻中国红十字总会关于“六五”普法工作的要求，组织全省专职干部参加“六五”普法电视电话会议，并且按照要求向总会上报情况及向各市下发“六五”普法宣传材料。

五、做好对外交流与合作工作

2011 年 11 月 6—11 日，常务副会长刘琳娜率省红十字会代表团一行六人赴澳大利亚进行访问，学习交流有关器官捐献移植方面的活动宣传、沟通网络以及管理经验等。4 月，刘琳娜随中国红十字会总会代表团前往法国、南非访问法国红十字会和南非红十字会。8 月，秘书长杨笑随中国红十字会代表团前往韩国，参加第十届亚太国际艾滋病大会、红十字艾滋病全球同盟研讨会及亚洲地区红十字与红新月艾滋病互助网会议。省红十字会申请获得了致力于改善中国农村地区贫困家庭生活状况的西班牙生计项目，项目地点确定在盘锦市盘山县大荒乡大仓村，项目期为 2011 年 9 月到 2013 年 4 月。

【历史沿革】

1904 年 2 月 8 日，日俄战争在辽宁旅顺爆发，东北人民灾难惨重。上海海关沈敦和与施子英二人恻然悯之，发起成立了“东三省红十字普济善会”。1904 年 3 月 10 日，上海万国红十字会召开第一次中西董事会，决定在要冲之地牛庄（今营口）设立分会，在牛庄借爱尔兰会华医院为分会总医院。8 月，设立辽阳分会，同时设医院和难民栖留所。之后，辽宁省奉天省城、新民屯、沟帮子等成立分会。日俄战争期间，在辽宁境内的红十字分会为群众做了大量救援、救护、救助方面的工作。据不完全统计，红十字会对受难人民进行医疗救护达 2.6 万人；资助遣返回籍者达 8.5 万人；战后受到赈济的灾民达 3.3 万余人。1929 年 2 月 5 日，奉天省正式改称辽宁省。7 月，中国红十字会辽宁分会成立。办公地址在沈阳民富街西 157 号。

新中国成立后，辽宁省红十字会于 1957 年 2 月 19 日在沈阳成立。由卫生、民政、公安等有关单位领导 29 人组成辽宁省红十字会执行委员会。

辽宁省红十字会成立时，全国正开展“除四害、讲卫生、消灭疾病”的群众卫生运动。各地红十字会都把主要力量投入爱国卫生运动中。1958 年，辽宁省红十字会及时部署动员组织会员参加爱国卫生运动，促进了卫生运动的发展。1962 年，针对台湾当局在美帝国主义支持下，妄图窜犯大陆进行军事冒险的形势，红十字会立即行动，大力开展群众性国防卫生救护训练。训练内容应包括卫生救护基础知识和防空、防毒、防疫（细菌），防原子等简易知识，力争做到在遇有紧急情况时，能担负起军民伤病人员的投寻、搬运和医务人员未到现场前的初级救护，疫区、毒区的消毒，以及在医务人员指导下执行其他的卫生勤务。“文革”期间，辽宁省红十字会遭到全面破坏，红十字会工作被迫停止。粉碎“四人帮”以后，1980 年 3 月 26 日，辽宁省红十字会恢复工作，当年 4 月 9 日，辽宁省红十字会召开第三次会员代表大会，选举产生了以辽宁省人大常委会副主任王堃驰为会长的新的领导机构。辽宁省红十字会自1980年恢复工作以来，协助政府在备灾救灾、扶贫济困、对外交往等方面做了大量卓有成效的工作。2000年12月26日，辽宁省红十字会办事机构从省卫生厅划出，独立设置。辽宁省红十字会第六次会员代表大会于2001年11月21日在沈阳市召开，会上选举出了新一届理事会，聘请辽宁省省长薄熙来担任省红十字会名誉会长，陈素芝、徐廷生、张毓茂为名誉副会长。选举辽宁省副省长刘克田为省红十字会会长，刘琳娜当选为辽宁省红十字会常务副会长，杨笑为秘书长。在2004年3月召开的辽宁省红十字会六届二次理事会上，改选滕卫平为省红十字会会长。

辽宁省红十字会会员代表大会

第一届

1957年2月召开，理事29人，会长车向忱，副会长王木。

第二届

1962年9月召开，理事21人，会长王梓木，副会长韩蓬台。

第三届

1980年4月召开，理事24人，会长王堃骋，副会长邓禹。

第四届

1988年12月召开，理事61人，会长王文元，副会长李希舜。

第五届

1996年10月召开，理事60人，会长张榕明，副会长李仁。

第六届

2001年11月召开，理事60人，会长刘克田，副会长刘琳娜。

第六届二次

2004年3月召开，理事60人，会长滕卫平，副会长刘琳娜。

【组织机构】

辽宁省红十字会现有会员179.849万人，志愿工作者6.1万人，全省100个县区建立了红十字会，同时，在高等院校、职业学校、中小学校建立了学校红十字工作委员会。

辽宁省红十字会机关设有办公室、赈济救护部、组织宣传部，下辖备灾中心、培训中心（中国造血干细胞捐献者资料库辽宁分库）等二个事业单位。至2004年底，全省已有14个市理顺了市级红十字会管理体制（沈阳、大连、鞍山、抚顺、本溪、丹东、锦州、营口、阜新、辽阳、铁岭、朝阳、盘锦、葫芦岛），21个县理顺了县级红十字会管理体制。

【大型项目】

一、省内救灾工作

（一）1994年7月中旬至8月中旬，辽宁省所辖14个市的大部分地区遭受了大或特大洪水和台风袭击，灾情十分严重。省红十字会会同卫生厅共向灾区派出医疗队68支，防疫队34支，发放药品22万元，发放消杀药20余万元，总救助人数达68627人次。

（二）1995年，辽宁省发生有记载以来最大的一次洪涝灾害，全省经济损失344.2亿元。省、市各级卫生部门及红十字会共组建医疗队239个，向灾区派出医疗队565队次，运送价值44万元的药品及消毒杀菌药品。

（三）1999 年 11 月 14 日和 24 日，辽宁地区连降两场大雪和暴雪，辽南东部山区气温急剧下降，省红十字会购买了价值五万元的棉被 1000 条送到灾区。

（四）1999 年 11 月 29 日，海城市、岫岩县发生 5.6 级地震，造成 6000 多间房屋损毁，直接经济损失达 2300 多万元。地震发生后，省红十字会迅速做出反应，组织了 15 支医疗队和预防小分队，并积极上报灾情，得到中国红十字会总会和红十字会与红新月会国际联合会救助的 60 余万元。

二、向遭受灾省、自治区进行援助

（一）1991 年 7 至 8 月份，我国南方部分地区发生特大洪涝灾害，辽宁省红十字会共募集人民币 160 万元，衣物约 110 万件，支援了南方灾区的重建工作。

（二）1994 年，辽宁省红十字会向南方灾区捐款 71295 元，捐衣物 2000 件。

（三）1996 年青海省发生雪灾，辽宁省各级红十字会举行开展为青海雪灾募捐衣物及生活用品活动。共募捐衣物及生活用品 100 余万件。

（四）1996 年张家口地震，辽宁省红十字会向地震灾区捐赠人民币一万元。

（五）1998 年全国大部分地区发生洪涝灾害，辽宁省红十字会在全省红十字会系统开展募捐活动，为灾区募集的款物折合人民币 730 万元。

（六）1999 年台湾发生地震，辽宁省红十字会通过中国红十字会总会向台湾红十字组织捐款五万元人民币。

（七）2003 年，新疆维吾尔自治区喀什地区发生强烈地震，辽宁省红十字会向灾区捐款 30 万元，用于灾后重建工作。

【主要特色】

一、开展“红十字博爱送万家”活动

2001 年至今，每年的元旦、春节期间，辽宁省红十字会按照中国红十字会总会的整体部署，根据中共辽宁省委、省政府的要求，连续开展了“红十字博爱送万家”活动。

2001 年 1 月，辽宁省红十字会工作人员赴葫芦岛、锦州、朝阳、阜新四市开展“红十字博爱送万家”活动，为遭受严重旱灾的群众送去价值 40 万元的棉被、棉大衣等物品。

2002 年 1 月，辽宁省红十字会把“红十字博爱送万家”活动与省政府扶贫帮困和经常性社会救助活动结合起来，先后到抚顺市清原县、本溪市南芬区和辽阳市走访慰问贫困户和受灾户，并为他们送去了价值六万元的药品、2000 斤粮食和部分棉衣、棉被等物品。

2003 年，辽宁省红十字会结合本省实际，在辽阳市举行了中国红十字会 2003 年“红十字博爱送万家”活动辽宁省启动仪式，现场对部分城市低保户进行了救助，并走访了部分贫困户。此次活动共筹集了价值 50 万元的物资，受益群众达 2500 户。通过救助活动，把党和政府的关怀，把红十字人道、博爱、奉献的红十字精神送到千家万户。

二、救助日本孤儿及中国养父母

日本侵华战争时所留下的日本遗孤，战后大多流落在中国东北，被中国养父母所收养。日本塔卡拉俱乐部中有许多日本遗孤，中日建交后返日，他们为报答中国养父母的养育之恩，向中国红十字会捐款，建立为其养父母服务的保健中心。1991 年 1 月，辽宁省设立医疗保健中心，总建筑面积 2500 平方米。中心建立后，省红十字会及该中心帮助日孤在日寻亲和到辽宁探亲访友，并在每年春节前带着慰问品对辽宁地区的部分日本遗孤及其养父母进行慰问。

三、积极开展“三下乡”活动

辽宁省红十字会从 2001 年起，参加中共辽宁省委、省政府组织的“科技、文化、卫生”下乡活动。当时，省红十字会刚刚独设置就以积极的态度主动参与了此项活动，并把它当成密切党和群众的联系，为振兴辽宁老工业基地做贡献的政治任务来完成。每年年初，省红十字会都将“三下乡”工作列入全年工作计划之中，把省红十字会筹集的药品、衣物等送到贫困群众手中。其中，2002 年底，为彰武县送去价值五万元药品；2003 年底，为康平县送去价值三万元药品及衣物。2004 年，辽宁省红十字会被评为辽宁省“三下乡”先进集体。

四、成立辽宁博爱特殊儿童养护中心

2002 年 5 月，由辽宁省红十字会牵头，成立了辽宁首家博爱特殊儿童养护中心，定性为社会福利机构，专门为患孤独症的儿童提供训练、康复服务。通过训练，指导孤独症儿童及其家长改善儿童现状，提高儿童适应社会能力及语言交往能力，力争使儿童尽早适应集体生活。两年来，共接收近百名特殊儿童，使多名孩子重返校园，过上和正常人一样的生活。逢年过节，省红十字还组织热心公益事业的社会各界献爱心，送去慰问品，并通过新闻媒体给予宣传报道，让全社会关注弱势群体。患儿家长和政府有关部门称赞红十字会为民做了一件好事。原中国红十字会总会副秘书长汤声闻曾经视察该中心，并对其工作给予充分肯定，认为这是红十字会工作的一个品牌，应当很好地坚持下去。

（杨海云）

沈阳市红十字会

【简介】

沈阳市红十字会建于 1912 年 2 月，原名中国红十字会奉天分会。于 1925 年，并入奉天同善堂，仍保留红十字会名义。新中国建立后，于 1952 年成立中国红十字会“沈阳分会”。1957 年 9 月，沈阳市红十字会重新建会，有专职人员七人。1978 年 9 月重新恢复工作，有行政编制五人，挂靠在市卫生局。2003 年 6 月，沈阳市红十字会理顺管理体制。为副局级群团组织，有人员编制 12 人。近年，全市区、县（市）红十字会全部理顺管理体制工作。全市有红十字团体会员单位 134 家，红十字会员 20377 人，红十字青少年会员 291982 人，有 17 个红十字志愿者服务基地，注册红十字志愿工作者 5000 人。

2011 年，沈阳市红十字会全年累计募集救助款物 510 万元，慰问贫困家庭 3077 户，义诊义治二万人次，资助贫困大学生 202 人。全市卫生救护培训普及人数达到 16 万人次。经考核合格颁发急救员证书 1046 人。全年有 707 人份造血干细胞志愿捐献者资料录入骨髓库。登记捐献遗体的志愿者 253 人，实现捐赠的 24 人，登记捐献器官的志愿者 40 人，实现捐赠的六人。

现任会领导：

市红十字会会长：王玲（副市长）

专职副会长：宿鲁

大连市红十字会

【简介】

一、大连市红十字会成立于1957年9月。2003年8月，市红十字会正式独立建制。内设办公室、组织宣传部、赈济救护部。所属县级红十字会10个，有基层红十字组织264个，红十字会员11.8万。

二、2011年，市红十字举办应急救护培训55期，培训救护员2450人。新增入库造血干细胞捐献者599人，实现捐献3人；完成了遗体（器官）捐献者纪念碑建设工作；启动器官捐献试点工作，全年器官捐献1人，角膜捐献1人，实现大连地区器官（组织）捐献的零突破。

三、人道救助工作　年内定向救治先心病患儿6人，白内障患者87人，减免手术费折合人民币80余万元。开展“红十字博爱送万家”活动，为贫困家庭发放救助物资60余万元。

四、志愿服务工作　出台《大连市红十字志愿服务工作管理规范》，制定志愿者管理工作程序和流程，统一服务标识和证件，对志愿者进行分级、分专业、属地化管理，开发志愿者网上管理系统，志愿者信息全部纳入数据库。

五、信息化建设工作　启动市县两级红十字会网站集群建设工作，增加网上办公、志愿者管理、在线捐款三大平台，实现了多项工作的网上报名和查询认证功能。

六、各项荣誉　获得辽宁省红十字会系统先进集体称号，蝉联辽宁省红十字会2011年绩效目标考核第一名。在大连市直机关第四批最佳服务品牌和年度最佳服务成果评选中，大连市红十字会“人道服务，博爱大连”工作品牌，获得最佳服务品牌称号。

现任会领导：

市红十字会名誉会长：唐军（市委书记）　李万才（市长）

名誉副会长：田树军（市人大副主任）　施中岩（市政协副主席）

会长：朱程清（副市长）

常务副会长：乔善春

鞍山市红十字会

【简介】

一、晚清时期红十字会的活动

1894年中日甲午战争时期，英国人司督阁于10月28日由沈阳携眷避往牛庄（现海城市牛庄镇）。司督阁到牛庄后便同牛庄的外国医生建立红十字会。当时租用两个大车店作为红十字会医院，收容中国伤兵。从红十字会医院成立到战争结束，共收治1000多名伤兵，所有的费用都是由上海红十字会捐助。

二、新中国成立后红十字会的组织机构

1957年5月31日成立鞍山市红十字会。

2004年2月从市卫生局划出，独立设置，现有编制5人，设综合办公室1个。现任会长王忠哲（市政府副市长）、常务副会长兼秘书长吴平。

现有县（市）区级红十字会7个，目前已经全部理顺管理体制，有基层组织118个，团体会员单位255个，成人会员45590名，青少年会员96222名，志愿者5859名。

三、主要工作情况

（一）备灾救灾，救助弱势群体

积极组织各县（市）区及鞍钢红十字会开展“红十字博爱送万家”活动，两年总计发放了价值150万元的救助物资及救济金。

募集救助资金100万元，为36名特困家庭先天性心脏病患儿进行了手术治疗，其中6名患儿在韩国完成手术；多方募集资金30万元，对20名白血病和尿毒症患儿进行了资金救助。

在公共场所设置46台“红十字多媒体募捐箱”，以传播公益理念，为市民提供便捷的捐赠平台。

（二）开展群众性现场救护培训，增强自救互救能力

分别与市政府应急办、市科协联合下发《鞍山市应急避险培训工作实施方案》、《关于在社区科普大学（学校）开展应急救护培训的通知》等文件。

成立了首支救护培训红十字志愿者讲师团，定期免费在全市开展红十字急救培训和健康教育知识进机关、进学校、进社区“三进”活动。在鞍山广播电台开办“红十字急救课堂”节目。

组建“鞍山市红十字户外救援队”等应急队伍6支；全年共进行培训讲座130余次，受训人数42000余人。

（三）多方位传播公益理念，弘扬红十字精神

将业务工作与红十字运动有关的纪念日等广场宣传活动有机融合，增强了宣传效果，扩大了红十字会的社会影响力；开展学习“雷锋传人郭明义”系列宣传活动；利用《鞍山红十字网》、《鞍山红十字志愿者网》及楼宇电视广告等宣传红十字相关知识；成立“鞍山市红十字新闻志愿者俱乐部”。

共在各类新闻媒体刊登或播发新闻、专题、报道、消息248条。

（四）积极推动无偿献血、造血干细胞及遗体（器官）捐献

与市卫生局、市红十字中心血站联合开展纪念“6.14世界无偿献血者日”活动，对我市无偿献血和捐献造血干细胞的先进单位和先进个人进行表彰。

举行“鞍山市红十字会遗体（器官）捐献志愿者俱乐部”成立大会，310人签署了捐献协议，有13人办理了遗体捐献公证手续。

两年采集造血干细胞血样1204人份；志愿者苏丽华成功为一名韩国患者捐献造血干细胞，成为我省首例跨国捐献者；安排供患见面，营造爱心互助、奉献光荣的良好氛围；“捐献造血干细胞，挽救白血病患者生命”项目获2010年度鞍山市市直机关“最佳服务成果”；荣获“辽宁省干细胞库工作供者服务优秀奖”。

（五）组织建设工作

2009年2月，成功召开鞍山市红十字会第六次会员代表大会，选举了新一届理事会、表彰了22个红十字工作先进集体和122名红十字工作先进个人。

不断加强自身能力建设，市红十字会连续两年被市委、市政府评为“十佳机关”；连续三年获得“鞍山市公务员电子政务大赛优胜奖”；2011年荣获市委、市政府2010—2011年度“文明单位”、“市直机关工会规范化建设先进单位”荣誉称号。

抚顺市红十字会

【简介】

抚顺市红十字会成立于 1958 年，并于 2004 年独立建制，机构列群团序列，核定机关编制 5 人。2010 年，市会调整机关内部机构设置，下设三个部门，赈济部、组宣部、办公室。2010 年 1—5 月，七个县区红十字会相继完成独立建制工作，配齐了专职会长及工作人员，独立开展红十字会各项工作。市人民政府副市长刘诗同志任红十字会会长，苗静同志任市红十字会党组书记、专职副会长。

2011 年，市红十字会救灾救助实力大大提升。博爱送万家活动下拨物资总价值 70 万元，为贫困群众送去电饭锅、衬衣裤、拖鞋等生活必需品 2600 箱，给他们带去党和政府的温暖；为红十字博爱家园所在地区的 320 户贫困家庭送去价值 3.2 万元的米面油等食品；“康乃馨基金”疾病救助项目成为本市特色救助品牌，在福彩公益金继续注资 30 万元的基础上，争取到 14 家爱心企业 139 万元的资金支持，62 名患病贫困母亲因此解除病痛、重获健康。遗体（角膜）捐献工作正式启动，现已登记志愿者 155 人，其中完成公证程序的有 53 人、实现捐献 1 人；年内，新加入捐献造血干细胞志愿者 1111 人，入库总数达到 15842 人。

救护培训和普及工作稳步推进。年内，举办救护培训班 6 期，培训合格救护员 228 人，新聘任培训教师 4 人。为推动应急救护培训在高危行业和重点领域的开展，起草了《抚顺市红十字会关于广泛深入开展应急救护培训工作的意见》，会同市政府应急办、教育局、公安局等 15 家单位联合发文，并拟由市政府办公厅予以转发，前期沟通协调工作基本完成，文件将于近期下发。成功举办“抚顺市迎全运红十字应急救护技能大赛”，并派出 40 名红十字志愿者组成应急救护队参与市六运会赛场救护工作，进一步检阅了红十字救护员参加现场救护的实战能力，提高了公众的自救互救意识。

组织和宣传工作取得新成绩。加强街道、乡镇、社区（村）的基层组织建设，目前，已在全市 31 个乡镇、33 个街道、205 个社区、196 个村、173 所学校建立了红十字组织。年内，新增团体会员单位 12 个，总数已达到 52 个，有个人会员 64791 人，其中青少年会员 56928 人。全市有红十字冠名医院二家。志愿服务工作稳步推进，召开了抚顺市红十字会志愿服务总结表彰会议，表彰了二个志愿服务组织和六名志愿者之星。不断加强宣传工作，精心策划五八博爱周活动，举办“纪念五八世界红十字日——为了母亲的微笑大型公益晚会”，为康乃馨基金筹款，引起良好社会反响；改版市红十字会网站，使其结构和功能更趋合理；加强与媒体的联系，及时报道红十字会的活动和工作，年内市以上媒体播发近百条；制作特色宣传品《工作月历》6000 册，发放到市内机关、企事业单位、人大代表、政协委员手中，推介红会项目，宣传红会工作，进一步扩大了红十字会的社会影响力。

本溪市红十字会

【简介】

本溪于 1957 年 6 月 6 日成立了本溪市红十字会。2003 年 6 月市红十字会从市卫生局划出，成立独立的红十字会组织。2010年底，实现了本市所辖两县四区红十字会管理体制的全部理顺。目前，全市共有红十字会基层组织116个；团体会员单位116个，会员总数31591人，其中成人会员16047人，青少年会员15544人。

现任会领导：

本溪市红十字会名誉会长：王世伟（市长）

会长：黄力强（副市长）

常务副会长：王凯

秘书长：刘国华

丹东市红十字会

【简介】

丹东市红十字会始建于1957年5月，即安东市红十字会，隶属于丹东市卫生局。1957年，中国红十字会总会要求各地组建地区红十字会组织，根据省人委和省红十字会的决定，经安东市人民委员会研究决定，组建安东市红十字会。1957年5月11日，安东市举行红十字会成立大会，选举产生了安东市第一届红十字会会长和执行委员。

“文化大革命”动乱期间，终止一切活动。

1981年6月27日，恢复丹东市红十字会，为卫生局医政科代管；2005年1月由丹东市机构编制委员会研究并经市委常委会议审定，市红十字会独立设置，列群团序列，名誉会长由市长兼任，会长由分管红十字会工作的副市长兼任，配专职副会长职数1名。

丹东市红十字会现有工作人员六人，其中常务副会长一人，内设综合管理办公室、救护培训部，负责指导全市六个县（市）、区红十字会工作，全市县、（市）区级红十字会基本理顺管理体制。

截止目前，全市共有团体会员单位45个，成人会员3930人，青少年会员30028人，冠名医疗机构一个，全市有红十字志愿者1798人。

2011年，丹东市红十字会全年向总会、省红十字会申请项目资金、积极争取社会爱心企业、个人募捐款物累计为40余万元，近千人接受红十字会救助；全年累计开展大型志愿服务数十次，受益群众2000余人；全年采集造血干细胞血样2250人份，成功采集造血干细胞救治白血病患者一名；全年组织实施培训共计五期，指导基层红十字会开展救护培训六期，受训人员计千人。

现任会领导：

市红十字会常务副会长：石漉

锦州市红十字会

【简介】

锦州市红十字会成立于1965年10月8日，隶属于锦州市卫生局；2003年9月理顺体制，参公管理，规格定为副处级。机关现有工作人员六名，其中常务副会长一人；内设办公室（兼组宣部）、赈济部二个部室；负责指导全市七个行政县（区）、经济技术开发区及市学校红十字会开展红十字工作；全市七个县（区）级红十字会中已有六个理顺管理体制。截至2012年1月，全市共有团体会员单位106个，成人会员12218人，青少年会员53223人，冠名医疗机构14个，全市网上注册志愿者357人，志愿者服务队四支。

救灾救助工作 2011 年，市红十字会为日本灾区开展查人转信工作，组织社会捐款一万元；开展“红十字博爱送万家”活动，救助贫困家庭 141 个，发放救助物资五万余元、药品 2.5 万元；组织志愿者服务队开展扶贫困活动 11 次，救助贫困家庭 260 个，发放款物 11.9 万元；开展贫困助学活动，资助贫困学生 10 名，资助金 2000 元；实施疾病救助项目，受理申请 26 份，救助少儿先心病、血液病患者 17 名，救助资金 14 万元；走访慰问老党员，发放慰问金 2000 元；捐赠奶粉价值 14.5 万元。全年举办救护培训班 18 期，培训发证 488 人次。全年采集造血干细胞血样 947 例，完成检索配型再动员 16 人次。

现任会领导：

市红十字会常务副会长：郭春英

营口市红十字会

【简介】

营口是中国红十字运动的起源地。1894 年（清光绪二十年）中日甲午战争期间，英国传教士司徒阁见营口有大批伤员，同在营口的其他外国医生一起组建起红十字会，收容中国伤兵 1000 余人，是中国最早的红十字运动。1904 年日俄战争期间，上海成立万国红十字会，并在营口设立第一个分会。1930 年，中华民国红十字总会在营口设立分会，1986 年 7 月 31 日，营口市红十字会重新成立。

2002 年 9 月，经市委常委会批准，市编委下文设红十字会为市级人民团体，营口市红十字会宣布独立。至 2008 年底，各市（县）区红十字会也都逐步依法理顺了管理体制。到目前为止，营口市红十字会现有编制五人，设常务副会长一人，秘书长一人；大石桥市红会人员编制达到六人，其余五个市（县）区红十字会人员编制均为三人以上。全市共有红十字基层组织 791 个；红十字会团体会员 621 个；个人会员 27.4 万人，其中青少年会员 15.8 万人。

2011 年，市红十字会系统共为各灾区募集款物 215.4 万元。为云南盈江地震、日本地震和盖州泥石流灾区以及弱势群体募集款物 296.3 万元。“红十字博爱送万家”活动中，全市红十字会系统共自筹并发放救助款 14.95 万元，发放救助物资 3.83 万元，救助贫困家庭 920 户，受益群众达 3900 余人。全年共举办六期急救员培训班。目前，全市共有红十字基层组织 791 个；红十字会团体会员 621 个；个人会员 27.4 万人，其中青少年会员 15.8 万人。市红十字志愿者服务总队成员已达 760 人。目前，全市输送中华骨髓库造血干细胞血样 4041 人份。全市现有 95 人报名捐献遗体（器官），举办了捐献遗体（器官）志愿者座谈会，为 45 名志愿者颁发捐献遗体（器官）志愿者荣誉证书。

现任会领导：

市红十字会会长：高炜（副市长）

常务副会长：胡荣华

秘书长：孙波

阜新市红十字会

【简介】

阜新市红十字会始建于 1964 年，十年动乱期间，工作被迫中断，1988 年恢复工作并召开了第一次会员代表大会，之后，各县区相继成立了红十字会组织。2005年8月，市编办批复阜新市红十字会独立设置，依法理顺了管理体制，从“由卫生部门代管”改为“由市政府领导联系”，核定机关事业编制三人。2006年9月市红十字会编制、人员、经费得到落实，2010年市红十字会编制增加至五人，截止2008年4月，我市两县五区红十字会全部理顺了管理体制。我市共有基层组织116个，团体会员252个，成人会员12627人，青少年会员10489人，先后成立了救护培训、筹资劝募、健康关怀、康复护理、宣传推广等13支红十字志愿者服务队和造血干细胞捐献、遗体、器官（组织）捐献两个志愿者俱乐部。发展造血干细胞捐献志愿者4400人，遗体、器官（组织）捐献志愿者108人（九人实现捐献），目前我市红十字志愿者已达一万余人。

阜新市红十字会成功组织南方冰冻雪灾、汶川特大地震、青海玉树地震、甘肃泥石流等灾害的募捐工作，共筹集款物1000余万元。市红十字会资助，在16个社区建立了辅助行动器材站、在五个社区建立了“红十字家园”，在七所学校建立了“红十字书库”。“中国红十字会舒肤佳健康长城工程项目”，在彰武县七所学校修缮自来水洗手系统和卫生设施。开展群众性急救知识培训300多场次，培训救护员13000人。全市11所大中专院校全部建会，先后有七所学校被评为“辽宁省红十字模范校”。2011年，沈阳医学院——阜新市红十字会遗体捐献接收中心签约并挂牌。

现任会领导：

市红十字会常务副会长：李文萍

辽阳市红十字会

【简介】

辽阳市红十字会始建于1904年日俄战争时期，1989年恢复设立。2002年1月从市卫生局划出独立设置，内设办公室和赈灾救援部两个部（室），人员编制6名，专职常务副会长1名，中层部室主任2名（科级）。2005年全市7个县（市）区全部理顺管理体制，有基层组织391个（全市24个街道，125个社区全部建立红十字会，33个乡镇85%建立红十字组织），专职干部23人，团体会员单位396个，成人会员32927人，青少年会员130324人，志愿者队伍43支，志愿者3187人，公益服务站点123个。

2011年，辽阳市共建立九支红十字志愿者应急救援队伍（市本级二支）。全市共募集救助款（物）108.09万元。在“红十字博爱送万家”活动中，市及县（市）区红十字会共筹集49.16万元，救助困难家庭2826户。全年举办急救员培训班13期，培训合格急救员580名。

现任会领导：

市红十字会常务副会长：周旭

铁岭市红十字会

【简介】

铁岭市红十字会成立于1990年7月，编制三人，现有工作人员三人，机构规格为副县级。全市有基层组织46个，会员49253人，注册志愿者467人。

2011年，在“红十字博爱送万家”活

动中，慰问了三名残疾人大学生，以及部分特困农民工留守儿童，开展送医送药等活动。为突患再生障碍性重症贫血小学生募集善款 10200.1 元。举办三期救护员培训班，共 140 人参加了培训。全年组织志愿者无偿献血 91 人次。有 329 人采集造血干细胞血样。目前，全市有八人志愿捐献眼角膜，13 人报名登记捐献遗体器官。

现任会领导：

市红十字会会长：胡俊波（副市长）

专职副会长：马铁森

秘书长：陈立国

朝阳市红十字会

【简介】

1989 年 12 月，经朝阳市编委批准，成立了朝阳市红十字会办公室，隶属于朝阳市卫生局。1991 年 12 月 13 日，召开了朝阳市红十字会第一次会员代表大会，选举格日勒为会长。1998 年召开第二次会员代表大会，选举陈淑珍为会长。2005 年召开第二次会员代表大会，选举高炜为会长，同年，朝阳市红十字会实现独立设置，为正县级单位，属政府联系管理。市红十字会现有五名工作人员，设常务副会长一名、秘书长（科长）一名、科员两名、司机一名。截至目前，七个县区分别成立了红十字会组织，并且积极发展社区、企业、学校红十字会组织，朝阳辖区内基层组织总数为 231 个，红十字会员总数达五万多人。其中红十字青少年会员三万多人。

2011 年，朝阳市红十字会共发放救助款物价值 65 万多元，使 6000 多名困难群众受益。

现任会领导：

市红十字会会长：高炜

盘锦市红十字会

【简介】

盘锦市红十字会于 1991 年成立。2003 年 12 月经市编委批准独立建制，由市政府领导联系，现有工作人员三人。2009 年盘山县红十字会理顺了管理体制，“三定”落实到位。经积极协调，2011 年市编办和大洼县编委相继下文批准两区及大洼县红十字会从卫生局划出，落实了“机构、编制、人员、场所、经费”五到位，实现了真正意义的独立。全市现有红十字会员 3182 人，红十字青少年会员 3701 人，基层红十字会组织 43 个，六支志愿者服务队，三个省级红十字示范校，5114 名红十字志愿者，其中有 147 名注册志愿者。建立六家红十字志愿者服务基地，二个红十字志愿服务队和二支红十字应急救援队。

2011 年，市红十字会筹集 10 万元的物资，开展“红十字博爱送万家”活动，有 600 余困难户得到救助。救助贫困家庭白血病和先心病儿童等共计 28 人，发放救助款 10.6 万元。举办初级卫生救护员培训班五期，行业（系统）应急紧急避险救护培训班八期，培训持证急救员 75 人。全年共采集造血干细胞血样 445 份。有八人填写了捐献遗体、人体器官登记表。与西班牙红十字会合作的生计项目，募集资金近 80 万元，使盘山县大荒乡大仓的 143 户群众受益。

现任会领导：

市红十字会会长：潘元松（副市长）

专职副会长：路梅

葫芦岛市红十字会

【简介】

葫芦岛市红十字会成立于 1990 年，隶属市卫生局，2004 年理顺管理体制，机构独立设置，为副县级单位，工作与市政府领导联系，内设办公室和赈济部两个职能科室，核定编制工作人员五名。目前全市六个县级红十字会中已有四个理顺了管理体制，基层组织 232 个，成人会员 21733 人，青少年会员 69433 人，志愿者 867 人。

2011 年，与何氏眼科医院联合为家庭生活困难的白内障患者免费手术 110 例，免除手术费用近 30 万元；与北京武警总医院和四六三医院携手资助生活困难的先心病患者实施手术 8 例，资助手术费用 1.6 万元；与市妇科医院联合救助宫颈癌患者 6 名，资助手术费用 1.8 万元。举办救护知识培训班，培训校医 180 余人。年内共采集造血干细胞血样 765 人份，全年有 11069 人次参与无偿献血。

现任会领导：

市红十字会会长：敖凤玲（兼）

常务副会长：马艳莉

吉林省红十字会

【年度工作】

吉林省红十字会积极组织开展各项人道主义救援和服务工作，在备灾救灾、人道救助、应急救护培训、志愿者发展、造血干细胞捐献者资料库建设、器官无偿捐献等方面取得了新进展，为推动吉林省经济社会发展做出积极贡献。

一、备灾救灾和应急管理

充分发挥红十字会的救灾救助职能，以提高应急管理能力为根本，积极推进救灾应急管理体制机制建设，完善落实各类自然灾害和突发事件应急处置、救援救助等措施。2011 年夏，吉林省部分地区遭受了旱灾、风雹灾，省红十字会根据灾情，争取到 2011 年总会国家彩票公益金项目支持，向各地受灾群众发放了大米 100 吨和自筹的 50 万元药品。此次“红十字博爱送万家”活动共发放了价值 100 万元的救助物资，为保障吉林省灾区和困难群众安度春节做出了积极贡献。

2011 年，省红十字会共自筹救灾物资 484 万元，发放到全省九个市州，受益群众达 12 万人。

二、项目执行工作

4 月，吉林省红十字会争取到总会 200 多万元的项目支持。援建八所红十字博爱卫生站；捐建 22 个农村洗手环境改善工程，由著名清洁护理品牌“舒肤佳”提供赞助；以及挪威红十字会援助的改水改厕项目支持资金 95 万元。为做好项目的实施工作，8 月 3 日，省红十字会召开“舒肤佳”健康长城工程援助项目新闻发布会，向社会公布了项目具体实施方案。至 11 月底，“舒肤佳”健康长城工程项目已经全部竣工完成。

9 月，吉林省红十字会争取到中国红十字基金会艾滋病孤儿救助项目，救助了本省 12 名艾滋孤儿，项目连续三年实施救助，单孤孤儿每年救助 3600 元，双孤孤儿每年救助 4800 元。12 月 1 日世界艾滋病日前夕，省红十字会在吉林市组织救助款发放仪式，并为艾滋孤儿送去了书包和文具，红十字会的爱心志愿者还与这12名受助孩童一一结对，为他们提供心理辅导和必要的生活帮助。

三、红十字志愿服务工作

11月20日，吉林省红十字会志愿者管理中心正式成立，并举行了隆重的揭牌仪式。仪式上，省内爱心企业和爱心人士积极奉献爱心，向红十字会捐款34万多元，为开展人道救助工作和志愿者活动奠定了坚实的基础。志愿者管理中心的成立，标志着吉林省红十字会志愿服务工作走上了制度化、规范化的轨道。12月5日世界志愿者日，志愿者管理中心组织40余名志愿者，驱车100余公里，看望慰问了吉林省荣复第一医院的老兵和公主岭市驻军某部官兵，吉林省吉剧院的志愿者们还带去了一台丰富多彩的文艺节目，新老官兵共计6000余人观看了演出。

四、红十字宣传工作

各级红十字会积极推进法制宣传教育工作，制订“六五”普法规划，加强对“红十字会法”的宣传普及工作。“五八”世界红十字日，吉林省红十字会以“携手人道促和谐，志愿服务为民生”为主题，在长春市举行了纪念“五八”世界红十字日大型广场宣传暨“博爱企业”、“爱心企业”表彰活动。授予修正药业集团等10家企业为“博爱企业”，授予长春天诚药业有限公司等10家企业为“爱心企业”。

五、救护培训和红十字青少年工作

5月，省红十字会与吉林公安消防总队联合下发文件，对全省公安消防部队开展应急救护培训工作作出部署和安排。10月17日，在吉林公安消防总队举办的了急救护培训班启动仪式上，首期培训了30名消防官兵，使广大消防官兵了解和掌握初级急救知识和技能。

组织吉林大学、吉林财经大学两所学校申报中国红十字会总会“暑期大学生社会实践项目”，经吉林省红十字会推荐，吉林大学申报的“民以食为天”志愿服务项目获得总会一等奖，吉林财经大学申报的项目获得总会二等奖，吉林大学学生红十字会申报的项目还被总会推荐到红十字会与红新月会联合会，获得资助和好评。

六、造血干细胞捐献者资料库建设

全年征集造血干细胞捐献志愿者4860人，向中华骨髓库输送4000人份血样分型数据，再动员人数163人，完成高分辨动员及血样采集人数78人，完成体检20人，成功捐献10例。8月11日，中华骨髓库2011年HLA分型技术交流会议在长春召开。中华骨髓库管理中心主任和副主任、授课专家、来自全国各地的组织配型实验室代表30余人参加会议。

七、少儿白血病救助

根据吉林省救助少儿白血病患者的规定，对省内56名白血病患儿进行了救助。积极争取中国红十字基金会“小天使”救助基金的资助，为吉林省42名贫困家庭的白血病患儿争取救助资金126万元，给每位受助儿童资助三万元。

八、人体器官捐献工作

8月，中国红十字会总会和卫生部批准吉林省红十字会开展人体器官捐献试点工作。制订出台了规范人体器官捐献工作的制度规定，包括《吉林省红十字会人体器官捐献试点工作方案实施细则》、《吉林省人体器官捐献工作管理制度》、《吉林省人体器官捐献办公室管理制度》、《吉林省人体器官捐献工作流程》等。目前，吉林省的器官无偿捐献工作进展顺利，在吉林大学第一医院的配合下，完成志愿捐献八例，所捐器官挽救了 20 名重症患者，使四名接受眼角膜移植的患者重建光明。

九、“三帮扶”工作

按照省直机关“千名处长进千村”活动的部署，第一时间赴公主岭市刘房子镇茗条坡村开展帮扶调查，投入三万元，帮助该村改造出村道路，使全村 800 多名老百姓因此受益。10 月下旬和 12 月底，省红十字会全体机关干部赴茗条坡村，为村民现场进行了卫生救护知识培训，为特困群众送去了救助衣被、药品。三帮扶工作中，省红十字会组织党员干部深入帮扶村 38 人次，召开座谈会四次，协调会六次，投入帮扶资金四万多元，救助特困户 20 余户，受到村民群众的欢迎。

【历史沿革】

吉林省红十字会创建于 1919 年，其前身是东三省红十字普济善会，至 1924 年共建立哈尔滨分会、长春分会、延吉分会等 11 个分会。在旧中国危难和动乱的年代，吉林省红十字会以“恤兵救灾”为宗旨，开展战地救护、难民救济、筹募基金等工作，力所能及地做了一些善事。“九一八”事变后，东北沦陷，各地分会事业停顿。1938 年，伪满洲国成立赤十字社（即康德红十字会），并在各地设立支部和办事处。日本战败投降后，中国红十字会全面接管了伪赤十字社的产业，1946 年吉林省红十字会复以长春分会名义重新开展工作。

1958 年 8 月 8 日，吉林省红十字会正式成立。根据“边发展、边组织、边训练、边巩固”的方针，积极发展组织和开展群众性卫生救护训练，当年就发展会员 45155 人，并在 26 个市、州、县建立了红十字会。在政府的领导下，吉林省红十字会办理并协助四批 236 名日侨回国。1958 年至 1966 年间，吉林省红十字会在发展会员、建立组织、参加爱国卫生运动、组织卫生救护训练，以及在红十字青少年、血源管理、外事往来、接受捐赠等方面做了很多工作，出现了可喜的局面。1966 年后，吉林省红十字会工作中断，机构撤销。中共十一届三中全会后，吉林省红十字会的工作得以重新恢复，1980 年 3 月，国务院 48 号文件批准外交部、卫生部、中国红十字会总会《关于恢复东北三省和省会市红十字会的请示》。吉林省政府于 1980 年 4 月 7 日以吉政发（1980）3 号文件批准恢复吉林省红十字会和长春市红十字会，工作暂由吉林省卫生厅兼做。同年 5 月，吉林省红十字会接待了日本厚生省大臣率领的“日本在东北地区死亡者家属友好访华团”。1986 年，吉林省编委批给吉林省红十字会行政编制二名，1988 年又增加二名。在改革开放的新形势下，红十字会开始了人道主义工作的探索和实践，以“人道、博爱、奉献”为宗旨，协助政府完成了一系列特殊工作，在中国红十字会总会的直接指导下，在中共吉林省委和省政府领导下，在社会各界的支持关心下，在全体红十字会员和志愿工作者的共同努力下，吉林省红十字会各项工作都有了较大发展，逐步发展成为扶危济困、弘扬社会主义精神、文明和国际人道主义精神的一支重要社会力量。1993 年 10 月，《中华人民共和国红十字会法》和 1996 年 1 月《中华人民共和国红十字标志使用办法》的颁布实施，使红十字事业走上了法制化建设的轨道。1997年8月，吉林省红十字会理顺了管理体制，开始以社会团体的身份独立自主地开展工作。理顺体制后的吉林省红十字会工作有了快速发展，广泛开展人道主义救援和服务工作，努力为群众办实事、办好事，在备灾救灾、卫生救护、无偿献血、艾滋病防治、造血干细胞捐献者资料库建设、对外交流等方面取得了较大的进展，为促进吉林省经济和社会发展，维护社会稳定做出了积极贡献。

2003年7月7日，吉林省红十字会第五次会员代表大会召开。中共吉林省委书记王云坤、中国红十字会常务副会长王立忠、吉林省副省长李斌等出席了会议。大会全面总结了吉林省红十字会第四届理事会以来的工作，提出了“与时俱进，开拓创新，扎实推进红十字事业的发展”的工作目标，明确了“为吉林省两个文明建设做出更大贡献”的工作要求，制定了以后五年的发展规划。选举产生了由51名理事组成的新一届理事会。大会聘请中共吉林省委书记王云坤为省红十字会名誉会长，吉林省副省长李斌当选为省红十字会会长，吉林省政协副主席孙耀廷当选为省红十字会常务副会长。

吉林省红十字会会员代表大会

第一届

1962年3月9日召开，代表301人，理事85人，会长徐寿轩。

第二届

1984年8月20日召开，代表89人，理事25人，常务理事六人，会长刘云沼。

第三届

1989年6月23日召开，代表160人，理事43人，常务理事15人，名誉会长刘云沼，会长刘希林。

第四届

1996年3月19日召开，代表155人，理事59人，常务理事八人，名誉会长张德江，会长张岳琦。

第五届

2003年7月7日召开，代表139人，理事51人，常务理事15人，名誉会长王云坤，会长李斌，常务副会长孙耀廷。

【组织机构】

吉林省有基层红十字会组织3957个，红十字会员80万人（其中青少年会员34万人），红十字志愿工作者15万人。全省九个市（州）、60个县（市、区）均建立了红十字会组织。同时，在各级各类学校、厂矿系统、卫生系统、旅游系统分别建立了红十字会工作委员会。目前，吉林省红十字会机关设有综合处、业务处。省红十字会还直接管理中国造血干细胞捐献者资料库吉林分库。

根据《中华人民共和国红十字会法》和中国红十字会总会《理顺管理体制座谈会纪要》精神，1996年，中共吉林省委召开常委会，专门研究省红十字会机构设置问题并形成决议：吉林省红十字会依法单独设置，实行机构、经费、编制单列，以社会团体法人资格独立自主地开展工作。1997年8月，吉林省人事厅、省编委正式下发“三定方案”，明确吉林省红十字会为副厅级建制，设职能处室二个，人员编制11名，财政全额拨款。至2002年10月，全省九个市

（州）红十字会机关已全部理顺了管理体制，专职副会长和秘书长配备到位。这九个市（州）红十字会是：长春市红十字会、吉林市红十字会、四平市红十字会、延边朝鲜族自治州红十字会、松原市红十字会、辽源市红十字会、通化市红十字会、白山市红十字会、白城市红十字会。全省 60 个县（市、区）中 40 个县（市、区）理顺了管理体制，理顺市县级红十字会管理体制的工作均走在全国的前列。

【大型项目】

一、1998 年，为嫩江松花江特大水灾开展募捐，共募集救灾资金和物资价值 5000 多万元，有力地支援了受灾地区的重建工作。

二、2000 年，援助西部地区贫困家庭 10 万元人民币。

三、2001 年 1 月，向内蒙古自治区遭受雪灾和凌灾地区援助人民币 60 余万元。

四、2003 年，全省红十字会系统共募集款物折合人民币 5 千万元，有力地支持了全省“非典”防治工作。

五、2003 年至 2005 年，荷兰红十字会援助 20 万欧元，与吉林省红十字会共同开展艾滋病预防青年同伴教育项目。

六、2004 年，为加强对艾滋病病人的救助工作，吉林省红十字会为吉林市艾滋病患者送去救助款 240 万元。

七、2004 年至 2005 年，挪威红十字会援助 50 万元人民币，与吉林省红十字会合作开展改水改厕的项目。

八、2005 年，以“爱心献社会、真情暖人心”为主题，吉林省红十字会在全省范围内组织开展募捐活动，共募集善款 700 余万元，为扎实开展各项人道主义救助工作奠定了坚实的基础。

【主要特色】

一、推出“伸出友爱手、关爱你我他”活动

为配合国家提出的振兴东北老工业基地战略，充分发挥红十字会的职能和作用，2005 年，吉林省红十字会在全省范围内组织开展了以“爱心献社会，真情暖人心”为主题的救助活动，广泛争取社会各方面资金和物资捐赠，用于救助生活特困的下岗职工家庭。目前，已帮助 9800 余户下岗职工家庭解决了部分生活难题，为吉林老工业基地的振兴发展做出了积极贡献。各地红十字会还开展开展救灾、扶贫和助学活动 500 余次，累计发放各种救济款物 1000 多万元，受益总人数近 30 万人次，红十字会的工作受到社会各方面的关注和好评。

二、积极探索会费收缴新途径

吉林省各级红十字会高度重视会费收缴工作，积极发展热心人道主义事业的团体会员单位，广泛吸收和组织社会各界群众参加红十字会，努力增加会费收入。延边朝鲜族自治州红十字会通过开展动员全民参加红十字会并缴纳会费活动，在全州形成了人人了解红十字会、关心支持红十字会、积极参与红十字会工作的良好社会氛围，在会费收缴工作方面探索出一条新路子。他们向群众宣传红十字会所做的实事、好事，把交纳会费形成制度，使每一名会员都能自觉交纳会费。延边朝鲜族自治州红十字会自 1995 年开展全民收缴会费以来，全州累计收缴会费 300 多万元，每年都能足额完成会费收缴任务。

三、红十字青少年活动丰富多彩

目前，吉林省共有红十字青少年会员

34万人，占全体红十字会员总数的42%。红十字青少年工作蓬勃发展，有力地配合了学校的素质教育工作。各地红十字会会同教育部门，积极开展符合学生自身特点、丰富多彩、有益身心的活动。辽源市红十字青少年工作开展的有声有色，广大中小学生掀起了一场向生活不良生活习惯宣战的运动，大力倡导健康文明的生活方式，为美化校园环境创建“文明卫生城”做出了突出贡献。东丰县实验小学把红十字会工作融入到教学活动中，形成了自己的特色，建立了学校红十字宣传阵地，“红十字在我心中”主题班队会和“红十字手抄报”发展成为该市红十字工作的特色品牌。

四、“红十字助学”发展成为特色工作

吉林省红十字会坚持开展红十字博爱助学活动，会同各级教育行政部门和学校对贫困学生情况进行调查摸底，不断加大救助工作力度，并逐步建立起长效机制，让助学活动真正成为求真务实的爱心工程。近年来，吉林省红十字会组织的救助特困家庭大学新生活动，共救助吉林大学、长春税务学院、延边大学等学校特困学生3000多人次，累计发放助学金280多万元。延边州红十字会的“救助贫困大学生”工作已在当地形成了广泛的社会影响，每年为新考上大学的特困家庭学生发放救助款，红十字会组织开展的助学活动受到社会各界的一致好评。

（姚玉海）

长春市红十字会

【简介】

长春市有红十字基层组织1273个，红十字团体会员单位1080家，红十字会员239376人。

现任会领导：

市红十字会会长：吴兰

常务副会长：王大雷

副会长：赵吉光

四平市红十字会

【简介】

四平市红十字会成立于1986年1月。组织机构情况：四平市红十字会内设机构1个：办公室，机关事业编制5名。基层组织及会员情况：全市有红十字会基层组织233个，其中团体会员单位170个；有会员56760人。

现任会领导：

市红十字会会长：逯贺（2011年12月1日任职）

吉林市红十字会

【简介】

吉林市红十字会辖四个区红十字会、五个县（市）红十字会，基层组织117个，已发展会员10万余人。

现任会领导：

市红十字会常务副会长：王晓娟

延边州红十字会

【简介】

现任会领导：

州红十字会常务副会长：林龙吉

辽源市红十字会

【简介】

辽源市红十字会 1987 年恢复成立，负责救灾、救助、无偿献血、卫生救护培训、红十字青少年活动、募捐、对外交往等方面工作。截止 2011 年 10 月，全市共有 14 名专职红十字会干部。其中，市红十字会三名，东丰县红十字会四名，东辽县红十字会二名，龙山区红十字会二名，西安区红十字会三名。全市共有基层组织 147 个，理事 130 人，团体会员单位 231 个，成人会员 24182 人，青少年会员 58721 人，志愿者 460 人。

现任会领导：

市红十字会会长：刘殿民（市委副书记）

常务会长：王桂敏（副市长）

专职副会长：刘丽

黑龙江省红十字会

【年度工作】

2011 年，全省各级红十字会认真履行《中华人民共和国红十字会法》赋予的神圣职责，紧紧围绕《黑龙江省红十字会 2011 年重点工作》和“以制度建设为重点的能力建设年”这一主题，从强化自身能力建设入手，应对各种机遇和挑战，圆满完成了各项工作任务，推动红十字事业稳步前进。

一、以能力建设为根本，增强工作实力

为了将红十字会机关建设成为有活力、有实力、有凝聚力、有公信力的学习型机关，逐渐将红十字会建设成为应急反应科学化、公益项目品牌化、宣传筹资长效化、组织建设规范化、志愿服务特色化、运行机制社会化的人道救助团体，全省各级红十字会紧紧抓住“制度建设年”这一有利契机，加强机关能力建设。

（一）建立健全各项制度，增强公信力

省红十字会组织机关及直属单位干部全面系统的学习了中国红十字会总会印发的《机关工作制度》和《业务工作制度》，并结合实际工作，重新修订和完善了《黑龙江省红十字会机关工作制度》及《黑龙江省红十字会业务工作制度》，做到用制度管人、管钱、管物，并使各项制度入脑入心，进一步将红十字会工作人员队伍建设成为一支热爱事业、乐于奉献、精通业务、勇于创新的红十字干部队伍，切实做到对事业有热情、对工作有激情、对困难群众有真情，树立一个良好的红十字人形象。

（二）提高政府的支持力度和关注度，增强助手能力

红十字会是政府在人道领域的重要助手，为了将红十字会工作纳入到当地党委、政府的制度性安排中，各级红十字会千方百计做了很多工作。哈尔滨、黑河等地将红十字会工作列入目标考核范围。哈尔滨市还积极争取通过政府购买服务等方式提高红十字会参与社会管理的实力。红十字会作为政府人道领域的助手作用在进一步加强，能力在进一步提高。

（三）继续加强理顺红十字会管理体制工作，增强基础能力

2011 年，全省市（地）级红十字会理顺管理体制工作进行平稳；全省 132 个县

（区）中有60个红十字会理顺了管理体制，比上年提高了4个百分点。抚远县红十字会还在县委的支持下积极推动各乡镇在村一级全面建设红十字会组织。

二、以“三救”工作为重点，增强业务执行力

（一）健全应急管理体系，依法开展备灾救灾工作

为提高全省红十字会系统应对自然灾害的快速反应能力和救援水平，充分履行《中华人民共和国红十字会法》所赋予的职责，建立科学、规范、有序的救援机制，根据总会自然灾害应急预案及有关要求，结合本省实际情况，对《黑龙江省红十字会自然灾害应急预案》进行了修改。同时，针对2011年哈尔滨、佳木斯、绥化、七台河、黑河等地遭受大风、冰雹、暴雨等自然灾害，造成居民房屋倒塌、农田大面积绝产，灾区人民的生产生活遭受严重影响的情况，省红十字会第一时间下拨救灾款物，并及时上报灾情，争取总会援助大米103吨，用于救助哈尔滨、佳木斯、七台河、黑河受灾地区百姓，受益群众达2650人。

2011年，全省各级红十字会累计投入救灾款物达348.24万元，直接受益群众达35208人。

（二）大力普及应急救护知识，提高群众自救互救技能

2011年初，省红十字会根据《黑龙江省红十字会2010—2014年救护培训计划任务分解指标》的要求，继续在全省范围内开展应急救护培训工作。省红十字备灾救护中心以救护培训为重点，深入社区、学校、企业、医院等地，针对学生、户外运动人员、外企高管、服务行业人员开展了应急救护培训，共举办28期培训班，培训救护员500余人，普及急救知识2500余人次。哈尔滨市红十字会与新晚报、哈尔滨讲坛联合推出“2011年红十字紧急避险与应急救护知识公益大讲堂”活动，面向全市居民开展大型系列公益讲座，普及救护知识2.5万人次。七台河市红十字会在继续开展煤炭行业救护培训基础上，重点组织开展非煤企业生产一线工人及特种作业人员的培训工作，培训应急救护人员占当地人口总数的3.3%，超额实现了总会1.5%的比例要求。哈铁局红十字会在旅客列车上配备红十字药箱、药品、器材和材料，并由专人负责，确保旅客在乘车突发疾病、受到创伤时能得到及时救助。此外，全省各级红十字会还利用“世界急救日”的契机，开展形式多样的纪念活动。9月9日，省暨哈尔滨市红十字会举行了“急救为人人”主题活动。活动现场，百余名红十字志愿者向市民发放《防灾避险手册》、《现场急救使用手册》5000余份，省红十字备灾救护中心的讲师现场演示了心肺复苏、骨折固定、止血包扎等急救技能，20余家红十字医疗团体会员单位的专家为市民进行义诊咨询，普及救护知识4000余人次。伊春、绥化、黑河、鹤岗等地也开展了不同形式的宣传普及活动。

2011年，全省各级红十字会共培训救护师资160人、救护员16863人，救护防病知识普及349333人次。

（三）关注最易受损害群体，积极开展人道救助工作

总会援建项目顺利实施。中国红十字会总会/舒肤佳“健康长城”项目2011年6月底在黑龙江省实施。该项目援助资金

92.5 万元，在大庆、黑河两地 22 所乡村小学援建洗手设施及健康教育宣传栏，在佳木斯、齐齐哈尔两地援建二所村卫生站及村建康教育宣传栏。为了保证项目的顺利实施，省红十字会积极主动请省教育厅、卫生厅对受援地进行考察评估，科学合理确定项目单位，并由赈济部制定了详细的项目实施方案。截至 2011 年 10 月底，该项目全部竣工，并投入使用，受益者达 2.4 万人。

各类救助项目保质保量进行。一是红十字博爱送万家活动。2011 年，全省各级红十字会在辖区范围内针对受灾较严重地区的重灾户、贫困地区的特困家庭、孤残人员及艾滋病感染者继续开展“红十字博爱送万家”活动，争取总会援助物资价值 65 万元，同时全省累计投入救助款物 194.8 万元，受益群众达 5.5 万人（18397 户）；二是天使基金救助项目。省红十字会在继续做好“小天使基金”彩票公益金项目的同时，开展了“天使阳光”基金救助项目，截至 10 月 30 日，全省共有 69 名贫困家庭的患儿获得了医疗救助（其中白血病患儿 66 名，先心病患儿 3 名），救助资金达 209.5 万元，资助情况在网上进行了公示；三是欧盟/荷兰援助“艾滋病预防干预”项目。省红十字会全年举办各类艾滋病同伴教育培训班 40 余期，培训超过 800 余人次。12 月 1 日，省红十字会联合哈尔滨铁路局红十字会，在哈尔滨火车站开展了声势浩大的防艾宣传活动。

协助政府做好安抚救助工作。2010 年 7 月，省红十字会按照省政府第二十九次会议精神，开始接管本省血友病感染艾滋病患者关爱工作。2011 年，为了继续完成该项工作，省红十字会克服种种困难，在人员有限、经费有限、面对的目标人群情况复杂等条件下，积极与相关部门协调，安抚解决感染者出现的问题，接待感染者及家属来访 40 余次，来电 600 余次，较好的完成了省委、省政府提出的工作要求。

三、以“三献”工作为突破，增强社会动员力

（一）广泛动员社会参与遗体和眼角膜捐献工作

2011 年，全省各级红十字会继续依法开展遗体和眼角膜捐献工作。大庆市红十字会与电视台联合制作了一部以遗体和眼角膜捐献为主题的公益广告片，每天在直播频道上循环播出，取得良好效果。齐齐哈尔市红十字会积极协调本市仙鹤墓园建立了“遗体和眼角膜捐献纪念碑和纪念林”，并于 5 月 8 日举行了奠基仪式。截至 10 月底，全省累计完成遗体捐献登记 714 人，比 2010 年增加 485 人；实现捐献 35 人，比 2010 年增加 16 人。眼角膜捐献登记 566 人，实现捐献 37 人，比 2010 年增加 10 人，通过手术移植眼角膜，使 74 名失明患者重见光明。

（二）积极协调推动开展无偿献血工作

2011 年，省红十字会依法履行职责，积极开展无偿献血推动与宣传工作，与省卫生厅、省血液中心协调，联合制作了“无偿献血推动电视公益宣传片”。鸡西市红十字会与市血站组织开展了“稀有血型献血者联谊会”，加强了采供血双方的沟通和交流，增进了彼此之间的理解和支持。2011 年，全省无偿献血人数达 273051 人次。

（三）保质保量完成造血干细胞捐献动员采集工作

为了更好的完成黑龙江省的采集任务，省造血干细胞管理中心除对重点采集站进行回访外，还对绥化、鹤岗二个地区进行增设任务考察。2011 年 8 月，经省红十字会批复，绥化市红十字中心血站及鹤岗市红十字中心血站成为造血干细胞血样采集工作站，省造血干细胞采集工作站由八个增加至 10 个，为扩大招募志愿者工作奠定了基础。2011 年，省造血干细胞管理中心已完成 6400 人份的血样采集任务，完成初筛 1100 多人次，再动员 327 人次，其中二人为境外血样邮寄，体检 17 人次，成功实现捐献八例。

四、以志愿服务为依托，增强服务活动力

在全省范围内建立起以青少年志愿者为基础、社会公众广泛参与的志愿服务体系。将红十字模范校评比、社区红十字服务、红十字运动知识普及等各项工作与志愿服务紧密结合起来，建立了包括大学生志愿者、医疗卫生志愿者、社区红十字志愿者、法律咨询志愿者、老年志愿者、新闻宣传志愿者在内的各类志愿者服务队伍，佳木斯、牡丹江、黑河还分别成立了“志愿服务工作委员会”。全省构架起延伸到社区、学校、企业、机关等不同领域的志愿服务平台，共有志愿者 20884 人、注册志愿者 1500 人，为红十字事业注入了生机和活力。

2011 年，全国人大常委会副委员长、中国红十字会会长华建敏在视察本省红十字会工作时，对哈尔滨市社区红十字组织开展的“阶梯式养老”的志愿服务模式给予了高度评价，并建议在全国推广。

五、以宣传工作为阵地，增强社会影响力

为配合各项业务工作的落实，省红十字会以《中华人民共和国红十字会法》、《国际人道法》、《黑龙江省遗体和眼角膜捐献条例》的宣传和传播，以及省红十字工作取得的成果为重点强化宣传工作，省红十字会积极邀请省内和哈市部分媒体深入报道预防艾滋病项目，举办媒体与大学生、男男性接触者、艾滋病感染者等目标人群反歧视交流座谈会，充分发挥媒体舆论的宣传引导作用。全省各级各类报刊报道红十字会工作 382 篇，电视台播报节目 558 条（次），对化解危机，提升红十字会的影响力和公众认知度起到了积极作用。

六、以青少年活动为载体，增强道德文化影响力

为了加强学校红十字会工作，省红十字会对各类学校红十字会和青少年会员数量进行了全面统计，并按总会要求对学校红十字会建会、会员发展、开展活动等进行了工作量化指标考核，并将指标任务分配到各市（地），推动各类学校红十字会在数量和质量上的提升。

2011 年，省红十字会在全省范围内开展了红十字模范校评比工作，全省共有 10 个市（地）推荐了 10 所学校参加评比。经省红十字会检查验收，哈尔滨市新阳路小学、泰来县第二中学、七台河市第五小学、黑河市第一小学等四所学校被推荐到总会参加国家级模范校的评选。

【历史沿革】

据史料记载黑龙江省区域的红十字会始建于 1918 年。新中国成立后，黑龙江省红十字会成立于 1955 年，“文革”中工作被中断，1980年正式恢复，机构与省卫生厅合署办公，核定编制四人，1987年增编为七人。同年省编委为全省行政区划县以上（不含哈尔滨市）核定编制169人。1991年，黑龙江省当时的14个地市68个县全部成立了红十字会组织。

历届黑龙江省红十字会名誉会长、专职副会长：

1955年至1966年，会长：于天放、杜光预。

1986年至1991年，会长：李瑞、靖伯文、黄枫。

1991年至1993年，会长：戴谟安。

1993年至1998年，名誉会长：黄枫、戴谟安，会长：周铁农。

1998年至2002年，会长：王佐书，专职副会长：王振川。

2002年至2005年，会长：程幼东，专职副会长：王振川。

【组织机构】

截至2005年底，黑龙江省有红十字会员663389人，其中青少年会员396358人，基层组织3669个，团体会员单位1815个。2005年3月省红十字会协调政府及有关部门，转发了国务院办公厅下发的《关于进一步加强红十字会工作意见》的通知。进一步加大了各级政府及有关部门对红十字会的支持力度。一是加大了理顺管理体制的力度。2005年，黑龙江省又有齐齐哈尔市、塔河县红十字会完成了机构理顺工作。二是各级政府把红十字会工作摆上位置。在哈尔滨市委、市政府的重视、支持下，为市红十字会选派了一名工作能力强、有责任心的正局级领导干部担任市红十字会的党组书记、专职副会长。同时还为道里区、道外区、呼兰区、木兰县配备了专职干部；佳木斯市红十字会聘请市委书记郭晓华、市长李海涛为名誉会长。市红十字会在市委、市政府的重视、支持下，三年迈出三大步，在2005年迈进了“省级文明单位”的行列，并在中国红十字会总会召开的“机构理顺”、“志愿者队伍建设”、“农村工作会议”几个不同的会议上分别进行了经验介绍；大兴安岭地区红十字会于5月24日召开了第一次会员代表大会。目前，全省13个市（地）已有佳木斯、绥化、七台河、鹤岗、大兴安岭、伊春、牡丹江、哈尔滨、鸡西、双鸭山、齐齐哈尔、黑河12个市（地）、65个县（市）汤源、萝北、同江、望奎、桦川、扶远、富锦、桦南、勃力、塔河、嫩江11个县（市）实现了机构理顺。

【大型项目】

一、积极做好荷兰预防艾滋病预防宣传项目。2005年3月，省红十字会接受了荷兰红十字会援助黑龙江省为期三年的预防艾滋病宣传项目，项目资金约300万元。一年来，利用资金约86万元。省红十字会先后举办了大学生同伴教育培训班7期、监狱犯人预防艾滋病知识培训班五期、同性恋培训班三期、主持人培训班一期。一是确定了在青年大学生、男性同性恋、监狱犯人、艾滋病感染者和普通人群中开展艾滋病项目活动；二是承办和参加了六次总会、荷兰红十字会亚太地区项目办及中国东北地区项目办举办的培训和一次以观察员身份参加的核心主持人培训；三是开展了基线调查。针对四个目标人群，历时三个月，完成了1700多份问卷调查和分析工作；四是深入农村慰问感染者。为了达到消除歧视，体现红十字会人道关爱救助的目的，省红十字会驱车上千公里先后三次到北安建设农场，对艾滋病村感染者送去关爱。还会同七台河市红十字会调查了解当地艾滋病感染者情况，并对32名感染者进行了走访慰问，赠送了慰问品，每个人发放慰问金500元。制作各类宣传单（手册）10万余份，制作各类宣传品二万余件，投资15万余元。与此同时，还在哈尔滨市繁华地段制作了大幅灯箱广告。在黑龙江省日报刊发了公益广告。

二、香港特别行政区红十字会援助黑龙江省无偿献血项目。由香港特别行政区红十字会援助的无偿献血项目，在哈尔滨和绥化两市经过一年多的认真实施，收到了很好的效果。哈尔滨市红十字会按照项目计划，在全市开展的无偿献血宣传取得了显著成绩，受到香港特别行政区红十字会的高度评价，并得到了该会增加三分之一资助金额的支持；绥化市红十字会按照项目要求，先后在少数民族地区和农村开展无偿献血宣传，收到了很好的效果。5月份，中国红十字会总会和香港特别行政区红十字会检查两市该项目的进展情况，给予了充分肯定。

【主要特色】

“红十字博爱送万家”活动再掀高潮。按照中国红十字会总会的总体部署，黑龙江省红十字会先后在齐齐哈尔、佳木斯、黑河、大兴安岭、双鸭山等少数民族民族地区开展了“红十字博爱送万家”活动。哈尔滨、牡丹江、伊春、鸡西等地也结合当地实际开展了“红十字博爱送万家”活动。据统计，全省共计筹集款物总计37.86万元。救助2332户，受益人数达12360人。佳木斯市郊区红十字会积极与黑龙江省合江林管局开展经济贸易合作，由郊区红十字会筹集资金1.2万元，合江林管局包技术、包销售，在四丰乡四合山村开展了一村10户的栽培滑子菇项目，收到很好的效益。初步预算每户收益3000元。他们的做法为探索农村人道救助工作的新模式闯出了一条新路。

“复明工程”又为百人带来了光明。“百名复明工程”于2004年启动。两年来，已为黑龙江省贫困地区具备白内障手术适应症且家庭无力支付手术费用的200名白内障患者做了免费复明手术，复明率为100%。“百名复明工程”的实施，不仅为200名白内障患者带来了光明，更让红十字会这个人道主义品牌深深的闪亮在百姓的心中。

打造红十字品牌，把宣传、动员贯穿于造血干细胞工作的全过程。2005年黑龙江造血干细胞分库圆满完成本年度9507人份干细胞志愿者的HLA检测录入、上传任务，并超额1007份。其中，再动员50人，初配相合76人，高分辨31人，体检10人，实现捐献六人，为临床提供检索10人。

对此，《黑龙江晨报》等十余家媒体宣传报道58篇。在黑龙江电视台、哈尔滨电视台连续报道31次。电台广播五次，杂志发表七篇。全省13件新闻作品参加了中华骨髓库的第二届好新闻评选，其中新闻夜航节目“血缘”荣获影视作品特等奖、《黑龙江日报》荣获文字二等奖、《哈尔滨日报》荣获图片二等奖、《生活报》荣获图片三等奖，黑龙江分库荣获优秀组织奖。第一例、第五例捐献者孙新远、杨振岭分别被哈尔滨电视台评为2004年、2005年度十大感动人物，杨振岭还被评为黑龙江省十佳大学生。与此同时，黑龙江分库开展大型宣传活动七次，散发宣传单三万余份，回答咨询热线电话4000余次。

（朱晓平）

哈尔滨市红十字会

【简介】

哈尔滨市红十字会成立于 1954 年。1980 年恢复机构以来，以处级单位建制在市卫生局领导下开展工作。2004 年 2 月，经市编委批准哈尔滨市红十字会由市政府领导联系，机构规格为副局级，内设两个室：办公室和综合业务室。核定处级领导职数三名，编制 12 人。同年 7 月，中共哈尔滨市委批准成立市红十字会党组。2005 年 7 月 20 日，市委组织部任命迟克捷为市红十字会副会长（正局级）、党组书记。

大庆市红十字会

【简介】

大庆市红十字会成立于 1987 年 7 月 11 日。隶属市卫生局，正科级事业编，有编制三名，经费实行财政全额供给。

大兴安岭地区红十字会

【简介】

大兴安岭地区红十字会成立于 1987 年。200 年 6 月，地区红十字会理顺管理体制，规格为副处级单位，由原来地区卫生局代管改为由地区行署领导直接联系。

鹤岗市红十字会

【简介】

鹤岗市红十字会建立于 1956 年 7 月。1986 年恢复工作。1994 年，市红十字会理顺管理体制。全市八个区、县红十字会中，有两个理顺管理体制。全市有红十字会员 10 万人。

黑河市红十字会

【简介】

黑河市红十字会 1998 年成立。2007 年 5 月，市政府为市红十字会配备副处级专职副会长，市红十字会机构独立设置。2007 年 9 月，市政府发文，明确要求各县（市）区落实红十字会机构独立设置工作，由卫生局代管，改为政府领导联系，县（市）区红十字会可配备 3～5 名专职人员。

鸡西市红十字会

【简介】

鸡西市红十字会 1985 年恢复工作。

佳木斯市红十字会

【简介】

佳木斯市红十字会成立于 1957 年。市红十字会及所辖六县（市）四区红十字会均已理顺管理体制。全市有基层红十字会组织 1240 个，红十字会员 207641 人。

牡丹江市红十字会

【简介】

牡丹江市红十字会成立于 1932 年。

1985年恢复工作。机关内设办公室和综合业务部，有工作人员八人。

七台河市红十字会

【简介】

七台河市红十字会成立于1987年。2002年3月，市红十字会理顺管理体制，规格为正处级单位，机关内设综合科和业务科，有编制五名。七台河市建立了三所红十字会卫生社区服务站、一所红十字会医院，命名了两所红十字会医院。

齐齐哈尔市红十字会

【简介】

齐齐哈尔市红十字会建立于1956年，1987年恢复工作。

双鸭山市红十字会

【简介】

双鸭山市红十字会建立于1985年4月。2006年6月，市红十字会理顺管理体制，由原市卫生局代管改为市领导联系，有编制六名。所辖四县四区均成立了红十字会。

绥化市红十字会

【简介】

绥化地区红十字会1990年10月7日恢复工作。1999年，绥化撤地建市，地区红十字会更名为绥化市红十字会。2004年6月17日，市红十字会独立开展工作。

伊春市红十字会

【简介】

伊春市红十字会建立于1958年。1985年11月29日恢复工作，隶属市卫生局。1986年，红十字会办公室独立办公，有专职干部三名，规格为科级。2003年5月23日，市红十字会理顺管理体制，工作由市政府领导联系，规格为正处级单位，有编制四名。

上海市红十字会

【年度工作】

2011年，上海市红十字会以成立一百周年为契机，开展了一系到以“回眸百年，再创辉煌”为主题的大型活动。与市人力资源与社会保障局及市公务员局联合开展了2006—2010年度上海市红十字工作先进集体和先进个人评选表彰工作，并开展了上海市人道博爱奖的评选表彰工作。市皮肤病医院护理部副主任孙玉凤荣获第43届南丁格尔奖（章）。继续加强基层组织建设，浦东新区、松江、黄浦、闵行区红十字会分别召开了会员代表大会，进行了换届改选。复旦大学附属中山医院、闵行区中心医院、静安区中心医院经评审被批准为冠名红十字医疗机构。对全市264所达标学校开展了复审工作。此外，新增五所学校成功申报全国红十字模范校，32所学校成功申报红十字工作达标学校。全面完成市政府实事项目——“为5000名社区重度失智困难老人配送护理用品项目”，共为6000余位失智老人发放护理品5.88万余份，价值838万余元，提供志愿服务 60867 人次，为家属护工进行老年介护培训 4226 人次。2011 年，共为全市 171 户受灾家庭发放了 101.7 万元的灾害救助款。向兄弟省市及其他国家（地区）的灾区提供灾害援助，共计捐款 2418 万元，发送救灾物资价值 314.01 万元。完成了宁夏原州区炭山乡沪启博爱南坪小学的援建项目。“千万人帮万家”活动向全市 2.7 万人次（户）困难人群发放了 1582 万元的帮困款物。贫困家庭青少年先天心脏病项目、高校红十字助医助学项目等其他帮困救助项目共计发放救助款物 1000 余万无。2011 年，全市红十字运动基本知识培训达 8000 多人次，举办各类传播活动，传播人数逾 24 万。全年共对 4226 人进行了老年介护培训。对五所高校的 2.1 万余名军训学生进行了现场初级急救普及培训。全市共征募造血干细胞捐献志愿者 10024 人，提供临床移植 29 例。全年遗体（角膜）捐献登记 1698 人，实现捐献 472 人。积极推进无偿献血，实现单采血小板 1883 人份。2010 学年，少儿住院互助金和居保（少儿住院）共为 17 万余人次患儿支付医疗费用 2.7 亿余元。

【历史沿革】

1911 年 8 月，中国红十字会沪城分会成立，1920 年改称为中国红十字会上海市分会。当时的主要工作内容是战地救护、灾害救济、难民收容遣返等。解放后上海市分会在防病治病、支援抗美援朝、救灾救济、红十字青少年、普及防病救护知识、遣送在华日侨及家属回国等方面做了大量卓有成效的工作。

1951 年 7 月，上海市红十字分会改组，刘鸿生任会长。1962 年 9 月，上海市红十字分会召开代表会议，正式改名为上海市红十字会，金仲华任会长。1966 年“文化大革命”发生，上海市各级红十字会组织解散。1978 年 4 月，国务院决定上海市为第一批恢复红十字会工作的城市之一。同年 9 月，上海市红十字会经过调整，杨恺任会长。1981 年至 1985 年 10 月，白备伍、王希孟相继担任会长。1985 年 12 月，上海市红十字会召开第四次会员代表大会，王希孟连任会长。1990 年 12 月，上海市红十字会召开第五次会员代表大会，谢丽娟任会长，邵浩奇任常务副会长。1996 年 6 月，上海市红十字会召开第六次会员代表大会，聘请徐匡迪为名誉会长，谢丽娟连任会长，袁惠章任常务副会长。2001 年 2 月，中共上海市委批准上海市红十字会由上海市卫生局代管改为上海市领导联系，作为局级单位进行管理。2002 年 6 月，中共上海市委批准建立上海市红十字会党组和党组纪检组，熊仿杰任党组副书记、纪检组组长。2003 年 8 月 19 日，上海市红十字会第七次会员代表大会召开，大会选举产生了由 113 名理事组成的新一届理事会，聘请市长韩正为上海市红十字会名誉会长，谢丽娟连任会长，熊仿杰任常务副会长。上海市红十字会开展的救灾、社会服务、募捐帮困、宣传、无偿献血、遗体捐献、造血干细胞捐献者资料库建设、查人转信、国内国际友好交往、红十字青少年、中小学生与婴幼儿住院医疗互助基金、组织建设等工作取得了一定的成效，为支持上海的经济建设，倡导树立良好的社会风尚，为建设社会主义精神文明，保障社会的安定团结做出了积极的贡献。

2004 年，上海市市、区两级红十字会共募捐款 5609 万元，物资价值 3406 余万元。在“上海市红十字会庆百年博爱行”

活动中，全市百余家企事业单位捐献款物600余万元。宝钢集团支持捐资2000万元人民币建立了助老帮困博爱基金。市红十字会与龙华古寺签订了每年30万元共计10年300万元的捐助协议，对崇明百名孤儿实施帮困助学。与百盛集团签订了每年20万元共计五年100万元的捐助协议，对本市贫困大学生进行助学帮困。“千万人帮千家”活动中，对本市2万户特困家庭的帮困款物合计人民币1000万元。在开展的救灾工作中，上海市红十字会向八个受灾省市发放救灾款物13批共计人民币2671万元。向山西省捐赠衣被五车皮。对本市嘉定、青浦、闵行、长宁、普陀、浦东等地区36户遭受雷暴雨灾害的家庭共计救助4.06万元。为湖南省、安徽省援建博爱小学三所，总额125万元，建筑面积4200平方米，帮助1700名灾区学生重返校园。向沪闵博爱小学学生提供帮困助学款15.4万元、向师生捐衣物价值15万元，向宁夏博爱学校捐赠物资价值二万元。向云南省援助救济物资价值15万元；向河南省紧急援助价值10万元的消毒用品用于艾滋病特困人群的关爱；并完成市政府交办关怀艾滋病患者的特殊任务。截至2005年2月3日，上海市红十字会共接收印度洋海啸捐款4597.93万元。上海市红十字青年医疗专家赴湖北开展医疗援助活动，累计义诊人数300多名，义诊手术19台。向肿瘤特困患者捐赠价值40万元的药品。努力提高红十字社区服务质量，规范社区服务工作标准。在上海市工商联合会光彩计划的大力支持下募集人民币250万元，配备了500所红十字卫生站所需设备。举办各类培训班，共培训街道、居委、卫生站等红十字会兼职工作人员共计860人次，并在19个区县成立了由社区工作者组成的20支近300人左右的群众性红十字救护队。静安、徐汇、南汇、嘉定四个区通过了中国红十字会总会及民政部进行的全国社区红十字服务示范区评审，受到中国红十字会总会和民政部的表彰。2005年，中国造血干细胞捐献者资料库上海分库全年造血干细胞资料库入库10508人（累计45371人），全年有16人实施了移植（累计移植46人）。全年发放宣传资料10万余份，开展宣传咨询活动50余次，开设知识讲座32场。全市三个血检点全年开放血检，改变了过去每季度四次的方式，使得志愿者参加造血干细胞资料库的血检更为方便。上海市2005年遗体捐献登记1526人，与去年同比提高30.2个百分点。全年实现遗体捐献的有332人。累计登记20686人，实现3132人。与福寿园联合举办“纪念中国红十字会百年诞辰——上海市红十字遗体捐献者纪念碑万人共祭月”活动，四万余名市民参加了此次活动，对本市遗体捐献者及家属发放一万余份慰问信及纪念封，全年开展培训近50万人。组织参加香港红十字会主办的“两岸红十字100周年精英荟萃——急救及灾难应变比赛”，获得团体优异奖，个人最佳队员金奖。开办首届中日合作老年介护师资培训班，编印《中日合作老年介护师资培训论文集》，促进了老年介护理念和技术的推广。积极倡议全市市民无偿献血，共有三单位，42个人荣获全国先进表彰。全年共发展青少年会员六万余名。举办了“八省市（地区）红十字青少年夏令营”活动。在南汇、卢湾区开展青少年普及现场初级急救和逃生知识、技能的培训试点工作，共培训9.7万多名学生。组织高校红十字志愿者队伍，开展了与荷兰红十字会合作项目：艾滋病同伴教育主持人培训班。先后开展同伴教育44期，共培训880人。少儿住院基金在2003学年共为70225人次患儿支付医疗费用5413余万元。开展了多种形式的中国红十字会100周年诞辰宣传纪念活动。“四五”普法培训人数七万余人，印发普法读本三万本，普法画册二万册；红十字知识传播培训4000余人，传播人数3.7万余人。全年在各报刊、电台、电视台刊登播放有关红十字会活动新闻专题报道500余篇（次），并举办了区、县通讯员培训班。上海市红十字会获总会报刊工作一等奖。上海市机构编制委员会以沪（2004）161号文件形式，发出《关于理顺区县红十字会管理体制有关问题的通知》。举办区、县红十字会专职干部培训班，提高了红十字工作者的工作能力。先后组团赴德国汉堡和韩国釜山红十字会进行访问，并邀请汉堡红十字会来沪授课交流；与日本长崎县红十字会签署红十字青少年交流项目；与日本冈山社会福利法人旭川庄联合举办老年护理培训师资班，增进中日友谊、促进了老年介护工作的交流与发展；组织部分区县红十字会赴香港红十字会学习考察红十字组织建设、志愿服务、筹集资金、红十字学校等工作。全年组织出访九批69人次，接受来访九批38人次。全年接到来信来访共105人次，发出寻人表20份；受理寻人表九份，查到六份。发往港澳及国际寻人表12份，查到二份；受理港澳及国际寻人标15份，查到九份。传递红十字通信六封，处理涉台私渡案一宗。

【组织机构】

上海市红十字会有红十字会员666897人，团体会员1124个，志愿工作者2.8万余人，红十字医疗卫生机构63所，红十字基层组织3120个。市红十字会设有10个工作委员会，分别为：造血干细胞捐献工作委员会、遗体捐献工作委员会、培训工作委员会、理论研究和知识传播工作委员会、赈济工作委员会、医疗卫生工作委员会、社区工作委员会、中小学及中专职技校工作委员会、高校工作委员会、中小学生及婴幼儿住院医疗互助基金管理委员会。

上海市红十字会机关设有综合办公室、信息传播部、赈济救护部、青少年工作部、志愿服务部，下辖上海市红十字备灾救灾中心、上海市红十字培训交流中心二个直属事业单位。全市19个区、县红十字会是：黄浦区红十字会、卢湾区红十字会、静安区红十字会、徐汇区红十字会、长宁区红十字会、浦东新区红十字会、普陀区红十字会、杨浦区红十字会、闸北区红十字会、虹口区红十字会、宝山区红十字会、闵行区红十字会、松江区红十字会、嘉定区红十字会、青浦区红十字会、金山区红十字会、奉贤区红十字会、南汇区红十字会、崇明县红十字会。

在中国红十字会总会领导的关心和中共上海市委、市政府领导的高度重视下，上海市机构编制委员会发出《关于理顺区县红十字会管理体制有关问题的通知》，上海市的区、县红十字会由卫生局代管改由区、县政府领导联系，为处级单位，全市区、县红十字机关管理体制正逐步理顺中。

【大型项目】

一、1998年

（一）为江西、湖南、湖北、内蒙古等省（区）水灾地区援建31个项目，其中县卫生防疫站六所，县卫生院13所，小学九所，中学二所，备灾救援中心一所，总价值1179.5万元，总建筑面积36702平方米。

（二）向湖南、湖北、江西、黑龙江、安徽、福建省受灾地区援助救灾物资价值3536.62万元。

二、1999年

（一）为台湾地震灾区募集捐款455万元；

（二）向江西、湖南、湖北、内蒙古等省（区）灾区捐赠价值40万元的小药箱；

（三）向吉林省延边雪灾地区捐赠10万元，购买食物；

（四）向江西、安徽、湖南省灾区捐赠救灾物资、药品、衣服价值280.92万元。

三、2000年

（一）为云南省安县地震灾区捐赠救灾物资价值15万元；

（二）为湖北、江西、湖南省灾区捐款227万元，援建多所卫生院、学校；

（三）为湖南省灾区助学帮困捐款5万元，捐赠物品价值14.8万元。

四、2001年

向江西、内蒙古、湖南、宁夏等省（区）捐赠御寒衣被8500包。

五、2002年

向全国九个省（区）的20个受灾地区发送救灾物资价值1334.67万元。

六、2003年

（一）支援新疆维吾尔自治区地震灾区救灾款30万元，物资价值230万元；援建博爱小学一所，捐款199万元。

（二）援助甘肃省地震灾区救灾款10万元。

（三）支援山西省抗击“非典”捐款300万元。

（四）支援安徽省水灾地区救灾款30万元，物资价值241.37万元。

（五）支援湖南、江苏、山东省水灾地区救灾物资价值311.46万元。

（六）支援陕西省渭南水灾地区救灾物资价值52.34万元。

（七）援建江西省博爱楼一幢，金额30万元。

七、2004年

（一）援助云南省德宏州泥石流灾区救灾物资价值42万元；

（二）援助湖南、安徽、贵州等八个受灾省、市救灾款物价值2671万元；

（三）慰问浙江省龙卷风灾区款物价值30万元；

（四）援助河南省红十字会价值10万元消毒用品，用于开展艾滋病特困人群关爱工作。

（五）为湖南省张家界和安徽省六安市援建博爱小学三所，总面积4200平方米，价值120万元。

（六）向安徽省沪闵博爱小学捐赠款物价值30万元，帮助该校学生添置一年文教用品。

（七）向宁夏回族自治区同心县窖山乡博爱小学捐赠棉衣价值2万元。

【主要特色】

一、上海市中小学生、婴幼儿住院医疗互助基金。1996年成立的上海市中小学生、婴幼儿住院医疗互助基金成为上海市18岁以下的少年儿童提供了医疗保障。该基金自成立以来，上海市红十字会、市教委、市卫生局专门成立管理委员会，以红十字组织网络为依托，制定了合理的支付政策、科学的管理措施、严格的监督机制。到2004年8月底，共为55.8万人（次）患病少年儿童支付4.1亿元医疗费用，被群众誉为“生命绿卡”。

二、“千万人帮万家”活动。自1999年起开展的“千万人帮千家”（后改为“千万人帮万家”）活动，以肿瘤病患者、精神病特困患者、麻风病致残者、因病致贫特困老人和遭受意外灾害特困家庭为重点帮困对象，六年来，共为8652多万人次提供帮困款物3492.36万元，为维护社会稳定发挥了积极的作用。

三、造血干细胞捐献者资料库建设。中国造血干细胞捐献者资料库上海分库自1997年成立以来，得到了上海广大市民的积极响应。现已拥有捐献志愿者5.1万人，是全国目前最大的造血干细胞捐献者资料分库。该分库共为1880人提供了检索，并成功实施移植手术62例。

四、遗体捐献工作。2001年正式实施的《上海市遗体捐献条例》，是全国第一部有关遗体捐献的地方性法规。2002年3月上海市遗体捐献者纪念碑（全国首座）在青浦福寿园落成。目前，上海累计报名登记自愿捐献遗体者有20761人，实现遗愿者达3230人，为上海的医科教学提供了支持，并弘扬了移风易俗的新风尚。

五、中日合作老年介护师资培训班。2004年与日本冈山社会福利法人旭川庄联合开办首届中日合作老年介护师资培训班，目前共开展培训班二期，共41名学员结业，学员获得由上海市红十字会、日本旭川庄联合颁发的结业证书、获上海市卫生局颁发的《继续教育应用培训证书》学分10分。上海市红十字会编印《中日合作老年介护师资培训论文集》。该项目获日本国际协力机构（JICA）资助5100万日元，制定了中日双方三年合作培训计划。该培训班促进了老年人护理的理念及技术的推广及应用。

（陈　萍）

黄浦区红十字会

【简介】

2009年1月，黄浦区红十字会正式机构单列，有行政编制四名。2010年6月21日，召开了黄浦区红十字会第二次会员代表大会，选举产生新一届理事会。全区现有红十字会员19831名，红十字团体会员单位和基层红十字会组织202个，建立社区红十字服务站95个。

现任会领导：

区红十字会名誉会长：周伟（区长）

会长：张辰（副区长）

卢湾区红十字会

【简介】

卢湾区红十字会1959年成立，1966年撤销，1978年12月18日恢复卢湾区红十字会机构。2008年8月18日，区机构编制委员会批复红十字会设置内设机构，增设办公室。区红十字会机关行政编制三名，会长由区领导兼任，设常务副会长一名（处级）；正副科级领导职数二名。全区现有基层红十字组织47个，红十字团体会员单位10家，红十字会员4355名，红十字青少年会员2152名。

现任会领导：
区红十字会名誉会长：翁祖亮
会长：程霄玉
常务副会长：刘瑛
副会长：章雄

静安区红十字会

【简介】

截至2010年底，静安区红十字会有红十字会员11536人，青少年会员9500人，红十字志愿工作者619人，红十字团体会员单位29家，冠名医疗机构二个，红十字卫生站78个，红十字达标学校九所。全市各街道都建立了红十字组织。

现任会领导：
区红十字会会长：朱成钢
常务副会长：蔺世平
秘书长：王素

徐汇区红十字会

【简介】

徐汇区红十字会于1978年恢复重建，现拥有街镇红十字会13个，居委红十字服务站298个、红十字团体会员单位19家、中小学校红十字会85个、企业团体会员单位20家，冠名红十字医疗机构三个。全区有红十字会员10391人，红十字青少年会员14163人，红十字志愿服务者948人。

现任会领导：
区红十字会会长：周秀芬（副区长）
常务副会长：孟丽芳

长宁区红十字会

【简介】

长宁区红十字会成立于1958年，于2005年正式独立。长宁区设有10个街道（镇）红十字会，成功创建了七个上海市红十字示范社区、八所红十字达标学校、一所红十字示范学校和二个红十字冠名医疗机构及130所居委红十字服务站，12所公园红十字服务站，有红十字会员7720人。

浦东新区红十字会

【简介】

浦东新区红十字会成立于1995年2月，2009年4月24日，国务院批复同意南汇区划入浦东新区。2009年12月18日，浦东新区红十字会召开二届五次理事会，合并、调整并选举产生新的区红十字会领导。2011年3月23日，浦东新区红十字会第三次会员代表大会召开，选举产生了新一届理事会理事和领导班子。区红十字会设领导职数三名，行政编制七名，事业编制四名，一个内设机构，一个事业单位。全区现有基层红十字会281个（其中街镇红十字会38个，学校红十字会243个），红十字医疗机构七个，团体会员单位18个。红十字会员365022名，志愿工作者6491名。几年来，浦东新区红十字会共募集资金20950.94万元，救助弱势群体10万多人次。至2010年12月底，全区经培训合格的师资达300名，红十字救护员30666人。

现任会领导：

区红十字会会长：张恩迪（副区长）

常务副会长：丁超英

专职副会长：林瑾葆

普陀区红十字会

【简介】

普陀区红十字会成立于1958年10月31日。2005年9月14日，区红十字会建制单列，成为隶属于区政府联系的人民团体。区红十字会现有行政编制四名（其中领导职数二名），事业编制四名，一个内设机构，一个事业单位。全区有基层红十字组织71个（其中街镇红十字会九个），红十字医疗机构四家，红十字团体会员单位25家。全区有红十字会员16597人，红十字志愿工作者3689人。

现任会领导：

区红十字会会长：景莹（副区长）

常务副会长：马毓

杨浦区红十字会

【简介】

杨浦区红十字会成立于1960年，2005年理顺了管理体制。现有红十字基层组织135个、红十字会员21509人、红十字团体会员单位25家、红十字服务站302个、冠名红十字医疗机构三家，冠名红十字学校一所。

现任会领导：

区红十字会会长：吴乾渝（副区长）

常务副会长：杨祉雷

闸北区红十字会

【简介】

中国红十字会上海市闸北区分会（闸北区红十字会）于1958年10月成立。2005年9月，闸北区红十字会由区卫生局代管变为单列建制直接隶属于区政府领导联系的正处级人民团体单位。机关行政编制四名，设会长一名，专职副会长一名，下设综合办公室、少儿住院互助基金及居保（少儿住院）办公室。

全区建立健全了红十字会三级组织体系和工作网络，基层红十字会组织130个，团体会员单位24家，有红十字会员二万余人，区级红十字志愿工作者队伍九支，有红十字志愿工作者4000名。两年来，共培训救护员6600余名，并建立红十字救护员队伍10支，基层救护小组186个。全年累计募集发放救助金734.5万余元。为印度洋海啸和汶川特大地震灾区捐款1090万余元，为青海玉树地震捐款177万余元。目前，已建成社区红十字服务站186所（约每3800人一所），所有街镇实现市红十字示范社区全覆盖，成功创建全国社区红十字示范区。做好少儿住院互助基金和少儿医保工作，保障近八万辖区内少年儿童，特别是住院、患大病的青少年，参加率在99.8%以上；全区已有九所中小学创建成为市红十字达标学校，其中一所创建成为市红十字示范学校。

现任会领导：

区红十字会会长：鲍英菁（副区长）

虹口区红十字会

【简介】

虹口区红十字会建于1952年，2006年改由区领导联系，按处级单位管理。全区有基层红十字组织110个，红十字团体会员单位22家，红十字会员4250人，红十字青少年会员3530人。还有红十字卫生服务站230个，救护队总数109支。

现任会领导：

区红十字会会长：华东平（副区长）

副会长：杨明华、黄振英

江苏省红十字会

【年度工作】

2011年，全省红十字会系统在各级党委、政府的领导和有关部门、社会各界的大力支持下，坚定信心，迎难而上，各项工作逆势推进，较好地完成了年度工作目标，实现了“十二五”良好开局。根据江苏省委、省政府领导的指示精神，省发改委与省红十字会联合印发了《江苏省红十字事业发展第十二个五年规划》，明确了“十二五”期间江苏省红十字事业发展的指导思想、目标任务、重点工作，为又好又快发展奠定了坚实基础。

一、组织建设工作

2011年，江苏省105个县（市、区）已有103个县（市、区）下发了理顺红十字会管理体制的文件，达到了98.1%，其中：64个红十字会机构规格定为正科级以上；94个县（市、区）红十字会人员编制落实到位，平均为三个编制，最多的达到八个编制。81个县（市、区）红十字会配备了专职会领导，达到86.17%；74个县（市、区）红十字会作为财政一级预算单位实现财政单列，达到78.72%。加强基层红十字组织建设，全年全省共发展基层红十字组织941个，累计达到6910个；新增会员14.5万人，累计达到419.8万人；冠名医疗机构达到192家。

积极开展各种主题的骨干集训、考察交流，推荐干部参加各类培训，先后举办了专职干部、宣传骨干、台事工作、骨髓捐献骨干等培训班。尤其是10月份举办的全省红十字会系统专职干部培训班，省、市、县三级140余名专职干部参加了集中培训。通过集中培训、现场观摩、交流学习，各级干部增长了知识，开阔了视野，拓宽了思路，增强了做好红十字工作的信心和能力。同时，加强制度建设，修订、完善规章制度10项，进一步规范管理，提升了红十字会的公信力。

二、红十字宣传工作

“五八”博爱周期间，吴瑞林会长接受了江苏电视台访谈，在《新华日报》上发表署名文章；在《新华日报》整版刊登汶川地震抗震救灾捐赠款物使用情况，得到了捐赠者和社会各界的认可。7月1日，省红十字会全体符合条件的党员群众参加了无偿献血、捐献造血干细胞采样、人体器官和遗体捐献登记活动，以实际行动纪念建党90周年。与有关部门共同主办了“生命爱相髓”造血干细胞捐献突破200例宣传活动；深入社区、市民广场进行“世界急救日”应急救护宣教活动；举办优秀志愿者媒体见面会；邀请媒体负责人和爱心人士建言献策。积极加强与党委宣传部门和新华日报报业集团、省广电总台等主流媒体以及网络媒体联系，扩大红十字会的社会影响。据统计，全年全省各类报刊发红十字会工作的稿件4076篇（条），电视播报节目2155条。

三、筹资与培训工作

全省各级红十字会积极争取党委、政府和社会各界的支持，拓展思路，创新方法，多渠道、多形式开展募捐筹资工作。一年来，全省红十字会共募集救灾救助款物折合人民币达到2.95多亿元（其中省本级为1744.11万元），比上年增长7.90%，接受政府拨款9666.81万元。

制订《江苏省红十字会艾滋病预防与关爱工作规划（2011—2015年）》，实施欧盟资助的预防艾滋病宣教项目，举办同伴教育主持人培训班三期、青年同伴教育54期、中学生防艾知识讲座13期、男同性恋者同伴教育26期、外来务工人员同伴教育16期、医护人员反歧视培训一期、艾滋病感染者心理调节培训四期，组织大型宣传活动八次，支持艾滋病感染者组织开展活动53次。据统计，全省红十字会系统开展预防艾滋病宣传教育，受益人次达到129.86万。

扎实开展红十字示范（模范）学校创建工作。策划和编写《中国红十字青少年国际人道法主题活动手册》，顺利通过红十字国际委员会和中国红十字会总会的审定。启动彩票公益金"红十字生命健康"安全教育项目，培训学校安全辅导员140名，为10所高校培训急救员1000名。大力推进"农民健康百村工程"项目，先后组织人员前往安徽五河、江苏黄桥、河北景县等革命老区和贫困地区送医、送药、送健康，该项目被总会推荐代表中国参加了由红十字会与红新月会国际联合会举办的"2011年青年行动奖"评奖活动，为本省的志愿服务工作增添了新的亮点。

四、灾害救援工作

加强应急救援队伍建设，组织江苏省中医院、南京医科大学第二附属医院红十字应急救援队的30名队员赴北京市凤凰岭国家地震紧急救援基地进行了集中培训。开展救灾工作，全省红十字会拨发救灾款物2683.31万元，支援日本、盈江、新疆伊犁抗震救灾。积极推进支援汶川地震灾区恢复重建工作，在灾区援建32所学校、72个卫生院（站）及民房、博爱之家、备灾中心等项目，协助政府统筹实施援建项目。至年底，绝大部分援建项目已经竣工并投入使用。

五、社会救助工作

全省红十字会拨发救助款物2.093亿元，开展资助孤儿、大病患者、残疾人员、贫困民工、贫困师生和"博爱送万家"等活动，慰问革命老区老党员和鳏寡孤独老人，实施援建博爱学校、卫生站、乡村道路等项目。其中，省红十字会本级筹集680多万元款物，开展"博爱送万家"活动，争取中国红十字基金会"幸福天使"基金支持630万元款物，实施贫困儿童救助和援建泰州、连云港各五所卫生站项目，拨发240万元款物开展援建和救助工作，支持省残联100万元，实施"春风行动"助残项目，争取香港爱心人士周忠继先生支持100万元用于扬州博爱门诊部助医活动等。

六、救护培训工作

积极推动救护培训工作，争取省彩票公益金支持举办五期救护师资培训班，为各市红十字会培训了200名救护师资。全省红十字会在各级机关、部队、社区、高校、企业，以及机动车驾驶人、建筑工等高危人群中广泛开展救护培训，培训初级救护员77.68万人；同时，利用国家防灾减灾日、世界急救日、国际减灾日等时机，组织人员深入社区、市民中心、地铁站、火车站等人口密集地，开展紧急避险知识传播、应急救护宣传和技能演练，普及救护防病知识达174万人次，帮助群众提高防灾避险、自救互救的意识和能力，为保护人的生命和健康发挥了重要作用。

七、造血干细胞、器官捐献与无偿献血工作

努力扩大捐髓志愿者入库数量，培育骨髓捐献宣传和业务骨干队伍。南通、泰州、苏州、徐州等市率先建立了市级造血干细胞捐献工作站，落实了相应的编制。密切与移植医院的联系，组织召开移植医院协作组、非血缘关系造血干细胞采集工作等会议，提高全省骨髓移植水平。2011年，全省采集血样8000人份，初筛1603人，再动员989人，随访139人次，体检79人，累计入库资料数90226人份；成功实现捐献造血干细胞43例，累计达到223例。镇江志愿者马海涛实现了江苏省首例涉外捐献。省造血干细胞捐献工作被省政府表彰为“江苏慈善奖——最具影响力慈善项目”。

召开省暨南京市人体器官捐献试点工作推进会，举办了二期人体器官捐献协调员和信息员培训班。新增无锡、徐州、常州、苏州、南通五市作为人体器官捐献试点市。经过各方共同努力，江苏省试点工作取得重大突破，自7月1日南京市成功实施第一例器官捐献以后，当年已有10人成功实现了器官捐献，共获捐肝脏八个、肾脏18个、肺脏三对、眼角膜10个，让38名重病患者重获新生或重见光明。获取器官数和拯救重病患者数均超过全国总数的十分之一，并实现了跨地区捐献、跨医院合作。

省红十字会与省卫生厅、南京军区联勤部卫生部联合表彰了一批无偿献血先进集体和个人。在世界献血者日期间，省红十字会与省血液中心、省广电总台联合开展了“全南京爱行动”广场主题活动，推动无偿献血工作。据统计，全年全省红十字会系统推动无偿献血达85.7万人次。

八、志愿服务工作

在全省征集红十字志愿服务项目实施方案，推进红十字志愿服务项目进一步深入。联合省文明办、教育厅、卫生厅、团省委、志愿者协会等单位，开展以“博爱青春”为主题的高校暑期志愿服务活动，其中获中国红十字会总会一等奖二项、获二等奖一项。南通大学开展的“爱暖朝阳”志愿服务活动被中国红十字会总会评为一类志愿服务项目，“南通市红十字阳光爱心车队”荣获“中华慈善奖慈善楷模团体”光荣称号。2011年，全省红十字会新增志愿者近二万人，累计达到19.99万人。

九、交流和港澳台工作

省、市共组织六个出访团组，接待二个来访团组，深入开展双边交流。先后举办了红十字会重建家庭联系工作培训班、重建家庭联系信息反馈会、查询人座谈会，积极做好涉台服务工作；举办了由在台湾出生大陆就读的台湾青少年参加的“博爱夏令营”。按照“金门协议”，派员参加了两岸私渡人员遣返见证工作，促进两岸合作打击犯罪联系渠道的通畅。日本大地震发生后，江苏省红十字会第一时间在各大媒体发布启动日本地震寻人服务的信息，接受查找日本地震寻人咨询45宗，受理地震寻人个案15宗，成功查找到三宗。接待其他寻人咨询103人次，受理查寻台湾、香港等地个案38宗，成功查找到九宗。

【历史沿革】

江苏省境内建立红十字会组织并开展活动已100多年的历史。中国红十字会早期的一些重要活动多发生在江苏。1911年的辛亥革命、1913年二次革命的癸丑之役、20年代初的苏北水旱灾害、1932年的“一·二八”淞沪抗战、1937年日军侵华的南京沦陷等重大事件中，南京、江阴、常熟、武进、淮阴、吴江等地的红十字会都做了大量的赈济、救护及因战争、灾荒罹难者的善后处理工作。现存于南京灵谷寺公园、南通狼山等地碑记及侵华日军南京大屠杀纪念馆内的史料，均详实记载了红十字会的善举史实。新中国成立后，在抗美援朝、整治淮河、爱国卫生运动、民兵三防训练等工作中，江苏各地红十字会均开展了许多活动。

江苏省红十字会成立于1956年，经历了与卫生厅合署办公、“文化革命的十年动乱”、中共十一届三中全会后拨乱反正等阶段，红十字会的工作从停止到恢复。1981年9月18日，中共江苏省委根据国务院国发〔1978〕63号文件精神，批准恢复江苏省红十字会，经协商产生由28名理事组成的江苏省红十字会第三届理事会，盛立任会长。江苏省红十字会机关设办公室、组训部、宣传部。当时提出的主要任务是恢复、建立地市、县红十字会组织，并配合当地政府开展“五讲四美三热爱”、救护培训、扶危济困、红十字青少年，援非募捐和国际交流等活动。1993年10月31日，《中华人民共和国红十字会法》颁布实施，使红十字事业走上了法制化建设的轨道。江苏省人民政府印发了“关于进一步贯彻实施《中华人民共和国红十字会法》的通知”，提出努力为红十字会依法履行职责创造条件。1994年6月22日，江苏省红十字会第六次会员代表大会召开，大会聘请中共江苏省委书记陈焕友担任名誉会长，提出了“坚定不移地贯彻《中华人民共和国红十字会法》，认真贯彻《中国红十字会90年代工作纲要》和《北京宣言》，加强组织机构和干部队伍建设，加强调查研究并努力做好各项业务工作”的主要任务。全省各级红十字会创建了“博爱系列工程”（救援、生命、爱心工程），在社会上产生了积极的影响，展现了人道救助团体的新形象，同时弘扬了红十字精神，促进了社会主义道德建设。1996年1月29日，《中华人民共和国红十字标志使用办法》的颁布实施，体现了国家对红十字事业的高度重视和支持，为红十字标志的正确使用提供了法律保证。省人民政府办公厅印发了“关于进一步贯彻实施《中华人民共和国红十字标志使用办法》的通知”，要求各地、各部门依照规定对红十字标志使用情况进行一次全面清理，限期改正，切实纠正误用、滥用现象。2002年6月，江苏省人民政府批转“关于进一步加强红十字工作的意见”，对红十字会开展社区服务、学校红十字工作、造血干细胞捐献者资料库建设、理顺管理体制、对外交流合作等提出了明确的要求。2002年7月21日，江苏省红十字会第七次会员代表大会召开，时任中共江苏省委书记的回良玉（现任中共中央政治局委员、国务院副总理）、省长季允石、省人大常委会主任陈焕友、省政协主席曹克明和中国红十字会常务副会长王立忠等出席了大会，全国人大常委会副委员长彭珮云亲笔为大会题词。大会全面总结了江苏省红十字会第六届理事会的工作，制定了2003至2007年发展规划，选举产生了由81名理事组成的新一届理事会（后又增补二名副会长、13名理事），聘请省委书记回良玉、省人大常委会主任陈焕友为江苏省红十字会名誉会长，2004年3月，又聘请现任省委书记李源潮为名誉会长，吴锡军经选举连任会长，刘洪祺、周加才当选为常务副会长，李一宁、周和平、赵顺盘、赵庆侠、周珉、姜映梅、侯学元、黄晓平、张肖敏、杨炤明、丛建国、许仲梓、陈尧、郭兴华、黄峻、刘沈林为副会长，根据会长提名决定张立明为秘书长（2003年12月任专职副会长、党组书记），徐强为副秘书长。

【组织机构】

目前，江苏全省13个省辖市106个县（市、区）建立了红十字会，现有红十字会基层组织8000多个，会员250多万人（其中青少年会员210万人），占江苏省常住人口的4%，志愿工作者三万多名。

江苏省红十字会机关设有办公室、赈济救护部、事业发展部。下辖备灾救灾中心、台湾事务服务部、江苏省造血干细胞捐献者资料库管理中心等三个直属事业单位。

根据《中华人民共和国红十字会法》和中国红十字会总会关于理顺管理体制的有关文件精神，2002年1月，江苏省机构编制委员会行文《关于理顺省红十字会管理体制的批复》，同意将江苏省红十字会由省卫生厅代管改由省政府领导联系，其机关党的工作由省级机关工委领导，干部按省委组织部有关规定进行管理，经费由省财政单列。2003年12月，中共江苏省委决定成立省红十字会党组。在各级党委、政府的关心、重视和支持下，截至2005年12月，无锡、盐城、淮安、徐州、镇江、南京、苏州、泰州、宿迁、常州、连云港等11个省辖市和金坛、溧阳、句容、云龙、盐都等八个县（市、区）先后理顺了红十字会管理体制。

江苏省红十字会会员代表大会

第一届

1956年11月7日召开，代表99人，理事33人，常务理事11人，会长盛立。

第二届

1961年11月28日召开，代表62人，理事42人，常务理事八人，会长盛立。

第三届

1981年9月18日召开，理事28人，常务理事四人，会长盛立。

第四届

1985年7月2日召开，代表170人，理事53人，常务理事10人，名誉会长陈邃衡、盛立，会长杨泳沂，常务副会长盛天任。

第五届

1990年7月12日召开，代表216人，理事63人，常务理事13人，名誉会长李执中、陈邃衡、盛立，会长吴锡军，常务副会长盛天任。

第六届

1994年6月22日召开，代表218人，理事60人，常务理事13人，名誉会长陈焕友，会长吴锡军，常务副会长陈萍。

第七届

2002年7月21日召开，代表214人，理事81人，常务理事19人，名誉会长回良

玉、李源潮、陈焕友，会长吴锡军，常务副会长刘洪祺、周加才，专职副会长张立明（2004 年补选）

【大型项目】

一、1998 年抗洪救灾

1998 年，河北张北地区发生地震灾害，西藏、青海部分地区发生特大雪灾；入夏以后，长江、松花江和嫩江又发生特大洪涝灾害。江苏各地红十字会开展了大规模的募捐活动，全力以赴投入救灾工作。全省红十字会募得救灾款物 4020 万元，为帮助受灾群众克服困难，支援遭受灾害的外省、自治区、市等红十字会共 455.62 万元人民币（其中：湖南省 29.61 万元、湖北省 142.99 万元、江西省 47.89 万元、安徽省 15.2 万元、广东省 24.75 万元、福建省 26.68 万元、张家口市 47.39 万元、西藏自治区 106.11 万元、吉林省五万元、内蒙古自治区五万元、黑龙江省五万元）。

各市红十字会直接支援外省灾区的：

（一）苏州市红十字会 1092 万元。

（二）南通市红十字会 98 万元（其中：江西省九江市 50 万元、湖北省石首市重建小学和妇幼保健站 20 万元、江西省上饶地区重建小学 28 万元）。

（三）无锡市红十字会 40.2 万元（其中：四川省云阳县 40 万元、湖北省红十字会 2000 元）。

二、1999 年，台湾地区发生地震，江苏省各地红十字会对地震中受难同胞表示深切的同情和关注，并在全省开展了募捐活动，共募集 78.32 多万元人民币、200 美元、700 台币，分三次通过中国红十字会总会转交台湾地区灾民。

三、2001 年初，内蒙古自治区、新疆维吾尔自治区遭受特大暴风雪的袭击，江苏省红十字会立即伸出援助之手，支援内蒙古自治区红十字会 14 万元人民币，新疆维吾尔自治区红十字会 12 万元人民币。

四、2003 年抗击“非典”、抗洪救灾募捐和支援新疆灾区

（一）2003 年，“非典”肆虐祖国大地，江苏各地红十字会根据上级部署，全力以赴迎战“非典”，为保护人的生命和健康做出了贡献。在抗击“非典”中，全省红十字会系统共募集款物 4502.96 多万元（其中捐款 3434.92 多万元），并及时用于抗非一线。

（二）2003 年夏，江苏境内淮河流域和里下河地区发生特大洪涝灾害，江苏省红十字会及时派员深入灾区，考察救灾，同时呼吁社会捐款捐物，全省红十字会系统共募集款物 2136.5 多万元，接收总会拨发款物 531.46 多万元，并及时送往抗洪一线。

（三）2003 年 2 月，新疆维吾尔自治区发生地震灾害，江苏省红十字会及时向新疆地震灾区支援了价值 15 万元的 100 顶帐篷，省和各地红十字会开展社会募捐筹款 50 多万元，棉衣服装近二万件。

五、2004 年庆百年办十件实事

为纪念中国红十字会百年诞辰，江苏省红十字会筹集资金 570 多万元，为群众办了十件实事：

（一）支持新型合作医疗：资助宿迁市宿城区 3310 位困难农民参加新型合作医疗，帮助解决看病难的问题。

（二）慰问建国前生活困难老党员：为表达对建国前老党员的崇高敬意，在中国共产党建党 83 周年前夕，慰问了革命老区响水、滨海、阜宁三县农村建国前入党、生活较困难的1000名老党员，包括送医送药、义诊体检、发放慰问金及慰问品等。

（三）慰问特困教师：在教师节期间，慰问了灌云县农村100名特困教师，向每位教师发了慰问信和慰问金。

（四）慰问特困孤寡老人：重阳节慰问了南京市秦淮区社区红十字工作站中67名特困孤寡老人，给老人发放了慰问金，同时购置40辆轮椅赠给社区，方便老人出行。

（五）扶贫养羊项目：为帮助更多的农民脱贫，省红十字会争取到爱德基金会50万元的帮助，在睢宁县邱集镇扶助500个贫困农户养羊，并以滚动形式发展，现已收到明显效果。

（六）筹建博爱小学：省红十字会争取到香港友人的支持，资助响水县红十字会50万元建立一所博爱小学。该校能容纳300多名孤儿学习和生活，目前学校正在建设中。省红十字会将连续5年支持该校运转，每年资助20万元，共计100万元。

（七）改厕项目：为改善农民的生活环境，改变农民生活习惯，帮助邳州、射阳、宿城三县（区）近300家农户建立了家庭卫生厕所，很受农民欢迎。

（八）资助孤儿学习和生活：帮助泗阳县200名孤儿完成学业。

（九）资助少儿白血病患者：筹集善款50万元，救助31名困难白血病患儿。

（十）博爱送温暖：年底开展了红十字博爱送温暖活动，将筹集来的170多万元款物送到苏北贫困地区和受灾地区群众手中，帮助部分贫困群众过一个祥和的春节。

六、实施救助部分白血病患者免费治疗计划

2000年1月，旅美华侨杨健良博士回国发展，他用自己在一家大型医药企业做顾问的报酬，向江苏省红十字会捐赠了价值450万元人民币的三万支隆化诺干扰素，为30名白血病患者免费治疗，三年后这些患者均有不同程度的好转。

七、救助城镇下岗职工和教师中的部分重病患者

2003年，江苏省红十字会与先声药业有限公司、扬子晚报社合作建立了100万元的“先声医疗救助金”，救助城镇下岗职工和教师中76名重病患者。

八、农村改厕试点

为改善农民的生活习惯，在2004年改厕试点的基础上，在扬州、泰州、淮安市选择600户农家进行改厕，江苏省红十字会给予每户补贴200元。

九、援建博爱小学

江苏省红十字会争取到香港苏浙同乡会150万元人民币和省财政厅、省教育厅配套的100万元人民币，援建响水县博爱小学，将分散当地的300多名孤儿集中起来学习、生活，改善他们的学习、成长环境。

【主要特色】

一、红十字备灾救助基金

1995年，江苏省红十字会经报江苏省人民政府同意，在全省范围内开展了“红十字备灾救助基金”募捐活动。江苏省人民政府召开常务会议专门听取了省红十字会关于建立备灾救助基金的汇报，研究开展备灾救助基金募捐活动的意见，会后发了会议纪要。接着召开了江苏省红十字备灾救助基金募捐组委会成立暨募捐动员会议，省委、省人大、省政府、省政协主要领导带头捐款，众多单位和个人纷纷响应。为规范基金的管理，经报省财政厅及省人民银行同意，江苏省红十字会制定了《江苏省红十字备灾救助基金募集、表彰、管理办法（试行）》，并成立了由省财政厅、省人民银行分行、省监察厅及个协等部门、团体代表组成的基金管理委员会，对基金进行管理监督。十年来，全省共募集备灾救助基金4000多万元。随着红十字会社会救助面的拓展，同时也为便于向社会各界进行募捐，2005年6月，“江苏省红十字备灾救助基金”更名为“江苏省红十字人道救助基金”。

二、设立公路沿线“红十字救护点”

为体现红十字会“保护人的生命和健康”的宗旨，自1992年起，江苏省红十字会在交通、公安部门的支持和配合下，以国道和省道沿线的乡（镇）卫生院或村卫生室为依托，先后投入200余万元建立了500多个红十字救护点。1995年，江苏省红十字会和省公安厅、交通厅联合下发了《关于在公路沿线设置红十字救护点标志牌的通知》，对公路沿线标志牌的统一规范设置和保护等作了明确的规定，并得到省交通厅的资助45万元，制作、埋设了全省统一的红十字救护点标志牌。各市红十字会制定了《红十字救护点的管理办法》进行规范管理，组织救护点的医务人员进行现场急救知识和技能的培训。各红十字救护点在交通事故现场伤员抢救、减少人员伤残和死亡方面发挥了积极作用，深受广大群众和机动车驾驶人员的欢迎。

三、南京市捐献遗体者纪念林

“南京市红十字会捐献遗体志愿者之友”（以下简称“志友”）发起于1995年。“志友”组织积极倡导死后无偿捐献遗体供医学教学和科学研究用，提倡“三不、两献、一育”，即死后不开追悼会、不接花圈挽联、不用骨灰盒建墓土葬；献遗体供解剖，献器官供移植；骨灰用于植树育林。至2004年底，共有3164人登记捐献遗体，年龄最大的96岁，最小的18岁，已实现生前愿望捐出遗体者355人。1999年，南京市红十字会在栖霞山红景园建立了“南京市捐献遗体者纪念林”，作为捐献遗体志愿者亲属悼念和爱国主义教育基地，以弘扬捐献遗体志愿者的无私奉献精神。

四、宿豫区“母亲工程”（孤儿红恤班）

1992年，宿迁市宿豫区红十字会动员爱心人士捐款和受益孤儿毕业后回报社会捐款，资助孤儿上学。10多年来，共资助150名孤儿学生，考上大专院校的有76人（四名研究生，其中一人考上博士生留学加拿大），已毕业和走上工作岗位的有70多人。这项活动给孤儿送去了关爱和温暖，社会反响较好。

五、邳州市“希望之家”

1993年，邳州市红十字会通过中国爱德基金会从挪威引进资金，创办了目前我国唯一的集康复训练、文化教育、支具制作生产为一体的肢残康复机构“希望之家”，实行中心训练和社区康复相结合的全方位服务。据统计，“希望之家”从1993年至今，已为428名儿麻患者免费做了关节矫形手术，为92名腰椎严重侧弯的患儿在解放军第88医院及359医院做了矫正术，为456名下肢瘫痪的儿童制作穿戴支具2528套次，为96人反复制作穿戴背架266个，为重症瘫痪不易行走的儿麻患者提供各式轮椅252辆。"希望之家"还积极向国家和省残疾人运动协会推荐运动员，有八人入选国家轮椅乒乓球队一队，有10人入选国家乒乓球二队。在各项国际比赛中，他们共获得金牌13枚、银牌五枚、铜牌14枚。在2004年雅典残奥会上，轮椅乒乓球运动员顾改获女子组团体冠军称号。

六、"博爱"超市

2005年5月8日，江苏省红十字会和南京市红十字会合办的"博爱超市"正式对外开放，救助对象为南京市部分特困或因意外伤害陷入困境的群众。6月27日，江苏省红十字会"网上博爱超市"正式开通。"网上博爱超市"具有便捷、直观、信息量大、更新快等优势。红十字会在网上公布求助者情况，使有爱心和奉献精神的单位和个人能便捷直观地了解信息，有意向地实施捐助。"网上博爱超市"主要面向苏北经济欠发达地区的部分特别困难或因意外伤害陷入困境的群众。救助内容分为"博爱救灾、博爱助困、博爱助学、博爱助医"四个方面，捐助者既可以直接援助到个人，也可以项目援助的形式支持某些单位和集体。捐款在网上直接捐赠，捐物可通过红十字会进行。求助的单位或个人通过当地红十字会审核后报省红十字会，并以滚动形式在"网上博爱超市"公布。灾情和突发事件需紧急救助的信息在第一时间登出。

七、无锡、盐城市红十字会建立募捐工作长效机制

无锡、盐城市红十字会分别开展了"关爱生命、人道万人捐"和"扶贫济困、博爱万人捐"活动。无锡市红十字会自2002年开展"万人捐"活动以来，市民参与逐年递增，"关爱生命、人道万人捐"已成为无锡市文明创建工作中的特色品牌。活动提出的"一元不少，十元不多，爱心无限"的劝募口号，贴近百姓，家喻户晓。广大红十字会会员以交一次特殊会费的形式率先捐款，学校红十字青少年以"少吃一支冰棍、捐出一元钱"来奉献爱心。四年来，共募集爱心善款1788.14万元，发放人道救助金168.83万元，援助其他城市灾区款物达620万元。盐城市红十字会自2005年5月8日开始实施"万人捐"活动，今后每年开展一次。活动倡议：广大干部职工自觉自愿，踊跃捐款，社区市民积极响应，参与捐款。爱心捐款主要用于四个方面人群的慰问救助，一是农村中遭受自然灾害且生活困难的灾民；二是城市下岗职工、低保对象中的特困人员；三是白血病人以及重大病患者；四是孤儿、麻风病人和残疾人。

八、每年开展"红十字博爱送万家"活动

为让苏北贫困地区或遭受自然灾害的群众能过上一个温暖祥和的春节，江苏省红十字会自1998年1月开始，已连续八年开展了红十字送温暖活动，共筹集近2000万元的款物送往贫困地区。红十字送温暖活动已被列入江苏省"三下乡"活动内容之一。同时，该活动也得到了江苏省军区的大力支持，每年都无偿支援运输车辆。

九、中国造血干细胞捐献者资料库江苏省分库发展迅速

2002年10月30日，中国造血干细胞捐献者资料库江苏省分库（又称江苏省造血干细胞捐献者资料库）正式启动。江苏分库建设得到了中共江苏省委、省人民政府和各有关部门、社会各界的关心支持，在江苏省人民政府批转省红十字会《关于进一步加强全省红十字会工作的意见》、《江苏省实施〈中华人民共和国红十字会法〉办法》和省委宣传部、省红十字会联合下发的《关于加强全省红十字会宣传工作的通知》等文件中都明确指出：建设造血干细胞捐献者资料库是造福人类健康事业，体现人道主义精神的重要举措。省财政厅于2002至2005年先后拨经费1500万元，2004年12月，江苏省编委批准成立江苏省造血干细胞捐献者资料库管理中心。在中国造血干细胞捐献者资料库管理中心的指导下，成立了江苏省分库工作委员会、管理中心和二个组织配型实验室，建立了网络系统，在全省开展了宣传、动员、报名、登记、采样、分型检测工作都取得了较好的成绩。2003年、2004年、2005年江苏省分库分别荣获中国造血干细胞捐献者资料库管理中心“数据入库工作先进集体”、“捐献骨髓、拯救生命”优秀新闻作品评选最佳组织奖和“优良成绩奖”。截至2005年12月底，江苏省分库共采集血样标本52.9万余人份，入库资料3.3万余人份，有1153名志愿者与330名白血病患者HLA初次配型相合，有42名志愿者实现了捐髓救人的愿望。

十、宣传工作有声有色

江苏省红十字会多年来注重宣传工作，在内容、形式、手段上创新。一是争取中共江苏省委宣传部的支持，在全国率先由省红十字会与省委宣传部共同下发了《关于加强全省红十字会宣传工作的通知》；二是借助新闻媒体记者和编辑的力量，建立红十字新闻工作志愿者小组，充分发挥他们的作用。据不完全统计，近几年，省级以上新闻媒体每年为省红十字会发布新闻近400条（篇），真正做到重大活动“报纸有文、电视有影、电台有声”，被红十字会与红新月会国际联合会前主席海贝格称为“天才的创造”；三是近几年订阅《中国红十字报》、《博爱》杂志数一直在全国各省（市、区）红十字会前列，同时认真做好《江苏红十字》的编辑发行工作。不断开发社会宣传阵地资源，在公交车身、站台、福利彩票点、超市便民袋上设置红十字公益广告，其中在13个省辖市城区设置了大型户外宣传红十字会和捐献造血干细胞的公益广告牌，广告公司只收制作费。此外，江苏省红十字会组织创作发行了四首红十字歌曲（红十字颂歌、红十字工作者之歌、红十字志愿者之歌、红十字青少年之歌）录音带、VCD光盘和电视专题片等宣传品，每年的“五八”世界红十字日都举行多种形式的纪念活动。还举办了义演、义赛、义捐等多种形式的宣传活动，用富有感召力的宣传去赢得方方面面的理解和支持，增强红十字会的实力和活力，争取有利于红十字事业发展的机遇，扩大了红十字会的社会影响力。

十一、征选“爱心大使”铸造红十字形象

为纪念中国红十字会成立100周年，弘扬“人道、博爱、奉献”的红十字精神，提升红十字会的社会形象，争取更多的人理解和支持红十字会人道救助事业。江苏省红十字会与省精神文明建设指导委员会办公室、扬子晚报社共同举办了面向社会公开征选江苏省红十字会“爱心大使”的活动。根据群众投票推荐，产生了八名“爱心大使”，其中有企业家、书画家、国家一级演员、获得过世界冠军的运动员、著名节目主持人等。通过推荐评选，在社会上产生了强烈反响。新华社总社闻讯后，专门派出记者采访，认为江苏省红十字会此次在全国范围内征选“爱心大使”活动，意义很大，全国首创。

十二、支援西部大开发

江苏省红十字会和苏州、盐城、南通等地红十字会帮助四川、广西、陕西、湖北、江西等省（区）建起八所“红十字博爱小学”。苏州市红十字会和四川省内江市红十字会签约缔结了友好关系，在市、县对口支援、互通信息、培训人员等方面进行友好合作，援建内江市红十字会网站建设，加大对内江市贫困学生的助学力度，加强两地红十字青少年工作和医疗卫生领域间的合作。苏州市吴中区红十字会以一个家庭认抚一个孤儿的形式资助内江资中县49名孤儿。昆山市红十字会每学期向内江市隆昌县捐款助学。张家港市红十字会帮助内江市威远县红十字会建立了医疗门诊部。

（严晓明）

南京市红十字会

【简介】

南京市红十字会成立于1904年4月。新中国成立后，南京市红十字会遵照会章，大力宣传红十字会的性质与任务，努力实践红十字会的宗旨，积极协助政府动员和组织广大人民群众开展群众性的卫生救护活动，普及卫生救护常识，培训红十字卫生员，建立红十字卫生站。后因“文化大革命”，南京市红十字会被迫停顿工作12年。1978年恢复工作后，南京红十字事业进入了持续、快速的发展时期，区、县红十字会及基层组织迅速恢复和建立。作为市政府人道领域的工作助手，全市各级红十字会开展了备灾救灾、群众性卫生救护、社会救助、社区服务、红十字青少年活动、人体（器官）和造血干细胞捐献、无偿献血宣传、台事服务和国际查人、转信、寻亲等工作。仅近10余年，南京市红十字会就接收、分发境内外援助的救灾（助）款物近2.3亿多元；慰问、救济灾民、贫困户、贫困学生、伤残、孤老（小）数十万人次；为公安、消防、宾馆、供电、机动车驾驶员、工矿企业等行业群众培训和普及初级救护知识数十万人次；承担全市性集会、游园、体育比赛等活动的现场救护工作数十次；为海峡两岸同胞查人、转信、寻亲万余人次；宣传、动员数十万人参加无偿献血、近万人报名登记捐献遗体（器官、造血干细胞）。

2004年8月5日，南京市红十字会理顺管理体制，改由市政府领导联系，机构规格为市副局级，内设办公室加挂“事业发展部”和赈济救护部。现有行政编制19名、行政附属编制二名，2004年9月南京市红十字会成立党组。市辖区（县）红十字会13个，全市有红十字基层组织659个、红十字冠名单位23个，会员8.7万余人，志愿者1.5万余人，开设了31个公路沿线红十字救护点。现有市属志愿服务队、救援队11个，初步形成了以新闻宣传、心理援助、紧急救援、无偿捐献、艾滋病预防、社区服务为核心的志愿服务体系。为了扩大影响和增强救助能力，成立了“红十字备灾救助基金”、“红十字旺旺博爱医疗基金”和“江苏三胞集团红十字事业生存与发展研究基金”，在全市宾馆、机场、银行、超市等地放置了105个募捐箱。

市红十字会理顺管理体制以来，先后被中国红十字会总会授予“全国红十字卫生救护工作先进集体”称号，被中国红十字会总会和中华人民共和国民政部联合授予“全国社区红十字服务示范市（区）”称号，被人力资源和社会保障部和中国红十字会总会授予“全国红十字系统先进集体”称号；被江苏省人事厅、省红十字会授予“全省红十字会系统先进集体”称号，被江苏省红十字会授予“支援抗震救灾先进集体”称号；被中共南京市委、南京市人民政府授予“南京市对口援建四川省绵竹市剑南镇先进集体”称号。南京市红十字会急救与灾难应变志愿工作队被中国红十字会总会授予汶川地震“抗震救灾先进集体”称号；被南京市社会建设工作领导小组授予南京市首届“社会建设创新奖”三等奖；南京市红十字会捐献遗体志愿者之友分别被中国红十字会总会、南京市文明委授予“最佳红十字志愿者组织”、“南京市优秀志愿服务组织”称号；南京市红十字会机关党支部被中共南京市市委市级机关工作委员会授予“先进基层党支部”称号。

2011 年，南京市红十字会系统共筹集救灾救助款物折合人民币 13148.21 万元，其中：募集款 1705.61 万元，物 11442.6 万元；市本级募集款 509 万元、物 11348.88 万元，区（县）红十字会募集款 1196.61 万元、物 93.72 万元。全年实现人体器官捐献五例。全年造血干细胞成功捐献九人。发展无偿献血志愿服务队员 1200 余名，全年无偿献血 7.1 万人次，献血量约 22 吨。全市学校红十字会有青少年会员六万余人，学校红十字组织 347 个。

现任会领导：

市红十字会名誉会长：杨卫泽（省委常委、市委书记）　季建业（市委副书记、市长）

会长：许仲梓

常务副会长：陈礼海

专职副会长：刘霞

副会长：张杰

秘书长：何慧君

无锡市红十字会

【简介】

无锡红十字会成立于 1911 年。现有机关编制 10 人，内设办公室、组织联络处和赈济救护处，下属全民事业单位有无锡市红十字服务中心（无锡市红十字备灾救灾中心）。2008 年 8 月，建立中共无锡市红十字会党组。全市现有基层红十字组织 618 个，会员 44.8 万人，红十字志愿工作者 1.6981 万人。

2011 年，市红十了会共发放救助款物价值 1387.25 万元。开展公益性有偿救护培训 53203 人，其中机动车驾驶人救护培训 51954 人次。培训红十字救护师资 125 名。全年实现四例人体器官捐献。累计报名捐献造血干细胞志愿者 7628 人。

现任会领导：

市红十字会会长：华博雅（副市长）

常务副会长：许君

徐州市红十字会

【简介】

徐州红十字分会始建于 1913 年。1956 年 12 月，成立徐州市红十字会筹备委员会，

1959 年 4 月 15 日召开第一届会员代表大会，选举产生了第一届委员会，宣告徐州市红十字会正式成立。“文革期间”红十字会活动停止。1980 年 9 月 8 日，徐州市红十字会恢复工作。2002 年 12 月 17 日徐州市机构编制委员会发文，将市红十字会由市卫生局代管改为市政府领导联系，定为副处级单位，全额拨款，参照国家公务员管理序列。2003 年 1 月正式独立建制，会机关设机关党支部、办公室、综合部，编制九人。2007 年 3 月，经市委批准建立中共徐州市红十字会党组。2008 年 12 月 4 日市机构编制委员会发文，市红十字会内设机构调整为办公室、赈济救护部、事业发展部，编制 18 人。全市现有地方红十字会 11 个，基层红十字会组织 389 个，冠名单位 13 个，市级团体会员单位 16 个，会员 28 万，在教育系统、卫生系统、煤矿系统和民营企业等成立红十字组织。

2011 年，徐州市红十字会发展红十字基层组织 50 个，红十字会员二万余名。市各级红十字会共募集人道救助款物 644.57 万元。开展社会救助工作，发放救助款物 471.99 万元。开展卫生救护培训工作，培训救护师资 25 人，全年共有 11.99 万人接受初级救护培训并取得合格证，普及救护知识四万余人次。全年完成造血干细胞血样采集 1301 人份，有四人实现捐献。遗体（器官）捐献接受报名登记 24 人。成立应急医疗救援、捐献造血干细胞、无偿献血、爱心服务等志愿者队伍九支，招募志愿者 10955 人。

现任会领导：

市红十字会名誉会长：曹新平（市委书记）

会长：段雄（副市长）

常务副会长：张飚

专职副会长：侯秀田　尹宝梅

秘书长：尹宝梅

常州市红十字会

【简介】

1914 年，常州市红十字会着手筹备，1921 年，中国红十字会常州分会正式成立。解放前和解放后各召开过四届代表大会，领导人屡有更迭，工作两度中断（1937—1945 年，1966—1981 年），办公地点也多次改易。1982 年 7 月，经市政府批准重新恢复，设立市红十字会秘书处，日常工作由市卫生局代为管理。2005 年 6 月，依法理顺市红十字会管理体制，改由市政府领导联系，全额拨款事业单位，核定全额拨款事业编制五个。2007 年 3 月，纳入全市人民团体和群众团体机关实施参照《公务员法》管理的范围，并委任专职副会长驻会主持工作，单位性质明确为市群众团体机关。同年 11 月，市机构编制委员会下发“三定”方案，正式确定市红十字会机关职能配置、内设机构和人员编制。2008 年 12 月，建立市红十字会党组，隶属市委直接管理。2010 年底，召开第九次会员代表大会，选举产生新一届理事会、常务理事会。常州市红十字会下设事业发展部（办公室）、赈济救护部、捐献工作部三个内设机构，正科级建制。核定机关编制 15 个，其中行政编制三个，参照《公务员法》管理的全额拨款事业编制 10 个，社会化用工编制二个。会长一名（市政府领导兼任），常务副会长一名，专职副会长一名，秘书长一名，部长（主任）三名，副部长（副主任）一名。2009年底，七个辖市（区）红十字会全部理顺管理体制，配备了专职副会长和专职工作人员。全市现有地方红十字会八个，基层红十字会248个，红十字团体会员单位372家，红十字会员39.4万名，红十字志愿工作者五万名。

2011年，常州市发展红十字基层组织56个，红十字会员2.8万人。全市各级红十字会共为地震灾区募集救灾善款200多万元。全年发放救助款物190万余元。开展卫生救护培训工作，受训4.62万人次。全年无偿献血人数突破了四万人次，采血量超过了13吨。全年完成造血干细胞血样采集899人份。

现任会领导：

市红十字会名誉会长：范燕青（市委书记、市人大常委会主任）

会长：居丽琴（副市长）

副会长：梅向东　朱雄华

常务副会长：俞坚

专职副会长：杨跃忠

苏州市红十字会

【简介】

苏州市红十字会前身是中国红十字会苏州分会，始建于1911年，至今已有100年历史。新中国成立后，苏州市红十字会重建于二十世纪50年代中期。“文化大革命”期间，红十字会活动停止。1982年，经市人民政府批准，市红十字会恢复建会，由市卫生局代管。2004年5月，市红十字会理顺管理体制，改由市政府领导联系，参照公务员管理的事业单位。现下设办公室、赈济救护部、事业发展部。现下设办公室、赈济救护部（捐献服务部）、事业发展部，机关编制数12名，公益岗位6名，专职工作人员15人全市现有红十字基层组织906个，红十字会员24万余名，其中青少年会员18万名。

2011年，苏州市红十字会系统共接收捐赠款物3281.41万元。支出捐赠款物2266.50万元，受益3.5万人次；救护培训16.5万多人；捐髓志愿者采样1250人份，实现捐献11例；新增捐献遗体（角膜、器官）志愿者登记499人次，实现捐献37人次；新建基层组织50个，创建省级示范学校14所，市级示范学校52所。建成了市级备灾救灾仓库。

现任会领导：

市红十字会名誉会长：蒋宏坤（省委常委、市委书记）

会长：王鸿声（副市长）

常务副会长：严晓凤

秘书长：马红英

南通市红十字会

【简介】

南通红十字运动始于1927年，由清末状员张謇先生之子张孝若公使发起创建中国红十字会南通分会。解放后，1957年10月成立南通市红十字会，文革期间于1967年被迫停止工作，1982年9月8日恢复，归市卫生局联系。2007年3月，南通市红十字会理顺管理体制，为市政府领导联系的独立机构，列群团机关序列，参照公务员管理，内设事业发展部、赈济救护部，核定行政编制五名。2010年增设下属事业单位南通市造血干细胞捐献工作服务中心，正科建制，全额拨款事业编制三名。市所辖九个县（市、区）均设立正科级建制的红十字会机构，纳入群团机关序列管理。全市现有基层红十字组织935个，会员70万人，注册志愿者15470人。

2011年，救灾支出款25.37万元。全年募集救灾救助款物485.52万元。全年有20.9万人接受红十字会初级卫生救护培训。有九所学校红十字会通过验收成为省级示范学校。至2011年底，全市造血干细胞捐献血样采集7669人份。

现任会领导：

市红十字会名誉会长：

罗一民（市委书记、市人大常委会主任）

丁大卫（市委副书记、市长）

会长：蓝绍敏（副市长）

常务副会长：倪瑾

秘书长：孟纬鸿

连云港市红十字会

【简介】

1957年5月，连云港市红十字会成立。2005年5月27日，市红十字会理顺管理体制，由卫生局代管改由市政府领导联系。2006年《中华人民共和国公务员法》实施以后，市红十字会列入参照公务员法管理人民团体和群众团体机关。

2010年8月31日，连云港市红十字会党组成立。目前市红十字会下设综合部、赈济救护部和事业发展部三个部门。现有人员共22名，其中常务副会长一名，专职副会长一名，秘书长一名，部长二名，副部长一名。目前，全市四县三区红十字会已全部理顺管理体制，各开发区也相继成立红十字会。全市有红十字基层组织417个，红十字会员500567人，红十字志愿者22613人，省级红十字冠名医疗机构11家。

2011年，全市红十字会累计募集捐款472.83万元，其中通过博爱系列工程慰问、发放救助款物390.95万元，使40685人受益。全市接收捐赠遗体二具，签订遗体（器官）捐献协议志愿者十名。开展卫生救护培训工作，完成驾驶员培训10.5万人次。全年新增红十字志愿者10639名、注册志愿者6217名。全市有志愿服务基地56个，红十字志愿者队伍74支。全市八所高职校和11所中小学校建立红十字会组织，四县三区和开发区的399所中小学校全部建立红十字会。

现任会领导：

市红十字会名誉会长：王建华（市委书记、市人大常委会主任）

会长：滕雯（副市长）

常务副会长：唐功友

专职副会长：陈金山　贺美来

秘书长：刘成田

淮安市红十字会

【简介】

淮安红十字运动始于1920年前后，1983年恢复组织并开展工作。2002年，淮安市红十字会理顺管理体制，成为由市政府直接领导联系的群众团体。2007年6月，淮安市编委同意市红十字会设办公室、赈济救护部二个内设机构，机关编制六名。市红十字会现有3590平方米综合办公及备灾救灾中心楼一座。淮安市所辖八个县（区）红十字会于2007年在全省率先全面理顺管理体制，依法独立自主开展工作。全市有基层红十字会组织1211个，红十字会员61万人，红十字志愿者工作1856人。

2011年，全市红十字会系统共募集善款806万余元。“红十字博爱送万家”活动中发放救助款物241.85万元。全年有九人登记志愿捐献遗体。开展卫生救护培训，有11649人参加培训。救护防病知识普及99950人次。全年采集造血干细胞血样830人份。全年参加无偿献血六万人，无偿献血采集量15吨。

现任会领导：

市红十字会名誉会长：刘永忠（市委书记、市人大常委会主任）

会长：李慧秋

常务副会长：单国富

专职副会长：张月芹

秘书长：时建淮

盐城市红十字会

【简介】

盐城红十字运动始于1915年，1985年恢复组织并开展工作。全市有市和九个县（市、区）地方红十字会及1118个基层红十字会，八个行业工作委员会。有红十字会员71157名，红十字青少年会员586508名，红十字志愿者工作18098名。2002年，盐城市红十字会理顺管理体制。2011年，市委办下发市红十字会“三定方案”，进一步明确市红十字会由市人民政府联系，列入群众团体机关序列，内设办公室、赈济救护部（挂事业发展部牌子），核定编制七名，现有在编人员八名。市编委发文成立“盐城市红十字会备灾救灾中心”，为财政全额拨款正科级事业单位，核定人员编制三名。市红十字会现有1187平方米综合办公楼一座，3156平方米备灾救灾中心楼一栋、直属红十字会医院一所，固定资产1110.86万元。所辖九个县（市、区）红十字会于2007年全面理顺管理体制，依法独立自主开展工作。

2011年，盐城市红十字会在“红十字博爱送万家”活动中筹集款物408.85万元，慰问救助困难群众19463人次。“红十字金秋助学圆梦大行动”资助孤儿和贫困学生9646人次，发放助学款物483.32万元。“盐城市红十字青少年互助金”救助病困中小学学生8329人次，共资助423.57万元。“关爱生命红十字助医惠民大行动”救助白血病人271人次，救助困难患者6726人次，发放助医款359.91万元。纪念建党90周年“红十字老区行”活动慰问老党员1012人，发放慰问款物43.3万元。对口支援新疆察布查尔锡伯自治县红十字会救灾款25万元。全年开展卫生救护培训5.2万人次。全年有860人份志愿者血样资料加入中华骨髓库。开展募捐活动，筹集善款1927.36万元。

现任会领导：

市红十字会名誉会长：赵鹏（市委书记、市人大常委会主任）

会长：谷容先

常务副会长：乔静

秘书长：李书万

扬州市红十字会

【简介】

1911年8月中国红十字会扬州分会成立。1933年扬州分会改为江都县分会。1937年12月14日扬州被日军侵占后江都县分会工作被迫停顿。抗日战争胜利后，1946年江都县分会进行分会复员筹备工作。1956年，在江苏省红十字会的指导下，经扬州市人民政府批准，扬州市红十字会正式恢复建立，组建第一届理事会。文化大革命期间，扬州市红十字会工作全部停顿。1982年12月13日经扬州市人民政府批准（扬府发〔1982〕307号），恢复扬州市红十字会工作，重新组建理事会。1984年5月3日经扬州市人民政府批准，省辖扬州市红十字会正式成立，组建扬州市红十字会第三届理事会，同时为贯彻江苏省红十字会关于“对县市优先恢复或建立红十字会”指示精神，结合扬州市实际情况，报请扬州市人民政府批准，对县（市、区）红十字会进行恢复和组建。2006年2月，扬州市红十字会理顺管理体制，改由市政府领导联系，副县级建制，参照公务员管理，下设事业发展部、赈济救护部，机关编制五人，其中，专职副会长一名，核定正科级中层领导职数：秘书长一名、部长二名。自2010年底起，辖区内四个县（市）、三个区全部理顺红十字会管理体制。2011年11月，扬州市部分行政区划调整（原维扬区撤销，江都市改江都区），扬州市辖三个县（市）和三个区均理顺红十字会管理体制。全市现有基层红十字会组织371个，红十字团体会员单位219家，红十字会会员27.4万人，红十字志愿者工作者4868人，社区红十字服务站81家。

2011年，扬州市红十字会在“红十字博爱送万家”活动中发放救助款物288.04万元。与卫生局共同组织对全市城乡医疗急救网络310名急救人员进行了急救知识培训。全市无偿献血45066人次，实现造血干细胞捐献三例，实现遗体捐献六例。

现任会领导：

市红十字会名誉会长：王燕文（省委常委、省委宣传部长）

会长：董玉海（副市长）

常务副会长：陈煜

镇江市红十字会

【简介】

2011年，镇江市有基层红十字会222个、冠名医疗机构10个、团体会员单位253个，会员总数13.2万人，拥有志愿者11500余人，登记注册红十字志愿者工作1400余人，批复成立“镇江欧尚超市有限公司学府店红十字会”。全市红十字会系统募集救灾救助款195万余元，其中市本级78万余元。用于救助贫困家庭和困难群众的款物185万余元，救助贫困家庭1300余户、困难群众5278人。

2011年，市红十字会在“红十字博爱送万家”活动中，筹集救助款物65.33万元款物，救助230个困难家庭、3300多名困难群众。开展卫生救护知识培训，有1.3万余人次参加。开展汽车驾驶员卫生救护培训班16期，培训2300余人。全市采集造血干细胞血样704人份。全年登记遗体捐献20例。

现任会领导：

市红十字会会长：王萍

常务副会长：蒋宗宁

泰州市红十字会

【简介】

泰州市红十字会成立于1997年。泰州市红十字会现有编制七人，性质为参照公务员管理的机关事业，专职工作人员七人，聘用人员二人。内设办公室（中国造血干细胞捐献者资料库江苏省分库泰州工作站）、赈济救护部和事业发展部。现有基层组织293个，10家冠名医疗卫生机构。现有成人会员数21945，青少年会员数162260。开展“博爱送万家”项目筹资活动，筹款42万元；组织泰州市第五次“红十字博爱万人捐”大型公益活动，全市共筹集捐款567.36万元，其中市本级募集捐款265万元，比2010年增长38.7%。2011年，全市红十字会共募集捐款690.4万元，其中市本级298.39万元。

2011年，泰州市红十字会在“红十字博爱送万家”活动中救助各市（区）3000多户家庭近万名困难群众。全市各级红十字会全年发放救助款物390.85万元，受益23850人。开展卫生救护培训工作，有5713人参加培训，市本级发放救护培训合格证616人。全年采样造血干细胞血样1002人份。新建一个红十字志愿者服务基地，市本级累计已建成三个红十字志愿者服务基地。

现任会领导：

市红十字会会长：曹玉梅

专职副会长：徐志明　梅有宏

宿迁市红十字会

【简介】

2011年，宿迁市红十字会共有街道、乡镇红十字会87个，红十字团体会员单位117家，红十字会员29511人，红十字青少年会员24763人。在开展的各类救助活动中，发放救助款物120多万元。全年举办卫生救护培训班10期，培训急救员805名，普及卫生救护知识五万人次。全年采集造血干细胞样本428人份，有二人实现捐献。开展无偿献血宣传，全年无偿献血总量445816毫升。有10人登记成为遗体器官捐献志愿者。

浙江省红十字会

【年度工作】

2011年，浙江省红十字会主动服务和谐社会建设大局，积极进取、奋力开拓，推动红十字事业取得了新发展。省委、省政府领导先后六次对红十字会工作作出重要批示，多次参加红十字会的重要会议和活动。

一、以理顺管理体制为重点，深入推进红十字会组织建设

省红十字会始终坚持把组织建设作为一项事关全局、事关根本的重要基础性工作来抓，以筹备召开全省会员代表大会为契机，以推动理顺县级以上红十字会管理体制为重点，以加强基层组织建设为根本，不断夯实红十字事业发展的组织基础。

（一）成功召开全省会员代表大会。2011年6月，省红十字会第六次会员代表大会胜利召开。会前，省委常委会专题听取了省红十字会工作汇报，对五年来全省红十字事业发展取得的成绩给予了高度评价和充分肯定。全国人大常委会副委员长、中国红十字会会长华建敏，省委书记、省人大常委会主任赵洪祝亲临大会并作重要讲话。省委、省人大、省政府、省政协四大班子领导出席大会。大会选举产生了省红十字会新一届理事会，审议并通过了《浙江省红十字事业2011—2015年发展规划》（该规划首次被纳入本省国民经济和社会发展"十二五"规划目录），充分体现了党和政府对红十字会工作的高度重视和关心。

（二）全力推动理顺管理体制工作。始终坚持把理顺市、县两级红十字会管理体制作为工作的重中之重，紧抓不放。2010年3月，省委常委、组织部长蔡奇在全省干部工作座谈会上，专门就理顺红十字会管理体制作重要讲话，提出明确要求。省红十字会党组紧紧抓住有利时机，迅速传达贯彻蔡部长讲话精神，积极推进浙委办〔2006〕8号文件精神的再落实。温州、台州等地克难攻坚，使理顺管理体制工作取得突破性进展，跟上了全省步伐。截至5月底，全省90个县级红十字会全部基本理顺管理体制。各级红十字会组织机构更加健全，人员力量得到明显增强。68个市、县红十字会实现参公管理。全系统人员编制数增加到374名，专职工作人员增加到387名，与上年同比分别增长10.65%和30.3%。又有绍兴市、永嘉县、天台县和宁波海曙区等红十字会建立了党组。

（三）切实加强基层组织建设。围绕年初提出的"强基础"目标，着力抓好城市街道（社区）、农村乡镇（村）、企业和事业单位、学校、医疗机构等红十字基层组织建设。执委会领导带队，先后赴各地开展调研，在深入分析现状的基础上，专题召开全省组织建设经验交流会，研究部署加强基层组织建设工作。目前，全省共有红十字基层组织3503个，团体会员单位3129个，社区红十字公益服务站点484个，会员146.87万人（其中青少年会员111.79万人），志愿者3.56万人。以评比推荐"全国红十字模范校"等活动为抓手，积极推进学校红十字会工作。全省九个设区市、51个县建立了红十字学校工作委员会，1500多所学校建立了红十字会。绍兴市成功创建100所市级红十字示范校。富阳市挂牌成立了"红十字博爱学校"。各地还积极探索在企业、行业中组建红十字会组织。湖州市"两办"联合发文加强红十字基层组织建设。杭州、宁波、嘉兴、金华、舟山等地在爱心企业中成立红十字会，瑞安市成立了眼镜商会红十字会。继续组织和指导爱心组织、合作单位开展志愿服务活动。九个设区市、31个县成立了红十字志愿者工作委员会，省、市、县三级共组建各类红十字志愿服务队192支。浙江万里学院、浙江海洋学院等一批红十字志愿服务项目在激烈竞争中脱颖而出，成为总会首批试点项目。

二、以"三救三献"工作为核心，积极参与社会管理和创新

按照省委、省政府有关工作部署和要求，全省各级红十字会结合实际，积极主动参与社会管理和创新，大力开展以"救灾、救助、救护"和"捐献造血干细胞、捐献器官（组织）、推动无偿献血"为主要内容的"三救三献"工作，取得明显成效。据统计，2010年全省共募集救灾救助款物

1.66亿元，与2010年日常性捐赠款物（扣除玉树地震社会捐赠款物）相比，实际增长35.19%；全年共投入救灾救助款物1.62亿元，受益困难群众达40.59万人次。

（一）积极参与自然灾害和突发事件紧急救援。全省红十字会系统“闻灾而动”，充分发挥“救灾轻骑兵”的优势和作用，有力地支持了灾区抗灾救灾和恢复重建。省红十字会重点组织开展了三大救援行动。一是迅速启动洪涝灾害紧急救援行动。针对6月浙江省部分地区发生的严重洪涝灾情，迅速部署开展防灾救灾工作，第一时间向受灾最为严重的六个县（市）发放总会调拨救灾物资40余万元。会领导分别带队赴重灾区慰问受灾群众，指导开展救灾及灾后重建工作，落实灾后重建项目七个。二是主动参与“7·23”甬温线特别重大铁路交通事故救援。紧急召开执委会扩大会议，研究部署人道救助工作。会领导第一时间率慰问组赶赴温州，紧急提供人道救助金，与总会和中国红十字基金会下拨的资金一起，共筹集45万元用于慰问遇难者家属、住院伤员及伤残人员后续人道救助。协调温州市红十字会迅速组织心理危机干预救援队，对参与救援的消防战士、遇难者家属等进行心理疏导。三是为云南和日本地震灾区开展紧急募捐活动。及时向社会公布捐款方式，主动接受社会各界的爱心捐赠。据统计，全省红十字会系统共募集日本地震捐款123万余元，云南盈江地震捐款40余万元。舟山市红十字会向日本地震重灾区友好城市定向捐款110万元。

在各类灾害和突发事件的考验中，浙江省红十字会系统应急反应能力得到加强。修订完善了《浙江省红十字会自然灾害应急救援预案》，全省备灾、报灾、救灾机制不断完善，捐赠款物接收、管理、经费使用等各项制度逐步健全。杭州市红十字会建成了集捐赠服务、备灾救灾、红十字文化展示、救护培训等功能为一体的备灾救灾中心。继杭州、宁波之后，绍兴市红十字会获批建立备灾救灾中心。上虞、象山、新昌、镇海等地组建了红十字应急救援志愿者队伍。

（二）依托项目大力开展人道救助工作。围绕“情暖浙江·红十字博爱公益项目”，全省上下联动，精心组织开展系列救助活动。2011年，安童博爱基金扩容升级为“浙江省红十字会儿童先天性心脏病救助项目”，受益面和影响力得到扩大。结合省委、省政府惠民大行动，创新开展红十字博爱送万家活动，全省慰问范围扩大到1.2万户，投入慰问款物达953万元。组织开展“康恩贝健康之旅——心脑血管疾病防治博爱行动”，发放药物价值200万元。开展“红十字老区行”活动，走访慰问老红军、老党员、老交通员。认真组织实施总会彩票公益金项目，全年通过小天使基金、天使阳光基金救助患儿66名，发放救助金198.5万元。稳步推进基层红十字博爱救助金试点工作，全省87个基层组织筹集善款达2000余万元。

各级红十字会从实际出发，因地制宜，发挥优势，努力打造特色项目和救助品牌，“情暖三衢”、“情暖群岛”等“情暖”系列筹资项目品牌逐步打响。绍兴市实现筹资模式的机制性转变，争取财政每年列支200万元充实红十字博爱基金。湖州市开展“博爱人人捐”、“红十字博爱行”等系列活动。奉化市举办了首届“博爱万人行”活动，确定每年6月3日为红十字“爱心奉献日”。有关市县红十字会还在血友病感染艾滋病患者的人道关怀等方面发挥了独特作用。2011 年，全省各级红十字会专门用于人道救助款物达 1.27 亿元，同比增长 69.6%，受助困难群众达 31.25 万人次，均创历史新高。

（三）保护健康扎实推进关爱生命工程。“保护人的生命和健康”是红十字会的宗旨之一。2010 年，浙江省红十字会系统关爱生命工作亮点纷呈、进展明显。一是规范开展应急救护培训。及时制定出台现场应急救护培训师资管理办法，进一步规范全省救护师资管理。争取省政府和有关部门的支持，积极筹建应急救护培训基地和工作指导中心。经省编办批准，下半年在中国红十字会杭州备灾救灾中心增挂了省红十字会现场应急救护工作指导中心牌子。与浙江电视台教育科技频道联合录制急救系列特别节目，社会反响良好。2010 年全省共培训红十字救护员 12.99 万人次，培训（复训）救护师资 896 人次，同比分别增长 13.69% 和 43.36%；普及救护知识人数达 53.27 万人次，创历史新高。继杭州、湖州之后，衢州市政府出台了加强现场救护培训工作的意见。湖州、义乌、下城、江干、余杭等地将救护培训列入政府民生实事项目。湖州市联合有关部门建立了面向公众、定期开放的现场救护培训点。绍兴、舟山等市借助素质教育平台，建立了青少年现场救护培训基地。杭州、宁波、湖州、绍兴、衢州等地还举办了形式多样的救护技能（知识）竞赛。建德市举办了首届农民救护技能竞赛。二是大力推动造血干细胞捐献。省造血干细胞捐献者资料库入库数达到 3.5 万人份，累计实现捐献 97 例，其中 2010 年成功捐献 26 例。浙江卫视记者陈俊两度捐献造血干细胞（淋巴细胞），被誉为“最美小伙”，光荣当选“浙江骄傲——2011 年度最具影响力人物”。完善表彰奖励机制，27 名捐献者被授予“第四届红十字公益之星”荣誉称号。三是扎实推进人体器官捐献试点工作。省红十字会、省卫生厅联合召开试点工作推进会，推出八大新举措，有力推动了试点工作的顺利开展。宁波市作为本省三个试点城市之一，以孙永海首例器官捐献为突破口，引发甬城爱心大合唱，受到中央媒体的高度关注。金华、丽水、嘉兴等非试点市及淳安等县级红十字会全力配合，工作成绩突出。目前，全省共登记自愿捐献者 730 多人，累计成功实现捐献 19 例（其中 2010 年 13 例），捐献器官 57 个，角膜 18 只，共挽救了 56 位患者的生命，使 11 人重见光明。国家一级演员、女高音歌唱家郑培钦等一批知名人士成为人体器官捐献志愿者。本省试点工作得到总会、卫生部联合调研组的高度评价和肯定。全省红十字会系统还积极会同卫生部门开展艾滋病预防宣传，继续推动无偿献血等工作的开展。

三、以传播为先导、公开为手段、制度建设为重点加强红十字会公信力建设

2011 年是总会提出的“以制度建设为重点的能力建设年”，也是各级红十字会积极应对“网络风波”、努力提升公信力负重奋进之年。郑继伟会长对红十字会公信力建设高度重视，多次作出指示。全省红十字会系统认真贯彻落实郑会长指示精神，大力开展红十字精神的宣传与传播，不断加强自身能力建设，建立健全公开透明的工作机制，努力把自身打造成规范化的社会团体。

（一）广泛传播红十字精神。积极争取

有关部门的重视和支持，红十字相关工作指标被列入浙江省文明县（市、区）、文明县城创建测评体系。围绕展示“十一五”发展成就、贯彻“六大”精神、加强公信力建设、洪涝灾害救援和“7·23”甬温线事故人道救助等阶段性重点工作，联合省级新闻单位，积极做好红十字精神、文化、理念的宣传和传播。认真抓好《浙江红十字》报的扩容和改版，不断提升办报水平。浙江省红十字会相关工作多次被《中国红十字报》头版报道。开通腾讯官方微博，共发布各类信息300余条，听众达23.4万余人。精心筹划“五八”博爱周系列活动，启动开展“志愿服务百千万”活动。组织开展中央驻浙及省级新闻媒体集中采风活动，召开新闻工作座谈会，切实加强与主流媒体的沟通与合作。衢州市委宣传部与市红十字会联合召开了红十字宣传工作座谈会。湖州市组织开展了“红十字在我身边”主题征文活动。通过一系列活动的开展和媒体的及时跟进宣传，进一步扩大了红十字会的社会影响力。2011年度，全省各大媒体共刊登发表红十字相关报道1815篇，播出电视新闻956条次。

（二）积极推进红十字会信息公开。“网络风波”发生后，及时召开了全省红十字会系统加强公信力建设座谈会，研究制定实施方案，全面落实总会提出的“捐赠款物公开、财务管理透明，招标采购公开、分配使用透明”两公开两透明承诺。在全省红十字会系统迅速部署开展自查自纠，对近年来一些重大灾害接受捐赠、捐款使用、援建项目进展等情况进行全面清查，并通过门户网站和官方微博及时公布。为建立长效、透明的信息公开机制，在省政府和省发改委、财政厅等部门的重视支持下，投资175万元启动实施了信息化建设项目。2010年以来，省红十字会还通过上门走访主动通报、邀请参与救灾救助、组织赴项目实施地考察等形式，切实改进捐赠服务，增强募捐救助工作透明度。各级红十字会通过网上“晒账”、媒体公布、印制宣传品等形式推动信息公开。绍兴、衢州市红十字会定期在网上公布项目资金使用情况和受助对象名单。宁波市红十字会制定了捐助信息公示制度。湖州市红十字会建立了社会捐赠使用反馈制度。嘉兴市红十字会于每年年底公示当年所有捐赠款物来源和支出情况。

（三）切实加强制度建设和能力建设。及时修订和完善了省红十字会机关财务管理、物资管理、灾害救助、救护培训等一系列工作制度，其中新制定内部工作制度五个，修订11个，新制定业务性指导意见九个。编印了《浙江省红十字会机关工作制度汇编》和《浙江省红十字会文件选编(第四辑)》，努力建立以制度选人用人、管财理财、干事创业的运行机制。加强对地方红十字会的工作指导，及时制定出台设区市红十字会年度工作任务考核办法，认真组织开展考评。加强专职干部的教育和培训，先后举办了全省红十字会系统领导干部读书会、领导干部培训班及各类业务培训班，有效提升了全系统工作人员的思想业务素质。根据省委、省政府有关要求，积极探索建立廉政风险防控机制，制定出台了岗位廉政风险防控暂行办法，开展廉政风险点查找活动。各级红十字会结合制度建设年有关要求，健全体制机制，完善规章制度，加强自身建设。不少地方红十字会工作纳入党委、政府目标责任制考核体系，许多地方对下属县（市、区）红十字会开展了年度考核，有力推动了当地红十字会工作的开展。

【历史沿革】

浙江省于1924年建立红十字会组织。新中国建立后，省红十字会从小范围的社会救助，扩大到民间外事活动和群众性卫生救护工作。

1964年6月24日至26日浙江省红十字会在杭州召开了第一次会员代表大会，选举产生了第一届理事会，李兰炎当选为会长。“文革”期间红十字会停止活动。1984年，经浙江省人民政府批准，省红十字会重新恢复机构，产生了第二届理事会，李德葆任会长。1990年产生了第三届理事会，厉裔华任会长。

1993年10月《中华人民共和国红十字会法》和1996年1月《中华人民共和国红十字标志使用办法》及1997年9月《浙江省实施〈中华人民共和国红十字会法〉办法》的颁布实施，使浙江省红十字事业的发展走上了法制化建设的道路。

2000年1月，浙江省红十字会第四次会员代表大会召开，选举产生了以浙江省副省长鲁松庭为会长的第四届理事会。

2004年4月，中共浙江省委决定建立浙江省红十字会党组，并任命张国强为党组书记（正厅级）。

2005年10月，浙江省红十字会召开第五次会员代表大会，选举产生了新一届理事会，通过了《浙江省红十字事业2005~2009年发展规划》。大会决定聘请省委书记、省人大常委会主任习近平，省委副书记、省长吕祖善为名誉会长，决定聘请省人大常委会副主任徐志纯、省政协副主席徐鸿道为名誉副会长。省人大常委会副主任鲁松庭为会长，张国强当选为常务副会长，马林云等六人当选副会长。

【组织机构】

目前，浙江省、市、县三级红十字会组织网络体系基本形成，全省有11个省辖市、88个县（市、区）建立了红十字会组织，全省有县以下基层组织1982个、团体会员单位2462个；全省红十字会员76.9万名（其中青少年会员38.7万名）；红十字志愿者近万人。

浙江省红十字会于2002年1月理顺管理体制，明确由省卫生厅代管改为由省政府领导联系，列行政编制10名，内设办公室，定处级职数四名。2005年省编委下发文件，为省红十字会增设赈济救护处，增加行政编制二名，增加一名处级职数。省红十字会下辖一个事业单位——浙江省红十字会备灾救灾中心，该中心与中国红十字会杭州备灾救灾中心为两块牌子一套班子，现有事业编制15名，实际工作人员九人。

截至2005年底，浙江省理顺管理体制的还有杭州市、宁波市、温州市等三个设区市红十字会和瑞安市等五个县（市、区）红十字会，其他市、县（市、区）红十字会基本上挂靠在卫生局。

【大型项目】

一、红十字博爱送万家

自2000年以来，浙江省红十字会连续七年开展“红十字博爱送万家”活动，共发放了总计价值2000多万元的救助款物，在社会上产生了良好的影响，受到群众的广泛赞誉。

二、中国造血干细胞资料库浙江分库建设

中国造血干细胞资料库浙江分库于2001年建成，截至2005年底，已有7000

余名捐献者的配型资料入库。2003年，省农行杭州营业部的章焱成为浙江省为白血病患者捐献造血干细胞的第一人，一举改变了我省干细胞移植一贯依靠台湾慈济骨髓库提供骨髓源的惯例。2003年以来，浙江分库共有六位志愿者捐献了造血干细胞。这几位志愿者都在浙江省产生了良好的社会影响，获得了各种荣誉。2004年6月，浙江省第一例捐献者章焱荣获浙江省首届“十大慈善之星”；2006年1月，浙江省第一位女大学生捐献者刘芸当选为“浙江骄傲——2005年度最具影响力人物”，是全省10位当选者中最年轻的一位；2006年1月，浙江省第二例捐献者汪建银被评为“2005年度杭州十大爱心使者”。尤为值得一提的是，2005年10月，富阳医生汪霖向美籍华裔女孩小凯丽捐献干细胞，成为浙江首例跨国捐献干细胞的志愿者。

【主要特色】

一、五个工作委员会

2005年11月，浙江省红十字会成立了宣传与筹资工作委员会、救护培训工作委员会、志愿者工作委员会、学校工作委员会等四个专门工作委员会；调整浙江省红十字会医疗卫生工作委员会（始成立于2000年7月）组成人员；原浙江省红十字会高等院校工作委员会（始成立于2000年10月）纳入学校工作委员会。自此，形成了五个工作委员会相互协同工作的格局。

二、积极探索人道救助的新路子

积极开展人道领域的救助活动，致力于改善最易受损群体的生活境况，一直是浙江省红十字会工作的着力点。省红十字会把深入山区、海岛和社区开展人道救助服务列为重要工作之一。

一些市、县红十字会积极探索人道救助的新路子、新举措，深入贫困山区、海岛、特困家庭开展服务，与他们帮扶结对，开展对弱势群体的救助活动，帮助他们解决生活中的困难。温岭市红十字会整体推进农村社区服务工作，探索出红十字救助和农村社区服务相结合的社区红十字服务新模式，2005年3月，该市荣膺全国社区红十字服务示范市；舟山成立海岛红十字巡回医疗队，深入渔村、农村和偏远小岛免费为群众提供医疗服务。2005年3月以来，医疗队巡回各个小岛，为当地群众免费健康体检、医疗服务近8000人次，免费发放药品价值约八万余元；滨江区长河街道天官社区红十字卫生站收治10余名精神障碍特殊群众，给予他们无微不至的人道关怀，深受当地政府和群众好评。此外，湖州碧浪苑社区卫生服务站，大力开展爱心服务项目，社会效益和经济效益双丰收。

（王剑波、张孚传）

杭州市红十字会

【简介】

1924年9月，成立杭州红十字分会。1951年4月，成立中国红十字会杭州分会，1956年更名为杭州市红十字会。1978年，成为全国十个首批恢复的红十字会之一。2002年7月，市红十字会理顺管理体制。2003年4月，成立中共杭州市红十字会党组。市红十字会下设办公室、赈济救护部、组织宣传部。到2010年底，全市各区、县（市）红十字会全部理顺管理体制。现有基层红十字组织1093个，红十字会员470788人（其中青少年会员402355人）。

现任会领导：

市红十字会会长：陈小平（副市长）

常务副会长：陈美丽

副秘书长：郦汀

宁波市红十字会

【简介】

1932年成立中国红十字会宁波分会，1957年更名为宁波市红十字会。2008年8月，市红十字会理顺管理体制，依法独立建制。全市11个县（市、区）成立了红十字会。全市有红十字基层组织246个、红十字团体会员单位604家，红十字会员131089人，红十字青少年会员318505人。全市有七支红十字志愿者服务队伍，还建有红十字志愿者俱乐部以及三家新闻单位和学校红十字志愿者基地。

现任会领导：

市红十字会会长：成岳冲（副市长）

专职副会长：赵雅飞

秘书长：蔡刚

温州市红十字会

【简介】

温州市红十字会成立于1951年。2004年12月，市红十字会理顺管理体制，内设办公室和赈灾救护处。现全市有红十字基层组织232个，红十字会员1599名。

现任会领导：

市红十字会会长：仇杨均（副市长）

副会长：蔡章卿、张鲁民

湖州市红十字会

【简介】

1986年3月，湖州市人民政府批复同意湖州市红十字会组织恢复工作。2006年3月，市编委正式发文，市红十字会独立设置，列入群众团体管理，内设办公室、业务处。目前，全有有红十字会基层组织为125个，红十字会员24247人。

现任会领导

市红十字会会长：沈建平（副市长）

专职副会长：褚学东

秘书长：金新安

嘉兴市红十字会

【简介】

1985年8月，嘉兴市人民政府批复同意建立嘉兴市红十字会组织。2008年9月，嘉兴市红十字会理顺管理体制，内设办公室、赈济处。全市七个县（市、区）均理顺管理体制。15所市属学校成立学校红十字会。目前，全市有红十字基层组织24个（不包含村级红十字小组），红十字会员55915人。

现任会领导

市红十字会会长：王淳（市政协副主席）

专职副会长：王国芬

副秘书长：谢银芳

绍兴市红十字会

【简介】

绍兴市红十字会于 1986 年重新建会，2007 年 6 月理顺管理体制，机构规格为正县（处）级，核定全额事业编制八名，人员参照公务员管理。内设办公室、卫生赈济处（备灾救灾中心），设专职副会长、执委会主任和副会长、执委会副主任各一名，科级干部二名。全市六个县（市、区）红十字会均理顺管理体制，市直三个开发区全部成立红十字会。截至 2011 年 1 月，全市有红十字基层组织五个，红十字团体会员单位 18 家，红十字会员 18780 人。全市 80% 的学校建立了红十字会组织，有红十字青少年会员 16200 人。

现任会领导：

市红十字会会长：李露儿（市政协副主席）

副会长：张友珍　谢建友

秘书长：王佳

金华市红十字会

【简介】

金华市红十字会创建于 1957 年，1959 年停止活动，1988 年恢复工作。2007 年 1 月，市红十字会理顺管理体制。

2010 年，“爱心助跑、圆梦大学”活动筹集了 37 万元助学款，资助了 100 名大学生。联合新华保险金华支公司向市红十字会注册志愿者捐赠总保额为 300 万元的人身意外伤害险，为志愿者活动提供保障。

现任会领导：

市红十字会会长：林一心（副市长）

专职副会长：方志坚

秘书长：金宇红

衢州市红十字会

【简介】

1988 年 9 月，衢州市人民政府批复同意建立衢州市红十字会。2006 年 11 月，衢州市红十字会理顺管理体制，内设办公室、赈济处。现全市有红十字基层组织 106 个，红十字团体会员单位 395 家，红十字会员 23224 人。还有省红十字示范校一所，达标校五所。

现任会领导：

市红十字会专职副会长：刘章华

秘书长：夏伟龙

舟山市红十字会

【简介】

舟山市红十字会初建于 1957 年，1988 年 7 月恢复建会，2006 年 8 月，市红十字会理顺管理体制，内设机构为赈济救护处、办公室。市红十字会下辖县（区）级红十字会四个，管委会红十字会一个，乡镇、街道红十字会四个，学校红十字会八个。全市共有红十字基层组织和团体会员单位 156 个，红十字会员 23267 名，其中青少年会员 19913 名，红十字志愿者 5111 名。

现任会领导：

市红十字会会长：冯淑仙（市人大常委会副主任）

专职副会长：叶佩珠

秘书长：高海英

台州市红十字会

【简介】

台州市红十字会始建于1988年。2009年11月，市红十字会理顺管理体制，为全额拨款事业单位，机构规格正处级，由台州市政府领导联系，列入当地群团管理。全市有椒江、黄岩、临海、温岭、天台、三门六个县（市、区）已就红十字会理顺管理体制发文。全市目前有红十字会基层组织69个，团体会员229个，个人会员28203人，志愿者2853人。

现任会领导：

市红十字会会长：高敏（副市长）

常务（专职）副会长：朱福义

副秘书长：盛金桥

丽水市红十字会

【简介】

丽水市红十字始建于1988年9月。2000年7月，正式更名为丽水市红十字会。2006年4月，市红十字理顺管理体制，列入群团机关管理。2007年10月，市红十字会列入参照公务员管理，有编制五人，内设办公室、赈济处两个部门。

现任会领导：

市红十字会会长：廖思红

专职副会长：项金平

秘书长：陶小芳

安徽省红十字会

【年度工作】

2011年是安徽省红十字会全面落实《安徽红十字事业2007—2011年发展规划》的收官之年，也是面对新形势、迎接新挑战、提出新目标的重要一年。全省红十字会不断开拓创新，主动作为，积极探索红十字事业又好又快发展的新举措，各项工作取得显著成绩。

一、“博爱在江淮”系列公益活动取得创新发展

在安徽省政府的大力支持和推动下，“博爱在江淮”系列公益活动于2007年正式启动。几年间，全省各级红十字会围绕人道救助主题，依靠“博爱在江淮”品牌载体，在助学、助医、扶贫、赈灾等方面对困难群众进行广泛救助，为数十万个家庭送去了温暖和帮助，有力支援了遭受自然灾害地方的救灾和重建，取得了良好的社会效益，得到各界的高度肯定。2010年，华建敏会长在考察本省红十字会工作时指出：“‘博爱在江淮’公益活动体现了安徽人民友爱互助的情怀，体现了‘人道、博爱、奉献’的红十字精神，体现了中华民族扶贫济困的文化传统，更体现了社会主义核心价值体系的精神内核，成为改革开放新时期安徽大地上凝聚人心、促进社会和谐的一面旗帜。”2010年以来，本会围绕全省加强以改善民生为重点的社会建设的目标，抓住省委、省政府不断提高基本公共服务水平，建立健全改善民生的长效机制的契机，精心策划实施了“博爱在江淮99救助计划”。向社会推行“小额捐款人人参与”的全民慈善理念，降低奉献爱心的门槛，拓宽红十字会长效筹资渠道，扩大红十字会人道救助范围，规范各类救助项目的运行，吸引更多的爱心人士和单位参与到公益事业中。该计划将红十字会平时开展的各项人道救助工作归纳为“幸福家园、爱心包裹、久久重阳、爱心助学、天使救助、健康援助、温暖江淮、生命关怀、生命救护”九大计划，重点救助九类困难群体。设立了面向全社会公开募捐的“99 博爱基金”，可以通过手机短信、网上支付等多种灵活形式招募基金会员。目前，有近 20 家大中型企业已经有捐赠意向并与本会联系参与“99 救助计划”，“星基金”、“肾健康基金”、“肿瘤救助基金”、“心健康基金”、“星光明基金”、“绿满江淮基金”等六个博爱基金正在启动运行中，力争实现每年不低于1000 万元人民币的募款目标。

二、备灾救灾和应急救护工作继续扎实推进

为进一步增强应急能力，省红十字会积极推动省市红十字会应急预案纳入各级政府应急预案体系，财政拨款 1300 万元的省红十字会备灾救灾中心扩建工程正在实施中，2011 年可建成使用，五个市级备灾救灾库已建成或在建，全省红十字会应急救援队伍达到 21 支近 2000 人。2011 年 1 月 19 日，安庆 4.9 级地震发生后，本会密切关注灾情变化，及时将灾情上报总会争取援助。根据安徽省实际情况制定救助方案，全力以赴做好救灾工作，向地震灾区紧急运送包括 400 个家庭包在内价值 12 万元的救灾物资，以缓解当地受灾群众燃眉之急。在应急救护培训方面，全省各级红十字会注重突出培训的群众性、普及性和实效性，建立健全管理规章制度和长效机制，使应急救护培训工作步入规范化、制度化的良性发展轨道。省红十字会大力推动应急救护知识进机关、进社区，与省政府应急办联合组织开展了一系列的急救宣传活动，在报刊和网络上开展急救知识有奖竞赛活动和急救日专题宣传，组织省政府办公厅机关工作人员参加应急救护培训，动员志愿者向市民普及急救知识、免费发放急救宣传手册、开展健康咨询和专家义诊等活动。指导地市红十字会利用优势资源开展具有特色的应急救护培训工作，如与公安部门明确驾驶人员救护培训与驾驶证发放和审核同步进行，确保救护培训工作持续开展；与媒体建立长期合作关系，在电视上创建救护宣传栏目；利用地震科普馆向群众普及救护知识。此外，全省各级红十字会以“世界急救日”为契机，集中时间、紧扣主题进行全省联动宣传，得到全社会的广泛关注，有效增强了公民的应急救护意识，进一步扩大了红十字应急救护的社会影响，为构建平安和谐安徽做出了积极贡献。

三、人道救助和生命关怀工作不断提点扩面

2011 年，全省各级红十字坚持多渠道筹集款物，认真做好“博爱送万家”工作，并将该项工作纳入省委、省政府“两节”送温暖活动计划。1 月，中国红十字会“博爱送万家”安徽慰问活动启动仪式在合肥隆重举行，中国红十字会时任常务副会长、总会党组书记王伟，安徽省人民政府副省长、省红十字会会长谢广祥等领导出席。此次慰问活动以“博爱在江淮·温暖送万家”为主题，在中国红十字会总会的支持帮助下，共为全省困难群众筹集了价值超过 700

万元的慰问物资。自2007年安徽省第一例造血干细胞成功捐献以来，全省造血干细胞成功捐献已累计23例，全年实现八例捐献，分库总样本数已达二万份，提前一年完成了《安徽省红十字事业2006—2011年发展规划》提出的目标任务。全省各级红十字会积极参与无偿献血动员和表彰先进工作。遗体（器官）捐献工作平稳推进，登记人数达1151人，实现遗体捐献125人。本省眼角膜库建立以来，已有23人实现角膜捐献。各遗体（器官）捐献接收站自身建设和管理不断加强，服务质量明显提高。本会连续三年成功举办"生命论坛"，研讨、交流、宣传、推动生命关怀工作。预防艾滋病国际交流与合作不断加强，多方争取项目资金支持，开展预防艾滋病的宣传教育和关爱艾滋病感染者等工作。与荷兰红十字会签订的艾滋病预防与关爱项目进展顺利，共对青年学生、外来务工人员、社区居民等群体开展艾滋病预防宣传教育近七万人次，对病毒携带者和病人提供了多方面的支持与关爱。经过多方调研、审查，本会以先心病救助定点医院为平台，面向家庭困难的城市低保户和农村贫困户，开展了一系列小儿先心病医疗救助行动。与普瑞眼科医院连续多年开展合作，先后对1000名贫困近视大学生、白内障患者进行救治。积极参与中国红十字基金会"阳光天使行动"和"小天使基金"工作，截至2011年底，共救助本省600名贫困先天性心脏病患儿并减免500多万元医疗费用，筹集专项救助金845万元救助了安徽省266名白血病患儿。

四、机构完善和组织建设工作实现有效突破

2011年，省红十字会苦练内功、强抓基础，始终坚持将依法理顺市县两级红十字会管理体制作为工作的重中之重加以推动，各级红十字会基本形成了能够独立开展工作、富有红十字会特点、充满生机活力、密切联系群众的良好局面。省委、省政府高度重视红十字会理顺管理体制工作，省领导多次过问。省政府常务会议还将理顺红十字会管理体制工作作为议题研究讨论，对理顺工作提出明确要求。会同省编办在理顺红十字会管理体制工作走在全省前列的宿州市召开了全省推进市县级红十字会理顺管理体制工作现场会，并联合下发《关于理顺市县红十字会并管理体制的通知》，安徽省市、县级红十字会的理顺管理体制工作取得了大幅进展。目前，16个市级红十字会管理体制已经全部理顺；62个县（县级市）中已经有58个理顺了红十字会管理体制，43个市辖区中也有15个理顺了红十字会管理体制，县级红十字会的理顺率为70%，还有一批县（区）红十字会将在陆续完成理顺工作。全省各级红十字会工作呈现出各具特色、你追我赶、互有优势的良性发展格局，管理体制优势逐步显现。社区、农村、学校红十字会工作亮点纷呈，红十字会的群众基础得到进一步巩固，基层组织达到923个，红十字冠名医疗机构100所，团体会员单位1953家、个人会员已逾42万人。全省16个市均建立了各类红十字志愿服务队，志愿者人数达68796人，涌现出一批以傅强为代表的红十字志愿者优秀典型。符合红十字会宗旨的实体单位也实现了新的发展。在省政府领导和有关部门关心支持下，安徽省红十字会中等卫生职业学校更名为中等卫生学校，教学水平进一步提高，发展步伐进一步加快，为基层培养输送了一大批专业卫生人才，极大充实了基层医疗机构的技术和管理队伍。安徽省红十字会医院经过改制，加大投入，迈入了科学经营、快速发展的道路，每年为200余名贫困患者提供帮助，减免100余万的医疗费用，社会形象进一步树立，知名度进一步提升，红十字内涵进一步显现。

五、特色宣传和公共关系工作积极主动加强

一年来，省红十字会始终坚持对红十字会特色工作的宣传，《博爱在江淮》杂志、各级红十字会网站发挥了红十字宣传阵地的重要作用，及时将工作活动信息上传省红十字会网、省政府办公厅网，加快信息更新，加大向中国红十字会网、总会报刊社以及省内安徽日报、新安晚报、市场星报、江淮晨报等知名报社的投稿信息量，及时公布救助和捐赠信息，一些地市红十字会还积极利用QQ群、微博等新媒体，创造性地开展宣传工作。在注重平时宣传的同时，省红十字会结合“五八”世界红十字日、《中华人民共和国红十字会法》颁布纪念日、世界献血者日、世界急救日、全国防灾减灾日、世界艾滋病防治日、国际志愿者日等群众性活动日，突出主题、集中时间、汇聚资源、精心组织开展形式多样的活动，宣传红十字精神和红十字会工作，倡导现代公益理念，营造人道、博爱、奉献的浓厚氛围。针对一些网络事件，本会积极与媒体和社会沟通，及时发布信息澄清事实，并协调有关部门做好应急处理和正面宣传工作。全省各级红十字会上下联动、发挥特色，各有关部门左右互动、形成合力，积极参与精神文明建设和道德模范评比等在社会上有重大影响力的活动，加强红十字会工作者和志愿者先进事迹的宣传报道，初步构建起以特色活动、媒体合作为主要框架，以传播红十字精神为主要内容的大宣传格局，进一步扩大了红十字会工作在正面引领社会风气方面的作用。

六、自身建设和交流工作跃上更高台阶

2009年，经省委组织部批准，省红十字会成立党组。2010年，在省直工委批准和指导下，省红十字会成立机关党委并召开党员大会，选举产生了第一届机关党的委员会，机关各项建设迈出新的步伐。近两年来，省红十字会通过公开招考、选调等方式新进工作人员八人，2011年新进三人，其中处级领导干部一人，干部队伍更加年轻化，平均年龄降低至39岁，年龄结构进一步优化，工作活力进一步增强。根据省委、省政府援疆工作要求，省红十字会围绕人道理念、业务工作、制度学习和增进友谊四个方面，注重干部的交流、能力和法制意识的提升，注重情感交流，认真做好新疆维吾尔自治区红十字会干部来省红十字会的学习交流工作。不断加大专兼职干部学习、培训力度，先后安排赴基层调研活动近10次，推动重点工作开展，督促上级红十字会政策部署落实。继续深入开展创先争优活动，各级党组织和干部职工的政治思想素质明显提升。不断强化制度建设，管理水平进一步提高，先后制定了《安徽省红十字志愿服务管理办法》、《安徽省红十字会机关工作规则》等制度，努力使全省各级红十字会成为运转规范、开放透明、具有较高社会公信力的社会救助团体。积极开展与国内外和港澳台地区红十字组织的交流合作，接待国外和港澳台地区来访团组八批26人次，出访二个团组11人次。做好北京市红十字会组织的黄山夏令营以及厦门市红十字会等考察团来皖考察交流接待工作。

【历史沿革】

安徽省红十字会始建于1956年。建会初期，安徽省红十字会在中国红十字会总会的直接指导下，主要开展以除害防病为主的群众性爱国卫生运动，参与防病治病，在群众中普及卫生防病知识，发展基层组织和会员队伍，在城镇社区中开展互助互救等工作。

“文革”时期，安徽省红十字会工作被迫中断。

1984年，安徽省红十字会恢复工作，管理体制挂靠于省卫生厅，办事机构设在省卫生厅内，办公室和省卫生厅医政处合署办公，人员编制5人，工作经费由财政单列。安徽省人民政府副省长杨纪柯、杜宜谨、蒋作君先后担任过安徽省红十字会会长。

安徽省红十字会恢复后，主要工作是：积极参与备灾救灾工作，对自然灾害和突发事件中的伤病员和受害者进行救护、救助；普及卫生救护和防病知识，进行初级卫生救护培训；参与输血献血工作，推动公民无偿献血；开展各类人道主义服务和红十字青少年活动；参与国际人道救援和开展民间外交；宣传国际红十字运动的基本原则；完成人民政府委托事宜。

1991年底，在抗击华东百年未遇的特大洪涝灾害的情况下，全省16个地市、68个县全部成立了红十字会组织。

1993年，在安徽省政府、省卫生厅的关心支持下，省红十字会办公室有了单独的办公场所，结束了长达近10年的合署办公的窘境。

1994年，安徽省红十字会召开了首次会员代表大会，选举了以副省长杜宜谨为会长的第五届理事会，聘请省委书记卢荣景、省长傅锡寿为安徽省红十字会名誉会长。2001年9月，召开了第二次会员代表大会，140多名代表出席大会。大会聘请省委书记王太华、省长许仲林为安徽省红十字会名誉会长。选举产生了以副省长蒋作君为会长的第六届理事会，理事53人、常务理事11人。

1996年，安徽省编委下文将安徽省红十字会办事机构的人员编制由原来的5人增至12人。1998年，省编委批准安徽省红十字会增设赈济部。至此，安徽省红十字会办事机构扩展为一室一部。

1998年，《安徽省实施〈中华人民共和国红十字会法〉办法》的颁布施行，标志着安徽省红十字事业在法制化建设方面迈出了重要的一步。

2000年8月，经安徽省编委批准，安徽省红十字会由原来挂靠省卫生厅改为由省政府领导联系，并配备一名副厅级专职副会长，财政单列，党的关系由省直工委管理，干部人事关系由省政府办公厅管理，至此，安徽省红十字会机构实现单独设置，理顺管理体制工作基本完成。2004年会机关工作人员参照公务员管理。

2004年6月，安徽省政府办公厅出台《关于进一步加强红十字会工作的意见》。9月，以全国人大常委会委员、中国工程院院士王永炎为组长，全国人大常委会委员任茂东等8人组成的全国人大教科文卫委员会执法调研组，在安徽省进行了《中华人民共和国红十字会法》执法调研。2004年，安徽宿州、六安等地遭受了严重的自然灾害。省红十字会先后向宿州、六安、黄山、宣城4个市下拨了价值86万元的粮食、药品和衣被。8月，中国红十字会常务副会长王立忠一行到安徽省受灾地区慰问灾民，在宿州、六安两市发放了价值30万元的救灾粮食。安徽省红十字会得到上海红十字会、香港特别行政区红十字会和北京市红十字会灾后重建款共245万元，援建了学校九所、卫生院三所、敬老院一个。安徽省红十字会举办了五期中国红十字会彩票公益金救护师资培训班，共培训救护师资180名。2月，中国造血干细胞捐献者资料库安徽分库成立。合肥、马鞍山、淮南等地分别举行了安徽省造血干细胞捐献启动仪式，并进行了捐献志愿者血样集中采集活动，共有1500名志愿者报名登记，对600多名志愿者采集了血样。在美留学的白血病患者余健通过网络始终关注我们的活动，并向中国造血干细胞捐献者资料库和安徽分库分别捐赠5000美元。7月9日，安徽省蚌埠市的张桂硕在深圳市成功地捐献了造血干细胞，救治了镇江市的一位白血病儿童，成为安徽省第一例非血缘关系造血干细胞捐献者。2004年，安徽省张黎明等8人获无偿献血金奖、11人获银奖、82人获铜奖；合肥电视台、马钢集团获无偿献血促进奖；阜阳市获无偿献血先进城市奖。经安徽省红十字会、蚌埠市红十字会、蚌埠医学院的共同努力，蚌埠医学院遗体（器官）捐献接收站挂牌成立。安徽省红十字会网站成立。省红十字会两次和白云山制药厂联合开展向市民赠送板蓝根冲剂活动；争取中脉科技有限公司支持15万元，开展造血干细胞捐献宣传活动；和安徽华信药业合作，接受捐赠20万元药品；和上海脑力键生物制品公司合作开展社区健康知识普及和药品捐赠活动，发放保健品35万元；和合肥百盛合作开展“人道救助传递爱心”公益活动，募集善款38万元。5月，安徽省红十字会在黄山召开了东南九省（市）红十字会工作研讨会。欧盟、红十字会与红新月会国际联合会和香港特别行政区红十字会的代表先后到安徽指导工作，对安徽省红十字会的救助物资发放和援建项目建设工作表示满意。美籍华人邱维先生先后两次来安徽省红十字会，代表美国世界中华民族基金会向省红十字会捐赠善款30万元。在为印度洋海啸灾区的募捐活动中，安徽省全省红十字会系统募集善款1026.5万元。

【组织机构】

目前，安徽省、市、县三级红十字会组织体系完备，全省17个地级市，105个县（市、区）已全部建立了红十字会组织，拥有2494个基层组织和70.7万名会员。

安徽省红十字会机关设办公室、赈济部，下属单位有省红十字会备灾救灾中心、省红十字会医院、省红十字会中等卫生职业技术学校、安徽省红十字基金会和999救援中心。

安徽省有17个市级红十字会：合肥市红十字会、阜阳市红十字会、马鞍山市红十字会、蚌埠市红十字会、淮南市红十字会、淮北市红十字会、亳州市红十字会、安庆市红十字会、芜湖市红十字会、铜陵市红十字会、宿州市红十字会、宣城市红十字会、黄山市红十字会、滁州市红十字会、池州市红十字会、巢湖市红十字会、六安市红十字会，其中理顺或相对理顺管理体制的有7个市。

【大型项目】

1985年，安徽省红十字会募捐38万元人民币援助非洲战胜饥荒。

1988年，安徽省红十字会募捐18万元人民币援助大兴安岭森林火灾灾区。

1991 年，华东遭受百年不遇特大洪涝灾害，安徽省红十字会组织动员全省各级红十字会积极参与抗洪救灾工作，共接收境内外援助款物总值 1.2 亿元人民币。洪灾之后，各级红十字会共援建乡镇卫生院 65 所，村卫生室 298 个，中小学校舍 11 所，自来水厂 24 个，使 1000 多万灾区群众在衣、食、住、医、教诸方面得得到极大改善。

1993 年，大型中英版《91 安徽红十字会抗洪救灾画册》正式编印完成，画册分赠中央有关部委、中国红十字会总会、兄弟省市红十字会，红十字会与红新月会国际联合会等以及当年援助安徽省的 20 多个国家和地区红十字会。

1994 年至 1995 年，安徽省红十字会组织 10 家医院对合肥市社会福利院 16 名残疾孤儿进行医疗、护理全免费义治活动。

1996 年，安徽省红十字会募集价值 50 万元的物资援助云南省丽江地震灾区。

1996 年，加拿大国家红十字会援助 30 万瑞士法郎，安徽省财政按 1：1 配套，建成了中国红十字会安徽省备灾救灾中心，同年 7 月，省编办批准成立中国红十字会安徽省备灾救灾中心，中心正式启动运行。

1998 年 7 月，安徽省红十字会在黄山举办了中国红十字会海峡两岸红十字青少年夏令营活动，来自台湾、大陆各地的 60 多位红十字青少年参加了夏令营。

1991 年至 2000 年，安徽省红十字会积极为海峡两岸同胞寻找失散亲人，共受理寻人信函 4600 余件，为 800 多名两岸寻亲同胞建立了联系，同时参与处理台胞医疗、遗产、婚姻等各类对台衍生事件 300 余宗。

2003 年 4 月至 5 月，安徽省红十字会共募集款物价值 1637.43 万元，其中现金 1160.47 万元，物资价值 476.96 万元，支援各地抗击“非典”。

2003 年下半年，安徽省红十字会积极参加淮河流域的抗洪斗争，全省各级红十字会共派出红十字医疗队 442 个，救治群众 80 万人次，发放救灾款物价值 2001 万元，受益人口 232 万人。

【主要特色】

一、备灾救灾

安徽省是一个自然灾害频发的省份，为了应对各种灾情，减少灾害给人们带来的痛苦，安徽省红十字会对备灾救灾工作高度重视，常抓不懈。各级红十字会本着无灾备灾，有灾救灾的原则，平时大力开展募捐工作，积极筹备救灾物资，制定和完善科学的灾害紧急救助预案，做到有备无患。在 1991 年、1998 年、1999 年、2003 年四次特大水灾中；在 2003 年抗击“非典”的斗争中，安徽省各级红十字会都以反应迅速，救助得力受到各级政府和人民群众的充分肯定。

1991 年以来，安徽省红十字会共接受、募集、发放救灾物资价值三亿多元人民币，使 1000 多万灾民受益，组织红十字会医疗队 6000 多个，救治病人 5000 多万人次，援建灾区 400 多个卫生、教育、供水设施。

二、兴办实体

（一）1988 年，安徽省红十字会组织老年志愿工作者先后创建了安徽省红十字会医院、安徽省红十字会中等卫生职业技术学校。

（二）1995 年，经有关部门批准，安徽省红十字基金会正式成立，成立时拥有资金 130 万元人民币，目前，已发展到 400 万元。

三、卫生救护培训

（一）1987 年，安徽省部分市红十字会与各政府部门和企业密切配合，开展了对辖区内机动车驾驶员及电力、矿山、旅游等行业职工的卫生救护培训工作。

（二）1997 年，安徽省物价局、财政厅下发了《关于核定卫生救护培训收费标准的函》，正式批准红十字会救护培训收费标准。

（三）2002 年 2 月，安徽省红十字会与省教育厅、公安厅等 15 个厅（局）联合下发《转发中国红十字会总会等 15 个部（局、会）关于印发〈中国红十字会关于广泛深入开展救护工作的意见〉的通知》，明确提出实行教学计划、教学质量标准、教材、师资培训、培训合格证的“五统一”，从而使安徽省的卫生救护培训工作步入正规化。合肥市红十字会卫生救护工作已地方立法。

（张林瑞、曹芦松、张本该）

合肥市红十字会

【简介】

合肥市红十字会于 1957 年成立，1985 年恢复工作。2005 年，合肥市红十字会由挂靠市卫生局改由市政府领导联系，并配名副县级专职副会长。

芜湖市红十字会

【简介】

芜湖市红十字会成立于 1912 年。1952 年被中国红十字会总会列为全国四个重点分会之一。1986 年 11 月，市红十字会组织恢复工作，为正科级单位，有事业编制二名，挂靠在市卫生局。全市有基层红十字会组织 19 个，红十字团体会员单位 92 家，红十字会员 1903 名、红十字青少年会员 7171 名。

铜陵市红十字会

【简介】

铜陵市红十字会成立于 1988 年 6 月。现在红十字会员 2500 人。

池州市红十字会

【简介】

池州地区红十字会成立于 1990 年 10 月 15 日。2001 年 1 月，池州地区红十字会更名为池州市红十字会。现在有红十字会员 3896 人。

蚌埠市红十字会

【简介】

蚌埠市红十字会建会于 20 世纪 50 年代。1986 年 4 月，市政府下文恢复红十字会工作。市红十字会现有编制二名，红十字会员 1.5 万余人，其中红十字青少年会员 7000 人。

亳州市红十字会

【简介】

亳州市红十字会成立于 2004 年 3 月，有编制二名。2005 年 8 月，市红十字会第一次会员代表大会召开。大会选举产生了由 35 名理事组成的第一届理事会，健全了红十字会组织机构。

阜阳市红十字会

【简介】

阜阳市红十字会成立于1980年，挂靠市卫生局（正科级）。1992年，市红十字会定编制二人。2007年，设专职副会长一人（副处级）。阜阳市现有红十字会员5325名，红十字青少年会员1033名。

淮南市红十字会

【简介】

淮南市红十字会（当时淮南未建市，称凤台支会）早在抗日战争期间就开展了战场救护和贫民救助。1951年重新改组。目前有红十字团体会员单位170余家，红十字会员八万余人。

淮北市红十字会

【简介】

淮北市红十字会成立于1989年4月，正县级单位，编制四人。淮北市有红十字会团体会员单位69家，红十字会员一万余人。

宣城市红十字会

【简介】

宣城市红十字会成立于1991年7月，下辖七个县级红十字会。目前有红十字团体会员单位126家，红十字会员7757人，红十字青少年会员2926人。

六安市红十字会

【简介】

六安地区红十字会成立于1989年1月。2000年，撤地建市时更名为六安市红十字会。全市五县三区均设立了红十字会机构，有红十字团体会员单位234家，红十字会员3499名、红十字青少年会员1759名。

黄山市红十字会

【简介】

黄山市红十字会成立于1989年5月。1992年，经市编委批准设立市红十字会办公室。2003年2月，市编委下文同意市红十字会依法独立建会。全市三区四县及黄山风景区均已成立红十字会，全市有红十字会员9.5万人，有54个乡镇成立了基层红十字会组织，全市有红十字团体会员单位104家，冠名红十字（会）的医疗单位五个。

滁州市红十字会

【简介】

滁州市红十字会成立于1991年，挂靠市卫生局。1999年，市红十字会理顺管理体制，有事业编制五名，人员参照公务员管理。全市八个县（市）、区全部成立了红十字会，已配备专职人员13人。还成立青少年工作委员会和企业家工作委员会。全市有基层红十字会组织277个，红十字团体会员单位303家，红十字会员20599人，红十字青少年会员23232人。

巢湖市红十字会

【简介】

巢湖市红十字会成立于 1989 年 4 月。1992 年 9 月，地区编委批准设立红十字会办公室，科级建制，挂靠行署卫生局。1995 年 11 月，获批事业编制二名。全市有红十字团体会员单位 57 家，红十字会员 6180 人。

宿州市红十字会

【简介】

宿州市红十字会成立于 1991 年。2002 年 4 月，经市编委会批准，实现机构独立设置，为正处级事业单位，机关内设办公室、赈济救护部，有事业编制六名。有基层红十字会组织 95 个，红十字会员二万人。

安庆市红十字会

【简介】

安庆市红十字会是 1946 年由安庆部分士绅联络卫生和工商界部分人士共同发起组织的，下设诊所、救护队、消防队。1986 年，市红十字会正式恢复工作。

马鞍山市红十字会

【简介】

马鞍山市红十字会成立于 1988 年。有县级红十字会一个，红十字团体会员单位 60 家，红十字会员五万余人。

福建省红十字会

【年度工作】

2011 年是福建省红十字组织建会 100 周年。一年来，全省各级红十字会认真贯彻落实第七次全省会员代表大会精神和《福建省红十字事业 2010—2014 年发展规划》，紧紧围绕全省建设发展大局，主动作为；理性面对严峻挑战，迎难而上；突出重点彰显特色，贵在提升，有效推动红十字事业持续发展，为构建和谐海西做出了积极贡献。省红十字会被中国红十字会总会评为“2010—2011 年度宣传工作先进集体一等奖”、“五八博爱周活动优秀组织奖”等。

一、以专业规范为标准的组织建设不断强化

坚定不移推进理顺管理体制。全省九个设区市和 84 个县（市、区）红十字会分别有八和 69 位常务副会长配备到位。积极发展壮大基层组织、会员和志愿者队伍，全省有红十字会基层组织 2876 个，会员 486730 人，志愿者 69341 人。加强红十字会工作规范化建设，做到募捐和接收捐赠符合宗旨目标、款物管理公正公开、救助实施规范高效。加大干部能力培训力度，提升队伍综合素质。

二、以建会百年为契机的宣传筹资成效显著

全省红十字会系统以纪念建会 100 周年为契机，上下联动，携手社会力量策划开展系列宣传纪念活动，全面展示了红十字会百年历程和作为。继续联合省文明办等在全省开展文明创建单位争创“红十字爱心公益单位”活动，与媒体合作办好专版、专栏，持续开展“五八红十字博爱周”系列宣传与救助活动，深入推进红十字人道传播进学校、进机关、进社区、进企业。

坚持项目化管理、基金式运作，努力拓宽筹资渠道。大力推介“红十字健康天使行动计划”系列基金，继续联手省内主要媒体开展大型募捐筹款活动，发展壮大“海都红十字公益金”、“仁爱红十字公益金”等。依据《福建省红十字人道救助事业表彰办法》，对荣获2010年度“红十字人道勋章、奖章、奖牌”的1800多个单位和个人进行表彰，彰显社会爱心。一年来，全省各级红十字会共接收和募集爱心款物达1.09亿元

三、以关爱生命为宗旨的应急救护扎实有效

积极开展为日本和云南盈江地震灾区募捐工作，为日本地震灾区募集善款140多万元。督促做好“6·13”闽西北地区洪灾灾后重建项目，在三明、南平、龙岩三个重灾市援建32个灾后重建项目，援建资金总额2964.06万元。圆满完成由芬兰国家红十字会出资160万元在漳浦县开展的社区为本应对气候变化国际减灾项目，实现了福建省红十字国际减灾项目零的突破。积极争取中国红十字基金会“红十字老区行”项目落户龙岩市，总援建资金410万元，包括培训100名乡村医生，援建三个红十字救护站、三所博爱卫生站、10个红十字书库，救助100名少儿白血病和先心病患者。

推进应急救护培训工作，成立“福建省红十字现场应急救护培训中心”，全年培训复训救护师资145人、红十字救护员52854人。全省采集检测入库造血干细胞志愿捐献者血样4.5万多人份，实现造血干细胞捐献移植20例。积极推动遗体器官捐献工作，人体器官捐献试点由厦门市扩大至全省，共有111人实现遗体捐献，31人实现器官捐献。依托“福建省红十字心理援助中心”，持续开展“高考心理辅导公益巡讲”和心理援助等活动，促进社会稳定和谐。

四、以大病救助为重点的人道救助拓展深化

启动实施红十字城乡困难居民重特大疾病医疗救助行动，省政府资助1亿元设立专项救助基金，列入2011年省委、省政府为民办实事项目。截至2012年1月底，共受理当年救助对象5200人，累计救助金额达9300万元。持续开展“红十字博爱送万家”活动，全省红十字会筹集款物价值1589.92万元，共有32198户家庭、12.71万人从中受益。深入开展“红十字健康天使系列行动”，坚持红十字关爱进社区、进农村，依据不同节日，开展各类主题鲜明的救助行动。一年来，各级红十字会累计发放救助款物7300多万元，救助困难群众37万多人次。

五、以博爱论坛为平台的闽台互动更加密切

加强与台湾、金门、马祖红十字组织开展双向交流互访活动，各级红十字会先后组团赴台交流访问12批200多人次，接待台湾红十字组织参访团18批160多人次，举办两岸红十字青少年夏令营和各种联谊活动10多场次。继续联系联络、交接见证海峡两岸双向遣返作业，接回私渡去台人员三批53人，遣送回台湾二批九人。通过“红十字生命救助绿色通道”护送48名患病台胞

直航返台。联合举办两岸红十字水上安全救生员培训班、两岸红十字生命搜救训练班和全国水上救援队骨干培训班，成功举办了首届海峡两岸红十字博爱论坛，为促进闽台互动合作、民间交往发挥了积极作用。

【历史沿革】

福建红十字运动历史悠久。早在1906年福州就有红十字组织活动，1911年厦门就成立了红十字组织。新中国成立后，福州、厦门、南平和莆田仙游等地红十字会先后进行了改组或恢复了机构，漳州、泉州等地也相继成立了红十字会。

1958年12月8日，新中国成立后的福建省红十字会第一次会员代表大会召开，选出时任副省长陈绍宽为主席的第一届执行委员会和以吴云鸿为主任的监察委员会，福建省红十字会办事机构设在福建省卫生厅。省红十字会在建立和恢复全省红十字组织、开展防空救护训练和参与爱国卫生运动等方面做了很多工作。

“文革”期间，福建省红十字会机构被撤消，工作处于停顿状态。

党的十一届三中全会后，随着中国红十字会国内工作的恢复，1979年11月，经福建省革命委员会的批准，福建省红十字会第三届理事会成立（随总会届数计算），由时任副省长张格心担任会长，办事机构设在福建省卫生局。1981年，福建省编制委员会发文核定福建省红十字会办事机构规格为正处级。1994年，福建省卫生厅发文同意福建省红十字会办公室内设综合部、救护部、台务部，三个部的机构规格为正科级。在建立健全红十字组织，发展会员，宣传会务知识，开展医疗救护和救护训练、输血献血、救灾扶危、社会福利、红十字青少年和协助政府开展对台事务等方面，做了大量的工作。

1987年1月，福建省红十字会第四次全省会员代表大会召开，选举时任副省长张格心为会长。

截至1991年，全省89个地（市）、县（市、区）全部建立红十字会。

1993年10月，《中华人民共和国红十字会法》颁布施行，使红十字事业发展得到法律的保障。1995年5月8日，福建省红十字会第五次全省会员代表大会召开，依法选举产生新一届理事会，贾庆林、陈明义、贺国强等领导先后出任福建省红十字会名誉会长，时任副省长王良氵专、潘心城先后当选为会长，时任省卫生厅厅长计克良、魏忠义、何明先后担任常务副会长，何钟生担任秘书长。大会制定了五年发展规划。

2001年10月9日，福建省委机构编制委员会发出“关于福建省红十字会体制及规格调整的通知”，明确省红十字会办事机构独立设置，规格相当为副厅级，由省卫生厅代管改为省政府领导联系，理顺了省红十字会管理体制。

2004年5月14日，经省委批准，黄毅敏任常务副会长。

2004年5月17日，经省委批准，成立了中共福建省红十字会党组，黄毅敏为党组书记。

2004年6月4日，福建省第十届人民代表大会常务委员会颁布《福建省红十字会条例》，自2004年8月1日正式施行。

2005年2月28日，福建省红十字会第六次全省会员代表大会召开。会议选举产生了新一届理事会，聘请省委书记、省人大常委会主任卢展工、省长黄小晶为名誉会长；

聘请省委副书记黄瑞霖、省人大常委会副主任黄贤模、省政协副主席潘心城、省卫生厅厅长杨平为名誉副会长；副省长汪毅夫当选为会长，黄毅敏为常务副会长，赖祖胜等10人当选为副会长；经会长提名，杨华明担任秘书长，张建林担任副秘书长。大会通过《福建省红十字事业2005～2009年发展规划》。

【组织机构】

目前，福建省全省九个设区市和85个县（市、区）全部建立了红十字会。1997年，各级红十字会全部实现列编。现有红十字会基层组织1992个，会员35.29万人（其中青少年会员近16万人）；志愿工作管理机构五个，志愿工作者一万多人。省、九个设区市和67个县（市、区）红十字会成立了学校红十字会工作委员会。福建农林大学、集美大学和福州大学等高校健全了红十字会工作机构并创建了“红十字博爱超市”。

福建省红十字会机关设有办公室、赈济救护部、事业发展与交往联络部和机关党总支。

2001年，福建省委编委正式批准省红十字会办事机构独立设置，规格为副厅级，由福建省卫生厅代管改为省政府领导联系，初步理顺了省红十字会管理体制。

2004年5月，经福建省委批准，中共福建省红十字会党组正式成立。

2004年12月31日，福建省委组织部文件明确省红十字会常设办事机构工作人员列入参照国家公务员管理范围，进一步理顺了省红十字会管理体制。

2005年2月，福建省委编委下发了《福建省红十字会机关主要职责、内设机构和人员编制方案》。

2006年1月，福建省委编办下发了《关于理顺市、县（区）红十字会管理体制有关问题的通知》。截至2006年11月，福建省已有福州、厦门、南平、漳州、龙岩五个设区市红十字会理顺了管理体制，其中福州、厦门和龙岩市明确了《红十字会机关职能设置、内设机构和人员编制方案》。县级红十字会中已有16个下文理顺了管理体制。

【大型项目】

1998年，为“三江流域”水灾开展募捐，共募集716.24万元，支援灾区的重建工作。

1998年，福建省红十字会接受新华社香港分社转来的香港同胞捐赠的175万元港币，选择闽北遭受1998年“6·22”特大洪灾的南平市延平区大横镇小仁洲村（经延平区人民政府批准，现已更名为“博爱村”），为该村179户重灾户重建家园，副省长、省红十字会会长潘心城为博爱村题写村名。

1999年，台湾地区发生了“9·21”大地震，福建省红十字会及时向台湾红十字组织发出慰问电，并在政府有关部门的支持下，组建了赴台救援小组，组织优质血浆，建立福州、厦门两个中国红十字会总会台湾地震援助物资临时中转站，随时准备支援台湾地震灾区。并与中华文化联谊会在福州举办了“闽台情、同胞心”——为台湾大地震受灾同胞赈灾义演晚会，共募得捐款人民币1525万多元，充分体现了海峡两岸同胞血浓于水的亲情。

2000年，福建省红十字会圆满完成省委、省政府“救两条生命、还一家幸福”

生命救助行动为民办实事项目，募集救助款150万元，为扶持福建省贫困地区25个乡镇卫生院产儿保科建设和补助3000名贫困孕产妇住院分娩提供资金支持。

2001年，福建省红十字会为内蒙古、新疆雪灾开展募捐，共募集110万元，赈济灾区人民。

2002年，福建省红十字会开展“母婴双安”募捐活动，募得捐款30多万元，又为1500名贫困孕产妇住院分娩提供了资金补助。

2004年，福建省红十字会与福建广播影视集团、百胜餐饮（福州有限公司）联合举办“托起生命的希望暨捐献造血干细胞爱心行动”，开展造血干细胞捐献宣传活动。

（郑　颖）

福州市红十字会

【简介】

福州市红十字会创立于1906年，时称“闽侯红十字会”。1943年改称“福州市红十字会”。“文革”期间，工作停顿。1981年恢复工作。目前，全市有基层红十字会组织335个，红十字会员18180多名、红十字志愿工作者4100多名。

2011年，福州市红十字会加强组织建设，成立了中共福州市红十字会党组。积极拓展宣传筹资工作，全年共接受捐赠款物价值4043.71万元，其中，接受捐款3997，81万元、捐赠物资价值45.9万元，共救助社会困难群体二万多人次。认真做好省级“大病救助”的审核申报工作，全年共有872人次获得救助金额1525万余元，同时建立市红十字会本级“大病救助基金”。大力推进应急救护培训工作，成立“水上救护培训基地”。全年实现造血干细胞捐献移植10例，报名登记遗体器官捐献110人次，实现器官捐献九例。继续畅通“两马”红十字绿色通道，积极与台湾马祖红十字组织等开展交流合作。市红十字会荣获“第十一届省级文明单位”称号，被省红十字会评为“全省造血干细胞捐献服务先进单位”；在鼓楼区开元社区开展的“救助一个智障儿童，解放一个弱势家庭”志愿服务项目获首届“福建省志愿服务优秀项目”荣誉称号，市红十字义工服务团被评为“志愿服务工作先进集体”。

厦门市红十字会

【简介】

厦门市红十字会创建于辛亥革命期间，是福建省较早建立地方分会的地区之一。全市现有基层红十字会组织439个，红十字会员77718人，红十字志愿工作者7000余人。

2011年，厦门市红十字会加强制度与能力建设，组织各类培训22场720余人次，修订完善46项制度，强化红十字会公信力建设。组织开展建会百年系列宣传纪念活动，举办“百年红十字·世纪博爱情”主题晚会，与省红十字会共同建设全国首个“红十字文化广场”，筹建遗体与器官捐献文化馆，组织红十字知识电视竞赛活动，编撰《厦门红十字百年回望》，推出纪念建会百年邮册和明信片，开展红十字绘画、征文、诗歌比赛等，全年通过媒体刊载消息310余条。全年共募集善款1410余万元，人道救助能力不断增强。开展为日本和云南盈江地震等灾区募款行动，筹集善款106.25万元。积极援助南平和宁夏海源县、贵州省、安徽省、江西省上饶市等受灾贫困地区500多万元。慰问困难群众19067人，用款446.61万元。筹集“大爱基金”，为外来子弟学校设立“大爱基金图书室”；设立乡村医生救助专项基金123万，共救助96人，用款34.4万。积极拓展应急救护知识与技能普及，举办各类培训班133期，培训救护员6293人。全年登记捐献遗体65人，登记器官捐献81人，实现三例遗体捐献，二例眼角膜捐献；实现造血干细胞捐献移植四例，被省红十字会评为“2008—2010年造血干细胞捐献工作先进集体”。通过“红十字生命救助绿色通道”护送患病台胞返台就医15人次。积极开展对外交流合作，继续与加拿大BC省红十字会合作水上安全与伤害预防项目。

漳州市红十字会

【简介】

漳州市红十字会成立于1987年6月，2006年理顺了市、县两级红十字会管理体制。全市有13支红十字志愿者服务队。

2011年，漳州市红十字会加强基层组织建设，召开市红十字会学校工作委员会二届一次全委扩大会，组建15支红十字志愿服务队，表彰15名一星级志愿者。推进宣传筹资工作，携手中国红十字基金会，邀请中央电视台节目主持人月亮姐姐和董浩叔叔举办《月亮姐姐和嘟噜嘀嘟农场》爱心音乐童话剧巡演和“爱让梦想成真”爱心传递活动；联合市文明办推动“红十字爱心公益单位”创建工作。筹集72万元援建13所红十字老年人活动室和1个爱心康复室；援助西藏墨脱县20万元人道救助款。继续扎实推进芬兰红十字会援助漳浦县的“社区为本应对气候变化减灾项目”建设，完成项目村四个小型减灾工程（三条逃生通道、一个溪堤）的建设；完成内蒙古红十字会捐资援建的二个红十字博爱卫生所项目建设。积极开展“红十字救助行动”，向困难群众发放救助款物94.38万元。广泛开展“红十字救护知识进社区（农村、学校）活动，培训红十字救护员288人。推进“三捐”工作深入开展，荣获2008—2009年度全国无偿献血先进省（市）奖；接待金门红十字组织到漳州参访四批16人次；处理涉台突发事件二起。

泉州市红十字会

【简介】

泉州市红十字会成立于1952年7月，2006年理顺了管理体制。现泉州市的11个县（市、区）红十字会中有七个专职常务副会长配备到位。全市有红十字志愿工作者6456人，建立志愿服务队七支，并成立13个基层红十字志愿者工作站。

2011年，泉州市红十字会组织建设得到加强，全市县级红十字会管理体制基本理顺，泉港、石狮、德化、安溪等县（市、区）红十字会常务副会长相继配备到位。全市有红十字会基层组织330个，红十字志愿服务队13支。积极开展红十字博爱周系列主题纪念活动，组织参与纪念福建省红十字组织建会百年文学征文、绘画、书法、摄影作品大赛，64件作品获奖。继续开展“红十字博爱送万家”活动，筹集价值100

万元物资，慰问救助困难群众 1000 户。全市受理省红十字城乡困难居民重特大疾病医疗救助项目申请 790 人次，审核上报 619 人，申请救助金 400 多万元。援助安溪虎邱，永春蓬壶、桂洋、横口、坑仔口，德化龙浔等受水灾地区灾后重建款 120 万元。成功实现造血干细胞捐献移植三例，市红十字会被省红十字会评为造血干细胞工作先进单位。人体器官捐献工作实现零的突破。

三明市红十字会

【简介】

三明市红十字会成立于 1985 年 6 月，2006 年配备了专职秘书长。全市现有六支红十字志愿服务队，并成立三明市救护协会和市红十字志愿服务工作指导委员会。

2011 年，三明市红十字会积极推进理顺县级红十字会管理体制工作，有七个县（市、区）红十字会常务副会长到位。共组建市红十字志愿服务队六支。表彰“三明市红十字模范校”九所，推荐三所学校参评“福建省红十字模范校”。开展爱心公益单位评选，全市有 57 家单位申报省级红十字爱心公益单位。组织参评福建省红十字组织建会 100 周年文学征文绘画书法摄影作品大赛，共选送各类作品 215 件参赛，28 件作品获奖。开展“三明市红十字知识竞赛”，有 3.5 万余人参加。在全市 256 家公共场所的楼宇电视广告上每日播放应急救护知识技能和红十字的相关知识。编印发放《三明红页——三明市红十字会建会 45 周年发展纪行》。持续开展“红十字博爱送万家”活动，发放救助物资 70 多万元。积极开展红十字城乡困难居民重特大疾病医疗救助工作，共审核上报 411 例，申请救助金 371.3 万元。全年共培训救护员员 476 人。积极推动无偿献血工作，继续保持临床用血 100% 来自无偿献血。

莆田市红十字会

【简介】

莆田市红十字会成立于 1987 年，2006 年理顺管理体制，机构独立设置。莆田市各县、区红十字会全面完成理顺管理体制工作，常务副会长全部配备到位。成立莆田市红十字体育运动救护队、红十字护理救护队及红十字户外运动救护队。

2011 年，莆田市红十字会召开了五届五次理事会，向六所首届市红十字模范校授牌。新发展六家企业红十字会、成立红十字志愿服务队 15 支、招募 100 多名红十字志愿者，组织开展“和流动孩子手拉手”、“关爱 SOS 儿童村”、“为社区检修电路”等志愿服务活动。认真举办“莆田市纪念福建省红十字组织建会 100 周年文学征文绘画漫画书法摄影作品大赛”，收到作品 200 多幅。组织博爱杯全国漫画比赛活动，征集各地作品 700 多幅。全年共募集爱心款物价值 1022.62 万元，争取上级红十字会援助款物和大病救助款共 769.47 万元。积极开展“南玛都”水灾救助，争取省红十字会调拨 300 个救助箱，中国红十字会总会下拨 50 万元救灾大米。积极开展阳光助学活动，共有 260 人获得助学款 120 多万元。共开展救护员培训 2622 人次，在学校和工厂普及救护培训一万多人次。积极做好无偿献血的宣传和组织工作，无偿献血 21661 人次，登记捐献造血干细胞志愿者 430 人，成功实现移植一例。市红十字会被省文明委评为福建省优秀志愿服务组织，一名红十字志愿者被评为省优秀志愿者。

南平市红十字会

【简介】

南平市红十字会成立于1988年5月，2006年市级红十字会理顺管理体制。全市有九个县（市、区）红十字会理顺管理体制。

加快推进理顺管理体制，全市10个县（市、区）全部下文理顺红十字会管理体制，分别落实编制2~3名。组织开展纪念“五八世界红十字日”和福建省红十字组织建会100周年系列宣传活动。认真做好2010年闽北洪灾灾后重建项目，灾后恢复重建援建款1177.27万元、项目28个，竣工23个。继续开展“红十字博爱送万家”活动，发放170多万元慰问物资至七个县（市、区），受益1475户6659人。关注困难群体大病救助，南平市政府将重特大疾病医疗救助列入2011年为民办实事项目，全年为222名重特大疾病患者申请省级救助基金3387902元，为贫困家庭白血病患儿申请“小天使基金”26万元。开展慰问贫困母亲、举办苏宁电器1+1阳光行助学活动及公益电影进社区进农村等系列活动。大力普及应急救护知识与技能，举办知识讲座39场次，培训急救员1983名，组织一万多名青少年参加紧急避险演练。举办七场高考心理辅导公益巡讲活动。积极推动无偿献血和捐献造血干细胞工作，全市有236位市民获无偿献血奉献奖金、银、铜奖。成功捐献移植造血干细胞二例。

龙岩市红十字会

【简介】

龙岩市红十字会成立于1988年3月，2006年理顺管理体制。龙岩市新罗区红十字会理顺管理体制，长汀、漳平、上杭、连城四个县（市）配备专职常务副会长。全市现有红十字会志愿服务队26支，招募注册红十字志愿工作者2491人次。市红十字会备灾救灾中心征地13亩，总建筑面积达9204平方米。

2011年，龙岩市红十字会管理体制理顺工作继续取得进展，全市七个县（市、区）有六个县（市、区）红十字会配备了专职常务副会长。共建立了40支红十字志愿服务队，招募登记注册红十字志愿者2772人，新增团体会员单位53家，新增会员二万余人。积极开展纪念福建省红十字组织建会100周年活动，全市共征得作品193件，对87件作品进行了市级表彰。组织开展争创红十字爱心公益单位活动，授予42家单位为“龙岩市红十字爱心公益单位”。组织开展“五八世界红十字日”、“防灾减灾日”、“世界急救日”、“世界艾滋病日”等义诊、咨询、宣传活动。推进红十字会备灾救灾中心建设，拟征地13亩，总建筑面积为9204平方米。持续开展“红十字博爱送万家”活动，共发放慰问物资价值80.4952万元，慰问金1.49万元，受益群众5976人。持续开展爱心天使行动，向21名患儿发放救助金10.16万元。积极开展应急救护知识与技能普及培训工作，共培训救护员4076人，救护知识普及培训人次达3万余人。宣传和推动无偿献血、造血干细胞和遗体器官捐献工作，无偿献血人数达20459人次，采集造血干细胞血样244份，造血干细胞高分辨配型成功一人，成功实现遗体捐献一例。

宁德市红十字会

【简介】

宁德市红十字会成立于1987年8月，2006年市级红十字会理顺管理体制。全市八个县（市、区）下文理顺红十字会管理体制，柘荣县、周宁县红十字会常务副会长配备到位。

2011年，宁德市红十字会加快理顺管理体制，全市九个县（市、区）有八个县（市、区）红十字会常务副会长配备到位。基础设施重大突破，四川省成都市红十字会资助350万元援建市红十字会备灾救灾中心。大力拓展人道救助服务，深入农村地区开展义诊服务，减免药费二万多元并义诊5000多人。积极做好企事业单位、社会团体数次向宁德市公安民警定向捐款总计人民币118万元，受益人达到5900人次；为宁德港务局定向募捐支持村道硬化建设六万元、为霍童镇邑板村老龄活动场定向捐款修缮款三万元，“母亲健康天使基金”募捐善款3.2万多元。积极开展大病救助工作，审核通过并向省级大病救助基金申请重特大疾病救助符合条件者900人。推动应急救护培训工作，培训持证应急救护员994名，救护知识普及培训人次达1.7万多人。持续推动无偿献血和人体器官捐献工作。全年参加无偿献血人数达12254人次，实现了临床用血100%来自无偿献血，获得全国无偿献血奉献金奖50个、银奖39个、铜奖105个；获福建省无偿献血先进单位32个、先进部队奖五个。

江西省红十字会

【年度工作】

2011年，江西省各级红十字会，积极开展人道救助工作，不断推动改革创新，红十字事业呈现逆势挺进的良好态势。华建敏会长、省委书记苏荣多次批示、指示，肯定江西红十字会工作。

一、坚持改革创新，组织建设获重大进展

围绕把红十字会真正办成凝聚社会捐赠财物和社会爱心人才的两个平台的要求，努力改革体制机制，组织建设取得明显进展。县级红十字会理顺管理体制取得突破，全省新增31个，理顺率达到77%，五个设区市所属县级红十字会全部理顺了管理体制。继赣州、上饶、抚州之后，宜春市建立了干细胞资料库工作站，成为全额拨款的正科级事业单位。红十字基层组织新增227个，服务基层的能力得到进一步加强。红十字会专门委员会建设试点工作启动并逐步推进。

二、坚持自律他律，公信力建设稳步提升

以公信力建设为重点，强化三项措施。一是制度建设力度进一步加强。建立新闻发言人制度，健全收支两条线、内部财务管理、捐赠款物公示等制度，完成江西省红十字会机关工作制度和业务工作制度汇编。二是监督措施更加有力。实施综合工作目标管理考核，组织应急救护培训专项检查和整治，强化审计、监察联合监督措施，坚持媒体、捐赠人跟踪问效的做法，内部与外部相结合的社会化监管机制进一步增强。三是增强了透明度。主动公示款物捐赠、使用和落实情况，邀请捐赠方实地考察援建项目；开展“两公开、两透明”活动，主动配合省人大教科文卫委对本会工作进行综合调研和执法督查。

三、坚持资源整合，公益性项目特色鲜明

以项目为抓手，推动资源整合，增强了人道资源总量。一是博爱送万家项目成功引导资本流向。“博爱送万家”活动与有关部门合作，动员77个省直单位、理事单位、11个设区市、90多个县（市、区）红十字会和社会主体参与，省红十字会直接筹集款物700多万元。二是灾后重建项目成功实现增值目标。争取总会、兄弟红十字会灾后重建项目援助资金1200余万元，带动社会配套资金和受益群体土地、人力等资源折合人民币3000余万元，为老区、灾区援建卫生院、学校、救护站等共36个项目。三是筹资项目成功发挥经常性筹资效果。以“公益品牌与行业优势相结合”为特色，开展经常性筹资，累计募集款物4000余万元；其中，赣州市红十字博爱基金会筹款2077万元，成为本省设区市首家红十字基金会。

四、坚持面向群众，宣传与活动影响深远

突出重点，加大宣传力度。一是宣传阵地更加巩固。本会改进了网站，编印简报12期，省本级、设区市和部分县级红十字会网站内容丰富，成为公众了解红十字会的重要平台。二是危机应对能力不断增强。在应对“网络事件”中，针对网络对本省部分设区市关注的问题，本会坚持“摆事实、讲道理、树形象、不护短”，积极回应社会诉求，取得一定效果。三是公益活动有声有色。“红十字老区行”始发仪式于6月初在江西赣州隆重举行，约3000人参加了活动启动仪式。活动争取到总会援助经费达1200万元，慰问老红军、老革命、老党员、老模范及贫困群众家庭2000人，集中救治贫困先心病和白血病患者200名，援助公益项目28个，培训乡村医生100名，受到总会和老区群众的赞扬。全省“五八红十字活动周”活动新闻报道150条，发布红十字会公益广告5464条。四是志愿服务生动有效。全省新增红十字专业志愿者队伍20支，开展了丰富多彩的志愿服务活动。南昌市红十字会紧抓“七城会”的良好契机，开展不同层次应急救护培训，四万人次参加，培训合格急救员2000名，培训赛会志愿者3359名。

五、坚持多轮驱动，红十字文化氛围渐浓

增加投入，多方驱动，形成各类文化产品齐头并进局面。一是文化平台初步形成。年初务虚工作会重点部署了红十字文化建设和理论研究工作。逐步增加文化投入，形成了省红十字会文化研究初级平台，召开了有省内九位专家参与的专题文化研讨会。二是文化走廊氛围浓厚。加强机关文化建设，省红十字会红十字文化走廊被列为省直机关文化建设现场会现场观摩四个参观点之一，120多个省直单位领导到省红十字会参观，受到好评。三是文化产品形成系列。开发纪念性产品、荣誉性产品、标志性产品、事业管理性产品等，提高了文化影响力。四是文化理论研究内涵广泛。召开专家座谈会，媒体人、策划人座谈会，组织撰写理论文章，其中公信力分析、创新红十字理念等文章先后在总会网站刊用。

六、坚持突出重点，人道救助整体性推进

以“三救三献”为重点，人道救助工作全面推进。一是参与自然灾害和突发事件救援工作。省红十字会向九江、景德镇、上饶等水灾地区下拨了价值 49.42 万元的救灾物资，800 箱消杀药品；组织为云南盈江地震和日本海啸灾区捐款活动，累计募集资金 204，715.3 元，为灾区提供了力所能及的帮助；参与“5.12”防灾减灾活动。二是开展红十字救护工作。全省培训应急救护员 33437 人，普及卫生救护知识 76763 人，举办“世界急救日”社区救护演练活动，强化了社区群众的应急救护意识。三是开展人文关怀救助活动。争取捐款 52 万元，与正荣集团、江南都市报共同开展“2011 正荣集团公益助学行动”，资助 259 名贫困学子；争取小天使基金 146 万元，资助 46 名白血病患儿；向九户艾滋病家庭赠送了棉被、食用油等慰问品；争取爱尔眼科医院支持，为 770 位白内障患者提供免费手术服务；举办“慈善美容文化节”活动，为 50 个贫困患病孩子送上“温暖礼包”；争取幸福天使基金和香港、澳门、黄福荣传播基金等捐赠款物近 700 万元。四是开展“三献”工作。全省造血干细胞新增入库资料 6000 人份，提前完成任务。成功实施江西省首例为香港同胞捐献造血干细胞；遗体捐献创历年新高，实现器官捐献三例，新增遗体捐献 32 例。

七、坚持扩大开放，民间交流深度化拓展

广泛拓展民间交流，增进了友谊、展示了形象，国际交流进一步增强。派员参加总会考察组，赴美国、加拿大等国家红十字会及器官捐献非营利组织学习，交流器官捐献工作；与日本民间组织加强合作，开展老年介护服务活动，培训敬老院、福利院、老年公寓和社区学员 118 名，选派 18 名相关人员赴日本冈山旭川庄研修，学习老年介护理念，在南昌建立了第一个省级老年介护工作站。新余、上饶、宜春、抚州等设区市红十字会相继建立了老年介护站，深受老年人欢迎。与香港、台湾金门等地区红十字会在灾后重建项目、红十字夏令营活动等方面进行合作；与内蒙古红十字会缔结友好红十字会，与国内各兄弟红十字会加强了联系，与省内外民间组织、企业界、学术界进行了广泛的交流与合作。

【历史沿革】

江西省红十字会是中国红十字会的地方分会。江西境内的地方红十字活动起始于 1912 年，当时主要从事战地救护和为赤贫难胞免费医疗活动。

新中国成立后，党和政府非常重视和关心红十字事业的发展。1956 年 10 月，江西省红十字会成立，副省长欧阳武当选为会长。“文革”期间，红十字会活动停止。1984 年 6 月，经江西省人民政府批准，省红十字会恢复工作，并召开了江西省红十字会第二届理事会，副省长柳斌和陈癸尊先后任会长。1991 年 6 月，江西省红十字会召开了第三次会员代表大会，江西省副省长陈癸尊当选为会长。1993 年，江西副省长黄懋衡任会长。1995 年 5 月，在江西省红十字会三届三次理事会上，江西省省长舒圣佑受聘任名誉会长。1999 年 8 月 31 日，在江西省红十字会第四次会员代表大会上，江西省副省长胡振鹏当选为会长。2001 年 10 月，中共江西省委办公厅、省政府办公厅下发了理顺江西省红十字会管理体制的“三定”方案。2003 年 6 月，在江西省红十字会四届三次理事会上，选举方娅为专职副会长，省红十字会由省卫生厅代管改由省政府领导联系，成为独立自主开展工作的社会救助团体，江西省红十字会迈入一个新的历史发展时期。2004 年 3 月，经中共江西省委组织部批准，江西省红十字会党组成立，方娅任党组书记，从而完成了省红十字会独立建制工作。2005 年 6 月 6 日，江西省红十字会第五次会员代表大会召开。中共江西省委书记孟建柱，省委副书记王君，省委常委、省委秘书长陈达恒，省人大常委会副主任全文甫，省政府副省长胡振鹏，省政协副主席刘运来出席了大会。中国红十字会常务副会长、总会党组书记江亦曼专程到会祝贺。大会全面总结了江西省红十字会第四届理事会的工作，制定了《江西省红十字事业 2005 ~2009 年发展规划》，选举产生了由 85 名理事组成的新一届理事会，聘请中共江西省委书记孟建柱、省长黄智权为名誉会长，副省长胡振鹏再次当选为会长，方娅当选为常务副会长。会上，江西省红十字会和省人事厅还联合表彰了省红十字会系统的 11 个先进集体和 13 名先进个人。

【组织机构】

江西省 11 个设区市和 99 个县（市、区）全部建立了红十字会，现有红十字会基层组织 2624 个、会员 54.9 万人。全省有 892 所大、中、小学成立了红十字会，有青少年会员 34.6 万人。江西省红十字会机关设有办公室、组织宣传处、赈灾服务处、中国造血干细胞捐献者资料库江西省管理中心。

【大型项目】

一、1998 年水灾重建项目

（一）香港特别行政区红十字会援助 698.67 万元，用于灾后重建 19 所卫生院和三所小学，并为这些卫生院和学校配备了一批设备。

（二）深圳市红十字会援助 454 万元，重建八所卫生院和二所小学。

（三）上海市红十字会援助 385 万元，重建八所学校和五所卫生院。

（四）广东省红十字会援助 225 万元，重建四所卫生院和四所学校。.

（五）中国红十字会总会拨款 190 万元，援建两座灾民新村和三所卫生院。

二、1999 年水灾国际联合会援助计划

红十字会与红新月会国际联合会通过中国红十字会总会向江西灾区捐赠了价值人民币 6796886 元的大米、消杀剂、净水剂、棉被、棉大衣，有 226 个（次）村庄、279873 万人次受益。

三、2002 年水灾灾后重建项目

由香港特别行政区红十字会通过中国红十字会总会向江西省 2002 年水灾灾区捐款人民币 175.13 万元，重建了 11 所乡镇卫生院，并为这些卫生院配备了价值人民币 97.63 万元的医疗设备。

四、农村社区为本备灾项目

香港特别行政区红十字会拟出资 160 万元援建的农村社区为本备灾项目，在上饶县、余干县展开，旨在通过红十字会的帮助，提高当地群众备灾救灾意识和能力。

五、“金圣”社区红十字健康服务项目

南昌卷烟厂捐赠 60 万元，启动“金圣”社区红十字健康服务项目。在全省创建12个省级红十字服务示范站，项目期为一年，预计40万人次社区群众因此受益。

【主要特色】

一、理顺管理体制工作实现整体突破。至2004年底，江西省11个设区市全部下达了市红十字会“三定”方案。其中上饶、南昌、宜春、新余、萍乡和赣州、景德镇实现机构独立设置。兴国、九江、进贤、广丰、上饶、余干、婺源及南昌市东湖区、西湖区等九个县（区）理顺了红十字会管理体制。

二、备灾救灾工作成绩斐然。1989年以来，江西省红十字会共募集各类救灾款物折合人民币一亿余元，用于救助全省的受灾群众和灾后重建工作。援助重建了60所卫生院、24所博爱学校、二个灾民新村、二座市级红十字会备灾中心，总建筑面积91145.76平方米。

三、持续推进人道关爱行动。2004年6月，江西省广丰籍工程人员在阿富汗遭受恐怖袭击，省红十字会和上饶市红十字会及时为遇难和受伤人员的亲属送去慰问金和慰问品，在社会上引起了较大反响。景德镇市红十字会争取市政府批准了《景德镇市红十字救助基金管理暂行办法》，对灾区、白血病患儿、失火家庭等实施了救助。兴国县红十字会连续多年实施对贫困中小学生救助的“育才助学”工程，先后有338名学生得到资助。

四、社区服务探索出新模式。2001年，省红十字志愿护理服务中心成立。该中心免费为下岗女工开展再就业技能培训，培训陪护专业保健员；与15所医院共建社区护理服务网络、双向转诊网络；在省科委立项开展《南昌市社区护理服务模式研究》课题；成立“江西省红十字博爱艺术团”开展活动；组织红十字志愿者义务为社区老、弱、病、残人士作护理服务。中心有千余名志愿者，在南昌市建立了39个社区服务网点，提供健康服务4.2万人次，开创了江西省社区红十字服务的新模式。

五、宣讲红十字会法及传播工作扎实深入。省红十字会以把红十字会法列入“四五”普法规划为契机，开展了形式多样的红十字会法宣讲、国际人道法和红十字运动基本知识传播工作。红十字会法被列入全省副科级以上干部普法考试的内容。“四五”普法期间，江西全省共举办红十字会法宣讲和传播培训班400多期，印发学习材料28万份，有15万人接受了培训，全省普及红十字会法的对象达3000万人次。

六、清理滥用、误用红十字标志成效明显。江西省各级红十字会联合卫生、工商等部门和新闻单位积极开展清理滥用红十字标志工作，依法规范红十字标志使用，使全省滥用、误用红十字标志的违法现象得到纠正。

南昌市红十字会

【简介】

南昌市红十字会创建于1912年5月，新中国成立后，于1951年由南昌市人民政府接管并开展工作，“文革”期间中断活动，1985年8月1日恢复组建，由市卫生局代管。2004年1月经市编委批准，理顺了管理体制，成为独立从事人道主义工作的社会救助团体。

南昌市红十字会机关内设办公室、赈济服务处和组织宣传处等三个处（室），人员编制10人，现有九人。机关人员实行参照公务员法管理。市属九个县区均已成立红十字会并理顺管理体制，共有专兼职工作人员48人。目前共有基层组红十字会织190个，红十字会员18万人，红十字志愿工作者9000余人。

在“办会”中，展示红十字会的风采。市红十字会根据市政府在承办中华人民共和国第七届城市运动会（以下简称“七城会”）中赋予的工作任务，开展以“红十字与城运会同行”为主题的系列活动。先后为“七城会”组委会工作人员、赛会志愿者、保卫人员、保障人员、在校学生以及市民，举办60多场次的应急救护培训班，共培训救护师资200名，救护员2000余名，普及5.6万人；向“七城会”执委会转赠100万元。为成功举办“七城会”做出了贡献，展示了红十字会的风采，被南昌市委、市政府评为“办好城运当先锋”创先争优主题实践活动“先进集体”。

在贫困救助工作中，发挥了助手作用。2011年累计募集救灾款物200多万元，救助二万余名弱势群众；同南昌普瑞眼科医院联合举办大型公益活动，为1200名学生和2200名60岁以上老年人提供眼疾治疗援助；争取到中国红十字基金会“小天使基金”42万元资助14名白血病患者；获得广东汕头时佳实业有限公司捐款一万元资助20名学子。

在关爱生命工作中，牢记职能。2011年累计采集造血干细胞血样562人份，高分辨配型10例，并有一人成功捐献；遗体（器官）捐献志愿者登记15人，实现捐献二人。组织广大红十字志愿者在农村、社区和学校，开展扶贫济困、保健咨询、亲情陪护、宣传无偿献血和艾滋病预防知识等系列志愿服务活动，举办各类讲座20余场次。

在宣传工作中扩大影响力。编印了《现场应急救护知识手册》和影像光盘；利用总会“一报一刊”、网站、简报等积极向社会各界传播红十字知识和理念；将红十字知识纳入中小学德育教育活动中；举办“红十字夏令营”活动，扩大了红十字会的影响力。

九江市红十字会

【简介】

九江市红十字会建于1911年11月。全市14个行政区域都建立了红十字会，实有专职人员39名，基层组织587个，团体会员239个，会员97696人，志愿服务队六支，累计造血干细胞资料入库2450人份、遗体捐献登记55名，各实现捐献五例和七例。

人道救助有特色。救灾意识强，2011年6月武宁等县发生洪涝灾害，九江市红十字会第一时间组派三支红十字医疗专家志愿服务队赴灾区开展为期一周的送医送药救灾义诊活动，服务群众4500人次，发放救灾物资80余万元；持续开展人道救助博爱工程：与旭阳雷迪公司设立50万元救助困难职工的“阳光基金”；与信华建设集团出资20万元资助50名大学新生入学；与媒体开展“关爱白血病儿童圆梦”和“情暖农民工子女”六一慰问活动；“一帮一”常年定向资助3名特困群众；投入10万元款物支持市儿童福利院建设；由爱心人士通过市红十字会捐资150万元，帮助“绵阳班”46名学生完成三年高中学业；全年开展公益培训2.8万人次、持证培训10500人次，配合省人大、省红十字会、省法制办对九江市遗体器官捐献立法调研；新增遗体捐献登记14人、造血干细胞入库资料545人份；眼角膜实现首例捐献；积极宣传和推动无偿献血事业；四个援建项目实施建设。

组织建设有发展。市红十字会升为正县级单位，常务副会长到职。市批复成立“中国造血干细胞捐献者资料库江西省分库九江工作站”为正科级全额拨款事业单位，该站获“2011年度江西省分库优秀工作站”荣誉；县（市、区）红十字会理顺管理体制工作正全面稳步推进；武宁率先在全县20个乡镇建立基层红十字会组织；成立了第一个大型民营企业旭阳雷迪高科技有限公司红十字会组织；会长吴锦萍任中国红十字博爱理事会常务理事。

宣传工作有声色。设立红十字公益慈善事业宣传服务中心，利用公共展示屏、车载屏、电视、广播等社会资源营造宣传氛围，传播红十字理念；《九江红十字报》内容详实辐射广泛；九江市红十字会获“2011年度中国红十字总会报刊宣传工作先进集体三等奖”。

志愿服务有提升。志愿服务队荣膺第三届“十大感动九江人物”特别奖；1个会员单位获“2011九江十大公益慈善单位奖”、三家会员单位获“2011九江优秀公益慈善单位奖”，三名志愿者个人获“2011九江优秀爱心人物奖”。志愿服务能力和范围进一步提升，得到社会认可和赞誉。

现任会领导：

市红十字会会长：吴锦萍

常务副会长：王娟

景德镇市红十字会

【简介】

2011年，景德镇市红十字会展“红十字博爱送万家”活动，为弱势群体慰问款物15万元。“五八”世界红十字日及2011“红十字博爱周”活动中，有659人捐血，献血量131800毫升，有37人登记捐献造血干细胞，遗体捐献登记八例。全年为各灾区募捐100500元。

萍乡市红十字会

【简介】

2011年，萍乡市红十字会募集款物共计121854元，发放救助金额8500元，发放贝因美奶粉等救助物资共计120254元。“小天使基金”救助贫困家庭的白血病儿童六万元。完成237人份造血干细胞血样采集。有42人向市红十字会递交自愿捐献遗体或器官申请书。全年举办初级卫生救护宣传班六期，培训人员1000余人。

新余市红十字会

【简介】

新余市红十字会成立于1960年9月，2004年10月由挂靠市卫生局的群团组织改为由市政府领导联系的群团组织，2005年1月正式独立开展工作，内设办公室（正科级），现有正式职工五人，参照公务员管理。2006年5月成立中共新余市红十字会支部委员会。全市有县、区级红十字会五个，基层红十字会组织38个，红十字团体会员单位46家，红十字会员14627人。

2011年，新余市红十字会共计募集接受款物折合人民币近2300多万元，救助、慰问困难群众家庭6500余户，受益人群达二万余人。购置一个建筑面积1890平方米的备灾救灾仓库。全市有七支志愿服务队和一个志愿服务工作站，共有红十字志愿者500余人。设立了四个造血干细胞采样点、三个心理咨询志愿服务基地、三个老年介护志愿服务基地。举办卫生救护培训，共培训15296人次，持证救护培训7081人。全年采集造血干细胞2169人份，成功捐献造血干细胞二例，遗体捐献二例。被省红十字会授予“2011年度红十字工作目标管理先进单位”。

现任会领导：

市红十字会会长：史可（副市长）

专职副会长：刘家迪

鹰潭市红十字会

【简介】

2011年，鹰潭市红十字会在“送温暖”活动中，向1600多户困难家庭发放救助物资共计54万余元。开展公益性初级卫生救护培训共5200余人次，行业性初级卫生救护培训850余人次。争取到澳门特别行政区红十字会50万元用于贵溪耳口卫生院灾后重建项目。全年完成348人份的造血干细胞采样任务。对五名白血病患儿实施小天使基金救助15万元。宣传无偿献血及捐献造血干细胞知识，全市医疗临床用血全面实现100%无偿用血。在市人民医院举办老年介护知识培训班，培训人员为护士、护理员，培训人数达300多人。

赣州市红十字会

【简介】

赣州市红十字会原为赣州地区红十字会，1987年10月经赣州地区行署第17次办公会议决定成立，由地区卫生局指定干部兼管日常工作，1991年9月地区编办批准设置地区红十字会办公室，为地区卫生局的内设科室，定编制三个。1987年以来，会长由政府分管领导担任，常务副会长由历届地区卫生局局长兼任。至1999年3月止，共召开了四次会员代表大会。1999年7月赣州地区撤地设市，2007年5月9日，经市委、市政府批准，召开撤地设市后赣州市红十字会第一次会员代表大会。市红十字会于2004年7月，由市编委印发了《赣州市红十字会主要职责、内设机构和人员编制规定》的“三定”方案，2005年5月，市委为市红十字会配备了专职副会长，当年11月，经地区红十字会第四届理事会第三次会议选举，专职副会长张燕萍当选为常务副会长，2006年元月，市红十字会从市卫生局分设，独立开展工作，财政预算单列。现有行政编制五个（含工勤编一个），编内聘用编制二个，内设科室一个。2009年元月经赣州市编办批准，成立赣州市造血干细胞工作站，为市红十字会下属的正科级全额拨款事业单位，定编二个。2011年4月，市编委批准设立赣州市红十字博爱基金管理办公室，为正科级全额拨款事业单位，定编制六个。2011年4月，赣州市编委下文，明确了全市18个县（市、区）红十字会管理体制独立设置，列群团序列，正科级，领导职数配一正一副。2011 年，赣州全市县级红十字会管理体制达到100% 理顺。志愿服务和志愿者队伍纵深发展。全市有基层红十字会组织 541 个，红十字志愿工作者 7261 名，红十字团体会员单位 589 家，红十字会员 26993 名，红十字青少年124749 名。6 月 7 日，赣州市红十字博爱基金会成立，当天接受捐赠和认捐3575. 3 万元。2011 年度，全市入库造血干细胞志愿者血样 975 人份。在“红十字博爱送万家”活动中，筹集到款物191. 94 万元，受惠困难群众达 10400 人。还为特殊困难群众募集救助款物 151. 55万元。全年开展群众普及急救知识和技能培训二万余人次。

宜春市红十字会

【简介】

宜春市红十字会建立于 1988 年 10 月，2004 年 7 月，市红十字会理顺管理体制，成为由市政府领导联系的独立群团机构，定编六人。2011 年，经报市政府批准成立中国造血干细胞资料库江西省分库宜春工作站，正科级事业单位，定编二人。现有全市有基层红十字会组织 258 个，红十字会员27225 人。宜春市红十字会第一次会员代表大会于 2011 年 12 月召开，选举产生了新一届理事会，聘请了宜春市市委书记谢亦森、市长蒋斌为名誉会长。2011 年，宜春市红十字会在“红十字博爱送万家”活动中，为市内 10 个县（市、区）的困难家庭发放救助款物 20 万元。

上饶市红十字会

【简介】

2011 年，上饶市红十字会募集救灾救助款物 1196. 27 万元，发放救灾救助款物1911. 83 万元。目前，全市共有基层红十字会组织 245 个，红十字会员 59350 名，红十字志愿工作者 1835 名，冠名红十字医疗机构 12 个。全年发放救灾款物 934. 15 万元，为水灾地区发放救灾物资 158. 2 万。通过系列“博爱工程”平台，共发放款物 977. 69万元。在“红十字博爱送万家”活动中，发放款物 225 万元，救助 5000 余户困难家庭。全年培初级卫生训救护员 2626 人，公益性普及培训 23016 人。举办老年介护知识培训班三期，共培训人员 1040 名。全年接受遗体捐献登记 12 例。采集造血干细胞血样 763 人份。

吉安市红十字会

【简介】

吉安市红十字会于 1986 年 10 月 7 日成立，自成立之日起就一直秉承“人道、博爱、奉献”的红十字精神积极开展工作。特别是 1993 年 10 月 31 日《中华人民共和国红十字会法》颁布实施以来，全市各级红十字会严格依法行事，红十字会的工作在法制化、规范化的轨道上健康有序地展开。全市有基层红十字会组织 392 个，红十字会会员 36817 名，吉州区阳明路小学红十字会、永丰县红十字会先后荣获全国红十字会工作先进集体称号。

2011 年，市红十字会在“红十字博爱

送温暖”活动中，为弱势群体发放救助物品213700元。在市红十字会救护培训中心举办现场救护培训，有1700余人参加。举办无偿献血宣传活动，全年无偿献血量二万毫升。

抚州市红十字会

【简介】

2011年，抚州市红十字会共接受捐赠款41.156万元，发放救助款物100多万元。实施40个灾后重建项目，总项目资金700多万元。全年培训“红十字救护员”1107人。在“红十字博爱送万家”活动中，共发放救助款物100多万元。争取中国红基会“小天使基金”援助，为23名白血病患者争取救助款69万元。全年完成461份造血干细胞志愿者捐献血样入库任务。全市有1.02万人次参加了无偿献血，献血量达344万毫升。全年接收遗体捐献登记10人。

山东省红十字会

【年度工作】

2011年，山东省红十字会开展了建会100周年纪念活动。全年各项工作取得了较好成绩。

一、组织建设工作

召开了省红十字会七届四次理事会，总结了2010年全省红十字工作，确定了2011年工作思路。东营市县级红十字会全部理顺管理体制，临沂市10个县级红十字会也都由卫生局代管改为市政府领导联系。截至目前，山东省已有83个县级红十字会理顺了管理体制，占全省县级红十字会的58%。会员管理进一步规范。制作了团体会员单位标牌和个人、团体会员单位证书，为省级团体会员单位重新办理了新证书，颁发了新标牌，提升了山东省会员管理的规范化水平。组织现代职业学院等大中小学学生到省残联聋儿康复中心献爱心，三所大学开展了暑期社会实践活动，获得中国红十字会总会二类和三类资助。加强社区红十字服务和红十字青少年工作，省红十字会和省教育厅对申报2011年省级红十字模范校的29所学校进行了审核和检查，共评出25所“山东省红十字模范校”，推荐六所学校申报了“全国红十字模范校”。开展学校健康安全辅导员培训及救护志愿活动，举办了四期培训班。积极开展社区红十字服务活动，山东大学“南丁格尔大学生志愿服务队”利用节假日到济南周边农村宣传卫生防病知识，传授自救互救技能。

推进机关建设。深入开展创先争优、争做齐鲁先锋活动，认真做好创先争优活动第二轮承诺、践诺、评诺工作，全年编发简报15期。广泛开展党建活动，结合建党90周年，在会机关深入开展了“十个一”活动、“以人为本、执政为民”等主题教育活动，深入开展“学习年”主题实践活动。在会机关开展了有奖征文活动。2011年，省红十字会再度被省文明委授予“省直文明机关”荣誉称号。

二、备灾救灾和社会救助工作

积极开展“博爱在齐鲁、温暖送万家”活动。制作价值200元的“博爱齐鲁温暖箱”1500个，用于扶持临沂、德州、滨州等10个市开展2012年春节“送温暖”活动。全力做好中国红十字基金会"革命老区行"援助活动，中国红十字基金会援建山东省二所红十字急救站，五所博爱卫生站。向革命老区的100所乡村幼儿园和75所乡村小学捐赠了价值220万元玩具及婴童用品。在北京举办一期临沂和济宁各有50人参加的乡村医生培训班。救助100名白血病、先天性心脏病患儿。积极做好对口支援新疆喀什地区红十字会工作，省红十字会和济南、青岛、淄博市向喀什地区、麦盖提县、疏勒县和岳普湖县红十字会捐赠54万元。做好山东省抗旱救灾及抗击洪涝灾害工作。会领导带队分别赴旱灾较重的济宁、临沂、菏泽三市开展送温暖和爱心救助活动，分别拨付三市抗旱救灾资金三万元，地方红十字会配套资金一万元；对遭受特大洪涝灾害的威海市进行了救助，划拨75万元的救助款物支援抗洪救灾。筹集款物55万元，对遭受"梅花"台风灾害的烟台、威海、潍坊市进行救助；把总会支援山东省价值80万元的大米分配菏泽、淄博、泰安等八个市红十字会，用于困难群众救助。积极组建"山东省红十字蓝天救援队"。山东省11个市已成立蓝天救援队，其中，六支队伍与当地市红十字会建立了合作关系。协助中国红十字基金会做好"小天使基金"、"天使阳光基金"项目申报、审核工作。共申请小天使基金资助352人，其中已获得批准资助83人，合计资助金额250万元，天使阳光基金申请资助183人，已获得批准资助64人，合计资助金额78.5万元。做好援建博爱卫生站（院）工作，援建博爱卫生站17所、博爱卫生院一处。实施开展爱心救助项目，与省千佛山医院、淄博市第八人民医院签订了"中国红十字会贫困先心病患者救助合作医院协议书"，援助60万元用于贫困先心病患者救助，已救助患者34人；完成总会"红十字光明行动"，对符合救助条件的五名患者进行了手术。拨付资金48万元，对60户因病致贫家庭实施了大病救助。

三、应急救护培训工作

对全省红十字会救护培训工作实行目标管理，加强对救护师资的管理。举办救护师资复训班，培训应急救护培训师资210人次；举办救护培训师资公开课听评活动，依托山东胜利职业学院医疗卫生分院建立"山东省红十字胜利油田应急救护培训基地"。开展了2011年"世界急救日"活动，组织济南、青岛、淄博、潍坊四个分会场，参加总会组织的两岸四地万人同做心肺复苏共创吉尼斯世界记录活动。开展救护员应急救护技能大赛，全省17支参赛队共180余人参加。建立了"山东省红十字应急救护培训讲师团"，召开了救护与南丁格尔志愿服务工作会议，组织开展了"应急救护与健康培训工作先进集体、先进个人评选活动"。积极推动"关爱生命，服务社区"活动的开展，在社区建立救护培训、健康服务工作站（点）77个，山东省南丁格尔志愿服务团队伍不断扩大，目前，全省已有24支队伍，志愿者达到5000余人。组织南丁格尔志愿服务团16名骨干成员赴南昌开展学习交流活动。全省培训救护员八万人，普及救护知识受众100余万人次。

四、造血干细胞捐献工作

2011年，山东省实现造血干细胞捐献73例，累计实现造血干细胞捐献183例，其中涉外捐献累计实现10例。共采集造血干细胞志愿捐献者血样13231人份，上传总库资料 13231 人份，完成初筛回访 2246 人，再动员联系 812 人，高分辨检测 356 人，捐献体检 106 人。截至目前，山东省造血干细胞志愿捐献者报名人数达 20 余万人，入库资料 10 万余人份。全省 17 个市全部实现了造血干细胞捐献。省政府授予造血干细胞捐献工作“山东慈善奖”，省红十字会与省卫生厅、济南军区联勤部授予山东造血干细胞分库等 12 个单位为造血干细胞捐献工作先进集体。

山东省在全国监狱系统第一例造血干细胞捐献者王伟，为大学生村官张广秀捐献造血干细胞的汪凯，实现二次捐献者吕明玉、王慧胜，山东第一个义工造血干细胞捐献者夏胜利等典型人物，在社会上引起了广泛关注。

遗体、角膜捐献工作。全省遗体捐献志愿者登记人数 3348 人，实现捐献 381 人；全省角膜捐献登记报名 2060 人，实现捐献 63 人。在清明节期间，与济南市红十字会联合组织红十字志愿者及捐献者家属在长清福寿园举行“让生命之火在身后捐献中传承”清明追思会。与省卫生厅联合下发了《关于重新确立遗体捐献接受单位的通知》，在全省增设遗体接收单位，遗体捐献接收单位增至 17 家。济南、青岛、潍坊三市成立了“红十字眼库”，开展遗体角膜接受业务。与省红十字眼库合作开展光明救助活动，为 30 名符合手术条件的贫困白内障患者实施了免费复明手术。利用“无偿献血者日”，组织大学生志愿者宣传无偿献血知识。

2011 年，山东省成功实现六例器官捐献，有效动员潜在捐献者 30 余次，2000 余人签署《中国人体器官捐献自愿书》；出台了《山东省人体器官捐献基金管理办法》，公布了全省各级红十字会及试点医院捐献热线电话。承办了全国人体器官捐献协调员培训班，举办了一期省级协调员、五期市级协调员培训班，培训协调员 430 余人。租用市内公交候车厅广告位，制作了人体器官捐献宣传灯箱。据统计，国家和省级主流媒体对山东省人体器官捐献报道达到百余篇（次），其中山东电视台为第四例捐献者安弸制作了长达半小时的专题片。齐鲁电视台对第五例捐献者孙红蕾进行了系列现场跟踪报道。

五、艾滋病预防宣传工作

协助菏泽市红十字会从总会申请到艾滋病关爱项目，组织红十字志愿者与当地受艾滋病影响家庭的儿童建立一对一帮扶联系。在第 24 个“世界艾滋病日”期间，组织山东大学、山东现代职业学院志愿者开展预防艾滋病校园宣传活动，发放宣传材料近万份。开展了摄影比赛、有奖征文、海报评选等丰富多彩的活动。积极参与 2011 世界艾滋病日“全民参与、护佑健康——红丝带情系农民工活动”，深入建筑工地宣传艾滋病防治知识，为农民工发放了“爱心包”。

六、冠名红十字（会）医疗机构清理整顿工作

对全省冠名红十字（会）医疗机构进行摸底调查，在制定了《山东省冠名医疗机构管理办法（试行）》。下发了《关于进一步加强全省冠名红十字（会）医疗机构管理的通知》，明确权利、义务，完善申请、审批程序，建立分级建档监管和年度考核制度等，对不符合相关规定的冠名单位进行清理整顿，使山东省冠名医疗机构管理工作日趋规范。

八、交流合作工作

组织省红十字青少年一行七人，赴印度尼西亚哥伦打洛省，参加印尼红十字会第七届青少年营活动。应韩国庆尚南道红十字会邀请，省红十字会组织青少年赴韩国庆尚南道参加了第三届两省（道）红十字青少年交流活动。认真做好重建家庭联系工作，转发寻人信函28例，接受台湾同胞到山东寻亲二例，并顺利协助找到亲属，形成协查报告上报总会。在台湾杨怀甫老人寻其儿子杨步军的紧急寻人案中，省红十字会在潍坊市红十字会的协助下，当天就找到了杨布（步）军本人，23日上午就向总会反馈了查人结果。

【历史沿革】

1911年农历10月，山东巡抚孙宝琦批准成立山东省红十字会，会址设在济南中西医院内。1912年1月1日，中国红十字会饬文，接收山东省红十字会为中国红十字会分会，命以“中国红十字会山东分会”之名并“刊刻木质关防之图记呈报”，接收刘崇惠为总会会员。山东省红十字会成立后，以“博爱恤兵”和“人道主义”为宗旨，在各地积极建立红十字会组织，创建红十字医院，开展了战地伤员救护、社会救济等工作。抗日战争时期，山东省红十字会组织受到日军破坏，领导成员遭受迫害。抗日战争结束后，山东省红十字会进入复原时期。至1948年底，山东省有青岛、济南、章丘等14个分会。

新中国成立后，山东省红十字会进入新的历史发展时期，地方红十字会组织在中国共产党和政府领导下进行了改组，红十字会工作人员列入国家编制，省红十字会工作人员编制59人。1957年5月22日，成立了山东省红十字会筹备委员会。7月8日，山东省人民委员会同意建立山东省红十字会，同月，召开正式成立大会，组成了以余修（副省长）为主席的33人委员会。山东省红十字会委员会成立后，重点在城市建立组织，发展会员；在农村开展红十字工作试点；在中、小学组织开展青少年活动。1962年12月，山东省红十字会选出第二届委员会，委员25人，王哲（副省长）任会长。文化大革命时期，红十字会组织陷于瘫痪。1980年，山东省人民政府批准恢复山东省红十字会，省红十字会编制3人，设在省卫生厅内。1980年11月3日，省红十字会召开第三次会员代表大会暨三届理事会一次会议，选举丁方明（副省长）为会长。1984年11月9—10日，山东省红十字会召开第四次会员代表大会，选举马长贵（副省长）为会长，制定了《关于今后五年工作规划和设想》，提出要重点发展红十字会组织，壮大会员队伍，提高会员素质，开展群众性卫生救护培训，发展社会福利事业。1991年1月30日，山东省红十字会第五次会员代表大会在济南召开，省委书记姜春云、省长赵志浩向大会发了贺信，副省长宋法棠当选为会长，向克、张明、胡玉亮、张奇文、吕国恩、孟德宏、张建军、滕昭庆、黄可华、于光铣、于水田、王军挺（专职）、王荣江（专职）当选副会长。1993年10月，《中华人民共和国红十字会法》颁布实施，山东省红十字会进入有法可依的历史新时期。1996年1月，《中华人民共和国红十字标志使用办法》颁布施行后，山东省红十字会与卫生厅联合开展了推行正确使用红十字标志工作，清理、纠正滥用误用红十字标志现象。1996年10月，刘允生任省红十字会副会长。1999 年 11 月，省红十字会五届十次常务理事会增选张心宝为理事、常务理事、副会长。2000 年 7 月，省红十字会五届十三次常务理事会增选副省长邵桂芳为理事、常务理事、会长。2001 年 12 月 4 日，山东省红十字会第六次会员代表大会召开，会议聘请李春亭（副省长）为名誉会长，董凤基（省人大副主任）、张敏（省政协副主席）、王天瑞（省卫生厅厅长）为名誉副会长；选举邵桂芳（副省长）为会长，张心宝为副会长。2003 年 7 月，省红十字会六届二次理事会议上，邵桂芳因工作变动，辞去会长职务，会议选举副省长王军民为会长，增聘韩寓群（省长）为名誉会长，邵桂芳（省人大副主任）、王道玉（省人大副主任）、何宗贵（省人大原副主任）为名誉副会长。

2004 年，山东省各级红十字会紧紧围绕纪念中国红十字会百年华诞的主题，以丰富多彩的形式开展了纪念活动。年内，烟台、东营、日照、菏泽市红十字会理顺了管理体制，使全省理顺管理体制的市级红十字会达到 8 个。青岛市 12 个区（市）已有 10 个理顺了管理体制。济南市政府下发了《关于加强红十字会工作的意见》。2004 年，山东省募集救灾款物 900 多万元，救助灾区群众 5.8 万余人。山东省首次直接接受澳门特别行政区红十字会捐赠衣物 2.5 万件，价值人民币 63 万元。山东省红十字会系统募集资金 318 万元开展了“温暖送千家，博爱在齐鲁”活动。活动中走访慰问受灾及特困群众，受益群众 10.8 万人。山东全省共设立红十字募捐箱 422 个，募集善款 10 万余元。2004 年，山东省红十字会共举办卫生救护培训班 310 期，培训四万余人。省红十字会在上一年对七个新型合作医疗试点县参加医保的 7000 名特困农民给予资助的基础上，又对省政府确定的 26 个试点县参加医保的特困农民给予资助，每县二万元，共 26 万元，资助 2.6 万名特困农民参保。济宁市募集资金 200 多万元，建立了市红十字会农村医疗救助基金；即墨市红十字会募集资金 2547 万元，先后两次对 479 户特困家庭进行了救助，发放救助资金 172.9 万元。济南市建立红十字志愿者基地 10 个，山东大学等 10 家单位的 4.6 万人成为首批红十字志愿工作者。青岛市新建五个红十字会志愿服务基地，志愿者已登记 1.1 万人。造血干细胞捐献者资料库山东分库在建立青岛等六个工作站后，又建立了泰安、淄博、德州、聊城、日照等 5 个市级工作站，并对工作站分别给予五万元经费支持。目前，全省有六万余人报名捐献造血干细胞，已采集造血干细胞血样二万份，完成 HLA 检测配型 14541 份，为 49 名患者查寻到 72 名配型相合的捐献者，实现捐献八人。全省已登记捐献遗体者 1000 多人，已有 74 人实现捐献。中国红十字会总会、红十字会与红新月会国际联合会将山东省列为预防艾滋病青年同伴教育项目试点省，举办青年同伴行主持人二期，培训核心主持人 20 名，开展同伴教育培训 400 人次。起草了《山东省红十字会青少年工作委员会工作条例》和《成立山东省红十字青少年工作委员会预案》。在“五八”世界红十字日期间，省红十字会组织省直团体会员单位在英雄山广场开展了大型宣传活动，现场有 800 多名群众参加了红十字运动基本知识问答，共发放宣传资料 25400 份，接受咨询 4500 余人，展出展板 64 个。在世界艾滋病日期间，省红十字会与有关部门联合开展了全省中小学卫生知识竞赛、广场大型预防艾滋病日宣传活动、山东省高校预防艾滋病进校园等大型宣传活动。

山东省红十字会历次代表大会

第一届

1957 年 7 月召开，理事 19 人，常务理事八人，会长余修，副会长张斟滋等。

第二届

1962 年 12 月召开，常务理事三人，会长王哲，副会长张斟滋等。

第三届

1980 年 11 月召开，理事 56 人，常务理事 12 人，会长丁方明，副会长李衡等。

第四届

1984 年 11 月召开，理事 85 人，常务理事 23 人，会长马长贵，副会长霍桂清等。

第五届

1991 年 1 月召开，理事 94 人，常务理事 17 人，名誉会长林萍、丁方明、马长贵、苏应衡，会长宋法棠，副会长向克等。

第六届

2001 年 12 月 4 日召开，理事 79 人，常务理事 16 人，名誉会长李春亭、韩寓群（2003 年 7 月），会长邵桂芳、王军民（2003 年 7 年），副会长张心宝。

注：

第一届副会长：张斟滋、王月村、林萍、华子修。

第二届副会长：张斟滋、高象九、孙鸿泉。

第三届副会长：李衡、张春林、崔凤午、于延浩、王惠卿、孙仲玉、王兆俊、苏应衡、付曾矩。

第四届副会长：霍桂清、向克、李竹堂（专职）、孟德宏（专职）、黎萍、李衡、崔凤午、刘士仪、孙仲玉、于延浩、王毅力、王兆俊、周凤梧、苏应衡、付曾矩。

第五届副会长：向克、张明、胡玉亮、张奇文（1993 年 12 月—1996 年 10 月专职）、吕国恩、孟德宏、张建军、滕昭庆、黄可华、王光铣、于水田、王军挺（专职）、王荣江（专职）、刘允生（1996 年 10 月—1999 年 10 月专职）、张心宝（1999 年 10 月—专职）。

第六届副会长：张心宝。

【组织机构】

山东省红十字会现有基层组织 7421 个，红十字会会员 120.3 万人，志愿者 61345 人。全省 17 个市和 140 个县（市、区）都建立了红十字会组织。

2001 年 6 月，省编委发出《关于理顺省红十字会管理体制的通知》，将省红十字会由省卫生厅代管改由省政府领导联系。2005 年 3 月 1 日，省编委发出《关于省红十字会机关机构编制事项的通知》，山东省红十字会机关下设有办公室、业务部，下辖卫生救护培训中心一个事业单位。

目前，全省已有 13 个市理顺了管理体制，其中六个市红十字会为正局级规格。理顺管理体制的市红十字会（按理顺时间排序）为：济宁、青岛、济南、枣庄、烟台、东营、日照、菏泽、淄博、威海、临沂、滨州、潍坊。泰安、莱芜、德州、聊城市红十字会尚未理顺管理体制。

【大型项目】

一、对受灾地区进行援助

近年来，山东省红十字会募集救助款物折合人民币 10171.42 万元，其中，争取红十字国际组织和总会援助的救助款物折合人

民币 3062.64 万元，受益群众达 600 多万人次

（一）1997 年，山东省遭遇了百年不遇的春夏干旱，省红十字会筹集 10 万元的药品，组织医疗队先后赴三个市、地区的十几个村，医治病人 2000 余人。

（二）2000 年，山东省红十字会将价值 160 万元的衣服发放到德州、聊城等受灾群众手中。

（三）2001 年 6 月，德州、临沂、日照等市遭受雹灾，山东省红十字会及时将 16 万元现金及价值 10 万元的方便面送到灾区。8 月，省红十字筹集 17 万元的药品，援助东平湖抢险第一线的武警官兵。

（四）2003 年，菏泽、济宁市遭受严重洪涝灾害，山东省各级红十字会共筹集了 115.9 万元款物支援灾区。

（五）2003 年抗击“非典”斗争中，山东省红十字会系统累计接受款物折合人民币 3124.4 万元，红十字血站向北京援助急救用血 10750 个单位，约占全国支援北京用血的一半，为全省乃至全国抗击“非典”斗争做出了积极贡献。

（六）2004 年，全省红十字会募集和争取总会援助救灾款物 900 多万元，救助灾区群众 5.8 万人。

二、对省外灾区进行援助

（一）1998 年 1 月，河北张家口发生地震，山东省红十字会募集 75 万元的款物支援灾区。

（二）1998 年夏天，长江、松花江、嫩江流域遭受特大洪涝灾害，山东省红十字会募集了价值 2000 万元的款物支援灾区。

（三）2001 年初，内蒙古、新疆发生特大雪灾，山东省红十字会募集 450 万元款物支援灾区，并援助新疆维吾尔自治区昌吉州 30 万元建设备灾中心。

（四）2001 年 2 月，四川省甘孜州发生地震，山东省红十字会支援救灾款 10 万元。

（五）2003 年，新疆伽师——巴楚地区发生 6.8 给强烈地震，山东省红十字会系统支援新疆维吾尔自治区红十字会救灾，募集捐款 44695.17 万元，物品折款 60352 元。

【主要特色】

一、开展“温暖送千家，博爱在齐鲁”救助活动

2001 年以来，在每年的元旦、春节期间，山东省红十字会开展了“温暖送千家，博爱在齐鲁”活动，慰问救助特困群众，共筹集近千万元的款物，使 40 余万户特困家庭受益。

二、开展为支援特困农民参加新型合作医疗募捐活动

山东省红十字会于 2004 年、2005 年对两批新型合作医疗 33 个试点县资助 33 万元，资助 3.3 万名特困农民参加了新型农村合作医疗。济宁市红十字会募集资金 200 多万元，建立了农村医疗救助基金；即墨市募集 2547 万元，先后两次对 479 户特困家庭进行了救助，已发放救助资金 172.9 万元。省政府积极支持红十字会参与农村新型合作医疗工作，并把省红十字会吸收为省政府新型合作医疗联席会议成员单位。

三、农村红十字会工作取得新的发展

山东省红十字会在 1988 年就提出了“农村需要红会，红会需要农村”的口号，并积极开展了建立组织、发展会员、开展活动等各项工作，总会给予了充分肯定并在全国推广。2001 年，省红十字会组织力量对

全省农村红十字会情况进行了深入调研，形成了调研报告，中国红十字会会长彭珮云给予了高度重视并作了重要批示："这个调查报告很好，可以了解到许多有用的信息，建议将其压缩成一期简报下发，并强调各地红十字会在工作中均应重视调查研究，以便科学决策，有针对性地开展各项工作，对农村红十字会工作的现状以及应该怎样开展农村红十字会工作就是一个需要认真调查研究的课题。"山东省副省长王军民强调："彭珮云会长的批示很重要，是对我们省红十字会工作的极大鼓励，建议省红十字会将彭会长批示转发全省，认真学习，抓好落实。把农村红十字会工作作为一项工作重点，围绕农村贫困户参加合作医疗、救灾助困、救助家庭困难辍学儿童等开展好红十字会工作，推广济宁等地的好做法，开创我省红十字会工作的新局面。"2002 年，山东省召开了农村红十字会工作座谈会，对开展好农村红十字会工作进行了研究部署，并要求各市都选择和培养一个县作为农村红十字会工作试点和典型。省红十字会还组织专门人员深入济宁、青岛、聊城等市农村基层进行了调研和推动。

四、遗体捐献工作

《山东省遗体捐献条例》于 2003 年 3 月 1 日颁布施行，明确规定全省县级以上红十字会负责遗体捐献登记等具体工作。省红十字会及时公布了遗体捐献热线，明确专人负责，建立了有关制度，进行了深入宣传。青岛市红十字会建立了"志愿捐献遗体者纪念林"。山东全省现已接受登记捐献遗体者 1000 多人，有 74 人实现捐献。

（王永君）

济南市红十字会

【简介】

2003 年 7 月 30 日济南市编委印发《关于理顺济南市红十字会管理体制有关问题的通知》，济南市红十字会由市卫生局管理改由市政府领导联系，列入群众团体机关序列，经费由市财政全额拨款，工作人员参照公务员管理。2006 年，济南市红十字会人员编制增至 14 人。内部机构设办公室和赈灾业务处，下设一个差额预算管理正处级事业单位——济南市红十字会事业发展中心。

青岛市红十字会

【简介】

青岛市红十字会于 2003 年 2 月理顺管理体制，8 月成立党组，独立开展工作。

淄博市红十字会

【简介】

淄博市红十字会成立于 1957 年。2005 年，市红十字会理顺管理体制，由市卫生局代管改为市政府领导联系，设置红十字会机关。

枣庄市红十字会

【简介】

枣庄市红十字会成立于 1984 年 12 月。2003 年，市红十字会理顺管理体制，规格为正处级单位。2004 年，市红十字会建立党组。有编制八名。机关内设办公室和业务科。全市有县级红十字会七个，基层红十字会组织 125 个，会员 51950 人，志愿者 13429 人，还建立了三个红十字志愿者基地。有红十字新闻志愿队、造血干细胞捐献者志愿队、无偿献血志愿者服务队、红十字紧急救援队等五个志愿服务群体。

东营市红十字会

【简介】

东营市红十字会于 2005 年理顺管理体制，由卫生局代管改由由市领导联系。机关内设综合科、业务科，有编制七名。全市有红十字团体会员单位 150 家，红十字会员三万多人，建立红十字组织 50 多个。

烟台市红十字会

【简介】

烟台市红十字会成立于 1920 年。1985 年，市政府批准成立了“烟台市红十字会办公室”，为科级事业单位，由市卫生局领导。2005 年 6 月，市红十字会理顺管理体制，由市政府领导联系。2007 年 10 月，烟台市莱山区红十字会理顺管理体制，为政府领导联系的科级全额拨款事业单位，有编制六人。其他 12 个县、市、区红十字会办公室均由卫生局领导。全市有专职工作人员 47 人，其中，八个县（市区）配备编制共 21 人。全市共有基层红十字会组织 388 个，红十字会员 17.7 万名。

潍坊市红十字会

【简介】

潍坊地区红十字会成立于 1957 年。1983 年潍坊撤区改市，地区红十字会更名为市红十字会。2005 年，市红十字会理顺管理体制并配备了专职干部，共有基层红十字会组织 321 个，红十字会员 11 万人，红十字志愿工作者 7000 余人。

济宁市红十字会

【简介】

济宁市红十字会成立于 1921 年。理顺县级红十字会管理体制的。全市有基层红十字会组织 3229 个，红十字会员 19 万人，红十字志愿服务工作者 1.9 万人。

泰安市红十字会

【简介】

泰安市红十字会成立于 1983 年 6 月。2005 年 10 月，泰安市红十字会理顺管理体制，规格为正县级单位，配备正县级常务副会长一人，科级领导职数二名。

威海市红十字会

【简介】

威海市红十字会成立于 1988 年 8 月。2005 年 6 月，市红十字会理顺管理体制，由市卫生局代管改为市政府领导联系。

日照市红十字会

【简介】

日照市红十字会始建于1987年1月。2004年11月，市红十字会理顺管理体制，由原市卫生局代管改由市政府领导联系。

临沂市红十字会

【简介】

临沂地区红十字会成立于1982年6月。1995年，临沂撤地建市，临沂地区红十字会更名为临沂市红十字会。2005年10月，临沂市红十字会理顺了管理体制，由市卫生局代管调整为由市政府领导联系。

德州市红十字会

【简介】

德州地区红十字会成立于1984年12月18日。1995年撤地改市后，更名为德州市红十字会。2006年8月，市红十字会理顺管理体制，由市卫生局代管改由市政府领导联系。市红十字会机关规格为正县级全额预算管理事业单位，有编制五人。全市有红十字团体会员单位199家，基层红十字会组织190个，红十字会员16689人。

滨州市红十字会

【简介】

滨州市红十字会成立于1986年。2006年7月，市红十字会理顺管理体制。2007年，全市8县、区的红十字会全部理顺了管理体制。

聊城市红十字会

【简介】

聊城市红十字会成立于1986年。2005年，市红十字会理顺管理体制，由市卫生局代管改为市政府领导联系。

菏泽市红十字会

【简介】

菏泽地区红十字会于1985年4月23日。2004年，配备副会长二人（副县级），其中一名副会长兼任秘书长，有编制八名。全市有基层红十字会组织305个，红十字会员23144人。

河南省红十字会

【年度工作】

一、救灾募捐和灾后重建工作

2011年，河南全省红十字系统共计为汶川特大地震募集救灾款物价值40490万元，其中现金32330万元，救灾物资8160万元，所有募捐款物全部用于支援地震灾区，并及时向社会公示使用情况，主动接受公众和媒体监督。

二、备灾救灾中心项目建设工作

2011年初，经河南省重点项目建设领导小组研究决定，河南省红十字会备灾救灾中心（中国红十字会河南备灾救灾中心）

项目连续第二年被纳入全省重点建设项目，年度投资目标3200万元。4月12日，郑州新区管理委员会印发会议纪要，同意协议出让郑东新区学理路北、后贾西街路东地块约25亩，地价为60万元/亩，总价1515万元，用于建设河南省红十字会项目。目前，该项目总体规划及单体设计方案、文物及地质勘察、项目施工监理招投标工作已经圆满完成，招标过程由省发展改革委及郑州东区规划局全程参与监督，按照规定程序，经过公告、专家评审、公示、备案等环节，最后确定中标单位；地面物清理、围墙修建及土方挖掘、回填已经动工；通往项目点的施工便道也已经修通；土地转让协议已初步签订，至此，结束了河南红十字事业没有“根据地”的历史，将全省红十字工作推向了一个新的时期。

三、组织建设工作

根据《中国红十字会总会关于进一步加强市、县级红十字组织建设的指导意见》要求，按照分类指导、因地制宜的原则，积极推进市、县级红十字会理顺管理体制。利用中国红十字会总会在本省开展社会工作调研活动的有利时机，分别深入信阳、开封、新乡等地进行工作调研，较好地推进理顺体制工作的开展；进一步加强对省直团体会员单位的管理，积极发展会员，逐步细化红十字会会员管理办法和会费收缴管理办法，完善会员单位、个人会员的发展、建档、发证等，使之走向制度化、规范化轨道。

四、卫生救护培训工作

一是加大管理力度，抓落实，促工作。进一步加强救护培训管理，按照《关于进一步加强红十字应急救护工作的意见》要求，规范师资管理，建立全省应急救护培训师资电子档案，圆满完成年度任务；二是加大支持力度，配备培训器材。为全省各级红十字会配备心肺复苏模拟人、电脑显示考试模拟人、SAM可塑夹板等救护培训器材，价值34.3万余元；三是加大应急救护知识普及力度，7月26日至8月5日，省红十字会承办了由省政府应急管理办公室主办的“应急知识中原行——2011百人百场应急知识宣讲活动”，组织应急救护宣讲师资在全省范围内对社会公众进行应急救护知识宣讲。全省共举办讲座156场，受益群众五万余人，有关市、县配合宣讲活动共制作应急知识宣传展板3000余块、悬挂宣传横幅2500余条、发放宣传资料10万余份，近200家新闻媒体对活动情况进行了跟踪报道或转载，活动受到广大群众的欢迎和各级领导的高度评价；四是加大创新力度，转观念，抓机遇，不断探索应急救护培训新路子。积极与省应急办联系，将应急救护知识普及培训纳入河南省“十二五”应急体系建设规划的省级重点建设项目，目前，该项目已通过专家评审。

五、社会救助工作

河南省红十字会系统共筹集款物304万元，在元旦、春节期间开展了“送温暖”救助活动。省、市、县各级红十字会领导分别深入基层，走访、慰问困难群众。郑州市红十字会向困难群众发放“红十字暖包”及救助金价值20万元；安阳市红十字会筹集救助款物价值73万余元；驻马店市红十字会深入基层一线慰问看望特困群众，共发放救助款物160万余元；开封、焦作、鹤壁、濮阳、南阳、许昌、漯河、济源等地红十字会工作人员积极看望慰问困难家庭和弱势群体，赢得了当地党委、政府和干部群众的赞誉。

六、宣传工作

在充分做好青年志愿者日、“五八红十字博爱周”、国际护士节、世界艾滋病日等重大节日的宣传活动外，河南省红十字会积极加强与网络媒体及报刊社的沟通联系，努力提高新闻稿件质量，新闻媒体共刊登相关报道132篇，编印河南红十字信息、简报65期，更新河南省红十字会网站信息上千条。

七、志愿服务工作

一是深入开展以“传承雷锋精神，志愿服务中原”为主题的“红十字志愿服务月”活动；二是加强志愿服务制度建设，重点完成了本省红十字志愿者各项规章制度的制定工作；三是继续抓好红十字志愿服务基地建设，以省未成年人教管所为红十字志愿服务基地，圆满完成“爱心”心理援建活动；四是积极打造志愿服务品牌，连续两年组织专家为参与郑开马拉松赛服务的红十字志愿者进行急救技能培训；五是在“五八博爱周”期间，组织志愿者开展了“关注农民工，奉献一份爱”、“走进颐和老年公寓，为老人送爱心”等系列活动，取得了较好的社会效应。

八、造血干细胞捐献工作

2011年以来，河南省分库新招募志愿者7231人，1432位志愿者与省内外患者HLA初配成功，郑州市红十字会捐献人数已超过100例。5月13日，省红十字会在郑州举行了捐献造血干细胞200例纪念活动。省政协副主席梁静参加并看望了捐献者，省政府办公厅专题就本省实现造血干细胞捐献200例情况刊发了一期政府工作快报，并发送至省委、省人大、省政府、省政协主要领导以及各省辖市、省直部门主要负责人，有力促进了该项工作的开展。

九、筹资工作

积极探索建立可持续的筹资工作机制，加强与大企业的联系、沟通，经过与中国医药集团历时两个多月的谈判和协商，最终签订合作协议，获捐赠款5000万元，并如期参加了9月16日河南省委、省政府主办的大型捐赠活动仪式，为弱势群体带来福音的同时，提升了红十字会的良好形象。此次接收5000万捐款，是省红十字会有史以来接收捐款数额最大的一笔。12月8日，河南雏鹰农牧股份有限公司向新郑市红十字会捐款500万元成立雏鹰救助基金，主要用于新郑市白血病、脑瘫、先天性心脏病、恶性肿瘤等重大疾病患者的救助，这也是新郑市红十字会成立以来接收数额最大的救助捐款；2010年，郑州市红十字会与天明集团共同成立了“天明博爱助学金”，天明集团五年内向郑州红十字会捐赠5000万元救助贫困学生，2011年的1000万元救助款已经拨付到账。

十、交流与合作工作

一是加强型能力建设项目继续推进，结合以往的工作经验，在充分征求驻马店市红十字会意见的基础上，认真制定了年度工作计划，项目建设得到了总会及国际联合会的认可；二是香港特别行政区红十字会援建的冰雪灾害重建项目已经完成，援建备灾仓库一个，评估及申报工作正在顺利进行；三是香港特别行政区红十字会社区备灾项目软件培训运作良好，第三期社区为本备灾项目硬件工作正在实施，援助12万元的软件培训工作于6月初开始，项目实施受到了当地群众的赞扬。四是香港天邻基金会捐赠款物折合人民币60.61万元，减免医疗费用55万余元，该基金会医疗手术队每到一地，不仅免费为群众看病，解除患者痛苦、减轻患者负担，而且积极与当地医院交流医学科学技术，支援先进医疗设备，极大提高了当地医疗服务水平。

【历史沿革】

河南省红十字活动始于1911年，河南省红十字会成立于1954年9月，时称中国红十字会河南省办事处，“文革”时期，省红十字会停止了活动。1985年，河南省红十字会恢复工作。1990年，河南省全部建立县级以上红十字会，受到中国红十字会总会贺电表彰。1996年5月，河南省人大常委会颁布实施《河南省实施〈中华人民共和国红十字会法〉办法》。2002年2月，河南省编委批准省红十字会机构独立设置。2002年8月，中共河南省委批准配备了省红十字会新的领导班子。河南省的红十字事业进入新的发展时期。

【组织机构】

目前，河南省红十字会由省政府领导联系，编制18人，省红十字会内设办公室、赈济救护部、组织宣传部三个职能部门。全省已建立基层组织4000多个，会员70余万人。各省辖市、县（市、区）和部分乡镇、行政村建立了红十字组织，初步形成了全省性的红十字组织体系。

【主要特色】

一、“送温暖助万家”活动

河南省红十字会连续五年与中共河南省委宣传部、省精神文明委员会联合发文，以省委驻村工作队为依托，在每年元旦春节期间开展的“送温暖助万家”活动。该活动是河南省红十字会在救助工作中探索出的新模式，它既为贫困群众送去节日的欢乐和温暖，又确保了救助物资真正发放到最需要救助的群众手中，受到困难群众的欢迎。

二、艾滋病防治与帮扶工作

近年来，河南省红十字会在当地党委、政府的领导下，按照《河南省有关厅局委部（团体）预防控制艾滋病性病工作职责》的分工要求，认真开展了艾滋病防治的有关工作。

根据中共河南省委、省人民政府的安排，河南省红十字会作为省直机关38个艾滋病帮扶工作队之一，于2004年2月进驻艾滋病高发村——驻马店市确山县三里河乡南泉村，开展艾滋病防治帮扶工作。入村以来，集中力量在“六个一”工程建设、救治救助等方面做了大量工作。目前，一条路、一所学校、一所卫生所、一套供水设施、一座文化大院、一个阳光家园（孤儿、孤老院）的“六个一”工程，已经按照预期目标全部保质保量完成并投入使用。同时，河南省红十字会发挥自身优势，筹措了价值100余万元的款物开展了救助、助学、义诊、义治等形式多样的救助活动。

三、“医疗事工”活动

1991年，河南南部遭受严重洪涝灾害，在众多灾民急需救助之际，香港天邻基金会发起成立了“香港血浓于水赈灾运动河南送暖行动”，援助资金1000余万元港币，制作“暖包”数十万个，通过河南省各级红十字会组织直接送到最需要救助的灾民手中。香港天邻基金会还援建了信阳、驻马店两地被洪水冲毁的7所乡镇卫生院；在饮用水困难的河南南部山区修建饮用水井10多眼，惠及灾民和贫困群众近百万人。1993年，为改善河南省灾区及贫困地区群众就医困难的情况，香港天邻基金会又发起成立了“香港天邻基金会河南医疗事工委员会”，与河省红十字会共同开展了长达10多年的“河南医疗事工”救治救助活动。10多年来，香港天邻基金会与河南省红十字会合作，在当地政府部门、红十字会、有关医院的支持与配合下，在河南省的许昌、洛阳、安阳、鹤壁、郑州、平顶山、济源、新乡、焦作、驻马店、开封等地区开展了医疗救治救助活动。据统计，香港天邻基金会为开展“河南医疗事工”活动捐资800余万元，共组派800余人次医护人员到河南省服务。免费为贫困病人义诊60000余人次，做手术2000台次。为河南省62所小学的11200名师生进行了牙科普查、治疗，并捐赠图书三万余册。“医疗事工”活动向河南省贫困群众提供了实实在在的人道主义救助，受到山区、边远贫困地区困难群众的欢迎。

（路贺民）

郑州市红十字会

【简介】

郑州市红十字会成立于上世纪50年代中期，“文革”期间停止工作。1986年，市红十字会恢复工作。2003年6月，市红十字会从市卫生局划出，机构独立设置，为正县级单位，有编制10名。机构内设办公室、赈济部和宣传部。全市有红十辽团体会员单位53家，红十字会员19万人，其中红十字青少年会员八万人。

自独立设置以来，郑州市红十字会累计接收救灾捐款1.6亿元，分别用于印度洋海啸、汶川地震、西南旱灾、玉树地震和舟曲泥石流等灾害救助中。近年，累计发放各类救助款近3000万元。开展卫生救护培训190余期，培训人员122565名。累计采集造血干细胞志愿捐献者血样2.5万人份。

现任会领导：

市红十字会常务副会长：张春香

开封市红十字会

【简介】

开封市红十字会成立于1913年。“文化大革命”中，红十字会的活动停止。1986年7月，市红十字会恢复工作。2008年11月，开封市红十字会机构独立设置，由市政府领导和联系。设领导职数两名（专职副会长和秘书长），有事业编制六名，人员参照公务员管理。经费实行财政全额预算管理。机构内设办公室、赈济救护部和事业发展部。全市现有红十字团体会员单位21家，红十字会员4900人，红十字志愿工作者30余人，一所一所红十字学校，市级冠名红十字医疗机构三家，县级冠名红十字医疗机构五家。

2011年，市红十字会组建成立“开封市红十字应急救护队”、“开封市红十字卫生防疫队”两支应急救援队伍。全年，三个救助基金共募集善款90余万元。“博爱送温暖助万家”等活动发放救助款物53余万元。开办卫生救护培训班，全年有170余人获得初级卫生救护员资格。全年采集造血干细胞捐献者血样426人份，有一人成功捐献造血干细胞。开封市实现首例人体器官捐献。

现任会领导：

市红十字会会长：蒋美兰（副市长）

常务副会长：郭明

秘书长：韦志

安阳市红十字会

【简介】

安阳市红十字会成立于1911年9月。2002年6月17日机构独立设置。目前，事业编制七名，其中，副县级一名，正科级二名，副主任科员二名，科员二名。全市有红十字会有团体会员单位16家。安阳的市九个县（市、区）红十字会全部理顺管理体制，有88个乡镇（街道办事处）、868个行政村成立了基层红十字会组织，全市有红十字会员10456人，红十字青少年会员43960人，红十字会志愿工作者1980名。

2011年，安阳市红十字会接收发放救灾、救助款物75.35万元。开办救护培训班25期，培训人员3000人。在“红十字博爱送温暖”活动中，市红十字会共筹款75.35万元，救助2000余户贫困家庭。“小天使基金”为11名白血病儿童发入33万元救助。全年共有200名志愿者采集了造血干细胞血样，有两人实现造血干细胞捐献。全年举办卫生救护培训班25期，培训各类人员3000名。

现任会领导：

市红十字会专职副会长：牛茂修

新乡市红十字会

【简介】

新乡市红十字会于1987年5月经市编委正式批编成立，隶属市卫生局领导。2004年5月，市红十字会从市卫生局划出，直接由市政府领导联系。2006年，市红十字会实行参照公务员管理，2008年3月，市红十字会实现有机构独立设置。

2011年，新乡市红十字会为36名患儿申请“小天使基金”108万元。新确定20个红十字募捐箱固定放置点。“博爱送温暖”救助活动发放了价值20万元的救灾物品。全年招募红十字志愿工作者300余人，组建10支红十字志愿服务队。全年采集造血干细胞志愿捐献者血样491人份。举办卫生救护培训班，培训红十字救护员1395名。

现任会领导：

市红十字会会长：张杰

专职副会长：马云

焦作市红十字会

【简介】

2011年，焦作市红十字会采集造血干细胞志愿捐献者血样500余人份。有七人成功实现捐献愿望。有40人登记捐献遗体（器官）。在送温暖活动中，全市各级红十字会为困难群众发放救助款物50余万元。全年有两千多人参加急救技术培训。全市有25家红十字志愿服务团队。

现任会领导：

市红十字会名誉会长：路国贤（市委书记）

会长：迟军（副市长）

常务副会长：陈晓栋

许昌市红十字会

【简介】

许昌市红十字会创始于 1924 年，1987 年 2 月恢复工作。2001 年，市红十字会核定事业编制二人。2008 年，市红十字会理顺管理体制，由市卫生局代管改为市政府领导直接联系，为副处级事业单位，配有专职副会长，机关列编五人，内设办公室和赈济救护科，全额预算，人员参照公务员管理。全市现有基层红十字会组织 86 个，红十字团体会员单位 70 家，红十字会员 13075 人，红十字会冠名医疗机构四个。全市八个县（市、区）基本上建立红十字会机构，其中禹州市红十字会理顺管理体制。

2011 年，市红十字会共募集救灾救助资金 11.2 万元，救助贫困家庭 205 户。启动“携手人道力量，爱心捐赠助困”为主题的大型公益募捐活动，募集到善款 49 万元。全年举办各类卫生救护培训班 38 期，有 2749 人参加培训。采集造血干细胞志愿捐献者血样 35 人份，有二人实现造血干细胞捐献。有六人登记遗体志愿捐献，有一人实现遗体捐献。

现任会领导：

市红十字会会长：赵振宏（副市长）

专职副会长：范建华

三门峡市红十字会

【简介】

三门峡市红十字会于 1987 年恢复开展工作。现有编制五人，机关内设办公室、业务部、造血干细胞工作站。市辖六个县（市、区），其中义马市、卢氏县红十字会机构独立设置，其他红十字工作由当地卫生部门代管。

三门峡市红十字会开展春节送温暖活动，累计发放救助款物 200 万元，使八万多人受益。为各灾区募集救灾款物 1000 余万元。共采集造血干细胞血样 2000 多人份。市红十字会开展卫生救护培训，已培训 5000 余人次。

现任会领导：

市红十字会会长：王干一

商丘市红十字会

【简介】

商丘市红十字会 1988 年 1 月恢复建立。2006 年 12 月，市红十字会独立设置，为副处级单位。全市现有基层红十字会组织 129 个，红十字会员 31639 人，红十字青少年会员 13382 人。

2011 年，商丘市红十字会接收社会各类捐款 61300 元。小天使基金项目落实救助资金 81 万元。有一人成功捐献造血干细胞。还启动了人体器官捐献试点工作。

现任会领导：

市红十字会会长：江文玉（副市长）

秘书长：杨宏伟

信阳市红十字会

【简介】

2011 年，信阳市的新县、固始县、罗山县、淮滨县、息县红十字会理顺管理体制。全市现有基层红十字会组织 395 个，红十字会员 44678 名，其中红十字青少年 25325 名。市红十字会全年募集救助物资 53.6 万元。在双“红十字博爱送万家”活动中，发放救助资金 20 万元。完成 500 人份造血干细胞捐献志愿者血样采集工作。

现任会领导：

市红十字会名誉会长：王铁（市委书记） 郭瑞民（市长）

会长：包盛柏（副市长）

常务副会长：周大典

驻马店市红十字会

【简介】

驻马店市红十字会于 2002 年独立设置，内设赈济部和办公室。2007 年，市红十字会成立党组。编制六人，人员参照公务员管理。全市现在基层红十字会组织 3700 个，红十字会员 9.5 万人，红十字志愿工作者三万人。

2011 年，全市共建立村级红十字小组 1100 个，学校红十字会 246 个，行业红十字会 129 个。市红十字会新建志愿者管理中心、活动中心 60 个，新增志愿者 1.2 万人，并建立 341 个志愿服务队。全年募集救助金 250 余万元、救助物资 93 万元。在“红十字博爱送万家”活动中，全市发放救助款物 157 万元，慰问救助特困群众 8100 多人。举办初级卫生救护培训班 182 期，3772 人参加了培训。

现任会领导：

市红十字会会长：张德轩（副市长）

兼职副会长：谢富田（市政府副秘书长）

常务副会长：曾莉

湖北省红十字会

【年度工作】

2011 年，湖北省红十字会系统认真贯彻落实中国红十字会九届二次理事会精神，围绕湖北经济社会跨越式发展，依法履行职责，创新工作机制，扎实有效地推进各项工作，全省红十字事业呈现出良好局面。

一、加强组织建设

2011 年，湖北省红十字事业发展经受了前所未有的严峻挑战，也遇到了前所未有的重要机遇。在省委、省政府的领导下，在总会的支持下，省红十字会着力加强机关建设和目标责任制管理，健全规范机关工作，理顺内部关系，加强内部管理，领导班子团结、务实、高效、廉洁，各职能部门组织、协调、保障、服务到位，运转良好。其次，全面加强干部队伍素质的提高，着力实施人才强会战略，牢牢把握思想、作风、信念等重要环节，切实加强干部思想、能力、作风和廉政建设，关心干部的成长进步，不断完善和优化干部队伍结构，全省红十字会系统干部讲学习、讲团结、讲奉献、讲效率、讲形象、讲创新，热爱事业、精通业务、乐于奉献、善做社会工作，干部队伍的整体素质不断提升，形成了清正严明、昂扬向上的良好氛围和团结协作、和谐愉快的良好工作环境。第三，强力推进和理顺管理体制，在草拟即将下发的《中共湖北省委、湖北省人民政府关于加强新时期全省红十字会工作的意见》中，就理顺管理体制工作提出明确的具体要求，强化政策导向。加大协调督促力度，在半年工作座谈会上，专门针对理顺管理体制工作进行了座谈，了解情况。同时省红十字会与有关市州党委、政府沟通协调，强力推进理顺管理体制工作，取得了预期的进展。

二、科学谋划工作

根据总会年度工作部署和省委、省政府有关要求，积极谋划各项工作。

精心编制《省红十字事业 2011—2015 年发展规划》，实现省红十字事业发展首次纳入全省“十二五”规划。抢抓机遇，主动作为，积极衔接，得到省政府和省发改委领导的高度重视和关心支持，实现了红十字事业首次纳入《湖北省经济和社会发展第十二个五年规划纲要》，与省发改委联合发布了《湖北省红十字事业十二五规划》。

精心组织好省红十字会第六次会员代表大会。4 月 29 日，省红十字会“六大”在武汉召开。中国红十字会会长华建敏和总会领导王伟、郝林娜等，湖北省委书记李鸿忠、省长王国生等省领导出席大会。华建敏、李鸿忠和省委常委、副省长、省红十字会会长张岱梨在大会上发表讲话。大会主题鲜明，内容丰富，组织有序，隆重热烈，产生了良好的社会反响。

确立形成总体工作思路。科学确立了推进“4321”工程的工作思路，即：着力推进“四个建设”（工作体制建设、备灾能力建设、应急救援建设、信息网络建设）、积极构筑“三个中心”（红十字应急救护培训中心、人体器官捐献管理中心、募捐筹资管理中心）、努力打造“两个品牌”（“博爱”项目品牌、“霞光”救助品牌）、奋力实现“一个目标”（运转良好的各级红十字会）。

加紧出台《中共湖北省委、湖北省人民政府关于加强新时期全省红十字会工作的意见》。省委、省政府高度重视红十字会工作，4 月 15 日，省委常委会听取省红十字会工作情况汇报，同意以省委、省政府的名义发文，就进一步加强新时期全省红十字会工作提出意见。省红十字会及时成立工作组开展工作，经过多次研讨、修改、征求意见，九易其稿，形成了《意见》（送审稿）。《意见》的出台，势必为红十字会工作提供强有力的政策支持，加速推动湖北红十字事业科学发展进程。

三、认真履行职责

全省各级红十字会扎实高效推进“三救”、“三献”等传统工作，以满足人民群众对日益增长的人道救助的新需求。

（一）备灾救灾工作。不断加强救灾备灾基础设施建设，形成了以中国红十字会湖北备灾救灾中心为主，以宜昌、荆州、咸宁、黄冈、潜江、荆门、仙桃、恩施、神农架、十堰等十个市州备灾仓库为辅的红十字应急备灾仓库网络体系。全年救灾捐赠款物 1345.85 万元，受益 296700 人次。

6 月份，湖北遭遇旱涝急转的严峻形势，省红十字会及时启动自然灾害应急救助三级响应，紧急调拨救灾物资，救助受灾群众。特大暴雨导致通城县城区居民饮水困难，供水紧急救援队紧急实施救援行动，14 天共制水 260 吨，受益人口 4000 余人，救援行动深受群众欢迎，社区居民和当地政府送来“红十字会　人民感谢你”等锦旗、横幅，救援队撤离时，当地居民夹道欢送。

（二）人道救助工作。全年投入救助款物 1811.12 万元，受益群众 129161 人次。

继续扩大造血创业式救助规模，2011年，“魔豆宝宝爱心工程”在武汉、襄阳、十堰、黄石等地铺开，共筛选74人，已完成培训工作。积极主动开展助医、助学、助困、助残和助老等人道救助工作，持续推动各级红十字会关爱进社区、进农村。

积极争取总会彩票公益金培训经费，举办培训师资班，初步建立了遍及全省的红十字救护培训师资队伍。全年救护师资培训2163人次，培训救护员19440人次，参与急救知识讲座480652人（次）。

（三）无偿献血工作。积极参与无偿献血的宣传、动员与表彰工作。2011年，宣传动员200多万人次无偿献血，献血量达四万毫升，预防艾滋病宣传291732人次。

（四）造血干细胞捐献工作。形成了以造血干细胞捐献者资料库湖北分库为中心，以市州工作站为基础，联接实验室、总库、捐献工作志愿者的造血干细胞捐献网络体系。湖北分库坚持“充分了解，志愿加入，沟通家人，深思熟虑”的工作原则，已累计完成4.1万份资料入库任务，累计捐髓成功86例，2011年捐献17例。

（五）遗体器官捐献工作。省红十字会成立了器官捐献委员会，召开了省人体器官捐献试点工作会议，受总会委托承办了两期人体器官捐献协调员培训班。2011年，全省实现眼角膜捐献七人、实现捐献皮肤11人、实现器官捐献10人、实现遗体捐献94人。加快推进《湖北省遗体和器官捐献条例》立法工作，积极向省人大申报将《条例》纳入2011年度后备立法计划。

（六）合作交流工作。一是采取“请进来、走出去”的互动形式，组团或参团分别与美国、比利时、南非等国家及香港、台湾地区红十字会进行了工作交流。二是加强与兄弟省市红十字会的联系，省红十字会加强与北京、福建、天津等兄弟省市红十字会的联系与合作。三是通过交流与合作，加强项目引进与管理。全年共引进项目33个，总价值923.5万元；援外项目5个，总价值750万元。

（七）宣传工作。省红十字会坚持以“三救”、“三献”等中心工作和重大活动为宣传重点，突出宣传了“红十字博爱送万家”、“魏霞”义捐、省红十字会“六大”、湖北供水紧急救援队赴通城紧急救援等，有效扩大了红十字会的社会影响力和知晓率。

推进普法工作。4月份，省人大教科文卫委员会人员分别赴宜昌市、宜都市、荆门市和孝感市，对各地贯彻执行《红十字会法》和《湖北省实施〈中华人民共和国红十字会法〉办法》的有关情况进行了调研和检查，有力推动了地方红十字会普法工作。根据总会规划，结合本省实际制定并下发了《湖北省红十字会系统2011—2015年法制宣传教育规划》和实施情况验收标准，为提升全省各级红十字会系统依法行权履职能力和水平奠定了基础。

【历史沿革】

湖北省红十字会起源于20世纪初，是中国红十字会早期活动地之一。

1911年10月10日，辛亥革命在武昌爆发，11月底，袁世凯率清军攻打汉口。1912年初，当驻汉各国使节尚在清政府与革命党起义力量之间权衡利弊、左右观望之际，武汉市基督教美国圣公会（世界新教三大主流门派之一的“安立甘宗”在中国的称谓）吴德施主教责成教会所辖的武昌文华中学校长余日章等人组成红十字会，余日章与城内一批中外有声望的士绅商贾出面组织红十字会（当时该红十字会未得到中国红十字会的认可），建立临时伤兵医院，救治战斗中负伤的起义军民，掩埋阵亡将士，对战区灾民进行收容赈济服务。“当城内缺粮问题日趋严重时，他又率悬有大幅红十字会会旗的船队往来于武昌汉口之间，将数万吨米运往武昌……”1912 年 1 月，中华民国建立，大清红十字会改名为中国红十字会后，设临时医院于武汉，并组织医疗队在战争中开展力所能及的救护、救助工作。时任在武昌的黎元洪副总统在一份致南京孙中山大总统电文中有这样记载：“南京孙大总统：鄂省自起义以来，血战数十日，尸骸枕藉，无算伤残。幸赖中国红十字会，设立临时医院，救治被伤兵士，并施掩埋……得邀万国红十字会联合公认该会为中华民国正式红十字会……伏恳请准予立案……”等。在《中国红十字会二十年大事纲目》清宣统三年（1911 年）中这样记载：“武汉事起，各省响应。宜昌沙市荆州南京宿州正阳等处，相继剧战。本会悉就其地，组织医院医队，会请教会西医，竭诚救护。”另有 1912 年 12 月 19 日武昌徐森玉关于万家庙义塚给红十字总会求助的电文：“喜鹊胡同红十字总会冯伯翁……来鄂襄阳掩埋功不得已禀黎副总统查核允助洋千元安铜旗铁栏种树……”在辛亥首义阳夏战争中，在上海万国红十字会电请下，黎元洪指派陈雨苍改组红十字救护队之后，在汉口药帮巷（福建巷堤外）设会所。1916 年 6 月，中国红十字会汉口分会成立（据夏口县志记载），会长刘子敬，副会长王琴甫，理事长树景权，秘书长王民仆，有会员 500 多人。1917 年湘鄂战争之际，在汉口设临时医院 3 所等。全省各地也都纷纷有红十字会的分会成立，例如宜昌、襄阳等地，有文字这样记载：民国 7 年（1918 年）中国红十字会宜昌分会成立，借大北门外正街北五省会馆为会址。自建会所中山路，会员 105 人，送诊施药，救护伤员。到 1924 年湖北省各地被中国红十字会认可的分会已有 20 个：武昌分会、汉口分会、潜江分会、通城分会、崇阳分会、宜都分会、沙市分会、襄阳分会、郧县分会、黄冈分会、樊城分会、大冶分会、宜昌分会、鄂城分会、蕲水分会、枣阳分会、蕲春分会、光化分会、当阳筹备处、老河口筹备处。

1937 年，抗日战争全面展开，中国红十字会的战争救护工作也在全国全面展开，在汉口成立了中国红十字会救护总队，下设 10 个医疗大队、50 个医疗中队、100 多个区队，有近 150 支医疗队，医疗救护人员近 4000 人。如：1938 年 5 月 11 日下午一时武昌红十字分会临时救护委员会第一次成立会议在武昌红十字分会召开，主席吕道信。医疗队认真贯彻红十字运动基本原则，不论是国民党政府军队，还是共产党领导的八路军、新四军，甚至日本侵略军的伤病人员都一视同仁予以救护。1937 年 6 月，由苏汰余任汉口分会会长。武汉沦陷后，直到 1946 年 4 月恢复汉口分会，常务理事长李荐廷，常务理事兼副会长王民仆、宋如海。设红十字会医院一所，院长朱文俊，1947 年有会员 19438 人。

新中国成立后，1956 年 4 月，由姚克方、卢镱澄、孙冰、毛景芳等人组成湖北省红十字会临时办事机构，孙冰任总干事。11 月 20—22 日在武昌洪山礼堂召开了湖北省红十字会第一次会员代表大会，出席会议代表团123人，大会选出41人组成执行委员会，姚克方任主席，刘劲、卢镳澄任副主席；七人组成监察委员会，唐午园任主任委员，熊子民任副主任委员。湖北省红十字会成立后，按照《中国红十字会章程》办事，在省人民政府的领导下，认真贯彻“预防为主”的卫生工作方针，积极开展群众性的卫生宣传、卫生服务和卫生救护培训工作，建立卫生站，大力从事救死扶伤、爱国卫生、群防群治、学校青少年卫生、普及卫生知识、救济贫民及灾民等工作。到1958年，红十字会活动已在武汉市、沙市市、宜昌市、襄樊市及麻城、浠水、孝感等市县普遍开展起来，仅武汉市就有会员30多万，基层组织680个，工厂、学校、都有组织参与，把爱国卫生运动推向高潮。1964年11月上旬，召开湖北省红十字会第二次会员代表大会，姚克方任会长。“文革大革命”中省红十字会被迫停止工作。1978年武汉市红十字会率先恢复活动，至1984年10月，武汉市已发展基层组织677个，会员80505人。1985年7月，湖北省红十字会恢复工作，8月召开了湖北省红十字会第三次会员代表大会，出席会议代表人60人，何界生任会长，金振涛为常务副会长，省红十字会办公室设在省卫生厅内，办公室由兼职秘书长陶再华主持工作。省红十字会自1985年恢复工作以来，即致力于各级红十字会的恢复组建工作，全省各地、市、州、县均成立了红十字会。1996年5月24日，召开了湖北省红十字会第四次会员代表大会，出席会议代表56人，贾志杰为会长，韩南鹏任会长，涂用宏为常务副会长，冯芊为秘书长，下设省红十字会办公室、组训部和宣传部。

自第四次会员代表大会后，湖北省红十字会在湖北省委、省政府和中国红十字会总会的领导和指导下，坚持依法建会、依法兴会，做了大量的卓有成效的工作。

2004年9月6日，湖北省红十字会召开了省第五次会员代表大会，回顾总结了“四大”以来湖北省红十字工作所取得的成绩和经验；审议通过了第四届理事会的工作报告、《湖北省红十字会实施〈中国红十字会章程〉细则修改意见》、《湖北省红十字会2005～2009年发展规划》；选举产生了新一届理事会并召开了第五届理事会第一次会议，聘请了中共中央政治局委员、中共湖北省委书记俞正声为省红十字会名誉会长，韩南鹏为名誉副会长，副省长蒋大国当选为会长，毛三元为专职副会长，黄利鸣、谢继伦为兼职副会长，根据会长提名冯芊为秘书长。

湖北省红十字会历次会员代表大会

第一届

1956年11月20召开，代表123人，理事52人，常务理事11人，会长姚克方。

第二届

1964年11月召开，代表41人，理事25人，名誉会长姚克方。

第三届

1985年8月召开，代表60人，理事13人，常务理事八人，会长何界生，常务副会长金振涛。

第四届

1996年5月24日召开，代表191人，理事56人，常务理事20人，名誉会长贾志杰，会长韩南鹏，常务副会长涂用宏。

第五届

2004年9月日6召开，代表263人，理事71人，常务理事13人，名誉会长俞正声，会长蒋大国，常务副会长毛三元。

【组织机构】

截至2004年底，湖北省红十字会有基层组织4579个，会员104.8万人（其中青少年会员88.7万人），占全省人口的1.74%。全省17个地（市）、州都建立了红十字会组织，基层组织分布于全省城镇、农村、医院、学校等，这些机构和基层组织是湖北省开展红十字工作的基本力量。湖北省红十字会机关设有办公室、赈济救护部、事业发展部，下辖中国红十字会湖北备灾救灾中心。

根据《中华人民共和国红十字会法》和中国红十字会总会《理顺管理体制座谈会纪要》精神，2001年5月15日，湖北省编委对省红十字会管理体制和机构编制问题给予了批复。省红十字会“由省卫生厅代管”改为“省政府分管领导联系”。2002年，中共湖北省委组织部又进一步明确了省红十字会党组设置和干部管理等若干问题。湖北省部分市、县红十字会也结合实际按政府机构改革方案的要求进行了合理的调整，配有专职干部，保持了相对独立的工作体系。

目前，全省12个地级市、三个省直辖行政单位、一个林区和一个自治州红十字会是：武汉市红十字会、黄石市红十字会、襄樊市红十字会、十堰市红十字会、荆州市红十字会、宜昌市红十字会、荆门市红十字会、鄂州市红十字会、孝感市红十字会、黄冈市红十字会、咸宁市红十字会、随州市红十字会、仙桃市红十字会、天门市红十字会、潜江市红十字会、神农架林区红十字会、恩施土家族苗族自治州红十字会。

【大型项目】

一、1998年，为救助长江流域特大洪涝灾区，湖北省红十字会共募集救灾款物1.4亿元。

二、1999年，湖北省红十字会募集善款2012.32万元，为1998洪涝灾区重建了卫生院13个；募集善款253.23万元，重建学校九个；募集善款150万元用于14个水改项目；募集资金330万元建地区备灾仓库四个；援助灾区2000户民房建材591.5万元；援助灾区民房门、窗10万元；为基层医疗机构配备医疗器械、设备63台（套），价值209.79万元。

三、2003年，湖北全省红十字会系统为防治“非典”募集款物价值708万元；募集价值16万元的款物支持新疆灾区。

【主要特色】

一、加强备灾基地建设，提高救助能力。为提高湖北省红十字会救灾应急能力，经省红十字会多方呼吁和劝募，共筹集资金330多万元。在当地政府的支持下，筹建了荆州、宜昌、咸宁、黄冈、四个备灾救援中心。目前，全省救灾备灾建设项目总面积达到一万多平方米，全省初步形成了以中国红十字会总会湖北备灾救灾中心为骨干，以四座市级备灾救援中心为支撑的备灾救灾网络，增强了全省红十字会的备灾实力，提高了救助效能。

二、湖北省红十字会不断加强国际友好交流与合作，在中国红十字会总会的指导与支持下，先后与20多个国家的地区红十字会建立了长期交流的友好关系。

三、认真处理有关台湾事务。2001年6月23日，受“飞燕”台风影响，“广源轮”货船在台湾安平港沉没，船上23名大陆劳务外派船员全部落海。其中湖北籍船员22名，安徽籍一名，19名船员遇难或失踪，四名生还。在台湾“海基会”与大陆“海协会”暂停交往的情况下，湖北省红十字会通过中国红十字会总会积极与台湾红十字组织取得联系，组织遇难者家属赴台，配合、协助长江航运集团公司处理善后事宜，圆满完成了任务，受到国务院台办、中国红十字会总会、湖北省台办等有关部门领导给予的高度评价。同时也为两岸红十字组织今后处理此类突发事件提供了经验。

（鲍　毅）

武汉市红十字会

【简介】

1900年，黄祖徽等人在武昌创立红十字会，开展人道主义救助工作。1911年5月，中国红十字会汉口分会成立，在汉口药帮巷（今硚口区新安街派出所）开设医院。红十字会在还此后做了大量救护伤兵、收埋遗体、协助防疫等公益救济工作。“文革”中，市红十字会活动被迫中断。1978年，武汉市红十字会恢复工作。

2011年，武汉市红十字会募集捐款捐物合计人民币6878585.73元。全年发放救灾救助款物5519892.40元，其中救助款达2490686.20元，救灾救助物资价值3029206.20元，受益27741人。市红十字会救护培训中心全年举办各类培训班112期（次），培训各类人员达11500余人，其中免费为社会培训红十字急救员3460人。全年有14.3人次参加无偿献血，献血量达22.8万单位。全年志愿捐献遗体登记人数为784人。实现遗体捐献94人，实现眼角膜捐献七人，实现捐献皮肤六人。成立了武汉遗体器官捐献工作信息管理中心。组建各类红十字志愿服务队33支，注册登记志愿者4255名。

现任会领导：

市红十字会长：刘顺妮（副市长）

专职副会长：陈耘

黄石市红十字会

【简介】

黄石市红十字会始建于1919年，原名中国红十字会大冶分会，“文革”期间停止工作，于1986年12月恢复工作。在2006年6月理顺管理体制，由市卫生局代管改由市政府分管领导联系，编制三名。全市六个县（市）区均建有红十字组织，共有基层红十字会组织40个，红十字团体会员单位160家，红十字会员55674人。

2011年，黄石市红十字会发放救助款物314.3万元，受益一万余人次。全年培训救护师资114人次，培训救护员1292人次。有15306人次参加无偿献血，献血量达4840800毫升。完成200人份造血干细胞捐献者资料入库工作。有六人登记自愿捐献遗体，有五人登记自愿捐献眼角膜。组建市红十字会捐血志愿服务队一支。争取到香港特别行政区红十字会援建阳新县龙港镇卫生院青龙分院水灾重建项目资金35万元。

现任会领导：

市红十字会会长：苏梅林（副市长）

宜昌市红十字会

【简介】

宜昌市红十字会始建于 1918 年，历史上先后建有“万国红十字会宜昌分会”和“世界红十字会宜昌分会”两种组织。“文革”期间中断工作，1986 年恢复成立宜昌市红十字会，同年恢复成立宜昌地区红十字会。1992 年，宜昌地市合并，宜昌市红十字会和宜昌地区红十字会合并成立新的宜昌市红十字会。2002 年，市红十字会机构内设在卫生局，为正科级单位，定编制五人，人员参照公务员管理。2005 年，市红十字会改由市政府领导直接联系。宜昌市 13 个县（市、区）均建立红十字会，全市有基层红十字会组织和团体会员 530 个，红十字会员 13.6 万人，红十字志愿工作者 1400 人。

2011 年，市红十字会为各县（市、区）受灾地区发放救灾款物 145.16 万元。全年共接收上级红十字会下拨和社会各界捐赠款物合计 452.96 万元。全年共发放救助款物 507.30 万元，救助困难群众 53800 人次。培训救护师资三人次，培训救护员 379 人次，有 8100 人参加急救知识讲座。全年有 4.24 万人次无偿献血，献血量达 900 多万毫升。完成 340 人份造血干细胞志愿捐献者资料入库工作，有一人实现造血干细胞捐献。有六人登记志愿捐献眼角膜，有三人实现眼角膜捐献。组建“宜昌市红十字会应急救援志愿者队”，注册登记的红十字志愿工作者有 93 名。

现任会领导：

市红十字会长：王国斌（副市长）

常务副会长：董美阶

专职副会长：张继华（兼秘书长）

黄冈市红十字会

【简介】

黄冈市红十字会始建于 1987 年。2005 年，市红十字会理顺管理体制，从市卫生局代管改由市政府分管领导直接联系，机构规格为副处级，设副县级专职副会长一名。全市 11 个县、市、区均建立红十字组织，全市有基层红十字会组织 403 个，红十字团体会员单位 256 家，红十字会员 20 万人，红十字志愿工作者 946 人。

2011 年，市红十字会争取上级红十字会援助物资价值 2429068.94 元，同时募集款物价值 63.7 万元。全年培训初级救护员 440 人。有 102 名志愿者采集了造血干细胞血样，有一人实现造血干细胞捐献。六人登记自愿捐献遗体。

现任会领导：

市红十字会会长：梅香雪

专职副会长：周进

孝感市红十字会

【简介】

中国红十字会孝感县分会成立于 1946 年 8 月，1948 年更名为孝感县红十字会，1963 年重新组建孝感县红十字会。1986 年 12 月 30 日，“孝感地区红十字会”成立。1993 年，撤地建市更名为“孝感市红十字会”。2008 年，市红十字会理顺管理体制，从市卫生局代管改由市政府领导联系，定编制三人。全市七个县（市、区）均建立红十字会。全市有基层红十字会组织 11 个，红十字团体会员单位 178 家，红十字会员 3.4 万人，红十字志愿工作者 318 人。

2011 年度，孝感市红十字共投入救灾款物 1.18 万元，发放救助款物 81.82 万，救助困难群众 1.5 万人次。培训救护师资二人次，培训救护员 87 人次，参与急救知识讲座 5531 人。全年有 3.8 万人次参加无偿献血，完成造血干细胞捐献资料入库 554 人份，有一人实现眼角膜捐献。成立市级和县级红十字志愿者服务队各一支，注册登记红十字志愿者 153 人。

现任会领导：

市红十字会会长：王芳（副市长）

常务副会长：李跃念

专职副会长：钱波东

咸宁市红十字会

【简介】

咸宁市红十字会始建于 1986 年，2005 年底理顺管理体制，为市政府领导直接联系，机构规格为副处级，有编制二人。全市建立县（市、区）红十字会六个，乡镇红十字会 69 个，基层红十字组织 158 个，红十字会员 32700 人，其中青少年会员 11500 人，红十字志愿工作者 106 人。

2011 年，咸宁市红十字会在“红十字博爱送万家”活动中为特困户发放八万余元的生活物品。组建了咸宁市红十字志愿者服务队，已注册红十字志愿工作者 48 人。全年完成无偿献血 30132.5 个单位，有 126 人份造血干细胞资料进入中华骨髓库。与国核工程有限公司咸宁现场管理项目部联合举办了红十字初级救护员培训班，有 27 人取得初级救护员合格证书。

现任会领导：

市红十字会会长：镇方松（副市长）

常务副会长：汪玲珑

专职副会长：廖洪峰

仙桃市红十字会

【简介】

仙桃市红十字会于 1987 年 11 月成立，有基层红十字会组织 126 个，红十字会员六万多人，红十字志愿工作者 1460 人。

2011 年，仙桃市红十字会转移安置洪区灾民 1797 户，发入救助款物 151.46 万元，7300 人次受益。全年救护师资培训 15 人，培训救护员 1540 人。全年有 5293 人次参加无偿献血，献血量达 161.38 万毫升，已累计完成 1454 人份造血干细胞捐献者资料入库任务，有 11 人登记遗体器官捐献，成功实现遗体捐献一例。全市组建红十字志愿服务队五支，注册登记的红十字志愿工作者有 150 名。

现任会领导：

市红十字会会长：曾伟昕（副市长）

常务副会长：闵银华

秘书长：魏华

天门市红十字会

【简介】

天门市红十字会始建于 1990 年 4 月 4 日。1991 年 11 月，市红十字定编二人，并列入市卫生局编制。1994 年 3 月 7 日，市红十字会定为副科级。全市现有红十字会员

11.8万人，红十字青少年会员2000人，红十字团体会员单位35家。

2011年，天门市红十字会组织大型送温暖活动三次，累计发放救助物品33.1万元。全年培训应急救护骨干300名。无偿献血人数6400人，无偿献血167.5万毫升。采集造血干细胞志愿捐献者血样150人份。有15人登记志愿捐献遗体器官。

现任会领导：

市红十字会会长：吴宇慧（副市长）

副会长：杨宏琼

秘书长：田祎

随州市红十字会

【简介】

随州市红十字会始建于1927年，“文革”期间停止工作，1986年恢复工作。2006年初，市红十字会理顺管理体制，由市卫生局代管改由市政府领导联系，机构规格为副处级，编制一人，内设办公室。全市三个县（区）均建立红十字会组织。全市有基层红十字会组织156个，红十字团体会员单位23家，红十字会员六万人，红十字志愿工作者2000人。

2011年，随州市红十字会发放救助款物8.2万元，救助129161人次。全年培训卫生救护师资163人次，培训初级卫生救护员9440人次。有六多万人次参加无偿献血，献血量达五吨。全年采集造血干细胞捐献者血样资料245人份。有四人登记进行遗体（器官）志愿捐献。市红十字会还成立志愿服务队三支。

现任会领导：

市红十字会会长：李雅君（副市长）

常务副会长：杨毓勇

专职副会长：刘明

十堰市红十字会

【简介】

十堰市红十字会始建于1986年10月，有办公人员二名，挂靠在市卫生局。2005年，市红十字会理顺管理体制，由市卫生局代管改由市政府领导联系，人员参照公务员法管理。2007年，重新核定机关人员编制五名，机关内设办公室、综合事业部。全市九个县（区）均建立红十字会组织。

2011年，十堰市红十字会为各灾区发放救助款物600万元，救助二万多人次。开展救护师资培训20多期，受训4000余人次，参与急救知识讲座1.2万多人次。全年有四多万人次参加无偿献血，献血量7.1万多毫升。采集造血干细胞捐献者血样84人份，共有三人配型成功。组建红十字志愿服务队四支，全市注册登记的红十字志愿工作者有400多名。

现任会领导：

市红十字会会长：刘学勤（副市长）

专职副会长：张志斌

潜江市红十字会

【简介】

潜江市红十字会成立于1988年3月15日。2007年5月8日，市编委批准红十字会事业编制三人，级别为正科（局）级的具有开展独立工作的政府社会救助团体的法人机构。内设综合科、社会赈济科。全市有基层红十字会组织 33 个，红十字团体会员单位 84 家，红十字会员 24718 人，红十字志愿工作者 120 人。

2011 年，潜江市红十字会在送温暖和救灾活动中发放款物 33.76 万元，有 5200 人次得到救助。培训救护师资三人，培训初级卫生救护员 30 人，有 9800 人（次）参与急救知识讲座。全年有 9072 人次参加无偿献血，献血量 254 万毫升。已累计完成 361 人份造血干细胞捐献者资料入库任务。共有 22 人登记志愿捐献遗体器官，有一人实现器官捐献。组建红十字志愿服务队一支，全市注册登记的红十字志愿工作者有 120 名。

现任会领导：

市红十字会会长：王玉梅（副市长）

常务副会长：朱方平

专职副会长：蔡政军

荆州市红十字会

【简介】

1994 年，荆州市红十字会由荆州地区红十字会和沙市市红十字会合并而成，1986 年恢复成立。1997 年，市红十字会由市卫生局代管，设办公室（副县级），定行政编制四名，工勤编制一名（事业编制）。2001 年，市红十字会设在市卫生局，内设综合科和赈灾科。2005 年，市红十字会改由市政府分管领导联系。全市八个县（市、区）均建立红十字会组织，有基层红十字会组织 384 个，红十字团体会员 347 家，红十字会员九万人，红十字志愿工作者 8530 人，注册红十字志愿工作者 142 人。

2011 年，荆州市红十字会在救灾活动中发放款物 152.74 万元。接受香港特别行政区红十字会援助水灾重建资金 92.5 万元。帮助 11 名白血病患儿得到中国红十字基金会救助资金 35 万元。全年救护师资培训 427 人次，培训救护员 846 人次，参与急救知识讲座 4761 人（次）。有 50038 人次参加无偿献血，献血量 1500 万毫升。全年造血干细胞捐献者资料入库 672 人份，有一人成功捐献造血干细胞。年内实现眼角膜捐献二人，遗体捐献三人。市红十字志愿服务队参与志愿服务达 5272 人次，工时累计达 10545 小时。

现任会领导：

市红十字会会长：徐朝平（副市长）

专职副会长：赵复雄

荆门市红十字会

【简介】

荆门市红十字会成立于 1986 年 11 月，2006 年 8 月，市红十字会理顺管理体制，由市卫生局管理调整为市政府分管领导联系，机构单列，正科级，内设办公室，有编制三人。2007 年 11 月，市红十字会纳入参照公务员管理的社会团体。全市六个县（市、区）均成立红十字会，其中钟祥市、沙洋县红十字会理顺管理体制。全市有有基层红十字会组织 45 个，红十字团体会员 62 家，红十字会员 11041 人。

2011 年，荆门市红十字会共发放救助款物 25.1 万元，受益 3178 人次。全年救护师资培训、复训 18 人次，培训卫生救护员 128 人次，参与急救知识讲座及基本技能训练 20950 人（次）。有 28030 人次参加无偿献血，献血量 898.17 万毫升。年内完成 235 人份造血干细胞捐献者资料入库任务，有一人成功捐献造血干细胞。

现任会领导：

市红十字会会长：胡功民

专职副会长：王必明

恩施州红十字会

【简介】

恩施州红十字会始建于 1986 年 8 月 1 日。

2011 年，恩施州红十字会有 28407 人参加无偿献血，有 20 人登记志愿捐献遗体（器官），有一人实现遗体捐献。举办了首期全州红十字会管理干部培训班，培训基层红十字会专兼职干部、志愿者骨干 26 人。举办了“首届全州救护车驾驶员应急救护培训班”，有 50 名驾驶员参加了培训。

鄂州市红十字会

【简介】

鄂州市红十字会于 1986 年 12 月建会。2010 年，市红十字会增设秘书长一名（高配副县级），副秘书一名兼办公室主任。全市有十字会组织 30 余个，红十字会会员一万人，基层红红十字志愿工作者 300 人。

2011 年，鄂州市红十字会在“红十字博爱送万家”活动中，向困难户发放慰问款物五万元。完成 700 人份造血干细胞志愿捐献者资料入库任务。有三人登记志愿捐献遗体。

现任会领导：

市红十字会会长：程少云（副市长）

副会长：麻琦　汪卫华

神农架林区红十字会

【简介】

神农架林区红十字会筹建于 1990 年，机构挂靠于林区卫生局。2007 年，神农架林区红十字会理顺管理体制，定编制二人，为正科级单位，人员经费、工作经费列入财政预算。2008 年，区红十字会配备专职副会长和秘书长，有工作人员六人。机关内设办公室、社会发展部和赈济救护部。全区八个乡镇成立红十字会组织，有红十字会团体会员单位 59 家，红十字会员 3387 人，红十字志愿者服务队四支，注册红十字会志愿工作者 416 人。

2011 年，神龙架林区红十字会救灾备灾物资储备库竣工。区红十字会为灾民发放救助款物 15 万元，被救灾民 120 户。救助贫困大病住院患者 58 人，发放救助金 10.8 万元。举办初级卫生救护培训三期，培训 5000 余人。组建四支志愿者服务工作队，为社会提供公益服务 20 多场次，参加志愿服务 580 多人次。

现任会领导：

林区红十字会会长：汪鸿波（副区长）

常务副会长：郭莉芳（区政协副主席）

秘书长：龚御波

襄阳市红十字会

【简介】

1918 年 1 月 13 日，樊城临时红十字会成立，有会员84人。同年7月15日，樊城红十字会正式成立。1942年2月1日，改称中华民国红十字会樊城分会。1948年改为襄阳县红十字会。1956年，襄阳市红十字会成立，文化大革命期间停止工作。1986年4月29日，襄阳市红十字会恢复重建，设在市卫生局，配编制五名。2006年，市红十字会配备专职副会长。

2011年，襄阳市红十字会接收定向捐赠资金80余万元用于救助困难群众。全年有7000多人接受救护师资、救护员等救护防病知识培训。有58921人次参加无偿献血，招募捐献造血干细胞志愿捐献者420人。市红十字会在爱尔眼科医院成立器官（眼角膜）捐献登记站。襄州区成立红十字志愿者分会。

现任会领导：

市红十字专职副会长：尚瑾

湖南省红十字会

【年度工作】

2011年，湖南省红十字会全面贯彻落实中国红十字会“九大”及九次二届理事会议精神，紧密结合湖南实际，团结拼搏，发奋工作，各项工作取得了新的成绩。

一、成功举办了湖南红十字组织成立百周年纪念活动。组织编写了博爱百年宣传画册，拍摄了宣传记录片，推出了传播、培训、救助等反映红十字会历史和作用的系列纪念活动。4月26日，举办了建会百周年纪念大会，全国人大常委会副委员长、中国红十字会会长华建敏，湖南省委书记、省人大常委会主任、省红十字会名誉会长周强等领导出席大会并讲话。华建敏、彭珮云还题词，寄语湖南省红十字组织成立100周年。

二、积极争取政策支持，优化红十字事业发展环境。省委书记周强、省长徐守盛、副省长郭开朗等领导多次听取红十字会工作汇报，召开专题会议，研究红十字会工作。6月，省编委向全省各市州、县（市、区）下发了通知，要求理顺县（市、区）红十字会管理体制。省政府同意将省红十字会办公用房纳入省政府统一规划、统一建设项目。省人大、省政协领导多次到省红十字会调研。

三、备灾救灾工作扎实有效。应急救援体系建设进一步加强。充分发挥省防汛抗旱指挥部、省应急管理领导小组、省减灾委员会成员单位的作用。加强备灾网络体系建设，全省建成备灾仓库15个，仓储面积达1.46万平方米。省备灾中心全年收发转运本省救灾物资124批次，价值1534.74万元，还充分发挥区域性作用，转运总会物资九批次，价值240.75万元。整合并规范了12支省、市、县级红十字紧急救援队，尤其加强了省红十字会应急搜救、紧急供水、救灾服务、心理援助四支专业救援队的建设。

灾害救援及时有力。针对湖南省旱涝急转的灾情，省红十字会提早安排部署，及时启动应急预案，迅速组织察灾慰问。共收集整理并上报灾情资料48份，向总会报灾10次，向香港、澳门特别行政区红十字会通报灾情八次；募集和接收救灾物资12批次，价值281.04万元；向各地灾区发放救灾物资18批次，价值855.82万元。

灾后重建严格规范。组织三批队伍对全省近年来已建成项目进行后期督察。落实了香港特别行政区红十字会援助的七市(州)、10县开展的水灾重建项目、澳门特别行政区红十字会援助重建的一所学校、河北省红十字会援建的一个改水项目、挪威红十字会援助的二县四村“以社区为本”减灾项目。所有项目都严格按照捐赠方的意愿，与受援地政府和红十字会签订了协议书和责任状，认真实施，保质保量。

四、医疗救护工作不断拓展，救护培训传统业务取得新成绩。继续推进对高危行业、中小学及素质教育基地人员的培训。全省红十字会共培训救护师资1793名，红十字救护员20058名，普及初级救护知识453151人次。加强旅游景区应急体系建设，在旅游景区设立了应急救护站。加强冠名红十字医疗机构的管理，查处了两起非法冠名、管理不严、违法乱纪事件，联合省卫生厅对全省冠名医疗机构进行了清理整顿。

造血干细胞捐献的品牌效应进一步提升。强化培训、优化流程、精化细节，全力做好宣传动员、纪念表彰工作，打造了党春丽、陈艳飞等多个宣传亮点。2011年，高标准完成口腔粘膜拭子试点任务，高质量招募成熟的志愿者报名，入库资料1.3万人份、检测一万人份、上传总库资料5600人份、寄送血样3000人份。准确及时、优质高效完成初筛2371人、再动员627人、高分辨151人、体检35人，实现捐献33例，捐献总数达到191例。

人体器官捐献试点取得良好进展。成立了机构，建立了专兼职协调员队伍，加强培训和协作，开展广泛的宣传发动和扎实的移植协调工作。已有350人登记报名，实现16例捐献，32例肾移植、五例肝移植。

预防艾滋病和无偿献血宣传工作深入推进。全省普及预防艾滋病知识71万多人次，无偿献血宣传达37万多人次。

五、社会救助关怀项目温暖人心。全省共募集下发救助款物价值1875万多元，受益人数达16万人次。启动了援助300名贫困聋残儿童进行康复治疗的“启聪扶贫计划”，继续落实援建山区学校、“快乐小厨房”、“魔豆宝宝”等社会救助活动。协助中国红十字基金会开展“阳光天使”和“小天使”救助活动，使本省26名先心病患儿、115名白血病患儿分别获得了34.4万元和354万元的医疗救助。继续开展“红十字博爱送万家”活动，全省红十字会筹集和发放慰问物资价值近1000万元，使全省7.5万户22万多人收益。省红十字会会长郭开朗率教育、卫生等理事部门负责人深入张家界桑植县走访慰问了部分受灾群众和特困家庭。

六、基层组织建设和志愿服务工作得到加强。指导各地切实加强基层组织建设，巩固加强对志愿者的管理，落实登记注册、培训整队和建章立制工作，引导其逐步走上专业化、规范化、特色化的道路。湖南红十字紧急救援队蓝天救援分队、心理援助中心二个团队分别在2011年岳阳遭受洪灾时开赴灾区，开展了近二个月的志愿服务活动。

七、红十字青少年工作更加活跃。有效推动校园红十字活动的开展，开办校医救护培训，开展了新一轮红十字模范校评比活动。7月，承办了2011年海峡两岸红十字青少年夏令营活动。

八、交往交流不断巩固。全年全省红十字会共接待国外和港、澳、台来访团组67次，出访团组18次，接待兄弟省市红十字会考察交流团组34次。落实中央和省委援疆工作会议精神，与新疆红十字会建立对口协作关系并支持备灾救灾项目等。

九、宣传工作取得新成绩。巩固与新闻媒体的良好合作关系，完善常态性宣传机制。开办了干部培训班、志愿者骨干传播班、社区普及班等，大力推动红十字传播工作。全年报刊杂志报道红十字会工作714篇次，电视播报消息356条。

十、自身建设得到加强。制定和完善了物资采购、资金管理、信息公开等60个系列制度。加强了对会员、志愿者的管理，加大干部队伍素质建设，优化岗位设置和人员安排。接受了四批次审计工作。探索建立了PTP筹资和项目管理新模式：成立了捐赠人管理委员会，吸收捐赠人代表参与红十字会募集款物管理工作；成立了项目管理委员会，请地质、水利、建筑、安全等部门专家为项目考察、实施提供专业意见；成立了审计监督委员会，由出资方和有关方面财务、审计人员及志愿者组成，全程参与资金、物资、项目的审计监督工作。研发了“湖南省红十字会捐赠款物信息公开查询系统”，适时公布接受和使用捐赠款物的明细情况。年内省红十字会荣获省直文明标兵单位和全省综合治理先进单位称号。

【历史沿革】

1911年，湖南省在中国红十字会总会指导下共建立了23个地方分会。从1911年到1949年各分会主要从事战地救护伤兵、救灾救济和疫情防疫工作。

1950年，湖南省10个地方分会经总会登记改组，按总会部署组建和训练医疗救护队，支援抗美援朝和新中国社会主义建设。1956年1月，湖南省红十字会首届执行委员会成立。1963年7月10日，湖南省委组织部发出文件，同意由王含馥、刘亚南等19人组成湖南省红十字会执行委员会，湖南省红十字会正式成立。成立后的湖南省红十字会在管理医疗实体、协助遣送日侨归国、开展募捐、发展组织、参加爱国卫生运动、宣传动员献血、开展国防救护训练等方面做了大量工作。1966年6月到1980年，湖南省红十字会工作经历了“文化大革命”停顿和拨乱反正后的逐步恢复阶段。

1981年10月，第一届湖南省红十字会理事会组建，红十字会工作重新恢复，副省长刘亚南任省红十字会会长。1987年，湖南省红十字会办公室恢复，同时恢复了全省性红十字会工作。1990年，全省各市县全部建立了红十字会组织，基层组织发展到2544个。1991年起，全省红十字会工作逐步进入程序化、规范化轨道：按中国红十字会总会要求，全力投入救灾抗灾，开展社会筹资、接受国内外红十字会捐赠，赈济灾民；主要在公路沿线建立红十字救护站；宣传无偿献血；开展红十字青少年活动；筹办红十字事业实体；发展对外联络等。1993年10月，全国人大颁布《中华人民共和国红十字会法》，1996年8月，湖南省人大颁布《湖南省实施〈中华人民共和国红十字会法〉办法》，为红十字会工作提供了法律保障，红十字会工作进入全面发展时期。2000年5月22日，湖南省编委下发《关于理顺湖南省红十字会管理体制的通知》，湖南省红十字会由卫生厅代管改由省政府领导直接联系。2002年9月，湖南省红十字会升格为副厅级机构，内设办公室、赈济服务部、救护培训部。2003年9月，湖南省红十字会第五次会员代表大会召开，会议全面总结了湖南省红十字会四届理事会以来的工作，制定了2003至2007年发展规划，选举产生了省红十字会第五届理事会理事53名，聘请湖南省省长周伯华为省红十字会名誉会长，选举副省长甘霖为会长，侯炳文为常务副会长，刘爱华、姜儒振、欧阳耀祥、余长明、刘家望为兼职副会长，王天民为专职副会长，黄克伟为秘书长。2005年1月，湖南省红十字会五届二次理事会召开，选举、调整了领导班子，彭力夫为副会长，根据会长提名刘迎建为秘书长。2006年2月，湖南省红十字会召开五届二次理事会，选举曾凡国为常务副会长，增选冯波、李良田、何满宗为副会长，增补了七名常务理事，31名理事。聘请省人大常委会副主任唐之享、省政协副主席李贻衡、省人大常委会原常务副主任董志文为名誉副会长。

【组织机构】

湖南省红十字会现有基层组织4700个，会员83.5万人，志愿工作者5200人。全省14个市州、122个县均建立了红十字会组织。

根据湖南省机构编制委员会《关于印发〈湖南省红十字会机构改革方案〉的通知》，湖南省红十字会为独立设置的副厅级机构，机关设有办公室、赈济服务部、救护培训部。2006年增设事业发展部。省红十字会下设省造血干细胞捐献者资料库管理中心、省红十字会备灾培训中心二个直属事业单位。

目前，湖南省14个市州红十字会已有长沙市红十字会、湘潭市红十字会、株洲市红十字会、娄底市红十字会、怀化市红十字会、衡阳市红十字会、永州市红十字会、湘西自治州红十字会、张家界市红十字会、岳阳市红十字会、邵阳市红十字会、郴州市红十字会理顺了管理体制，常务副会长、秘书长均配备到位，还有八个县级红十字会也已理顺了管理体制。

【大型项目】

一、备灾网络建设

（一）市、县备灾仓库。1994年，湖南省红十字会与香港特别行政区红十字会达成协议，选择长沙市的长沙县、衡阳市的衡南县，怀化市的鹤城区、常德市的武陵区共建备灾网络。香港特别行政区红十字会分别捐赠25万元人民币修建一小型备灾仓库，并配备了必须的交通通讯设备，负责本县（区）的备灾救灾和人员培训工作，同时兼负邻近县（区、市）赈灾物资的储存、转运。1995年，四县备灾仓库建成投入使用，备灾救灾工作组织机构也相继建立，同时规范了备灾救灾程序和应急处理措施，网络试点启动。湖南省红十字会与香港特别行政区红十字会联合举办了二期研讨会，落实了备灾网络试点目标管理责任书，备灾救灾工作逐渐规范。

（二）省备灾培训中心建设。1998年，经过中国红十字会总会、香港特别行政区红十字会、湖南省人民政府、湖南省红十字会多方磋商，《香港特别行政区红十字会支持湖南省红十字会备灾、培训中心协议书》签订，香港特别行政区红十字会援助湖南省红十字会250万元，湖南省人民政府拨配套资金300万元，修建备灾培训中心第一期工程（即大楼主体建设）。备灾中心建筑工程于1999年初正式启动，2000年10月建成并通过验收。该中心建筑面积为3560平方米，包括备灾仓库、培训用教室和培训人员住房。2002年，仓库投入使用。2003年9月，湖南省红十字会备灾培训中心经省编办批准正式成立，编制八名，为全额拨款事业单位。备灾培训中心大楼的建设和机构的成立，为湖南备灾救灾工作在物资储运、备灾培训等方面提供了坚实的基础。

（三）通讯工具的配备。为保障备灾救灾网络的灾害信息渠道畅通，2000年，湖南省红十字会清查各市、县红十字会报灾通讯设施（包括电话和传真）配备情况，要求各市、县红十字会配齐电话、传真，还分发了由香港特别行政区红十字会捐赠的35台传真机。2000年底，全省各市、县红十字会通讯设备齐备，通讯网络畅通。

（四）红十字会干部的备灾培训和应急预案。为提高全省各级红十字会干部的备灾救灾能力，2003年开始，在香港特别行政区红十字会的支持下，湖南省红十字会与香港特别行政区红十字会联合编写出版了25万字的《备灾救灾培训手册》，在各级红十字会层层举办备灾培训班，对全省红十字会系统1.3万多名备灾骨干进行了系统、深入的备灾培训。湖南省红十字会2005年5月制订了《湖南省红十字会自然灾害应急预案》，为灾害管理救助工作提供了规范性的指导。

（五）丹麦红十字会援助的备灾项目。为提高群众抗灾备灾能力，减轻灾害损失程度，在中国红十字会总会的指导下，湖南省红十字会接受丹麦红十字会73.818万元的援助，在张家界市的永定区、慈利县、桑植县的4个灾害多发村进行社区为本的备灾项目建设。指导村民调查分析该村拥有的资源及实际需要，由各村备灾委员会及村民集体研究制定村备灾减灾计划，逐步实施各项减灾措施。项目的实施惠及4个村的6000余村民。

二、救灾工作

1991年，湖南遭受了严重的南旱北涝灾害，全省80%以上乡村受灾。全省各级红十字会全力投入抗灾救灾工作，积极开展社会募捐，省红十字会共收到来自台湾、香港、新加坡等地捐款290多万元人民币和1.5万美元，国内捐款五万元；接受各类赈灾物资折合人民币928万元。

1993年洪灾期间，湖南省红十字会共接受国内外红十字会组织和境外社会团体赈灾款47万元人民币，救灾物资折合人民币987万元。

1994年夏，湖南省湘江、资江流域先后发生三次洪涝灾害，湖南省红十字会及时组织救灾，共接受国外、境外大米、药品等赈灾物资22批次，折合人民币2300万元，接受赈灾款990万元。同时，湖南省各地红十字会还自行募集了救灾款34万余元救助灾民。

1995年汛期，洞庭湖区等发生洪涝灾害。湖南省各级红十字会积极抗灾救灾，共派出医疗防疫队1300多支到灾区开展治病、防疫工作。并通过红十字会系统募集救灾款741.37万元、大米825吨（价值227.25万元），向社会各界募得人民币120万元、衣物40万件，均按要求及时发放到了灾区。

1996年，湖南省发生大范围洪涝灾害，省红十字会及时组织救灾、救护工作。湖南省红十字会共接受中国红十字会总会、红十字会与红新月会国际联合会、香港特别行政区红十字会捐赠的救灾物资总价值1406万元人民币，捐赠款200万元，及时发放灾区救济灾民。

1997年，湖南局部地区发生洪灾、风灾和冰雹灾害。省红十字会接受了中国红十字会总会价值356万元的物资、香港特别行政区红十字会30万元购粮款和一批价值20万元的救灾物资，先后发放了三批总价值933多万元的救灾物资。

1998年，湖南省发生特大洪灾。全省各级红十字会积极抗灾救灾，通过各种渠道开展募捐。湖南省红十字会接受了来自红十字会与红新月会国际联合会、欧盟、美国、日本、埃及、德国、澳大利亚、香港等红十字会及上海、北京、深圳市等省、市红十字会、机关、团体、企业和个人的赈灾款物50多批，价值人民币6320万元，及时按要求发往灾区，并积极争取了灾后重建项目资金。

1999年，湖南省又遭受严重洪灾。中国红十字会总会、红十字会与红新月会国际联合会及香港特别行政区红十字会先后有20余批200多人来湘考察灾情，慰问灾民。省红十字会共接受价值500多万元的救灾款物，加上往年的备灾物资，全年共发放了价值1200多万元的药品、大米、衣被等救灾物资。

2001年，湖南省发生大规模山洪灾害，全省各级红十字会积极投入救灾工作。省红十字会共发放了10批救灾物资，价值人民币280多万元，还接受了省外包括重建项目款捐赠近800万元。

2002年，湖南省再次遭洪水袭击，全省各级红十字会积极投入救灾救护工作。省红十字会接受了中国红十字会总会、红十字会与红新月会国际联合会、香港特别行政区红十字会、澳门特别行政区红十字会捐赠的价值1200余万元救灾款物及上海、北京、广东等省、市红十字会捐赠的价值320万元的救灾款物。全省共发放了价值1100余万元的救灾物资，组织了283支医疗救护队到开展灾区防疫治病工作，义诊人数达21万余人次。

2003年救灾期间，湖南省红十字会通过对外呼吁积极申请援助，共得到红十字会与红新月会国际联合会、中国红十字会总会及香港、澳门、北京、天津等红十字会援助的救灾款物价值948.94多万元。

2004年汛期，湖南省红十字会积极组织抗灾救灾，规范救灾程序，积极募集救灾物资。共接收来自中国红十字会总会、香港、上海、北京、天津等红十字会援助的救灾款物价值572万元，在省内募集款物价值6.36多万元。

2005年夏，湖南省部分地区发生严重洪涝灾害，省红十字会先后六次奔赴灾区勘察灾情和慰问灾民，筹集发放了100多万元的备灾物资；同时，积极向总会、红十字国际联合会和兄弟省市红十字会发出呼吁，寻求援助。全年共募集和接受救灾物资价值800多万元，下发给邵阳、娄底、怀化等11个市州灾情较重的县，协助政府及时解决了灾民生产、生活中的困难。

三、灾后重建工作

1998年，湖南遭受了历史上罕见的特大洪灾，国内外红十字会纷纷援助湖南省红十字会展开灾后重建工作。

接受红十字会与红新月会国际联合会、中国红十字会总会转赠的德国戴姆乐·克莱斯公司援建灾民建房捐款750万元，在受灾最严重的常德市安乡县、澧县和益阳市沅江市重建了2500户灾民住房，总建筑面积25

万平方米；接受上海市、北京市、广东省红十字会及深圳市红十字会援助的544万元，在常德市安乡县、张家界市慈利县和桑植县及怀化市、岳阳市、长沙市等地重建了10所卫生院和三所学校；接受香港特别行政区红十字会捐款507万元，在张家界、益阳、怀化、岳阳四市的重灾区重建了16所卫生院和三所小学。

2002年，接受上海市红十字会转赠上海王氏老太太捐赠的50万元，重建了张家界市武陵源区索溪"王氏博爱小学"，其中10万元作为王氏扶贫助学基金，帮助该校贫困少年儿童完成小学学习；接受香港特别行政区红十字会捐款200万元，在当地恢复重建卫生院十分困难的郴州、衡阳、永州、湘西等重灾区重建了10所卫生院，并为各卫生院配备了B超、X光机等设备，培训了二至六名医务人员。

2003年，接受香港特别行政区红十字会援助98.33多万元，在永顺、麻阳等灾区重建了三所卫生院和三所小学；接受上海市宝山区红十字会资助105万元，在张家界市慈利县重建了高峰中学；接受北京市红十字会援助的30万元，在株洲市芦淞区重建了曲尺博爱卫生院。

2004年，湖南省红十字会接受澳门特别行政区红十字会援助15万元，在张家界市桑植县重建了一所灾区小学。

2005年，接受天津天狮集团捐助的20万元援建，在怀化市汝城县修建了一所天狮博爱小学，接受广东中山市阿积仕国际服装有限公司10万元援助，重修了平江县南江镇显高小学。

四、改水改厕项目

2003开始，在中国红十字会总会的指导下，湖南省红十字会接受欧盟人道主义办公室援助的第二、三、四期改水改厕项目。2003年至2005年，共接受欧盟援助项目款1340.2万元人民币（其中，2003年339万元，2004年378.2万元，2005年623万元），在湘西、怀化、邵阳等地的50个受灾的贫困村修建了13100个无臭无菌不用水冲无污染的生态旱厕，并在各项目点配套开展了针对村民的健康教育培训，为其中的九个村修建改水工程，将可饮用的山泉水引入农家，惠及1.3万多个家庭的五万多农村人口。

2004年，澳门特别行政区红十字会援助48万元，为湘潭市湘潭县和张家界市桑植县的两个村修建改水工程。

五、卫生救护培训工作

1989年，全省各级红十字会为落实总会与卫生部、公安部等八个部委联合下发的《关于开展群众性卫生救护训练的通知》精神，共对28603人进行了卫生救护培训，普及卫生救护知识达15.89万人次。

1994年，湖南省红十字会编印了《机动车驾驶员卫生救护训练》一书，全省各级红十字会与交警部门配合，举办了师资培训班241期，驾驶员培训班647期，培训驾驶员等共19764人。

1998年至2000年，湖南省各级红十字会积极配合交通、交警部门全面开展卫生救护培训，全省参加培训人员累计达11.08万人次，其中机动车驾驶员8100人。

2003年至2005年，开展中国红十字会总会彩票公益金初级卫生救护师资培训项目，共举办20期培训班，培训湖南省内卫生救护师资642人，为在全省范围内开展初级卫生救护培训打下了坚实的基础。

2005 年，湖南省红十字会开始联合交警等部门，按照总会新的“四统一”的要求，对驾驶员等进行初级救护培训，已培训40 余名合格的初级救护员。初步探索了对企业员工等进行普及培训模式。

六、公路救护站网络建设

1992 年，接受香港特别行政区红十字会援助 480 万元人民币，进行公路卫生救护网络建设，在全省 14 个地（州）市的 87 个县（市）境内的国道和部分省道建立了 451 个红十字救护站（急救站）。各站都有统一规格的醒目标志，成立了救护领导小组，有专职的经过卫生救护训练的救护员，配备了急救箱、担架和其他必备设施，还建立了救护岗位责任制。1993 年又新建公路红十字救护站 108 个，公路红十字救护网络基本形成，为减轻公路交通事故伤亡发挥了重要作用。

七、造血干细胞捐献者资料库建设

在国家福利彩票公益金项目的支持下，湖南省造血干细胞捐献者资料库管理中心于 2003 年建立，同时建立了长沙、岳阳两个配型实验室。中心成立后迅速健全了各项管理制度，建立了与各级卫生部门及血液机构的合作关系。通过 80 场次大型宣传、讲座和在媒体的广泛传播，使这一生命工程在社会产生了深远的影响。到 2005 年 12 月，共招募了三万余名志愿者，完成 28242 人的造血干细胞分型资料入库任务，共为境内外 322 名血液病患者检索到了 HLA 配型相合的捐献者，已实现捐献移植 20 例，其中一例境外移植。

湖南省第一例，同时也是全国数据联网后捐献移植的第一例捐献者陈欣被评为“2003 年湖南十大新闻人物”，农业大学学生路敏成功救助辽宁女孩任爽，醴陵市农民周靖之成功救治了一名新加坡华人，在全国产生强烈反响。2004 年，湖南造血干细胞捐献工作入选 2004 年由湖南公共频道等媒体发起评比的“湖南十大公益事件”，荣获“最具生命关怀奖”。2005 年，湖南分库和长沙 HLA 配型实验室分别获得中国造血干细胞捐献者资料库管理中心的表彰。

八、“红十字博爱送万家”活动

2003 年，湖南省红十字会筹措了价值 130 万元的物资，由领导带队送到了各地灾民、农村贫困户、城市下岗职工家庭。

2004 年春节，总会拨了 50 余万元物资，由党组书记江一曼带队，到浏阳市的贫困乡村进行慰问。各地红十字会分别组织到麻风村、贫困户、艾滋病感染者家中慰问，送去价值 187 万余元的粮食等慰问物资。

2005 年春节前夕，湖南省红十字会向全省 14 个市州送去价值 109 万元的慰问款物；长沙市、娄底等红十字会纷纷为特困群众送去了大米、棉被、衣服、药品等，全省各级红十字会共筹集款物近 400 多万元，慰问特困人员 8 万多人次。

九、“曙光行动”

从 2001 年开始，湖南省红十字会与湖南经济电视台、湖南省儿童医院联合开展了“曙光行动”，从多方面呼吁募捐，建立专项救助基金，在省儿童医院为患先天性心脏病的特困儿童免除部分手术费。其中，湖南省红十字会通过各种途径募集了 24.33 多万元，到 2005 年底，共为近 200 名儿童做了手术。

十、查人转信

1987 年，按照中国红十字会总会的统一部署，湖南省红十字会开始承办台胞台属查人转信和台胞探亲衍生问题。到1988年底，全省各级红十字会共转送台胞台属寻人表格和红十字通讯8200余份，接待和处理台胞台属来信来访3900多件，为台胞找到亲人819宗，同时协助处理台胞死亡事件46宗，处理台胞台属其他问题3398宗。到目前为止，湖南省红十字会共处理表格、信件16311人份。

（刘赛华）

长沙红十字会

【简介】

长沙市红十字组织最初成立于1911年辛亥革命时期。2003年，长沙市红十字会理顺管理体制，成为市政府领导直接联系的市直属单位，内设综合处、赈济服务处、救护培训处和机关党总支。有工作人员12人。全市有基层红十字会组织700多个，红十字会员14万余人，红十字志愿工作者2.8万余人，其中注册的志愿者3000多人。

2011年，长沙市红十字会在全市评选出37个红十字模范单位。设立总价值180万元的五个社会救助公益项目。全年发放各类救助金71万元。举办两期救护培训师资班，培训救护师资105名。有2350人参加卫生救护培训。

现任会领导：

市红十字会会长：夏建平

专职副会长：唐俊杰

株洲市红十字会

【简介】

株洲市红十字会成立于1957年，2004年10月，机构正式独立设置为正处级机构，全市有基层红十字会组织380个，会员82150名。

湘潭市红十字会

【简介】

湘潭市红十字会成立于1917年。1957年正式建会。1988年，市红十字会恢复工作。2003年，市红十字会定为副县级单位，有编制五名。全市有基层红十字会组织386个，成人会员25238人。

衡阳市红十字会

【简介】

衡阳市红十字会成立于1911年。2006年10月12日，机构正式独立设置，为全额拨款单位，有事业编制四名。全市12个县级红十字会共有专职干部44名，兼职干部四名，基层红十字会组织723个，其中乡（镇）街道红十字会191个，医疗卫生团体会员单位265个，大中小学红十字会148个，厂矿、机关、宗教界红十字会120个。全市有会员12.6万人，救护站50所，红十字（会）医院四所，红十字（会）诊所16所。

邵阳市红十字会

【简介】

邵阳市红十字会成立于1911年10月，当时称为中国红十字会宝庆分会。1955年4月筹建了中国红十字会邵阳市分会。1962年2月，更名为邵阳市红十字会。2004年10月，机构独立设置，有编制四名，由市政府办管理。全市有基层红十字会组织 23 个，会员 78939 人。

岳阳市红十字会

【简介】

岳阳市红十字会 1988 年恢复工作，全市有红十字会会员 23710 人，基层红十字会组织 279 个，红十字志愿工作者 1005 人。

常德市红十字会

【简介】

常德市红十字会有基层红十字会组织 541 个，会员 82120 人，其中青少年会员 50439 人。

张家界市红十字会

【简介】

张家界市红十字会成立于 1989 年。市红十字会及慈利县、武陵源区红十字会实现了机构独立设置，县以上红十字会专职干部共有 16 人，基层组织 265 个，会员 97531 人，其中青少年会员 49630 人。

益阳市红十字会

【简介】

益阳市红十字会成立于 1989 年。

郴州市红十字会

【简介】

郴州市红十字会成立于 1988 年。2005 年机构独立设置，财政单列，规格为副处级单位。全市有基层红十字会组织 408 个，红十字会员 7.8 万人，其中红十字青少年会员 1.96 万人，红十字志愿工作者 1500 人。

永州市红十字会

【简介】

永州市红十字会前身为零陵地区红十字会。1989 年 1 月正式成立。1996 年，零陵地区撤地建市，地区红十字会更名为永州市红十字会。2002 年，市红十字会升为副处级单位。全市有红十字会基层组织 946 个，会员 61527 人。

怀化市红十字会

【简介】

怀化市红十字会始建于 1988 年 8 月。2004 年 11 月，经市编委批准机构独立设置，由市政府办直接管理。全市所辖 13 个县（市、区）全部建立了红十字会组织，有团体会员单位 648 个，会员 84399 人。

娄底市红十字会

【简介】

娄底市红十字会成立于 1988 年 5 月，2004 年，市红十字会理顺管理体制，规格为正处级单位。机关内设办公室、赈济联络部，有编制六名。

湘西自治州红十字会

【简介】

湘西自治州红十字会成立于1911年，当时称为中国红十字会永顺分会。1988年恢复工作。2001年，州红十字会理顺管理体制，规格为副处级单位。全州有红十字会专职工作人员35人，均参照国家公务员管理。保靖县红十字会已独立为正科级机构，凤凰县红十字会为副科级，机构独立设置，经费财政单列。除吉首市、龙山县外，其他县红十字会均为副科级机构，实现了“三列”。

广东省红十字会

【年度工作】

一、宣传工作

2011年，广东省红十字会坚持把宣传工作与社会主义精神文明建设有机结合起来，逐步形成了以弘扬红十字精神为主线，以特色活动品牌宣传、红十字运动知识传播、灾害和突发事件救助等为重点的宣传格局。一年来，举办了“广东省红十字会有奖知识竞赛”、“广东省红十字会预防艾滋病知识竞赛”等活动。加强与媒体单位的合作，维护好红十字网站等自主宣传载体，搭建宣传平台。分别与《南方日报》、广东卫视联合举办了“援疆救心行动”和“扶贫救心行动”等大型公益活动，不断增强红十字会的社会影响力。

“网络事件”发生后，红十字会工作受到媒体和公众质疑。对此，雷于蓝会长高度重视，指导省红十字会积极应对，一方面坚持正面宣传，多次向媒体和公众公开信息解疑释惑，另一方面要求加强内部管理，规范筹资、项目运作和资金使用的规范性和透明度。在7月7日媒体质疑汕头市红十字会通过公益募捐机播放商业广告谋取商业利益、8月17日质疑香港慈善家邝美云女士借捐赠为名行推销之实和佛山市南海区红十字会医院“活婴当死婴处置”等新闻事件中，省红十字会坚持收集完整信息，及时汇报上级领导和相关部门，赢得支持；通过媒体及时发布真实信息，三次新闻事件得到妥善处理。

在“2011红十字博爱周”活动期间，全省各级红十字会以“携手人道促和谐，志愿服务为民生”为主题，开展了形式多样的宣传活动，利用电视、报纸、广播、网络等媒体，广泛开展宣传活动。中国红十字会广州备灾救灾中心人员到广东实验中学举办了应急救护公益讲座；汕头市红十字会和中国人保汕头分公司举办了专题纪念活动；佛山市红十字会联合禅城区红十字会举行了大型公益活动；韶关市红十字会把《红十字会法》纳入全市普法宣传体系；河源市红十字会开展了“四个一”主题活动；梅州市红十字会举行“关注地贫，关爱重型地贫儿童”联谊活动；惠州市红十字会组织医务人员下乡为群众免费提供服务；中山市红十字会组织11支红十字会员、志愿者队伍举行大会操表演；江门市红十字会联合市教育局举办了“爱老护老”、“我眼中的红十字”摄影大赛；阳江市红十字会组建了新的志愿服务队伍，全市红十字志愿服务队总数达37支；清远市红十字会组织学生踊跃献血、捐献造血干细胞；湛江市红十字会举办了慈善晚宴，现场150多名社会爱心人士踊跃捐款；茂名市红十字会举办了大型广场宣传活动；潮州市红十字会组织志愿者深入饶平县革命老区开展慰问活动。各级红十字会通过集中宣传和开展各种主题活动，进一步扩大了社会各界和广大群众对红十字会的知晓率、认同率和参与率。

二、筹资工作

全省各级红十字会在做好传统筹资品牌工作的同时，创新机制，创新品牌。省红十字会动员珠三角地区爱心企业家以个人身份加入红十字会，组建了广东省红十字会企业家会员服务总队，下设八支服务分队。倡导“透明式公益”和“参与式公益”，企业家会员通过参与公益项目全过程，不仅在人道工作领域体现其社会责任，还成为红十字运动的义务宣传员。一年多来，企业家会员服务队为广东省红十字会“扶贫救心行动”和开展大病救助等活动（项目）募款2600多万元，其爱心和善举得到了社会各界的肯定和好评。

省红十字会以项目筹资带动社会各界参与公益活动，其中，中恒集团为“广东扶贫济困日”捐赠款物一亿元；省红十字会企业家会员服务总队及其八支分队为“红十字扶贫救心行动”筹资2000多万元、为贫困地区援建100所“红十字博爱电子书屋”筹资200多万元；香港慈善家邝美云女士无偿捐建20所“红十字博爱理疗康复中心”；广东省陈绍常慈善基金会捐资200万元，为新疆喀什地区免费救治100名先心病儿童。5月8日，中央政治局常委、中央政法委书记在新疆考察调研，在伽师县第二幼儿园看到孩子们以“援疆救心行动”为素材表演的情景剧后，连声称好，充分肯定了省红十字会的做法。一年来，全省红十字系统共筹集救灾救助款物2.34亿元，惠及60多万人次。

三、“三救”工作

积极做好备灾救灾工作，加快备灾救灾中心（仓库）和红十字急救网络建设，全省各地级以上市红十字会全部建立了备灾救灾中心（仓库），总面积达8700多平方米；省红十字会成立了企业家灾害救援队，举办了灾害管理培训班；全省红十字系统共建立各类救援队43支，20个地级市红十字会完成了《应急预案》的制定，并纳入当地政府应急管理体系。省红十字会投入近200万元，购置应急救援队装备一批，制作备灾救灾用家庭包3000个，筹集备灾大米100吨；9月下旬，“纳莎”台风暴雨袭击粤西地区，省红十字会立即启动应急预案，紧急调拨价值60多万元的救灾物资送达湛江、茂名、阳江市灾区，使1.2万名群众受益。做好重大灾害援建项目跟踪管理，顺利完成汶川地震灾后重建工作，投入7.3亿元援建的44个项目已全部投入使用，汶川县人民政府在中心广场为广东省红十字系统修建了援建纪念碑；玉树地震灾后援建的七个项目和2000间民房已完成60%以上。同时，争取香港、澳门特别行政区红十字会支持，在省内贫困地区援建五所学校及卫生站项目。

中国红十字会广州备灾救灾中心全年接收省红十字会备灾物资57批次，合计近1.5万箱件；发运中国红十字会总会救灾物资四批次8800箱件，发运省红十字会救灾物资69批次五万多箱件；制作“送温暖”活动家庭救助包6300个，保障了救灾救助活动的顺利开展。

全省各级红十字会在扶贫济困工作中发

挥政府助手作用，开展各种涉及民生的救助活动。经省政府批准同意，全省各级红十字会作为社会捐款接收单位参与到“广东扶贫济困日”活动中；省红十字会先后与省援疆办、省扶贫办、省关工委等单位联合主办了“援疆救心行动”、“扶贫救心行动”、援建“红十字博爱电子书屋”和“红十字博爱光明行”活动；其中“扶贫救心行动”惠及全省15个市3409个贫困村的1600多名先心病患儿，目前已成功救治427名患儿；广东省陈绍常慈善基金会捐资开展的“救心行动”，至年底已完成1000名先心病儿童的救治目标，减免手术费用2000多万元，帮助1000个贫困家庭走出“因病致贫”的困境；“红十字博爱光明行”一年来为贫困地区452名白内障患者送去光明。省红十字会积极争取中国红十字基金会和省彩票公益金项目支持，投入300万元，救助了87名白血病儿童和一批重大疾病患者。广州市红十字会争取爱心企业支持，筹款203.9万元，用于阳江市、茂名高州市帮扶项目，为梅州市兴宁希望小学购置教学设备；珠海市红十字会连续数年实施“陪伴成长”计划，参与人员达6000多人；肇庆市红十字会积极争取省红十字会支持，当地五家医院申报成为“奇星博爱基金”定点医院，为140多名脑中风患者免费发放药品；揭阳市红十字会在揭东、惠来各援建了一所“博爱学校”；云浮市红十字会多方筹资开展救助活动，呼吁社会各界救助云安县被烫伤女孩，相关新闻在中央电视台一套《今日说法》和《道德观察》栏目作了报道。

应急救护培训工作有新进展。积极争取省政府办公厅出台《关于深入开展群众性应急救护培训工作的意见》，为应急救护培训工作的全面铺开提供政策保障。借鉴红十字会参与2010年广州亚运会的经验和做法，广东省、深圳市红十字会积极参与2011年大运会的志愿服务工作。大运会前后，深圳市、区两级红十字会共举办应急救护培训班98场，深入学校、社区、企业进行科普救护培训2.1万人次；与南方都市报合作开展了“急救百科，平安大运”救护知识普及系列活动；与台湾红十字组织共同组建了水上安全救生志愿者服务队，全程参与帆船帆板比赛的水上安全救生工作，得到大运会组委会执行局的肯定。省红十字会在总会举办的应急救护事例征文比赛中获得优秀组织奖，中国红十字会会长华建敏为广东省代表颁奖；广州市、潮州市红十字会选送的作品分获精品课程一、二等奖。“世界急救日”期间，省红十字会联合广东药学院第一附属医院和省护理学会开展了家庭应急救护技能培训和现场急救演示活动。广州、深圳、东莞、江门、河源等市红十字会以“红十字‘救’在身边”为主题，在公共场所、社区、学校等地开展救护知识普及活动，开展红十字关爱进社区活动。各级红十字会在社区居民中普及应急救护知识，扩大培训对象和普及范围。江门市政府印发了《开展应急救护培训工作方案的通知》，把推进应急救护培训工作纳入政府考核内容；东莞市红十字会全年培训救护员1.7万人，累计完成5.3万名高危行业从业人员规范化培训任务。

四、“三献”工作

全省实现无偿献血85.4万人次；遗体器官捐献登记1330例，实现人体器官捐献27例，自2010年3月至今，实现人体器官捐献46例，省人体器官捐献办公室人员八次受邀到各省授课。争取省彩票专项公益金“人道关爱（艾）”项目经费支持，投入120万元，用于开展艾滋病预防关爱活动，举办艾滋病同伴教育培训班九期，共培训300多名骨干。与广西壮族自治区、梧州市红十字会联合举办了“携手人道，共抗艾滋”行动，两省区六市、县签署了联合行动纲领，遏制艾滋病在区域内的蔓延；造血干细胞捐献全年检测入库志愿捐献者数据6000人份，资料库容量达5.2万人份，47位志愿者为患者捐献了造血干细胞，捐献者累计198人。在20个地级市建立造血干细胞工作站，在华南农业大学设置高校造血干细胞血样采集点，在云浮罗定市苹塘镇成立了首个造血干细胞农村服务工作站。在首届珠江公益节“双千一百”推荐评议活动中，省红十字水上安全救生志愿服务队、应急救护培训中心团队、造血干细胞志愿服务队等八个公益社团（团队）被列入“千个公益项目、千家公益社团（团队）和百名公益达人”名录。

全省各级红十字会与教育部门紧密配合，开展各类红十字青少年活动，在学生中宣传红十字精神，普及红十字运动知识，培养和提高青少年学生的道德观念、社会服务意识和助人为乐精神。11月，在天津召开的全国红十字青少年工作会议上，由广州体育学院、华南理工大学联合申报的“激情夏日快乐成长”赴贫困地区暑期下乡支教、“关爱弱势群体”赴广州基层调研两个项目获得总会三类项目资助，并获颁荣誉证书。

五、组织建设工作

推进县级红十字会管理体制理顺工作。截至目前，全省有63个县（市、区）红十字会已理顺管理体制。贯彻落实总会廉政工作会议精神，围绕资金运行、物资采购、项目招标等关键环节，不折不扣地执行“两公开两透明”规定。做好理事的联系、沟通、服务工作，充分发挥各理事单位优势，支持红十字事业发展。加强专兼职队伍建设，提高工作人员的职业道德、专业技能、知识水平和法制观念，加强应对危机挑战的能力建设；加强会员、志愿者队伍建设，根据红十字工作不同领域特点要求，大力发展、招募社会工作、医学救护、应急救援、心理咨询等专业人员，发挥他们的技术能力及影响力。全省现拥有团体会员单位2505家，会员和青少年会员50多万人，注册志愿者9.4万人。

六、交流与合作工作

按照总会与香港红十字会关于红十字志愿服务工作合作计划和双方协议，建立两地志愿者互相交流和支持的常态机制。扩大与台湾红十字组织的交流和合作，省红十字会水上安全救生志愿者一行18人在总会统一组织下赴台湾开展培训交流访问。

【历史沿革】

1904年，在战乱中，红十字组织在广东省应运而生，初名为粤东赤十字社。先后易名为粤东红十字总会中国红十字会番禺分会和广州分会等。这是广东省首个红十字会组织，也是全国成立最早的红十字会组织之一，该会曾为东征、北伐和省港大罢工的军队、工友和难民做过救护工作。1921年北伐前，宋庆龄亲自知会番禺红十字会组织15人组成救护队随军出发，并遵章加入中国红十字会，她亲自担任南海、番禺、顺德分会联合会总裁。孙中山曾为番禺红十字会分会题写“博爱”二字。战时，红十字会的主要任务是向群众施医赠药。

1956年9月15日，广东省红十字会正式成立。省和广州市有关机关团体推选43人组成委员会，广东省副省长陈汝棠为主席。1963年9月16日，广东省副省长李嘉人任会长。1956年至1965年间，广东省共发展红十字会会员18.4万人，其中红十字青少年7.2万人。训练红十字卫生员9.8万人。建立基层红十字会组织及卫生站4753个。这一时期的任务主要是发展红十字会会员，建立基层红十字会组织，开展“卫生卫国”训练，建立不脱产的卫生站；发动会员积极参加以除“四害”讲卫生为内容的爱国卫生运动；开展卫生宣传、卫生防疫和献血工作。

“文化大革命”期间，广东省各级红十字会组织停止活动。1978年5月26日，广东省革命委员会批准恢复省、广州市红十字会，省红十字会与广州市红十字会合署办公。省革委会副主任李嘉人任会长。1980年，改由广东省副省长梁威林为省红十字会会长。1986年，广东省红十字会与广州市红十字会分开办公。

1987年11月，在广东省红十字会第二次会员代表大会上，选举产生理事会理事36名，梁威林为名誉会长，副省长王屏山为会长。1991年4月，广东省红十字会第三次会员代表大会选举产生理事会理事52名，省政协副主席王屏山为会长。1994年6月，广东省红十字会第四次会员代表大会选举产生理事会理事50名，副省长李兰芳为会长。1996年6月，经广东省红十字会第四届三次理事会审议通过聘请广东省省长卢瑞华、省人大常委会主任朱森林为名誉会长，省人民政府原副省长梁威林、省政协原副主席王屏山为名誉副会长。

至1998年底，广东全省21个市，121个县（市、区）均已成立红十字会，有基层组织4004个，会员560444人。

2004年，广东省红十字会第五次会员代表大会召开。中共中央政治局委员、广东省委书记张德江发了贺信，中国红十字会会长彭珮云为大会题词，中共广东省委副书记、省长黄华华作了书面讲话，中国红十字会常务副会长江亦曼出席大会并作了重要讲话。会议全面总结了广东省红十字会第四届理事会的工作；审议并原则通过了《广东省红十字会2005～2009年工作规划纲要》；选举产生了由59名理事组成的新一届理事会和常务理事。省长黄华华为名誉会长，省人大常委会副委员长李兰芳，省政协副主席、省卫生厅厅长姚志彬为名誉副会长。副省长雷于蓝当选为会长，徐火周当选为常务副会长，华建、莫益勇当选为副会长，华建兼秘书长。

2004年11月29日，中共广东省委批准成立广东省红十字会党组，标志着广东省红十字会理顺了管理体制。筹备召开广东省红十字会第五次会员代表大会，形成了《广东省红十字会2005～2009年工作规划纲要》等大会文件。顺利进行了换届工作。《广东省红十字会工作条例》（草案）上报省政府。认真落实《关于开展社区红十字服务工作的通知》，开展“红十字关爱进社区”活动。举办了广州地区高校救护知识、技术选拔赛，选出优胜队南方医科大学红十字代表队代表广东省红十字会赴香港参赛，并获得技术合作金奖和优异奖。开展了形式多样的“办实事、庆百年”活动。在“红十字博爱送万家”活动中筹集慰问物资价值50万元，受益群众2500户。同时，省红十字会下拨保暖毛毯6250床（价值52万元），受益群众达6250户。省红十字会拨款二万元给宋桂镇医院购买药品。向河南省灾区支援了价值五万余元的救灾物资，同时捐赠了15万元重建受灾学校。支援云南省灾区价值30万余元的救灾物资。按彩票公益金救护师资培训项目要求，举办了三期救护师资培训班，为广东省80多所高等院校和省公安厅培训救护师资共115名。在广东电台健康之声频道开设了四期急救知识专家讲座，开办了四期红十字初级急救知识讲座。配合政府开展艾滋病预防工作，派员参加省政府组织的艾滋病预防工作抽查复核工作组，对广州、韶关两市进行艾滋病预防中期评估抽查复核检查。对《广东省〈全国艾滋病防治宣传教育工作指导方案（2004～2008）〉实施意见（代拟稿）征求意见》提出修改意见和工作建议。在“世界献血员日”期间，共有5000多人次参加了无偿献血。

广东省红十字会历次代表大会

第一届

1956年12月28日召开，理事43人，会长陈汝棠、任主席。

第二届

1986年11月召开，理事36人，名誉会长梁威林，会长王屏山。

第三届

1991年4月召开，理事52人，会长王屏山。

第四届

1994年6召开，理事50人，名誉会长卢瑞华，会长李兰芳。

第五届

2004年10召开，理事59人，常务理事13人，名誉会长黄华华，会长雷于蓝，常务副会长徐火周。

注：1963年调整后李嘉人任会长。1978年5月恢复省红十字会，李嘉人任会长。1980年改梁威林为会长。

【组织机构】

广东省红十字会现有基层组织1889个，会员535617人（其中青少年会员273112人），全省21个地级市建立了红十字会，100%的县（市、区）成立了红十字会。

广东省红十字会设有办公室、社会赈济部、卫生救护及青少年部。下辖中国红十字会广州备灾救灾中心、中国造血干细胞捐献者资料库广东省分库管理中心。

根据《中华人民共和国红十字会法》，广东省红十字会2004年11月由中共广东省委组织部批准成立党组，徐火周任党组书记，华建、莫益勇为党组成员，独立自主开展工作。

目前，广东省已经完全理顺管理体制的地级市有珠海市、惠州市、肇庆市红十字会。理顺地级市及县（市、区）红十字会管理体制的工作仍在进行之中。

【大型项目】

一、1998年，广东省红十字会系统向受灾的七个省（区）进行援助，拨出救灾款2915.5万元，支援灾区重建卫生院、学校、灾民新村、水井、备灾救灾仓库等项目67个。

（一）支援湖北省839万元（重建项目

19 项）。

（二）支援江西省 679 万元（重建项目 17 项）。

（三）支援内蒙古自治区 602.5 万元（重建项目 12 项）。

（四）支援湖南省 275 万元（重建项目八项）。

（五）支援四川省 200 万元（重建项目五项）。

（六）支援黑龙江省 175 万元（重建项目二项）。

（七）支援河北省 125 万元（重建项目四项）。

二、1999 年，向受灾的四省（区）进行援助

（一）救助新疆维吾尔族自治区灾区 15 万元。

（二）继续 1998 年救助援建项目拨款给湖北省 85 万元。

（三）继续 1998 年救助援建项目拨款给湖南省 144 万元，另有汕头市援助湖南省灾区卫生院医疗器械价值 5.6 万元。

三、2003 年，向受灾的五省（区）进行援助

（一）拨给新疆维吾尔自治区红十字会救灾款 10 万元。

（二）拨给青海省红十字会救灾款三万元。

（三）拨给甘肃省红十字会各式鞋一万双，价值 100 万元；风衣 2600 件，价值 28 万元。

（四）拨给上海市红十字会运动鞋 1219 双，价值 37789 元。

（五）拨给南京市红十字会运动鞋 1000 双，价值 3.1 万元。

【主要特色】

改革开放以来，广东省经济社会得到迅猛发展，中共广东省委、省人民政府重视红十字会工作，红十字会的影响不断扩大。

一、深圳：国内首部人体器官捐献移植条例获通过

深圳市三届人大常委会第 26 次会议于 2003 年 22 日表决通过了《深圳经济特区人体器官捐赠移植条例》。这个地方性法规共有五章 35 条，对规范人体器官捐赠移植行为，保障人体器官捐献者和接受人体器官移植者的合法权益，及时挽救患者生命均有积极作用。

二、中山：红十字会慈善万人行风雨十八载

中山市红十字会从 1989 年起，连续 18 年开展极富地方民俗文化特色的“慈善万人行”活动，充分调动社会各界的力量，弘扬人道、博爱、奉献精神，开展募捐及宣传活动，共募集善款 2.9 亿元。

该市在每年年底至翌年新春约三个月的时间举办“慈善万人行”活动，以其鲜明的红十字人道主义旗帜，以人道、博爱为主题，以广泛的活动范围和参与面及壮观的规模、有声有色的慈善文化活动，在中山大地上产生显著的作用。“慈善万人行”活动与弘扬红十字人道、博爱精神，发展红十字事业相结合；与全民思想道德、文化建设相结合；与多层次的企业文化、行业文化、群众业余文化、民间艺术文化建设相结合，使这项融地方特色、传统文化、民俗文化于一体，既办实事、又树新风的文明之举，成为中山人一年中最重要的节日。它不仅为红十字事业奠定了坚实的基础，还形成了一种文化，传承了优良的民间艺术及民俗文化，产

生了启迪爱心、净化心灵、改善人际关系、维系乡情、增强凝聚力的社会作用，从精神文明建设和文化、思想、道德建设的高度，促进了社会文明进步事业的发展。

“慈善万人行”活动的显著作用引起了中国红十字会总会领导和广东省红十字会领导的高度关注，并多次亲临中山市参加“慈善万人行”活动，具体指导工作，组织专家学者到中山市考察、调研，组织各省、市红十字会工作人员到中山市实地参观学习，推介“中山经验”。1995 年，中国红十字会总会领导以“慈善万人行”的专题工作经验材料，在韩国召开的亚太地区红十字与红新月志愿者大会上作了发言，得到了与会 31 个国家（地区）代表的高度赞誉。

（胡卓加）

广州市红十字会

【简介】

广州市红十字会创建于 1904 年，创建人是广州医师马达臣先生。广州市红十字会初名为粤东赤十字社，曾先后取名中国红十字会番禺分会、中国红十字会广州市分会等，新中国成立后改称为广州市红十字会。当年孙中山先生为表彰广州红十字会在辛亥革命时期所作的积　极贡献亲笔题词：“博爱”赠送广州红十字会。1978 年 6 月，广州市红十字会恢复工作。截至 2005 年，广州市红十字会拥有基层组织 1000 多个，会员 21 万多人。广州市红十字会还设有团体会员单位工作委员会、广州市红十字会备灾救济基金、广州市红十字志愿工作者委员会、广州市红十字社会急救医疗专项资金、广州市红十字青少年工作委员会和广州地区高校红十字工作委员会。

深圳市红十字会

【简介】

深圳市红十字会创建于 1983 年。全市有区级红十字会六个，基层组织 283 个，红十字会员 23180 人，红十字志愿工作者 2000 人。深圳市的 60 所小学、42 所中学、三所职业高中、一所大专院校建立了学校红十字会，有青少年会员 1.1 万人。

珠海市红十字会

【简介】

珠海市红十字会创建于 1988 年，2005 年 3 月理顺管理体制。

汕头市红十字会

【简介】

汕头市红十字会创建于 1920 年。2006 年 1 月理顺管理体制。

佛山市红十字会

【简介】

佛山市红十字会创建于 1929 年。

韶关市红十字会

【简介】

韶关市红十字会成立于 1988 年。2006 年 5 月，市红十字会理顺管理体制。

河源市红十字会

【简介】

河源市红十字会成立于 1990 年 9 月。2006 年 5 月，市红十字会理顺管理体制。

梅州市红十字会

【简介】

梅州市红十字会成立于 1987 年 4 月 21 日。2006 年 10 月，市红十字会理顺管理体制。全市有红十字会员单位 235 家，红十字会员三万多人，红十字青少年会员五万多人。

惠州市红十字会

【简介】

惠州市红十字会成立于 1987 年 4 月 13 日。2001 年 10 月，市红十字会理顺管理体制。

汕尾市红十字会

【简介】

汕尾市红十字会成立于 1990 年 1 月。全市有红十字会专职人员 10 人，团体会员单位 78 家，红十字会员三万多人。海丰、陆丰、陆河、城区分别在 1990—1993 年成立了县级红十字会。

东莞市红十字会

【简介】

东莞市红十字会成立于 1991 年 1 月。2006 年 3 月理顺管理体制。

中山市红十字会

【简介】

中山市红十字会成立于 1988 年 9 月 10 日。2005 年 11 月，市红十字会理顺管理体制。

清远市红十字会

【简介】

清远市红十字会成立于 1989 年 7 月。

江门市红十字会

【简介】

江门市红十字会建立于 1926 年。2006 年，市红十字会理顺管理体制。市红十字会有工作用房 800 平方米，备灾救灾中心（仓库）占地 120 平方米。

阳江市红十字会

【简介】

阳江市红十字会成立于 1988 年。2006 年 12 月，市红十字会理顺了管理体制。

湛江市红十字会

【简介】

湛江市红十字会成立于 1988 年 8 月，1992 年底，全市的五个县（市、区）全部建立了红十字会组织。湛江市有基层红十字会组织 155 个，红十字会员 21118 人。

茂名市红十字会

【简介】

茂名市红十字会成立于 1988 年 6 月。

肇庆市红十字会

【简介】

肇庆市红十字会成立于 1984 年 6 月。2005 年 6 月，市红十字会理顺管理体制。

潮州市红十字会

【简介】

潮州市红十字会成立于 1988 年 3 月。2007 年 1 月，市红十字会理顺管理体制。

揭阳市红十字会

【简介】

揭阳市红十字会成立于 1992 年 12 月 10 日。2006 年 11 月，市红十字会理顺了管理体制。

云浮市红十字会

【简介】

云浮市红十字会成立于 1995 年 7 月 12 日。2006 年 11 月，市红十字会理顺管理体制。

广西壮族自治区红十字会

【年度工作】

一、组织建设工作

2011 年，新增象州、武鸣、荔浦、平乐、蒙山、岑溪、龙州七个县红十字会配备了专职副会长。为 14 个地级市红十字会各配备一辆救灾用车，为 14 个理顺管理体制的县级红十字会配备了部分办公设备。举办了全区赈济工作培训班、领导干部培训班，以提高各级红十字会干部的业务素质和工作能力。

全区新招募红十字志愿工作者 526 名，新注册红十字志愿工作者 600 名。成立了“应急救援志愿服务队”、“医疗志愿服务队”，开展志愿者培训班 10 期，培训志愿者 2000 多名。志愿者志愿服务时间累计达 1.2 万小时。志愿者李冬靖在中央文明办主办的全国优秀志愿者评选活动中当选为百名全国优秀志愿者。

2011 年 7 月至 11 月，自治区财政厅、审计厅分别对自治区红十字会进行了“小金库”检查、财务检查，以及 2009—2010 年接收捐赠款物使用及管理情况专项审计调查。检查和审计结果显示：未发现设立“小金库”情况，捐赠款物使用公开透明，管理制度健全有效，财务收支符合财经法规定，没有发现违法违纪现象。

二、宣传工作

2011 年 6 月发生的网络事件对全国红十字会工作产生了较大的影响。李康会长高度重视，要求红十字会领导班子要以高度的政治敏感性和责任心，从坚持党的领导、维护边疆稳定、和谐的高度来认识，密切关注形势，制定应对措施。在各方的支持下，广西红十字会及时化解了因不实报道可能引发的不稳定矛盾，维护了红十字会的良好形象。2011 年 8 月 17 日，中国红十字会会长华建敏到广西参加泛北部湾经济论坛期间，会见了广西红十字会领导班子，就如何正确对应对网络事件，加强公信力建设和制度化建设提出了具体意见，为广西进一步做好新时期红十字工作指明了方向。

按照总会的要求，全区各级红十字会全面开展了自查自纠工作：一是抓好项目督查；二是进一步完善制度建设及信息公开渠道；三是做好捐赠人服务工作。尽管受网络事件影响，广西全区红十字会系统 2011 年募捐款物仍达到了 7000 多万元。

三、筹资工作

年内，除为云南盈江、日本地震灾区募集社会捐赠之外，全区红十字会系统还组织了一系列宣传筹资活动，成绩斐然。元旦春节期间，自治区红十字会组织了“温暖广西”博爱送万家爱心箱认捐活动；“五八”世界红十字日期间，开展了“携手人道促和谐、志愿服务为民生”纪念活动；广西红十字基金会与中国移动公司联合开展了移动积分捐赠活动，移动积分捐赠达 40355 人次，捐款折合人民币 100 多万元。

四、“三救”工作

年内，自治区红十字会修订并印发了《广西壮族自治区红十字会灾害应急预案》，进一步规范了救灾工作。全年共计投入 117 万元款物，对遭受低温雨雪冰冻及“纳沙”、“尼格”台风等自然灾害地区的困难群众进行了救助，并完成了从 2010 年延续下来的总计 3356.75 万元的干旱、水灾灾后重建项目，在河池、百色、桂林、柳州、梧州、防城港等 13 个市、49 个县（市、区）完成援建饮水工程 323 个，援建民房 65 户，受益群众 10 多万人。

通过各种渠道募集资金 1008 万元，积极开展助医、助学等各种社会救助活动：援建市级备灾中心一个、博爱卫生站 15 所、红十字书库 10 个及红十字救护站一所（配备救护车），举办了一期“同心·红十字天使计划”民族地区乡村医生培训班，培训乡村医生 100 人；救助先天性心脏病、白血病等疾病患者 693 人；资助八个民族教育助学班及特困女童等共计 397 名学生；援建博爱小学三所，完成了为期三年的四川地震助学项目，累计援助 440 万元，资助 670 名初中毕业生完成三年高中学业。

广西红十字应急救护训练中心按年度工作计划开展应急救护培训，全年累计培训持证救护员 190714 人，开展应急救护知识进社区、机关、学校活动，普及宣传 100 万人次。年内，除在驻邕各厅局、学校、社区分批开展应急救护培训公益讲座外，还举办了全区红十字会系统首届应急救护技能大赛，有效推动了全区应急救护培训工作的深入开展。

五、“三献”工作

2011 年，中华骨髓库广西分库完成当年采样任务 5000 人份，有 13 名志愿者成功捐献了造血干细胞。

2011 年，广西成为全国第二批遗体器官捐献试点省区。全区有 13 名志愿者无偿捐献器官或组织，全国有 41 名患者接受广西捐赠的器官或组织进行移植手术，获得康复。

全区各级红十字会积极通过各种纪念日广泛开展宣传、推动无偿献血工作，自治区红十字会还组织干部职工参与无偿献血。

六、合作与交流工作

2011 年，广西红十字会争取到英国、澳大利亚、西班牙等国红十字会国际援助资金共计 326.16 万元，实施艾滋病预防、社区备灾、生计项目。开展防艾培训和宣传活动累计 98 次，覆盖人群 7000 多人次；在柳州、河池等六个县 12 个项目村开展各级各类培训 52 次，建设减灾工程 10 个，进行地震、火灾、水灾、小学生防暴力等演习 26 次，受益群众 6000 多人；投入资金支持钦州市灵山县东风华侨林场困难群众开展种植、养殖业务。通过项目的实施，提高了广大群众的健康意识、备灾意识及抵抗应对自然灾害的能力，使村容村貌发生了很大变化，村民的生活环境得到了很大改善。

应台湾、美国红十字组织的邀请，自治区红十字会派代表团赴台湾、美国开展了工作交流访问，接待了澳大利亚、西班牙、英国红十字会和亚洲备灾中心、国际美慈组织等项目人员的考察，以及湖南、四川、甘肃、内蒙古、郑州等兄弟省、市红十字会交流访问团数十批次。

开展寻人服务工作，接待来访人员八人次、受理来信三封，年内立案五宗、结案二宗。

【历史沿革】

广西红十字会活动始于 1910 年。1910 年 2 月，梧州成立了广西第一个红十字会组织即梧州红十字会，1912 年，改称中国红十字会梧州分会。到 1949 年，广西境内已有梧州、桂林、邕宁、柳州、横县、阳朔、桂平、贵县、百色九个红十字会分会，有红十字会医疗救护机构二所。当时红十字会组织主要从事战地救护、为灾民赠医施粥、收养弃婴和孤儿等工作。新中国成立后，中国红十字会的各级组织均进行了改组。1956 年，国务院批复中国红十字会总会的编制中，明确广西的分会人员编制共 38 人，其中省红十字会六人，桂林红十字会 10 人，南宁红十字会 10 人，梧州红十字会四人，柳州红十字会五人，北海红十字会三人。1958 年，广西省改为广西壮族自治区，开始筹办全自治区统一的广西红十字会。1963 年 11 月，负责统筹协调、指导、管理全广西红十字会活动的广西壮族自治区红十字会正式成立。1965 年，自治区红十字会与南宁市红十字会联合开展国防救护训练（即战伤救护四大技术等模拟训练）试点，训练民兵急救员达 4037 人，为以后各地普及民兵救护知识和培训救护骨干打下了良好的基础。1966 年 4 月，中国红十字会总会在南宁市召开全国水上救护训练经验交流会，来自全国 16 个省、自治区、市 160 多名代表到邕江边与几十万群众观看了南宁市红十字会组织的水上救护综合演习。1967 年，受“文化大革命”冲击，全广西红十字会组织被撤销，工作停顿。1978 年 8 月，广西壮族自治区红十字会恢复工作。随后，南宁、柳州等地、市、县红十字会组织机构也相继恢复。1978 年 4 月至 1979 年 6 月，广西壮族自治区红十字会协助政府共接待安置越南难民 18.89 万人，先后接收了国际难民署赠款 2473.12 万美元，全部用于资助难民的生产、生活、医疗、教育事业。1979 年至 1990 年间，广西壮族自治区红十字会参与了数次战俘交换工作，得到了红十字国际委员会的高度赞扬。

《中华人民共和国红十字会法》颁布实

施后，广西壮族自治区红十字会的组织发展迅速。1998 年 8 月，广西壮族自治区红十字会正式从区卫生厅分离出来，实现机构独立设置，2002 年落实了三定方案，从此，广西壮族自治区红十字会各项工作步入规范化发展轨道。

在中共广西壮族自治区党委和政府的领导和重视下，在社会各界的大力支持和参与下，广西壮族自治区红十字会认真履行《中华人民共和国红十字会法》和《广西实施〈中华人民共和国红十字会法〉办法》所赋予的职责，在积极配合政府参与自然灾害救助、大力开展群众性初级卫生救护知识培训、社区红十字服务、红十字青少年活动、推动无偿献血工作、关爱艾滋病患者、中国造血干细胞捐献者资料库广西分库建设、引进国际援助项目等方面取得了显著的成绩。

截至 2004 年 12 月 31 日，广西壮族自治区各级红十字会共收到中国红十字会总会、香港特别行政区红十字会及社会各界捐赠款物合计人民币 714.43 多万元，全区有 14 个市、66 个县（市）的 53 万人受益。在“红十字博爱送万家”慰问活动中，自治区红十字会筹集了价值近 130 万元的送温暖物资，发放给城市低保家庭和灾区群众。至 2004 年 12 月底，自治区红十字会先后收到了由东兴、凭祥等地方海关转交及总会分配的罚没侵权货物 4 批次，价值 12.13 万元。2004 年，自治区红十字会举办了五期卫生救护师资培训班，共培训师资 168 人。开展以“关注妇女、预防艾滋”为主题的宣传活动，全区约 60 万名群众接受了教育。在全国无偿献血表彰会上，广西壮族自治区有九人获 2001 至 2003 年度全国无偿献血奉献奖金奖，25 人获银奖，155 人获铜奖。桂林电视台、广西师范大学红十字会以及南宁市的苏兆平荣获全国无偿献血促进奖，桂林市荣获全国无偿献血先进省市奖。2004 年，中国造血干细胞捐献者资料库广西分库检验并实现入库数据 1509 人份。9 月，自治区红十字会开展了“行动传播人道，爱心拯救生命”专项募捐活动，为广西分库建设筹措资金 30 多万元，用于广西分库的血样采集和检测工作。自治区红十字会围绕中国红十字会成立 100 周年庆典活动，制作了《纪念中国红十字会成立 100 周年》邮折邮封。广西红十字民族教育助学协会成立，开办了一个民族班，资助 47 名少数民族贫困生读完高中，协会三年共提供人民币资助 28.2 万元。2004 年，广西壮族自治区红十字会与红十字会与红新月会国际联合会合作利用欧盟捐款 383.7 万元人民币，在六个县（区）建造生态旱厕 3750 座，并修建了高位落差的饮水项目，解决了当地 5000 多人的饮水问题。由澳门特别行政区红十字会援助的罗城仫佬族自治县峡山博爱小学教学楼投入使用。在为印度洋海啸灾区募捐活动中，全区共募集善款 1122.55 多万元。

【组织机构】

1998 年 8 月，广西壮族自治区红十字会正式从区卫生厅分离出来，实现机构独立设置，2002 年落实“三定”方案，机关定为副厅级，内设办公室、组织发展部、救助救护部三个处级机构，人员编制 16 名。中共广西壮族自治区党委书记曹伯纯，原广西壮族自治区人大常委会主任赵富林，原广西壮族自治区人大常委会副主任李振潜担任自治区红十字会名誉会长，广西壮族自治区副主席刘新文担任会长，政协、卫生、民政、财政等单位为副会长单位，驻会有专职副会长二人，秘书长一人。

目前，广西壮族自治区已有桂林、柳州、南宁、防城港等八个市以及八个县的红十字会理顺了管理体制，实现了机构独立设置。全区有县级以上红十字会基层组织133个；高等院校红十字会组织29个；中小学校红十字会组织1172个；乡镇、街道红十字会组织46个。全区有红十字会员近40万人，志愿工作者2.1万人。

【大型项目】

2003年“非典”期间，广西壮族自治区红十字会系统共接受社会各界捐赠的款物价值人民币1289.30万元，并及时进行处理分配，有力地支持和配合了抗击“非典”的斗争。

2004年12月26日，印度洋地区因地震引发海啸灾难后，广西红十字会响应中国红十字会总会号召，开展了大规模的募捐活动。在短短一个多月时间内，共接受社会各界捐款1122万多元。这是广西壮族自治区红十字会历史上规模最大、影响最大、效果最好的一次国际人道主义救援行动。

2005年6月，广西遭受了百年不遇的特大洪涝灾害。广西红十字会在自治区党委、政府的统一部署下，开展了广泛的社会募捐工作，募集款物总价值612万多元，为救助灾民及灾后重建做出了贡献。

【主要特色】

一、改厕、改水及健康教育项目

2001年至2005年，广西壮族自治区红十字会利用国际人道主义办公室援助款1600多万元开展了农村生态旱厕项目、农村健康教育项目、农村防灾备灾项目和艾滋病预防宣教工作等。在全区11个市、31个县建造了19947座粪尿分集式生态旱厕，10个饮水工程，同时在所有的项目村开展了以环境卫生、个人卫生、传染病防治为主要内容的健康教育，并由当地政府配套进行周围环境治理（道路硬化、污水排放、人畜分居），直接受益人数达104374人。项目的实施，为受益村家家户户提供了干净的卫生厕所和安全的卫生饮用水，同时通过参与式的健康教育，促进了农民卫生健康观念的转变和卫生习惯的养成，降低了当地与水及环境卫生相关疾病的发病率，受到了社会各界的广泛好评。

二、艾滋病预防与宣教

广西壮族自治区红十字会自1996年以来，积极参与中国红十字会总会的艾滋病预防青年同伴教育活动以及国家卫生部国外贷款办、广西艾滋病预防领导小组组织开展的相关艾滋病预防宣教活动。据不完全统计，全区通过红十字会系统培训的同伴教育者（主持人）共11期388名，并在三所大专院校开设了艾滋病、性病、安全性行为健康教育选修课；还先后在边境县（市）、戒毒所等开展了预防宣传工作；有一万多人接受了艾滋病预防知识同伴教育培训，印发宣传资料二万余份。

（黄吉宁）

南宁市红十字会

【简介】

南宁市红十字会成立1924年。2011年，南宁市红十字会辖县（区）红十字会12个，全市有基层红十字会组织411个，红十字会员 3.81 万人，红十字志愿工作者 5507 人。

2011 年，市红十字会接收社会各界捐赠款物 592.62 万元。组织开展“红十字博爱送万家”等多种慰问活动，发放慰问款物 73.5 万元，慰问群众 1775 户，共 7120 人。市红十字会开展无偿献血宣传工作，全年发动群众无偿献血 16.26 万毫升。举办培训班 20 期，培训市直机关工作人员 1042 人次。各县（区）红十字会普及培训应急救护知识和救护防病知识 2.9 万人次。全市完成造血干细胞志愿捐献者血样采集 2187 人份。2010 年援助的 1025.94 万元、103 个项目全部竣工。

现任会领导：

市红十字会常务副会长：梁朝东

专职副会长：蓝汉祥　黄建霞

秘书长：吕雄

柳州市红十字会

【简介】

柳州市红十字成立于 1927 年，称为柳江分会。1952 年，改名为柳州市红十字会，工作由市卫生局代管。2002 年 4 月 28 日，市红十字会机构独立设制，有机关事业编制七名，人员参照公务员管理。现全市有基层红十字会组织 65 个，红十字会员 43982 人，红十字团体会员单位 112 家。

现任会领导：

市红十字会名誉会长：陈刚（市委书记）

会长：文和群（副市长）

名誉副会长：林桂平（市人大常委副主任）刘向群（市政协副主席）

专职副会长：丁慧明

桂林市红十字会

【简介】

桂林市红十字会成立于 1917 年 9 月。“文化大革命”期间，工作中断。1978 年 4 月，桂林市红十字会机构和工作得以恢复。1989 年 12 月，桂林地区红十字会成立。1999 年 3 月，桂林地、市红十字会合并，机构独立设置，成为桂林市人民政府直接领导的人道主义社会救助团体。桂林市红十字会有专职人员六人，内设两部一室。所辖五个城区、12 个县均成立了地方红十字会机构，有基层红十字会组织 198 个。

梧州市红十字会

【简介】

梧州市红十字会成立于 1910 年，初名为广西梧州红十字会，1924 年，改名中国红十字会梧州分会。1932 年，改名为中华民国红十字会苍梧县分会。新中国建立后，改名中国红十字会梧州市分会。1957 年，改为梧州市红十字会。2007 年 1 月，市编委同意按梧州市红十字会独立设置，不再挂靠卫生局，定为正科级单位，同年 10 月，升为副处级单位。2008 年 5 月，市红十字会工作由市领导直接联系，并配备专职副会长，全市各级红十字会有专职人员八名，基层红十字会组织和团体会员单位 126 个，红十字会员 25276 名，红十字青少年会员 34857 名，红十字志愿工作者 2818 名。

现任会领导：

市红十字名誉会长：余远辉、刘志勇

名誉副会长：黄积卓　陈澄波

会长：关远芳（副市长）

专职副会长：黄超亮

秘书长：刘萍

北海市红十字会

【简介】

北海市红十字会成立于 1957 年。1985 年 10 月，北海市红十字会恢复工作。目前全市有基层红十字会组织 24 个，红十字会员 20650 人，红十字会理事单位 62 家。

现任会领导：

市红十字会专职副会长：李东霞

秘书长：陈志满

广西钦州市红十字会

【简介】

钦州市红十字会成立于 1990 年，为事业单位，挂靠卫生局，有编制二名。2002 年，市红十字会理顺管理体制，机构独立设置，有人员编制四名。2007 年 12 月，市红十字会确定“三定”方案。2008 年 5 月，市红十字会独立办公。全市现有红十字团体会员单位 85 家，红十字会员 5185 人，红十字志愿工作者 161 人，红十字会冠名医疗机构五家。

现任会领导：

市红十字会会长：徐贵

专职副会长：何有宗

秘书长：黄若清

百色市红十字会

【简介】

百色市红十字会成立于 1989 年 1 月 10 日。2007 年 11 月，市红十字会独立设制。在全市 12 个县（区）中，有四个县的红十字会理顺管理体制。现全市有基层红十字会组织 127 个，红十字会员 13143 人，红十字青少年会员 6624 人，红十字团体会员单位 190 家。

现任会领导：

市红十字会专职副会长：黄健强

贺州市红十字会

【简介】

贺州市红十字会成立于 1989 年 5 月 2 日，前身是梧州地区红十字会、贺州地区红十字会。2009 年 4 月 24 日，贺州市红十字会独立设制，由市领导直接联系，行政为副处级，有编制 4 名，人员参照公务员管理。现全市有基层红十字会组织五个，红十字会员 15948 人，红十字团体会员单位 85 家。

现任会领导：

市红十字会会长：刘雪萍（副市长）

专职副会长：罗忠

秘书长：莫建辉

河池市红十字会

【简介】

河池红十字会（原河池地区红十字会）成立于 1996 年 1 月，为地区卫生局内设机构。2011 年 3 月 4 月，市红十字会从市卫生局剥离，设置为独立机构，工作由市政府联系分管。全市 11 个县、市、区均建立红十字会组织。

来宾市红十字会

【简介】

来宾市红十字会原为柳州地区红十字会，成立于 1988 年 10 月。2002 年 12 月 28 日，随柳州地区撤地建市改为来宾市红十字会，工作由市卫生局代管。2009 年 2 月，市红十字独立设制，改由市政府直接领导，有机关事业编制 4 名，工勤编制一名。全市现有基层红十字会组织 65 个，红十字会员 9409 人，红十字团体会员单位 110 家。

现任会领导：

市红十字会名誉会长：张秀隆（市委书记）

会长：秦全贵（副市长）

常务副会长：狄学军

秘书长：苗柳丝

崇左市红十字会

【简介】

崇左市红十字会（原南宁地区红十字会）成立于 1989 年。1992 年，南宁地区红十字会办公室成立，有编制三名，挂靠卫生局。2004 年，撤地建市后，南宁地区红十字会更名为崇左市红十字会办公室，有编制六名。2007 年 12 月，崇左市红十字会设立，为副处级单位。全市有红十字会专职干部 36 人，七个县（市、区）都建立红十字会组织，并全部理顺管理体制。目前，全市有基层红十字组织 258 个，红十字会员 3020 人，红十字青少年会员 360 人，红十字志愿工作者 1809 人，红十字会团体会员单位 81 家。

现任会领导：

市红十字会专职副会长：郑柳明

玉林市红十字会

【简介】

玉林市红十字会前身为玉林地区红十字会，成立于 1991 年 8 月，2000 年撤地设市更名为玉林市红十字会。2004 年，玉林市红十字会机构实行单列，核定事业编制三名。2010 年，市红十字会理顺管理体制。现全市有县级红十字会六个，基层红十字会组织三个，红十字会员 5231 人。

现任会领导：

市红十字会专职副会长：林家祥

海南省红十字会

【年度工作】

一、理顺管理体制工作

2011 年，海南省红十字会由原来的只有一个处室（办公室）增加为办公室和募捐赈济处二个处室，并增加了一个处级领导职数，人员编制也由原来的 12 人增加为 16 人。市（县）红十字会理顺管理体制工作也有进展，又有三个市（县）实现理顺关系。

二、救灾与灾后重建工作

积极应对海南省自然灾害。台风“纳

沙”给海南省造成了严重的经济损失。为支持灾区人民抗灾自救，省红十字会紧急筹集15吨大米，送到文昌市翁田、抱罗等五个受灾最严重的乡镇，1000多户受灾群众得到救助；同时向中国红十字会总会上报灾情，总会先后下拨了5000床棉被和价值50万元的100吨大米等救灾物资，解决了海口、儋州、临高、白沙、屯昌等地部分灾民的基本生活困难。

顺利开展灾后重建工作。一是汶川地震的所有援建项目顺利竣工。为向社会公告省红十字会汶川地震捐赠款的使用情况，邀请部分捐赠人及媒体代表前往灾区，对援建项目进行实地考察验收，先后察看了宝兴县穆坪镇“胜利爱心黄丝带小学”、宝兴县人民医院及什邡市云西镇思安小学等援建项目。二是2010年海南省水灾的援建项目包括八栋防洪楼、三条爱心路都在施工建设中。

充分完善应急救援体系。根据省政府的有关要求，加强与省政府应急办、省地震局和省三防办的沟通与协调，制定和完善省红十字会应急预案，指导各市县红十字会编制应急预案，目前，三分之二的市（县）红十字会将应急预案纳入当地政府的应急体系。此外，省红十字会红十字救援大队海口分队和三亚分队坚持定期训练，不断充实装备，水上救援、丛林搜索能力有了大幅提高。

三、救助工作

天来泉老年健康基金救助海南省42位贫困老人住院治疗，发放救助款16.8万余元。积极推动“天来泉·夕阳暖”关爱老人志愿服务项目，先后开展了“老区行”、“中秋节慰问”、“九九重阳节，浓浓敬老情”等关爱活动。500多名志愿者参与其中，帮助和关爱海南省400多名孤寡老人。

菩提树孤儿救助基金为四川绵阳16名大学生每人发放救助金5000元，累计发放八万元；为海南省22名大学生、高中生发放救助金13.25万元；该基金还为文昌孤儿学校的101名孤儿购买了价值1.6万元的校服、5000元的平安保险，发放奖学金1.8万元。

在“红十字博爱送万家”活动中，省红十字会共募集价值146万元的救助物资，发放到困难群众手里。

全球基金疟疾项目分别在五指山、万宁、琼中、保亭、陵水五市（县）免费发放长效蚊帐79722顶，其中居民人群用蚊帐28722顶，上山人群用蚊帐5.1万顶，项目总投入300多万元，覆盖27个乡镇农场1244个项目村队，使疟疾区5.3万户家庭15.9万贫困人口受益。

中国红十字基金会幸福天使基金“用爱为幸福护航”海南站项目顺利实施。1月17日，在海口市举办了幸福天使基金海南站启动暨捐赠仪式，向海南省捐赠了总价值630万元的现金和实物。一是为海口市、白沙县、保亭县等12个市、县共6000多名0~6岁贫困婴童家庭每人提供价值约800元的贝因美奶粉；二是完成了白沙县、乐东县10所“幸福天使博爱卫生站”的选址、预算、招投标等前期准备工作，项目总投入80万元；三是救助海南省先天性大病患儿12名，总支出27.3万元。中国红十字基金会嫣然天使基金开展了“嫣然天使海南行”活动，免费救助海南省47名唇腭裂患者。除给这些唇腭裂患者进行手术修复外，李亚鹏一行及青年志愿者还与患儿们开展了形式多样的娱乐活动，传递爱心。红基会小天使基金资助海南省22名白血病患儿，累计资助66万元。海南省“红十字救心行动”募集善款十余万元，救助九名先天性心脏病患儿。

中国红十字基金会博爱小学援建项目落户临高县马袅镇亲贤村，项目总投入27万元。

四、救护培训工作

省红十字会连续第二年向省财政申请90万元的救护培训专项经费，并正式成立救护培训中心，设置固定的培训场地。先后为100多家省直机关、企事业单位2.8万人开展防灾避险、自救互救和健康等方面的知识讲座，培训救护员超过1.2万人。会同省政府应急办、安监局、地震局联合下发了《关于组织海南省2011年群众性卫生救护培训活动的通知》，成功举办了“海南省红十字会第二届（地震）救护知识技能大赛”。

五、“三献”工作

2011年，海南省完成造血干细胞志愿捐献者血样采集2000人份的任务，有三人实现造血干细胞捐献。全年有八万人次参加无偿献血，献血量达2600多万毫升。全省有10人登记志愿捐献遗体，有三人实现捐献。

【历史沿革】

海南红十字会建省前在广东省红十字会指导下开展红十字会工作。早在1952年12月，广东省海南人民医院就成立了红十字会，1954年，海口市红十字会成立，两个红十字会均为团体会员，约300人。1981年7月，成立海南省行政区红十字会，会长林树兰（海南行政区公署副主任），秘书长程学（兼），办公室设在卫生局。到1988年，海南红十字会有基层组织20个，会员3000多人。1989年，海南建省后，撤销原海南行政区红十字会，正式成立海南省红十字会。海南省红十字会克服各种困难，积极主动地开展工作，在协助政府安置难民、开展募捐、发展会员、建立组织以及红十字青少年、国际交往、接受捐赠等方面做了很多工作，出现了可喜的局面。1993年10月《中华人民共和国红十字会法》和1996年1月《中华人民共和国红十字使用办法》的颁布施行，使红十字会组织成为国家法定的从事人道主义工作的社会救助团体，从而确立了红十字会的社会地位。2000年3月29日，海南省红十字会召开了第三次全省会员代表大会，选举了副省长王琼瑛为会长，卓英为常务副会长，根据会长提名赵健丽任秘书长。2004年12月7日，海南省第四次全省会员代表大会召开，大会全面总结了三届理事会的工作，制定了2005至2009年发展规划，选举产生了由61名理事组成的新一届理事会，聘请中共海南省委书记汪啸风、省长卫留成为名誉会长；海南省人大副主任王琼瑛、省政协副主席王辉丰当选为名誉副会长；赵国卫当选为常务副会长；赵健丽、刘平治、随枝叶、苏远洋当选为副会长，根据会长提名赵健丽兼任秘书长。

2004年，海南省红十字会在“五八”世界红十字日期间，在《海南日报》、《海口晚报》、《中国红十字报》等报刊报道海南省红十字会开展活动的稿件50篇，海南电视台、海口广播电视台播出关于红十字会活动的新闻161次，在网上发布新闻八条，印发预防艾滋病宣传画78520份。全年共募集和发放了赈济款物合计人民币400540元，赈济特困家庭8010多户。在“红十字博爱送万家”活动中。海南省红十字会发放慰问品价值30万元，受益贫困家庭达1500户。海南省红十字会全年开展救护知识普及讲座34次，参加讲座人数5754人。全年救护员培训总数6578人，全年师资培训总数148人。海南省报名捐献造血干细胞的人数超过1.2万多人，采集检测入库资料超过8000人份，已配对成功60多例，实现捐献移植九例；参加无偿献血达13532人次，献血总量达56666袋，海南省已实现医疗用血全部来源于公民无偿献血。海南省红十字会在2004年的艾滋病预防宣传工作中，举办了宣传活动58次，举办青年同伴教育培训班34次，参加青年同伴教育培训人数20060人；发放宣传品78520件，共投入资金8.215万元。截至2004年底，全省共有15名志愿者报名捐献器官、遗体。其中，已通过公证登记生效的有七人。

海南省红十字会历次代表大会

第一届

1991年8月27日召开，代表41人，理事23人，常务理事五人，常务副会长韦少成，副会长刘通显、陆清、谢峰、黄相基。

第二届

1994年9月20日召开，代表54人，理事29人，常务理事10人，会长刘名启、王厚宏、于迅，常务副会长韦少成，副会长陆清、简梁盛、谢峰、蒋金富、周元友、王亚保、叶斌、符国存。

第三届

2000年3月29日召开，代表108人，理事57人，常务理事九人，会长王琼瑛，常务副会长卓英。

第四届

2004年12月7日召开，代表92人，理事62人，常务理事九人，名誉会长（副会长）汪啸风、卫留成、王琼瑛、王辉丰，会长林方略，常务副会长赵国卫，副会长赵健丽、随枝叶、苏远洋、刘平治。

【组织机构】

海南省红十字会现有基层组织132个，会员11万人，全省目前共有365所学校建立了红十字会，红十字青少年会员达六万多名。全省17个市、县建立了红十字会。

海南省红十字会机关设有综合办公室、事业发展部、赈济救护部，中国造血干细胞捐献者资料库海南分库。

根据《中华人民共和国红十字会法》和中国红十字会总会《理顺管理体制座谈会纪要》精神，2001年，海南省红十字会向海南省编委申报《海南省红十字会关于理顺红十字会管理体制的请示》，2001年11月21日，中共海南省委办公厅正式下发了《关于理顺省红十字会管理体制的批复》。海南省红十字会由“省卫生厅代管”改为由省政府领导联系，编制五名（使用事业单位编制），参照公务员管理。2004年10月4日，为了便于省政府协调开展红十字会的工作，省编委经研究决定将省红十字会归属省政府办公厅管理。目前，全省已有六个市县的红十字会基本理顺管理体制，九个市县配有红十字会专职干部。海口、三亚、儋州、澄迈、临高、万宁、文昌、琼海、东方、五指山、屯昌、定安、昌江、乐东、陵水、白沙、保亭、琼中18个市、县成立了红十字会。2001年11月，经中国红十字会总会批准，海南省红十字会建立了“中国造血干细胞捐献者资料库海南分库”。

【大型项目】

一、1996年，海南省连续遭受多次热带风暴袭击，全省各级红十字会共募集赈灾款物价值86万元，帮助灾区群众渡过难关。

二、1998年，为“三江流域”洪涝灾害开展募捐活动，共募集款物560万元，支援了灾区的重建工作，同年，在内蒙古自治区兴建博爱村一个。

三、1998年，为西藏、青海雪灾灾区开展募捐工作，共募集款物30多万元，及时支援了兄弟省区的救灾工作。

四、2000年，海南省遭遇了百年不遇的特大洪涝灾害，全省共募集款物折合人民币246.8万元。

五、2004年底，为印度洋海啸灾区募捐1000多万元善款。

【主要特色】

一、做好难民安置工作

为做好接收安置印支难民的工作，海南省红十字会遵循人道主义宗旨，积极协助和配合政府有关部门做好难民的医疗保障工作。海南省人民医院红十字会、海南医学院附属医院红十字会、海口市人民医院红十字会、海南兴隆红十字医院等单位多次派出医护人员在码头、车站设立难民医疗点，为过往难民提供免费诊疗服务。同时组织红十字医疗队深入难民安置点，为难民义务体检和开展防病治病活动。据不完全统计，近20年来，红十字会共为难民诊治伤病113420人次，收容难民住院治疗18783人次，为难民点培养卫生技术骨干250多名。红十字会还向难民子女免费发放学习文具9360份，价值人民币二万多元。

二、坚持给麻风病人送温暖

2000年至今，海南省红十字会坚持每年春节前开展为省麻风病医院特困群众送温暖活动，共赠送了价值近10万元的物品和药品。

三、在旅游点设置募捐箱

为方便社会各界人士捐款奉献爱心，海南省红十字会在省内各旅游景点、机场、码头、公园、宾馆等公共场所放置了红十字募捐箱。

四、开展预防艾滋病项目

遵照红十字会与红新月会国际联合会和中国红十字会总会对艾滋病预防工作的具体部署，海南省红十字会于1998年在海南省启动了艾滋病预防青年同伴教育项目。从1998年的项目筹备启动开始至今，全省已培训项目核心主持人78名，举办项目普及培训班120期，直接受训人员达3400人，间接受益者达五万多人。培训领域包括学校、酒店、宾馆、政府机关，覆盖面逐渐扩大到全省13个市县，邀请加拿大McGill大学医学院教授、国际卫生教育专家加德里安博士到海南专门指导省红十字会开展预防艾滋病青年同伴教育项目。加德里安博士已在海口、三亚、儋州、琼海和万宁的28所大中专院校举办了30多场（次）的预防艾滋病讲学活动，直接听众达二万多人。

2001年5月，海南省红十字会在全省举办了“反对歧视艾滋病病毒感染者及病人漫画卡通画大赛”活动。从各单位选送的60多件作品中筛选出八件优秀作品报送中国红十字会总会参评，其中有六件作品被总会选中，代表中国参加了由红十字会与红新月会国际联合会举办的“反对歧视艾滋病病毒感染者及病人的漫画卡通画大赛”。

海南省儋州市那大二中高二年级蒲丁欣同学的作品荣获东南亚/东亚地区大赛第一名，海南大学学生周桑的作品被编入这次大赛的优秀作品的画册，为中国红十字会争得了荣誉。海南省红十字会撰写的《关于举办反对歧视艾滋病病毒感染者及病人卡通漫画大赛的报告》被第五届世界艾滋病关怀大会选中，海南省红十字会秘书长赵健丽受大会组委会特邀和资助，于 2001 年赴泰国清迈与世界各地的 1 万多名代表交流“控艾”经验。

五、开通网站

海南省红十字会使用现代化宣传手段，努力扩大宣传范围，取得良好宣传效果。2000 年，在海南在线的协助下，海南省红十字会率先创建了国内红十字系统第一家省级网站——海南省红十字会网站。通过近几年来的建设完善，网站已设有红十字信息、救灾救助、救护培训、寻人转信、功德榜、志愿服务、在线捐助、留言簿、电子邮件、友情链接等诸多栏目。通过网站可以了解到全省红十字会工作动态、国际红十字运动基本知识、艾滋病预防知识、初级卫生救护知识、寻人转信动态等。网站的开通，扩大了红十字会的社会影响，使更多的群众了解并关心支持红十字事业。网站开通至今，已有数万人次访问，并在赈灾捐助和志愿服务中发挥了作用。

六、交流合作

2001 年 4 月，在中国红十字会总会的安排下，海南省红十字会会长王琼瑛率团出访德国红十字会巴伐利亚利珀分会。

2001 年，受中国红十字会总会派遣，海南省红十字会秘书长赵健丽赴泰国皇家墨罕德大学卫生学院进修了卫生项目管理技术，其后，还赴国际（马尼拉）危险管理学院研修了突发事件卫生管理技术。

2002 年，为加强琼台两地的交流合作，海南省红十字会邀请台湾高雄市红十字组织代表团于 6 月中旬到海南省进行了以水上卫生救护为主题的工作访问。

2003 年初，应台湾高雄市红十字组织的邀请，海南省红十字会常务副会长卓英率团赴台进行了为期一周的访问交流。与台湾红十字组织各位高层领导会见，并就两岛加强交流合作进行了友好的协商，访问工作取得圆满成功。

（赵健丽）

海口市红十字会

【简介】

海口市红十字会成立于 1958 年，下辖琼山区红十字会，全市有红十字团体会员单位 13 家，红十字会员 1.43 万余人。近年来，累计筹集资金和物资 3260 多万元，其中资金 1650 万元，物资 1610 万元。广泛开展初级卫生救护培训，累计培训红十字救护员 2500 名，参加卫生救护讲座 3.5 万余人。

现任会领导：

市红十字会会长：李杰

专职副会长：蔡能浩

三亚市红十字会

【简介】

三亚市红十字会成立于 1991 年 10 月。全市有基层红十字会组织 13 个，红十字会员 3000 余人。

现任会领导：

市红十字会会长：许振凌

副会长：苏石安（兼秘书长）

儋州市红十字会

【简介】

儋州市红十字会成立于1991年，有编制三名，机关内设办公室和志愿者工作委员会。全市成立红十字志愿者服务队七个，注册红十字志愿工作者600余人。

2011年，市红十字会累计募集救灾款物11万元，救助遭受台风“纳沙”受灾居民1100余户。为贫困孤寡老人、重症儿童募集救助款六万余元。全年组织696人次参加无偿献血。

现任会领志：

市红十字会会长：王月花

常务副会长：李姣

重庆市红十字会

【年度工作】

一、举办百年庆典活动

重庆市红十字会成立于1911年3月，2011年喜逢百年华诞。市红十字会紧紧围绕“百年红十字、博爱洒渝州”主题，组织策划了系列庆典活动，包括召开新闻发布会和庆祝大会、举办专题展览、开展系列宣传报道、制作系列出版物、筹备文艺演出等。5月8日，隆重召开了庆祝大会，全市各区县红十字会、行业红十字会、市级有关部门人员和社会各界群众共2000余人参加了大会。全国20多个省市（自治区）红十字会嘉宾到会祝贺。中国红十字会常务副会长王伟和重庆市常务副市长马正其分别讲话，肯定过去的成绩，分析当前的形势，提出今后的要求。通过以上系统庆典活动，充分展示了重庆市红十字事业的百年业绩，特别是新中国成立以后和改革开放以来的巨大成就，讴歌了百年风雨历程中为重庆近现代史书写灿烂篇章的一大批优秀人物和感人事迹，展现了重庆市红十字会的良好形象，扩大了红十字会的影响力。

二、募捐筹资工作

创新募捐筹资方式。通过不断探索，形成募捐筹资工作的新思路，继续发展专项基金，推行劝募制度，开展与企业的战略合作，广泛调动社会各界爱心单位和人士参与公益事业的积极性，取得较好效果。全市红十字会系统共筹集救灾款物6984.65万元（资金4735.03万元、物资价值2249.62万元），其中市红十字会本级筹集款物5306.1万元、区县红十字会筹集款物1678.55万元。

加快红十字基金会发展。加强对基金会的监督和管理，指导基金会开展募捐救助工作，支持基金会发展壮大。特别是在发展专项基金方面取得重大成绩，2011年，新成立了重庆市应急救援基金。全年募集资金1776.7万元（其中资金1558万元，物资价值218.7万元），支出救助资金1531.83万元，开展救助项目107个，受益群众达70余万人。截至目前，共成立专项基金42只（其中新成立专项基金三只，募集资金520万元），累计募集资金2.4亿元。

三、备灾救灾工作

应急工作管理。派人参加了由中国红十字会、美国红十字会和亚洲减灾委员会组织的灾害管理师资培训，重庆市突发事件应急管理培训，提高了干部职工的业务知识水平和灾害管理能力。研究制定和完善了《关于进一步加强红十字会应急救护工作的意见》、《重庆市红十字会突发公共事件救援救助预案》、《“防灾减灾日”宣传活动方案》，应急体系建设更加完善。

管好救灾款物。救灾款物是各界人士的爱心体现，更是受灾群众的翘首期待。如果工作失误，不但有损受灾群众的利益，同时也有损红十字会的形象和声誉，会对红十字事业造成严重伤害。市红十字会加强了对救灾款物的筹集和发放管理，制定和完善了相关工作制度和管理措施。2011 年，共筹集救灾款物 3128.25 万元（其中资金 1097.33 万元，物资价值 2030.92 万元），有 26 万灾区群众受益。

搞好援建项目。一是灾后重建项目有序推进。市红十字会共实施汶川特大地震灾后重建项目 227 个，援建资金总额 16146.7 万元。目前，已竣工项目 170 个，占总数的 75%，其余项目已全部开工，正加紧建设。二是大力实施红十字社区为本备灾减灾等项目。2011 年，共争取项目 38 个，资金 1615 万元。这些项目正在实施中。

四、社会救助工作

开展“红十字博爱送万家”活动，发放救助款物 101.6 万元（其中发放价值 90 万元的温暖包 2000 个，发放救助金 11.6 万元），集中救助困难群众 45 户，并使酉阳、彭水、巫山、巫溪、城口五县 54 个乡镇共 27 个灾害多发区和偏远山区二万余困难群众受益。

开展博爱助学活动，发放助学金 15.55 万元。全市共完成助学项目 17 期救助 505 人，其中市红十字会本级完成 12 期救助 240 人，区县红十字会完成五期救助 265 人。捐赠红十字书库六个，价值六万元。

开展扶贫助困工作。共救助特殊困难群众 18 人，发放救助金 37.9 万元。

开展乡村医生培训 100 人，募集培训资金 20 万元。

开展为困难群众送医送药活动。指导全市红十字系统医疗机构减免挂号费、检测费约 5000 人次，减免费用达 17.5 万元。向偏远贫困地区基层医疗单位捐赠药品价值 45.26 万元。

五、基层组织建设工作

指导和帮助区县、高校红十字会开展换届工作。召开全市教育系统红十字会培训班，指导推进教育系统行业红十字会发展，其中大渡口、万州、涪陵、石柱、奉节、秀山、武隆等区县教委分别成立了教育红十字会，其他区县正在积极启动该项工作。全市基层红十字会组织已达 812 个，发展红十字团体会员单位 2443 家，红十字会员 250200 人，红十字青少年会员 350586 人。

红十字青少年工作有序开展。在大中小学大力宣传红十字精神，组织开展系列活动。先后组织青少年参加了“中国红十字会 2011 海峡两岸红十字青少年夏令营”，重庆大学红十字青少年急救技能大赛，预防艾滋病青年同伴教育培训，重庆市高校红十字校园建设交流，造血干细胞捐献志愿者“2011 重庆马拉松比赛”等活动，收到了较好效果。

志愿服务工作稳步推进。重点市红十字会对志愿者进行规范化管理，加强能力培训。与市政府应急办、共青团重庆市委共同组织召开了重庆市应急志愿者服务工作电视电话会议，观摩了社区志愿者抢险救援演练，培训了重庆大学外语学院外事接待服务志愿者，实施了2011年大学生暑期社会实践项目——西南大学红十字玉树地震灾区心理救援项目，使志愿者队伍不断完善，人员素质得到较大提高，发挥作用更加明显。

六、宣传与传播工作

宣传报道取得突破。以庆祝重庆市红十字会成立100周年活动为契机，紧扣“百年红十字，博爱洒渝州”主题，组织开展了系列宣传活动，举办了百年庆典新闻发布会暨《重庆市民逃生手册》和《急救知识》新书首发仪式。2011年博爱周宣传，在《重庆日报》、《重庆时报》、《中国红十字报》上刊发专版，制作播出专题片《百年人道、博爱渝州》，展示了重庆红十字人的风采，展现了重庆红十字会的形象，进一步弘扬了人道、博爱、奉献的红十字精神。全年全国各大报纸杂志刊发红十字会报道300多篇（条），其中重庆市内各大媒体发表180多篇，电视台制作专题节目二期，接受采访报道19次，重庆红十字会网站发表400多篇，出版《人道与博爱》杂志六期，订阅《中国红十字报》1759份和《博爱》杂志1511份，获总会报刊征订工作二等奖，扩大了宣传工作的广度和深度。其中《中国红十字报》头版头条刊登的《宣传为红十字年插上双翼》，介绍了重庆市红十字会工作，二版报道万州市民杨跃章荣获2010感动重庆十大人物消息，重庆卫视《重庆好人》栏目宣传了志愿者陈锡林捐献造血干细胞的爱心善举等，引起社会强烈反响，成为宣传的新亮点。

红十字精神广泛传播。积极开展国际红十字与红新月运动知识传播工作，先后在重庆图书馆、市内各大高校和重庆南开中学组织了13场（次）专题讲座，在机关举办了“国际红十字与红新月运动基本原则”讲座，对巴县中学、清华中学部分学生及家长和接待外宾志愿者进行了国际红十字与红新月运动知识传播，受众达5000余人。

七、救护培训工作

应急救护培训成绩显著。精心组织管理，注重教学创新，加强师资队伍建设，完善协调机制，培训工作迅猛发展。全年共培训各类人员315438人（其中市红十字会本级培训291205人、区县红十字会培训24233人），除机动车驾驶员培训外，培训工作向高危行业、高影响行业拓展，如对大中学校学生开展免费救护培训3033人，开展特殊行业人员培训84班共11275人，开展干部应急培训613人，开展交巡警救护培训211人，开展出租车驾驶员培训40班共9267人等，使卫生救护知识得到较好普及，红十字会在社会上赢得较好声誉。

关爱生命工作不断发展。一是骨髓库建设得到加强，保质保量完成了总库下达的入库2000人份的年度任务，并实施四例造血干细胞采集移植。目前，已累计向总库传输志愿HLA分型数据2.4万人份，全市累计捐献39例。二是切实做好遗体（器官）捐献相关工作，实施遗体（角膜）捐献102例，分别在重庆江南殡仪馆和重庆龙台山陵园举行了清明公祭仪式。三是积极宣传动员无偿献血，举办了“世界献血者日”大型纪念活动。四是做好预防艾滋病工作，在市内各大高校指导学生开展了“预防艾滋病青年同伴教育”活动。

白血病儿童救助稳步推进。积极筹集资金，向社会募集464.7万元，接收中国红十字基金会专项基金109万元，共计573.7万元。受理白血病儿童救助申请，实施救助75 人（98 人次），发放救助款 195.4 万元。受理“小天使”基金救助申请 74 人，实施救助 34 人（35 人次），发放救助款 109 万元。共计救助 109 人（133 人次），发放救助款 304.4 万元。白血病儿童救助基金会在全市基金会等级评估中初步入围 5A 级基金会序列。

八、交流交往工作

2011 年，市红十字会精心选择澳洲和南美洲地区部分国家分两批进行考察交流和座谈，学习借鉴国外红十字组织的有益经验和良好模式，促进国际红十字运动的发展，并努力争取国际援助，争取到欧盟旱灾援助资金 20 万欧元（合 200 万元人民币）。

积极开展重建家庭联系工作，处理总会转来的寻人案一件，受理台湾寻人案八例。

此外，加强了与兄弟省市红十字会的联系和交流，增加了解，增进友谊，争取支持，共争取到香港、澳门和河北省红十字会的援助资金 325 万元。

【历史沿革】

1910 年（宣统二年），重庆市宽仁医院院长马嘉礼（美国人）首议筹建重庆红十字会。由商界首领李湛阳出面号召；巨绅魏国平以经营画社筹集资金；廖焕庭、温少鹤、李勷枫、杨沧白等社会名流具体筹备。1911 年（宣统三年）3 月，经大清红十字会核准，大清红十字会重庆分会正式成立。挂牌市区临江门外给孤寺。李勷枫当选为第一届会长。巴县府划拨给孤寺一带（现临江门至一号桥）地产 1600 平方丈为红十字会所有，命名为“红十字街”。1912 年国民政府初立，大清红十字会更名为中国红十字会，重庆分会更名为中国红十字会重庆分会。

民国初期，兵戈内战及自然灾害不断。为筹措活动经费，分会董事李湛阳、魏国平等出面邀请中西各界名流开会发展会员。凡到会者俱为本会会员，纳会金 25 元/人（银元。下同）。并规定常年会员纳会金 5 元/人；特别会员年纳会金在 100 元/人以上。同时呈请巴县府将多种捐税交由红十字会收取，以资补贴。主要税种有机制土货税，年纳金 8000 余元；寮头税，年纳金 7000 余元；“红灯”（抽大烟场所）税，年纳金二万元；地契附加税，年纳金 1000 余元；九门屠捐税，年纳金约 7000 元；房地税，年纳金约 1000 元。年收入保持在四万元以上。

创建初期，分会活动以各诊所为依托救助灾困贫民为主。于 1917 年始，先后设中医社七所：一社设在药王庙侧轩岐公所；二社设在临江门七星坎；三社设在临江门吉祥寺巷；四社设在两路口同兴堂侧；五社设在南岸龙门浩玄坛庙内；六社设在售珠市勇善堂内；七社设在海棠溪尊德堂内。各所聘请名老中医施治。主方所需药物及经费由本地绅商自由捐助。

1920 年，分会建总医院于临江门外给孤寺（即现重庆市红十字会医院雏形）。聘请德国医师阿思密为院长，年俸 1.2 万元。分会规定：无论兵民男女贫富皆得治疗。贫者免费，富者按章纳费。特等病室每日纳银三元；头等病室每日纳银二元；二等病室每日纳银一元；三等病室每日纳银半元。此外，在城内九尺坎街道另设西医诊所一家，每周一、四、六诊治男病，日诊治病人 200 名；每周二、五诊女病，日诊病人 200 名。1923 年，分会总医院在通远门外建立分院，专门收治贫民，概不收费。

1923年，分会购置水龙（消防灭火器材）两套。城内外凡发生火警，分会即派人携带火龙随医护人员前往抢救。1924年，分会又购置小艇五艘，每年夏历4月1日至10月1日（洪水期），分驻龙碛子、夫归石、梁沱灌口、铜锣峡险滩；一艘沿长江上下巡逻，随时抢救溺水难民。

1929年，因经费不足，各中医社、西医诊所及分医院陆续关闭。分会总医院也在1931年关闭，分会工作也基本停止。

1931年9月18日，日本关东军突然向我国东北发动进攻，制造了震惊中外的“九一八”事变。1932年初，日军全面侵占我国东三省，大批难民流离失所，流入关内。总会及各分会紧急动员起来，为救助难民筹措款物。

1937年11月，在总会的大力支持和本市热心慈善事业人士的资助下，廖焕廷、温少鹤、黄次咸、马嘉礼发起成立重庆救护委员会。募得经费8.7万余元。1938年春，救护委员会承接了本市教会团体所办的救护训练班；在陕西街万寿宫开设了贫民诊疗所。并于同年4月在给孤寺成立救护医院：设病床100张。组织了72人的救护担架队，以备空袭时收容抢救受伤军民。7月，救护委员会举办大会征求红十字会员，征得新会员800余人。8月，救护委员会聘请征集医护人员80人，分编四个医疗救护队随军开赴湘、赣战区服务。半年后，四个救护队陆续交归总会救护总队。1938年7月至12月，分会医院、诊所和担架队救治伤患12.8万余人。

1939年5月3—4日，重庆市区遭日机大轰炸。临江门外红十字街和分会救护医院的房屋设备被炸毁。同年6月，分会宣告恢复工作，并于11月28日召开会员大会：改组了理事会及医院董事会。会长温少鹤。正式启用中华民国红十字会重庆分会名称和印章；承接救护委员会所属医院诊所及其他救护事业；决定在南岸黄桷桠新建分会医院；调整会费标准为：青年会员每年纳金2000元/人（旧币，下同）；普通会员每年纳金5000元/人；特别会员一次性纳金40000元/人；名誉会员一次性纳金200000元/人；团体会员一次性纳金400000元。年内共征得会员45710人；收会费9912600元。救治炸伤者（担架队）1347人；接种痘苗1.5万余人；其他预防接种5600余人；救治其他伤患28354人。

1940年3月，按当时规范要求修建的分会医院（中型）在南岸黄桷垭落成（现纺织职工疗养院址）。建院经费来自中央赈济委员会、四川省红十字分会及其救护委员会捐赠的13500元（银元。下同）为筹措分会医院所需设备购置经费，分会邀请社会名流发起社会募捐：重庆市市长吴国桢、名画家徐悲鸿、王东培、吴麟若、许士麟、陈之伟、黄君壁、张书旗、潘见平、潘文淑、邓白、谢稚柳等发起国画义展、义卖。共募得资金四万余元。分会医院设备药械得以完备。聘请黄次咸任院长；邝安堃、宋祖安任主治医师。

1940年3月，总会迁来重庆夫子池。4月1日正式办公。并在沙坪坝设立重伤医院，收治空袭时受伤贫民。年底，该院被炸毁。1941年10月，总会又在高滩岩购置土地兴建中华民国红十字会重庆医院。于1943年7月该院落成。1944年2月，中华民国红十字会重庆医院与国民政府中央医院合并。增设病床；附设高级护士职业学校

（现中国人民解放军第三军医大学及其附属医院址）。

1946 年 4 月，总会迁回南京。其在重庆市区夫子池的办公用房和诊所以及高滩岩救灾仓库内的物资（美国红十字会捐赠的八卡车药品器械及毛毯）全部赠与重庆分会。5 月 19 日，总会第一届理事会决定：中国红十字会的工作中心由战时救护转变为社会服务。以建设分会、征集会员、筹措基金为工作重点。为促进分会的恢复和重建，总会在上海、汉口、北平、广州、重庆设 5 个区办事处。由各区办事处分辖数省。重庆区办事处辖四川、西康、贵州、云南、西藏。总会在年内对各分会进行了彻底的清理整顿，重新报批、登记、发证。经过整顿的分会即可在其辖区内发展支会。重庆分会在此次整顿中改选了理事会。黄次咸任分会会长；余养贤任总干事，新征会员 4.4 万余人（总会资料）。

1946 年，重庆霍乱大流行，死亡甚众。分会除在南岸黄桷垭医院收治病人外，又在市区中央花园设时疫急救医院一所。常设病床 80 张，机动病床 40 张。聘请李紫凝为医务主任；田竹轩、赵琼、徐印坎等九名医师，10 名护士。检验师和药品由美国红十字会免费提供。年内免费收治病人 1500 余人。总会重庆区办事处联合基督教青年会开办了励志儿童医院。免费诊治街头流浪患儿，经费由其理事捐赠。

4 月底分会医院迁至江西会馆。7 月又迁至市区陕西街。分会工作重点由战时救护转向社会服务。为增强民众防疫知识，分会举办常年防疫训练班宣传卫生防疫常识；组织巡回医疗队深入边远山区进行预防接种；为公共娱乐场所、工厂、学校、监狱进行“消、杀、灭”清除工作。年内共诊治和接种注射 218585 人次；散发灭鼠药 30 磅。分会当年工作在总会考核中获甲等，与上海、南京分会同享殊荣。当年底，总会撤消了除上海以外的四个区办事处。重庆区办事处所属的励志儿童医院转交重庆分会。

1949 年 3 月，分会医院与励志儿童医院合并。迁回临江门外红十字街给孤寺旧址。初夏，为防时疫发生，分会组织巡回医防队到贫民区诊治病人，对易感者进行预防接种。共服务 3893 次。同年 9 月 2 日，市区小十字及过街楼一带发生特大火灾（即震惊中外的“9·2”火灾）。分会救护队快速赶往现场，抢救重伤患者 270 人。并以分会名义将这批伤员分别转送到市内各大公、私医院治疗。此举受到社会各界的极大关注和好评。9 月下旬，分会应四川高等法院和重庆地方法院邀请，为其所属监狱及看守所在押犯人义务诊病；并分别在监狱和看守所设义务诊所，定期派医护人员前去诊治病犯。每次诊治均在 200 人以上，所有药品及诊治费均由分会承担。11 月 30 日，重庆解放。分会立即派医护人员前往渣滓洞、白公馆清理掩埋“11·27”遇难者遗物遗体，并对现场进行消毒处理。

1949 年 10 月 1 日，中华人民共和国成立。总会从南京迁到上海，与上海区办事处合并。11 月 30 日，重庆解放。重庆分会保留有：临江门医院、夫子池诊所、南岸新生托儿所。

1950 年 2 月，总会在上海召开工作检讨会。各大城市红十字分会负责人应邀莅会。重庆分会会长黄次咸（总会资料记载）参加了此次会议，并被选为赴北京向中央人民政府汇报工作的代表。总会在协商改组并成立新的领导机构之后，对地方分会的改组整顿提到了议事日程。10 月，卫生部与救济总会行文各地：要求有关部门协助改组整顿地方红十字会组织。总会专门举办了为期 5 周的分会干部学习班，重庆分会代理总干事余养贤先生参加了学习。

1951 年 4 月 16 日，重庆分会协商改组会正式召开。市卫生局局长周洪生、市民政局社会科科长孙立太、分会会长温少鹤（余养贤口述）组成了会议主席团。全市 10 余个相关部门的负责人和会员代表参加了会议。会上，代理总干事余养贤汇报了分会建会以来的主要活动；修改制订了《重庆红十字分会组织规程》；协商产生了建国后第一届理事会。周洪生任会长，余养贤任总干事（均由总会行文任命）。改组后，分会归市政法委员会领导；经费由市财政和总会划拨；有国家编制内职工 25 人。

5 月，分会在协商改组后，立即着手为抗美援朝募捐。共募得现金 1465 万元；物资 720 多件。同时分会在社会上广泛征求外科手术医护人员，筹备赴朝鲜战场救护工作。5 月 29 日，分会派出了第一支赴朝外科手术队。队员 13 人；队长冉瑞图（市第二人民医院胸外科主任）。1952 年 2 月 3 日，分会派出第二支赴朝外科手术队，队员 10 人；队长王安定（西南卫生部直属医院主治医师）。

1952 年 4 月 30 日，国家政法委员会以政文字第 20 号文通知：“关于中国红十字会总会的工作，奉总理批示：改归中央卫生部直接指导和联系”。7 月 9 日，中国红十字会总会与卫生部、内务部联合发出通知，要求各地分会与各地政府卫生部门合署办公。重庆分会因成立以来，一直是独立门户，独立自主地在开展活动，改组以后仍然具备独立开展工作的能力，并拥有独立产权的办公场所与服务机构。故未与市卫生局合并。仍然保留了独立核编和财政独立拨款。原有的办公场所与服务机构仍属分会所有，行政管理改归市文化、教育、卫生委员会（余养贤口述）直接指导联系。

1953 年初，分会所属夫子池诊疗所合并到分会医院（临江门）。年底，接政府通知：分会医院交市卫生局接管，其“重庆市红十字会医院”的名称不变；分会在南岸的新生托儿所交南岸区政府接管。分会工作转为以爱国卫生宣传和现场急救员培训为主。

年内，分会在市区西南博物馆、市劳动人民文化宫、夫子池红十字阅览室、分会机关及近郊区各大厂矿举办了：“妇幼卫生”、“厂矿卫生”、“爱国卫生”、“新法接生”和“本市爱国卫生成绩展”等大型展出。在市区展出时每天接待参观者均在 2000 人次以上。在近郊巡回展出半年。接待参观者 370 多万人次。培训急救员 957 人；在近郊区创建急救站 38 个。

年底，重庆分会召开第二次会员代表大会：选举产生了第二届理事会。会长何正清（市卫生局局长）。总干事司明勋（兼职。市医学会党总支书记）。

1957 年，重庆红十字会（以下简称市红会）在市中区王家坡、大溪沟街道首次建立街道红十字会。建立会员小组 26 个；发展会员 3346 个。在近郊区六个重点中、小学建立了红十字会，发展青少年会员 629 人。并帮助他们与苏联、波兰、保加利亚等国的学校红十字会建立联系。开展红十字青少年间的通信活动，互赠纪念品。

8 月，近郊南泉乡刘家湾挖掘出日本人遗骨 121 具。分会立即派人协助政府有关部门及时包装妥当，送总会转交日本红十字会。

1961 年 3 月，本市巴县长生桥公社李子林挖出日本人遗体 38 具。市红十字会立即妥善包装后送总会转交日本红十字会。

年底，市红十字会召开了第三次会员代表大会：选举产生了第三届理事会，会长何正清（市卫生局局长兼职）。

1963 年初，市红十字会在沙坪坝区石桥公社试点开展乡村红十字会工作。将红十字会基层组织建到各生产队、组。收效很好。年内即推广到该区其他公社和北碚、南岸、江北四区 30 多个公社，100 多个生产队。总会秘书长倪斐君专程来重庆进行实地考察。高度评价了此项工作对全国农村红十字会组织发展的推动作用。

1966 年 6 月，“文化大革命”开始。红十字会被视为“封、资、修”产物，受到巨大冲击，工作全面停止。

改革开放特别是重庆直辖以来，重庆红十字事业有了长足的发展。1980 年重庆市红十字会恢复工作后，在清理恢复基层红十字组织的同时，先后组织了援非募捐、1987 年开展了台湾同胞大陆寻亲工作、1988 年国际体育援助、1998 年抗洪救灾等重大活动。2000 年，开展了以“伸出你的双手，献上一份爱心”为主题，以 500 名特困人群（即 100 名 80 岁以上高龄的特困老人，100 名生活特别困难的失学儿童，100 名生活特别困难的残疾人，100 名生活特别困难的大学生，100 名生活特别困难的下岗女工）为救助对象的募捐活动。2001 年全面启动了中国造血干细胞捐献者资料库重庆分库的建设工作。2002 年与重庆市总工会联合开展了城市困难群众子女助学工程。二十多年来，重庆市红十字会多方位地开展人道主义领域的服务工作，受理了 5000 多宗国际寻人转信和海峡两岸寻亲红十字通信，使 600 多个分离的家庭或亲人得到了重新团聚，为开展民间外交和沟通海峡两岸关系发挥了较好的桥梁作用。

1993 年《中华人民共和国红十字会法》颁布实施，1996 年《中华人民共和国红十字标志使用办法》颁布实施，2000 年《重庆市实施〈中华人民共和国红十字会法〉办法》颁布实施。2000 年 6 月，重庆市机构编制委员会正式行文理顺重庆市红十字会管理体制，明确由市领导联系。2004 年 7 月，经中共重庆市委批准，中共重庆市红十字会党组正式建立。

2005 年 3 月，召开了重庆市红十字会第二次会员代表大会，中共重庆市委书记黄镇东接见了参会的全体代表。会上，重庆市人事局、重庆市红十字会联合表彰了全市红十字会系统的 10 个先进集体和 20 名先进个人。选举产生了新一届理事会，聘请中共重庆市委书记黄镇东为名誉会长，重庆市人大常委会副主任陈雅棠、重庆市政协副主席窦瑞华为名誉副会长。选举重庆市人民政府副市长谢小军为会长，冉茂民为常务副会长，周清梅为副会长。经会长提名通过了赵幼渝为秘书长。重庆市红十字事业进入了一个快速发展的新时期。

重庆市红十字会历次代表大会

第一届

1950 年 4 月 16 日召开，代表协商产生，会长副会长第一届周洪生，常务副会长余养贤（总干事）总会任命。

第二届

1956年召开，会长何正清。

第三届

1961年召开，会长何正清。

第四届

1980年8月召开，会长林琳。

第五届

1985年5月24日召开，会长冯克熙。

第六届

1990年6月7日召开，会长窦瑞华。

第七届

1994年7月20日召开，名誉会长孙同川，会长窦瑞华。

重庆改直辖市后

第一届

2000年3月20日召开，代表120人，理事60人，常务理事19人，名誉会长贺国强、包叙定，会长程贻举，常务副会长冉茂民。

第二届

2005年3月23日召开，代表180人，理事60人，常务理事20人，名誉会长黄镇东，会长谢小军，常务副会长冉茂民。

【组织机构】

重庆市红十字会有基层组织1465个，红十字会员50余万人（其中红十字青少年会员10万人），占重庆市常住人口的1.7%。全市40个区县（自治县、市）都建立有红十字会；机动车驾驶员行业、市教育系统、市卫生系统三个行业建立有红十字会；重庆大学（由原重庆大学、重庆建筑大学合并组建）、西南大学（由原西南师范大学、西南农业大学、四川畜牧兽医学院、中国柑橘研究所合并组建）、重庆医科大学、重庆师范大学等四所大学建立了红十字会；长安机器厂、望江机器厂、川东石油勘探公司等三个大型企业，部分中小学、职业学校、医疗机构建立了红十字会。

重庆市红十字会机关设有办公室、组织宣传外联部、赈济救护部（重庆市红十字会卫生救护培训中心）。

各区县（自治县、市）红十字会名单（40个）：万州区红十字会、涪陵区红十字会、黔江区红十字会、渝中区红十字会、大渡口区红十字会、江北区红十字会、沙坪坝区红十字会、九龙坡区红十字会、南岸区红十字会、北碚区红十字会、万盛区红十字会、渝北区红十字会、巴南区红十字会、长寿区红十字会、双桥区红十字会、江津市红十字会、合川市红十字会、永川市红十字会、綦江县红十字会、潼南县红十字会、铜梁县红十字会、大足县红十字会、荣昌县红十字会、璧山县红十字会、梁平县红十字会、城口县红十字会、南川市红十字会、丰都县红十字会、垫江县红十字会、武隆县红十字会、忠县红十字会、开县红十字会、云阳县红十字会、奉节县红十字会、巫山县红十字会、巫溪县红十字会、石柱土家族自治县红十字会、秀山土家族苗族自治县红十字会、酉阳土家族苗族自治县红十字会、彭水苗族土家族自治县红十字会。

【主要特色】

一、“5个100”救助活动

2000年，重庆市红十字会开展了以“伸出你的手，献出一份爱”为主题，以“100名80岁以上老人、100名残疾人、100名下岗女工、100名特困大学生、100

名失学儿童”为救助对象的大型募捐救助活动。全市各级红十字会齐心协力，克服困难，共募集资金60万元。重庆市红十字会与市教育委员会、重庆市残联、重庆市妇联、重庆市老龄委等单位联合确定了500名救助对象，每人得到1000元的救助资金。

二、困难群众助学活动

2002年，重庆市红十字会积极响应党中央、国务院关心城市困难群众生产生活的号召，开展了“城市困难群众子女助学”活动。三年来，重庆市红十字会的这项工作得到社会的广泛关注和支持，一直坚持较好，共募集捐款103.69万元，已有3430名困难群众子女获得了救助，受助者涉及到全市的38个区县（自治县、市）。

三、卫生救护培训

近10年来，重庆市红十字会积极争取市公安、交警、交委、财政和物价等部门的支持和配合，对全市机动车驾驶员进行了卫生救护培训，共培训了50多万人次。

四、公民志愿捐献遗体

从1997年开始，重庆市红十字会在全市开展了公民志愿无偿捐献遗体工作。七年来，全市共有4000余名志愿者进行了捐献登记，已有375名志愿者实施了捐献意愿。为了鼓励公民的奉献行为，重庆市红十字会在龙台山陵园建立了一座“重庆市公民志愿捐献遗体志士纪念碑”，并在每年的清明节组织志愿捐献遗体者家属开展悼念活动，较好地促进了遗体捐献工作的开展。

五、查人转信工作

改革开放以来，重庆市红十字会共受理海峡两岸寻亲信件6000余件，其中查有结果的有620件，使亲人得到团聚。

【大型项目】

2000年，重庆市红十字会在主城区三星级以上的宾馆、大型商场和超市、机场、码头、火车站设置红十字募捐箱。随后，各区县（自治县、市）红十字会也在所在地人口密集区域设置红十字募捐箱。

2000年至2004年，重庆市红十字会国际红十字运动基本知识传播员分别多次到重庆大学、西南师范大学、西南农业大学、西南政法大学、重庆医科大学、重庆师范大学、重庆工商大学、重庆邮电学院、重庆交通学院、重庆教育学院、重庆科技学院、四川美术学院、海逸酒店、葛兰素公司、和记黄埔公司、英国驻重庆总领事馆等高等院校、外资企业和外国政府驻渝机构开展国际红十字运动基本知识传播讲座。

2003年，重庆市第一批市级红十字窗口单位正式挂牌。这些窗口单位有：大学、中学、小学、血液机构、城市医疗机构、乡镇卫生站等。

2003年至2005年，重庆市红十字会分别对外国政府驻渝机构官员、大学医院工作人员、部分大学小学学生、公共游泳场所救生人员、小区物业管理人员、街道及居委会工作人员、大型商场及超市营销人员、旅游系统导游、外资宾馆及企业员工、国有大中型煤矿工人、建筑系统安全管理人员、监狱服刑人员等进行卫生急救、防病治病、艾滋病预防等知识及技能培训。

2005年，在重庆市的涪陵区、巴南区、綦江县、垫江县、梁平县、忠县开展了欧洲联盟人道主义援助部援建的社区减灾项目。

2005年9月，在重庆市人民政府主要领导的倡导下，经社团登记部门批准，重庆市白血病儿童救助基金会正式建立。该基金会为公募基金，由重庆市教育委员会、重庆市财政局、重庆市民政局、重庆市卫生局、重庆市红十字会、重庆慈善总会、重庆市总工会、重庆市工商联共同出资组建。受市人民政府委托，重庆市红十字会为该基金会的主管单位。其基金主要用于救助重庆市 18 周岁以下的白血病儿童。

渝中区红十字会

【简介】

渝中区红十字会成立于 1963 年 3 月，“文革”期间被迫停止活动。1981 年 4 月经区政府批准恢复活动。2001 年 9 月经渝中区机构编制委员会审定，设机关事业编制二名，并按照《国家公务员暂行条例》参照试行。

大渡口区红十字会

【简介】

大渡口区红十字会设专职副会长一名，秘书长一名，下辖红十字医院一个（大渡口区红十字会医院）、红十字社区服务站一个（大渡口区跃进村街道中医社区红十字服务站），全区有会员 332 人，自愿工作者 1583 人。

江北区红十字会

【简介】

江北区红十字会建会于 20 世纪 50 年代，一直由区政府直接领导、管理，从建会之初就由一名副区长任红十字会会长，区卫生局局长任副会长。

九龙坡区红十字会

【简介】

九龙坡区红十字会成立于 1953 年 5 月，命名为“重庆市第四区红十字会”。1981 年 9 月，红十字会恢复工作。现为两块牌子（区红十字会、区医学会）一套班子，在职职工五人，退休职工三人。

渝北区红十字会

【简介】

渝北区红十字会成立于 1989 年。2001 年，区红十字会机构和编制得到落实。红十字会有团体会员单位有 70 多家，志愿工作者 300 多人。

巴南区红十字会

【简介】

巴南区红十字会成立于 1988 年。全区有红十字会会员 14500 人，红十字团体会员单位 52 家，红十字理事单位 27 个。区红十字会名誉会长由区长担任，会长由分管副区长担任。下设红十字会办公室由区编制办公室确定为正科级单位，有编制二名，每年由财政划拨办公经费。

沙坪坝区红十字会

【简介】

沙坪坝区红十字会成立于 50 年代初期。

区红十字会有基层红十字会组织65个，会员3566人，两个红十字志愿服务队，志愿工作者350名。2001年，区红十字会落实了办事机构。设机关事业编制二名，靠挂区卫生局，由分管副区长任区红十字会会长。

北碚区红十字会

【简介】

北碚区红十字会有基层组织45个，会员5700多名。北碚区红十字会办事机构设在区卫生局内，有红十字会专职干部一名。

南岸区红十字会

【简介】

南岸区红十字会成立于1953年。1983年，南岸区内先后成立九个地区的红十字会，二个乡红十字会、四个小学及一个中学红会。全区有红十字会员4315人。

四川省红十字会

【年度工作】

一、灾后重建工作

四川全省红十字会系统参与汶川地震紧急救援和恢复重建工作，共募集和接受资金62.82亿元，实施重建项目4548个，人道救助和参与重建的任务空前艰巨。

三年多来，全省各级红十字会干部讲政治、讲奉献，不怕苦、不畏难，严监管、树形象，一方面清理审计捐赠款物，公开使用去向，另一方面加强督查指导，确保质量进度，加强协调沟通妥善处理难题，确保了红十字会援建项目与省委、省政府恢复重建工作同步顺利完成，援建工作公开透明、各界认同，援建项目正常使用、发挥作用，为全省“两个加快”做出了积极贡献。在省委九届九次全会上，省委书记刘奇葆肯定和表扬红十字会充分发挥自身优势，以多种方式为灾区提供帮助。

2011年5月初，在省委、省政府的统筹安排下，省红十字会圆满承办了中国红十字会和四川省政府联合主办的“汶川地震三周年系列活动”。通过成果报告、国际论坛、公益晚会、震区参观等活动，向世界各国和社会公众感恩致谢，展示了四川“从悲壮走向豪迈”的恢弘篇章。捐赠代表对活动的举办没有使用救灾捐款一分钱感到非常满意，为常态下持续发展红十字事业赢得了良好信誉和环境。

时任四川省委常委、省委宣传部长黄新初批示：“此次系列活动组织有力，影响广泛，成效明显。这既是全省红十字会组织积极投身抗震救灾和灾后重建成绩的大展示，也是我省红十字会事业蓬勃发展和红十字会工作人员良好风貌的大展示”；副省长陈文华也在讲话中指出，这次系列活动规格之高前所未有、人员之众和内容之多前所未有、质量和水平前所未有、特色创新前所未有、产生的良好反响和深远影响前所未有。

系列活动圆满成功，省委、省政府的领导和关怀是根本保障，省直相关部门和涉及市州政府的支持及密切配合是有力支撑，各级红十字会的奉献和灾区群众的热情拥护是关键所在。省红十字会精心准备，统筹协调，坚持计划先行、责任落实，凝聚大家的智慧制定落实方案，确保了系列活动的整体效果和细节严谨。

2011 年，援建项目进入收官攻坚阶段，省红十字会采取有力措施纠正各地援建项目重争取轻实施、重启动轻扫尾、重施工建设轻资料管理等问题，加快完善项目资料上报和争取尾款拨付等工作，援建项目收官工作有序实施；国际联合会捐助汶川地震余款项目和港澳台红十字会（组织）援建项目进展顺利。服务政府防灾救灾体系建设，红十字备灾仓库建设加快推进，成都备灾救灾中心眉山仓库建设开工前的各项准备工作全面完成，市（州）备灾仓库建设已经全面启动。同时，玉树地震后，省红十字会为甘孜州石渠县援助资金 7000 余万元，援建的五所学校、九所卫生院（站）主体工程已全部完工，2012 年 3 月投入使用；帮助甘孜州培训了 100 名医技人员；有序开展了博爱送温暖活动。

二、公益项目工作

四川省各地红十字会认真贯彻落实省委九届八次全会精神，从参与恢复重建为主转入推进常态工作后，因地制宜推出了红十字公益品牌项目。省红十字会把握新形势、结合新要求，推出和实施了“百县千村博爱家园”和“红十字小餐盒”两个公益项目。

2011 年，“百县千村博爱家园”项目完成全省 150 个县（市、区）项目审核、立项工作，争取总会项目资金 5775 万元，在 53 个县试点的基础上，已在全省推开。试点形成的建设一个红十字文化宣传阵地、发展一个红十字基层组织、设立一只互助基金，并因地制宜开展服务民生工作的“3 + X”建设模式，高度契合了省委、省政府实施的民生工程、新农村建设、灾后新家园建设等工作，有效促进了地震灾区生计重建，得到了各地党委、政府的大力支持和广大群众的积极拥护。“红十字小餐盒”项目 2011 年“七一”前夕在泸州市古蔺县顺利启动，并逐步在南充仪陇和巴中通江、南江等县实施，已为 1500 余名贫困家庭走读中小学生资助了一顿五元标准的午餐，每名学生将资助三至五年。该项目已初步构建起省、市（州）、县（市、区）红十字会联动配套格局，受到社会广泛关注，拓宽了筹资渠道。

三、组织建设工作

四川省红十字会始终把加强自身能力建设作为一项战略性的工作来抓，积极稳妥地解决有机构办事、有人办事的问题。省红十字会机关职能完善迈上新台阶。省委高度重视，省纪委、省委组织部、省直机关工委、省编委等部门给予了大力支持，为机关分别增设了专职副会长和专职纪检监察干部；成立了机关党委，党建工作有序开展；批准设立了中国造血干细胞捐献者资料库四川省管理中心。省政府授权省红十字会具有全省性社会团体业务主管单位资格，按程序审批注册了四川省红十字基金会、四川红十字应急救援救护中心。

理顺管理体制实现新突破。全省 21 个市（州）红十字会全部理顺管理体制，并逐步建立起科学合理的内部管理体系。抓住地方党委、政府换届机遇，推动县级红十字会理顺体制工作，181 个县（市、区）红十字会经同级编委发文明确“三定方案”、理顺管理体制的达到 135 个，占 74.6%；其中正科级单位达到 100 个，占 55.2%。目前，全省专（兼）职红十字会干部已近 1000 人。基层组织建设取得新进展。因势利导在援建学校和卫生院发展红十字基层组织，在援建农民新村和实施博爱家园项目村发展村级红十字组织，为红十字工作在基层延伸拓展注入了新的活力。成都、德阳、绵阳、广元等市的乡镇基本建立了红十字会基层组织。截至目前，全省累计发展基层红十字会组织4511个，红十字会员112.5万人、红十字志愿工作者9.2万人，红十字会参与社会管理、开展人道救助有了更加完善的组织网络体系和工作基础。

2011年，为提高干部能力素质，千方百计满足干部职工参加党校学习、会议培训和外出考察等需求，先后组织省红十字会机关和市（州）红十字会的干部参加了中国红十字会、省委党校等培训班的学习，安排四名干部到省委党校和省直机关党校学习；结合“挂包帮”工作和“双千工程”，继续选派干部到基层锻炼，推动了红十字会工作的开展。

四、筹资工作

2011年，四川省红十字会系统共募集、接收捐赠款物1.32亿元，实施“三救”受益人数550余万人次。省红十字会、省红十字基金会募集、接收捐赠款物9357.4万元，有效开展了“红十字博爱送万家”活动、援助云南盈江地震、日本地震海啸、四川省“9·18”川东北洪灾等工作。省红十字基金会设立的博爱基金、光明基金和伤残康复基金等救助效果初步显现，基金品牌正在形成。各地筹资公益品牌亮点纷呈，成都市红标公益活动深入开展，年内募集资金1774万元，有效实施七大救助行动；广元市“女皇故里博爱情”活动已连续开展两年，实施圆梦助学、守护生命和红十字送温暖三大救助行动，2011年，仅圆梦助学行动就募集资金713万元；内江市的“七彩天空”、南充市的“恒爱·南充”等品牌的影响力和美誉度也不断扩大。继续实施国际援助合作项目，加拿大艾滋病防治项目、澳大利亚社区备灾项目、绵竹地震灾区灾民生计项目等境内外援助合作项目顺利推进、成效显现。

五、救护培训与“三献”工作

应急救援救护培训工作卓有成效。深化应急救援救护培训与安全生产、职业培训、发展会员和精神文明建设的有机结合，组织实施了社区为本的健康与急救项目、社会心理援助支持项目、香港救护合作项目，启动实施了“灾害应急救护生命工程四川灾区行”和“博爱四川联盟”大型公益活动。在广安、宜宾以社区为本的健康与急救项目培训，在成都、绵阳、德阳、南充、遂宁、阿坝、自贡、内江、广元等举办的社会心理支持项目和香港救护合作项目都取得较好成效，培训了近千名救护师资，培训救护员一万名。募集应急救援救护培训专项资金150万元，宣传普及防灾减灾知识，设置急救箱115个，受益群众超过10万人次。

积极稳妥地开展“三献”工作。无偿献血、造血干细胞捐献宣传工作逐步深入，2011年，完成干细胞捐献5000人份HLA检测，累计达到52684人份，初配吻合1359人次。人体器官组织捐献工作有新的突破，红十字眼库工作首次开展国际合作，接收了来自斯里兰卡和美国的眼角膜，对六名患者进行了移植。截至目前，已实现眼角膜捐献94例，帮助近200名眼角膜患者重见光明。

同时，加大清理规范红十字（会）冠名医院的工作力度，逐步完善企业红十字会章程，加强红十字青少年组织网络体系建设，在应急救援、人道救助和宣传“三献”、实施“三救”等领域志愿服务工作蓬勃开展。

六、宣传工作

成功应对公关危机。在 2011 年关于红十字会的舆情中，四川接受的捐赠多，面临的风险和压力很大。在红十字会工作处于困难的时候，省委、省政府高度重视，刘奇葆书记亲自批示，为红十字会应对公关危机指明了方向，陈文华副省长亲自主持研究，部署相关工作；省委组织部、省委宣传部和省司法厅等相关部门及各新闻媒体正确引导，严把宣传关，有效防范了舆情炒作，为红十字会依法开展工作创造了良好的舆论环境。本会认真贯彻落实刘奇葆书记的指示精神，按照中国红十字会总会廉政建设工作会议部署，坚持对内清理整顿、对外公开透明，全面进行公示、主动接受监督，全省红十字会系统始终做到了“舆论不郁闷、回应不回避、低调不低效”，没有陷入舆论漩涡，维护了四川灾后重建“从悲壮走向豪迈”的良好形象。

正面宣传有声有色。省红十字会网站发布各类信息 563 条，访问量、点击率持续上升；《人道》杂志顺利出刊七期，内容日臻丰富、质量不断提高；改版、编写《四川省红十字会信息》15 期，全省红十字系统工作动态反映迅速、及时；《汶川特大地震红十字系统四川灾后重建志》编撰完成。同时，借助各类媒体资源开展宣传，2011 年，各级媒体宣传报道四川省红十字会系统工作 3072 次，仅赞扬评价“汶川地震三周年系列活动”的视频新闻就达 25 条；完成了四川电视台《公益中国》栏目以“魔豆妈妈”为主题的访谈节目制作和“红十字小餐盒”项目专题片的制作；与分众传媒合作的视频广告 4 月至 9 月在全省 301 个点位播出，取得良好效果。

弘扬感恩奋进文化。积极开展会院合作，吸纳高校研究人才，着力聘请建立一支以法律、经济、社会科学、政策研究为主的专家团队，以加强红十字文化研究。还请省政府参事室对红十字会参与灾后重建工作进行社会评估，加强成果宣传和红十字运动知识传播。积极举办红十字文化论坛，推进红十字文化成为四川人民感恩奋进的精神力量。

【历史沿革】

四川省红十字会的前身——中国红十字成都分会、重庆分会成立于 1911 年。从 1911 年创立至今，四川红十字会经历了 94 年的风雨历程。大体可分为四个时期：创立时期（1911—1949）这一时期，四川红十字会以四川各地分会的形式存在。新生时期（1949 年—1965 年）1949 年 10 月 1 日，中华人民共和国成立，四川红十字会步入了新的历史时期。停止时期（1966—1980 年）在“文化大革命”这一特殊的历史背景下，红十字运动被当作帝、资、修的产物，横遭批判，四川红十字会机构解散，工作停止。恢复发展时期（1981 年至今）。这一时期四川红十字事业得到前所未有的发展，特别是 1993 年 10 月《中华人民共和国红十字会法》的颁布实施，结束了中国红十字会无法可依的历史，四川红十字事业进入了蓬勃发展的新时期。

四川红十字会的前身中国红十字会成都分会、重庆分会的设立时间是 1911 年。1912 年（民国元年）10 月 30 日，中国红十字会首次统一大会在上海黄浦滩汇中旅馆五层楼会堂举行。参加大会的四川代表有重庆分会的廖换廷，成都分会的彭少卓、陈凤石、杨国屏。成都分会向统一大会发出祝电，全文如下："中国红十字会鉴：我国红十字会统一联合，仁风普及，盛德日新。谨祝我民国万岁！红十字会万岁！成都分会贺"（原刊《中国红十字会杂志》第一号）。1920年，总会改定组织分会章程。增设各省分会34处。其中四川增设合江、江津、垫江、罗江、铜梁、中江六处分会。1922年6月25日，中国红十字会第二次会员大会在上海总商会议事厅举行。出席大会的共19省、区143个分会。四川省27个分会的代表出席大会，占出席大会总数的18.9%。

万县分会的代表陈敬之被公推为分会通则的起草员之一。威远分会拟陈临时无息存贷暂行简章十三则。1923年，总会增设各省分会31处。其中在四川增设资中分会、邻水分会。1924年，总会在全国增设分会15处，其中四川三处，即：广安分会、绵竹分会、江北分会。至此，中国红十字会全国分会共有277处，其中四川有47处，为全国之冠。1939年底，总会统计于抗战之初重新颁发图记的分会有254处，到总会迁至重庆后，除少数内地分会外，各地分会因沦陷与总会渐失联系。总会决定发动西南各省之市县，积极组织新的分会并尽量扶植广大的自由区之原有分会，首先从四川开始，继之扩及黔滇诸省。到1945年统计，川黔滇陕豫鄂湘赣浙闽粤桂甘13省共设分会90处，其中四川占33处；设医院32所，四川占八所；设诊疗所29所，四川占15所；设救护队41个，四川占12个。救护伤员、诊治病人37.48多万人次。总会在抗战期间工作概况中称"尤以四川成绩为佳"。（原载1947年《红十字月刊》）1945年8月15日，日本宣布无条件投降，中国八年抗日战争取得了胜利。1945年后，四川红十字会的组织情况如下：1946年设有分会16处，1947年设有分会20处，1948年，设有分会21处。总会自重庆迁回南京后，于1946年5月19日召开了第一届理事会，决定在全国开展征募运动，即征集回援与筹募红十字事业基金。这是抗战胜利后，红十字会复员时期的一项重要工作。四川各地分会积极响应，努力工作，成绩优良。其中有三个分会：重庆、灌县、内江分会；2名个人：梁山县分会理事颜定国、泸县分会张晓岚受到总会嘉奖。

1949年10月1日，中华人民共和国成立，中国红十字会进入新生时期。1950年2月1日，中国红十字总会给尚有联系的64处分会发出通知，定于1950年2月上旬在上海新闸路856号召开红十字工作检讨会，请各分会派代表参加。四川有重庆分会参加。1950年7月，总会根据周恩来总理的指示，迁移北京准备协商改组。同年8月2日召开了新中国成立后的第一次会员代表大会，四川重庆分会代表出席会议。1952年2月起，四川各地分会相继进行整顿改组。1952年4月30日，中央人民政府秘书厅通知：关于中国红十字会的隶属问题，奉总理指示，明确中国红十字会归中央卫生部直接指导和联系。同年7月9日，中国红十字总会、卫生部、内务部联合发出通知，要求各地红十字会与当地卫生部门合署办公。按照以上通知精神，四川各地红十字分会相继与当地卫生部门合署办公，接受当地政府卫生行政部门的指导。四川省卫生厅于1956年5月19日向四川省人民委员会文教办公室上报《关于开展我省红十字会工作的报告》。1957年，中国红十字会总会通知，四川各地红十字分会更名为四川省某市、县红十字会至今。

1964年10月7日，经中共四川省委、省人民委员会同意，四川省红十字会筹备委员会正式成立。主任委员：张秀熟（副省长），副主任委员：周绪德（省卫生厅副厅长）、龚毅（省卫生厅副厅长）、宋永珍（成都市红十字会会长、市卫生局局长）、伍义泽（重庆市红十字会副会长、市卫生局副局长），委员：曹振之（省教育厅副厅长）、孙传学（省民政厅副厅长）、周宏逵（省公安厅副厅长）、冯润庭（省文化局办公室主任）、张崇富（省工会副主席）、戴克宇（省妇联副主席）、陈麦波（省科协秘书长）、楚一行（共青团省委宣传部长）、刘金玉（成都军区后勤卫生部副部长），秘书长：白云山（省卫生厅卫生防疫处副处长），会址设在成都市汪家拐街四川省卫生厅内。1964年，四川省红十字会筹备委员会要求各地恢复红十字会组织活动。1967年4月17日，卫生部与中国红十字会总会发出联合通知，要求红十字会所有会务工作一律暂行停止。四川省卫生厅和省红十字会立即向全省红十字会转发了这一通知。至此，四川省各级红十字会组织被迫撤销，主要领导受到批判，工作人员下放“五七”干校或调离，文档资料被当作“敌伪档案”查抄销毁，会务活动完全停止。

1976年10月，“文化大革命”的十年动乱宣告结束。中国红十字事业进入了恢复发展时期。1981年，中共四川省委发文批准恢复四川省红十字会。1982年1月21日，四川省人民政府川府函（1982）13号文，同意恢复四川省红十字会。1982年11月，四川省红十字会、四川省编委、四川省财政厅、四川省卫生厅（川红会〔1982〕第02号）《关于执行省人民政府〔1982〕13号函的通知》，要求四川各地恢复红十字会的组织机构。1985年12月3日，四川省红十字会召开第一次代表大会。全省有11个市、县、区红十字会的147名代表参加。大会审议通过了《四川省红十字会组织规程》，选举产生了第三届理事会，会长：康振黄，副会长：任长方、卜泰江、王可植、吴景福、胡问安。经康振黄会长提名决定任长方为秘书长；副秘书长：刁振中、冷济荣；聘请张秀熟、刘云波为名誉会长。1985年底，全省有市、县红十字会11个，红十字基层组织1188个，红十字会会员12万余人。

1990年2月15日，中国红十字会第五次全国代表大会在北京召开。在这一时期，四川23个地、市、州也相继恢复成立红十字会，并开展活动，有的还做出了突出的成绩。其中泸州市红十字会会员杨必纯1985年荣获红十字会与红新月会国际联合会颁发的“南丁格尔奖”；绵阳市教委副主任蒋瑞伦被评为1990年全国先进红十字会员和模范志愿工作者，受到中国红十字会总会和国家人事部嘉奖。1992年6月，内江市红十字会理事、内江市第一人民医院护士长张振坤荣获国际人道主义奖（当年全国仅此一名），受到中国红十字会常务副会长顾英奇的接见和颁奖。一部分市、地、州、县解决了人员编制，配备了专职干部，改善了办公条件，四川红十字事业逐步走上正轨。1990年4月12日，四川省红十字会第二次会员代表大会召开，选举产生了第四届理事会，会长：韩邦彦，副会长：殷大奎、任长方、卜泰江、王可植、吴景福、陈麟章。经韩邦彦会长提名决定任长方为秘书长，副秘书长：冷济荣；聘请张秀熟、刘云波、康振黄为名誉会长。1990年，全省建立地、市、州红十字会17个；县（市、区）红十字会96个；基层红十字会2316个；发展会员24万余人。1993年10月31日，《中华人民共和国红十字会法》颁布施行。

1994年7月1日，四川省红十字会第五次会员代表大会召开，大会制定了《四川省〈中国红十字会章程〉实施办法》，选举产生了省红十字会第五届理事会，会长：徐世群，常务副会长：卓凯星，经徐世群会长提名决定李增辉为秘书长；聘请肖秧、康振黄、韩邦彦为名誉会长。1994年，全省有10个县（区）新建立红十字会，有13个县建立筹备组，发展基层红十字会组织63个，新发展会员六万人。全省共计有红十字会基层组织5480个，红十字会会员107万余人，其中青少年会员38万人。重庆市成立了卫生、机动车驾驶员行业红十字会。1995年年初，四川省人民政府副省长、省红十字会会长徐世群主持召开省级有关部门负责人和在蓉常务理事会议。这次会议解决了省红十字会的经费单列和人员编制问题。1996年4月16日，四川省第八届人民代表大会常务委员会第二十次会议，审议通过了《四川省〈中华人民共和国红十字会法〉实施办法》，并公布实施。1997年，全省二分之一以上的市、地、州红十字会和部分县级红十字会较好地解决了“三列”问题。从1997年开始，省红十字会对各市、地、州红十字会的工作实行目标管理。1997年后，四川省红十字会在有步骤、有重点、有计划地抓好机关单位，工矿企业、红十字会组织建设的同时，着重抓了农村基层红十字会和中小学红十字会的组织建设，全省共新建基层红十字会组织355个，发展会员18.64多万人。在抓红十字会组织建设的同时，全省各级红十字会对红十字会队伍的思想建设和业务建设做了大量工作，举办了各级各类培训班，学习红十字会法等有关红十字会的业务知识，提高了红十字会干部的思想素质和工作能力，并努力建设一支强有力的红十字干部队伍。

1997年3月14日，重庆市红十字会从四川省红十字会划出，直接接受中国红十字会总会的指导。全省19个市（地、州）、173个县（市、区）建立了红十字会，基层红十字会组织4000多个。1998年5月19日，四川省红十字会召开五届五次理事会，选举四川省人民政府副省长李进为四川省红十字会会长。1998年，已经建会的20个市、地、州红十字会配备专职工作人员的有14个。2001年4月，在四川省委、省政府的重视和支持下，四川省红十字会从省卫生厅划出，成为一级独立法人机构，在组织体制上完成了由卫生行政部门代管到完全独立设置的转变。四川省编制委员会以川编办发文明确了四川省红十字会的管理体制：“四川省红十字会由省卫生厅代管调整为由省政府领导联系，机关党的工作由省直机关工委领导，干部按组织部有关规定管理，机关人员参照国家公务员管理，由省委组织部直接领导，经费由省级财政单列。”2001年10月，全省共有市、州红十字会21个，县（市、区）红十字会179个，基层组织4000余个。省、市（州）、县两级红十字会编制219人。2002年，四川省红十字会在省委、省政府的重视支持下，由中共四川省委组织部批准建立四川省红十字会党组。熊淑仁担任党组书记。

2003年11月19日，四川省红十字会召开第六次会员代表大会，出席大会的会员代表共计135人。中共四川省委书记张学忠、四川省人民政府省长张中伟代表中共四川省委、省政府向大会发来贺信。中共四川省委副书记陶武先出席大会并作重要讲话。中国红十字会总会党组书记江亦曼代表中国红十字会总会出席大会向大会表示热烈祝贺，对红十字事业的发展提出了两点纲领性的意见：一、要用“三个代表”重要思想认识红十字事业；二、要用“三个代表”重要思想统领红十字事业。四川省政协副主席、省红十字会第五届理事会会长李进致开幕辞。四川省人民政府副省长刘晓峰当选为四川省红十字会第六届理事会会长，并在闭幕式上作重要讲话。新当选的四川省红十字会第六届常务副会长张波在闭幕会上作了《开拓创新，不辱使命，努力开创全省红十字事业新局面》的致辞。大会回顾总结了四川省红十字会第五次会员代表大会以来省红十字事业取得的成绩和经验；审议通过了第五届理事会的工作报告；审议通过了《四川省红十字会2003～2007年工作规划纲要》；审议通过了《四川省红十字会组织规程》；选举产生了第六届理事会和常务理事会。第六届理事会由79人组成；常务理事会由刘晓峰、张波（女）、卓凯星、惠蜀、王宇坤、沈骥、张林、吴琼英（女）、黄国庆、宋向荣、高仁全、汤留生、邱海明、汪凤雄、赵泽道、丁地禄16人组成。选举刘晓峰为四川省红十字会第六届理事会会长，张波为常务副会长，卓凯星、惠蜀、王宇坤、沈骥、张林为兼职副会长。选举张波、吴琼英、丁地禄为四川省红十字会第六届理事会执委会成员，张波为执委会主任。经四川省红十字会会长刘晓峰提名，决定吴琼英任四川省红十字会秘书长；聘请张中伟、徐世群、李进为四川省红十字会名誉会长；聘请刘崇理、陈科文、钟道友、熊淑仁为四川省红十字会顾问。

2003年初，四川省甘孜州人民医院护士巴桑顿珠荣获第三十九届南丁格尔奖章。

2004年，在中国红十字会总会的正确指导下，在中共四川省委、省政府的高度重视和大力支持下，在社会各界的充分理解、热情参与下，省红十字会全体干部职工开拓创新、努力工作，各项工作取得显著成效，受到省委、省政府主要领导的多次表扬。

【组织机构】

一、组织建设情况

（一）全省单设红十字会八个。其中省级红十字会一个，省会城市红十字会一个，市（州）级红十字会六个，县级红十字会五个。

（二）全省挂靠红十字会181个。其中市（州）级红十字会14个，县级红十字会176个。

（三）全省建有基层红十字组织的单位3092个。其中企业175个，事业单位1622个，乡镇458个，街道125个，学校725个。

（四）全省建有志愿者工作管理机构37个。其中市（州）级红十字会七个，县级红十字会32个。

二、会员发展情况

（一）全省红十字会的编制是406人，现有红十字会的专职工作人员214人。其中省会城市红十字会12人，市（州）级红十字会52人，县级红十字会150人。

（二）截至 2003 年底，全省共有红十字会员 217079 人，红十字青少年会员 259683 人。

（三）截至 2003 年底，全省共有红十字团体会员单位 1956 家。

【大型项目】

2003 年，一场危及人类生命与健康的“非典型肺炎”突然爆发。四川全省红十字会紧急动员起来，投入到这场没有硝烟抗“非典”斗争中。四川全省红十字会在抗击“非典”的斗争中，共接受捐赠款物 1100 余万元。有力地支援了当地政府的抗“非典”斗争。

2004 年 9 月 3 日，川东北达州、南充、巴中、广安等地发生 200 年未遇的特大洪涝灾害，省红十字会于 9 月 4 日启动紧急救灾预案，9 月 5 日开始募集调运救灾物资到灾区。到 9 月底，省红十字会共募集救灾款物 1350 多万元运到灾区。从 2002 年到 2004 年，四川省红十字会共募集救灾款物 4200 余万元，救助灾民 167 余万人。

2001 年 11 月 26 日，四川省红十字会完成了四川省造血干细胞捐献者资料分库的申报工作，被中国红十字会总会列入全国先期建库的 11 个省市之列。四川省省长张中伟、副省长李进对该项工作给予了高度重视和支持。在省财政中解决启动资金 50 万元。从 2003 年起，每年由省财政下拨 50 万元作为造血干细胞捐献者资料库四川分库建设的专项资金。同年 8 月，四川省造血干细胞捐献者资料库 HLA 配型实验室通过了中国红十字会总会专家组的考核验收，同意四川开展检测工作。

四川省造血干细胞资料库的建设得到社会各界的广泛支持。泰康人寿保险公司免费为配型成功的 HLA 志愿捐献者提供一年期 10 万元保险额；中国平安保险公司内江（寿险）支公司和内江电力局向中华（四川）骨髓库捐款一万元人民币。

1985 年，非洲 36 个国家遭受严重旱灾。中国红十字会总会向全国红十字会发出“在全国城市中为非洲灾民开展社会募捐”的号召。四川各地红十字会积极响应，开展了声势浩大的援非募捐活动。

1988 年，四川省红十字会积极组织参加“国际体育援助募捐活动”。全省共有 1000 万人参加了募捐活动，其中有 300 多位画家，捐赠作品 700 多幅。

1994 年，加拿大红十字会援助项目——中国红十字会成都备灾中心主体工程建成。1996 年 7 月，加拿大红十字会援助项目——中国红十字会成都备灾中心落成。

1997 年，四川省 19 个市、州、150 个县发生洪涝灾害，美国心连心组织向四川省红十字会捐赠了价值 630 万美元的药品。1998 年，香港特别行政区红十字会“’98 灾后援建项目”，援助宜宾市红十字会 18 万元，县政府投入 42 万元，修建屏山新市龙口红十字医院。2002 年，香港红十字会向该医院捐赠价值 15 万元的医疗设备、并提供经费培训三名医务人员。1999 年，四川省红十字会接受香港红十字会的捐赠共 34.7 万元人民币，在全省 10 个市、地、区修建了 14 个乡镇卫生院、三所乡村小学。2001 年，香港红十字会再次捐赠 163 万元，用于配置医疗和教学设备。1999 年，香港特别行政区红十字会“’98 灾后重建项目”在内江市启动，当年援助资金 33 万元人民币，重建资中凉水卫生院并购置医疗设备。

1999年，四川省红十字会通过国际交流与合作，收到法国拉法基公司无偿援赠10万元人民币。同年，省红十字会接受“加拿大国援助小计划”，该计划从1999年开始到2002年由加拿大红十字会每年援助五万元，4年共计21.79余万元，用于资中县兴隆镇卫生院建设和改水改厕。1999年9月，凉山彝族自治州政府与无国界医生组织（荷兰MSF）达成协议，MSF捐助资金，凉山州红十字会具体协调实施，在昭觉、布拖、西昌三市、县开展“艾滋病性病预防健康教育”项目。

2000年6月12日，中国国际技术智力合作公司向四川省红十字会捐赠40万元人民币，用于凉山彝族自治州克山病病区的克山病预防项目，这一项目的实施对降低凉山彝族自治州克山病病区克山病的发病率，提高彝族同胞的健康水平起到了积极的推动作用。1999年至2002年，在中国红十字会总会和四川省红十字会的支持下，香港救世军、国际事业服务机构、英国救助儿童会HSF等十余个国际非政府机构和慈善组织对凉山彝族自治州红十字会给予了大力援助。四年共援助资金520余万元，州县财政配套资金300万元，建成中心卫生院一所，新建改造乡卫生院三所，乡村小学校九所，人畜饮用水工程三个，小额信贷养还养项目农户230户，培训近千人次的乡村医生和接生员。

2000年，在总会的支持下，挪威红十字会援助甘孜州炉霍、道孚县红十字会发展项目，连续三年共投入320万元配置交通工具，办公设备，培训骨干，发展基层红十字会组织，开展社会服务，取得了很好的效果，受到挪威国红十字会和中国红十字会总会的肯定。从2003年起，挪威红十字会的援助由二个县增加到四个县（原有炉霍、道孚县，增加康定、甘孜两个县）。经费增加到每年20万美元，时间延至2006年。

2001年到2003年，凉山彝族自治州红十字会与香港救世军及国际专业服务机构合作，在美姑、喜德、布拖等县对乡村医生、农村接生员进行艾滋病、性病防治知识培训，并通过他们在各自所在村寨向村民宣传。

香港、澳门特别行政区红十字会和加拿大、挪威红十字会及项目官员2002年多次到四川考查灾情及对援建项目进行督查。其中，加拿大和挪威红十字会援助四川省贫困地区红十字会的项目资金总额达100万元。在总会的支持下，四川省红十字会对新引进的加拿大红十字会援助项目的实施进行系统化、规范化的管理，在援助方自愿接受并承诺的基础上，签订项目实施协议书，明确双方的责、权、利，有效地保障了项目目标值在规定时间内保质保量实现。

同年，四川省红十字会在对外交流合作中，收到香港盲人辅导会、亚洲防盲基金会、美国心连心国际组织共同捐赠的价值近200万元人民币的“复明八号”眼科手术车。该手术车在四川省红十字医院（四川省人民医院）投入运行，当年就在内江东兴区为78名白内障患者成功手术，受到当地群众的赞扬。截至2003年，该手术车运行一年，部分免费或低价为贫困患者进行手术552例，使患者重见光明。

2003年4月，香港救世军与凉山彝族自治州红十字会合作建立“心语”中心，开展艾滋病、性病咨询服务，开通“心语”电话热线、设有自动语音咨询系统，为咨询者服务。

1997年4月1—2日，中国红十字会六

届四次理事会正式提出创建“红十字博爱系列工程”，四川各地红十字会积极响应。自贡市红十字会从1997年开始开展“博爱送万家”活动，到2004年，共计拿出20多万元，购买大米112吨，食油1250斤，棉被410床，棉衣370件，对全市5546户特困户进行救助。

2002年，四川省红十字会在全省推行以“救援、生命、爱心”为主题的红十字博爱工程，2003年4月，成都市红十字会与成都德瑞心血管病医院联合开展“向贫困家庭先心病患儿献爱心”活动，为60多例贫困家庭先心病患儿作了减费和免费手术，为75例患儿全额免除了手术费、医药费，住院费等，减免总额达60多万元。

成都市红十字会

【简介】

成都市红十字会创建于1912年，前身是中国红十字会成都分会。新中国成立后，成都市红十字会于1962年9月12日成立，由市卫生局代管，与市卫生宣传教育所合署办公。1981年7月，市红十字会恢复工作，定行政编制五名。1998年增编为八人（事业编制）。2001年8月31日，成都市红十字会理顺管理体制，有编制10名。2004年9月，中共成都市红十字会党组成立。

巴中市红十字会

【简介】

巴中市红十字会成立于2007年。机构为正县级，内设办公室、赈济部，人员编制五名（含工勤编一名），部室科级领导职数二名，经费由市财政局单列。全市共有基层红十字会组织78个，红十字会员10万人，红十字志愿工作者五万人。

现任会领导：

市红十字会常务副会长：蒲仕强

秘书长：罗实

资阳市红十字会

【简介】

资阳地区红十字会于1998年9月11日成立。2000年12月，资阳撤地设市后更名为资阳市红十字会。2007年11月5日，资阳市红十字会理顺管理体制，市红十字会的编制、人员、经费实行单列，依法独立开展工作。2008年9月9日，资阳市红十字会参照公务员管理，有编制八名。全市有基层红十字会组织208个，红十字团体会员单位214家，红十字会员74765名，红十字志愿者427人。

现任会领导：

市红十字会常务副会长：罗茂书

内江市红十字会

【简介】

内江全市有基层红十字会组织29个，红十字会员109718名（其中青少年会员84356人），红十字志愿工作者400人，新增社区服务站六个。

现任会领导：

市红十字会专职副会长：邓文华

南充市红十字会

【简介】

南充市有专职红十字会工作人员 29 人，有九个县（市、区）红十字会理顺管理体制。全市有 30 所中小学、一所大学建立了校红十字会，红十字青少年会员超过六万人。成立南充市红十字会志愿者协会，下设七支服务队。目前，全市共有基层红十字组织 150 个，红十字会员 2.3 万人，红十字志愿工作者 1000 人。

泸州市红十字会

【简介】

泸州市红十字会创立于 1917 年 7 月。1997 年 10 月，泸州市红十字会部分单列。2001 年，市红十字会人、财、物全部独立设置，专职工作人员五名。市辖四县三区都建立红十字会。全市有基层红十字会组织 215 个，红十字会员 13009 名，红十字青少年会员 5505 名，红十字志愿工作者 3761 人。

现任会领导：

市红十字会会长：朱以庄（市委书记）

专职副会长：林青松

绵阳市红十字会

【简介】

绵阳市红十字会现有基层红十字会组织 233 个，红十字会员 37662 名（其中红十字青少年会员 23940 名），红十字志愿工作者队伍 13 支，红十字志愿工作者 1596 人。

现任会领导：

市红十字会名誉会长：吴靖平、曾万明

名誉副会长：王瑜、蔡清顺

常务副会长：林桦

副会长：杨黎明、唐中秋

达州市红十字会

【简介】

达州市红十字会成立于 1987 年 5 月 8 日，现为达州市人民政府领导直接联系的独立的正县级社会救助团体，核定事业编制三名。全市七个县（市、区）红十字会共有专（兼）职工作人员 39 名。全市有基层红十字会组织 150 个，红十字团体会员单位 193 家，红十字会员 11264 人，红十字青少年会员 7391 人，红十字志愿工作者 388 名，红十字冠名医疗机构 11 所。

现任会领导：

市红十字会会长：杨佳鹏

专职副会长：王洪金

遂宁市红十字会

【简介】

遂宁市红十字会于 1986 年 1 月撤县建市后成立，2009 年 2 月，市红十字会由市卫生局代管改为由市政府领导联系。全市现有船山区、安居区、蓬溪县、射洪县、大英县五个县级红十字会，基层红十字会组织 109 个，红十字团体会员单位 181 家，红十字会员 22547 人（其中红十字青少年会员 8400 名），红十字志愿工作者 279 名，红十字会冠名医疗机构三家。

现任会领导：

市红十字会会长：胡家正

常务副会长：邓勇

广安市红十字会

【简介】

广安地区红十字会成立于 1994 年 1 月。1998 年 12 月，广安撤地设市，广安地区红十字会更名为广安市红十字会，由广安市卫生局代管。2005 年 8 月，广安市红十字会由卫生局代管调整为市政府领导直接联系。全市现有基层红十字会组织和红十字团体会员单位 259 家，红十字会员 29911 人。

现任会领导：

市红十字会名誉会长会长：王建军、侯晓春

会长：宁坚

常务副会长：杨基国

广元市红十字会

【简介】

广元市红十字会 1989 年 12 月成立，2008 年 10 月理顺管理体制，为正县级机构，由市政府领导直接联系。会内设三个部室，有编制 11 人。全市七个县、区红十字会都理顺管理体制，落实人员编制 29 人。全市现有基层红十字会组织 175 个，红十字团体会员单位 286 家，红十字会员 50790 人，红十字志愿工作者 1100 人。

现任会领导：

市红十字会常务副会长：刘芳

秘书长：刘兴礼

凉山彝族自治州红十字会

【简介】

凉山彝族自治州红十字会建于 1991 年 8 月，2002 年，经中共凉山州委机构编制委员会批准独立建制，参照公务员管理，正县级单位，核定事业编制五名，工勤人员一名，下设综合科和赈济科，经费由州级财政单列。全州 17 县（市）均建立红十字会组织，配备专（兼）职工作人员。2008 年，凉山州机构编制委员会正式发文确定 17 县（市）红十字会为群团机构。

现任会领导：

州红十字会会长：杨朝波（副州长）

专职副会长：方虹

秘书长：李华

贵州省红十字会

【年度工作】

2011 年，贵州省红十字会紧紧围绕党政中心工作，立足省情、开拓创新，按照“三力三基一创新”（即着力加强红十字会“能力、实力、影响力”的提升和“基层、基础、基地”的建设，着眼红十字会工作机制创新）的工作思路，着力推进以“三救二献一行动”（即救灾、救护、救助，无偿献血、捐献造血干细胞和绿色家园行动）为重点的各项业务工作，全省红十字事业呈现出“重点突出有发展、难点突破有进步、亮点凸显有创新”的良好态势。

一年来，贵州省红十字会直接为全省旱灾、望谟洪涝、云南盈江地震等灾害筹集救灾款物800余万元、项目资金2225.8万元，惠及20多万群众；全省210902人经培训取得“红十字救护员资格证”，公益培训311928人，并积极服务好第九届全国少数民族传统体育运动会；成功捐献造血干细胞19人，救助白血病患儿12名、先天性心脏病患儿85名、贫困大中小学生580名，累计向农村社区老、弱、病、残、困群众发送人道救助款物1089万多元；继续深入推广“绿色家园行动”，参与农村社会管理创新和扶贫开发工作，专项募集资金630万元，新建“健康新村”13个，在10个村增设了“爱心互助金”，“绿色家园行动助推新农村建设”参与社会管理探索性文章刊载于省直工委主编的《加强和创新社会管理案例经验与评析》上。

截至2011年底，全省九个市（州）、88个县（市、区）红十字会共建有基层红十字会组织1837个，共有红十字会员431363名、红十字团体会员单位1374家，红十字青少年会员30多万名，红十字志愿工作者58362名。通过组织全省红十字会系统年度职能绩效目标管理考评，贵阳市、黔东南州、遵义市、铜仁市红十字会获得2011年度贵州省红十字会系统目标管理考评“优秀奖”、相关项目分获“创新奖”，毕节市、安顺市红十字会获得“进步奖”，黔西南州、黔南州、六盘水市等红十字会获得“达标奖”等表彰。4月份，省红十字会依托中国红十字（博鳌）国际交流中心，举办了全省红十字会系统干部能力建设培训班2期，培训红十字会专职干部78名。

一年来，贵州省红十字会先后荣获省直机关目标绩效管理“优秀奖”和“创新奖”，中国红十字会总会2011年度报刊宣传先进集体二等奖，以及卫生部、省政府授予的“贵州省消除燃煤污染型氟中毒危害先进集体”荣誉称号。

一年来，贵州省红十字会相继在中华骨髓库工作会议、总会报刊宣传工作会议、中国红十字会农村社区红十字服务工作研讨会等全国性会议上重点介绍交流了经验。

一、紧紧围绕人道救援的首要职责，积极开展红十字备灾救灾工作。在救灾工作中始终按照首要任务、第一时间、一线救灾的原则，及时筹集到价值800余万元的救灾款物，其中向全省遭受严重旱灾的26个县（市、区）发送救灾款物600余万元，向望谟特大洪涝灾区派出红十字志愿服务人员72人，分三批送达紧急救灾物资176万元，向湄潭洪灾区送达救灾物资11万元，并派出救灾小组前往云南盈江地震灾区送达救灾物资16.3万元。抗旱救灾工作受到了省内外媒体的密切关注，香港凤凰卫视专门采播了专题片“干旱——红十字会”。在灾后恢复重建方面，注重结合省内旱灾连年的实情，为全省45个县、105个乡镇引进并落实人饮工程、小水窖、农田灌溉等旱灾小水利项目147个，总共投入资金2225.8万元，有效加强了部分灾区防灾减灾基础设施建设。在减灾备灾方面，省红十字会针对本省历来“无灾不成年”、各种自然灾害频发的特点，引进中国红十字会欧盟社区减灾项目，香港“农村社区减灾项目”，为长顺、贞丰、玉屏落实项目援助资金401万元，积极在基层传播国际先进的防灾减灾理念，不断提升当地红十字应急救援能力。此外，六盘水市红十字会成立了备灾救灾中心，启动了备灾仓库建设项目。

二、紧紧围绕红十字会的核心任务，着力推进红十字应急救护培训工作。以训养训、以训促训，按照学习初级救护知识与技能、传播红十字运动基本知识、发展红十字会员与志愿者“三位一体”的工作模式，进一步拓展红十字应急救护培训工作领域，不断完善服务机制，使全省红十字应急救护培训范围履盖到机动车驾驶员及安监、煤监、铁路、旅游、交警、教育、社区居民、机关干部职工及农民工等20多个行业和群体，全省共有21万多人经培训并通过考核取得了“红十字救护员资格证”。同时，面向社区、学校、企事业单位，举办应急救护公益性知识讲座31.19万多人次，开展应急救护及应对突发事件、自然灾害等相关应急演练105次，有效强化了各级红十字应急志愿者队伍的服务能力。9月份“世界急救日”期间，省红十字会积极开展“救在身边”系列活动，荣获中国红十字会应急救护精品课程“优秀奖”。

在贵阳承办第九届全国少数民族传统体育运动会期间，省红十字会积极筹措专项资金46万元，招募和培训九运会红十字应急救护志愿者139名，为相关志愿者举办初级救护普及培训4.1万多人次，并在六个比赛场地设置了八个红十字志愿服务站点。广泛开展应急救护志愿服务及咨询活动，共举办应急救护演示61场次，向公众发送红十字急救宣传册（品）10多万份，实现了民族盛会与红十字生命关怀的有机融合，受到大赛组委会的赞扬和表彰。

三、紧紧围绕改善最易受损害人群境况的宗旨，强化红十字常态救助与服务活动。立足改善最易受损害人群的境况，通过建立健全农村、社区红十字服务站（点），积极向农村社区老、弱、病、残、困群众直接提供相关服务活动，总共筹集并发送人道救助款物1089万多元，其中元旦春节期间，以“红十字博爱送万家活动”为载体，以“送温暖、送欢乐、心连心、手拉手”为主题，向全省5万多困难群众发送大米、衣被、食用油等慰问款物760万元；通过“小天使基金”和“爱佑童心”项目，先后向省内12名白血病患儿、85名先天性心脏病患儿提供人道救助金和手术治疗补偿金236万元；通过落实建设银行“少数民族地区大学生成才计划”、香港孟氏基金博爱助学、西部儿童“小餐桌”活动、机关“一帮一”博爱助学活动等，向贵州省580名贫困大中小学生提供相关助学经费175.2万元；通过引进贫困地区卫生健康项目，在水城、龙里、长顺三个县落实项目资金58万元；通过“全球基金疟疾项目”，为罗甸等七个县的农村老百姓发送了价值143.58万元的蚊帐45915顶，让省内广大困难群众切身感受到社会的关爱与温暖。尤其是连续四年来，通过持续推进实施“氟砷麻”（氟中毒、砷中毒、麻风病防治与关爱）项目工作，本会荣获了由卫生部、省政府授予的“贵州省消除燃煤污染型氟中毒危害先进集体”荣誉称号。

四、紧紧围绕科学发展的主题，倾力打造“绿色家园行动”。为探索红十字会参与扶贫开发、新农村建设、改善民生的新模式和新机制，按照“绿色家园行动”总体筹划，坚持以试点推广的方式，认真实施“健康新村”建设项目，即围绕农村红十字服务站和书库、健康文化广场、励业帮扶示范基地、爱心互助金等“五项小工程”建设模式，努力在项目建设点形成红十字会工作阵地、人道精神传播载体、基层文化活动平台、群众创业基地、村民培训场所等综合服务功能。一年来，共募集专项资金530万元，在全省九个市（州）11个县实施“健康新村”试点推广项目13个，为长顺县10个村的“爱心互助金”增资100万元，并通过争取香港善施基金会、六盘水商业银行支持，获得68万元捐款和三台救护车，设计制作多媒体募捐箱五台。目前，全省“绿色家园行动”试点项目35个全部落实，逐渐成为红十字会系统农村与社区工作的一个品牌和亮点，并在总会2011年农村社区红十字服务工作研讨会上作了相关经验介绍，受到全国人大常委会副委员长、中国红十字会会长华建敏的肯定和高度关注。

五、紧紧围绕保护生命和健康的神圣使命，深化拓展红十字“生命事业”。通过宣传动员，共招募并采集造血干细胞志愿捐献者血样5000人份，实现入库4200人份，为拯救患者生命成功捐献造血干细胞19人，其中首次实现了向境外（香港同胞）捐献干细胞，并在贵阳医学院挂牌成立了贵州首家非血缘造血干细胞采集、移植医院。同时，承办了中华骨髓库2011年工作会议，并在会上重点交流介绍了工作经验。“世界艾滋病日”期间，全省各级红十字会按照“行动起来，向‘零’艾滋迈进”的主题，设立了防艾抗艾咨询点，举办了征文竞赛、文艺演出、知识讲座、宣传图片展等系列宣传活动，积极开展对艾滋病感染者的重点帮扶与回访工作。“无偿献血者日”期间，各级红十字会广泛开展了无偿献血宣传与咨询服务活动，及时发放了相关宣传资料和宣传品，总共招募无偿献血志愿者5000余人（其中省级稀有血型应急服务队达到50人）。此外，遵义市红十字会启动了遗体器官志愿捐献登记及认证工作，并成立了“遗体器官捐献接收站”。

六、紧紧围绕传播人道主义精神的基本职能，进一步营造红十字大宣传氛围。2011年，全省各级红十字会以红十字会员、志愿者、学校工作骨干及广大红十字青少年为主要对象，积极举办红十字运动基本知识讲座及传播骨干培训活动，广泛传播国际人道法和红十字运动基本知识。是“五八红十字博爱周”期间，围绕“携手人道力量、共建绿色家园”的主题，上下联动、内外互动，开展了一系列宣传活动，面向公众广泛传播“人道、博爱、奉献”的红十字精神。与此同时，各级红十字会借助报纸、电视、网络、电台等大众传媒，不断加大宣传工作力度，省内外相关新闻媒体播报红十字会相关信息640多条次，省红十字会荣获2011年度中国红十字会总会报刊宣传先进集体二等奖。

七、紧紧围绕党组织凝聚力和战斗力建设，切实增强专职干部的创先争优意识。根据中央和省委、省政府的决策部署，机关各级党组织紧紧扣住“转变作风、提高效率、服务基层、推动跨越”的主题，紧紧抓住服务中心、建设队伍这一基本任务，采取周学习日和作风大转变两大强力举措，落实了党建工作、党风廉政建设、目标绩效管理等三种责任机制，深入开展了创先争优、作风建设年、“四帮四促”、纪念建党90周年等四方面的系列活动，着力推进机关党的组织建设、思想建设、作风建设、党风廉政建设和党建制度建设等五项建设，广泛开展了以基层党组织“五个好”（领导班子好、党员队伍好、工作机制好、工作业绩好、群众反映好）、广大党员“五带头”（带头学习提高、带头争创佳绩、带头服务群众、带头遵纪守法、带头弘扬正气）、党建工作“五落实”（党建责任落实、服务中心落实、党建工作落实、保障机制落实、督促检查落实）、干部职工“五模范”（学习成才模范、文明服务模范、人道奉献模范、团结协作模范、党建工作模范）为主要内容的评比竞赛、评选表彰活动。一年来，会机关先后涌现出“五种模范”15 人、“五好党支部”二个、“优秀共产党员”六名、“优秀党务工作者”二名、“学习型党员”一名，有二名个人受到中国红十字会有关表彰。与此同时，通过党组织带领、党建带动、党员带头，“红十字博爱送万家”、“三位一体的初级救护培训”、“‘氟砷麻’项目工作”和“绿色家园行动”等服务品牌正在形成，先后受到卫生部、省政府和总会等省部级表彰三次，并三次在全国性会议上重点介绍交流了经验。

【历史沿革】

贵州省红十字会其前身中国红十字会贵阳分会，于1917 年5 月在贵阳市慈善巷38号成立。理事共九人组成，张彭年、熊静安先后任会长，孟翼卿、乔筱衢先后任理事长；姚廷荣、孟翼卿先后任副会长。内设储计、防灾、救济、慈善及国际等股，有正式会员36 人。新中国成立后，1956 年10 月9日，贵州省人民委员会通知贵阳市人民委员会，同意建立贵阳市红十字会，编制四人，与贵阳市卫生局合署办公。1956 年12 月29日，贵阳市红十字会成立，选举贺培真、张宝元、秦克夫等37 人为常务委员，余捷为秘书长。“文化大革命”期间，红十字会停止工作。

1984 年7 月，经贵州省编制委员会批准，贵州省红十字会建立，与贵州省卫生厅合署办公。

1986 年6 月11 日，贵州省红十字会第一次全省会员代表大会在贵阳召开，选举理事16 人，常务理事七人，贵州省人民政府副省长张玉芹任会长。

1994 年7 月12—13 日，贵州省红十字会第二次全省会员代表大会召开，张玉芹继任会长。1996 年下半年以后，因工作变动，龚贤永、马文骏先后当选为会长。

2000 年12 月29 日，贵州省编制委员会下发了《关于理顺贵州省红十字会管理体制的通知》，明确贵州省红十字会由省政府领导联系，机关党的工作由省直工委领导，干部按省委组织部有关规定管理，列入参照试行国家公务员制度，经费单列。

2001 年7 月26 日，省委、省人民政府批准省红十字会为直属省政府领导的副厅级独立机构，事业编制16 人，内设办公室、业务一处、业务二处。

2002 年10 月，重组后的省红十字会顺利完成了机关机构改革。

2003 年12 月29 日，贵州省红十字会第三次全省会员代表大会在贵阳召开。会议聘请中共贵州省委书记钱运录、省委副书记、省长石秀诗为名誉会长，贵州省人大常委会副主任司徒桂美、省政协副主席李嘉琥为名誉副会长，贵州省人民政府副省长刘鸿庥当选为会长，罗治雄当选为常务副会长。

2004 年5 月28 日，贵州省第十届人民代表大会常务委员会第八次会议通过《贵州省红十字会条例》，当日，省十届人大常委会发布颁布施行第二号公告，《条例》自2004年7月1日起施行。

2004年10月29日，中共贵州省委批准成立中共贵州省红十字会党组。罗治雄任党组书记。

贵州省红十字会历次代表大会

第一届

1986年6月11日召开，代表30人，理事16人，常务理事七人，名誉会长王振江、袁家玑，会长张玉芹，常务副会长赵松。

第二届

1994年7月13日召开，代表100人，理事41人，常务理事七人，名誉会长刘方仁、陈仕能、吴亦侠、钱运录，会长张玉芹、龚贤永、马文骏，常务副会长赵松。

第三届

2003年12月29日召开，代表195人，理事75人，常务理事21人，名誉会长钱运录、石秀诗，会长刘鸿庥，常务副会长罗治雄。

【组织机构】

贵州省有基层红十字会组织3141个，红十字会员47.5万人（其中红十字青少年会员18.7万人）。

贵州省红十字会内设办公室、业务一处、业务二处三个职能处室，下辖贵州省红十字会救护培训指导中心、中国造血干细胞捐献者资料库贵州省管理中心、贵州省红十字会备灾救助服务中心三个正县级直属事业单位。

根据《中华人民共和国红十字会法》和中国红十字会总会《理顺管理体制座谈会纪要》精神，2000年12月29日，贵州省编制委员会下发了《关于理顺贵州省红十字会管理体制的通知》，同意将贵州省红十字会改由省政府领导直接联系，机关党的工作由省直工委领导，干部按省委组织部有关规定管理，列入参照试行国家公务员制度，经费单列。2001年7月26日，省委、省人民政府批准省红十字会为直属省政府领导的副厅级独立机构，事业编制16人。目前全省有4个市、州、地红十字会理顺了管理体制，分别为：贵阳市红十字会、安顺市红十字会、六盘水市红十字会、黔西南州红十字会。

【大型项目】

一、1998年，“三江流域”特大洪涝灾害期间，争取到社会各界捐款捐物共计558.375万元，支援湖北、江西、安徽、黑龙江、吉林等重灾区。

二、1999年，邀请美国亚洲医疗服务中心医疗队狄波娜·罗等一行五人赴我省平塘县进行为期五天的义诊，共诊治病人120名，赠送价值六万元的药品。

三、2000年，经美国驻成都领事馆牵线搭桥，美国心心心组织资助我省毕节、遵义、黔东南、黔南的四家医院部分医疗器械、药品和医用材料，折合人民币500余万元。

四、2002年6月，台湾红十字组织李鸣皋先生到贵州省黔东南考察工作，促成台湾全球人寿公司对都匀市阳和乡光荣村小学123名学生给予每人170元/年的学费资助，并对其中45名特困生另给每人85元/月的生活补助，直至小学毕业。

五、2002年12月，省红十字会专门筹

集价值十多万元的衣物、食品在贵阳市云岩区普陀办事处开展慰问活动，惠及该办事处五个社区的弱势群体619户。

六、2003年"非典"期间开展"关爱生命、让心靠拢、抗击非典"短信捐赠活动，收到社会各界9.4多万元捐款。

七、2004年，争取到香港特别行政区红十字会支持，为贵州省黔东南和铜仁两地提供60万元开展"中国红十字总会与香港红十字会无偿献血宣传及推动项目"。

八、2004年，宣传和动员沃尔玛公司捐款20万元，在贵阳市云岩、南明两城区建立五个社区服务站。

九、2004年，与国际奥比斯组织建立项目合作关系，通过项目合作，国际奥比斯首期无偿提供238万元人民币在贵州省黔东南自治州建立防盲治盲机构。

【主要特色】

一、利用"中国红十字会重要历史活动地"的优势，宣传红十字精神

贵州省贵阳市森林公园图云关是中国红十字会百年历程中四个重要历史活动地之一，1938年10月，中国红十字会救护总队，由长沙、祁阳迁至贵阳，当时，由波兰、奥地利、美国、捷克等九个国家组成的一支国际援华医疗队为了世界和平，为了中国的解放事业，为了纪念打击日本侵略者，自愿来到了生活艰苦的贵阳市图云关红十字会救护总队，他们为我国抗战做出了巨大的贡献，有的甚至献出了宝贵的生命。1943年，日军在广西使用细菌弹，英国援华队的女医生高田宜（中国名）以自己的身体做试验注射防疫针，不幸中毒，牺牲在此，为了纪念这些国际友人的丰功伟绩及为中国革命事业而以身殉职的英国女医生高田宜，在贵阳市人民政府及广大海内外侨胞、爱国人士的大力倡导和协助下，人们用白色的大理石在绿树环抱的浮翠阁附近建造了"国际援华医疗队纪念碑"和"英国女医生高田宜之墓碑"。贵州省红十字会充分利用这一历史活动地，通过开展庆祝"中国红十字会建会100周年"大型庆典、红十字青少年夏令营、新会员集体入会宣誓仪式等丰富多彩的活动，宣传红十字会"人道、博爱、奉献"的精神，取得了较好的社会反响。

二、初级救护培训成绩突出

开展初级救护培训是红十字会法赋予各级红十字会的重要职责，2003年，贵州省红十字会联合省卫生厅、省公安厅等15家单位共同制定了《关于深入开展群众性现场救护培训工作的意见》，省政府办公厅以"黔府办发［2003］47号"文件批转全省各地。在实行"统一教学计划、统一教材、统一质量标准、统一考核发证"的基础上，省红十字会还提出统一收费标准的要求，与省物价局、省财政厅等部门协商，规范了贵州省卫生救护培训的收费标准。同年，成立了救护培训指导中心，对全省的初级救护培训工作进行统筹和安排，组建了"贵州省红十字会救护总队"。省级培训中心在九个市（州、地）均建立了救护培训站，逐步形成了省、市（州、地）、县（市、区）三级培训网络，共培训专、兼职救护培训师资538人。全省已有交通、电力、消防、教育等七个行业和系统的29万余人接受了初级救护培训，并通过考核取得了"贵州省红十字救护员"资格证书。同时，全省各级红十字会还在社区、学校、医院、部队等单位或行业举办初级救护知识讲座

600多次，普及面达1070多个社区，学校、机关、企业等有5.4万多人次参加，有效提高了广大群众对自救互救、灾害预防、紧急避险、家居安全等基本常识的认知和了解。

贵阳市红十字会

【简介】

贵阳市辖六区一市三县，常住人口432万人。贵阳市红十字会成立于1917年5月。新中国成立以后，市红十字会保留建制，挂靠市卫生行政部门；因历史原因，红十字会工作一度中断。1986年6月23日，市红十字会恢复工作。2002年7月，市红十字会独立建会，定为副县级。全市10个区（市、县）红十字会均理顺管理体制，共有专职干部37人。

2011年，发展基层红十字会组织58个，红十字会员18067人，红十字志愿工作者2120人。全年募集救灾救助款物350余万元，救助困难群众16万人次。有4613人参加救护员培训，公益培训24234人。全年有113人登记志愿捐献遗体（器官），有八人实现捐献。全年采集造血干细胞血样456人份，有一人实现造血干细胞捐献。全年组织57829人次参加无偿献血，献血量达千万毫升。

现任会领导：

市红十字会会长：余维祥（副市长）

专职副会长：房宁

秘书长：胡云志

遵义市红十字会

【简介】

遵义市红十字会建立于1988年，隶属于卫生局。2009年9月，市红十字会独立建制，为正县级机构。财政专户，独立核算，有人员编制八人。全市现有基层红十字会组织150个，红十字团体会员单位47家，红十字会员25738人，其中红十字青少年会员17345人，红十字志愿工作者组织116个，红十字志愿工作者3119人。

2011年，遵义全市15个县（区、市）红十字会全部完成理顺管理体制工作。县级红十字会工作人员从原来的三人增加到五人。遵义市红十字会还获得省红十字会目标绩效管理考评一等奖。修订和完善了红十字会应急预案管理体系，并纳入政府应急管理体系中。全年共计募集救助款物721万元。开展救护培训并取得资格证书的人员八万余人。开展公益培训27次，受训人员13363人。

现任会领导：

市红十字会会长：刘兴万（副市长）

常务副会长：杨蓓

秘书长：赵平

六盘水市红十字会

【简介】

六盘水市红十字会1988年8月5日成立，2002年12月25日，市红十字会依法理顺管理体制，由市政府直接联系。机关内设综合科、业务科、备灾救灾中心，有八名工作人员。全市四个县（特区、区）红十字会均理顺管理体制。全市有基层红十字会组织269个，红十字会员61105人，有学校红十字会82个，其中青少年会员53264人。

近十年来，六盘水市红十字会共募集救助款物2000余万元，建成34个人畜饮水工程，修建九个博爱（侨爱）卫生站，创建四个红十字健康新村和一个绿色家园健康新村。六年中进行初级救护知识普及和培训知识讲座133次，培训六万余人。全市建立社区红十字服务站16个。全市成立红十字志愿者服务队六支，发展红十字志愿工作者3655人，其中注册的有1348人。五年共采集造血干细胞志愿捐献者血样1286人份，有二人成功捐献造血干细胞。

现任会领导：

市红十字会常务副会长：孙乾卫

秘书长：籍中丽

安顺市红十字会

【简介】

安顺市红十字会成立于1988年，2002年9月，市红十字会依法理顺管理体制，为副县级单位。现有编制六人，内设综合办公室和一个职能科室。现全市各县（自治县）、区有红十字会专职干部29人。

2011年，安顺市红十字会共募集救助款174.14万元，培训红十字救护员683人，实施援助项目70个，动员3276人参加无偿献血，招募造血干细胞志愿捐献者276人，有一人成功捐献造血干细胞。

现任会领导：

市红十字会会长：廖晓龙（副市长）

常务副会长：赖旭辉

秘书长：袁静

毕节市红十字会

【简介】

毕节市红十字会成立于1988年11月，2008年6月24日，市红十字会机构独立设置，为正县级规格，内设办公室、业务科。有九个县（区）成立红十字会，全市有基层红十字会组织84个，红十字会员6500人。

全市红十字会几年来，共募集救灾救助款物5135.99万元，受益者达117.52万人（次）。在机动车驾驶、矿山、电力等从业人员中开展初级卫生救护培训，共进行持证培训8.56万余人。

现任会领导：

市红十字会会长：冉霞（副市长）

铜仁市红十字会

【简介】

铜仁市红十字会成立于1988年，2006年底，市红十字会依法理顺管理体制，为市领导直接联系的正县级单位。全市10个区（县）红十字会全部理顺管理体制。铜仁市红十字会现有编制六人，内设一个职能科室。全市有基层红十字会组织280余个，红十字会员12万余人，红十字冠名医疗机构七家，红十字志愿工作者队伍18支，红十字志愿工作者达5000余名。

2011年，市红十字会广泛开展卫生救护培训工作，有1.8万余人获救护员资格证书。开展“红十字博爱送万家”活动，慰问350余人次，并发放价值3.7万元的救助款物。为冻灾和旱灾地区发放救灾物资122余万元，使10万多群从受益。

现任会领导：

市红十字会会长：李树新

常务副会长：姚晓叶

秘书长：钟婷

黔东南州红十字会

【简介】

黔东南州红十字会成立于1989年10月，2007年，州红十字会依法理顺管理体制，为正县级单位，核定编制9人，由州政府直接领导联系。内设办公室（人事宣传部）、赈灾救护部和筹资财务部。全州16个县（市、区）均建立红十字会，并依法理顺管理体制。全州有49名红十字专职工作人员。全州有基层红十字会组织672个，红十字团体会员单位198家，红十字会员16.1万人，其中红十字青少年会员12.8万人，红十字志愿工作者8863人。

2011年，州红十字会募集救灾救助款物折合人民币100.65万元，救助11630人，开展卫生救护培训，有32856人取得“红十字救护员”资格，开展群众性防灾避险及自救互救知识与技能普及宣传培训51284人次，采集造血干细胞志愿捐献者血样324人份，有14511人次参加无偿献血。全年完成灾害援建项目16个，总投入资金为371.5万元。

现任会领导：

州红十字会会长：刘晓春（副州长）

常务副会长：李润英

副会长兼秘书长：晏志

黔南州红十字会

【简介】

黔南州红十字会成立于1988年6月，2009年10月，依法理顺管理体制。2010年10月，设定编制的工作人员到位，实现独立运作，由州政府直接领导。全州12个县（市）均建立红十字会，其中八个县（市）红十字会依法理顺管理体制。有基层红十字会组织136个，红十字团体会员单位142家，红十字会员8194人，其中红十字青少年会员1079人，冠名“红十字医院”的医院四家。

2011年4月，州红十字会召开了第三次会员代表大会，选举产生了新一届理事会和领导班子。近两年，全州红十字会系统共接收捐赠款物2204.61万元，有13931人通过初级卫生救护培训，43796人参加了公益培训。有9655人次参与无偿献血，造血干细胞志愿捐献者入库资料577人份。

现任会领导：

州红十字会专职副会长：解竞

黔西南州红十字会

【简介】

2011年，黔西南州八县（市）红十字会基本理顺管理体制，明确常务副会长或专职副会长，全州有红十字专职工作人员41人。全州有基层红十字会组织243个，学校红十字会122个，社区红十字服务站56个，红十字团体会员单位165家，红十字会员

5.5万余人，成立红十字志愿者服务队13支，红十字志愿工作者4000余人，其中注册志愿者1500余人。有省级社区红十字服务示范县一个（贞丰县），省级红十字示范学校三所。

云南省红十字会

【年度工作】

2011年，云南省红十字会按照“依法兴会、完善政策，理顺体制、创新机制，提高素质、奋发有为，增强实力、做好助手”的工作思路，统一思想、加强领导，完善制度、突出重点，改进方法、增进团结，重视制度建设，加强筹资工作，围绕中心、服务大局，弘扬人道主义精神，广泛聚集社会力量，积极开展各项人道救助和人道服务工作，有力推动了全省红十字事业持续健康发展，为促进云南边疆稳定、民族团结、社会和谐做出了积极贡献。

一、认真传达贯彻落实省委领导重要指示和总会廉政工作会议精神

2011年3月31日，省委书记白恩培在听取省红十字会工作情况汇报后，充分肯定了红十字会在全省经济社会建设中所做出的重要贡献，并作出了“要加强宣传教育，提高社会各界对红十字事业的认识；要继续理顺管理体制，加强干部队伍建设；要结合实际开展工作，充分体现红十字会的工作特点；要整合资源，努力实现资源共享；要形成合力，推进红十字事业又好又快发展”五条重要指示。省红十字会及时下发通知，要求全省各级红十字会要集中时间对白恩培书记的重要指示进行专题学习讨论，要结合实际制定贯彻落实的具体措施，推动各项工作的开展。

2011年7月6日，中国红十字会总会召开廉政工作会议后，为切实把中国红十字系统廉政工作会议精神落到实处，省红十字会召开专题会议，及时传达学习会议精神，采取六项措施贯彻落实会议精神。一是修订完善各项规章制度，建立健全长效机制；二是聘请常年法律顾问，进一步加强红十字会法制建设；三是对重点工作领域进行专项治理，及时发现和纠正工作中存在的问题；四是加大宣传筹资力度，努力做好“三救”、“三献”工作；五是完善新闻发言人制度，有效做好危机公关和媒体应对；六是与主流媒体座谈，正面宣传红十字会所开展的工作。省红十字会的做法得到总会的充分肯定，以简报的形式向全国转发。

二、各级领导班子建设得到进一步加强

省委高度重视省红十字会的领导班子建设，2011年先后两次调整充实了云南省红十字会领导班子，配齐了党组班子成员。省红十字会党组按照《党政领导干部选拔任用工作条例》规定，通过竞争上岗的方式选拔任用了赈济救护部、联络部部长和宣传筹资财务部、事业发展部副部长。选拔工作体现了公开、平等、竞争、择优的原则，干部职工满意。

各州（市）、县（市、区）党委政府高度重视红十字会班子建设，调整充实了五个州（市）、37个县（市、区）红十字会领导班子，增加了人员编制18名，为各级红十字会依法履行职责提供了组织保障。

三、理顺管理体制和制度建设取得新的突破

积极推进理顺县级红十字会管理体制。

按照《云南省红十字会领导挂钩督导理顺县级红十字会管理体制实施方案》，省、州（市）两级红十字会充分发挥协调、督促作用，县级红十字会积极争取党委政府支持，有力地推动了理顺县级红十字会管理体制工作的开展。截至2012年1月31日，全省理顺管理体制的县级红十字会已由2010年底的102个增加到117个（其中87个已全部理顺，30个已下发编制文件，人员正在配备），理顺率达90.07%，超额完成了年初确定的85%的工作目标。

重视基层组织队伍建设。全省各级红十字会高度重视基层组织建设，大力发展红十字会会员和志愿者。截至2012年1月31日，全省累计有基层组织1704个，团体会员4103个，会员48.67万人（成人会员17.39万人，青少年会员31.28万人），志愿者3.48万人。

大力加强制度建设。省、州（市）两级红十字会在对现有规章制度进行认真清理的基础上，制定和完善了各项规章制度。同时，指导理顺管理体制的县级红十字会围绕议事规则、财务管理、物资管理、灾害救助、救护培训等重点工作，制定了相关的制度，初步形成了按制度管人、管财、管事的良好局面，促进了自身建设和各项工作规范有序开展。

四、能力建设取得明显成效

加强干部职工业务培训。举办了全省红十字会宣传筹资财务培训班，来自全省各级红十字会110名干部参加了培训；举办了三期云南/香港红十字会能力建设培训班，全省13个州（市）、123个县（市、区）红十字会的160名专职人员参加了培训，各级干部的工作能力和业务水平有了明显提高。

支持基层红十字会能力建设。积极争取省人民政府支持能力建设资金600万元，帮助五个州（市）、28个县（市、区）红十字会解决了能力建设经费不足的问题，进一步改善了工作条件。

五、应急救援队伍能力建设得到提升

加强应急救援队伍建设。一是正式组建了云南省红十字会紧急救援总队，下设大众卫生、供水、心理援助三支紧急救援队，成立了相应的组织领导机构。二是争取中国红十字会总会和省政府支持救援队能力建设经费680多万元，用于购置救援队设备和开展队员培训。三是组织了两期应急救援队伍业务培训，学员初步学习和掌握了应急救援的基本知识和技能。

开展灾害紧急救援演练。2011年9月22日至24日，省红十字会在昆明市石林县长湖组织实施了2011——地震灾害紧急救援演练。通过演练，全面检验了云南省红十字会大众卫生、供水、心理援助三支救援队伍的应急救援、指挥决策和整体协调能力，达到了增强应急意识、锻炼救援队伍、健全协调机制、完善应急预案的目的。

六、救灾救助救护和灾后重建工作扎实推进

全力参与盈江抗震救灾。云南盈江县“3·10”地震发生后，省红十字会积极响应省委、省政府号召，全力参与抗震救灾，积极筹集应急救灾款物和重建资金。一是及时上报灾情，广泛开展社会募捐。二是派出工作组深入灾区考察灾情，紧急调运救灾物资帮助灾民渡过应急难关。三是多渠道筹集重建资金，启动灾后重建项目。截至2012年1月31日，省红十字会共接收中国红十字会总会、中国红十字基金会下拨及募集盈江地震救灾款物价值1942.81万元。其中，资金1681.32万元，物资价值261.49万元。救灾物资已全部用于盈江灾区应急救灾，灾后重建资金将根据项目实施进度拨付。

紧急救助腾冲县地震灾民。2011年6月21日，云南腾冲县发生5.2级地震，省红十字会及时调拨了棉被和衣服送往灾区，帮助灾民渡过应急难关。

启动“博爱家园”项目。在中国红十字会总会的大力支持下，省红十字会在“5.12”地震涉及的昭通永善、水富、绥江三县的三个村社实施了“博爱家园”项目，项目资金116万元，主要在项目点建立红十字会基层组织，开展防灾减灾、应急救护、逃生避险、卫生与健康等知识培训，实施村民生计项目，提高村民生活质量。

积极推进卫生救护培训工作。省红十字会加大了卫生救护培训指导力度，及时下发了《关于进一步规范全省卫生救护培训工作的通知》和《关于统一印制卫生救护员合格证的通知》，进一步规范培训工作；为州（市）红十字会举办救护师资培训班12期，培训救护师资606名，保证了培训工作的广泛开展；省红十字会先后派出四个检查组，对州（市）红十字会开展的卫生救护培训工作进行了检查，及时发现和纠正存在的问题。截至2012年1月31日，全省共培训救护员30.46万人，普及卫生救护和防病知识65.5万人次。

积极开展贫病患儿救助。一是联合昆明市延安医院到昭通市开展以“珍爱生命，关注健康”为主题的先天性心脏病爱心体检活动。组织专家到昭通市特殊教育学校、民族中学、彝良县民族中学等中小学校为3100多名学生进行了免费体检，进一步摸清了全省贫困地区先天性心脏病患儿的现状。二是协调昆明市延安医院配合中国红十字基金会在德宏、昭通开展“天使阳光救心行”活动，筛查确定了58名先天性心脏病患儿送往北京和重庆进行治疗。截至2012年1月31日，全省共有237名先心病、白血病和脑瘫患儿获得“小天使基金”、“天使阳光基金”和“幸福天使基金”资助，救助金额370多万元。

认真组织实施灾后重建项目。一是协调昭通市审计局对“5.12”地震恢复重建项目资金进行了审计。二是省红十字会派出工作组对“5.12”地震恢复重建项目和2010年旱灾援建项目实施情况进行了检查督导。三是省、市、县红十字会主动配合援助方及时对竣工项目进行了验收。四是积极引进项目，2011年引进新项目59个，资金2547.98万元，项目涉及备灾救灾、卫生院（室）、学校、人畜饮水工程等。通过审计、监督、检查，有效地防止了各种违规行为。

七、宣传筹资财务工作取得显著成绩

积极发展新闻宣传志愿者队伍。截至2012年1月31日，省红十字会新闻宣传志愿服务队成员已由2010年的30名发展到70名。2011年，新闻宣传志愿服务队成员在省、市电视台（广播电台）播出红十字会新闻节目250条，在报刊、网络等媒体登载反映红十字会工作的新闻1050条。开展了红十字好新闻评比表彰活动，调动了媒体记者宣传红十字会工作的积极性。

广泛开展红十字宣传工作。全省各级红十字会以“五八红十字博爱周”、“公益广告推广月”等宣传活动为契机，结合救灾、救助、救护和“红十字博爱送万家”等活动，运用广播、电视、报刊、简报、展板等载体，多渠道、全方位宣传红十字会工作，争取达睿传媒支持，在全省16个州（市）的120余个车站候车室和售票厅视频联播网免费播放红十字会公益宣传广告，扩大了红十字人道救助宣传的覆盖面。截至2012年1月31日，报纸、广播（电视）、网络等刊播红十字会新闻18900篇（条），在广播（电视）投放公益广告281条（次），户外广告投放5667条（次）。

募捐筹资工作有序开展。一是举办了全省红十字会宣传筹资财务培训班，提出了以“宣传推动筹资”、以“项目带动筹资”的工作思路。二是进一步充实了以捐资助学、扶贫助困为重点的公益项目库，以项目宣传引导募捐筹资。三是积极探索新的筹资方式，加大了与知名人士、民营企业家的联系，广泛开展对外交流活动，通过广泛联系和交流活动募集捐赠资金；加强了与中国红十字会总会、中国红十字基金会的联系，通过请示报告争取资金和项目支持；在省红十字会机关开展了每人每月捐10元钱的“月月捐”活动；启动了“陶艺大赛暨爱心捐赠”活动，初步探索了与行业协会、媒体和民营企业联合筹资的路子。

截至2012年1月31日，省红十字会共接收中国红十字会总会、中国红十字基金会下拨和募集社会捐赠款物价值6543.90万元（其中：资金3420.22万元，物资价值1723.68万元，设备价值1400万元），超额完成了年初确定的5000万元筹资目标。

八、人道救助和服务工作有序推进

积极开展“红十字博爱送万家”活动。筹集了价值234.5万元的慰问物资，在全省16个州（市）开展了红十字博爱送万家活动，使1.56万人受益。

造血干细胞捐献者资料库建设成绩突出。全年完成了7500多人份志愿者血样入库任务，初筛配型成功467人，高分辨22人，有19名志愿者成功捐献了造血干细胞。

艾滋病预防与关怀工作有序推进。实施艾防项目经费102万元，争取艾防专项经费40万元，分别在昆明、怒江、德宏、临沧等州（市）开展了艾滋病感染者关怀服务、娱乐场所服务人员艾滋病干预、艾滋病病人关爱帮助、目标人群行为干预及自助互救、社区流动人口及高校艾滋病预防和同伴教育宣传等工作，286名志愿者参与宣传活动，发放宣传资料95000多份，直接受益者6910人。

认真实施疟疾项目。在保山、德宏、临沧、怒江、普洱、玉溪6个州（市）的7个县开展了全球基金疟疾项目，通过分发长效蚊帐及开展宣传教育，普及预防疟疾基本知识，降低疟疾流行和感染率。累计分发长效蚊帐89866顶，发放宣传材料8万余份，使10万多人受益。

假肢项目合作进展顺利。在红十字国际委员会的支持下，争取政府配套经费100万元，积极开展贫困肢残患者假肢安装与康复。2011年，共为245名患者生产、安装假肢250只，为427名穿戴假肢的患者维修假肢431只。

心理援助工作取得新进展。中国红十字会总会和红十字会与红新月会国际联合会支持云南省的心理援助项目已进入收尾阶段。年内实施项目经费93.75万元，用于购置心理援助设备、队员培训和开展业务工作。全年开展核心队员培训二期70人，在灾区、部队、公安、学校、社区等开展心理急救、心理危机干预、心理健康知识培训（讲座）20场次，直接受益5000余人。

老年公寓管理加强。进一步完善了管理制度，加强了会计核算，做到了收支平衡。筹集35万元资金对红十字老年公寓供水管网进行维修改造，向云南省老龄委争取了40万元的康复设备。

九、交流与合作成效明显

积极开展国内外交流。全年办理因公出国（境）团组四个共15人，二个团组12人成功出访台湾、瑞典、丹麦等国家和地区；接待来自日本、英国、澳大利亚、香港、澳门等国家和地区外宾64人；接待上海、江苏等省市红十字会赴滇考察团组三个18人。

努力引进援助项目。通过组织出访交流，加强与国际、国外及港澳地区、外省市区红十字会间的交流，积极争取资金和技术支持。争取香港、澳门和欧盟等援助项目五个，资金总额935万元，项目涉及艾滋病预防与关怀、灾后恢复重建、社区备灾减灾等，对改善民生、扩大红十字会影响起到了积极的促进作用。

【历史沿革】

据有关史料记载，云南省红十字会创建于1914年，是中国红十字会较早的几个省级分会之一。新中国成立前，云南省红十字会员工及义工在极其艰难的社会条件下和随时都有可能献出生命的危险环境中，竭力筹募资金，冒着枪林弹雨开展战地救护，奔走于城乡灾区救助灾民，穿行于市井里巷施医赈济穷苦，履行人道主义使命。1925年3月，大理地震，红十字会救护队打着旗帜前往救助，途中民众亦为义举而捐款且沿途护送。抗日战争时期，云南省红十字会募集并接受了大批国际救援款物，救济难民，支援抗战。其间，日机轰炸昆明数十次，红十字救护队均全责救护被炸伤军民。

新中国成立后，作为新改组的中国红十字会的地方组织，云南省红十字会由卫生部门直接领导和联系，以协助人民政府，面向人民大众，宣传并开展防疫、卫生、医药及救济福利事业为主要工作，曾组织“国际医防服务队”赴朝鲜开展战场救护；应老挝政府请求，连续10年组派医疗队赴老挝丰沙里省开展传染病的防治工作。1966年“文化大革命”发生后，云南省红十字会组织瘫痪，工作停顿。1978年12月，中国共产党十一届三中全会召开，标志着我国进入了改革开放的全新历史时期。各条战线拨乱反正，云南省红十字会组织也随之重建并恢复工作，走上了逐步发展壮大的希望之路。1990年3月29日至31日，云南省红十字会第一次全省会员代表大会在昆明召开，会议选出了以副省长陈立英为会长的新的领导机构，讨论了《云南省红十字会1990年工作计划》和《云南省红十字会1990—1994年工作规划提要》，通过了《云南省红十字会关于贯彻〈中国红十字会章程〉的实施细则》。这次代表大会的召开标志着云南省红十字事业的发展进入了一个新的历史阶段。1993年10月《中华人民共和国红十字会法》、1996年1月《中华人民共和国红十字标志使用办法》和1996年7月《云南省红十字会条例》的颁布实施，使红十字事业走上了法制化建设的轨道。1994年9月20日至22日，云南省红十字会第二次全省会员代表大会在昆明召开，会议聘请省长和志强为云南省红十字会名誉会长，选举产生了云南省红十字会第二届理事会及领导集体，云南省副省长陈立英再次当选云南省红十字会会长，大会审议通过了《云南省红十字会1995—1999年工作规划提要》，讨论修订了《云南红十字会关于贯彻〈中国红十字会章程〉的实施细则》。2002年7月23日至24日，云南省红十字会第三次全省会员代表大会在昆明召开，中共云南省委书记白恩培出席开幕式并发表讲话，中国红十字会常务副会长王立忠代表中国红十字会会长彭珮云及中国红十字会总会莅临指导并讲话，大会聘请中共云南省委书记白恩培为云南省红十字会名誉会长，选举产生了云南省红十字会第三届理事会和常务理事会，云南省副省长陈勋儒当选为云南省红十字会会长。大会审议并原则通过了《云南红十字会实施〈中国红十字会章程〉细则》和《云南省红十字会2002—2006年工作规划纲要》。这次大会是一次具有重要意义的大会，是一次承前启后、继往开来、解放思想、振奋精神、与时俱进的大会。

在中共云南省委、省人民政府的大力支持下，在中国红十字会总会的指导下，云南省红十字会系统专兼职工作者、广大红十字会会员和志愿工作者围绕“以项目促发展、以发展树形象”的工作思路，以中国红十字会建会百年和中国红十字会第八次会员代表大会召开为契机，坚持以邓小平理论和“三个代表”重要思想为指导，以开创有云南特点的红十字事业为目标，以发展创新为动力，以依法建会、依法治会、依法兴会为保障，开拓进取，团结奋斗，圆满完成了2004年的各项任务，有些工作取得了突破性的进展。

2004年初，云南省红十字会组织了价值550余万元的物资发送到16个州、市，开展“红十字博爱送万家”活动，受益群众达四万余人。省红十字会还筹措50万元（当地政府配套50万元），援助陇川县光英村房屋毁于泥石流灾害的50户景颇族群众恢复重建家园。争取云南铭鼎集团捐赠300万元，为富民县赤就乡，兴建铭鼎博爱自来水厂，以解决该乡5000人口饮水难问题。争取西安天网计算机有限公司向云南省贫困地区的19家医院捐赠价值460万元的“天网医院信息管理系统”软件及部分配套硬件。云南省红十字备灾救灾中心全年向省内各灾区调运、发放了400多吨价值870万元的救灾物资。据统计，云南省红十字会2004年共接收和募集救灾扶贫款物价值人民币1946.17万元。2004年，云南省红十字会完成五个班160名省级师资的培训任务，还承办了总会西南片区六期192人的国家级师资培训班。为昆医附一院等举办救护培训共600多人。中国造血干细胞库捐献者资料库云南省分库共完成了3600多人份血样采集和分型检验入库，已为省内22名白血病患者进行了配型，其中13人初配相符，七人进入高分辨检验，三人实现了造血干细胞的捐献。2004年，开展预防艾滋病教育宣传等项目，举办培训班243期，培训8317人。开展云南/香港红十字备灾救灾培训项目，培训省、州、县三级师资共420余人。还完成了六万名中小学生的培训工作。云南省红十字会配合省政协教科文卫体委员会视察组对贯彻实施红十字会法情况进行了视察。

云南省红十字会历次代表大会

第一届

1990 年 3 月 29 日召开，常务理事九人，会长陈立英，常务副会长舒自尧。

第二届

1994 年 9 月 20 日召开，常务理事 15 人，名誉会长和志强，会长陈立英，常务副会长舒自尧。

第三届

2002 年 7 月 23 日召开，代表 800 人，理事 55 人，常务理事 11 人，名誉会长白恩培，会长陈勋儒，常务副会长詹海峰。

【组织机构】

截至 2004 年底，云南省红十字会拥有基层组织 2340 个，会员 86.45 万人（其中青少年会员 20 万人），志愿工作者 3000 人。在高等院校和医疗系统分别建立了红十字工作委员会。

根据《中华人民共和国红十字会法》、中国红十字会总会《理顺管理体制座谈会纪要》精神，1998 年云南省红十字会实现机构独立建制，2001 年 3 月成立了中共云南省红十字会党组，2003 年 3 月成立了云南省红十字会机关党委。依据云南省编委 2002 年 10 月 15 日印发的《云南省红十字会机关主要职责、内设机构和人员编制方案》（简称“三定”方案），云南省红十字会实施机关机构改革，内设二室、三部（办公室、机关党委办公室、赈济救护部、事业发展部、联络部），编制 24 名，在编 25 人，参照国家公务员管理；省红十字会下辖云南省红十字备灾救灾中心（编制 21 名）、云南红十字老年公寓（编制 15 名）、中国造血干细胞捐献者资料库云南省分库（编制七名）三个处级事业单位。目前，有昆明市、丽江市、德宏州、临沧市、怒江州、红河州、曲靖市等七个州市红十字会已经理顺了管理体制，其余九个州市红十字会争取在 2005 年底理顺体制。云南省各级红十字会现共有人员编制 164 名（其中 34 个县有编制共 49 名），到位 112 人；兼职干部 120 余人，聘用人员 70 余人（含临时工），初步形成了相对完整的云南省红十字会组织网络体系。

【大型项目】

一、1996 年 2 月 3 日，丽江地区发生 7.0 级大地震，云南省红十字会共争取国内外援助 6500 多万元（其中来自国外及香港、台湾地区的援助占 84%），完成 1700 多吨救助物资的接收和分发任务，共救助灾民 110 余万人次，并配合卫生部门组派红十字医疗队 49 支 957 人，救护伤员 28456 人。云南省红十字会在此次救灾中，开创了争取外国救援物资运输飞机首次直飞我国的先例；探索并成功实施了红十字会救灾新方法：“定点救助”。

二、1998 年救助特大洪灾灾民。据统计，云南省各地红十字会共接收捐赠物款 435 多万元，250 余万元及时发送到受灾严重的湖北、湖南、江西、黑龙江等省灾区；其余用于救助省内重灾区灾民。

三、2003 年，云南省灾害十分频繁，地震灾害尤为严重，大姚县“7 · 16”、“10 · 16”地震，昭通地区“11 · 15”、“11 · 26”地震。云南省红十字会全年共募捐和筹集救灾、救济款物价值人民币 807 万元，使 12 万群众受益。

四、2004 年 7 月 4 日，云南省德宏、保山、丽江等地发生特大洪涝泥石流灾害，造成重大人员伤亡和财产损失。中共中央政治局常委、国家副主席曾庆红，中共中央政治局委员、国务院副总理回良玉在视察德宏州盈江县救灾工作时，看望了正在现场开展救助工作的中国红十字会总会及省、州红十字会工作人员，并与大家亲切交谈。曾庆红说，红十字会做了很多工作，你们救灾工作反应很快，及时把救灾物资送抵灾区人民手中，红十字会发挥了非常重要的作用。各级政府要大力支持红十字会工作。希望红十字会的同志们把工作做得更好。云南省红十字会全年共接收和募集救灾款物价值人民币1946.17万元，及时救助灾民。

五、2005年初，为救援印度洋地震海啸灾区，云南省红十字会共接收社会各界捐款1288万元，并通过中国红十字会总会及时援助了受灾国灾民。

六、2005年，云南省先后遭受了百年不遇的特大雪灾，25年以来最严重的旱灾，以及会泽、文山地震灾害。灾害发生后，省、州、县红十字会于第一时间展开救助，发动社会募捐。省红十字会救灾工作小组八次深入灾害现场指导救灾。全省各级红十字会共向灾区发放价值1000余万元救灾款物。

七、受总会委托，成功承办了“2005年海峡两岸红十字青少年会员夏令营”活动。

八、支援友邻省（市）红十字会救灾工作：（一）2003年2月，支援新疆红十字会42万元，用于地震灾区购买救灾物资和恢复重建。（二）2005年8月，支援四川省红十字会10万元，用于购买救灾物资和药品。

据不完全统计，近10年来，云南省各级红十字会共募集救灾资金二亿多元，救助灾民和困难人群400余万人次，派出医疗队1100多支，免费救治42万余人次，举办卫生救护培训90余万人次，向70多万青年人传播了预防控制艾滋病的知识和相关技能，与60余个国家和地区红十字会、国际组织进行了友好交往，开展了56个造福于易受损害群体的外援合作项目，新建了12个备灾救灾中心、一座老年公寓，援助建成了23个乡镇卫生院、六所博爱小学、三个灾民新村（西双版纳州景洪市巴飘村、楚雄州武定县以赤叨村、德宏州陇川县光英村共150户）和一个博爱水厂。云南省各级红十字会以实实在在的人道行动，大力弘扬了“人道、博爱、奉献”的红十字精神，促进了云南省“三个文明”建设，受到各级党委、政府和广大人民群众称赞和好评，树立了红十字会的良好形象。

【主要特色】

一、备灾救灾工作

云南是自然灾害多发省，具有种类多（地震、泥石流、山体滑坡、风雹、雪、凌冻、洪涝、干旱等）、分布广、频率高、危害重的特点，且抗灾能力较弱，每年受灾人口都在2000万人以上，成灾人口1000万人以上，直接经济损失达40亿元以上。自然灾害给人民的生命财产造成严重损失，已成为制约云南经济、社会发展的重要因素。因此，备灾救灾是云南省红十字会工作的重中之重。

（一）灾害救助。近10年来，云南省各级红十字会共接受援助和向社会募集款物价值2.6亿元人民币，救助灾民和困难人群420万人次，救治灾区伤病员年均45万余人次。每次灾害发生，红十字会的人员最早到达现场，救助物资也最早送到灾民手中。灾区党委、政府领导称赞说：“红十字会不仅及时送来了救灾物资，更重要的是稳定了人心，增强了灾区干部群众战胜灾害、重建家园的信心和勇气”。在抓好灾害紧急救助的同时，云南省红十字会还积极争取社会力量支持，参与灾区灾后恢复重建和扶贫工作。先后援助建成了23个乡镇卫生院、六所博爱小学、三个灾民新村（西双版纳州景洪市巴飘村、楚雄州武定县以赤叨村、德宏州陇川县光英村共150户）和一个博爱水厂。

（二）网络建设。云南省红十字会在长期的救灾活动中认识到灾害的突发性及危害性，也认识到提高灾害救助时效性和科学性的重要性和紧迫性。为此，云南省红十字会借助援助加强了备灾救灾的网络建设和能力建设。云南省红十字会争取到奥地利红十字会资助50万美元，云南省政府投资60万美元，于1996年建成了云南省红十字备灾救灾中心，之后又投资160万元建设了配套设施；1998年，云南省红十字会与香港特别行政区红十字会签订了州市备灾救灾网络建设项目协议书，总投资1764万元，其中香港特别行政区红十字会援助30%（529.3万元），地方政府配套投资70%。截至2004年，已建立起昆明、临沧、文山、迪庆、丽江、怒江、曲靖、昭通、思茅、保山、大理、楚雄（牟定）、红河等13个州、市备灾救灾中心，基本上形成了以云南省红十字备灾救灾中心为轴心，各地备灾救灾中心为依托的全省红十字备灾救灾网络体系。

（三）能力建设。在香港特别行政区红十字会的支持和资助下，云南省红十字会举办了多次对全省16个州市及129个县红十字会干部备灾救灾知识技能培训班、计算机知识及信息系统培训班；建成了连接全省各州、市红十字会的计算机信息网络；组织开发了红十字会灾情信息管理、救灾物资资金管理、募捐管理等相关的计算机软件和系统。为帮助基层红十字会干部做好备灾救灾工作，提高灾害多发地区群众的备灾救灾意识，云南省红十字会编印了15万字的《云南/香港红十字会备灾救灾培训教材》、《灾害自救互救培训手册》和《灾害群众自救互救培训挂图》，同时还建立了一支300余人的省、地、县三级培训师资队伍，到2004年底，已完成对灾害多发地区6万名中小学生的培训工作。

二、艾滋病预防与关怀工作

云南地处湄公河上游，邻近世界最大的毒品生产地“金三角”，深受毒品和艾滋病的危害。自1989年在中缅边境地区的吸毒人群中检测出艾滋病感染者146例以来，截至2004年底，监测累计报告艾滋病感染者28391例，病人1223例，死亡744例，分别位居全国省区同类项的第一、三、二位。全省16个州市均报告有感染者。云南省艾滋病流行的严峻势态，引起了党中央、国务院和中共云南省委、省政府的高度重视，要求全民行动，打一场禁毒和防治艾滋病的人民战争。1994年，云南省红十字会与澳大利亚红十字会合作开展了“艾滋病预防青年同伴教育项目”，建立了“艾滋病预防青年同伴教育模式”，形成了具有云南特色的“参与式”传授知识与生活技能培训并重的教育方法，建立了一支与同伴教育模式相适应的师资队伍300余名和2000人的志愿者队伍。截至2004年底，项目已覆盖九个州、市，在不同群体中举办青年同伴教育培训班

1700余期，培训同伴教育宣传员3.6万多人，向70多万人传播了预防艾滋病知识和技能。青年同伴教育项目的成功，增进了云南省红十字会与澳大利亚红十字会的友谊和信任，而且吸引了包括联合国儿童基金会、艾滋病规划署、澳大利亚国际开发署、英国救助儿童会、港澳救世军等多个政府组织和非政府组织的信息、技术及相当数额的资金支持，使青年同伴教育项目不断拓展为有青年同伴教育、“爱咨家”、“阳光家园”、感染者关怀护理、感染者同伴教育、感染者生产自救互助、高危易感染人群综合干预等7个子项目组合成的“艾滋病预防与关怀项目”。2005年，云南省红十字会就争取社会力量支持，组织HIV感染者开展生产自救进行了大胆探索。此举引起中共云南省委、省政府的高度重视。中共云南省委书记白恩培在报告上做出“思路好，做法也好，我完全支持”的重要批示。《云南日报》委派资深记者对此进行了重点报道。11年来，云南省红十字会开展的艾滋病预防与关怀项目，共争取到资助（资金及实物）1500余万元。云南省红十字会的做法、效果和经验，得到了中国红十字会总会以及国际社会的认可和好评。云南省红十字会先后被评为全国、全省预防控制艾滋病先进集体。青年同伴教育项目曾被联合国艾滋病规划署评选为“最佳执行项目”，在联合国南非第十三届艾滋病大会上推荐，并受到联合国秘书长安南的肯定。2005年6月，云南省红十字会被联合国艾滋病规划署授予“联合国防治艾滋病特殊贡献奖”。

三、对外交往与合作

云南省红十字会抓住云南旅游资源丰富、建设旅游大省的机遇以及国外人士和组织造访频繁的优势，积极开展民间对外交往，努力争取援助与合作，始终坚持以友谊、诚信促合作，以规范、精品争项目，不断将云南省红十字会对外交往工作打造为“以项目促发展，以发展树形象”的一项特色工作。近10年来，云南省红十字会与60余个国家和地区红十字会、国际组织进行了友好交往，累计共争取到56个外援合作项目，援助金额累计1.2亿元人民币，各级政府配套资金5500多万元。在项目实施过程中，云南省红十字会注重学习和引进国外先进的工作模式和管理理念，坚持规范运作，力求把每一个项目都做成精品，从而形成了取信于援助方，不断争取到新项目的良性发展态势。

假肢康复项目。20世纪70年代末的中越边境自卫反击战，由于战后地雷未排除尽，在给边民造成的伤害中，肢残问题十分突出。经云南省红十字会主动争取和中国红十字会总会的协调，2003年12月，云南省红十字会与红十字国际委员会签订了假肢合作项目协议，并成立了红十字国际委员会——云南省红十字会假肢康复中心。该项目由红十字国际委员会援助240万美元，并提供技术支持，云南省政府配套60万美元，在五年内为全省符合救助条件的肢残人员免费安装假肢。该项目实施以来，已为471名肢残人员安装假腿595条和全套康复服务，受到肢残人员及其家人的欢迎，产生了良好的社会反响。当地广大干部群众称赞说，假肢康复项目使贫困肢残人员从长年需要家人服侍的“累赘”，变成了生活能自理、下田能劳动的自食其力者，项目名副其实地成为“救助一人，造福一家，稳定一方”的民心工程。国家领导人、云南省委、省人大、省政府、省政协的领导多次莅临假肢厂视察指导工作，对该项目给予充分肯定；多个国际组织代表团前来访问参观并给予好评。2004年5月，红十字国际委员会副主席让·德古登先生一行及加拿大红十字会秘书长来里·密尔斯先生一行访问云南省红十字会，认真考察了假肢康复项目。德古登先生高度称赞假肢康复项目“是国际委员会在多个国家开展的假肢矫形项目中的一个成功典范，也是红十字国际委员会与中国合作的一个成功典范”。

（吴佳权、唐友全）

昆明市红十字会

【简介】

昆明市红十字会成立于1922年，1950年实行改组，1979年恢复工作，1987年实现“三列”，2002年机构独立设置，正处级，内设机构为二部一室，即组织宣传部、赈济救护部、办公室。全市14县（市）区红十字会全部机构独立设置。现有编制人数72人，专职人数47人，兼职人数19人；志愿者3775人；基层组织176个，团体会员398个，成人会员6609人，青少年会员45728人；捐赠款物333.89万元，受益人次24116人次，救助款物210.85万元，受益人次66923人次；师资培训147人，救护员培训29532人，救护防病知识普及55475人次。

现任会领导：

市红十字会会长：杨皕（副市长）

常务副会长：张韵

副会长：冯浩、张琳林

楚雄州红十字会

【简介】

楚雄州红十字会成立于1988年。2007年6月，州红十字会机构独立设置，正处级，核定事业编制11名。州委常委、州人民政府副州长任会长，设党组书记一名，常务副会长一名，专职副会长一名。机构内设办公室、赈济救护科和事业发展科。全州10个县级红十字会机构全部独立设置，全州现有红十字会专职工作人员47人，有基层红十字会组织229个，红十字团体会员单位257家，红十字会员12757人，红十字青少年会员4908人，红十字志愿工作者4247人。

2011年，全州红十字会募集救助款物36.54万元，救助2289人次。有26050人参加卫生救护培训，普及救护防病知识29015人次。

现任会领导：

州红十字会会长：赵祖宝（副州长）

常务副会长：代丽菊

专职副会长：杨彩珍

玉溪市红十字会

【简介】

玉溪市红十字会成立于1989年，2008年5月，市红十字会机构独立设置。全市九个县级红十字会全部机构独立设置。全市有基层红十字会组织21个，红十字团体会员单位九家，红十字会员135人，红十字青少年会员100人，红十字志愿工作者719人。

2011年，市红十字会募集救灾救助款物132.48万元，救助4.5万人次。全年培训卫生救护员二万多人，开展救护防病知识普及活动，有五万多人次参加。

现任会领导：

市红十字会会长：杨洋（副市长）

常务副会长：自成学

红河州红十字会

【简介】

红河州红十字会成立于1989年9月。2005年5月，州红十字会机构独立设置，内设办公室、赈济科和事业发展科。全州13个县级红十字会全部机构独立设置。现有编制人数61人，专职人数58人，兼职人数44人。

全州有红十字志愿者2850人，基层组织83个，团体会员375个，成人会员15803人，青少年会员29293人；捐赠款物176.11万元，受益人次18985人次，救助款物59.79万元，受益人次4549人次；救护员培训34945人，救护防病知识普及37101人次。

现任会领导：

市红十字会会长：普绍忠（副州长）

专职副会长：袁红翎

秘书长：袁红翎（兼）

曲靖市红十字会

【简介】

1988年12月，曲靖市红十字会机构独立设置。全市有七个县级红十字会机构独立设置，有专职工作人员31名。全市有基层红十字会组织144个，红十字团体会员单位185家，红十字会员9420人，红十字青少年会员11866人，红十字志愿工作者3105人。

2011年，市红十字募集救助款物201.69万元，受益三万多人次。有37455人参加卫生救护培训工作，开展救护防病知识普及，参加69443人次。

现任会领导：

市红十字会会长：饶卫（副市长）

常务副会长：叶留玉

文山州红十字会

【简介】

文山壮族苗族自治州红十字会成立于1987年，2006年，州红十字会机构独立设置，内设办公室、事业发展科和赈济救护科。全州六个县级红十字会机构独立设置。有编制人数40人，专职人数35人。全州有基层红十字组织313个，红十字团体会员单位35家，红十字会员10792人，红十字青少年会员59002人，红十字志愿工作者1624人。

2011年，全州各级红十字会共募集救助款物101.35万元，救助26885人次。培初级卫生救护员3755人，普及救护防病知识79760人次。

现任会领导：

州红十字会会长：张秀兰（副州长）

常务副会长：唐彰迎

副会长：邱继娥

怒江州红十字会

【简介】

怒江州红十字会于2005年2月29日机构独立设置，为副处级机构。全州有二个县级红十字会机构独立设置。现有编制人数17人，专职人数18人。全州有红十字团体会员单位32家，红十字会员633人，红十字青少年会员80人，红十字志愿工作者114人。

2011年，州红十字会募集救助款物8.73万元，救助1710人次。培训卫生救护师资12人，培训初级卫生救护员3452人，普及救护防病知识52080人次。

现任会领导：

州红十字会会长：和新明（副州长）

专职副会长：董绍珍

迪庆州红十字会

【简介】

迪庆州红十字会成立于2006年。全州三个县级红十字会机构全部独立设置。有编制17人，其中专职16人。全州有红十字团体会员单位四家，红十字会员415人，红十字志愿工作者62人。

2011年，州红十字会募集救助捐赠款物36.36万元，救助困难群众2413人次。培训卫生救护师资37人，培训初级卫生救护员45人，普及救护防病知识3000人次。

现任会领导：

州红十字会会长：松涛（副州长）

专职副会长：李涛

临沧市红十字会

【简介】

临沧市红十字会成立于1989年6月。2005年1月，市红十字会机构独立设置，为正处级单位，内设综合办公室。全市八个县级红十字会机构全部独立设置。有编制54人，有专职人数44人。志愿者7332人，全市有基层红十字组织97个，红十字团体会员单位270家，红十字会员10838人，红十字青少年会员9136人。

2011年，市红十字会共募集救灾救助款物26.85万元，救助困难群众16917人次。培训卫生救护师资62人，培训初级卫生救护员31977人，普及救护防病知识30130人次。

现任会领导：

市红十字会会长：赵子杰（副市长）

常务副会长：王怀英

副会长：李本菊

丽江市红十字会

【简介】

丽江市红十字会成立于1988年。2002年，市红十字会机构独立设置。全市五个县级红十字会机构未独立设置。现有编制14人，专职工作人员14人。全市有基层红十字组织60个，红十字团体会员单位59家，红十字志愿工作者18人。

2011年，市红十字会共募集救灾救助款物1.39万元，救助困难群众130人次。培训卫生救护师资67人，培训初级卫生救护员3475人，普及救护防病知识17390

人次。

现任会领导：

市红十字会会长：张卫国（副市长）

常务副会长：李渝丽

昭通市红十字会

【简介】

昭通市红十字会成立于1916年。1990年恢复建会，2004年，市红十字会从市卫生局分设。2007年，市红十字会机构独立，为正处级单位，内设办公室、赈济救护部和备灾救灾中心。全市11个县级红十字会机构全部独立设置。有编制59人，有专职工作人员57人。全市有基层红十字组织121个，红十字团体会员单位17家，红十字会员3053人，红十字青少年会员6973人，红十字志愿工作者419人。

2011年，市红十字会发放救助款物5.97万元，救助困难群众530人次。培训初级卫生救护员22105人，普及救护防病知识72008人次。

现任会领导：

市红十字会会长：成联远（副市长）

常务副会长　施华滟

副会长：王宏

秘书长：王宏（兼）

西双版纳州红十字会

【简介】

西双版纳州红十字会成立于1979年，2006年6月，州红十字会机构独立设置，为正处级单位。全州有一个县级红十字会机构独立设置。有编制九人，有专职工作人员九人。全州有基层红十字会组织23个，红十字团体会员单位33家，红十字会员2677人，红十字青少年会员6689人，红十字志愿工作者265人。

2011年，州红十字会募集救灾救助款物33.05万元，救灾困难群众5710人次。培训初级卫生救护员234人，普及救护防病知识1730人次。

现任会领导：

州红十字会会长：李江虹（副州长）

常务副会长：盘有明

普洱市红十字会

【简介】

普洱市红十字会成立于1986年。2006年2月15日，市红十字会机构独立设置，为副处级单位。机关内设办公室、组织宣传科和赈济救灾科。全市10个县级红十字会机构全部独立设置。有编制44人，现有专职工作人员33名。全市有基层红十字组织138个，红十字团体会员单位163家，红十字会员18219人，红十字青少年会员67581人，红十字志愿工作者288人。

2011年，市红十字共募集救灾救助款物202.13万元，救助困难群1.4万多人次。培训卫生救护师资八人，培训初级卫生救护员3818人，普及救护防病知识31050人次。

现任会领导：

市红十字会会长：童书玮（副市长）

专职副会长：欧阳智康

大理州红十字会

【简介】

大理州红十字会成立于 1987 年。2007 年 9 月，州红十字会机构独立设置，为正处级单位。2008 年 1 月，州红十字成立会党组和党支部。机关内设办公室、赈灾救护科、对外联络和事业发展科、宣传筹资财务科。全州 12 个县级红十字会机构全部独立设置，全州有编制 60 人，其中专职工作人员 19 人。全州有基层红十字会组织 136 个，红十字团体会员单位 149 家，红十字会员 7966 人，红十字青少年会员 4089 人，红十字志愿工作者 3896 人。

2011 年，州红十字会募集救灾救助款物 123.11 万元，救助困难群众 25203 人次。培训卫生救护师资 10 人，培训初级卫生救护员 36817 人，普及救护防病知识 27671 人次。

现任会领导：

州红十字会会长：洪云龙（副州长）

常务副会长：杨泓涛

保山市红十字会

【简介】

保山市红十字会成立于 1943 年 11 月 18 日。2008 年 8 月，市红十字会机构独立设置。全市五个县级红十字会机构全部独立设置。有编制 25 人，其中专职工作人员 14 人。全市有基层红十字会组织 161 个，红十字团体会员单位 2056 家，红十字会员 6753 人，红十字青少年会员 16236 人，红十字志愿工作者 725 人。

2011 年，市红十字会募集救灾救助款物 258.34 万元，救助困难群众 53 万多人次。培训初级卫生救护员 21169 人，普及救护防病知识 33194 人次。

现任会领导：

市红十字会会长：解丽平（副市长）

常务副会长：穆快昌

副会长：曾国映

秘书长：曾国映（兼）

德宏州红十字会

【简介】

德宏州红十字会成立于 1990 年 5 月。2004 年 6 月，州红十字会机构独立设置，为正处级单位，机关内设办公室和赈济救护科。全州五个县级红十字会机构全部独立设置，共编制 23 人，其中专职工作人员 26 人。全州有基层红十字会组织二个，红十字团体会员单位 13 家，红十字会员 38 人，红十字志愿工作者 129 人。

2011 年，州红十字会共募集救灾款物 932.72 万元，受益人次 29406 人次，募集救助款物 156.14 万元，受益人次 5827 人次，救护员培训 27861 人，救护防病知识普及 32072 人次。

现任会领导：

州红十字会会长：苏洪涛（副州长）

常务副会长：张蕾红

西藏自治区红十字会

【年度工作】

一、党建工作

2011年，把加强以反分裂斗争为核心内容的思想教育作为加强党的建设的首要任务，大力加强领导班子和干部队伍建设，充分发挥党员先锋模范作用，为推进红十字事业健康发展提供了组织保障。

（一）坚持不懈地抓好“反对分裂、维护稳定”为主题的教育

将“反对分裂、维护稳定”教育作为一项经常性工作。始终把“3·14”事件作为惨痛教训，警钟长鸣，一刻不放松同达赖集团的斗争。每逢重大节日和敏感日，机关党组和机关党支部积极组织开展爱国主义、“四观”、“两论”、“三个离不开”和“五湖四海”等思想教育，加强干部职工反对分裂、维护稳定的思想观念。2011年，在西藏自治区庆祝建党90周年和西藏和平解放60周年之际，自治区红十字会针对性地开展了历史教育和形势教育，座谈讨论了今昔西藏的发展历程。大家立场坚定，旗帜鲜明，牢记使命，勇敢地站在反分裂的前沿，积极参与大庆的各项活动和安保工作，切实地把思想和行动统一到党中央、区党委的决策部署上来。

（二）加强思想建设

一是建设学习型党组织。坚持党组中心组理论学习制度，按照《党组中心组学习计划》，采用集中与自学相结合，重点抓好“三个代表”重要思想、科学发展观和党的十七届五中全会、中央第五次西藏工作座谈会及《党章》等理论学习，使党员干部在学习中长知识、提素质、增才干。二是先后在机关深入开展了创先争优教育和机关效能建设年教育活动。通过学习，加强理论、强化党性，在实践中总结经验、查找问题，更好地理清了今后自治区区红十字事业发展的工作思路。三是积极开展组织活动。建党日和国庆节期间，自治区红十字会立足现有实际，发展党员、组织全体党员在党旗下重温党的誓词，开展一些喜闻乐见的活动。2011年，为庆祝建党90周年和西藏和平解放60周年，自治区红十字会在机关举办了象棋、跑步、藏棋、扑克、羽毛球等比赛，举办了赛跑、羽毛球、扑克、藏棋、藏牌等比赛；以座谈的形式，共话“没有共产党就没有新中国，没有共产党就没有新西藏”，畅谈了西藏繁荣发展和各族人民过上幸福生活的历史进程，使大家倍受教育和鼓舞。活动中，大家踊跃参加，展示了团结和谐、勇于拼搏、积极向上的精神风貌。

（三）加强组织建设

一是加强党支部的管理工作。以党支部换届改选为切入点，把党建经验丰富、组织能力强、能发挥带头作用的同志充实到党支部，发挥积极作用。二是严格按照党的“十六字”方针、《中国共产党党和国家机关基层组织工作条例》和“三会一课”制度，加强党员的教育管理和党员队伍建设。三是坚持各种例会和学习制度，严格坚持《机关党支部会议制度》、《党员干部思想汇报制度》、《党组和机关党支部学习制度》等，发挥党内民主监督，增强了机关按法规、制度办事的自觉性。四是认真做好党员的发展工作。严把“入口关”，加强对入党积极分子的教育培养，制定培养联系人，成熟一个发展一个，党员队伍不断加强。

（四）加强作风纪律建设

一是按照“四好班子”的要求，加强党的组织建设。领导班子坚持民主生活会、民主评议制度，定期召开述职述廉会，自觉接受群众监督。二是坚持年度考核制度。会党组牵头，组织机关全体人员对“勤、廉、政、绩”等方面进行年度考核。三是严肃机关纪律，强化了机关的思想、作风和工作纪律，从而提高了机关工作人员的政治敏锐性和是非辨别力。四是把基层锻炼纳入机关党员干部考评和任用机制。2011 年，自治区红十字会领导干部带头，党员垂范，先后深入偏远乡村和灾区开展工作 160 人次。特别是开展定点帮扶和参与式扶贫活动中，自治区红十字会成立工作组，由秘书长带队，深入日喀则南木切乡，走村入户，和群众面对面讨论和探讨贫困根源和解决办法，掌握一手材料。随后，自治区红十字会根据实际，为南木切乡贫困群众送去了慰问物资，党组书记杨国庆和常务副会长王法顺深入乡村看望群众，嘘寒问暖。11 月，自治区红十字会再次组成由王法顺带队的工作队，深入南木切乡南木切村开展强基础惠民生工作。

（五）加强廉政建设

一是加强了《廉政准则》和反腐倡廉的学习教育。不断增强党员干部党性修养，牢固树立正确的权力观、地位观、利益观，坚决抵制拜金主义、享乐主义、极端个人主义等腐朽思想影响，不断筑牢思想道德防线。二是开展以预防职务犯罪、抵制商业贿赂和利用红十字资源商业敛财为重点的教育，坚决纠正机关超标准公务用车、公款请客送礼、公款高消费娱乐等不正之风。认真落实党风廉正建设责任制，实行领导干部述职述廉。三是禁止赌博，严格执行中央和自治区关于禁止党员干部参与赌博的有关规定，做到“五个严禁”。

二、主要业务工作

2011 年的业务工作依然按照“123”工程开展，“123”工程指强化一个品牌，即建好中国造血干细胞捐献者资料库西藏分库；抓好两个特色，即运用藏医藏药防治大骨节病、组织免费白内障手术；突出三项业务，即抓好救灾、做好救助、搞好救护工作。

（一）中华骨髓库西藏分库建设

中华骨髓库西藏分库按照工作规程、操作流程和运作程序顺利开展工作。首先加强宣传，不断扩大骨髓库的社会影响力。自治区红十字会针对由于受地理位置、交通、宗教等因素的影响，人们对“骨髓捐献”的了解不深，具有恐惧心理，致使西藏分库工作进展异常艰难等问题，在西藏各大报刊、电视、电台就骨髓捐献的意义、开展活动情况及基本知识进行了宣传，在位于拉萨繁华街区重新设计制作了灯箱广告，发放藏汉两种文字的宣传资料到不同的目标人群；以重大节日为契机，宣传造血干细胞知识。特别是在学校、企事业单位等重点人群中举办了多次培训班，不断扩大了传播面。通过系列宣传，增强了全社会对建立骨髓库的意义、基本知识有了较好的认识和了解。其次是发挥无捐献造血干细胞志愿者服务队的作用。捐献造血干细胞志愿者服务队和西藏大学分队对西藏分库的建设起到积极的作用，他们通过固定的宣传日，在西藏大学校园、献血车对社会人群、大学学生和无偿献血者宣传无偿献血与捐献造血干细胞等知识，提高西藏分库的入库率。还加强了骨髓库工作人员的管理、组织协调和招募技巧的学习，提高了业务素质。

目前，西藏分库共有643名志愿者资料入库，寄往中华骨髓库的血样没有出现任何差错。

（二）藏医藏药防治大骨节病

继续与德国尼玛协会合作，在林周和墨竹工卡两县的五个乡、31自然病村中开展藏医藏药防治大骨节病工作。每月下乡一次到林周和墨竹两地病区开展检查、投药、X光拍片、卫生宣传、新项目区普查等工作。2011年共下乡22次，为600多名5~13岁的儿童进行了X光片检查。目前，接受治疗的病人有131例病人，治愈12例（多数为儿童），好转15例、无变化五例；为改善大骨节病人的膳食结构，每月向接受治疗的大骨节病人发放酥油、大米等营养品。项目还研发治疗大骨节病的藏药——雪莲健骨丸，经自治区科技厅评审，评为自治区科技进步一等奖，属国内领先水平。

（三）免费实施白内障复明手术

根据自治区红十字会与瑞士红十字会2009—2011年项目协议，2011年，项目在日喀则地区和通门、白朗、亚东、岗巴、吉隆、聂拉木、定日、拉孜、昂仁等所属县，组织了13个眼科手术点，为926名眼病患者进行了手术，让888例白内障患者重见光明，在眼科手术活动期间，还邀请尼珀尔眼科专家对当地眼科医生进行了培训。为了提高基层卫生人员对普通眼疾病的认识和诊治及转院重病患者的技能，同时负责为红十字会眼科手术项目筛选白内障患者，项目在日喀则地区白朗县、亚东县、岗巴县、吉隆县、聂拉木县、定日县、拉孜县及谢通门县，为217名基层卫生人员进行了培训，达到了预期目的。项目还在白朗县、亚东县、岗巴县、吉隆县、聂拉木县、定日县、拉孜县及谢通门县的中学和高中开展了学生视力检查，检查了9524名学生和43名教职工，免费发放了729个近视眼镜。

到目前为止，自治区红十字会已组织免费的白内障手术12261例。

（四）救灾工作

积极参与亚东地震灾区的援助。2011年9月18日，印度锡金邦发生地震，造成亚东县受灾严重。灾情发生后，自治区红十字会迅速行动，立即向中国红十字会总会上报灾情，积极，组织援助，在拉萨采购15万元的25862斤糌粑、355床棉被和300套棉衣等救灾物资，及时运往灾区，为日喀则地区红十字会下拨五万元的救助款，购买救灾所需，为灾区群众解决燃眉之急。

此次救灾，中国红十字会总会十分重视，自治区红十字会常务副会长王法顺带队向灾区运送物资，先后向灾区提供了30万元的救灾款物，其中总会拨款20万元。

（五）救助工作

一是开展“红十字博爱送万家活动”。在2011年春节、藏历新年期间，分别慰问了各团体会员单位的88名特困职工、日喀则地区昂日县普夏村和措嘎村共129户农牧民和日喀则地区谢通门县春哲乡122户贫困家庭及聂拉木县、萨迦县边远乡（镇）村贫困户家庭、南木林县的受灾群众。同时还为日喀则地区红十字会、那曲地区红十字会、拉萨市红十字会发放了共650件慰问箱，用于慰问困难群众。慰问物资价值35余万元。1月24日，自治区红十字会领导和自治区卫生厅、民政厅、残联等单位有关领导陪同自治区副主席董明俊深入江村麻风病院看望了 38 名麻风病患者，为他们送去了大米、衣物等，价值 1.2 万元。

二是开展“五八”慰问和义诊活动。“五八”世界红十字日期间，自治区红十字会党组书记杨国庆带队，会同阜康医院医护人员前往堆龙德庆县羊达乡开展慰问和义诊活动，向困难群众发放了 28 箱慰问箱，为 400 余人免费义诊，发放了价值二万余元的药品，深受农牧民的欢迎。

三是定点帮扶。根据自治区安排，对日喀则地区谢通门县南木切乡进行定点帮扶。5 月份，自治区红十字会组成工作组深入南木切乡开展了为期 20 天的参与式扶贫工作，掌握了一手材料。随后，根据自治区红十字会实际，向南木切乡捐赠了 264 条棉被、264 件棉衣、264 袋大米、250 双鞋子、2700 斤糌粑、15 条砖茶、189 件学生衬衣、T 恤及鞋子共 25 箱，以及藏盐和药品等价值 10 余万元的物资，帮扶贫困群众。年底，自治区红十字会再次组成由常务副会长王法顺带队的工作组，深入南木切乡南木林村开展强基惠民活动，为南木切乡小学赠送了三台电脑，改善办公条件。

四是向申请单位提供帮助。根据有关单位申请，分别向区人口计生委、共青团西藏大学委员会、山南地区红十字会、墨竹工卡县红十字会、扎西岗乡人民政府、西藏藏医学院驻村工作组、区社会科学院等单位提供了 173 套衣物、513 双鞋子、277 箱慰问箱及部分药品。用于各单位对学生、贫困户、孤寡老人和五保户、受灾贫困群众等人群的帮扶。

五是藏泉酒业红十字基金救助活动。藏泉酒业红十字基金分别为因家庭经济贫困，患慢性颗粒细胞白血病的拉萨市市民孟磊，提供来了一万元的救助金。向日喀则地区仁布县查巴乡同热村的二岁小孩普布次仁（因患有脑肿瘤）提供了 3000 元救助金。

自 2010 年成立藏泉酒业红十字基金以来，共为六名贫困患者提供了帮助，拨救助款 5.3 万元。

（六）救护培训工作

先后在自治区红十字会、拉萨中学、天桥会议服务中心，为机关工作人员、学生、导游中开展了消防、安全预防、院前急救、创伤救护及高山反应、灾难逃生及自救常识等知识宣传培训。在拉萨中学还开展了向中小学校捐赠《未成年人安全预防与自救》科普图书活动，为拉萨中学捐赠了 3000 册图书，合计 4.9 万余元。此活动得到了机关部门、部队、企事业单位及社会各界人士的大力支持，先后有 100 余家单位踊跃参与捐款，目前已募集到款项 120 余万元，购书 7500 册，陆续发往城乡各中小学校。

（七）无偿献血及预防艾滋病工作

按照 2010 年与澳大利亚红十字会新签协议，自治区红十字会与自治区血液中心等部门合作，积极推动无偿献血工作。一是在拉萨各居委会举办了有关血液及献血知识方面的宣传和培训 90 期，参加人数达 9000 多人。二是打破原有利用采血车和重大纪念日活动开展宣传活动的方式，不断加大推动无偿献血的宣传力度。在拉萨市成关区 32 个居委会、14 个行政村设立了固定宣传点，定期更换宣传资料，同时充分利用报纸、广播、移动短信平台等载体，扩大影响面。三是无偿献血服务队热情高涨，自发组织，在宣传活动中积极吸纳新成员，开展知识讲座和培训，增进相互交流。服务队除固定的宣传日外，每月都在拉百广场开展宣传活动，招募献血者。还与有关单位联系，以讲座的形式，宣传无偿献血的相关知识，为推动无偿献血起到了积极作用。

在无偿献血宣传活动中，共散发了18000余张宣传资料。通过有效地开展培训、宣传、组织集体献血等活动，推动了自治区血液中心无偿献血人数的上升，使拉萨各大医院临床用血来自于无偿献血志愿者。

澳大利亚红十字会预防艾滋病/性病项目。与拉萨市卫生局、城关区卫生局合作，在项目区农牧民群众、社区居民、商贩、进城务工人员和娱乐场所服务人群中，举办了154期预防艾滋病/性病培训班，提高人们对艾滋病和性病的预防知识的了解，受益人数达16000多人。2011年项目共采购了30000支安全套，发放到所需人群约28000人，发放宣传资料18000多张。瑞士红十字会预防艾滋病/性病项目。在日喀则市地区和樟木口岸等地，开展了系列宣教活动。一是对日喀则市和樟木口岸的396家娱乐场所（包括小型藏餐、藏族酒吧、汉族酒吧、汉族非正规理发店、卡拉OK、尼珀尔酒吧）的591名性工作者和服务人员进行了两次宣教活动；对2181名长途卡车司机和务工人员进行了预防艾滋病/性病宣教活动，并发放了安全套和宣传材料。二是为日喀则职业学校里培训了34名班级健康教育者。通过班级健康教育者，在日喀则各所学校为1500名学生开展青年同伴教育活动。三是先后开展了18次街头宣传活动，为10046人发放了预防艾滋病/性病宣传材料和安全套。四是在教师和政府工作人员人群中开展预防艾滋病师资培训，共有277人参加，五是开展“健康信息中心”互动宣传培训39场，参训的机关工作人员、学生及农牧民人数达2373人，提高了各类人群对艾滋病/性病的预防意识。德国尼玛协会项目。德国尼玛协会项目利用开展藏医藏药防治大骨节病的时机，在林周和墨竹工卡两县，为项目区群众组织开展爱滋病和其他性传播疾病的预防和培训，参加人数达350人，受到了当地百姓的好评。

（八）健康和医疗卫生服务工作

德国尼玛协会合作项目。一是用藏医藏药检查和治疗项目区的常见病和多发病，为项目区群众提供免费的医疗服务。解决在那曲项目区由于海拔高、气候恶劣及路途遥远等因素带来的看病难问题。全年，那曲地区项目区下乡三次，用藏医藏药检查和治疗病人3518例；拉萨周遍项目区检查和治疗病人1605例。主要检查和治疗胃炎、胆囊炎、高血脂、肾炎、关节炎、普通感冒、布病骨骼疾病等。二是在那曲地区双湖特区，为27名藏医医疗工作人员进行了为期30天的乡村藏医培训，开展了把脉、放血疗法、火罐疗法、药浴治疗法等实践技能培训，受到了地区政府、卫生局、人民医院及全体学员的高度评价。三是在林周县乔布村藏药材种植基地内共种植了15种从未在高海拔地区种植或濒临灭绝的藏药材，其中12种长势良好，部分藏药材开始大规模种植，如：大黄、土木香、喜马拉雅紫茉莉等。四是自治区红十字会、西藏藏医学院和德国尼玛协会合作举办的2011年全区藏医学术研讨会于10月28—30日在拉萨召开，100多名藏医专家及藏医工作人员参加。研讨会主要讨论了藏药材保护与合理开发、藏医药治疗妇儿病、性传播疾病及藏西医结合治疗疑难疾病等课题。学术研讨会组委会从全区各地收到90多份论文，经专家们认真研究，筛选85份论文出版了《2011全区藏医药学术研讨会论文集》。五是开展了其他利民项目。一是德国尼玛协会项目在尼玛县甲谷乡四、七村和乡小学投资修建了三间温室，为当地30多户村民开展了一次蔬菜种植技能培训，他们历年投资修建的温室全部运行良好，解决了村民们长期吃不到新鲜蔬菜的困难。二是面对因旁多水利工程的开工建设，导致藏医培训中心面临搬迁。德国尼玛协会项目面临全球经济危机等诸多因素带来的不利条件下，申请了200万资金，对藏医培训中心进行了重新改建，学生均已搬到新的校舍内学习，并全部承担了学校师生们的吃、住、生活用品、学习用品、书杂费、教师工资、车辆维修及燃料费等，共计98万多元。三是继续支助项目区贫困农牧民家庭子女，2011年根据教育厅职教处的“择优推荐”的通知要求和分配名额，藏医培训中心有七名学生到西藏藏医学院内学习大专课程。四是为尼玛县甲谷乡四村和乡小学出资修建了垃圾填埋池，给牧民们提供了清洁的生活环境。

瑞士红十字会合作项目。在定日县、定结县、南木林县、萨迦县的六个村二所学校及三个乡政府共安装了30个不同的饮水设施（包括小手压井、手压井及自来水），改善当地饮水条件；在定日、定结和南木林县三个乡16个村开展了以卫生、母亲保健、儿童保健和预防艾滋病为内容的健康教育培训，搭建了280个小型温室，解决了当地群众吃菜难的问题。

澳大利亚红十字会合作项目。在拉萨市卫生局、尼木县卫生局、防疫站的大力支持和配合下，在尼木县为86名乡村医生、村长和村妇女主任举办了两期主持人培训班。为七乡一镇、32个行政村及九所中、小学的12830名村民和学生开展了健康教育培训，提高了他们在环境、健康和疾病预防等方面的知识，增强了卫生意识。

（九）免费唇腭裂手术

李亚鹏、王菲夫妇倡导发起的“嫣然天使基金”在全区开展资助唇腭裂手术以来，受到了社会各界的好评。截至目前，“嫣然天使基金”唇腭裂免费手术项目已为380余例唇腭裂患者实施了免费手术。

三、其他工作

（一）组织发展工作

自治区各级红十字组织认真贯彻落实《中华人民共和国红十字会法》和《西藏自治区实施〈中华人民共和国红十字会法〉办法》，积极发展红十字会员和团体会员。全区红十字系统拥有团体会员68家，会员与志愿者达1.5万余人。

（二）交流与合作工作

严格遵循外事纪律，加强交流与合作。顺利地完成了对瑞士红十字会的项目评估和总结，完成了续签协议的上报审批等相关程序；对瑞士红十字会、德国尼玛协会在藏常驻项目官员给予项目上的支持，积极申请延长、更换外国专家证有效期、外国人居留许可证有效期以及办理相关外国人旅行证，为常驻项目官员顺利开展项目提供方便。全年共为五名项目合作方和红十字会代表申请办理了进藏批准函、外国人旅行证等相关证件，其中瑞士红十字会项目专家三名，前来西藏考察项目和传播红十字基本运动的红十字国际委员会东亚地区代表一名，澳大利亚红十字会项目负责人一人。并按照有关外事接待及管理要求，顺利完成了所有进藏人员的接待和管理工作。

2011 年，自治区红十字会继续与澳大利亚红十字会、瑞士红十字会及德国尼玛协会的合作，加强了对项目区项目的考察和监督，听取当地政府和群众对项目的意见和建议，及时掌握项目实施情况。按照自治区涉外项目协调领导小组办公室《关于对涉外合作项目情况模底调研》的通知要求和相关规定，及时上报了外援项目的实施情况以及中方雇员的基本情况，切实加大了对外援项目的管理力度。自治区红十字会合作外援项目在藏投入经费为 943 万元。

（三）传播宣传工作

着重开展汶川特大地震三周年、第三个“防灾减灾日”和“安全生产月”活动，自治区红十字会连同自治区血液中心、西藏大学红十字会，在西藏大学、拉萨宇拓路布置展板，积极开展宣传活动。向市民宣传红十字知识、预防艾滋病和无偿献血相关知识，介绍了安全生产、卫生防疫、病虫灾害防治以及安全事故应急管理等知识。在西藏大学开展了预防艾滋病和无偿献血宣传活动，深受大学生的欢迎，学生们踊跃参加无偿献血，采集血液 170 袋，积极开展宣传工作，为西藏红十字事业发展起到了良好的导向作用。

【历史沿革】

西藏自治区红十字会于 1986 年 6 月 26 日在成立。同时，召开了第一次会员代表大会暨第一届理事会，聘请自治区副主席图道多吉为名誉会长，选举自治区副主席吉普·平措次登为会长，自治区卫生厅厅长次仁卓嘎、副厅长阿登为副会长。办事机构设在自治区卫生厅科教外事处，有二名兼职工作人员。1990 年 2 月 20 日，自治区机构编制委员会批准自治区红十字会办公室为区级建制，配备工作人员三名。1994 年 11 月 8 日，召开了第二次会员代表大会，聘请自治区主席江村罗布为名誉会长，自治区党委副书记丹增、自治区人大副主任朗杰、自治区副主席吉普·平措次登、自治区政协副主席才旦卓玛为名誉副会长，选举自治区卫生厅厅长次仁卓嘎为会长，阿登为常务副会长，土登、加措、李谦为副会长。根据会长提名决定次仁旺堆为秘书长。1996 年 8 月 7 日，自治区机构编制委员会批准自治区红十字会办公室为副处级建制，配专职工作人员八名。1998 年 9 月 25 日，召开了第三次会员代表大会，聘请自治区主席列确为名誉会长，自治区党委副书记丹增、自治区副主席拉巴平措、次仁卓嘎为名誉副会长，选举自治区副主席吉普·平措次登为会长，卫生厅厅长土登为常务副会长，阿登、德吉卓嘎、才巴、郭丹、高俊璞为副会长。根据会长提名决定次仁旺堆为秘书长。2001 年 3 月，由自治区副主席次仁卓嘎任会长。2002 年 1 月 16 日，自治区机构编制委员会批准自治区红十字会为副厅级建制，办事机构从自治区卫生厅划出，独立设置，由自治区政府领导联系。2002 年 7 月，自治区人民政府领导班子调整，由自治区副主席崔玉英担任会长。2003 年 8 月，区党委任命杨国庆为副会长。2003 年 11 月，区党委组织部任命王法顺为副会长。

西藏自治区红十字会历次代表大会

第一届

1986 年6 月26 日召开，理事35 人，名誉会长图道多吉，会长吉普·平措次登。

第二届

1994 年11 月8 日召开，理事68 人，名誉会长江村罗布，会长次仁卓嘎，常务副会长阿登。

第三届

1998 年9 月25 日召开，理事93 人，名誉会长列确，会长崔玉英，常务副会长杨国庆。

现任会长：德吉（自治区人民政府副主席），常务副会长王法顺。

【组织机构】

西藏自治区红十字会独立设置，为副厅级建制。全区七个地市都建立了红十字会，挂靠当地卫生局。在全区74 个县中，有13个县成立了红十字会，西藏大学和拉萨中学也建立了红十字会。全区有红十字会员17600 余名，荣誉红十字会员54 名、红十字志愿工作者500 余名。红十字团体会员单位61 家。

西藏自治区红十字会机关设有办公室、联络部、组织宣传赈济救护部三个处室。

根据《中华人民共和国红十字会法》、《中国红十字会章程》和《关于理顺中国红十字会总会管理体制的通知》精神，2004年7 月，西藏自治区红十字会向区编办提交了《西藏自治区地（市）、县红十字会理顺管理体制方案的请示》，待批。目前，各地（市）、县红十字会仍由地（市）卫生局代管（正科级）。

【大型项目】

一、1987 年11 月，西藏日喀则地区八个县遭受严重雪灾，10 余万群众损失严重，数百名外国游客和登山队员被大雪围困。西藏自治区红十字会组织自治区第一人民医院和日喀则红十字医疗队赶赴灾区参加抢险救护，并组织捐款10660 元、粮食617 公斤，帮助群众抗灾。同年，大兴安岭发生火灾，区红十字会捐款5000 元支援灾区。

二、1988 年，西藏日喀则地区仁布县发生地震，区红十字会组织捐款10660 元、粮食847.5 公斤、各种衣物422 件，支援地震灾区。

三、1989 年，西藏那曲地区遭受特大雪灾，自治区红十字会向全区发出募捐通知，共募集现金274652 元、粮食48420.25公斤、粮票14565.5 公斤、茶叶1505.5 公斤、衣物9240 件，以及火柴、蜡烛、食盐、方便面、罐头、红糖、饼干、防雪盲镜等22 个品种的物资，支援灾区。

四、1993 年，尼泊尔发生雪灾，区红十字会捐款五万元人民币。

五、1997 年11 月至1998 年4 月，西藏那曲、阿里、日喀则等六地（市）遭受历史上罕见的特大雪灾，区红十字会及时组织医疗队36 批216 人次奔赴灾区，并向全国各省市红十字会发出呼吁，募集救灾物资折合人民币7067735.18 元，其中捐款3541935.18 元，募捐衣被价值1425800 元，募捐药品价值210 万元。

六、2004 年，根据中国红十字会总会关于救助2004 年内地洪涝灾害的要求，区红十字会组织开展了“捐一元善款，为灾民解难”为主题的募捐活动，共募集33277元（含食物折款），援助内地洪涝灾区。

七、2005 年，为印度洋强烈地震和海啸的灾区募捐3085032.18 元。

八、2005 年11 月，发展了拉萨市林周

县红十字会

【主要特色】

一、努力打造“光明”品牌工程

西藏是白内障高发地区，有许多家庭特别是农牧民患白内障患，而又无力支付手术费用造成失明。区红十字会从大力弘扬人道主义、保护人的生命和健康的宗旨出发，从1995年开始，积极争取外援和自筹资金，坚持开展“光明工程”，组织医疗队奔赴农村牧区，先后为1754余名白内障患者免费实施了复明手术，使他们重见光明，深得当地政府和人民群众的欢迎和好评。

二、加强“藏医在西藏农村牧区的应用”扶贫系列活动

西藏自治区红十字会积极争取外援，与德国尼玛协会合作，自2000年开始，先后在拉萨市林周县、墨竹工卡县和那曲地区班戈县、尼玛县、双湖特区的部分贫困乡村开展“加强藏医在西藏农村牧区的应用”扶贫系列活动。活动内容包括为项目地区群众免费提供藏医医疗服务、培训基层藏医人员、采用藏医疗法防治牲畜疾病、对群众进行藏药材知识和温室技术培训、开展濒危藏药材温室内外种植试验、援建绿色蔬菜大棚、建立小型手工业生产基地并进行手工艺培训等，以提高群众的创收能力和致富水平。

（刘清国）

拉萨市红十字会

【简介】

2011年新春、藏历年期间，党组书记次旦朗杰带领红十字会工作人员和市人口与计生委、急控中心、妇幼保健医院、职工卫校的有关领导深入尼木县续迈乡慰问贫困农牧民，为他们送去了价值二万余元的大米、面粉、砖茶、清油等物资。“开展博爱送万家活动”。4月份，在尼木县续迈乡续迈村开展“红十字博爱送万家”活动，为贫困户发放衣服、鞋子等价值一万元的生活用品。开展“五八”世界红十字日博爱周纪念活动。在拉萨人员集中地，开展以红十字会法为主要内容的宣传，发放藏汉两种文字的资料6820份，免费义诊2753人次，发放药品50个品种，价值2.5余万元。开展民族团结义诊和宣传活动。在活动现场设立了四个宣传点，为群众发放了16种藏汉文字的资料，义诊926人，发放药品40余品种，价值7210元。圆满完成了中国红十字会/舒服佳健康长城援建项目的验收等工作。

日喀则地区红十字会

【简介】

2011年春节、藏历新年期间，西藏自治区红十字会2011年“红十字博爱送万家”活动在日喀则地区南木林、昂仁县和日喀则市开展，共慰问了68户困难户，为他们送去了价值三万余元的慰问物资（棉被、棉衣、大米、糖果）。为日喀则市、谢通门、定日、萨迦、南木林、昂仁县的164个寺庙发放404个太阳灶。筛选唇腭裂患者四名，接受免费修复手术。9月份，印度锡金邦地震波及本地区亚东县，日喀则地区红十字会为灾区购买糌粑（4000斤）、矿泉水（150箱）、方便面（100箱）、棉衣（100件）、棉被（210床）、外套（150件）、帽子（600顶）、小孩外套（100件）、鞋子（150双）、雨衣（10件）、帐篷（19顶）

等价值10万元的救灾物资，组成喀则地区红十字会救援慰问小组前往亚东县，为灾区群众送去救援物资。“五八”世界红十字日期间，西藏自治区红十字会和瑞士红十字会工作人员在日喀则市设点开展宣传活动。制作展版八块，还为广大眼病患者开展了义诊活动。活动发放相关宣传材料共计5000余份，义诊达2000余人次。顺利完成2009年至2011年瑞士红十字会在日喀则开展的卫生项目评估、初级眼保健培训、白内障复明手术、预防性病/艾滋病项目、改水和健康教育项目等工作。

昌都地区红十字会

【简介】

2011年，昌都地区红十字会在“五八”世界红十字日期间，与相关部门开展了“防灾减灾”宣传活动，发放自救互救宣传资料500余份，开展卫生健康服务。开展创先争优活动和实施“百千万”工程工作，为基层排忧解难，分别向洛隆县白达乡、贡觉县波罗、八宿县林卡乡捐赠常用药品和办公用品，共计3.8余万元。筛选了18例唇腭裂患儿。接受了“韩红爱心西藏家乡公益行”捐赠的“健康之家”高清液晶广告机140台和1.5万张高原健康常识光盘及药品，共计64万元。

山南地区红十字会

【简介】

2011年，山南地区红十字会利用“五八”世界红十字会日和节假日，联同地区卫生局、人口计生委在基层建设年驻村联系点、张达乡扶贫联系点，在泽当镇内开展性病、艾滋病、各种常见病、多发病等宣传义诊活动，为农牧民群众捐物捐衣。积极向区红十字会争取物资，在错那县库局乡桑玉村开展救助，价值32万元，受日喀则亚东县地震影响，山南地区洛扎县、措美县发生了不同程度的地震灾害，给当地农牧民群众造成了不同程度的经济损失和生活困难。山南地区红十字会及时组织社会各界开展募捐活动，为灾区募捐1.6万元。同时，积极开展救援，在灾区发放各种宣传品4.50万册，诊治各种常见病2300余人次。推动无偿献血工作，通过宣传和招募，有285人在地区人民医院无偿献血。

林芝地区红十字会

【简介】

2011年，林芝地区红十字会通过沟通协调，为地区红十字会争取到一名专职工作人员，专门负责日常工作，确保红十字会工作有人管。推动无偿献血工作，西藏自治区红十字会积极配合地区献血办进行无偿献血的宣传动员和组织工作，招募无偿献血志愿者240余人次，献血量达五万余毫升。加大传播力度，重点宣传《中华人民共和国红十字法》、《中国红十字会章程》、《国际人道法》等法律法规知识，使社会各界对红十字会宗旨有了进一步的了解和认识，提升了红十字会在社会的知晓率和影响力，让更多的群众和爱心人士支持和参与红十字工作。开展预防爱滋病宣传活动。世界艾滋病宣传日，自治区红十字会在街头向人群发放艾滋病宣传画册800余份、宣传手册300余份、宣传单1000余份等，共发放各类宣传资料10余种，发放安全套1500余只。协助疾控中心在娱乐场所工作人员中开展了艾滋病筛查和防治知识知晓率的调查工作。

阿里、那曲地区红十字会

【简介】

2011年，阿里、那曲地区红十字会利用“五八”世界红十字日等机会，大力开展宣传活动，并开展了性病、艾滋病、各种常见病、多发病等为主要内容免费义诊、慰问贫困母亲等宣传服务工作。

陕西省红十字会

【年度工作】

一、救灾和社会救助工作

2011年，省红十字会以项目推动筹资，以灾情开展筹资，经过多方努力，共筹得价值4220.57万元的社会捐赠款物，其中捐款902.2万元、捐物1611.86万元、汶川特大地震灾后重建后续项目资金1706.51万元。

救灾工作。2011年夏秋季节，陕西省洪涝灾害频发，省红十字会积极发挥政府人道领域助手作用，第一时间投入救灾工作，先后筹措发放饮水消毒剂2300箱、棉被3500床、夹克衫2000件、爱心家庭包6673个等救灾物资，总价值为238万元。随后又争取到中国红十字会总会紧急救灾资金10万元，及时发放到宝鸡、洋县、石泉等地，用于为当地灾民紧急购买大米。还争取到总会2011年国家彩票公益金项目价值200万元的粮食，全部用于陕西省灾害严重县区受灾群众过冬救助工作。在积极做好省内救灾工作的同时，还为云南盈江地震募集资金5.5万元，为日本“3.11”大地震募集资金10万元，这些资金都及时上交总会转往灾区。

2011年元旦至春节期间，省红十字会“红十字博爱送万家”活动共筹集款物总价值100万元，慰问陕西省各地急需救助的困难群众约4500户。争取北京奥克斯特服饰有限公司资助“陕西省贫困疝气患者救助工程”资金100万元，目前，已救助贫困疝气患者30名。严格程序执行总会“小天使”和“天使阳光”项目，救助白血病患儿33名，资助金额101万元；救助先天性心脏病患儿六名，资助金额9.5万元。实施中国红十字会总会、中国红十字基金会在陕西省开展的“红十字老区行”活动，涉及大病救助、红十字书库、救助站、乡医培训及救助物资等，投入项目款物182.63万元。开展了三例针对特殊贫困人员的救助，救助资金3.3万元。

二、组织建设工作

2011年，省红十字会在理顺管理体制、干部培训、会员和志愿者管理等方面做了大量工作。全省10个设区市已全面理顺了管理体制；县级红十字会比去年新增了20个，总数达到73个。研究制定了《陕西省红十字会会员管理办法（试行）》，修订了《陕西省红十字会会费管理办法（试行）》，制作个人会员证10万个、团体会员证1000个，对会员入会程序、编号规则及会员证的填写等内容进行了统一规范。研究制定了《陕西省红十字志愿服务管理办法（试行）》，对各市红十字会领导及业务干部进行志愿服务专题培训。召开全省红十字志愿服务工作委员会会议，成立工作委员会办公室。组织指导西安航专和培华学院参与了中国红十字会总会“大学生暑期社会实践项目”并获得嘉奖。西安、安康二所学校为“全国红十字模范学校”。全年组织省、市、县红十字会干部参加总会举办的各类培训班共计30余批次，受训干部近百人。举办全省红十字会系统专兼职干部培训班共五期。学习传达了全国红十字会系统廉政工作会议、中国红十字会“六五”普法工作电视电话会议精神。

三、卫生救护培训工作

2011年，下发了关于开展卫生救护培训和乡医培训工作的意见，规范了全省红十字会卫生救护培训工作；积极扶持西安、延安、商洛、宝鸡等市做好师资培训；与苏宁电器、西安电子科技大学等合作，开展了四期应急救护知识和救护员公益培训。在“世界艾滋病日”活动中，与交大医学院联合在校内和校外四个大型广场，通过发放红丝带、艾滋病预防小册子、横幅签名等方式加大宣传力度，共发放宣传小册子450多本，发放安全套1.2万多只。在“世界急救日”活动中，组织了“红十字‘救’在身边”系列活动，开展了应急救护事例征文比赛和应急救护培训精品课程评选活动。为提高社会公众的安全防范意识，增强必要时自救互救能力，保护人的生命和健康发挥了重要作用。

四、备灾工作

一年来，备灾救灾中心物资仓储面积达1680平方米，共储备了总价值400余万元的救灾物资。全年执行物资转运任务55批次、使用车辆130余台次。在抗击本省洪涝灾害中，完成救灾物资出库13批次，运输物资总价值153万元，使用车辆50台次。援助河南省洪涝灾害，跨省运输棉被3000床。受香港特别行政区红十字会委托，采购救灾物资总价值49.84万元人民币。

五、造血干细胞和遗体器官捐献移植工作

2011年，国家总库共下达省红十字会HLA初分辨检测入库任务5000人份，实际完成6079人份，超额20%完成全年任务。此外，省红十字会分库还完成1855例初筛、318例再动员、134例高分辨采集、33例捐献前体检，成功实现移植捐献15例，包括一例为台湾同胞捐献移植。截止目前，省红十字会分库HLA入库资料累计达80160人份，实现移植捐献94例。

人体器官捐献方面，开通了陕西省人体器官捐献网，成立了省人体器官捐献工作委员会、省人体器官捐献专家组，并联合省卫生厅下发了《陕西省人体器官捐献试点工作实施细则（试行）通知》，确定西安交通大学第一附属医院等七家医院为首批移植试点医院。11月17日，在第四军医大学西京医院成功实施全省第一例人体器官捐献，并于18日召开陕西省首例人体器官捐献新闻发布会。目前，陕西省申请登记无偿捐献器官的志愿者已达80余人，成功实施器官捐献三例，挽救了六名肝、肾病终末期患者的生命，使四名眼疾患者得以重见光明。

六、汶川特大地震灾后重建后期工作

经过三年多的不懈努力，省红十字会共争取到汶川特大地震灾后恢复重建项目资金超过6.4亿元，灾后重建项目涉及陕西省汉中、宝鸡等六个受灾市及宁强、略阳、勉县、凤翔等38个受灾县的重建灾民住房、乡镇卫生院、学校、村级卫生室及其他设施共计14924个。目前，所有灾后重建项目均已竣工并投入使用。

2011年，新争取汶川特大地震灾后重建后续项目资金1706.51万元，包括中国红十字会总会援助陕西省40县（区）的红十字博爱家园项目1545.71万元，国际联合会援助千阳县的社区为本急救项目20万元，马来西亚圣约翰救伤队援助镇安县村级卫生室项目40.8万元，澳门特别行政区红十字会援助紫阳县向阳镇中心小学教学楼项目100万元。这些民生项目的实施，极大地改善了灾区群众的生产、生活条件。协助捐赠方做好督导检查工作。先后接待了中国红十字会总会，国际联合会，香港、澳门特别行政区红十字会，台湾红十字组织，以及北京、天津、广东等地红十字会的督导检查，及时协调解决存在的问题，得到捐赠方的充分肯定。2011年5月，省红十字会被省委、省政府授予“陕西省地震灾后恢复重建工作先进集体”。

七、宣传工作

开展以纪念“五八”世界红十字日为主题的“红十字博爱周”大型宣传活动。联合省红十字会老年志愿者工作站、思源学院等八所高校及尚朴路社区千余人在新城广场举行了大型宣传活动。编印下发了“红十字教你自救互救”宣传册三万份。联合陕西移动公司向全省移动用户发送爱心短信900余万条。举办了一期红十字运动基本知识骨干培训班，召开了全省红十字会系统宣传工作会议，进一步加强和促进能力建设。

全年向中国红十字会总会报刊社、网站及各类媒体上投稿、发布消息60余篇（条），编印工作简报14期，及时向社会宣传工作动态，增进社会各界对红十字会工作的了解和支持。

【历史沿革】

红十字运动在陕西开始于1911年辛亥革命时期，新中国成立前，西安市红十字会是陕西省唯一的红十字组织，兴办有西安市红十字会医院等。新中国成立初期，有着悠久历史的西安市红十字会发挥了重要作用，继续承办了西安市红十字会医院，1951年又创办了西安市私立宏惠高级护士学校（现西安市卫生学校），参加了中国红十字会组织的城乡和国际医疗服务队，组派医护人员赴朝鲜参加战场卫生救护，并为根治淮河工程提供医疗服务。1952年为西安市各区培训了急救队，并设立了红十字急救站，遣送了散居在西北五省的500余名日本侨民。1956年，为全市613个农业社培训了保健员，配备了卫生箱，并在三桥等高级农业社设立了红十字保健站，解决了一些社、队的医疗、预防和保健问题。还投资数千元在城郊主要街道设立了红十字宣传塔、标语牌等，宣传党的方针、政策和红十字运动。这段时间，西安市红十字会的房产、人力、综合实力以及各项工作在全国都有一定影响，为陕西红十字事业的发展奠定了很好的基础。

1959年11月，陕西省红十字会成立。时任省卫生厅厅长的李经伦当选陕西省红十字会第一任会长。自成立至“文革”前，陕西省各级红十字会工作重点是开展群众性卫生救护知识的培训，其大量工作实际上是各级医疗部门工作的补充。1966年6月，“文化大革命”开始后，陕西省各级红十字会被迫停止工作。中共十一届三中全会以后，1980年7月，经陕西省人民政府批准（陕政发〔1980〕86号），恢复了陕西省红十字会。在复会后的第一次会员代表大会上，陕西省政协主席谭文煦被选举为省红十字会第二任会长，并在1984年第三次和1988年第四次会员代表大会上继续担任陕西省红十字会会长。1994年8月，陕西省红十字会四届三次理事扩大会议后，根据

《陕西省红十字会组织规章》，先后聘请了白清才、程安东省长为名誉会长，先后选举了林季周、姜信真、范肖梅、赵德全、潘连生副省长为省红十字会会长。2000年4月7日，陕西省红十字会第五次会员代表大会召开。大会全面总结了陕西省红十字会第四届理事会的工作，制定了2000至2005年发展规划，选举产生了由56名理事组成的新一届理事会，聘请了中共陕西省委书记李建国、省长程安东担任名誉会长，选举潘连生副省长担任会长，刘爱梅为常务副会长，耿庆义、赵玉哲为副会长，根据会长提名，决定张文来、杜小平先后担任秘书长。

【组织机构】

陕西省现有基层红十字会组织409个，红十字团体会员单位114家，红十字会员3.9万人。全省10个设区市均成立了红十字会，107个县（市、区）中已有88个成立红十字会。同时高等院校、煤矿、民航、武警、卫生等系统行业红十字会继续稳定发展。

2001年2月，陕西省机构编制委员会下发了《关于理顺省红十字会管理体制的通知》（陕编发〔2001〕08号），明确了陕西省红十字会机构实行单设，列入省委领导下的人民团体机构序列。2002年9月，陕西省委办公厅下发了《陕西省红十字会机关职能配置、内设机构和人员编制的规定》（陕办字〔2002〕71号），规定陕西省红十字会为副厅级建制，定编13人，机关内设办公室、事业发展部、赈济救护部三个部、室。2003年2月，中共陕西省委组织部批复，同意成立陕西省红十字会党组。2003年6月，中共陕西省委组织部、陕西省人事厅下发了《陕西省红十字会机关参照〈国家公务员暂行条例〉管理的实施办法》。

陕西省红十字会下辖中国红十字会西安备灾救灾中心、中国造血干细胞捐献者资料库陕西管理中心二个直属事业单位，成立了陕西省红十字会健康检查中心。

【大型项目】

一、1998年，陕西省红十字会为“三江流域”和省内特大水灾开展募捐，共募集救灾款物价值552万元，分别送往省内的陕南和湖北省水灾灾区。

二、1999年，陕西省红十字会为省内陕南水灾灾区开展募捐，共募集救灾款物总价值391万元，分数批送往陕南灾区。

三、2000年，陕西省红十字会为省内安康特大水灾灾区开展募捐，共募集救灾款物总价值390万元，分五次送往安康灾区。

四、2002年，陕西省红十字会为省内特大水灾灾区开展募捐，共募集救灾款物总价值折合人民币1533万元，分八批及时送往灾区。在香港、深圳、北京市红十字会的支持下，投资280万元开展灾后重建工作，包括佛坪县佛坪中学，镇安县柴坪镇、月河乡，柞水县下梁乡，佛坪县岳坝乡，略阳县郭镇乡，宁陕县四亩地镇等六个乡镇卫生院，宁陕县四亩地镇50户灾民的灾后住房建设。

五、2003年抗击“非典”工作中，陕西省红十字会共募集救助款物总价值125.04万元和名人书画长卷4幅，及时转赠到有关单位和个人。

六、2003年，陕西省红十字会为省内特大水灾灾区开展募捐，共募集救灾款物总价值1540万元，分11批及时送往灾区。在香港特别行政区红十字会、北京市红十字会的支持下，投资122万元开展灾后重建工作，包括华阴市卫峪乡、华县下庙乡、镇安县红十字医院，石泉县银桥乡、洛南县巡检乡等卫生院的灾后重建。

七、陕西省红十字会支援新疆维吾尔自治区雪灾灾区二万元，支援内蒙古自治区雪灾灾区二万元，支援青海省红十字会一万元。

【主要特色】

一、引进挪威投资，开展组织发展合作项目

在中国红十字会总会的关心和支持下，经过挪威国家红十字会一系列考察和论证，2003年，陕西省红十字会专职副会长赵玉哲与挪威红十字会项目官员格登·泰斯番共同签署了2003年至2005年3年《挪威红十字会陕西项目备忘录》。根据备忘录，确定宝鸡市以及陈仓区、千阳县，渭南市以及白水县、华阴市为项目市、县。挪威红十字会出资，一是为项目市配备工作用车，为项目市、县装修办公室，配备计算机、摄像机、照相机、办公桌椅及必要的办公设备，改善办公条件；二是举办组织发展、信息传播、现场救护、志愿者招募、灾害救助、社区服务、项目财务管理等培训班，进行能力建设培养。

第一个三年合作项目期间，挪威红十字会共投资340万元人民币，极大地改善了项目市、县的办公条件，通过学习国外红十字会工作的新理念、新思维、新方法，能力建设有了很大提高，该合作项目受到了有关各方的一致好评。

二、开展“红十字博爱自驾游”活动

为纪念“五八”世界红十字日，使社会各界人士参与红十字会工作，了解红十字事业，更好地弘扬红十字精神，培养少年儿童互助友爱、热爱祖国的高尚情操，并通过企业冠名的方式，为红十字会筹集救助资金，陕西省红十字会通过自愿报名的方法，利用“五一”长假，组织30个家庭（共约120名成员），由父母带领八周岁以上的子女，自驾私家车，赴陕西省商洛市的部分区县（国家级贫困县），开展红十字扶贫帮困活动。活动主要内容是：在商洛市山区开展登山植树活动，种植“红十字博爱林”；参加活动的每个家庭通过当地红十字会联系，在商南县农村选择一个农户，向他们捐赠学习、生活用品，入住农户家中，体验农村生活，并自愿扶贫帮困“结对子”；请老红军讲革命史和革命烈士的故事；举办篝火晚会等联谊活动；游览当地风景区，并组织丹江漂流活动。

三、“红十字祛痨救助工程”

陕西省商洛市下辖的商州市属国家级贫困县，部分群众温饱问题尚未解决，更为严重的是商州市又是省内结核病高发区。全市有活动性结核病人1..2万人，其中传染源病人5300人，每年又有300例左右的新发病患者。原有的结核病人不能得到及时医治，新的传染源又不断蔓延，形成了因贫无法治病，因病无法脱贫，贫困再贫困的恶性循环，个别有结核病家族史的全家患病、甚至全家死亡。据此，陕西省红十字会和省结核病防治院联合对商州市重症肺结核病人实施扶贫帮困治疗活动。双方决定，一年内收治住院患者50例，省红十字会为每例患者提供800元资助，省结核病院减免检查、住院、治疗费用的30%。另选定20例病人实行家庭督导治疗，省红十字会为每例患者提供500元的治疗药品。该活动命名为“红十字祛痨救助工程”，取得了很好的社会效益。

四、“红十字甘露工程”

榆林市横山县堡山村属革命老区，是一

个典型的国家级贫困山区。全村200多户、1000多人，祖祖辈辈无一分水田，人畜饮水要到三华里以外的深沟靠毛驴驮水。该村修建了200亩水平旱台梯田和蓄水池，但苦于资金无法落实，抽水工程无法实现。经考察，陕西省红十字会认为，建立一处抽水站，人畜饮水可彻底解决，旱台梯田的灌溉及群众温饱问题也可望解决。为此，陕西省红十字会资助人民币五万元，为堡山村修建了一处抽水站，命名为“红十字甘露工程”。同时，陕西省红十字会还出资一万元在宝鸡市麟游县修建了“红十字连心桥”，出资8000元在延安市子州县修建了“红十字爱民井”。

（王安永）

西安市红十字会

【简介】

西安市红十字会成立于1911年10月24日。1911年至1949年，市红十字会根据当时形势的需要，相继组建西安市红十字会医院、西安市卫生学校、西安市急救中心、西安市卫生宣教馆，积极参与战地救护、尸体处置及收容、赈济灾民工作。新中国成立后，西安市红十字会先后在咸阳市、延安市、汉中市、渭南市、宝鸡市成立红十字会组织，并建立急救站。主要工作拓展到赈灾救济、群众性卫生救护培训、宣传献血、国际交流、红十字青少年活动、志愿者队伍建设和社区服务等多项领域。“文化大革命”开始后，西安市红十字会停止了会务活动。1978年4月，西安市红十字会恢复工作。2005年8月10日，市编委下发《关于西安市红十字会机关管理体制的通知》市红十字会从挂靠市卫生局，调整为中共西安市委领导下的从事人道主义工作的社会救助团体，业务工作直接由市政府领导联系，级别相当于副局级；会长由主管副市长兼任，设专职副会长职数一名（副局级）、秘书长职数一名（处级），副秘书长职数一名（副处级），市红十字会机关事业编制13名，经费来源为财政全额拨款。

宝鸡市红十字会

【简介】

宝鸡市红十字会1984年恢复工作，规格为副处级全额拨款事业单位，有编制五名，人员参照公务员管理，有独立的办公场所，工作经费列入财政预算。

渭南市红十字会

【简介】

渭南市红十字会成立于1988年12月29日。2003年4月，经市编委会批准市红十字会办公室由科级升格为副处级单位。市红十字会有专职干部编制10名。

甘肃省红十字会

【年度工作】

2011年，全省各级红十字会紧紧围绕全省工作大局，锐意进取，埋头苦干，以能力建设为主线，以“三救”、“三献”为重点，突出抓好汶川地震、舟曲泥石流灾后重建“两项任务”，人道领域各项工作取得显著成绩，为全省经济社会发展做出了积极贡献。

——强会行动取得实效。一是组织建设

方面，全省新理顺五个县级红十字会管理体制，新建立150个红十字基层组织，新增会员1863人、青少年会员1047人、注册志愿者2709人，白银市召开了第三次会员代表大会。首次以项目形式组织开展志愿服务活动，10支高校红十字志愿服务队深入农村广泛开展志愿服务活动，“兰州社区家庭小药箱管理现状调研及抗生素合理使用知识普及项目”被中国红十字会评定为一类志愿服务项目，并被推荐参加红十字会与红新月会国际联合会2011年青年奖评选。二是能力建设方面，积极开展创先争优活动，建立和完善了有关廉政建设、目标考核、项目管理等12项制度。先后举办了筹资、灾害管理、项目管理、能力建设等培训班，邀请中国红十字会、省政府新闻办领导及媒体资深记者授课，召开了全省红十字会系统廉政工作会议，提高了各级红十字会干部的自律意识、应对突发事件的能力和业务工作水平。积极开发甘肃省红十字会捐赠信息查询平台。三是交流方面，组织陇南市和两当县灾后重建项目负责人赴加拿大汇报项目实施情况，与加拿大红十字会建立了长期友好合作关系。组织五个市级红十字会负责人赴外省学习考察，为甘肃省开展相关工作提供了积极借鉴。台湾红十字组织负责人陈长文率团考察西和县汶川地震灾后重建项目，红十字会与红新月会国际联合会、加拿大、日本、香港、澳门、台湾以及北京、上海等境内外红十字会灾后重建项目负责人多次赴灾区督导检查项目工作，促进了工作，增进了相互了解和友谊。

——灾后重建成果丰硕。坚持把恢复重建作为全省红十字会系统中心工作，经过三年努力，汶川地震灾后恢复重建任务基本完成，舟曲泥石流灾区恢复重建目标如期实现，取得了丰硕成果。一是红十字会承担的汶川特大地震灾后重建项目已基本完成。截至目前，已在甘肃省七个受灾市州、39个受灾县区建成了13978户民房、273个村卫生室、77个村民活动室、206所农村学校，203所乡镇卫生院及医院。2011年新签约资金513万元，新确定项目正在建设中。二是舟曲泥石流灾后重建项目扎实推进。累计争取舟曲灾后重建资金2.63亿元，落实到账资金2.48亿元。援建的七个卫生项目、二个教育项目，在省卫生厅、省教育厅和红十字会的共同努力下率先封顶，完成了工程主体建设任务。目前，已按计划将80%的项目款拨付至项目主管单位。先后在甘肃日报发布舟曲泥石流灾害捐款和资金使用情况公告三期，接受纪检、监察、审计、会计师事务所等部门审计、检查五次。

——“三救”、“三献”成效显著。一是应急救援长效机制初步建立。省级备灾救灾中心建设正在积极筹备，天水、平凉、庆阳三个市级备灾仓库已开工建设，陇南、甘南二个市级备灾仓库建设取得积极进展。应急救援队伍初具规模，全省共组建14支应急救援队。应急救援实力不断提高，先后对省内部分县区发生的火灾、冰雹、暴洪等灾害进行了救助，共计发放价值229万元的救灾物资，解决了灾区群众的燃眉之急。二是社会救助继续深化。元旦、春节前夕，集中开展了“红十字博爱送万家”活动，全省各级红十字会筹集400万元物资，慰问受灾和生活困难群众二万户，向两当、和政疗养院麻风病疗养员发放面粉10吨。三是救护知识普及继续深入。全省各级红十字会在高危行业培训初级救护员8471名，面向社会公众开展救护知识普及宣传17万人次。组织开展了“世界急救日”、“全国防灾减灾日”等宣传活动，举办了一期全省救护师资提高班，培训核心师资42人，新设红十字道路救护站四个。在中国红十字会“红十字‘救’在身边”征文比赛与应急救护精品课程评选活动中，甘肃省三件作品获奖。四是“三献”工作成绩突出。完成了2000人份的造血干细胞血样采集任务，全年配型成功62人，成功实施捐献三人，累计成功捐献达15人。积极配合卫生行政部门，开展无偿献血宣传活动20万人次。全年办理遗体捐献证书41人、登记63人，接待捐献咨询760人次，累计登记报名遗体捐献567人。《甘肃省遗体捐献条例》已列入省人大2012年立法计划。

——民生项目惠及万家。一是红十字博爱家园项目深入人心。在汶川特大地震灾区的八个市（州）、40个县（区）深入开展了红十字博爱家园项目，项目资金达1540万元。建立了基层红十字组织，修建了逃生路、避难广场、博爱书屋、博爱卫生室等硬件设施40余处，开展了应急逃生、紧急救护、健康知识等宣传和演练，有效地帮助项目地提高了防灾减灾能力，改善了村容村貌、群众就医环境等。二是助学助医项目深受欢迎。累计申报“小天使基金”和“天使阳光基金”项目资料93份，对22名14岁以下白血病、先天性心脏病患儿实施了救助，发放救助款66.5万元。援建博爱学校三所，博爱卫生室10所，“红十字书库”29个，向30名舟曲灾区困难学生发放助学金10万元，发放“寒梅计划”助学金22万元，资助困难学生435人。三是健康促进项目效果显著。免费为永靖县、临夏县300名贫困白内障患者实施了复明手术，在流动人口和青年学生等人群中开展了艾滋病预防系列宣传活动，为甘南、临夏、天水民族地区培训乡村医生100名、乡村教师15名，在镇原、秦安、宕昌、舟曲开展的健康急救项目、社区为本备灾项目、健康教育宣传项目效果明显。

——人道理念不断彰显。一是世界红十字日前后在全省范围内开展的“红十字博爱周”活动范围广、声势大、特色鲜明，已成为红十字会宣传的亮点，有力地扩大了红十字会的社会影响。二是各地宣传意识增强，甘南州、平凉市率先建立了市级红十字会网站，定西市注重宣传的时效性和广泛性，庆阳、天水、陇南等地在项目点为灾后重建工作营造了良好的氛围。省内主流媒体报道各级红十字会工作信息1100多条，甘肃新闻网开通了甘肃省红十字会专栏，甘肃省获中国红十字会年度优秀新闻二等奖一次。三是公益典型引起强烈社会反响。“熊猫血”女孩周晓娟，11年累计献血4000毫升，被评为“中国网事感动2011第四季度网络人物”，带动更多人加入了无偿献血行列。七里河区人民法院法官豆丽娟捐献造血干细胞的事迹在兰州市引起了轰动，全国各大媒体纷纷转载相关报道，七里河区干部职工掀起了向豆丽娟学习的热潮。她们的事迹，更能引起社会共鸣，对弘扬社会主义核心价值观和红十字精神以及引导人们热心公益事业、勇于承担社会责任起到了良好的示范效应。四是应对媒体事件积极得力，8月17日，华商报以“甘肃部分汶川特大地震灾民震后再遭‘灾’红会拨款成白条”为题报道了甘肃省天水市秦州区灾后重建资金拨付有关情况，国内大多数主流媒体进行了转载，造成了较大影响和公众误解。省红十字会对此高度重视，立即向省委、省政府有关部门汇报，迅速派出有新闻记者参加的调查组深入天水展开调查，当天即通过省政府新闻办召开媒体通气会，调查结束后立即召开了新闻通报会，用事实和证据引导舆论，消除了公众质疑，维护了红十字会形象，省委、省政府有关领导对此给予了高度评价。

【历史沿革】

在1985年甘肃省红十字会正式批准成立以前，甘肃省就开展了红十字活动。1937年，平凉县成立了中国红十字会平凉分会，为因战争和贫困造成的伤病人员及遗弃孤儿开展了大量的人道主义救助工作。1946年、1949年，定西、兰州又分别成立了中国红十字会定西分会和中国红十字会兰州分会。1985年7月6日，经甘肃省人民政府批准，甘肃省红十字会正式成立，开启了甘肃省红十字事业发展的新纪元，甘肃省红十字事业进入了一个新的发展阶段。20年来，甘肃省红十字会在组织建设，赈灾救济、社会救助、普及卫生救护和防病知识、红十字青少年工作、推动无偿献血、传播国际人道法和红十字运动基本知识等方面取得了显著成绩。近几年来，甘肃省红十字会在拓宽人道主义服务领域方面做了大量工作。2001年至2004年，甘肃省红十字会共争取到天津市红十字会和三位香港友人的援助资金150多万元，在定西、天水、白银、庆阳四市新建博爱小学八所，乡镇卫生院一所。

2004年12月27日，甘肃省红十字会第四次会员代表大会召开。甘肃省委书记、省人大大常委会主任苏荣给大会发了贺信。甘肃省委副书记、省长陆浩，中国红十字会常务副会长江亦曼等出席了会议。大会全面总结了甘肃省红十字会第三届理事会的工作，制定了2005年至2009年发展规划，选举产生了由86名理事组成的新一届理事会。大会聘请省委副书记、省长陆浩为甘肃省红十字会名誉会长，省人大常委会副主任石作峰，省政协副主席周宜兴为甘肃省红十字名誉副会长，副省长李膺当选为会长，李玉堂当选为专职副会长，李存文、陆代森、张和平、王幸、李贵富、焦建民当选为副会长，根据会长提名决定陈瑞铭为秘书长。

甘肃省红十字会历次代表大会

第一届

1985年7月6日召开，理事17人，会长李屺阳，专职副会长傅唯一。

第二届

1990年11月13日召开，代表92人，理事44人，常务理事10人，名誉会长马玉海、张学忠、陈剑虹，会长李屺阳，专职副会长洪惠民、梁淑凤。

第三届

1994年6月23日召开，代表141人，理事55人，常务理事12人，名誉会长李屺阳，会长陈绮玲，专职副会长刘克玲、梁世章。

第四届

2004年12月27日召开，代表251人，理事86人，常务理事15人，名誉会长陆浩，会长李膺，专职副会长李玉堂。

【组织机构】

甘肃省现有基层红十字会组织1635个，红十字会员30.13万人（其中红十字青少年会员14.23多万人）。全省有14个市、州建立红十字会，86个县（市、区）中有76个建立红十字组织，兰州铁路局、武警甘肃总队卫生系统也建立了行业红十字会。

根据《中华人民共和国红十字会法》和中国红十字会总会《理顺管理体制座谈会纪要》精神，2004年12月，在中共甘肃省委、省政府的重视关心下，省机构编制委员会印发了理顺甘肃省红十字会管理体制的通知，将甘肃省红十字会从省卫生厅划出，由省政府领导直接联系，单独设置，人员编制增加到12名，核定副厅级专职副会长一名，处级领导职数五名，内设办公室、组织宣教处、赈济救护处，为甘肃省红十字事业的发展提供了体制上的保证。

【大型项目】

一、参与国内、国际间的救灾援助

（一）1998年，为“三江流域”水灾开展募捐，共筹集款物价值200多万元，支援了内蒙古、湖北等灾区。

（二）2004年底，印度洋地震并引发海啸的灾害发生后，甘肃省红十字会积极响应中国红十字会总会发出的紧急募捐号召，有组织，有计划，紧张、规范、有序地开展为印度洋地震海啸灾区的募捐活动。在这次社会募捐活动中，全省红十字会共计收到集体和个人捐款1575900.95元，创造了甘肃省红十字会建会以来赈灾募捐工作最高记录。

二、对省内受灾地区的救助

（一）1990年，甘肃省古浪、景泰、天祝三县交界处发生6.2级地震，直接经济损失1.5亿元，省红十字会紧急开展救助和募捐活动，共筹集现金13万元、衣服83657件（套），六万斤粮票，对灾区实施救助。

（二）1995年，甘肃省永登县发生5.2级地震，省红十字会及兰州、天水、平凉、定西、陇南、庆阳等市红十字会和兰化公司红十字会立即行动，募集衣被、帐篷、药品、食品等送往灾区，救助灾民。

（三）2000年，甘肃省宕昌县遭受百年不遇的特大洪水、泥石流灾害，景泰县发生5.9级地震，灾情发生后，省红十字会筹集了价值156万元的救灾物资运往灾区。

（四）2001年，甘肃省岷县、礼县等六县发生特大暴洪灾害，省红十字会紧急筹集了价值45万元的救灾物资对灾区实施救助。

（五）2002年，甘肃省部分市、县发生严重的冰雹、暴洪等自然灾害，省红十字会通过各种渠道积极开展了募集救灾物资工作，先后为七县（区）23个乡镇的受灾群众提供了总价值78.6万元的生活必需品和救灾物资，受益人口为15.7万人。

（六）2003年，甘肃省民乐、山丹发生6.2级的地震，省红十字会在中国红十字会总会、红十字会与红新月会国际联合会的支持下，共接受400多万元的捐款和物资，并及时发往灾区。

（七）2003年，“非典”期间，甘肃省红十字会共接受社会各界捐助款物折合人民币420.33万元，所有物资按有关规定及时下发到“防非”工作第一线。

三、合作项目

（一）1999年至2004年，甘肃省红十字会与加拿大红十字会合作，利用加拿大红十字会援助的12万加元和省内配套资金，在定西市、白银市的六个乡卫生院开展卫生项目。培训卫生院业务人员及村医96人，配备医疗设备120件（套），改建农村卫生厕所364所。

（二）2001年至2003年，甘肃省红十字会与加拿大红十字会合作，在清水县、徽县、武山县开展白内障复明项目，免费为贫困家庭的白内障患者手术复明804例。

（三）2002年至2003年，甘肃省红十字会与加拿大红十字会合作，在兰州、白银、定西、天水四市开展艾滋病预防项目，共举办艾滋病预防培训班10期（其中：师资培训班一期，青年同伴教育培训班四期，红十字会骨干培训班一期，戒毒人员培训班四期），共培训348人。

【主要特色】

近几年来，甘肃省红十字会拓宽人道主义服务领域，突出开展了兴教助学活动。

2001 年至 2004 年，省红十字会共争取到天津市红十字会和三位香港友人的援助资金 150 多万元，在定西、天水、白银、庆阳四市新建博爱小学八所，乡卫生院一所。

2001 年以来，省红十字会还积极为八所受援乡村中、小学校牵线搭桥，使这部分中、小学校与天津、香港特别行政区的部分学校开展了手拉手助学活动。活动中，天津、香港特别行政区的部分学校捐赠了价值 31 万元的电脑、打印机、电视机、VCD 等教学设备，使边远山区的孩子们增长了见识，培养了他们关心社会、奉献爱心的人道主义精神。

（刘雪峰）

兰州市红十字会

【简介】

兰州市红十字会 1958 年成立。"文革"期间停止工作。1986 年，市红十字召开了第二次会员代表大会，恢复工作，办事机构挂靠在市卫生局，科级建制。1998 年，机构改革时，市红十字会办公室升格为副县级建制，有事业编制三人，参照公务员管理。2005 年，兰州市红十字会办公室撤销，兰州市红十字会单独设置，列"人民团体"序列，会长由市政府分管领导兼任，设专职副会长一名（副县级）、秘书长一名（正科级），核定事业编制五名（其中工勤编制一名），机关后勤服务管理工作由市卫生局承担。2009 年，市红十字会经费由市财政单列。2011 年，市红十字会内设办公室，核定科级领导职数一名，办公室主要负责机关的综合协调、文秘、档案、财务、信访、综合治理等工作。

2011 年，兰州市有红十字会员单位 390 家，红十字会员 1395 人。有社区红十字服务中心六个，红十字社区服务站 44 个，红十字志愿者服务队二支，红十字志愿工作者 220 名。开展师生应急救护培训，参训人员累计 6000 余人次，在中小学开展了应急避险、应急救护、意外伤害急救培训，参训师生达 3000 人次。"在红十字博爱送万家"活动中，为 3500 余户孤老病残及特困群众发放救助物资 65 万余元。在兰州市公共场所设立公益募捐箱 60 多处，收集爱心人士的捐赠。

现任会领导：

市红十字会会长：戈银生

专职副会长：张高奎

秘书长：姚刚

酒泉市红十字会

【简介】

酒泉市红十字会于 1998 年成立，挂靠在酒泉市卫生局。全市所辖的七个县（市）全部依法成立红十字会。全市有基层红十字会组织 52 个，红十字会员 1625 人。从酒泉至柳园沿 312 国道建立了红十字救护站 18 个。

嘉峪关市红十字会

【简介】

嘉峪关市红十字会办公室成立于 1986 年 5 月。

2011 年，在"红十字博爱周"宣传活动中，在社区开展健康知识讲座和自救互救技能培训，培训居民近 50 人。全年采集造血干细胞血样 60 余人份。组建红十字志愿服务队一支。在“红十字送温暖”活动中，市红十字会为困难群众发放救助款物二万元。

金昌市红十字会

【简介】

金昌市红十字会成立于 1986 年 9 月，与市卫生局合署办公，有事业编制一名。2007 年 7 月，市机构编制委员核定市红十字会事业编制二名，其中专职副会长职数一名（副县级）。

2011 年，全市有红十字会会员 5899 人，红十字团体会员单位 75 家。成立一支市级应急救援队。在“红十字博爱送万家”活动中，筹集八万元物资，慰问困难群众 400 户。培训初级救护员 126 名，面向社会公众开展救护知识普及宣传 2700 余人次。完成了 65 人份的造血干细胞血样采集任务。全市有 4065 人参加无偿献血，献血量 1.2 吨。登记遗体捐献一例。为身患白血病的学生杨兴荣募集救助款 1.29 万元。援建“幸福天使卫生站”五所。

现任会领导：

市红十字会会长：周莹（副市长）

专职副会长：胡朝志

秘书长：杨振宁

张掖市红十字会

【简介】

张掖市（原张掖地区）红十字会成立于 1988 年，工作由卫生局代管。2002 年，撤地设市后更名为张掖市红十字会。2006 年，市红十字会召开第一次会员代表大会。

现任会领导：

市红十字会专职副会长：徐兴祥

武威市红十字会

【简介】

武威地区红十字会成立于 1989 年 5 月 30 日。2001 年 10 月 1 日，武威撤地设市。地区红十字会更名为武威市红十字会。2007 年 9 月，武威市编委批准市红十字会编制一名，领导职数（副会长）一名，参照公务员管理。全市四个县、区均成立红十字会，并理顺红十字会管理体制。全市有红十字会员 4388 人，其中红十字青少年会员 154 名，红十字志愿工作者 436 名。

现任会领导：

市红十字会副会长：张宏宁

天水市红十字会

【简介】

天水市红十字会成立于 1987 年 6 月，隶属于天水市卫生局。2005 年 2 月，市红十字会升格为县级社会救助团体，机构独立设置。有编制六人，内设办公室、组宣科和赈济救护科。全市有红十字冠名医疗机构三家，基层红十字会组织 110 个，红十字团体会员单位 172 家，红十字会员 10998 人，红十字青少年会员 7200 人，红十字志愿工作者 667 人。

2011 年，市红十字会完成六个县、区红十字会博爱家园项目。在“红十字博爱送万家”活动中发放救助款物作 20 多万元。投放 16 万元设立 800 个“红十字博爱”救助箱。

现任会领导：

市红十字会会长：郭奇若（副市长）

专职副会长：周长生

副会长：焦三童

平凉市红十字会

【简介】

平凉红十字会始建于1939年。1956年改为中国红十字会平凉分会。1989年12月28日，平凉地区红十字会恢复成立，与卫生处合署办公。1993年，平凉地区红十字会理顺管理体制。2008年，市红十字会设立办公室和赈济救护科，有工作人员六名，其中副县级领导二名。全市有基层红十字会组织192个，红十字会员19380人。

2011年，平凉市红十字会积极开展初级卫生救护培训工作，为11所驾校培训卫生救护师资48人。目前，全市各驾校共有5600名学员参加了初级卫生救护培训，有3140人获得救护员证书。

庆阳市红十字会

【简介】

庆阳市红十字会2006年7月理顺管理体制，为正县级事业单位，核定编制八人。机关内设综合科、备灾救灾科。全市有基层红十字会组织四个，红十字团体会员单位67家，红十字会员2675人，红十字志愿工作者892人，冠名红十字医疗机构四家。

2011年，市红十字会发放了价值136万元的救助物资，救助困难群众一万余人。储备各类物资价值2000万元。近五年落实灾后重建项目30个、重建资金3615万元。争取资金24万元在镇原县建成村卫生室三所。全年完成200人份的造血干细胞捐献者资料入库任务。

现任会领导：

市红十字会副会长：王敏丽

白银市红十字会

【简介】

白银市红十字会成立于1988年，挂靠市卫生局。2004年6月，市红十字会设专职副会长一名（县级）。2007年，市红十字会理顺管理体制，有编制六人，机关内设办公室、宣教科和赈灾救护科。全市有基层红十字会组织77个，红十字会员7185人，其中青少年会员4024人，红十字志愿工作者570人。有市级专业应急救援队一支，应急献血队伍36支。

2011年，市红十字会召开了第三次会员代表大会。在“红十字博爱送万家”活动中，市红十字会发放救助物资183万元，救助困难群众22148人次。共援建卫生、教育基础性设施项目28个。有984人报名志愿捐献造血干细胞。

现任会领导：

市红十字会专职副会长：王重玲

定西市红十字会

【简介】

定西红十字会成立于1946年。1989年12月，红十字会组织重新建立。全市六县一区红十字会全部理顺管理体制。全市有基层红十字会组织75个，红十字会员26315人。

2011年，市红十字会发放救助款物90余万元。截至目前，市红十字会已签约灾后重建项目95个，项目资金3941万元。全年采集造血干细胞血样226人份。

现任会领导：

市红十字会专职副会长：路新民

陇南市红十字会

【简介】

陇南地区红十字会办公室成立于1990年10月，有事业编制一名。1997年，地区红十字会并入地区卫生处医政科，兼管红十字会工作。2007年4月，市编委原则同意《陇南市红十字会机构设置方案》。2008年8月，市编办发《关于成立市县区红十字会的通知》陇南市红十字会和九县（区）红十字会相继成立，机关内设办公室和赈济救护科，有事业编制六名。

2011年，市红十字会共募集价值40万元的救灾物资。援助440名困难学生25万元。开展救护知识普及宣传，培训1.3万人次。采集捐献造血干细胞志愿者血样200人份。

现任会领导：

市红十字会会长：郭建博

专职副会长：王维春

甘南藏族自治州红十字会

【简介】

2011年，甘南藏族自治州机构编制委员会给州红十字会增加二名事业编制，州红十字会编制达到七人。州红十字会在“红十字会博爱送万家”活动中，共发放42.34万元救助款物，有2115户贫困家庭受益。全年采集造血干细胞志愿捐献者血样97人份。发展甘肃民族师范学院50名学生为红十字志愿者。承办红十字会与红新月会国际联合会卫生宣教项目培训班，有六名红十字兼职人员参加彩票公益金项目提高培训、造血干细胞捐助及急救师资提高培训班。

现任会领导：

州红十字会会长：杨武（藏族）

专职副会长：尕旦木加（藏族）

秘书长：刘红芳

临夏州红十字会

【简介】

临夏回族自治州红十字会成立于1988年10月。2007年4月，临夏回族自治州红十字会理顺管理体制，为副县级事业单位，有编制六名，设专职副会长一名（副县级）。机关内设办公室和赈济救灾部。全市州七县一市中有四个县（市）理顺红十字会管理体制。

2011年，州红十字会积极开展初级卫生救护培训，培训达2901人。发展红十字志愿者78人。康乐县的“博爱家园”项目全面完成投入使用。免费实施白内障复明手术，使300名贫困白内障患者重见光明。

现任会领导：

州红十字会专职副会长：毛宏旭

青海省红十字会

【年度工作】

2011年，青海省红十字会积极发挥党和政府在人道领域的助手作用，围绕中心，服务大局，坚定信心，砥砺勇气，坚持以保护人的生命和健康为宗旨，把握发展机遇，经受严峻考验，备灾救灾、玉树项目建设、人道救助等各项工作取得新成绩。

一、全面加强自身能力建设，进一步提升机关管理水平

一是健全完善规章制度。针对个别干部违法违纪，省红十字会深刻反思，汲取教训，结合当前红十字会面临的形势任务和红会职责职能，结合当前公信力建设和自身能力建设的新情况新问题，致力于完善规章制度、规范工作流程，以制度建设为根本，进一步提高了机关科学管理水平。通过深入调研、认真分析、充分酝酿、集体讨论，先后制定完善了《青海省红十字会财务管理工作制度》、《青海省红十字会“为红十字会做贡献积分制”奖励办法》等18项规章制度，做到了各项管理工作有章可循，有规可依。同时，进一步健全完善保障制度执行的工作机制，增强干部职工的制度执行力，把制度内化为红十字会干部的自觉行动，实现了用制度管人、管事、管权、管财，基本做到了程序规范，管理严格，决策民主，议事合法。二是合理调整内设机构。报经省编委同意，内设机构进行了名称、职能的重新规整，加强财务管理工作，单设财务事业部。调整后的机构设置更加科学合理。依据部门职责、岗位特点，做好定岗定责工作，既做到了职责明晰、责任到人，又做到了人尽其才、才尽其用。在实际工作中省红十字会从改善办公装备条件、落实干部职级待遇入手，坚持德才兼备、任人为贤，通过竞争上岗，选拔任用优秀干部，健全激励机制，为大家营造了积极向上、风清气正的工作学习环境，充分调动了干部工作积极性。三是突出党的建设和廉政教育。报经省直机关工委同意，召开了机关党委换届会议，成立了机关纪委，加强了内部审计工作。成立了以部门为单位的六个党支部，基层党组织的战斗力、凝聚力和号召力进一步增强。依据党章对三名违法违纪党员进行了及时处理。深入学习贯彻全国红十字会系统廉政工作会议精神，结合建党90周年、创先争优、基层组织建设年等活动，邀请省纪委、省委党校领导和法律顾问专题授课，学习廉政法规，开展警示教育，加强干部职工思想政治工作。同时积极申请省纪委给省红十字会派驻纪检组和监察处，以从体制机制上保证反腐倡廉。四是及时公开捐赠信息。认真贯彻落实总会“两公开两透明”要求，及时改版更新网站，加大信息公开公示功能，自觉接受社会监督。目前，玉树所有在建项目、影像资料、资金拨付、三公经费、党费收支以及捐赠款物收支等情况全部通过网站予以公开，做到了捐赠资金收入情况半月一公开、可查询。同时，申请项目与软件公司合作开发信息发布平台，集内部管理和捐赠款物接受、管理、使用、分配为一体的软件管理系统即将上线测试，必将进一步提高公示水平与能力。五是积极推进理顺管理体制工作。在省委、省政府的高度重视下，省编委于去年下发了《关于设置州地市红十字会的通知》，明确了西宁市红十字会等八个州（地、市）红十字会的机构设置和人员编制。2011年，西宁、黄南、海南、海北、玉树、海东先后召开了会员代表大会，理顺了红十字会管理体制。格尔木市、称多县红十字也实现了独立办公，为全省红十字工作健康发展奠定了坚实的组织基础。六是加强广泛合作与联系。省红十字会致力于探索与爱心企业建立长期的、稳定的合作机制，搭建合作平台，拓展筹资渠道，充分利用各类社会资源，加强与省内各类爱心企业和爱心人士的沟通，动员社会爱心力量参与公益慈善事业。省红十字会先后与青海农业农行，青海工商银行，中国银行青海分行，浙江泰普森休闲用品有限公司，西宁博奥房地产公司等企业签订了发展合作协议，与省妇联、省卫生厅等厅局开展了广泛合作，共同推动青海省慈善公益事业的发展。与北京联益基金会、天津景华基金会等民间公益组织合作，积极开展各类公益性项目。协调相关公益组织资助，在黄南州为玉树灾区借读的170 名学生举办了唐卡培训班，效果良好。通过多方努力，2011 年，募捐社会资金 500 余万元，是除玉树地震年份外，募捐社会资金最多的一年。七是加强培训提高素质。全面落实干部培训与各项学习制度，坚持党组成员及各部室负责人带头讲课，坚持中心组集中学习与发言讨论相结合，开展大讲堂活动，着力提高红十字会干部整体素质和业务能力。年内，选派会机关干部 50 人次参加了中国红十字会总会和省内相关单位组织的各类培训。举办了全省第一期红十字会基层干部培训班和第一期救护师资提高班，通过学前测试，教学互动，培训考试等形式，效果明显。

二、扎实开展“三救三献”工作，进一步提高人道救助水平

一是扎实开展关爱生命救护行动。以“五八”世界红十字日、“5·12”防灾减灾日、世界急救日等为契机，组织开展救护知识进校园、进军营、进社区、进单位活动，通过举办救护知识讲座、现场模拟演练，传播人道主义精神，提高群众自救互救技能。2011 年以来，省红十字会在公路运输、机械矿山、军营学校等行业和单位举办应急救护培训班 11 期，受训人数达 3215 人。首次在青海师范大学举办 2011 年卫生急救知识进校园活动，对 2000 余名新入校大学生进行红十字知识讲座及应急救护技能培训。二是组建成立青海省首支红十字应急医疗救援队。针对青海省地处青藏高原，自然灾害频发等实际，与红十字冠名单位青海红十字医院联合组建成立了由 40 余名专业医疗救护人员组成的本省首支应急救援队伍——青海省红十字应急医疗救援队。标志着青海省不仅有了应急医疗救援的专业队伍，而且有效提高了参与重大自然灾害等突发公共事件的救助能力。三是开展玉树地震灾区健康行动义诊义治活动。省红十字会派出承担灾后重建任务的西宁、海东、海西、海南四个州（地、市）红十字会和青海红十字医院、青海慈善医院组建医疗队赴玉树对口援建地区开展义诊义治活动和大病筛查工作，提供资金支持，保障灾区群众和援建队伍的生命与健康，受到了灾区群众及援建大军好评。四是做实红十字品牌项目。深入实施“红十字天使计划”，开展救助白血病、先心病贫困家庭、疝气患儿医治、白内障扶贫、博爱学校、红十字书库等品牌项目工作。2011 年以来，已免费救治贫困先心病患儿 159 例，贫困疝气患儿 200 例，援建博爱学校四所，建成红十字书库 20 所，救助白血病患者二人。在中国红十字基金会的大力支持下，“天使阳光救心行”项目在青海省正式启动，组织首批 28 名先心病贫困家庭患儿赴北京军区总医院、安贞医院进行免费手术治疗。五是深入开展人道救助工作。针对意外事故造成贫困的家庭，开展扶贫帮困、助残助孤、助医助学和敬老等工作，及时提供人道救助。开展 2011 年度“红十字博爱送万家”活动，把 500 万元的慰问物资发放到全省 37 个县的三万户最需要帮助的困难群众手中。8 月份以来，青海省部分地区发生洪涝灾害，省红十字会积极争取到总会救灾物资 2000 床棉被。为 50 户受灾家庭每户救助1000元。在省红十字会的指导和资金支持下，各州（地、市）红十字会组织开展了关爱贫困家庭、关爱留守儿童、关爱产业工人、情系妇女姐妹等专项救助活动，通过开展多种形式的工作，进一步提升了红十会的影响力，彰显了“人道、博爱、奉献”的红十字精神。六是做好造血干细胞志愿捐献工作。深入社区、部队、各大院校加大造血干细胞捐献的宣传，完成中华骨髓库血样采集1120人份，超额完成120人份，全年初筛配型140人份，有二名志愿者成功实现了造血干细胞移植捐献。自2005年造血干细胞资料库青海分库成立以来，发展造血干细胞捐献志愿者8000余人，检测入库资料达5200人份，初配成功284人份，先后有八位造血干细胞志愿捐献者实现成功捐献。七是大力弘扬南丁格尔精神。青海省自2007年泽仁娜姆首获“南丁格尔奖”后，2011年，省人民医院副院长赵生秀和解放军陆军第四医院医务处副主任索玉梅获得第四十三届南丁格尔奖。此奖项的获得是对本省广大一线护理工作者多年来秉承南丁格尔精神，履行救死扶伤，服务人民，恪尽职守，无私奉献的良好职业道德和高尚品质的充分肯定。省红十字会通过召开座谈会、宣传典型事迹，向全省护理工作者发出呼吁等形式，大力弘扬南丁格尔精神，为推动全省医疗护理工作再上新台阶营造了良好的舆论环境和社会氛围。

三、全力做好玉树灾后重建工作，进一步强化了项目管理水平

玉树“4·14”强烈地震发生后，中国红十字会系统在玉树灾区对接捐建项目共92个，项目资金236126万元。其中，中国红十字总会对接72个，对接项目资金211948万元；青海省红十字会对接20个，对接项目资金24178万元。红十字系统的捐建项目主要对接到涉及民生的公共服务类项目上。其中教育类项目31个、卫生类项目44个、文化类项目一个、民房建设项目14个、备灾设施建设项目二个。红十字会系统玉树灾后重建捐建项目多，捐赠资金量大，社会关注度高，为确保捐建项目顺利实施，确保捐赠资金安全有效，省红十字会高度重视，强化措施，加强项目监督，加强资金管理，在项目资金监管工作中做到了“四个到位”：一是组织领导到位。青省会专门成立了玉树重建项目管理领导小组，实行会领导和部室分片负责制度。设立专门工作机构，明确人员，明确职责，明确任务，保证了捐建项目管理及资金拨付不脱节，不滞后，不推诿。二是沟通协调到位。加强与中国红十字会总会、援建省市红十字会、捐建爱心企业爱心人士、受援地红十会、项目承建单位的沟通联系，及时掌握项目政策，及时了解项目进展，及时反馈项目信息。先后协调配合中国红十字会总会、中国红十字基金会和台湾红十字组织、日本红十字会、香港特别行政区红十字会和国内多省区红十字会到实地督查捐建项目，受到了捐助单位的普遍好评。三是资金管理到位。加强了项目捐赠资金的管理工作，省、州两级成立了玉树灾后重建社会捐赠资金管理中心，制定完善了玉树重建资金管理办法，严格按照玉树地震捐赠资金管理使用的规定和要求，专户储存，专款专用，做到了捐赠资金的全程封闭运行与管理。目前已按要求拨付资金12.96亿元。省红十字会还专门安排工作人员常驻玉树，从事玉树州社会捐赠资金管理中心工作，以确保项目资金的严格管理，及时拨付。四是监督检查到位。2011年以来，省红十字会先后派出八批工作组赴玉树，并聘请监理机构参与，先后多次深入到每一个项目点就项目进度、资金使用、工程质量、红十字标志使用等情况进行监督检查，收集掌握项目建设过程中的文件图表影像等资料，及时协调解决项目工作中存在的困难和问题，推动了红十字会系统捐建项目的顺利实施。

【历史沿革】

1981 年 9 月 17 日，中国红十字会青海分会恢复，与中华医学会青海分会合署办公，无专职工作人员，会务由秘书长监管。1984 年 7 月 1 日，中国红十字会青海分会接中国红十字会总会通知，经青海省人民政府批准，更名为青海省红十字会。8 月 23 日，青海省编制委员会批准青海省红十字会设专职工作人员二名，挂靠青海省医药卫生学会联合办公。1998 年 3 月，省红十字会配备了专职副会长，同年 8 月，省委、省政府为加速青海红十字事业的发展，依法理顺了青海省红十字会的管理体制，批准青海省红十字会为直属省政府领导的、独立的厅级机构，机关内设办公室、救灾赈济部、宣传救护部，人员编制 17 名。同年 10 月，省编委又批复了“青海省红十字会备灾救灾培训中心”、“青海省中心血站”的机构和编制。1999 年 5 月，省红十字会召开了第三次全省会员代表大会，选举中共青海省委副书记、省纪委书记白玛为会长，尼玛为常务副会长，并产生了由 88 位理事组成的第六届理事会；在 2003 年 1 月召开的青海省红十字会六届二次理事会上，由于工作变动部分理事进行了调整，白玛不再担任会长，选举青海省副省长邓本太为会长；目前，理事会由 101 名理事组成。

2002 年，青海省红十字会根据中共青海省委、省政府关于“社团机构改革”的通知精神，结合红十字会工作逐渐向建设造血干细胞捐献者资料库、参与社区服务、推动无偿献血及推进国际交往与合作等领域拓展，并以加强机关工作职能为目标，顺利完成了青海省红十字会的机构改革工作。根据中共青海省委、省政府下发的机构改革方案，省红十字会机关内设部（室）及职能得到了进一步加强，内设部室由原来的三个增加到五个，即办公室、宣传救护部、救灾赈济部、联络部和机关党委，人员编制由原来的 17 人增加到 22 人；将下属单位“青海省红十字会备灾救灾培训中心”更名为“青海省红十字会备灾救灾中心”。

2002 年 1 月，《青海省实施〈中华人民共和国红十字会法〉办法》的颁布施行，为青海红十字事业的健康快速发展提供了强有力的法律、法规保障。“实施办法”颁布施行后，海西州及部分所辖县和海东地区的互助县按“实施办法”有关规定，分别设立了两级红十字会的日常办事机构，并配备了专职工作人员。

【组织机构】

1998 年以前，由于青海省红十字会的机构未独立（挂靠在省卫生厅），在历次大的自然灾害中，失去了许多得到国内外援助的机会。1998 年，中共青海省委、省政府依法理顺省红十字会管理体制，批准青海省红十字会为直属省政府领导的独立机构。目前，青海省县级以上按行政区域全部建立了红十字会地方组织，基层组织由 1998 年的 129 个发展到现在的 750 个，增长了 5.8 倍，会员由三万多人发展到现在的 10 万余人，增长了 3.3 倍。青海省红十字会机关内设办公室、宣传救护部、救灾赈济部、联络部和机关党委，人员编制 22 人，下设“青海省红十字会备灾救灾中心”。

2005年9月27日，中共青海省印发了《关于成立中共青海省红十字会党组的通知》，中共青海省红十字会党组成立。

2005年12月17日“青海省省红十字会第四次全省会员代表大会”在青海会议中心隆重举行。大会选举产生了由97名代表组成的青海省红十字会第七届理事会和26名成员组成的第七届常务理事会；七届一次理事会聘请中共青海省委书记赵乐际为省红十字会名誉会长；聘请中共青海省委副书记刘伟平、省人大副主任宋彭生、省政协副主席鲍义志为省红十字会名誉副会长；选举省人民政府副省长邓本太为省红十字会会长；选举尼玛为省红十字会常务副会长；根据会长提名决定了省红十字会的秘书长和副秘书长。此次会议规模之大、规格之高是青海红十字会事业发展史上前所未有的。截至2005年初，青海省红十字会共发展基层组织750个，会员10万余人，其中红十字青少年39245人。

【大型项目】

一、1998年7月，我国“三江”流域发生了百年不遇的洪涝灾害，青海省部分地区也发生了不同程度的洪涝、干旱、冰雹等自然灾害。为支援沿江各省（区）及省内的抗灾救灾工作，省红十字会全体工作人员全力以赴投入抗灾救灾工作，共募集救灾款物折合人民币100余万元，创下了省红十字会有史以来的第一个百万元记录。这批救灾款物被及时发往黑龙江、湖南、湖北、内蒙古及省内部分受灾地区。

二、在中共青海省委、省政府领导和中国红十字会总会的支持下，青海省红十字会与有关国家开展了合作：2000年以来，青海省红十字会积极开展民间外交，寻求国际援助与合作，先后有加拿大、美国和日本等10余个国家红十字会的代表对青海省进行了考察、访问。省红十字会的代表和红十字青少年也先后应邀出访了欧洲九国、日本、泰国、港、澳、台等国家和地区。2000年以来，青海省红十字会先后引进意大利亚洲国际团结协会、加拿大政府、加拿大红十字会以及港、澳地区红十字会和台湾红十字组织的“雪灾紧急救助”、“卫生救护”、“白内障复明扶贫”、“艾滋病预防”、“红十字博爱小学”和加拿大政府国际发展署2005年援助的“艾滋病预防宣传”等外援项目8项（次），累计引进外援资金2000多万元。2004年5月，青海省红十字会引进澳门特别行政区红十字会援助资金15万元人民币，在省内国定贫困县循化撒拉族自治县白庄乡建设了青海省红十字会的第一所红十字博爱小学——夕昌藏族小学。该项目于7月初动工，9月1日正式投入使用。该项目的实施，改变了白庄乡夕昌小学179名学生的学习环境。青海省红十字会利用“卫生救护”项目资金，在省内国道沿线建立红十字急救站六个；利用“白内障复明扶贫”项目资金，使1000余名贫困白内障患者重见光明。

三、自1998年以来，每年的农历大年初一和“六一”国际儿童节，青海省红十字会都要前往西宁市儿童福利院慰问生活在那里的孤残儿童及节日期间仍然坚持在工作岗位上的教职员工，并给他们送去饺子、水果、玩具等礼物，使那些生活不能自理、失去父母关爱的孤残儿童能与正常儿童一样享受到了节日的快乐。

四、青海省红十字会将关注、关爱麻风病人纳入救助工作范畴。从2003年起，省红十字会每年都要前往黄南州同仁慢性病防治院，对该院的麻风病患者和长期奋战在麻风病防治一线的医务工作者进行慰问。

五、对监狱服刑人员实施人道关怀。几年来，青海省红十字会每年都要前往西宁监狱、西宁女子监狱，通过在服刑人员中传播人道主义观念、传授卫生保健知识等，为监狱服刑人员送去红十字会的人道主义关怀。此项工作对感化服刑人员，激励服刑人员振作精神，加快改造进程起到了积极的作用，得到了中共青海省委、省政府和中国红十字会总会的肯定。

六、为防止艾滋病在青海省的蔓延，自2003年以来，青海省红十字会利用加拿大红十字会援助的“艾滋病预防青年同伴教育”项目，在以上高危人群中举办了“艾滋病青年同伴教育培训班”，并取得了一定的效果，受到了社会各界的一致好评。

西宁市红十字会

【简介】

西宁市红十字会成立于1984年9月22日。业务由市卫生局医政科承担，不另设办事机构和人员编制。2010年11月26日，西宁市红十字会正式单列。有全额预算事业编制七名，公益岗位一名。内设办公室、救灾赈济和宣传救济部。全市有基层红十字会组织22个，红十字会员1412人。

现任会领导：

市红十字会名誉会长：王建军（省委副书记、西宁市委书记）、毛小兵（市委副书记、市长）

会长：王绚（副市长）

常务副会长：马伟福

副会长：沈森

海东地区红十字会

【简介】

海东地区红十字会1986年成立。目前，地、县共有红十字会七个，专（兼）职红十字会工作人员24人。全市有基层红十字会组织339个，红十字会员23217人，

现任会领导：

地区红十字会名誉会长：韩英

常务副会长：韩永明

海北州红十字会

【简介】

海北藏族自治州红十字会成立于1993年11月。机构挂靠在州卫生局，与州卫生局合署办公，无专职工作人员。2010年7月，海北州红十字会设立党组，为正县级社会救助团体，内设一个综合科，全额预算事业编制五名。海晏县、门源县、祁连县、刚察县均成立了红十字会组织，有红十字团体会员单位七家，红十字会员1117名。

现任会领导：

州红十字会名誉会长：严金海（州委书记）

会长：索南东智（副州长）

常务副会长：李旭贞

副会长：朱生春（兼秘书长）

海南州红十字会

【简介】

海南州红十字会1998年成立。2010年4月29日，青海省机构编制委员会确定海

南州红十字会为依法从事人道主义工作的社会救助团体，正县级规格，核定事业编制七名，核定县级领导职数二名。内设综合科、救灾赈济部（备灾救济中心）、宣传救护部（联络部）。

现任会领导：

州红十字会名誉会长：杜捷（州委书记）张文魁（州委副书记、州长）

会长：索南加（副州长）

常务副会长：朱德辉

副会长：公保才旦　张生彪　乔得林

秘书长：公保才旦（兼）

黄南州红十字会

【简介】

黄南州红十字会1998年成立。目前，州红十字会为州政府直属管理的正县级事业单位，核定人员编制五名。全州有基层红十字会组织五个，红十字会员993人。

现任会领导：

州红十字会名誉会长：李选生（州委书记）

会长：陈渠元（副州长）

副会长：何晓勤

海西州红十字会

【简介】

海西州红十字会1988年成立，现在编制六名。全州有基层红十字会组织九个，其中，州红十字会和格尔木市红十字会理顺管理体制。有红十字团体会员单位七家，红十字会员2000名。

近几年，海西州红十字会募集救灾救助款2982万元，救助贫困家庭病患者40余名，资助金额近10万元。“红十字博爱送万家”活动中向贫困家庭发放救助物品100万元。举办初级医疗救护培训班10余期，累计培训驾驶员6000余人。

现任会领导

州红十字会会长：李忠东

副会长：蒋冬梅（兼秘书长）

果洛州红十字会

【简介】

果洛州红十字会成立于1988年10月7日，无专职工作人员，与卫生局合署办公。全州有基层红十字会组织七个，红十字会员326名。

现任会领导：

州红十字会名誉会长：林亚松（州委书记）

会长：郑焕萍

玉树藏族自治州红十字会

【简介】

玉树藏族自治州红十字会成立于1995年5月20日，工作由州卫生局承担，无办事机构和人员编制。2010年4月14日发生地震后，州红十字会开始独立运行。机关内设办公室，有全额预算事业编制五名。

现任会领导：

州红十字会名誉会长：王玉虎（州委副书记、州长）

会长：王秀琴（副州长）

常务副会长：格扎

格木市红十字会

【简介】

格木市十字会 1999 年成立。办公室设在市卫生局。

现任会领导：

市十字会名誉会：朱建平（市委书记）

会长：乔晓兰（副市长）

常务副会长：李宗良

副会长：王韬　王清亮　王东川　方铁

宁夏回族自治区红十字会

【年度工作】

一、应急体系建设工作

2011 年，宁夏回族自治区红十字会与五个地级红十字会联动对灾害应急预案进行了修订，并与各级政府应急机构建立了密切的联系，不断提高应急反应能力。为加强应急队伍建设，自治区红十字会对全区红十字会系统负责救灾工作人员进行了系统的业务培训，选送三名工作人员参加总会和亚洲减灾中心组织的灾害管理培训班，以此进一步规范灾害应急响应流程，使报灾、救灾、救助工作实现了制度化、程序化、规范化，有力地提升了红十字会系统应急响应能力。

二、救灾救助工作

自治区红十字会深入开展救灾、救助活动，坚持把改善民生、构建和谐作为年度中心工作来抓，多方筹集款物，重点救助灾区群众、鳏寡孤独、特困家庭和特殊弱势群体等困难群众。2011 年是汶川特大地震灾后重建的最后一年，为确保宁夏灾后重建援建项目圆满完成，宁夏红十字会在总会和红十字基会检查验收的基础上，又多次进行复查，圆满完成了援建固原五个县（区）的 1050 户民房、四所农村学校、六所乡镇卫生院、三个村民活动室、八个村卫生室等灾后重建任务，所有项目达标并移交使用。同时，在中国红十字会总会支持下，争取援助资金 192.65 万元，用于五个县（区）开展“红十字博爱家园项目”，旨在提高灾区群众抗灾自救能力。一年来，先后组织开展了红十字博爱送温暖、先心病救助、白血病救助、贫困救助、博爱助学、灾害救助等活动，共发放救灾救助款物 372.1 万元，4.5 万困难群众、103 名贫困学生、68 名患儿得到救助。选送 15 名乡村优秀青年教师到北京进行文体培训，对提升贫困地区乡村教育水平，促进民族地区团结发挥了积极作用。大力支持基层教育、卫生事业发展，争取援助资金 994.1 万元，组织实施百所乡村博爱卫生站援建项目、百名乡村医生培训项目、中国红十字基金会定向援建项目。目前已有 18 个村博爱卫生站、五所博爱学校、30 个红十字书库建成并投入使用。

三、救护培训工作

宁夏红十字会按照总会关于应急救护培训“四统一”的要求，从严抓教学，全时抓管理，倾心抓队伍，全年共举办救护员培训班 51 期，培训总人数 3047 人，超额完成计划任务的 52.35%；先后为自治区政府办公厅、宁夏党校、自治区老干部局和神华宁夏煤业集团等单位举办应急避险、自救互救、家庭保健知识讲座 82 期次、共有 49550 人次受益。

四、“三献” 工作

积极开展造血干细胞志愿捐献者的组织、宣传、动员和招募工作。完成了 2023

名（累计10363名）造血干细胞志愿捐献者招募任务，全年总库在宁夏分库志愿者资料中查询检索有173名志愿者初配相合，11名志愿者进行了高分辨检验，三名志愿者进行了体检，有二名志愿者实现捐献，其中一名为涉台捐献，目前累计实现捐献六名。在推动人体器官捐献工作方面，自治区红十字会在做好自治区人大代表赵敏等提出的《关于制定〈宁夏回族自治区眼角膜捐献条例〉议案》和王燕蓉等提出的《关于制定〈宁夏回族自治区遗体捐献暂行条例〉建议》的答复工作的同时，启动了立法调研工作，着手起草自治区遗体、人体器官捐献的法规草稿，下一步将按照总会统一安排适时启动立法工作。

五、青少年工作和志愿者服务工作

自治区红十字会积极配合学校素质教育，广泛开展了思想品德、卫生与健康相关知识教育，多次组织与专业有关的社会调查、社会实践和社区志愿服务活动，学生的创新精神和实践能力得到明显提升，较好地促进了学生德、智、体、美全面发展。重视加强志愿者队伍建设，突出抓了志愿服务进社区、进学校、进乡村、进企事业单位的“四进”活动，与自治区文明办联合印发了《关于开展红十字关爱生命志愿服务行动的通知》，广泛开展以践行红十字会宗旨为目的的“红十字讲文明树新风”志愿服务活动，红十字志愿服务品牌效应进一步显现。

六、红十字传播和宣传工作

自治区红十字会把传播工作与红十字会其他业务工作紧密结合起来，与各类大小项目工作结合起来，充分发挥志愿者的骨干优势，采取宣传、培训、组织开展活动等不同形式，广泛深入地开展传播工作，红十字形象和理念深入广大群众心中。注重抓好主动宣传，坚持与媒体建立长期合作关系，通过举办庆典纪念、开办业务专栏、播出公益广告、发布相关信息、开展系列讲座、组织拓展培训等方式，积极宣传红十字会在做好“三救三献”工作和构建和谐社会中发挥的积极作用。针对网上热议的问题，全体人员能以事实为依据，做好正面引导和解疑释惑工作，并运用现代信息手段，构建全方位的信息发布平台，努力提升红十字会公开透明的公益形象。

七、自身建设工作

2011年年初，制定了《宁夏红十字会2011年机关效能目标管理考核实施方案》，将效能目标管理与完成业务工作相结合，与发展社会救助事业，促进社会和谐相结合，与强化执行、筹资、监管能力相结合，与干部个人的进退奖惩相结合，有效提高了工作落实的精细化程度和质量。在机关组织开展了“重学习、顾大局、强管理、严纪律、讲正气、树形象”的主题宣传教育活动，引领工作人员在学习中受教育、在服务中增才干、在实践中长本领，进一步强化服务意识，提高为民服务能力，培育优良作风和团队精神，全力开创红十字会工作新局面。为提高党组织凝聚力量、集中智慧、践行先进的整体能力，组织开展了“宁夏红十字会庆祝建党90周年革命老区健康行”系列活动，在庆祝中国共产党建党90周年表彰先进暨红歌演唱会上，本会党支部被办公厅直属机关党委评为先进基层党组织。本会根据新时期红十字事业发展需要，进一步优化干部队伍知识结构和专业结构，积极鼓励在职学历教育，倡导岗位互换锻炼，系统培训新参加工作人员，深入开展创先争优活动，努力营造务实创新、干事创业、敢于担当、团结共事的良好氛围，打造了一支政治坚定、廉洁勤政、爱岗敬业、团结有为的红十字工作队伍。

【历史沿革】

1984 年 12 月 15 日，宁夏回族自治区人民政府正式批准成立“宁夏回族自治区红十字会筹备委员会”，自治区政府副主席马腾霭担任筹委会主任，自治区卫生厅副厅长牛琦、民政厅副厅长行程、教育厅副厅长王世福、宁夏医学会会长丁素石、副会长邹伯勋担任副主任。经过筹委会近两年的工作，1986 年 9 月 6 日，宁夏回族自治区人民政府正式批准成立宁夏回族自治区红十字会，并决定召开宁夏回族自治区红十字会第一届会员代表大会。1986 年 9 月 6 日，宁夏回族自治区红十字会第一届会员代表大会召开，全区有 104 名代表出席了会议，大会选举产生了会长马腾霭、副会长牛琦、行程、王世福，秘书长邹伯勋、副秘书长王岐山，选出理事 23 名。大会讨论制定了宁夏回族自治区红十字会 1986—1990 年工作规划。至此，宁夏红十字会正式成立。新成立的宁夏回族自治区红十字会把发展基层组织、卫生救护、灾害救助作为工作重点。经过不懈努力，各地红十字会基层组织陆续建立并开展工作。到 2005 年，宁夏红十字会共发展基层红会 42 个，会员发展 14650 名，卫生救护、社会救助、敬老助残等项工作开展得有声有色。

2001 年 2 月召开的宁夏红十字会第四次会员代表大会，聘请自治区党委书记毛如柏、自治区主席马启智兼任宁夏回族自治区红十字会名誉会长，大会选举冯炯华为会长，陈守信、马玉章为副会长，根据会长提名决定刘静为秘书长。2001 年 3 月 19 日，自治区机构编制委员会办公室下文理顺了宁夏回族自治区红十字会管理体制，宁夏红十字会由“自治区卫生厅代管”改由自治区政府领导联系，实行财政经费单列。宁夏红十字会逐步走上了依法建会、依法兴会、依法治会的轨道，各项工作进入快速发展阶段。2004 年 12 月 26 日，经自治区党委常委会研究，由现任自治区党委书记陈建国兼任宁夏回族自治区红十字会名誉会长。

宁夏回族自治区红十字会历次代表大会

第一届

1986 年 9 月 6 日召开，会长马霭，副会长牛琦、王世福、行程，秘书长邹伯薰。

第二届

1990 年 3 月召开，会长杨惠云，副会长马成义、牛琦、王世福、行程，秘书长秦小明。

第三届

1994 年 3 月召开，会长刘仲，副会长马成义、徐彦振、马文理、王金巅，秘书长陈学文。

第四届

2001 年 2 月召开，名誉会长毛如柏、陈建国、马启智，会长冯炯华，副会长陈守信、马玉章，秘书长刘静。

现任会长：姚爱兴（自治区人民政府副主席），常务副会长刘静。

【组织机构】

宁夏回族自治区红十字会有红十字会基层组织 211 个，其中：成人会员 6600 人，青少年会员 7650 人，会员累计总数为 14250 人，红十字志愿工作者 310 人。宁夏回族自治区红十字组织网络已初步形成。同时，为了加强学校红十字会建设，宁夏回族自治区红十字会在银川二中高等院校、职业学校、中小学校、厂矿系统建立了学校红十字会。

宁夏回族自治区红十字会机关设有综合处、业务部。下辖中国造血干细胞捐献者资料库宁夏分库管理中心、备灾救灾中心二个直属事业单位。

根据《中华人民共和国红十字会法》和《宁夏回族自治区实施〈中华人民共和国红十字会法〉办法》，2005 年 5 月，宁夏回族自治区机构编制委员会办公室下发《关于银川市等五个地级市红十字会机构编制有关问题的通知》，银川市、石嘴山市、吴忠市、中卫市、固原市的红十字会机构单独设置，为了有利于加强政府对红十字会工作的领导和协调，红十字会由市政府领导联系。核定领导职数一名为副处级，事业编制三至五名。目前，全区五个地级市红十字会理顺管理体制工作已经全面展开，机构已经组建完成，人员已经配备到位。21 个县（市、区）都成立了红十字会组织。宁夏回族自治区地市级红十字会有：银川市红十字会、固原市红十字会、石嘴山市红十字会、吴忠市红十字会、中卫市红十字会。

【大型项目】

一、积极开展灾害救助工作，有力地支援了受灾地区的重建工作

1986 年至 1989 年的 4 年间，宁夏红十字会共为灾区发放救灾款物总价值 12 万多元。

1990 年，为宁南山区和部分受灾县援助救灾物资总价值 10 万元。组织 50 人参加的医疗队分赴宁南山区开展医务援助活动，时间共两个月。

1991 年，发放救灾款物总价值 25.6 万元。

1992 年，向宁南山区干旱地区发放救灾款三万多元。

1993 年，向“5 · 5”风暴拨救灾款 2.87 万元。

1994 年，向宁夏回族自治区盐池县、彭阳、中卫县发放救灾物资价值 10 万元。

1996 年，宁夏回族自治区 17 个县（市）100 个多乡镇遭受冰雹灾害，宁夏红十字会发放救灾物资价值 10 万元，药品 287 箱（价值 24 万元）。

1997 年为贫困户发放面粉 2500 公斤，为青铜峡市翟靖镇救助药品二万元。

1998 年我国“三江”地区发生洪涝灾害，宁夏红十字会全力做好赈灾募捐，共募集款物总价值 104 万多元支援灾区抗洪。

1999 年，向盐池、隆德、泾源、中卫、灵武、吴忠市发放救灾物资 6.2 万元。

2000 年，在中国红十字会总会的大力支持下，向宁夏回族自治区遭受旱灾、雹灾和洪水灾害袭击的灾区群众发放救灾物资价值 162.8 万元。

2001 年，全年共向灾区群众发放救灾款物价值 120 万元。

2002 年，宁夏红十字会加大了救灾扶贫力度，在全区开展八次救助活动，共发放救灾物资价值 100 多万元。

2003 年，在防治“非典”斗争中，宁夏回族自治区红十字会共向一线医务工作者捐款物 170 多万元，有力地支援了抗“非典”斗争。

2004 年 11 月 6 日，宁夏煤业集团白芨沟煤矿矿井发生意外事故，造成部分矿井停产，部分设施损坏，给白芨沟煤矿正常生产和煤矿职工的生活带来一定的影响，宁夏红十字会得知发生意外事故后，紧急调集价值15万元的救灾物资到白岌沟煤矿慰问了煤矿职工。

2005年6月，宁夏回族自治区固原市彭阳县、隆德县、泾源县遭受龙卷风、冰霜、强降雨袭击灾害给当地群众造成了巨大损失，宁夏红十字会紧急筹集救灾款购置了灾区群众急需的大米、帐篷、棉被等救灾物资对灾区群众进行救助，共发放救灾大米5400斤、帐篷40顶，棉被1300条。

二、红十字博爱送温暖活动

2000年到2004年，宁夏红十字会配合中国红十字会总会在宁夏开展了“红十字博爱送温暖”活动，共筹集150多万元，对固原、泾源、海原、盐池县、贺兰县、红寺堡光彩新村、西吉县城郊乡芦子沟村、宁夏煤业集团精煤分公司和宁夏教育系统贫困职工和困难群众进行慰问救助。

【主要特色】

为了推动宁夏回族自治区贫困地区教育事业发展，解决贫困地区学生上学困难问题，自治区红十字会从2000年开始在全区实施“助学兴教工程”，通过项目合作引进资金，在青铜峡市、同心县、中宁县、平罗县、泾原县援建了五所红十字博爱学校，解决了近1000多名贫困家庭孩子上学困难。配合“新农合”工作援建了所红十字村卫生室。自治区红十字会每年对在校的贫困学生进行帮助，使贫困学生在红十字会的帮助下能顺利完成学业。

（刘雁平）

银川市红十字会

【简介】

银川市红十字会1987年恢复建会，2005年12月，市红十字会理顺管理体制，为市直属副处级事业单位，工作由市政府分管领导直接联系、指导。市红十字会机关核定编制四名，经费由市财政单独编制预算，纳入会计核算中心监管。机关党务、人事、后勤事务由市人民政府办公厅代管。全市下辖的六个县（区）成立红十字会，全市有基层红十字会组织七个，红十字团体会员单位74家，红十字会员2474名。

2011年以来，银川市红十字会举办了六期卫生救护培训班，有3000余人参加培训。有六人参加了中国红十字会总会师资培训班。举办乡村医生培训一期，培训20余人。全年募集救助资金155余万元。在“红十字博爱送温暖”活动中，发入救助物品十万余元，救助困难群众500户。争取中国红十字基金会150万元资助，援建乡村学校基础设施、电脑室和红十字书库。

现任会领导：

市红十字会副会长兼秘书长：化小零

石嘴山市红十字会

【简介】

石嘴山市红十字会成立于1988年。2006年，市红十字会理顺管理体制，成为市政府直属副处级事业单位，有编制三名。全市三个县（区）红十字会中有一个理顺管理体制。全市有基层红十字会组织23个，红十字团体会员单位48家，红十字会员1029人，红十字青少年会员1088人，红十字志愿工作者1141人。

2011年，石嘴山市红十字会举办两期应急救护培训班，培训卫生救护骨干96名。为机关事业单位、县区的处级干部、青年干部培训班的100名学员举办卫生救护培训一期。在“红十字博爱送万家”活动中，为困难户发放了16400元的粮食。为“留守儿童之家”九年制学校的学生捐助二万元的服装。为1353人贫困农民代缴新农合参合费52360元。全年采集造血干细胞血样654人份。

现任会领导：

市红十字会会长：张建瑞

秘书长：丁晓琴

中卫市红十字会

【简介】

2011年，中卫市红十字会在“红十字博爱送万家”活动中向困难群众发放50余万元慰问物物品。为200多位干部职工举办自救互救知识讲座一期。为全市机动车驾驶人员和客运乘务人员举办初级卫生救护培训班，有1300余人参加培训。有八名先心病患儿获“小天使基金”、“阳光天使基金”和自治区红十字会先心病儿童救助项目16万元的救助。全年有536名造血干细胞志愿捐献者资料录入中华骨髓库造血干细胞资料库。

现任会领导：

市红十字会名誉会长：刘云（市长）

会长：霍健明（副市长）

秘书长：韩长寿

固原市红十字会

【简介】

固原市红十字会成立于1992年。2005年，市红十字会理顺理顺管理体制，为市政府直属副处级单位，定编制三名，全市五个县（区）红十字会中，有一个理顺管理体制。全市有基层红十字组织七个，红十字团体会员单位28家，红十字会员1017名。

2011年，市红十字会在“红十字博爱送万家”活动中，为受灾地区群众发放了61.05吨面粉。有三名贫困先心病患儿得到“幸福天使基金”14万元资助。市红十字会开展卫生救护员培训18期，培训救护员400余人，开展卫生救护知识普及讲座29次，参加人数2700人次。

现任会领导：

市红十字会秘书长：马丽

吴忠市红十字会

【简介】

吴忠市红十字会成立于2002年12月，为副处级机构，单独设置，人员参照公务员管理，核定财政全额拨款，有事业编制五名。

2011年，市红十字会为困难群众发放了价值41余万元的救助物品。全年采集造血干细胞志愿者血样565人份。举办救护员培训班和救护知识讲座六期，有333人取得红十字救护员证。

现任会领导：

市红十字会名誉会长：白雪山（市委书记） 吴玉才（市长）

会长：马中勇（副市长）

副会长：董玉明 廉平 谭兴玲

专职副会长：杨红英（兼秘书长）

新疆维吾尔自治区红十字会

【年度工作】

一、组织建设工作

2011 年，新疆维吾尔自治区召开了第四次会员代表大会。全区 14 个地（州、市），90 个县（市、区）红十字会理顺管理体制。全区红十字系统有专职工作人员编制 429 名；专兼职工作人员 2074 人（其中：专职 454 人，兼职 1620 人），建立红十字会基层组织 2576 个。全区有 200 余名干部参加了全国及自治区各类培训。

二、筹资与宣传工作

2011 年，面对“网络事件”的冲击，自治区各级红十字会通过公益广告、短信、录制特别节目等多种途径积极宣传红十字会法、红十字事业发展状况。广播、电视、报纸、网络等各类媒体报道红十字信息达 1724 条次，共有 630 篇稿件被各类媒体采用，自治区红十字会录制了六期“红十字在行动”系列节目。自治区红十字会、乌鲁木齐市红十字会和昌吉州红十字会被总会评为报刊宣传先进集体。为了充分发挥网站宣传作用，自治区红十字会对本级网站进行了全面改版，增设了信息公布，救助查询、募捐公示、捐款使用等服务项目。

三、备灾救灾工作

2011 年，自治区先后有 10 个地、州的 28 个县市不同程度的发生了地震、雪灾、洪灾、泥石流等自然灾害。自治区各级红十字会在灾害发生后迅速反应，共募集社会救灾款物 4971.48 万元，发放救灾款物 5107.32 万元。其中，自治区红十字会下拨救灾款物 129.4 万元，救助受灾群众 1.3 万名。2011 年，自治区红十字会组织修订了《新疆红十字会自然灾害应急响应标准》，自治区人民政府已将自治区红十字会纳入自治区抗震救灾应急管理体系，成为成员单位之一，协助政府承担志愿者招募和应急救护培训等任务。

四、社会救助工作

2011 年，在“红十字博爱送万家”活动中，自治区红十字会筹集到 120 万元慰问物资，慰问全区 5000 户贫困家庭。6 月，自治区红十字会与教育厅合作策划启动了“为偏远贫困地区学校捐建红十字爱心书屋”活动，全区各级红十字会共募集课外读物近 27 万余册，为全区 66 所农牧区中小学校建立了“红十字爱心书屋”。在自治区图书馆的支持下，将 60 万元的图书转赠和田地区、阿勒泰地区图书馆及农民工子弟学校、SOS 儿童村以及及伊宁市、喀什市和头屯河区艾滋病志愿者活动中心的三个“红丝带”书屋。利用娃哈哈公司等爱心人士捐赠款资助塔城、喀什及乌鲁木齐等地 293 名贫困大、中、小学生就学。2011 年，全区各级红十字会组织通过各种方式扶贫、帮困、助残、助学、助老、助医人数达 11.8 万人次。

五、卫生救护培训工作

2011 年，自治区各级红十字会共计培训初级救护员 2.57 万人，普及应急救护和防病知识培训群众达 22.34 万人次。

在 2011 年新疆国际民族舞蹈节和首届亚欧博览会期间，自治区红十字会以应急救护培训工作为切入点，积极介入，参与了两项重大活动，培训应急救护志愿者 170 名。

六、学校红十字会及志愿者队伍建设工作

2011 年，自治区红十字会与自治区教

育厅联合下发了《关于进一步推进学校红十字会工作的意见》。发展新疆大学、新疆医科大学、新疆农业大学、新疆财经大学、新疆师范大学等五所高校为自治区红十字团体会员单位。有11个地州（市）、55个县（市区）红十字会成立了学校红十字工作委员会，有641所大、中、小学校建立了学校红十字会，发展红十字青少年会员22万余名。截至目前，全区创建全国级模范校六所、自治区级示范校34所，全区各地、州、市红十字会已创建红十字示范校144所。

2011年，自治区红十字会制定了《自治区红十字志愿服务实施办法》，先后成立新疆红十字会志愿救援队、新疆医科大学红十字志愿者服务队、新疆红十字蓝天救援队和新疆师范大学心理咨询队四支志愿服务队。目前，全区各级红十字会共组建志愿者服务队48支，

七、艾滋病预防与关怀工作

2011年，自治区红十字会在全区八个地州市19个县市区开展了艾滋病预防同伴教育、艾滋病预防目标人群教育、艾滋病感染者自我护理和抗病毒治疗前教育、“红丝带中心”感染者关怀等工作。争取项目资金139万元。举办各类培训班295期，共有6220人次接受培训。组织反对对艾滋病感染者歧视的社区演讲88场、社区文艺演出11场、“红丝带杯”篮球比赛三场，有18600余名群众参与和观看活动。通过入户家访的形式，向7800名社区群众传播了艾滋病预防与关怀的知识和生活技巧。

八、造血干细胞、遗体器官捐献登记工作

2011年，自治区红十字会完成2000人份的造血干细胞志愿捐献者血样采集任务，全年接到232人初步配型相合的通知，对104人进行了再动员，完成50人份的高分辨血样采集任务。共有10位（三位少数民族，七位汉族）志愿者成功捐献造血干细胞。到目前为止，全自治区累计有20名志愿者成功捐献了造血干细胞。

至2011年9月底，自治区完成遗体捐献登记102例、角膜捐献登记40例，实现捐献遗体10例。乌鲁木齐市将《乌鲁木齐市遗体捐献条例》纳入市人大立法议程。

九、项目合作

2011年，自治区红十字会在中国红十字基金会支持下，有20名白血病儿童得到小天使基金资助，资助金额59万元。有两名先天性心脏病患儿得到天使阳光基金资助。协助中国红十字基金会“同心·天使计划”开展对60名乡村医生和20名优秀乡村教师培训项目工作。自治区红十字会与澳大利亚红十字会合作实施10年的预防艾滋病项目于2011年6月结束，经澳方审计，项目活动和财务管理均符合要求。同期，中蒙跨边境艾滋病预防与关怀项目结束，经出资方和各级项目官员联合对项目的终期评估，给予很高的评价，出资方愿意继续支持新疆红十字会开展此项合作。2011年，自治区红十字会得到北京、天津、上海、广东、山东、江苏、湖南等省市的对口援助，援助资金及项目、设备共计1100万元。

【历史沿革】

1987年2月24日，中国红十字会新疆分会成立，名称为：新疆维吾尔自治区红十字会与红新月会联合会，同时，在乌鲁木齐市召开了第一届理事会，会议产生理事48名，自治区人民政府顾问伊敏诺夫·哈米提当选为会长，热合甫·阿巴斯、张彤、沙地尔·卡地尔、樊广禄当选为副会长，樊广禄

兼秘书长，新疆维吾尔自治区红十字会与红新月会联合会与自治区卫生部门合署办公，由自治区卫生厅医政处负责日常工作。

1990年7月，在新疆维吾尔自治区红十字会与红新月会联合会一届三次理事会会议上，选举中共新疆维吾尔自治区党委副书记贾那布尔、自治区政府副主席毛德华为名誉会长，热合甫·阿巴斯为会长，增补龚金牛为副会长。

1993年，《中华人民共和国红十字会法》颁布施行后，红十字会组织在全区的县（市、区）进一步发展，各级红十字会组织按照红十字会法的规定，认真履行职责，指导基层红十字会工作，并积极组织、宣传、动员开展全社会无偿献血活动，积极为各地血站建设争取国际援助项目。

1994年6月，新疆维吾尔自治区红十字会与红新月会联合会召开了第二次会员代表大会，各地参会代表98人，大会选出二届理事62名，并聘请自治区原领导铁木尔·达瓦买提、阿不来提·阿不都热西提、贾那布尔、毛德华为名誉会长，选举自治区政府副主席米吉提·纳斯尔为会长，热合甫·阿巴斯为常务副会长，亚森·吐尔逊、龚金牛、艾拜都拉、张彤、苏丹·张波拉托夫为副会长，肖耀陵为秘书长。

1995年11月，经上级有关部门批准，“新疆维吾尔自治区红十字会与红新月会联合会”正式更名为“新疆维吾尔自治区红十字会”。

1996年9月，新疆维吾尔自治区人民政府办公厅下发文件，印发自治区红十字会机构改革方案。明确自治区红十字会为正厅级，全额财政拨款，增加厅、处级领导职数。

1997年7月，新疆维吾尔自治区红十字会召开了二届三次理事会暨新疆红十字会成立10周年纪念大会。会议增补15名理事，补选王有、古丽布斯坦、吾甫尔·阿西木为副会长。

1998年5月28日，《新疆维吾尔自治区实施〈中华人民共和国红十字会法〉办法》颁布施行，“实施办法”具体地明确了自治区红十字会的宗旨、性质、地位、作用和任务，为自治区红十字事业的发展提供了法律保障。6月，新疆维吾尔自治区红十字会召开了二届四次理事会。会议通过了二届常务理事会及常务理事会下设的执行委员会；聘请了买买提明·扎克尔为名誉副会长；选举阿不都热衣木·阿不都拉、司马义·哈提甫、尼相·依不拉音、哈斯木·托乎提为副会长；钟儒兴为秘书长。9月，中共新疆维吾尔自治区党委组织部发文，批准自治区红十字会机关参照《国家公务员暂行条例管理实施办法》执行。10月，自治区人民政府办公厅发文，批准成立自治区红十字会基金。12月，新疆维吾尔自治区红十字会依法实现了机构独立设置，实现了自治区红十字会的性质由人民卫生救护团体向人道主义社会救助团体的转变及红十字会机构由挂靠政府卫生部门向机构体制单独设置的转变。

1999年7月，新疆维吾尔自治区红十字会召开了第二届五次理事会。会议通过会长米吉提·纳斯尔因工作变动不再担任会长的请求，选举自治区政府副主席买买提明·扎克尔为会长，会议上还更换和增补了部分理事。理事总人数为110人。

2000年3月，新疆维吾尔自治区人民政府下发《关于自治区红十字会管理体制有关问题的会议纪要》，自治区副主席买买提明·扎克尔主持会议。会议决定：一、各地、州、市及县（市）红十字会要尽快独立设置，按社团机制进行管理。关于自治区红十字会成立党组问题，建议自治区党委组织部研究，并请考虑增加一名党组领导职数；二、同意救灾备灾和卫生救护培训中心机构设置，列事业编制六名，受自治区红十字会领导，请自治区编委下发文件；三、同意把救灾赈济部从办公室分离出来单独设置；四、由自治区红十字会对《关于印发新疆维吾尔自治区红十字会机构改革方案的通知》中确定的职责和任务提出修改方案，报经自治区政府批准后实施。4月，自治区红十字会“艾滋病/性病预防咨询培训中心”成立。5月，自治区编委发文，批准成立“新疆维吾尔自治区红十字会救灾备灾中心”，同时挂“新疆维吾尔自治区红十字会卫生救护培训中心”牌子。该中心为自治区红十字会下属事业单位，列事业编制六名，全额预算管理。

2002年2月，自治区政府办公厅发文，印发自治区红十字会机关主要职责、内设机构和人员编制方案。

2003年9月，自治区编委发文，批准成立“中国造血干细胞捐献者资料库新疆分库”。

2004年9月，中共新疆维吾尔自治区红十字会党组成立。10月12至13日，新疆维吾尔自治区红十字会第三次会员代表大会暨三届一次理事会召开。中共中央政治局委员、新疆维吾尔自治区党委书记王乐泉等自治区领导会见了与会代表，王乐泉作了重要讲话。中国红十字会常务副会长王立忠莅临大会并在开幕式上讲话。大会选举产生了自治区红十字会第三届理事117人、常务理事18人；理事会聘请司马义·铁力瓦尔地（自治区政府主席）为名誉会长，杜秦瑞（自治区人大常委会副主任）、张贵亭（自治区政协副主席）为名誉副会长；选举库热西·买合苏提（自治区政府副主席）为会长，王建共为常务副会长，阿不都热依木·阿不都拉为副会长；钟儒兴为秘书长。

【组织机构】

新疆维吾尔自治区红十字会共有基层组织1500多个，各族红十字会员43万余人（其中青少年会员七万人），占全区常住人口的2.2%。

新疆维吾尔自治区红十字会机关设有办公室、事业发展部部、赈济救护部。下辖备灾救灾卫生救护与艾滋病/性病预防咨询培训中心、中国造血干细胞捐献者资料库新疆分库管理中心两个直属事业单位。

根据《中华人民共和国红十字会法》和中国红十字会总会《理顺管理体制座谈会纪要》精神，2000年3月，新疆维吾尔自治区人民政府下发《关于自治区红十字会管理体制有关问题的会议纪要》。目前，全区14个地、州、市中已有乌鲁木齐市、昌吉州、吐鲁番地区、哈密地区、博州、阿勒泰地区、阿克苏地区、喀什地区、和田地区、塔城地区、克拉玛依市和伊犁州12个地、州、市红十字会依法实现机构独立设置并理顺管理体制。96个县（市、区）中已有52个县级红十字会单独设置。地、州、市红十字会为处级，县（市、区）红十字会为科级，参照公务员管理。

【大型项目】

近年来，新疆维吾尔自治区红十字会积极开展红十字博爱系列社会工程活动。救援工程、生命工程和爱心工程成为和平时期体现红十字会人道主义救助工作的主要内容。

救援工程，是以积极参加国家的救灾减灾和扶贫计划为目标，扩大和加强备灾救灾基地建设，提高救灾能力和实效。新疆是自然灾害的频发地区，每年各类灾害的发生，都会给灾区各族人民的生产、生活和生命财产带来很大损失。为了防患于未然和保证灾民得到及时救助，新疆维吾尔自治区红十字会一直把备灾救灾作为全区红十字会救援工程的龙头工作来抓。目前，全区已建成红十字会备灾救灾仓库五座，并在县以上红十字会基本建立了救灾信息网络。多年来，红十字会积极加强备灾救灾工作，及时向中国红十字会总会和社会各界通报灾情，呼吁募捐。不论是 1996 年南疆伽师、皮山等县发生六级以上地震及沿天山一带发生的百年不遇的洪灾，还是 1998 年春夏之交，吐鲁番、伊犁、阿勒泰、阿克苏等地区遭受沙尘暴和特大洪水袭击，以及昭苏县发生 6.1 级震灾和巩留县尼勒克县水灾，自治区红十字会都积极关注灾情并参与救灾，在社会募捐活动中，还接受了大量来自国内外的救援款物支援救助了灾区灾民。在 1998 年“三江”流域发生特大洪灾时，新疆维吾尔自治区红十字会向全区红十字系统发出呼吁，为灾区募集了 350 万元的款物。2001 年初春，阿勒泰、塔城、昌吉等地发生特大雪灾时，自治区红十字会接受区内外捐赠的款物近 700 万元支援了灾区；2003 年 2 月 24 日，新疆巴楚—伽师一带发生里氏 6.8 级强烈地震，造成 268 人死亡，4000 多人受伤，经济损失达 13 亿元。自治区红十字会得到灾情的信息后，迅速行动，在第一时间将救灾物资运往灾区救助灾民，并发动全区各级红十字会，设立了救灾募捐热线，公布了赈灾账户，共接收到捐赠款物 2600 余万元，全部用于灾民救助和灾后重建，使 50 万灾区人民受益，同时完成了对灾区一所乡卫生院、69 个村卫生室、三所乡镇小学、二个备灾救灾仓库的援建任务。在自治区抗震救灾表彰大会上，自治区红十字会被自治区党委和人民政府表彰为“抗震救灾先进集体”。在抗击“非典”期间，自治区红十字会共接受并转赠防“非典”款物价值 102.5 万元。在备灾救灾和社会募捐中，全区各级红十字会都充分发挥了作用。红十字会向灾区人民的无私人道援助，受到全社会的广泛赞誉。

生命工程是以积极参与国家初级卫生保健和社区卫生为目标，组织社会力量开展卫生救护培训、医疗、急救、无偿献血及造血干细胞捐献等工作，保护人的生命和健康。新疆维吾尔自治区红十字会坚持在全区进行卫生救护知识宣传和救护技能培训，通过学习止血、包扎、固定、搬运、心肺复苏等技术，使更多的人成为具有救护技能的红十字会救护员，并具备在第一时间对意外事故受害者和突发病人实施院外抢救的能力。十几年来，新疆红十字会举办了 10 多期卫生救护师资培训班，培训师资 300 余人次。全区红十字会共培训救护员 40 余万人次，其中，培训机动车驾驶员 30 余万人次，其他行业人员 10 余万人次。还在各地设立红十字医院、救护站、药店、诊所 10 余所，派出红十字医疗救护队 281 个，救治人数 7.7 万人。新疆维吾尔自治区红十字会一直积极参与开展无偿献血的宣传、组织、动员工作。1997 年，哈密、巴州、喀什等城市被评为全国无偿献血先进城市，受到表彰。昌吉州、哈密地区等地已实现临床用血百分之百来自血无偿献血。新疆艾滋病的发病率居全国前列，自治区红十字会于 2000 年 4 月成立艾滋病/性病预防咨询培训中心，积极参与全区预防艾滋病工作。为普及预防艾滋病知识和提高民众自我防护意识，大力开展“预防艾滋病青年同伴教育项目”，组织青年人参与，在青年人中开展预防艾滋病知识的宣传。项目工作已从乌鲁木齐市扩展到伊犁、哈密、昌吉等地。几年来，自治区红十字会共举办预防艾滋病各类项目培训班500多期，培训青年一万多人，使数百名青年成为宣传预防艾滋病知识的志愿者。

爱心工程是以积极参与国家建立城乡社会保障体系为目标，发动红十字会会员和社会群体兴办公益事业，为最易受损害群体服务。近几年来，新疆红十字会坚持开展“红十字博爱送万家”、“红十字服务进社区”等活动，共筹集200多万元物资，慰问孤、老、病、残、特困户和下岗职工。各地红十字会积极组织志愿者对孤寡老人、五保户进行长期“三定一包”服务。乌鲁木齐市红十字会成立了抗癌委员会，建立了“抗癌乐园”，使癌患者活有所乐，活有所学，活有所为，增强了战胜癌魔的勇气和信心。在红十字青少年中，每年坚持开展向贫困地区学校捐助“三个一”（一元钱、一件学习用品和一件生活用品）爱心活动。昌吉州已启动建立“红十字会博爱基金”。1999年以来，自治区红十字会坚持在元旦与春节、肉孜节与古尔邦节、国庆节与中秋节，以及世界红十字日期间采取多种形式为社区和广大农牧区贫困群众送温暖献爱心，真正把红十字会的关爱送进千家万户。

（宁英锁）

乌鲁木齐市红十字会

【简介】

乌鲁木齐市红十字会成立于1956年，文革时期停止工作。1985年，市红十字会恢复工作，挂靠市卫生局。1993年，批准成立区（县）红十字会。1998年，市红十字会机构独立设置，机关内设二部一室和一个中心，有事业编制17人。还在民政局注册成立乌鲁木齐市红十字会抗癌专业委员会和乌鲁木齐市红十字会志愿工作者专业委员会。全市有基层红十字会组织778个，红十字团体会员单位148家，红十字会员83200余人。

2011年，市红十字会在“红十字会博爱送千家”活动中，为675户困难家庭，发放慰问物品13.5万元。开展关爱艾滋病患者活动，慰问艾滋病感染者及其家庭140余户，发放慰问品1.9万元。举办第14次“送温暖 献爱心”新年联谊会，为孤寡老人、低保户、SOS村的儿童发放慰问品2.6万元。举办为偏远地区学校募集图书建立红十字爱心书屋活动，为克州36所乡镇学校募集图书五万余册。全年举办艾滋病预防知识培训班65期，培训1040人次。2011年，乌鲁木齐市红十字会积极配合自治区造血干细胞库的工作，下发文件规范造血干细胞捐献的各项工作程序。全年对18名造血干细胞志愿捐献者进行再动员，有七位志愿者实现造血干细胞捐献。全年遗体无偿捐献登记56人，眼角膜捐献登记12人。2011年，市红十字会共完成初级卫生救护培训3920人次，开展健康知识、艾滋病防治、救护知识讲座165期。为第二届新疆国际民族舞蹈节和首届中国——亚欧博览会上的115名红十字志愿工作者进行了红十字应急救护知识培训。

现任会领导：

市红十字会常务副会长：郭燕

副会长：木合代斯·玉诺斯

阿克苏地区红十字会

【简介】

阿克苏地区红十字会成立于1990年。2002年，地区红十字会理顺管理体制，机构独立设置，为县级建制，核定全额事业编制六人，现实有七名工作人员参照公务员管理。地区八县一市红十字会全部理顺管理体制，机构独立设置，均为科级建制，每县有全额事业编制二至五人，人员参照公务员管理。全地区有基层红十字会组织九个，红十字会员28431人。

现任会领导：

地区红十字会会长：艾尼瓦尔·赛依提

常务副会长：赵庆贺

阿勒泰地区红十字会

【简介】

阿勒泰地区红十字会成立于1991年4月26日。2002年11月，地区红十字会理顺管理体制，核事业编制五名，为正县级全额预算管理事业单位。2003年底，全区六县一市红十字会全部理顺管理体制，各有编制二至三名，各红十字会均为正科级单位。地区各级红十字会共有专职工作人员41名，全地区有基层红十字会组织105个，红十字团体会员单位180家，红十字会员34013人，红十字青少年会员51065人，红十字志愿工作者2022名。

2011年，阿勒泰地区红十字会争取到中国红十字基金会131.64万元的救助物资。在“两节”期间，地区红十字会筹集九万元的物品对全区300户贫困家庭进行了慰问。全年在电力系统、道路运输从业人员及公安干警中开展救护培训2889人次，普及防病知识1722人次，预防艾滋病宣传3022人次。地区红十字会联合地区教育局在各县市开展为农牧区乡镇学校募集图书建立“红十字爱心书屋”活动，共为农牧区学校募集各类图书14700余本。

现任会领导：

地区红十字会会长：库兰

常务副会长：于江

巴音郭愣蒙古自治州

【简介】

巴音郭愣蒙古自治州红十字会成立于1990年12月。2007年4月，自治州红十字会理顺管理体制，有工作人员七名。全州八县一市的红十字会中，有七个理顺管理体制。全州有红十字会专职工作人员30名，红十字会基层组织及团体会员单位105个，红十字会员5608名，红十字青少年会员3041，红十字志愿工作者806人。

2011年，州红十字会为八县一市困难群众发放了价值14万元的救助物品。若羌县一名22岁蒙古族青年志愿者成功捐献造血干细胞。全年共举办各类初级卫生救护培训班42期，培训1283人次。

现任会领导：

州红十字会会长：艾克白尔·阿不都卡的尔（副州长）

常务副会长：殷麦法

副会长：尔来　魏玉平

秘书长：欧曼

博尔塔拉蒙古自治州红十字会

【简介】

1990年5月，博尔塔拉蒙古自治州成

立博州红十字会与红新月会联合会，隶属州卫生局。1996年9月10日，更名为新疆博尔塔拉蒙古自治州红十字会。1999年9月，州红十字会理顺管理体制，为县级单位。州红十字会有专职工作人员六名。全州有红十字会理事单位80家，红十字团体会员单位60家。州内有28所学校和八个社区建立基层红十字会组织，全州有红十字青少年会员9100名，红十字志愿工作者49人。

2011年，在“红十字博爱送温暖”活动中，全州各级红十字会慰问困难群众143户，慰问贫困学生60名，发放救助款物5.71万元。为查干屯格乡受灾群众募集专项救助款121526.90元。完成100例贫困家庭白内障复明手术。救助重大疾病患者20人，发放救助金34296元。全年举办卫生救护培训班18期，培训1163人次。全年采集造血干细胞志愿捐献者血样178人份。

昌吉回族自治州红十字会

【简介】

昌吉回族自治州红十字会成立于1990年3月20日。1998年，州红十字会理顺管理体制，机关内设办公室、事业发展部和赈济救护部，下设州红十字会社会救助培训中心（事业单位），有工作人员11名。全州五县二市红十字会全部理顺管理体制。全州共有红十字会专职工作人员32名，基层红十字会组织及团体会员单位1124个，红十字会员32733名，红十字青少年会员48335名，红十字志愿工作者3800名。

在2011年的“红十字博爱送万家”活动中，全州各级红十字发放慰问款物164.78万元，有3485户困难家庭约11110人受益。全州各级红十字会举办各类防灾减灾与自救互救知识讲座、培训班206期，培训1.71万人。“科技之冬”培训平台，共举办培训班219场次，培训农牧民1.95万人。接受捐赠图书70165万册，建立“爱心书屋”13个。

现任会领导：

州红十字会会长：热合满江·达吾提（副州长）

常务副会长：马桂艳

秘书长：王彬

哈密地区红十字会

【简介】

哈密地区红十字会成立于1987年，所辖两县一市均成立红十字会。地区红十字会隶属于地区卫生局，内设有办公室、机构为正科级，有工作人员四人。2000年7月，地区红十字会理顺管理体制，人员参照公务员管理，规格为正县级，同年，各县（市）红十字会相继理顺管理体制。地区红十字会内设办公室、宣教救护救灾部，有工作人员九人。全地区红十字系统有专职工作人员22人。全地区现有基层红十字会组织33个，红十字团体会员单位73家，红十字会员5647人，红十字青少年会员1625人，红十字冠名医疗机构二所。

2011年，地区红十字会在“红十字博爱送万家”活动中，慰问了750户贫困家庭，发放救助款物9.94万元，还为贫困病人募捐6.3万余元。开展应急救护培训班七期，培训456人，有117人取得初级应急救护证。全年采集造血干细胞志愿捐献者血样

43 人份。

现任会领导：

地区红十字会常务副会长：张天庆

副会长：李新田

和田地区红十字会

【简介】

和田地区红十字会正式成立于 2001 年 5 月 17 日，挂靠和田地区卫生局，核定事业编制五名，规格为副县级，人员参照公务员管理，工作由和田地区行署领导联系。2010 年 6 月，地区红十字会升格为正县级单位，全地区七县一市的红十字会全部理顺管理体制。全地区有基层红十字会组织 39 个，红十字团体会员单位 678 家，红十字会员 14952 人，红十字会青少年会员 820 人。

2011 年，和田地区红十字会接受自治区红十字会 149200 元的救灾救助款物，慰问区内老弱病残、特困户、下岗职工等困难群众。

现任会领导：

地区红十字会常务副会长：阿不都克里木·玉素甫

秘书长：刘新民

喀什地区红十字会

【简介】

喀什地区红十字会 2001 年 3 月理顺管理体制，按照社会团体管理。2006 年 12 月 26 日，地区红十字会列入参照公务员法管理单位，规格为正县级，有领导职数四名，列全额拨款事业编制七名，其中一名为工勤编制。机关内设综合科。全地区有红十字会专职工作人员 32 人，兼职工作人员 16 人。全区 11 县一市中，有九县一市红十字会理顺管理体制。全地区有红十字团体会员单位九家。

2011 年，地区红十字会接收救灾救助物资 350 余万元。发放救灾救助物品 451109.97 元。

现任会领导：

地区红十字会常务副会长：殷俊杰

副会长：杨露明

克拉玛依市红十字会

【简介】

克拉玛依市红十字会 1999 年 10 月成立，隶属市卫生局，为正科级单位，有工作人员二人。2004 年 12 月 23 日，克拉玛依市红十字会独立设置，规格为正县级，内设综合科，有事业编制三名。现有基层红十字会组织七个，红十字会员 7761 人。

2011 年，克拉玛依市红十字会在“红十字博爱送万家”活动中，为 350 户困难群众发放了 8.2 万元的救助物品。“六一”儿童节前夕，市红十字会在第十六中学成立了首个“红十字爱心书屋”，并向书屋捐赠图书 520 本。全年有 405 人参加市了红十字会举办的卫生救护培训班，并为退管中心的 115 名退休干部开展了应急救护知识培训讲座。全年采集造血干细胞志愿捐献者血样 198 人份。

现任会领导：

市红十字会专职副会长：葛亚奇

克孜勒苏柯尔克孜自治州红十字会

【简介】

克孜勒苏柯尔克孜自治州红十字会成立于1997年5月，隶属克州卫生局，为副县级单位，有事业编制五名。2002年11月，州红十字会升格为正县级单位。2005年，自治州红十字会人员参照公务员管理。2007年7月，自治州红十字会成立党组。2008年8月，自治州红十字会人员编制数增加到八名，领导职数二名，科室领导职数二名。自治州的三县一市均成立了红十字会。全自治州有基层红十字会组织10个，红十字团体会员单位135家，红十字会员5779人。其中，红十字青少年会员达到了2048名。红十字志愿工作者70人。

2011年，自治州红十字会纳入自治州减灾委员会成员单位，全年募集救灾救助款物100多万元，救助困难群众达二万余人。争取援助及项目资金达40万元，修建村卫生室五所、老战士博爱卫生室一所，参与新农合及各种病防控项目、培训农牧民200人。在“红十字博爱送万家”活动中，发放救助款物15万元，救助贫困农牧民和城市困难群众一万余户。开展了对特殊行业人员的卫生救护培训工作，共有515人参加卫生救护培训。

现任会领导：

州红十字会副会长：高素萍

塔城地区红十字会

【简介】

塔城地区红十字会2002年9月独立设置，是全额预算管理，有事业编制六名，人员参照公务员管理。机关内设办公室和综合业务科。全地区有基层红十字会组织七个，红十字团体会员单位129家，红十字会员四万余名，红十字青少年会员3.2万人，红十字志愿工作者2400名。

2011年，塔城地区红十字会开展了卫生救护培训工作，目前已培训救护员4819人，普及救护防病知识宣传17566人次。

现任会领导：

地区红十字会常务副会长：程显福

吐鲁番地区红十字会

【简介】

吐鲁番地区红十字会于1999年6月独立设置，规格为正县级，有事业编制六名，人员参照公务员管理。下属吐鲁番市红十字会、鄯善县红十字会、托克逊县红十字会在2005年前独立设置。全地区有红十字会专职干部22人，工勤二人。全地区有红十字团体会员单位128家，有两所学校成立红十字会，全地区有红十字会员6700余人。

2011年，地区红十字会通过手机短信向社会募捐善款2.6万余元，救助白血病、尿毒症等大病患者四人。为区内洪涝灾区紧急拨付八万元救助金及30顶帐篷。在“红十字博爱送万家”活动中，向吐鲁番市胜金乡阿克塔木学校捐赠了3000余元学习用品。举办卫生救护培训班，全年培训900余人次。举办艾防知识培训班六期，培训200余人次。

伊犁哈萨克自治州红十字会

【简介】

伊犁哈萨克自治州红十字会成立于1988年6月，由州卫生局代管。2005年1月，自治州红十字会实现机构独立设置，机关内设综合部和赈济救护部，归口自治州人民政府联系。州属的10个县（市）均成立红十字会，其中九个县、市红十字会已实现机构单设。

2011年，伊犁哈萨克自治州10个县、市红十字会实现红十字会机构单设，有100多个乡、镇、场、街办建立了基层红十字会组织。全自治州有180多所学校建立了红十字会，有红十字青少年会员一万多人。自治州红十字会为灾区发放救灾款物110多万元，并筹资200多万元用于社会救助和学校的再建工作。全年举办艾防宣传教育培训班90多期，有二万多人参加。接收江苏省各级红十字会对口支援款物300多万元，培训红十字会干部13人次。2011年，实现自治州首例造血干细胞捐献。自治州红十字会被自治区红十字会评为红十字工作先进单位。

现任会领导：

州红十字会常务副会长：汤须川

生产建设兵团红十字会

新疆生产建设兵团红十字会

【年度工作】

一、组织和制度建设工作

2011年1月，兵团红十字会第三次会员代表大会的召开，为兵团红十字事业迎来了全面发展的机遇。为推动师（市）红十字会各项工作开展，兵团红十字会组织先后对14个师和二二二团红十字会进行了全面的基层工作调研和督导。通过调研，对兵团红十字会第二次会员代表大会以来的事业发展情况、存在不足和制约红十字事业发展的主要问题都有了深入了解，帮助解决了一些基层红十字会在工作中遇到的困难和问题，暂时无法解决的重点、难点问题，也在调研分析的基础上形成了书面报告。

为加强会员管理，兵团红十字会根据《中国红十字会会员管理办法》，对会员的入会、登记、转会和日常管理工作制定标准并下发到各师市红十字会。为塑造红十字会良好社会形象，提升红十字会社会公信力，兵团红十字会结合实际，及时制定并印发了《兵团红十字会贯彻落实“两公开两透明”承诺实施方案》，进一步加大了兵团红十字系统的信息公开透明力度并形成制度。

为更好地发挥红十字会在人道工作领域的助手作用，成立不久的建工师红十字会注重抓好红十字会组织体系建设，并设一名专职副会长负责工作。目前已拥有注册团体会员单位11个，个人会员5600名，志愿者4500名，并成立了四个红十字志愿服务队，工作开展积极主动，成绩显著。兵团党委常委、副司令员、红十字会会长宋建业对建工师的红十字会建设工作做出重要批示，特别对该师抓红十字会员和志愿者队伍建设的做法予以充分肯定，还要求其他各师红十字会要认真效仿学习并在弘扬红十字文化上下功夫，推动兵团红十字事业全面发展。

二、应急救援工作

2011年，兵团红十字会重点加大了对基层红十字会应急能力建设的宣传和指导力度，受灾情况与救助需求及时上报制度已基本形成，并依托兵、师医疗机构建立了21支师、团级红十字应急救援队。

防灾减灾日期间，兵团各级红十字会都组织开展了多种形式的防灾减灾宣传活动。兵团红十字会与民政局等部门联合在机关大楼组织了模拟条件下的紧急避震、紧急疏散及灾害情况下的应急消防和应急救护演练，并开展了群众性普及救护培训活动，发放《急救手册》等宣传品2000余人份。

在喀什“7·30”等多起突发性事件和伽师县8·11地震救助工作中，三师红十字会均在第一时间组织应急医疗救援队，由红十字会副会长、卫生局局长周方带队，迅速赶赴救助现场全力进行伤员救治工作，累计救治各族受伤群众46人，为保障人民群众的生命安全做出了积极贡献。

三、救助工作

2011 年，兵团红十字会接受中国红十字会总会捐赠“红十字博爱送万家”活动物资 1000 箱，价值 20 万元；药品 52 箱，价值31.85 万元；救助粮食115 吨，价值50万元；募集《学生安全预防与自救》图书捐赠款 50.38 万元等。全年共募集各类救灾救助款物折合人民币 186.028 万元，用于救灾救助款物折合人民币 181.028 万元，受益人口 8.32 万人。为改善贫病职工群众家庭境况，兵团红十字会与上海市浦东区红十字会合作开展贫困家庭先心病患者免费救助；推荐贫困家庭先心病患儿参加“爱佑童心”救助；推荐贫困白血病儿童参加“小天使基金”项目救助；开展“西部女性阳光基金”项目，实施宫颈癌、乳腺癌的普查和救治，并为贫困家庭患者提供一定数额手术费用减免。三师红十字会与民政局等部门联合开展“健康光明联合行动”，为贫困白内障患者实施复明手术 130 例；十二师红十字会开展送医送药下基层巡回医疗活动，累计巡诊 1200 人次。

为帮助贫困家庭学生完成学业，兵团红十字会与北京市红十字基金会合作设立“红十字援疆助学基金”，定向资助了 10 名十四师在疆就读的贫困家庭大学生；与北京阜外医院合作设立红十字助学基金，定向资助农一师贫困家庭学生完成学业。与淘宝网合作，在八师、建工师和十二师启动了“魔豆爱心工程”公益项目，帮助部分困难母亲实现网上创业，走出生活困境。与兵团党委统战部共同组织在 14 个师推荐 20 名基层医务工作者，赴北京参加“同心·红十字天使计划”民族地区乡村医生培训。

元旦、春节期间，兵团红十字会组织在六、九、十四师和兵团驻乌鲁木齐有关单位开展了“红十字博爱送万家”慰问活动，发放了价值 28 万元的慰问物资，共有 1400 户 4200 余人受益。八师红十字会还组织开展了“双百”捐助活动，共为百名贫困学生和百户贫困家庭发放了 10 万元救助金，使他们度过了一个温暖、祥和的节日。

四、救护培训工作

结合“五八红十字日”、“防灾减灾日”、“世界急救日”等主题纪念活动，兵团各级红十字会充分发挥现有救护师资作用，在机关、企事业单位、学校和社区大力开展卫生救护普及培训。六师红十字会在中小学生和警校学员中开展救护知识普及培训、七师红十字会在少年军校开设战场应急救护培训、建工师红十字会组织对高危、特种行业从业人员进行救护培训等。这些活动的开展极大的推动了红十字救护培训的深入开展。

各级红十字会全年累计培训救护师资 101 人，红十字救护员 3048 人，普及培训共 53562 人次。在总会举办的红十字“救”在身边征文比赛和应急救护精品课程评选中，六师医院救护师资孟斌、陈雪芹制作的救护培训课件获得应急救护精品课程优秀奖。

五、传播与宣传工作

以“红十字博爱周”、“世界艾滋病日”等系列主题活动为契机，兵团各级红十字会在广泛开展国际人道法与红十字运动基本知识传播的同时，还通过各类媒体对活动进行全方位、多层次的全面报道，不断提升红十字会社会影响力，并建立了新闻发言人制度和包括重大事件、重大灾害救助、突发事件处理、社会捐助等内容的新闻发布制度，红十字系统的信息公开透明力度进一步增强。

“红十字博爱周”期间，兵团各级红十字会结合当地实际，均开展了各具特色的系列主题宣传和纪念活动，并通过广播、电视、报刊、网络等媒体对活动进行广泛宣传报道。特别是三师红十字会开展的红十字宣传扩面活动和七师红十字会开展的“1069999391”手机短信捐款宣传推介等活动，宣传范围广、覆盖面大，宣传效果显著。

12月1日，兵团红十字会与兵团防治艾滋病工作委员会等部门共同策划组织了“世界艾滋病日”大型宣传活动。兵团副司令员、红十字会会长宋建业到九师调研艾滋病防控工作，并看望慰问艾滋病防控一线人员。在六师活动现场，通过发放宣传资料、组织志愿者宣誓、签名和问卷调查等形式，进一步提高了兵团广大干部职工群众对艾滋病防治工作的认识。兵团党委、兵团副秘书长赵广勇参加活动并讲话，兵团卫生局、红十字会、团委、妇联和农六师有关领导参加活动并看望慰问了艾滋病防控一线的工作人员。

据统计，2011年，兵团各级红十字会开展各类主题宣传活动累计张贴、发放宣传品和宣传材料9.9万余份，《急救手册》2200本，新闻报道184篇，刊播公益广告1215次，义诊及咨询二万余人次，参加活动工作人员和志愿者2000余人次，参与活动人数超过10万人次。四师红十字会、八师石河子市红十字会还获总会2011年度新闻报道和报刊发行工作先进集体三等奖。

六、志愿服务工作

为扶持和培育红十字志愿服务组织和服务项目，兵团红十字会推荐石河子人民医院和石河子大学护士学校参加了总会“红十字关爱生命志愿服务行动”计划。为推动红十字会与红新月会国际联合会开展的“2011志愿者与志愿服务年”活动，兵团红十字会以“携手人道促和谐 志愿服务为民生”为主题，组织开展了形式多样的红十字志愿服务活动。兵团一中红十字会组织青少年会员和志愿者深入社区为军属、低保户提供帮助；四师红十字会组织志愿者到敬老院开展献爱心活动；六师、十二师红十字会开展招募红十字志愿者活动；九师红十字会组织医疗志愿服务专家赴基层连队进行义诊；十三师红山农场组织志愿者慰问孤寡老人等。这些志愿服务活动的开展，都以实际行动弘扬了“人道、博爱、奉献”的红十字精神，大大提升了红十字会的社会影响力。

七、无偿献血和造血干细胞捐献工作

为表彰无偿献血先进，进一步激励健康适龄的公民积极参与无偿献血，“世界献血者日”前夕，兵团卫生局、红十字会对兵团无偿献血工作中成绩突出的10个先进集体和172名先进个人进行了表彰。四师红十字会和六个团场年内还被伊犁州授予“无偿献血先进单位”荣誉称号。

为进一步推动兵团造血干细胞捐献工作，兵团红十字会与八师红十字会、石河子大学红十字会联合组织开展了青年志愿者捐献造血干细胞采样活动，82名志愿者采集了捐献造血干细胞血样。

八、红十字青少年工作

为提高民族地区的教育水平，推动红十字青少年工作蓬勃开展。兵团红十字会与教育局推荐九名民族地区青年教师，参加了中国红十字基金会在北京举办的民族地区优秀青年乡村教师文体培训班。为推动中小学安全教育，提高学生自我保护意识和能力，兵团红十字会组织开展了“安全知识进校园，我为孩子捐本书”活动，将3.2万余本《学生安全预防与自救》图书发放到兵团部分中小学校。建工师红十字会举办了“关爱贫困学生 爱读书 读好书”赠书活动，捐赠各类图书2680册。九师红十字会组织师、团学校开展了以红十字知识讲座、初级卫生救护知识培训为内容的红十字宣传教育系列活动，大力传播红十字运动基本知识和国际人道法，普及防灾和自救知识。农九师小白杨中学，长期以来以争创“全国红十字示范校”活动为目标，把红十字会工作作为学校整体工作的重要组成部分纳入年度考核，并在时间上予以保证，经费上予以保障，物质上予以支持，使学校红十字会活动开展得丰富多彩。

【历史沿革】

1991年3月，兵团召开了兵团红十字会与红新月会联合会成立大会，会议产生第一届理事会，聘请兵团司令员刘双全为名誉会长，选举兵团副司令员伯塔依·库平为会长，汪艾翔为常务副会长，选举理事29人、常务理事10人。同年5月，兵团办公厅下发了《关于成立兵团红十字会与红新月会联合会的通知》，决定成立兵团红十字会与红新月会联合会（后规范为兵团红十字会），挂靠在兵团卫生局，但红十字会无编制，无专职工作人员，全部职责均由兵团卫生系统人员履行。2004年4月和11月，兵团编委和兵团编办分别下发了《关于兵团红十字会机关机构编制有关问题的通知》和《关于调整兵团红十字会机关编制的通知》，通知决定，兵团红十字会机关挂靠兵团卫生局，核定事业编制五名，工作人员参照国家公务员制度管理（后改为行政编制）。目前，兵团红十字会本级有专职副会长一名，内设办公室（挂宣传发展部）和救灾赈济部。

2005年1月26日，兵团红十字会第二次会员代表大会召开，会议产生了由66名理事组成的新一届理事会，由12名常务理事组成的常务理事会，兵团副司令员阿勒布斯拜·拉合木当选会长，王国建当选常务副会长，张国昌、赵振岗（总会挂职干部，2008年9月任职）、梅新顺、王辉雄当选副会长，根据会长提名决定张岩为秘书长，陈启洪（总会挂职干部，2005年8月任职，2007年3月离任）、戴晓明（总会挂职干部，2007年3月任职，2008年7月离任）为副秘书长。由王国建等四位专职常务理事组成执行委员会，主持日常工作。2005年12月，聘请兵团司令员华士飞担任兵团红十字会名誉会长。

2008年10月21日，在兵团红十字会第二届理事会第五次会议上选举兵团党委常委、副司令员宋建业为兵团红十字会会长。

【组织机构】

兵团红十字会机关设办公室（宣传发展部）、赈济救护部，设专职副厅级领导职数一名、处级领导职数二名。截至2010年底，兵团14个师（市）和222团成立了红十字会并召开了会员代表大会，176个团红十字组织机构正在建设和逐步完善中。

【历史沿革】

1991年3月，新疆生产建设兵团（以下简称兵团）红十字会成立大会召开，选举产生了第一届理事会，聘请兵团司令员刘双全为名誉会长，兵团副司令员伯塔依·库平当选为会长，产生理事了29人、常务理事10人。2004年初，经一届二次理事会会议讨论增补四名理事、三名常务理事。

兵团红十字会第一届理事会在无一名专职工作人员的特殊情况下，依照红十字会宗旨，在救灾、帮困、预防艾滋病、无偿献血等领域开展了大量的工作。

2004年，兵团红十字会第一届理事会依照《中华人民共和国红十字会法》、《中国红十字会章程》、《国务院办公厅转发中国红十字会总会关于进一步加强红十字会工作意见的通知》精神，在兵团实施机构改革、压缩机关编制的情况下，积极协调、主动工作，使成立已13年的兵团红十字会获得了独立工作机构编制，为理顺兵团红十字会管理体制迈出了可喜的一步。

2005年1月，兵团红十字会第二次会员代表大会召开。兵团党委书记、政委陈德敏，兵团副司令员阿勒布斯拜·拉合木，中国红十字会副会长郭长江等出席会议并作了讲话。大会审议并通过了一届理事会《工作报告》、《兵团红十字事业2005～2009年发展规划》，传达了中国红十字会第八次会员代表大会精神，依法完成了换届选举，产生了由66名理事组成的新一届理事会。兵团副司令员阿勒布斯拜·拉合木当选为会长，王国建当选为常务副会长，张国昌（专职）、梅新顺、王辉雄当选为副会长，根据会长提名决定张岩为秘书长。

兵团红十字会第二届理事会聘请兵团司令员华士飞为名誉会长。

兵团红十字会历次会员代表大会

第一届

1991年3月10日召开，代表人数100人、选举产生理事33人、常务理事13人，名誉会长刘双全，会长伯塔依·库平，常务副会长汪艾翔。

第二届

2005年1月26日召开，代表人数131人，选举产生理事66人、常务理事12人，名誉会长华士飞，会长阿勒布斯拜·拉合木，常务副会长王国建，专职副会长张国昌，秘书长张岩。

【组织机构】

兵团红十字会机关设办公室（宣传发展部）、赈济救护部，设专职副厅级领导职数一名、处级领导职数二名。兵团所辖14个师186个团红十字组织机构正在建设和逐步完善中，三师图木舒克红十字会于2005年5月17日召开会员代表大会，选举产生了新一届理事会。2006年相继又有三个师成立了红十字会，值此已有五个师成立了红十字会。

（张 岩）

铁路红十字会

中国铁路红十字会

【年度工作】

2011 年，铁路红十字会做好卫生救护培训工作。一是安排广州、郑州铁路职业技术学院的继接教育学院作为师资、骨干红十字救护员的培训基地，全年共安排培训班 16 期，培训职工 800 人。二是组织各铁路开展站车工作人员救护培训，2007 年以来，全路培训站车工作人员二万余人，基本完成在每个站、旅客列车服务班组培训一至二名红十字救护员的培训目标；已培训近 1.3 万人，占列车员人数的 10% 以上。

继续做好红十字药箱的配备工作。已在所有跨局和绝大部分局内运行的旅客列车上完成红十字药箱的配备工作，配备红十字药箱 3960 个。

认真组织铁路有关单位积极开展“红十字博爱周”、“世界急救日”等项活动。红十字救护培训成效显著，也取得良好的社会效应。

一是充分发挥救护伤病旅客的作用。近年来，铁路红十字救护员在遇到重大突发事件时，在日常客运服务工作中，都发挥重要作用。二是因伤病旅客救助不当，或救助不及时导致伤病加重或死亡的负面新闻大幅度下降。三是消除了人大代表、政协委员对旅客救助不当问题的批评。四是近两年来，中国红十字会领导多次表扬铁路系统救护培训工作，指定铁路红十字会在全国救护工作会议大会发言交流经验。

【历史沿革】

20 世纪 80 年代至 90 年代初期，济南铁路局、兰州铁路局、北京铁路局、上海铁路局、呼和浩特铁路局、乌鲁木齐铁路局、柳州铁路局共七个铁路局先后成立了铁路局红十字会组织。其中兰州、上海铁路局各分局也成立了红十字会组织，并开展了带行业特点的红十字会工作。1992 年，济南铁路局红十字会被中国红十字会评为先进集体，并在中国红十字会六届理事会上介绍了经验。此后，由兰州、济南、呼和浩特、柳州等铁路局红十字会酝酿，要求铁道部成立铁路红十字会，把七个局的红十字会工作统一起来，向当时中国红十字会领导顾英奇反映得到肯定。之后，向当时铁道部卫生保护司司长路文德提出要求。经铁道部卫生保护司请示铁道部副部长傅志寰，同意成立中国铁路红十字会，并指示根据铁路具体情况只在运输系统，即各铁路局建立和开展红十字会工作。铁路红十字会会长由卫生保护司司长路文德担任，副会长由兰州铁路局刘志忠担任，秘书长由铁路部卫生保护司原医政处副处长孙英元担任。铁路红十字会办公室设在铁道部卫生保护司医政处。1994 年，铁道部在兰州铁路局西宁分局召开大会，正式成立中国铁路红十字会。1994 年，筹建了铁路红十字会锦州宣教中心，并陆续开展了红十字宣教和培训铁路列车救护员的工作。以后，又依据铁路客运工作的需要，在铁道部第四工程局黄山疗养院、济南铁路局烟台地区招待所成立了铁路红十字会培训中心，在大连铁路疗养院成立了铁路红十字康复中心。

中国铁路红十字会历次代表会议

第一次1994年，在兰州铁路局西宁分局召开了中国铁路红十字会成立大会。除成立铁路红十字会的铁路局以外，其他铁路局也派代表参加了大会。大会中心议题是建立和发展组织，讨论按铁路特点在客运安全服务、灾害事故急救、宣传教育、救助弱势群体和无偿献血方面开展红十字会工作。

第二次1998年，在呼和浩特铁路局召开了由各铁路局和部分铁路分局红十字会负责人参加的会议。按照中国红十字会总会的精神，总结前一段的工作，部署当年的工作。

第三次1999年，在西安铁道部临潼疗养院召开了由各铁路局和部分分局红十字会负责人参加的会议。重点是交流经验、发展组织、推动工作。之后，除沈阳，郑州铁路局和广铁集团公司外，都相继建立了铁路红十字会组织。

第四次2000年，在烟台铁路红十字会培训中心召开了会议。会议内容为总结上一年度工作，并提出新一年度工作要求，同时还举办了铁路优秀红十字学员夏令营活动。

第五次2002年，在柳州铁路局召开了铁路红十字会工作会议，贯彻中国红十字会七届理事会精神，请柳州铁路局副局长、红十字会会长汪书庆介绍开展铁路红十字会工作的经验。广西壮族自治区红十字会秘书长到会祝贺并讲话。中国铁路红十字会提出年度工作的八项要求。

【组织机构】

中国铁路红十字会除兰州铁路局有单设的机构和人员以外，其他铁路局都挂靠在卫生主管部门（医政处，卫生处，医政科）。

中国铁路红十字会会长为路文德，副会长为兰州铁路局原副局长刘志忠（专职），南昌铁路局党委书记高维生为红十字会常务副会长，中国铁路红十字会秘书长由劳卫司医政处处长梁渤洲担任。兰州，柳州和南昌铁路局铁路红十字会组织比较健全，由局领导任红十字会会长，各有关业务处长任理事。其余的铁路局和部分分局红十字会职务由其医政科室人员分管或兼职担任。

【主要特色】

一、各铁路局红十字会在“五八世界红十字日”和“世界艾滋病日”，利用铁路站车优势，广泛宣传《中华人民共和国红十字会法》和预防滋病知识。多年来，铁路红十字会开展各种宣传活动130多次，在基层站段和列车上放发宣传资料41万多份。昆明铁路局红十字会多年来与云南省红十字会合作，在“世界艾滋病日”组织铁路各医疗和疾病控制单位在昆明站、昆明北站、开远站等采用多种宣传形式，向过往旅客和铁路职工、家属宣传艾滋病预防知识，受到云南省红十字会的好评。从1997年至2002年，该会还与云南省红十字会、澳大利亚红十字会合作，在昆明、开远、南昆线、威舍等地举办20多期艾滋病预防青年同伴教育培训班，约5000余名青年职工、学生接受了艾滋病预防的知识教育。

二、2002年，中国铁路红十字会宣教服务中心和有关铁路局红十字会配合客运部门共举办九期旅客列车红十字救护员培训班，共培训721名旅客列车红十字救护员。2003年3月，铁道部、卫生部、中国红十字会总会联合下发了关于印发《旅客列车急救药箱管理办法》（暂行）的通知，要求按15部委联合通知的要求力争逐步达到每趟旅客列车有两名经过培训的铁路红十字救护员。2004年，中国铁路红十字会认真贯彻上述文件精神，铁道部劳卫司和运输局共同印发了《铁路自救互救基础》全路统一教材8000册，还与铁道部运输局共同举办了两期铁路客运部门红十字自救互救骨干培训班，有80余人接受了培训。各铁路局举办了多期红十字救护员培训班，培训客运乘务人员1500多人。2005年，由成都铁路局客运部门牵头，两个月举办了六期红十字救护员培训班，培训旅客列车救护员453人，经考试合格发证上岗。中国铁路红十字会宣教服务中心协助柳州局红十字会举办了两期共95人的红十字救护员培训班。哈尔滨铁路局2005年9月培训了100名列车红十字救护员。受培训合格上岗的红十字救护员大都在救治旅客外伤、急诊，甚至接生的初级处理中发挥了良好的作用，受到旅客的赞扬。

三、各铁路局在灾害和疾病发生时，积极协助救灾物资的运输工作。如上海铁路局和地区红十字会发挥铁路特点，2002年，在上海南站、南浦站、杨浦站、北郊站、无锡站，新龙华站用火车专列协助运输救灾物资174车共10440吨，支援了江西，云南，河北等省的救灾工作，并给予适当的优惠政策。上海市新闻媒体对此进行了报道。在募捐工作中，上海铁路分局的24个基层单位的16425人募集衣被32008件发往灾区。

四、配合卫生部门组织无偿献血活动。铁路系统参与无偿献血的职工人数逐年增加。据不完全统计，每年参加无偿献血的都超过一万人。上海铁路局有一个职工已累计无偿献血8000毫升，获得上海市红十字会颁发的无偿献血金奖。

全国各铁路局红十字会在救助弱势群体，开展社区服务和红十字青少年活动方面也做了大量工作。

（铁　红）

特别行政区红十字会

香港特别行政区红十字会

【年度工作】

一、强化机构健康，迎接未来挑战

2011—2012年度，香港特别行政区红十字会踏上五年“强身健体”的旅程，致力提升成为一个更强壮和健康的人道工作机构，迎接未来的挑战。筹备一年多的“五年策略发展计划”正式展开，率先推行一连串在优质文化、职员康健、知识管理和人才管理的措施，优化机构管治；当中包括举办多项员工培训及关注同事身心健康的活动，以及改善福利津贴及假期安排等。香港特别行政区红十字会亦已展开一项人力资源评估研究。各部门同时积极参与建构新的知识管理平台，合力缔造知识分享文化。

为达致更佳的机构管治及公众问责，香港特别行政区红十字会委托了独立顾问进行检讨，报告已于2012年2月向董事会提交，建议设立内部审计机制、厘订委员会运作政策、强化部分规管程序和加强风险管理等。香港特别行政区红十字会随即制定了行动计划，分阶段落实推行。

因应香港特别行政区红十字会近年的服务与机构规模持续扩展，秘书处增设了一席副秘书长，专责统筹各类管理支持工作，同时，原有副秘书长一职改名为副秘书长（服务），以便更明确地反映其专责督导各项服务的角色；新任的副秘书长（行政管理）已于2012年4月履新。另外，香港特别行政区红十字会亦于本年度成立信息科技办公室，提升对各部门和项目的支持。香港特别行政区红十字会并积极为未来服务做好规划，主席委员会分别委任了“本地社区关怀服务”及“国际参与”工作小组，探讨这两方面的服务发展潜力和方向。

重建新总部大楼是香港特别行政区红十字会另一个重心项目，为香港特别行政区红十字会未来服务发展打好基础建设。2012年3月，香港特别行政区红十字会正式接收位于西九龙海庭道的新大楼地盘，动土典礼亦于3月27日举行，并获得特区行政长官、局长及捐款机构代表莅临主礼。连串的新大楼筹款活动更早于2011年5月已展开。新大楼将楼高11层，总面积11900平方米，预计2014—2015年落成后，将成为一站式的人道服务平台。期间，为舒缓现时夏悫道总部过于挤迫的状况，香港特别行政区红十字会传讯及资源发展部和国际及赈灾服务部已先后于2011年及2012年迁往湾仔两所商业办公室。

二、服务概况

香港特别行政区红十字会2011年度持续在香港、中国内地及国际提供广泛的人道工作和社会关怀服务，各项服务均稳步发展。

（一）输血服务

输血服务中心在 2012 年踏进服务香港 60 周年，期间总共累计近 160 万名市民曾参与捐血，救助了无数生命。2011—2012 年度，全港捐血人数约 17 万名，合共收集了超过 23 万袋血液，刷新纪录。本年度又供应了 47 万多个单位的血制品和 13 万多瓶的血浆制成品予本地医院。因应血液需求量日益增加，香港特别行政区红十字会增设了元朗捐血站和翻新荃湾捐血站；又积极在校园进行推广，鼓励学生定期捐血。

“香港骨髓捐赠者数据库”至现时已累积登记的捐赠者总数逾八万多名；“周桃英脐带血库”共储存逾 5100 个脐带血单位。在 2011—2012 年度，香港特别行政区红十字会成功配对 70 个单位的无血缘骨髓或脐带血予 61 位本地及九位香港以外的病人。

（二）赈灾及备灾

香港特别行政区红十字会继续积极响应国际红十字会的呼吁，支持世界各地的人道工作。香港特别行政区红十字会在 2011 年度共拨出港币二亿多元支持多个国家和地区的紧急赈灾、灾后重建及备灾发展项目；包括继续支持日本地震和海啸后的重建工作（拨出港币逾 1.5 亿元）；因应东非出现严重旱灾，为多国提供紧急救助；支持多个经历严重水灾的亚洲国家；以及持续协助海地地震后的重建。同时，香港特别行政区红十字会又在南亚及东南亚等地推展备灾发展项目，协助提高居民的灾难应变能力，减低一旦发生灾害所造成的影响。

在中国内地，香港特别行政区红十字会共动用约港币 1.2 亿元，支持遍及 16 个省、市、自治区的赈灾、灾后重建、备灾及减灾项目。其中，2008 年汶川特大地震后，香港特别行政区红十字会在当地支持的硬件重建项目已全部完成，并继续在农村社区开展生计恢复和备灾减灾工作；香港特别行政区红十字会又支持在青海和云南省受地震影响地区的赈灾及重建；协助四个经历水灾的省市进行重建。此外，香港特别行政区红十字会持续在内地推行“农村社区为本备灾项目”，自 2003 年至今已经在八个省、90 个农村小区进行小型备灾和减灾工程，并强化居民的备灾意识。

香港特别行政区红十字会一直吸纳及培训具备专业技能的义工，参与各项境外志愿人道工作。至今，香港特别行政区红十字会共登记 361 名专业义工（包括医生、护士、工程师等）；41 位于本年度参与了境外人道工作。

在香港，香港特别行政区红十字会本年度共参与了九次紧急赈灾服务，并动员临床心理学家及受训义工，为受旺角花园街大火影响的居民提供心理支持服务。

（三）社区关怀服务

凭借香港特别行政区红十字会各义工的支持，香港特别行政区红十字会得以为弱势社群提供不同形式的关怀服务。目前，香港特别行政区红十字会义工总人数共 22740 名，主要来自 370 支红十字青少年制服团队、44 支成人义工队和 26 个耆英团。2011 年，香港特别行政区红十字会义工合共提供超过 64 万多小时的志愿服务，获社会福利署义工嘉许计划“2011 年最高服务时数奖（公众团体）”第六名。

由医护服务部提供的“院友关怀服务”于 22 所公立医院推行，为病人提供不同形式的关怀及支持服务，陪伴他们一起走上康复之路。本年度，香港特别行政区红十字会与两间社福机构合作，在新界东、西区开展“家居院友关怀服务”，支持出院的残疾人士及长者，协助他们尽快融入社区生活。

香港特别行政区红十字会的寻人服务协助因天灾或战祸而失去联络的家庭重建联系；2011年度，香港特别行政区红十字会共处理702宗寻人个案及查询。

（四）急救及健康护理教育

香港特别行政区红十字会一直致力推广“普及急救”；本年度共开办1065项不同类型的急救训练班，培训二万多名学员。为提升市民的急救知识，香港特别行政区红十字会于2011年度发表了《2011年国际急救与复苏指南》、公布“香港市民对急救之认识和态度”的调查结果，并参照指南编印新版的《急救手册》。

随着社会对医疗、安老及家居护理服务的需求增加，香港特别行政区红十字会积极提升医护支持人员的健康护理训练水平，全年共开办了27班课程，培训400多人。

自2003年“非典”爆发后，香港特别行政区红十字会在大埔、屯门及葵青区，推行社区健康教育计划——“五星健康五星家”，本年度在三区共举办了132项健康推广活动。另外，香港特别行政区红十字会又出版14期的健康信息教育刊物，向社区传递健康及家居安全的信息。

（五）青年发展

红十字青少年是香港特别行政区红十字会及红十字运动的生力军。2011年是香港特别行政区红十字会红十字青少年成立55周年，会员举办及参与多项的庆祝活动，包括在2012年3月举行压轴项目“红人会操‘家’年华”，有千多名会员参与。青年及义工事务部2011年以“青年关怀心”为主题，鼓励青少年会员以行动帮助弱势社群应对困境，全年共策划推行120项社区服务计划，及提供逾24000次、超过30万小时不同形式的单项服务。

2011年度，共有166间中小学参加了香港特别行政区红十字会的“校园健康大使计划”，透过朋辈教育形式在学校内推广健康生活知识，并提醒同学远离不良的行为习惯；又协助在校内及社区宣扬预防艾滋病及关怀感染者的讯息。

透过组织制服团体，香港特别行政区红十字会持续为青年人创造历练机会，培育成为青年领袖。近年不断涌现的红十字青年领袖更自发筹划不少本地以至亚太区的人道精神推广活动或跨地域的前瞻性项目，为红十字运动增添新动力。

（六）特殊教育

香港特别行政区红十字会属下的三所特殊学校及18所医院学校，持续实践全人教育，协助学生发挥潜能。本学年，医院学校积极推动生命教育，提升学生尊重生命的意识。甘乃迪中心着力鼓励学生参与领袖培训，以及本地和国际的体艺比赛和文化学习活动，以助学生拓阔视野。玛嘉烈戴麟趾学校则致力提升发展学生潜能，推行“我有才能”计划，并加强英语教学。雅丽珊郡主学校开发“成长的天空”计划，培养学生的正向人生观，并让学生参与不同的体育活动及赛事，展现才能、增强自信。

（七）国际参与及传播工作

香港特别行政区红十字会与中国内地及国际伙伴的交往和合作日益频繁，并担当更显著的角色。2012年初，香港特别行政区红十字会分别与中国红十字会总会签署了第二个《三年合作项目框架协议》，在未来三年推行八个范畴的合作项目；以及与红十字国际委员会签署合作意向书，强化五个范畴的交流合作。另外，香港特别行政区红十字会先后借调多位工作人员往中国红十字会总会、红十字会与红新月会国际联合会吉隆坡及北京的办事处，参与推动香港以外的人道工作。

紧扣频繁的国际参与，香港特别行政区红十字会近年不断增加人道教育活动。为大专学生而设的“国际人道服务领袖培育计划”，2011 年度先后筹办八次的境外关怀行动，合共有 123 人次参与。与红十字国际委员会合办的“红十字国际人道法模拟法庭比赛”已踏入第十年，除举办比赛外，香港特别行政区红十字会亦特别出版了《国际人道法及亚太区国际人道法模拟法庭比赛》，向更多法律学生以至公众推广国际人道法。另外，2010 年共有 10 所中、小学共 300 多名学生参加了香港特别行政区红十字会的“人道校园”计划，透过精心设计的体验式教育活动，让他们从多方面了解人道精神。一年一度由香港特别行政区红十字会与香港电台合办的“香港人道年奖”，2011 年五位得奖者为高志樫先生、刘达强先生、梁子正医生、谭建平神父和王惠芬女士，他们长期用不同的方式服务弱势社群，以实际行动体现人道精神。

三、社会的支持

香港社会各界对香港红十字会工作的肯定和支持，令香港特别行政区红十字会 2011—2012 年度筹得合共港币 6300 多万元的一般捐款及指定用途捐款，以及超过港币 1.05 亿元的境外赈灾捐款。至 2012 年 3 月，香港特别行政区红十字会定期捐款者数目已累积至 19663 名。此外，香港特别行政区红十字会在 2011 年共录得 1009 次的媒体报道。

由捐款支持的“香港红十字会服务发展基金”，2011 年度共拨出港币 390 多万元，资助七个新开拓或进行提升的服务项目，包括建立紧急医疗应变队、心理支持服务及青年发展项目等。香港特别行政区红十字会亦于 2011 年度增设“维系及发展基金”专项拨款，用以支持一次性的设施和系统改善项目，2011 年度拨出港币 160 多万元支持四个项目。

曾荫权先生及曾鲍笑薇女士于 2012 年分别卸任香港特别行政区红十字会的赞助人及会长，香港特别行政区红十字会衷心感谢他们在过去七年给予的大力支持和指导，令香港特别行政区红十字会服务取得长足发展。此外，高永文医生亦卸任香港特别行政区红十字会总监，高医生长期支持香港特别行政区红十字会，在医护服务范畴尤其贡献良多，香港特别行政区红十字会对他衷心致谢。

香港特别行政区红十字会十分荣幸获得新任特区行政长官梁振英先生和原主席杨铁梁爵士分别应允出任香港特别行政区红十字会赞助人及会长；原副主席罗荣生先生及原国际及赈灾服务总监胡郭秀萍女士则分别当选为香港特别行政区红十字会新任主席及副主席，林胡秀霞女士继续出任副主席。在他们和各委员的领导下，香港特别行政区红十字会将竭力实践人道信念，推展人道工作。

2012 年，香港特别行政区红十字会在人道工作上踏过第 62 年，本会能在各项工作上取得成果，全赖香港特别行政区红十字会各董事、委员、职员、义工、捐款人、捐血者、合作伙伴、政府部门，以及社会各界的不懈支持和无私捐献。香港特别行政区红十字会上下定将继续和各界并肩努力，实践香港特别行政区红十字会的使命——保护生命、关怀伤困、维护尊严。

四、财务情况（2011 年 4 月 1 日至 2012 年 3 月 31 日）

全年总收入（不包括赈灾项目及各特定基金）：港币 552535780 元。

全年总支出（不包括赈灾项目及各特定基金）：港币 521431074 元。

五、2011—2012 年度的服务数字

职员人数：（截至 2012 年 3 月）

特殊教育及复康服务：574 名。

秘书处及其它部门：267 名（输血服务除外）。

（一）输血服务

志愿捐血人士：170000 人。

收集血液单位：230000 单位。

制成血制品：470000 单位。

（二）赈灾及备灾

日本地震和海啸后重建工作：港币 155000615 元。

汶川特大地震重建及康復：港币 81160097 元。

中国水灾 2010 重建项目：港币 17124710 元。

东非旱灾 2011 赈灾：港币 15830881 元。

其他国际赈灾、重建、备灾及发展项目：港币 15820757 元。

青海地震 2010 重建项目：港币 13461079. 42 元。

印度减灾备灾项目：港币 8183098 元。

海地地震 2010 灾后恢复项目：港币 7340593 元。

其他内地赈灾、重建、备灾及发展项目：港币 3887962 元。

曾前赴海外参与人道工作的专业志愿人士：41 名。

国际福利：81 宗求助个案。

寻人服务：702 宗个案，6，500 多次面谈、家访及电话查询。

本地援助物资派发：共为 3222 人提供 1592 个衣物包，1035 件毛衣及棉褛。

（三）急救及健康护理教育

提供急救训练：26 类、1065 班、13658 小时训练时数、20852 名学员。

提供健康护理训练：27 班、2986 小时训练时数、401 名学员具考试资格。

医院内的院友关怀服务：

院友图书服务：服务人次（个案）127600；义工参与时数 23850。

院友关怀活动：服务人次（个案）15457；义工参与时数 7725。

院友伴送服务：服务人次（个案）140560；义工参与时数 5026。

辅助行动器材租借服务：服务人次（个案）7141；义工参与时数 3230。

家居院友关怀服务：服务人次（个案）33；义工参与时数 673。

（四）特殊教育及复康服务

三所特殊学校的学生人数：511。

医院学校：517。

顺利宿舍宿生人数：38 名。

（五）青年及义工事务

红十字青少年队伍：370 队。

红十字青少年會員及義務領袖人数：约 17000 人。

红十字青少年组织的服务项目：组织了 120 个健康教育服务服务计划。

机构提供了 24000 多次定期服务。

红十字成人义工队伍：44 队。

红十字成人义工人数：超过 1650 人。

红十字者英团：26 队。

红十字者英团团员人数：超过 500 人。

【历史沿革】

一、20 世纪 50 年代

1949 年，当时的香港是英国统治下的殖民地。由于中国政局出现了重大变化，大量移民涌入香港。香港人口由 1946 年的 90 万人急剧上升至 1949 年的 200 万人。英国红十字会代表与香港总督商讨在香港成立分会的可能性。当时主要考虑于紧急需要时为移民提供协助与服务，并负责“国际福利工作”。香港红十字会于 1950 年 7 月 12 日成立，成为英国红十字会的分会。工作重点为协助那些在第二次世界大战期间流落亚洲地区的难民返回所属国家，以及提供寻人服务，帮助因战乱与家人失散的人士寻回家属或返回家园。

1950 年 6 月，朝鲜战争爆发，香港红十字会于 1951 年开始负责准备食物、医疗药品等包裹，运送到日本给战俘。1955 年英国红十字会与中国红十字会达成协议，由香港红十字会负责于边境送递包裹予被扣留在中国国境的外籍人士。

香港红十字会捐血服务于 1951 年开始，协助政府为全港志愿捐血人士进行登记。于 1952 年成立捐血服务部，开展志愿捐血的新纪元。

1952 年，香港红十字会于东华医院开展“调剂性治疗”，由志愿工作人员协助提供工艺制作班予病童。此发展成为今日的医院学校。

50 年代香港资源贫乏，救济和赈灾工作所需的物资主要依靠外国捐助。香港红十字会于 1953 年开始，把外国捐助的衣物进行分类、贮藏及分派，成为政府备灾及救灾的后勤好帮手。当时更招募志愿工作人员，协助英国红十字会工作人员关怀和照顾在医院的军人及其它住院人士。此服务便发展成现今的院友关怀服务。其中一群妇女志愿工作人员为医院剪裁及制作纱布绷带和棉花球，此发展成现今有不同国籍人士及长者参与的成人义工队。

香港红十字会于 1956 年开设青少年部，成立第一队青少年团。

二、20 世纪 60 年代

1962 年，得到国际难民基金及英国红十字会支持，全港第一所为身体伤残，未能在一般学校就读的儿童而开办的雅丽珊郡主儿童安置所及学校得以落成，为 60 名儿童提供照顾。至今发展成为三所特殊教育学校及一所宿舍：雅丽珊郡主学校（1966 年）、甘乃迪中心（1967 年）、玛嘉烈戴麟趾学校（1973 年）及顺利宿舍（1968 年）。学校不单提供课堂教学，更有课外活动、各样综合和功能治疗。严重弱能者，更有个别学习程序和特殊器材协助；课程由教师、职业治疗师、社会工作员及教育心理学家共同设计。

三、20 世纪 70 年代

由于 60 年代期间的社会变化及于四五十年代出生的孩子已长大，香港人在香港这片土地的过客心态渐变为有感情、带动社会团结和排外的取向。香港红十字会于 70 年代时便发挥着服务先导者及动员社会互助和自助的角色。

1975 年，越南政权易手，香港红十字会协助把英国红十字会、国际红十字会及其它国家捐助的药物及救济物品运到越南。同时，越南政局的变化，触发大规模的难民潮。1975 年 5 月，一艘丹麦货轮载着第一批 3700 多名越南难民来港。香港红十字会及时为他们提供了各类救济品及寻人服务。随着越南难民数量的增加，救济这些难民成为十分迫切的问题。1979 年 5 月，联合国难民事务高级专员邀请香港红十字会接管当时仍属政府羁留中心的“北启德难民营”。直至 1987 年，当难民服务已不属于紧急救援工作时，难民收容中心的责任才转交予其它福利服务机构。

1976 年，香港红十字会配合政府条例开办工业急救课程，以提升并保障工人的生命安全。

香港志愿捐血的华人由 1954 年的 7% 增至 1970 年的 35%，显示出捐血教育及推广的成效。

四、20 世纪 80 年代

香港红十字会进一步改善及自我提升，各项服务逐渐踏上了轨道，焦点移至被忽略及缺乏关顾的人群，同时也继续扩大志愿工作人员队伍，深化红十字青少年于人道服务的价值观念，关注儿童的精神及行动治疗，鼓励华人志愿捐血。香港红十字会坚定的人道宗旨、为关怀和扶助伤病者和弱势社群的工作方向，并未因为当时香港社会上九七回归所带来的政治考虑而有巨大变化。

五、20 世纪 90 年代

香港红十字会开始与中国红十字会展开紧密接触。1991 年的华东水灾赈灾工作更进一步让香港红十字会了解国内红十字会的体系和工作。1997 年 7 月 1 日，香港红十字会顺利由英国红十字会转移归属于中国红十字会，成为高度自治的中国红十字会分会。香港红十字会的活动空间同时进一步扩大至不单是国内，而及于国际。

1997 年 4 月，政府委托香港红十字会推出了“长者安居广东省续领综合社会保障援助计划”。

通过举办各项赈灾、输血、急救的地区及国际性活动，香港红十字会充分发挥香港及其国际城市的特点，推动及参与国际间的合作和交流，并与世界各地红十字组织紧密合作，为保护生命及减轻人类疾苦而努力。

六、21 世纪初

承接 1997 年的地位转变，香港红十字会紧密与国际红十字会联络及合作，通过参与本地、国内及国际间的项目，巩固及确定香港红十字会的服务方向。受全球性经济下滑影响，政府大幅削减对香港红十字会的资助，私人捐助下降。本会的传讯及资源发展部随之成立，正为解决财政困难、维持服务负起艰巨的任务。

作为香港一个重要的人道组织，香港红十字会逐步加强其对内对外的传播角色，包括不断探索如何把人道理念更有效贯彻于各项现有服务内，又于 2003 年开始举行“国际人道法仿真法庭比赛”，由香港的大学法律系学生扩大至 2007 年的 16 所亚太地区的大学法律系学生参与。2007 年更主办香港首个的“香港人道年奖”。

在 2003 年“非典型肺炎”爆发、2004 年底“南亚海啸”及 2008 年四川汶川大地震三项举世关注的事件中，香港红十字会所进行的工作获得市民肯定，反映出公众对香港红十字会的高度信任和所付予的期望。而借助参与红十字与红新月会国际联合会在这两方面的工作，香港红十字会也逐渐成为国际红十字运动活跃的一员。

【组织机构】

香港红十字会成立以来都邀请历届的香

港总督/特区行政长官为赞助人。赞助人既是香港政府首长，也是香港红十字会的名誉领导。会长一职一般邀请香港总督/特首的夫人出任。周年大会及顾问团会议均由会长主持。赞助人和会长虽然不参与会务决策，却带动社会各阶层对香港红十字会的支持。

香港红十字会的管理制度依靠志愿人士组成不同的管理委员会，集体领导各个服务部门的工作，并向公众负责。最高委员会是董事会，由主席主持董事会会议。主席以下设有副主席、义务司库、总监均由董事会成员选举产生，任期三年。主席、副主席及义务司库为主席委员会成员，由董事会议决授予处理事项及在紧急而董事会非运作情况下，以董事会之名义及代表董事会行事。

香港红十字会的五位总监同时担任有关的服务管理委员会主席，推动辖下的五个部门的工作：输血服务、国际及赈灾服务、特殊教育及复康服务、青年及义工事务和医护服务。

董事会之下委任一名专职秘书长，负责在主席及副主席指导下担任香港红十字会的行政管理工作，并根据董事会之政策和方向，策划、联系、执行和发展会内各项服务和计划（输血服务除外）。

顾问团的成员为香港特别行政区政府主要官员和社会知名人士。他们的参与，增加了香港红十字会的公信力，从而使公众更支持红十字会的工作。

【相关法规】

香港红十字会依《香港法律条例第 1129 章》成立为法团。

中国红十字会于 1997 年 4 月 1 日至 4 日召开的第六届理事会第四次会议议决，同意接纳香港红十字会自 1997 年 7 月 1 日起成为中国红十字会的一个享有高度自治的地方分会。全称为“中国香港特别行政区红十字会”，简称“香港红十字会（中国红十字会分会）”。《中华人民共和国香港特别行政区基本法》以及《国际红十字与红新月运动章程》和《红十字会与红新月会国际联合会章程》是处理双方关系及事务的依据。

香港红十字会作为中国红十字会的一个高度自治的地方分会，它根据《中华人民共和国香港特别行政区基本法》和香港特别行政区政府的法律，自行制定或修改《香港红十字会章程》，负责处理会内一切事务。《中华人民共和国红十字会法》和《中国红十字会章程》不适用于香港红十字会。

【主要特色】

香港红十字会的理想：

我们力求世上人人都能尊重及保护人的生命和尊严，并能自愿地以一视同仁的态度施以援手，改善弱势社群的境况。

香港红十字会的使命：

作为国际红十字运动的一份子，我们积极推动社群，本着人道理念与志愿服务精神，竭力：

保护生命、关怀伤困、维护尊严。

香港红十字会的核心价值

我们坚守红十字运动的基本原则：人道、公正、中立、独立、志愿服务、统一和普遍。

我们重视每一个人，不分服务受惠者或提供者。

我们提供优质服务，并向所有相关人士负责。

【大型项目及显着业绩】

一、1949 年

香港总督委派医务卫生署长协助成立英

国红十字会香港分会，提供寻人、协助难民及为军部医院提供服务。

二、1950 年

1. 7 月 12 日，英国红十字会正式批准成立香港分会。

2. 成立第一队义务妇女工作队，为政府医院提供折制纱布。

三、1951 年

教导荔枝角医院精神病人制作工艺品，是医院学校的雏形。

四、1952 年

成立捐血服务部，首年志愿捐血人数 483 人。

五、1953 年

1. 灾仓库启用。

2. 作第一套中文捐血宣传片，鼓励华人捐血。

3. 发衣物予石硖尾大火灾民。

六、1954 年

第一所医院学校在荔枝角医院儿科部开办。

七、1955 年

协助运送食物包裹至中国边境，交予中国红十字会转交予被扣留的外籍人士。

八、1956 年

嘉诺撒圣方济各书院成立第一队红十字会青少年团。

九、1959 年

成立流动眼科医院于郊区提供服务。

十、1962 年

1. 殊学校雅丽珊郡主红十字会学校及儿童安置所启用。

2. 济受台风温黛袭港影响的灾民。

3. 乱蔓延，于漆咸道隔离中心分派衣物及提供福利服务。

4. 内难民大量涌港，协助赈济。

十一、1965 年

位于夏悫道的香港红十字会总部落成启用。

十二、1966 年

在慈云山开办第一所走读伤残儿童学校。

十三、1967 年

第二所特殊学校甘乃迪中心启用。

十四、1968 年

1. 慈云山开办伤残青少年宿舍。

2. 屿山石壁度假营舍启用。

十五、1969 年

1. 为公益金会员机构。

2. 十字青少年在慈云山徙置区展开为期 9 个月的健康卫生运动。

十六、1973 年

1. 动捐血车投入服务。

2. 第三所特殊教育学校玛嘉烈戴麟趾红十字会学校启用。

十七、1975 年

1. 办成人医疗用具借用服务（辅助行动器材租借服务前身）。

2. 麦货轮“马士基”号载来 3700 多名越南难民，香港红十字会难民服务大为扩展。

十八、1976 年

1. 办工业急救训练课程。

2. 建为适合伤残人士使用的石壁度假营舍落成启用。

十九、1979 年

1. 扩展寻人服务，协助越南难民。

2. 管北启德难民营，并在营中设立越南难民医疗中心。

二十、1980年

邵逸夫会长率领代表团首次访问中国红十字会。

二十一、1981年

慈云山伤残青年宿舍迁往观塘顺利邨易名“顺利宿舍”。

二十二、1984年

位于京士柏道的输血服务白普理大厦落成启用。

二十三、1985年

“红十字精神”中学视听教材制作完成，分送全港中学。

二十四、1987年

1. 北启德难民营移交予基督教难民服务处管理。

2. 展儿童医疗用具借用服务。

二十五、1988年

“红十字精神”小学视听教材制作完成，分送全港小学。

二十六、1989年

位于湾仔修顿中心的青年及福利事务部港岛总部启用，由英国红十字会青少年活动赞助人威尔斯王妃黛安娜主持开幕。

二十七、1990年

由英国红十字会“海外分会”升格为高度自治的“分会”。

二十八、1991年

1. 中国华东水灾大规模赈灾筹款，共筹得港币1.44多亿元。

2. 医院管理局签署管理合约，输血服务中心纳入医院管理局架构。

二十九、1992年

成立第一队有长者参与的制服队伍。

三十、1994年

工业急救训练中心易名“急救训练中心”，由政府卫生署资助经常开支。

三十一、1995年

1. 助社会福利署举办健康护理课程，为安老院保健员提供合资格护理训练。

2. 院图书馆服务易名“关怀病人及图书服务”，由医院管理局资助。

3. 办亚太区首届急救比赛。

三十二、1996年

位于沙田的香港红十字会白普理中心落成。

三十三、1997年

1. 着香港回归中国，香港红十字会由英国红十字会分会转为中国红十字会内一个享有高度自治的地方分会。

2. 政府委托作为“长者定居广东省续领综援计划”中介机构。

3. 港红十字会网页启用。

三十四、1998年

1. 导香港红十字会30年的会长邵逸夫先生及主席郑棟材博士荣休，分别由董赵洪娉女士及杨铁梁先生继任。

2. 香港大学医学院及红十字国际委员会在港合办“大型紧急医疗援助国际培训班”。

3. 血服务中心成立全港首间免费的脐带血库。

4. 葵涌医院（精神科医院）设立全港首间“迷你病人影院”。

三十五、1999年

1. 血服务中心取得ISO9002品质管理认证。

2. 次派出一位麻醉师前往非洲肯尼亚协助红十字国际委员会的人道工作。

三十六、2000年

1. 贺香港红十字会成立50周年。举行

一系列庆祝活动，包括：

举办“名人服务庆金禧”筹款活动。

为推广急救知识举办“急救动力共闯2000”。

发行香港红十字会50周年纪念邮票及九广铁路纪念车票。

举行“凝聚爱心能量、共建关怀社群”服务大行动——动员全港市民参与社会服务。

出版香港红十字会50周年纪念书册。

举办国际大型研讨会——以输血服务、青年工作、特殊教育及推广人道精神为题。

举行“青年力量2000”。

三十七、2001年

1. 因应服务发展，把“青年及福利事务部”分拆为“青年及义工事务部”和“医护服务部”。

2. 立全面计算机联网系统。

3. 出一位义务顾问医生前往非洲肯尼亚进行三个月的志愿战地医疗工作。

4. 入“心理支持”服务试验计划。

5. 丽珊郡主红十字会学校学生苏桦伟代表香港参加国际伤残奥委会世界田径锦标赛，打破伤残男子100米的世界纪录。

6. 展“艾滋病同伴教育计划”。

三十八、2002年

1. 中国红十字会颁发“特殊贡献奖”。

2. 血服务中心取得ISO9001的2000年版认证及“2002年亚洲医疗机构管理奖”。

3. 政府资助开展“假日之友”残疾人士假期日间照顾服务。

4. 青山医院（精神科医院）的第二所“病人迷你影院”投入服务。

5. 与红十字会与红新月会国际联合会及菲律宾红十字会合办“第二届东南及东亚区红十字会急救比赛”。

6. 雅丽珊郡主红十字会学校学生苏桦伟获2002年“香港杰出运动员”奖。

三十九、2003年

1. 香港爆发非典型肺炎，全会动员积极进行推广防炎、关怀病者及医护人员、制作“防炎消毒包”予长者及长期病患者等工作。

2. 举办“首届国际人道法模拟法庭”比赛。

3. 一位护士以香港红十字会志愿工作人员身份到非洲肯尼亚的战地医院工作。

4. 成立传讯及资源发展部，专责为红十字会服务筹募经费。

四十、2004年

1. 为庆祝红十字运动在中国推行100周年，主办了“两岸红十字百周年精英荟萃”活动。

2. 为庆祝特殊教育及复康服务的50周年，举办了“五十周年国际研讨会”。

3. 举办“第二届国际人道法模拟法庭”比赛，除本港法律系学生外，首次有国内北京、新加坡及菲律宾的法律系学生参与。

4. 进一步推动“心理支持”服务，与机场管理局合作，派出心理支持服务队，参与各航空公司的空难演习。

5. 开展“社区健康教育—五星健康五星家”及“校园健康大使”计划。

6. 玛嘉烈戴麟趾红十字会学校迁往牛池湾新校舍。

7. 实施新人事架构及薪酬制度，并获选为“2004年度良好人事管理奖”。

四十一、2005年

1. 输血服务引进ISO14001环境保护质量管理认证。

2. 南亚海啸救灾工作获破纪录的支持，获香港市民共6.2亿多元的港币捐款。在受灾地区的救援及重建工作逐步扩展，于印度尼西亚及斯里兰卡设立救灾办事处。

3. 主办红十字会与红新月会国际联合会于香港召开的“全球海啸救灾工作会议”，有40个国家的红十字会代表及国际组织代表出席。

4. 香港特别行政区行政长官曾荫权先生及其夫人曾鲍笑薇女士分别接任本会新的赞助人及会长。

5. 自9月1日起接手管理“香港骨髓捐赠者数据库”。

6. 首次提名香港护理人员角逐“南丁格尔奖”，冯玉娟女士成为首位香港得奖者。

四十二、2006 年

1. 2006年为红十字青少年金禧纪念，年内举办了一连串庆祝活动，包括3月12日的“红人五十显关怀”、5月7日的“人道服务在香港”启动礼及11月19日的“青年力量显关怀”。

2. 在青少年会员人数急速增长的带动下，香港红十字会的会员及义工人数突破20000人。

3. “香港骨髓捐赠者资料库”自2005年底成立后，于2006年度共招募超过6300名市民登记志愿捐赠骨髓，并接获420名本地及外国病人要求寻找骨髓捐赠者及安排660次进一步的血液测试。最后成功为29名病人找到骨髓作移植治疗。

4. 2006年度周年捐血颁奖典礼得奖人数（捐血25次及其倍数）再创新高，达1905人。本港捐血纪录保持者亦创下捐血超过350次的佳绩。

5. 国际及赈灾服务部主管苏婉娴女士于10月8日获颁“2006年十大杰出青年”奖项，以表扬其在人道救援工作的卓越表现及贡献。

（关曼怡）

澳门特别行政区红十字会

【年度工作】

一、社区服务工作

澳门特别行政区红十字会积极开展本地区的社区服务，截至2011年11月，本会的义工开展了68次关怀活动，服务对象为长期病患者、智障人士、长者、单亲家庭等，参与活动的义工达962人次，为近2210人次提供服务。现在册义工人数接近900人。

二、急救服务工作

在急救服务方面，本会急救义工队为各社团、政府机构等举办的大型活动提供驻场医护服务。医护服务全年有212次，出队2659人次，时数近1388小时。

三、红十字青少年工作

澳门红十字会青少年制服团队，是本会青少年发展的重点项目。本会为本澳青少年提供一系列的培训，包括红十字运动基本知识、步操训练、技能训练等一系列培训，并让他们参与社区及急救义务服务，希望通过培训及服务，培养青少年的社会责任感。青少年团队伍继续扩大，至今已有261名团员，合共四团八小队。

四、急救知识培训工作

澳门红十字会学校所开设的急救证书课程全部由资深的急救导师负责，内容是为不同年龄的学员设计，理论与操作并重，使学员在完成课程后能学以致用，达至救急扶危、助己助人的目标。截至2011年11月举办的急救课程及讲座共235次，共参与学生有4366位。

五、非紧急爱心医疗护送服务工作

本会的非紧急爱心医疗护送服务正式投入服务，是为行动不便的人士提供日间往返医疗机构就诊的护送服务。近三年护送个案人次均稳步递升，截至2011年11月，救护车及护送巴士共接载服务使用者21739人次。

六、赈灾备灾及援建工作

2011年，国内外的自然灾害不断，计有云南盈江地震、“3·13”东日本大地震、泰国水灾、土耳其地震。本会本着人道的原则积极参与援助受灾地区。

日本大地震：本会除了先后汇出合共逾澳门币440万的善款到日本红十字会。并开设了网上寻人服务，为有需要寻求在日本亲人的澳门居民提供协助。而为感谢澳门社会各界对日本地震海啸灾区的爱心，日本驻香港总领事隈丸优次及领事丸山浩一先后两次来澳致谢并致感谢状。

汶川特大地震灾后重建：经过三年的努力，助四川、甘肃、陕西三省汶川特大地震灾区重建家园的38个项目基本完工，实现了援建工作的总目标。本会共投放了人民币7117.9万元，先后在绵阳、德阳、阿坝、自贡和内江五个地、市、州援建七所学校、五所卫生院、27所卫生站，以及七所集养老、卫生和文娱为一体的颐，康中心，并帮扶了1765户受灾户建房。与此同时，在甘肃、陕西部分受灾地区援建了五所学校、五所卫生院和二所卫生站，帮扶109户受灾户建房，惠及逾42万灾区人口。

青海玉树地震：本会分别在青海援建一所州级妇幼保健院，两所乡镇级卫生院和在甘肃舟曲援建一所卫综合楼（内含县卫生防疫中心、县医院后勤中心以及卫生院），涉及总援建金额分别为4867万元和1200多万人民币。

云南盈江县发生地震：澳门特别行政区红十字会在地震发生当晚即从赈灾基金中拨出人民币20万元汇往云南省红十字会，用于当地采购大米以舒缓灾情。又旋即安排人员前往当地考察灾情，初步提供人民币145万元的援建项目，支持受灾严重的允冒村小区重建，包括60户民房位，村民活动中心及其附属工程。

台湾八八风灾：本会提供的援助计划包括：紧急救援、临时安置服务、永久避难中心、生计改善等。总援助金额为澳门币2100万，部分项目已落成投入使用。

饮水工程：为进一步缓解灾区将来的饮用水问题，澳门红十字会向云南、贵州、广西、重庆提供共计人民币422万元援助计划，援建24项饮水工程。目前，项目工程在本会人员监督下有序推进。

七、澳门红十字会之友

澳门红十字会之友自2010年5月成立，目前有1924名会友，会友除可参加本会专设的活动外，还可以于指定商户购物或消费都享有优惠。本会每季出版简讯，介绍最新动态，并将开辟校园专栏，欢迎本澳学生投稿。

【历史沿革】

1920年，红十字运动开始在澳门展开，当时的澳门红十字会隶属于葡萄牙红十字会。

1946 年，太平洋战争结束后，大批难民涌入澳门，澳门红十字会为难民提供医疗服务并派发衣服食物等。

1975 年，东帝汶发生独立革命，不少难民涌入澳门，澳门红十字会承担起逃避战乱难民的救援工作。

1979 年，越南发生难民潮，澳门红十字会协助移居安置行动将难民分配到不同的国家，同时加强了寻人服务，为难民寻找失散的家人，此后正式成为日内瓦中央寻人处的会员之一。

1980 年，第一支较具规模的澳门红十字会义工队正式组成，为澳门市民及越南难民提供义务服务。

1987 年，葡萄牙红十字会将在澳门运作多年的属会正式命名为“澳门红十字会——葡萄牙红十字会分会”。

1990 年，澳门红十字会总部搬到位于西湾的夕阳别墅。

1992 年，澳门红十字会急救学校正式成立，并在澳门教育暨青年局注册，成为一所获政府承认的教授急救知识的学校。义务急救队也于同年成立。

1999 年，澳门回归祖国，澳门红十字会成为中国红十字会一个享有高度自治的分会。

2000 年，澳门特别行政区行政长官何厚铧为新口岸中土大厦三楼的“亨利．杜南”中心主持揭幕礼，中心启用为澳门特别行政区红十字会秘书处办公室。办公室的扩展，令员工有了更舒适的工作环境。

2003 年，澳门特别行政区红十字会开展了非紧急医疗爱心护送服务，护送行动不便的病患者往返医疗机构与家居，将位于西湾夕阳别墅的总部改建为爱心护送服务中心。

【组织机构】

根据组织章程规定，澳门特别行政区红十字会会员大会是澳门特别行政区红十字会的最高权力机构。澳门特别行政区红十字会中央委员会在会员大会中选出，代表会员大会在两届大会之间以大会的名义工作，负责全面的工作及政策的制定。监察委员会也在会员大会中选出，负责审查澳门特别行政区红十字会的账目及行政合法性。理事会由中央委员会通过提名选举产生，是主要执行机构，负责管理日常事务。

【大型项目】

（一）捐助受灾地区开展重建工作

1. 备灾救灾是澳门特别行政区红十字会的一项重点工作，响应红十字会与红新月会国际联合会和中国红十字会因应世界各地或中国内地发生的灾害而做出的救灾募捐呼吁，收集善款和物资帮助灾民。

澳门特别行政区红十字会历年来参与的赈灾工作遍及世界各地，主要包括对 1996 年云南大地震、1998 年国内水灾、1999 年台湾大地震、2000 年科索沃战乱、2002 年华东水灾、2003 年淮河水灾、2004 年国内水灾及 2004 年印度洋地震海啸、2005 年国内水灾等的救助工作。

2. 国内灾害的救援工作

2005 年，国内灾害不断，当中尤以广西、福建、湖南、江西、四川、重庆、黑龙江、安徽及内蒙等地的水灾较为严重。另外，江西发生的 5.7 级地震造成了全省大面积的房屋破坏，澳门红十字会为此进行多个募捐活动，共筹得 550 多万元善款。

同年 7 月中，黑龙江省牡丹江地区突降暴雨，使沙兰中心小学遭受洪水袭击，造成严重伤亡。随后，本会派员加入中国红十字会总会组成的灾情考察组前往当地考察灾情，发放物灾及慰问受灾者，并向沙兰博爱小学捐款人民币50万元作为重建资金。而该校已于2005年12月1日正式落成使用。

3. 印度洋地震海啸赈灾工作

2004年底，印度洋地区发生地震海啸后，澳门特别行政区红十字会立即派出人员前往印度尼西亚重灾区亚齐省考察灾情，并及时发动澳门市民捐献，共筹得澳门币411740819元。

2005年1月9日，澳门特别行政区红十字会举行了“人道力量遍濠江”筹款活动，得到澳门广大市民的支持。

（二）设立国际人道法推广活动中心

2000年，由红十字国际委员会和澳门特别行政区红十字会合作设立的“国际人道法推广活动中心”由中国红十字会会长彭珮云、红十字国际委员会东亚地区代表及澳门特别行政区红十字会代表揭幕投入运作。中心的宗旨是协助红十字国际委员会发展国际人道法的传播工作，包括：在澳门及所属地区内广泛地传播红十字运动知识、国际人道法、红十字标志的使用，举办有关人道法的培训班、研讨会和讲座、设立国际人道法文献资料中心等，并以资源共享的途径发展地区性的传播信息网络。

（三）2005年交流活动

澳门特别行政区红十字会2003年成立青少年发展基金。该基金2005年获香港上海汇丰银行及澳门工商界知名人士的热心捐助，使澳门特别行政区红十字会在2005年开展了一系列的青少年发展活动，活动包括中学急救队成立培训工作、中学生暑期免费急救课程、“2005年海峡两岸红十字青少年会员夏令营”、制服团队同心同根万里行—伟大建设之旅等活动。

（四）建会85周年庆典系列活动

2005年7月，澳门特别行政区红十字会举行了“85周年会庆暨表彰大会”，向澳门87位（个）人士和机构颁授感谢状及红十字会勋章，以感谢他们长期以来对澳门红十字会各项工作的大力支持。

颁发的勋章包括“红十字会慈善勋章”、“红十字会教育勋章”、“红十字国际救援勋章”及“红十字服务勋章”等。

中国红十字会常务副会长江亦曼率领总会代表团抵澳祝贺，中国红十字会会长彭珮云也给澳门特别行政区红十字会发了贺电表示祝贺。

（五）健康检查日

澳门特别行政区红十字会与其它社会服务机构每年合办“健康检查日”，为澳门居住于护老院的长者进行健康检查。澳门特别行政区红十字会还派出义工参与政府举办的“健康城市日”活动。

（六）第四届东亚运动会

第四届东亚运动会于2005年10月至11月间在澳门举行，是澳门特区首次主办如此大型的运动会，实属空前盛举。为了配合是次的运动会，澳门红十字会学校为第四届东亚运动会组委会工作人员举办了六个成人急救课程，共培训了99名拥有该等技术的急救员，以确保东亚运活动期间，提供完善的医疗救服务。

（七）红十字会急救比赛

为提升急救队在急救方面的知识及意外现场的应变能力，保持急救服务的素质，本会在2005年举行首届的急救比赛。由本会急救义工自行组队参与，内容以“理论测试”及“个案演练”的两方面进行。

【主要特色】

（一）非紧急爱心医疗护送

非紧急爱心医疗护送是专门为行动不便的慢性病人而设立的，护送其往返医院和居所的服务。现已有 2 部中型爱心护送专车及 2 部救护车投入服务。

（二）澳门红十字会学校

澳门红十字会学校成立于 1992 年 9 月，在澳门教育暨青年局正式注册，是获政府承认的一所教授急救知识的学校。学校提供各种急救课程，并为单位举办急救知识讲座，向市民推广正确的急救知识和技巧，以达到救人自救的目的。

（三）急救义工队

澳门红十字会学校培训出一批拥有急救专业知识的人士大部分成为澳门特别行政区红十字会急救义工队队员，为澳门各政府部门及各界团体机构所举办的各种活动提供免费的紧急救护服务。

（四）青少年制服团队

青少年制服团是澳门特别行政区红十字会青少年发展计划重点项目之一，目的是通过一系列的学习和培训，让青少年认识及宣扬红十字理念，鼓励青少年尝试参与多元化的活动，包括急救训练、医疗保健、社会服务、环境保护、体验式学习及国际交流等活动，使他们能在锻炼中成长，日后成为社会栋梁，服务社群。

（五）传播红十字运动及人道法

澳门特别行政区红十字会自 1993 年开始国际人道法的推广工作，1998 年起参与中国红十字会的传播计划，现阶段仍继续承担传播的使命，积极在澳门拓展红十字运动知识和国际人道法的推广教育工作。澳门特别行政区红十字会每年都和红十字会与红新月会联合会或红十字国际委员会联合开办人道法及红十字基本知识的课程，对来自内地和东亚各国的参加者进行培训。

（六）援建博爱小学

2003 年起，在中国红十字会的协调下，澳门特别行政区红十字会在内地为贫困地区援建博爱小学，希望借此使贫困地区及灾区的儿童得到良好的教育环境，此计划得到了许多热心人士的支持。至 2005 年 9 月，首阶段的 20 所红十字博爱小学已陆续建成并投入使用，其余选址将配合大西北开发计划而进行。

（七）行动辅助器租用服务

行动辅助器租用服务是为遇上意外到急症室求诊的病患者提供行动辅助器，包括腋下拐杖、套臂拐杖及轮椅等，让其治疗后离院时即可使用，减轻伤病者及其家人的负担。

（苏祖恩）

七

资 讯 篇

公共词条与篇目

国际委员会与国际联合会

红十字国际委员会

红十字国际委员会（ICRC）成立于1863年，在世界各地努力为受冲突和武装暴力影响的人提供人道援助，并积极推广保护战争受难者的法律。它是一个中立而且独立的组织，其人道职责主要源自1949年《日内瓦公约》。该组织总部设在瑞士日内瓦，在全球80多个国家共有大约1.2万名员工；资金主要来自于各国政府以及国家红十字会和红新月会的自愿捐赠。

1859年索尔费里诺战役之后，数千名受伤的法国、奥地利和意大利士兵被留在战场上得不到适当救治。瑞士人亨利·杜南途经此处，组织了救护工作，由于他的努力，红十字国际委员会最终成立。杜南撰写的《索尔费里诺回忆录》（1862年）促成国际社会在1864年通过了首部《日内瓦公约》，该公约制定了保护伤兵和医务人员以及在各国建立救济协会的规定。

这些救济协会后来成为大家所熟知的红十字会，采用统一标志来识别和保护医疗队。（红新月标志是在19世纪80年代才开始使用的。）

红十字国际委员会自成立以来一直在世界各地发生的大多数冲突中发挥人道作用。该组织不断开展工作，劝说各国扩大对战争受难者的法律保护，尽量将伤害降到最低。

红十字国际委员会、各国红会及其国际联合会构成了国际红十字与红新月运动。在武装冲突局势中，红十字国际委员会负责协调运动各组成部分开展的应对工作。

红十字国际委员会负有开展其工作的永久国际职责。这源于1949年《日内瓦公约》（获得全球所有国家的通过）及运动章程。

然而，红十字国际委员会仍然是一个受瑞士法律规制的私人组织，但在其管理和行动决策方面保持绝对独立。委员会由25名增选委员组成，全部是瑞士人。红十字国际委员会遵守运动基本原则（特别是中立、公正和独立原则）开展其工作。

红十字国际委员会近几年的年度预算都在10亿瑞郎（美元、欧元……）左右。该组织的主要捐助方是政府、地区组织、国家红十字会和红新月会、市政当局、私营机构和普通大众。国家红会还为我们贡献了专业的工作人员。红十字国际委员会在每年的年度报告中都会对其财务状况进行说明。

目前共有1400多名专业人才和全能型人才在全球各地为红十字国际委员会执行一线任务。在日内瓦总部近800名员工的支持和协助下，他们与大约1.1万名当地雇员一起开展工作。外籍职员可能来自世界各国；红十字国际委员会为员工提供平等的发展机会。

红十字国际委员会掌管着多个为国家红会设立的专项基金和奖金，专为各国红会及红十字工作者提供支持，表彰他们的服务或在危难中为他人提供的切实援助。

（资料源自红十字国际委员会）

国际红十字会与红新月会联合会

国际红十字会与红新月会联合会（International Federation of Red Crossand Red Crescent Societies）是独立的非政府的人道主义团体。它是各国红十字会和红新月会的国际性联合组织。总部设在日内瓦。

1863 年，亨利·杜南创建了红十字组织后，世界各国特别是欧美各国相继成立了红十字会。第一次世界大战结束后，美国银行家、美国红十字会战时委员会主席亨利·戴维逊倡议建立各国红十字会的国际联合会，在国际范围内组织和协调卫生救护活动。

1919 年初，在法国戛纳召开了有美、英、法、日、意等国医学界知名人士参加的国际医学大会。会上确定：为了进一步巩固各国红十字会已取得的成就，有必要成立各国红十字会的国际联合会。同年 2 月 1 日，由美、英、法、日、意五国组成的“红十字会委员会”成立。同年 5 月 5 日，红十字会委员会改名为红十字会协会。后由于伊斯兰国家红新月会的加入和成员数目的增加，1983 年 10 月，红十字会协会在日内瓦举行第三届大会。会议决定修改章程，更名为红十字会与红新月会协会，后改为现名。

该组织的宗旨是在战争中行善和通过人道工作维护和平，主要组织机构有大会，为最高决策机构；执行理事会，是执行机构；秘书处，负责日常事务。出版物有《每周新闻》、《协会》季刊。

2003 年 12 月，第 28 届国际红十字会与红新月会国际大会在日内瓦举行。大会的主题为“维护人类尊严”，191 个日内瓦公约缔约国政府及 181 个红十字会与红新月会的约 1500 名代表出席了会议。会议最后通过的人道主义共同行动计划强调要特别关爱武装冲突的受害者，减少自然灾害与疾病对弱势人群的危害，以保护人类尊严。

2006 年 6 月，第 29 届红十字与红新月国际大会在日内瓦经过投票表决，同意接纳以色列紧急救援组织“红色大卫盾”和巴勒斯坦红新月会为成员，并正式批准将“红水晶”定为国际救援运动的第三个标志。2007 年 1 月 14 日，国际红十字与红新月运动正式启用“红水晶”标志。“红水晶”标志与该组织现有的“红十字”和“红新月”标志享有同等地位。标志采用白色背景，图案为一个角支撑一个红色方框，形成红菱框。“红水晶”标志为以色列提供了行动方便。1949 年以来，以色列紧急救援组织“红色大卫盾”一直寻求加入国际红十字和红新月运动，但因宗教原因拒绝使用“红十字”或“红新月”标志。

2009 年 5 月 4 日，在红十字会与红新月会国际联合会成立 90 周年之际，该组织在巴黎发表《巴黎宣言》，呼吁各国加强对人道主义援助的支持，并表示今后将在行动中强调“防范”的重要性。

2009年6月27日，在意大利的索尔费里诺，来自世界各地的近万名人道主义工作者和志愿者参加火炬游行，纪念国际红十字与红新月运动发起150周年。

中国于1919年7月8日加入该组织。

国际红十字运动

日内瓦公约及附加议定书

1949年8月12日改善战地武装部队伤者病者境遇之日内瓦公约

（1949年8月12日日内瓦第一公约）

（1949年8月12日订于日内瓦）

下列签署之各国政府全权代表出席自1949年4月21日至8月12日在日内瓦举行之外交会议，为修订1929年7月27日在日内瓦订立之改善战地伤病军人境遇公约，议定如下：

第一章 总 则

第一条 各缔约国承诺在一切情况下尊重本公约并保证本公约之被尊重。

第二条 于平时应予实施之各项规定之外，本公约适用于两个或两个以上缔约国间所发生之一切经过宣战的战争或任何其他武装冲突，即使其中一国不承认有战争状态。

凡在一缔约国的领土一部或全部被占领之场合，即使此项占领未遇武装抵抗，亦适用本公约。

冲突之一方虽非缔约国，其他曾签订本公约之国家于其相互关系上，仍应受本公约之拘束。设若上述非缔约国接受并援用本公约之规定时，则缔约各国对该国之关系，亦应受本公约之拘束。

第三条 在一缔约国之领土内发生非国际性之武装冲突之场合，冲突之各方最低限度应遵守下列规定：

（一）不实际参加战事之人员，包括放下武器之武装部队人员及因病、伤、拘留、或其他原因而失去战斗力之人员在内，在一切情况下应予以人道待遇，不得基于种族、肤色、宗教或信仰、性别、出身或财力或其他类似标准而有所歧视。

因此，对于上述人员，不论何时何地，不得有下列行为：

（甲）对生命与人身施以暴力，特别如各种谋杀、残伤肢体、虐待及酷刑；

（乙）作为人质；

（丙）损害个人尊严，特别如侮辱与降低身份的待遇；

（丁）未经具有文明人类所认为必需之司法保障的正规组织之法庭之宣判，而遽行判罪及执行死刑。

（二）伤者、病者应予收集与照顾。

公正的人道团体，如红十字国际委员会，得向冲突之各方提供服务。

冲突之各方应进而努力，以特别协定之方式，使本公约之其他规定得全部或部分发生效力。

上述规定之适用不影响冲突各方之法律地位。

第四条 中立国对于在其领土内所收容或拘禁之伤者、病者、医务人员、随军牧师及所发现之死者，应准用本公约之规定。

第五条 本公约应适用于落于敌人手中之被保护人，直至彼等最后遣返为止。

第六条 于第十、十五、二十三、二十八、三十一、三十六、三十七及五十二各条明文规定之协定之外，各缔约国对其认为需另作规定之一切事项得订立特别协定。是项特别协定不得对本公约关于伤者、病者、医务人员或随军牧师所规定之境遇有不利的影响，亦不得限制本公约所赋予彼等之权利。

除在上述或后订之协定中有相反之明文规定，或冲突之一方对彼等采取更优待之措施外，伤者、病者、医务人员及随军牧师，在本公约对其适用期间，应继续享受是项协定之利益。

第七条 在任何情况下，伤者、病者、医务人员及随军牧师不得放弃本公约或上条所述之特别协定——如其订有是项协定——所赋予彼等之权利之一部或全部。

第八条 本公约之适用应与保护国合作并受其监察。保护国之责任为维护冲突各方之利益。为此目的，保护国在其外交或领事人员之外，得自其本国国民或其他中立国国民中指派代表。上述代表应经其执行任务所在国之认可。

冲突各方对于保护国之代表之工作应尽最大可能予以便利。

保护国之代表，在任何情况下，不得逾越本公约所给予之任务。彼等尤须顾及其执行任务所在国之安全上迫切的必要。仅遇有迫切的军事需要时，始能作为一种例外及暂时的措施而限制其活动。

第九条 本公约之规定并不妨碍红十字国际委员会或其他公正的人道组织，在有关冲突各方之同意之条件下，从事保护与救济伤者、病者、医务人员及随军牧师之人道活动。

第十条 各缔约国得随时同意将根据本公约应由保护国负担之任务，委托于具有公允与效能之一切保证之组织。

当伤者、病者，或医务人员及随军牧师，不拘为何原因，不能享受或已停止享受保护国或本条第一款所规定之组织的活动之利益时，则拘留国应请一中立国或此种组织担任依照本公约应由冲突各方指定之保护国所执行之任务。

若保护不能依此布置，则拘留国应在本条之规定之约束下，请求或接受一人道组织，如红十字国际委员会，提供服务，以担任依本公约由保护国执行之人道的任务。

任何中立国或任何组织经有关国家邀请或自愿提供服务而执行任务时，在行为上须对本公约所保护之人员所依附之冲突一方具有责任感，并须充分保证能适当执行其所负之任务，且能公允执行之。

各国间订立特别协定，如其中一国因军事关系，特别是因其领土之大部或全部被占领，以致该国与其他一国或其盟国谈判之自由受限制，即或是暂时的，本公约上列规定不得因该项特别协定而有所减损。

凡本公约中提及保护国，亦适用于本条所指之代替组织。

第十一条 保护国认为于被保护人之利益适宜时，尤其遇冲突各方对于本公约之适用与解释意见有分歧时，应从事斡旋以期解决分歧。

为此目的，各保护国得应一方之请求，或主动向冲突各方建议，可能在适当选择之中立领土召开代表会议，负责管理伤者、病者之当局代表和医务人员与随军牧师之代表尤须参加。冲突各方对于为此目的而提出之建议负有实行之义务。各保护国得于必要时，提请冲突各方同意，特邀一中立国人员或红十字国际委员会委派之人员参加此项会议。

第二章 伤者与病者

第十二条 受伤或患病之下条所列武装部队人员或其他人员，在一切情况下，应受尊重与保护。

冲突之一方，对于在其权力下之此等人员应予以人道之待遇与照顾，不得基于性别、种族、国籍、宗教、政治意见或其他类似标准而有所歧视。对其生命之任何危害或对其人身之暴行均应严格禁止；尤其不得加以谋杀或消灭，施以酷刑或供生物学的实验；不得故意不给予医疗救助及照顾，亦不得造成使其冒传染病危险之情况。

只有医疗上之紧急理由，可予提前诊治。

对于妇女之待遇应充分顾及其性别。

冲突之一方被迫委弃伤者、病者于敌人时，在军事的考虑许可范围内，应留下一部分医疗人员与器材，以为照顾彼等之助。

第十三条 本公约适用于下列各类之伤者、病者：

（一）冲突之一方之武装部队人员及构成此种武装部队一部之民兵与志愿部队人员；

（二）冲突之一方所属之其他民兵及其他志愿部队人员，包括有组织之抵抗运动人员之在其本国领土内外活动者，即使此项领土已被占领。但须此项民兵或志愿部队，包括有组织之抵抗运动人员，合乎下列条件：

（甲）有一为其部下负责之人统率；

（乙）备有可从远处识别之固定的特殊标志；

（丙）公开携带武器；

（丁）遵守战争法规及惯例进行战斗。

（三）自称效忠于未经拘留国承认之政府或当局之正规武装部队人员；

（四）伴随武装部队而实际并非其成员之人，如军用机上之文职工作人员、战地记者、供应商人、劳动队工人或武装部队福利工作人员，但须彼等已获得其所伴随之武装部队的准许；

（五）冲突各方之商船队之船员，包括船长，驾驶员与见习生，以及民航机上之工作人员，而依国际法之任何其他规定，不能享受更优惠之待遇者；

（六）未占领地之居民，当敌人迫近时，未及组织成为正规部队，而立即自动拿起武器抵抗来侵军队者，但须彼等公开携带武器并尊重战争法规及惯例。

第十四条 在第十二条规定之限制下，交战国的伤者、病者之落于敌人手中者，应为战俘，国际法有关战俘之规定并应适用于彼等。

第十五条 无论何时，特别在每次战斗之后，冲突各方应立即采取一切可能的措施以搜寻并收集伤者、病者，加以保护借免抢劫虐待，而予以适宜之照顾，并搜寻死者而防其被剥劫。

环境许可时，应商定停战或停火或局部办法，以便搬移、交换及运送战场上遗落之受伤者。

冲突各方之间亦得商定局部办法，以便搬移、交换被包围地区之伤者与病者；并使送往该地区之医疗与宗教人员及器材得以通过。

第十六条 冲突各方应尽速登记落于其手中之每一敌方伤者、病者，或死者之任何可以证明其身份之事项。

可能时，此项记录应包括：

（甲）所依附之国；

（乙）军、团、个人番号；

（丙）姓；

（丁）名；

（戊）出生日期；

（己）身份证或身份牌上所表明之任何其他事项；

（庚）被俘或死亡之日期及地点；

（辛）有关伤病之情况或死亡之原因。

上述登记材料应尽速转送1949年8月12日关于战俘待遇之日内瓦公约第一百二十二条所述之情报局，该局应通过保护国及战俘中央事务所转达上述人员所依附之国。

冲突各方应制备死亡证书，并通过前项规定之情报局互送死亡证书或经证实之死亡表；亦应搜集并通过该局转送死者尸体上发现之双身份牌之一半，遗嘱或对于其最近亲属具有重要性之其他文件、金钱及一般具有实质价值或情感价值之物品。此项物品连同未能辨认其所有人之物品，应以密封包裹寄送，并附说明书载明死者身份之详情以及包裹内容之清单。

第十七条 冲突各方应保证在情况许可下将死者分别埋葬或焚化之前，详细检查尸体，如可能时，应经医生检查，以确定死亡，证明身份并便作成报告。双身份牌之一半，或整个身份牌，如其系单身份牌应留于尸体上。

除因卫生上迫切之理由，或出于死者所奉宗教之动机外，尸体不得焚化。如举行焚化，则在死亡证明书或经证实之死亡表上应详注焚化之情况及理由。

冲突各方更应保证死者得到荣誉的安葬，可能时，应按照彼等所属宗教之仪式埋葬之，其坟墓应受尊重，于可能时，按死者之国籍集中一处，妥为维护，并加以标志，俾随时可觅见。因此，冲突各方在战事开始时应即组织正式坟墓登记处，以便事后迁葬，并保证认明尸体，不论坟墓位置如何，及可能运回本国。此项规定应适用于骨灰，骨灰应由坟墓登记处保管、直至依照本国愿望处理时为止。

一俟情况允许，并至迟在战事结束之时，各坟墓登记处应通过第十六条第二项所指之情报局互相交换表册，载明坟墓之确实地点与标志以及有关该处埋葬的死者之详细情形。

第十八条 军事当局得号召居民以慈善精神，自愿在其指导下，收集与照顾伤者、病者。并对于响应此项号召之人予以必要之保护及便利。倘敌方控制或再控制该地区，则对于上述之人亦应予以同样之保护及便利。

军事当局，即令在侵入或占领地区，亦应准许居民或救济团体自动收集与照顾任何国籍之伤者、病者。一般平民应尊重此种伤者、病者；尤不得施以暴行。

任何人不得因看护伤者、病者而被侵扰或定罪。

本条规定并不免除占领国对于伤者、病者给予身体上及精神上照顾之义务。

第三章 医疗队及医疗所

第十九条 医务部门之固定医疗所，及流动医疗队，在任何情况下不得被攻击，而应随时受冲突各方之尊重及保护。倘落于敌方之手，在俘获国自身对于发现在该医疗所及医疗队之伤者、病者未能保证必需之照顾期中，其人员仍应有执行其任务之自由。

负责当局应保证上述医疗所及医疗队尽可能如此设置，以期不致因对军事目标之攻击而危及其安全。

第二十条 1949 年 8 月 12 日改善海上武装部队伤者病者及遇船难者境遇之日内瓦公约所保护之医院船，不得自陆上加以攻击。

第二十一条 医务部门之固定医疗所及流动医疗队应得之保护不得停止，除非此等组织越出其人道任务之外，用以从事有害于敌方之行为。惟如经给予相当警告，并依各个情形，指定合理之时限而警告仍被忽视时，始得停止保护。

第二十二条 下列情形不得认为剥夺第十九条所保证的对于医疗队或医疗所之保护：

（一）医疗所或医疗队之人员配有武器，且因自卫或保护伤者、病者而使用武器；

（二）医疗所或医疗队因无武装勤务员，而由警卫或哨兵或护送卫士保卫；

（三）医疗所或医疗队发现有由伤者、病者身上所解除之小型武器及弹药而尚未缴送主管机关者；

（四）在医疗所或医疗队发现有兽医人员及器材，但并不构成该所或该队不可分之一部；

（五）医疗所或医疗队或其人员扩展其人道的活动及于伤病平民之照顾。

第二十三条 平时各缔约国及战事开始后冲突各方，均得在其领土内，于必要时在占领地内，设立医院地带及处所，加以适当的组织以便保护伤者、病者，及在该地带处所负责组织与管理工作以及照顾集中于该处人们之人员，俾免受战争影响。

在战事开始时，及其进行中，有关各方得缔结协定互相承认其所设立之医院地带及处所。为此目的并得执行本公约所附协定草案之规定，连同其所认为必要之修改。

为便利此等医院地带及处所之设立与承认，保护国及红十字国际委员会当被邀从事斡旋。

第四章 人 员

第二十四条 专门从事寻觅、收集、运送、医治伤者、病者及预防疾病之医务人员，专门从事管理医疗队及医疗所之职员以及随军牧师，在一切情况下应受尊重与保护。

第二十五条 武装部队中曾受特别训练以备于需要时充当医院勤务员、护士、或辅助担架员，从事寻觅、收集、运送或诊疗伤者及病者之人员，如其执行任务时与敌人接触，或落于敌方之手，应同样受尊重与保护。

第二十六条 凡经本国政府正式认可并核准之各国红十字会及其他志愿救济团体之人员，如担任第二十四条所述人员同样之任务，则应与该条所述人员处于同样地位，但此类团体之人员应受军事法规之约束。

每一缔约国应将在其责任下准许从事协助其武装部队的正规医疗工作之各团体之名

称，通知其他一方。此项通知，应于平时，或战事开始时，或战事进行中，但无论如何，在实际使用各该名称以前为之。

第二十七条 凡中立国认可之团体，必需经其本国政府之事先同意及有关冲突一方之核准，始得以其医疗人员及医疗队协助该冲突之一方。此项人员及此等医疗队应受该冲突一方之管制。

该中立国应将此项同意通知接受协助国家之敌方。接受此项协助之冲突一方在利用之前，必须通知敌方。

此种协助在任何情况下不得视为对于冲突之干预。

对于第一款所指之人员于离开其所属之中立国前，应发给第四十条所规定之身份证。

第二十八条 第二十四条及二十六各条所指人员之落于敌方手中者，仅在战俘之健康状况精神需要以及人数上均有此要求时，方得留用之。

因上述情形而留用之人员不得视为战俘。但至少应享受1949年8月12日关于战俘待遇之日内瓦公约所规定之利益。上项人员应在拘留国军事法规范围内，并在该国主管部门管辖下，本其职业之道义，继续为战俘，尤其属于其本国武装部队者，执行其医疗及精神任务。此等人员为执行上项任务，应享受下列便利：

（甲）彼等应许其定期访问战俘营外之劳动队或医院中之战俘。拘留国应供给所需之交通工具。

（乙）关于每一战俘营中留用医务人员之职务上活动，由该营最高级医官对该营军事当局负责。为此目的，在战事开始时，冲突各方应就医务人员相当等级之事取得协议，其中包括第二十六条所列团体之医务人员之等级。上述医官及随军牧师有权直接与该营之军事及医务当局接洽有关职务之一切问题，该军事及医务当局应予彼等以有关此项问题之通讯所必需之便利。

（丙）营中留用人员虽应服从内部纪律，但不得令其从事医疗或宗教任务以外之任何工作。

在战事中，冲突各方应制定关于可能时遣返留用人员之办法，并决定遣返之程序。

上述各规定并不解除拘留国对于战俘医疗及精神上之福利所应尽之义务。

第二十九条 第二十五条所指人员落于敌方手中者，应为战俘，但于需要时应令其担任医务工作。

第三十条 非系第二十八条所规定之必需留用人员，一俟归路可通及军情许可，应将其送回其所属之冲突一方。

上述人员在等候回国期间，不应视为战俘，但至少应享受1949年8月12日关于战俘待遇之日内瓦公约所规定之利益。彼等并应在敌方指挥下，继续执行其任务，尤以派其照顾其所同属冲突一方之伤者、病者为宜。

彼等出发时，应携带其所有行李、个人用品、贵重品及工具等。

第三十一条 依第三十条规定，送回人员之选择，应不拘种族、宗教或政治意见之任何考虑，但宜按照其被俘日期之次序及身体健康之状况为之。

自战事开始时起，冲突各方得以特别协定，按照战俘之人数之比例及战俘营中此等人员之分配，决定留用人员之百分比。

第三十二条 第二十七条所指之人员落

于敌方之手者，不得拘留。

除另有协议外，应许其返回本国，如其不可能，则一俟归路可通及军情许可，应准予返回其所服役之冲突一方的领土。

等候释放期间，彼等应在敌方指导下，继续其工作，尤以担任看护其所服役之冲突一方之伤者、病者为宜。

彼等出发时，应携带其行李、个人用品、贵重品、工具、武器，并于可能时，其所有之交通工具。

冲突各方对于在其权力下之此种人员，应予以与本国武装部队相等人员同样之食物、居所、津贴及薪给。在任何情形下，食物之质、量，及种类均应足以维持人述人员之正常健康状况。

第五章　建筑物及器材

第三十三条　武装部队之流动医疗队落于敌方之手者，其器材应留作照顾伤者及病者之用。

武装部队之固定医疗所的建筑物、器材及物资，应仍受战争法规之拘束，但在其为照顾伤者、病者所必需之期间，不得移作别用。惟战地司令遇紧急军事需要时得使用之，但须彼等预订关于在该所疗养之伤者、病者的福利之办法。

本条所指之器材与物资不得故意摧毁。

第三十四条　凡许予本公约的特权之各救济团体，其不动产与动产应视为私有财产。

战争法规及惯例所承认之交战国征用权，仅在紧急需要的场合，并在对伤者、病者之福利已有保证后，始得行使。

第六章　医疗运输

第三十五条　伤者及病者或医疗设备之运输队，应与流动医疗队受同样之尊重及保护。

此项运输队或车辆如落于敌方手中时，应受战争法规之拘束；但以俘获该项运输或车辆之冲突一方在一切情形下，应保证照顾其所载运之伤者、病者为条件。

文职人员及由征用所得之一切运输工具应受国际法一般规则之拘束。

第三十六条　对于医务飞机，即专用以搬移伤者、病者，及运送医务人员及设备之飞机，不得袭击，而在各有关交战国间所特别约定之高度、时间及航线飞行时，应受各交战国之尊重。

此项飞机在其上下及两侧面应显明标以第三十八条所规定之特殊标志，以及其本国国旗。并应备有战事开始时或战事进行中经各交战国间同意之任何其他标志或识别方法。

除另有协议外，在敌人领土或敌人占领地上空之飞行应予禁止。

医务飞机应服从一切降落命令。如被令降落而需要检查时，则经过检查后，该机载其乘员得继续航行。

非自愿降落于敌人领土或敌人占领地时，机内之伤者、病者及飞行人员应为战俘。医务人员应按第二十四条及以下各条待遇之。

第三十七条　冲突各方之医务飞机，在本条第二款规定之拘束下，得在中立国之领土上空飞行，必要时，得在该国领土降落，或用以为停留站。

该项飞机之飞越上述领土，应预先通知各中立国，并服从一切水陆降落之命令。仅在冲突各方与有关中立国特别约定之航线、高度及时间飞行时，始免受袭击。

但中立国对于医疗飞机之飞越其领土或在其领土降落，得规定条件或限制。此项可能的条件与限制对于冲突各方应一律适用。

除中立国与冲突各方另有协议外，凡经地方当局之同意由医务飞机运至中立国领土之伤者、病者，如国际法有此要求，应由中立国以适当方式予以拘留，俾彼等不能再行参加战斗。收容与拘禁之费用应由其所依附之国负担。

第七章　特殊标志

第三十八条　为对瑞士表示敬意，白底红十字之旗样，系将其联邦国旗翻转而形成者，留作武装部队医务部门之标志与特殊记号。

但各国如已采用白底红新月或白底红狮与日以代替红十字之标志者，此等标志亦为本公约规定所承认。

第三十九条　在军事主管当局之指导下，上项标志应标明于旗帜、臂章，及医务部门所使用之一切设备上。

第四十条　第二十四、二十六、二十七各条所指之人员，应在左臂佩带由军事机关发给并盖印而具有特殊标志之防水臂章。

此种人员除应携带第十六条所述之身份牌外，应另携带具有此项特殊标志之特种身份证。此证应有防水之效能，并具有适当的尺寸以便携带于衣袋内。其上应用本国文字，至少载明持用者之姓名、出生日期、等级、番号，并应注明其以何种身份享受本公约之保护。该证应附有本人像片，及其签字或指纹，或二者俱备。该证并应加盖军事当局之钢印。

同一武装部队所使用之身份证应式样一致，并尽可能使各缔约国之武装部队使用类似的式样。冲突各方可参照本公约所附之示范格式。在战事开始时，冲突各方应互相通知其所采用之式样。在可能范围内，身份证至少应制备两份，其中一份存于本国。

在任何情况下对上述人员不得剥夺其符号或身份证，或佩带臂章之权利。如遇遗失时得领取身份证副本或补领符号。

第四十一条　第二十五条所指之人员，仅于执行医疗任务时，应佩带白色臂章，中有小型特别符号；此项臂章由军事当局盖印发给。

此种人员所携带之军事证明文件，应注明其所受之特别训练，其所担任任务之临时性以及佩带臂章之权利。

第四十二条　本公约特殊旗帜之悬挂仅限于依本公约应受尊重之医疗队及医疗所，并须经军事当局同意。

流动医疗队与固定医疗所，均得加悬其所属冲突一方之国旗。

但落于敌方手中之医疗队，除本公约之旗帜外，不得悬挂其他任何旗帜。

冲突各方，于军情许可下，应采取必要之步骤，使标明医疗队所之特殊标志易为敌方海陆空军所辨识，以避免任何敌对行动之可能。

第四十三条　属于中立国之医疗队经获准依照第二十七条所规定之条件协助一交战国者，在该交战国欲利用第四十二条所给予之特许时，除悬挂本公约之旗帜外，应加悬该交战国之国旗。

除受负责军事当局相反的命令之拘束外，此等医疗队得于一切情况下悬挂其本国国旗，即使其落于敌方手中。

第四十四条 除本条下列各款所列情形外，白底红十字标志及“红十字”字样，或“日内瓦十字”字样，不论在平时或战时，只能用以标明或保护本公约及规定类似事项之其他公约所保护之医疗队及医疗所，以及其人员与器材。对于使用第三十八条第二款提及之标志之国家，本规定应适用于该项标志。第二十六条所指之各国红十字会及其他救济团体仅在本款所指范围内有权使用给予本公约之保护之特别标志。

此外，各国红十字会（红新月、红狮与日）在平时依照其本国法律，得使用红十字名义及标志，以从事其他符合国际红十字大会所定之原则之活动。若在战时进行此项活动，则使用该项标志之条件，应足以使该标志不致被认为赋予本公约之保护；此项标志应用比较小的尺寸，并不得置于臂章或屋顶上。

国际红十字组织及其正式委派之人员，不论何时均得使用白底红十字之标志。

作为一种例外措施，本公约之标志，得依照本国内法律并经本国红十字会（红新月、红狮与日）之一的明白许可，于平时得用以辨别用作救护车之车辆及标明专为免费治疗伤者、病者之救护站所在地。

第八章 公约之执行

第四十五条 冲突各方应通过其总司令保证以上条款之详细执行，并依照本公约之一般原则规定预料不到之事件。

第四十六条 对于本公约所保护之伤者、病者、工作人员、建筑物或设备之报复行为，均予禁止。

第四十七条 各缔约国在平时及战时应在各该国尽量广泛传播本公约之约文，尤应在其军事，并如可能时在公民教育计划中，包括本公约之学习，俾本公约之原则为全体人民，尤其武装战斗部队、医务人员及随军牧师所周知。

第四十八条 各缔约国应通过瑞士联邦委员会，在战时则通过保护国，互相通知本公约之正式译文，及其所采用以保证实施本公约之法律与规则。

第九章 滥用及违约之取缔

第四十九条 各缔约国担任制定必要之立法，俾对于本身犯有或令人犯有下条所列之严重破坏本公约之行为之人，处以有效之刑事制裁。

各缔约国有义务搜捕被控为曾犯或曾令人犯此种严重破坏本公约行为之人，并应将此种人，不分国籍，送交各该国法庭。该国亦得于自愿时，并依其立法之规定，将此种人送交另一有关之缔约国审判，但以该缔约国能指出案情显然者为限。

各缔约国应采必要之措施，以制止下条所列严重破坏本公约之行为以外之一切违反本公约之规定之行为。

在一切情况下，被告人应享有适当的审讯及辩护之保障。此种保障，不得次于1949年8月12日关于战俘待遇之日内瓦公约第一百零五条及其以下各条所规定者。

第五十条 上条所述之严重破坏公约行为，应系对于受本公约保护之人或财产所犯之任何下列行为：故意杀害，酷刑或不人道待遇，包括生物学实验，故意使身体及健康遭受重大痛苦或严重伤害，以及无军事上之必要，而以非法与暴乱之方式，对财产之大规模的破坏与征收。

第五十一条 任何缔约国不得自行推卸，或允许任何其他缔约国推卸，其本身或其他缔约国所负之关于上条所述之破坏公约行为之责任。

第五十二条 经冲突之一方之请求，应依有关各方所决定之方式，进行关于任何被控违犯本公约的行为之调查。

如关于调查程序不能获致协议，则各方应同意选定一公断人，由其决定应遵行之程序。

违约行为一经确定，冲突各方应使之终止，并应迅速加以取缔。

第五十三条 除按本公约有权使用者以外，一切个人、公私团体、商号或公司，不论其使用之目的及采用之日期为何，使用“红十字”或“日内瓦十字”之标志或名称以及其他仿冒之标志或名称，无论何时均应禁止。

因为依采用翻转的联邦国旗而对瑞士表示之敬意，及瑞士国徽与本公约之特殊标志之间可以发生之混淆，任何私人、团体、或商号，不论系作为厂标或商标，或此种厂标商标之一部分，或出于违反商业信义的目的，或在可以伤害瑞士国家情感之情况下，使用瑞士国徽，或仿冒此项国徽标志，无论何时，均应予禁止。

但未参加1929年7月27日日内瓦公约之各缔约国对于早已使用前款规定之各种符号标志者，得限期令其停止使用。此项期限自本公约生效之日起，不得超过三年。但此种使用，在战时，不得视为系受本公约之保护。

本条第一款所规定之禁止事项，亦适用于第三十八条第二款所指之标志及符号，但不影响其过去使用所获得之权利。

第五十四条 各缔约国，若其立法尚未完备，应采取必要之措施，以便随时防止及取缔第五十三条所规定之各种滥用行为。

最后条款

第五十五条 本公约以英文及法文订立。两种文字之约文具有同等效力。

瑞士联邦委员会应准备本公约之俄文及西班牙文之正式译文。

第五十六条 本公约以本日为订立之日期，至1950年2月12日为止，凡参加1949年4月21日日内瓦会议各国，以及未参加该次会议，但系1964年、1906年或1929年救济战地军队伤者病者之日内瓦公约之缔约国，均可签字。

第五十七条 本公约应尽速批准，其批准书应交存于伯尔尼。

每一批准书交存时，应予登记，并由瑞士联邦委员会将该项登记之证明的抄本分送业经签字或通知加入本公约之各国。

第五十八条 本公约在至少两国批准书交存后六个月发生效力。

嗣后，本公约对于每一缔约国自其批准书交存后六个月发生效力。

第五十九条 在各缔约国间之关系上，

本公约代替1864年8月22日、1906年7月6日及1929年7月27日之各公约。

第六十条 本公约自生效之日起，任何未签字本公约之国家均得加入。

第六十一条 本公约之加入应以书面通知瑞士联邦委员会，自加入之通知收到之日起六个月后发生效力。

瑞士联邦委员会应将此项加入通知所有业经签字或加入本公约之国家。

第六十二条 第二条及第三条所载之情况应使在战事开始或占领之前或后，冲突各方所交存之批准书及加入之通知立即生效。瑞士联邦委员会应将其从冲突各方收到之任何批准书或加入之通知，以最迅速方法通告之。

第六十三条 每一缔约国得自由退出本公约。

退约须用书面通知瑞士联邦委员会，并由该委员会转告所有缔约国政府。

退约须于通知瑞士联邦委员会后一年发生效力。但如缔约国于作退约通知时已卷入冲突，则其退约须待至和议成立后，并在有关本公约所保护之人员之释放及遣返之工作完毕后，始能生效。

退约仅对该退约国有效，但并不减轻冲突各方依国际法原则仍应履行之义务，此等原则系产自文明人民间树立之惯例，人道法则与公众良心之要求。

第六十四条 瑞士联邦委员会应将本公约在联合国秘书处登记，并应将其所接获之所有关于本公约之批准、加入及退约通知联合国秘书处。

为此，下列签署人于交存全权证书后，签署本公约，以昭信守。

1949年8月12日以英文法文订于日内瓦。正本应交存于瑞士联邦委员会之档案中。瑞士联邦委员会应将证明之抄本送交每一签字及加入之国家。

附件一

关于医院地带及处所之协定草案

第一条 医院地带应严格保留，以供1949年8月12日改善战地武装部队伤者病者境遇之日内瓦公约第二十三条所指之人及在该地带及处所担任组织、管理及照顾集中于该处的人们之人员之用。

但在该地带内有永久居所之人，仍有权在该地居住。

第二条 在医院地带居住者，无论具有何种资格，不得在该地带内外从事直接与军事行动或战争物资的生产有关之工作。

第三条 设立医院地带之国家应采取一切必要之措置，对于无权居住或进入该地带者，禁止入内。

第四条 医院地带应合于下列条件：

（甲）仅占设立医院地带之国家所统治的领土之一小部分。

（乙）就容纳可能言，应属人口稀少之地区。

（丙）应远离并无军事目标或大工业及大行政机构。

（丁）不应设在可能变成军事要地之区域。

第五条 医院地带应遵守下列义务：

（甲）医院地带所有之交通线及运输工具不得供运输军事人员或物资之用，即使是过境的。

（乙）在任何情形下不得以军事方法防御之。

第六条 医院地带应在其四周及建筑物上以白底红十字（红新月、红狮与日）为标志。夜间得以适当照明方法为同样之标志。

第七条 平时或战事开始时，各国应将其统治领土内之医院地带列表通知各缔约国。在战事期间所设立之新地带，亦应通知。

一俟敌方接到上述通知，该地带即为正式成立。

但如敌方认为本协定之各条件尚未履行时，得拒绝承认该地带，而将此事立即通知负责该地带之国家，或提出第八条所规定之监督制度作为承认之条件。

第八条 凡已承认敌方设立之一个或数个医院地带的国家，有权要求一个或数个特别委员会代为监督，以确定各该地带是否履行本协定所规定之条件与义务。

为此目的，特别委员会之委员得随时自由进入各地带，并可在各该处长期居住。此项人员应给予执行视察任务之各种便利。

第九条 倘特别委员会发现有与本协定不符之事实，应立即唤起统治该地带之国家的注意，并限定五日内予以纠正。此等委员会应正式通知承认该地带之国家。

倘统治该地带之国家逾限未遵警告办理，则敌方得声明关于上述地带不再受本协定之约束。

第十条 凡设立一个或数个医院地带及处所之国家，及接获有关此项地带处所之通知之敌方，应指派或使中立国代派第八、九两条提及之特别委员会委员。

第十一条 医院地带在任何情况下，不得为攻击之目标。该地带应随时受冲突各方之保护及尊重。

第十二条 如遇领土被占领时，其中医院地带应继续予以尊重，并仍用作医院地带。

此项地带之用途，得由占领国予以变更，但以采取一切措施以保证被收容人之安全为条件。

第十三条 本协定并应适用于各国作医院地带同样用途之处所。

附件二

附属武装部队之医疗及宗教人员之身份证

（略）

注：本公约于1952年7月13日经中华人民共和国中央人民政府授权外交部长周恩来发表声明决定予以承认，又于1956年11月5日经中华人民共和国主席批准，并于1956年12月28日由中华人民共和国政府向瑞士联邦政府交存批准书。中华人民共和国曾对本公约作了一些保留（详见全国人民代表大会常务委员会关于批准本公约的决定）。

附录

全国人民代表大会常务委员会关于批准1949年8月12日改善战地武装部队伤者病者境遇之日内瓦公约的决定

1956年11月5日全国人民代表大会常务委员会第五十次会议通过

1956年11月5日全国人民代表大会常务委员会第五十次会议决定批准1949年8月12日改善战地武装部队伤者病者境遇之日内瓦公约。

全国人民代表大会常务委员会在决定批准1949年8月12日改善战地武装部队伤者

病者境遇之日内瓦公约的同时，决定对该公约第十条作如下保留：

拘留伤者、病者或医务人员及随军牧师的国家请求中立国或人道组织担任应由保护国执行的任务时，除非得到被保护人本国政府的同意，中华人民共和国将不承认此种请求为合法。

1949年8月12日改善海上武装部队伤者病者及遇船难者境遇之日内瓦公约

（1949年8月12日日内瓦第二公约）

下列签署之各国政府全权代表出席自1949年4月21日至8月12日在日内瓦举行之外交会议，为修订1907年10月18日推行1906年日内瓦公约之原则于海战之第十海牙公约，议定如下：

第一章 总 则

第一条 各缔约国承诺在一切情况下尊重本公约并保证本公约之被尊重。

第二条 于平时应予实施之各项规定之外，本公约适用于两个或两个以上缔约国间所发生之一切经过宣战的战争或任何其他武装冲突，即使其中一国不承认有战争状态。

凡在一缔约国的领土一部或全部被占领之场合，即使此项占领未遇武装抵抗，亦适用本公约。

冲突之一方虽非缔约国，其他曾签订本公约之国家于其相互关系上，仍应受本公约之拘束。设若上述非缔约国接受并援用本公约之规定时，则缔约各国对该国之关系，亦应受本公约之拘束。

第三条 在一缔约国之领土内发生非国际性的武装冲突之场合，冲突之各方最低限度应遵守下列规定：

（一）不实际参加战事之人员，包括放下武器之武装部队人员及因病、伤、拘留、或其他原因而失去战斗力之人员在内，在一切情况下，应予以人道待遇，不得基于种族、肤色、宗教或信仰、性别、出身或财力或其他类似标准而有所歧视。

因此，对于上述人员不论何时何地不得有下列行为：

（甲）对生命与人身施以暴力，特别如各种谋杀、残伤肢体、虐待及酷刑；

（乙）作为人质；

（丙）损害个人尊严，特别如侮辱与降低身份的待遇；

（丁）未经具有文明人类所认为必需之司法保障的正规组织之法庭之宣判，而遽行判罪及执行死刑。

（二）伤者、病者及遇船难者应予收集与照顾。

公正的人道团体，如红十字国际委员会，得向冲突之各方提供服务。

冲突之各方应进而努力以特别协定之方式，使本公约之其他规定得全部或部分发生效力。

上述规定之适用不影响冲突各方之法律地位。

第四条 遇有冲突各方之陆海军作战时，本公约之规定仅适用于在舰上之部队。

登陆之部队，应立即受1949年8月12日改善战地武装部队伤者病者境遇之日内瓦公约的规定之拘束。

第五条 中立国对于在其领土内所收容

或拘禁之伤者、病者、遇船难者、医务人员与随军牧师及所发现之死者，应准用本约之规定。

第六条 于第十、十八、三十一、三十八、三十九、四十、四十三及五十三各条明文规定之协定之外，各缔约国对其认为需另作规定之一切事项得订立特别协定。是项特别协定不得对本公约关于伤者、病者、遇船难者、医务人员或随军牧师所规定之境遇有不利的影响，亦不得限制本公约所赋予彼等之权利。

除在上述协定或后订之协定中有相反之明文规定，或冲突之一方对彼等采取更优待之措施外，伤者、病者、遇船难者、医务人员及随军牧师，在本公约对其适用期间，应继续享受是项协定之利益。

第七条 在任何情况下，伤者、病者、遇船难者、医务人员及随军牧师不得放弃本公约或上条所述特别协定——如其订有是项协定——所赋予彼等之权利之一部或全部。

第八条 本公约之适用应与保护国合作并受其监察。保护国之责任为维护冲突各方之利益。为此目的，保护国在其外交或领事人员之外，得自其本国国民或其他中立国国民中指派代表。上述代表应经其执行任务所在国之认可。

冲突各方对于保护国之代表之工作应尽最大可能予以便利。

保护国之代表在任何情况下不得逾越本约所畀予之任务。彼等尤须顾及其执行任务所在国之安全上迫切的必要。仅遇有迫切的军事要求时，始能作为一种例外及暂时的措施而限制其活动。

第九条 本公约之规定并不妨碍红十字国际委员会或其他公正的人道组织，在有关冲突各方之同意之条件下，从事保护与救济伤者、病者、遇船难者、医务人员及随军牧师之人道活动。

第十条 各缔约国得随时同意将根据本公约应由保护国负担之任务，委托于具有公允与效能的一切保证之组织。

当伤者、病者、遇船难者或医务人员及随军牧师，不拘为何原因，不能享受或已停止享受保护国或本条第一款所规定之组织的活动之利益时，则拘留国应请一中立国或此种组织担任依照本公约应由冲突各方指定之保护国所执行之任务。

若保护不能依此布置，则拘留国应在本条之规定之约束下，请求或接受一人道组织，如红十字国际委员会，提供服务，以担任依本公约由保护国执行之人道的任务。

任何中立国或任何组织经有关国家邀请或自愿提供服务而执行任务时，在行为上须对本公约所保护之人员所依附之冲突一方具有责任感，并须充分保证能执行其所负之任务，且能公允执行之。

各国间订立特别协定，如其中一国因军事关系，特别是因其领土之大部或全部被占领，以致该国与其他一国或其盟国谈判之自由受限制，即或是暂时的，本公约上列规定不得因该项特别协定而有所减损。

凡本公约中提及保护国，亦适用于本条所指之代替组织。

第十一条 保护国认为于被保护人之利益适宜时，尤其遇冲突各方对于本公约之适用与解释意见有分歧时，应从事斡旋以期解决分歧。

为此目的，各保护国得因一方之请求，或主动向冲突各方建议，可能在适当选择之中立领土召开代表会议，负责管理伤者、病者、遇船难者之当局代表和医务人员与随军牧师之代表尤须参加。冲突各方对于为此目的而提出之建议负有实行之义务。各保护国得于必要时，提请冲突各方同意，特邀一中立国人员或红十字国际委员会委派之人员参加此项会议。

第二章 伤者病者及遇船难者

第十二条 在海上受伤、患病或遇船难之下条所列武装部队人员或其他人员，在一切情况下，应受尊重与保护，而“船难”一词应了解为系指任何原因之船难，并包括飞机被迫降落海面或被迫自飞机上跳海者在内。

冲突之各方对于在其权力下之此等人员，应予以人道之特遇与照顾，不得基于性别、种族、国籍、宗教、政治意见或其他类似标准而有所歧视。对其生命之任何危害或对其人身之暴行，均应严格禁止；尤其不得加以谋杀和消灭，施以酷刑或供生物学的实验，不得故意不给予医疗救助及照顾，亦不得造成使其冒传染病危险之情况。

只有医疗上之紧急理由始可予提前诊治。

对于妇女之待遇应充分顾及其性别。

第十三条 本公约适用于下列各类之海上伤者、病者及遇船难者：

（一）冲突之一方之武装部队人员及构成此种武装部队一部之民兵与志愿部队人员；

（二）冲突之一方所属之其他民兵及其他志愿部队人员，包括有组织之抵抗运动人员之在其本国领土内外活动者，即使此项领土已被占领；但须此项民兵或志愿部队，包括有组织之抵抗运动人员，合乎下列条件：

（甲）由一为其部下负责之人统率；

（乙）备有可从远处识别之固定的特殊标志；

（丙）公开携带武器；

（丁）遵守战争法规及惯例进行战斗。

（三）自称效忠于未经拘留国承认之政府或当局之正规武装部队人员；

（四）伴随武装部队而实际并非其成员之人，如军用机上之文职工作人员、战地记者、供应商人、劳动队工人或武装部队福利工作人员，但须彼等已获得其所伴随之武装部队的准许；

（五）冲突各方之商船队之船员，包括船长、驾驶员与见习生，以及民航机上之工作人员，而依国际法之任何其他规定不能享受更优惠之待遇者；

（六）未占领地之居民，当敌人迫近时，未及组织成为正规部队，而立即自动拿起武器抵抗来侵军队者，但须彼等公开携带武器并尊重战争法规及惯例。

第十四条 交战国之一切军舰应有权要求交出军用医院船，属于救济团体或私人之医院船，以及商船、游艇或其他船只上之伤者、病者、或遇船难者，不拘国籍，但须伤者与病者处于适合移动之情状，而该军舰具有必要的医治之适当设备。

第十五条 如伤者、病者或遇船难者被收容于中立国军舰或军用飞机上，如国际法有此要求，应保证此等人员不再参加战争行动。

第十六条 在第十二条规定之限制下，交战国之伤者、病者及遇船难者之落于敌方手中者，应为战俘，并对之适用国际法有关战俘之规定。俘获者得按情况决定是否便于扣留送至俘获国之港口、中立国港口、甚或敌国领土内之港口。如属最后一情形，被送回本国之战俘，在战争期间不得服役。

第十七条 如中立国与交战国间无相反之协定，经地方当局之许可，在中立国港口登陆之伤者、病者或遇船难者，遇国际法有此要求时，应由中立国加以看守，务使彼等不能再参加战争行动。

医院收容及拘禁费用应由伤者、病者或遇船难者所依附之国负担。

第十八条 每次战斗之后，冲突各方应立即采取一切可能之措施以搜寻并收集遇船难者、伤者与病者加以保护借免抢劫及虐待，而予以适宜之照顾，并搜寻死者而防其被剥劫。

环境许可时，冲突各方应商定局部办法以便经由海路搬移被包围地区之伤者与病者，并使送往该地区之医疗与宗教人员及器材得以通过。

第十九条 冲突各方应尽速登记落于其手中之每一敌方遇船难者、伤者、病者或死者之任何可以证明其身份之事项。可能时，此项记录应包括：

（甲）所依附之国；

（乙）军、团、个人番号；

（丙）姓；

（丁）名；

（戊）出生日期；

（己）身份证或身份牌上所表明之任何其他事项；

（庚）被俘或死亡之日期及地点；

（辛）有关伤病之情况或死亡之原因。

上述登记材料应尽速转送 1949 年 8 月 12 日关于战俘待遇之日内瓦公约第一百二十二条所述之情报局，该局应通过保护国及战俘中央事务所转达上述人员所依附之国。

冲突各方应制备死亡证书，并通过前项规定之情报局互送死亡证书或经证实之死亡表；亦应搜集并通过该局转送死者尸体上所发现之双身份牌之一半，或整个身份牌如其系单身份牌，遗嘱或对于其最近亲属具有重要性之其他文件、金钱及一般具有实质价值或情感价值之物品。此项物品连同未能辨认其所有人之物品，应以密封包裹寄送，并附说明书载明死者身份之详情以及包裹内容之清单。

第二十条 冲突各方应保证在情况许可下分别海葬死者之前，详细检查尸体，如可能时，经医生检查，以确定死亡，证明身份并便作成报告。如用双身份牌者，则其一半应留在尸体上。

如死者运抵陆上时，则应适用 1949 年 8 月 12 日改善战地武装部队伤者病者境遇之日内瓦公约之规定。

第二十一条 冲突各方得呼吁中立国商船、游艇或其他中立国船只之船长以慈善精神收容与照顾伤者、病者或遇船难者于其船上，并收集死者。

响应此项呼吁之任何种类船只以及自动收集伤者、病者或遇船难者之船只，均应享受特别保护及为执行此项协助之便利。

上述船只绝不得因从事此项运输而受拿捕；但上述船只若有违反中立之行为，除非有相反之诺言，仍得予以拿捕。

第三章　医院船

第二十二条 军用医院船即各国特别并

专用以救助、医治并运送伤者、病者及遇船难者而建造或装备之船只，在任何情况下，不得加以攻击或拿捕，而应随时予以尊重与保护，但须于使用前十日，将该船之名称及其说明通知冲突各方。

通知书内必须载明之特征，应包括注册之总吨位，自船首至船尾之长度以及桅杆、烟囱之数目。

第二十三条　岸上建筑物之应受1949年8月12日改善战地武装部队伤者病者境遇之日内瓦公约之保护者，应予以保护，免受海上之炮轰或攻击。

第二十四条　各国红十字会及官方承认之救济团体或私人所使用之医院船，如经其所依附之冲突一方正式委任，并已遵照第二十二条关于通知之规定者，应享受与军用医院船同样之保护并应免予拿捕。

此等船只，必须备有负责当局发给之证明书，载明该船只于装备及出发时已在该当局之管辖下。

第二十五条　各中立国之红十字会及官方承认之救济团体或私人所使用之医院船，如受冲突一方之管辖，经其本国政府之预先同意及该冲突一方之认可，并已遵照第二十二条关于通知之规定者，应享受与军用医院船同样之保护并免予拿捕。

第二十六条　第二十二、二十四及二十五各条提及之保护，适用于任何吨位之医院船及其救生艇，不论其活动地点何在。但为保证最大限度之舒适与安全，冲突各方务须使用总吨位在2000吨以上之医院船，以运送远距离及在公海上之伤者、病者及遇船难者。

第二十七条　在第二十二及二十四各条所规定之同样条件下，国家用或官方承认之救济团体为沿海岸救生用之小型船只，在行动需要之许可范围内，亦应予以尊重及保护。

前项规定应尽可能适用于前述船只在其人道的任务上所专用之海岸固定设备。

第二十八条　若在军舰上发生战斗，则病室应予以尊重，并尽可能予以保全。病室及其设备应受战争法规之限制，在伤者与病者需要期中，不得改作其他用途。但病室落于敌方司令之权力下，而该司令在保证对疗养中之伤者与病者予以适当之照顾后，于紧急军事需要时，得将病室改作他用。

第二十九条　凡泊于陷落敌方手中之港口之任何医院船，应准其离去该港。

第三十条　第二十二、二十四、二十五及二十七各条所述之船只应不拘国籍，对于伤者、病者及遇船难者予以救济与协助。

各缔约国承诺不将此等船只作任何军事用途。

此等船只绝不得妨碍战斗员之行动。

在每次战斗中及战斗后，此等船只行动上所冒危险，自负其责。

第三十一条　冲突各方应有权管制及搜查第二十二、二十四、二十五及二十七各条提及之船只，并得拒绝其协助，命令其离去，指定其航线，控制其无线电及其他通讯工具之使用，如因情况之严重性有此必要时，并得扣留之，其期限自截留之时起，不超过七日。

冲突各方得派员暂时驻在船上，其唯一任务应为保证根据上款规定所发布之命令均予执行。

冲突各方应尽可能将发给医院船船长之命令以该船长所了解之文字，记录于该船航海日志。

冲突各方得单独或依特别协定，安置中立国视察员在其船上，该员等应检定本公约规定之严格遵行。

第三十二条 第二十二、二十四、二十五及二十七各条所述之船只，就其在中立国港口停泊而言，不列为军舰。

第三十三条 商船之改装为医院船者，在全部战事期间不能移作他用。

第三十四条 医院船及舰上病室应得之保护不得停止，除非此等船室越出其人道任务之外，用以从事有害于敌方之行为。惟如经给予相当警告，并依各个情形指定合理之时限而警告仍被忽视时，始得停止保护。

医院船尤其不得备有或使用密码，为无线电或其他通讯方法之用。

第三十五条 下列情况不得认为剥夺医院船及舰上病室应得之保护：

（一）医院船或病室之船员为维持秩序，自卫或保护伤者、病者而配有武器；

（二）船上有专为便于航行或通讯用之装备；

（三）医院船上或舰上病室内发现有由伤者、病者及遇船难者身上所解除之随身武器及弹药而尚未缴送主管部门者；

（四）医院船及舰上病室或其船员扩展其人道之活动及于伤、病或遇船难之平民之照顾；

（五）运送专为医疗任务之用的设备及人员，而超过正常之需要。

第四章 人 员

第三十六条 医院船上之宗教、医务及医院工作人员以及其船员，应受尊重及保护；不论船上有无伤者及病者，在医院船上服务期间，不得被俘。

第三十七条 凡宗教、医务及医院工作人员被派担任医务上或精神上照顾第十二及十三两条所指之人者，如落于敌方手中，应受尊重及保护；在需要照顾伤者及病者之期间，得继续执行其职务。一俟管辖此项人员之总司令认为可行时，应将其送回。彼等离船时得携带其私人财物。

但如发觉因战俘之医疗上及精神上之需要，须留用若干人员时，则应尽一切可能使其尽早登陆。

留用人员登陆后，即受 1949 年 8 月 12 日改善战地武装部队伤者病者境遇之日内瓦公约规定之拘束。

第五章 医疗运输

第三十八条 为此项目的而租用之船只，应准其运输专为医治武装部队之伤者与病者或防止疾病用之设备，但须将该船航行之事项通知敌国，并经其认可。敌国保留登船检查之权，但不得予以拿捕或截留其所载之设备。

经冲突各方之协议，中立国观察员得驻在该项船只上，以检定所载之设备。为此目的，应准其自由检视此项设备。

第三十九条 医务飞机，即专用以搬移伤者、病者及遇船难者以及运送医务人员与设备之飞机，不得为袭击之目标，而在有关冲突各方所特别约定之高度、时间及航线飞行时，应受冲突各方之尊重。

此项飞机在其上下及两侧面，应显明标以第四十一条所规定之特殊标志，以及其本国国旗，并应备有战事开始时或战事进行中经冲突各方间同意之任何其他标志或识别方法。

除另有协议外，在敌人领土或敌人占领地上空之飞行应予禁止。

医务飞机应服从一切水陆降落之命令。如被令降落而需受检查时，则经过检查后，该机载其乘员得继续飞行。

非自愿降落于敌人领土或敌人占领地之陆上或水面时，伤者、病者及遇船难者以及飞行人员应为战俘。医务人员应按第三十六条及三十七条两条待遇之。

第四十条 冲突各方之医务飞机，在本条第二款规定之拘束下，得在中立国之领土上空飞行，必要时，得在该国领土降落，或用以为停留站。该项飞机之飞越上述领土，应预先通知各中立国，并服从一切水陆降落之命令。仅在冲突各方与有关中立国特别约定之航线、高度及时间飞行时，始免受袭击。

但中立国对于医务飞机之飞越其领土或在其领土降落，得规定条件或限制。此项可能的条件与限制对于冲突各方应一律适用。

除中立国与冲突各方另有协议外，凡经地方当局之同意由医务飞机运至中立国领土之伤者、病者或遇船难者，如国际法有此要求，应由中立国以适当方式予以拘留，俾彼等不能再行参加战斗。医院收容与拘禁之费用应由其所依附之国负担。

第六章 特殊标志

第四十一条 在军事主管当局之指导下，白底红十字之标志应标明于旗帜、臂章及医务部门使用之所有设备上。

但各国如已采用白底红新月或白底红狮与日以代替红十字之标志者，此等标志亦为本公约规定所承认。

第四十二条 第三十六及三十七两条所指之人员，应在左臂佩带由军事机关发给并盖印而具有特殊标志之防水臂章。

此种人员除应携带第十九条所述之身份牌外，应另携带具有此项特殊标志之特种身份证。此证应有防水之效能，并具有适当之尺寸以便携带于衣袋内。其上应用本国文字，至少载明持用者之姓名、出生日期、等级、番号，并应注明其以何种身份享受本公约之保护。该证应附有本人像片，及其签字或指纹，或二者具备。该证并应加盖军事当局之钢印。

同一武装部队所使用之身份证应式样一致，并尽可能使各缔约国之武装部队使用类似的式样。冲突各方可参照本公约所附之示范格式。在战事开始时，冲突各方应互相通知其所采用之式样。在可能范围内，身份证至少应制备两份，其中一份存于本国。

在任何情况下对上述人员不得剥夺其符号或身份证，或佩带臂章之权利。如遇遗失时得领取身份证副本或补领符号。

第四十三条 第二十二、二十四、二十五及二十七各条所指之船只，应特别标志如下：

甲、一切外表应为白色。

乙、在船身之两侧及其平面，应涂漆而显露可能最大之深红十字一个或多个，其位置以自海上及空中最易于望见者为宜。

一切医院船应悬挂本国国旗，如属于中立国者并应悬挂其所受指挥的冲突一方之国旗，以资识别。大桅杆上应在可能高处悬挂白底红十字旗。

医院船之救生艇、海岸救生艇及医务部门所使用之一切小型船只均应漆成白色，并加画鲜明之深红十字，大体应遵照上述医院船识别之方法。

上述船艇，如欲于黑夜及可视度减少之时间保证其应得之保护，则应在其管辖之冲突一方的同意下，采取必要措施，务使其所漆颜色及特殊标志充分显明。

依第三十一条暂时为敌人扣留之医院船，必须将其所服役或其所受指挥之冲突一方的旗帜降下。

海岸救生艇，如其经占领国同意，从被占领之基地继续活动，于离开该基地时，得准其继续悬挂其本国国旗连同白底红十字旗，但须先通知有关冲突各方。

本条有关红十字之一切规定，应一律适用于第四十一条所列之其他标记。

冲突各方应随时设法达成相互的协议，俾使用其所有之最现代化方法，以便利各医院船之辨别。

第四十四条 除其他国际公约或有关冲突各方间另有协定外，第四十三条所指之特殊标志，无论平时或战时，只能用以标明或保护该条提及之船只。

第四十五条 各缔约国，若其立法尚未完备，应采取必要之措施，以便随时防止及取缔第四十三条所规定关于特殊标志之任何滥用行为。

第七章 公约之执行

第四十六条 冲突各方应通过其总司令保证以上条款之详细执行，并依照本公约之一般原则规定预料不到之事件。

第四十七条 对于本公约所保护之伤者、病者、遇船难者、工作人员、船只或设备之报复行为，均予禁止。

第四十八条 各缔约国在平时及战时应在各该国尽量广泛传播本公约之约文，尤应在其军事，并如可能时在公民教育计划中，包括本公约之学习，俾本公约之原则为全体人民，尤其武装战斗部队、医务人员及随军牧师所周知。

第四十九条 各缔约国应通过瑞士联邦委员会，在战时则通过保护国，互相通知本公约之正式译文，及其所采用以保证实施本公约之法律与规则。

第八章 滥用及违约之取缔

第五十条 各缔约国担任制定必要之立法，俾对于本身犯有或令人犯有下条所列之严重破坏本公约之行为之人，处以有效的刑事制裁。

各缔约国有义务搜捕被控为曾犯或曾令人犯此种严重破坏本公约行为之人，并应将此种人，不分国籍，送交各该国法庭。该国亦得于自愿时，并依其立法之规定，将此种人送交另一有关之缔约国审判，但以该缔约国能指出案情显然者为限。

各缔约国应采取必要之措施，以制止下条所列严重破坏本公约之行为以外之一切违反本公约之规定之行为。

在一切情况下，被告人应享有适当的审讯及辩护之保障。此种保障，不得次于1949年8月12日关于战俘待遇之日内瓦公约第一百零五条及其以下各条所规定者。

第五十一条 上条所述之严重破坏公约行为，应系对于受本公约保护之人或财产所犯之任何下列行为：故意杀害、酷刑或不人道待遇，包括生物学实验，故意使身体及健康遭受重大痛苦或严重伤害，以及无军事上之必要，而以非法与暴乱之方式，对财产之大规模的破坏与征收。

第五十二条 任何缔约国不得自行推卸，或允许任何其他缔约国推卸，其本身或其他缔约国所负之关于上条所述之破坏公约行为之责任。

第五十三条 经冲突之一方请求，应依有关各方所决定之方式，进行关于任何被控违犯本公约的行为之调查。

如关于调查程序不能获致协议，则各方应同意选定一公断人，由其决定应遵行之程序。

违约行为一经确定，冲突各方应使之终止，并应迅速加以取缔。

最后条款

第五十四条 本公约以英文及法文订立。两种文字之约文具有同等效力。

瑞士联邦委员会应准备本公约之俄文及西班牙文之正式译文。

第五十五条 本公约以本日为订立之日期，至1950年2月12日为止，凡参加1949年4月21日日内瓦会议各国，以及未参加该次会议，但系推行1906年日内瓦公约之原则于海战之1907年10月18日第十海牙公约缔约国，或1864年、1906年及1929年关于救济战地军队伤者病者之日内瓦公约之缔约国，均可签字。

第五十六条 本公约应尽速批准，其批准书应交存于伯尔尼。

每一批准书交存时，应予登记，并由瑞士联邦委员会将该项登记之证明的抄本分送业经签字或通知加入本公约之各国。

第五十七条 本公约在至少两国批准书交存后六个月发生效力。

嗣后，本公约对于每一缔约国自其批准书交存后六个月发生效力。

第五十八条 在各缔约国间关系上，本公约代替推行1906年日内瓦公约之原则于海战之1907年10月18日第十海牙公约。

第五十九条 本公约自生效之日起，任何未签字本公约之国家均得加入。

第六十条 本公约之加入应以书面通知瑞士联邦委员会，自加入之通知收到之日起六个月后发生效力。

瑞士联邦委员会应将此项加入通知所有业经签字或加入本公约之国家。

第六十一条 第二条及条三条所载之情况应使在战事开始或占领之前或后，冲突各方所交存之批准书及加入之通知立即生效。瑞士联邦委员会应将其从冲突各方收到之任何批准书或加入之通知，以最迅速方法通告之。

第六十二条 每一缔约国得自由退出本公约。

退约须用书面通知瑞士联邦委员会，并由该委员会转告所有缔约国政府。

退约须于通知瑞士联邦委员会后一年发生效力。但如缔约国于作退约通知时已卷入冲突，则其退约须待至和议成立后，并在有关本公约所保护之人员之释放及遣返之工作完毕后，始能生效。

退约仅对该退约国有效，但并不减轻冲

突各方依国际法原则仍应履行之义务，此等原则系产自文明人民间树立之惯例，人道法则与公众良心之要求。

第六十三条 瑞士联邦委员会应将本公约在联合国秘书处登记，并应将其所接获之所有关于本公约之批准、加入及退约通知联合国秘书处。

为此，下列签署人于交存全权证书后，签署本公约，以昭信守。

1949年8月12日以英文法文订于日内瓦。正本应交存于瑞士联邦委员会之档案中。瑞士联邦委员会应将证明之抄本送交每一签字及加入之国家。

附件二

附属海上武装部队之医务及宗教人员之身份证（略）

注：本公约于1952年7月13日经中华人民共和国中央人民政府授权外交部长周恩来发表声明决定予以承认，又于1956年11月5日经中华人民共和国主席批准，并于1956年12月28日由中华人民共和国政府向瑞士联邦政府交存批准书。中华人民共和国曾对本公约作了一些保留（详见全国人民代表大会常务委员会关于批准本公约的决定）。

附录

全国人民代表大会常委委员会关于批准1949年8月12日改善海上武装部队伤者病者及遇船难者境遇之日内瓦公约的决定

1956年11月5日全国人民代表大会常务委员会第五十次会议通过

1956年11月5日全国人民代表大会常务委员会第五十次会议决定批准1949年8月12日改善海上武装部队伤者病者及遇船难者境遇之日内瓦公约。全国人民代表大会常务委员会在决定批准1949年8月12日改善海上武装部队伤者病者及遇船难者境遇之日内瓦公约的同时，决定对该本约第十条作如下保留：

拘留伤者、病者、遇船难者或医务人员及随军牧师的国家请求中立国或人道组织担任应由保护国执行的任务时，除非得到被保护人本国政府的同意，中华人民共和国将不承认此种请求为合法。

1949年8月12日关于战俘待遇之日内瓦公约

（1949年8月12日日内瓦第三公约）

（1949年8月12日订于日内瓦）

下列签署之各国政府全权代表出席自1949年4月21日至8月12日在日内瓦举行之外交会议，为修订1929年7月27日在日内瓦订立之关于战俘待遇公约，议定如下：

第一部 总 则

第一条 各缔约国承诺在一切情况下尊重本公约并保证本公约之被尊重。

第二条 于平时应予实施之各项规定之外，本公约适用于两个或两个以上缔约国间所发生之一切经过宣战的战争或任何其他武装冲突，即使其中一国不承认有战争状态。

凡在一缔约国的领土一部或全部被占领之场合，即使此项占领未遇武装抵抗，亦适用本公约。

冲突之一方虽非缔约国，其他曾签订本公约之国家于其相互关系上，仍应受本公约之拘束。设若上述非缔约国接受并援用本公约之规定时，则缔约各国对该国之关系，亦应受本公约之拘束。

第三条 在一缔约国之领土内发生非国际性的武装冲突之场合，冲突之各方最低限度应遵守下列规定：

（一）不实际参加战事之人员，包括放下武器之武装部队人员及因病、伤、拘留、或其他原因而失去战斗力之人员在内，在一切情况下应予以人道待遇，不得基于种族、肤色、宗教或信仰、性别、出身或财力或其他类似标准而有所歧视。

因此，对于上述人员，不论何时何地，不得有下列行为：

（甲）对生命与人身施以暴力，特别如各种谋杀、残伤肢体、虐待及酷刑；

（乙）作为人质；

（丙）损害个人尊严，特别如侮辱与降低身份的待遇；

（丁）未经具有文明人类所认为必需之司法保障的正规组织之法庭之宣判，而遽行判罪及执行死刑。

（二）伤者、病者应予收集与照顾。

公正的人道团体，如红十字国际委员会，得向冲突之各方提供服务。

冲突之各方应进而努力，以特别协议之方式，使本公约之其他规定得全部或部分发生效力。

上述规定之适用不影响冲突各方之法律地位。

第四条 （子）本公约所称之战俘系指落于敌方权力之下列各类人员之一种：

（一）冲突之一方之武装部队人员及构成此种武装部队一部之民兵与志愿部队人员。

（二）冲突之一方所属之其他民兵及其他志愿部队人员，包括有组织之抵抗运动人员之在其本国领土内外活动者，即使此项领土已被占领，但须此项民兵或志愿部队，包括有组织之抵抗运动人员，合乎下列条件：

（甲）有一为其部下负责之人统率；

（乙）备有可从远处识别之固定的特殊标志；

（丙）公开携带武器；

（丁）遵守战争法规及惯例进行战斗。

（三）自称效忠于未经拘留国承认之政府或当局之正规武装部队人员。

（四）伴随武装部队而实际并非其成员之人，如军用机上之文职工作人员、战地记者、供货商人、劳动队工人或武装部队福利工作人员，但须彼等已获得其所伴随之武装部队的准许，该武装部队应为此目的发给彼等以与附件格式相似之身份证。

（五）冲突各方之商船队之船员，包括船长、驾驶员与见习生，以及民航机上之工作人员，而依国际法之任何其他规定不能享受更优惠之待遇者。

（六）未占领地之居民，当敌人迫近时，未及组织成为正规部队，而立即自动拿起武器抵抗来侵军队者，但须彼等公开携带武器并尊重战争法规及惯例。

（丑）下列人员亦应依照本公约以战俘待遇之：

（一）现属于或曾属于被占领国武装部队之人员，而占领国认为因此种隶属关系有加以拘禁之必要者，即令占领国于该占领区外进行战事时原曾将其释放，特别是曾企图再行参加其原来所属而正在作战之武装部队未获成功，或并未遵从对彼等所发出之拘禁令者。

（二）属于本条所列举各类人员之一种，为中立国或非交战国收容于其领土内，依照国际法应由该国拘禁者，惟不碍及该国之愿对彼等予以更优惠之待遇，但第八、十、十五、三十（第五款）、五十八——六十七、九十二、一百二十六各条除外，且若冲突之各方与有关中立国或非交战国有外交关系存在，则有关保护国之各条亦除外。若有此种外交关系存在时，则此项人员所依附之冲突各方可对彼等执行本公约所规定之保护国之任务，但不碍及该各方依照外交与领事惯例及条约正常执行之任务。

（寅）本条无论如何不得影响本公约第三十三条所规定之医务人员与随军牧师之地位。

第五条 本公约对于第四条所列之人员之适用，应自其落于敌方权力下之时起至最后被释放及遣返时为止。

凡曾从事交战行为而陷落于敌方者，其是否属于第四条所列举各类人员之任何一种发生疑问时，在其地位未经主管法庭决定前，应享受本公约之保护。

第六条 于第十、二十三、二十八、三十三、六十、六十五、六十六、六十七、七十二、七十三、七十五、一百零九、一百一十、一百一十八、一百一十九、一百二十二、及一百三十二各条明文规定之协议之外，各缔约国对其认为需另作规定之一切事项得订立特别协议。是项特别协议不得对本公约关于战俘所规定之境遇有不利的影响，亦不得限制本公约所赋予彼等之权利。

除在上述或后订之协议中有相反之明文规定，或冲突之一方对彼等采取更优待之措施外，战俘在本公约对其适用期间应继续享受是项协议之利益。

第七条 在任何情况下，战俘不得放弃本公约或上条所述之特别协议——如其订有是项协议——所赋予彼等权利之一部或全部。

第八条 本公约之适用应与保护国合作并受其监察。保护国之责任为维护冲突各国之利益。为此目的，保护国在其外交或领事人员之外，得自其本国国民或其他中立国国民中指派代表。上述代表应经其执行任务所在国之认可。

冲突各方对于保护国之代表之工作应尽最大可能予以便利。

保护国之代表在任何情况下不得逾越本公约所界予之任务。彼等尤须顾及其执行任务所在国之安全上迫切的必要。

第九条 本公约之规定并不妨碍红十字国际委员会或其他公正的人道组织，在有关冲突各方之同意之条件下，从事保护与救济战俘之人道活动。

第十条 各缔约国得随时同意将根据本公约应由保护国负担之任务，委托于具有公允与效能之一切保证之组织。

当战俘，不拘为何原因，不能享受或已停止享受保护国或本条第一款所规定之组织的活动之利益时，则拘留国应请一中立国或此种组织担任依照本公约应由冲突各方指定之保护国所执行之任务。

若保护不能依此布置，则拘留国应在本条之规定之约束下，请求或接受一人道组织，如红十字国际委员会，提供服务，以担任依本公约由保护国执行之人道的任务。

任何中立国或任何组织经有关国家邀请或自愿提供服务而执行任务时，在行为上须对本公约所保护之人员所依附之冲突一方具有责任感，并须充分保证能执行其所负之任务，且能公允执行之。

各国间订立特别协议，如其中一国因军事关系，特别是因其领土之大部或全部被占领，以致该国与其他一国或其盟国谈判之自由受限制，即或是暂时的，本公约上列规定不得因该项特别协议而有所减损。

凡本公约中提及保护国，亦适用于本条所指之代替组织。

第十一条 保护国认为于被保护人之利益适宜时，尤其遇冲突各方对于本公约之适用与解释意见有分歧时，应从事斡旋以期解决分歧。

为此目的，各保护国得应一方之请求，或主动向冲突各方建议，可能在适当选择之中立领土召开代表会议，负责管理战俘之当局代表尤须参加。冲突各方对于为此目的而提出之建议负有实行之义务。各保护国得于必要时，提请冲突各方同意，特邀一中立国人员或红十字国际委员会委派之人员参加此项会议。

第二部 战俘之一般保护

第十二条 战俘系在敌国国家手中，而非在俘获彼等之个人或军事单位之手中。不论个人之责任如何，拘留国对战俘所受之待遇应负责任。

拘留国仅能将战俘移送至公约之缔约国，并须于拘留国对于接受国实施本公约之意愿与能力认为满意后行之。战俘在此种情形下被移送时，其在接受国看管期间，本公约的实施之责任即由该接受国担承之。

在若该接受国在任何重要方面未能实行本公约之规定，则原移送战俘之国，一经保护国通知，即应采取有效办法以纠正此种情况，或要求将战俘送还。此项要求必须照办。

第十三条 战俘在任何时须受人道之待遇。拘留国任何不法行为或因不法行为可导致其看管中之战俘死亡或严重危害其健康者须予禁止，并当视为严重破坏本公约之行为。尤其不得对战俘加以肢体残伤，或供任何医学或科学试验而非为有关战俘之医疗、治疗或住院诊疗所应有且为其本身利益而施行者。

战俘亦应在任何时受到保护，尤其免致遭受暴行或恫吓及侮辱与公众好奇心的烦扰。

对战俘之报复措施应予禁止。

第十四条 战俘在一切情况下应享受人身及荣誉之尊重。

对于妇女之待遇应充分顾及其性别，并在一切情形下彼等应享受与男子同等之优遇。

战俘应保有被俘时所享受之全部民事能力。除因在俘关系之需要外，拘留国不得限制战俘在该国领土内外行使此种能力所赋予之权利。

第十五条 拘留国战俘之国家应免费维持战俘生活及给予其健康状况所需之医药照顾。

第十六条 拘留国对于所有战俘，除因本公约关于其等级及性别之规定以及因健康状况、年龄或职业资格得予以特别待遇外，应同样待遇之，不得基于种族、国籍、宗教信仰、或政治意见、或根据类似标准之任何其他区别而有所歧视。

第三部 在 俘

第一编 在俘之开始

第十七条 每一战俘，当其受讯问时，仅须告以其姓名、等级、出生日期，及军、团、个人番号，如其不能，则提使相当之材料。

如其故意违犯此项规则，则可因此而被限制其原有等级或地位所应得之权利。

冲突之每一方对于在其管辖下有资格成为战俘之人，应为之制备身份证，记载持用者之姓名、等级、军、团、个人番号或相当之材料及出生日期。身份证上并得有持用者之签字或指纹，或二者具有，以及冲突之一方愿列入其武装部队所属人员之其他材料。该证之尺寸应尽可能为6.5×10公分，并应颁发正副两份。此证遇要求时应由战俘出示之，但绝不得自其本人取去。

对战俘不得施以肉体或精神上之酷刑或任何其他胁迫方式藉以自彼等获得任何情报。战俘之拒绝答复者不得加以威胁、侮辱，或使之受任何不快或不利之待遇。

战俘，因身体及精神状态不能言明其身份者，应送交医疗机构。此种战俘之身份应用各种可能方法证明之，但受前款规定之限制。

讯问战俘应以其所了解之语言执行之。

第十八条 凡自用物品除武器、马匹、军事装备及军事文件外，应仍归战俘保有，钢盔、防毒面具及其他为保护个人而发给之物品亦然。衣食所用之物品亦应仍归战俘保有，即使此等物品系军队规定装备之一部分。

无论何时战俘不得无身份证明文件。对于无身份证明文件之战俘，拘留国应发给此种文件。

战俘之等级与国籍之徽章、勋章，以及特别具有个人或情感价值之物品不得自其本人取去。

除依官长之命令，并经将银钱数目及所有者之详情登记在特别账册内并给予详细之收据，收据上清晰记有出具收据者之姓名、等级及单位外，战俘所带之银钱不得被取去。其银钱如系拘留国之货币，或经战俘请求换成该国货币者应按第六十四条之规定存入战俘账目。

拘留国只可由于安全的理由自战俘身上取去贵重物品；当此种物品取去时，应适用关于押收银钱之手续。

此种物品，以及拘留国货币以外之银钱未经原主要求兑换而被取去者，应由拘留国保管之，并应于其在俘终了时原样归还战俘。

第十九条 战俘应在被俘获后尽速撤退至处于远离战斗地带足使其免于危险之地区之战俘营。

惟战俘之因受伤或患病以致撤退之危险反大于停留原处者，始得暂时留于危险地带。

在等候自战斗地带撤退时，不得令战俘冒不必要之危险。

第二十条 战俘之撤退必须经常依人道方式，并于与拘留国部队换防时相类似之条件下执行之。

拘留国对撤退之战俘应供给足够之食物与饮水以及必需之衣服与医药照顾。拘留国应采取各种适当戒备以保证战俘撤退时之安全，并应尽速编造被撤退之战俘名单。

如战俘撤退时须经过转运营，其停留于转运营之时间务求其短速。

第二编 战俘之拘禁

第一章 总 则

第二十一条 拘留国得将战俘拘禁。得令战俘不得越出拘留营一定界限，若上述拘留营设有围栅，则不得越出围栅范围。除适用本公约关于刑事与纪律制裁之规定外，不得将战俘禁闭，但遇为保障其健康有必要时，且仅在必需予以禁闭之情况继续存在期中，则为例外。

在战俘所依附之国法律允许下，得将战俘部分或全部依宣誓或诺言释放。此种办法，在有助于改善战俘健康状况之场合，尤应采取。任何战俘不得强令接受宣誓或诺言释放。

战事开始时，冲突之每一方应将准许或禁止其本国国民接受宣誓及诺言释放之法律及规则通知对方。依照此项通知之法律及规则而宣誓或给予诺言之战俘，应以其个人之荣誉保证对于所依附之国及俘获国严守其所宣誓或承诺之条件。在此种情况下，其所依附之国不得要求或接受彼等从事违反其宣誓或诺言之任何服役。

第二十二条 战俘仅能拘禁于陆地上之场所而具有卫生与健康之保证者。除在战俘本身利益所许可之特殊场合外，不得将彼等拘禁于反省院中。

战俘之被拘禁于不合卫生之地区，或其气候对彼等身体有害之处所者，应从速移送至气候较适宜之地区。

拘留国应按战俘之国籍、语言、及习惯，集中于各营或营场，但除经本人同意外，此种战俘不应与同属于其被俘时所服役之武装部队之战俘分开。

第二十三条 无论何时不得将战俘送赴或拘留于战斗地带炮火所及之地，亦不得利用彼等安置于某点或某地区以使该处免受军事攻击。

战俘应备有与当地平民同等之防御空袭或其他战争危险之避难所。除从事于保护其居所免受上述危险之人外，彼等可于警报发出后尽速进入避难所。任何其他保护居民之措施亦应适用于战俘。

拘留国，应通过保护国之媒介，将有关战俘营地理位置一切有用的情报提交有关各国。

在军事考虑许可时，战俘营在白天应标明自高空清晰可见之 PW 或 PG 字母。有关各国亦得商定其他标志方法。惟战俘营始得如此标志之。

第二十四条 永久性之转运营或分发营应按本编所述之同样条件布置之，其中之战俘亦应与其他各营之战俘享受同样待遇。

第二章 战俘之住宿，饮食与衣服

第二十五条 战俘住宿之条件应也与同一区域内拘留国驻扎之部队居住之条件同样优良。上述条件应顾及战俘之习惯与风俗，并绝不得有害其健康。

上述规定尤应适用于战俘之宿舍，如关于总面积与最低限度之立方空间，及一般设备、垫褥、被毯等。

为战俘个人或集体设置之住所，应全无潮湿之患，并应有充足之温度与光线，特别是在黄昏与熄灯之时间内。对于火灾应采取一切预防措施。

任何战俘营，如同时收容男女战俘，应为其分设宿舍。

第二十六条 每日基本口粮在量，质，与种类上应足够保持战俘之健康及防止体重减轻或营养不足。战俘所习惯之饮食亦应顾及。

拘留国应为作工之战俘供给因其从事之劳动所需之额外口粮。

对战俘应供给以充足之饮水。吸烟应被准许。

战俘应尽量参与其膳食之准备，彼等得为此目的在厨房工作。此外，并应给予战俘以自行烹调其自有的额外食品之工具。

为供战俘用膳，应备适当之场所。

饮食上的集体处罚措施应予禁止。

第二十七条 服装、内衣、及鞋袜应由拘留国充分供给战俘，并应顾及拘留战俘地区之气候。拘留国缴获之敌军制服，若与气候相适，应充作战俘服装之用。

拘留国应保证上述衣物之按期更换与修补。此外，作工之战俘，凡因工作性质之需要，应给予适当之服装。

第二十八条 在各战俘营内应设贩卖部，俾战俘得购买食品、肥皂、烟草、及日常用品。其售价不得超过当地市价。

战俘营贩卖部所获得之利润应为战俘之利益而使用；为此目的应设立一项特别基金。战俘代表应有权参与贩卖部及该项基金之管理。

战俘营结束时，特别基金之结余，应交与一国际福利组织，以供与凑集基金之战俘同一国籍之战俘的利益而使用。如遇全数遣返，此项利润，除有关各国间议有相反之办法外，应由拘留国保存。

第三章　卫生与医药照顾

第二十九条 拘留国应负责采取保证战俘营清洁、卫生及防止传染病所必要之卫生措施。

战俘应有，不论昼夜，可以使用之合于卫生规则并经常保持清洁的设备。战俘营之收容女俘者，应另有设备供其使用。

战俘营除应设之浴盆及淋浴外，应供给战俘足够之用水及肥皂以备个人盥洗及洗濯衣物之用；并应为此目的给予彼等以必需之设备、便利、及时间。

第三十条 每一战俘营内应设有适当之医疗所，俾战俘可获得所需之照顾与适当之饮食。必要时对于传染病或精神病患者应另设隔离病房。

战俘之患重病或需要特别医疗，外科手术，或住院治疗者，任何军用或民用医疗机构之能作此项诊疗者均须予以收容，即使彼等将于最近被遣返。在遣返前，对于残废者，尤其对于盲者之照顾及其复元，应予以特别便利。

战俘最好由其所依附之国之医疗人员照顾，如可能时，由其同国籍者照顾。

战俘请求医疗当局检查时，不得予以阻止。拘留当局一经请求，应对已受治疗之战俘发给正式证书，说明其疾病或伤害之性质，及所受治疗之期限及类别。此项证书之副本应送交战俘中央事务所。

医疗费用，包括维持战俘健康需用之器具，尤其假牙及其他假装置，以及眼镜等费用，应由拘留国负担。

第三十一条 战俘之健康检查至少应每月举行一次。检查应包括对每一战俘体重之衡量及记载。其目的应特别为监察战俘之一般健康状况，营养及清洁，并察觉传染病，特别是肺结核、疟疾及性病。为此目的，应采用最有效之方法，如定期集体小型照相透视，以便及早察觉肺结核。

第三十二条 战俘中之医生、外科医生、牙医、护士或医事服务员，虽非其本国武装部队之医疗工作者，拘留国得令彼等为其所依附之国之战俘的利益执行医疗任务。在此种情况下，此项人员应仍视为战俘，但应与拘留国所留用之相当之医务人员享受同样待遇。彼等应免除第四十九条中之任何工作。

第四章 被留用协助战俘之医务人员及随军牧师

第三十三条 拘留国为协助战俘而留用之医务人员及随军牧师不得视为战俘。但彼等至少应享受本公约之利益与保护，并应给予彼等以从事战俘之医疗照顾及宗教工作所必需之一切便利。

彼等应在拘留国军事法规范围内，并在该国主管部门管辖下，按照其职业上之道义，继续为战俘，尤其属于其本国武装部队者，执行其医疗及精神任务。此等人员为执行其医疗及精神任务，应享受下列便利：

（甲）彼等应准定期访问战俘营外之劳动队或医院中之战俘。为此目的，拘留国应供给以所需之交通工具。

（乙）关于各战俘营中留用医务人员之活动一切事项，由该营上级医官对该营军事当局负责。为此目的，在战事开始时，冲突各方应就医务人员相当等级之问题取得协议，其中包括1949年8月12日改善战地武装部队伤者病者境遇之日内瓦公约第二十六条所列团体之医务人员之等级。上述上级医官及随军牧师有权与战俘营之主管当局商洽与其职务有关之一切问题。该当局应予彼等以有关此项问题之通讯所必需之便利。

（丙）彼等在被留用营中虽应服从内部纪律，但不得强迫其作任何医务或宗教以外之工作。

在交战期间，冲突各方关于留用人员之可能遣放应成立协议，并决定遣放之程序。

上述各规定并不解除自医疗及精神的观点上拘留国对于战俘应尽之义务。

第五章 宗教、文化与体育活动

第三十四条 战俘应有履行其宗教义务之完全自由，包括参加其所信仰宗教之仪式，但以遵守军事当局规定之例行的纪律措施为条件。

为举行宗教仪式之用，应供给以适当之场所。

第三十五条 落于敌国手中之随军牧师，其为协助战俘而留下或被留用者，应准依其宗教道义，对战俘执行宗教任务，并在属于同一宗教之战俘中自由执行宗教任务。彼等应分派至属于同一部队，使用同一语言，或遵奉同一宗教之各战俘营或劳动队。

彼等应享有访问本营以外之战俘必需之便利，包括第三十三条所提之交通工具。彼等应得与拘留国教会当局及国际宗教组织自由通讯，商讨有关宗教职务事项，但其通讯得受检查。彼等为此目的发出之信件或邮片，应在第七十一条之规定之限额以外。

第三十六条 战俘中之牧师其未经正式委派为其所属部队之随军牧师者，不论其教派为何，得自由对其本教教徒自由执行宗教任务。为此目的，彼等应享受与拘留国留用之随军牧师同样之待遇。彼等不得被强迫从事任何其他工作。

第三十七条 当战俘中并无留用之随军牧师或同一宗教之战俘牧师协助时，应依有关战俘之请求，指派一属于战俘之教派或类似教派之牧师担任此项工作。若此等牧师亦无之，则在宗教信仰观念认为可行时，应指派一合格之非宗教人员担任之。此项人员之指派，须经过拘留国核准，并须取得有关战俘团体之同意，必要时并应经当地同一信仰之宗教当局核准。此种指派之人员应遵守拘留国为维护纪律及军事安全而制定之一切规则。

第三十八条 拘留国应在尊重战俘个人兴趣之条件下，鼓励战俘之文化、教育、及娱乐、运动与游戏活动。并应采取必要措施，供给适当之场所及必需之设备，以保证其实行。

战俘应有作健身活动之机会，包括运动、游戏及户外停留。所有战俘营均应设置为此目的所必需之充足之空场。

第六章 纪 律

第三十九条 各战俘营应由属于拘留国正规部队之负责军官直接管辖之。此项军官应备有本公约一份；应保证该营职员及警卫均知悉其中条款，并应在其政府指示下，负责本公约之实施。

战俘，除军官外，对拘留国一切军官均须敬礼，并表示其本国部队适用的规则所规定之礼貌。

军官战俘仅须向拘留国军官中等级较本人为高者敬礼；但对战俘营长官，不论其等级为何，必须敬礼。

第四十条 佩带等级及国籍徽章以及勋章均应许可。

第四十一条 各战俘营应以战俘本国文字，将本公约及其附件之条文及第六条所规定之特别协议之内容张贴在人人均能阅读之处。战俘之无法前去阅读此项张贴文件者，如请求发给抄本时，应供给之。

与战俘行为有关之各种规则，命令，通告及印刷品，应以其所了解之文字发给之。此项规则，命令及印刷品应照上述方式张贴之，并应将抄本交与战俘代表。所有对战俘个别发出之命令亦须使用彼等所了解之文字。

第四十二条 对战俘，尤其对脱逃或企图脱逃之战俘，使用武器，应属最后之手段，并应每次先予以适合于当时情况之警告。

第七章 战俘之等级

第四十三条 战事开始时，冲突各方应互相通知本公约第四条所述员之军衔及等级，以保证等级相当之战俘之待遇平等。嗣后设置之名义及等级亦应同样通知之。

战俘被擢升之等级，而经其所依附之国正式通知者，拘留国应予承认。

第四十四条 军官及与其地位相等之战俘之待遇，应依其等级及年龄而定。

为保证军官营内之勤务，应从同一武装部队中派遣适当数目之其他等级人员，在可能范围内，应择其使用同一语言者，并须顾及军官及相当地位之战俘之等级，此种服务员不应令其从事其他工作。

对于军官之自行管理膳食，应予以一切便利。

第四十五条 军官及与其地位相等之战俘以外之战俘所受待遇应依其等级及年龄而定。

对于战俘之自行管理膳食，应予以一切便利。

第八章 战俘入营后之移送

第四十六条 拘留国于决定移送战俘时，应考虑战俘本身之利益，尤须避免增加其遣返之困难。

战俘之移送应始终依人道办理。其情形不得劣于拘留国部队调动之情形。战俘所习惯之气候状况必须顾及，其移送情形绝不得有害其健康。

拘留国在移送时，应供给战俘以充足之食物及饮水以维持其健康，以及必需之衣服、住宿及医药照顾。拘留国应采取适当之慎重措施，以保证彼等迁移时，尤其在海空运输时之安全，并应在其启程前，编造被移送战俘之全部名单。

第四十七条 患病或受伤之战俘，除因其安全必须移送者外，在旅行有碍其复原期间，不得迁移。

如战区逼近战俘营时，该营中之战俘不得移送，除非其移送能在适当安全情形下实行，或者其继续留在该地所冒之危险大于移送之危险。

第四十八条 在移送时，应向战俘正式通知其行期及新通信地址。此项通知应及时发出，俾彼等得以收拾行李及通知其最近亲属。

彼等应准携带个人物品及所收到之函件与包裹。在移送情形有此必要时得限制其随身携带行李之重量，以每人所能适当负荷者为度，但绝不得超过25公斤。

寄到旧战俘营之函件及包裹，应予转递，不得迟延。战俘营长官，于征得战俘代表同意后，应采取一切必要措施，保证运送战俘之公共财物以及因本条第二款之限制不能随身携带之行李。

移送之费用应由拘留国负担。

第三编 战俘之劳动

第四十九条 拘留国得斟酌战俘之年龄，性别，等级及体力，并特别以保持战俘之身心健康为目的，而利用体力合格之战俘之劳动。

战俘中之士级军官应仅令其从事监督工作，其无此项工作者得要求其他适当之工作，而应尽力为之觅得。

若军官或与其地位相等之人要求适当工作，应尽可能为之觅获。但在任何情况下不得强迫彼等工作。

第五十条 于有关战俘营之管理，设备，或保养工作外，战俘仅得强迫其从事下列各类所包括之工作：

（甲）农业；

（乙）与生产或采炼原料有关之工业及制造工业，但冶金，机械与化学工业除外；无军事性质或目的之公共工程及建筑；

（丙）非军事性质或目的之运输与物资管理；

（丁）商业，美术与工艺；

（戊）家庭役务；

（己）无军事性质或目的之公用事业。

遇有违反上列条款情事，战俘应准按第七十八条行使提出申诉之权利。

第五十一条 对战俘须给予适当之工作条件，尤其关于居住、饮食、衣着及设备；此等条件不得劣于拘留国人民从事类似工作所享有者；气候状况亦应顾及。

拘留国在利用战俘劳动时，应保证在战俘工作区域，适当遵行该国保护劳工之立法，尤其关于工人安全之规则。

对于战俘从事之工作，拘留国应与对其本国人民同样给予适合其工作之训练与保护装备。在第五十二条规定之限制下，战俘得令其冒普通工人所冒之通常危险。

劳动条件绝不得因纪律措施而使更为劳苦。

第五十二条 战俘除自愿者外，不得使其从事有害健康或危险性之劳动。

拘留国本国武装部队人员所视为屈辱之劳动，不得派战俘担任之。

扫雷或扫除类似装置，应视为危险性之劳动。

第五十三条 战俘每日劳动时间，包括往返路程之时间，不应过度，绝不得超过拘留国本国普通工人在该区从事同样工作者所许可之时间。

战俘在每日工作之中间，必须给予不少于一小时之休息。若拘留国工人之休息时间较长，则战俘之休息亦应与之相同。每周应另给予连续 24 小时之休息时间，以星期日或其本国所遵行之休息日为宜。此外工作满一年之战俘应给予连续八日之休息，在此期间工资应予照付。

如采用计件工作等类方法时，其工作时间亦不得因而致其过长。

第五十四条 战俘工资应按本公约第六十二条规定订定之。

战俘因工作遭致意外，或在工作期间染病或因工作致病，应予以其情况所需之一切照顾。拘留国对此项战俘并应发给医疗证明书，使其能向其所依附之国提出请求，并应将证明书副本送交第一百二十三条所规定之战俘中央事务所。

第五十五条 战俘是否宜于工作，应定期作健康检查，至少每月一次，以资证明。检查时应特别顾及战俘所须担任工作之性质。

任何战俘若认为其本人不能工作时，应许其往见该营之医务当局。医生或外科医生如认为该战俘不宜工作，得建议免除其工作。

第五十六条 劳动队之组织与管理应与战俘营相类似。

每一劳动队应仍受其战俘营之管辖，在行政上构成该营一部分。军事当局及该营长官，在其政府指导下，应负在劳动队中遵行本公约之责任。

战俘营长官应备有该营所属各劳动队之到新近为止之记录，并应将该记录递交前来视察战俘营之保护国，红十字国际委员会，及其他救济战俘组织之代表。

第五十七条 战俘之为私人工作者，即使该私人为负责看守及保护战俘之人，对于该战俘之待遇不得低于本公约所规定者。拘留国、军事当局及该战俘所属战俘营长官，对于此项战俘之给养、照顾、待遇、及工资之付给，应完全负责。

此项战俘应有与其所属战俘营之俘虏代表保护通讯之权利。

第四编　战俘之经济来源

第五十八条　在战事开始时并在与保护国商定前，拘留国得决定战俘可保有现金或类似款项之最大数目。其超过之数目，确属彼等所有而自彼等取去或扣留者，应连同其自行交存之银钱，悉数记入彼等之账目，未经其同意，不得兑成其他货币。

若战俘经准许在战俘营外以现款购取役务或物品，此种款项应由战俘自行付给，或由该营管理当局付给而记入该战俘之账目。拘留国关于此事得订立必要之规则。

第五十九条　战俘被俘时，依照第十八条而自彼等所取去之现款，如其为拘留国之货币，应照本编第六十四条之规定列入其各别之账目。

其于同时自战俘取去之他国货币兑成拘留国货币者，亦应按拘留国货币数目存入其各别账目。

第六十条　拘留国应对所有战俘按月垫发薪给，其数目应照以下所列折成该国货币。

第一类：中士以下之战俘：八瑞士法郎。

第二类：中士及其他士级军官或相当等级之战俘：十二瑞士法郎。

第三类：上士及少校以下之军官或相当等级之战俘：五十瑞士法郎。

第四类：少校、中校、上校或相当等级之战俘：六十瑞士法郎。

第五类：将官或相当等级之战俘：七十五瑞士法郎。

但相关之冲突各方得以特别协议更改对上列各类战俘垫发薪给之数目。

又若上列第一款所列之数目过高于拘留国武装部队之薪给，或因任何理由致使拘留国极感困难时，则在与战俘所依附之国缔结特别协议更改上列数目前，拘留国：

（甲）应按第一款所列数目继续存入战俘之账目；

（乙）得暂时将垫发薪给中可为战俘自用而支取之数目限制到一合理之数目，但对第一类而言，则此数目，绝不得低于拘留国给予本国武装部队人员之数目。

任何限制之原因当随即通知保护国。

第六十一条　战俘所依附之国寄交战俘之款项，拘留国应予接受，以之分发战俘为补助薪给，惟同一类中之战俘每人所得之数应均相同，且该类中所有该国战俘均应发给，并应依照第六十四条之规定尽早存入其各别账目。此项补助薪给并不解除拘留国在本公约下之任何义务。

第六十二条　拘留当局应直接付给战俘以公平之工资，其工资数额应由该当局规定，但对于每一人全日之工作其数额绝不得低于四分之一瑞士法郎。拘留国应将其所规定之每一人每日工资数额通知战俘，并通过保护国，通知战俘所依附之国。

战俘之被派长期担任与营内管理、设备、保养有关之职务或熟练、半熟练之工作，以及战俘之须为同伴战俘执行精神上或医疗上之任务者，应同样由拘留当局付给工资。

战俘代表及其助理人员之工资应从贩卖部利润之基金中付给，该代表如有顾问亦然。此项工资之标准应由战俘代表规定，并经战俘营长官批准。若无此项基金，则应由拘留当局对此种战俘付给公平之工资。

第六十三条 战俘应准其接受寄交彼等个人或集体之汇款。

下条规定之战俘账目中结存款项，在拘留国规定数目内，战俘得自由支配，拘留国应依其请求付给之。在拘留国认为必要之金融或货币管制之许可限度内，战俘得向国外汇款。在此种场合，战俘寄交受赡养人之汇款应有优先权。

在任何情形下，经战俘所依附之国的同意，战俘得照下列办法向其本国汇款：拘留国应通过保护国向上述国家发出通知，载明有关该战俘之各种必要的事项，汇款之受益人，以及按拘留国货币计算之汇款数额。上述通知应由战俘签署，并由战俘营长官加签。拘留国应自该战俘账目中扣除该款，并将扣除之款存入战俘所依附之国之账目。

拘留国为实施上述各项规定，宜参照本公约附件五之示范规则。

第六十四条 扣留国应为每一战俘开立账目，至少记有下列各项：

（一）应归战俘所有或其收到之垫付薪给、工资，或自其他来源所得之数目；自该战俘取去之拘留国货币数目；自该战俘取去之款项经其本人请求，而兑成拘留国货币之数目。

（二）付给战俘之现款或其他类似形式之款项；经其请求而为其付出之款项；按第六十三条第三款转账之款项。

第六十五条 登入战俘账目之每一项目应由其本人加签或简签，或由俘虏代表代签。

战俘应有随时查看其账目及领取其账目之抄本之相当的便利。保护国代表在视察战俘营时，亦得检查该项账目。

当战俘自一营移送至另一营时，其私人账目应随同移去。若自一拘留国移送至另一拘留国，其所有之钱币而非该拘留国之货币者，亦随之移去，其账上所存之其他钱币，应另发给证书。

有关冲突各方得议定于特定期间通过保护国互相通知战俘账目之数额。

第六十六条 在俘终了时，不论系因被释放或被遣返，拘留国应发给战俘一清单，该项清单经该国授权军官签署，载明该战俘当时结存之款项。拘留国并应通过保护国将各表册送交战俘所依附之政府，此项表册记载因遣返，释放，脱逃，死亡或其他原因而在俘终止之所有战俘之一切关系事项，并表明其结存款项之数目。此项表册每张均应经拘留国授权代表证明。

本条上列任何规定得经冲突之任何两方相互同意改变之。

在俘终了时，战俘所依附之国应负责与战俘结清其在拘留国所存余之款项。

第六十七条 按照第六十条之规定垫付战俘之薪给应视为系代战俘所依附之国付给者。此项垫付之薪给以及按第六十三条第三款及第六十八条由拘留国所付之款项，在战事终止时，应由有关各国协议处理之。

第六十八条 战俘因工作受伤或成为残废，而要求补偿者，应通过保护国向其所依附之国提出。拘留国当依照第五十四条，在一切情形下，给与有关战俘一说明文件，载明其受伤或残废之性质，事件发生之情形及所受之医疗或医院诊治之详情。此项说明文件应由拘留国负责军官签署，其医疗情形由医官证明之。

战俘关于其个人物品，金钱或贵重品之按第十八条由拘留国押收而在其遣返时未经发还，或关于认为因拘留国或其任何人员之过失所致之损失而提出之赔偿要求，应同样向战俘所依附之国提出。但任何此类个人物品而为战俘在俘期间需用者应由拘留国担负补还。拘留国在一切情形下，当发给战俘一说明文件，由负责军官签署，载明关于此项物品、金钱，或贵重品何以未经发还之理由之一切可提供的情报。此项说明文件之抄本应通过第一百二十三条所规定之战俘中央事务所转达战俘所依附之国。

第五编　战俘对外间之关系

第六十九条　战俘一经落入拘留国权力内，拘留国应将其实施本编各项规定之措施立即通告彼等，并通过保护国通知战俘所依附之国。此种措施嗣后如有修改，应同样通知有关各方。

第七十条　战俘一经俘获之后，或在到达战俘营后一星期内，即使其为转运营，又如患病或移送医院或其他战俘营，均应许其直接写邮片分寄其家庭及第一百二十三条规定之战俘中央事务所，将其被俘事实，通信处及健康状态通知其亲属，此项邮片于可能时当与本公约所附之式样相类似。上述邮片应尽速转递，绝不得迟延。

第七十一条　战俘应准其收寄信件及邮片。若拘留国认为必需限制每一战俘所发信件及邮片之数量，其数量应不得少于每月信件二封及邮片四张，第七十条所规定之被俘邮片在外。其格式尽可能与本公约所附式样一致。惟遇保护国确认拘留国因未能觅得足用之合格语文人才以从事必要之检查，而引起之翻译困难，为有关战俘之利益计，须限制通信时，得再加限制。若必须限制寄交战俘之信件，则仅能由战俘所依附之国下令为之，可能出于拘留国之请求。此等信件及邮片必须由拘留国以其所有最迅速方法转递之，不得以纪律理由而缓递或扣留。

战俘之久未得音信者，或不能由普通邮路获得其最近亲属之消息或向彼等寄递消息者，以及离家遥远者，应许其拍发电报，其费用自战俘在拘留国之账目中扣付，或以其所持有之货币支付。遇有紧急情况，彼等亦应同样享受此种办法之利益。

通常战俘通信，应用其本国文字。冲突各方亦得许其使用其他文字通信。

装置战俘邮件之袋，必须妥为封固，清晰标明其内容，并寄交目的地之局所。

第七十二条　战俘应准其接受由邮递或依其他方法寄来之个人包裹，或集体装运物资，尤其内装食物、衣服、医药用品，及应彼等所需之宗教、教育，或娱乐性质之物品，包括书籍、宗教用物、科学设备、试验纸、乐器、运动用品，及供战俘从事研究或文化活动之材料。

此等装运物资并不免除本公约所加诸拘留国之义务。

对于此等装运物资，只能依保护国为战俘本身利益之提议，或依红十字国际委员会或其他协助战俘之组织因运输或交通之特殊困难，专就其装运物资之提议，而加以限制。

寄递个人包裹与集体救济品之条件，必要时应由有关各国特别协议之，此等国家，应使战俘及时收到此项救济物品，绝不得延误。书籍不得装入衣服及食物之包裹内，药品通常应以集体包裹寄递。

第七十三条 有关各国对于集体救济装运物资之接受与分配之条件，如无特别协议，则应适用本公约所附关于集体装运物资之条款与规则。

上述特别协议绝不得限制战俘代表接收寄交战俘之集体救济装运物资，进行分配，或为战俘利益而处置此项物品之权利。

此项协议亦不得限制保护国，红十字国际委员会或其他协助俘虏及负责转送集体装运物资之组织之代表，监督分配此项物品于受物人之权利。

第七十四条 所有寄交战俘之救济装运物资，应豁免进口，海关及其他税捐。

由邮局直接或通过第一百二十二条所规定之情报局及一百二十三条所规定之战俘中央事务所而寄交战俘之信件，救济装运物资，及核准之汇款，或战俘寄出之汇款，在发信国、收信国及转递国应一律免收邮费。

倘寄给战俘之救济装运物资，因过重或其他原因，不能邮寄时，则拘留国应负担在其所管辖境内之运费。参加本公约之其他各国应负担各该国境内之运费。

有关各国间如无特别协议，则与此项装运物资运输有关之费用，除上述豁免之费额外，应由寄件人负担。

各缔约国应尽可能减低战俘拍发电报，或寄交彼等之电报之收费。

第七十五条 若军事行动致有关国家不能履行其义务保证第七十，七十一，七十二及七十七各条所载之装运物资之输送时，则有关之保护国，红十字国际委员会，或其他经冲突各方正式承认之组织，得采取适当方法（火车、汽车、船舶，或飞机等）以保证此等装运物资之运送。为此目的，各缔约国应设法供给此项运输工具，并准其通行，尤须发给必需之通行证。

此种运输工具亦可用以载送：

（一）第一百二十三条所载之战俘情报中央事务所与第一百二十二条所载之各国情报局间交换之信件、表册及报告；

（二）保护国，红十字国际委员会或任何其他协助战俘之组织与其所派之代表间或与冲突各方间交换之有关战俘之通讯与报告。

此项规定绝不影响任何冲突一方自愿布置其他运输工具之权利；亦不妨碍在彼此同意条件下，对该项运输工具发给通行证。

若无特别协议，使用此项运输工具之费用应由受益人所依附之冲突各方比例负担之。

第七十六条 对于战俘来往信件之检查，应尽速办理。邮件仅得由发信国及收信国检查，每一国仅能检查一次。

对于寄交战俘之装运物资之检查，不得在致使内装之物品受损坏之情形下执行，除手抄或印刷品外，检验应在收件人或其所正式委托之同伴战俘面前执行。个人或集体之装运物资，不得以检查困难为借口而延迟交付于战俘。

任何冲突一方，为军事或政治理由，对于通信之禁止应仅属暂时性，其期间务求其短。

第七十七条 拘留国对于通过保护国或第一百二十三条所规定之战俘中央事务所而送交战俘或自彼等寄发之证件、文书、尤其委托书或遗嘱之转递，应给予一切便利。

在一切情形下，拘留国对于为战俘准备

及执行此类文件，应予以便利；尤其应准许彼等咨询律师，并采取一切为证实彼等之签署所必要之措施。

第六编 战俘与当局之关系

第一章 战俘关于在俘情况之申诉

第七十八条 战俘有权向管辖之军事当局提出其关于彼等在俘情况之请求。

彼等并有无限制之权利通过其代表，或如其认为必要时，直接向保护国之代表请求注意彼等关于在俘情况有所申诉之处。

此项请求与申诉不得加以限制，或认为构成第七十一条所指之通信限额之一部分，并须立即传递。即使认为此项请求与申诉并无根据，亦不得因此加以处罚。

战俘代表得向保护国代表致送关于战俘营情况及战俘的需要之定期报告。

第二章 战俘代表

第七十九条 凡有战俘之处，除该处有军官外，每六个月，并遇缺额时，由战俘以秘密投票方式自由选举战俘代表，以便在军事当局，保护国，红十字国际委员会及其他协助彼等之组织之前代表彼等。此等战俘代表得连选连任。

在军官或与其地位相等人员之战俘营或混合战俘营内，战俘中之上级军官应认为该营之战俘代表。在军官战俘营内，该代表应由军官推举之顾问一人或多人协助。在混合战俘营内，其助理人员应自非军官之战俘中选择之，并应由战俘自行选举。

在战俘劳动营内应驻有同一国籍之军官战俘，以便执行应由战俘负责之营内管理任务。此等军官得被选举为本条第一款所规定之战俘代表。在此种场合，战俘代表之助理人员，应自非军官之战俘中推举。

各当选代表须经拘留国批准后，始有权执行任务。拘留国于拒绝批准同伴战俘所选举之战俘时，须将拒绝之理由通知保护国。

在一切场合，战俘代表必须与其所代表之战俘具有同一之国籍、语言及习惯。因此，按国籍、语言或习惯而分配于一战俘营内各别部分之战俘，每一部分应按照前数款之规定，有其自己的战俘代表。

第八十条 战俘代表应增进战俘之物质，精神，及文化福利。

于本公约其他规定赋予战俘代表之特别任务之外，若战俘决定自行组织互助制度时，此项组织尤当属于战俘代表之任务范围。

战俘代表不得因其任务关系而使之对于战俘所为之任何过犯负责任。

第八十一条 战俘代表不得令其担任其他工作，假使因此将使其任务的完成更为困难。

战俘代表得自战俘中指派其所需之助理人员。彼等应获有一切物质上之便利，尤其为完成其任务所需之某种之行动自由（视察劳动队，接受供应品等）。

战俘代表应准视察拘留战俘之场所。每一战俘均应有自由咨询其战俘代表之权利。

对于战俘代表并应予以与拘留当局、保护国、红十字国际委员会及其代表、混合医务委员会，及与协助战俘之团体等邮电通讯之一切便利。劳动队之战俘代表应享受与主要战俘营之战俘代表同样之通讯便利。此项通讯不得加以限制，并不得认为构成第七十一条所指限额之一部分。

战俘代表之被移送者，应许其有相当时间以便将进行中之事务告知其后任。

遇免职时，应将免职之理由通知保护国。

第三章 刑事及纪律制裁

一、总则

第八十二条 战俘应受拘留国武装部队现行法律、规则，及命令之拘束；拘留国对于战俘任何违犯此项法律、规则或命令之行为，得采取司法或纪律上之措施。但不许有与本章之规定相反之程序或处罚。

若拘留国任何法律、规则、或命令规定战俘所犯之行为应受处罚，而同样行为如为拘留国武装部队人员所犯则不受处罚，则该项行为应仅受纪律性的处罚。

第八十三条 拘留国在决定对于战俘被控之过犯之处理程序究应属司法性或纪律性时，应保证主管当局尽量从宽，而尽可能采取纪律性而非司法性之措施。

第八十四条 战俘应只由军事法庭审判，除非按照拘留国现行法律明文之规定，普通法庭得审讯该拘留国武装部队人员，如其犯有战俘被控之特种过犯。

战俘在任何情况下不得由不能保证一般认为必要的独立与公正之任何法庭审判，尤其法庭之诉讼程序之不能给予被告以第一百零五条所规定之辩护权利及方法者。

第八十五条 战俘之因被俘前所犯之行为而依据拘留国法律被诉追者，即令已定罪，应仍享有本公约之利益。

第八十六条 战俘不得因同一行为或同一罪名而受一次以上之处罚。

第八十七条 拘留国军事当局及法庭对于战俘判处刑罚不得超出对其本国武装部队人员犯同一行为所规定之刑罚。

判处刑罚时，拘留国法庭或当局应尽量顾及以下事实，即被告，因非拘留国人民，不受对该国效忠义务之拘束，且系因不在其本人意志支配下之环境关系落于拘留国权力下。上述法庭或当局应得自由减轻对战俘被控之罪行所定之刑罚，因此并无必须援用规定的最低刑罚之义务。

因个人行为而予集体处罚、体刑、监禁于无日光之场所，以及任何形式之酷刑或残暴，应予一律禁止。

拘留国不得剥夺战俘原有之等级，或禁止其佩带徽章。

第八十八条 军官、士级军官及兵士而为战俘者，在受纪律性或司法性处罚时，其所受之待遇不得苛于拘留国本国武装部队中相当等级之人员因同样处罚所受之待遇。

对女战俘所给予或判处之刑罚或在其受刑罚时所予之待遇不得较苛于拘留国武装部队之女性人员因类似过犯所受之刑罚或待遇。

对女战俘所给予或判处之刑罚或在其受刑罚时所予之待遇绝不得较苛于拘留国武装部队男性人员因类似过犯所受之刑罚或待遇。

凡受过纪律性或司法性处罚之战俘，其待遇不得异于其他战俘。

二、纪律制裁

第八十九条 适用于战俘之纪律性处罚

如下：

（一）罚款不得超过战俘按照第六十及六十二两条之规定所应能获得的不超过30日期间之垫发薪给与工资之百分之五十。

（二）停止其超过本公约规定的待遇之特权。

（三）每日不超过两小时之疲劳服役。

（四）禁闭。

第（三）项所列之处罚不得适用于军官。

纪律性处罚绝不得非人道，残暴，或危害战俘健康。

第九十条 每次处罚之时期绝不得超过30日。等候违反纪律行为的审讯或纪律处罚的宣判之禁闭时期，应自战俘所判处罚之日期中减去之。

即使战俘在被判处罚时，同时犯有数种行为，亦不论其所犯行为有无关联，上项规定之30日之最高限期不得超过。

纪律性处罚的宣判及其执行之相隔时期，不得超过一个月。

战俘再度被判纪律性处罚时，如其前后两次处罚中之一次之时期为十日或十日以上，则该两次处罚之执行，其间至少须隔三日。

第九十一条 战俘脱逃应认为完成，如：

（一）彼已参加其所依附之国或其盟国之武装部队；

（二）彼已离开拘留国或其盟国所控制之领土；

（三）彼已逃登悬有其所依附之国或其盟国的国旗之船只，而该船在拘留国领水内，但不为其所控制。

凡在本条意义下完成脱逃之战俘而又重被俘获者，不得为其前次之脱逃而受任何处罚。

第九十二条 战俘企图脱逃而未能在第九十一条之意义下完成脱逃以前而重被俘获时，对于该行为应只受纪律性处罚，纵属累犯。

凡重被俘获之战俘，应立即送交主管军事当局。

不论第八十八条第四款之规定如何，因脱逃未完成而被处罚之战俘得受特别监视。此种监视不得影响其健康，须于战俘营中行之，并须不剥夺本公约赋予彼等之任何保障。

第九十三条 战俘因在脱逃或企图脱逃中所为之过犯受司法审判时，其脱逃或企图脱逃，纵属累犯行为，不得成为加重处罚之情由。

按第八十三条所述之原则，战俘纯为便利脱逃所为之过犯而未对于生命或肢体施暴行者，如侵害公物，非为利己意图之盗窃，制作或使用伪造文件，穿著平民衣服，应仅受纪律性处罚。

凡协助或唆使脱逃或企图脱逃之战俘应仅因此受纪律性处罚。

第九十四条 脱逃之战俘，若被重俘，应按第一百二十二条所规定之方式通知其所依附之国，如其脱逃曾经通知。

第九十五条 战俘被控违犯纪律，在候审期间不得予以禁闭，除非拘留国武装部队人员犯被控有类似过犯时亦受禁闭，或为战俘营之秩序与纪律计须如此办理。

战俘因违犯纪律等候处理之禁闭期间，应尽量减短，并不得超过14日。

本章第九十七、九十八两条之规定应适用于违犯纪律等候处理而受禁闭之战俘。

第九十六条 构成违犯纪律之行为应立即调查之。

在不妨碍法庭及上级军事当局之权限范围内，纪律性处罚仅能由以战俘长官之地位具有纪律权之军官或代替该长官之负责军官或其所委付以纪律权之军官命令之。

此项权力绝不得委托战俘或由战俘行使之。

在纪律判决宣布前，应将关于其所被控之过犯之确切案情通知被告人，并予以解释其行为及辩护之机会。尤应许其召唤证人，并于必要时，使用合格之译员。判决应向被告战俘及战俘代表宣布之。

纪律性处罚之纪录应由战俘营长官保存之，并得由保护国代表检查。

第九十七条 战俘绝不得移送于反省机关（监所、反省院、已决犯监狱）受纪律性处罚。

执行纪律性处罚之处所应合于第二十五条所规定之卫生条件。受纪律性处罚之战俘，应使其能依照第二十九条自行保持清洁。

军官或相当地位人员不得与士级军官或士兵同住一处。

受纪律性处罚之女战俘之禁闭地方应与男战俘分开，并应由妇女直接监管。

第九十八条 作为纪律性处罚而受禁闭之战俘，应继续享受本公约规定之利益，但因其被禁闭之事实，致不能适用者除外。第七十八及一百二十六两条所规定之利益决不得剥夺之。

被判纪律性处罚之战俘不得剥夺其所属等级应有之特权。

被判纪律性处罚之战俘应许其运动及在露天地方停留，每日至少二小时。

战俘请求时，应许其参加每日之健康检查。彼等应获得其健康情况所需之照顾，并应于必要时，移送战俘营之疗养所或医院。

彼等应准阅读及书写并收发信件。寄给彼等之包裹及汇款得予扣留，直致其处罚满期为止；在此期间，此等物款应交与战俘代表保管，战俘代表当将包裹中易于腐坏之物品交与疗养所。

三、司法程序

第九十九条 战俘之行为，在其犯此行为时，非为当时有效之拘留国法律或国际法所禁止者，不得因此而受审判或处刑。

对战俘不得加以精神或身体上之胁迫，使之对其所被控之行为自认有罪。

战俘在未有提出辩护之机会及合格之辩护人或律师之协助前，不得定罪。

第一百条 按拘留国法律得处死刑之罪行应尽速通知战俘及保护国。

嗣后其他罪行非经战俘所依附之国之同意不得以死刑处罚。

对战俘不得判处死刑，除非法庭曾经依照第八十七条第二款被特别提醒注意以下事实，即被告因非拘留国人民，不受对该国效忠义务之拘束，且系因不在其本人意志支配下之环境关系落于拘留国权力下。

第一百零一条 若有战俘被宣判死刑，则应在保护国于其指定之地址接获第一零七条所规定之详细通知后至少满六个月，始得执行。

第一百零二条 对于战俘之判决只有经审判拘留国武装部队人员之同一法院，按照同样程序而宣布，并曾遵照本公约之各项规定者，始属有效。

第一百零三条 关于战俘之司法侦查，应依环境所许从速进行，以便其审判得以尽早开始。战俘在候审期间不得禁闭，除非拘留国武装部队人员犯同一罪行者亦将禁闭，或为国家安全计必须如此办理。在任何情况下此项禁闭时期不得超过三个月。

战俘因候审禁闭之期间，应自其所判处之监禁中减去之，在判处任何刑罚时，此项期间亦应顾及。

本章第九十七及九十八两条之规定适用于禁闭候审之战俘。

第一百零四条 拘留国如决定对某一战俘进行司法程序，应尽速通知保护国，并至少在开审前三周通知之。此三周期限应自该项通知到达保护国事先向拘留国指定之地址之日算起。

上述通知应包括下列情报：

（一）战俘之姓名、等级，所属军、团及个人番号，出生日期，及职业或行业，如其有之。

（二）拘禁或禁闭地点。

（三）战俘被控之某一种或某数种罪名及其适用之法律条文。

（四）承审该案之法庭及开审之日期与地点。

同样通知，应由拘留国发给战俘代表。

在开审时，若无证据提出以证明保护国，战俘及有关之战俘代表至少已在开审前三周接获上述通知，则此项审判不得举行而必须延期。

第一百零五条 战俘有权由其同伴战俘之一人协助，由其自行选定之合格辩护人或律师为之辩护，召唤证人，及在其认为必要时，使用胜任之翻译员。拘留国应于审判前适当时期将此等权利通知战俘。

若战俘并未自行选定辩护人或律师，则保护国应代为觅请，为此目的该国应至少有一周之支配时间。拘留国一经请求，应将有资格出庭辩护人之名单送交该保护国。若战俘或保护国均未选定辩护人或律师，则拘留国应指定一合格之辩护人或律师进行辩护。

为战俘辩护之辩护人或律师，在开审前应至少有两周之支配时间及一切必要之便利，以便为被告人准备辩护。尤其彼得自由往访被告人，并作秘密晤谈。彼得为从事辩护与任何证人（包括战俘在内）商谈。彼得享有上述一切便利，直致上诉或诉愿时期届满为止。

战俘被控之罪名的详情，以及依照拘留国武装部队现行法律通常致送被告人之文件，应以其所了解之文字，在开审前及时通知被告战俘。同样之通知，亦应在同样情形下，致送于为战俘辩护之辩护人或律师。

在审判时，保护国代表应有权到庭旁听，除非为国家安全的利益例外的禁止旁听。在此种场合拘留国应照此通知保护国。

第一百零六条 每一战俘应与拘留国武装部队人员同样对其所受之判决具有上诉与诉愿之权利，以期撤销或变更判决或重行审讯。此项上诉与诉愿权及其期限应全部通知战俘。

第一百零七条 对战俘所宣布之判决应立即摘要通知保护国，并说明其是否有权上诉，以期撤销此项判决或重行审判。此项通知亦应送交有关之战俘代表。若宣布判决时，被告本人不在场，则应以其所了解之文字将此项通知送交该被告战俘。战俘使用或放弃其上诉权之决定，亦应由拘留国立即通知保护国。

又若战俘最后被定罪或初审判决即判处死刑，拘留国应尽速致送一详细通知于保护国，其内容包括：

（一）事实认定及判决之正确措辞；

（二）初步侦查及审判之摘要报告，尤着重起诉及辩护之要点；

（三）如属可行时，执行判决之处所之通知。

上列各项所规定之通知应按拘留国事先获悉之地址，送达保护国。

第一百零八条 在正式定罪后，对战俘所宣判之处刑应在与拘留国武装部队人员犯者服刑之同一场所，并在同样条件下执行之；此项条件，应在一切情形下合乎健康及人道之要求。

被判处刑之女战俘应在分别处所禁闭，并由妇女监管之。

被判处刑之战俘，无论如何，应保有享受本公约第七十八及第一百二十六两条规定之利益。此外，彼等得收发函件，收取救济包裹至少每月一次，作定规的露天运动，获得其健康状况所需之医药照顾，及其所愿有之精神帮助。彼等所受之刑罚应合乎第八十七条第三款之规定。

第四部 在俘之终止

第一编 直接遣返及中立国之收容

第一百零九条 除受本条第三款之规定之限制外，冲突各方必须遵照下条第一款之规定，将经过治疗后适于旅行之重伤与重病之战俘，不论其数目或等级如何，遣返其本国。

在战事期间，冲突各方，应依有关中立国之合作，努力商定办法使下条第二款所列之患病及受伤战俘收容于中立国。此外，彼等并得缔结协议，俾将经过长期在俘之健壮战俘直接遣返，或拘禁于中立国。

根据本条第一款之规定有资格被遣返之患病或受伤之战俘，在战事期间不得违反其意志将其遣返。

第一百一十条 以下所列者，应予直接遣返：

（一）不能医治之伤者及病者而其精神与体力似已严重减损者。

（二）根据医生意见不象能在一年内复原之伤者及病者而其病况需要治疗且其精神与体力似已严重减损者。

（三）业已复原之伤者及病者，但其精神与体力似已严重的且永久的减损者。

以下所列者，得收容于中立国：

（一）伤者及病者之可希望于自其受伤之日或患病之日起，一年之内复原，如其在中立国治疗或可有更确定及迅速复原之希望者。

（二）根据医生意见，战俘之身心健康因继续在俘而受严重威胁，如其收容于中立国可免除此种威胁者。

收容于中立国之战俘，为获准遣返所必须满足之条件以及其身份，应由有关各国协议决定之。在一般上，收容于中立国之战俘而属于下列各类者，应予遣返：

（一）健康状况已衰颓至合乎直接遣返之条件者；

（二）虽经治疗而身心健康依然相当损坏者。

若冲突各方未经缔结特别协议，以决定应予直接遣返或收容于中立国之残废及疾病之问题，则此种问题应依照本公约所附之关于直接遣返及中立国收容伤病战俘之示范协议及混合医务委员会规则所定之原则决定之。

第一百一十一条 拘留国，战俘所依附之国，及该两国同意之中立国，应努力订立协议，俾战俘得拘禁于该中立国境内直至战事终了为止。

第一百一十二条 战事开始时，应指派混合医务委员会从事检查伤病战俘，并作关于彼等之适当之决定。此等委员会之指派、任务及工作，应符合本公约所附规则之规定。

但据拘留国医务当局之意见，战俘系显然受重伤或患重病者，得不经医务委员会之检查而予遣返。

第一百一十三条 除拘留国医务当局所指定者外，凡伤病战俘属于下列各类者，应有受前条所规定之混合医务委员会检查之权利：

（一）伤者病者之经在其战俘营执行任务，而属于该战俘之同一国籍，或属于与该战俘所依附之国同盟的冲突一方之国民之医生或外科医生提出者。

（二）伤者病者之由战俘代有提出者。

（三）伤者病者之由其所依附之国或经该国正式承认之协助战俘之组织提出者。

战俘之不属于上述三类之一者，亦可请求混合医务委员会检查，惟仅能在属于上述各类之人之后检查之。

混合医务委员会检查时，自请检查之战俘之同国籍之医生与外科医生，以及该战俘之代表，应许其在场。

第一百一十四条 战俘如遭遇意外，除非自伤，得享有本公约关于遣返及中立国收容之规定之利益。

第一百一十五条 凡判纪律性处罚之战俘而合于遣返或收容于中立国之条件者，不得以其尚未受处罚为借口而予以扣留。

因司法诉追或定罪而被拘留之战俘，被指定遣返或收容于中立国者，如得拘留国之同意，得于诉讼终结前或处罚执行完毕前，享有此项办法之利益。

冲突各方应互相通知其将予拘留至诉讼终了或处罚执行完毕为止之战俘之名单。

第一百一十六条 战俘遣返或送往中立国之费用，应自拘留国边境起，由该战俘等所依附之国负担。

第一百一十七条 被遣返之人员不得使其服军事现役。

第二编 战事结束后战俘之释放与遣返

第一百一十八条 实际战事停止后，战俘应即予释放并遣返，不得迟延。

冲突各方为停战而缔结之协议中，如无关于上述事项之规定，或不能成立此项协议者，各拘留国应即依照前款所定之原则，自行制定并执行遣返计划，不得迟延。

在任一情形下，其所采取之办法应使战俘知悉。

在一切情形之下遣返战俘之费用，应由拘留国与战俘所依附之国公平分摊。分摊应在下列基础上执行之：

（甲）如两国接壤，则战俘所依附之国应负担自拘留国边境起之遣返费用。

（乙）如两国不接壤，则拘留国应负担运送战俘通过其国土，直至边境或达到距战俘所依附之国最近的乘船港口之费用。其余费用应由有关各国商定公平分摊。此项协议之缔结绝不得作为迟延遣返战俘之理由。

第一百一十九条 战俘之遣返应在与本公约第四十六条至四十八条所规定之关于移送战俘相类似之条件下实行之，亦应顾及第一百一十八条及下列各款之规定。

遣返时，根据第十八条押收战俘之任何贵重品及任何未经兑换成拘留国货币之外国货币，应一律交还彼等。如在遣返时，不论因何种理由，未经交还战俘之贵重品及外国货币，则应寄交依第一百二十二条设立之情报局。

战俘应准携带其个人物品及已收到之寄给彼等的任何信件及包裹，此项行李之重量，如遣返情形有此必要时，得以每人所能适当负荷者为度，至少应各准携带 25 公斤。

遣返之战俘之其他个人物品，应由拘留国负责保管，一俟该国与战俘所依附之国订成关于上项物品送还之协议，规定运输条件及费用之偿付后，即行转送战俘。

战俘因刑事上之犯罪，诉追程序正在进行中者，得将其拘留至该项程序终结为止，必要时，至刑罚执行完毕为止。此项规定，对于因刑事上之犯罪业已定罪之战俘亦适用之。

冲突各方应将被扣留至刑事程序终结，或刑罚执行完毕为止之战俘之名单，相互通知。

应依冲突各方间之协议，设立委员会以寻觅散失之战俘，并保证彼等之迅速遣返。

第三编 战俘之死亡

第一百二十条 战俘之遗嘱应依照其本国法律所规定之生效条件而作成，其本国须设法将此方面之条件通知拘留国。依战俘之要求，以及在一切情形下，于其死亡后，其遗嘱应立即送达保护国；其证明之抄本并应送交战俘中央事务所。

依照本公约所附格式之战俘死亡证或由负责军官证明之一切战俘死亡名单，应尽速送交依第一百二十二条设立之战俘情报局。死亡证或证明之名单上应载明第十七条第三款所列之身份事项与死亡日期及地点，死亡原因，埋葬日期及地点，以及为辨认坟墓所必须之一切详情。

在战俘埋葬或焚化前，其身体应经医生检查，以确定其死亡而便于作报告，并于必要时，证明身份。

拘留当局应保证在俘中死亡之战俘，得到荣誉的安葬，可能时，按照彼等所属宗教之仪式埋葬之，其坟墓予以尊重而妥为维护，并加以标志，俾随时可以寻见。如其可能，应将依附同一国之死亡战俘埋葬于同一地方。

死亡之战俘，应埋葬于个别之坟墓中，除非在无法避免之情况下必须采用集体坟墓。遗体仅得因迫切的卫生理由，死者之宗教关系或其本人表明之意愿，方得予以焚化。如举行焚化，则此项事实与理由应载明于死者之死亡证。

为便于随时寻见坟墓，所有关于埋葬与坟墓之详情应在拘留国所设立之坟墓登记处登记。坟墓单及战俘埋葬于公墓及其他地点之详情应转送该战俘等所依附之国。控制此领土之国家，如系本公约之缔约国，应担负照顾此项坟墓及登记嗣后尸体移动之责任。此项规定亦应适用于骨灰，骨灰应由坟墓登记处保管，直到依照其本国之愿望适当处理为止。

第一百二十一条 战俘之死亡或重伤，系由于或疑为由于哨兵，另一战俘或其他任何人所致者，以及原因不明之死亡，应由拘留国立即从事正式调查。

该事件应立即通知保护国。应从证人，尤其从战俘中之证人取得供词，并将包括此项供词之报告，送达保护国。

如上述调查指名一人或多人犯罪，拘留国应采取一切必要之措施对负责人或人们进行诉追。

第五部 战俘情报局及救济团体

第一百二十二条 在冲突发生时，及在一切占领之场合，冲突之每一方应为在其权力下之战俘设立一正式情报局。中立国或非交战国，凡在其领土内收容属于第四条所指之各类之一种之人员者，关于此项人员应采取同样行动。有关国家应保证战俘情报局备有必要之房屋，设备及工作人员以便进行有效的工作。情报局在本公约关于战俘工作之一编规定之条件下，得自由雇用战俘。

在尽可能最短时期内，冲突之每一方应将本条第四、五、六各款所述关于落于其权力下之第四条所列各类敌人之情报通知其情报局。中立国或非交战国关于在其领土内所收容之属于此类之人员，亦应采取同样行动。

情报局应立即以最迅速之方法将此类情报通过保护国以及第一百二十三条所规定之中央事务所，转达有关国家。

此项情报应能尽速通知有关最近亲属。在第十七条之规定之限制下，此项情报应包括情报局所获得之关于每一战俘之姓名、等级、军、团、个人番号、出生日期及地点、所依附之国家、父名、及母亲本名、被通知人之姓名与地址，以及寄交该战俘信件之地址。

情报局应从各有关部门获得关于移送、释放、遣返、脱逃、送入医院、及死亡之情报，并应照上列第三款所述方式将此项情报转送之。

关于患重病或受重伤之战俘之健康状况之情报，亦应按期供给，可能时每周供给之。

情报局并须负责答复一切关于战俘之询问，包括在俘中死亡之战俘在内；如关于所询问之事项，该局未备有情报则应作一切必要之调查以获取之。

情报局之书面通知，应以签字或盖章为凭。

情报局又应负责搜集被遣返或释放、脱逃或死亡之战俘所遗留之一切个人贵重物品，包括除拘留国货币以外之款项，以及于其最近亲属有重要关系之文件，并应将此等贵重物品转送有关国家。此等物品应由情报局以密封包裹寄送，并附说明书，清晰详载关于此项物品所有人之身份事项，及包裹内容之清单。此等战俘之其他个人物品应依有关冲突各方协议之办法转送之。

第一百二十三条 在中立国境内应设立一战俘情报中央事务所。红十字国际委员会认为必要时，应向有关各国建议组织此项事务所。

该事务所之任务在搜集一切自官方或私人方面可能获得关于战俘之情报，并尽速将此项情报转送战俘的本国或其所依附之国。冲突各方应给予该事务所以转送此项情报之一切便利。

各缔约国特别是其人民享受中央事务所服务之利益之国家，对该事务所应予以所需之经济援助。

上述各规定绝不得解释为限制红十字国际委员会或第一百二十五条所规定之救济团体之人道的活动。

第一百二十四条 各国情报局及中央事务所应享受邮政免费，及第七十四条所规定之一切豁免，并应尽可能豁免电报费，或至少大减其费率。

第一百二十五条 在拘留国认为保证其安全或适应其他合理需要所必要之措施之限制下，宗教组织，救济团体，或其他任何协助战俘之组织之代表，应得为其本人及其正式委派之代理人，自拘留国获得一切必要之便利以访问战俘，分发为供宗教、教育或娱乐目的用之任何来源的救济物资，并协助战俘在营内组织其空闲时间。此等团体或组织得在拘留国境内或任何其他国家内组成，或具有国际性质。

拘留国得限制派有代表在其领土内及在其监督下从事活动之团体及组织之数目，但该项限制不得妨碍对全体战俘之适当救济之有效活动。

红十字国际委员会在该方面之特殊地位无论何时均应予以承认及尊重。

为上述目的之救济物资，一经交给战俘，或于交给后短时间内，战俘代表为每批装运物资签署之收据，应即送交运寄此项物资之救济团体或组织。同时负责看管战俘之行政当局亦应为此等装运物资出具收据。

第六部　本公约之执行

第一编　总　则

第一百二十六条 保护国之代表，应许其前往战俘所在之一切地方，尤其拘禁、监禁及劳动之地方，并可进入战俘居住之一切场所；彼等亦应准许前赴被移送战俘之出发，经过或到达之地点。彼等又应能亲自或通过译员与战俘，尤其战俘代表会晤，而不须有他人在场。

保护国之代表，应有选择其愿访问地点之充分自由。访问之时间及次数不得加以限制。除因迫切的军事需要之理由，且仅作为一种例外及暂时的措施外，不得禁止此种访问。

必要时，拘留国及该战俘所依附之国得同意允许战俘之同国人参加访问。

红十字国际委员会之代表应享受同样特权。此项代表之指派应取得拘留其所访问之战俘之国家之同意。

第一百二十七条 各缔约国在平时及战时应在各该国尽量广泛传播本公约之约文，尤应在其军事，并如可能时在公民教育计划中，包括本公约之学习，俾本公约之原则为全部武装部队及全体人民所周知。

在战时负战俘事宜任何军事或其他当局必须备有本公约之约文，并须对其各项规定受有特别之教导。

第一百二十八条 各缔约国应通过瑞士联邦委员会，在战时则通过保护国，互相通知本公约之正式译文，及其所采用以保证实施本公约之法律与规则。

第一百二十九条 各缔约国担任制定必

要之立法，俾对于本身犯有或令人犯有下条所列之严重破坏本公约之行为之人，处以有效的刑事制裁。

各缔约国有义务搜捕被控为曾犯或曾令人犯此种严重破坏本公约行为之人，并应将此种人，不分国籍，送交各该国法庭。该国亦得于自愿时，并依其立法之规定，将此种人送交另一有关之缔约国审判，但以该缔约国能指出案情显然者为限。

各缔约国应采取必要之措施，以制止下条所列严重破坏本公约之行为以外之一切违反本公约之规定之行为。

在一切情况下，被告人应享有适当的审判及辩护之保障。此种保障，不得次于本公约第一百零五条及其以下各条所规定者。

第一百三十条 上条所述之严重破坏公约行为，应系对于受本公约保护之人或财产所犯之任何下列行为：故意杀害，酷刑或不人道待遇，包括生物学实验，故意使身体及健康遭受重大痛苦或严重伤害，强迫战俘在敌国部队中服务，或故意剥夺战俘依本公约规定应享之公允及合法的审判之权利。

第一百三十一条 任何缔约国不得自行推卸，或允许任何其他缔约国推卸，其本身或其他缔约国所负之关于上条所述之破坏公约行为之责任。

第一百三十二条 经冲突之一方之请求，应依有关各方所决定之方式，进行关于任何被控违犯本公约的行为之调查。

如关于调查程序不能获致协议，则各方应同意选定一公断人，由其决定应遵行之程序。

违约行为一经确定，冲突各方应使之终止，并应迅速加以取缔。

第二编 最后条款

第一百三十三条 本公约以英文及法文订立。两种文字之约文具有同等效力。

瑞士联邦委员会应准备本公约之俄文及西班牙之正式译文。

第一百三十四条 在各缔约国间之关系上，本公约代替1929年7月27日之公约。

第一百三十五条 在受1899年7月29日或1907年10月18日海牙陆战法规与惯例公约之拘束并为本公约之缔约国之各国关系上，本公约应为上述海牙公约所附规则第二编之补充。

第一百三十六条 本公约以本日为订立之日期，至1950年2月12日为止，凡参加1949年4月21日日内瓦会议各国，以及未参加该次会议，但系1929年7月27日公约之缔约国，均可签字。

第一百三十七条 本公约应尽速批准，其批准书应交存于伯尔尼。

每一批准书交存时，应予登记，并由瑞士联邦委员会将该项登记之证明的抄本分送业经签字或通知加入本公约之各国。

第一百三十八条 本公约在至少两国批准书交存后六个月发生效力。

嗣后，本公约对于每一缔约国自其批准书交存后六个月发生效力。

第一百三十九条 本公约自生效之日起，任何未签字本公约之国家均得加入。

第一百四十条 本公约之加入应以书面通知瑞士联邦委员会，自加入之通知收到之日起六个月后发生效力。

瑞士联邦委员会应将此项加入通知所有业经签字或加入本公约之国家。

第一百四十一条 第二条及第三条所载之情况应使在战事开始或占领之前或后，冲突各方所交存之批准书及加入之通知立即生效。瑞士联邦委员会应将其从冲突各方收到之任何批准书或加入之通知，以最迅速方法通告之。

第一百四十二条 每一缔约国得自由退出本公约。

退约须用书面通知瑞士联邦委员会，并由该委员会转告所有缔约国政府。

退约须于通知瑞士联邦委员会后一年发生效力。但如缔约国于作退约通知时已卷入冲突，则其退约须待至和议成立后，并在有关本公约所保护之人员之释放及遣返之工作完毕后，始能生效。

退约仅对该退约国有效，但并不减轻冲突各方依国际法原则仍应履行之义务，此等原则系产自文明人民间树立之惯例，人道法则与公众良心之要求。

第一百四十三条 瑞士联邦委员会应将本公约在联合国秘书处登记，并应将其所接获之所有关于本公约之批准、加入及退约通知联合国秘书处。

为此，下列签署人于交存全权证书后，签署本公约，以昭信守。

1949年8月12日以英文法文订于日内瓦。正本应交存于瑞士联邦委员会之档案中。瑞士联邦委员会应将证明之抄本送交每一签字及加入之国家。

附件一

关于直接遣返及中立国收容伤病战俘之示范协议（见第一百一十条）

一、直接遣返及中立国收容之原则

甲、直接遣返

下列战俘应直接遣返：

（一）凡因创伤而残废之战俘：丧失肢体、瘫痪、关节的或其他残废，其残废至少丧失一手或一足，或相当于丧失一手或一足者。

在不妨碍更宽大解释下，下列病情均应视为相当于丧失一手或一足：

1. 丧失一手或全部手指，或丧失一手之姆指及食指；丧失一足，或一足之全部足趾及跖骨。

2. 关节强硬，骨组织消失，瘢痕性收缩妨碍某一大关节机能，或一手之全部指关节机能者。

3. 长骨成假关节。

4. 因骨折或其他创伤严重妨害机能或荷重能力之畸形。

（二）凡受伤之战俘，其伤势转为慢性，自受伤日起一年内虽经治疗，而似无法恢复者，例如：

1. 心脏中的外物如弹片等，虽经混合医务委员会检查，当时未能查出任何严重病情者。

2. 脑部或肺部中的金属碎片，虽经混合医务委员会检查，当时未能查出任何局部或全身反应者。

3. 骨髓炎，自受伤时起一年中未能预期其恢复，并可引起关节强硬者，或其他相当于丧失一手或一足之损害者。

4. 大关节穿通其化脓性损伤。

5. 颅骨损伤，并有骨组织的损失或错位。

6. 面部损伤或烧伤，并有组织损失及官能损害。

7. 脊髓损伤。

8. 周围神经损伤，其后患相当于丧失

一手或一足，且自受伤日起需时一年以上之治疗者，例如：损伤臂丛或腰骶丛，正中神经或坐骨神经，并损伤桡神经及肘神经，或损伤腘外侧神经（腓总神经）及腘内侧神经（胫神经）等。桡神经，肘神经，腘内外侧神经等单独损伤，除因收缩或严重神经营养的妨害外，应不予以遣返。

9. 尿系统损伤，并有功能不全者。

（三）凡患病之战俘其病情转为慢性，自患病日起一年内虽经治疗而似无法恢复者，例如：

1. 任一进行性器官结核，据医生诊断，在中立国治疗不能治愈，或至少不能有大进步者。

2. 渗液性胸膜炎。

3. 认为不能医治之非结核性病原之呼吸器严重病，例如：严重性肺气肿不论有无支气管炎者；慢性气喘；慢性支气管炎在俘时持续一年以上者；支气管扩张病等。

4. 循环系统之严重慢性病，例如：心瓣膜损害及心肌炎；而其在被俘期间曾呈现循环衰竭征状，虽经混合医务委员会检查，当时并未查出任何此种征状者；心包病及血管病（闭塞性血栓性血管炎，大血管动脉瘤）等。

5. 消化器之严重慢性病，例如：胃溃疡或十二指肠溃疡；被俘期间施行胃手术之后患；曾患一年以上并严重影响身体健康之慢性胃炎，肠炎，或结肠炎；肝硬变；慢性胆囊病等。

6. 泌尿器之严重慢性病，例如：肾脏慢性病与不良之后果；肾结核而施行肾截除术者；慢性肾盂炎或慢性膀胱炎；肾盂积水或肾盂积脓；严重慢性妇科病；正常妊娠及产科病而不可能在中立国收容者等。

7. 中枢及周围神经系统之严重慢性病，例如：一切显著之精神病及精神神经病，如：曾经专家证明之严重性癔病、严重性被俘精神神经病等；曾经俘虏营医师证明之任何癫痫；大脑动脉硬化症；持续一年以上之慢性神经炎等。

8. 自主神经系统之严重慢性病，并大大削弱精神或身体健康，显有体重减轻，及体力衰弱。

9. 双目失明，或一目失明，而另一目之视力虽配用矫正眼镜仍不及一者；视力敏度衰退，如经矫正仍不能至少使一目之敏度恢复二分之一者；其他重眼病，例如：青光眼、虹膜炎；脉络膜炎；沙眼等。

10. 听觉病，如一耳全聋，而另一耳距离一米即不能辨明普通谈话者等。

11. 严重性代谢机能病，例如：糖尿病需用胰岛素治疗者等。

12. 内分泌腺之严重病，例如：甲状腺中毒症，甲状腺机能迟钝症，阿狄森氏病，垂体病性恶病质，手足搐搦等。

13. 造血器之严重慢性病。

14. 严重之慢性中毒症，例如：铅中毒，汞中毒，吗啡中毒，古碱柯中毒，醇中毒，气体或放射线中毒等。

15. 运动器慢性病显有官能失调，例如：畸形性关节炎，原发性及继发性进行的慢性多关节炎；风湿症并有严重之临床症候等。

16. 难于治疗之严重慢性皮肤病。

17. 任何恶病瘤。

18. 曾患一年之严重慢性传染性病，例如：疟疾显有器官损害；阿米巴或杆菌痢疾并有严重的病患；三期内脏梅毒难于治疗者；麻疯等。

19. 严重之维生素缺乏病或严重的营养

缺乏病。

乙、中立国收容

下列战俘得送往中立国收容：

（一）凡受伤之战俘在俘中不象能恢复，但由中立国收容则或可获痊愈或可获相当好转者。

（二）无论身患任何器官结核之战俘，其在中立国治疗或可获得恢复或至少获得相当好转者，但在被俘前曾被治愈之原发性结核病除外。

（三）凡战俘患呼吸器，循环器，消化器，神经系统，感觉器，泌尿器，皮肤，运动器等病而需要医治者，若在中立国医治较比在俘中医治显然可有更良好结果者。

（四）凡战俘在被俘期间因患非结核性肾脏病，曾经施行肾截除术者；患骨髓炎之在恢复期或潜伏期者，患糖尿病无需施行胰岛素治疗者等。

（五）凡患战争神经病或被俘神经病之战俘。

患被俘神经病之战俘，在中立国收容医治三个月未见治愈或经过那个时期未显然走上完全治愈之途上者，应予遣返。

（六）凡患慢性中毒（气体、金属、膺碱等）之战俘，而在中立国治疗特别有利者。

（七）凡妊娠之女俘，或有婴儿或小孩之女俘。

下列病例均不得送往中立国收容：

（一）一切正式证明之慢性神经病。

（二）一切认为无法医治之器官性或机能性神经病。

（三）除结核病外，一切易于传染之接触传染病。

二、守则

（一）所列之病情一般应尽可能从广义予以解释及适用。因战争或被俘而引起之神经病及精神病病情以及各期结核病，尤应享受此项从宽解释的利益。凡受伤多处之战俘，而无一处伤势足资使其遣返者，亦应本此同一精神予以检查，并适当顾及因受伤多处而引起之精神创伤。

（二）凡具有直接遣返权利之无疑问的病者，截肢，全盲或全聋，开放性肺结核，精神病，恶性瘤等应由战俘营医生或拘留国指定之军医委员会尽速予以检查遣返。

（三）凡于战前已有的而迄未转剧之损伤与疾病，以及不妨碍嗣后军役之战伤，均不得享有直接遣返之权。

（四）本附录之规定应在冲突各国内同样予以解释与适用。各有关国家与当局应予混合医务委员会以一切完成其工作必要的便利。

（五）上述（一）项内所举之实例仅代表与典型病例。凡与上述规定之病例不完全相符合者应根据本公约第一百一十条之规定及本协议所包含之原则之精神判定之。

附件二

混合医务委员会规则（见第一百一十二条）

第一条 本公约第一百一十二条所规定之混合医务委员会应由委员三人组成之，其中二人应系中立国人，第三人由拘留国指派之。中立国委员中之一人应任主席。

第二条 中立国委员二人应经拘留国请求由红十字国际委员会与保护国协议指派之。该二委员得为在其本国或在任何其他中立国，或拘留国之领土内有住所之人。

第三条 中立国委员应经有关冲突各方

之认可，冲突各方应将其认可通知红十字国际委员会及保护国。经上述通知后，中立国委员始认为有效派定。

第四条　应指派数目充足之副委员，俾于必要时代替正委员。副委员应与正委员同时指派，或至少应尽速指派。

第五条　红十字国际委员会若因任何理由未能指派中立委员，则应由保护受检查之战俘的利益之国家指派之。

第六条　应尽可能使中立国委员二人中之一人为外科医生，另一人为医生。

第七条　中立国委员对冲突各方应完全独立，冲突各方应给予彼等完成其任务之一切便利。

第八条　红十字国际委员会在指派本规则第二及第四两条规定之人员时，应与拘留国协议决定被指派之人员之服务条件。

第九条　中立国委员经认可后，混合医务委员会应尽速开始工作，无论如何须自认可之日起三个月内开始工作。

第十条　混合医务委员会应检查本公约第一百一十三条所指之一切战俘。该会应建议遣返，否决，或交以后检查，其决定应依多数为之。

第十一条　混合医务委员会对每一案件之决定，应在其视察后一月内通知拘留国，保护国，及红十字国际委员会。混合医务委员会并应将其决定通知每一受检查之战俘并将类似本公约所附示范式样之证件发给其所建议遣返之战俘。

第十二条　拘留国应在接获混合医务委员会之决定之正式通知后三个月内实施其决定。

第十三条　在需要混合医务委员会工作之国家若无中立国之医生，及因其他原因而未能指派在另一国内之中立国医生时，则拘留国应与保护国协议后设立一医务委员会担任与混合医务委员会相同之任务，但应受本规则第一、二、三、四、五及八各条之规定之限制。

第十四条　混合医务委员会应长期执行任务，并应至少每隔六个月视察各战俘营一次。

附件三

关于集体救济物品之规则（见第七十三条）

第一条　战俘代表应准将其所负责之集体救济装运物资分配与其本营所管理之各战俘，包括在医院、监狱或其他服刑处所之战俘。

第二条　集体救济装运物资之分配应按照捐赠人之指示及战俘代表所拟之计划办理。但医药材料之发给宜与上级医官商定进行，该医官遇病人之需要有此要求时，得在医院与疗养所中放弃上项指示。在以上所规定之限度内，分配应始终公平执行之。

第三条　上述战俘代表或其助理人员应准前往战俘营附近之救济物品到达之地点，以便彼等得查验所收到之物品之品质与数量，并对损赠人作详细报告。

第四条　对战俘代表应给予必需之便利以便查验战俘营之各分处及各附属处所是否已依照其指示分配集体救济物品。

第五条　战俘代表应准填写，或令劳动队中之战俘代表或疗养所及医院之上级医官填写，送交捐赠人之关于集体救济物品（分配、需要、数量等）之表格或问题。此项表格或问题填就后应即转送捐赠人，不得迟延。

第六条 为保证在战俘营内对战俘正常分发集体救济物品，及适应因新到战俘而发生之需要起见，应允许战俘代表准备并保持充分之集体救济物品存储量。为此目的，彼等应有适当之库房以供使用；每一库房均应备锁两把，战俘代表保管一锁之钥匙，另一锁之钥匙由战俘营长官保管之。

第七条 若集体装运物资中有衣服，每一战俘应至少保有衣服一整套，若一战俘持有一套以上之衣服，应允许战俘代表得自衣服最多之战俘收回其多余之衣服，或超过一件之特殊物品，如其为供给衣服较少之战俘有此必要。惟内衣、袜、鞋之第二套不得收回，除非此系为救济一无所有之战俘之唯一办法。

第八条 各缔约国，尤其拘留国，应尽可能并在管理居民供应之规则之限制下，准许在其境内采购物品作为集体救济品分配予战俘。各该国对为此项采购所需之款项转移及其他技术或行政性之金融措施应同样给予便利。

第九条 上述规定并不妨碍战俘在到达战俘营前或在移送途中受取集体救济物品之权利，亦不妨碍保护国，红十字国际委员会，或其他协助战俘并负责运送此项物资之团体之代表依其所认为有用之任何其他方法保证将上项物品分配予受物人之可能。

附件四

身份证、被俘邮片、邮片及信、死亡通知示意图

（略）

附件五

关于战俘向其本国汇款之示范规则

（略）

注：本公约于1952年7月13日经中中华人民共和国中央人民政府授权外交部长周恩来发表声明决定予以承认，又于1956年11月5日经中华人民共和国主席批准，并于1956年12月28日由中华人民共和国政府向瑞士联邦政府交存批准书。中华人民共和国曾对本公约作了一些保留（详见全国人民代表大会常务委员会关于批准本公约的决定）。

附录：

全国人民代表大会常务委员会关于批准1949年8月12日关于战俘待遇之日内瓦公约的决定

1956年11月5日全国人民代表大会常务委员会第五十次会议通过

1956年11月5日全国人民代表大会常务委员会第五十次会议决定批准1949年8月12日关于战俘待遇之日内瓦公约。

全国人民代表大会常务委员会在决定批准1949年8月12日关于战俘待遇之日内瓦公约的同时，决定对该公约作如下保留：

关于第十条：战俘拘留国请求中立国或人道组织担任应由保护国执行的任务时，除非得到战俘本国政府的同意，中华人民共和国将不承认此种请求为合法。

关于第十二条：在战俘拘留国将战俘移送至本公约的另一缔约国看管期间内，中华人民共和国认为原拘留国并不因此解除对此等战俘适用本公约的责任。

关于第八十五条：关于战俘拘留国根据本国法律，依照纽伦堡和东京国际军事法庭审理战争罪行和违反人道罪行所定的原则予以定罪的战俘的待遇，中华人民共和国不受第八十五条规定的约束。

1949 年 8 月 12 日关于战时保护平民之日内瓦公约

（1949 年 8 月 12 日日内瓦第四公约）

（1949 年 8 月 12 日订于日内瓦）

下列签署之各国政府、全权代表出席自 1949 年 4 月 21 日至 8 月 12 日在日内瓦举行之外交会议，为订立关于战时保护平民公约，议定如下：

第一部 总 则

第一条 各缔约国承诺在一切情况下尊重本公约并保证本公约之被尊重。

第二条 于平时应予实施之各项规定之外，本公约适用于两个或两个以上缔约国间所产生之一切经过宣战的战争或任何其他武装冲突，即使其中一国不承认有战争状态。

凡在一缔约国的领土一部或全部被占领之场合，即使此项占领未遇武装抵抗，亦适用本公约。

冲突之一方虽非缔约国，其他曾签订本公约之国家于其相互关系上，仍应受本公约之拘束。设若上述非缔约国接受并援用本公约之规定时，则缔约各国对该国之关系，亦应受本公约之拘束。

第三条 在一缔约国之领土内发生非国际性的武装冲突之场合，冲突之各方最低限度应遵守下列规定：

（一）不实际参加战事之人员，包括放下武器之武装部队人员及因病、伤、拘留，或其他原因而失去战斗力之人员在内，在一切情况下应予以人道待遇，不得基于种族、肤色、宗教或信仰、性别、出身或财力或其他类似标准而有所歧视。

因此，对于上述人员，不论何时何地，不得有下列行为：

（甲）对生命与人身施以暴力，特别如各种谋杀、残伤肢体、虐待及酷刑；

（乙）作为人质；

（丙）损害个人尊严，特别如侮辱与降低身份的待遇；

（丁）未经具有文明人类所认为必需之司法保障的正规组织之法庭之宣判，而遽行判罪及执行死刑。

（二）伤者、病者应予收集与照顾。

公正的人道团体，如红十字国际委员会，得向冲突之各方提供服务。

冲突之各方应进而努力，以特别协定之方式，使本公约之其他规定得全部或部分发生效力。

上述规定之适用不影响冲突各方之法律地位。

第四条 在冲突或占领之场合，于一定期间内及依不论何种方式，处于非其本国之冲突之一方或占领国手中之人，即为受本公约保护之人。

不受本公约拘束之国家之人民即不受本公约之保护。凡在交战国领土内之中立国人民及共同作战国人民，在其本国尚有通常外交使节驻在控制彼等之国家时，不得认为被保护人。

惟本公约第二部之各项规定，如第十三条所划定，其适用范围较广。

凡受 1949 年 8 月 12 日改善战地武装部队伤者病者境遇之日内瓦公约，或 1949 年 8 月 12 日改善海上武装部队伤者病者及遇船难者境遇之日内瓦公约，或 1949 年 8 月 12 日关于战俘待遇之日内瓦公约保护之人，不得认为本公约意义内之被保护人。

第五条 凡冲突之一方深信在其领土内之个别被保护人确有危害该国安全之活动之嫌疑，或从事该项活动，而本公约之各项权利与特权若为该个人行使将有害该国安全时，该个人即不得要求此等权利与特权。

在占领地内个别被保护人如系因间谍或破坏分子，或因确有危害占领国安全之活动嫌疑而被拘留者，在绝对的军事安全有此要求之情况下，其人应即认为丧失在本公约下之通讯权。

惟在每种情形下，此等人仍应受人道待遇，且在受审判时，不应剥夺本公约规定之公平正常的审判之权利。又应斟酌个别情况尽早在合于该国或占领国之安全时给予彼等以被保护人依本公约所享有之全部权利与特权。

第六条 本公约应于第二条所述之任何冲突或占领开始时适用。

在冲突各方之领土内，本公约之适用，于军事行动全面结束时应即停止。

本公约在占领地内之适用，于军事行动全面结束后一年应即停止；惟占领国于占领期间在该国于占领地内行使政府职权之限度内，应受本公约下列各条规定之拘束：第一至十二、二十七、二十九至三十四、四十七、四十九、五十一、五十二、五十三、五十九、六十一至七十七、一百四十三条。

被保护人之释放、遣返、或安置，若在上述各期限以后实现者，则在其实现之期间，彼等仍应继续享受本公约之利益。

第七条 于第十一、十四、十五、十七、三十六、一百零八、一百零九、一百三十二、一百三十三及一百四十九各条明文规定之协定之外，各缔约国对其认为需另作规定之一切事项得订立特别协定。是项特别协定不得对于本公约关于被保护人所规定之境遇有不利的影响，亦不得限制本公约所赋予彼等之权利。

除在上述或后订之协定中有相反之明文规定，或冲突之一方对彼等采取更优待之措施外，被保护人在本公约对其适用期间应继续享受是项协定之利益。

第八条 在任何情况下，被保护人不得放弃本公约或上条所述之特别协定——如其订有是项协定——所赋予彼等权利之一部或全部。

第九条 本公约之适用应与保护国合作并受其监察。保护国之责任为维护冲突各方之利益。为此目的，保护国在其外交或领事人员之外，得自其本国国民或其他中立国国民中指派代表。上述代表应经其执行任务所在国之认可。

冲突各方对于保护国之代表之工作应尽最大可能予以便利。

保护国之代表在任何情况下不得逾越本公约所畀予之任务。彼等尤须顾及其执行任务所在国之安全上迫切的必要。

第十条 本公约之规定并不妨碍红十字国际委员会或其他公正的人道组织，在有关冲突各方之同意之条件下，从事保护与救济平民之人道活动。

第十一条 各缔约国得随时同意将根据本公约应由保护国负担之任务，委托于具有公允与效能之一切保证之组织。

当受本公约保护之人，不拘为何原因，不能享受或已停止享受保护国或本条第一款所规定之组织的活动之利益时，则拘留国应请一中立国或此种组织担任依照本公约应由冲突各方指定之保护国所执行之任务。

若保护不能依此布置，则拘留国应在本条之规定之约束下，请求或接受一人道组织，如红十字国际委员会，提供服务，以担任依本公约由保护国执行之人道的任务。

任何中立国或任何组织经有关国家邀请或自愿提供服务而执行任务时，在行为上须对本公约所保护之人员所依附之冲突一方具有责任感，并须充分保证能执行其所负之任务，且能公允执行之。

各国间订立特别协定，如其中一国因军事关系，特别是因其领土之大部或全部被占领，以致该国与其他一国或其盟国谈判之自由受限制，即或是暂时的，本公约上列规定不得因该项特别协定而有所减损。

凡本公约中提及保护国，亦适用于本条所指之代替组织。

凡中立国人民处于占领地或交战国领土内而其本国并无通常外交代表驻在该国时，本条各项规定应对彼等适用。

第十二条 保护国认为于被保护人之利益适宜时，尤其遇冲突各方对于本公约之适用与解释意见有分歧时，应从事斡旋以期解决分歧。

为此目的，各保护国得应一方之请求，或主动向冲突各方建议，可能在适当选择之中立领土召开代表会议，被保护人之负责当局代表尤须参加。冲突各方对于为此目的而提出之建议负有实行之义务。各保护国得于必要时，提请冲突各方同意，特邀一中立国人员或红十字国际委员会委派之人员参加此项会议。

第二部 居民之一般保护以防战争之若干影响

第十三条 本公约第二部之规定，涉及冲突各国之全部人民，尤不得基于种族、国籍、宗教或政治意见而有所歧视，各规定之目的在于减轻战争所致之痛苦。

第十四条 各缔约国在平时，冲突各方在战事开始后，得在其领土内，并于必要时在占领地内，设立医院及安全地带与处所，加以适当的组织，使能保护伤者、病者、老者、15岁以下儿童、孕妇、及七岁以下儿童之母亲，俾免受战争影响。

在战事开始时及其进行中，有关各方得缔结协定互相承认所设立之地带与处所。各该国得为此目的实施本公约所附协定草案之规定，连同其所认为必要之修改。

为便于医院与安全地带及处所之设立及承认，应请保护国及红十字国际委员会从事斡旋。

第十五条 任何冲突之一方，得直接或通过一中立国或人道组织，向其敌方建议在作战区域内设立中立化地带，保护下列人等免受战争之影响，不加歧视：

（甲）伤、病战斗员或非战斗员；

（乙）不参加战事及虽居住在该地带内而不从事军事性工作之平民。

如有关各国对于拟议之中立化地带之地理位置、管理、食物供给及监督均予同意，应由冲突各方之代表签定一书面协定，该协定应规定该地带之中立化之开始及期限。

第十六条 伤者、病者、弱者以及孕妇应为特别保护与尊重之对象。

在军事的考虑许可时，冲突各方对于寻觅死者、伤者、协助遇船难者及其他冒严重危险之人，及保护彼等免遭抢劫及虐待所采取之各项步骤应予以便利。

第十七条 冲突各方应尽力缔结局部协定以便将被包围地区内之伤者、病者、弱者、老者、幼童及产妇撤出，及使送往该地区之一切宗教之牧师、医务人员、医疗设备得以通过。

第十八条 凡为照顾伤者、病者、弱者及产妇而组织之民用医院，在任何环境下，不得为攻击之目标，而应随时受冲突各方之尊重与保护。

冲突各方之国家，对所有民用医院应发给证书，证明各该医院系民用医院且其所占用之建筑物并未作依第十九条应剥夺其保护之任何用途。

各民用医院均应标以 1949 年 8 月 12 日改善战地武装部队伤者病者境遇之日内瓦公约第三十八条所规定之标志，惟须经各该国认可。

在军事的考虑许可之限度内，冲突各方应采取必要步骤，使标明民用医院之特殊标志能为敌方陆、空及海军清晰望见，以避免任何敌对行动之可能。

鉴于医院临近军事目标不免遭受危险，故建议上述医院之位置应尽量远离该项目标。

第十九条 民用医院应得之保护不得停止，除非此项医院越出其人道任务之外，用以从事有害于敌方之行为。惟如经给予相当警告，并按个别情形规定合理时限而警告仍被忽视时，始得停止保护。

如有武装部队伤病人员在前项医院疗养，或由该项战斗员卸下之小型武器及弹药尚未缴交主管机关之事实，不得视为有害敌方之行动。

第二十条 经常专门从事民用医院工作及管理之人，包括从事搜寻、移送、运输与照顾伤病平民、弱者及产妇之人员，均应受尊重与保护。

上述人员在占领地及军事行动地带内执行任务时，应有证明其地位之身份证，上贴本人像片，并轧有负责当局之钢印，并应有在左臂佩带加盖印章之防水臂章，以资识别。此项臂章应由国家颁发，并须有 1949 年 8 月 12 日改善战地武装部队伤者病者境遇之日内瓦公约第三十八条所规定之标志。

其他从事民用医院工作及管理之人员，若担任此类任务时，应受尊重与保护，并按照本条所规定之条件，佩带臂章。彼等之身份证上应注明其担任之任务。

各医院之管理当局应随时备有上述各项工作人员之最近名单，以供本国或占领国主管当局之用。

第二十一条 凡运送伤病平民、弱者、产妇之陆地运输队，陆地医院列车或海上之特备船只，均应与第十八条所规定之医院受同样之尊重与保护，此项车船，经各该国同意后，应标以改善战地武装部队伤者病者境遇之日内瓦公约第三十八条所规定之特殊标志。

第二十二条 凡专为移送伤病平民、弱者、产妇或运输医务人员、医疗设备之飞机，在有关冲突各方所特别约定之高度、时间、航线飞行时，应不受攻击而予以尊重。

此项飞机得标以 1949 年 8 月 12 日改善战地武装部队伤者病者境遇之日内瓦公约第三十八条所规定之特殊标志。

除非另有协定，飞越敌方领土或敌人占领地均所禁止。

此项飞机应服从降落命令。如被令降落，而需要检查时，则经过检查后，该机载其乘员得继续飞行。

第二十三条 各缔约国对于纯为另一缔约国平民使用之医疗与医院供应品，或宗教礼拜所需物品之一切装运物资，均应许其自由通过，即使该另一缔约国为其敌国。对于供15岁以下儿童、孕妇与产妇使用之主要食物、衣服及滋补剂之装运，亦应同样许其自由通过。

缔约国允许上款所述装运物资之自由通过之义务，以该国深信并无严重理由足以引起下列之恐惧为条件：

（甲）该项装运物资可自其目的地改运他处；

（乙）管制可能无效；

（丙）由于上述各项物资代替当由敌方供给或生产之物品，或使生产此类物品所需之材料，工作或设备得以腾出，而可能予敌方军事努力或经济以确定之利益。

凡允许本条第一款所述装运物资通过之国家，得要求在该项物资分发于受惠人时，应以由保护国就地监督为允许之条件。

上述装运物资应尽速转送，而允许此等物资自由通过之国家应有权规定准许该项通过之技术方面的办法。

第二十四条 冲突各方应采取必要措施，俾十五岁以下儿童因受战争影响成为孤儿或与家庭分离者，不致无人照管，并使彼等之抚养、宗教与教育之进行，在一切情形下均获便利。彼等之教育，应尽可能委托于具有相似的文化传统之人。

冲突各方应便利冲突期间此种儿童收容于中立国，此事应经保护国——如其有保护国——之同意，并有遵守第一款所述原则之适当保证。

冲突各方并应尽力设法使12岁以下儿童均佩带身份牌，或用其他方式，以资识别。

第二十五条 冲突各方之领土内或其占领地内所有人们，应能将纯属个人性质的消息通知其在任何地方之家人，并接获其家人之此类消息。此项通讯应迅速传递，不得有不当之迟延。

如由于环境影响，难于或不可能由普通邮政互递家庭信件时，有关冲突各方应向中立媒介接洽，如第一百四十条所规定之中央事务所，并与之商定如何在可能最好的情况下保证其义务之履行，尤应取得各国红十字（红新月、红狮与日）会之合作。

如冲突各方认为有限制家庭通讯之必要，该项限制只应限于能容任择25字之标准信纸之强制使用，及将寄发此项格式之信件每月限为一份。

第二十六条 冲突各方对于因战争致与家庭离散之人所为之调查，以期在可能时与其家庭重新联系或团聚者，应给予便利。冲突各方尤应鼓励从事此项任务之组织之工作，但须此项组织能为其所接受并遵照其安全规则。

第三部 被保护人之地位与待遇

第一编 对于冲突各方之领土及占领地之共同规定

第二十七条 被保护人之人身、荣誉、家庭权利、宗教信仰与仪式、风俗与习惯，在一切情形下均应予以尊重。无论何时，被保护人均须受人道待遇，并应受保护，特别使其免受一切暴行，或暴行的威胁及侮辱与公众好奇心的烦扰。

妇女应受特别保护以免其荣誉受辱，尤须防止强奸、强迫为娼或任何形式的非礼之侵犯。

冲突各方对在其权力之下被保护人，在不妨有关其健康状况、年龄、性别之各项规定之条件下，应同样待遇之，尤不得基于种族、宗教或政治意见而有所歧视。

但冲突各方对被保护人得采取由于战争而有必要之管制及安全之措施。

第二十八条 对于被保护人不得利用其安置于某点或某地区以使该处免受军事攻击。

第二十九条 在冲突一方对于权力下之被保护人所受该国人员之待遇，该国均应负责，不论此项人员所负之个人责任如何。

第三十条 被保护人应有向保护国、红十字国际委员会、彼等所在国之红十字（红新月、红狮与日）会，或能予以协助之任何组织提出申请之各种便利。

上述各组织应由当局在根据军事或安全的考虑所定之范围内，予以上述目的所需之各种便利。

于第一百四十三条所规定之保护国及红十字国际委员会代表之访问之外，各拘留国或占领国对于以给予被保护人精神协助或物质救济为目的之其他组织的代表之访问被保护人，应尽量予以便利。

第三十一条 对被保护人不得施以身体上或精神上之强迫，尤其不得借以从彼等或第三者取得情报。

第三十二条 各缔约国特别同意禁止各该国采取任何足以使其手中之被保护人遭受身体痛苦或消灭之措施。此项禁令不仅适用于谋杀、酷刑、体刑、残伤肢体及非为治疗被保护人所必需之医学或科学实验，并适用于文武人员施行之其他任何残酷措施。

第三十三条 被保护人无论男女不得因非本人所犯之行为而受惩罚。集体惩罚及一切恫吓恐怖手段，均所禁止。

禁止掠夺。

禁止对被保护人及其财产采取报复行为。

第三十四条 禁止作为人质。

第二编 在冲突一方领土内之外国人

第三十五条 一切被保护人，在冲突开始时，或冲突进行中，希望离境者，除非其离去有违所在国之国家利益，均应有权离境。此等人之离境申请应按照正常规定之手续予以决定，此项决定并应尽速为之。凡获准离境之人得自行准备必须之旅费并携带相当数量之个人物品。

如上述任何人之离境请求被拒绝时，彼应有权请求拘留国所指定之主管法庭或行政审议机关对此项拒绝从速重新考虑。

除非安全理由所不许或关系人反对，一经保护国代表之请求，应即告以不准离境之理由，并应尽速检送不准离境之人的全体名单。

第三十六条 依上条获准之离境，应在关于安全、卫生、保健及食物方面之妥善条件下实行之。一切有关离境之费用，自拘留国领土内之出境地点起，应由出境人目的地之国家担负；若出境人被收容于中立国，则该项费用应由受益人之本国负担。此项移动之施行细则，必要时，得由有关国家以特别协定决定之。

前项规定不得影响冲突各方间所订关于交换及遣返在敌方手中之人民之特别协定。

第三十七条 凡被保护人在候审期间，或因受有剥夺自由之判决而被禁闭者，在其禁闭期间应受人道待遇。

一经释放，彼等即得依照以上各条请求离境。

第三十八条 除本公约，尤其第二十七及四十一两条所准许之特别办法外，各被保护人之地位，在原则上应继续按照和平时期有关外国人之规章，予以规定。在任何情形下，应予以下列权利：

（一）应能领受送来之个人或集体救济物品；

（二）如其健康情形有此需要，应获得与有关国家之人民同等之医药照顾与住院待遇；

（三）应获准举行其宗教仪式，并接受其本教牧师之精神协助；

（四）如居住于特别冒战争危险之区域时，应与有关国家之人民同样获准迁出该区域；

（五）15岁以下儿童、孕妇、及七岁以下儿童之母亲，应与有关国家之人民受同等之优惠待遇。

第三十九条 凡被保护人因战事影响而失去其收入之工作者，应予以寻觅有报酬之工作之机会。该项机会应与其所在国家之人民所享受之机会相等，但须受安全考虑及第四十条规定之限制。

冲突一方对被保护人施行管制办法因而使其不能自行维持生活，尤以该人因安全原因不能寻觅在合理条件之下有报酬之工作时，该冲突国应保证维持其本人与受其赡养人之生活。

各被保护人在任何情况下均得接受其本国、保护国，或第三十条所述之救济团体之津贴。

第四十条 被保护人仅得在与其所在之冲突国之人民同样限度内被强迫工作。

如被保护人系属敌国国籍，则只能强迫其担任通常为保证人类食、住、衣、行及健康所必需之工作而与军事行动无直接关系者。

在前两款所述之情形下，被强迫工作之被保护人应与本国工人享受同样工作条件及同样保障之利益，尤其关于工资、工作时间、衣服与设备、事先训练及工作上意外伤害与疾病之赔偿。

上述各项规定如被违反，应允许被保护人按照第三十条行使其申诉之权利。

第四十一条 如被保护人所在之国家认为本公约所述之管制措施不足时，不得采行较第四十二及第四十三两条所定之指定居所或拘禁更为严厉之管制措施。

在适用第三十九条第二款之规定，于按照安置于他处指定居所之决定而须离开其原居所之人之场合时，拘留国应尽可能密切遵循本公约第三部第四编所定之福利标准。

第四十二条 对被保护人之拘禁或安置于指定居所，仅于拘留国之安全有绝对需要时方可施行。

如有人通过保护国之代表，自动请求拘禁，而其处境使其采取此步骤为必要者，则其所在之国家应即予以拘禁。

第四十三条 任何被保护人被拘禁或被

安置于指定居所者，有权请拘留国为该项目的所指定之主管法庭或行政审议机关对于该项举措尽速重新考虑。如该项拘禁或安置于指定居所仍予维持时，该法庭或行政审议机关应定期，至少一年两次，对于案情予以审查，以期于环境许可时对于最初决定作有利之修正。

除非有关之被保护人反对，拘留国应尽速将已被拘禁或已被指定居所之被保护人，及从拘禁或指定居所中已予释放之被保护人之姓名通知保护国。本条第一款提及之法庭或行政审议机关之决定，亦应依同样条件之限制尽速通知保护国。

第四十四条 适用本公约内提及之管制措施时，拘留国不得将事实上不受任何政府保护之难民仅依其法律上之敌国国籍而以敌侨待遇之。

第四十五条 被保护人不得移送于非本公约缔约国之国家。

本规定不得构成对于被保护人在战事结束后被遣返或其回到原居住国之障碍。

拘留国只能将被保护人移送至本公约之缔约国，并须于拘留国对于接受国家实施本公约之意愿与能力认为满意后行之。如被保护人在此种情况下被移送时，其在该接受国看管期间，实施本公约之责任即由该接受国担任之。但若该国在任何重要方面未能实行本公约之规定，则原移送国一经保护国通知，即应采取有效措施以纠正此种情况或要求将被保护人送还，此项要求必须照办。

男女被保护人在任何情况下不得移送于因其政治意见或宗教信仰有恐惧迫害之理由之国家。

本条各项规定亦不构成对于根据战事开始前所订之引渡条约，将被控违犯普通刑法之被保护人予以引渡之障碍。

第四十六条 凡对被保护人实行之限制措施，其尚未撤消者，在战事结束后应尽速取消之。

影响彼等财产之限制措施，应按照拘留国之法律，于战事结束后尽速取消之。

第三编　占领地

第四十七条 本公约所赋予在占领地内之被保护人之各项利益，均不得因占领领土之结果引起该地制度或政府之变更，或因被占领地当局与占领国所订立之协定，或因占领国兼并占领地之全部或一部，而在任何情况下或依任何方式加以剥夺。

第四十八条 被保护人之非领土被占领的国家之人民者，得依第三十五条规定之限制，使用其离境权利，关于离境事项之决定，应按照占领国依该条所订之手续为之。

第四十九条 凡自占领地将被保护人个别或集体强制移送及驱逐往占领国之领土或任何其他被占领或未被占领之国家之领土，不论其动机如何，均所禁止。

但如因居民安全或迫切的军事理由，有此必要，占领国得在一定区域施行全部或部分之撤退。上述撤退不得致使被保护人在占领地境外流离失所，但因物质原因不能避免上述流离失所则为例外。依此被撤退之人，一俟该区域内战事停止，应立即移送回家。

凡实行此种移送或撤退之占领国，应尽最大可行的限度，保证供给适当设备以收容被保护人，该项移动应在卫生、保健、安全及营养之满足的条件下执行，并应保证同一家庭之人不相分离。

一经实行移送或撤退，应立即以其事实

通知保护国。

除非因居民安全或迫切的军事理由有此必要，占领国不得将被保护人拘留于特别冒战争危险之区域。

占领国不得将其本国平民之一部分驱逐或移送至其所占领之领土。

第五十条 占领国在国家与地方当局之合作下，对于一切从事照顾及教育儿童团体之正当工作予以便利。

占领国应采取一切必要步骤以便利儿童之辨认及其父母之登记。但该国绝不得改变彼等之个人地位，亦不得使其参加隶属于该国之各种组织。

如当地团体不能适应该目的时，占领国应筹定抚养教育因战争变成孤儿或与父母失散，且不能由其近亲或朋友适当照顾之儿童之办法，倘属可能，应由该项儿童同一国籍、语言及宗教之人士担任该项工作。

依第一百三十六条设立之情报局所属之一特别部门，应负责采行一切必要步骤辨认身份不明之儿童。彼等父母或其他近亲之详细情形，如能获悉时，应予记录。

在被占领前，为惠及15岁以下儿童、孕妇，及七岁以下儿童之母亲所采关于食物、医药照顾及保护之任何优待措施以防战争影响者，占领国不得妨碍其实施。

第五十一条 占领国不得强迫被保护人在其武装或辅助部队服务。以获得志愿应募为目的之压迫及宣传均所不许。

占领国不得强迫被保护人工作，除非彼等已满十八岁，而届此年龄，亦只能派任占领军，公用事业或被占领国居民之衣、食、住、行或保健所需要之工作。被保护人不得强迫其担任任何使彼等有参加军事行动之义务之工作。占领国不得强迫被保护人使用强力方法以保证彼等从事强迫劳动所在地之设备之安全。

上述工作之执行应仅限于被征服役人所在之占领地以内。此种人，应尽可能置于其平常工作之地方。对工人应付以公平工资，其工作应与其体力与智力相当。凡被占领国关于工作条件，尤其关于工资、工作时间、设备、事先训练及工作上意外伤害与疾病之赔偿等保障之现行立法，对于派任本条所述工作之被保护人，应予适用。

在任何情况下，征工不得变为动员工人参加军事或半军事性之组织。

第五十二条 任何契约、协定或规则均不得减损任何工人向保护国代表申请请求该国干涉之权利，不论该工人是否系属志愿，亦不论其所在地点。

在占领地内，一切以造成失业或限制工人工作机会借以引诱工人为占领国工作为目的之措施，均所禁止。

第五十三条 占领国对个别或集体属于私人，或国家，或其他公共机关，或社会或合作组织所有之动产或不动产之任何破坏均所禁止，但为军事行动所绝对必要者则为例外。

第五十四条 占领地之公务人员与法官如为良心原因拒绝执行其职务时，占领国不得改变其地位，或以任何方式施行制裁，或采用任何强迫或歧视措施。

前项禁例不妨碍第五十一条第二款之适用。亦不影响占领国撤换公务人员之权。

第五十五条 占领国在其所有方法之最大限度内，负有保证居民之食物与医疗供应品之义务；如占领地资源不足时，尤应运入必需之食物、医疗物资及其他物品。

占领国不得征用占领地所有之食物、物

品或医疗供应品，但为占领军或行政人员使用者除外，并须业已顾及平民之需要，始能征用。占领国应在其他国际公约规定之限制下，设法保证对其所征用之物品付予公平价格。

保护国得随时自由检查占领地内食物及医疗供应品之情形，但因迫切的军事需要而定之暂时限制，不在此限。

第五十六条 占领国在其所有方法之最大限度内，负有依国家与地方当局之合作，保证并维持占领地内之医疗与医院设置与服务，公共保健与卫生之义务，尤须采取并实行扑灭传染病与流行病传播所必要之预防及措施。各类医务人员应许其执行任务。

如占领地内成立新医院而被占领国之主管机关不在该地执行任务，占领国于必要时应对该项医院予以第十八条所规定之承认。在类似情况下，占领国亦应对医院人员与运输车辆予以第二十及二十一两条所规定之承认。

占领国于采用及实施保健与卫生之措施时，应注意占领地居民的道德上及伦理上之感受性。

第五十七条 占领国得征用民用医院，但只能暂时征用，并限于为照顾伤病军事人员之紧急需要场合，且须以在相当期间对病人之照顾与医疗及平民之住院需要，制定适当办法为条件。

民用医院之器材与用品在须供平民需要之期中不得征用。

第五十八条 占领国应允许牧师对其本教教徒予以精神上之协助。

占领国亦应接受宗教所需的书籍与物品之装运物资，并对该项物资在占领地内之分发予以便利。

第五十九条 如占领地全部或部分居民之给养不足时，占领国应同意救济该项居民之计划，并对该项计划使用力所能及之一切方法予以便利。

该项计划，可以由国家或公正人道组织如红十字国际委员会承担之，在该计划中尤应包括食物，医疗品及衣服的装运物资之供给。

各缔约国均应允许该项装运物资之自由通过并保证予以保护。

但缔约国之允许上项装运物资自由通过以运往冲突之敌方所占领之区域者，有权检查该项装运物资，规定其依指定时间与路线通过，并通过保护国，查明该项装运物资系为救济待救之居民之用而非为占领国之利益之用。

第六十条 救济之装运物资在任何情况下，不得解除占领国在第五十五、五十六与五十九各条下之任何责任。占领国无论如何不得将救济之装运物资移作他用，但在紧急需要情形中为占领地居民之利益并征得保护国之同意者，则为例外。

第六十一条 以上各条所述之救济装运物资的分配，应在保护国之合作与监督下进行之。该项任务亦得依占领国与保护国间之协定，委托一中立国，红十字国际委员会或任何其他公正之人道团体办理之。

上项装运物资在占领地内应豁免一切捐、税、或关税，除非此项捐、税为该地经济利益所必需。占领国应便利此等装运物资之迅速分配。

各缔约国应尽力允许此等救济装运物资免费通过以运往占领地。

第六十二条 占领地之被保护人应许其领受送与彼等之个人救济物资，但须受迫切的安全理由之限制。

第六十三条 在占领国因紧急的安全理由所采用之暂时及例外措施之限制下：

（甲）经认可之各国红十字（红新月、红狮与日）会应能按照国际红十字大会所定之红十字原则进行活动。其他救济团体亦应许其在类似条件下继续其人道活动；

（乙）占领国不得要求此等团体为任何足以妨碍上述活动之人事或组织上之变更。

已经存在或将行设立之非军事性质之特别组织，而以维持必要的公用事业，分配救济物品与组织救护借以保证居民生活状况为目的者，上述之原则亦应适用于此等组织之活动及人员。

第六十四条 占领地之刑事法规应继续有效，但遇该项法规构成对占领国安全之威胁或对本公约实行之障碍时，占领国得予以废除或停止。在后者之考虑及保证有效的司法之需要之限制下，占领地之法庭对于上述法规涉及之一切罪行，应继续执行职务。

但占领国得使占领地居民服从该国为执行其在本公约下所负之义务，维持该地有秩序之统治，与保证占领国、占领军、与行政机关之人员及财产，以及其所使用之设置与交通线之安全所必要之规定。

第六十五条 占领国所订之刑法规定，在公布及用居民本国语言使居民周知以前，不得生效。该项刑事法规不得具有追溯力。

第六十六条 遇有违犯根据第六十四条第二款公布之刑法规定之案件，占领国得将被告交付正当组织之非政治的军事法庭，但以该法庭在占领地开庭为条件。上诉法庭最好在占领地开庭。

第六十七条 前项法庭应仅适用在该罪行发生前已经实施并符合一般法律原则，尤其罚罪相当之原则之法律规定。此等法庭对于被告之非占领国人民之事实，应加以考虑。

第六十八条 被保护人犯有纯以损害占领国为目的之罪行，而此项罪行并非企图杀害占领军或行政机关之人员之生命或肢体，亦不构成严重之集体危险，复未严重损害占领军及行政机关之财产或其所使用之设备者，应处以拘禁或单纯监禁，而拘禁或监禁之期间应与所犯罪行相当。且因此等罪行而处之拘禁或监禁，应为剥夺被保护人自由之仅有措施。本公约第六十六条所规定之法庭可自行斟酌将监禁之判决改为同样期限之拘禁。

仅在被保护人犯间谍罪，或严重破坏占领国军事设备之罪行或故意犯罪致一人或多人于死亡之案件中，占领国依第六十四及六十五两条所公布之刑法规定，始得对被保护人处以死刑，但须此种罪行依占领地在占领开始前通行之法律亦受死刑之处罚。

除非法庭特别被提起注意被保护人因非拘留国之人民，不受对该国效忠义务之拘束之事实后，不得将被保护人判处死刑。

凡被保护人犯罪时年龄在 18 岁以下者，在任何情况下不得判处死刑。

第六十九条 无论任何案件中，被保护人因被控犯罪而遭逮捕，等候审判或处罚之时间，应从判处之监禁时间内，予以扣除。

第七十条 占领国不得因被保护人在占领前或占领暂时中断期间之行为或发表之意见，而将其逮捕，诉追或定罪，但破坏战争法律与惯例之行为除外。

凡占领国人民在战事开始前即逃亡于被占领国领土者，不得加以逮捕、诉追、定罪或驱逐出占领地，但其在战事开始后所犯之罪行，或其在战事开始前所犯普通法下之罪行，而依被占领国法律在和平时期应予引渡者除外。

第七十一条 占领国之主管法庭非经合法审判不得宣告判决。

占领国对于其所诉追之被告，应迅速以被告所了解之文字，书面通知其被诉罪名之详情，并应尽速交付审判。占领国应将对被保护人所进行之涉及死刑或二年或二年以上监禁等罪名之诉讼，通知保护国；保护国应能随时获悉该项诉讼之情形。又保护国应有权，于提出请求时，获得上项及占领国对被保护人所提起其他诉讼之详情。

本条第二款所规定对于保护国之通知，应立即出发，且必需在第一次审讯前三个星期到达被保护国。除非在审判开始时，提出证据，证明本条各项规定均已完全遵照，审讯不得进行。该项通知应包括下列各点：

（甲）关于被告之说明；

（乙）居所或拘留处所；

（丙）某一种罪名或某几种罪名之列举（注明控诉所根据之刑法规定）；

（丁）承审该案之法庭名称；

（戊）第一次审讯之日期及地点。

第七十二条 被告有权提出为其辩护所需之证据，尤得请求传唤证人。彼等有权由其自行选定之合格辩护人或律师协助，该辩护人或律师得自由访问被告并有权享受准备辩护词所需之便利。

被告如未自行选定，则保护国得供给辩护人或律师。当被告被控重罪而保护国未执行任务时，占领国在被告同意之条件下，应供给一辩护人或律师。

在初步侦查及审讯期间被告应获有译员之协助，除非被告自由放弃此项协助。被告有权随时反对译员并要求撤换。

第七十三条 被判罪人应有法庭适用之法律所规定之上诉权。对被判罪人应详细通知其上诉或诉愿之权利及行使该项权利之期限。

本编所规定之刑事程序应在可能使用范围以内，适用于上诉。如法庭适用之法律无上诉之规定时，被判罪人应有权向占领国主管当局对事实的认定及判决提出诉愿。

第七十四条 保护国之代表应有权到庭旁听任何被保护人之审判，除非为占领国安全的利益而必须例外的禁止旁听，在此种场合，占领国应通知保护国。审判之日期地点应通知保护国。

涉及死刑或两年或两年以上监禁之任何判决，应连同其有关之根据尽速通知保护国。该通知应引述第七十一条所规定之通知；如为监禁判决时，并应载明服刑地方之名称。上述各项判决以外之记录，应由法庭保存，且应供保护国代表之检查。凡涉及死刑或两年或两年以上监禁的判决之上诉期限，在保护国接到判决通知前，不得开始。

第七十五条 被判死刑者请求赦免或缓刑之权利，绝不得予以剥夺。

从保护国接到确定死刑最后判决的通知或接到拒绝赦免及缓刑之命令的通知之日起，至少六个月期限届满以前，不得执行死刑。

遇有个别案件，其情形严重紧急，对于占领国或其部队安全发生有组织之威胁时，本条所规定之暂停执行死刑六个月之期限得予缩短，但必须将该项缩短情形通知保护国，并须予以相当之时间及机会，以便向主管占领当局提出关于此项死刑判决之意见。

第七十六条 被保护人被控犯罪者应拘留于被占领国内，如经判罪亦应在该国内服刑。如可能，彼等应与其他被拘留者隔离，并应享有足以保持其健康之饮食与卫生条件，至少亦应与被占领国监狱内通行之条件相同。

彼等应受到其健康所需之医药照顾。

彼等亦应有权受到其所需之精神协助。

妇女应禁闭于分开之处所，并应由妇女直接监管之。

未成年人应受之特别待遇应予以适当之注意。

拘留之被保护人应有受保护国及红十字国际委员会代表依照第一百四十三条之规定访问之权。

此项人等应有权领受救济包裹，至少每月一件。

第七十七条 被保护人之在占领地被控犯罪或被法庭判罪者，应在占领终止时，连同有关记录一并移交该解放地区之当局。

第七十八条 如占领国由于迫切的安全理由认为对被保护人需采取安全措施时，至多得置之于指定居所或加以拘禁。

关于此项指定居所或拘禁之决定，应按照占领国依本公约规定所订之正常程序为之。该项程序应包括各有关当事人之上诉权。上诉应迅速判决。如仍维持原判决，应由占领国所设立之主管机关定期复核，可能时每六个月一次。

被保护人经指定住所而须离开其家庭者应享受本公约第三十九条之全部利益。

第四编 被拘禁人待遇规则

第一章 总 则

第七十九条 冲突各方，除按照第四十一、四十二、四十三、六十八与七十八各条之规定外，不得拘禁被保护人。

第八十条 被拘禁人应保有其全部民事能力，并应行使与其地位相合之附随的权利。

第八十一条 冲突各方之拘禁被保护人者应负责免费维持其生活，并应予以其健康状况所需之医药照顾。

不得扣除被拘禁人应得之津贴，薪给或债款以偿还上项费用。

如被拘禁人之依附人无适当之维持生活方法或不能谋生时，拘留国应供给其生活。

第八十二条 拘留国应尽可能依照被拘禁人之国籍、语言与习惯安置之。同一国籍之被拘禁人不得仅因其语言不同而隔离之。

在拘禁期间，同一家庭之人，尤其父母子女，应使之居于同一拘禁处所，但因工作或健康关系或因执行本编第九章之规定必须暂时分离时则不在此限。被拘禁人得要求将其未受拘禁而无父母照顾之子女与彼等一同拘禁。

可能时，同一家庭之被拘禁人应使其居于同一住所，予以与其他被拘禁人分开之设备以及适当的家庭生活所需之便利。

第二章 拘禁处

第八十三条 拘留国不得将拘禁处所设立于特别冒战争危险之区域。

拘留国应通过保护国之媒介将有关拘禁处所地理位置之一切有用的情报，提交敌国。

在军事的考虑许可时，拘禁营应用IC两字母标明，该二字母应标于白天可自高空清晰望见之处。但有关各国得商定其他标志方法。除拘禁营外，任何其他地方不得如此标志之。

第八十四条 被拘禁人应与战俘及因其他任何原因而被剥夺自由之人分别安置及管理。

第八十五条 拘留国应采取一切必要及可能之措施，以保证被保护人自拘禁开始时起，即被安置于合于下列条件之房屋或住所：在卫生与保健上具备一切可能保障并给予有效保护，以防严寒酷热与战争影响。在任何情况下，永久拘禁处所不得设于不卫生之区域或气候有害被拘禁人之区域。如被保护人暂时拘禁区域为不卫生区域或其气候有害其健康，应视环境所许尽速将其移往较为适当之拘禁处所。

住所应无潮湿之患，有适当温度及光线，尤其在黄昏与熄灯之间。睡眠地方应充分广敞通风，并应依气候，及被拘禁人之年龄、性别及健康状况，给予充分之垫褥与被毯。

被拘禁人应有不论日夜均可使用之合于卫生规则之设备，并经常保护清洁；应供以充分用水及肥皂以备日常盥洗及洗濯个人衣服之用；应予以为此所需之设备与便利。又应备有淋浴或盆浴。应保留洗涤及清洁所需之时间。

倘必须将非同一家人之被拘禁之妇女与男子安置一处，而为一种例外及暂时措施时，对于被拘禁之妇女必须予以分开睡眠地方及卫生设备供其使用。

第八十六条 被拘禁人不论属于任何教派，拘留国应给以适于举行宗教仪式之场所。

第八十七条 各拘禁处所均应设置贩卖部，但另有其他适当之便利者则为例外。其目的应为使被拘禁人，能以不高于当地市价之价格购买食品及日用品——包括肥皂及烟草——以资增加其个人福利及舒适。

贩卖部所获利润应划归各拘禁处所设立，并为各该处所被拘留人利益而管理之福利基金。第一百零二条规定之被拘禁人委员会有权检查贩卖部及基金之管理。

拘禁处所结束时，福利基金之结余，应转拨与拘禁同一国籍人民之另一拘禁处所之福利基金；或如无此类之拘禁处所，则应转拨与为仍在拘留国看管下之全体被拘禁人之利益而管理之中央福利基金。如有全体释放情形，此项利润，除有关国家间议有相反之协定外，应由拘留国保存。

第八十八条 在一切冒空袭及其他战争危险之拘禁处所内，应设有在数目上与构造上均足保证必要的保护之避难所。在警报时，除留守保护住处免受上述危险之人外，被拘禁人应得自由尽速进入避难所。任何为居民而采取之保护措施，亦应适用于被拘禁人。

拘禁处所应采用一切防火之适当措施。

第三章 食物与衣服

第八十九条 被拘禁人每日口粮在量、质与种类上应足以保持被拘禁人之健康及防止营养不足。被拘禁人所习惯之饮食，亦应顾及。

被拘禁人亦应予以自行烹调其自有之额外食物之工具。

对被拘禁人应供给充分之饮水。应允许吸烟。

从事工作之被拘禁人应领得比照其所任

的工作之额外口粮。

对孕妇、乳母及15岁以下儿童，应比照其生理需要给予额外食物。

第九十条 被拘禁人当被看管时，应予以自备必需衣服、鞋袜，及内衣替换，以后如需要时，并可再获得供给之一切便利。如任何被拘禁人未备有依气候所需之充分衣服且亦不能获得衣服者，应由拘留国免费供给之。

拘留国供给被拘禁人之衣服，及在其私有衣服上所加之标志，均不得有侮辱性或使其遭受嘲笑。

工作者应领得适当之工作服装，包括保护衣服，如其工作性质有此必要。

第四章 卫生及医药照顾

第九十一条 各拘禁处所应设有适当之疗养所，由合格医生主持，使被拘禁人可获得其所需之照顾与适当之饮食。对于患传染病或精神病者应另设隔离病房。

凡生产及被拘禁人之患重病者，或需特别治疗、外科手术或住院者，应送任何可予以适当医治之机构，且其所应受到之照顾不得劣于一般居民之所受到者。

被拘禁人自愿时，应得到其本国国籍之医务人员之照顾。

被拘禁人请求医务当局检查时，不得阻止。

拘留国之医务当局，一经请求，应对已受治疗之被拘禁人发给正式证书，说明其疾病或伤害之性质，及所受治疗之时期与性质。此项证书之副本应送交第一百四十条所规定之中央事务所。

各项医疗，包括为保持被拘禁人健康需用器具之供给，尤其是假牙及其他假装置与眼镜，对于被拘禁人应予免费。

第九十二条 被拘禁人之健康检查至少应每月举行一次。其目的应特别为监察被拘禁人之一般健康状况，营养及清洁，并察觉传染病，特别是肺结核、疟疾，及性病。此项检查，尤应包括被拘禁人之体重测量，及至少每年一次之透视检查。

第五章 宗教、文化与体育活动

第九十三条 被拘禁人应有履行其宗教义务之完全自由，包括参加其所信仰宗教之仪式，但以遵守拘留国当局规定之例行的纪律措施为条件。

凡被拘禁之牧师应许其向本教教徒自由执行宗教任务。为此目的，拘留国应使此类牧师公平分配于用同一语言及属于同一宗教之被拘禁人之各拘禁处所。倘此类牧师为数过少，则拘留国应供给以必要之便利，包括运输工具，以便由一地前往他地，并应允许其访问居住医院之被拘禁人。牧师得自由与拘留国教会当局关于其职务上事项自由通讯，并在可能范围内，与同一信仰之国际宗教组织通讯。该项通信不得视为构成第一百零七条所定限额之一部分，但应受第一百一十二条规定之限制。

如被拘禁人无其本教之牧师之协助，或后者为数过少，则同一信仰之当地宗教机关得与拘留国协议，指派与被拘禁人同一信仰之牧师，或在宗派观点上认为可行时，指派类似的宗教之牧师或合格之非宗教人员。后者应享有其所担任之职务工作之各种便利。此种指派之人员应遵守拘留国为维护纪律及安全而制定之一切规则。

第九十四条 拘留国应鼓励被拘禁人之文化、教育与娱乐活动、运动与游戏，参加与否任其自由。并应采取各种实际措施以保证其实行，尤应供给适当之场所。

对于被拘禁人之继续其学习或研究新科目者应予以一切可能之便利。儿童及青年之教育应予保证，应许其在拘禁处所以内或以外之学校读书。

对被拘禁人应给予体操、运动及室外游戏之机会。为此目的，在一切拘禁处所应留有空场。应为儿童及青年保留特别运动场。

第九十五条 除非被拘禁人自愿，拘留国不得雇其为工人。强迫雇用未被拘禁之被保护人即属破坏本公约第四十与第五十一两条，此项雇用及雇用从事有降低身份或侮辱性质之工作均应绝对禁止。

被拘禁人在工作六星期后得随时离工，惟须于八日前通知。

拘留国得为同被拘禁人雇用被拘禁之医师、牙医及其他医务人员从事其职业上的任务，或雇用被拘禁人担任拘禁处所之管理与保养工作，及分派该项人员担任厨房或其他内务工作，或令其担任有关被拘禁人防御空袭或其他战争危险之保护工作，此等权利，并不因上项规定而受妨碍。但不得令被拘禁人从事医官认为与其体力不适合之工作。

拘留国对于工作条件，医药照顾，工资支付，及保证受雇之被拘禁人获得工作上意外伤害或疾病之赔偿，应负完全责任。此项工作条件及赔偿之标准，应按照该国法规及现行惯例规定之；绝不得低于同一地区同一性质的工作通用之标准。工资应由被拘禁人与拘留国及拘留国以外之雇主——如有此情形——之间以特别协定公平决定之，并应对拘留国免费维持被拘禁人生活，及予以其健康状况所需之医药照顾之义务，加以适当注意。凡被拘禁人被派长期从事本条第三款所述之各类工作者，应由拘留国付以公平之工资。被派是项工作之被拘禁人之工作条件、与工作上意外伤害及疾病赔偿之标准，不得低于同一地区同一性质的工作所适用之条件及标准。

第九十六条 一切劳动队均仍为拘禁处所之一部分并附属于拘禁处所。拘留国主管当局及拘禁处所长官应负责使在劳动队中遵守本公约各项规定。该长官应备有所属劳动队之到新近为止之名单，并应送交前来视察拘禁处所之保护国，红十字国际委员会及其他人道组织之代表。

第六章 个人财产及经济来源

第九十七条 被拘禁人应许其保有个人用品。除按照规定之手续外，不得取去其所持有之钱币、支票、债券等及贵重物品。凡取去之物品应开给详细收据。

款项应登入第九十八条所规定之被拘禁人帐目之内。此种款项不得换成任何其他货币，除非所有人被拘禁地方之现行立法有此规定，或被拘禁人表示同意。

具有个人或情感价值之物品，不得取去。

被拘禁之妇女仅得由妇女搜查。

被拘禁人释放或遣返时，应给还在拘禁期间被取去之物品，钱币或其他贵重物品，其按照第九十八条所立之帐目中之结余款项，亦应以现款付给之，但拘留国按照现行立法予以扣留之物品或款项除外。被拘禁人之财物因此被扣留者，应给予其所有人以详细收据。

凡被拘禁人所有之家庭或身份证明文件，非经开给收据不得取去。无论何时不得使被拘禁人无身份证明文件。若无身份证明文件，拘留国应发给特别证件，在拘禁终止前作为其身份证明文件。

被拘禁人得随身保有一定数目之金钱、现款或购物券，以便其购买物品。

第九十八条 被拘禁人应获得经常津贴，足敷其购买物品，如烟草、盥洗用品等之需。该项津贴得采用记帐或购物券形式。

被拘禁人亦得接受其所隶属国家，保护国，可予以协助之组织，或其家庭之津贴，以及按照拘留国法律自其财产所得之收入。其所隶属国家所给予之津贴数目，对于同属一类之被拘禁人（弱者、病者、孕妇等）均须相等，而该国或拘留国均不得根据本公约第二十七条所禁止之对被拘禁人之歧视标准予以分配。

拘留国对每一被拘禁人应开立经常帐目，以便存入本条所述之各项津贴，及所得工资与所收到之汇款，连同自彼取去而依其被拘禁地之现行立法可以动用之款项。对被拘禁人应按照当地现行立法予以汇款于其家庭及其他依赖以生活之人之一切便利，被拘禁人在拘留国所定之限制内，得自其帐目内支取个人费用所需款项。应随时有查询其帐目或获得其帐目之抄本之相当的便利。如经请求，应以帐目清单送交保护国。被拘禁人被移送他处时，此项帐目清单应一同移送。

第七章 管理及纪律

第九十九条 各拘禁处所均应由一负责官员管理，该官员由拘留国正规武装部队或正规民政机关内选任之。管理拘禁处所之官员必须备有其本国正式文字，或正式文字之一之本公约抄本一份，并应负责实施本公约。管理被拘禁人之职员应教以本公约之规定及所采用以保证本公约实施之行政措施。

本公约及根据本公约所订之特别协定之条文，均应以被拘禁人所了解之文字张贴于拘禁处所内，或由被拘禁人委员会保存之。

各种规则、命令、通告或出版物均应以被拘禁人所了解之文字向其传达，并在拘禁处所内张贴之。

所有对被拘禁人个人所下之命令亦应用其所了解之文字。

第一百条 拘禁处所之纪律制度应与人道之原则相符合，绝不得包括对被拘禁人加以妨碍其健康之体力运用或致其身体上或精神上之牺牲之规则。以刺字或在身体上印成符号或标记为辨别身份之方法，均所禁止。

长时间之站立与点名、罚操、军操与军事演习或减少口粮量尤所禁止。

第一百零一条 被拘禁人有向管制当局提出有关拘禁情况之任何诉愿之权。

被拘禁人亦应有权无限制的通过被拘禁人委员会，或如其认为必要时，直接向保护国代表申述其对于拘留情况有所申诉之处。

该项诉愿与申诉应立予传递，不加更改；即使认为所提申诉并无根据，亦不得因此加以处罚。

被拘禁人委员会得向保护国代表致送关

于拘禁处所情形及被拘禁人的需要之定期报告。

第一百零二条 在各拘禁处所内，被拘禁人应每六个月以秘密投票方式自由选举委员会委员，该委员会有权向拘留国、保护国、红十字国际委员会及予以协助之任何其他组织，代表被拘禁人。该委员会委员连选得连任。

凡当选之被拘禁人在拘留当局批准其选举后，应即执行职务。任何拒绝批准或撤职之理由均应通知有关之保护国。

第一百零三条 被拘禁人委员会应促进被拘禁人之物质、精神及文化福利。

于本公约其他规定赋予被拘禁人委员会之特殊任务之外，如被拘禁人特别决定自行组织互助制度时，则此项组织亦当属于该委员会之任务范围。

第一百零四条 被拘禁人委员会委员不应令其担任其他工作，假使因此将使其任务的完成更为困难。

被拘禁人委员会委员得自被拘禁人中指派其所需之助理人员。应给予彼等一切物质上之便利，尤其为完成其任务所需之若干行动自由（如视察劳动队，接受供应品等）。

对被拘禁人委员会委员亦应予以与拘留国当局、保护国、红十字国际委员会与其代表以及其他协助被拘留人之各项组织，邮电通讯之一切便利。劳动队中之该委员会委员应享受与主要的拘禁处所之被拘禁人委员会类似之通讯便利。该项通讯应不受限制，亦不得认为构成第一百零七条所指限额之一部分。

被拘禁人委员会委员之被移送他处者，应予以相当时间，以便将进行中之事务告知其后任。

第八章 与外界之关系

第一百零五条 拘留国一经拘禁被保护人后，应将其执行本章各项规定所采之措施立即通知被拘禁人，其所隶属之国以及其保护国。此类措施嗣后如有更改，拘留国应同样通知有关各方。

第一百零六条 被拘禁人一经被拘禁时，或最迟在其到达拘禁处所后一星期内，或在染病或移送其他拘禁处所或医院之场合，均应使其能直接向其家庭，同时并向第一百四十条所载之中央事务所寄发拘禁邮片，将其被拘禁情形、地址及健康状况告知其亲属；该邮片，如属可能，当与本公约所附之式样相类似。上述邮片应尽速传递，无论如何不得迟延。

第一百零七条 被拘禁人应许其发收信件及邮片。如拘留国认为有限制每人所发信件及邮片数目之必要时，则其数目不得少于每月信二封及邮片四张；该信件与邮片之式样应尽可能依照本公约所附之格式制定。如被拘禁人收信数目必须限制时，则仅能由被拘禁人所隶属之国家予以规定，可能因拘留国请求而行之。该项信件与邮片必须以相当速度递送；不得迟延或为纪律理由而扣留。

凡被拘禁人之久未得音信者，或不能由普通邮路获得其亲属之消息，或向彼等寄递消息者，以及离家遥远者，应许其拍发电报，其费用由彼等以其所持有之货币支付。如认有紧急情况，彼等亦应同样享受此项规定之利益。

通常被拘禁人之信件，应用其本国文字书写。冲突各方亦得许用其他文字通讯。

第一百零八条　凡由邮政或其他方法送交被拘禁人之个人包裹或集体寄运物资，尤其内装食物、衣服、医疗用品、书籍，以及有关彼等所需之宗教、教育或娱乐性质之物品，均应允许彼等接受。此等装运物资并不免除拘留国按照本公约所负之各项义务。

倘因军事需要而须限制此等装运物资之数量时，应将此种情况妥为通知保护国及红十字国际委员会，或其他协助被拘禁人并负责寄运上项物资之组织。

寄运个人包裹与集体物资之条件，必要时，应由有关国家特别协定之，惟该项协定不得迟延被拘禁人之收领救济物品。衣服食品包裹中不得夹有书籍。医疗救济物资通常应以集体包裹寄送之。

第一百零九条　冲突各方对于集体救济装运物资之接受与分配之条件，如无特别协定，则应适用本公约所附之关于集体救济之规则。

上述特别协定，绝不得限制被拘禁人委员会接收寄交彼等之集体救济装运物资，进行分配，以及为受物人利益而处置该项物品之权。

上述协定亦不得限制保护国，红十字国际委员会，或其他协助被拘禁人并负责转送集体装运物资之组织之代表，监督分发该项物资于受物人之权。

第一百一十条　所有寄交被拘禁人之救济装运物资应豁免进口、海关及其他捐税。

凡自其他国家由邮政寄与被拘禁人之一切物件，包括邮寄之救济包裹及汇款，或彼等经邮局寄出之物件，无论直接寄出或经由第一百三十六条所规定之情报局及第一百四十条所规定之中央情报事务所寄递者，在寄出国、寄达国，及中途经过之国家均应豁免一切邮政费用。因此，一九四七年万国邮政公约及万国邮政联盟所订之协定为拘留于营地或普通监狱之敌国平民而规定之豁免办法，尤应推广适用于本公约所保护之其他被拘禁人。凡未签订上述各协定之国家遇有同样情形亦应豁免各项费用。

凡寄交被拘禁人之救济装运物资因重量或其他原因不能自邮局寄递者，则在拘留国控制之领土内之运费应由拘留国负担。本公约之其他缔约国应负担各该国领土内之运费。

有关运输此类物资之各种费用而为以上各款所未及规定者，应由寄物人负担。

各缔约国对于被拘禁人所收发之电报应尽量减低其报费。

第一百一十一条　如军事行动使有关国家不能履行其义务以保证第一百零六、一百零七、一百零八及一百一十三各条所规定之邮件与救济物资之运送时，则有关之保护国、红十字国际委员会或冲突各方正式承认之其他组织得采取适当方法（铁路、汽车、船舶或飞机等），以确保上项物资之运送。为此目的，各缔约国应设法供给此类运输工具，并准其通行，尤须发给必需之通行证。

此种运输工具亦可用以载送：

（甲）第一百四十条所述之中央情报事务所与第一百三十六条所述之各国情报局间之来往信件，表册及报告。

（乙）保护国，红十字国际委员会，或其他协助被拘禁人之组织与其所派之代表与冲突各方间来往有关被拘禁人之通讯与报告。

上项规定绝不影响任何冲突一方自愿布置其他运输工具之权利，亦不妨碍在彼此同意条件下，对该项运输工具发给通行证。

凡使用上述运输工具所需之费用，应比照装运物资之重要性由受益人所属之冲突各方分担之。

第一百一十二条 对于被拘禁人来往信件之检查应尽速办理。

对于寄交被拘禁人装运物资之检验，不得在致使其内装物品受损坏之情形下执行。检验应在收件人，或其所正式委托之同被拘禁人之面前执行之。凡被拘禁人之个人或集体之装运物资，不得以检查困难为借口，延迟交付。

冲突各方无论为军事或政治理由对于通讯之禁止，应仅属暂时性，其期限应尽量缩短。

第一百一十三条 拘留国对于通过保护国或第一百四十条所规定之中央事务所或其他必需方法送交被拘禁人或其寄出之遗嘱、委托书、授权书或其他文件之转递，应予以一切合理之便利。

在一切情况下，拘留国对于为被拘禁人依法定格式完成并证实上述文件应予以便利，尤应允许被拘禁人咨询律师。

第一百一十四条 拘留国应给予被拘禁人一切便利，使其能管理其财产，但须与拘禁情形及适用之法律并无不合。为此目的，遇有紧急情形及环境许可时，拘留国得允许被拘禁人离开拘禁处所。

第一百一十五条 遇有被拘禁人在任何法庭中为诉讼当事人之一切场合，拘留国一经其请求，应使法庭知其系在拘留中，并应在法律范围内保证采取一切必要步骤，务使该被拘禁人对于讼案之准备与进行，或法庭判决之执行不致因其拘禁而处于不利之地位。

第一百一十六条 被拘禁人应许其按一定时期，而且尽可能时常接见来访者，尤其近亲。

遇有紧急情形，尤其遇有亲属死亡或重病之场合，应尽可能准被拘禁人归家。

第九章 刑事及纪律制裁

第一百一十七条 在本章规定之限制下，拘留地方之现行法律对于在拘禁中犯法之被拘禁人继续适用。

如普通法律，规则或命令宣布被拘禁人所犯之行为应受处罚，而同一行为如为非被拘禁人所犯，则不受处罚，则对被拘禁人之该项行为，应仅予以纪律处罚。

被拘禁人不得因同一行为或同一罪名受一次以上之处罚。

第一百一十八条 法庭或当局作判决时，应尽量顾及被告并非拘留国人民之一事实。法庭或当局得自由酌减被拘禁人因所犯罪行应受之刑罚，因此并无必须援用规定最低刑罚之义务。

监禁于不见日光之房屋及各种虐待，无例外地，应予禁止。

凡受纪律或司法判决之被拘禁人，不得受与其他被拘禁人不同之待遇。

凡被拘禁人曾受预防性拘留者，其拘留期间，应自其可能被判之涉及禁闭之纪律或司法惩罚之日期减除之。

对于被拘留人委员会应将对其所代表之被拘禁人之司法诉讼，及其结果通知之。

第一百一十九条 适用于被拘禁人之纪律处罚应如下：

（一）罚款不得超过被拘禁人按照第九十五条规定所应能获得的不超过三十日期间

之工资之百分之五十。

（二）停止其所受超过本公约规定待遇之特权。

（三）与保养拘禁处所有关之疲劳服役，每日不超过两小时。

（四）禁闭。

纪律处罚绝不得为非人道的，残暴或危及被拘禁人健康。被拘禁人之年龄、性别及健康状况，应予顾及。

任何一次处罚之期限最多绝不得超过连续30日，即使该被拘禁人在被处分时负有数次互相关联或不关联之破坏纪律行为之责任。

第一百二十条 被拘禁人脱逃后复被拘获或企图脱逃者，对其脱逃行为仅能予以纪律处罚，即使系属累犯。

虽有第一百一十八条第三款之规定，但被拘禁人因脱逃或因企图脱逃而受处罚者，得加以特别监视，惟该项监视不得影响彼等健康，且须在拘禁处所内执行，并不得因而取消本公约所给予彼等之保障。

被拘禁人帮助，教唆脱逃或企图脱逃者，仅能因此受纪律处罚。

第一百二十一条 当被拘禁人因脱逃中所犯之罪行而受诉追时，不得因其脱逃或企图脱逃，即使系属累犯，而加重其罪情。

冲突各方应保证主管当局在决定一过犯之处罚应属纪律性或司法性时，持之以宽大，尤其与已成功或未成功的脱逃有关之行为。

第一百二十二条 构成违犯纪律之行为应立即予以调查。本规定尤应适用于脱逃或企图脱逃案件。再被拘捕之被拘禁人应尽速送交主管当局。

被拘禁人因违犯纪律等候处理之禁闭期间，应尽量减短，并不得超过十四日。该项期间应自其任何判处之禁闭中扣除之。

第一百二十四及第一百二十五两条之规定应适用于因违犯纪律等候处理而受禁闭之被拘禁人。

第一百二十三条 在不妨碍法庭及上级当局之权限范围内，纪律性处罚仅能由拘禁处所之长官，或代替该长官之负责官员，或由其委以纪律权之官员之命令行之。

在裁定纪律性处罚前，应将关于其所被控之过犯之确切案情通知被拘禁人，并予以解释其行为及辩护之机会。尤应许其召唤证人，并于必要时，使用合格之译员。判决应在被告及被拘禁人委员会一委员之前宣布之。

纪律性处罚的裁定及其执行之相隔时期，不得超过一个月。

被拘禁人再度被判纪律性处罚时，如其前后两次处罚中之一次之时期为十日或十日以上，则该两次处罚之执行，其间至少须隔三日。

纪律性处罚之纪录，应由拘禁处所之长官保存，并得由保护国代表检查。

第一百二十四条 被拘禁人绝不得移送于反省机关（监所、反省院、已决犯监狱）受纪律性处罚。

执行纪律性处罚之处所应合于卫生条件；尤须备有充分之被褥。受处罚之被拘禁人应使能保持身体清洁。

受纪律性处罚之被拘禁妇女之禁闭地方应与被拘禁男子分开，并应由妇女直接监管。

第一百二十五条 被判纪律性处罚之被拘禁人，应许其运动及在露天地方停留每日至少二小时。

被拘禁人请求时，应许其参加每日之健康检查。被拘禁人应获得其健康情形所需要之照顾，于必要时，并应将其送往拘禁处所之疗养所或医院。

彼等应准阅读及书写并收发信件。但寄给彼等之包裹及汇款得予扣留，直至其处罚期满为止；在此期间此等物品应暂交被拘禁人委员会保管，该会当将包裹中易于腐坏之物品交与疗养所。

受纪律性处罚之被拘禁人所享有本公约第一百零七及一百四十三两条各项规定之利益不得予以剥夺。

第一百二十六条 第七十一条至第七十六条之规定，应依比照，适用于在拘留国本国领土内，对被拘禁人之诉讼。

第十章 被拘禁人之移送

第一百二十七条 被拘禁人之移送，应始终以人道方法行之。原则上应由铁路或其他交通工具运送，而其运送情形最少须与拘留国军队换防情形相同。如为例外的措施，此项移动必须步行，则除非被拘禁人在适宜之健康状况下，不得执行，且绝不得使其过度疲劳。

拘留国在移送时，对被拘禁人应供给饮水与食物，其量、质与种类应足以维持其健康，并应供给必需之衣服，适当之住处，及必要之医疗照顾。拘留国应采取各种适当之预防措施以保证其在移送期间之安全，并在其启程之前编造移送之被拘禁人全体名单。

伤、病，或体弱之被拘禁人及产妇，如旅程对彼等极为有害时，不得移送，除非彼等之安全，有此迫切移送的要求。

如战区逼近拘禁处所，在该处之被拘禁人不得移送，除非其移送能在适当的安全情形下实行，或被拘禁人如仍居住原地其所冒之危险将更甚于移送。

拘留国决定移送被拘禁人时，应顾及被拘禁人之利益，尤不得从事任何行动以增加其遣返或遣送回家之困难。

第一百二十八条 在移送时，应向被拘禁人正式通知其行期及新通信地址。此项通知应及时发出，俾彼等得以收拾行李及通知其最近亲属。

彼等应准携带个人物品，及收到之函件包裹。如移送情形有此必要，得限制其携带行李之重量，但无论如何每人不得少于25公斤。

寄到彼等旧拘禁处所之函件包裹，应予转递，不得迟延。

拘禁处所长官于征得被拘禁人委员会同意后，应采取一切必要措施，保证运送被拘禁人之公共财物及其因本条第二款所加之限制而不能携带之行李。

第十一章 死亡

第一百二十九条 被拘禁人之遗嘱应由负责当局收存保管；被拘禁人死亡时，其遗嘱应即交付其生前所指定之人，不得迟延。

被拘禁人之死亡均须由医生证明，并须作成死亡证，载明死亡之原因及其发生情形。

适当登记之正式死亡记录，应按照拘禁处所所在地之现行手续制成，该记录之正式证明抄本应迅速送交保护国及第一百四十条所述之中央事务所。

第一百三十条 拘留国应保证在拘禁期间死亡之被拘禁人，获得荣誉之安葬。可能时按照其所属宗教之仪式埋葬之，并尊重其坟墓，妥为保护，并加以常能辨认之标志。

死亡之被拘禁人应葬于个别之坟墓中；除非在无法避免之情况下必须采用集体坟墓。遗体仅得因迫切的卫生理由，死者之宗教关系或其本人表明之意愿方得予以焚化。如举行焚化，则此项事实与理由应载明于死者之死亡证。骨灰应由拘留国妥为保存，一经死者最近亲属请求，应即尽速交付。

一俟环境许可，并不迟于战争结束时，拘留国应经由第一百三十六条所规定之情报局，将死亡之被拘禁人坟墓清单送交其所属之国家。该清单应载明为辨认死亡之被拘禁人所需要之一切详情，及其坟墓之确实地点。

第一百三十一条 被拘禁人之死亡或重伤，系由于或疑为由于哨兵，其他被拘禁人，或任何其他人所致者，以及原因不明之死亡，拘留国应立即从事正式调查。

该事件应立即通知保护国。一切证人之证明应行收集，并应备有包括该项证明之报告，送交上述保护国。

如上述调查指明一人或多人犯罪，拘留国应采取一切必要之措施，对该负责人一人或多人进行诉追。

第十二章 释放、遣返及收容于中立国

第一百三十二条 一俟必须拘禁之理由不复存在时，拘留国应即将被拘禁人释放。

冲突之各方在战事进行中并应设法缔结协定，规定若干类之被拘禁人，尤其儿童、孕妇、有婴孩与幼童之母亲，伤者、病者及已经长期拘禁者之释放、遣返、送归原居住地或收容于中立国之办法。

第一百三十三条 战事结束后，拘禁应予尽速终止。

对于在冲突一方领土内之被拘禁人刑事程序正在进行中而其所犯行为并非完全限于纪律性处罚范围内者，得予扣留至该项程序结束时止，并于情况需要时，直至刑罚终了时止。对于以前被判剥夺自由的处罚之被拘禁人，本规定亦应适用之。

战事或占领结束后，得依拘留国与有关国家之协定，成立委员会，搜寻散失之被拘禁人。

第一百三十四条 战事或占领结束时，各缔约国应努力设法使被拘禁人归还最后居住地方，或便利彼等之遣返。

第一百三十五条 拘留国应负担将释放之被拘禁人送回至其被拘禁时居住之地方之费用。如被拘禁人系于过境时或在公海上始被拘管者，则该国应负担其完成旅程或返归启程地点之费用。

被拘禁人以前原在拘留国领土内有永久住所，而在释放之时该拘留国不许其继续居住于其领土者，则该国应负担该被拘禁人遣返之费用。但如被拘禁人愿自行归返其本国或因遵从其所隶属国政府命令而返国者，则拘留国不必负担该人离开该国领土出发地点后之旅费。拘留国不负担自请拘禁之被拘禁人之遣返费用。

如被拘禁人依第四十五条而被移送，移送国与接受国应商定上述各项费用之彼此分担部分。

上述规定不碍及冲突各方间所订立关于

在敌方手中的本国人民之交换与遣返之特别协定。

第五编　情报局与中央事务所

第一百三十六条　在冲突发生时及一切占领之场合，冲突之每一方应设立一正式情报局，负责接收与传递有关在该国权利下之被保护人之情报。

冲突之每一方，在尽可能最短期内，应将其关于受看管逾两星期，受指定居所限制，或被拘禁之任何被保护人所采取任何措施之情报通知其情报局。又应令该国与此类事务有关之各部门，将关于此项被保护人之各项变动情形之情报，随时迅速供给上述之情报局。例如移送、释放、遣返、脱逃、送入医院、出生、死亡。

第一百三十七条　各国情报局应立即以最迅速之方法将关于被保护人之情报，通过保护国及第一百四十条所规定之中央事务所之媒介，通知被保护人之本国或其原居住国。该局并应答复其所接获有关被保护人之一切查询。

凡有关被保护人之情报，情报局均应转递，除非其转递对本人或其亲属有妨害。纵有此种情形亦不得将该项情报隐匿而不通知中央事务所。该所于接获此项情形之通知后，当采取第一百四十条所载之各种必要之预防办法。

各情报局之一切书面通知应以签名或盖章为凭。

第一百三十八条　国家情报局所接获及传递之情报，应为具有能正确判明被保护人之身份及迅速报知其最近亲属之性质。关于各该人之情报至少应包括其姓、名、出生地点及日期、国籍、最后居所，及特征、其父之名、其母之本名、对于其人所采行动之日期、地点及性质、其收信地址，及被通知人之姓名住址。

关于重病或重伤之被拘禁人之健康情况之情报亦应按期供给，可能时每周一次。

第一百三十九条　各国情报局又应负责搜集第一百三十六条所述之被保护人，尤其已被遣返或释放者，或脱逃或死亡者，所遗留之一切个人贵重物品；各该局应直接，或于必要时经由中央事务所将上述贵重物品送交有关之人。此项物品应由情报局密封包裹寄送，并须附说明书清晰详载关于此项物品所有人之身份事项，及包裹内容之清单。所有此种物品之收到及寄送之详细记录应予保存。

第一百四十条　在中立国境内，应为被保护人，尤其被拘禁人，设立中央情报事务所。红十字国际委员会认为必要时，应向有关各国建议组织与一九四九年八月十二日关于战俘待遇之日内瓦公约第一百二十三条所规定者相同之事务所。

该事务所之任务应为搜集第一百三十六条所列举一类型的，得自官方或私人方面之一切情报，并应尽速将该项消息送达关系人之本国或居住国，惟此种转递对于该项情报涉及之人或其亲属有妨害时则为例外。冲突各方应给予该事务所以传递上项情报之一切相当便利。

各缔约国，特别是其人民享受中央事务所服务之利益之国家，对该事务所应予以所需之经济援助。

上述各规定绝不得解释为限制红十字国际委员会及第一百四十二条所述之救济团体之人道之活动。

第一百四十一条 各国情报局及中央事务所应享受邮政免费，及第一百一十条所规定之豁免，并应尽可能豁免电报费，或至少大减其费率。

第四部 本公约之执行

第一编 总 则

第一百四十二条 在拘留国认为保证其安全或适应其他合理需要所必要之措施之限制下，宗教组织、救济团体，或其他任何协助被保护人之组织之代表，应得为其本人或其正式委派之代理人，自拘留国获得一切必要之便利以访问被保护人，分发为供教育、娱乐或宗教目的用之任何来源之救济物资，或协助彼等在拘留处所内组织其空闲时间。此等团体或组织得在拘留国或任何其他国内组成，或具有国际性质。

拘留国得限制派有代表在其领土内及在其监督下从事活动之团体与组织之数目，但该项限制不得妨碍对于所有被保护人之有效及充分的救济之供应。

红十字国际委员会在该方面之特殊地位，无论何时均应予以承认及随时尊重。

第一百四十三条 保护国之代表应许其前往被保护人所在之一切地方，尤其拘禁、拘留及工作地方。

该代表等可进入被保护人居住之一切处所，并得亲自或经由译员，会见被保护人而无须他人在旁。

除因迫切的军事需要之理由且仅作为一种例外及暂时的措施外，不得禁止此项访问。访问时间之久暂与次数亦不得加以限制。

此项代表等应有选择其愿访问之地点之完全自由。拘留国或占领国、保护国及于必要时，被访问人之本国，得同意被拘禁人之本国人参加此项访问。

红十字国际委员会之代表亦应享有上述各项特权。该代表等之指派须取得管理其执行任务所在地区之国家之同意。

第一百四十四条 各缔约国在平时及战时应在各该国尽量广泛传播本公约之约文，尤应在军事，并如可能时在公民教育计划中，包括本公约之学习，俾本公约之原则为全体居民所周知。

凡在战时担任有关被保护人之责任之任何民政，军事，警察或其他当局必须备有本公约之约文，并须对其各项规定受有特别之教导。

第一百四十五条 各缔约国应通过瑞士联邦委员会，在战时则通过保护国，互相通知本公约之正式译文，及其所采用以保证实施本公约之各项法律与规则。

第一百四十六条 各缔约国担任制定必要之立法，俾对于本身犯有或令人犯有下条所列之严重破坏本公约之行为之人，予以有效的刑事制裁。

各缔约国有义务搜捕被控为曾犯或曾令人犯此种严重破坏本公约行为之人，并应将此种人，不分国籍，送交各该国法庭。该国亦得于自愿时，并依其立法之规定，将此种人送交另一有关之缔约国审判，但以该缔约国能指出案情显然者为限。

各缔约国应采取必要措施，以制止下条所列严重破坏本公约行为以外之一切违反本公约规定之行为。

在一切情况下，被告人应享有适当的审

判及辩护之保障。此种保障，不得次于1949年8月12日关于战俘待遇之日内瓦公约第一百零五条及其以下各条所规定者。

第一百四十七条 上述所述之严重破坏公约行为，应系对于受本公约保护之人或财产所犯之任何下列行为：故意杀害，酷刑及不人道待遇，包括生物学实验，故意使身体及健康遭受重大痛苦或严重伤害；将被保护人非法驱逐出境或移送，或非法禁闭，强迫被保护人在敌国军队中服务，或故意剥夺被保护人依本公约规定应享之公允及合法的审讯之权利，以人为质，以及无军事上之必要而以非法与暴乱之方式对财产之大规模的破坏与征收。

第一百四十八条 任何缔约国不得自行推卸，或允许任何其他缔约国推卸，其本身或其他缔约国所负之关于上条所述之破坏公约行为之责任。

第一百四十九条 经冲突一方之请求，应依有关各方所决定之方式，进行关于任何被控违犯本公约行为之调查。

如关于调查程序不能获致协议，则各方应同意选定一公断人，由其决定应遵行之程序。

违约行为一经确定，冲突各方应使之终止，并应迅速加以取缔。

第二编 最后条款

第一百五十条 本公约系以英文法文订立。两种文字之约文具有同等效力。

瑞士联邦委员会应准备本公约之俄文及西班牙文之正式译文。

第一百五十一条 本公约以本日为订立之日期，至1950年2月12日为止，凡参加1949年4月21日日内瓦会议各国，均可签字。

第一百五十二条 本公约应尽速批准，批准书应交存于伯尔尼。

每一批准书交存时，应予登记，并由瑞士联邦委员会将该项登记之证明的抄本分送业经签字或通知加入本公约之各国。

第一百五十三条 本公约在至少两国批准书交存后六个月发生效力。

嗣后，本公约对于每一缔约国自其批准书交存后六个月发生效力。

第一百五十四条 在受1899年7月27日或1907年10月18日海牙陆战法规与惯例公约之拘束并为本公约之缔约国之各国关系上，本公约应为上述海牙公约所附规则第二编及第三编之补充。

第一百五十五条 本公约自生效之日起，任何未签字本公约之国家均得加入。

第一百五十六条 本公约之加入应以书面通知瑞士联邦委员会，自加入之通知收到之日起六个月后发生效力。

瑞士联邦委员会应将此项加入通知所有业经签署或加入本公约之国家。

第一百五十七条 第二条及第三条所载之情况，应使在战事开始或占领之前或后，冲突各方所交存之批准书及加入通知立即生效。瑞士联邦委员会应将其从冲突各方收到之任何批准书或加入之通知，以最迅速方法通告之。

第一百五十八条 每一缔约国得自由退出本公约。

退约须用书面通知瑞士联邦委员会，并由该委员会转告所有缔约国政府。

退约须于通知瑞士联邦委员会后一年发生效力。但缔约国于作退约通知时已卷入冲突，则其退约须待至和议成立后，并在有关本公约所保护之人员之释放、遣返及安置之工作完毕后，始能生效。

退约仅对该退约国有效，但并不减轻冲突各方依国际法原则仍应履行之义务，此等原则系产自文明人民间树立之惯例，人道法则与公众良心之要求。

第一百五十九条 瑞士联邦委员会应将本公约在联合国秘书处登记，并将其所接获之所有关于本公约之批准、加入及退约通知联合国秘书处。

为此，下列签署人于交存全权证书后，签署本公约，以昭信守。

1949年8月12日以英文法文订于日内瓦。正本应交存于瑞士联邦委员会之档案中。瑞士联邦委员会应将证明之抄本送交每一签字及加入之国家。

附件一

关于医院及安全地带与处所协定草案

第一条 医院及安全地带应严格保留为1949年8月12日改善战地武装部队伤者病者境遇之日内瓦公约第二十三条，及1949年8月12日关于战时保护平民之日内瓦公约第十四条所指之人，以及担任组织与管理该地带与处所及照顾集中该地的人们之人员之用。

但在该地带有永久居所之人仍有权在该地居住。

第二条 在医院或安全地带内居住之人，无论以任何资格，不得在该地带内外从事任何与军事行动或战争物资生产有关之工作。

第三条 设立医院及安全地带之国家应采取一切必要措施，对于无权居住或进入该医院与安全地带之人禁止入内。

第四条 医院及安全地带须具备下列条件：

（甲）仅能占设立医院地带之国家所统治的领土之一小部分。

（乙）就容纳可能言，应属人口稀少之地区。

（丙）应远离军事目标，或庞大工业或行政设置，并且本处亦无此项目标。

（丁）不应设在可能变为在作战上具有重要性之地区。

第五条 医院及安全地带应遵守下列义务：

（甲）其交通线与所有之运输工具不得用以运输军事人员及物资，即使是过境者。

（乙）绝不得以军事方法防御之。

第六条 医院及安全地带应在其建筑物上及其外围放置白底红斜带之标志，以资识别。

专为伤者病者保留之地带，得以白底画有红十字（红新月、红狮与日）之标志标明之。

在夜间得以适当照明方法同样标明之。

第七条 各国在平时或战事开始时，应将其统治之领土内之医院及安全地带列表通知各缔约国。在战事中所设立之新地带亦应通知。

一俟敌方接获上述通知，该地带即为正式成立。

但如敌方认为本协定之条件未经履行，得立即通知该项地带之负责国家拒绝承认，或以成立第八条所规定之管制办法为其承认之条件。

第八条 凡承认其敌国所设立之一个或

数个医院及安全地带之国家，应有权要求由一个或几个特别委员会管制之，俾资确定此等地带是否履行本协定所规定之条件与义务。

为此目的，特别委员会委员应随时得自由进入并长期居住于各该地带。对于彼等之视察任务应给予各种便利。

第九条 如特别委员会发现其所认为违反本协定之条款之事实，应立即促起管理该地带之国家注意该项事实，并限定于五日内予以纠正，该委员会应及时通知承认该地带之国家。

如限期已过，而管理该地带之国家并未遵照警告办理，敌方得宣布对于该地带不复受本协定之拘束。

第十条 凡设立一个或数个医院及安全地带之国家，及接获其存在之通知之敌方，应指派，或由保护国或使其他中立国代派合格人员充任第八条及第九条所述之特别委员会委员。

第十一条 医院及安全地带在任何情形下不得为攻击之目标。冲突各方应随时予以保护并尊重。

第十二条 在领土被占领之场合，当地之医院及安全地带应继续受尊重并仍作此用。

但占领国在对于该地带居住之人已采取各种措施保证其安全者，得改变其用途。

第十三条 本协定对用于医院及安全地带同样目的之处所亦适用之。

附件二

关于集体救济物品之规则草案

第一条 被拘禁人委员会应准其将所负责之集体救济物资分配与受该会所在之拘禁处所管理之各被拘禁人，包括在医院、监狱或其他反省机关中之被拘禁人。

第二条 集体救济物资之分配应照捐赠人之指示及被拘禁人委员会所拟之计划办理。但医药材料之发给宜与高级医官商定进行。该医官遇病人之需要有此要求时，得在医院与疗养所中放弃上项指示。在以上所规定之限度内分配应公平执行之。

第三条 被拘禁人委员会委员应准其前往车站，或其他在其拘禁处所附近之救济物品到达地点，俾能查核所收到物品之数量及品质，并对捐赠人作详细报告。

第四条 被拘禁人委员会应给予必需之便利，以便查核拘禁处所各分处及各附属处所是否已依照其指示分配集体救济物品。

第五条 凡送交捐赠人之有关集体救济物资（如分配、需要、数量等）之表格或问题，均应准被拘禁人委员会填写，并准该会促使其在劳动队中之委员或疗养所及医院之高级医官填写。该项表格及问题正式填写完毕后，应即送交捐赠人不得迟延。

第六条 为保证在拘禁处所内对被拘禁人正常分发集体救济物品，及适应因新到被拘禁人而发生之需要起见，应允许被拘禁人委员会准备并保持充分之集体救济物品之存储量。为此目的，该会应有适当之库房以供使用；每一库房均应有锁两把，被拘禁人委员会保管一锁之钥匙，另一锁之钥匙由拘禁处所长官保管之。

第七条 各缔约国，尤其拘留国，应尽可能并在管理居民食物供应之规则之限制下，准许在其境内采购物品，作为集体救济物品分配于被拘禁人。各该国对于为此项采购所需之款项转移，及其他技术性或行政性之金融措施，应同样给予便利。

第八条 上述规定并不妨碍被拘禁人在到达拘禁处所前，或在移送途中受取集体救济物品之权利。亦不妨碍保护国、红十字国际委员会，或其他协助被保护人并负责运送此项物品之人道组织之代表，依其所认为适当之方法以保证将上项物品分配于受物人之可能。

附件

拘禁邮片、信件、通讯邮片示意图

（略）

注：本公约于1952年7月13日经中华人民共和国中央人民政府授权外交部长周恩来发表声明决定予以承认，又于1956年11月5日经中华人民共和国主席批准，并于1956年12月28日由中华人民共和国政府向瑞士联邦政府交存批准书。中华人民共和国曾对本公约作了一些保留（详见全国人民代表大会常务委员会关于批准本公约的决定）

附录

全国人民代表大会常务委员会关于批准1949年8月12日关于战时保护平民之日内瓦公约的决定

1956年11月5日全国人民代表大会常务委员会第五十次会议通过

1956年11月5日全国人民代表大会常务委员会第五十次会议决定批准1949年8月12日关于战时保护平民之日内瓦公约。

全国人民代表大会常务委员会在决定批准1949年8月12日关于战时保护平民之日内瓦公约的同时，认为有必要声明：本公约虽不适用于敌占区以外的平民，因而不完全符合人道的要求，但是，认为该公约符合占领区内以及某些其他场合保护平民的利益，因此决定予以批准，并作如下保留：

关于第十一条：拘留被保护人的国家请求中立国或人道组织担任应由保护国执行的任务时，除非得到被保护人本国政府的同意，中华人民共和国将不承认此种请求为合法。

关于第四十五条：在拘留被保护人的国家将被保护人移送至本公约的另一缔约国看管期间内，中华人民共和国认为原拘留国并不因此解除对于此等被保护人适用本公约的责任。

1949年8月12日日内瓦四公约关于保护国际性武装冲突受难者的附加议定书

（第一议定书）

（1977年6月8日订于日内瓦）

序 文

缔约各方，宣布其愿见和平普及于各国人民之间的热望，回顾到每个国家有义务按照联合国宪章，在其国际关系上不以武力相威胁或使用武力，或以与联合国宗旨不符的任何其他方式，侵害任何国家的主权、领土完整或政治独立，然而认为有必要重申和发展关于保护武装冲突受难者的规定，并补充旨在加强适用这些规定的措施，深信本议定书或1949年8月12日日内瓦四公约的内容均不能解释为使任何侵略行为或任何与联合国宪章不符的武力使用为合法或予以认可，并重申1949年8月12日日内瓦四公约和本议定书的规定必须在一切情况下充分适用于受这些档保护的一切人，不得以武装冲突的性质或起因为依据或以冲突各方所赞助的或据称为各方所致力的目标为依据而加以不利区别，议定如下：

第一部　总　则

第一条　一般原则和适用范围

一、缔约各方承诺，在一切情况下，尊重本议定书并保证本议定书被尊重。

二、在本议定书或其他国际协议所未包括的情形下，平民和战斗员仍受来源于既定习惯、人道原则和公众良心要求的国际法原则的保护和支配。

三、本议定书补充1949年8月12日关于保护战争受难者的日内瓦四公约，应适用于各公约共同第二条所指的各场合。

四、上款所指的场合，包括各国人民在行使庄严加载联合国宪章和关于各国依联合国宪章建立友好关系及合作的国际法原则宣言的自决权中，对殖民统治和外国占领以及对种族主义政权作战的武装冲突。

第二条　定义

为了本议定书的目的：

一、“第一公约”、“第二公约”、“第三公约”和“第四公约”分别指1949年8月12日改善战地武装部队伤者病者境遇的日内瓦公约；1949年8月12日改善海上武装部队伤者病者及遇船难者境遇的日内瓦公约；1949年8月12日关于战俘待遇的日内瓦公约；1949年8月12日关于战时保护平民的日内瓦公约；“各公约”是指1949年8月12日关于保护战争受难者的日内瓦四公约；

二、“适用于武装冲突的国际法规则”是指冲突各方作为缔约各方订立的国际协议所载的适用于武装冲突的规则和适用于武装冲突的公认国际法原则和规则；

三、“保护国”是指经冲突一方提名和敌方接受并同意行使各公约和本议定书所赋予保护国的职务的中立国家或其他非冲突一方的国家；

四、“代替组织”是指按照第五条代替保护国行事的组织。

第三条　适用的开始和终止

在不妨碍不论何时均可适用的规定的条件下：

一、各公约和本议定书应自本议定书第一条所指的任何场合发生时开始适用；

二、在冲突各方领土内，于军事行动全面结束时，各公约和本议定书应终止适用。在被占领领土内，则于占领终止时终止适用，但在上述任何一种情况下，嗣后予以最后释放，遣返或安置的人除外。这类人在最后释放、遣返或安置前，应继续享受各公约和本议定书有关规定的利益。

第四条　冲突各方的法律地位

各公约和本议定书的适用，以及这些档所规定的协议的订立，均不应影响冲突各方的法律地位。领土的占领或各公约和本议定书的适用均不应影响有关领土的法律地位。

第五条　保护国及其代替组织的指派

一、冲突各方有义务自该冲突开始发生之时起按照下列各款适用保护国制度，其中除其他事项外，包括保护国的指定和接受，以保证各公约和本议定书的监督和执行。保护国应负保障冲突各方利益的责任。

二、自第一条所指的场合发生之时起，冲突每一方应立即为了适用各公约和本议定书的目的而指定一个保护国，并立即为了同样目的而准许在敌方指定后予以接受的保护国进行活动。

三、如果自第一条所指的场合发生之时起未指定或接受保护国，红十字国际委员会在不妨害任何其他公正的人道主义组织进行同样活动的权利的条件下，应向冲突各方提供斡旋，以便立即指定冲突各方所同意的保护国。为此目的，红十字国际委员会得在其他事项外请每一方提出一项该方认为可以接受的在对敌方关系上作为其保护国行事的至少五个国家的名单，并请每个敌方提出一项该敌方可以接受为前一方的保护国的至少五个国家的名单；这些名单应在收到请求后两周内送交该委员会；该委员会应将各名单加以比较，并寻求在双方名单中均被提名的任何国家的同意。

四、如果尽管有上述规定而未指定保护国，冲突各方应立即接受红十字国际委员会或任何其他提供一切公正和效率保证的组织所提出的建议，由该组织在与各该方妥善磋商后并在考虑磋商的结果下充当代替组织。代替组织行使职责应取得冲突各方的同意。冲突各方应尽力为代替组织按照各公约和本议定书执行其任务的工作提供便利。

五、按照第四条，为了适用各公约和本议定书的目的而指定和接受保护国，不应影响冲突各方和包括被占领领土在内的任何领土的法律地位。

六、冲突各方之间外交关系的维持，或按照关于外交关系的国际法则将一方的利益及其国民的利益委托第三国保护，对于为了适用各公约和本议定书的目的而指定保护国，不构成任何障碍。

七、本议定书嗣后任何提及保护国之处，均包括代替组织在内。

第六条 合格人员

一、缔约各方在平时也应努力在各国红十字会（红新月会、红狮与太阳会）协助下训练合格人员，以便利各公约和本议定书的适用，特别是便利保护国的活动。

二、这类人员的征募和训练，属于国内管辖范围。

三、红十字国际委员会应备有缔约各方所制定并为该目的而送交该委员会的经过训练的人员名单，以供缔约各方使用。

四、关于在本国领土外使用这类人员的条件，应在每个场合下由有关各方之间的特别协议予以规定。

第七条 会议

本议定书保存者在缔约一方或几方请求下和缔约各方多数赞同时，应召开缔约各方会议，审议关于适用各公约和本议定书的一般问题。

第二部 伤者、病者和遇船难者

第一编 一般保护

第八条 术语

为了本议定书的目的：

一、“伤者”和“病者”是指由于创伤、疾病或其他肉体上或精神上失调或失去能力而需要医疗救助或照顾而且不从事任何敌对行为的军人或平民。这些术语还包括产妇、新生婴儿和其他需要立即予以医疗救助或照顾的，如弱者或孕妇，而且不从事任何敌对行为的人：

二、“遇船难者”是指由于遭受不幸或

所乘船舶或飞机遭受不幸而在海上或在其他水域内遇险而且不从事任何敌对行为的军人或平民。这类人如果继续不从事任何敌对行为，在被营救期间，直至其依据各公约或本议定书取得另外的身份时为止，应继续视为遇船难者；

三、“医务人员”是指冲突一方专门被派用于第五款所列的目的或被派用以管理医疗队或操纵或管理医务运输工具的人员。这项派用可以是经常性或临时性的。该术语包括：

（一）冲突一方的医务人员，不论是军事或平民医务人员，包括第一和第二公约所述的医务人员以及被派到民防组织的医务人员；

（二）冲突一方所正式承认和核准的各国红十字会（红新月会、红狮与太阳会）和其他国内志愿救济团体的医务人员；

（三）第九条第二款所述的医疗队或医务运输工具的医务人员。

四、“宗教人员”是指专门从事宗教工作并依附于下列各单位的军人或平民，如牧师：

（一）冲突一方的武装部队；

（二）冲突一方的医疗队和医务运输工具；

（三）第九条第二款所述的医疗队或医务运输工具；或

（四）冲突一方的民防组织。

宗教人员依附于上述单位，可以是经常性的或临时性的，而且第十一款所载的有关规定均适用于这类人员。

五、“医疗队”是指为了医务目的，即搜寻、收集、运输、诊断或治疗——包括急救治疗——伤者、病者或遇船难者，或为了防止疾病而组织的军用或平民医疗处所或其他单位。例如，该术语包括医院和其他类似单位、输血中心、预防医务中心和院所、医药库和这类单位的医药储存处。医疗队可以是固定的或流动的，常设性或临时性的；

六、“医务运输”是指对受各公约和本议定书保护的伤者、病者、遇船难者、医务人员、宗教人员、医疗设备或医疗用品的陆上、水上或空中运输；

七、“医务运输工具”是指专门被派用于医务运输，并在冲突一方主管当局控制下的任何军用或平民、常设性或临时性的运输工具；

八、“医务车辆”是指任何陆上医务运输工具；

九、“医务船艇”是指任何水上医务运输工具；

十、“医务飞机”是指任何空中医务运输工具；

十一、“常任医务人员””、“常设医疗队”和“常设医务运输工具”是指不定期的专门被派用于医务目的的人员、单位和工具。“临时医务人员”、“临时医疗队”和“临时医务运输工具”是指有期限而在整个期限内专门用于医疗目的的人员、单位和工具。除另作规定外，“医务人员”、“医疗队”和“医务运输工具”包括经常和临时两类；

十二、“特殊标志”是指用于保护医疗队和运输工具或医务或宗教人员、设备或用品时的白底红十字（红新月、红狮与太阳）的特殊标志；

十三、“特殊信号”是指本议定书附件一第三章所规定的专门用以识别医疗队或运输工具的任何信号或信息。

第九条 适用范围

一、本部分，其规定以改善伤者、病者和遇船难者境遇为目的，应适用于受第一条所指场合影响的所有伤者、病者和遇船难者，而不加任何以种族、肤色、性别、语言、宗教或信仰、政治或其他意见、民族或社会出身、财富、出生或其他身分或任何其他类似标准为依据的不利区别。

二、第一公约第二十七条和第三十二条的有关规定，应适用于下列国家、团体或组织为了人道主义目的向冲突一方提供的常设医疗队和运输工具（但医院船除外，医院船适用第二公约第二十五条的规定）及人员：

（一）中立国家或其他非该冲突一方的国家；

（二）该国承认和核准的救济团体；

（三）公正的国际人道主义组织。

第十条 保护和照顾

一、所有伤者、病者和遇船难者，不论属于何方，均应受尊重和保护。

二、在任何情况下，上述人员均应受人道待遇，并应在最大实际可能范围内并尽速得到其状况所需的医疗照顾和注意。在这类人之中，不应以医疗以外任何理由为依据而加以任何区别。

第十一条 对人身的保护

一、由于第一条所指的场合而落于敌方权力下或被拘禁、拘留或以其他方式被剥夺自由的人的身心健全，不应受任何无理行为或不作为的危害。因此，迫使本条所述的人接受非为该有关的人的健康状况所要求并与进行医疗程序一方未剥夺自由的国民在类似医疗情况下所适用的公认医疗标准不符的医疗程序，是禁止的。

二、特别禁止对这类人员实行下列各项办法，即使经本人同意，也应禁止：

（一）残伤肢体；

（二）医疗或科学实验；

（三）除依据第一款所规定的条件系属正当的行为外，为移植而取去组织或器官。

三、对第二款第三项所规定的禁例，只有献血以供输血或献皮以供移植的情形除外，但献血或献皮均应自愿，而不加任何胁迫或劝诱，而且，只限于治疗目的，并在与公认医疗标准相符的条件下和在旨在使捐献者和领受者双方共同受益的控制下，才得除外。

四、对于在所依附的一方以外冲突一方权力下的任何人，严重危害其身心健全，并违反第一款和第二款所规定的任何禁例，或不遵守第三款的要求的任何故意行为或不作为，应是严重破坏本议定书的行为。

五、第一款所述的人有权拒绝任何外科手术。遇有拒绝的情形，医务人员应设法取得病人所签字或承认的关于拒绝的书面声明。

六、冲突每一方对于在其负责下献血以供输血或献皮以供移植，均应就每次献血或献皮，保存一份医务记录。此外，冲突每一方均应设法保存一份关于对因第一条所指的场合而被拘禁、拘留或以其他方式被剥夺自由的任何人所进行的所有医疗程序的记录。这类记录应随时提供，以备保护国检查。

第十二条 对医疗队的保护

一、医疗队无论何时均应受尊重和保护，并不应成为攻击的对象。

二、第一款应适用于平民医疗队，但须具备下列条件之一：

（一）属于冲突一方；

（二）为冲突一方主管当局所承认或核准；

（三）按照本议定书第九条第二款或第一公约第二十七条被核准。

三、冲突各方应互相通知固定医疗队的位置。未通知的情况不应免除任何一方遵守第一款的规定的义务。

四、在任何情况下，均不应利用医疗队以掩护军事目标不受攻击。冲突各方应尽可能保证医疗队设在对军事目标的攻击不致危害其安全的地方。

第十三条 对平民医疗队的保护的停止

一、平民医疗队有权享受的保护，除非用于从事人道主义职务以外的害敌行为，不应停止。但保护仅在发出警告，并在任何适宜时定有合理时限，而警告仍无效果后才得停止。

二、下列各项情形不应视为害敌行为：

（一）医疗队人员为了自卫或保卫其照顾下的伤者和病者而备有个人轻武器；

（二）医疗队由警卫、哨卫或护送卫士守护；

（三）医疗队内有取自伤者和病者而尚未送交主管部门的轻兵器和弹药；

（四）武装部队人员或其他战斗员为了医疗原因而留在医疗队内。

第十四条 对征用平民医疗队的限制

一、占领国有义务保护被占领领土内平民居民的医疗需要继续得到满足。

二、因此，平民医疗队、其设备、其器材或其人员的服务，只要为向平民居民提供适当医疗服务和对已经在治疗中任何伤者和病者继续进行医疗照顾所必需，占领国即不应加以征用。

三、在继续遵守第二款所规定的一般规则的条件下，占领国依据下列特殊条件，得征用上述人员和物资：

（一）该人员和物资为占领国武装部队伤病人员或战俘的适当和实时医疗所需要；

（二）仅在这种需要存在时继续征用；

（三）立即作出安排，保证平民居民以及受征用影响的任何治疗中伤者和病者的医疗需要继续得到满足。

第十五条 对平民医务和宗教人员的保护

一、平民医务人员应受尊重和保护。

二、如果需要，在战斗活动使平民医疗服务被扰乱的地区内，对平民医务人员应提供一

切可能的援助。

三、在被占领领土内，占领国应向平民医务人员提供各种协助，使其能尽力执行其人道主义职务。除有医疗理由外，占领国不得要求这类人员在执行职务时优先治疗任何人。这类人员不应被迫执行与其人道主义使命不符的任务。

四、平民医务人员应得前往必需其服务的任何地方，但须遵守冲突有关一方认为必要的监督与安全措施。

五、平民宗教人员应受尊重和保护。各公约和本议定书关于保护和识别医务人员的规定，对这类人员应同样适用。

第十六条 对医疗职责的一般保护

一、在任何情况下，不问谁是受益者，任何人不应因进行符合医疗道德的医疗活动而受惩罚。

二、对从事医疗活动的人，不应迫使其从事或进行违反医疗道德规则、或违反其他为伤者和病者的利益而制订的医疗规则、或违反各公约或本议定书的规定的行为或工

作，也不应迫使其不从事或进行这类规则和规定所要求的行为或工作。

三、任何从事医疗活动的人，如果认为有关情报将证明为有害于有关病人或其家属，即不应迫使其向属于敌方的任何人，或除自己一方的法律所要求外，向属于自己一方的任何人，提供关于在其照顾下或曾在其照顾下的伤者和病者的情报。但关于传染病的强制通知的规章，则应受尊重。

第十七条 平民居民和救济团体的作用

一、平民居民应尊重伤者、病者和遇船难者，即使该伤者、病者和遇船难者属于敌方，并不应对其从事任何暴力行为。平民居民和救济团体，如各国红十字会（红新月会、红狮与太阳会），即使在其主动下，并即使在被入侵或被占领地区内，均应准其收集和照顾伤者、病者和遇船难者。任何人均不应因这种人道主义行为而受伤害、追诉、判罪或惩罚。

二、冲突各方得呼吁第一款所指的平民居民和救济团体收集和照顾伤者、病者和遇船难者，和搜寻死者并报告其所在地点；冲突各方应对响应其呼吁的平民居民和救济团体给以保护和必要便利。如果敌方取得或重新取得该地区的控制权，该方应在需要保护和便利的时间内给予同样的保护和便利。

第十八条 识别

一、冲突每一方均应努力保证医务和宗教人员及医疗队和运输工具能得到识别。

二、冲突每一方还应努力采取和实行使使用特殊标志和特殊信号的医疗队和运输工具有可能被认出的方法和程序。

三、在被占领领土内或在正在进行战斗或可能进行战斗的地区内，平民医务人员和平民宗教人员应使用特殊标志和证明其身份的身份证，使其可能被认出。

四、经主管当局同意，医疗队和医务运输工具应用特殊标志标明。本议定书第二十二条所指的船艇，应按照第二公约的规定予以标明。

五、除特殊标志外，冲突一方得按本议定书附件一第三章所规定，核准使用特殊信号，以识别医疗队和医务运输工具。作为例外，在该章所包括的特别情形下，医务运输工具得使用特殊信号而不展示特殊标志。

六、本条第一款到第五款的规定的适用受本议定书附件一第一章到第三章的支配。该附件第三章为专门用于医疗队和医务运输工具所指定的信号，除该章所规定外，不应用于识别该章所规定的医疗队和医务运输工具以外的任何其他目的。

七、本条并不核准超出第一公约第四十四条的规定外在平时更广泛地使用特殊标志。

八、各公约和本议定书关于监督特殊标志的使用和关于防止和取缔其任何滥用的规定，应适用于特殊信号。

第十九条 中立国家和其他非冲突各方的国家

中立国家和其他非冲突各方的国家应对在其领土内收留或拘禁的受本部规定保护的人。或对其所发现的冲突各方的任何死者，适用本议定书的有关规定。

第二十条 对报复的禁止

对本部所保护的人和物体的报复，是禁止的。

第二编　医务运输

第二十一条　医务车辆

医务车辆应受流动医疗队依据各公约和本议定书所受的同样尊重和保护。

第二十二条　医院船和沿岸救护艇

一、各公约关于：

（一）第二公约第二十二条、第二十四条、第二十五条和第二十七条所述的船舶；

（二）其救生艇和小艇；

（三）其人员和船员，和

（四）船上伤者、病者和遇船难者的规定，在这些船舶运载不属于第二公约第十三条所载任何一类的平民伤者、病者和遇船难者的情形下，也应适用。但这类平民不应将其交给非其所属的任何一方或在海上将其拿捕。这类平民如果在其所属以外的冲突一方权力下，应包括在第四公约和本议定书的规定范围内。

二、各公约对第二公约第二十五条所述船舶所提供的保护，应扩展于

（一）中立国家或其他非该冲突一方的国家，或

（二）公正的国际人道主义组织，为了人道主义目的向冲突一方提供的医院船，但在上述任何一种情形下，均须符合该条所列的要求。

三、第二公约第二十七条所述的小艇，即使未发出该条所规定的通知，也应受保护。而关于任何其他足以便利识别和认出这类小艇的有关细节，请冲突各方彼此通知。

第二十三条　其他医务船艇

一、本议定书第二十二条和第二公约第三十八条所指以外的医务船艇，不论在海上或在其他水域内，均应受流动医疗队依据各公约和本议定书所受的同样尊重和保护。由于这种保护只有在这类船艇能被识别和认出的条件下才能有效，因而这类船艇应以特殊标志标明，并尽可能遵从第二公约第四十三条第二款的规定。

二、第一款所指的船艇应仍受战争法规的拘束。任何有可能立即强制执行其命令的水面战舰，得命令这类船艇停航，或命令其驶离，或使其航驶一定航线，而这类船艇应服从每一项这类命令。这类船艇，只要为船上伤者、病者和遇船难者所需，即不得以任何其他方式改变其医务使命。

三、第一款所规定的保护，仅应在第二公约第三十四条和第三十五条所列的条件下停止。明显地拒绝服从按照第二款所发出的命令，应是第二公约第三十四条所规定的害敌行为。

四、冲突一方得尽可能在医务船艇，特别是超过二千总吨的船艇出航前，将其名称、形状、预定出航时间、航线和估计的速度通知任何敌方，并得提供任何其他便于识别和认出的情报。敌方应表明收到这项情报。

五、第二公约第三十七条的规定应适用于这类船艇上的医务和宗教人员。

六、第二公约的规定应适用于这类船艇上属于第二公约第十三条和本议定书第四十四条所指各类的伤者、病者和遇船难者。对不属于第二公约第十三条所载各类中任何一类的平民伤者、病者和遇船难者平民，如果在海上，不应将其交给非其所属的任何一方，或迫使其离开该船艇；这类平民如果在其所属一方以外的冲突一方权力下，应包括在第四公约和本议定书的规定的范围内。

第二十四条 对医务飞机的保护

在本部规定的拘束下，医务飞机应受尊重和保护。

第二十五条 敌方未控制的地区内医务飞机

在友方部队所实际控制的陆地地区内或其上空，或在敌方所未实际控制的海域内或其上空，对冲突一方医务飞机的尊重和保护，不依赖于与敌方订立的任何协定。但为更安全起见，在这些地区内操纵医务飞机的冲突一方，得按第二十九条所规定，通知敌方，特别是在该飞机飞行进入敌方地对空武器系统射程时，更须通知。

第二十六条 接触或类似地带内医务飞机

一、在友方部队所实际控制的接触地带的一些部分内和其上空，以及在实际控制权未明显确立的地区内或其上空，只有按第二十九条所规定，冲突各方主管军事当局之间事先取得协议，医务飞机才能得到充分有效的保护。在没有这种协议的情形下，医务飞机虽其操纵须自冒风险，但在其已被认出是医务飞机后，仍应受尊重。

二、“接触地带”是指敌对部队的先头部队彼此接触，特别是该部分已直接暴露于地面火力下的任何陆地地区。

第二十七条 敌方控制的地区内医务飞机

一、冲突一方的医务飞机在敌方所实际控制的陆地地区或海域上空飞行时，应继续受保护，但须事先取得该敌方的主管当局对这项飞行的同意。

二、由于航行错误或因影响飞行安全的紧急状态而在未取得第一款所规定的同意或违反该项同意的情形下飞行于敌方所实际控制的地区上空的医务飞机，应尽力使其能被识别，并应将情况通知敌方。一旦这类医务飞机为敌方所认出，该方应尽一切合理努力，立即发出第三十条第一款所指的着陆或降落水面的命令，或采取保障其本身利益的其他措施，并在上述任何一种情形下，应在对该飞机进行攻击前，允许该飞机有遵从命令的时间。

第二十八条 对医务飞机运用的限制

一、禁止冲突各方利用其医务飞机，以图从敌方取得任何军事利益。医务飞机的存在不应被利用，以图使军事目标不受攻击。

二、医务飞机不应被利用，以收集或传送情报数据，并不应携带旨在用于这项目的的任何器材。禁止医务飞机运载任何不包括在第八条第六款的定义内的任何人或货物。飞机运载机上人员的个人物品或目的仅在便利航行、通讯或识别的装备，不应视为属于禁止之列。

三、医务飞机不应携带任何武器，但取自飞机上伤者、病者和遇船难者而尚未送交主管部门的轻兵器及弹药，以及使船上医务人员能自卫和保卫在其照顾下的伤者、病者和遇船难者所需的个人轻武器除外。

四、在进行第二十六条和第二十七条所指的飞行时，医务飞机除与敌方事先达成协议外，不应用以搜寻伤者、病者和遇船难者。

第二十九条 关于医务飞机的通知和协议

一、第二十五条所规定的通知或为取得第二十六条、第二十七条、第二十八条第四款或第三十一条所规定的事先协议而提出的请求，应说明医务飞机的计划数目、其飞行计划和识别方法，并应被理解为含有每次飞行均将遵照第二十八条的规定的意思。

二、收到第二十五条所规定的通知的一方，应立即表明收到该通知。

三、收到为取得第二十六条、第二十七条、第二十八条第四款或第三十一条所规定的事先协议的请求的一方，应尽速通知请求一方：

（一）同意该请求；

（二）拒绝该请求；或

（三）提出对该请求的合理的替代建议。该方还得提议，在所涉时间内禁止或限制在该地区内的其他飞行。提出请求的一方，如果接受替代建议，应将其接受通知他方。

四、各方应采取必要措施，以保证能迅速地发出通知和取得协议。

五、各方还应采取必要措施，迅速向有关军事单位传播任何该通知和协议的内容，并将有关医务飞机所使用的识别方法指示该军事单位。

第三十条 医务飞机的降落和检查

一、对在敌方所实际控制的地区上空或在实际控制权未明显确立的地区上空飞行的医务飞机，得按适当情况命令其着陆或降落水面，以便按照下列各款进行检查。医务飞机应服从任何这类命令。

二、这类飞机，不论因被命令或基于其他原因而着陆或降落水面，仅得因确定第三款和第四款所指的事项而受检查。任何这种检查应立即开始，并应从速进行。检查一方对于伤者和病者，除为检查所需外，不应要求将其移离飞机。该方无论如何应保证伤者和病者的状况不因检查或移离而受不利的影响。

三、如果检查表明该飞机，

（一）是第八条第十款的意义内的医务飞机，

（二）不违反第二十八条所规定的条件，而且

（三）在需要事先协议的情形下，其飞行并非事先没有协议或并不破坏事先协议的规定，

该飞机和属于敌方或属于中立国家或其他非冲突一方的其他国家的机上人员，应准其立即继续飞行。

四、如果检查表明飞机，

（一）不是第八条第十款的意义内的医务飞机，或

（二）违反第二十八条所规定的条件；

（三）在需要事先协议的情形下，其飞行并无事先协议或破坏事先协议的规定；

对该飞机得予拿捕。对机上人员应按照各公约和本议定书的有关规定给予待遇。曾被派为常设医务飞机的任何飞机，被拿捕后仅得用为医务飞机。

第三十一条 中立国家或其他非冲突各方的国家

一、除有事先协议外，医务飞机不应在中立国家或其他非冲突一方的国家的领土上空飞行，或在该领土内降落。但在有事先协议的情形下，医务飞机在其全部飞行中以及在该领土内任何停留期间，则均应受尊重。然而该医务飞机仍应服从着陆或在适当情况下降落水面的任何命令。

二、如果医务飞机由于航行错误或因影响飞行安全的紧急状态而在没有协议或背离协议规定的情形下飞行于中立国家或其他非冲突一方的国家的领土上空，该飞机应尽力发出飞行的通知，并使自己能被识别。一旦

这类医务飞机被认出，该国应尽一切合理努力，立即发出第三十条第一款所指的着陆或降落水面的命令，或采取保障其本身的利益的其他措施，并在上述任何一种情形下，应在对该飞机进行攻击前，允许该飞机有遵从命令的时间。

三、如果医务飞机依据协议或在第二款所载的情况下，不论因被命令着陆或降落水面或基于其他原因，而在中立国家或其他非冲突一方的国家的领土内着陆或降落水面，该飞机应受检查，以确定其在事实上是否医务飞机。检查应立即开始，并应从速进行。对属于操纵飞机的一方的伤者和病者，除其移离飞机为检查所需外，检查一方不应要求其移离飞机。检查一方无论如何应保证伤者和病者的状况不因检查或移离而受不利的影响。如果检查表明，该飞机在事实上是医务飞机，则该飞机及其机上人员，除按照适用于武装冲突的国际法规则必须予以拘留外，应准其恢复飞行，并应给予继续飞行的合理便利。如果检查表明，飞机不是医务飞机，对该飞机应予拿捕，机上人员应按照第四款的规定享受待遇。

四、经地方当局同意，在中立国家或其他非冲突一方的国家领土内，并非临时地从医务飞机下来的伤者、病者和遇船难者，除该国和冲突各方之间另有协议外，如果适用于武装冲突的国际法规则有此要求，则应由该国予以拘留，使其不能再从事敌对行动。医院治疗和拘禁的费用应由这类人所属的国家负担。

五、中立国家或其他非冲突各方的国家，应对冲突所有各方同样适用关于医务飞机在其领土上空通过或在其领土内着陆的任何条件和限制。

第三编　失踪和死亡的人

第三十二条　一般原则

在执行本段的规定时，缔约各方、冲突各方和各公约和本议定书所载的国际人道主义组织的活动，主要应受家庭了解其亲属命运的权利的推动。

第三十三条　失踪的人

一、一旦情况许可，并至迟从实际战斗结束时开始，冲突各方应即搜寻经敌方报告为失踪的人。该敌方应发送有关这类人的一切情报，以便利搜寻。

二、为了便利按照上款的规定搜集情报，对于依据各公约和本议定书不受更优惠考虑的人，冲突每一方应：

（一）将第四公约第一百三十八条所规定的关于因敌对行动或占领而被拘留、监禁或以其他方式被囚禁超过两周、或在任何拘留期间死亡的这类人的有关情报记录下来；

（二）在最大可能范围内便利、并于需要时进行搜寻这类人的工作，以及如果这类人由于敌对行动或占领而在其他情况下死亡，将其有关情报记录下来的工作。

三、按照第一款已报告为失踪的人的有关情报以及获得这种情报的请求，应直接或通过保护国或红十字国际委员会中央查访局或各国红十字会（红新月会、红狮与太阳会）发送。在未通过红十字国际委员会及其中央查访局发送情报的情形下，冲突一方也应保证向中央查访局提供该项情报。

四、冲突各方应努力商定关于搜寻、识别和收回战地上死者的工作组的安排，并于适当时，包括关于在敌方控制地区内执行这项任务时由敌方人员伴随工作组的安排。这类工作组在专门履行这项职责时，应受尊重和保护。

第三十四条 死者尸体

一、基于与占领有关的原因死亡或因占领或敌对行动而在拘留中死亡的人的尸体，以及不是基于敌对行动的原因而死亡的所在地国家的国民的人的尸体，均应受尊重，所有这类人的墓地，如果依据各公约和本议定书不受更优惠的考虑，应按照第四公约第一百三十条的规定，受尊重、维护并予以标明。

二、一旦情况及敌对各方之间的关系许可，基于敌对行动的原因而死亡或在占领期间或在拘留中死亡的人的坟墓所在地，或按照情况其尸体的其他安置处所在地的缔约各方，应立

即订立协定，以：

（一）便利死者亲属和正式坟墓登记处的代表前往墓地，并对前往墓地一事作出实际的安排；

（二）永久保护和维护该墓地；

（三）便利在本国请求下，或除该国反对外，在最近亲属请求下，送还死者的尸体和个人用品。

三、在未订立第二款第二项或第三项所规定的协议和情形下，如果死者本国不愿自己支付费用以安排这类墓地的维护，墓地所在地的缔约一方得建议将死者尸体送还其本国。如果这项建议未被接受，缔约一方得在提出建议满五年后，并在向死者本国发出适当通知后，采取其本国关于坟墓的法律所规定的安排。

四、本条所指的墓地所在地的缔约一方，仅应在下列条件下准予焚化尸体：

（一）遵照第二款第三项和第三款的规定，或

（二）如果焚化是超越一切的公共需要，包括医疗上和侦讯上的需要，而在这种情形下，缔约该方无论何时均应尊重尸体，并应将其焚化尸体的意图以及关于拟议的重新埋葬地点通知死者本国。

第三部　作战方法和手段，战斗员和战俘的地位

第一编　作战方法和手段

第三十五条 基本原则

一、在任何武装冲突中，冲突各方选择作战方法和手段的权利，不是无限制的。

二、禁止使用属于引起过分伤害和不必要痛苦的性质的武器、投射体和物质及作战方法。

三、禁止使用旨在或可能对自然环境引起广泛、长期而严重损害的作战方法或手段。

第三十六条 新武器

在研究、发展、取得或采用新的武器、作战手段或方法时，缔约一方有义务断定，在某些或所有情况下，该新的武器、作战手段或方法的使用是否为本议定书或适用于该缔约一方的任何其他国际法规则所禁止。

第三十七条 对背信弃义行为的禁止

一、禁止诉诸背信弃义行为以杀死、伤害或俘获敌人。以背弃敌人的信任为目的而诱取敌人的信任，使敌人相信其有权享受或有义务给予适用于武装冲突的国际法规则所规定的保护的行为，应构成背信弃义行为。下列行为是背信弃义行为的事例：

（一）假装有在休战旗下谈判或投降的意图；

（二）假装因伤或因病而无能力；

（三）假装具有平民、非战斗员的身份；和

（四）使用联合国或中立国家或其他非冲突各方的国家的记号、标志或制服而假装享有被保护的地位。

二、战争诈术是不禁止的。这种诈术是指旨在迷惑敌人或诱使敌人作出轻率行为，但不违犯任何适用于武装冲突的国际法规则，而且由于并不诱取敌人在该法所规定的保护方面的信任而不构成背信弃义行为的行为。下列是这种诈术的事例：使用伪装、假目标、假行动和假情报。

第三十八条　公认标志

一、不正当使用红十字、红新月或红狮与太阳的特殊标志或各公约或本议定书所规定的其他标志、记号或信号，是禁止的。在武装冲突中故意滥用国际公认的保护标志、记号或信号，包括休战旗，以及文化财产的保护标志，也是禁止的。

二、除经联合国核准外，使用联合国的特殊标志，是禁止的。

第三十九条　国籍标志

一、在武装冲突中使用中立国家或其他非冲突各方的国家的旗帜、军用标志、徽章或制服，是禁止的。

二、在从事攻击时，或为了掩护、便利、保护或阻碍军事行动，而使用敌方的旗帜或军用标志、徽章或制服，是禁止的。

三、本条或第三十七条第一款第四项的规定，不应影响适用于间谍或在进行海上武装冲突中使用旗帜的现行的公认国际法规则。

第四十条　饶赦

禁止下令杀无赦，禁止以此威胁敌人，或在此基础上进行敌对行动。

第四十一条　对失去战斗力的敌人的保障

一、被认为失去战斗力或按照情况应被承认为失去战斗力的人，不应成为攻击的对象。

二、下列的人是失去战斗力的人：

（一）在敌方权力下的人；

（二）明示投降意图的人；或

（三）因伤或病而失去知觉，或发生其他无能力的情形，因而不能自卫的人；但在上述任何情形下，均须不从事任何敌对行为，并不企图脱逃。

三、有权作为战俘享受保护的人，在不能按第三公约第三部第一编的规定撤退的非常的战斗情况下落于敌方权力下时，应予释放，并应采取一切可能的预防措施保证其安全。

第四十二条　飞机上人员

一、从遇难飞机上跳伞降落的任何人，在其降落中，均不应成为攻击的对象。

二、从遇难飞机跳伞降落的人，在落在敌方所控制的领土的地面时，除显然表现其从事敌对行为外，在成为攻击的对象前，应有投降的机会。

三、空运部队不受本条的保护。

第二编　战斗员和战俘的地位

第四十三条　武装部队

一、冲突一方的武装部队是由一个为其部下的行为向该方负责的司令部统率下的有组织的武装部队、团体和单位组成，即使该方是以敌方所未承认的政府或当局为代表。该武装部队应受内部纪律制度的约束，该制度除其他外应强制遵守适用于武装冲突的国际法规则。

二、冲突一方的武装部队人员（除第三公约第三十三条的规定所包括的医务人员和随军牧师外）是战斗员，换言之，这类人员有权直接参加敌对行动。

三、无论何时，冲突一方如果将准军事机构或武装执法机构并入其武装部队内，应通知冲突其他各方。

第四十四条 战斗员和战俘

一、第四十三条所规定的任何战斗员，如果落于敌方权力下，均应成为战俘。

二、所有战斗员必须遵守适用于武装冲突的国际法规则，但除第三款和第四款所规定外，对这些规则的违反不应剥夺战斗员作为战斗员的权利，或者，如果落于敌方权力下，成为战俘的权利。

三、为了促进对平民居民的保护不受敌对行动的影响，战斗员在从事攻击或攻击前军事准备行动时，应使自己与平民居民相区别。然而，由于认识到在武装冲突中有一些情况使武装战斗员因敌对行动的性质而不能与平民居民相区别，因而该战斗员应保留其作为战斗员的身份，但在这种情况下，该战斗员须：

（一）在每次军事上交火期间，和

（二）在从事其所参加的发动攻击前的部署时为敌人所看得见的期间；

公开携带武器。符合本款要求的行为，不应视为第三十七条第一款第三项的意义内的背信弃义行为。

四、不符合第三款第二句所列的要求而落于敌方权力下的战斗员，应失去其成为战俘的权利，但其所享受的保护应在各方面与第三公约和本议定书所给予战俘的保护相等。这项保护包括在这类人因其犯有任何罪行而受审判和惩罚的情形下第三公约所给予战俘的同等保护。

五、未从事攻击或攻击前军事准备行动而落于敌方权力下的任何战斗员，不应因其先前活动而失去其成为战斗员和成为战俘的权利。

六、本条不妨害任何人按照第三公约第四条成为战俘的权利。

七、本条无意变动各国关于被派于冲突一方正规并穿制服的武装单位的战斗员穿着制服的公认惯例。

八、除第一公约和第二公约第十三条所载各类人外，本议定书所规定的冲突一方武装部队的所有人员，如果是伤者或病者，或在第二公约的情形下，是在海上或在其他水域内遇船难者，应有权享受这些公约所规定的保护。

第四十五条 对参加敌对行动的人的保护

一、参加敌对行动而落于敌方权力下的人，如果主张战俘的身份，或表现为有权享有这种身份，或其所依附的一方通知拘留国或保护国代其主张这种身份，应推定为战俘，因而应受第三公约的保护。如果对于任何这类人是否有权享有战俘身份的问题有任何怀疑，这类人在主管法庭决定其身份以前，应继续享有这种身份，因而受第三公约的保护。

二、如果落于敌方权力下的人不被认为战俘，并由该方就敌对行动中所发生的罪行予以审判，这样的人应有权在司法法庭上提出其享有战俘身份的权利主张，并要求对该问题予以裁决。依据适用的程序，如果可能，应在审判罪行前先进行这项裁决。除在例外情形下为了国家安全利益而秘密进行诉讼程序外，保护国代表应有权出席裁决该问题的诉讼程序。在秘密进行的情形下，拘留国应告知保护国。

三、参加敌对行动而无权享有战俘身份而且不能获得按照第四公约享受更优惠待遇的利益的任何人，无论何时，均应有权受本议定书第七十五条的保护。在被占领领土内，任何这类人，除被认为间谍外，尽管有第四公约第五条的规定，也应享受该公约所规定的通讯的权利。

第四十六条 间谍

一、尽管有各公约或本议定书的任何其他规定，在从事间谍行为时落于敌方权力下的冲突一方武装部队的任何人员，不应享受战俘身份的权利，而得予以间谍的待遇。

二、在敌方控制领土内为冲突一方搜集或企图搜集情报的该方武装部队人员，如果在其行事时穿着其武装部队的制服，即不应视为从事间谍行为。

三、冲突一方武装部队的人员，如果是敌方占领领土的居民而在该领土内为其所依附的冲突一方搜集或企图搜集具有军事价值的情报，除其通过虚假行为或故意以秘密方式搜集或企图搜集情报外，即不应视为从事间谍行为。而且，这类居民除在从事间谍行为时被俘外，不应丧失其享有战俘身份的权利，并不得予以间谍的待遇。

四、冲突一方武装部队人员，如果不是敌方占领领土的居民而在该领土内从事间谍行为，除在重返其所属武装部队前被俘外，不应丧失其享有战俘身份的权利，并不得予以间谍的待遇。

第四十七条 外国雇佣兵

一、外国雇佣兵不应享有作为战斗员或成为战俘的权利。

二、外国雇佣兵是具有下列情况的任何人：

（一）在当地或外国特别征募以便在武装冲突中作战；

（二）事实上直接参加敌对行动；

（三）主要以获得私利的愿望为参加敌对行动的动机，并在事实上冲突一方允诺给予远超过对该方武装部队内具有类似等级和职责的战斗员所允诺或付给的物质报偿；

（四）既不是冲突一方的国民，又不是冲突一方所控制的领土的居民；

（五）不是冲突一方武装部队的人员；而且

（六）不是非冲突一方的国家所派遣作为其武装部队人员执行官方职务的人。

第四部 平民居民

第一编 防止敌对行动影响的一般保护

第一章 基本规则和适用范围

第四十八条 基本规则

为了保证对平民居民和民用物体的尊重和保护，冲突各方无论何时均应在平民居民和战斗员之间和在民用物体和军事目标之间加以区别，因此，冲突一方的军事行动仅应以军事目标为对象。

第四十九条 攻击的定义和适用范围

一、“攻击”是指不论在进攻或防御中对敌人的暴力行为。

二、本议定书关于攻击的规定，适用于不论在什么领土内的一切攻击，包括在属于冲突一方但在敌方控制领土内的攻击。

三、本段的规定，适用于可能影响平民居民、平民个人或民用物体的任何陆战、空战或海战。这些规定还适用于从海上或空中对陆地目标的任何攻击，但不影响适用于海上或空中武装冲突的国际法规则。

四、本段的规定是对第四公约、特别是该公约第二部以及对缔约各方有拘束力的其他国际协议关于人道主义保护的规则的补充，也是对有关保护平民和保护陆地上、海上及空中民用物体免受敌对行动影响的其他国际法规则的补充。

第二章 平民和平民居民

第五十条 平民和平民居民的定义

一、平民是指不属于第三公约第四条（子）款第一项、第二项、第三项和第六项及本议定书第四十三条所指各类人中任何一类的人。遇有对任何人是否平民的问题有怀疑时，这样的人应视为平民。

二、平民居民包括所有作为平民的人。

三、在平民居民中存在有不属于平民的定义范围内的人，并不使该平民居民失去其平民的性质。

第五十一条 对平民居民的保护

一、平民居民和平民个人应享受免受军事行动所产生的危险的一般保护。为了实现这项保护，在任何情况下均应遵守对适用的其他国际法规则所附加的下列各项规则。

二、平民居民本身以及平民个人，不应成为攻击的对象。禁止以在平民居民中散布恐怖为主要目的的暴力行为或暴力威胁。

三、平民除直接参加敌对行动并在直接参加敌对行动时外，应享受本编所给予的保护。

四、禁止不分皂白的攻击。不分皂白的攻击是：

（一）不以特定军事目标为对象的攻击；

（二）使用不能以特定军事目标为对象的作战方法或手段；或

（三）使用其效果不能按照本议定书的要求加以限制的作战方法或手段；

而因此，在上述每个情形下，都是属于无区别地打击军事目标和平民或民用物体的性质的。

五、除其他外，下列各类攻击，也应视为不分皂白的攻击：

（一）使用任何将平民或民用物体集中的城镇、乡村或其他地区内许多分散而独立的军事目标视为单一的军事目标的方法或手段进行轰击的攻击；和

（二）可能附带使平民生命受损失、平民受伤害、平民物体受损害、或三种情形均有而且与预期的具体和直接军事利益相比损害过分的攻击。

六、作为报复对平民居民的攻击，是禁止的。

七、平民居民或平民个人的存在或移动不应用于使某些地点或地区免于军事行动，特别是不应用以企图掩护军事目标不受攻击，或掩护、便利或阻碍军事行动。冲突各方不应指使平民居民或平民个人移动，以便

企图掩护军事目标不受攻击，或掩护军事行动。

八、对这些禁例的任何违犯，不应解除冲突各方关于平民居民和平民的法律义务，包括第五十七条所规定的采取预防措施的义务。

第三章 民用物体

第五十二条 对民用物体的一般保护

一、民用物体不应成为攻击或报复的对象。民用物体是指所有不是第二款所规定的军事目标的物体。

二、攻击应严格限于军事目标。就物体而言，军事目标只限于由于其性质、位置、目的或用途对军事行动有实际贡献，而且在当时情况下其全部或部分毁坏、缴获或失去效用提供明确的军事利益的物体。

三、对通常用于民用目的的物体，如礼拜场所、房屋或其他住处或学校，是否用于对军事行动作出有效贡献的问题有怀疑时，该物体应推定为未被这样利用。

第五十三条 对文物和礼拜场所的保护

在不妨害1954年5月14日关于发生武装冲突时保护文化财产的海牙公约和其他有关国际文件的规定的条件下，禁止下列行为：

一、从事以构成各国人民文化或精神遗产的历史纪念物、艺术品或礼拜场所为对象的敌对行为；

二、利用这类物体以支持军事努力；

三、使这类物体成为报复的对象。

第五十四条 对平民居民生存所不可缺少的物体的保护

一、作为作战方法使平民陷于饥饿，是禁止的。

二、不论是什么动机，也不论是为了使平民饥饿，使其迁移、还是为了任何其他动机，基于使对平民居民生存所不可缺少的物体，如粮食、生产粮食的农业区、农作物、牲畜、饮水装置和饮水供应和灌溉工程，对平民居民失去供养价值的特定目的，而进行的攻击、毁坏、移动或使其失去效用，都是禁止的。

三、第二款所规定的禁例，不应适用于该款所包括但为敌方所用于下列目的的物体：

（一）仅充其武装部队人员的供养之用；

（二）如果不作为供养之用，则用以直接支持军事行动；但无论如何不应对这些物体采取行动，以致有可能使平民居民的食物或饮水不足，造成平民居民的饥饿，或迫其迁移。

四、这类物体不应成为报复的对象。

五、由于承认冲突任何一方有保卫其国家领土免遭入侵的重大要求，如果为迫切的军事必要所要求，冲突一方得在其所控制的本国领土内，不完全实行第二款所规定的禁例。

第五十五条 对自然环境的保护

一、在作战中，应注意保护自然环境不受广泛、长期和严重的损害。这种保护包括禁止使用旨在或可能对自然环境造成这种损害从而妨害居民的健康和生存的作战方法或手段。

二、作为报复对自然环境的攻击，是禁止的。

第五十六条 对含有危险力量的工程和装置的保护

一、含有危险力量的工程或装置，如堤坝和核发电站，即使这类物体是军事目标，也不应成为攻击的对象，如果这种攻击可能引起危险力量的释放，从而在平民居民中造成严重的损失。其他在这类工程或装置的位置上或在其附近的军事目标，也不应成为攻击的对象，如果这种攻击可能引起该工程或装置危险力量的释放，从而在平民居民中造成严重的损失。

二、在下列情形下，应停止第一款所规定的免受攻击的特别保护：

（一）对于堤坝，如果该堤坝是用于其通常作用以外的目的和用以使军事行动得到经常、重要和直接支持的，而且如果这种攻击是终止这种支持的唯一可能的方法；

（二）对于核发电站，如果该核发电站是供应电力使军事行动得到经常、重要和直接支持的，而且如果这种攻击是终止这种支持的唯一可能的方法；

（三）对于在这类工程或装置的位置上或在其附近的其他军事目标，如果该军事目标是用以使军事行动得到经常、重要和直接支持的，而且如果这种攻击是终止这种支持的唯一可能的方法。

三、在一切情形下，平民居民和平民个人应有权享受国际法所给予的全部保护，包括第五十七条所规定的预防措施的保护。如果保护停止，并对第一款所载的任何工程、装置或军事目标进行攻击，则应采取一切实际可行的预防措施，以避免危险力量的释放。

四、使第一款所载的任何工程、装置或军事目标成为报复的对象，是禁止的。

五、冲突各方应努力避免将任何军事目标设在第一款所载的工程或装置的附近。然而，为了保卫被保护工程或装置不受攻击的唯一目的而建立的装置，是允许的，而且其本身不应成为攻击的对象，但除对受保护工程或装置的被攻击作出反应所需的防御行动外，这类装置应不用于敌对行动，而且其武装应限于仅能击退对受保护工程或装置的敌对行动的武器。

六、关于含有危险力量的物体，敦促缔约各方和冲突各方彼此另订协议，另外加以保护。

七、为了便利对本条所保护的物体的识别，冲突各方得用本议定书附件一第十六条所规定的同一轴在线一组三个鲜橙色圆形所构成的特殊记号标明。没有这种标记，并不免除冲突任何一方依据本条所承担的义务。

第四章　预防措施

第五十七条　攻击时预防措施

一、在进行军事行动时，应经常注意不损害平民居民、平民和民用物体。

二、对于攻击，应采取下列预防措施：

（一）计划或决定攻击的人应：

1. 尽可能查明将予攻击的目标既非平民也非民用物体，而且不受特殊保护，而是第五十二条的意义内的军事目标，并查明对该目标的攻击不是本议定书的规定所禁止的；

2. 在选择攻击手段和方法时，采取一切可能的预防措施，以期避免，并无论如何，减少平民生命附带受损失、平民受伤害和民用物体受损害；

3. 不决定发动任何可能附带使平民生

命受损失、平民受伤害、民用物体受损害、或三种情形均有而且与预期的具体和直接军事利益相比损害过分的攻击；

（二）如果发现目标不是军事目标或是受特殊保护的，或者发现攻击可能附带造成与预期的具体和直接军事利益相比为过分的平民生命受损失、平民受伤害、民用物体受损害，或三种情形均有，该攻击应予取消或停止；

（三）除为情况所不许可外，应就可能影响平民居民的攻击发出有效的事先警告。

三、为了取得同样的军事利益有可能在几个军事目标之间进行选择时，选定的目标应是预计对平民生命和民用物体造成危险最小的目标。

四、在进行海上或空中军事行动时，冲突每一方应按照其依据适用于武装冲突的国际法规则所享受和承担的权利和义务，采取一切合理的预防措施，以避免平民生命受损失和民用物体受损害。

五、本条的任何规定均不得解释为准许对平民居民、平民或民用物体进行任何攻击。

第五十八条　防止攻击影响的预防措施

冲突各方应在最大可能范围内：

一、在不妨害第四公约第四十九条的规定的条件下，努力将其控制下的平民居民、平民个人和民用物体迁离军事目标的附近地方；

二、避免将军事目标设在人口稠密区内或其附近；

三、采取其他必要的预防措施，保护在其控制下的平民居民、平民个人和民用物体不受军事行动所造成的危害。

第五章　受特殊保护的地方和地带

第五十九条　不设防地方

一、禁止冲突各方以任何手段攻击不设防地方。

二、冲突一方的适当当局得将武装部队接触的地带附近或在其内的可以被敌方自由占领的任何居民居住地方宣布为不设防地方。不设防地方应符合下列条件：

（一）所有战斗员以及机动武器和机动军事设备必须已经撤出；

（二）固定军事装置或设施应不用于敌对目的；

（三）当局或居民均不应从事任何敌对行为；而且

（四）不应从事支持军事行动的任何活动。

三、在该地方内有依据各公约和本议定书受特殊保护的人和为了维持法律和秩序的唯一目的而留下的警察部队的存在，是不违反第二款所规定的条件的。

四、依据第二款作出的宣言应送致敌方，并应尽可能明确地规定和说明不设防地方的界限。接受宣言的冲突一方应表明收到宣言，并除在事实上与第二款所规定的条件不符外，应将该地方视为不设防地方，而在不符合条件的情形下，则应立即将该情形通知作出宣言的一方。即使不符合第二款所规定的条件，该地方应继续享受本议定书的其他规定和适用于武装冲突的其他国际法规则的保护。

五、冲突各方得商定设立不设防地方，

即使该地方不符合第二款所规定的条件。协议应尽可能明确地规定和说明不设防地方的界限；于必要时，协议得规定监督的方法。

六、控制这类协议所规定的地方的一方，应尽可能用与他方商定的记号将该地方标明，该记号应展示于明显可见的地方，特别是在其四周和界限上及公路上。

七、一个地方在其不再符合第二款所规定或第五款所指的协议所规定的条件时，失去其作为不设防地方的地位。在这种情况下，该地方应继续享受本议定书的其他规定和适用于武装冲突的其他国际法规则的保护。

第六十条　非军事化地带

一、冲突各方将其军事行动扩展到其依据协议授以非军事化地带地位的地带，而且如果这种扩展是违反该协议的规定的，则这种扩展是禁止的。

二、协议应是明示协议，得用口头或书面，直接或通过保护国或任何公正的人道主义组织订立，并得由相互而一致的声明构成。协议得在平时以及在敌对行动开始后订立，并应尽可能明确地规定和说明非军事化地带的界限，并于必要时，规定监督的方法。

三、这类协议的对象，通常应是符合下列条件的任何地带：

（一）所有战斗员以及机动武器和机动军事装备必须已经撤出；

（二）固定军事装置或设施不应用于敌对目的；

（三）当局或居民均不应从事任何敌对行为；而且

（四）任何与军事努力有关的活动均应已经停止；

冲突各方应商定对第四项所规定的条件的解释，并商定除第四款所载外被准予进入非军事化地带的人。

四、在该地带内有依据各公约和本议定书受特殊保护的人和为了维持法律和秩序的唯一目的而留下的警察部队的存在，是不违反第三款所载的条件的。

五、控制该地带的一方，应尽可能用与他方商定的记号将该地带标明，该记号应展示于明显可见的地方，特别在其四周和界限上及公路上。

六、如果战斗逼近非军事地带，而且如果冲突各方已经达成协议，任何一方均不得为了有关军事行动的目的使用该地带或单方面取消该地带的地位。

七、如果冲突一方对第三款或第六款的规定作出实质的破坏，他方应解除其依据授予该地带非军事地带地位的协议所承担的义务。遇有这种情事，该地带丧失其地位，但应继续享受本议定书的其他规定和适用于武装冲突的其他国际法规则所规定的保护。

第六章　民　防

第六十一条　定义和范围

为了本议定书的目的：

一、“民防”是指旨在保护平民居民不受危害，和帮助平民居民克服敌对行动或灾害的直接影响，并提供平民居民生存所需的条件的某些或全部下列人道主义任务的执行。这些任务是：（一）发出警报；（二）疏散；（三）避难所的管理；（四）灯火管制措施的管理；（五）救助；（六）医疗服务，包括急救、和宗教援助；（七）救火；（八）危险地区的查明和标明；（九）清除污染和类似保护措施；（十）提供紧急的住宿和用品；（十一）在灾区内恢复和维持秩序的紧急支助；（十二）紧急修复不可缺少的公用事业；（十三）紧急处理死者；（十四）协助保护生存所必需的物体；（十五）为执行上述任务、包括但不限于计划和组织的补充活动；

二、“民防组织”是指冲突一方主管当局所组织或核准以执行第一款所载的任何任务并被派于和专门用于执行这类任务的机构和其他单位；

三、民防组织的“人员”是指由冲突一方所派专门执行第一款所载任务的人，包括该方主管当局所派专门管理这类组织的人；

四、民防组织的“物资”是指这类组织用以执行第一款所载的任务的设备、用品和运输工具。

第六十二条 一般保护

一、除受本议定书规定的拘束，特别是受本部规定的拘束外，平民民防组织应受尊重和保护，除迫切的军事必要的情形外，这类组织应有权执行其民防任务。

二、第一款的规定也应适用于虽非平民民防组织人员但响应主管当局的呼吁而在其控制下执行民防任务的平民。

三、用于民防目的的建筑物和物资和为平民居民提供的避难所，包括于第五十二条的规定之内。用于民防目的的物体，除其所属的一方外，不得加以毁坏或转移其正当用途。

第六十三条 被占领领土内民防工作

一、在被占领领土内，平民民防组织应从当局得到其执行任务所需的便利。在任何情形下，对这类组织的人员，不应迫使其执行对执行这些任务有干扰的活动。占领国不应以任何可能危害这类组织有效执行其使命的方式变动这些组织的结构或人员。对这些组织，不应要求其对占领国的国民或利益给予优先的地位。

二、占领国不应强迫、强制或诱使平民民防组织以任何有害平民居民的利益的方式执行其任务。

三、占领国得基于安全理由解除民防人员的武装。

四、如果移作他用或加以征用将有害于平民居民，占领国不应将属于民防组织或为民防组织所用的建筑物或物资转移其正当用途或加以征用。

五、在继续遵守第四款的一般规则的条件下，占领国得征用这些建筑物或物资或将其移作他用，但须符合下列的特别条件：

（一）该建筑物或物资为平民居民的其他需要所需；而且

（二）仅在这种需要存在时继续征用或移作他用。

六、占领国不应将供平民居民使用或平民居民所需的避难所移作他用或加以征用。

第六十四条 中立国家或非冲突各方的国家的平民民防组织和国际协调组织

一、第六十二条、第六十三条、第六十五条和第六十六条应适用于经冲突一方同意并在该方控制下在该方领土内执行第六十一条所载民防任务的中立国家或非冲突各方的国家的平民民防组织的人员和物资。这种援助应尽速通知任何有关敌方。在任何情况下，这种活动均不应视为对冲突的干涉。但进行这种活动应适当考虑有关冲突各方的安全利益。

二、接受第一款所指的援助的冲突各方和给予援助的缔约各方，于适宜时，应便利这种民防活动的国际协调工作。在这种情形下，有关国际组织是包括在本章的规定之内的。

三、在被占领领土内，占领国只有在其能依靠自身人力物力或被占领领土的人力物力保证充分执行民防任务的条件下，才得拒绝或限制中立国家或非冲突各方的国家的平民民防组织的活动。

第六十五条 保护的停止

一、平民民防组织、其人员、建筑物、避难所和物资有权享受的保护，除其从事或用以从事正当任务以外的害敌行为外，不应停止。但保护仅在发出并在适宜时定有合理时限的警告而对警告仍不置理后，才得停止。

二、下列行为不应视为害敌行为：

（一）在军事当局指导或控制下执行民防任务；

（二）平民民防人员在执行民防任务时与军事人员合作，或有一些军事人员附属于平民民防组织；

（三）民防任务的执行可能附带地有利于军人受难者，特别是失去战斗力的人。

三、平民民防人员为了维持秩序或自卫的目的而携带个人轻武器，也不应视为害敌行为。但在陆地战斗正在进行或可能进行的地区内，冲突各方应采取适当措施，将这类武器限于手持枪支，如手枪或左轮手枪，以便有助于区别民防人员和战斗员。民防人员虽在这些地区内携带其他个人轻武器，但一旦被认出为民防人员，应即受尊重和保护。

四、按照军事编制建立民防组织，和强迫在民防组织中服务，也不应剥夺这些组织依据本章所享受的保护。

第六十六条 识别

一、冲突每一方应努力保证，其民防组织、其民防组织的人员、建筑物和物资在专门用于执行民防任务时是可以识别的。向平民居民提供的避难所，也应当同样是可以识别的。

二、冲突每一方还应努力采取和实行一些方法和程序，使得有可能认出展示有民防的国际特殊记号的民用避难所以及民防人员、建筑物和物资。

三、在被占领领土内和在战斗正在进行或可能进行的地区内，平民民防人员应当是用民防的国际特殊记号和证明其身份的身份证可以认出的。

四、民防的国际特殊记号，在用以保护民防组织、其人员、建筑物和物资和用于民用避难所时，是橙色底蓝色等边三角形。

五、除特殊记号外，冲突各方得商定使用为民防识别的目的的特殊信号。

六、第一款至第四款的规定的适用，受本议定书附件一第五章的拘束。

七、在平时，第四款所述的记号，经国内主管当局同意，得用于民防识别的目的。

八、缔约各方和冲突各方应采取必要措施，监督民防的特别记号的展示，并防止和取缔该记号的任何滥用。

九、民防医务和宗教人员、医疗队和医务运输工具，也受第十八条的拘束。

第六十七条 被派到民防组织的武装部队人员和军事单位

一、被派到民防组织的武装部队人员和军事单位应受尊重和保护，但：

（一）这类人员和这类单位须永久被派于并专门用于执行第六十一条所载任务中任何任务；

（二）如果已经这样指派，该人员须在冲突期间不执行任何其他军事职责；

（三）这类人员须显著地展示适当地大些的民防的国际特殊记号，以便与武装部队其他人员有明显区别，并须持有本议定书附件一第五章所指的证明其身份的身份证；

（四）这类人员和这类单位须仅配备个人轻武器以维持秩序或自卫。第六十五条第三款的规定也应适用于这种情形；

（五）这类人员须不直接参加敌对行为，并须在其民防任务以外不从事或不被利用以从事害敌行为；

（六）这类人员和这类单位须仅在其所属一方的领土内执行其民防任务。

受上述第一项和第二项所规定的条件的拘束的任何武装部队人员不遵守上述第五项所载的条件，是禁止的。

二、在民防组织内服务的军事人员，如果落入敌方权力下，应成为战俘。在被占领领土内，这类军事人员仅得在有需要的情形下，为了该领土平民居民的利益而用以执行民防任务，但如果该项工作有危险，则以该军事人员自愿执行为限。

三、被派于民防组织的军事单位的建筑物和主要设备和运输工具，应以民防的国际特殊记号明显标明。这项特殊记号，应尽可能适当地大些。

四、永久被派于民防组织并专门担任民防任务的军事单位的物资和建筑物，如果落入敌方手中，应仍受战争法规的拘束。这些物资和建筑物，只要为执行民防任务所需，除在迫切的军事必要情形外，并除对平民居民的需要事先作出充分准备的安排外，不得移作民防任务以外的用途。

第二编　对平民居民的救济

第六十八条　适用范围

本段的规定适用于本议定书所规定的平民居民，并且是第四公约第二十三条、第五十五条、第五十九条、第六十条、第六十一条和第六十二条及其他有关规定的补充。

第六十九条　被占领领土内基本需要

一、除第四公约第五十五条所规定关于食物和医疗用品的义务外，占领国应在其所拥有的手段的最大范围内，并在不加任何不利区别的条件下，还应保证向被占领领土的平民居民，提供其生存所需的衣服、被褥、住宿所和其他用品以及宗教礼拜所必需的物体。

二、为了被占领领土平民居民的利益而进行的救济行动，受第四公约第五十九条、第六十条、第六十一条、第六十二条、第一百零八条、第一百零九条、第一百一十条和第一百一十一条和本议定书第七十一条的拘束，并应立即实行。

第七十条　救济行动

一、如果除被占领领土外为冲突一方所控制的任何领土的平民居民未充分获得第六十九条所载的用品的供应，属于人道主义和公正性质并在不加任何不利区别的条件下进行的救济行动应予进行，但须受有关各方关于这种行动的协议的拘束。这种救济的提供，不应视为对武装冲突的干涉，或视为不友好行为。在分配救济物资时，对依据第四公约或本议定书应受特权待遇或特殊保护的人，如儿童、孕妇、产妇或婴儿的母亲，应给以优先地位。

二、冲突各方和缔约每一方对按照本编

提供的所有救济物资、设备和人员，应准许和便利其迅速和无阻碍地通过，即使这种救助是以敌方平民居民为物件。

三、按照第二款准许救济物资、设备和人员通过的冲突各方和缔约每一方：

（一）应有权制定准许通过的技术安排，包括搜查在内；

（二）得以在保护国的当地监督下进行这种救助的分配为准许的条件；

（三）除在紧急必要情形下为了有关平民居民的利益外，不应以任何方式将救济物资移作原来目的以外的用途，也不应延迟其发送。

四、冲突各方应保护救济物资，并便利其迅速分配。

五、冲突各方和有关的缔约每一方应鼓励和便利对第一款所指的救济行动的有效国际协调工作。

第七十一条 参加救济行动的人员

一、在必要时，救济人员得构成任何救济行动所提供的救助的一部分，特别是为了救济物资的运输和分配；这类人员的参加须经这类人员履行其职责所在地一方的同意。

二、这类人员应受尊重和保护。

三、接收救济物资的每一方，应在实际可行的最大范围内，协助第一款所指的救济人员履行其救济任务。只有在迫切的军事必要的情形下，才能限制救济人员的活动，或暂时限制救济人员的移动。

四、在任何情况下，救济人员均不得超越本议定书所规定关于其任务的条件。特别是，救济人员应考虑履行其职责所在地一方的安全要求。对不尊重这些条件的任何人员，得终止其任务。

第三编 对在冲突一方权力下的人的待遇

第一章 适用范围和对人和物体的保护

第七十二条 适用范围

本编的规定是第四公约，特别是该公约第一部和第三部关于对在冲突一方权力下的平民和民用物体的人道主义保护的规则以及适用于国际武装冲突时保护基本人权的其他国际法规则的补充。

第七十三条 难民和无国籍人

在敌对行动开始前依据有关各方所接受的有关国际文件或依据避难国或居留国国内法律视为无国籍人或难民的人，在任何情况下，均应是第四公约第一部和第三部的意义内的被保护人，而不加任何不利区别。

第七十四条 离散家庭的重聚

缔约各方和冲突各方应以一切可能方法，便利由于武装冲突而离散的家庭得以重聚，并应特别鼓励按照各公约和本议定书的规定和遵守其各自的安全规章从事这项任务的人道主义组织进行工作。

第七十五条 基本保证

一、在冲突一方权力下而不享受各公约和本议定书所规定的更优惠待遇的利益的人，在其受本议定书第一条所指的场合的影响范围内，在任何情况下，均应受人道的待遇，并至少应享受本条所规定的保护，而不得以种族、肤色、性别、语言、宗教或信仰、政治或其他意见、民族或社会出身、财富、出生或其他身份或任何其他类似标准为依据而加以不利区别。每一方均应尊重所有这类人的人身、荣誉、信念和宗教仪式。

二、下列行为，在任何时候和任何地方，也不论是平民或军人的行为，均应禁止：

（一）对人的生命、健康或身体上或精神上幸福的暴行，特别是：

1. 谋杀；

2. 各种身体上或精神的酷刑；

3. 体刑；和

4. 残伤肢体。

（二）对人身尊严的侵犯，特别是侮辱性和降低身份的待遇，强迫卖淫和任何形式的非礼侵犯；

（三）扣留人质；

（四）集体惩罚；

（五）以任何上述行为相威胁。

三、任何因有关武装冲突的行动被逮捕、拘留或拘禁的人，应立即以其所了解的语言被告知采取这些措施的理由。除因刑事罪行而被逮捕或拘留的情形外，这类人应尽速予以释放，而无论如何，一旦逮捕、拘留或拘禁所依据的情况不复存在，应即予释放。

四、对犯有与武装冲突有关的刑事罪行的人，除公正和正常组成的法院依照包括下列各项在内的公认的正常司法诉讼程序原则判定有罪外，不得判刑和处罚：

（一）诉讼程序应规定使被告立即被告知被控犯罪的细节，并应使被告在审判前和审判期间享有一切必要的辩护权利和手段；

（二）任何人除以个人刑事责任为依据外均不应对其判罪；

（三）任何人，如果其行为或不作为依据其行为或不作为时对其适用的国内法或国际法不构成刑事罪行，不应对其进行控告或判罪；也不应处以较其犯刑事罪行时可判处的刑罚为重的刑罚；如果在犯罪后，法律规定较轻的刑罚，犯罪人应享受该规定的利益；

（四）任何被控犯罪的人，在按照法律证明其有罪前，均推定为无罪；

（五）任何被控犯罪的人，均应享有受审时在场的权利；

（六）任何人均不应被迫证明自己有罪或供认犯罪；

（七）任何被控犯罪的人均应有权讯问或要求讯问原告方面的证人，并在与原告方面证人的同样条件下取得被告方面证人的出庭和被讯问；

（八）任何人均不应因先前依据同样法律和司法程序已宣告无罪或已定罪的终局判决所涉及的罪名而为同一方所追诉或惩罚；

（九）任何人因犯罪而被追诉，均应有取得公开宣判的权利；和

（十）被定罪的人应在定罪时被告知其司法和其他救济方法以及利用这些救济方法的时限。

五、基于有关武装冲突的原因而自由受限制的妇女，其住处应与男人的住处分开。这类妇女应由妇女直接监视。但在同一家庭的人被拘留或拘禁的情形下，如果可能，应按家庭单位予以安排，安置在同一地方。

六、基于有关武装冲突的原因而被逮捕、拘留或拘禁的人，在其最后释放、遣返或安置前，即使在武装冲突结束后，也应享受本条所规定的保护。

七、为了避免关于对被控犯有战争罪或违害人类罪的人的追诉和审判有任何怀疑，下列各项原则应予适用：

(一) 被控犯有这类罪行的人，应按照适用的国际法规则提交追诉和审判；

(二) 对不享受各公约或本议定书所规定的更优惠待遇的利益的人，应给予本条所规定的待遇，不论其被控的罪行是否构成严重破坏各公约或本议定书的行为。

八、本条的任何规定，均不得解释为限制或妨碍依据任何适用的国际法规则对第一款所规定的人给予更大保护的任何其他更优惠的规定。

第二章 有利于妇女和儿童的措施

第七十六条 对妇女的保护

一、妇女应是特别尊重的对象，并应受保护，特别是防止强奸、强迫卖淫和任何其他形式的非礼侵犯。

二、基于有关武装冲突的原因而被逮捕、拘留或拘禁的孕妇或抚育儿童的母亲的案情应得到最优先的考虑。

三、冲突各方应在最大可能范围内努力避免对孕妇或抚育儿童的母亲因有关武装冲突的罪行而宣判死刑。对这类妇女，不应执行因该罪行而宣判的死刑。

第七十七条 对儿童的保护

一、儿童应是特别尊重的对象，并应受保护，以防止任何形式的非礼侵犯。冲突各方应向儿童提供其年龄或任何其他原因所需的照顾和援助。

二、冲突各方应采取一切可能措施，使十五岁以下的儿童不直接参加敌对行动，特别是不应征募其参加武装部队。冲突各方在征募十五岁以上但不满十八岁的人时，应尽力给予年岁最高的人以优先的考虑。

三、如果在例外情形下，尽管有第二款的规定，而十五岁以下的儿童直接参加敌对行动，并落于敌方权力下，这类儿童不论是否战俘，均应继续享受本条所给予的保护的利益。

四、如果基于有关武装冲突的原因而被逮捕、拘留或拘禁，除按照第七十五条第五款的规定按家庭单位安排住处外，儿童的住处应与成人住处分开。

五、对于犯罪时不满十八岁的人，不应执行因有关武装冲突的罪行而宣判的死刑。

第七十八条 儿童的撤退

一、除基于儿童健康或医疗的急迫原因而需要临时撤退或被占领领土以外的儿童的安全需要临时撤退外，冲突任何一方不应安排将其本国国民以外的儿童撤往外国。如果能够找到父母或合法监护人，撤退须得父母或合法监护人的书面同意。如果不能找到这类人，撤退则须得到依据法律或习惯对儿童负主要照顾责任的人的同意。任何这种撤退应由保护国在与有关各方，即安排撤退的一方，接受儿童的一方及国民被撤退的各方协议下予以监督。在所有情形下，冲突所有各方应采取一切可能的预防措施，以避免撤退受危害。

二、在按照第一款发生撤退的任何时候，均应以最大可能的连续性向每个儿童提供教育，包括其父母所希望的宗教和道德教育。

三、为了便利按照本条撤退的儿童返回其家庭和国家的目的，安排撤退的一方的当局，并于适宜时，接受国的当局，应为每个儿童立一卡片，贴有照片，寄给红十字国际委员会的中央查访局。在任何可能时并在其不发生使儿童受害的风险的任何时候，每张卡片均应记载下列各项情报：

（一）儿童的姓；

（二）儿童名字；

（三）儿童性别；

（四）出生地点和日期（如日期不明，填写大约年龄）；

（五）父亲姓名；

（六）母亲姓名和婚前姓名；

（七）儿童近亲；

（八）儿童国籍；

（九）儿童本国语言以及其所讲的任何其他语言；

（十）儿童家庭地址；

（十一）儿童的任何识别号码；

（十二）儿童健康状况；

（十三）儿童血型；

（十四）任何显著特征；

（十五）找到儿童的日期和地点；

（十六）儿童离开其国家的日期和地点；

（十七）儿童宗教，如果有的话；

（十八）儿童目前在接受国的地址；

（十九）如果儿童在返回前死亡，死亡地点和情况以及埋葬地点。

第三章 新闻记者

第七十九条 对新闻记者的保护措施

一、在武装冲突地区担任危险的职业任务的新闻记者，应视为第五十条第一款的意义内的平民。

二、这类新闻记者应依此享受各公约和本议定书所规定的保护，但以其不采取任何对其作为平民的身份有不利影响的行动为限，而且不妨碍派驻武装部队的战地记者取得第三公约第四条（子）款第四项所规定的身份的权利。

三、这类新闻记者得领取与本议定书附件二的示范证件相类似的身份证。该证件应由该新闻记者作为国民所属国家或该新闻记者居留地国家或雇用该新闻记者的新闻宣传工具所在地国家的政府发给，证明其新闻记者的身份。

第五部 各公约和本议定书的执行

第一编 总 则

第八十条 执行措施

一、缔约各方和冲突各方应立即采取一切必要措施，以履行其依据各公约和本议定书的义务。

二、缔约各方和冲突各方应发出命令和指示，保证各公约和本议定书被遵守，并应监督其执行。

第八十一条 红十字会和其他人道主义组织的活动

一、冲突各方应在其权力内给予红十字国际委员会一切便利，使该委员会有可能执行各公约和本议定书所赋予的人道主义职务，以便保证对冲突受难者的保护和援助；红十字国际委员会还得进行任何有利于这类受难者的其他人道主义活动，但须得有关冲突各方的同意。

二、冲突各方应给予各自的红十字会（红新月会、红狮与太阳会），以按照各公约和本议定书的规定和国际红十字大会所制订的红十字基本原则进行其有利于武装冲突受难者的人道主义活动所需的便利。

三、缔约各方和冲突各方应以一切可能方式，便利红十字会（红新月会、红狮与太阳会）组织和红十字会协会按照各公约和本议定书的规定和国际红十字大会所制订的红十字基本原则所给予冲突受难者的援助。

四、缔约各方和冲突各方应尽一切可能，使各公约和本议定书所指的经冲突各方正式核准并按照各公约和本议定书的规定进行人道主义活动的其他人道主义组织获得第二款和第三款所规定的类似便利。

第八十二条 武装部队中法律顾问

缔约各方无论何时，以及冲突各方在武装冲突时，应保证于必要时有法律顾问，对各公约和本议定书的适用以及就此问题发给武装部队的适当指示，向相当等级的军事司令官提供意见。

第八十三条 传播

一、缔约各方承诺，在平时及在武装冲突时，尽可能广泛地在各自国家内传播各公约和本议定书，特别是将各公约和本议定书的学习包括在其军事教育计划内，并鼓励平民居民对各公约和本议定书进行学习，以便这些档为武装部队和平民居民所周知。

二、在武装冲突时负责适用各公约和本议定书的任何军事或民政当局，应充分熟悉各公约和本议定书的本文。

第八十四条 适用规则

缔约各方应通过保存者，并于适当时通过各保护国，尽速彼此通知本议定书的正式译文以及为了保证其适用而通过的法律规章。

第二编　破坏各公约和本议定书的行为的取缔

第八十五条 破坏本议定书的行为的取缔

一、各公约关于取缔破约行为和严重破约行为的规定，经本编加以补充，应适用于破坏和严重破坏本议定书的行为的取缔。

二、各公约所述的作为严重破约行为的行为，如果是对本议定书第四十四条、第四十五条和第七十三条所保护的在敌方权力下的人，或对受本议定书保护的敌方伤者、病者和遇船难者，或对在敌方控制下并受本议定书保护的医务或宗教人员、医疗队或医务运输工具作出的行为，即是严重破坏本议定书的行为。

三、除第十一条所规定的严重破约行为外，下列行为在违反本议定书有关规定而故意作出，并造成死亡或对身体健康的严重伤害时，应视为严重破坏本议定书的行为：

（一）使平民居民或平民个人成为攻击的对象；

（二）知悉攻击将造成第五十七条第二款第一项第 3 目所规定的过分的平民生命损失、平民伤害或民用物体损害，却发动使平民居民或民用物体受影响的不分皂白的攻击；

（三）知悉攻击将造成第五十七条第二款第一项第 3 目所规定的过分的平民生命损失、平民伤害或民用物体损害，却发动对含有危险力量的工程或装置的攻击；

（四）使不设防地方和非军事化地带成为攻击的对象；

（五）知悉为失去战斗力的人而使其成为攻击的对象；

（六）违反第三十七条的规定背信弃义地使用红十字、红新月或红狮与太阳的特殊标志或各公约或本议定书所承认的其他保护记号。

四、除上述各款和各公约所规定的严重破约行为外，下列行为于故意并违反各公约和本议定书作出时，应视为严重破坏本议定书的行为：

（一）占领国违反第四公约第四十九条的规定，将其本国平民居民的一部分迁往其所占领的领土，或将被占领领土的全部或部队居民驱逐或移送到被占领领土内的地方或将其驱逐或移送到被占领领土以外；

（二）对遣返战俘或平民的无理延迟；

（三）以种族岐视为依据侵犯人身尊严的种族隔离和其他不人道和侮辱性办法；

（四）如果没有证据证明敌方违反第五十三条第二款的规定，并在历史纪念物、艺术品和礼拜场所不紧靠军事目标的情形下，使特别安排，例如在主管国际组织范围内的安排所保护的，构成各国人民文化或精神遗产的公认历史纪念物、艺术品或礼拜场所成为攻击的对象，其结果使该历史纪念物、艺术品或礼拜场所遭到广泛的毁坏；

（五）剥夺各公约所保护或本条第二款所指的人受公正和正规审判的权利。

五、在不妨碍各公约和本议定书的适用的条件下，对这些档的严重破坏行为，应视为战争罪。

第八十六条 不作为

一、缔约各方和冲突各方应取缔有作为义务而不作为所引起的严重破坏各公约或本议定书的行为，并采取必要措施制止有作为义务而不作为所引起的任何其他破坏各公约或本议定书的行为。

二、部下破坏各公约或本议定书的事实，并不使其上级免除按照情形所应负的刑事或纪律责任，如果上级知悉或有情报使其能对当时情况作出结论，其部下是正在从事或将要从事这种破约行为，而且如果上级不在其权力内采取一切可能的防止或取缔该破约行为的措施。

第八十七条 司令官的职责

一、缔约各方和冲突各方应要求军事司令官，防止在其统率下的武装部队人员和在其控制下的其他人破坏各公约和本议定书的行为，于必要时制止这种行为并向主管当局报告。

二、为了防止和制止破约行为，缔约各方和冲突各方应要求司令官，按照其负责地位，保证在其统率下的武装部队人员了解其依据各公约和本议定书所应负的义务。

三、缔约各方和冲突各方应要求任何司令官，在了解其部下或在其控制下的其他人将从事或已经从事破坏各公约或本议定书的行为时，采取防止违反各公约或本议定书的必要步骤，并于适当时对各公约或本议定书的违犯者采取纪律或刑事行动。

第八十八条 刑事事项上互助

一、缔约各方应在对严重破坏各公约或本议定书的行为提出刑事诉讼方面，彼此提供最大限度的协助。

二、除受各公约和本议定书第八十五条第一款所确定的权利和义务的拘束外，并在情况许可下，缔约各方应在引渡事项上合作。缔约各方应对被控罪行发生地国家的请求给予适当的考虑。

三、在一切场合下均应适用被请求引渡

的缔约一方的法律。但上述各款规定不应影响任何其他对刑事事项上互助的全部或部分问题加以规定或将加以规定的属于双边或多边性质的条约的规定所产生的义务。

第八十九条 合作

在严重违反本公约或本议定书的情形下，缔约各方承诺在与联合国合作下按照联合国宪章采取共同或单方行动。

第九十条 国际实况调查委员会

一、（一）应设立一个国际实况调查委员会（以下简称“调委会”），由15名道德高尚和公认公正的委员组成；

（二）当缔约各方20个以上已经按照第二款同意接受调委会的职权时，保存者应于该时及其后每隔五年召开缔约各该方代表会议，以选举调委会委员。在会议上，代表应进行无记名投票，从缔约每一方提名一人的名单中选出调委会委员；

（三）调委会委员应以个人资格服务，并任职至下一次会议选出新委员为止；

（四）选举时，缔约各方应保证选入调委会的人选均具备所要求的资格，并保证整个调委会实行公平的地区代表制；

（五）遇有缺位时，应由调委会本身推选补缺，而适当考虑上述各项的规定；

（六）保存者应向调委会提供执行其职务所需的行政便利。

二、（一）缔约各方得在签字、批准或加入本议定书时声明，在对接受同样义务的任何缔约他方的关系上，当然承认调委会有本条所授权的调查他方提出的主张的职权，而无须订立特别协定；

（二）上述声明应交存保存者，由保存者将声明副本分送缔约各方；

（三）调委会应具有下列职权：

1. 对被控为从事严重破坏各公约或本议定书规定的行为或其他严重违反各公约或本议定书的行为的任何事实进行调查；

2. 通过调委会的斡旋，促使恢复对各公约和本议定书的尊重的态度；

（四）在其他场合下，调委会仅应在有关他方同意下，进行冲突一方所请求的调查；

（五）在本款上述规定的拘束下，第一公约第五十二条、第二公约第五十三条、第三公约第一百三十二条和第四公约第一百四十九条的规定，应继续适用于任何被控为违反各公约的行为，并应扩展适用于任何被控为违反本议定书的行为。

三、（一）除有关各方另有协议外，所有调查应由调查庭进行，调查庭由按下列方式指派的委员七名组成：

1. 由调委会在与冲突各方磋商后在公平地区代表制基础上指派非冲突任何一方国民的委员五名；

2. 分别由每一方指派的非冲突任何一方国民的特设委员两名；

（二）在收到调查请求时，调委会主席应规定设立调查庭的适当时限。如果在该期限内未指派特设委员，主席应立即根据需要另派委员会委员，以补足调查庭的成员。

四、（一）依据第三款设立的从事调查的调查庭，应请冲突各方协助，并提供证据，调查庭还得设法取得其认为适当的其他证据，并就地对情况进行考察；

（二）所有证据应完全向各方公开，而各方应有权向调委会提出对证据的评论；

（三）每一方均应有权对证据提出异议。

五、（一）调委会应向各方提出调查庭关于事实调查的报告及其认为适当的建议；

（二）如果调查庭不能取得充分证据，对事实作出公正的调查结论，调委会应说明其不能作出的理由；

（三）除经冲突各方向调委会请求外，调委会不应公开提出其调查结果的报告。

六、调委会应自行制定其规则，包括关于调委会主席职位及调查庭庭长职位的规则。这项规则应保证调委会主席的职务无论何时均得行使，并在进行调查时由非冲突一方国民的委员行使。

七、调委会的行政开支由依据第二款作出声明的缔约各方的捐助和自愿的捐助支付。请求调查的冲突一方或几方应预付调查庭开支所需的款项，并应由被控一方或几方偿付调查庭百分之五十以内的费用。如果在调查庭上有反控告的情形，则每方均应预付百分之五十的必需款项。

第九十一条 责任

违反各公约或本议定书规定的冲突一方，按情况所需，应负补偿的责任。该方应对组成其武装部队的人员所从事的一切行为负责。

第六部 最后规定

第九十二条 签字

本议定书应于最后档签字后六个月开放于各公约缔约各方签字，并在12个月的期限内仍开放听由签字。

第九十三条 批准

本议定书应尽速批准。批准书应交存各公约保存者瑞士联邦委员会。

第九十四条 加入

本议定书应开放听由未签字于各公约的任何一方加入。加入书应交存保存者。

第九十五条 生效

一、本议定书应于两份批准书或加入书交存后六个月发生效力。

二、对于嗣后批准或加入本议定书的各公约缔约每一方，本议定书应于该方交存其批准书或加入书后六个月发生效力。

第九十六条 本议定书生效时条约关系

一、当各公约缔约各方也是本议定书缔约各方时，经本议定书补充的各公约应予适用。

二、当冲突一方不受本议定书的拘束时，本议定书缔约各方在其相互关系上应仍受本议定书的拘束。而且，如果不受本议定书拘束的缔约一方接受和适用本议定书的规定，本议定书缔约各方在其对该方的关系上均受本议定书的拘束。

三、代表对缔约一方从事第一条第四款所指类型的武装冲突的人民的当局，得通过向保存者送致单方面声明的方法，承诺对该冲突适用各公约和本议定书。在保存者收到该声明时，该声明对该冲突具有下列效果：

（一）各公约和本议定书对作为冲突一方的该当局立即发生效力；

（二）该当局承担各公约和本议定书缔约一方所承担的同样权利和义务；

（三）各公约和本议定书对冲突各方具有同等的拘束力。

第九十七条 修正

一、缔约任何一方均得对本议定书提出修正案。任何已提出的修正案的文本应送交保存者，保存者应在与缔约各方和红十字国际委员会磋商后，决定应否召开会议，以审议已提出的修正案。

二、保存者应邀请缔约各方以及各公约

缔约各方，不论是否本议定书的签字国，参加这项会议。

第九十八条 附件一的修订

一、不迟于本议定书生效后四年，并在其后每次至少间隔四年，红十字国际委员会应就本议定书附件一与缔约各方进行磋商，并得在其认为必要时，建议召开审查附件一的技术专家会议，并对附件一提出其认为适宜的修正案。除在向缔约各方发出召开这项会议的建议六个月内有缔约各方三分之一表示反对外，红十字国际委员会应召开会议，并邀请适当国际组织派遣观察员参加。红十字国际委员会在缔约各方三分之一请求下也应随时召开这项会议。

二、如果在技术专家会议后红十字国际委员会或缔约各方三分之一请求召开会议，保存者应召开缔约各方和各公约缔约各方会议，以审议技术专家会议提出的修正案。

三、在该会议上，附件一的修正案得由出席并投票的缔约各方三分之二通过。

四、保存者应将已通过的任何修正案送交缔约各方和各公约缔约各方。修正案在送交后满一年时应视为已被接受，除非在该期限内缔约各方的三分之二以上发出不接受该修正案的声明。

五、按照第四款视为已被接受的修正案，应在按照该款发出不接受声明以外的缔约所有各方接受后三个月发生效力。任何发出不接受声明的一方得随时撤回该声明，修正案应在撤回后三个月对该方发生效力。

六、保存者应将任何修正案的发生效力、受该修正案拘束的各方、该修正案对每一方发生效力的日期、按照第四款发出的不接受声明和该声明的撤回，通知缔约各方和各公约缔约各方。

第九十九条 退约

一、如果缔约一方退出本议定书，退约应仅在收到退约书后一年发生效力。但如果在一年期满时，退约该方卷入第一条所指的各种场合中一种场合，退约在武装冲突或占领结束前不应发生效力，并无论如何在与受各公约保护的人最后释放、遣返或安置有关的行动终止以前不应发生效力。

二、退约应以书面通知保存者，并由保存者告知缔约各方。

三、退约仅对退约一方有效。

四、依据第一款的任何退约，不应影响退约该方由于武装冲突而对退约生效前作出的任何行为所承担的义务。

第一百条 通知

保存者应将下列各项通知缔约各方以及各公约缔约各方，不论其是否本议定书的签字国：

一、在本议定书上的签定和依据第九十三条和第九十四条的批准书和加入书的交存；

二、依据第九十五条的本议定书的生效日期；

三、依据第八十四条、第九十条和第九十七条收到的通知和声明；

四、依据第九十六条第三款收到的声明，该声明应以最迅速的方法分送；

五、依据第九十九条的退约。

第一百零一条 登记

一、本议定书在生效后，应按照联合国宪章第一百零二条，由保存者送交联合国秘书处登记公布。

二、保存者还应将其收到的关于本议定书的所有批准、加入和退约，通知联合国秘书处。

第一百零二条 作准文本

本议定书原本，其阿拉伯文、中文、英文、法文、俄文和西班牙文各本同样作准，应交存保存者，保存者应将其经认证无误的副本分送各公约缔约各方。

附件一

识别章程

第一章 身份证

第一条 常任平民医务和宗教人员的身份证

一、议定书第十八条第三款所指的常任医务和宗教人员的身份证应：

（一）具有特殊标志，其大小便于携带于口袋内；

（二）尽可能耐用：

（三）用本国或正式文字书写（或另加他种文字书写）；

（四）载明持用者姓名、出生日期（如果无出生日期，载明发证年龄），以及如果有身份识别号码，载明其身份识别号码；

（五）说明持用者享受各公约和议定书的保护的资格；

（六）贴有持用者的照片，并附有其签字；

（七）盖有主管当局听印章，并附有其签字；

（八）载明身份证颁发的日期和到期日期。

二、身份证在缔约每一方的全部领土内应格式划一，而且冲突各方应尽可能使用同一样式的身份证。冲突各方得参照图1所示的单一文字的示范证件。在敌对行动开始前，冲突各方如果所用的示范身份证与图1所示的不同，应彼此寄送该示范身份证的样本。如果可能，身份证制成两份，一份由颁发当局保存，并由该当局对其所颁发的身份证加以控制。

三、在任何情况下，均不得剥夺常任平民医务和宗教人员的身份证。这类人员如果丢失身份证，应有权补领一份复件。

第二条 临时平民医务和宗教人员的

一、临时平民医务和宗教人员的身份证，应尽可能与本章程第一条所规定的相类似。冲突各方得参照图1（略）所示的示范证件。

二、当情况致使不能向临时平民医务和宗教人员提供与本章程第一条所规定的相类似的身份证时，得向这类人员提供主管当局签字的证件，证明领有证件的人被派担任临时人员的职责，并于可能时，说明派任的期限和这类人员佩带特殊标志的权利。该证件应载明持用者的姓名和出生日期（如果出生日期不详，应载明颁发证件时年龄）、职务，以及如果有身份识别号码，载明其身份识别号码。该证件应附有持用者的签名或指纹，或两者俱备。

第二章 特殊标志

第三条 形状和性质

一、特殊标志（白底红色）应按照情况适当地大些。关于十字、新月与狮与太阳的形状，缔约各方得以图2（略）所示范标志为准。

二、在夜间或在能见度减弱时，记号得加照明或使其发光，记号还得用技术的探测方法能使其被识别的材料制成。

第四条 使用

一、特殊标志应尽可能展示于平面上或在从尽可能多的方向和尽可能远的距离都能见及的旗帜上。

二、除受主管当局指示的拘束外，在战区执行任务的医务和宗教人员，应尽可能穿戴具有特殊标志的帽盔和衣服。

第三章 特殊标志

第五条 形状和性质

一、除受本章程第六条的规定的拘束外，本章所规定和专供医疗队和医务运输工具使用的信号，不应用于任何其他目的。本章所指的所有信号可任意选用。

二、由于没有时间或因其具有的特征而不能用特殊标志标明的临时医务飞机，得使用本章所核准的特殊信号。但，使用目视信号，不论是特殊标志或是第六条所规定的光信号，或两者俱用，并补充以本章程第七条和第八条所指的其他信号，是使医务飞机得到有效的识别和认识的最好方法。

第六条 光信号

一、蓝色闪光的光信号是供医务飞机使用以表明其为医务飞机的信号。任何其他飞机均不得使用这种信号。所建议的蓝色是用下列三边作为三色坐标而得出的：

绿色 $Y = 0.065 + 0.805$

白边 $Y = 0.400 - X$

紫边 $X = 0.133 - 0.600Y$

所建议的蓝色闪光率是每分钟闪光60下到100下。

二、医务飞机应具备有使光信号从尽可能多的方向都能见及所需的光。

三、在冲突各方没有订立特别协定将蓝色闪光保留用于识别医务车辆和船艇的情形下，不禁止其他车辆或船舶使用这种信号。

第七条 无线电信号

一、无线电信号应是国际电信联盟的世界无线电行政会议所指定和核准的特殊优先信号开始的无线电话或无线电报信息。这种信息应在有关医务运输工具的呼号发出前播送三次。这种信息应于适当的间隔时间内用第三款所规定的频率以英语播送。优先信号应专门限于医疗队和医务运输工具使用。

二、第一款所载的以特殊优先信号开始的无线电信息应传送下列数据：

（一）医务运输工具的呼号；

（二）医务运输工具的位置；

（三）医务运输工具的数量和类型；

（四）拟定的路线；

（五）于适宜时，估计的在途中的时间以及出发和到达的时间；

（六）任何其他情况，如飞行高度、受保护的无线电频率、语言和二级监视雷达波模和电码。

三、为了便利第一款和第二款所指的通讯以及议定书第二十二条、第二十三条、第二十五条、第二十六条、第二十七条、第二十八条、第二十九条、第三十条和第三十一条所指的通讯，缔约各方、冲突各方或冲突一方得按照国际电信公约所附的无线电章程内的频率分配表，共同或单独指定和公布其所选定供这类通讯使用的本国频率。这些频率应按照世界无线电行政会议核准的程序通知国际电信联盟。

第八条 无线电信号

一、经随时修正的1944年12月7日芝加哥国际民用航空公约附件十二所规定的二级监视雷达系统，得用于识别和跟踪医务飞机的航向。保留专用于医务飞机的二级监视雷达的波模和电码，应由缔约各方、冲突各方或冲突一方按照国际民用航空组织所建议的程序共同或单独确定。

二、冲突各方得订立特别协定，为识别医务车辆和医务舰船艇而确定类似的电子系统，以供使用。

第四章 通 讯

第九条 无线电讯

在应用依据议定书第二十二条、第二十三条、第二十五条、第二十六条、第二十七条、第二十八条、第二十九条、第三十条和第三十一条所进行的程序时，本章程第七条所规定的优先信号得在医疗队和医务运输工具发出适当的无线电讯之前发出。

第十条 国际电码的使用

医疗队医务运输工具还得使用国际电信联盟、国际民用航空组织和政府间海事协商组织所定的电码和信号。这类电码和信号应按照上述各组织所确定的标准、做法和程序使用。

第十一条 其他通讯方法

在不可能有双向无线电讯时，得使用政府间海事协商组织所通过的信号谱或经随时修正的1944年12月7日芝加哥国际民用航空公约的适当附件所规定的信号。

第十二条 飞行计划

本议定书第二十九条所规定的善于飞行计划的协议和通知，应尽可能按照国际民用航空组织的程序制订。

第十三条 对医务飞机进行拦截的信号和程序

如果使用进行拦截的飞机，以查明飞行中的医务飞机是否医务飞机，或按照本议定书第三十条和第三十一条要求其降落，拦截飞机和医务飞机均应遵从经随时修正的1944年12月7日芝加哥国际民用航空公约附件二所规定的标准的目视的和无线电的拦截程序。

第五章 民 防

第十四条 身份证

一、本议定书第六十六条第三款所规定的民防人员的身份证，受本章程第一条有关规定的支配。

二、民防人员的身份证得仿照图3（略）所示范证件。

三、如果准许民防人员携带个人轻武器，上述身份证上应予载明。

第十五条 国际特殊记号

一、本议定书第六十六条第四款所规定的民防人员的国际特殊记号是橙色底蓝色等边三角形。示范记号见图4（略）。

二、兹建议：

（一）如果蓝色三角形镐镶在旗帜或臂章或外衣上，三角形底用橙色旗帜或臂章或外衣；

（二）三角形的一个垂直向上；

（三）三角形的任何一角都不触及橙色底的边沿。

三、国际特殊记号应按照情况适当地大些。特殊记号应尽图 4（略）橙色底蓝色三角形可能展示在平面上或在从尽可能多的方向和尽可能远的距离都能见及的旗帜上。除受主管当局批示的拘束外，民防人员应尽可能戴穿具有国际特殊记号的帽盔和衣服。在夜间或在能见度减弱时，记号得加照明或使其发光；记号还得用技术的探测方法所使其被认出的材料制成。

第六章　含有危险力量的工程和装置

第十六条　国际特别记号

一、含有危险力量的工程和装置的国际特别记号，按议定书第五十六条第七款所规定的应是按照下列图 5（略）所示的在同一轴在线一组三个同样大小的鲜橙色圆形，每个圆形之间的距离为一个半径。

二、记号应按照情况适当地大些。如果展示在宽广表面上，记号得按照情况适当地多几个。记号应尽可能展示在平面上或在旗帜上，以便从尽可能多的方向和尽可能远的距离都能见及。

三、在旗帜上，记号的外限和旗帜的附近各边的距离应为一个圆形的半径。该旗帜应是白底长方形。

四、在夜间或在能见度减弱时，记号得加照明或使其发光。记号还得用技术的探测方法能使其被认出的材料制成。

附件

担任危险的职业任务的新闻记者使用的身份证

（略）

1949 年 8 月 12 日日内瓦四公约关于保护非国际性武装冲突受难者的附加议定书

（第二议定书）

（1977 年 6 月 8 日订于日内瓦）

序　文

缔约各方，回顾到庄严载入 1949 年 8 月 12 日日内瓦四公约共同第三条的人道主义原则，构成在非国际性武装冲突的情形下对人的尊重的基础，还回顾到关于人权的国际档提供对人的基本保护，强调有必要保证这类武装冲突的受难者得到更好的保护，回顾到在现行法律所未包括的情形下，人仍受人道原则和公众良心要求的保护，议定如下：

第一部　本议定书的范围

第一条　对事物的适用范围

一、本议定书发展和补充 1949 年 8 月 12 日日内瓦四公约共同第三条而不改变其现有的适用条件，应适用于为 1949 年 8 月 12 日日内瓦四公约关于保护国际性武装冲突受难者的附加议定书（第一议定书）所未包括、而在缔约一方领土内发生的该方武装部队和在负责统率下对该方一部分领土行使控制权，从而使其能进行持久而协调的军事行动并执行本议定书的持不同政见的武装部队或其他有组织的武装集团之间的一切武装冲突。

二、本议定书不应适用于非武装冲突的内部动乱和紧张局势，如暴动、孤立而不时发生的暴力行为和其他类似性质的行为。

第二条 对人的适用范围

一、本议定书应适用于受第一条所规定的武装冲突影响的一切人，而不应以种族、肤色、性别、语文、宗教或信仰、政治或其他意见、民族或社会出身、财富、出生或其他身份或任何其他类似标准为依据加以任何不利区别（以下简称“不利区别”）。

二、在武装冲突结束时，基于有关该冲突的原因而自由被剥夺或自由受限制的一切人，以及在该冲突后基于同样原因而自由被剥夺或自由受限制的一切人，均应享受第五条和第六条的保护，直至自由的剥夺或限制终止之时为止。

第三条 不干涉

一、本议定书的任何规定均不应援引以损害国家的主权，或损害政府用一切合法手段维持或恢复国内法律和秩序或保卫国家统一和领土完整的责任。

二、本议定书的任何规定均不应援引作为无论基于任何理由而直接或间接干涉武装冲突或冲突发生地的缔约一方的内部或外部事务的根据。

第二部 人道待遇

第四条 基本保证

一、一切未直接参加或已停止参加敌对行动的人，不论其自由是否受限制，均有权享受对其人身、荣誉以及信念和宗教仪式的尊重。这类人应在任何情况下受人道待遇，而不加任何不利区别。下令杀无赦，是禁止的。

二、在不妨害上述规定的普遍性的条件下，对第一款所指的人的下列行为是禁止的，并在任何时候和在任何地方均应禁止：

（一）对人的生命、健康和身体上或精神上幸福的暴行，特别是谋杀以及虐待，如酷刑、残伤肢体或任何形式的体罚；

（二）集体惩罚；

（三）扣留人质；

（四）恐怖主义行为；

（五）对人身尊严的侵犯，特别是侮辱性和降低身份的待遇、强奸、强迫卖淫和任何形式的非礼侵犯；

（六）各种形式的奴隶制度和奴隶贩卖；

（七）抢劫；

（八）以从事任何上述行为相威胁。

三、对儿童，应给予其所需的照顾和援助，特别是：

（一）儿童应按照其父母的愿望，或父母不在时，按照负责照顾的人的愿望得到教育，包括宗教和道德教育；

（二）应采取一切适当步骤，以便利暂时离散的家庭重聚；

（三）对未满 15 岁的儿童不应征募其参加武装部队或集团，也不应准许其参加敌对行动；

（四）如果尽管有第三项的规定，而未满 15 岁的儿童直接参加敌对行动，并被俘获，这类儿童仍应适用本条所规定的特别保护；

（五）如果有必要，并在可能时，在儿童的父母或依据法律或习惯主要负责照顾的人的同意下，应采取措施，将儿童从进行敌对行动的地区暂时移往国内较安全的地区，并保证由负责其安全和幸福的人伴同。

第五条 自由受限制的人

一、除第四条的规定外，对于基于有关武装冲突的原因而自由被剥夺的人，不论是被拘禁或被拘留，至少应尊重下列的规定：

（一）对伤者和病者，应按照第七条给予待遇；

（二）对本款所指的人，应按照当地平民居民的同样标准供给食物和饮水，并提供健康卫生方面的保障和免受严寒酷热和武装冲突的危害的保护；

（三）对这类人，应准许其接受个人或集体救济；

（四）对这类人，应准许其奉行其宗教，而且，如经请求，并于适宜时，应准许其接受执行宗教职务的人，如牧师，所给予的精神上帮助；

（五）如果使这类人做工，这类人应享有类似当地平民居民所享受的工作条件和保障的利益。

二、负责拘禁或拘留第一款所指的人的当局也应在其力所能及范围内尊重有关这类人的下列规定：

（一）除一家男女的住处安排在一起外，妇女的住处应与男子的住处分开，并应由妇女直接监视；

（二）对这类人，应准许其收发信件和邮片，主管当局如果认为必要，得限制其数目；

（三）拘禁和拘留的地方不应接近战斗地带。第一款所指的人，在其拘禁或拘留的地方特别容易遭受武装冲突所造成的危险时，如果撤退能在充分安全的条件下进行，应予撤退；

（四）这类人应享有身体检查的利益；

（五）这类人的身心健全不应受任何无理行为或不作为的危害。因此，迫使本条所述的人接受非为其健康状况所要求而且与自由的人在类似医疗状况中所适用的公认医疗标准不符的医疗程序，是禁止的。

三、对第一款所不包括但基于有关武装冲突的原因而自由以任何方式受限制的人，应按照第四条和本条第一款第一项、第三项和第四项以及第二款第二项给予人道的待遇。

四、如果决定释放自由被剥夺的人，作出决定的人应采取措施，以保证被释放的人的安全。

第六条 刑事追诉

一、本条适用于对有关武装冲突的刑事罪行的追诉和惩罚。

二、对犯有罪行的人，除遵照具备独立和公正的主要保证的法院定罪宣告外，不应判刑和处罚。特别是：

（一）程序应规定使被告立即被告知其被控犯罪的细节，并应使被告在审判前和审判期间享有一切必要的辩护权利和手段；

（二）对任何人，除以个人刑事责任为依据外，均不应对其判罪；

（三）对任何人，均不应因其在从事行为或不作为时依据法律不构成犯罪的任何行为或不作为而判决有罪；也不应处以重于其犯罪时可适用的刑罚；如果在犯罪后法律规定较轻的刑罚，犯罪人应享受该规定的利益；

（四）任何被控犯罪的人，在按照法律证明其有罪前，均推定为无罪；

（五）任何被控犯罪的人均应享有在受审时在场的权利；

（六）对任何人，均不应迫其提供对自己不利的证据或自认犯罪。

三、对被判罪的人，应在判罪时告知其司法或其他救济方法以及使用这些救济方法的时限。

四、对犯罪时不满 18 岁的人，不应宣判死刑，并对孕妇和幼童的母亲，不应执行死刑。

五、在敌对行动结束时，当权当局对参加武装冲突的人或基于有关武装冲突的原因而自由被剥夺的人，不论被拘禁或被拘留，应给以尽可能最广泛的赦免。

第三部 伤者、病者和遇船难者

第七条 保护和照顾

一、所有伤者、病者和遇船难者，不论曾否参加武装冲突，均应受尊重和保护。

二、在任何情况下，伤者、病者和遇船难者均应受人道待遇，并应在最大实际可能范围内和尽速得到其状况所需的医疗照顾和注意。在这类人之中，不应以医疗以外的任何理由为依据加以任何区别。

第八条 搜寻

在情况许可的任何时候，特别是在战斗后，应立即采取一切可能措施，搜寻和收集伤者、病者和遇船难者，保护其不受抢劫和虐待，保证其有充分的照顾，而且搜寻死者，防止其被剥夺衣物并予以适宜的处理。

第九条 对医务和宗教人员的保护

一、医务和宗教人员应受尊重和保护，并在其履行职责中应得到一切可能帮助。对这类人，不应迫其执行与其人道主义使命不符的任务。

二、除有医疗理由外，不应要求医务人员在履行其职责中给予任何人以优先地位。

第十条 对医疗职责的一般保护

一、在任何情况下，不问谁是受益者，任何人均不应因进行符合医疗职责的医疗活动而受惩罚。

二、对从事医疗活动的人，不应迫其从事或进行违反医疗道德规则、或其他为伤者和病者的利益而制订的规则、或本议定书的行为或工作，也不应迫其不从事这类规则或本议定书所要求的行为。

三、从事医疗活动的人关于其可能取得的有关在其照顾下伤者和病者的情报的职业上义务，除受国内法的限制外，应受尊重。

四、除受国内法的限制外，任何从事医疗活动的人均不得因拒绝提供或未提供关于在其照顾下或曾在其照顾下的伤者和病者的情报而受任何形式的处罚。

第十一条 对医疗队和医务运输工具的保护

一、医疗队和医务运输工具无论何时均应受尊重和保护，并不应成为攻击的对象。

二、医疗队和医务运输工具，除其用于从事人道主义职能以外的敌对行为外，其有权享受的保护不应停止。但仅在发出警告，并在任何适宜时定有合理时限，而警告仍无效果后，保护才得停止。

第十二条 特殊标志

在有关主管当局指导下，医务和宗教人员以及医疗队和医务运输工具应展示白底红十字、红新月或红狮与太阳的特殊标志。在任何情形下，该特殊标志均应受尊重。该特殊标志不应用于不正当的用途。

第四部 平民居民

第十三条 对平民居民的保护

一、平民居民和平民个人应享受免于军事行动所产生的危险的一般保护。为了实现这种保护，在任何情况下均应遵守下列各项规则。

二、平民居民本身以及平民个人，不应成为攻击的对象。禁止以在平民居民中散布恐怖为主要目的的暴力行为或暴力威胁。

三、平民个人除直接参加敌对行为并在参加期间外，应享受本部所给予的保护。

第十四条 对平民居民生存所不可缺少的物体的保护

作为作战方法使平民居民陷于饥饿，是禁止的。因此，为了该目的，对平民居民所不可缺少的物体，如粮食、生产粮食的农业区、农作物、牲畜、饮水装置和供应及灌溉工程，进行攻击、破坏、移动或使其失去效用，都是禁止的。

第十五条 对含有危险力量的工程和装置的保护

含有危险力量的工程或装置，如堤坝和核发电站，如果对之进行攻击可能引起危险力量的释放，从而在平民居民中造成严重的损失，即使这类物体是军事目标，也不应成为攻击的对象。

第十六条 对文物和礼拜场所的保护

在不妨碍 1954 年 5 月 14 日关于发生武装冲突时保护文化财产的海牙公约的规定的条件下，对构成各国人民文化或精神遗产的历史纪念物、艺术品或礼拜场所从事任何敌对行为，以及利用这些物体以支持军事努力，都是禁止的。

第十七条 对强迫平民迁移的禁止

一、除为有关平民的安全或迫切的军事理由所要求外，不应基于有关冲突的理由下令平民居民迁移。如果必须进行迁移，则应采取一切可能的措施，使平民居民能在满意的住宿、卫生、健康、安全和营养的条件下被收留。

二、对平民，不应基于有关冲突的理由而迫其离开其本国领土。

第十八条 救济团体和救济行动

一、在缔约一方领土内的救济团体，如红十字会（红新月会、红狮与太阳会）组织，得提供服务，对武装冲突受难者执行其传统的职务。平民居民即使在其自己主动下，也得提供收集和照顾伤者、病者和遇船难者的服务。

二、如果平民居民由于缺少生存必需品，如粮食和医疗用品，而遭受非常的困难，对该平民居民，应在有关缔约一方同意下，进行专门属于人道主义和公正性质而不加任何不利区别的救济行动。

第五部 最后规定

第十九条 传播

本议定书应尽可能广泛地予以传播。

第二十条 签字

本议定书应于最后档签字后六个月开放听由各公约缔约各方签字，并在 12 个月期间内继续开放听由签字。

第二十一条 批准

本议定书应尽速批准。批准书应交存各公约保存者瑞士联邦委员会。

第二十二条 加入

本议定书应开放听由未签字于本议定书的各公约任何一方加入。加入书应交存保存者。

第二十三条 生效

一、本议定书应于两份批准书或加入书交存后六个月发生效力。

二、对于嗣后批准或加入本议定书的各公约缔约每一方，本议定书应于该方交存其批准书或加入书后六个月发生效力。

第二十四条 修正

一、缔约任何一方均得对本议定书提出修正案。任何已提出的修正案的文本应送交保存者，保存者应在与缔约各方和红十字国际委员会磋商后，决定应否召开会议，以审议已提出的修正案。

二、保存者应邀请缔约各方以及各公约缔约各方，不论是否本议定书的签字国，参加该会议。

第二十五条 退约

一、如果缔约一方退出本议定书，退约应仅在退约书收到后六个月发生效力。但如果在六个月期满时，退约该方卷入第一条所指的场合，退约在武装冲突结束前不应发生效力。然而，基于有关冲突的原因而自由被剥夺或自由受限制的人，在其最后释放前，应继续享受本议定书的规定的利益。

二、退约应以书面通知保存者，保存者应即告知缔约各方。

第二十六条 通知

保存者应将下列各项通知缔约各方以及各公约缔约各方，不论是否本议定书的签字国：

一、在本议定书上的签字和依据第二十一条和第二十二条的批准书和加入书的交存；

二、依据第二十三条的本议定书的生效日期；

三、依据第二十四条收到的通知和声明。

第二十七条 登记

一、本议定书在生效后，应按照联合国宪章第一百零二条由保存者送交联合国秘书处登记公布。

二、保存者还应将其收到的关于本议定书的所有批准、加入和退约，通知联合国秘书处。

第二十八条 作准文本

本议定书原本，其阿拉伯文、中文、英文、法文、俄文、西班牙文各文本同样作准，应交存保存者，保存者应将其经认证无误的副本分送各公约缔约各方。

（资料源于红十字国际委员会）

国际红十字与红新月运动章程及七项基本原则

1986年10月第二十五届红十字国际大会修改并通过

目 录

序　言

红十字与红新月国际大会声明：各国红十字会和红新月会、红十字国际委员会和红十字会与红新月会国际联合会合在一起构成了一个世界性的人道主义运动，其任务是防止并减轻无论发生在何处的人类疾苦；保护人的生命和健康；保障人类尊严，尤其是在发生武装冲突和其他紧急情况的时候；为预防疾病、增进健康和社会福利而工作；鼓励志愿服务，鼓励本运动的成员随时做好准备提供帮助，鼓励对那些需要本运动保护和帮助的人持有普遍的同情感。

红十字与红新月国际大会重申，在履行其职责时，本运动恪守其基本原则：

人道：

国际红十字与红新月运动的本意是要不加歧视地救护战地伤员。在国际和国内两方面，努力防止并减轻人们的疾苦，不论这种痛苦发生在什么地方。本运动的宗旨是保护人的生命和健康；保障人类尊严；促进人与人之间的相互了解、友谊和合作，促进持久和平。

公正：

本运动不因国籍、种族、宗教信仰、阶级和政治见解而有所歧视，仅根据需要，努力减轻人们的疾苦，优先救济困难最紧迫的人。

中立：

为了继续得到所有人的信任，本运动在冲突双方之间不采取立场，任何时候也不参与带有政治、种族、宗教或意识形态的争论。

独立：

本运动是独立的。虽然各国红十字会或红新月会是本国政府的人道工作助手并受本国法律的制约，但必须经常保持独立，以便任何时候都能按本运动的原则行事。

志愿服务：

本运动是个志愿救济运动，绝不期望以任何方式得到利益。

统一：

任何一个国家只能有一个红十字会或红新月会。它必须向所有的人开放，必须在全国范围内开展人道主义工作。

普遍：

国际红十字和红新月运动是世界性的。在运动中，所有红会享有同等地位，负有同样责任和义务，相互支援。

国际红十字与红新月运动再次提出：本运动所信奉的箴言“战时行善”和“通过人道获得和平”，共同表达了运动的理想。

国际红十字与红新月运动宣告：通过它的人道主义工作和理想的传播，本运动正在促进持久和平。和平不仅仅是没有战争，而且还是各国和人民之间积极合作。合作应以尊重、自由、独立、国家主权、平等、人权为基础，以公平合理地分配资源，满足人民需求为基础。

第一章　总　则

第一条　定义

1. 国际红十字与红新月运动（简称“运动”）包括按本章程第四条规定所承认

的各国红十字会和红新月会（简称“各国红会”)、红十字国际委员会（简称“国际委员会”）和红十字会与红新月会国际联合会（简称“联合会”)。

2. 本运动的成员除在本章程范围内保持其独立外，任何时候都应依照基本原则行事，为完成共同任务而开展各自的工作，并互相合作。

3. 本运动的成员同1929年7月27日或1949年8月12日签定的日内瓦公约缔约国一道参加红十字与红新月国际大会（简称“国际大会”)。

第二条 日内瓦公约缔约国

1. 日内瓦公约缔约国遵照公约、本章程以及国际大会决议，同本运动的成员合作。

2. 每一缔约国均应敦促在其领土上建立国家红会，并鼓励其发展。

3. 所有国家，特别是已承认了在本国建立的国家红会的国家，应尽可能支持本运动成员工作；本运动的成员也将根据各自的章程，尽可能地支持各国的人道主义活动。

4. 任何时候各国都应尊重本运动的成员信守其基本原则。

5. 本运动的成员对本章程之贯彻应不影响各国之主权，还须对国际人道主义法的各项条款给予应有的尊重。

第二章 本运动的成员

第三条 各国红十字会和红新月会

1. 各国红会系本运动的基本成员和重要力量。它们依据自身的章程和本国立法从事符合本运动的任务和基本原则的人道主义活动。各国红会支持政府当局为满足各自国家人民的需要而开展的人道主义工作。

2. 在国内，各国红会是独立自主的全国性团体，为其志愿工作者和专职人员的活动提供了一个必不可少的组织机构。通过开展有益于社会的教育、卫生和社会福利等方面的活动，各国红会与政府当局在预防疾病、增进健康、减轻人类疾苦等方面合作。

同政府当局一道，各国红会组织紧急救济活动和其他活动，救助日内瓦公约规定的武装冲突受难者、自然灾害的灾民，以及遭受其他灾害需要救助的灾民。

它们传播并帮助政府传播国际人道主义法。在这方面各国红会应积极主动。它们宣传本运动的原则和理想，并协助也在宣传这些原则和理想的政府。它们还与政府合作，确保国际人道主义法得到尊重，保护红十字与红新月标志。

3. 在国际上，各国红会在资源允许的范围内，救助日内瓦公约规定的武装冲突受难者和自然灾害以及其他灾害的灾民。这类救济可以是服务和人员的方式，也可以是物质、经费和道义的方式，并应通过有关国家红会、国际委员会或联合会提供。

只要办得到，各国红会应为需要援助的红会的发展工作做出贡献，以便加强整个运动的力量。

本运动成员间的国际援助，将依照章程第五条和第六条进行协调。接受这种援助的一国红会，需在本国国内进行协调，并应视情况征得国际委员会和联合会的同意。

4. 为了完成这些任务，各国红会招聘、培训和派遣执行任务所需的人员。各国红会应鼓励每个人，特别是青年人参与该会的工作。

5. 根据联合会章程，各国红会有义务支援联合会的工作，如有可能，它们应志愿支援国际委员会的人道主义活动。

第四条 承认各国红会的条件

一个国家的红会如欲得到第五条第2节（2）款的承认，须具备下列条件：

1. 它应建立在一个独立的国家领土上，而且改善战地武装部队伤者病者境遇之日内瓦公约已在该国生效。

2. 是该国唯一的全国性的红十字会或红新月会，并由一个中央机构领导；在与本运动的其他成员交往时，中央机构是唯一有资格代表该会的。

3. 本国合法政府已依照日内瓦公约和国家立法正式承认它为志愿救护团体，担任政府当局的人道主义工作助手。

4. 具有独立的地位，从而得以按照本运动的基本原则进行活动。

5. 采用日内瓦公约规定的红十字或红新月为其名称和标志。

6. 组织机构应能便于履行该会章程所确定的任务，并在平时就做好准备，一旦发生武装冲突，应能履行公约所规定的法定任务。

7. 该会活动须遍及本国领土。

8. 在吸收志愿工作者和专职工作人员时，不得考虑种族、性别、阶级、宗教和政治见解。

9. 严守本章程，爱护团结本运动各成员的友谊，并与本运动各成员合作。

10. 尊重本运动的基本原则，以国际人道主义法指导其活动。

第五条 红十字国际委员会

1. 国际委员会1863年成立于日内瓦。它得到日内瓦公约和历届红十字国际大会的正式承认，是一个独立的人道主义团体，具有合法地位。委员从瑞士公民中互选产生。

2. 根据该委员会的章程，国际委员会的职责主要是：

（1）维护并宣传本运动的基本原则，即人道、公正、中立、独立、志愿、统一和普遍；

（2）承认会约第四条所规定的承认条件的任何新成立或改组的国家红会，并通告其他国家红会；

（3）承担日内瓦公约所赋予的任务，为忠实执行适用于武装冲突的国际人道主义法而努力，并受理有关违反该法的诉讼；

（4）作为特别在国际和其他武装冲突以及内乱时进行人道主义工作的中立团体，应始终致力于保护和救助受此类冲突与其直接结果影响的军人和平民中的受难人员；

（5）确保日内瓦公约规定的中央查人局工作运转正常；

（6）考虑到战争不可避免，应与各国红会、军民医疗单位以及其他有关当局合作，致力于训练医务人员和准备医疗器械；

（7）为了解和传播适用于武装冲突的国际人道主义法知识而努力工作，并为发展该法做好准备；

（8）执行国际大会委托的工作。

3. 国际委员会可以其特殊中立和独立团体以及中间人的身份，对属于其职责范围内的各项人道主义性质的工作采取主动行动，并考虑需要此类团体研究的一切问题。

4.（1）国际委员会应与各国红会保持密切联系。经取得同意，国际委员会将与各国红会就共同关心的问题进行合作，例如，武装冲突时的准备工作，尊重、发展、批准日内瓦公约，宣传基本原则和国际人道主义法。

（2）如发生本条第2节（4）款提及的并需要协调来自其他国家红会的援助的情况，国际委员会应和该国红会或有关国家合作，根据与联合会缔结的协议协调此类援助。

5. 在本章程范围内，并根据第三、第六和第七条的规定，国际委员会和联合会将就共同关心的问题保持密切联系。

6. 国际委员会亦应同各国政府当局及其认为对其工作有助的任何国家的或国际的机构保持联系。

第六条 红十字会与红新月会国际联合会

1. 红十字会与红新月会国际联合会由各国红十字会与红新月会组成。遵照自己的章程进行活动。享有法人团体应有的一切权利和义务。

2. 联合会是一个独立的人道主义组织，其性质是非政府、非政治、非种族、非教扼的。

3. 联合会的宗旨是经常激励、鼓舞、便利和促进各国红会所从事的各种各样的人道主义活动，目的在于防止并减轻人类疾苦，从而为维护和促进世界和平作出贡献。

4. 为了实现第3节所定的宗旨并以本运动的基本原则和国际大会决议为依据，参照本章程第三、第五和第七各条的规定，联合会在本章程范围内并以其自身章程为依据，特别有以下职责；

（1）作为各国红会之间联络、协调和学习的常设机构，根据各国红会的要求向它们提供帮助；

（2）鼓励和促进在所有国家建立和发展独立并获承认的国家红会；

（3）采用一切可能的方法向所有灾民提供救济；

（4）在灾害救济准备、救济活动的组织及其实施等方面向国家红会提供援助；

（5）根据国际大会通过的《红十字与红新月灾害救济原则与条例》组织、协调和指导国际救济活动；

（6）鼓励和协调各国红会与本国政府机构合作参与旨在保障公共健康和增加社会福利的活动；

（7）鼓励和协调各国红会交流关于对儿童和青年进行人道主义国际理想教育以及发展各国青少年之间的友好关系；

（8）协助国家红会从全体国民中招募会员，并对他们进行运动的基本原则和理想的教育；

（9）根据与国际委员会签定的协议，向武装冲突的受害者提供帮助；

（10）帮助国际委员会促进和发展国际人道主义法，并与其合作，在各国红会中宣传国际人道主义法和基本原则；

（11）在国际上，尤其是处理涉及联合会大会通过的决定和建议等方面的事宜，担任其成员红会的正式代表，并担任成员红会独立完整的监护人和其利益的保护人；

（12）执行国际大会委办的任务；

5. 在每个国家，联合会应通过该国红会或经其同意进行活动，并须遵守该国的法律。

第七条 协作

1. 本运动的各成员应根据各自的章程和本章程第一、第三、第五、第六各条的规定，相互合作。

2. 国际委员会和联合会应在各级保持经常的相互联系，以便根据需要保护和帮助人们的最高利益，协调两机构的工作。

3. 在本章程和各自章程的范围内，国际委员会和联合会应就协调两机构的工作相互达成协议。如由于某种原因而不存在上述协议，第五条第 4 节（2）款和第六条第 4 节（9）款应不再适用；国际委员会和联合会应参照本章程其他规定解决有关两机构各自活动范围的问题。

4. 本运动各成员在各自有关章程范围内，依据共同使命和基本原则的精神，开展地区性的合作。

5. 本运动各成员在保护自身独立和特性的同时，应尽量同活跃在人道主义领域内的其他团体合作，只要这类团体寻求与本运动类似的目的，并准备尊重本运动各成员信守的基本原则。

第三章　法定机构红十字与红新月国际大会

第八条　定义

国际大会是本运动的最高审议机构。本运动各成员的代表与日内瓦公约缔约国代表一道参加大会会议。缔约国履行公约规定的职责，并根据本章程第二条全面支持本运动的工作。代表们一道审查并决定共同感兴趣的人道主义事务和其他有关事务。

第九条　成员

1. 国际大会的成员有各国红会、国际委员会。联合会和日内瓦公约缔约国的代表团。

2. 每个代表将拥有平等的权利，即一票表决权。

3. 一个代表只能属于一个代表团。

4. 一个代表团不得由另一个代表团或另一个代表团的成员代替。

第十条　职能

1. 国际大会完全遵循基本原则，致力于本运动的统一和任务的完成。

2. 国际大会努力尊重和发展国际人道主义法以及其他特别与本运动有关的国际公约。

3. 唯国际大会有权：

（1）修改本章程和《国际红十字与红新月运动议事规则》（简称“议事规则”）；

（2）在其成员要求下，就章程和规则的解释及实施所出现的分歧做出最后决定；

（3）对常设委员会、国际委员会和联合会根据第十八条第 2 节（2）款向大会提出的问题做出决定。

4. 国际大会按个人身份选举本章程第十六条第 1 节（1）款规定的常设委员会委员时，应考虑委员的个人资历和平均地域分配的原则。

5. 在本章程以及议事规则的范围内，国际大会恪以决议的形式通过所做出的决定、建议和宣言。

6. 国际大会可根据国际委员会和联合会的章程以及本章程，向两组织指派工作。

7. 国际大会认为需要，经出席大会而又参加表决的三分之二的多数成员同意，制定有关诸如议责和颁发奖章的规定。

8. 根据议事规则，国际大会可在会议期间设立附属机构。

第十一条　程序

1. 除非另作决定，国际大会每四年召开一次。大会应由一个国家红会中央机构或国际委员会或联合会依照上届国际大会或第十八条第 1 节（1）款规定的常设委员会的委托而召集。对国家红会、国际委员会或联合会在大会期间提出主办下届会议的建议，应予以优先的考虑。

2. 如遇特殊情况，常设委员会可改变国际大会的地点和时间；常设委员会可主动地或根据国际委员会、联合会或至少三分之一的国家红会的建议，采取行动。

3. 国际大会选举大会主席、副主席、秘书长、副秘书长和其他会议官员。

4. 国际大会的所有与会者应遵循基本原则，提交的所有文件须符合这些原则。为了使国际大会的讨论赢得大家的信任，主席和所有当选负责主持会议的官员应确保任何发言人不管在任何时候都不得涉及政治、种族、宗教和意识形态性质的争端。国际大会主席团按议事规则规定，在批准散发文件前也应采用同样标准。

5. 除有权参加国际大会的成员外，第十八条第1节（4）款提到的观察员可参加大会的各种会议，大会另定除外。

6. 国际大会不得修改国际委员会或联合会章程，也不得做出与本章程或国际大会决议相抵触的决议。

7. 国际大会应努力按议事规则规定的全体一致的原则通过决议；如达不到全体一致，将按规则进行投票表决。

8. 除受本章程规定的限制外，国际大会也受其议事规则的约束。国际红十字与红新月运动代表会议。

第十二条 定义

国际红十字与红新月运动代表会议（简称“代表会议”），系本运动各成员的代表集会及讨论有关本运动集体事宜的机构。

第十三条 成员

1. 代表会议成员包括各国红会、国际委员会和联合会的代表团。

2. 每个代表团均有平等的权利，即一票表决权。

第十四条 职能

1. 代表会议在本章程的范围内，应对国际大会、常设委员会、各国红会、国际委员会或联合会可能提出的有关本运动的所有问题发表意见，或在必要时做出决议。

2. 如在国际大会开幕前举行会议，代表会议应：

（1）向国际大会提出担任第十一条第3节所提的职务的人选；

（2）通过国际大会的暂定议程。

3. 在本章程范围内，代表会议以决议形式通过决定、建议或宣言。

4. 尽管有第十条第7节的一般规定，代表会议可由出席会议而又参加表决的代表的三分之二多数修改亨利·杜南奖章规则。

5. 代表会议可向国际大会提出任何问题。

6. 代表会议可向本运动任何成员提出问题，要求考虑。

7. 必要时，代表会议可由出席会议而又参加表决的代表三分之二多数通过设立附属机构，指明任务、任期和成员。

8. 对于按本章程专属国际大会权极限以内的任何问题，代表会议不得作最后决定，也不得作出同国际大会决议相抵触的决定，或国际大会已经决定可保留列入下届会议议程的问题的决定。

第十五条 程序

1. 在每届国际大会前，召开代表会议；任何时候如有三分之一的国家红会或国际委员会、联合会或常设委员会要求，代表会议也可召开。原则上，代表会议与每届联合会大会同期召开；代表会议也可主动召开会议。

2. 代表会议选举其主席和副主席。代表会议、联合会大会以及同时召开的国际大会，应由不同的人主持。

3. 代表会议的所有参加者应尊重基本原则，提交代表会议的所有文件亦应遵循这些原则。为了使会议的讨论赢得大家的信任，主席和所有当选负责主持会议的官员应确保任何发言人不管在何时都不得涉及政治、种族、宗教和意识形态性质的争端。

4. 除有资格参加代表会议的成员外，如代表会议没有另作决定，第十八条第4节（3）款提到的那些来自即将被承认的国家红会（即在可预见的将来有可能得到承认的国家红会）的观察员，可参加代表会议。

5. 代表会议应努力按议事规则规定的全体一致的原则通过决议，如达不到全体一致，将根据议事规则进行表决。

6. 代表会议应遵循议事规则。在必要时，代表会议可以出席会议而参加表决的成员的三分之二多数对议事规则加以补充，除非国际大会另有决定。

红十字与红新月常设委员会

第十六条 定义

红十字与红新月常设委员会（本章程称“常设委员会”）系两届国际大会期间的大会代表机构，执行第十八条规定的职能。

第十七条 成员

1. 常设委员会由九名委员组成，即：

（1）五名来自不同国家红会的成员，每名成员均由国际大会按第十条第四节以个人身份选举产生，任职至下届国际大会闭幕或至下届常设委员会正式成立时为止。

（2）二名系国际委员会代表，其中一名应为国际委员会主席。

（3）二名联合会代表，其中一名应为联合会主席。

2. 如第一节（2）款或（3）款提到的成员不能参加常设委员会某次会议，他可指定一名代理人参加该会议，只要该代理人不是常设委员会的成员。如第一节（1）款提及的成员出缺，常设委员会本身可任命上次选举得票最多而未中选的候选人担任成员。只要该候选人不是现任成员的同一国家红会成员，如果表决票数相等，平均地域分配原则将是决定性因素。

3. 常设委员会至少应在下届国际大会开会前一年邀请该届国际大会东道组织的一位代表以咨询人身份参加其会议。

第十八条 职能

1. 常设委员会应为下届国际大会做出以下安排：

（1）选定国际大会地址并确定日期，如果前届大会未就此做出决定或者根据第十一条第二节规定由于特殊情况需要；

（2）制定大会日程；

（3）准备大会暂定议程，以便提交代表会议；

（4）全体一致确定第十一条第五节提及的观察员名单；

（5）召集大会，争取多数人参加。

2. 在国际大会休会期间，在最后由大会裁定的条件下，常设委员会应解决：

（1）有关本章程和议事规则的解释与实施所引起的意见分歧；

（2）国际委员会或联合会可能向该委员会提出的有关两机构间分歧的问题。

3. 常设委员会应:

(1) 促进本运动工作的和谐，并就此在各成员间进行协调;

(2) 鼓励并敦促贯彻国际大会的决议;

(3) 根据上述目的，审查涉及本运动整体的所有问题。

4. 常设委员会应为下次代表会议做出安排:

(1) 选定代表会议的会址和会期;

(2) 准备代表会议的暂定议程;

(3) 全体一致地确定第十五条第 4 节提到的观察员名单。

5. 常设委员会颁发亨利·杜南奖章。

6. 常设委员会可向代表会议提出任何有关本运动的问题。

7. 常设委员会可一致同意设立必要的专门机构并指定这类机构的成员。

8. 在行使职能时并在国际大会最后裁定条件下，常设委员会应视情况需要采取任何措施，但本章程规定的本运动各个成员的独立性与主动性，应经常得到严格的保证。

第十九条　程序

1. 常设委员会至少每年应召开两次会议。主席可主动地或应委员会 3 名成员的要求，召开非常会议。

2. 常设委员会总部设在日内瓦。由主席选定并经多数成员同意，常设委员会可异地举行会议。

3. 常设委员会应与国际大会同时同地召开。

4. 所有决议均须由出席成员的多数表决通过，除非本章程或议事规则另有规定。

5. 常设委员会应从成员中选举一名主席和一名副主席。

6. 在本章程和议事规则的范围内，常设委员会应制定自己的议事规则。

第四章　最后条款

第二十条　修改

修改本章程和议事规则的任何提案均须列入国际大会的议程，并且至少提前 6 个月将提案文本交大会所有成员。在听取了国际委员会和联合会的意见后，任何修改均须经出席国际大会而又参加表决的代表的三分之二多数通过。

第二十一条　生效

1. 本章程将取代 1952 年第十八届国际大会通过的章程。凡与本章程抵触的早期规定应即废止。

2. 本章程将从 1986 年 11 月 8 日生效。

与奥林匹克运动

红十字会与红新月会国际联合会、国际奥林匹克委员会备忘录

国际奥林匹克委员会和红十字会与红新月会国际联合会共同认为，在普遍的基本道德准则的基础上，所有人类均享有在肉体和精神上憧憬和谐发展，享受和平并具有尊严的生活的权力。

国际奥委会和奥林匹克运动的整体目标是通过组织不含有任何歧视的体育活动和宣扬奥林匹克精神教育青年人从而为建设一个和平和更加美好的世界做出贡献。奥林匹克

精神包括友谊、团结和公平竞赛的原则。为达到这一整体目标，国际奥委会需要与其他组织合作，并在其能力之内，参与提供救助、促进和平的活动。

国际联合会依照红十字与红新月运动的基本原则鼓舞、协助和促进作为其成员的各国红十字会和红新月会开展旨在改善最易受损人群境遇的人道主义活动。国际联合会促进各国红会之间的合作，以便加强他们能够更有效地开展灾害管理、卫生和社会服务等工作的能力。

国际奥委会和国际联合会决定依据各自的宗旨和原则开展合作以促进国际团结并为可持续的人类发展做出特别贡献。国际奥委会和国际联合会将鼓励国家奥委会和国家红会为达到上述目的而开展的各种活动，特别是在为弱势易损人群提供帮助和志愿服务方面。为此，双方同意建立联合工作组以便开展和维护在国家范围内的合作伙伴关系。联合工作组每年至少举行一次会议。

除非协议一方以书面形式通知另一方要求中断协议，本协议将长期有效。

本协议以英文和法文两种语言为原本，2003 年 5 月 16 日签署于西班牙马德里市。

红十字会与红新月会国际联合会主席

胡安·马努埃尔·苏亚雷斯·托罗

国际奥林匹克委员会主席

雅克·罗格

中国红十字会总会及省、自治区、直辖市、铁路、生产建设兵团、特别行政区分会联络方式

●中国红十字会总会

地址：北京市东城区北新桥三条8号

邮编：100007

电话：010—84025890

电子信箱：redcross@chineseredcross.org.cn

中国红十字会网址：http://www.chineseredcross.org.cn

●中国红十字会总会机关服务中心

地址：北京市东城区北新桥三条8号

邮政编码：100007

电话/传真：010—64023704

电子信箱：redcross@chineseredcross.org.cn

●中国红十字会总会报刊社

地址：北京市东城区干面胡同43号

邮政编码：100010

《中国红十字报》编辑部电话/传真：010—65254766

《中国红十字报》编辑部电子信箱：editor@cnrcpress.com

《博爱》期刊编辑部电话：010—65254012

《博爱》期刊编辑部电子信箱：editor@cnrcpress.com

中国红十字年鉴编辑部电话/传真：010—65249584

中国红十字年鉴编辑部电子信箱：zhnj2004@163.com

●中国红十字基金会

地址：北京市东城区干面胡同53号

邮政编码：100010

电话/传真：010—65124154

电子信箱：crcf@crcf.org.cn

网址：http://www.crcf.org.cn

●中国造血干细胞捐献者资料库管理中心

地址：北京市东城区干面胡同53号

邮政编码：100010

电话：010—65126600

传真：010—65594434

电子信箱：bmb@redcross.org.cn

网址：http://www.cmdp.com.cn/
http://www.bmb.redcross.org.cn/

●中国红十字会总会训练中心

地址：北京市东城区干面胡同53号

邮政编码：100010

电话：010—65124447（中继线）

电子信箱：dongxiaona2003@163.com

●中国红十字会援外物资供应站

地址：上海市徐汇区桂林路35号

邮政编码：200235

电话：021—64750400

●**北京市红十字会**

地址：北京市宣武区太平街19号（陶然亭公园内）

邮编：100050

电话：6355876663556189（传真）

电子信箱：beijing@ redcross. org. cn

网址:www. bjredcross. org. cn

捐赠电话：83558512/83539946/83536017(传真)

接受捐赠户名:北京市红十字会基金管理办公室

开户行:北京商业银行德外支行

账号:7001201050515—81

●**北京市东城区红十字会**

地址：北京市东城区美术馆后街12号楼

联系人：范有余

邮政编码：100010

救助热线：010—64033179/64070652

●**北京市宣武区红十字会**

地址：宣武区广外鸭子桥路29号

联系人：王秀丽

邮政编码：100055

救助热线：010—83975516

●**北京市朝阳区红十字会**

地址：北京市朝阳区日坛北街33号

联系人：周秀玲

邮政编码：100020

救助热线：010—65094673

传真：010—65094674

●**北京市通州区红十字会**

地址：北京市通州区北大街124号（农干培训中心C楼5层）

联系人：董淑玲

邮政编码：101101

救助热线：010—60514834

●**北京市西城区红十字会**

通讯地址：北京市西城区白云观北里6号楼

联系人：王丽青

邮政编码：100045

救助热线：010—63408072/63493205

●**天津市红十字会**

地址：天津市和平区陕西路16号

邮编：300020

电话：022—27300121

传真：022—27312349

电子信箱：tjredcross@ tjredcross. com

网址:http://www. tjredcross. com/

捐赠电话:022—27300620/27302132(传真)

接受捐赠户名:天津市红十字募捐站

开户行:工行和平路分理处

账号:0302010209034957907

●**天津市和平区红十字会**

地址：天津市和平区甘肃路云台花园1门0层2室

邮政编码：300020

电话：022—27300545

传真：022—27224908

电子信箱：hpqhongshizihui@ 163. com

●**天津市河东区红十字会**

地址：天津市河东区西锦路7号

邮政编码：300171

电话/传真：022—24310348

电子信箱：hhsszz66@ 163. com

●**天津市南开区红十字会**

地址：天津市南开区青年路309号

邮政编码：300102

电话/传真：022—27412297

电子信箱：nkhsz2008@126.com

●天津市红桥区红十字会

地址：天津市红桥区勤俭道202号

邮政编码：300131

电话：022—86516252

●天津市河西区红十字会

地址：天津市河西区杭州道8号增1号

邮政编码：300202

电话：022—23398677

传真：022—23398679

●天津市河北区红十字会

地址：天津市河北区王串场五号路38号

邮政编码：300150

传真：022—26747380

电子信箱：576438985@qq.com

●河北省红十字会

地址：石家庄市合作路42号

邮编：050051

电话：0311—85989814

传真：0311—87046792

网址：http://www.hebredcross.org

捐赠电话：0311—85989814/85989812/87046792（传真）

接受捐赠户名：河北省红十字会

开户行：中国银行石家庄泰华支行

账号：00330208091001

●河北省邯郸市红十字会

地址：邯郸市陵园路77号邯郸市卫生局转市红十字会

联系人：曹雪梅

邮政编码：056001

救助热线：0310—3013162

传真：0310—3013162

电子信箱：qinging001@163.com

●河北省西柏坡救援中心（平山县红十字医院）

地址：河北省平山县建设北大街

联系人：李贵芳

邮政编码：050400

救助热线：0311—82901660

传真：0311—82901660

●山西省红十字会

地址：太原市东华门23号

邮政编码：030013

电话：0351—3580815

传真：0351—3580815

电子信箱：zuotong66@163.com

捐赠电话:0351—3580561

接受捐赠户名:山西省红十字会

开户行:中国银行太原市北城支行

账号:40975698092001

●山西省大同市天镇县红十字会

地址：山西省大同市天镇县红十字会

联系人：张如升

邮政编码：038200

救助热线：13935263269

●内蒙古自治区红十字会

地址：内蒙古呼和浩特市赛汗区昭乌达路352号石油化工研究院六楼

邮编：010010

电话：0471—4961188、4967101

传真：0471—4908610

电子信箱：nmgredcross@nmgredcross.org.cn

网址:http://www.nmgredcross.org.cn

捐赠电话：0471—4932905/4967401/4957549/3336455

接受捐赠户名：内蒙古自治区红十字会

开户行：中国农业银行呼和浩特市鼓楼支行

账号：5—510101040004334

●内蒙古自治区呼和浩特市红十字会

地址：内蒙古自治区呼和浩特市新华东街1号市党政机关办公大楼940，941室

联系人：鲁剑钧

邮政编码：010010

救助热线：0471—4606129

传真：0471—4606129

●内蒙古自治区包头市红十字会

地址：内蒙古自治区包头市稀土高新区民族东路20号

联系人：丁鹏程

邮政编码：010010

救助热线：0472—5175536

传真：0472—5100229

电子信箱：red@ btredcross. org

●内蒙古自治区包头市昆都仑区红十字会

地址：内蒙古自治区包头市昆都仑区党政大楼212房

联系人：王东

邮政编码：014010

救助热线：0472—5305336

传真：0472—5310126

●内蒙古自治区兴安盟红十字会

地址：内蒙古自治区乌兰浩特市新桥西街文化楼

联系人：孙海

邮政编码：137400

救助热线：0482—8319090

传真：0482—8319188

电子信箱：xinganmenghonghui@ 163. com

●内蒙古自治区宁城县红十字会

地址：内蒙古自治区宁城县物资局四楼

联系人：高玉祥

邮政编码：024200

救助热线：0476—4233748

●内蒙古自治区赤峰市红山区红十字会

地址：内蒙古自治区赤峰市红山区昭乌达路南段路东红山区政府院内

联系人：季占东

邮政编码：024000

救助热线：0476—8351117

传真：0476—8351117

●内蒙古自治区克什克腾旗红十字会

地址：内蒙古自治区赤峰市克什克腾旗经棚镇应昌路公路管理1区原办公楼201

联系人：林少岭

邮政编码：025350

救助热线：0476—5230995

传真：0476—5230995

●内蒙古自治区敖汉旗红十字会

地址：内蒙古自治区赤峰市敖汉旗红十字会

联系人：宋成贺

邮政编码：024300

救助热线：0476—4339516

●内蒙古自治区赤峰市红十字会

地址：内蒙古自治区赤峰市红山区鑫刚大厦四楼西侧

联系人：卞涌馨

邮政编码：024000

救助热线：0476—8337590

传真：0476—8337590，8354964

●内蒙古自治区阿鲁科尔沁旗红十字会

地址：内蒙古自治区赤峰市阿鲁科尔沁旗红十字会

联系人：毛景文

邮政编码：025550

救助热线：0476—7232953

传真：0476—7232953

电子信箱：bx000301@ yahu. com. cn

●内蒙古自治区赤峰市巴林右旗红十字会

地址：内蒙古自治区赤峰市巴林右旗红十字会

联系人：陈拉坦敖其尔

邮政编码：025150

救助热线：0476—6216698

传真：0476—6216698

●内蒙古自治区林西县红十字会

地址：内蒙古自治区林西县红十字会

联系人：赵凤海

邮政编码：025250

救助热线：0476—5322234

传真：0476—5322234

电子信箱：lxcybsj066@ 163. com

●内蒙古自治区赤峰市松山区红十字会

地址：内蒙古自治区赤峰松山大街松山区红十字会

联系人：李雪岩

邮政编码：024005

救助热线：0476—8468244

传真：0476—8466252

●辽宁省红十字会

辽宁沈阳市和平区中山路70号新华大厦19层

邮政编码：110001

电话：024—31871599

传真：024—31871599

电子信箱：yhy851101@ sina. com

接受捐赠户名:辽宁省红十字救助基金

开户行:农行和平广场支行营业厅

账号:182—185001040000460

●辽宁省沈阳市红十字会

地址：辽宁省沈阳市和平区中山路70号新华大厦19层

●辽宁省抚顺市红十字会

地址：抚顺市新抚区十二道街5号市政府综合办公楼

邮政编码：113008

电话：024—52369118、52341120

传真：024—52369116

电子信箱：fsshszh@ 163. com

网址:www. fshsz. com

●大连市红十字会

地址：辽宁省大连市西岗区唐山街2－6号

邮政编码：116011

电话：0411—83693266

传真：0411—83700919

电子信箱：dlredcross@ 163. com

●辽宁省大连市普兰店市红十字会

地址：辽宁省大连市普兰店市孛兰路北段

联系人：刘作广

邮政编码：116200

救助热线：0411—83125237

传真：0411—83112176

●辽宁省大连市旅顺口区红十字会

地址：大连市旅顺口区黄河路82号

联系人：李学力

邮政编码：116041

救助热线：0411—86395333

传真：0411—86395231

●辽宁省大连市庄河市红十字会

地址：辽宁省大连市庄河市昌盛街

联系人：郭连君

邮政编码：116400

救助热线：0411—89706217

传真：0411—89706196

●辽宁省大连市瓦房店市红十字会

地址：辽宁省大连市瓦房店市西长春路西段

联系人：桑喜超

邮政编码：116300

救助热线：0411—85726843

传真：0411—85687213

●辽宁省大连市金州区红十字会

地址：辽宁省大连市金州区香水路149 号

联系人：赵丹

邮政编码：116100

救助热线：0411—87693208

传真：0411—87695407

●辽宁省鞍山市红十字会

地址：辽宁省鞍山市铁东区前进路6 号

邮政编码：114002

电话：0412—2516188/2220266

传真：0412—2516177

电子信箱：leeli23@sina.com

●辽宁省本溪市红十字会

地址：辽宁省本溪市明山区胜利路31 号

邮政编码：117000

电话/传真：0414—3890348

电子信箱：bxhonghui@163.com

●辽宁省丹东市红十字会

地址：丹东市振兴区六纬路31 号（政府综合楼）

邮政编码：118000

电话：0415—2131582

传真：0415—2146133

电子信箱：dh2131582@163.com

●辽宁省锦州市红十字会

地址：辽宁省锦州市市府路68 号

邮政编码：121000

电话/传真：0416—3862277

电子信箱：jz.redcross@163.com

●辽宁省营口市红十字会

地址：辽宁省营口市站前区辽河广场5 号

邮政编码：115000

联系电话：0417—2609924、2600024

电子信箱：ykhszh@aliyun.com

●辽宁省阜新市红十字会

地址：辽宁省阜新市海州区矿工大街25 号

邮政编码：123000

电话：0418—2264233

传真：0418—2260449

电子信箱：fxhszh10@126.com

●辽宁省辽阳市红十字会

地址：辽宁省辽阳市民主路38 号（市人民政府院内）

联系人：吴素贤

邮政编码：111000

电话：0419—2146489

传真：0419—2122495

电子邮箱：lyhszh@126. com

●辽宁省铁岭市红十字会

地址：辽宁省铁岭市凡河新区金沙江路38 号

邮政编码：112000

电话：024—72682099

传真：024—72682098

电子信箱：tlshszh@163.com

●辽宁省朝阳市红十字会

电话/传真：0421—2630163

电子邮箱：Bai3518@163. com

●辽宁省葫芦岛市红十字会

地址：辽宁省葫芦岛市龙湾大街15号

邮政编码：125000

电话/传真：0429—3113334

电子信箱：hszh58@163. com

●辽宁省盘锦市红十字会

地址：辽宁省盘锦市兴隆台区振兴街道办事处203室

邮政编码：124000

电话：0427—7809345

传真：0427—7829900

电子信箱：pjhszh@sina. com

●吉林省红十字会

地址：吉林省长春市人民大街1486号

邮编：130051

电话：0431—8919277

传真：0431—8919277

电子信箱：jlredcross2000@yahoo. com. cn

网址:www. jlredcross. org. cn

捐赠电话(传真):0431—8906590

接受捐赠户名:吉林省红十字会

开户行:交行营业部

账号:221000601012015147297

●吉林省长春市红十字会

地址：吉林省长春市南关区近埠街4—2号

邮政编码：130041

电话/传真：0431—88913749

电子信箱：cchh8913749@163. com

●吉林省四平市红十字会

地址：吉林省四平市铁西区英雄大街1752号

邮政编码：136000

电话/传真：3623179

电子信箱：spshszh@163. com

●吉林省吉林市红十字会

地址：吉林省吉林市朝阳文化广场北路

电话/传真：0432—62565928

电子信箱：jlshszhbgs@sohu. com

●吉林省延边州红十字会

地址：吉林省延吉市公园路2799号

邮政编码：133002

电话/传真：0433—2814614、2814616

电子信箱：ybhszh@163. com

●吉林省辽源市红十字会

地址：吉林省辽源市人民大街39号卫生大厦七楼

邮政编码：136200

电话：0437—6148231

传真：0437—6148233

电子信箱：1059353245@qq. com

●吉林省通化市红十字会

地址：吉林省通化市秀泉路702号

邮政编码：134001

电话：0435—3213901

传真：0435—3213901

电子信箱：532501532@qq. com

●吉林省白城市红十字会

地址：吉林省白城市文化东路1号

邮政编码：137000

电话：13943603426

传真：0436—3222035

电子信箱：bcredcross2009@yahoo. com. cn

●黑龙江省红十字会

地址：黑龙江省哈尔滨市南岗区十字街33号

邮编：150008

电话：0451—82729867

传真：0451—82713508

电子信箱：zxp_1958@yahoo.com.cn

捐赠电话:0451—82712120

接受捐赠户名:黑龙江省红十字会

开户银行:交通银行哈尔滨分行革新支行

账号:000662010149750020

●**上海市红十字会**

地址：上海市延安东路34号甲四楼

邮编：200002

电话：021—63237254

传真：021—63237248

捐赠热线：021—63217999

接受捐赠户名：上海市红十字人道救助基金

开户行：上海交通银行静安支行

账号：066687—00149005337

●**上海市黄浦区红十字会**

地址：上海市黄浦区延安东路300号一号楼西三楼

邮政编码：200001

电话：021—63365880

传真：021—63280410

电子信箱：huanghongshizi@126.com

●**上海市卢湾区红十字会**

地址：上海市卢湾区马当路365号二楼

邮政编码：200025

电话/传真：021—53060138

●**上海市静安区红十字会**

地址：上海市愚园路300号2303、2305室

邮政编码：200040

电话：021—62521077

传真：021—62401617

电子邮箱：jingan_red@163.com

●**上海市徐汇区红十字会**

地址：上海市徐汇区漕溪北路336号综合办公楼108室

邮政编码：200030

电话/传真：021—64647403

电子邮箱：honghui@xh.sh.cn

●**上海市长宁区红十字会**

地址：上海市长宁区云雾山路39号902室

邮政编码：200051

电话：021—52064615

传真：021—52064612

网址：www.cn-redcross.com

●**上海市浦东新区红十字会**

地址：浦东新区德平路289号邮政大厦16楼

邮政编码：200136

电话：021—50342784

传真：021—58467172

电子邮箱：rill18@hotmail.com

网址:www.cnredcross.org

●**上海市普陀区红十字会**

地址：大渡河路1168号2号楼527室

邮政编码：200333

电话：021—52564588转7550

传真：021—52835077

电子邮箱：ptqhh@126.com

网址：www.ptrcsh.org.cn

●**上海市杨浦区红十字会**

地址：上海市杨浦区榆林路707号

邮政编码：200082

电话/传真：021—25033612

电子邮箱：yphonghui@126.com

●**上海市闸北区红十字会**

地址：上海市闸北区办公地点洛川东路

151 号四楼

邮政编码：200072

电话：021—56338686

传真：021—56338686

电子邮箱：zbredcross@ sina. com

●上海市虹口区红十字会

地址：上海市虹口区唐山路 902 号一号楼 215 室

邮政编码：200082

电话：021—65418397

传真：021—65418395

电子信箱：hkhh888@ 163. com

●上海市闵行区红十字会

地址：上海市莘东路 521 号北二楼 217—219 室

联系人：康蓓蕾

邮政编码：200240

救助热线：021—64926562

●上海市宝山区红十字会

地址：上海市樟岭路 2 号北五楼 508 室

联系人：冯海林

邮政编码：201900

救助热线：021—66785796

●上海市嘉定区红十字会

地址：上海市南大街 272 号

联系人：宋培令

邮政编码：201800

救助热线：021—59530302

●上海市金山区红十字会

地址：上海市石化卫二路 429 号 2 号楼 201—204

联系人：薛美华

邮政编码：201500

救助热线：021—57932132

●上海市青浦区红十字会

地址：上海市青浦区青舟路 200 号民防综合大楼五楼（区教育局东南侧）501—507 室

联系人：张国成

邮政编码：201700

救助热线：021—69735509

●上海市松江区红十字会

地址：上海市中山中路 38 号

联系人：潘益时

邮政编码：201600

救助热线：021—57718101

●上海市南汇区红十字会

地址：上海市惠南镇卫星东路 145 号（金汇广场内）

联系人：宋辰

邮政编码：201300

救助热线：021—68006816

●上海市奉贤区红十字会

地址：上海市南桥镇大寺路 15 号

联系人：陆艳

邮政编码：201300

救助热线：021—67116623

●上海市崇明县红十字会

地址：上海市城城桥镇一江山路 616 号

联系人：黄萍

邮政编码：202150

救助热线：021—69693647

●江苏省红十字会

地址：江苏省南京市中山北路 49 号机械大厦 12B 楼

邮编：210008

电话：025—57713291

传真：025—57713271

电子信箱：njhn2000@ yahoo. com. cn

网址:www. jsredcross. org. cn

捐赠电话：025—57717090/57714527/57713898

传真：025—57717090/57713271

接受捐赠户名：江苏省红十字会

开户行：中国光大银行南京分行中山北路支行

账号：07734010030401406 3

●江苏省南京市红十字会

地址：江苏省南京市北京东路43号—1

联系人：周毅

邮政编码：210008

救助热线：025—83612986

传真：025—83612907

电子信箱：hwd_nanjing@163. com

●江苏省苏州市红十字会

地址：江苏省苏州市竹辉路510号

邮政编码：215007

电话：0512—65234329

电子信箱：wy_sz@163. com

●江苏省无锡市红十字会

地址：江苏省无锡市新金匮路1号市民中心7号楼一层

邮政编码：214131

电话/传真：0510—81827323

电子信箱：hszhgyq@163. com

●江苏省常州市红十字会

地址：江苏省常州市健身路33号

邮政编码：213003

电话：0519—88155025

电子信箱：zxtshj@163. com

●江苏省镇江市红十字会

地址：江苏省镇江市运河路81号

邮政编码：212003

电话/传真：0511—85019820

电子信箱：jjfjjf2008@yeah. net

●江苏省扬州市红十字会

地址：江苏省扬州市文昌中路460号

邮政编码：225001

电话：0514—87363301

电子信箱：yz_hszh@126. com

●江苏省泰州市红十字会

地址：江苏省泰州市永泰路318号

邮政编码：225300

电话：0523—86393228、86393229

传真：0523—86393226

电子信箱：chqi6393202@aliyun. com

●江苏省南通市红十字会

地址：江苏省南通市青年中路109号

邮政编码：226006

电话：0513—85053656

传真：0513—85053611

电子邮信箱：hh85053656@163. com

●江苏省徐州市红十字会

地址：江苏省徐州市泰山路东坡花园8号楼

邮政编码：221009

电话：0516—83861577

传真：0516—83686967

电子信箱：83861577@163. com

●江苏省淮安市红十字会

地址：江苏省淮安市西安路168号

邮政编码：223001

电话：0517—83656180/83656190

电子邮箱：sjh619@163. com

●江苏省盐城市红十字会

地址：江苏省盐城市开放大道79号

邮政编码：224002

电话：0515—88246518

传真：0515—88335631

电子信箱：ychszh@ yeah. net

●**江苏省连云港市红十字会**

地址：江苏省连云港市新浦区苍梧路41号

邮政编码：222006

电话：0518—85625152

电子信箱：lygredcross@ 126. com

●**江苏省宿迁市红十字会**

地址：江苏省宿迁市千岛湖路3号

邮政编码：223800

电话：0527—84366803

电子信箱：sqhszh@ 126. com

●**江苏省溧阳市红十字会**

地址：江苏省溧阳市南环路18号

联系人：王东育

邮政编码：213300

救助热线：0519—7269371

传真：0519—7269371

●**江苏省常熟市红十字会**

地址：江苏省常熟市环城东路64号

联系人：张伟怡

邮政编码：215500

救助热线：0512—52713169

●**江苏省张家港市红十字会**

地址：江苏省张家港市东环路3号

联系人：顾一文

邮政编码：215600

救助热线：0512—58987103

传真：0512—58987107

●**江苏省太仓市红十字会**

地址：江苏省太仓市县府街10号

联系人：黄淑娟

邮政编码：215400

救助热线：0512—53523246

传真：0512—53523246

●**江苏省吴江市红十字会**

地址：江苏省吴江市笠泽路138号

联系人：吴恒菁

邮政编码：215200

救助热线：0512—63488362

传真：0512—63482313

●**江苏省昆山市红十字会**

地址：江苏省昆山市同丰西路458号

联系人：刘超英

邮政编码：215300

救助热线：0512—57366380

传真：0512—57366380

●**江苏省平江区红十字会**

地址：江苏省苏州市皮市街228号—230号

联系人：任芳

邮政编码：215005

救助热线：0512—67273047

传真：0512—67296318

●**江苏省苏州市沧浪区红十字会**

地址：江苏省苏州市十梓街389号

联系人：宁咏梅

邮政编码：215006

救助热线：0512—65245974

●**江苏省苏州市金阊区红十字会**

地址：江苏省苏州市广济南路268号

联系人：钟梅

邮政编码：215008

救助热线：0512—65337046

传真：0512—65336728

●**江苏省苏州市虎丘区红十字会**

地址：江苏省苏州市运河路8号

联系人：徐娟梅

邮政编码：215011

救助热线：0512—68093978

传真：0512—68254358

●江苏省苏州市相城区红十字会

地址：江苏省苏州市相城区行政中心10号楼

联系人：孙秀珍

邮政编码：215131

救助热线：0512—85182662

传真：0512—85182662

●江苏省苏州市吴中区红十字会

地址：江苏省苏州市吴中东路101号

联系人：仰惠娟

邮政编码：215128

救助热线：0512—65271619

传真：0512—65271619

●江苏省丹阳市红十字会

地址：江苏省丹阳市云阳镇健康路丹阳市卫生局内

联系人：徐子洋

邮政编码：212300

救助热线：0511—6521120

传真：0511—6522253

●江苏省通州市红十字会

地址：江苏省通州市金沙镇建设路93号

联系人：邹宪章

邮政编码：226300

救助热线：0513—6514487/6116355

传真：0513—6514487

●浙江省红十字会

地址：浙江省杭州市秋涛北路324号

邮政编码：310020

电话/传真：0571—86466691

邮箱：zjhhzxc@163.com

网址：http://www.zjredcross.org.cn/

电子信箱：zfc@zjredcross.org.cn

fhp@zjredcross.org.cn

开户行：中国工商银行杭州市武林支行

银行账号：1202024309014402947

开户名：浙江省红十字会

●浙江省杭州市红十字会

地址：浙江省杭州市孝女路2号

邮政编码：310006

电话/传真：0571—87070879

邮箱：hzhsz188@163.com

网址：http://www.hangzhouredcross.org/

●浙江省杭州市上城区红十字会

地址：浙江省杭州市上城区华藏寺巷21幢6楼

联系人：方关行

邮政编码：310009

救助热线：0571—87010063

传真：0571—87010063

●浙江省杭州市下城区红十字会

地址：浙江省杭州市下城区竹竿巷8号5楼

联系人：王其伟

邮政编码：310006

救助热线：0571—87067026

传真：0571—87067026

●浙江省杭州市西湖区红十字会

地址：浙江省杭州市西湖区外东山弄32号3楼

联系人：齐红

邮政编码：310013

救助热线：0571—87993799

传真：0571—87993799

●浙江省杭州市拱墅区红十字会

地址：浙江省杭州市拱墅区拱宸桥台州路1号1210室

联系人：李健

邮政编码：310015

救助热线：0571—88259738

传真：0571—88259738

●**浙江省杭州市江干区红十字会**

地址：浙江省杭州市江干区庆春东路1号北6楼

联系人：张静

邮政编码：310016

救助热线：0571—86974929

传真：0571—86974929

●**浙江省杭州市滨江区红十字会**

地址：浙江省杭州市滨江区行政中心社发局内

联系人：陈冠英

邮政编码：310051

救助热线：0571—87702089

传真：0571—87702091

●**浙江省杭州市萧山区红十字会**

地址：浙江省杭州市萧山城厢街道崇化63幢2号

联系人：孙先传

邮政编码：311200

救助热线：0571—82680241

传真：0571—82678800

●**浙江省杭州市余杭区红十字会**

地址：浙江省杭州市余杭区临平将军殿弄

联系人：朱坤地

邮政编码：311100

救助热线：0571—86238954

传真：0571—86238954

●**浙江省杭州市临安市红十字会**

地址：浙江省杭州市临安市政府内

联系人：谢壮红

邮政编码：311300

救助热线：0571—63746266

传真：0571—63734290

●**浙江省杭州市富阳市红十字会**

地址：浙江省杭州市富阳镇桂花路17—4

联系人：吴炽华

邮政编码：311400

救助热线：0571—63317264

传真：0571—63317264

●**浙江省杭州市桐庐县红十字会**

地址：浙江省杭州市桐庐县桐庐镇劳动路

联系人：黄秀雄

邮政编码：311500

救助热线：0571—64627087

传真：0571—64627087

●**浙江省杭州市建德市红十字会**

地址：浙江省杭州市建德市新安江镇江滨路1号

联系人：陈伯乐

邮政编码：311600

救助热线：0571—64720075

传真：0571—64720075

●**浙江省杭州市淳安县红十字会**

地址：浙江省杭州市淳安县千岛湖镇行岗路1号

联系人：余衍贵

邮政编码：311700

救助热线：0571—64825991

传真：0571—64812246

●**浙江省宁波市红十字会**

地址：浙江省宁波市永丰路237号

邮政编码：315010

电话/传真：0574—87254349

电子信箱：nbhh090101@126.com

网址:http://www.nbredcross.org.cn/

●**浙江省温州市红十字会**

地址：浙江省温州市车站大道 625 号二楼

邮政编码：325000

电话：0577—88159605

传真：0577—88159607

网址：http://www. wzredcross. org/

●**浙江省瑞安市红十字会**

地址：浙江省瑞安市安阳新区市政府大院综合楼 314—318 室

联系人：周锦文

邮政编码：325200

救助热线：0577—65812900

传真：0577—65828179

电子信箱：rahszh@163.com

●**浙江省湖州市红十字会**

地址：浙江省湖州市青太路 915 号

邮政编码：313000

电话：0572—2760067

传真：0572—2760063

邮箱：hzredcross@126.com

网址：http://www.hzredcross.org.cn/

●**浙江省嘉兴市红十字会**

地址：浙江省嘉兴市文桥路 486 号

邮政编码：314050

电话：0573—83938803

传真：0573—83938811

邮箱：jxhszh@sina. com

网址：http://www.jxhsz.org.cn/

●**浙江省绍兴市红十字会**

地址：浙江省绍兴市区新建北路 16 号

邮政编码：312000

电话：0575—85080564

传真：0575—85080565

网 址：http://www. shaoxingredcross. org.cn/

●**浙江省金华市红十字会**

地址：浙江省金华市永康街 369 号

邮政编码：321017

电话/传真：0579—82118892

网址：http://www.redcrossjh.org.cn/

●**浙江省衢州市红十字会**

地址：浙江省衢州市荷二路 109 号

邮政编码：324002

电话/传真：0570—3081875

电子信箱：sxp1130@163.com

网址:http://www.qzredcross.org.cn/

●**浙江省舟山市红十字会**

地址：浙江省舟山市定海区新桥路 355 号

邮政编码：316000

电话/传真：0580—2612297

电子信箱：zshhgwxx@163.com

网 址：http://www. zhoushanredcross. org.cn/

●**浙江省台州市红十字会**

地址：浙江省台州市东海大道 608 号

邮政编码：318000

电话：0576—88536386

传真：0576—88536399

●**浙江省丽水市红十字会**

地址：浙江省丽水市花园路 1 号

邮政编码：323000

电话：0578—2091956

传真：0578—2091956

电子信箱：hszh@lishui.gov.cn

网址:http://hszh.lishui.gov.cn/

●**安徽省红十字会**

地址：合肥市长江中路 221 号

邮编：230001

电话：0551—2601935

传真：0551—2601935

网址：http://www.96399.org

电子信箱：anhuirc@sohu.com

救灾救助热线：0551—96399

造血干细胞捐赠热线：0551—96399

开户行：中国工商银行合肥市四牌楼支行

银行账号：1302010109008828152

开户名：安徽省红十字会

●安徽省宿州市红十字会

地址：安徽省宿州市淮海路77号

联系人：徐淑敏

邮政编码：234000

救助热线：0557—3022805

传真：0557—3022805

电子信箱：szredcross@163.com

●安徽省马鞍山市红十字会

地址：安徽省马鞍山市佳山路梨苑1号卫生大厦8层

联系人：何少锋

邮政编码：243000

救助热线：0555—2366511

传真：0555—2366518

电子信箱：wsjhhb@hotmail.com

●安徽省当涂县红十字会

地址：安徽省当涂县姑孰镇提署东路177号

联系人：姚卫东

邮政编码：243100

救助热线：0555—6720601

传真：0555—6711256

●安徽省六安市叶集改革发展试验区红十字会

地址：安徽省六安市叶集改革发展试验区卫生局

联系人：台德学

邮政编码：237431

救助热线：0564—6497210

传真：0564—6497210

电子信箱：yshyujn@mail.la.ah163.net

●安徽省六安市红十字会

地址：安徽省六安市卫生局内

联系人：沈永平

邮政编码：237001

救助热线：0564—3379206

传真：0564—3379206

电子信箱：luho_2005@yahoo.com.cn

●安徽省黄山市红十字会

通讯地址：安徽省黄山市屯溪区北海路174号

联系人：张松

邮政编码：245000

救助热线：0559—2353644

传真：0559—2353644

电子信箱：zhso721@yahoo.com

●安徽省黄山市黟县红十字会

地址：安徽省黄山市黟县广安路1号

联系人：张华旗

邮政编码：245500

救助热线：0559—5522044

传真：0559—5522187

电子信箱：wsj2004@yahoo.com.cn

●安徽省黄山市徽州区红十字会

地址：安徽省黄山市徽州区黄山路233号

联系人：王海波

邮政编码：245061

救助热线：0559—3511900

传真：0559—3582093

电子信箱：huizhouhonghui@126.com

●安徽省黄山市黄山区红十字会

地址：安徽省黄山市黄山区红十字会办公室

联系人：胡菊萍

邮政编码：245700

救助热线：0559—8530368

传真：0559—8532412

●安徽省芜湖市红十字会

地址：安徽省芜湖市渡春路2号

联系人：曹林

邮政编码：241000

救助热线：0553—3837406

传真：0553—3837406

电子信箱：caolin68@163.com

●安徽省芜湖县红十字会

地址：安徽省芜湖县湾址镇芜湖南路延伸段8号

联系人：施斌生

邮政编码：241100

救助热线：0553—8810942

传真：0553—8810947

●安徽省繁昌县红十字会

地址：安徽省繁昌县繁阳镇中心花园6号

联系人：王赋斌

邮政编码：241200

救助热线：0553—7872350

传真：0553—7872350

电子信箱：fcxwsjbgs@yahoo.com.cn

●安徽省芜湖市镜湖区红十字会

地址：安徽省芜湖市北京东路97号镜湖区政府大楼二楼

联系人：章建中

邮政编码：241000

救助热线：0553—3122059

传真：0553—3122012

●安徽省芜湖市新芜区红十字会

地址：安徽省芜湖市长江路35号新芜区政府卫生区内

联系人：王秀芝

邮政编码：241000

救助热线：0553—3878584

传真：0553—3878584

电子信箱：whksy@kwq.gov.cn

●安徽省芜湖市马塘区红十字会

地址：安徽省芜湖市利民路418号（马塘区政府内）

联系人：孙建新

邮政编码：241000

救助热线：0553—4835375

传真：0553—4835375

●安徽省全椒县红十字会

地址：安徽省全椒县外环路卫生局大楼

联系人：张文金

邮政编码：239500

救助热线：0550—5197001

电子信箱：qjredcross@163.com

●安徽省明光市红十字会

地址：安徽省明光市红十字会

联系人：张献奎

邮政编码：239400

救助热线：0550—8021454

传真：0550—8021454

●安徽省定远县红十字会

地址：安徽省定远县定城镇曲阳大街北段

联系人：张洪

邮政编码：233200

救助热线：0550—4021317

传真：0550—4021317

●安徽省来安县红十字医院

通讯地址：安徽省来安县第二人民医院

联系人：温月发

邮政编码：239236

救助热线：0550—5960627

传真：0550—5960499

●安徽省凤阳县红十字会

地址：安徽省凤阳县红十字会（府城镇洪武路26号）

联系人：顾守斌

邮政编码：233100

救助热线：0550—6711955

传真：0550—6721706

●安徽省天长市红十字会

地址：安徽省天长市卫生局办公楼内

联系人：朱玉刚

邮政编码：239300

救助热线：0550—7042635

传真：0550—7042639

●安徽省滁州市红十字会

地址：安徽省滁州市委大院048信箱

联系人：史庆荣

邮政编码：239000

救助热线：0550—3034831

传真：0550—3034831

●安徽省滁州市琅琊区红十字会

地址：安徽省滁州市琅琊路102号

联系人：刘文章

邮政编码：239000

救助热线：0550—3012051

传真：0550—3012051

●福建省红十字会

地址：福建省福州市湖前路58号

邮政编码：350001

电话：0591 — 8784185087841854

传真：0591—87835854

电子信箱：fujian@ redcross. org. cn

网址：www. fjredcross. org. cn

捐赠电话：0591—87841804

接受捐赠户名：福建省红十字会博爱工程基金

开户行：中国银行福州鼓屏支行

账号：811100486508094001

●福建省福州市红十字会

地址：福州市鼓楼区鼓屏路27号承恩楼8层

邮政编码：350001

电话/传真：0591—87610320

电子信箱：hongshizi2006@ sina. com

●福建省厦门市红十字会

地址：厦门市湖滨四里64号之一湖光大厦2—3楼

邮政编码：361004

电话/传真：0592—2102282

电子信箱：xmhsz@ sohu. com

●福建省漳州市红十字会

地址：芗城区胜利西路118号市政府大院22号楼1楼

邮政编码：363000

电话/传真：0596—2022018

电子信箱：zzhszh@ 126. com

●福建省泉州市红十字会

地址：泉州市政府机关大院4号楼417

邮政编码：362000

电话：0595—22382589

电子信箱：qzredcross@ 126. com

●福建省三明市红十字会

地址：三明市梅列区红岩新村23幢3楼

邮政编码：365000
电话/传真：0598—8261243
电子信箱：smhszh@ sina. com

●福建省莆田市红十字会

地址：莆田市市政府3号楼1层123室
邮政编码：351100
电话/传真：0594—2231519
电子信箱：ptshh@ 126. com

●福建省南平市红十字会

地址：福建省南平市八一路421号
邮政编码：353000
电话/传真：0599—8837920
电子信箱：nphszh@ 126. com

●福建省龙岩市红十字会

会址：龙岩市新罗区和平路18号
邮政编码：364000
电话/传真：0597—2311913
电子信箱：lyshszh@ sina. com

●福建省宁德市红十字会

地址：宁德市蕉城区署前路7号
邮政编码：352100
电话/传真：0593—2823594
电子信箱：ndshszh@ 163. com

●江西省红十字会

地址：江西省政府大院内西二路10号2楼
邮政编码：330046
电话：0791—6250075
传真：0791—6252815
网址：www. jxredcross. org. cn
电子信箱：jx_hsz@ sina. com
救助热线:0791—6210586
接受捐赠户名:江西省红十字会
开户行:中国工商银行南昌市省政府大院分理处
帐号:1502206509024926606

●江西省上饶市红十字会

地址：江西省上饶市金龙岗15号老法院二楼
邮政编码：334000
电话/传真：0793—8239193
电子信箱：jxsrhh@ 126. com

●江西省上饶县红十字会

地址：江西省上饶县红十字会
联系人：林建华
邮政编码：334100
救助热线：0793—8441490

●江西省广丰县红十字会

地址：江西省广丰县红十字会
联系人：蒋丽涛
邮政编码：334600
救助热线：0793—2632566

●江西省玉山县红十字会

地址：江西省玉山县红十字会
联系人：吴柏巨
邮政编码：334700
救助热线：0793—2557314

●江西省横峰县红十字会

地址：江西省横峰县红十字会
联系人：唐智明
邮政编码：334300
救助热线：0793—5785702

●江西省铅山县红十字会

地址：江西省铅山县红十字会
联系人：卢松瑞
邮政编码：334500
救助热线：0793—5329910

●江西省弋阳县红十字会

地址：江西省弋阳县红十字会
联系人：方文生

邮政编码：334400

救助热线：0793—5883150

●江西省吉安市红十字会

地址：江西省吉安市吉州区广场东路7号市卫生局大楼

邮政编码：343000

电话/传真：0796—8229464

电子信箱：jatmq57@163.com

●江西省抚州市红十字会

地址：江西省抚州市市直集中办公大楼1号楼3楼

邮政编码：344000

电话/传真：0794—8292778

电子信箱：fzshszh@163.com

●江西省德兴市红十字会

地址：江西省德兴市红十字会

联系人：詹赤钢

邮政编码：334200

救助热线：0793—7511802

●江西省鄱阳县红十字会

地址：江西省鄱阳县红十字会

联系人：黄松泉

邮政编码：333100

救助热线：0793—6270325

●江西省余干县红十字会

地址：江西省余干县红十字会

联系人：王旺水

邮政编码：335100

救助热线：0793—3203040

●江西省万年县红十字会

地址：江西省万年县红十字会

联系人：张万春

邮政编码：335500

救助热线：0793—3832619

●江西省婺源县红十字会

地址：江西省婺源县红十字会

联系人：程红亮

邮政编码：333200

救助热线：0793—7351890

●江西省南昌市西湖区红十字会

地址：江西省南昌市西湖区万福寺18号（西湖区政府内）

联系人：王敏

邮政编码：330025

救助热线：0791—6597497

传真：0791—6597497

电子信箱：xhqwsj@163.com

●江西省赣州市章贡区红十字会

地址：江西省赣州市阳明路26号

联系人：廖琦

邮政编码：341000

救助热线：0797—8296337

传真：0797—8298254

●江西省宜春市红十字会

地址：江西省宜春市宜阳大厦736室

邮政编码：336000

电话：0795—3286965

传真：0795—3286985

电子信箱：415686519@qq.com

●江西省新余市红十字会

地址：江西省新余市堎上路218号

联系人：柳莲英

邮政编码：338000

电话：0790—6457001

传真：0790—6423322

电子信箱：xyhszh@163.com

●江西省南昌市红十字会

地址：南昌市渊明北路147号

邮政编码：330008

电话：0791—86780586

传真：0791—86771991

电子信箱：ncshszh2009@163.com

●江西省萍乡市红十字会

地址：萍乡市安源新区萍乡卫校右侧面

邮政编码：337000

电话/传真：0799—6879182

●江西省崇义县红十字会

地址：江西省崇义县城章源大道1511号

联系人：郭运君

邮政编码：341300

救助热线：0797—3812459

传真：0797—3820101

电子信箱：cxcycws@126.com

●江西省鹰潭市红十字会

地址：鹰潭市交通路22号（市卫生局7楼）

邮政编码：335000

电话/传真：0701—6215869

●江西省景德镇市红十字会

地址：景德镇市珠山中路43号良友宾馆内

邮政编码：333000

号码/传真：0798—8223383

●江西省乐平市红十字会

地址：江西省乐平市卫生局

联系人：吴晓琴

邮政编码：333300

救助热线：0798—6214292

传真：0798—6214287

●江西省南昌市进贤县红十字会

地址：江西省进贤凤凰街108号

联系人：胡荣华

邮政编码：331700

救助热线：0791—5665211/2802361

传真：0791—7077055

●江西省赣州市红十字会

地址：江西省赣州市市政中心北区北楼2楼

邮政编码：341001

电话：0797—8196009

传真：0797—8196010

电子信箱：jxgzhszh@163.com

●江西省九江市红十字会

地址：江西省九江市庐峰路48号民主党派楼

邮政编码：332000

电话：0792—8227693

传真：0792—8105681

电子信箱：zqi@jjredcross.org

●江西省浔阳区红十字会

地址：江西省浔阳区政府院内

联系人：高云霞

邮政编码：332000

救助热线：0792—8115421

●江西省庐山区红十字会

地址：江西省九江市十里大道1480号

联系人：钱振华

邮政编码：332000

救助热线：0792—8251369

●江西省九江县红十字会

地址：江西省九江县二中路

联系人：韦红兵

邮政编码：332100

救助热线：0792—6819622

传真：0792—6819622

●江西省庐山红十字会

地址：江西省庐山管理局院内

联系人：张婷

邮政编码：332900
救助热线：0792—8288379

●江西省瑞昌市红十字会

地址：江西省瑞昌市赤乌路111号
联系人：刘瑞萍
邮政编码：332200
救助热线：13317921383

●江西省武宁县红十字会

地址：江西省武宁县交通路175号
联系人：刘合雄
邮政编码：332300
救助热线：0792—2772801
传真：0792—2772801

●江西省修水县红十字会

地址：江西省修水县凤凰路29号
联系人：彭建宁
邮政编码：332400
救助热线：0792—7226479

●江西省永修县红十字会

地址：江西省永修县西二路
联系人：陈龙
邮政编码：330300
救助热线：0792—3223619

●江西省德安县红十字会

地址：江西省德安县东风路60号
联系人：熊礼宾
邮政编码：330400
救助热线：0792—4360712

●江西省星子县红十字会

地址：江西省星子县匡庐路282号
联系人：熊元星
邮政编码：332800
救助热线：0792—2670836

●江西省都昌县红十字会

地址：江西省都昌县东风大道130号
联系人：曹仁元
邮政编码：332600
救助热线：0792—5232766

●江西省彭泽县红十字会

地址：江西省彭泽县龙城大道830号
联系人：查义秀
邮政编码：332700
救助热线：0792—5663852

●江西省湖口县红十字会

地址：江西省湖口县三星大道
联系人：沈国华
邮政编码：332500
救助热线：0792—6326710

●江西省共青经济开发区红十字会

地址：江西省共青社会发展局内
联系人：王晓光
邮政编码：332020
救助热线：0792—4357661

●江西省庐山区红十字医院

地址：江西省九江市三里街114号
联系人：梅翠霞
邮政编码：332000
救助热线：0792—8580792
传真：0792—8580792
电子信箱：haolonghsjhr@126.com

●江西省武宁县红十字会急救中心

地址：江西省武宁县建设路5号
联系人：罗会晏
邮政编码：332300
救助热线：0792—999
传真：0792—2767586

●山东省红十字会

地址：山东省济南市青年东路1号
邮编：250011
电话：0531—86908197

传真：0531—86917935

电子信箱：shandong@ sdredcross. org

网址:www. sdredcross. org. cn

捐赠电话:0531—86917935

开户行:济南市工商银行历下区分行支行

账号:1602003009008827157

●山东省青岛市红十字会

地址：山东省青岛市隆德路 9 号

联系人：岳立成

邮政编码：266071

救助热线：0532—85976999

●山东省威海市红十字会

地址：山东省威海市青岛北路 28 号

联系人：张萍

邮政编码：264200

救助热线：0631—5300001

●山东省济南市红十字会

地址：山东省济南市经二纬六路 10 号

联系人：刘成海

邮政编码：250021

救助热线：0531—87081598

●山东省济宁市红十字会

地址：山东省济宁市吴泰闸 105 号

联系人：谢龙利

邮政编码：272000

救助热线：0537—3151999

●山东省即墨市红十字会

地址：山东省即墨市振华街 144 号

联系人：杨洪信

邮政编码：266200

救助热线：0532—88519999

传真：0532—88519999

电子信箱：jmredcross@ 163. com

●青岛经济技术开发区（黄岛区）红十字会

地址：青岛经济技术开发区长江中路 369 号 509 室

联系人：宋森

邮政编码：266555

救助热线：0532—86988663

传真：0532—86988666

●山东省青岛市崂山区红十字会

地址：山东省青岛市苗岭路 15 号

联系人：赵增顺

邮政编码：266061

救助热线：0532—88962951

传真：0532—88962950

●山东省胶南市红十字会

地址：山东省胶南市珠海路 51 号

联系人：王磊

邮政编码：266400

救助热线：0532—86169110

传真：0532—86175390

电子信箱：jnnsnzn@ 126. com

●山东省莱西市红十字会

地址：山东省莱西市威海东路 19 号

联系人：孙秀凤

邮政编码：266600

救助热线：0532—81879762

传真：0532—88468700

●河南省红十字会

地址：郑州市政七街 32 号

邮编：450003

电话：0371—65955321

传真：0371—65961296

电子信箱：hnredcross200586@ sina. com

网址:www. henanredcross. org

捐赠电话:0371—65944750/65944729/

65961296(传真)

接受捐赠户名:河南省红十字会

开户行:浦东发展银行郑州分行健康路支行

账号:6537604015490000061

●河南省郑州市红十字会

地址：河南省郑州市嵩山南路南段1号

邮政编码：450007

电话/传真：0371—67170800

电子信箱：haifang22@126.com

●河南省开封红十字会

地址：河南省开封金明大道南段卫生局院内409室

邮政编码：475004

电话：0378—3861011、3861558、33861525

传真：0378—3861011

电子信箱：kfrcbgs@163.com

●河南省洛阳市红十字会

地址：河南省洛阳市中州西路30号

邮政编码：471003

电话/传真：0379—63930639

电子信箱：zrs222@126.com

●河南省平顶山市红十字会

邮政编码：467000

电话/传真：0375—4976031

电子信箱：hszh18886@126.com

●河南省安阳市红十字会

地址：安阳市文峰大道东段586号

邮政编码：455000

电话/传真：0372—5918897

电子信箱：ayshszh@126.com

●河南省鹤壁市红十字会

地址：河南省鹤壁市淇滨区九州路中段市卫生局红十字会

邮政编码：458000

电话/传真：0392—3321061

电子信箱：hbsyxhhmd@163.com

●河南省新乡市红十字会

地址：河南省新乡市卫滨区一横街63号人民医院临街楼3楼

邮政编码：453000

电话/传真：0373—2616999

电子信箱：xxshszh@163.com

●河南省焦作市红十字会

地址：河南省焦作市人民路阳光大厦

邮政编码：454000

电话/传真：0391—3933224

电子信箱：jzshszh123@126.com

●河南省濮阳市红十字会

地址：河南省濮阳市开州路8号

邮政编码：457000

电话/传真：0393—4411354

电子信箱：py4411354@126.com

●河南省许昌市红十字会

地址：河南省许昌市前进路39号市卫生局三楼

邮政编码：461000

电话/传真：0374—2335435

电子信箱：xcshszh@126.com

网站:www.xchsz.com

●河南省漯河市红十字会

地址：河南省漯河市天山路疾病预防控制中心一楼

邮政编码：462000

电话：0395—3196686/3196689

传真：0395—3196689

电子信箱：luoherc@163.com

●河南省三门峡市红十字会

地址：河南省三门峡市崤山路中段

35 号

邮政编码：472000

传真：0398—2846900

电子信箱：smxshszh@163.com

●河南省南阳市红十字会

电话/传真：0377—63892786

电子信箱：mqh1225@126.com

●河南省商丘市红十字会

地址：河南省商丘市凯东四街 271 号

邮政编码：476000

传真：0370—2315019

电子信箱：sqshszh@126.com

●河南省信阳市红十字会

地址：河南省信阳市羊山新区市行政中心 3 号楼 3421 房间

邮政编码：464000

电话：0376—6365216

传真：0376—6560127

电子信箱：xyshszhbgs@126.com

网址：http://www.xinyangredcross.org

●河南省周口市红十字会

地址：河南省周口市七一路人民政府

邮政编码：46600

电话：0394—8205286

传真：0394—8285299/8205115

●河南省驻马店市红十字会

地址：河南省驻马店市解放路 283 号

电话:0396—3666366、3666362、2601699

电子信箱：zlkk006@163.com/zmdshszh@163.com

●河南省济源市红十字会

地址：河南省济源市综合行政区 3 号楼 2 楼

邮政编码：459000

电话：0391—6633447

传真：0391—6633411

电子信箱：hnjyhsz@126.com

●湖北省红十字会

地址：武汉市武昌区水果湖洪山则路 63 号茶港小区写字楼 9 层

邮编：430071

电话：027—87325005

传真：027—87325268

电子信箱：hbredcroess@yahoo.com.cn

接受捐赠户名:湖北省红十字会

开户行:中国银行刘家湾支行

账号:13044108094001

●湖北省武汉市红十字会

地址：湖北省武汉市江岸区胜利街 155 号

联系人：刘彤

邮政编码：430014

救助热线：027—82835768

●湖北省黄石市红十字会

地址：湖北省黄石市武汉路 203 号

联系人：程燕莉

邮政编码：435000

救助热线：0714—6221833

传真：0714—6259440

电子信箱：chyl1963@sina.com

●湖北省石首市红十字会

通讯地址：湖北省石首市文峰路

联系人：赖光平

邮政编码：434400

救助热线：0716—7273437

传真：0716—7277268

●湖北省大冶市红十字会

通讯地址：湖北省大冶市保康巷 26 号卫生局

联系人：王如意

邮政编码：435100

救助热线：0714—8719105

传真：0714—8730385

电子信箱：wry5819@ tom. com

●湖南省红十字会

地址：湖南省长沙市五一大道492号粮油贸易大厦11楼

邮编：410011

电话：0731—2584999

传真：0731—2584928

网址：www. hnredcross. gov. cn

接受捐赠电话：0731—2584968

接受捐赠户名：湖南省红十字会

开户行：长沙市商业银行浏阳河支行

银行账号：9402013160001398

●湖南省长沙市红十字会

地址：长沙市岳麓区岳麓大道218号（市政府第二办公大楼8楼）

邮政编码：410013

电话：0731—88666553、88666552、88666551

传真：0731—88666549

●广东省红十字会

地址：广州市先烈南路17号大院

邮编：510060

电话：020—83825686

传真：020—83825686

电子信箱：gdredcross@ gdredcross. org. cn

捐赠专用账号：3602010709000314124

户名：广东省红十字会

开户行：中国工商银行广州市东风东路支行

●广东省广州市红十字会

地址：广东省广州市麓景路狮带岗1号

联系人：刘进兴

邮政编码：510091

救助热线：020—83598400

●广东省深圳市红十字会

地址：深圳市田贝一路21号卫生局内

联系人：陈壮

邮政编码：518020

救助热线：0755—25601682

●广东省深圳市盐田区红十字会

地址：广东省深圳市盐田区行政文化中心515室

联系人：曾晓莲

邮政编码：518081

救助热线：0755—25228515

传真：0755—25228100

电子信箱：ytqwsj0217@ 21cn. com

●广西壮族自治区红十字会

地址：广西壮族自治区南宁市新竹路20号（广西科学活动中心6楼）

邮编：530022

电话：0771—5860326

(传真)、5870362

电子信箱：gxhh888@ 126. com

网址:www. gxhh. org

接受捐赠户名:广西区红十字会

开户行:南宁市工行桃源支行

账号:2102108009249007743

●广西壮族治区南宁市红十字会

地址：广西壮族治区南宁市民族大道4号邕江宾馆商厦四楼

邮政编码：530012

电话：0771—2826863

传真：0771—2823933

电子信箱：nnhh2823933@ 163. com

●广西壮族自治区柳州市红十字会

地址：广西壮族自治区柳州市高新一路科技大厦七楼

邮政编码：545006
电话：0772—2630233
传真：0772—2612833
电子信箱：lzhh0772@163.com

●广西壮族自治区梧州市红十字会

地址：广西壮族自治区梧州市西环路中段116号二楼
邮政编码：543002
电话：0774—3880619、3888078、3888758
传真：0774—3888712
电子信箱：Wzshszh@163.com
网址:www.wzhh.org

●广西壮族自治区北海市红十字会

地址：广西壮族自治区北海市北部湾西路10号（市卫生局大院）
邮政编码：536000
电话：0779—3061216、3031332
电子信箱：ldx2803520@163.com/bhxhb66@yahoo.com.cn

●广西壮族自治区钦州市红十字会

地址：广西壮族自治区钦州市钦南区
邮政编码：0777—535000
电话：0777—2877663、2877662
电子信箱：qzhh_2841181@163.com

●广西壮族自治区百色市红十字会

地址：广西壮族自治区百色市右江区火车站进站大道17号
邮政编码：533000
电话：0776—2825391
传真：0776—2989930
电子信箱：bsredcross58@163.com

●广西壮族自治区贺州市红十字会

地址：广西壮族自治区贺州市平安西路灵峰社区祥云街70号
邮政编码：542800
电话：0774—5123121
传真：0774—5279593
电子信箱：hzshszh1688@tom.com

●广西壮族自治区河池市红十字会

地址：广西壮族自治区河池市南新东路229号
邮政编码：547000
电话：0778—2250475
传真：0778—2307821
电子信箱：hchh116@163.com

●广西壮族自治区来宾市红十字会

地址：广西壮族自治区来宾市行政中心西面后五楼511室
邮政编码：546100
电话：0772—4278626
电子信箱：lh4278682@163.com

●广西壮族自治区崇左市红十字会

地址：广西壮族自治区崇左市友谊大道东源名称A区8栋3单元
电话/传真：0771—7836630
电子信箱：czhh1992@163.com

●广西壮族自治区玉林市红十字会

地址：广西壮族自治区玉林市玉州区为民路1号城东办公大楼3D23室
邮政编码：537000
电话/传真：0775—2829970
电子邮箱：ylhszh@126.com

●广西壮族自治区昭平县红十字会

地址：广西昭平县昭平镇北秀街1号
联系人：潘亮臣
邮政编码：546800
救助热线：0774—6682154
传真：0774—6682154

●广西壮族自治区柳州铁路局红十字会

地址：广西壮族自治区柳州市鹅山路三区一号柳州铁路局红十字会办公室

联系人：朱立健

邮政编码：545007

救助热线：0772—3922521

传真：0772—3920651

●广西壮族自治区岑溪市红十字会

地址：广西壮族自治区梧州岑溪市工农路156号

联系人：唐钊安

邮政编码：543200

救助热线：0774—8232171

传真：0774—8222549

●广西壮族自治区平果县红十字会

地址：广西壮族自治区平果县马头镇东街65号

联系人：蓝湖

邮政编码：531400

救助热线：0776—5825931

电子信箱：pghw931@163.com

●广西壮族自治区灵山县中医院

地址：广西壮族自治区钦州市灵山县灵城镇燕山路

联系人：黄荣海

邮政编码：535400

救助热线：0777—6527777

传真：0777—6522689

电子信箱：gxlszyy@163.com

●广西壮族自治区容县红十字会

地址：广西壮族自治区容县容州镇西上街277号

联系人：何烈琪

邮政编码：537500

救助热线：0775—5320557

传真：0775—5322096

●广西壮族自治区南丹县红十字会

地址：广西壮族自治区南丹县民生街县卫生局内

联系人：杨新科

邮政编码：547200

救助热线：0778—7215594

传真：0778—7212800

电子信箱：ndhh594@3126.com

●广西壮族自治区全州县红十字会

地址：广西壮族自治区全州县桂黄中路114号

联系人：唐忠胤

邮政编码：541500

救助热线：13768030966

传真：0773—4815333

●广西壮族自治区田东县红十字会

地址：广西壮族自治区田东县平马镇朝阳路2号

联系人：冯雪梅

邮政编码：531500

救助热线：0776—5222345

传真：0776—5231816

电子信箱：tdrcs@163.com

●广西壮族自治区柳江县红十字会

地址：广西壮族自治区柳江县柳南路县卫生局内

联系人：刘苏克

邮政编码：545100

救助热线：0772—7212279

传真：0772—7217466

●广西壮族自治区桂平市红十字会

地址：广西壮族自治区桂平市桂南中路

市卫生局内

联系人：卢旭航

邮政编码：537200

救助热线：0775—3382092

传真：0775—3385223

●海南省红十字会

地址：海口市流芳路8号

邮编：571100

电话：0898—65331824

传真：0898—65304627

网址：hainanredcross. org

捐赠电话：0898—65331824、65331817、65366647

接受捐赠户名：海南省红十字会

开户行：市工行国兴大道分理处

账号：2201028629024900508

●海南省海口市红十字会

地址：海南省海口市白龙南路61号8楼

邮政编码：570203

电话：0898—65376576

传真：0898—65360190

电子信箱：haikouhongshizihui@163. com

●海南省三亚市红十字会

地址：海南省三亚市疾控中心C栋501

邮政编码：572000

电话：0898—88282398

传真：0898—88361337

网址：www. syredcorss. org. cn

●海南省儋州市红十字会

地址：海南省儋州市人民中路132号三楼

邮政编码：571700

电话/传真：0898—23313306

●重庆市红十字会

地址：重庆市渝中区学田湾正街69号

邮编：400015

电话：023—6385990563621893

传真：023—63859905

电子信箱：bgs@ cqrc. org

网址：www. cqrc. org（中文实名：重庆市红十字会）

●四川省红十字会

地址：四川省成都市文庙西街80号

邮政编码：610041

电话：028—86138841

传真：028—86138841

电子信箱：sichuanredcross @ yahoo. com. cn

网址:http://www. sichuanredcross. org. cn

捐赠电话（传真）:028—86153300

银行户名:四川省红十字会

开户行:工商银行滨江支行

账号:4402204009024905774

●四川省巴中市红十字会

地址：四川省巴中市江北新区滨河北路118号

邮政编码：636000

电话：0827—5281553/5281559

传真：0827—5286135

●四川省资阳市红十字会

地址：四川省资阳市政府机关办公区2号楼1309室

邮政编码：641300

电话：028—26111498

传真：028—26111367

●四川省泸州市红十字会

地址：四川省泸州市江阳区大慈路27号

邮政编码：646000

电话：0830—2393395

传真：0830—2290436

电子信箱：992912069@ qq. com

●四川省达州市红十字会

地址：四川省达州市西外市政中心综合楼 8 楼 12 号

邮政编码：635002

电话/传真：0818—2106032

电子信箱：1115385596@ qq. com

●四川省遂宁市红十字会

地址：四川省遂宁市遂州中路 979 号

邮政编码：629000

电话/传真：0825—5807880、13882533681

●四川省广安市红十字会

地址：四川省广安市城南万盛东路 32 号

邮政编码：638600

电话：0826—2338313、2341006

传真：0826—2332788

电子信箱：gahsz@ 163. com

●四川省广元市红十字会

地址：四川省广元市电子路 109 号

邮政编码：628017

电话：0839—3260270

传真：0839—3269392

电子信箱：gyrcbgs@ 163. com

网站：http://www. scgyrc. org/

●四川省凉山州红十字会

地址：四川省西昌市三岔口西路 162 号（原南桥政务中心一楼）

邮政编码：615000

电话：0834—3865878

传真：0834—2162897/2191763

电子信箱：lh3690799 @ 163. com/sunyunhua1@ 163. com

●贵州省红十字会

地址：贵州省贵阳市中华北路 242 号省政府大院 5 号楼 3 楼

邮编：550004

电话：0851—6857817

传真：0851—6824372

电子信箱：guizhouhsz@ tom. com

网址：www. gzredcross. org

捐赠电话：0851—6831361（传真）

接受捐赠户名：贵州省红十字会

开户行：中国银行贵阳市云岩支行

账号：00742808092

●贵州省贵阳市红十字会

地址：贵州省贵阳市级行政中心二期 B 区一楼

邮政编码：550081

传真：0851—5961921

电子信箱：gyshszh@ 163. com

●贵州省遵义市红十字会

地址：贵州省遵义市红花岗区子尹路 168 号

邮政编码：563000

电话/传真：0852—8232631

电子信箱：gzzyshszh@ 126. com

●贵州省安顺市红十字会

地址：贵州省安顺市委大院内（原财政局办公楼）

邮政编码：561000

电话/传真：0853—3237306、3354406

电子信箱：yyc8566@ 126. com

●贵州省六盘水市红十字会

地址：贵州省六盘水市钟山区人民西路 150 号市政府金钟综合楼一楼

邮政编码：553001

电话/传真：0858—8331956
电子信箱：lpshsz@126.com

●贵州省黔东南州红十字会

地址：贵州省凯里市韶山南路29号
邮政编码：556000
电话/传真：0855—8218727、8218212
电子信箱：qdnzhszh@126.com

●贵州省黔西南州红十字会

地址：贵州省黔西南州兴义市北京路2号
邮政编码：562400
电话/传真：0859—3112771
电子邮箱：lvznfon@163. com

●贵州省黔南州红十字会

地址：贵州省都匀市斗蓬山路90号黔南州体育场9号门
邮政编码：558000
电话/传真：0854—8313026
电子邮箱：928850465@qq. com

●贵州省毕节地区红十字会

通信地址：贵州省毕节市南部新区行署办公中心C栋5楼西0515
邮政编码：551700
电话/传真：0857—8228664
电子邮箱：lhl3058@126.com

●贵州省铜仁地区红十字会

地址：贵州省铜仁市东太大道3号（红色二八机电市场内）
邮政编码：554300
电话/传真：0856—5281357、2561208
电子信箱：1127219450@qq.com

●云南省红十字会

地址：云南省昆明市关上中路85号（政通大厦7楼）
邮编：650200
电话：0871—7195099/7196666
传真：0871—7195088
电子信箱：wjq129@vip.sina.com
网址：http://www.ynredcross.com
捐赠电话：0871—7192222、7193333
接受捐赠户名：云南省红十字会
开户行：中国银行云南省分行营业部
账号：01726008092001

●云南省昆明市红十字会

地址：云南省昆明市市级行政中心八号楼
邮政编码：650500
电话：0871—3125199、3196619
传真：0871—3120300

●云南省楚雄州红十字会

地址：云南省楚雄州红十字会楚雄市威楚大道41号
邮政编码：675000
电话：0878—3128556、3128338

●云南省玉溪市红十字会

地址：云南省玉溪市红塔区汇溪路上段
邮政编码：653100
电话：0877—2025698
传真：0877—2014379
电子信箱：yxshszhbgs@126.com

●云南省红河州红十字会

地址：云南省蒙自市红河州级行政中心州政府大楼A区7楼
邮政编码：661100
电话/传真：0873—3799495、3743171、3733139
电子信箱：hhzhszh@126.com

●云南省曲靖市红十字会

地址：云南省曲靖市园林路3号
邮政编码：655000

电话：0874—3331266

传真：0874—3337042

电子信箱：qjshszh. hi@163. com

●云南省文山壮族苗族自治州红十字会

地址：云南省文山市环城北路6号

邮政编码：663000

电话：0876—2197906

传真：0876—2197905

电子信箱：wenshanzhouhh@126. com

●云南省怒江州红十字会

地址：云南省怒江州泸水县六库镇向阳南路62号

邮政编码：673100

电话：0886—3632382

传真：0886—3632556

●云南省迪庆州红十字会

地址：云南省迪庆州香格里拉县建塘池慈卡街安康路

邮政编码：674400

电话/传真：0887—8225318

●云南省临沧市红十字会

地址：云南省临沧市临翔区南屏南路141号

邮政编码：677000

电话：0883—2126098

传真：0883—2126098

电子邮箱：lchsz2006@126. com

●云南省丽江市红十字会

地址：云南省丽江市古城区玉福路16号

邮政编码：674100

电话：0888—5117544

传真：0888—5101098

电子信箱：hszh@lijiang. cn

●云南省昭通市红十字会

地址：云南省昭通市昭阳区环城北路117号

邮政编码：657000

电话：0870—2120198、2122806

●云南省西双版纳州红十字会

地址：云南省景洪市宣慰大道69号

邮政编码：666100

电话：0691—2121890、2145221

●云南省普洱市红十字会

地址：云南省普洱市思茅区月光路1号

邮政编码：665000

电话：0879—2142476

传真：0879—2126653

电子信箱：peshh@163. com

●云南省大理州红十字会

地址：云南省大理市下关兴盛路29号

邮政编码：671000

电话：13908729901

传真：0872—2176696

电子信箱：dlwsyht@tom. com

●云南省保山市红十字会

地址：云南省保山市隆阳区隆阳路中段

邮政编码：678000

电话：0875—2221128、2221214

电子信箱：bsjm444@163. com

1969858537@qq. com

1192029749@qq. com

●云南省德宏州红十字会

地址：云南省芒市白象街97号

邮政编码：678400

电话/传真：0692—2134994、2118199

网址：http://www. dhredcross. cn

电子信箱：yndhhszh@163. com

●西藏自治区红十字会

地址：西藏自治区拉萨市鲁定南路25号

邮编：850001
电话：0891—6860067
传真：0891—6861825
电子信箱：trc@ publac. ls. xz. cn
捐赠电话:0891—6862530
接受捐赠户名:西藏自治区红十字会
开户行:中国银行西藏自治区分行
账号:00164008092001

●陕西省红十字会

地址：陕西省西安市未央路123号
邮编：710016
电话：029—86512638
传真：029—86512638
电子信箱：shszhway@ shaanxi. gov. cn
网址:http://www. snredcross. org. cn/
捐赠电话:029—86530614/86515482(传真)
接受捐赠户名:陕西省红十字会
开户行:中行经济技术开发区支行
账号:0104211149026980930001

●陕西省西安市红十字会

地址：陕西省西安市凤城八路109号西安市政府6号楼
邮政编码：710007
电话：029—86787729（综合部）
029—86787762/86787763（赈济救护部）
029－86787756（事业发展部）
029－86787738（项目与宣传办公室）

●甘肃省红十字会

地址：甘肃省兰州市畅家巷57号
邮编：730030
电话：0931—8813473
传真：0931—8813472
电子信箱：gsshszh2005@ 126. com
捐赠电话:0931—88134710931—8735130
接受捐赠户名:甘肃省红十字会
开户行:工商银行兰州金城支行
账号:2703000609024940126

●甘肃省兰州市红十字会

地址：甘肃省兰州市王马巷12号
邮政编码：730030
电话/传真：0931—8435018
电子信箱：921477581@ qq. com

●甘肃省酒泉市红十字会

地址：甘肃省酒泉市卫生局内
邮政编码：735000
电话：0397—2655972

●甘肃省嘉峪关市红十字会

地址：甘肃省嘉峪关市建设西路5号
邮政编码：735100
电话：0937—6220106
传真：0937—6262176
电子信箱：gsjyghszh@ 163. com

●甘肃省金昌市红十字会

地址：甘肃省金昌市新华西路18号
邮政编码：737100
电话/传真：0935—8212023
电子信箱：jcshszh123@ 163. com

●甘肃省张掖市红十字会

地址：甘肃省张掖市甘州区南环路656号
邮政编码：734000
电话：0936—8294989
传真：0936—8298208

●甘肃省武威市红十字会

地址：甘肃省武威市东大街118号
邮政编码：733000
电话：0935—2212821、2225067
电子邮箱：wwswsjzyk@ 126. com

●甘肃省天水市红十字会

地址：甘肃省天水市秦州区藉河北路

邮政编码：741000

电话：0938—8214883

传真：0938—8211416

电子信箱：tsshszh2006@126.com

●甘肃省平凉市红十字会

地址：甘肃省平凉市崆峒区双拥路40号

邮政编码：744000

电话/传真：0933—8692986

电子信箱：plhh1937@126.com

网址:www.plredcross.com

●甘肃省庆阳市红十字会

地址：甘肃省庆阳市西峰区长庆大道40号

邮政编码：745000

电话/传真：0934—8220509

电子信箱：qyshszh@126.com

●甘肃省白银市红十字会

地址：甘肃省白银市人民路100号

邮政编码：730900

电话：0940—8250813、8250812

传真：0943—8222080

电子信箱：byshszh@126.com

●甘肃省定西市红十字会

地址：甘肃省定西市安定区民主路中段

邮政编码：743000

电话/传真：0932—8214295

电子信箱：dxhhycx@126.com

●甘肃省陇南市红十字会

地址：甘肃省陇南市武都区东江新区（原市第二人民医院内）

邮政编码：746000

电话/传真：0939—8261709

电子信箱：gs.ln.rc@163.com

●甘肃省甘南州藏族自治州红十字会

地址：甘肃省合作市人民东街51号

邮政编码：747000

电话：0941—8219061

传真：0941—8213591

电子信箱：gnzhu2008@126.com

●甘肃省临夏回族自治州红十字会

地址：甘肃省临夏市环城东路53号

邮政编码：731100

电话：0930—6214013

电子信箱：lxzhszh@126.com

●青海省红十字会

地址：青海省西宁市西大街12号

邮编：810000

电话：0971—8252284

传真：0971—8252292

接受捐赠户名：青海省红十字会

开户行：工商银行西大街支行

账号：0609026445729

●青海省西宁市红十字会

地址：青海省西宁市长江路75号华德大厦17层

邮政编码：810000

电话：0971—8266232

传真：0971—8266265

电子信箱：xnhszh@126.com

●青海省银川市红十字会

地址：青海省银川市北京中路166号行政中心1号楼705室

邮政编码：750011

电话0951—6888299

传真0951—6888297

电子信箱：yczfbtm@163.com

●青海省海东地区红十字会

电话：0972—8615661

电子信箱：wsys3918@126.com

●青海省海北藏族自治州红十字会

地址：青海省海北州红十字会

电话/传真：0970—8645071

电子信箱：hbhszh@126.com

●青海省海南州红十字会

地址：青海省海南州共和县恰卜恰镇

邮政编码：813100

电话：0974—8511169/8511126/8511125

传真：0974—8511125

电子信箱：429659063@qq.com

●青海省黄南州红十字会

地址：青海省黄南州人民政府一号办公楼

邮政编码：811300

电话/传真：0973—8797990

电子信箱：huangnanzhouhszh@yahoo.cn

●青海省海西州红十字会

地址：青海省海西州红十字会

邮政编码：817000

电话：18909779099/18935566517

电子信箱：hxzhszh@163.com

●青海省果洛州红十字会

地址：青海省果洛州卫生局

邮政编码：814000

电话：0975—8382475

传真：0975—8382004

电子信箱：qhglwsjlj@163.com

●青海省玉树藏族自治州红十字会

地址：青海省西宁市长江路 75 号（华德大厦 17 层）

邮政编码：810000

电话：0971—8266232

传真：0971—8266265

电子信箱：xnhszh@126.com

●青海省格木市十字会

电话：0979—8467061

●宁夏回族自治区红十字会

地址：宁夏回族自治区银川市解放西街 101 号

邮编：750001

电话：0951—5055705

传真：0951—5055972

电子信箱：lyp006@163.com

网址：www.nxredcross.org.cn

捐赠电话：0951—5046999/5055705/5055972(传真)

接受捐赠户名：宁夏回族自治区红十字会

开户行：银川市商业银行营业部

账号：100010189800000408

●宁夏回族自治区银川市红十字会

地址：宁夏回族自治区银川市行政中心一号楼 705 室

邮政编码：750011

电话/传真：0951－6888297

电子信箱：yczfbtm@163.com

●宁夏回族自治区石嘴山市红十字会

地址：宁夏回族自治区石嘴山市新区行政中心 B3 区—310

邮政编码：753000

电话/传真：0952—2218999

电子信箱：szsshszh8699@163.com

●宁夏回族自治区中卫市红十字会

地址：宁夏回族自治区中卫市沙坡头区怀远南路府前东路交汇处中心血站二楼

邮政编码：755000

电话/传真：0955—7014999

电子信箱：1767327083@qq.com

●宁夏回族自治区固原市红十字会

地址：宁夏回族自治区固原市行政中心

322 室

邮政编码：756000

电话/传真：0954—2088508

电子信箱：guyuanhszh@163. com

●宁夏回族自治区吴忠市红十字会

地址：宁夏回族自治区吴忠市利通区新区花街（市食品药品监督管理局办公楼）

邮政编码：751100

电话：0953—2255998

传真：0953—2255999

电子信箱：wzshszh@126. com

●新疆维吾尔自治区红十字会

地址：乌鲁木齐市延安路边123号

邮编：830001

电话：010—25778792567191

传真：0991—25707052556420

电子信箱：xjrc123@126. com

捐赠电话：0991—2570705/2577879/2565243(传真)

接受捐赠户名:新疆维吾尔自治区红十字会

开户行:中国银行乌鲁木齐市解放南路支行

账号:366000085008091001

●新疆维吾尔自治区乌鲁木齐市红十字会

地址：新疆维吾尔自治区乌鲁木齐市新兴街5号

邮政编码：830092

电话/传真：0991—4668677

电子信箱：wlmqshszh@163. com

网址:http://www. wlredcross. org. cn/

●新疆维吾尔自治区阿克苏地区红十字会

地址：新疆维吾尔自治区阿克苏市新华东路35号行署综合楼

邮政编码：843000

电话/传真：0997—2283165

电子信箱：akshsz@126. com

●新疆维吾尔自治区阿勒泰地区红十字会

地址：新疆维吾尔自治区阿勒泰市文化路6—17号

邮政编码：836500

电话：0906—6260596

传真：0906—6260598

电子信箱：althszh@sohu. com

●巴音郭愣蒙古自治州红十字会

地址：巴音郭愣蒙古自治州库尔勒人民西路

邮政编码：841000

电话：0996—2041149

传真：0996—2014051

电子信箱：hszom@126. com

●新疆维吾尔自治区昌吉回族自治州红十字会

地址：新疆维吾尔自治区昌吉市南公园西路2号

邮政编码：831100

电话：0994—2728038、2724566

传真：0994—2728042

电子信箱：cjzhszh@126. com

●新疆维吾尔自治区哈密地区红十字会

电话：0902—2230956、2269520

●新疆维吾尔自治区和田地区红十字会

新疆维吾尔自治区和田市塔乃衣北路37号和田地区科技局三楼

邮政编码：848000

电话/传真：0903—2035187

电子信箱：htdqhh@sina. cn

●新疆维吾尔自治区喀什地区红十字会

地址：新疆维吾尔自治区喀什市解放北路46号

邮政编码：844000

电话：13899121609、13909988883

传真：0998—2825551

●新疆维吾尔自治区克拉玛依市红十字会

地址：新疆维吾尔自治区克拉玛依市塔河路104号

邮政编码：834000

电话：0990—6231621

传真：0990—6895332

●新疆维吾尔自治区克孜勒苏柯尔克孜自治州红十字会

地址：新疆维吾尔自治区阿图什市幸福路北9院

邮政编码：845350

电话/传真：0908—4265662

●新疆维吾尔自治区克孜勒苏柯尔克孜自治州乌恰县红十字会

副会长：木沙 · 坎吉巴依

地址：新疆维吾尔自治区乌恰县幸福路6号

邮政编码：845450

电话：0908—4622867

●新疆维吾尔自治区克孜勒苏柯尔克孜自治州阿图什市红十字会

副会长：王任仕

电话：18609083555

地址：新疆维吾尔自治区克孜勒苏柯尔克孜自治州阿图什市光明路C号院

●新疆维吾尔自治区阿克陶县红十字会

副会长：尹宏川

电话：0908—5726901

地址：新疆维吾尔自治区阿克陶县人民东路42号

邮政编码：845550

●新疆维吾尔自治区阿合奇县红十字会

副会长：对先

电话：0997—5621889

地址：新疆维吾尔自治区阿合奇县南大街政府楼

邮政编码：843500

●新疆维吾尔自治区塔城地区红十字会

地址：新疆维吾尔自治区塔城市新华路149号

邮政编码：834700

电话/传真：0901—6223003

电子信箱：tcdqhszh@163.com

●新疆生产建设兵团红十字会

地址：新疆乌鲁木齐市光明路15号

邮政编码：830002

电话：0991—2890820

传真：0991—2890820

电子信箱：lly2368526@126.com

捐赠电话：0991—2890820

接受捐赠户名：兵团财务局（兵团红十字会）

开户行：农行兵团分行乌鲁木齐市建设路支行

账号：703101040000073

●中国铁路红十字会

地址：北京市复兴路10号铁道部劳卫司医政处

邮编：100844

电话：51844987

传真：51841957

电子信箱：liangbochou1945@hotmail.com

●香港特别行政区红十字会

地址：香港夏悫道33号香港红十字会总部

电话：(852) 28020021

传真：(852) 28027359

电子信箱：info@ redcross. org. hk

网址：http://www. redcross. org. hk

●澳门特别行政区红十字会

办事处：澳门新口岸宋玉生广场235至287号中土大厦三楼“亨利·杜南”中心

电话：853—313003

传真：853—313024

电子信箱：secretariat@ redcross. org. mo

网址：www. redcross. org. mo

捐款电话：(853) 313003/(853) 313024(传真)

捐款户名：澳门红十字会

银行：中国银行(澳门支行)

账号：01—01—20787663(澳门币)、01—112—384823(港币)

图书在版编目（CIP）数据

中国红十字年鉴. 2011～2012／《中国红十字年鉴》编辑部主编. —北京：中华工商联合出版社，2014. 5
ISBN 978－7－80249－989－8

Ⅰ. ①中… Ⅱ. ①中… Ⅲ. ①红十字会－中国－2011～2012－年鉴 Ⅳ. ①D632. 1－54

中国版本图书馆 CIP 数据核字（2014）第 007680 号

中国红十字年鉴 · 2011/2012

作　　者：中国红十字年鉴编辑部
责任编辑：吕　莺　徐　芳
特邀编辑：李兰颂　傅　虹　冯志国
责任印制：迈致红
出版发行：中华工商联合出版社有限责任公司
印　　刷：北京宝昌彩色印刷有限公司
版　　次：2014 年 8 月第 1 版
印　　次：2014 年 8 月第 1 次印刷
开　　本：787mm × 1092mm　1/16
字　　数：925 千字
印　　张：61
书　　号：ISBN 978－7－80249－989－8
定　　价：330. 00 元

服务热线：010－58301130
销售热线：010－58302813
地址邮编：北京市西城区西环广场 A 座
19－20 层，100044
http：//www. chgslcbs. cn
E-mail：cicap1202@ sina. com（营销中心）
E-mail：gslzbs@ sina. com（总编室）

工商联版图书
版权所有　侵权必究

凡本社图书出现印装质量问题，请与印务部联系。
联系电话：010－58302915

北京市红十字会

2011年是北京市红十字事业发展历程中的关键一年，市红十字会在市委、市政府的坚强领导下，克服巨大困难，立足北京实际，开展了一系列卓有成效的工作。全市各级红十字会组织立足本职，服务大局，充分发挥“政府人道领域助手”和“民生保障、社会和谐、城市安全”的助推作用。全市红十字系统全面实施防灾减灾应急战略，在加强应急救护和防灾减灾教育、120和999信息调度平台整合、“红立方”进社区、募捐救助、国际交流等方面取得良好成绩，为改善和塑造红十字会形象发挥了重要作用。

红十字蓝天救援队举行综合救援演练。

首都抗癌明星。

平谷区红立方项目启动。

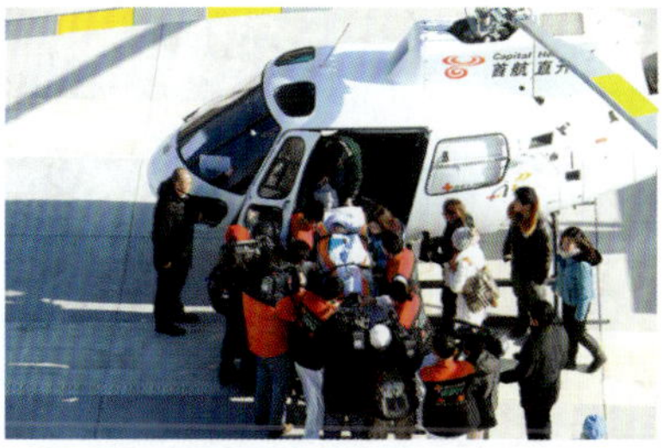

999打造空地立体救援体系。

北京市成立10支红十字志愿服务团队。

应急救护演练常态化。

中华骨髓库北京造血干细胞捐献者资料库突破10万人份。

吉林省红十字会

2011年3月，吉林省红十字会获得中国红十字会总会400多万元的项目支持，援建14所红十字博爱卫生站，建成22处农村洗手环境改善工程，引进挪威红十字会项目资金95万元在延边农村进行改水改厕工程。7月，总会和卫生部批准吉林省红十字会开展人体器官捐献试点。在吉林大学第一医院的配合下，完成志愿捐献14例，成功救治34名重症患者，使20名接受眼角膜移植的患者重见光明。吉林省各级红十字会登记注册的志愿者有二万多名。11月，吉林省红十字会成立志愿者管理中心，为广大热心社会公益事业的志愿者创造了一个良好的互动平台。中国造血干细胞捐献者资料库吉林分库成立九年来，发展造血干细胞捐献志愿者4.5万人，向中华骨髓库输送四万余人份血样分型数据，再动员人数八百余人，成功捐献36例。

1. 2011年10月20日，吉林省红十字会志愿者管理中心成立。

2. 吉林省红十字会开展慰问贫困儿童活动。

3. 吉林省红十字会负责人苗秀荣在送温暖活动中为困难群众发放慰问品。

4. 省红十字会领导为器官捐献志愿者家属颁发证书。

5. 吉林省红十字会召开造血干细胞捐献志愿者座谈会。

6. 吉林省红十字会为11支志愿者队伍授旗。

内蒙古自治区红十字会

2011 年 9 月 28 日，内蒙古自治区第十一届人民代表大会常务委员会第二十四次会议通过修订的《内蒙古自治区实施〈中华人民共和国红十字会法〉办法》。12 月，自治区政府办公厅下发了《关于进一步加强红十字应急救护培训工作的通知》。同年 8 月，自治区红十字会联合自治区教育厅下发了《关于在各级各类学校中开展应急救护培训工作的通知》。全区有基层红十字会组织 7 506 个，苏木（乡镇）、嘎查（村）建会率分别达到 96% 和 36.64%。全自治区有红十字会员 164 万人，团体会员单位 7 199 家，红十字志愿工作者 28 685 人。自治区红十字会在“博爱一日捐”活动中共募集善款 1.72 亿元，全年投入 1.02 亿元开展救灾救助工作，有 77 万人（次）受益。全年培训红十字急救员 63 523 人，救护防病知识普及性培训 267 363 人次，完成造血干细胞入库数据 3 326 份，有四人成功捐献造血干细胞。

1. 2011 年，内蒙古自治区红十字会会长宝音德力格尔考察红十字会援建的玉树州疾病控制中心灾后重建项目。

2. 2011 年，自治区红十字会投资 13.5 万元，在呼和浩特市和林县黑老夭乡实施了博爱饮水项目，解决了 118 户、343 名村民饮水问题。

3. 内蒙古自治区红十字会成立由武警内蒙古医院 68 名医务人员组成的应急救援队。

4. 呼和浩特市第十七中学红十字会组织学生开展应急救护知识培训。

5. 北京武警总医院专家在鄂尔多斯市开展贫困先心病患儿义诊活动。

6. 自治区红十字会心理救援队在包头市成立。

青海省红十字会

青海省红十字会2011年度“红十字博爱送万家”活动启动。中共青海省委书记、省人大常委会主任、省红十字会名誉会长强卫，省委常委、省总工会主席、省红十字会名誉副会长穆东升，省人大常委会副主任刘晓，青海省副省长、省红十字会会长马顺清，省政协副主席、省红十字会名誉副会长鲍义志出席了本次启动仪式。

9月5日，青海省红十字会常务副会长孙林与青海红十字医院院长张建青共同签署《青海省红十字会、青海红十字医院联合组建“青海省红十字应急医疗救援队”合作备忘录》。

中共青海省委书记、省人大常委会主任、省红十字会名誉会长强卫与中国红十字会副会长郝林娜共同为竣工投入使用的隆宝镇寄宿制学校揭牌。

青海省红十字会首次在全会范围内开展副处级领导干部竞争上岗制经过公开公平公正的选拔，一批年轻有为，思路开阔的年轻干部走上领导岗位。

2011年9月5-7日，广东省红十字会副会长莫益勇等在青海玉树地震灾区考察由广东省红十字会系统捐建的玉树灾后重建项目。玉树县结古镇卡孜村村委会向广东省红十字会敬献锦旗。

青海省红十字会加快信息化建设步伐，官方网站、捐赠款物信息发布平台等在短时间内和捐赠者见面。

石家庄市红十字会

2011年，石家庄市红十字会累计募集款物1 724.81万元。争取中国红十字会总会项目资金近500万元，援建10个村级红十字卫生站、12个红十字书屋、救助68名贫困“先心病”患儿。在“红十字博爱送万家”活动和“红十字千万元救助贫困大病患者”等活动中，全市共有13 600人得到救助。全年无偿献血达13万人次，献血量达46吨。志愿遗体捐献登记新增115人，累计达到998人，遗体捐献超过50具。全年造血干细胞捐献者资料入库6 912例，实现捐献二人，累计捐献16例。“魔豆爱心工程”、资助艾滋病致孤儿童、“老牛生命学堂——自救互救进校园教育计划”等项目均取得良好的效果。

2011年9月9日，石家庄市红十字会在民心广场举办“世界急救日”活动。

石家庄市红十字会举办红十字知识培训班。

石家庄市红十字会召开廉政工作会议。

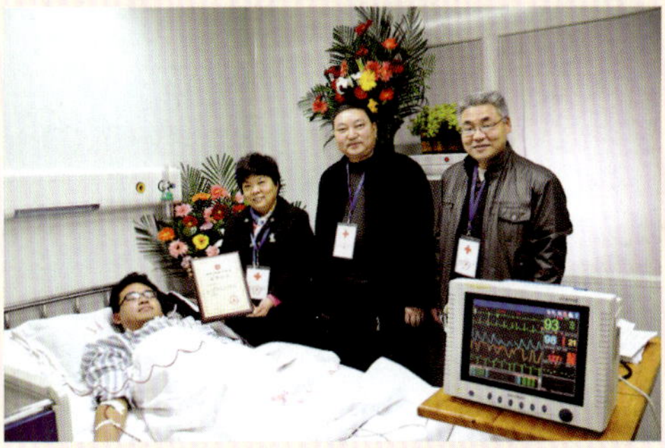

石家庄市红十字会领导看望造血干细胞志愿捐献者。

石家庄市“红十字千万元救助贫困大病患者”活动启动。

苏州市红十字会

苏州市红十字会举行百年华诞暨志愿者事迹报告会。

苏州市红十字会举办第五届捐献遗体（器官）志愿者集体悼念活动。

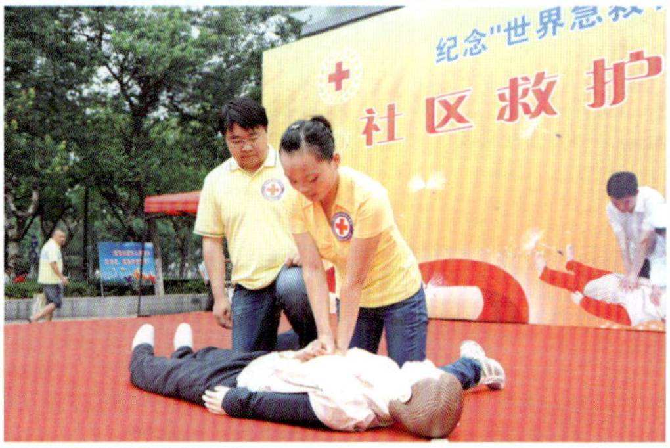

苏州市红十字会在世界急救日举办社区救护技能比赛。

苏州市红十字会向社会监督员颁发聘书。

苏州市红十字会在世界急救日举办市级机关救护技能比赛。

苏州市红十字会培训轨道交通应急救援志愿者。